Arno Borst

MÖNCHE AM BODENSEE
610–1525

Arno Borst

MÖNCHE AM BODENSEE

610–1525

Jan Thorbecke Verlag Sigmaringen
1997

Die Deutsche Bibliothek – CIP-Einheitsaufnahme

Borst, Arno:
Mönche am Bodensee: 610–1525 / Arno Borst, –
4. Aufl. – Sigmaringen: Thorbecke, 1997.
   ISBN 3-7795-5006-2
NE: GT

Neuausgabe (Vierte Auflage 1997)

© 1978 by Jan Thorbecke Verlag GmbH & Co., Sigmaringen

Alle Rechte vorbehalten. Ohne schriftliche Genehmigung des Verlages ist es nicht gestattet, das Werk unter Verwendung mechanischer, elektronischer und anderer Systeme in irgendeiner Weise zu verarbeiten und zu verbreiten. Insbesondere vorbehalten sind die Rechte der Vervielfältigung – auch von Teilen des Werkes – auf photomechanischem oder ähnlichem Wege, der tontechnischen Wiedergabe, des Vortrags, der Funk- und Fernsehsendung, der Speicherung in Datenverarbeitungsanlagen, der Übersetzung und der literarischen oder anderweitigen Bearbeitung.

Dieses Buch ist aus säurefreiem Papier hergestellt und entspricht den Frankfurter Forderungen zur Verwendung alterungsbeständiger Papiere für die Buchherstellung.

Buchgestaltung: Ulrich Ulrichs, Sigmaringen
Umschlaggestaltung: Arnold Buck, Sigmaringen
Gesamtherstellung: M. Liehners Hofbuchdruckerei GmbH & Co. Verlagsanstalt, Sigmaringen
Printed in Germany · ISBN 3-7995-5006-2

INHALTSÜBERSICHT

Einleitung	Heute am Bodensee	7
Askese in der Adelskirche	Gallus · Eremit an der Steinach	19
	Otmar · Koinobit in St. Gallen	32
	Walahfrid · Mönch in Reichenau	48
	Adelinde · Nonne in Buchau	66
	Gregor · Abt in Einsiedeln	83
	Rückblick	99
Reform in der Priesterkirche	Hermann der Lahme · Oblate in Reichenau	102
	Eberhard von Nellenburg · Konverse in Schaffhausen	118
	Dietrich · Abt in Petershausen	136
	Heinrich · Propst in Kreuzlingen	154
	Diethelm von Krenkingen · Bischof in Konstanz	172
	Rückblick	188
Appell an die Laienkirche	Eberhard von Rohrdorf · Zisterzienser in Salem	191
	Hermann · Prämonstratenser in Weißenau	209
	Hugo von Langenstein · Deutschherr in Mainau	227
	Heinrich Seuse · Dominikaner in Konstanz	246
	Johann von Winterthur · Franziskaner in Lindau	264
	Rückblick	281
Absage an die Bürgerkirche	Die ungenannte Dominikanerin in St. Katharinental	284
	Elsbeth Achler · Franziskanerin in Reute	301
	Eberhard Horgasser · Karmeliter in Ravensburg	320
	Ulrich Rösch · Benediktiner in St. Gallen	338
	Peter Thaler · Kartäuser in Ittingen	355
	Rückblick	374
Schluß	Mönche im Mittelalter	377
Anhang	Bilder und Erläuterungen	391
	Sekundärliteratur und Primärquellen	538
	Register	562

MEINER FRAU
VON DEREN RÜCKSICHT UND ZUVERSICHT
AUCH DIESES BUCH LEBT

EINLEITUNG

HEUTE AM BODENSEE

Spätherbst auf der Insel Reichenau, angeblich im frühen zehnten Jahrhundert. »Derweil zog sich's mit langsamem Schritt in die kühle Stube, das war der ehrenwerte Bruder Rudimann, des Klosters Kellermeister. Er trug ein steinern Krüglein in der Rechten und ging seines Amtes nach, Mostprobe zu halten. Das Lächeln eines mit der Welt und sich versöhnten Mannes lag auf seinen Lippen, und sein Bauch war fröhlich gediehen, wie das Hauswesen des Fleißigen, einen weißen Schurz hatte er darüber geschlungen, gewichtiger Schlüsselbund klapperte an seiner linken Seite.« Scheffels historischer Roman von 1855 findet heute nicht mehr viele Leser, aber sein Bruder Rudimann ist im allgemeinen Bewußtsein zur Verkörperung des Mönchtums am Bodensee geworden. Gehört denn nicht wirklich die Beschaulichkeit mönchischen Lebens zur natürlichen Schönheit der Landschaft? So empfand es Scheffels Titelheld Ekkehard beim Rundblick vom Berg oberhalb St. Gallens: »Zu Füßen lag das Kloster mit all seinen Gebäuden und Ringmauern; hier sprang der wohlbekannte Springquell im Hofe, dort blühten die Herbstblumen im Garten... Hoch aus der Ferne, wie reiche Zukunft, glänzte des Bodensees Spiegel herüber, in verschwommenen Duft war die Linie des anderseitigen Ufers und seiner Höhenzüge gehüllt, nur da und dort haftete ein heller Schein und ein Widerschein im Wasser, die Niederlassungen der Menschen andeutend.«

Scheffel verschmolz Mönchtum und Landschaft miteinander, als wäre die Gegend am See immer eine Augenweide für Zugvögel oder ein Ruhesitz für Lebenssatte gewesen und hätte auch im Mittelalter hauptsächlich Sinnenfreude gespendet. Daß außerhalb der Klostermauern am Ufer andere Menschen lebten, verschwamm vollends in dem Dunst, mit dem Scheffel sogar die Linie seiner Gegenwart verhüllte. Zehn Jahre zuvor hatte ein größerer Dichter bereits die nostalgischen Nebel zerstreut. Mörikes »Idylle vom Bodensee« zeichnete 1845 die zeitgenössischen Niederlassungen in klarem Licht: »Dicht am Gestade des Sees, im Kleefeld, steht ein verlassnes Kirchlein unter den Höhn, die, mit Obst und Reben bewachsen, Halb das benachbarte Kloster und völlig das Dörfchen verstecken, Jenes gewerbsame, das weitfahrende Schiffe beherbergt.«

Dort, unweit von Hofen, hatten die Bauern und Schiffer rund um Friedrichshafen lange mit den Benediktinern aus Weingarten um die Wette gearbeitet. Vormals, noch vor fünfzig Jahren, hatten die Mönche auch am Bodensee Wallfahrten begangen und Bücher ausgemalt. »Aber die Zeiten sind anders geworden hernachmals. Seht nur rings um den See die verödeten Stifter!« Mörike betrachtete die Landschaft als Feld geschichtlicher Bewährung für ihre Bewohner; am Ende bestanden Geschäftigkeit und Tatkraft die historische Prüfung besser als Frömmigkeit und Kunstsinn. Wir sollten Mörike nicht blindlings glauben, aber um den Zusammenhang zwischen Mönchtum und Landschaft genauer zu beleuchten, müssen wir so nüchtern wie Mörike betrachten, was heute am Bodensee zu sehen ist. Wo sind die Klöster und Stifte verödet, wann und warum?

Wer in Bregenz das Schiff besteigt und die rund siebzig Kilometer bis Stein am Rhein fährt, sieht an den Ufern, wie an einer Pfaffengasse aufgereiht, zahlreiche Gebäude stehen, in denen Mönche oder Nonnen lebten. Wer im Kunstführer blättert oder an Land geht, entdeckt, daß alle diese schönen Gehäuse für Mönche gebaut wurden, aber fast nirgends mehr von ihnen bewohnt werden. Gleich am Anfang zwei Ausnahmen. Bei der Ausfahrt aus Bregenz links am flachen österreichischen Ufer die Abtei Mehrerau, 1097 für Benediktiner gegründet, die Konventgebäude von 1781, die Klosterkirche von 1964, beide jetzt von Zisterziensern benutzt. Auf derselben, schon schweizerischen Seite am Nordosthang der Appenzeller Berge das Nonnenkloster Grimmenstein, an dieser Stelle seit 1424 für Franziskanerinnen gebaut, Kirche und Kloster 1724 neu errichtet und zur Zeit von Kapuzinerinnen bewohnt. Hier am östlichen Ende des Bodensees wirken heute andere Orden als im Mittelalter, aber Orden sind noch da.

Nun folgen rein historische Denkmäler. Rechts drüben im bayerischen Lindau die Stiftskirche St. Marien mit den Gebäuden am Stiftsplatz, die stattliche, seit 1748 erbaute Anlage heute meist durch staatliche Behörden belegt, spätestens seit 839 Standort eines Frauenklosters, bei dem sich nachher die Stadt Lindau entwickelte. Dann auf der Schweizer Seite am Rorschacher Berg in beherrschender Lage Mariaberg, ein burgähnliches Geviert mit steilen Dächern, ohne Kirche, 1484 von der Benediktinerabtei St. Gallen begonnen und nie vollendet, heute Lehrerseminar. Dann auf der württembergischen Seite Friedrichshafen, am Horn das frühere Nonnenkloster Hofen, um 1085 gegründet, die heutige Anlage seit 1695 von der Abtei Weingarten erstellt, jetzt Schloß der Herzöge von Württemberg. Dann auf der Schweizer Seite Münsterlingen, als Kloster von Chorfrauen um 1100 bezeugt, in der heutigen Gestalt seit 1709 erbaut und nun als Kantonsspital verwendet. Überall verrät die weitläufige Geschlossenheit der Gebäudegruppen noch den klösterlichen Ursprung.

Weniger deutlich zeigen ihn die beiden Kronjuwelen am nördlichen Ufer, am Überlinger See. Birnau, als Filiale des Zisterzienserklosters Salem 1241 genannt, das jetzige Bauwerk seit 1746 fertiggestellt, wird wieder von Zisterziensern betreut, ist freilich eher ein Wallfahrtsort für Kunstkenner und Hochzeitspaare. Gegenüber Mainau, eine 1271 eingerichtete Kommende des Deutschen Ordens, deren Kirche und Schloß von 1732 an errichtet wurden, heute Sitz eines gräflichen Gärtners und Ziel zahlloser Blumenfreunde. Die nächsten zwei Komplexe, am südlichen Strand, geben sich wieder klar als Klöster zu erkennen. Auf der Schweizer Seite des Obersees Kreuzlingen, die ansehnlichen Häuser des Augustinerchorherrenstifts von 1125, wie sie jetzt aussehen nach 1650 gebaut und 1963 wiederhergestellt, derzeit Lehrerseminar. Dicht daneben Konstanz, auf der Insel das frühere Dominikanerkloster von 1236, die Bausubstanz aus dem 13. und 14. Jahrhundert, 1874 zum heutigen Inselhotel umgestaltet.

Es folgen zwei starke Kontraste. Bei Petershausen, auf der nördlichen Rheinseite gleich hinter der Brücke, sehen wir lieber nicht genau hin. Die 1769 großzügig neugebauten Flügel der 983 gestifteten Benediktinerabtei sind kaum wiederzuerkennen und sehen aus wie Kasernen, was sie zur Zeit sind. Ein Stückchen weiter Reichenau mit dem Benediktinerkloster von 724, Mittelzell vom Untersee abgewandt, das Marienmünster im wesentlichen seit 1477 unverändert, das riesige Viereck der Konventgebäude von 1606, inzwischen teilweise abgebrochen und jetzt von Pfarrgemeinde und politischer Gemeinde gebraucht. Doch die umrahmenden Kirchen von Oberzell und Niederzell vergegenwärtigen, daß Reichenau eine Klosterinsel war. Rheinabwärts würden wir links die Kunstseidenfabrik in Feldbach übersehen, wenn da nicht ein Haus vom Altkloster stünde, das einzige, das den Brand von 1895 überstand. Es erinnert an ein 1252 eingerichtetes Zisterzienserinnenkloster, dessen Kirche zuletzt 1764 renoviert worden war. Mehr gibt es rechts zu sehen. Öhningen, spätestens seit 1120 Propstei der Augustinerchorherren, Kirche und Stift aus den Jahren nach 1617, heute als Pfarramt, Schule, Bürgermeisteramt verwendet.

Schließlich am Ende des Untersees noch einmal zwei Gegensätze. Rechtsrheinisch Stein, ein idyllisches Städtchen, in dessen Gesamtbild sich das Benediktinerkloster von 1005 einschmiegt. So, wie es zwischen 1480 und 1516 umgebaut wurde, ist es erhalten und als Museum zugänglich. Schräg links gegenüber Wagenhausen, abseits der Siedlung, seit 1083 Filiale des Benediktinerklosters Schaffhausen, im Lauf der Jahrhunderte, zuletzt 1892, arg verstümmelt und heute teils von der Gemeinde, teils von Privaten bewohnt. Zu besichtigen ist die schlichte Kirche, die mittelalterlichste unter den Mönchskirchen am See. Die letzten beiden Klosteranlagen am westlichen Ende des Bodensees sind von den erhaltenen die kleinsten, mit die ältesten. Fast alle anderen wurden seit dem sechzehnten, die größten und prunkvollsten erst im achtzehnten Jahrhundert so errichtet, wie wir sie heute bewundern.

Sämtliche Klosterbauten am See wurden zuerst zwischen dem achten und dem dreizehnten Jahrhundert aufgeführt, von Mönchsgemeinschaften, die damals neu im Lande waren. Man sieht ohne viel Geschichtskenntnis, daß die Prachtgebäude der Barockzeit dem Spätherbst dieser Orden zuzurechnen sind. Sie spiegeln ein schönheitstrunkenes und lebenssattes Mönchtum, das nur noch Bestandteil der Landschaft, nicht mehr Herausforderung an sie war und deshalb die Revolutionen von 1789 und 1848 nicht überlebte. Scheffel ließ, wie andere vor und nach ihm, sein Bild vom mittelalterlichen Mönchtum am Bodensee durch die barocken Fassaden bestimmen. In Wirklichkeit sahen die Wohnungen der Mönche im Mittelalter ähnlich bescheiden aus wie die in Wagenhausen und Stein – oder in Grimmenstein und Mehrerau.

Moderne Reisende, die selber nur während des Urlaubs mit der Welt und sich versöhnt sind, lassen sich ungern ernüchtern und übersehen hierzulande alle Klosterruinen. Es wird ihnen leicht gemacht. Nähmen sich die Trümmer so romantisch aus wie in Hersfeld und Heisterbach, die Fremden wären von neuem begeistert. Aber am Bodensee wurde die Erinnerung an Katastrophen des Mönchtums sorgfältig beseitigt, während man die Burgruinen zwischen Rheineck und Neuburg ruhigeren Gewissens verfallen ließ. Vier Beispiele genügen. In Löwental, einem Stadtteil von Friedrichshafen, gemahnt nichts mehr an das frühere Dominikanerinnenkloster. Es wurde kurz vor 1250 auf dem Gelände der Burg Löwental gestiftet, im Dreißigjährigen Krieg niedergebrannt, wieder aufgebaut und nach 1826 abgerissen. Bloß ein Eckbau blieb stehen, neben den Werkhallen einer Zahnradfabrik. In Konstanz rasen alle Autofahrer an einem großen Schulhof vorbei, in dessen Ecke eine Kapelle steht. Da lag das Schottenkloster, um 1142 gegründet, schon 1461 verwahrlost, 1529 von der Stadtgemeinde abgebrochen. Sie erbaute 1589 die heutige Kapelle und versprach den vertriebenen Schottenmönchen 1609, hier wieder Gottesdienste zu halten. Die Mönche selbst durften nicht zurückkehren; ihren Platz vor der Stadtmauer nahmen noch stillere Bewohner ein, die Kranken eines Siechenhauses und die Toten eines Friedhofs. Heute ist das Siechenhaus abgerissen, der Friedhof eingeebnet, die Kapelle mit Brettern vernagelt. In größeren Städten ist gewiß kein Platz mehr für beschauliche Klöster.

Und auf dem Land? Nur Unebenheiten einer Waldlichtung und der Flurname »Nonnenäcker« verraten auf dem Schweizer Seerücken hinter Salenstein, wo das Augustinerinnenkloster Blümlistobel lag; Kinder im nächsten Dorf Fruthwilen wissen es nicht. Die Burgherrin vom nahegelegenen Breitenstein baute die von Beginen bewohnte Hofstatt 1401 zu einem Frauenkloster aus, das 1520 den Augustinereremiten in Konstanz unterstand. Die letzte Augustinerin verpfändete 1537 einen Teil des Ackerlandes, um das Haus notdürftig ausbessern zu lassen. Als sie es 1545 aufgeben mußte, übernahmen Salensteiner Bauern die Nutzflächen, während das Gebäude verkam. Auf der deutschen Seite des Untersees, am Schiener Berg, ein Spiegelbild. Hier wurde 1830 das Franziskanerinnenkloster Grünenberg beseitigt, das unterhalb einer zerfallenden Burg um 1350 entstanden war. Auch hier hatte 1660 ein Großbrand gewütet, auch hier hatten die Nonnen neu begonnen, 1732 alles in Stein ausgebaut. Heute ist der Platz südlich des Dorfes Weiler unbewohnt und nur durch ein Steinkreuz im Wiesengrund bezeichnet. Wahrscheinlich ist es gut, daß hier keine Steine mehr sprechen, sie würden leicht verleugnen, was die historischen Akten bekunden: So gemütlich wie in den großen Abteien am See ging es während der frühen Neuzeit in den Klösterchen am Rand nicht zu. Warum nicht, das bemerkt man wieder ohne historische Detailkenntnis.

Alle verschwundenen Klosterbauten am Bodensee stammten von Mönchsgemeinschaften, die sich erst seit dem zwölften Jahrhundert bildeten und bald danach hier einrichteten. Sie waren noch begeistert, als sie kamen, und wollten bettelarm sein, wie es Mönchen geziemte. Arm sind sie tatsächlich geblieben, denn sie kamen zu spät, um satt zu werden. Die Reformation traf sie härter als alte Abteien; sie büßten für Sünden der Großgrundbesitzer. Übrigens nicht die vier genannten Orden allein, auch die moderneren Vorkämpfer der katholischen Reform im sechzehnten Jahrhundert. Jesuiten und Kapuziner kamen bemerkenswert spät in die Bischofsstadt Konstanz; die Jesuiten bauten ihre Kirche hier 1604–07, die Kapuziner 1603. Bemerkenswert früh wurden ihre Gebäude entfremdet, das Jesuitenkolleg seit 1786 als Stadttheater, das Kapuzinerkloster seit 1819 als Kaserne, nachher als Hauptpost. Jesuiten und Kapuziner sind heutzutage in Konstanz nicht mehr vertreten.

Wenige Reisende auf den Schiffen der Bodenseeflotte fragen danach, wo die Mönche und Nonnen geblieben sind. Auch hierfür vier Beispiele. Am ehesten fallen den Besuchern der Birnau die Männer in schwarzweißen Gewändern auf. Sie kommen aus Mehrerau bei Bregenz, der einzigen Abteikirche am Bodensee, die heute noch von Mönchen genutzt wird oder (um den bezeichnenden Ausdruck in sozialistischen Ländern zu gebrauchen) »arbeitet«. Nicht viele Touristen kommen zur Mehrerau; der vom See sichtbare Kirchturm ist neuromanisch, schlechtes neunzehntes Jahrhundert und etwas ärmlich. Die Klosterkirche im übrigen ein Bau von 1964, kahl, sachlich. Wer unter den Betonfußboden hinuntersteigt, steht vor den ausgegrabenen Fundamenten der alten Klosterkirche, begonnen 1097, ein Bauwerk der Hirsauer Schule, ganz ähnlich wie Wagenhausen, auf romanische Weise so nüchtern wie die moderne Kirche darüber. Hier wird ein Zusammenhang zwischen Gegenwart und Mittelalter, eine Kontinuität des Mönchtums sichtbar, die der Betrachter im Prunk barocker Klosterkirchen nicht empfände. Doch was heißt Kontinuität? Die alte Benediktinerabtei Mehrerau war im achtzehnten Jahrhundert wie viele andere Klöster reich und müde geworden. Um 1740 hatte sie eine großartige Barockanlage zu bauen begonnen, vor allem eine Klosterkirche, die der Birnau stilistisch nahestand und jeden Ästheten beglücken würde. Man erkennt die ausladenden Gebärden an Konventgebäuden, die stehenblieben, als 1808 die Kirche verschwand. Der barocke Aufwand führte hier wie anderswo zu schwerer Verschuldung des Klosters, das kaum mehr neue Mönche aufnahm und 1806 aufgehoben wurde. Die Gebäude hätten leicht dasselbe Schicksal erlitten wie das Konstanzer Inselkloster. Von der alten Klosterbibliothek blieb gar nichts, vom alten Klosterschatz fast nichts übrig, in den Mönchsräumen arbeitete eine Zichorienfabrik.

Dennoch Kontinuität. Die aus Salem 1227 gegründete Zisterzienserabtei Wettingen im Aargau wurde 1841 aufgelöst, die Mönche begannen in Mehrerau von vorne. Es bekam ihnen nicht schlecht. Reich wurden sie nicht, man sieht es den Klostergebäuden an. Aber ihre Aktivität ist erstaunlich, in der Erforschung der Ordensgeschichte, in der Ausbildung von Ordensnovizen, in der Gründung neuer Zisterzienserklöster; dadurch sind die Zisterzienser von Mehrerau in aller Welt bekannt. Wer Bregenzer Bürgern zuhört, erfährt von der regionalen Seite ihres Wirkens: Sie führen in eigener Regie das angesehenste Gymnasium von Bregenz. Wissenschaft und Erziehung gedeihen offensichtlich in der kargen Atmosphäre. Dem modernen Gast fallen die Jesuitenkollegs in Feldkirch und St. Blasien ein, dem Historiker die frühmittelalterlichen Zustände in St. Gallen und Einsiedeln. Die Gelehrten und Lehrer dieser Klöster wußten oft nicht, ob sie morgen genug zu essen bekämen, und meinten, wenn es doch reichte, Gott habe ein Wunder getan. Bedarf es der ständigen Erschütterung geschichtlicher Daseinsbedingungen, um geschichtlichen Zusammenhang immer wieder überzeugend zu stiften?

Ein zweites, weniger dramatisches Beispiel für heutiges Klosterleben am Bodensee bietet der Dominikanerinnenkonvent Zoffingen in Konstanz. Wer durch die Brückengasse schlendert, hat meist nur Augen für die Spitalkellerei und das Fachwerkhaus daneben. Er achtet kaum auf das unscheinbare Kirchlein gegenüber mit dem Dachreiter und dem scheu in die Ecke gedrängten Portal. Hier wurde die Kontinuität des Mönchtums weder durch die Reformation noch durch die Revolution gebrochen. Seit 1257 ist der Gebäudekomplex nahe bei der Rheinbrücke immer von Nonnen bewohnt; neben dem jüngeren Grimmenstein ist Zoffingen das einzige Kloster am Bodensee, das seit dem Mittelalter ununterbrochen »arbeitet«; Zoffingen hat nicht einmal die Ordenszugehörigkeit gewechselt. Trotzdem kein einfaches Fortleben, mehrfach nahe am Schicksal von Blümlistobel und Löwental. Wie in Mehrerau ist es in Zoffingen nicht lange her, daß die Ordensleute ihre Aufgabe in der modernen Welt fanden. Hier führte nach langem Zerfall das späte achtzehnte Jahrhundert zur Neubesinnung und zur Aufnahme der pädagogischen Tätigkeit, die den Konstanzer Bürgern seit zweihundert Jahren als selbstverständlich erscheint, aber das Kloster nicht reich gemacht hat.

In dem mittelalterlichen Gemäuer von Zoffingen herrscht seitdem eine Auffassung vom klösterlichen Leben, die sich nicht auf barocke Selbstzufriedenheit stützt, weder auf zeitliche Kontinuität noch auf örtliche Verwurzelung. Man muß nur in der Klostergeschichte blättern, die eine Dominikanerin 1957 ihrem Konvent widmete. Was die Kontinuität angeht, so zitierte sie einen Satz des Kardinals Newman: »In einer anderen Welt ist es anders, in dieser Welt aber heißt vollkommen sein, sich vielmals gewandelt haben.« Zur Verwurzelung schrieb sie: »Zoffingen hat immer dann geblüht, wenn es nicht allzu bodenständig war. Der Ruf an die Gottesbraut lautet immer wieder wie das Wort des Herrn an Abraham: Geh aus deinem Heimatland und aus deiner Freundschaft in ein Land, das ich dir zeigen werde.« Die moderne Bereitschaft zur Wandlung und Wanderung ist dieselbe Gesinnung, die dreizehnhundert Jahre früher das Mönchtum an den Bodensee gebracht hat. Es ist sogar dieselbe Bibelstelle aus dem ersten Buch Moses, die den irischen Mönch Kolumban um 590 aus seinem Heimatkloster aufbrechen, in unsere Gegenden wandern, an ihnen vorbeiziehen ließ: »Geh aus deinem Heimatland und aus deiner Freundschaft in ein Land, das ich dir zeigen werde.«

Das Verhalten der heute am Bodensee tätigen Mönche und Nonnen zeigt uns den Zugang zu Grundlagen mönchischen Lebens besser als die bezaubernden Baukörper der Barockzeit. Beide stehen zueinander in einer Spannung, die sich offenbar geschichtlich entfaltet hat. Die ersten Mönche kamen nicht mit der Absicht, sich geruhsam niederzulassen und die Bäuche zu pflegen; sie kamen nicht in eine paradiesische Landschaft, in der Palmen und Weine gediehen. Durch ihre Arbeit, vom Seeufer landeinwärts, kultivierten die Mönche den Bodenseeraum wirtschaftlich und geistig und machten ihn zum hochmittelalterlichen Gottesgarten in der Mitte der Christenheit. Erst ihre Nachfahren in der frühen Neuzeit ließen es sich in der gesegneten Landschaft wohl sein, mit der Welt und sich versöhnt. An dieser Selbstgenügsamkeit ging das Mönchtum am Bodensee beinahe zugrunde.

Beinahe, nicht ganz, und daran sind nicht allein Zisterzienser und Dominikanerinnen schuld. Die Abteien der Benediktiner von Einsiedeln und Weingarten wurden zur selben Zeit gegründet, in der Scheffels Roman spielte, 934 und 1056, und beide »arbeiten« noch. Mörike sah es: Sie liegen nicht am Seeufer, haben dort aber unübersehbare Merkzeichen gesetzt, die dem Reisenden auffallen. Dem Kloster Einsiedeln gehört heute wie seit tausend Jahren die Insel Werd bei Stein, auf der jetzt ein paar Franziskaner die seit etwa 900 bestehende, mehrmals umgebaute Wallfahrtskapelle St. Otmar betreuen. Die Bauten in Hofen bei Friedrichshafen wurden 1695 für ein Priorat des Klosters Weingarten geplant und bis 1803 mit zwölf Benediktinern besetzt. Beide Abteien, Einsiedeln wie Weingarten, sind in der Welt als Hauptwerke der europäischen Barockarchitektur des achtzehnten Jahrhunderts berühmt. So riesige Anlagen zu finanzieren und zu bewohnen, vermochte damals kein Kloster am Seeufer mehr. Sind Einsiedeln und Weingarten darum Kinder der Neuzeit? Auch sie haben sich vielmals gewandelt, auch sie sind heute ihrer näheren Umgebung als Träger moderner Schulversuche bekannt, vor allem aber als Zielpunkte für Wallfahrten, deren Ursprung im Mittelalter liegt.

Die Wallfahrt nach Einsiedeln galt zunächst wahrscheinlich der Klosterkirche selbst, die 948 von Gott und den Engeln eingeweiht worden sein soll. Spätestens seit 1314 zieht das Gnadenbild Unserer Lieben Frau zu Einsiedeln kranke und gesunde Pilger aus allen Schichten und Gegenden an. In Weingarten liegt die Heilig-Blut-Reliquie schon seit 1094, erst seit dem dreizehnten Jahrhundert wurde sie von weither aufgesucht, seit dem fünfzehnten als Ziel des berühmten Heilig-Blut-Ritts, der bis heute alljährlich stattfindet. Die Wallfahrten selbst haben sich geschichtlich gewandelt. Aber sie allein hätten die Benediktiner nicht in die Gegenwart hinübergerettet. Denn Wallfahrtsort war und ist die Insel Reichenau auch. Warum erlagen die Benediktiner von Einsiedeln und Weingarten nicht wie die von Reichenau der Harmonie mit der Umwelt?

Sowohl das Sihltal wie das Schussental verlangten von den Mönchen noch im Spätmittelalter härtere Arbeit als die Reichen Auen zwischen Bregenz und Stein. Härter nahm besonders die Geschichte Abteien im Hinterland mit. Die von Einsiedeln wehrte sich im Spätmittelalter verbissen ihrer Haut, um nicht den Eidgenossen von Schwyz oder dem Bischof von Konstanz zu erliegen. Während der Reformation stand ihr Ende unmittelbar bevor, als 1526 der sechsundachtzigjährige Abt zurücktrat und sein letzter Mitmönch zu Zwingli nach Zürich übertrat. Das Kloster wurde von außen gerettet, politisch durch den Kanton Schwyz, geistlich durch die Benediktiner von St. Gallen. Ähnlich später in Weingarten, wo sich die Abtei mühsam gegen Habsburger Landvögte behauptete und 1803 der Französischen Revolution doch zum Opfer fiel. Daß hundertzwanzig Jahre danach wieder Benediktiner in Weingarten einzogen, wurde ebenfalls durch Hilfe von außen ermöglicht, politisch durch das Land Württemberg und die Gemeinde Weingarten, geistlich durch die Mönche von Beuron. In Einsiedeln und Weingarten verkünden also die Barockfassaden nur die halbe Wahrheit. Diese mittelalterlichen Klöster haben ebenso wie die in Mehrerau und Zoffingen überlebt, weil sich ihre Mönche bis heute vielmals wandelten; sie haben sich gewandelt, weil ihnen die Umwelt zwischen Reformation und Revolution keine Muße ließ, auf Lorbeeren der Vorgänger auszuruhen.

Diese Beobachtungen wollen keine allgemeine Geschichtstheologie von der herrlichen Ohnmacht des Geistes und vom Überleben der Angefochtenen verkünden, sondern lediglich einen räumlichen und zeitlichen Zusammenhang begründen, den wir bei historischer Untersuchung des Mönchtums am Bodensee beachten müssen. Wer allein die Uferzonen des Sees ins Auge faßt, erhält ein viel zu statisches und harmonisches Bild von der Geschichte der Mönche. Sie wurde vielmehr immer neu aus dem Hinterland gespeist und verändert. Wenn wir vom Bodensee reden, meinen wir dieses Hinterland mit. Wie weit reichte es denn? Gerade bei der Erforschung des Mönchtums ist es leider üblich, die historische Landschaft um den Bodensee nach modernen Staatsgrenzen aufzugliedern und von der Schweiz, Österreich, Bayern und Baden-Württemberg her allemal als Randgebiet zu beurteilen. Dabei machten die mittelalterlichen Mönche den Bodenseeraum zu einem großen Mittelpunkt und Treffpunkt; sie spannten quer durch die Jahrhunderte ein Netz, von St. Gallen nach Reichenau, von Reichenau nach Salem, von Salem nach Wettingen, von Wettingen nach Mehrerau, von Mehrerau nach Birnau.

Nun wären Salem und Wettingen, sogar Einsiedeln und Weingarten noch halbwegs in die naturräumlichen Grenzen des voralpinen Hügel- und Moorlands um das Bodenseebecken einzugliedern. Schwarzwald, Schwäbische Alb, Illertal, Bregenzerwald, Alpstein und Tössbergland setzen Grenzen, an die wir uns um so lieber halten, als sie den Bereich des mittelalterlichen Bistums Konstanz nirgends überschreiten. Wir müssen bloß wissen, daß Mönche es immer liebten, sie zu übersehen, auf der Suche nach einem Land, das der Herr ihnen zeigen würde. Der erste Mönch, von dem wir zu sprechen haben, kam aus Irland, der letzte aus Wallis, und beide gehörten in einen europäischen Zusammenhang, den wir mitbedenken müssen. Am Bodensee leben heute Benediktiner, Zisterzienser, Dominikanerinnen, aber keiner ihrer Orden, überhaupt keine Mönchsgemeinschaft entstand am Bodensee. Die ersten Benediktiner waren Italiener, die ersten Zisterzienser Franzosen, die ersten Dominikaner Spanier. Zu Anfang waren die Mönche aller Zeiten und Orden hierzulande Fremdlinge und Pilger; sie brachten aus weiter Ferne Bedingungen ihrer Heimat und Ziele ihrer Gemeinschaft mit. Der Geist weht, wo er will, so meinten sie wohl.

Wege und Flüsse laufen nicht, wo sie wollen. Die fremden Mönche fanden hier keine Tabula rasa vor und mußten ihre allgemeinen Absichten in einer vielschichtigen Umwelt verwirklichen, zum Teil tiefgreifend verändern, um Fuß zu fassen und Widerhall zu finden. Wenn sie Erfolge erzielten, wurden die Mönche am Bodensee zuerst volkstümlich, zuletzt selbstzufrieden, und sie mußten sich fragen lassen, wieviel von ihrem ursprünglichen Impuls wirksam geworden und übrig geblieben war. Doch kaum wurden die Eingesessenen müde, kamen schon die nächsten Fremdlinge und Pilger, nach den Benediktinern die Zisterzienser, nach diesen die Dominikaner, und hielten die Landschaft so wie die ganze Christenheit in Bewegung. Wer mittelalterliche Mönche begreifen will, darf demnach zwischen ihnen nicht die Barrieren des neuzeitlichen Kirchenrechts aufstellen, als besäßen Eremiten, Koinobiten, Kanoniker und Mendikanten ihre je eigene Geschichte und Provinz. Die gemeinsame Idee aller Mönche, über banale Umstände und Grenzen hinauszugreifen, wurde erst durch den Wettbewerb zwischen den Mönchsgemeinschaften verwirklicht. Dieser Wettbewerb machte das Mittelalter zum Zeitalter der Mönche, den Bodenseeraum zu einer Pfaffengasse.

Damit ist ein zeitlicher Rahmen gesetzt, den wir genauer als jeden räumlichen einhalten können. Das Mönchtum hat seine Wurzeln weder im europäischen Kontinent noch in der mittelalterlichen Epoche, doch die universal- und ideengeschichtlichen Ursprünge gehen uns diesmal nichts an. Wir beginnen mit dem Augenblick, in dem die universale Idee des Mönchtums auf die regionale Wirklichkeit am Bodensee traf, im frühen siebten Jahrhundert. Das Ende können wir nicht bei dem Zeitpunkt setzen, in dem dieser Zusammenhang abbrach, denn er besteht bei einzelnen Orden aus dem Mittelalter bis heute. Zahlreich sind sie allerdings nicht, ihre Impulse verändern die Landschaft kaum, die Christenheit gar nicht mehr. Wir ziehen also die Grenze dort, wo zum ersten Mal Anregungen zu mönchischem Leben im Bodenseegebiet nicht mehr aufgegriffen, sondern abgewürgt wurden, in den Jahrzehnten des Rorschacher Klosterbruchs und des Ittinger Sturms um 1500. Dies ist die gängige Epochengrenze des europäischen Mittelalters; sie trifft nicht für alle Lebensbereiche gleichmäßig zu, für die Geschichte des Mönchtums nicht in allen Regionen Europas. Für die Mönche am Bodensee bezeichnet sie einen scharfen Einschnitt, das soll uns genügen.

Nun ist das Vorhaben schön abgesteckt, und wir könnten zur Sache kommen, wenn da nicht noch einige Gretchenfragen wären, die zwar niemand sachlich beantworten kann, aber jedermann genüßlich stellt. Die erste Gretchenfrage: Was bleibt aus dem Zusammenhang ausgespart und jenseits der Grenzen? Ausgeklammert werden die für Mönche wichtigsten theologischen Endziele ihres Lebens. Man könnte sie abstrakt und erhaben formulieren, wie es das Zweite Vatikanische Konzil 1965 tat: »Inmitten der Vielfalt von Gnadengaben weihen sich alle, die von Gott zum Leben der evangelischen Räte berufen werden und dieses aufrichtig geloben, in besonderer Weise dem Herrn, indem sie Christus nachfolgen, der selbst jungfräulich und arm gelebt und durch seinen Gehorsam bis zum Tod am Kreuz die Menschen erlöst und geheiligt hat. Von der Liebe gedrängt, die der Heilige Geist in ihre Herzen ausgegossen hat, leben sie mehr und mehr für Christus und seinen Leib, die Kirche. Je inniger sie also durch solche Selbsthingabe, die das ganze Leben umfaßt, mit Christus vereinigt werden, desto reicher wird das Leben der Kirche und desto fruchtbarer deren Apostolat.« Aber ob und wie der Vatergott und der Heilige Geist auf Menschenleben einwirken, kann der Historiker nicht feststellen. Er müßte auch fragen, ob die Nachfolge Christi sich für mittelalterliche Orden ebenso wie für neuzeitliche auf die drei evangelischen Räte Keuschheit, Armut und Gehorsam konzentrierte. Vor allem wird er bemerken, daß sich für mittelalterliche Mönche die Nachfolge Christi weniger in der katholischen Kirche insgesamt als in ungleichartigen Bezirken vollzog und weniger auf den Tod am Kreuz als auf das Standhalten im Alltag gerichtet war. Daß ihr Leben nicht für sich sprach, wußten die Mönche, darum verwiesen sie auf Christus und die Heiligen. Was ich gern von ihnen wüßte, wäre das andere: wie sie mit dem trüben Erdenrest fertig wurden.

Schweigen muß ich auch von dem, was Laien am meisten beschäftigt, von den psychologischen Beweggründen zum mönchischen Leben. Allgemein und schematisch betrachtet, lassen sie sich mit den Worten des Zweiten Vatikanischen Konzils umschreiben: »Sie führten, jeder auf seine Weise, ein gottgeweihtes Leben. Von ihnen wählten unter dem Antrieb des Heiligen Geistes viele ein Einsiedlerleben, viele gaben den Anstoß zu religiösen Gemeinschaften.« Der Historiker hätte auch hier zu bedenken, ob die Gegenüberstellung von Eremiten und Koinobiten, vollends von kontemplativer Gottesliebe und apostolischer Nächstenliebe mittelalterlichen Orden so wichtig wie frühchristlichen und neuzeitlichen war. Er wird finden, daß mittelalterliche Mönche sowohl ihre eigene Seele retten wie den Mitmenschen helfen wollten. Vor allem wird er beobachten, daß sie sich nicht wichtig genug nahmen, um darüber zu reden. Mönche lebten nicht wie Laien in der Aufregung und Zerfahrenheit des Augenblicks, vielmehr in der Spannung zwischen ursprünglicher Verheißung und endzeitlicher Erfüllung. Sie lebten weder auf der ganzen Erde noch in einem Erdenwinkel ganz, sondern blickten von ihren Konventen aus nach dem Land, das der Herr ihnen zeigen würde. Ein solches buchstäblich vorläufiges Dasein offenbarte sich betend und schweigend leichter als redend und schreibend. So gern ich als Historiker die mittelalterlichen Mönche fragen möchte, warum sie Mönche geworden sind, ihr Schweigen setzt meiner Neugier die Grenze. Daß vom »Geheimnis der Mönche« am beredtesten Laien zu berichten wissen, spricht für sich.

Die Frage des Historikers an mittelalterliche Mönche ist weder eine theologische noch eine psychologische, sondern eine historische Frage, das heißt, sie ist von außen gestellt und nur insoweit legitim. Sie betrifft immerhin zwei Themen, über die Mönche des

Mittelalters unermüdlich sprachen und schrieben, die ihnen also wenigstens neben ihrem Verhältnis zu Gott und zur eigenen Seele am Herzen lagen: zum einen das Verhältnis des Einzelmönchs zu seinem Konvent, das aus den besonderen Menschen eine gesonderte Gemeinschaft machte, zum andern das Verhältnis des Konvents zu seiner Umgebung, das die unterschiedlichen Lebenskreise zu einem christlichen Gemeinwesen verband. Viele Mönche sahen Leitgedanken und Grundordnungen ihrer Gemeinschaften und des christlichen Gemeinwesens entweder in Christus und den heiligen Ordensgründern verkörpert oder in Gedankensystemen formuliert, die wir heute geistesgeschichtlich oder kirchenrechtlich nennen würden. Darin folge ich ihnen in diesem Buch nicht, sondern beschränke mich auf die Verwirklichung der Vorbilder, Ideale und Regeln durch gewöhnliche Mönche und Nonnen, auf die Lebensformen des europäischen Mönchtums im Horizont einer Landschaft. Landesgeschichte ist für Sozialgeschichte unentbehrlich, weil im Mittelalter allenthalben das geformte Leben nur dadurch Wirklichkeit gewann, daß es in überschaubaren Bezirken wirkte. Deshalb bleiben im folgenden jene gesamteuropäischen Entwicklungen beiseite, die am Bodensee nicht aufgegriffen wurden, ebenso jene lokalen Eigenheiten, die keine beispielhafte Verbindlichkeit erlangten.

Die zweite Gretchenfrage: Was sollen uns modernen Menschen die alten Geschichten? Ich glaube nicht wie Schiller, daß Geschichte jedem Menschen etwas Wichtiges zu sagen hätte, und wünsche nicht, daß Geschichtsbücher zur Pflichtlektüre gemacht werden; so kann ich zunächst nur persönlich antworten. Seit über vierzig Jahren begegneten mir viele Mönche, zuerst lebende als Lehrer im humanistischen Gymnasium, später tote als Gewährsmänner bei der mediaevistischen Forschung. Ich hielt deshalb seit 1957 in Münster und Erlangen mehrere Vorlesungen über Mönche und Mönchtum des Mittelalters, anfangs mit universal- und geistesgeschichtlichem Schwerpunkt. Ein Buch hätte ich darüber nicht geschrieben, wenn eine landes- und sozialgeschichtlich ausgerichtete öffentliche Vorlesung in Konstanz 1976 nicht so engagierte und kontroverse Urteile hervorgerufen hätte. Die Bevölkerung im Umkreis hörte eifrig zu, weil es um die Geschichte ihrer Region ging; eine Reihe externer Hörer wünschte die Publikation im Druck. Die Studenten der Universität waren weniger angetan, weil es nicht um die von ihnen herbeigesehnte Sozialisation ging; manche warfen mir vor, ich predigte mit Methoden der bürgerlichen Universität die Rückkehr ins klerikale Mittelalter. Ich verstand Zustimmung und Widerspruch als Aufforderung, noch einmal den Gegenstand gründlich zu untersuchen und meinen Standpunkt deutlich zu erklären.

Dabei wurde der ursprüngliche Text der Vorlesung beträchtlich verändert und erweitert. Denn nun bestürmten mich zwei Gruppen von Menschen, die mich im Arbeitszimmer besucht, aber nicht im Hörsaal angehört hatten. Die aufdringlichere bestand aus Verfassern der modernen Sekundärliteratur, zumeist Absolventen deutscher Universitäten des neunzehnten und zwanzigsten Jahrhunderts, wenige Ordensleute darunter. Diese (wenn es denn sein muß: bürgerlichen) Autoren schrieben über mittelalterliches Mönchtum im allgemeinen, über das am Bodensee im besonderen unendlich viel. Bei allem, was sich identifizieren, datieren und lokalisieren ließ, leisteten sie vorzügliche Arbeit, die ich dankbar benutzte. Die meisten behandelten das Mönchtum jedoch wie einen Sachverhalt, nicht wie einen Zusammenschluß von Menschen aus Fleisch und Blut. Wenig menschlich gingen sie auch miteinander um; wo niemand etwas Genaues wußte, wollte es fast jeder besser wissen als sein Kollege. Wenn man von den Akademikern auf ihre Universitäten schließen dürfte, dann wären sie humanistische, nicht humane Anstalten gewesen. Nebenbei bemerkt, wenn ich sehe, wie selbstgerecht manche Studenten heute mit Toten umspringen, kommt mir ihre Absage an die verhaßten bürgerlichen Väter höchst akademisch vor.

Um so lieber wandte ich mich der zurückhaltenderen Gruppe zu, Verfassern der mittelalterlichen Primärquellen, die fast alle selbst mittelalterliche Mönche waren. Auf viele präzise Fragen gaben sie keine Antwort, aber sie sprachen über Mönche, auch solche anderer Zeiten, Länder und Orden, wie über Mitmenschen, denen sie täglich begegneten. Ich ging bei ihnen in die Schule und stellte mir vor, mittelalterliche Mönche kämen an den heutigen Bodensee und sprächen mit mir. Diese unter Fachhistorikern verpönte Fiktion ist nicht unwissenschaftlicher als die umgekehrte, die moderne Historiker glauben macht, sie könnten sich ins Mittelalter zurückversetzen. Ich setze mich mit den Mönchen zusammen und auseinander, ich stelle ihnen meine Fragen und lege ihre Antworten auf moderne Weise aus. Ihre Stimmen sind leise und undeutlich, oft muß ich das, was sie sagen, ergänzen und zuspitzen; aber ich hüte mich, sie zu überschreien, denn noch ihr Widerspruch klingt matt und müßte mich deshalb doppelt beschämen. Dieses Verfahren, Tote als Mitmenschen anzunehmen, ist nicht neu und sehr simpel, aus beiden Gründen für moderne Gelehrte nicht leicht akzeptabel. Es könnte aber der Geschichtswissenschaft ein wenig aus ihrer derzeitigen Isolierung helfen und darüber hinaus ein wenig von dem erneuern, was Mönchtum und Universität nicht in ihrem Alltag, aber in ihrem Anspruch einmal gewesen sind.

Ich halte Mönchtum und Universität nicht bloß für Überbleibsel veralteter Institutionen in der modernen Welt, Askese und Bildung nicht bloß für Ideologien der Ewiggestrigen. Das können sie werden, das müssen sie nicht sein. Nicht zufällig sind Mönchtum und Universität die beiden einzigen Einrichtungen, die das europäische Mittelalter gestaltet und überlebt haben. Ich finde beide in ihrem Anspruch bedenkenswerte Beispiele, wie Menschen freiwillig ein geformtes Leben miteinander führen könnten. Allerdings bin ich kein Überzeugter, der alles besser weiß, weil er unbelehrbar ist, und will niemanden zu irgendetwas überreden, am wenigsten zum Mittelalter. Ich möchte die Nachdenklichen unter meinen Mitmenschen bloß auf eine fremde Welt hinweisen, die einigen von uns etwas Wichtiges zu sagen hätte, wenn wir zuhören wollten. Sie ist vergangen und kehrt nie wieder; sie hat ihr Geheimnis mit ins Grab genommen und uns leere Hülsen hinterlassen. Von Ausgrabungen am Blümlistobel ist wenig Einsicht zu erwarten.

Dennoch: es ist eine verwickelte, wandlungsfähige, menschliche Welt so gut wie die unsere gewesen. Der Weg der Mönche in die Fremde hat sie, vielleicht ohne daß sie es wollten, zu ihren Nächsten geführt. Weil ich nicht genau weiß, welches meine Fremde, wer mein Nächster ist, frage ich andere danach. Eines ihrer Ziele, das sie erreichten, vielleicht ohne es zu merken, war die Gestaltung menschlichen Zusammenlebens; das ist unsere Aufgabe auch. Wir verfehlen sie bestimmt, wenn wir ständig nur in die Nebel der Zukunft starren und keine Klasse der heutigen Gesellschaft so rücksichtslos unterdrücken wie die Toten. Außerdem sind morgen wir die Toten, dann sind unsere Zukunftsträume nichts weiter als alte Geschichten.

ASKESE IN DER ADELSKIRCHE

GALLUS · EREMIT AN DER STEINACH

Wenn wir unsere Zukunftsängste ernstnehmen, verstehen wir die ersten Mönche am Bodensee. Auch diese Landschaft kann wieder Wüste werden, ihre Städte können zerstört werden oder verfallen wie das römische Bregenz, das um 610 in Trümmern lag. Es kann noch einmal wie im frühen siebten Jahrhundert geschehen, daß Spätere kaum erfahren, was eigentlich geschehen ist, weil es niemand aufgeschrieben hat. Wir besitzen aus der ersten Hälfte des siebten Jahrhunderts ausführliche und zuverlässige Nachrichten über die Zustände in Frankreich und Italien, aber keine zeitgenössischen Berichte aus dem Bodenseeraum. Vorerst ist die Lücke durch archäologische Funde nicht zu überbrücken, besonders in der fast fundleeren Region zwischen Zürichsee, Walensee und Bodensee, mit dem wir es zunächst zu tun haben. Die Fundleere ist so aufschlußreich wie das Schweigen der Schriftquellen: Es gab nicht viel zu überliefern.

Dieses Gebiet besaß weder entwickelte Schriftkultur noch ausgeprägte Neigung zu Steinbau und Goldschmiedekunst. Die Menschen erschöpften sich in einem ländlichen, bäuerlichen Dasein, das der ungezähmten Natur mit äußerster Anstrengung das Nötigste abrang. Auch von politischer Organisation war wenig zu spüren. Das Land war von Alemannen besiedelt, doch wissen wir nicht genau, ob sie einem einzigen Herzog oder mehreren regionalen Herzögen unterstanden. Von den merowingischen Frankenkönigen hingen sie nominell ab, aber ob sie auf deren Weisungen wirklich hörten, ist fraglich. Der Horizont des Alltags reichte selten über den Umkreis ländlicher Siedlungen hinaus, die voneinander durch Wälder und Berge getrennt wurden. Stützpunkte des Christentums bestanden im Land seit römischer Zeit, vornehmlich in den kleinen Städten am See mit römischen Namen, Bregenz, Arbon, Konstanz, und in der romanischen Bevölkerung. Ihr geistlicher Mittelpunkt, der rätische Bischofssitz in Chur, lag weit weg. Neben dieses spätantike Christentum aus dem Süden trat das neuere fränkische aus dem Westen; weiterblickende alemannische Führungsschichten des Adels griffen es auf und dachten sich Kirche weniger als weltweiten Verband städtischer Gemeinden, mehr als geistliche Stütze adliger Herrschaft im Land und auf dem Land. Für alemannische Bauern blieb die Lehre Christi eine verschwommene Kunde aus der Ferne, die sich mit einheimischem Aberglauben verquickte.

In die dumpfen Verhältnisse am Bodensee, für den man keinen gemeinsamen Namen wußte, platzte die Mission Kolumbans und provozierte Konflikte, wie sie in neueren

Zeiten Entwicklungsländer quälen. Kolumban kam aus einer ganz anderen Welt, aus Irland, das weder die römische Weltherrschaft noch die germanische Völkerwanderung miterlebt hatte. In diesem keltischen Land nahm das frühverbreitete Christentum besondere Färbung an, es liierte sich mit der Vielzahl bäuerlicher Familienverbände und organisierte sich in Klostersiedlungen. Dort regierten großbäuerliche Herren als Äbte, Klöster sahen wie Dörfer aus, mit vielen winzigen Hütten und einer Menge kleiner Kirchen, ohne erkennbaren Mittelpunkt. Weil die grüne Insel keine Städte kannte, entfaltete sich keine Gemeindegliederung, die von Bischöfen und Weltpriestern getragen worden wäre. Die enge Verflechtung zwischen dörflichem Familienverband und kirchlicher Ordnung forderte radikalen Widerspruch heraus, dessen Wortführer eben Kolumban wurde.

Er stammte vermutlich nicht aus vornehmem Hause und hielt es in seiner südostirischen Heimat nicht aus. Sein Elternhaus verließ er, anscheinend um 560, mit der festen Absicht, es nie wiederzusehen, und trat in das weit entfernte nordirische Kloster Bangor ein, das wenige Jahre zuvor gegründet worden war. Der Gründerabt Comgall hatte sich zuvor als Eremit erprobt und betrieb auch in Gemeinschaft die Askese mit wütender Strenge. Als er einmal mit den Mönchen auszog, um auf einer Insel zu hausen, starben ihrer sieben an Hunger und Kälte. Kolumban lernte dort auch den rücksichtslosen Gehorsam, den er später von anderen forderte. Einmal, als alle seine Mönche krank in den Betten lagen, jagte er sie zur Getreideernte aufs Feld und verlangte, um die Unvernunft auf die Spitze zu treiben, sie sollten das Getreide nicht mit Sicheln mähen, sondern mit Stöcken abschlagen. Siehe da, sie wurden gesund.

Erbarmungslose Askese gedieh schlecht im irischen Heimatland und Freundesverband; noch ins unerbittlichste Kloster schlichen sich familiäre Rücksichten und menschliche Bindungen ein. Asketen mußten ein anderes Land mit der Seele suchen, das der Herr ihnen zeigen würde, eine einsame Insel, eine Wüste, die Fremde. Kolumban entdeckte die Lebensform der allerersten christlichen Mönche wieder, der sogenannten Wüstenväter. Ihr Patriarch, der heilige Einsiedler Antonios, hatte sich im späten dritten Jahrhundert aus den Städten und Dörfern der ägyptischen Heimat selbst verbannt, schrittweise immer weiter hinaus an den Rand der bewohnten Welt. Darum nannte man ihn Anachoret oder Eremit, wörtlich einen, der sich zurückzieht und in die Wüste geht. Dort rang er, zuerst allein, dann von Jüngern umgeben, mit den Dämonen im eigenen Inneren. Mit der lateinischen Lebensbeschreibung des ersten Wüstenvaters kam seit dem späten vierten Jahrhundert der Name »Mönch« in den Westen; er bezeichnete im Lateinischen schon nicht mehr wie im griechischen Original den Einzigartigen und Beispiellosen, sondern den Alleinlebenden und Abgesonderten. Eine Sandwüste mit tropischer Hitze wie am Rand des Niltals fand sich auf der Insel am Golfstrom nicht. Einer Wüste glich immerhin zum einen das Meer, zum andern der Wald, die menschenleere Erde überhaupt. Sie forderte das Äußerste vom Menschen, wenn er auf die Notgemeinschaft der Verwandten und Nachbarn verzichtete.

In dieser Gesinnung verließ der fünfzigjährige Kolumban um 590 mit einigen Gefährten das heimische Irland, um nie zurückzukehren. Er fuhr über das Meer ins Frankenreich und wanderte in die Wälder der abgelegenen Vogesen. Sein Wille zum Äußersten traf im Frankenreich auf völlig andere Zustände, ein ziemlich mächtiges und halbwegs einheitliches Königtum, größere Städte aus römischen Zeiten und eine Landeskirche, die sich in Bistümer und Pfarreien gliederte. Insbesondere die fränkische Kirche widersetzte sich der wilden Askese der Iren, vorweg die adligen Bischöfe. Einfachen Bauern gefiel die Rücksichtslosigkeit der Mönche besser als die ränkesüchtige Politik der Könige und Hohenpriester; begeisterungsfähige Adlige und ihre Damen ließen sich überzeugen. So fand Kolumban leidenschaftliche Zustimmung und empörten Widerspruch zugleich. In politische und kirchliche Intrigen verstrickt, wurde er schließlich um 610 in die Wüste geschickt und ging mit einigen Schülern ohne Bedauern.

Aus den Vogesen kam er an Rhein und Bodensee. Land und Leute mißfielen ihm; wie kleinlich hingen sie an ihrem kümmerlichen Leben und Besitz! Der ungestüme, mittlerweile siebzigjährige Ire blieb nicht lang, ein oder zwei Jahre. Vielleicht machte er zuerst in Tuggen am Zürichsee Halt. Als er mit seinen Jüngern den Einheimischen ihre Kultstätte in Brand steckte, jagten sie ihn davon, und er verfluchte sie. Nun zog die Schar in das befestigte Arbon, beinahe eine Stadt, überdies mit wohlgeordneter romanischer Christengemeinde, mit mindestens drei Geistlichen unter dem Priester Willimar. Kolumban blieb gerade sieben Tage, dann bestieg er das Schiff, fuhr über das Wasser und landete bei dem zerstörten Bregenz, wo auf fruchtbarem Boden halbheidnische alemannische Bauern siedelten. Die Fremdlinge scheinen sich von ihnen abgesondert zu haben; Kolumban hauste mit seinen Gefährten in einer Zelle im Urwald, unter einem großen Felsbrocken. Er lebte von Holzäpfeln, die ihm die Bären streitig machten, von gefangenem Federvieh, von der Milch einiger Kühe. Getreide wurde aus der Gegend nicht geliefert, sondern aus einer entfernten Stadt, entweder Konstanz oder Chur, importiert.

Dennoch war das Land keine Wüste, denn da wohnten andere Menschen. Alemannen beschuldigten die Fremden, sie verscheuchten im Wald die jagdbaren Tiere. Als Einheimische ihrem Gott Wodan ein Bieropfer bringen wollten, zerschlug ihnen Kolumban den Kessel. Sie reagierten unterschiedlich, die einen bewunderten den kräftigen Alten, die anderen schimpften über die Beleidigung der Götter. Die Fronten verhärteten sich rasch. Den irischen Mönchen wurde eine Kuh gestohlen; als zwei Brüder den Dieben nachsetzten und sie erwischten, schlug man die zwei Bestohlenen tot. Kolumban, ungeduldig wie immer, hatte von den Dickschädeln genug und wollte zu Slaven weiterwandern. Er träumte von einem Engel, der ihm den ganzen Erdkreis zeigte und sprach: »Siehst du, daß die ganze Erde eine Wüste ist? Geh, wohin du willst, nach rechts oder nach links, du kannst dort die Früchte deiner Mühe verzehren.« Dort, nicht hier. Kolumban zog 612 nach Italien weiter. Sein Aufenthalt am Bodensee, von dem spätere Jahrhunderte viel Aufhebens machten, hätte keine bleibenden Spuren hinterlassen, wenn Gallus nicht gewesen wäre.

Woher Gallus stammte und in welcher Beziehung er zu Kolumban stand, ist die umstrittenste Frage der frühen alemannischen Kirchengeschichte. Daß sie sich nicht schlüssig beantworten läßt, ist die Schuld der zeitgenössischen Quellen. Das Leben Kolumbans wurde bald, um 642/43, von dem Italiener Jonas aufgeschrieben, der auch fränkische Wirkungsstätten seines Helden besuchte. Er unterhielt sich – wo, sagte er nicht – mit einem Gallus, der in den Vogesenklöstern Kolumbans Schüler gewesen sei, mit ihm gelegentlich in der Einsamkeit gehaust und für ihn Fische gefangen habe. Das Werk des Jonas, dem das meiste bisher Erzählte entnommen ist, war vermutlich um 680 auch am Bodensee bekannt und diente einem hier ansässigen Geistlichen als Ergänzung für die älteste, uns fragmentarisch erhaltene Lebensbeschreibung des Gallus. Dieser erste Gallusbiograph behauptete nun um 680, Gallus sei schon in Irland zum Schüler Kolumbans geworden und mit ihm durch das Frankenreich bis nach Bregenz gezogen. Gegen irische Herkunft von Gallus sprechen gewichtige Einwände; so hat man neuerdings vermutet, der wirkliche Gallus sei mit Kolumban und dem irischen Mönchtum gar nicht in Berührung gekommen und ein rätischer oder alemannischer Einsiedler gewesen, den seine Anhänger erst hinterher mit der Gloriole des weltberühmten Kolumban geschmückt und mit dessen fränkischem Jünger Gallus gleichgesetzt hätten.

Man muß nicht das historische Kind mit dem literarischen Bade ausschütten. Gallus wird, wie andere Mönche, seinen Mitbrüdern nichts von seinem Heimatland und Freundeskreis erzählt haben. Was er ihnen sagte, hat die älteste Vita glaubwürdig festgehalten: »Vor all meinen Bekannten und Verwandten bin ich in diese Einsamkeit geflohen, nach den prophetischen Worten Davids: Zum Ausländer bin ich meinen Brüdern geworden, zum Fremdling den Söhnen meiner Mutter.« Sollten wir ihm dieses Bekenntnis nicht einfach glauben? Nachher reimten sich Überlebende zusammen, woher er gekommen sein könnte, und das müssen wir ihnen nicht glauben. Erzählt hat er ihnen viel von seinem Mönchsvater Kolumban, keineswegs im Stil literarischer Lobpreisung, sondern mit konkreten Einzelheiten. Von der stets spannungsreichen Zusammenarbeit zwischen Kolumban und Gallus berichten die Lebensbeschreibungen beider zwar verschiedene, aber zueinander passende Episoden. Die Übereinstimmung erklärt sich am einfachsten, wenn der ungehorsame Fischer Gallus in den Vogesen nicht bloß das literarische Vorbild für die Stilisierung des Einsiedlers an der Steinach abgab, sondern mit ihm und dem aufmüpfigen Fischer Gallus in Bregenz historisch identisch war. Nehmen wir also an, daß Gallus in den Vogesen zu Kolumban stieß, mit ihm über Tuggen und Arbon nach Bregenz zog und sich dann von ihm trennte, ungefähr so, wie Kolumban selbst seinen Mönchsvater Comgall aufsuchte und verließ.

Romane oder Räter war er nicht, eher Franke oder Alemanne, aber zu allererst war er Mönch, der wie Kolumban alles verlassen und Christus nachfolgen wollte. Es fragte sich bloß, auf welchem Weg. Persönliche Bedürfnislosigkeit verstand sich von selbst, soziale Rücksichtslosigkeit nicht. In Tuggen eiferte Gallus noch wie Kolumban, zündete die Kultstätte der Alemannen an und warf ihre Kultbilder in den Zürichsee. Auch in Bregenz zerschlug er Götzenbilder und schleuderte die Trümmer in den See; aber zuvor predigte er, auf Kolumbans Befehl, den Alemannen in ihrer eigenen Sprache, die er als einziger der Fremdlinge verstand. Und ihm grollten die Bauern nicht alle, denn er verfluchte sie nicht. Außerdem tat er für die Mönchsgemeinschaft das, was den Ansässigen am ehesten einleuchtete: Er verstand Fischnetze zu knüpfen und fing im See reichlich Fische für die Mitbrüder. Das Erstaunlichste: Den Wasserteufeln gelang es nicht, dem wachsamen Gallus das Netz zu zerreißen. Der Mann konnte mehr als Bierkessel zerschlagen; die Leute konnten etwas von ihm lernen. Er hatte sich den Wandermönchen angeschlossen, von ihrer Radikalität fasziniert, doch er war zu human, um Wanderprediger zu bleiben. Als Kolumban 612 nach Italien weiterzog, weigerte sich Gallus mitzugehen. Er war damals fieberkrank, doch Kolumban nahm wieder einmal auf Krankheiten keine Rücksicht und verstand die Weigerung als Ungehorsam. Bei dem Abschied im Zorn, wieder für Lebenszeit, verbot er Gallus, künftig die Messe zu lesen.

Sobald sich Kolumban mit den Seinen entfernt hatte, suchte sich Gallus eine neue Gemeinschaft; ein Eremit im strengen Wortsinn der Wüstenväter wollte er nicht sein. Deshalb verließ auch er die Zelle bei Bregenz, packte Fischernetze und Fischergarn in ein Boot und ruderte über den See nach Arbon zu Willimar. Dazu war der Fieberkranke noch kräftig genug. In Arbon pflegten ihn mehrere Kleriker gesund, aber bei ihnen in der Stadt wollte er nicht dauernd bleiben. Er wollte zunächst nicht wie in Bregenz anderen den Christenglauben predigen; wie andere Priester die Messe zu zelebrieren, wagte er nach Kolumbans Verbot nicht. Wenn er nicht wie Kolumban zum Eiferer gegen andere werden mochte, so blieb ihm der zweite von Kolumban gewiesene Weg der Askese, der Härte des Mönchs gegen sich selbst. Gallus teilte in Arbon dem Diakon Hiltibold den Wunsch mit, in der tiefen Einsamkeit ein Bethaus und eine Wohnung zu bauen und dort seine Tage zu verbringen. Der ortskundige Alemanne begriff, daß sich Gallus jetzt auf ein größeres Wagnis einließ als in Bregenz, wo Menschen wohnten. Er warnte Gallus: »Die Einsamkeit hier ist rauh und voller Wasser. Sie hat hohe Berge und enge Täler, dazu vielerlei wilde Tiere, Bären, Rudel von Wölfen und Wildschweinen. Ich fürchte, sie fallen über dich her, wenn ich dich dorthin bringe.« So sah damals die Bodenseelandschaft aus, sobald man die wenigen festen Siedlungen am Ufer verließ. Die Menschen reisten von Arbon nach Bregenz, von Konstanz nach Arbon nicht über Land. Straßen führten nicht durch die Wildnis, der alles verbindende Weg war der See.

Gallus ließ sich nicht abbringen, er wollte die Wüste, an die ihn Kolumban in den Vogesen gewöhnt hatte. Hiltibold und Gallus machten sich am Morgen auf. Der Weg von Arbon zu ihrem Ziel, dem heutigen St. Gallen, mißt dreizehn Kilometer, für einen gemächlichen Spaziergang eine Spanne von drei Stunden. Die beiden brauchten, wenn man der Lebensbeschreibung trauen darf, mehr als neun Stunden, um durch den Urwald zu kommen. Sie waren todmüde, als sie abends auf das Flüßchen Steinach trafen. Sie fanden einen Wasserfall, wo die Steinach vom Felsen herabstürzte. In dem kleinen See unten warfen sie das mitgebrachte Netz aus und fingen Fische. Der Diakon schlug mit einem Stein Feuer, Holz lag genug herum. Hier wollte Gallus bleiben und betete: »Herr Jesus Christus, Schöpfer der Welt, ... mach diesen Ort für dein Lob bewohnbar!« Dann aßen sie ihre Fische, ließen das Feuer wegen der wilden Tiere brennen und legten sich schlafen. Ein Bär kam vom Berg und fraß die Reste der Mahlzeit. Gallus befahl ihm ruhig, Holz aufzulesen und beim Feuer nachzulegen. Der Bär tat es; dafür steht er heute im St. Galler Stadtwappen. Dann sagte Gallus dem Tier: »Im Namen meines Herrn Jesus Christus, verlaß dieses Tal! Du hast für dich die Berge und die Hügel, die niemandem gehören, doch hier sollst du weder Tiere noch Menschen verletzen.« Am nächsten Morgen sollte der Diakon beim Wasserfall fischen. Er erblickte zwei nackte Wassernixen beim Baden, die mit Steinen nach ihm warfen, und rannte entsetzt zu Gallus. Der befahl den Dämonen, diesen Ort zu verlassen; wehklagend zogen sie sich auf den Bergesgipfel zurück. Jetzt konnten die beiden in Ruhe Fische und Habichte fangen. Danach fanden sie nahebei einen ebenen Platz, der zum Bau einer Zelle einlud. Die Schlangen, von denen es dort wimmelte, verschwanden schleunigst.

Spätere Mönche der Galluszelle schilderten diese Szenen so ausführlich, weil hier etwas Unerhörtes, für die Zukunft der Bodenseeregion Entscheidendes geschah. Den Urwald und seine Tiere kannten sie aus eigener Erfahrung, die einschlägigen Wunder schrieben sie aus Büchern ab. Den springenden Punkt verstanden sie richtig: Es ging weniger um die Beschreibung der Natur und die Pionierarbeit des Einsiedlers als um das geistliche Ziel, dem Landschaft und Menschen gemeinsam dienen sollten. Der Fischer Gallus hatte schon früher in Bregenz Fische gefangen und Teufel verjagt. Was für Fische? Erstens wirkliche Fische, die als leibliche Nahrung für Menschen gebraucht wurden. Zweitens stellte sich Gallus in die Tradition des Fischers Petrus, der fortan Menschen fischen sollte. Drittens symbolisierte der Fisch die geistliche Nahrung der Frommen, den Herrn Jesus Christus. Indem Gallus im Wasser der Steinach Fische fing und Teufel verjagte, heiligte er das Hinterland und machte es bewohnbar, gewiß für Menschen, jedoch zum Lob Christi. Hier würden bald viele Fromme hausen und sich von dem ernähren, was Wald und Fluß darboten; die Tiere hatten ebenso wie die Teufel ihre Herrschaft über die Leere verloren.

Daß hier einmal eine Stadt mit Zehntausenden von Einwohnern stehen würde, konnte Gallus nicht wollen, geschweige denn voraussehen. Er tat indes den ersten und wichtigsten Schritt, denn er verhielt sich nicht wie ein Wüstenvater, der in der Einöde für sein Seelenheil Bußübungen ausführt, sondern wie ein Schrittmacher für menschliche Gemeinschaften, die zum Lob des Weltschöpfers zusammenleben. Äußerlich war das, was Gallus tat, dem Vorbild Kolumbans verpflichtet; auch der hatte in den Vogesen unterwegs einem Rudel Wölfe standgehalten und aus einer Felsenhöhle, in der er beten wollte, einen Bären verjagt. Inhaltlich diente das, was Gallus tat, einem anderen Ziel, nicht der Selbstheiligung des Asketen, sondern der Wegbereitung für andere. Die Geschichte wiederholte sich bald vielfach. Indem Einsiedler in den Urwald eindrangen, begannen sie, ihn zu kultivieren und die wilden Tiere zu vertreiben. Wenn sie Gefährten nach sich zogen, entstand auf der Waldlichtung eine Siedlung, die Kulturlandschaft dehnte sich auf Kosten der Wildnis immer weiter aus. Ein Weg wurde gebahnt, an dessen Ende wir heute stehen.

Gallus schickte Hiltibold nach Arbon zurück, blieb aber in der Wildnis nicht allein. Zusammen mit »Brüdern« und Leuten aus der Umgebung zimmerte er eine Holzkirche und ein Haus, in dem sie zusammen aßen, eine *Cella*, wie die älteste Vita sagte. Die Wohnräume werden nicht in diesem Haus, sondern in Hütten ringsum gelegen haben, denn zur Messe rief eine Glocke die Brüder zusammen. Gallus hielt Verbindung zu Kolumbans Klöstern und schickte 615 einen Boten nach Bobbio, wo Kolumban gestorben war; fortan las Gallus wieder Messen. Ebenso plausibel erscheint mir die Nachricht, daß 629 aus dem Kolumbankloster Luxeuil in den Vogesen sechs Mönche an die Steinach kamen, um Gallus das Amt ihres verstorbenen Abtes anzutragen. Er lehnte mit der biblischen, buchstäblich zutreffenden Begründung ab, er dürfe nicht zurückblicken, nachdem er die Hand an den Pflug gelegt habe. Hier im Wald an der Steinach war Neuland zu roden und zu pflügen. Als die Besucher kamen, fand der Küchenbruder etwas Mehl im Haus, im Garten nebenan wuchs bereits Kohl, frische Fische waren zur Hand, und ein Pilger schleppte zwei volle Weinschläuche herbei.

Mochten andere Jünger Kolumbans auf den Spuren des Meisters zwischen Bobbio und Luxeuil pilgern, Gallus bebaute seinen Garten an der Steinach. Wenn die Behausung beim Wasserfall ein vorgeschobener Stützpunkt war, dann nicht für eine fränkisch-italienische Klosterkette, sondern für die Siedlungen am Bodensee. Gallus kam öfter nach

Arbon zu Besuch, denn diese Burg war beinahe eine Drehscheibe und kommunizierte mit anderen Orten am See. Während Gallus dort weilte, traf ein Bote aus Konstanz ein und meldete, daß der Bischof gestorben sei. Das mag um 615, vielleicht erst dreißig Jahre später gewesen sein. So ärgerlich für den Historiker die Gewohnheit der frühen Gallusmönche ist, keine Jahreszahlen zu nennen, sie verrät uns, was ihnen wichtiger war: erfüllte Augenblicke. Drei Tage, sieben Tage, weiter rechneten sie nicht, und Neuigkeiten störten bloß ihre Konzentration. »Sieben Tage später«, Gallus war immer noch in Arbon, erhielt der Priester Willimar einen Brief aus Überlingen, vom Herzog Cunzo. Beide Botschaften kamen zu Schiff. Plötzlich bemerken wir, daß der See längst Zentrum eines Geflechtes war, Mitte einer kirchlichen und politischen Ordnung, von der Kolumban nichts hatte wissen wollen. Auch Gallus reagierte abwehrend, freilich nicht aggressiv.

Kolumban hatte im Frankenreich den Königen kostbares Tafelgeschirr zerschlagen und ihre Thronfolger als Hurenkinder beschimpft. Gallus distanzierte sich bloß, als er von Willimar erfuhr, daß in die Herzogstochter ein böser Geist gefahren sei und sie mit unglaublichen Schmerzen quäle. Er meinte, Willimar möge nach Überlingen fahren und den Teufel austreiben. Er aber, Gallus, habe mit einem Fürsten dieser Welt nichts zu tun und wolle in seine Zelle zurückkehren. Fürst dieser Welt, das war wieder mehrdeutig: Das war erstens der Dämon, der in das Mädchen fuhr, zweitens der Herzog als Machthaber, drittens Satan selbst, der Jesus versuchte und ihm alle Macht dieser Welt versprach. Vor der teuflischen Versuchung floh Gallus, damit ihn der Herzog nicht holen ließ. Er floh nicht nur bis zum Wasserfall an der Steinach, sondern mit zwei Gefährten weiter hinauf in die Berge des Alpsteinmassivs, in das Reich der Bergdämonen, »auf Pfaden, die nur dem Volk der Gemsen gangbar sind«.

Eine Klettertour über runde siebzig Kilometer und eine Höhendifferenz von weit über tausend Metern. Wieder geschah das Merkwürdige, daß die Flucht in die Einöde zu anderen Menschen führte. Gallus kam zu einem Waldstück namens *Sennius*, dem heutigen Sennwald im Rheintal. Ganz in der Nähe, in Grabs, wohnte ein Diakon Johannes, der die Drei »sieben Tage lang« gastlich in seiner Wohnung aufnahm, »wie Pilger, die aus weiter Ferne gekommen sind; sie hatten ihm auch bedeutet, daß sie von weither kämen«. Wieder verschwieg Gallus, woher er des Weges kam, wieder war er am Ziel. Bis hierher reichte der Arm des Herzogs nicht; trotzdem wohnten hier Christen, vom rätischen Chur aus missioniert. Durch seine Weltflucht schlug Gallus eine neue geistliche Brücke über den Alpenkamm hinweg. Doch seinem Schicksal entfloh er nicht; zu viele Freunde hatte er am Bodensee hinterlassen.

Willimar kehrte ergebnislos aus Überlingen zurück, mit dem Auftrag des Herzogs, den Einsiedler Gallus herbeizuschaffen. Niemand sonst konnte den Teufel aus der Herzogstochter austreiben, geweihte Priester nicht, nicht einmal von weither angereiste hochadlige Bischöfe. Denn sie alle waren sündig, der Einsiedler aber war selbstlos, darum angesehen und heilig. Wenn man liest, wie er nun aufgespürt wurde, kann man sich eines mitleidigen Lächelns kaum erwehren. Er hatte den Mitbrüdern befohlen, sein Reiseziel nicht zu verraten; wenn sie hart bedrängt würden, sollten sie sagen, er sei durch einen Brief Kolumbans schnell nach Italien gerufen worden. Sie hätten ihm ja gern gehorcht, aber dem Drängen des priesterlichen Freundes Willimar hielten sie nicht stand. Es gelang Willimar, den geflohenen Gallus in Sennwald, in einer Höhle lesend, ausfindig zu machen und zum Rückweg zu überreden: Er war nicht aus härterem Holz geschnitzt als seine Mitbrüder. Langsam, zu Fuß, machte er noch einmal die Bergtour, übernachtete in der Zelle und wanderte mit zwei Jüngern nach Arbon. Dort war ein neuer Bote vom Herzog eingetroffen, Willimar mahnte zur Eile. Mit dem Priester zusammen bestieg Gallus das Schiff und kam noch in der gleichen Nacht in Überlingen an; die Ruderer müssen sich mächtig in die Riemen gelegt haben. Der Einsiedler trat in den Bannkreis der Macht, wo über Menschen verfügt und in Stunden gerechnet wurde.

Gallus heilte das Mädchen. Der Herzog wollte ihn zum Bischof von Konstanz erheben, aber der Heilige hatte nur einem leidenden Menschen helfen und einen Teufel verjagen wollen. Er machte Ausflüchte, kehrte über den See zurück, verteilte in Arbon die Geschenke des Herzogs an die Armen und wanderte in die Einsamkeit an der Steinach. Er hatte bei der Affäre einen neuen Freund gewonnen und schickte einen Brief zu dem Diakon Johannes nach Grabs. Der Räter kam tatsächlich herüber, um zusammen mit Gallus und den Brüdern fromm zu leben. Soweit können wir dem Biographen glauben, doch nun verfiel er politischem Wunschdenken. Angeblich drang die Kunde von der Heilkraft des Einsiedlers über den Bodenseeraum hinaus bis zum fränkischen König nach Metz. Er habe, wie es heißt, einen königlichen Schutzbrief für die Galluszelle ausgestellt und ihren Ausbau gefördert. In Wirklichkeit stand Gallus in keiner unmittelbaren Verbindung mit dem Königtum, noch Jahrzehnte später kannte niemand am Königshof seinen Namen.

Anders stand es in der Region am Bodensee, die zu seinen Lebzeiten ein neues geistliches Zentrum erhielt, den Bischofssitz Konstanz. Wie diese erste nachantike Bistumsgründung nördlich der Alpen zustande kam, daran rätseln die Gelehrten herum, denn auch über diesen Vorgang schweigen alle anderen Quellen außer der Lebensbeschreibung des heiligen Gallus. Ich halte dieses Schweigen für recht beredt. Das neue Bistum blieb in der Christenheit fürs erste unbekannt, weil es von regionalen Mächten abhing, vermutlich von alemannischen Herzögen besonders. Es besaß noch kein Eigengewicht, weder einen heiligen Gründerbischof, über dessen Grab sich die Kathedrale erheben konnte, noch einen Stamm von Domgeistlichen, aus deren Reihe künftige Bischöfe hervorgehen mochten. In solcher Lage wäre es denkbar, daß der Herzog den Einsiedler wirklich zum Bischof machen wollte. Die Chronologie der Ereignisse ist freilich verwirrt, weil die Gallusmönche des siebten Jahrhunderts ihre Zeit noch nicht nach Jahreszahlen maßen. Nur das Entscheidende steht fest: Gallus wollte nicht auf einem Bischofsthron sitzen.

Ob einer seiner Mitbrüder danach lechzte? Die Lebensbeschreibung meldet, nachdem Gallus den Diakon aus Grabs drei Jahre unterrichtet habe, sei er, zwar widerstrebend, auf Betreiben des Herzogs und mit Zustimmung des heiligen Gallus zum Konstanzer Bischof bestellt worden. Daß Johannes um 645 den Bischofsstuhl bestieg, wäre mindestens möglich. Bei dieser Gelegenheit soll Gallus im Konstanzer Münster vor dem Volk eine große Predigt über die ganze Heilsgeschichte gehalten haben, sein Schüler Johannes, der Rätoromane, hätte sie den anwesenden Romanen übersetzt. Auch dies könnte zutreffen, daß die christliche Gemeinde in Konstanz damals noch überwiegend aus Romanen bestand. Bedenklich stimmt den Historiker die Tendenz der Gallusjünger, ihren Gründerheiligen als Apostel Alemanniens und geistlichen Vater des Bodenseebistums vorzustellen. So schnell wurden einheimische Widerstände gegen das neue Mönchtum nicht überwunden, vor allem bei führenden Adligen und Geistlichen der Umgebung nicht. Am Ende war allen damit gedient, wenn der heilige Querkopf sich nicht in irdische Geschäfte verwickelte und seine Segenskraft den Christen der Region bloß über einen bischöflichen Schüler vermittelte.

Auch die Legende zeigt Gallus am Ende wieder in seinem Wirkungskreis zwischen Arbon und Grabs. Die Einsiedelei an der Steinach blieb ein kleiner Fleck bewohnter und bebauter Erde inmitten von Wäldern, aus einer Holzkirche und ein paar Holzhütten bestehend. Noch immer ging Gallus zum Wasserfall und fing Fische; mit ihnen speiste er wie Christus die Hungernden in der Wüste. Mit der leiblichen gab er ihnen geistliche Nahrung. Nach langer Pause überredete ihn der Priester Willimar, auch in Arbon wieder zu predigen. Dort wurde er krank und starb an einem 16. Oktober, angeblich fünfundneunzigjährig. Wüßten wir präzise sein Todesjahr, so ließe sich die ganze alemannische Geschichte des frühen siebten Jahrhunderts datieren. Aber seine Mitbrüder merkten sich nur den Tag, den sie alljährlich zu feiern gedachten, und so müssen wir raten: irgendwann zwischen 630 und 650, näher am zweiten als am ersten Datum. Sein Leichnam war ein Unterpfand, das die Gemeinde in Arbon gern behalten hätte. Es scheint, daß Bischof Johannes, der aus Konstanz zu Schiff herbeigeeilt war, den Ausschlag gab und den Toten richtig verstand. Er kehrte zu seiner Zelle heim, auf dem Rücken zweier Pferde transportiert, nicht mit einem Wagen. Ob noch immer kein Fahrweg vom See hinauf zur Galluszelle führte?

Sie gedieh in der Folgezeit schlecht. Vielleicht war es allein das Gründergrab, das die Mitbrüder ausharren ließ; vielleicht bewog die ständige Gefährdung einen von ihnen um 680, das mühselige Leben des Heiligen aufzuschreiben und seiner Gründung damit ein Fundament der Tradition zu schaffen. Es war, soweit wir wissen, das erste Werk der lateinischen Literatur im alemannischen Bereich. Bald danach geriet die Galluszelle in eine lebensgefährliche Krise, vierzig Jahre nach dem Tod des Gründers, also spätestens um 690. Überlebende erzählten davon mit allen Zeichen des Entsetzens. Damals unternahmen alemannische Adlige, ein Graf Otwin und der in der Nachbarschaft herrschende Tribun Erchanold, mit großem Gefolge einen Kriegszug durch den Thurgau, wer weiß aus welchen Gründen und mit welchen Zielen. Sie brandschatzten Konstanz und Arbon, töteten viele Männer, verschleppten zahlreiche Frauen und Kinder und vernichteten Vieh und Ernte. Die Bevölkerung von Arbon floh aus der Uferzone in die Berge, zur Galluszelle, und vergrub dort ihre Habseligkeiten, Kleider, Edelmetalle und Geld. Das Heer kam auf den Fersen der Flüchtlinge nach St. Gallen, nahm sie gefangen, grub ihre Verstecke aus und plünderte nach Herzenslust. Der ortskundige Tribun suchte mit einigen jungen Leuten in der niedrigen Kirche unter dem Estrich, dann im Sarg des heiligen Gallus, mit der Begründung, die Romanen seien schlau und hätten wohl hier ihre größten Kostbarkeiten versteckt. Nach dem Wunderbericht der Gallusjünger traf die Strafe Gottes die Grabschänder sogleich. Doch die Gebeine des Heiligen lagen bloß und mußten durch den Bischof von Konstanz neu beigesetzt werden. Nach dem Überfall wohnten bei der Galluszelle nur noch zwei altersschwache Geistliche und hatten nichts mehr zu essen und anzuziehen.

Die Einzelheiten der Erzählung sind nicht nachprüfbar, einige Personennamen offensichtlich verwechselt, der Bericht im ganzen klingt authentisch. So ähnlich ging es im

Frankenreich des späten siebten Jahrhunderts überall zu. Alemannische Herren der weiteren Umgebung bezeugten dem lokalen Heiligen nicht den geringsten Respekt, für den Schutz seines Grabes sorgte kein Herzog, kein König. Die ihn liebten und bei ihm Schutz suchten, waren kleine Leute, Romanen. Sie begriffen besser als vornehme Alemannen am See, daß die Alpenwildnis vor Mächtigen dieser Erde wenigstens eine Barriere bildet und daß der Friede, auch der irdische, manchmal nur Flüchtlingen erhalten bleibt. Leider sind die Beine der Kleinen kurz, ihr Freund im Jenseits schützt nicht einmal seine sterblichen Überreste vor den Fürsten dieser Welt. Aber Romanen am Obersee hatten keinen anderen Heiligen, der bei ihnen lag und zu ihnen hielt. Alemannen, vielleicht auch die aus dem Westen gekommenen Angreifer von etwa 690, besaßen inzwischen einen anderen Heiligen, und er stand mit den Fürsten dieser Welt auf bestem Fuß. Wir müssen diesen jüngeren Gegenspieler des heiligen Gallus, den heiligen Fridolin, noch ins Auge fassen, um die Besonderheit der Galluszelle schärfer zu beleuchten.

Der heilige Fridolin fand erst in den 970er Jahren einen Biographen, dessen Werk uns erhalten ist, den Hörigen Balther aus Säckingen, der St. Galler Klosterschüler war und wahrscheinlich Bischof von Speyer wurde. Dürften wir Balthers Erzählung glauben, so wäre Fridolin fast ein Mitschüler des heiligen Gallus, nämlich ein irischer Wanderprediger vom Schlag Kolumbans gewesen. Er hätte im merowingischen Kultzentrum Poitiers die Verehrung des heiligen Bischofs Hilarius belebt. Nach weiten Wanderungen über die Vogesen, Straßburg, Burgund und Chur hätte er auf einer Insel im Hochrhein den Frauenkonvent Säckingen eingerichtet, der das Kreuz Christi und den heiligen Hilarius verehrte. Einheimische Hirten hätten ihn als Viehdieb verdächtigt und ähnlich verjagt wie die Bregenzer den heiligen Kolumban. Doch hätte ihm der Frankenkönig Chlodwig die Rheininsel Säckingen urkundlich geschenkt und sein Kloster gegen anfänglichen Widerstand der Ortsansässigen tatkräftig geschützt.

So schwer Balthers Bericht zu kontrollieren ist, aus der Luft griff er ihn nicht. Ein Ire kann Fridolin nicht gewesen sein; sein Name ist fränkisch. Damit könnte er noch einmal in die Nähe des Gallus rücken, doch zum Einsiedler taugte Fridolin ganz und gar nicht. Er dürfte wirklich dem geistlichen Zentrum der Merowinger in Poitiers nahegestanden haben, vor allem dem dortigen Frauenkloster zum heiligen Kreuz, das keine Geringere als die Königin Radegunde begründet hatte. Der merowingische König Chlodwig II. förderte zwischen 640 und 657 andere Abteien; möglicherweise half er Fridolin bei dem Versuch, im alemannischen Gebiet ebenfalls ein Kloster zu errichten. Auch fränkische Schüler Kolumbans in burgundischen Klöstern mögen Fridolin unterstützt haben. Kaum glaublich ist es allerdings, daß Fridolin eigens den Umweg zum Bischof von Chur machte, wenn er am Oberrhein ein Kloster gründen wollte. Seine Stiftung genoß alsbald höchste Protektion und erwarb im weiten Umkreis zusammenhängenden Grundbesitz, zu einer Zeit, als man in der Galluszelle noch nicht daran denken durfte. Sogar in dem entfernten Glarus besaß Säckingen stattliche Weideflächen in den Alpentälern. Deshalb trägt der Kanton Glarus bis heute den verballhornten Namen des Säckinger Kirchenpatrons Hilarius und führt im Wappen den Säckinger Klostergründer Fridolin als Landespatron.

Spätere Legenden wollten wissen, der Besitz in Glarus sei dem heiligen Fridolin persönlich zugebracht, bestritten und bestätigt worden. So schnell wird es nicht gegangen sein, doch im zentralen Punkt müssen wir der Überlieferung zustimmen: Bis zum Überfall der Ungarn 926, bei dem die alte Säckinger Fridolinlegende abhanden gekommen sein soll, erlebte Fridolins Kloster allenfalls einen Großbrand, jedoch keinen politischen Zusammenbruch wie die Galluszelle um 690. Wenn nicht alles täuscht, fühlte sich in Säckingen niemand bemüßigt, die Klostertradition früh aufzuschreiben, denn sie war nicht gefährdet. Säckingen stand gleich auf der richtigen, fränkischen Seite und wirkte fast wie ein Vorposten jener merowingischen Adelskirche, der Kolumban den Kampf ansagte und der sich Gallus entzog. Freilich ahnen wir nicht, wer seit dem späten siebten Jahrhundert über den Gräbern von Hilarius und Fridolin in Säckingen die Psalmen sang und wer den Klosterfrieden schützte. Es muß in der Merowingerzeit weder Frauenkloster noch Königskloster geworden oder geblieben sein. Als Säckingen 878 zum ersten Mal in einer Urkunde auftauchte, war es jedenfalls ein Königskloster, das Karl III. seiner Gemahlin Richgard schenkte, vermutlich also ein Stift für adlige Damen unter Leitung einer Äbtissin aus königlichem Geblüt, wie es sich Balther schon für Fridolins Lebzeiten dachte.

Mit dem fürstlichen Wohlwollen aus dem Westen hing die Zurückhaltung romanischer Nachbarn im Osten zusammen, die noch durch Balthers Darstellung zu erkennen ist. Angeblich wiesen Leute in Chur den Heiligen, der eine unbewohnte Rheininsel suchte, nach Säckingen, weil dies die einzige ihnen einigermaßen bekannte Insel im Rhein sei. Niemand wird daraus schließen wollen, daß Chur im siebten Jahrhundert von Reichenau nichts wußte; wohl aber darf man annehmen, daß Säckingen bis ins neunte Jahrhundert nichts von Reichenau wissen wollte. In das Reichenauer Verbrüderungsbuch wurden damals die Säckinger Nonnen nicht eingetragen. Bald danach, noch im neunten Jahrhundert, rief eine vermutlich Reichenauer Litanei den heiligen Fridolin in einem Atemzug mit dem heiligen Gallus an, und im nächsten Jahrhundert zog Balther von Säckingen in die Klosterschule nach St. Gallen. Aber bis dahin gehörte das Kloster Säckingen zu einer fremden Welt und lag auf einer Insel für sich. Wir wissen so beschämend wenig von Fridolin und der Frühgeschichte seines Klosters, weil davon die zeitgenössischen Nachbarn am Bodensee keine Notiz nahmen. Von Gallus und seiner Zelle kann man derlei nicht behaupten.

Ich fasse zusammen, was Gallus für das Mönchtum am Bodensee bedeutet. Erstens: Es wurde in seinen Anfängen durch Kolumban bestimmt, also aus Irland eingeführt. Der kurze Aufenthalt Kolumbans in Bregenz bezog um 610 den Bodenseeraum in eine gesamteuropäische Bewegung mit ein; sie reichte vom nordirischen Kloster Bangor, wo er um 560 begann, bis zum oberitalienischen Kloster Bobbio, wo er 615 starb. Der Ire begründete mit seiner rastlosen Wanderung das mittelalterliche Europa als geistige Einheit, während fränkische Könige und römische Päpste sich in regionale Querelen verstrickten. Kolumbans radikale Losung Heimatlosigkeit der wahren Christen erschloß den Kontinent und führte ihn zusammen. Im Jahre 600 sprach der Ire Kolumban in einem Brief an Papst Gregor den Großen in Rom zum ersten Mal die Formel vom »ganzen Europa« aus. Dieses christliche Europa erstreckte sich vom Nordatlantik bis zum Mittelmeer; in ihm bildeten die Alpen keine Grenze, die Gegenden am Bodensee keine Einheit für sich. Das Gegenbeispiel Fridolins lehrt, daß sich das Mönchtum im alemannischen Bereich ähnlich wie im fränkischen durchaus als Bestandteil einer Adelskirche hätte einrichten können. Politische Rücksichten und kirchliche Beziehungen der Mönche wären auch in Überlingen und Konstanz ähnlich wie in Säckingen honoriert worden. Kolumban hat das aktiv verhindert, sein Schüler Gallus hat das Mönchtum für den passiven Widerstand der Asketen offengehalten.

Zweitens: Kolumban selbst war zu ungestüm und zu hart, um seinen Kerngedanken zu verwirklichen. Das christliche Europa konnte nur aus lokalen und regionalen Keimzellen entstehen. Dazu brauchten die Mönche jene einheimischen Bischöfe und Pfarrer, die Kolumban bekämpfte. Dazu brauchten die Mönche die Adligen der Landschaft, mit denen sich Kolumban herumzankte. Dazu brauchten die Mönche die kleinen Leute, deren Sprache Kolumban nicht verstand. Das verstand der weltkluge Fridolin besser, doch hielt er sich an exklusive Freunde aus der Ferne, an tote Bischöfe und lebende Könige. Die geschichtliche Leistung des Einsiedlers Gallus liegt darin, daß er die europäische Idee des kolumbanischen Mönchtums in die alemannische Wirklichkeit übersetzte, in deren ganze Breite. Seine wichtigste Wirkung war sozialer Art. Gallus identifizierte sich mit den Mühseligen und Beladenen in Stadt und Land, mit Menschen ohne Sicherheit und Herrschaft. Er gab ihnen ein Beispiel, daß Gott den Ohnmächtigen half, wenn sie sich selbst bemühten. Er überwand den Fatalismus des Aberglaubens, der ja nicht aus Borniertheit stammte, sondern aus Ohnmacht gegenüber Natur und Herrschaft. Was sollte der Fischer denken, dem unten im See das Netz riß, was der Berghirte, dem Steinschlag von oben die Herde zerstörte? Da wirkten böse Geister der Tiefe und der Höhe; wer überleben wollte, mußte sie durch Opfer besänftigen, so wie er gewalttätige Herren zu begütigen suchte. Gallus setzte diesen Gewalten das hartnäckige Trotzdem entgegen, das er von Kolumban gelernt hatte. Der Rücksichtslose, Gallus hätte gesagt: der Bedürfnislose, kann sich von den Gewalten der Natur und der Herrschaft freimachen.

Drittens: Am augenfälligsten wirkte sich diese Wendung im Umgang mit der Natur aus. Bisher hatten sich die Menschen in ein paar befestigten Siedlungen am Seeufer zusammengedrängt. Dort waren sie zwar dem Zugriff der Mächtigen ausgesetzt, aber wenigstens vor den Gefahren der Wildnis geschützt. Gallus öffnete durch seine Wanderung in den Urwald hinein, über die Alpen hinüber den Menschen am Bodensee eine neue Zone der Freiheit. Er machte das Hinterland bewohnbar, verjagte die Dämonen und bahnte Wege, von Arbon nach Grabs. Der See blieb Mittelpunkt der Siedlungen ringsum, aber Gallus knüpfte Kontakte auch landeinwärts, vom alemannischen in den churrätischen Raum. Gleichzeitig intensivierte das Ansehen des Einsiedlers die Beziehungen über den See hinüber. Zum ersten Mal seit der Römerzeit traten Bregenz, Arbon, Konstanz und Überlingen näher zueinander, und zwar nicht allein infolge der Machtspiele von Herzog und Bischof. Eine machtbewußte Klostergründung hätte wie Säckingen am Hochrhein keine Landschaft der Zusammenlebenden geschaffen, sondern sich Land als Herrschaftsmittel dort gesichert, wo es bereits erschlossen und einträglich war. Zunächst für den Obersee, hier aber nachhaltig setzten Gallus und seine Jünger die Auffassung durch, daß der Bodensee keine politische Kraftlinie oder Grenze, sondern die Mitte eines sozialen Raumes sei.

Viertens: Die verklammernde Tätigkeit des Einsiedlers Gallus zog politische Folgen nach sich. Seine späteren Biographen nahmen sie vorweg, indem sie Gallus als Vertrauten des alemannischen Herzogs, Schützling des fränkischen Königs, geistlichen Vater des

Konstanzer Bischofs beschrieben. Das alles war Gallus nicht. Er wollte mit den Fürsten dieser Welt nichts zu tun haben, anders als Fridolin. Er predigte dem einfachen Volk, anders als Kolumban. So wirksam diese Haltung die Christianisierung Alemanniens förderte, sie verhinderte eine politische Zusammenfassung dieses Raumes und beschwor Konflikte herauf, deren erster die Galluszelle um 690 traf. Seitdem haben viele Menschen am Bodensee auf einen Ruf der Obrigkeit ähnlich geantwortet wie Gallus, »es sei jetzt nicht mehr seine Art, seine Zelle zu verlassen, vielmehr müsse er sich gerade jetzt seiner gewohnten Arbeit mit allem Eifer hingeben«. Eine sympathische Haltung, aber mit politischen Folgekosten, die sogar die Gallusjünger nicht lange auf sich nahmen. Das Erbe, das Gallus hinterließ, war nicht einfach zu verwalten.

Fünftens: Wer übernahm sein Erbe? Zweifellos waren es vor allem die Einsiedler und Waldbrüder, die hierzulande zahlreichen Klostergründungen die Bahn brachen. Wie die Abtei St. Gallen auf eine Einsiedlerzelle zurückgeht, so ist es zwar nicht erweisbar, aber wahrscheinlich, daß auf der Insel Reichenau vor der Ankunft Pirmins 724 Einsiedler wohnten. Der Reichenauer Mönch Meinrad baute sich 835 eine Klause an der Stelle in Schwyz, wo nachher die Abtei Einsiedeln entstand. Vor 1083 schuf der Eremit Diedo im Bregenzerwald bei Andelsbuch die ersten Grundlagen der nachmaligen Abtei Mehrerau am See. Die Waldbrüder Milo und Thüring saßen am obersten Thurtal dort, wo seit 1152 das Benediktinerkloster Alt St. Johann erwuchs. Seit 1282 fanden die Einsiedler Wernher und Konrad im Wald auf der Höri einen Unterschlupf, der nachher den Franziskanerinnen als Kloster Grünenberg diente. Die Klarissen von Valduna in Vorarlberg setzten die Tradition fort, die der Eremit Marquard von Tegernsee 1388 begründet hatte. Ob sie es wußten oder nicht, sie alle ahmten den heiligen Gallus nach. Es wäre trotzdem grundfalsch, die Einsiedler für besonders erfolgreich zu halten. Ihre Lebensweise war historisch äußerst riskant.

Sechstens: Die Schicksale späterer Einsiedler erinnern daran, daß keiner von ihnen, auch Gallus nicht, mit Nachfolgern rechnen durfte, weil jeder von ihnen die institutionelle Absicherung vermied. Gallus am nächsten stand der Ire Eusebius, der wohl auf Kolumbans Spuren um 853 in einer Pilgergruppe nach dem Kontinent zog und sich für dreißig Jahre bei einem Kirchlein auf dem Viktorsberg in Vorarlberg niederließ. Mit anderen Iren zusammen wurde er vom Kloster St. Gallen betreut. Nach seinem Tod 884 sollte das Kloster an derselben Stelle, an der Pilgerstraße zwischen Bodensee und Alpenpässen, eine Raststätte für zwölf Pilger unterhalten. Aber 896 stieß die Abtei St. Gallen den Besitz ab, dabei war von Konvent und Hospiz nicht mehr die Rede. Ähnlich erging es viel später einem Einsiedler, der sich um 1660 am Plissen, im Wald des Bodanrück bei Bodman, ansiedelte und sich an kein Kloster anlehnte. Seine armselige Kapelle wurde 1766 abgerissen, um das Gebäude ist es nicht schade. Die herrliche Stiftskirche von St. Gallen, in denselben Jahren fertiggestellt, steht noch, wir sind für ihre Erneuerung dankbar. Aber das ist der nachträgliche Aspekt von Gallus' Wirkung. Seiner ursprünglichen Absicht standen Holzhütten schmutziger Eremiten näher als Eremitagen barocker Fürstäbte.

Siebtens: Haben die karolingischen Benediktiner der Abtei St. Gallen das Erbe ihres Gründers verraten? Das glaube ich nicht. Sie haben es nicht mehr verstanden. Im Jahre 883 – Eusebius lebte noch auf dem Viktorsberg – studierte der junge Mönch Hartmann in St. Gallen zusammen mit seinem Lehrer Notker dem Dichter das Leben des heiligen Gallus und fragte ihn, warum die heiligen Steine, aus denen das himmlische Gebäude erbaut werde, immer von einem Ort zum anderen gewälzt werden müßten. Warum kam Gallus nicht endlich an einem Ort zur Ruhe, warum mußte er das alles erdulden, »so viel Umtrieb, Umwege und Wendungen, Aufstiege und Abstiege, Mühen in den Alpen, Gefahren auf dem See, neue Dämonenkämpfe und, was ihm am beschwerlichsten und am schwersten erträglich scheint, das Getümmel und Getriebe der Unruhe der Menschen«? Genau das unterschied den Einsiedler an der Steinach von dem stolzen karolingischen Kloster, auch von der Barockkirche Peter Thumbs, die sich über seinem Grab erhebt: Gallus wollte das himmlische Gebäude nicht aus Steinen errichten, nicht auf Grundstücken, sondern aus Menschen. Um ihnen zu helfen, begab er sich immer von neuem in die Alpen und auf den See, in die Unruhe der Menschen.

OTMAR · KOINOBIT IN ST. GALLEN

Alljährlich am 16. Oktober feiert im hochmodernen Stadttheater die Gemeinde St. Gallen ihren Namenstag, ihren Geburtstag und den Todestag ihres Urhebers auf einmal. Das Einzigartige daran ist nicht, daß die Stadt den Namen eines Heiligen trägt. Im Laufe der Neuzeit haben viele Gemeinden einen solchen Namen angenommen, wie das amerikanische San Francisco; andere haben ihn wieder abgelegt, wie das russische St. Petersburg. Ein paar Städte erinnern sich an den namengebenden Gründer, zum Beispiel die Hauptstadt der Vereinigten Staaten, aber Washington feiert seinen Geburtstag nicht alljährlich und nicht am Todestag des Gründers. Keine zweite Gemeinde der Welt verdankt wie St. Gallen ihrem heiligen Namengeber zugleich ihr Dasein, kann also an seinem Namenstag ihren Geburtstag begehen. Der Todestag des heiligen Gallus, der 16. Oktober, war zunächst ein liturgisches Fest, denn gläubigen Christen bedeutet der Tod eines Heiligen seine Geburt im Jenseits, Aufnahme in den Himmel. Trotzdem begehen die Stadtväter von St. Gallen die Gallusfeier nicht kirchlich, sondern als Versammlung der politischen und der Ortsbürgergemeinde. Mit Recht, denn, so absurd es klingt, erst der tote Gallus hat die irdische Gemeinde St. Gallen ins Leben gerufen.

Als Gallus an einem 16. Oktober zwischen 630 und 650, sagen wir um 650, gestorben war, hielt sein Grab die Galluszelle am Leben. Leute aus der Nachbarschaft nannten den Ort schon um 680 »St. Gallen«. Sie vergalten dem Toten durch Vertrauen, was ihnen der Lebende an Sorge zugewandt hatte. Sie hielten ihn für heilig, für einen Herrn, der jetzt bei Gott dem Allmächtigen thronte. Er ließ die Kraft Gottes, der Himmel und Erde erschaffen hat, ohnmächtigen Menschen zukommen, wenn sie sich in seinen Schutz begaben. Am stärksten wirkte der Schutz dort, wo die Gebeine des Heiligen ruhten. In seinen sterblichen Überresten verkörperte sich himmlische Wunderkraft und teilte sich dem Ort mit, wo sie lagen. Gallus war der erste einheimische, neben Fridolin lange der einzige Heilige Alemanniens, dessen Hilfe am Schauplatz seines Lebens angerufen werden konnte.

Sein Nachruhm strahlte stärker als zum Beispiel die Verehrung der heiligen Aurelia in Bregenz. Diese christliche Römerin war angeblich zur Zeit der Christenverfolgungen nach Norden geflohen. Das einzige, was Legenden hierzulande von ihr wußten, war der gewaltige Sprung, mit dem sie den Bodensee zwischen Fußach und Lindau (acht Kilometer Luftlinie) bezwang. Dann war sie, wie es schien, nach Basel weitergeeilt und in Straßburg gestorben. Keine seßhafte Heilige. Man begreift, daß Bregenzer Bauern mit ihr nichts anzufangen wußten und eine Aureliakapelle für heidnische Feste verwendeten, bis der Wanderer Kolumban kam und die Kapelle neu weihte. Zugereiste Heilige waren auch die Konstanzer Kirchenpatrone, die Muttergottes vom Bischofsmünster, die in den Himmel aufgefahren war, und der Erzmärtyrer Stephan, dessen Reliquien in der ganzen Christenheit verstreut lagen. Nur das Gallusgrab an der Steinach rief bei Alemannen der Umgebung das Gefühl wach: Hier hat er gelebt und gewirkt, unter uns liegen seine Gebeine, jetzt wollen wir das Werk in seinem Sinn fortsetzen, dann muß es uns glücken wie ihm. Das Grab dieses Heiligen erinnerte nicht bloß an ein vollendetes Leben in der Vergangenheit; es verhieß seinen Betreuern künftiges Gelingen an dieser heiligen Stätte. In St. Gallen begründete das Grab des Einsiedlers das, was nachher die Benediktiner *Stabilitas loci* nannten, Ortsbeständigkeit.

Betreuer des Gallusgrabes waren nach dem Überfall von etwa 690 wenige geistliche Waldbrüder. Indes erinnerten sich im Umkreis viele dankbar des Heiligen, allmählich nicht nur kleine Leute. Vor 708 wandte sich der Vorsteher der Einsiedler, »Priester und Hirte des heiligen Gallus«, ein Alemanne namens Magulf, an den alemannischen Herzog Gottfried, einen gewaltigen Herrn, der anscheinend mit allen Mächtigen Alemanniens verwandt und in allen Landstrichen begütert war. Magulf erbat und erhielt von Gottfried eine Landschenkung am Neckar, nahe bei Cannstatt, wo der Herzog die Urkunde ausstellte. Vom Ertrag sollten nicht die Brüder ernährt, sondern Kerzen in der Kirche des heiligen Gallus unterhalten werden. Wie man sieht, trat Magulf in die Fußstapfen Fridolins und besorgte einträglichen, wenn auch abgelegenen Grundbesitz. Warum unterstützte ihn der Herzog? Er wehrte sich damals nicht gegen das merowingische Königtum, aber gegen den Aufstieg ihrer Hausmeier, der Pippiniden. Gegen die drohende Überwältigung half vielleicht auch dem Herzog der Heilige, der im Land ruhte. Landschenkungen an seine Betreuer mochten nicht nur Gallus erfreuen, auch Pippin abschrecken.

Wenn dies die Rechnung des Herzogs war, so schlug sie fehl, wir wissen es aus einem Wunderbericht der Galluslegenden. Der Hausmeier Pippin der Mittlere zog in den Jahren 709–712 mit Heeresmacht gegen den Alemannenherzog, inzwischen Gottfrieds Sohn, und brachte am Bodensee viele Menschen um. Wieder flohen die Leute aus Arbon zur Galluszelle und versteckten sich dort. Die Franken jagten hinter ihnen her. Fünf Franken stöberten in der Galluskirche ein paar Frauen mit Kindern auf. Woher sie kämen, wurden sie barsch gefragt, und sie antworteten, sie seien Mägde des heiligen Gallus. Die Franken brüllten: »Kommt heraus, euren Heiligen kennen wir nicht, auf dessen Schutz ihr euch beruft«, und führten die Frauen ab. In der Tat, Franken fürchteten sich vor anderen Heiligen, Martin von Tours, Hilarius von Poitiers, Dionysius von Paris, von denen Frauen aus Arbon wenig wußten. Wenn sie in ihrer Angst die Wahrheit sagten, verfügte die Galluszelle bereits über Hörige und kann sie nur durch Landschenkungen adliger Grundbesitzer erhalten haben. Ein Grund mehr für Franken, die Frauen zu verhaften. Denn offenbar wollten solche Herren durch Schenkung an einen Heiligen der drohenden Beschlagnahme ihrer Güter zuvorkommen. So änderte sich zu Beginn des achten Jahrhunderts die Rolle des heiligen Gallus. Aus einem Freund romanischer Kleinbürger und alemannischer Rodungsbauern wurde er zum Helfer des regionalen Adels gegen die fränkische Machtergreifung.

Dadurch erweiterte sich der Radius der Verehrung und des Besitzes. Die ersten landwirtschaftlichen Nutzflächen, die der Galluszelle geschenkt wurden, lagen im Neckargau, im Hegau, im Breisgau, in ganz Alemannien verstreut, nicht im nahen Thurgau und Rheingau. Von der Zelle aus konnten die Brüder solche Grundstücke nicht selbst bewirtschaften, ohne sich zu zerstreuen. Sie mußten die ökonomische Nutzung überall ähnlich organisieren, wie es eine bedingte Schenkung an die Galluszelle kurz vor 720 bezeugt. Solange die Schenker lebten, behielten sie die Verfügung über das Land und die daran gebundenen Hörigen im Breisgau. Sie lieferten nach St. Gallen jährlich als Zins einen Karren Wein, einen Karren Weizenmehl, einen Karren Heu und ein Schwein. Später, nach dem Tod der Stifter, mußten sich die Brüder an der Steinach selbst darum bemühen, durch Tausch oder Kauf Land und Leute auch in weiter Ferne zu eigenständigen Wirtschaftsbetrieben zusammenzufassen. Vorerst überwogen politische Gesichtspunkte, bei denen die Gallusbrüder als Objekte im Machtkalkül dienten. Gallus war bereits um 710 ein politischer Heiliger geworden, seine Gründung fast unmerklich in politische Planungen einbezogen. Adlige der Umgebung begannen, genau darauf zu achten, was an der Steinach geschah.

Als Gallus lebte, unterstand der Urwald südlich von Arbon keinem adligen Herrn, den er bei der Niederlassung hätte fragen müssen; sagen wir es vorsichtiger, noch seinen Biographen interessierten um 680 die Zuständigkeiten nicht. Dort trieben Dämonen und wilde Tiere ihr Unwesen; Gallus sagte zu dem Bären, daß die Wälder und Berge ringsum niemandem gehörten. Nun aber, hundert Jahre danach, meldete sich ein Eigentümer, der Tribun Waltram von Arbon. Er behauptete, das waldige Hinterland von seinen Vorfahren geerbt zu haben, und nahm auch den Standort der Galluszelle in Anspruch. Waltram tadelte, daß der an die Galluszelle gespendete Besitz von einigen Verwegenen unordentlich verwaltet werde. Auf deutsch: Es mißfiel dem Herrn von Arbon, daß sich in seiner Nähe ein politisches Machtzentrum zu bilden begann, das ihm nicht unterstand. Er tat, was man in solchen Fällen als Politiker tut: Er mischte sich ein mit der Begründung, er müsse für Reform sorgen. Wie oft werden wir das noch zu hören bekommen! Wenn fromme Mönche schlecht wirtschafteten, mußten ihnen weltkluge Politiker helfen ...

Waltram sah ein, daß seine Intervention andere Herren auf den Plan rufen mußte, weniger den Alemannenherzog, der am Ort nicht vital interessiert war, aber die Herren von Chur auf der anderen Seite des Alpsteinmassivs. Zu ihnen hatte Gallus die Brücke geschlagen. Sein Verbindungsmann war zwar nur der Diakon aus Grabs und Bischof von Konstanz gewesen, aber inzwischen waren auch im Tal des Alpenrheins persönliche Beziehungen zu politischen Dimensionen ausgewachsen. In Rätien bestanden seit dem vierten Jahrhundert Christengemeinden, eng mit Italien, besonders mit dem Erzbistum Mailand verbunden. Seit dem sechsten Jahrhundert hatte in Chur die Sippe der Viktoriden eine Art Kirchenstaat errichtet, in dem sie außer dem Churer Bischofsstuhl das weltliche Verwaltungsamt des Praeses besetzten. Eine Adelskirche also, der fränkischen Landeskirche strukturverwandt. Die Viktoriden waren fromme Christen, jedoch argwöhnisch auf Selbständigkeit ihrer alpinen Herrschaft bedacht. Eben jetzt, zu Beginn des achten Jahrhunderts, entspann sich daraus eine wahre Tragödie.

Um 720 hatte sich ein Franke namens Sigisbert als Einsiedler weit oben am Vorderrhein niedergelassen, an einem Platz, der heute Disentis heißt und seinen Namen von *Desertinas* erhielt, was Abgeschiedenheit, Wüste, Einöde bedeutete. Den Eremiten hatte ein Rätoromane namens Placidus unterstützt, ein lokaler Adliger, wie es scheint. Beide meinten wohl mit der Ansiedlung einen Rechtsanspruch auf das unbebaute Land zu erwerben. Doch Praeses Viktor in Chur duldete nicht, daß sich unter dem Vorwand einer frommen Stiftung eine autonome Herrschaft entwickelte, möglicherweise mit Sympathien für die fränkischen Hausmeier aus dem Westen! Die Stelle war unbewohnt, lag aber an einem vielbegangenen Weg zum Oberalppaß hinüber ins Wallis und zum Lukmanierpaß hinunter nach Como; wer hier saß, beherrschte ein Einfallstor nach Chur, ob er es wollte oder nicht. Viktor stellte sich quer. Placidus beschimpfte ihn als gottlosen Tyrannen. Viktor ließ ihn auf dem Weg zu Sigisbert umbringen. Der fromme Sigisbert durfte weiterleben, in Disentis den Leichnam seines Freundes Placidus bestatten und verehren. Aber fortan stand die Zelle unter der Aufsicht der Viktoriden. Sie statteten sie spätestens 765 mit reichem Grundbesitz aus, rasch strömten in dem neuen Kloster viele Mönche zusammen.

Immer dieselbe Abfolge. Ein Eremit begann in der Wüste mit ein paar Narren zu roden; er war von irgendwoher gekommen, deshalb meinten die Späteren, auch im Fall Sigisbert, er müsse ein Schüler Kolumbans, von Haus aus Ire gewesen sein. Land wurde gewonnen, angebaut und bewohnt, eine Siedlung entstand. Adlige Gönner aus der Gegend fanden sich ein, schenkten Grundstücke und Schutz. Schon wurde aus dem Asyl der Asketen eine Grundherrschaft, die nach einem mächtigen Verwalter und Verteidiger, nach einem Vogt, verlangte. Bevor sich fremde Adlige einmischten, nahm der nächste hohe Herr die Gründung selbst in die Hand, schenkte ihr sein Land und überwachte die geistliche Leitung, damit die weltfremden Beter nicht an die falschen Freunde gerieten. Bei den Viktoriden schälte sich das Modell einer Zusammenarbeit zwischen auswärtigen Mönchen und einheimischen Herren heraus. Sie wandten es im frühen achten Jahrhundert noch öfter an, wie in Disentis, so in Cazis, wenig später in Pfäfers und Müstair: Klostergründung als Mittel regionaler Herrschaftssicherung. Den gleichen Gedanken verfolgte zur selben Zeit nördlich des Säntis Waltram von Arbon. Nur fühlte sich der Tribun allein zu schwach, um St. Gallen in die Hand zu bekommen. Darum wandte er sich etwa 719 mit der Bitte an Viktor, ihm aus Chur einen Vorsteher für die Galluszelle zu schicken.

Ein kluger Schachzug. Wenn Waltram einen Vorsteher einsetzte, machte er klar, daß ihm die Galluszelle tatsächlich unterstand. Wenn er die Viktoriden um einen Mann ihres Vertrauens bat, beteiligte er sie an seiner Herrschaft über die Zelle und gewann sie als Verbündete gegen andere Interessenten. Wenn ein energischer Mann an der Steinach einzog, hörte dort endlich der anachoretische Wildwuchs auf und es entstand ein richtiges Kloster von Koinobiten. Das Wort Koinobiten war griechisch und bezeichnete die gemeinsam Lebenden, also eigentlich die Antithese zum alleinlebenden Mönch. Der lateinische Westen kannte Wort und Sache seit dem frühen fünften Jahrhundert und wußte, daß der Ägypter Pachomios um 320 das erste Koinobitenkloster geschaffen hatte. Dort wohnten die Einsiedler nicht mehr jeder in seinem Häuschen, in der Nähe anderer Einsiedler; dort wurden Häuser für mehrere Mönchszellen, insgesamt für mehrere tausend Bewohner gebaut, nach außen durch eine Mauer zusammengehalten, nach innen durch den Befehl eines geistlichen Vaters, des *Abba*, zusammengefaßt. Das bedeutete militärische Zucht und war befehlsgewohnten Herren erwünscht; sie mißtrauten dem Geist, der weht, wo er will.

Woher der Wind wehte, war schnell zu spüren. Waltram wandte sich nach Chur, nicht nach Konstanz, wo der für die Galluszelle geistlich zuständige Bischof saß. Auch die Alemannenherzöge wurden, wie es scheint, nicht gefragt. Man kann sich des Eindrucks kaum erwehren, daß St. Gallen zum thurgauisch-churrätischen Stützpunkt gegen Bischof und Herzog gemacht werden sollte. Mindestens veranlaßte Waltrams Aktion eine Abwendung vom Bodenseeraum, sie bestimmte die Geschichte von St. Gallen für hundert Jahre. Praeses Viktor ließ sich die Chance nicht entgehen. Der Mann seines Vertrauens hieß Otmar, trug also einen alemannischen Namen und stammte vermutlich aus der Umgebung von Arbon selbst. In jungen Jahren brachte ihn sein Bruder nach Chur, dort trat er in die Dienste des Praeses. Viktor hatte eine Alemannin zur Frau; möglich, daß Otmars Sippe mit ihr verwandt war. Otmar sollte von vornherein Geistlicher werden, denn er wurde literarisch ausgebildet. Auch das geschah am besten in der Bischofsstadt Chur, wo sonst? Priesterseminare bestanden am Bodensee so wenig wie Klosterschulen. Gallus war des Lesens, also des Lateinischen mächtig gewesen so gut wie der Priester Willimar in Arbon; aber sie hatten es im täglichen Umgang mit anderen Geistlichen gelernt, nicht in der Schule, und das Latein ihrer Jünger war danach. Wer es zu höherer Bildung bringen wollte, wanderte aus. Otmar brachte es weiter, erhielt die Priesterweihe und von Viktor, in dessen persönlicher Gunst er stand, die Pfarrstelle an einer Florinuskirche, am wahrscheinlichsten in der Bischofsstadt Chur.

Diesen alemannischen Priester Otmar sandte Viktor um 719 zur Galluszelle, mit ihm vier rätoromanische Priester als Stammbesatzung für ein künftiges Koinobitenkloster. Die alemannischen Waldbrüder, die sie vorfanden, waren schnell in die Gemeinschaft eingegliedert, die unter dem Schutz der Großmächtigen stand und neuen Vorschriften folgte. Otmar brachte aus Chur eine andere Art von Christentum mit, als Gallus sie an der Steinach gepflegt hatte. Otmar war hineingewachsen in eine ausgebaute Hierarchie, an deren Spitze weltliche und geistliche Befugnisse bei den Viktoriden zusammenliefen, an deren Basis wohlbestallte Pfarrer in zahlreichen Städten amtierten. Christentum bot sich dort als festgefügte politisch-soziale Institution dar, nicht als ekstatische Schwärmerei von Herumtreibern. Schluß zu machen mit der unordentlichen Wirtschaft, ein koinobitisches Zusammenleben von Geistlichen einzurichten, war Otmars wichtigstes Bestreben. Unsere Quellen haben ihn verstanden. Sie erwähnen für die Zeit zuvor nur »Priester« oder »Eremiten« bei der Galluszelle und nennen den Leiter der Siedlung »Hirten« oder »Vorsteher«. Mit dem Auftreten Otmars ändert sich der Sprachgebrauch. Die hier Wohnenden heißen, erstmals in einer Urkunde von 744, *Monachi*, ihre Wohnung heißt *Monasterium*, ihr Leiter Otmar trägt den Titel *Abba*, das heißt Abt.

Leider wissen wir nicht im einzelnen, wie die straffere Gemeinschaftsform aussah, die Otmar in St. Gallen einführte. Er persönlich übernahm die Askese nach irischem Muster, mit überlangen Fastenzeiten und Nachtwachen, beinahe zum Privatvergnügen. Die Mönchsgemeinschaft hatte sich nach anderen, römischen Ordnungen zu richten. Bereits die vier mit Otmar gekommenen Rätoromanen gelobten ihrem Abt *Oboedientiam et stabilitatem*, und diese Profeßformel enthielt die beiden wichtigsten Neuerungen. *Oboedientia:* Das hieß, daß jeder Mönch des Klosters, wie alt, wie geweiht, wie vornehm er war, dem Vater Abt unbedingten Gehorsam schuldete. *Stabilitas:* Das hieß, daß der einmal innerhalb der Klostermauer aufgenommene Mönch an diesem Ort bleiben mußte und nicht mehr nach Belieben wandern durfte. Beide Grundsätze hoben die Lebensform des heiligen Gallus auf; er hatte sich gegen seinen Meister Kolumban ungehorsam benommen und nach der Niederlassung an der Steinach das Reisen nicht aufgegeben. Beide Grundsätze zusammen definierten ein Kloster, einen ummauerten Ort, an dem Mönche unter dem Befehl eines Abtes für dauernd zusammenlebten.

Ein Kloster war nicht nur eine Gemeinschaft von Menschen, es wurde zu einem Gebäudekomplex. Otmar baute die Eremitensiedlung zum Kloster aus. Eine Kirche mit dem Gallusgrab war bereits vorhanden; da würden die Mönche des Klosters zusammen den Gottesdienst verrichten. Was fehlte, waren genügende Wohnungen für Mönche. Vermutlich standen, weit über das Gelände verstreut, rund um Kirche und *Cella* einzelne Hütten; sie mußten zusammengefaßt werden. Otmar baute Wohnungen, wie es heißt, »nach allen Seiten«, also wohl um einen Innenhof, den Kreuzgang, herum und an die Kirche angelehnt, nach außen abgeschlossen, wie man es seit dem späten siebten Jahrhundert im westlichen Frankenreich lernte. Eine Urkunde beschrieb dieses *Monasterium* 745 als Baukörper, »das Kloster des heiligen Gallus, das im Arbongau erbaut ist, wo sein heiliger Leib ruht«. Neben dem Kloster der Mönche baute Otmar eine eigene Armenherberge und, davon abgesondert, ein kleines Spital für Aussätzige. Sein Kloster übernahm also, trotz seiner Isolierung, die Sozialfürsorge im weiten Umkreis und stellte sich insofern in die Tradition des heiligen Gallus; nur wurde auch die Zuwendung zu Fremden stationär geregelt und an den Standort des Klosters gebunden.

Otmar selbst verließ das Kloster der Mönche nachts des öfteren, um die Aussätzigen zu bedienen. Auch auf Reisen kümmerte er sich stets um die Armen. Übrigens wanderte Otmar nicht mehr wie Gallus zu Fuß durch die Wälder, er ritt auf den Straßen, immerhin wie Christus auf einem Eselchen, nicht vornehm zu Pferd. Mindestens der Abt des Klosters hielt sich nicht an die Klausur, auch für die Mönche war Absonderung schwierig. Ständig kamen Pilger von weither, sogar aus der Gegend um Rottweil, Arme zu Fuß, Adlige zu Roß, um Gaben darzubringen und den Segen mitzunehmen. Wenn in St. Gallen Arme und Aussätzige aufgenommen wurden, konnten Mönche nicht nur Chorgebet, Kontemplation und Askese üben; sie mußten Gäste waschen, verbinden, verköstigen und unterbringen. Solche Arbeiten mochten sie delegieren, an Laienhelfer und Pfleger, auch an Arbeiter und Bauern, die Lebensmittel, Kleidungsstücke, Bettwäsche bereitstellten. Das entband die Mönche nicht von Aufsicht und Planung, es zog sie aus ihrer Klausur in die Unruhe der Menschen hinein.

Um die neuen Aufgaben zu bewältigen, brauchte das Kloster vornehmlich Grundstücke und Bauern. Nach 741 gelang es Otmar ziemlich rasch, von zahlreichen Grundherren der näheren Umgebung verstreute Landschenkungen zu erhalten. Jetzt schlossen sich erste Güterkomplexe in St. Gallens Nachbarschaft zu wirtschaftlichen, politischen, religiösen Einheiten zusammen. Der Priester Lazarus schenkte 757 dem Kloster des heiligen Gallus für sein und seines Vaters Seelenheil den Weiler Diessenhofen am Hochrhein, samt Dionysiuskirche, Häusern, Knechten, Mägden, Kindern, mit Ackerländern, Wiesen, Wäldern. Auch wo nicht wie hier alle Rechte in einer Hand lagen, ließen sich bei einiger Geduld und langem Atem Klosterdörfer schaffen. In Hinwil im Zürcher Oberland gehörten um die Mitte des Jahrhunderts dem Kloster St. Gallen bereits die Kirche, ein Meier auf seiner Hufe, der das Herrenland verwaltete und die Einnahmen sammelte, weiter sechs Bauern auf ihren Hufen, dazu einunddreißig Hörige. Hier arbeitete schon eine halbwegs autarke Gutswirtschaft des Klosters, von einem Meierhof aus kontrolliert und in zwei Bereiche geteilt. Das Herrenland wurde vom Meierhof durch Hörige kollektiv bewirtschaftet, das Hufenland an einzelne Bauern ausgegeben, die halb ihre Familie versorgten, halb für das Kloster gemessene Dienste taten.

Bisweilen schickte Otmar Mönche hinaus, um die Seelsorge in den Kirchen zu versehen und die Wirtschaft auf den Höfen zu überwachen; meistens blieben die Mönche im Kloster und ließen sich die Überschüsse anliefern. Weil Otmar die Besitzungen des Klosters besonders am östlichen Zürichsee und im Schwarzwald erweiterte, konnte er in St. Gallen mehr Mönche aufnehmen und mehr Arme und Kranke pflegen. Die Legende rühmte, Otmar sei innerhalb weniger Jahre zum Vater vieler Mönche geworden; gemessen an der Handvoll früherer Gallusjünger stieg die Zahl beträchtlich. In den vierzig Jahren von Otmars Regierung, zwischen 719 und 759, traten wahrscheinlich dreiundfünfzig Mönche in St. Gallen ein, also jährlich einer oder zwei; bei dieser Zuwachsrate blieb es in den nächsten Jahrzehnten. Neben die rätoromanischen Priester des Anfangs, von denen einer geradezu *Walahus,* der Welsche, hieß, traten mehr und mehr Mönche mit alemannischen Namen. Besonders gern sah man es, wenn ein Mönch für seine Versorgung dem Kloster Grundstücke einbrachte; deshalb fanden sich nicht nur bei den Gönnern, auch bei den Mönchen immer häufiger Namen aus adligen Sippen. Dementsprechend breitete sich der klösterliche Grundbesitz im nahen Thurgau und Zürichgau rasch aus. Die Landschenkungen kamen nicht, wie in Disentis, von einem einzigen großen Herrn, der dafür Aufsichtsrechte beansprucht hätte, sondern von vielen kleineren Adelssippen, die dafür ihre Verwandten ins Kloster schickten.

Der Fleckenteppich an Streubesitz war schwerer zu verwalten als ein zusammenhängendes Territorium; er band jedoch das Kloster politisch fest in die Adelslandschaft ein und gewährte ihm Unabhängigkeit von Adelsfraktionen. Hätte sich die Klosterpolitik so wie die Klosterwirtschaft im regionalen Rahmen bewältigen lassen, dann wäre Otmar in höchstem Ansehen gestorben. Ein guter Verwalter war er, ein Politiker nicht. Zunächst genoß er die Unterstützung von Tribun Waltram und Praeses Viktor; sie brachten seinem Kloster Förderung durch andere alemannische und rätoromanische Sippen. Die Lage wurde für Otmar wie für jedermann in dem Augenblick kritisch, als die pippinidischen Hausmeier von neuem in Alemannien eingriffen; sie brachten das mühsam gewahrte, labile Gleichgewicht regionaler Machthaber durcheinander. Nach dem Überfall Pippins des Mittleren von 709–712 war wieder Ruhe eingekehrt. Pippins Sohn Karl Martell mußte sich seit 715 im Stammland der Franken, zwischen Niederrhein und Maas, durchsetzen und kämpfte dann gegen Sachsen und Friesen.

In den Jahren 725–730 führte Karl Martell mehrere Feldzüge gegen Bayern und Alemannien. Noch konnte er die Herzöge und ihren Adel nicht völlig unterwerfen, doch wenigstens bei den Alemannen brachte sein Erscheinen die Zustände ins Schwanken. Jede Entscheidung, die künftig zu treffen war, betraf das Verhältnis zu den Karolingern mit. Es hat den Anschein, daß Waltram von Arbon unsicher wurde, vielleicht nicht aus eigener Einsicht, eher unter dem Druck mächtiger Herren am See. Um sein Recht auf St. Gallen wirksam zu sichern, könnte er sich, wie eine Quelle meldet, an Karl Martell gewandt haben, um sich vom Hausmeier die früher in der Region getroffenen Vereinbarungen bestätigen zu lassen. Otmar zog, mehr oder weniger arglos, mit Waltram zum Hausmeier, vielleicht 725. Er mußte sich glücklich preisen, wenn er zur Insel Reichenau hinübersah, wo in diesen Jahren Pirmin ein neues Kloster zu gründen versuchte und unmittelbar in das Spannungsfeld zwischen Hausmeier und Herzog hineingeriet.

Doch was würden die Viktoriden in Chur zu Otmars Parteiwechsel sagen? Sie waren von der karolingischen Welle am Bodensee noch nicht erfaßt und wehrten sich nach Kräften gegen sie. Viktor betrachtete das Verhalten seines früheren Dieners Otmar als Verrat. Die St. Galler Quellen berichten, der Praeses habe neidisch beobachtet, wie das Kloster St. Gallen durch den Zuzug von Pilgern immer reicher wurde, und beschlossen, die Reliquien des Heiligen zu entführen. Ein Feldzug um ein paar Knochen erschiene uns Heutigen kindisch; im Frühmittelalter dachte man anders. Die Gebeine des heiligen Gallus bildeten buchstäblich das Fundament, auf dem das Kloster, ja das christliche Alemannien ruhte. Wenn die Reliquien nach Churrätien entführt wurden, war Alemannien dem Zugriff der Landfremden ohne himmlischen Schutz preisgegeben; die wirtschaftliche Verarmung der Klosterregion folgte daraus. Für Verteidigung und Fremdenverkehr der Bischofsstadt Chur brachten umgekehrt die wundertätigen Gebeine willkommene Verstärkung. Ich glaube nicht, daß der Praeses den Platz St. Gallen für Churrätien erobern wollte; eher wollte er ihn entwerten, vor allem angesichts der drohenden Invasion der Franken.

Der Plan der Praeses sprach sich wie ein Lauffeuer herum und versetzte die Umgebung des Klosters in helle Aufregung. Mönche, Klosterleute und Nachbarn organisierten Wachdienste und Milizen. Der Überfall endete auf typisch frühmittelalterliche Weise: Beim Aufbruch gegen St. Gallen fiel der Praeses vom Pferd und brach sich das Hüftbein. Der heilige Gallus hatte ihn offensichtlich heruntergeworfen und wollte bei der Galluszelle liegenbleiben; Viktor gab sein Vorhaben auf. Mit der Anlehnung an Churrätien war es dennoch ein für allemal vorbei, St. Gallen besaß keine Rückendeckung im Süden mehr und geriet völlig in den Sog karolingischer Politik. Die lokalen Adelssippen waren alle wie Waltram zu schwach, um dem Koloß aus dem Westen zu widerstehen, und um regionalen Zusammenhalt am Bodensee hatte sich das Kloster bisher nicht bemüht, sich vielmehr betont vom alemannischen Herzog und vom Konstanzer Bischof ferngehalten. Das rächte sich langsam, aber sicher.

Um 740 starb Waltram, allem Anschein nach ohne Erben. In Arbon müssen sich alsbald Beauftragte der Hausmeier festgesetzt haben. Auch Karl Martell starb 741, doch seine Söhne Karlmann und Pippin der Jüngere begannen sogleich mit der militärischen Niederringung des alemannischen Widerstandes, vor allem im Umkreis von Neckar und Alb. Dort in Cannstatt machte Karlmann 746 ein blutiges Ende mit dem alemannischen

Herzogtum und einem Großteil des alemannischen Adels. Bei den letzten Kämpfen war das Bodenseegebiet kaum aktiv beteiligt, wurde aber nach dem Sieg das erste Opfer des karolingischen Zugriffs; das Kloster St. Gallen war eines der ersten Ziele der fränkischen Machtergreifung. An dieser Wendemarke müssen wir innehalten, denn mit dem Jahr 746 ist die alemannische und die erfolgreiche Phase von Otmars Wirken beendet. Auf St. Gallen wie auf die Region kam eine neue gesamteuropäische Bewegung zu, die von Nordengland bis Süditalien ging. Die karolingischen Hausmeier förderten und nutzten diese Bewegung; mit ihnen arbeiteten einerseits angelsächsische Benediktiner, andererseits römische Päpste zusammen. Da uns hier die Mönche beschäftigen, blicken wir allein auf den Mönch, der die Bewegung im frühen sechsten Jahrhundert in Gang gebracht hatte, auf Benedikt von Nursia.

Was Benedikt um 530 auf dem Monte Cassino nördlich von Capua errichtete, war keineswegs das erste und einzige Mönchskloster im lateinischen Westen, nur eines der vielen, die sich nach der koinobitischen Lebensform des Pachomios richteten und doch nicht ganz von der eremitischen Lebensweise trennten. Es waren viel kleinere Klöster als die geistlichen Kasernen des Pachomios; im Kreis von etwa zwölf Mönchen stand ein Abt nicht als kommandierender General, auch wenn sein Tisch im gemeinsamen Speisesaal, sein Bett im gemeinsamen Schlafsaal herausgehoben stand. Benedikts Kloster bildete eine verschworene Gemeinschaft von wenigen Gleichgesinnten, die sich aus allen politischen, kulturellen und sozialen Bindungen der Spätantike lösten. Klein sollte die Gruppe sein, von der Außenwelt abgeschlossen. In einem Kloster sollte sie wohnen, auf dem Berg weitab von Siedlungen. Weder Unterhalt der Mönche noch Seelsorge für Laien durften nach draußen locken. Wer eintrat, sollte an diesem Ort für Lebenszeit bleiben, *Stabilitas loci,* Ortsbeständigkeit beweisen. Der Mönch wohnte lebenslang in denselben Räumen mit allen Mitmönchen zusammen, die Gesichter verloren sich nicht in der Menge. Jahraus jahrein sah er dieselben Leute und mußte die unverbesserlichen Schwächen des Mitmenschen an anderen ertragen, an sich unterdrücken. Das Gleichmaß wurde nicht durch Kameraderie oder Freundschaftskult gelockert. Die Mönche grüßten einander mit Titeln, als Väter oder Brüder, doch die Familie blieb geistlich, ohne Vertraulichkeit. Rang und Ruhm der Welt galten nicht mehr. Wer von draußen kam, sollte wenig erzählen und nahm in der Ordnung der Brüder den Platz ein, der ihm nach der unpersönlichsten Reihenfolge, dem Datum des Eintritts, zukam. Weltpriester wurden nur zögernd aufgenommen und nicht bevorzugt.

Herrscher war bloß einer, der Vater Abt, auch er von draußen, etwa vom Bischof, kaum beeinflußt. Er stand allein der Mönchsgemeinschaft gegenüber und forderte Gehorsam, *Oboedientia.* Jedes klösterliche Amt kam von ihm, alle Verantwortung fiel auf ihn. Er ließ sich von allen Mönchen beraten, Entscheidungen traf er allein. Zur charismatischen Willkür und zur asketischen Überforderung blieb ihm allerdings kein Spielraum, und das war Benedikts größte Neuerung gegenüber der Ordnung des Pachomios; sie unterschied Benediktiner erst recht von den Jüngern Kolumbans. Benedikt band sich und alle folgenden Äbte an eine Regel, die er nach langer Erprobung aufschreiben ließ, denn regelmäßig sollte sie allen vorgelesen werden. *Regula* hieß eigentlich Richtschnur, nun stand sie im Buch. »Alle sollen in allem der Regel als Meisterin folgen, keiner darf leichtsinnig von ihr abweichen.« Keiner, auch der Abt nicht. Wo die Regel Lehrmeisterin ist, sind Abt und Mönche gehorsame Schüler; ihr regelrechtes Verhalten heißt *Disciplina,* Unterordnung unter die gemeinsame Sache.

Großzügig in vielen Kleinigkeiten, sah Benedikts Regel streng auf Gleichmaß und Behutsamkeit. Kein Zuviel an Fasten und Geißelungen, keine barbarischen Strafen gegen Verfehlungen, kein Übermaß im Beten, keine Freiheit zu aufgeregter Grübelei, die den Mönch um den Schlaf brächte. Dafür Handarbeit als Ausgleich, jeden Tag nach der Sonnenuhr, auch sie nicht zur Heiligung der Arbeit oder zum Unterhalt des Klosters gedacht, sondern als aktive Teilhabe an der Gemeinschaft und als Mittel zur Erziehung. Dienst war das Kernwort, nicht der sklavische Dienst für einen Tyrannen, sondern der freiwillige für eine Gemeinschaft: Liturgischer Gottesdienst im gemeinsam gesungenen Chorgebet, gemeinsamer Dienst an den Mitmönchen, die einander in der Küche, beim Essen, beim Arbeiten und Beten bedienen. Vieles Gute zählte Benedikt auf, das der Mönch lernen müsse, und sagte am Schluß: »Die Werkstätten, in denen wir all dies fleißig üben wollen, sind Abgeschlossenheit des Klosters und Beständigkeit im Zusammenleben, *Claustra monasterii et stabilitas in congregatione.*« Beides gehörte zusammen, ohne strenge Klausur kein wirksames Zusammenleben.

Die Außenwelt, die Benedikt so hart ausschloß, brach in seine Klausur ein. Das Kloster auf dem Monte Cassino wurde 581 von Langobarden zerstört, wenige Jahre bevor Kolumban aus Irland aufbrach, und erst 718 wieder besiedelt, ein Jahr bevor Otmar nach St. Gallen aufbrach. Die Vernichtung ihrer Stabilität zwang die Benediktiner zum Wandern, zuerst nach Rom. Dort nahm sich Papst Gregor der Große ihrer an und wies ihnen eine neue Aufgabe zu. Er schickte die Benediktiner 596 ans Ende der Welt, nach England, nicht daß sie zu Eremiten, sondern zu Missionaren würden. Zur selben Zeit, da irische Mönche auf den Kontinent pilgerten, zogen italienische Benediktiner über den Kanal zu den Angelsachsen. Unstete Wanderprediger wie die Iren mochten sie nicht werden, auch an der wilden irischen Askese hinderte sie ihre Regel. Sie suchten statt dessen zu lernen und zu lehren, Mission und Seelsorge zu pflegen, dem päpstlichen Auftrag getreu. Aus Rom holten sie sich Schulbücher und richteten in englischen Klöstern Schreibstuben ein. Sie begannen selbst Priester zu werden, das heißt, zu studieren, zogen an die Höfe englischer Kleinkönige und predigten ihnen Grundzüge des christlichen Glaubens. Sie lernten dabei ihre Gedanken von der lateinischen Bildung und priesterlichen Liturgie in den angelsächsischen Dialekt von Adel und Volk zu übersetzen. Sie überwanden, kurz gesagt, den Gegensatz zwischen mönchischer Askese und germanischer Adelskirche.

Das wichtigste Buch, das sie mitbrachten, war ihre Regel mit der nüchternen Sachbezogenheit. Sie fügten sich, Abgesandte des römischen Papstes, leichter als die Iren in die erwachsende Hierarchie der Bistümer und Pfarreien. Sie fühlten sich als Erzieher, nicht nur der jungen Mönche, der Laien auch. Ihre Klosterschule zog die Welt ins Kloster hinein und erzog Söhne des Adels zum Lesen und Schreiben, zu lateinischer Ordnung. In dieser Welt englischer Benediktinerklöster wuchs Bonifatius heran und brach aus ihr 718 auf, um nach Rom zum Papst zu gehen. Dieser sandte ihn zur Mission bei Friesen und Hessen. Seine Helfer waren angelsächsische Mönche wie er. Der Hausmeier Karl Martell förderte ihn früh, denn der Karolinger erkannte, daß die Neuordnung des fränkischen Reiches mit fügsamen angelsächsischen Benediktinern leichter gelang als mit störrischen fränkischen Bischöfen oder gar mit querköpfigen Wanderpredigern aus Irland. Noch ging das alles die Mönche von St. Gallen und Reichenau nichts an. Von Benedikts Regel hatten sie längst gehört und manches, was ihnen passend schien, übernommen, ebenso wie von der Ordnung Kolumbans. Sie dachten aber nicht daran, sich allesamt auf dieses eine Buch von der ersten bis zur letzten Zeile festzulegen. Wie sollten Klöster dieselbe Regel annehmen, wenn sie so grundverschieden waren wie St. Gallen, Reichenau und Säckingen?

Karl Martells Söhne dachten anders. Vor allem Karlmann zog den Angelsachsen Bonifatius nicht mehr nur zur Mission bei Randstämmen heran, sondern zur inneren Reform der fränkischen Kirche insgesamt. Nachdem die Mönche zu Priestern gemacht waren, wurden seit 742 die Weltgeistlichen in mönchische Zucht gebracht und überwacht. Auch die Bischöfe hatten sich in größere Metropolitanverbände einzufügen. Bonifatius trat an deren Spitze, notfalls mit militärischer Gewalt durch die Hausmeier unterstützt. Altfränkische Bischöfe sträubten sich gegen die neue Strenge ebenso wie lokale Machthaber, denn sie merkten, daß die Ordnung der Kirche zugleich die Zentralgewalt der Karolinger festigte. Die Hausmeier wußten ohnehin spätestens seit 590, wie sie mit Hilfe der Benediktiner lokale und regionale Adelsherrschaften ausmanövrieren konnten. Sie mußten nur Einfluß auf Abtwahlen in bischöflichen oder adligen Eigenklöstern nehmen und dann in den Konventen die Benediktinerregel einführen lassen. So wurden die Klöster mit ihrem großen Grundbesitz eines nach dem andern aus regionalen Verflechtungen gelöst und der karolingischen Reichskirche unmittelbar verbunden. Waltrams Methode, Herrschaft durch Reform, in gewaltig vergrößertem Maßstab. 747 war St. Gallen an der Reihe.

In diesem Jahr, kurz nach dem Blutbad von Cannstatt, überließ Karlmann seinem Bruder Pippin die Herrschaft im Frankenreich, um ins Kloster zu gehen, natürlich in ein benediktinisches. Wenig später tauchte er in Rom beim Papst auf, dann auf dem Monte Cassino in dem seit drei Jahrzehnten neubelebten Mutterkloster Benedikts. Auf dem Weg von der Unterwerfung Alemanniens zum benediktinischen Mönchtum kam Karlmann 747 nach St. Gallen, um dort zu beten. Er soll gesagt haben, dieser Ort sei wegen der Wundertaten des heiligen Gallus weithin berühmt, aber in seinem äußeren Zustand ziemlich armselig. Hatte man dergleichen nicht einst von Waltram vernommen? Er wolle, sagte Karlmann, das Galluskloster unterstützen und schrieb deswegen seinem alleinregierenden Bruder. War der Besuch des Karolingers für Otmars Abtei nicht ein Geschenk des Himmels, die Erlösung aus materieller Not und provinzieller Enge? Otmar hatte sich schon früher den Karolingern genähert und blieb konsequent, wenn er zu dem Gönner zog, der Alemannien bezwungen hatte und nun zu ordnen begann.

In der westfränkischen Pfalz Pippins wurde Otmar mit einigen seiner Mönche freundlich empfangen, denn nicht alle Alemannen kamen so vorbehaltlos zu ihrem neuen Herrn. Pippin schenkte dem Abt siebzig Pfund Silber, damit er Grundstücke in der Nähe des Klosters kaufen könne. Weiter wies er ihm zinspflichtige Arbeitskräfte zu, für Ausbau der Gebäude und Verbesserung der Einnahmen. Möglicherweise übernahm Pippin auch den Schutz über das Kloster. Die Gegenforderung war harmlos. Pippin übergab Otmar ein Exemplar der Benediktinerregel und befahl, »an dem ihm anvertrauten Ort zur Beförderung des Galluskultes die Ordnung des geregelten Mönchslebens einzurichten«. Manches von dieser Ordnung hatte Otmar vor bald dreißig Jahren aus eigenem Entschluß eingeführt, Unterordnung der Mönche unter den Abt, Verpflichtung der Mönche zu lebenslangem Verbleiben im Kloster. Es fiel ihm nicht schwer, auch die übrigen Vorschriften Benedikts zu übernehmen und Kolumbans Einfluß weiter einzuschränken. Dagegen fiel es kaum ins Gewicht, daß auch der Abt genauer als bisher an schriftliche Regelungen gebunden wurde, daß niemand mehr nach Belieben die Klausur verlassen durfte, daß die Adligen und die Armen des Umlands nicht mehr ungehindert eingelassen wurden.

Besonders kennzeichnend war ein Geschenk, das Pippin dem Abt mitgegeben haben soll: eine Handglocke. Der Einsiedler brauchte keine Glocke, weil er niemanden rufen wollte. Die frühen Gallusjünger läuteten zum Beten die Mitbrüder aus den Hütten zusammen. Im Benediktinerkloster aber herrschte ein fester Tagesablauf, die Mönche brauchten ein Zeitzeichen, damit sie rechtzeitig und gleichzeitig das jetzt Gebotene taten. Die Aufteilung der Zeit in einem Stundenplan stürzte die Lebensgewohnheiten um. Mönche in Benediktinerklöstern waren die ersten Europäer, die ihre Zeit genau maßen und deshalb bald keine Zeit mehr hatten: Frömmigkeit nach der Sonnenuhr, in St. Gallen derselbe Dienstplan wie in Reichenau! Bald begannen die Mönche, auch die Jahre zu zählen und Jahrbücher zu schreiben. Denn wie der liturgische Gottesdienst wurden Lektüre und Studium intensiviert, die kulturellen Beziehungen zwischen den Klöstern verdichtet. Das Hochgefühl einer historischen Wende durfte sie beflügeln. Mit der Annahme der Benediktregel trat St. Gallen in die ansehnliche Reihe karolingischer Reichsklöster und wurde aus seiner alemannischen Isolierung befreit.

Abt Otmar nutzte die Chance wahrscheinlich sofort. Wahrscheinlich, denn wieder streiten sich die Gelehrten, weil die Mönche nun zwar Jahreszahlen aufschrieben, aber verschiedene. Ich nehme an, es war noch 747, als Otmar zwei seiner Mönche aus der Ortsbeständigkeit entließ und zur Mission aussandte, Magnus und Theodor, vermutlich Rätoromanen. Der Bischof von Augsburg hatte sie angefordert und einen Priester zum Gallusgrab entsandt. Das Kloster St. Gallen sollte im ostalemannischen Gebiet zwischen Iller und Lech das christliche Gemeinschaftsleben wiederbegründen. Es hatte unter den Kämpfen zwischen Alemannen und Franken zu Beginn der 740er Jahre schwer gelitten, doch jetzt standen die Aussichten günstig. Der Augsburger Priester geleitete die beiden Mönche am Bodensee entlang auf der alten Römerstraße nach Bregenz, dann zu anderen Römersiedlungen, Kempten und Füssen, die mittlerweile zerfallen und verwildert waren. Kein Wunder, daß spätere Legenden auch den heiligen Magnus als Gefährten von Kolumban und Gallus darstellten. Wie sie einst am Bodensee, so mußten Magnus und Theodor jetzt im Allgäu die Landschaft segnen, von Drachen und Dämonen befreien und für Menschen und Christen bewohnbar machen.

Es schien ohne fränkische Förderung oder Behinderung zu glücken, zuerst in Füssen, wo der hochbetagte Magnus eine kleine Zelle mit Bethaus baute, Keimzelle eines Benediktinerklosters. Heikler war Theodors Gründungsarbeit in Kempten, weil ihn Einheimische boykottierten. Die Legende behauptet, Magnus habe in Füssen sechsundzwanzig Jahre lang segensreich gewirkt. Es scheint aber, daß das Unternehmen schon bald nach der Königserhebung Pippins 751 ins Stocken geriet, weil sich die Spannungen zwischen Franken und Alemannen von neuem verschärften. Der hilfreiche Bischof von Augsburg starb wohl 756, kurz danach Magnus, Theodor kehrte enttäuscht nach St. Gallen zurück. Otmar scheint einen zweiten Anlauf unternommen und andere Mönche aus St. Gallen nach Kempten geschickt zu haben. Doch die Zustände blieben so unsicher, wie unsere Nachrichten über sie sind. Sie sind es, weil St. Gallen selbst nach 751 in höchste Bedrängnis geriet. Zur Zeit Karls des Großen war das Kloster des heiligen Magnus in Füssen fast verlassen und zerstört. Nicht die Mönche des heiligen Gallus, die karolingischen Könige verhalfen den Allgäuklöstern zu stabiler Kontinuität, und zwar in Kempten lieber als in Füssen. Ohne karolingische Weisung ging nichts mehr, der Abt von St. Gallen hatte seinen Spielraum überschätzt.

»An jedem Ort wird dem einen Herrn gedient und für den einen König gekämpft«, stand in Benedikts Regel, doch dieser wahre König hieß Christus, nicht Pippin. Kein Benediktiner konnte mißbilligen, daß die fränkische Reichskirche mit Pippin an der Spitze sich eng mit dem Papst in Rom verband. Gewiß verfolgte Pippin dabei den politischen Plan, sich selbst an die Stelle der merowingischen Könige zu setzen, und der Papst bestätigte ihm 751 die Königswürde. Aber warum nicht? So wurde das germanische Königtum voll verchristlicht. Der neue Frankenkönig, mit dem römischen Papst im Bund, durfte auch über die Klöster seines Reiches verfügen; all dies würde dem Aufbau des Gottesreiches auf Erden dienen. So etwa mag Otmar gedacht haben. Sein tödlicher Irrtum bestand darin, daß König Pippin sein Reich nicht so allgegenwärtig und allmächtig wie Gott regierte. Pippin residierte westlich des Rheins und besuchte Alemannien nicht, wo er bei Füssen ein königliches Jagdrevier, in Bodman eine königliche Pfalz besaß. Als seine Stellvertreter kamen Grafen ins Land, treue Franken und ergebene Diener des Königs, doch zugleich adlige Herren mit Sippschaft und Eigeninteresse. Wie es gewöhnlich bei Umstürzen geht: Vorher hörte man wunderschöne Grundsätze, nachher stand man vor Funktionären mit häßlichen Hintergedanken.

Die Grafen Warin und Rudhard, die für Pippin die Eingliederung Alemanniens ins Frankenreich überwachten, errichteten nicht nur für den König die Pfalz Bodman, sie gründeten auch für sich selbst Herrschaften, sogar eine Reihe von Klöstern, so das Frauenkloster Buchau im Federsee, das uns später beschäftigen wird. Auch am Untersee, unweit von Diessenhofen, begannen sie aus konfisziertem Grundbesitz Territorien zu sammeln. Mit dem stets fränkisch ausgerichteten Kloster Säckingen vertrugen sie sich, jedenfalls ohne spektakuläre Affären, das junge Kloster Reichenau rang noch um sein Selbstverständnis. Ernsthaften Widerstand leistete allein St. Gallen. Schon vor 746 hatten lokale Adlige dem Kloster ihren Grundbesitz vermacht, um ihn dem fränkischen Zugriff zu entziehen und den verwandten Mönchen zu erhalten. Das Mittel bot sich erst recht an, wenn die fränkischen Großen nach Land und Herrschaft jagten. Die Grafen nahmen den Trick nicht hin und brachten Teile des neu geschenkten Kirchenguts in ihren Besitz. Nun mußte Abt Otmar den Besitzstand und den Rechtsstandpunkt behaupten und sich beim königlichen Schutzherrn des Klosters beschweren. Er selbst, so argumentierte Otmar, lechze nicht nach irdischem Besitz, doch wenn Mangel eintrete, müsse darunter die klösterliche Regeltreue leiden. Selbstverständlich zeigte sich der König über die Frechheiten seiner Funktionäre entsetzt und befahl ihnen, sofort die Übergriffe einzustellen. Selbstverständlich gehorchten die Grafen dem König. Wenn sie dem Kloster beikommen wollten, mußten sie auf andere Mittel sinnen. Sie lagen nahe.

Wen du politisch nicht ausschalten kannst, den erledigst du moralisch. Die Grafen fanden im Kloster einen Mönch namens Lantpert, der bereit war, dem Abt eins auszuwischen. Er behauptete eine Frau zu kennen, die von Otmar vergewaltigt worden sei. In Benedikts Regel hieß es kategorisch: »Der Abt muß keusch sein.« Eine eklatante Regelverletzung, ein Sittlichkeitsverbrechen, dagegen mußten fromme Grafen einschreiten und den Abt, als er 759 wieder zum Königshof reisen wollte, unterwegs verhaften. Nur kein Aufsehen im Kloster, diskrete Erledigung des peinlichen Falls. Als weltliche Herren konnten die Grafen nicht über einen Geistlichen richten, das war seit Bonifatius geregelt. Zuständig war das geistliche Synodalgericht unter Vorsitz des Bischofs Sidonius von Konstanz.

Zufällig verfolgte Sidonius ähnliche Interessen wie die Grafen. Er hatte den Bischofsstuhl 746, im Jahr des Blutbads, bestiegen und mußte sich nach den neuen Herren richten. Er unterstützte die karolingische Politik im Land, weil sie seinen amtlichen Einfluß mehrte. Die fränkische Kirchenreform unterstellte alle geistlichen Einrichtungen, auch die Klöster, in geistlicher Hinsicht dem Diözesanbischof. Gerade St. Gallen hatte bisher den Konstanzer Bischof links liegen lassen, auch als Otmar 747 den Bund mit Pippin schloß. In Schenkungsurkunden wie der des Diessenhofener Priesters Lazarus kamen Name und Rechte des Bischofs ebenfalls nicht vor. St. Gallen wurde allmählich reich, das Bistum Konstanz war traditionell arm. Der Bischof mußte für seine Weltpriester, zumal die Domherren, so ökonomisch sorgen wie der Abt für seine Mönche. Wenn sich bei dem Prozeß gegen Otmar erreichen ließ, daß St. Gallen die Jurisdiktion des Bischofs anerkannte oder gar bischöfliches Eigenkloster wurde, erhielt die böse Affäre ihren guten Sinn. Ein ordentliches Benediktinerkloster mußte sich der Bistumsgliederung zuordnen; die Zeiten äbtlicher Willkür, von den Iren eingeführt, waren endgültig vorbei.

Otmar hatte sich 747 mit dem König verbündet und das Schwergewicht regionaler Einrichtungen unterschätzt. Jetzt fiel er ihnen zum Opfer, und Pippin konnte ihm nicht helfen, ohne das ganze System zu erschüttern. Der Abt durchschaute das Spiel und verweigerte vor dem geistlichen Gericht die Aussage, weil er, wenn ich recht verstehe, die Zuständigkeit des Bischofs ablehnte. Das erboste Gericht fand ihn des Verbrechens schuldig und verurteilte ihn zu lebenslänglicher Kerkerhaft, wenn nicht zum Hungertod. Die fränkischen Grafen übernahmen als Vertreter des Königs die Vollstreckung des geistlichen Urteils und kerkerten Otmar in der neuen Pfalz Bodman ein. Freilich nur kurz, denn die Mönche begannen sich zu rühren, ohne Lärm und Gewalt, versteht sich. Einem St. Galler Mönch gelang es, nächtens zu dem Gefangenen in Bodman vorzudringen und ihm Lebensmittel zu bringen. Nun wurde Otmars Gefängnis verlegt, auf die besser zu überwachende Insel Werd bei Stein am Rhein. Dort starb Otmar noch im gleichen Jahr, am 16. November 759.

Sein Kloster St. Gallen wurde mindestens faktisch dem Bischof von Konstanz unterworfen; umstritten ist, ob es auch rechtlich zum bischöflichen Eigenkloster wurde, doch steht fest, daß der Bischof die Herrschaft in Arbon und im Arbongau erhielt, zu dem der Klosterbezirk gehörte. Zum Nachfolger Otmars als Abt wurde 760 ein Freund der fränkischen Grafen namens Johannes bestimmt; er akzeptierte die Unterwerfung des Klosters unter das Bistum und wurde im selben Jahr Bischof von Konstanz. Wie gründlich sich die Lage des Klosters verändert hatte, beweist ein Protest aus Chur gegen die Maßnahmen von 760. Der dortige Bischof Tello, Sohn des Praeses Viktor, ersuchte den Konstanzer Bischof um Rücksicht auf das Kloster St. Gallen, in dem Blutsverwandte der Viktoriden lebten. Der Einspruch verhallte; Otmar selbst hatte die Abkehr von Churrätien und die Wendung zu den Karolingern eingeleitet. Er hatte nur übersehen, daß er damit sein Kloster nicht zuerst auf das Königtum im fränkischen Westen ausrichtete, sondern auf die Bodenseeregion. Ihre Herren isolierten und überwältigten ihn.

Das ist, zusammengefaßt, das erste Ergebnis von Otmars Mönchsleben: Der Bodenseeraum wurde von Otmar nicht als Einheit empfunden, obwohl diese Einheit schon bestand. Bereits Gallus mußte den Obersee überqueren, doch der Einsiedler hielt sich den politischen Zusammenhang am See, verkörpert durch das alemannische Herzogtum und das Konstanzer Bistum, vom Leibe, kehrte dem See den Rücken und suchte Verbindung zum churrätischen Rheintal. Von dort kam Otmar hundert Jahre danach. Auch er suchte keine Anbindung St. Gallens an das Bodenseegebiet. Das ging so weit, daß die Gallusmönche den See zu Otmars Lebzeiten kein einziges Mal erwähnten, obwohl ihn der Abt oft überquert haben muß, wenigstens bei der Fahrt zum Gericht nach Konstanz, bei der Einkerkerung in Bodman, bei der Überführung nach Werd. Eben diese Ereignisse von 759 rückten andere Teile des Bodensees in den Blickpunkt. Nicht mehr das Dreieck Bregenz – Arbon – Überlingen bezeichnete den Schwerpunkt, sondern das Dreieck Konstanz – Bodman – Stein. Er verschob sich nach dem fränkischen Westen, in Richtung zum Untersee. Aus diesem Machtzentrum karolingischer Grafen und Bischöfe wurde 759 das alemannische Kloster am südöstlichen Bodensee unterworfen. Eine neue Gemeinsamkeit am See zeichnete sich ab, eine politische, von außen kommende. Für Mönche von St. Gallen blieb im achten Jahrhundert der Bodensee ein feindliches Gewässer. Zehn Jahre nach Otmars Tod, 769, während Karls des Großen Paladine anderswo beschäftigt waren, wagten sie sich bei Nacht aufs Wasser, um den Leichnam ihres Abtes aus Werd heimzuholen. Prompt erhob sich ein heftiger Seesturm, der die elf Brüder zutiefst erschreckte. Bei der eiligen Fahrt nach Arbon mußten sie ängstlich nach rechts, zum Konstanzer Dom, und nach links, zur Bodmanpfalz, ausschauen. Dort saßen die Fürsten dieser Welt.

Dies ist das zweite Resultat von Otmars Wirken: Die Mönche mußten sich mit den Fürsten dieser Welt abfinden, sich mit ihnen verbünden, sich ihnen unterwerfen. Warum? Den Einsiedler Gallus hatte der Reichtum des Herzogs so wenig geblendet wie der Ornat des Bischofs. Dafür hatte er seinen Preis bezahlt, keine feste Behausung, keine geregelte Lebensform, keinen mächtigen Beschützer gefunden. Doch wie sollte das Christentum in der Welt Wurzeln schlagen, wenn es bloß bei Eremiten im Bergwald gedieh? Mußten sich nicht auch weltflüchtige Mönche den Laien zuwenden, ihnen durch Mission und Seelsorge helfen, befahl nicht ebendies der Papst in Rom? Die Arbeit verlangte Entbehrungen und brachte Enttäuschungen, wie der heilige Magnus im Allgäu erfuhr; es war demnach die rechte Aufgabe für asketische Mönche. Wenn sie glückte, kamen die Mönche allerdings zu Ansehen im Land und wurden mit Schenkungen überhäuft. Die Mönche brauchten sie gewiß, um sich zu stärken und andere zu unterstützen; aber wer nicht bereit war, so armselig wie Gallus zu leben, konnte nicht so frei wie Gallus bleiben. Mit den Hilfsmitteln übernahmen die Mönche Verpflichtungen. Als erste die Bindung an Grundbesitz. Er mußte rationell verwaltet werden, um Mittel für Liturgie und Caritas herzugeben. Die Bauern, die dort arbeiteten, mußten angeleitet und beaufsichtigt werden. Der Besitz war vor begehrlichen Nachbarn zu schützen, möglichst abzurunden und zu erweitern. Diese Pflichten brachten die Mönche unweigerlich in Berührung mit Einrichtungen und Menschen ringsum, mit Bischöfen und Pfarrern, mit Herzögen und Adligen. Und so voller Teufel, wie Gallus die Welt fand, steckte sie ein Jahrhundert später nicht mehr. Sie glich vielmehr einem Versuchsfeld für das Zusammenleben von Menschen, einem Kloster im großen. Diesen Befund durften die Mönche nicht übersehen.

Hier liegt die dritte Folge von Otmars Tätigkeit. Die eremitischen Formen mönchischen Lebens forderten den Wagemut der Einzelgänger heraus, ließen aber auch die Launen der Eigenbrötler zu. Benedikt von Nursia ließ seinem Zorn die Zügel schießen, als er Mönche beschrieb, die keiner Regel, sondern ihrem Behagen folgten und nirgends blieben, sondern sich lebenslang herumtrieben. Dagegen waren die Gallusjünger gefeit, das nachwirkende Vorbild des Heiligen gab ihnen Richtschnur und Standort vor. Trotzdem bewahrten Kult und Legende des heiligen Gallus die Betreuer seines Grabes nicht vor ständigen Zusammenbrüchen, solange das Zusammenleben der Waldbrüder allein von Personen, nicht von Institutionen bestimmt wurde. Hier schuf Otmar Wandel, mit der Einführung koinobitischer Lebensformen zunächst, der Benediktinerregel sodann. Tageseinteilung und Jahreslauf im Kloster folgten seither genauen Vorschriften, auf die sich jeder Mönch vorher an diesem Ort verpflichtete und die er nachher in dieser Gemeinschaft lebenslang erfüllte. Kontinuität und Stabilität eines derartigen Konvents von einigen Dutzend Mönchen hingen nicht mehr von der Willkür, nicht einmal mehr von der Lebensdauer eines Abtes ab. Otmar wußte, was Gallus noch nicht ahnte, daß nach ihm andere Äbte von St. Gallen kommen würden. Für ihn ging es am Ende darum, ob er seinem Kloster besser oder schlechter als andere diente; den Fortbestand der Institution würde selbst seine Verurteilung nicht gefährden. Mit der benediktinischen Stabilisierung innerhalb der Klausur verlagerten sich die geschichtlichen Schwankungen des Mönchtums auf seine Außenbeziehungen.

Der vierte Ertrag von Otmars Bemühung war die Ausbildung einer Klosterkultur, die den wechselnden Einwirkungen von draußen eine langfristige Überlieferung des Konvents entgegensetzte. Geistige Selbständigkeit war schwerer als wirtschaftliche zu erringen, doch bei der Abwehr von Konstanzer Ansprüchen entwickelte St. Gallen seinen eigenen Stil. Die Abtei Otmars hielt an irischen und rätischen Sondertraditionen fest und beschirmte auch die alemannische Art vor karolingischer Gleichschaltung. Dem geformten Leben in diesem einen Kloster, über die Zeiten hinweg, diente die Sorge der Äbte und Mönche fortan: den Bauten, die sie errichteten und schmückten, der Liturgie, die sie dichteten und vertonten, den Geschichten von Gallus und seinen Jüngern, die sie Neulingen einschärften, den Urkunden und Büchern, die sie abschrieben und ausmalten. Die Gemeinschaft, die sich zur Kunst der Klausur erzog, versagte sich dem Wildwuchs von Natur und Geschichte. Zu Otmars Zeit blieben die Erfolge der Bildungsarbeit bescheiden, wir bemerken nichts von einer Klosterschule. Immerhin arbeiteten in der St. Galler Schreibstube zwischen 720 und 770 an den Büchern und Urkunden etwa vierzig Mönche, ein Großteil des Konvents. Sie begannen, ihre Manuskripte mit einfachen, bald auch mit farbigen Ornamenten zu verzieren. Stilisierungswille und Ausdruckskraft des Galluskonvents erreichten ihren ersten Höhepunkt allerdings erst drei Menschenalter nach Otmars Tod, mit Hilfe eben des karolingischen Einflusses, den Otmar hatte eindämmen wollen. Karolingischer Kunstsinn und Schulbetrieb drangen wie Bazillen aus der Umwelt in die Klausur ein, ohne sie zu zerstören, denn auch sie forderten Sensibilität und Konzentration. Aber sie nahmen den Gallusjüngern, was sie Otmar verdankten, den Stolz auf ihren asketischen Trotz.

Otmars Mißerfolg wurde durch diesen fünften Punkt verursacht. Zwar übernahm er die straffe Ordnung des Spätrömers Benedikt von Nursia für sein Kloster, aber er mißachtete ihre Konsequenzen für das Zusammenleben mit Laien. Benedikt hatte an ein in sich gekehrtes Kloster gedacht, eine nach innen koinobitische, nach außen eremitische Körperschaft. Die karolingischen Hausmeier entdeckten, daß die benediktinische Ordensregel auch Handhaben zur Vereinheitlichung sämtlicher Klöster im Reich bot, also für den Aufbau einer zentralisierten Reichskirche dienen konnte und so für die karolingische Politik nutzbar zu machen war. In den Abteien selbst färbte sich die Religiosität politisch. Otmar machte diese Entwicklung mit und bekannte sich zu den politischen Zielen seiner Gönner. Er glaubte allerdings, daß im Schutz der Mächtigen ein Freiraum für die Unpolitischen bleibe, zur Pflege von Aussätzigen an der Steinach, zur Bekehrung von Abständigen an der Iller. Er meinte noch dem heiligen Gallus nacheifern zu können, als bestünde der Freiraum der Bedürfnislosen auch für die Angepaßten. Hundert Jahre zuvor hatte Gallus, hundert Kilometer abseits hatte Magnus noch mit der Bändigung der Natur zu tun; aber in Otmars St. Gallen ging es schon um die Eingliederung einer Gemeinschaft und ihres Machtpotentials in politische Herrschaft, das war etwas anderes. Otmar scheint zum Schluß begriffen zu haben, daß er zwischen den Zeiten stand und von ihren Mühlsteinen zermahlen wurde. Als Gefangener auf der Insel Werd kehrte er zu den eremitischen Grundsätzen des heiligen Gallus zurück und diente, wie die Lebensbeschreibung sagte, »dem Herrn um so ungehinderter, als er vom Umgang mit Menschen und von irdischen Sorgen befreit war«. Es wird leicht vergessen, wenn St. Gallen alljährlich sein Gründungsfest feiert: Der Weg vom Lagerfeuer des Einsiedlers Gallus zum Betonbau des Stadttheaters St. Gallen war nicht geradlinig; an der schärfsten Biegung des Weges liegt das Grab des gescheiterten Abtes Otmar.

WALAHFRID · MÖNCH IN REICHENAU

Unter allen Mönchen am Bodensee ist für unsere Zeit Walahfrid Strabo der berühmteste. Nicht als Mönch unter Mönchen, schon gar nicht als Verfasser zweier Lebensbeschreibungen, die er den zu seiner Zeit berühmtesten Mönchen am Bodensee, Gallus und Otmar, widmete. Nein, Spezialgelehrte in aller Welt werden nicht müde, über Walahfrid als Dichter nachzudenken, Allgemeingebildete am Bodensee erfreuen sich unentwegt an Walahfrid als Gärtner. Scheffel stellte 1855 die beiden Säulen von Walahfrids Ruhm zusammen und schrieb von dem »milden Mondschein über dem Krautgärtlein, der dem seligen Abt Walahfrid so weiche Erinnerungen an seine Freundin in der Seele wachrief«. Zwar unterlief Scheffel ein arger Schnitzer, denn Walahfrids Mondscheingedicht richtete sich an einen fernen Mitmönch, aber das Bild blieb haften, der empfindsame Ästhet nächtens im Schrebergarten, der erste schwäbische Dichter. Dichter leiden bekanntlich von Berufs wegen, und so sind die Leiden des jungen W. ein Lieblingsthema neuerer Forschung. Walahfrid litt angeblich am Zwiespalt zwischen deutschem Herzen und römischer Zunge, am Widerspruch zwischen Sinnenfreude und Seelenfrieden, am Unverständnis der mönchischen Oberen für sein weiches Naturell, an der Einsamkeit in der kalten Fremde, an den Wirrnissen der karolingischen Politik. An alledem ist vieles richtig, nur stimmt das Gesamtbild nicht: Walahfrid Strabo war nicht zuerst Dichter oder Gärtner, sondern mit Leib und Seele Mönch. Was wie das Leiden eines Individuums an seiner geschichtlichen Umwelt erscheinen mag, war zuerst die Krise des Klosters Reichenau, auf sie antwortete Walahfrids literarisches Werk.

Das Wichtigste vorweg: Kloster und Mönch standen nicht an einem Beginn wie Gallus 612 an der Steinach, nicht an einer Wende wie Otmar 746 in St. Gallen, sondern auf der Höhe. Als Walahfrid eintrat, war die Abtei Reichenau hundert Jahre alt. Von dem irofränkischen Abtbischof Pirmin 724 in der Spannung zwischen alemannischem Herzog und karolingischem Hausmeier begründet, hatte sie um 800 ihre Hochform erreicht, unter Abt Waldo, einem vornehmen Moselfranken und persönlichen Freund Karls des Großen. Die festgefügte Institution wurde durch Neuankömmlinge seither nicht mehr bewegt, sogar durch Äbte kaum mehr erschüttert, sie prägte den Hinzukommenden nach ihrem Bild. Walahfrid, 808 oder 809 geboren, begann zudem das Klosterleben nicht wie Gallus mit rund fünfzig, nicht wie Otmar mit etwa dreißig Lebensjahren, sondern um 815-820 als acht- bis zwölfjähriges Kind. Was er geworden ist, hat das Kloster aus ihm gemacht.

Walahfrid wies gern darauf hin, daß er ein »Alemanne oder Schwabe« und hierzuland auf die Welt gekommen sei, doch was er liebte und besang, war keineswegs die schwäbische Heimat, sondern Reichenau, die selige Insel. Benediktinische Zurückhaltung beherrschte auch Walahfrids Aussagen über seine soziale Herkunft. Dem Kaiser dankte er, daß er ihn »aus einer armseligen Grube« herausgeholt habe. Dem Schwager des Kaisers versicherte er, sein Talent sei so gering wie seine Herkunft. Doch dabei blickte Walahfrid vergleichend auf den höheren Rang der Angesprochenen. Von Verwandten redete er nie, von den Eltern ein einziges Mal, so allgemein, daß der Leser im Zweifel bleibt und bleiben soll, ob überhaupt die leiblichen gemeint sind. Als seinen Vater bezeichnete Walahfrid Gott, den Abt oder den Lehrer der Klosterschule, wieder nach Benedikts Regel. Daß der Dichter nicht gerade aus dem Hochadel stammte, ist höchst wahrscheinlich, zumal benediktinische Abteien im frühen neunten Jahrhundert noch wenig ständische Vorbehalte übten, nach Benedikts Vorschrift. Kleiner Leute Kind war Walahfrid indes nicht; das Kloster Reichenau zählte bereits seinen Urgroßvater Markolf zu den Freunden und Gönnern. Selbst die Sippentradition Walahfrids hing seit Generationen an der Klostertradition! Wer Walahfrid sozialgeschichtlich begreifen will, muß nicht lang nach Adel, Sippe, Grundbesitz fragen. Die Lebenswelt dieses Menschen war das Kloster Reichenau.

Wer heute sein Kind mit sechs Jahren in Schule oder Internat schickt, erfährt nichts mehr vom Totalitätsanspruch einer Klosterschule, die nicht neben Vater und Mutter, sondern an deren Stelle trat. Was Walahfrid geworden ist, hat die Klosterschule aus ihm gemacht. In der Stiftsbibliothek St. Gallen liegt noch das Buch, das man Walahfrids Autobiographie nennen möchte, wenn es seine eigenen Gedanken enthielte und ihn nicht als Klosterschüler auf Lebenszeit kennzeichnete. Er begann, daran in den 820er Jahren zu schreiben, der letzte Eintrag stammt aus den Wochen vor seinem Tod 849. Man kann die Wandlung der Handschrift verfolgen, es wird eine immer klarere Buchschrift, elegant und schön, es wird keine individuelle Klaue, die Unverwechselbarkeit durch Unleserlichkeit vortäuschen würde. Was Walahfrid aufschrieb, waren keine Lesefrüchte eines Originalgenies, sondern Auszüge aus Schulbüchern. In der Jugend zuerst Notizen über Zeitrechnung, dann viele Abschnitte aus Lateingrammatiken; später Exzerpte zur Natur- und Pflanzenkunde, medizinische Rezepte, Vorschriften über Obstbau und Weinbereitung; im Alter schließlich Nachrichten aus historischen Büchern, auch über Vorzeichen für nahe Zukunft. Dieses einzige Buch, von dem feststeht, daß es Walahfrid selbst schrieb, spiegelt den Lehrstoff der Klosterschule, sogar die Reihenfolge ihres Lehrplans. Nur weil der Mönch Walahfrid immer Zögling blieb, konnte er Lehrer werden. Noch der berühmte Abt notierte sich in seinem Vademecum monströse lateinische Beispielsätze, die seine Klosterschüler durch sämtliche Casus hindurch flektieren mußten, vermutlich lauthals und im Chor.

Die benediktinische Klosterschule ließ fast alles auswendig lernen und laut hersagen, Lesen und Schreiben halfen bloß nach. Auf diese Weise lernte der junge Mönch mit zwölf Jahren Einordnung in die Gemeinschaft. Er lernte richtig Latein sprechen, fehlerfrei, in der Aussprache klar, in der Konstruktion sauber. Er brauchte dieses Latein täglich, in der Schule, beim Gebet, beim Umgang mit älteren Mitmönchen. Er konstruierte sein Verhalten unter Mitmönchen so wie sein Sprechen, einfach, durchschaubar, auf die Gemeinschaft bezogen. Mit der Form wurde der Inhalt gelehrt. Die jungen Mönche lernten die Psalmen auswendig, die dann das Leben lang ihr tägliches Chorgebet ausmachten. Sie lernten die Benediktinerregel auswendig, die sie jeden Tag vorgelesen bekamen und jeden Tag zu befolgen hatten. Sie lernten Zeitrechnung, überhaupt Mathematik, damit sie den kirchlichen Festkalender richtig anwandten. Sie lernten Naturkunde, damit sie sich in der Klosterwirtschaft auskannten. Sie lernten Geschichte, damit sie Herkunft und Auftrag ihres Klosters in dieser Welt durchschauten.

Als Walahfrid in der Reichenauer Klosterschule saß, war ihr Bildungssystem noch nicht alt. Bildung aus Büchern zu beziehen, widersprach der Regel Benedikts von Nursia. Sie schrieb bloß vor, daß die Mönche heilige Lesungen gern anhören sollten, von eigenen Vorlesern. Wer zufällig lesen konnte, erhielt in der Fastenzeit aus der Bibliothek ein Buch, das er von vorn bis hinten durchzulesen hatte. Das war beinahe eine Bußübung, denn es wurde aufgepaßt, daß währenddessen keiner vor sich hinträumte oder mit anderen schwätzte. Auf dem Monte Cassino wurde gelesen, was geschrieben stand, in der Bibel und bei den Kirchenvätern; niemand mußte als Mönch Schreiben lernen. Wer es konnte, sollte bei der endgültigen Aufnahme, nachdem ihm die Regel vorgelesen worden war, sein Gelöbnis mit eigener Hand niederschreiben. »Falls er nicht schreiben kann, soll es ein anderer für ihn tun.« Lesen und Schreiben lernte man in der Welt, im Kloster nicht. Es unterhielt keine Schule dafür. In der Ordensregel kam das Wort Schule nur einmal vor: »Es ist also unsere Absicht, eine Schule für den Dienst des Herrn einzurichten.« Die Schule im Kloster, das war das Kloster selbst, die Beständigkeit im Zusammenleben. *Disciplina*, richtiges Verhalten eines Lernenden, ergab sich aus der vorgelesenen Regel und ihrer täglichen Befolgung. Doch als Walahfrid die Ordensregel lernte, waren diese Abschnitte nur noch Geschichte.

Aufgehoben hatte sie Papst Gregor der Große, indem er die Benediktiner 596 als Missionare und Seelsorger zu den Angelsachsen schickte. Denn nun mußten die Mönche priesterliches Wissen aufnehmen und weitergeben, lesen und schreiben, auslegen und übersetzen, und sie mußten das lernen, in der Klosterschule. Der Bildungskanon der Klosterschule wurde durch den angelsächsischen Benediktiner Beda im frühen achten Jahrhundert formuliert und durch Bedas Klosterschüler im Frankenreich verbreitet. Bedas Zeitgenosse Otmar brauchte in St. Gallen noch keine Klosterschule; ein Jahrhundert später schrieb Walahfrid in seinem Vademecum mit Vorliebe Lehrbücher Bedas ab. Wenn die Klosterschule eine angelsächsische Neuerung war, so war sie auf dem Kontinent eine karolingische. Die frühen Karolinger brauchten Benediktiner vom Schlag des Bonifatius als Missionare bei Randvölkern, als Organisatoren der Reichskirche, als Vermittler zum Papsttum. Dafür war mönchische Bildung nützlich, nicht unbedingt nötig. Doch diese Aufgaben waren um 800 im wesentlichen erledigt, nachdem Karl der Große die Sachsen unterworfen, die fränkische Kirche geordnet, vom Papst die Kaiserkrone erlangt hatte. Nun wurde klösterliche Bildung unentbehrlich.

Karl benötigte Mönche als Schreib- und Lesekundige, als Verwaltungspersonal in dem Riesenreich, das nicht mehr vom Pferd herab durch mündlichen Befehl zu lenken war. Mönche mußten die weltliche Führungsschicht des Reiches zu Rationalität und Schriftlichkeit erziehen; Karl der Große begann bei sich selbst und lernte mühsam lesen und schreiben. Die Schrift sollte leserlich sein, überall gleich, nicht mit den Schnörkeln regionaler Schreibschulen behaftet; daraus entstand die sogenannte karolingische Minuskel, bis heute Grundlage unserer Druckschrift. Die Sprache sollte über alle Stammesgrenzen hinweg verständlich, also lateinisch sein, jedoch nicht halbromanisch und dialektgefärbt wie in merowingischen Königsurkunden und noch in den frühesten Klosterurkunden aus St. Gallen, sondern an klassischen Vorbildern geklärt, regelrecht, richtig. *Rectitudo* hieß Karls Parole: Geradheit nach der Richtschnur, Rechtschaffenheit, durchschaubares Verhalten und Handeln. Wenn Mönche diese Tugenden in den Klosterschulen einübten, konnten sie derlei auch Laien beibringen. Notker der Dichter von St. Gallen erzählte, wie sich Karl den Unterricht in der Praxis vorstellte. Der Kaiser persönlich kam in eine Schule und deutete mit dem Finger oder mit dem Stock auf einen Schüler, der dann zu lesen anfing. Wenn der Kaiser knurrte, war die Lesung unverzüglich einzustellen, mitten im Satz. »So geschah es«, sagte Notker mit leichtem Kopfschütteln, »daß sie alle sehr gute Vorleser wurden, auch wenn sie nichts verstanden.«

Wieso kritisierte der Mönch von St. Gallen die Bildungspolitik Karls des Großen? Zum einen, weil sie Bildung zum politischen Werkzeug herabwürdigt. Wenn Mönche lesen lernen, sollen sie verstehen, was dasteht, denn sie sollen danach leben. Zum andern, weil in der Mönchsklausur auch der Kaiser sein Recht verloren hat. Wenn er Schriftkundige braucht, eignen sich Mönche schlecht, denn ihre Schule steht im Dienst des Herrn, und er heißt noch immer Christus, nicht Karl. Beide Einwände führten nach dem Tod Karls des Großen 814 die Benediktinerklöster des Frankenreiches in eine Krise, in den Jahren, als der junge Walahfrid Strabo die Klosterschule besuchte. Unter Karls

Nachfolger Ludwig dem Frommen begann eine Reformbewegung, die in den Klöstern die Auswüchse der Karlszeit beschneiden sollte. Die Klosterreform ging nicht vom Bodensee aus, sondern von den Rändern des Karlsreiches, von Aquitanien, vom Kreis der Benediktiner um Benedikt von Aniane. Die südfranzösischen Reformer, die das Ohr des neuen Kaisers hatten, wollten alle Bindungen der Klöster an die Laienwelt abschaffen. Schluß mit dem Bildungsgetue, Rückkehr zum Schweigen und zur Handarbeit der Mönche, strikter Gehorsam und liturgische Strenge. Hinaus mit den Laien aus der Klausur, hinein mit dem Abt in die Klausur! Schluß mit den Abtreisen quer durch das Reich, Schluß mit den Kaiserbesuchen in der Klausur. Mönche sollten ihren Abt selbst wählen, möglichst aus ihrer Mitte, einen erfahrenen Mönch, nicht einen vornehmen Laien aus der Fremde, den bloß die Einkünfte des Klosters interessierten. Rückkehr zur Regel Benedikts, zum innerlich zusammengeschlossenen, äußerlich abgeschlossenen Kloster.

Freilich nicht ganz. Benedikt von Nursia hatte nur an das eine, sein Kloster gedacht, nicht an die vielen, die daraus inzwischen entstanden waren und noch immer so taten, als wären sie jedes für sich allein auf der Welt. Wenn schon karolingische Ordnung, dann in den Klöstern des Reiches, Zusammenfassung aller Abteien zu einem Orden, mit Benedikt von Aniane als Oberabt. *Ordo* hatte in der Regel Benedikts von Nursia noch etwas anderes bedeutet, entweder die feststehende Reihenfolge liturgischer Handlungen oder die Rangfolge der Mönche innerhalb des Konvents. Benedikt von Aniane machte daraus das, was man seitdem Orden nennt, einen Verband von Klöstern, in dem eine Oberinstanz die Reihenfolge der Tätigkeiten und die Rangfolge der Gemeinschaft bestimmt. Denn für die neue Ordnung genügte die Benediktregel nicht, sie hatte zu viele Einzelheiten in das örtliche Belieben gestellt. Was sie nicht vorschrieb, sollte jetzt vom Musterkloster Benedikts von Aniane, Kornelimünster bei Aachen, für alle Klöster verbindlich geregelt werden. Am besten schrieb man diese Gewohnheiten, *Consuetudines*, gleich fest, als Exerzierreglement.

In der Abtei Reichenau vernahm man von diesen Plänen mit einer gewissen Verwunderung. Wozu Reform bei uns? Das Kloster besaß die glänzendste Führungsmannschaft, die man sich wünschen konnte. Abt war seit 806 als Waldos Nachfolger dessen Schüler Heito, der zuvor die Reichenauer Klosterschule aufgebaut und geleitet hatte und nun als Ratgeber Karls des Großen in höchstem Ansehen stand, weitgereist und als Gelehrter und Politiker gleichermaßen anerkannt. Sein Nachfolger in der Reichenauer Klosterschule (und damit, wer weiß, Anwärter auf die Nachfolge des Abtes) war Wetti, der vom Kloster an den Kaiserhof geschickt worden war und dort das ausgelassene Leben der Jeunesse dorée mitgemacht hatte, ein eigenwilliger, nüchterner Lehrer voller Verständnis für die Jungen, kein brillanter Stilist, aber ein standfester Mönch. Der Dritte im Bund war der Klosterbibliothekar Reginbert, ein Philologe zum Fürchten, der mit eigener Hand mindestens zweiundvierzig Bücher abschrieb und keinen Fehler stehenließ. Der Katalog seiner Bibliothek von 821 umfaßte mindestens vierhundertfünfzehn Bände, für die Bedürfnisse eines Klosters erstaunlich viele, auch seltene Werke in kontrollierten Abschriften. Alles in allem, eine Anstalt mit bedeutenden Lehrern, wirksamem Lehrplan, vortrefflicher Bibliothek, vielleicht mehr Schule als Kloster, aber ließ sich das säuberlich trennen? Das begannen sich Walahfrids Lehrer zu fragen. Sollten sie Mönche erziehen, die auf ein Räuspern des Kaisers den Mund hielten oder in schwungvollen Hexametern um die Probleme herumredeten? Diente man ihrem Seelenheil indes besser, wenn sie gedrillt wurden, Befehle aus Kornelimünster schweigend auszuführen und sich nichts dabei zu denken?

Abt Heito schickte 817 zwei Reichenauer Mönche, darunter den späteren Klosterschulmeister Tatto, nach Kornelimünster. Sie kamen zurück mit einem sorgfältig abgeschriebenen Exemplar der Regel Benedikts von Nursia, der Handschrift, die heute allen Ausgaben dieses wichtigsten monastischen Textes zugrunde liegt. An die Regel würde man sich künftig in Reichenau buchstäblich halten. Doch Benedikt von Aniane ging den Reichenauern mit seinen Reformen zu weit. Gut und schön, daß Äbte und Mönche auf Privateigentum, insbesondere Grundbesitz verzichteten und sich nicht mehr in Samt und Seide kleideten. Gut und schön, daß sich anstelle der Klöster die Bistümer in den Städten um Armenfürsorge kümmern sollten, auch um Mission und Seelsorge, zum Beispiel bei Skandinaviern und Westslawen. Deswegen mußten die Sitten im Kloster nicht auf das Niveau von Barbaren und Banausen gesenkt werden. Mönche werden doch noch ein Bad nehmen dürfen, weniger zum eigenen Vergnügen als aus Rücksicht auf Mitmönche. Mönche müssen etwas von Wirtschaft verstehen, auch wenn sie nicht dauernd über Land fahren. Vor allem darf das klösterliche Bildungswesen nicht verboten werden, wenn die Politiker es nicht mehr brauchen. Das Zusammenleben im Konvent selbst erforderte Schule und Bibliothek, und warum sollten daran nicht weiterhin Laien teilhaben, wenn sie ins Kloster kämen? Bildung, Wissenschaft und Kunst dienten ja dem Herrn und seinem Lob, und Gott war nicht bloß der Gekreuzigte, sondern auch der Schöpfer alles Guten und Schönen.

Heito hatte soeben, 816, in Reichenau das neue Marienmünster eingeweiht, eng an die Prunkarchitektur des byzantinischen und des karolingischen Kaiserhofes angelehnt, jedoch Gott zu Ehren. War das jetzt alles falsch? Nein, die Kirche mußte im Dorf bleiben, am Bodensee liebte man die radikalen Lösungen ohnehin nicht. Heito brachte es mit einer Reihe anderer deutscher Äbte fertig, die Reformforderungen der Aquitanier zurückzuschrauben. Der sogenannte St. Galler Klosterplan spiegelte um 820 sowohl die Ermäßigung der anianischen Reform wie die Verunsicherung der Reichenauer. Den Plan ließ Heito zeichnen, weil er sich die räumlichen Folgen der Reform klarmachen wollte und weil überall einheitlich gebaut werden sollte. Deshalb konnten sie drüben in St. Gallen den Plan brauchen, als sie an Neubauten dachten. Er zeigte keine architektonische Utopie, vielmehr die maßstabgetreue Idealgestalt eines Benediktinerklosters.

Erst die Reformbewegung verlangte einen derartig einheitlichen Bauplan, mit dem Herzstück des Kreuzgangs, südlich an die Kirche anschließend, mit dem nun vollständig geschlossenen Geviert der Mönchsgebäude, dem Schlafsaal im Osten, dem Speisesaal im Süden, den Vorratsräumen im Westen, von außen nur an einer Stelle zugänglich, wirklich eine Welt für sich. Pirmin hatte in Reichenau, Otmar in St. Gallen mehr Rücksicht auf Gelände und vorhandene Häuser nehmen müssen, aber im Grundsatz wohl ähnlich gebaut. Nun zogen die Reichenauer um die Klausur nicht gleich die Klostermauer, sie zogen weltlichere Zonen an die Klausur heran: das eigene Haus für den Abt, das Quartier für vornehme Gäste und fremde Mönche; daneben, für Mönche aus der Klausur zugänglich, die Wirtschafts- und Versorgungsgebäude, wo Klosterhandwerker und -bauern wohnten; daneben, noch einmal für sich, jedoch innerhalb der Klostermauer, die Bereiche für Kranke und Novizen und für Schule, Schreibstube und Bücherei. Eine ganze Stadt rings um die Mönchsklausur, das ist ein Benediktinerkloster. Mochte das Reichsmusterkloster Kornelimünster bloß dreißig Mönche aufnehmen, in Reichenau wohnten, als Walahfrid eintrat, deren hundertzwölf. Auch der Klosterplan rechnete mit knapp achtzig Mönchen Stammbesatzung. Das war keine Einsiedelei für ein Häuflein Asketen, sondern eine selbständige, arbeitsteilige, lebensfähige Siedlung von rund zweihundert Menschen, ein Habitat, würde man heute sagen. Dieses Kloster war, was Benedikts Regel wollte, eine Werkstatt zur Schulung beständigen Zusammenlebens. Nur eine, die zentrale Frage blieb immer noch offen: Schulung für welches Ziel, Zusammenleben zu welchem Ende? Eine eingespielte Institution vergißt schnell, danach zu fragen.

Das große Erschrecken kam Anfang November 824 über die Abtei Reichenau. Walahfrid Strabo war dabei, hielt das Ereignis fest und wurde darüber zum Dichter. Sein vielgerühmter Lehrer Wetti, kaum fünfzig Jahre alt, erkrankte und verweigerte die Nahrung. Er mußte sich hinlegen und konnte nicht einschlafen. Plötzlich erschien ihm ein Geistlicher mit augenlosem Gesicht, Marterwerkzeuge in Händen, und verkündete voll grimmiger Freude: »Morgen wirst du gefoltert, und ganz nach Verdienst wirst du bezahlt!« Eine schwarze Schar stand im Zimmer, um Wetti einzumauern. Schnell kamen würdige Benediktiner, verscheuchten die Teufel und verhießen Wetti weiteres Leben. Der Schutzengel erschien, das kündigte den baldigen Tod an. Wetti erwachte schweißgebadet und zitternd. Zwei Mitmönche beteten mit ihm die Bußpsalmen, lasen mit ihm im Buch Gregors des Großen über das Schicksal der Seele nach dem Tod und legten sich neben ihm schlafen. Der Segen beständigen Zusammenlebens!

Da kam der weiße Engel wieder und nahm Wetti mit zu einem feurigen Fluß. In dessen Wellen sah er alte Bekannte, Priester vor allem, die gequält und gegeißelt wurden. Der Engel erläuterte, sie hätten nach irdischem Ansehen gestrebt, am Kaiserhof Belohnungen gesucht, sich vornehm gekleidet und üppig gespeist. Dann führte der Weg an einem Mönch vorbei, der in einen Bleisarg eingezwängt lag; er hatte privaten Grundbesitz behalten und darüber das gemeinsame Gut, die Armut Christi, verraten. Weiter oben am himmelhohen Berg der Läuterung stand der Abt von Reichenau: kein anderer als Waldo, Heitos Vorgänger und Wettis Verwandter. In Sturm und Regen sollte er den Schmutz abwaschen, den er unbedacht auf sich geladen hatte. Da stand auch ein Bischof Adelhelm, der dem Abt nach dessen Tod durch geistliche Werke zu helfen versprochen, das heißt eine Gebetsverbrüderung geschlossen hatte. Der Bischof hatte sein Versprechen trotz einer warnenden Vision in den Wind geschlagen und die Nächstenliebe vernachlässigt. Dann traf Wetti den verstorbenen Kaiser selbst, Karl den Großen, strahlenden Leibes ansonsten, doch an den Geschlechtsteilen von einem Tier benagt, ein Beschützer der Mönche, ein frommer Herrscher in seinen Befehlen, nicht in seinem sittlichen Verhalten. Ganz zu schweigen von den Grafen Udalrich und Ruadrich, den Freunden Satans, die einst die Armen gequält und ihre Seele verkauft hatten; nun wurden sie von Teufeln gefoltert. Kurzum, Wetti erkennt mit Entsetzen, daß die Klosterreformer recht haben, daß die toten Vorsteher und Gönner der Reichenau ihm nicht helfen können, daß sein Mönchsleben gescheitert ist. Nicht vornehme Ämter und frommes Gebaren retten den Menschen, wenn er im Herzen seiner Lust und Eigensucht frönt.

Der Engel zeigt ihm den Weg zu den Wohnungen der Seligen und erweist ihm selbstlose Liebe. Um den sündigen Wetti vor der Hölle zu bewahren, bittet er die Scharen der Heiligen um Vermittlung. Sie ist schwierig, weil Wetti keinen vertrauten Fürsprecher findet, dessen Gebeine in seinem Kloster lägen. Die Heiligen leisten Fürbitte vor Gottes Thron, aber unter den Priestern und Mönchen, die es als erste tun, befinden sich nur Franzosen, Dionysius von Paris, Hilarius von Poitiers, Martin von Tours, als wäre allein Frankreich die Heimat der Heiligen. (Wo sind Gallus und Otmar geblieben?) Nachher erbitten andere Scharen von Heiligen Gnade für Wetti und erhalten zur Antwort: Er hätte als Lehrer ein gutes Beispiel geben müssen, aber er hat irdisch und eigensüchtig gelebt und viele verdorben. Sein Heil findet er nur, wenn er allen Schülern seine Sünden bekennt und so zum Guten verhilft. Der Richter Christus gewährt Wetti diese Gnadenfrist auf Fürsprache der Gottesmutter, der Reichenauer Klosterpatronin. Er soll, wie ihm der Engel nahelegt, die Mitmönche auffordern, sich loszusagen von der Gier auf irdische Dinge, Grundbesitz, Frauen, Wein und weiche Kleider. Die apostolische Ordnung sei in unseren Ländern zerrüttet, aber jenseits des Mittelmeers zu finden, bei den Wüstenvätern Ägyptens und den Mönchsvätern Kleinasiens. Von den Modernen habe im Westen nur einer den rechten Weg gewählt, Graf Gerold, der Onkel Ludwigs des Frommen, der seine irdische Habe der Muttergottes, also der Reichenau, vermachte und 799 gegen die heidnischen Avaren als Märtyrer fiel. Er lebte und starb fast benediktinisch: für andere.

Wetti erwachte mit dem Vorsatz, sofort alles auf Wachstafeln schreiben zu lassen, seine Sünden vor dem Konvent, vor der Welt zu bekennen. Abt Erlebald, als Nachfolger des zurückgetretenen Heito noch neu im Amt, trug Bedenken. Der Fall war heikel und setzte den inneren Frieden und das äußere Ansehen des Klosters aufs Spiel. So zog er nur die vier würdigsten Mönche zu Wettis Beichte hinzu, darunter den Altabt Heito, der die Vision auf Pergament, das heißt für die Dauer festhielt. Heito hatte schon in den Jahren seit 814 ähnliche Nachrichten aus dem Jenseits gesammelt, denen andere Reichenauer kaum Beachtung schenkten. Auch Wetti hatte bislang ganz im Augenblick und im Alltag gelebt. Nach seinem erregten Bericht meinten die Väter noch immer, Wetti würde wieder gesund und habe vielleicht nur ein bißchen wirr geträumt, aber Wetti wußte es besser. Am nächsten Morgen rief er den jungen Walahfrid und diktierte ihm zehn Abschiedsbriefe, die auswärtige Mönche um den Liebesdienst der Gebetsverbrüderung baten. Am Abend stimmte er mit den Mönchen die Sterbepsalmen an und starb in der Nacht, nicht recht getröstet, bis zum Schluß in den Klostergängen umherirrend. Kein erbaulicher Tod im Stil der Heiligenlegenden, wie ihn Wetti selbst am Beispiel des heiligen Gallus geschildert und den Klosterschülern eingeprägt hatte.

Dem Schüler Walahfrid begegnete der Tod bei seinem geliebten Lehrer und geistlichen Vater vielleicht zum ersten Mal. Er verstand, daß es seine Aufgabe war, die letzte Lehre des Meisters weiterzugeben. Der alte Heito hatte Wettis Jenseitsvision schmucklos in Prosa festgehalten, nicht ohne einleitend zu bemerken, daß Kaiser Karl trotzdem bei den Reichenauern in gutem Angedenken stehe und daß Wetti die geistlichen und weltlichen Wissenschaften dennoch hervorragend vertreten habe. War es damit getan? Einige Mönche gaben sich nicht zufrieden, auch ein Verwandter Wettis nicht, der kaiserliche Hofkaplan Grimald, der kein Reichenauer Mönch war. Von ihnen ließ sich der noch nicht achtzehnjährige Walahfrid im Frühjahr 825 vollends überzeugen, daß er Wettis Bericht einprägsamer formulieren müsse, nicht um als Dichter zu glänzen, sondern um der Schule für den Dienst des Herrn ein Lehrstück zu liefern. Walahfrid tat es halb heimlich, gar nicht privat. Sein Erstlingsgedicht geriet beinahe zum Kompendium mönchischer Bildung, schon dank der Sprache der fast tausend Hexameter. Das Latein war biblisch durchtränkt, vor allem von den Psalmen gespeist, und empfahl ausdrücklich die Psalmen für das persönliche Gebet des Mönchs. Frühchristliche Dichter prägten das Sprachbild, daneben Horaz, Vergil, Ovid. Die *Visio Wettini* bot also eine Schule lateinischer Sprachkunst. Die schöne Form, Bestandteil der kritisierten Weltlichkeit, schien unerläßlich zu sein, um den Horror des Inhalts zu mildern und die Liturgie des Rahmens zu steigern.

Das Gedicht begann mit der Anrufung des auferstandenen Heilands, der dem Dichter ein neues Ostern schenkte; am Osterfest 825 will Walahfrid das Werk verfaßt haben. Es bewegte sich auch im folgenden durch die liturgische Zeit des Klosters, mit genauen Angaben aus dem benediktinischen Stundenplan, eingebettet in die Zeitrechnung seit Christi Geburt und in die Abtreihe seit Pirmin. Freilich lag ihm wenig an würdiger Meßfeier und dröhnendem Chorgebet, mehr an Verinnerlichung des Gottesdienstes und sittlichem Ernst der Mönche. Walahfrid maß die rechte Haltung an einer heilsgeschichtlichen Skala, die von Christi Erdenleben über die Apostel zu den orientalischen Mönchen führte. Sie berührte bisher die Abtei Reichenau kaum, am wenigsten in der jüngsten Vergangenheit unter Karl dem Großen. Walahfrid scheute sich nicht, die Namen der vornehmen Sünder auszusprechen, die Heito diskret verschwiegen hatte. Dem Vergangenen und Irdischen entsprach das Zukünftige und Jenseitige; Historie diente als Vorbild und Warnung, höchst handfest. Das ganze Jenseits fand sich zusammen, um dem einen Konvent Reichenau ins Gewissen zu reden.

Auf die Anrufung Christi folgte eine Ortsbeschreibung. »Der Rheinstrom, von den Alpen Italiens herabgeführt, ergießt sich in ein ungeheuerliches Meer, das sich nach Westen erstreckt. In dessen Mitte liegt im Wasser eine Insel, *Augia* mit Namen, um sie herum Deutschland. Sie bringt immer wieder bedeutende Scharen von Mönchen hervor.« Das Inselkloster war Deutschlands Mitte, überdies irdisches Abbild des Jenseits in der voralpinen Staffelung von Feuerfluß, Läuterungsberg und seligen Gipfeln. Auch Reichenau, die selige Insel, könnte ein Sitz der Seligen werden; sie war es noch nicht. Gleich vom ersten Abt, dem heiligen Pirmin, mußte Walahfrid melden, daß er die Herde auf der Insel nur drei Jahre hütete und seine Reliquien nicht hier, sondern in Hornbach hinterließ. Ihm folgten sieben Äbte, zumeist von längerer Lebensdauer und geringerer Ausstrahlungskraft. Der einzige Heilige, der auf der Insel ruhte, Graf Gerold, war weder Abt noch Mönch gewesen. Die Warnung war deutlich und wurde verstanden. Alsbald begann sich das Kloster um Reliquien großer Heiliger zu bemühen, besonders aus dem christlichen Orient, der die apostolische Ordnung bewahrt hatte. So wurden um 830 aus Alexandria über Venedig Gebeine des Evangelisten Markus erworben, aus Jerusalem über Treviso Reliquien des heiligen Genesius, und um dessen Wundertaten rankten sich zu Erlebalds Zeit die ersten Reichenauer Orientgeschichten.

Auch der Alltag des Konvents bedurfte einer Richtschnur, historische Dauer allein verbürgte keine geistliche Höhe. Walahfrid sah das lebendige Vorbild in Heito. Er fing als Abt 806 fast wie Pirmin von vorne an, er fand bauliche Ruinen und Mönche, die vom Weg Christi in die Profanität abgeirrt waren – als hätte Waldo das Kloster verkommen lassen. Zu Ehren Gottes mußte Heito im Innern heilen, im Äußeren reformieren. Da steht das Stichwort: *reformare*. Die Reform gelang, weil der adlige Heito seine Freiheit aufgab und als Hirte seiner Herde den Dienst für andere übernahm. Dazu fand er Helfer, so daß ihn die Gemeinschaft der Mönche trug. Aber das benediktinische Zusammenspiel von Abt und Konvent war kein Endziel. Heito vergaß über der Lust am irdischen Amt nicht die ewige Aufgabe; der Sechzigjährige gab 823 den Abtstab an Erlebald ab, um sich auf den Tod vorzubereiten. So handelte der rechte Mönch, so mußte der ganze Konvent denken. Er mußte mit anderen Klöstern nicht organisatorische, sondern geistliche Verbindung aufnehmen und das vorbereiten, was der sündige Bischof dem toten Abt verweigert, der sterbende Wetti von fremden Mitmönchen erbeten hatte: Gebetsverbrüderung. Auch dieses Stichwort fiel auf fruchtbaren Boden. Schon kurz nach Heitos Rücktritt, noch vor Wettis Tod wurde das große Reichenauer Verbrüderungsbuch angelegt, in dem als vorletzter und zweitjüngster der lebenden Reichenauer Mönche Walahfrid eingetragen ist (wahrscheinlich nicht eigenhändig). Mit Hilfe dieses Buches vereinbarten über fünfzig geistliche Gemeinschaften miteinander Gebetshilfe. Aus dem Orden der Benediktiner wurde so eine Verschwörung der Beter.

Was war daran neu? Mönche beteten schon immer für andere, in frühen Klöstern vorwiegend für einzelne Verstorbene. Unter diesen hoben sie gern Gründer, Vorsteher und Mitglieder der eigenen Institution hervor. Beim Meßopfer des Konvents verwirklichte sich so die Gemeinschaft der Lebenden mit den Toten und die überzeitliche Dauer der Anstalt. Auch für lebende Wohltäter beteten Mönche, wenn zum Beispiel der Priester Lazarus dem Kloster St. Gallen Diessenhofen schenkte. Die Liste der Gönner umschrieb die zeitgenössische Schar der Gläubigen und die räumliche Ausstrahlung der Mönchsgemeinschaft. Beide Aspekte verbanden sich jedoch nicht von selbst miteinander, erst im späten achten Jahrhundert geschah es häufiger. Im ältesten erhaltenen Eintrag des St. Galler Verbrüderungsbuches wurden kurz nach 814, nach Karls Tod, drei Gruppen von Laien nebeneinandergestellt: zwölf Angehörige des karolingischen Geschlechts, zwölf weitere Große des Reiches, teils Verwandte, teils Vertraute der Herrscher, sowie neunundfünfzig alemannische Grafen und niedere Amtsträger, anscheinend nach Sippen gegliedert. Hier wurde nicht mehr für einzelne Gönner, sondern für ganze Gemeinschaften von Laien gebetet, aufgeführt sind sie nach ihrer internen Ordnung, nicht nach der Nähe zum Mönchskonvent. Ebenso verfuhr man jetzt mit fremden Mönchskonventen. Seit 840 wurde im Verbrüderungsbuch der Abtei Pfäfers eine Liste von neununddreißig lebenden Mönchen des eigenen Konvents, mit dem Abt voran, aufgezeichnet, wohl nach dem Eintrittsalter geordnet, und neben sie trat eine ähnliche Liste der lebenden Mönche von Disentis, später von St. Gallen, noch später von Reichenau. Als Brüder erschienen nicht mehr einzelne Amtsträger oder Repräsentanten, sondern alle Mönche, Mann für Mann.

Dieselben Grundsätze wurden im Reichenauer Verbrüderungsbuch straffer und umfassender angewandt. An der Spitze der ursprünglich sieben- bis achttausend Namen standen zwei Verzeichnisse der lebenden und der verstorbenen Reichenauer Mönche. Daran schlossen sich Konventlisten aus Nachbarklöstern, zuerst von St. Gallen, dann von den churrätischen Abteien im Süden, Pfäfers, Disentis und Müstair. Nachher folgten Verbrüderte im bayerischen Osten, in Niederaltaich, einer Reichenauer Tochtergründung, und in Kempten, das von St. Gallen ausgegangen war. Es fehlten im Westen nicht die Konvente zwischen Murbach und Hornbach, mit denen sich die Reichenau durch den gemeinsamen Gründer Pirmin verbunden fühlte. Nach vielen weiteren Mönchslisten kamen zum Schluß zwei Zusammenstellungen der lebenden und der verstorbenen Wohltäter des Inselklosters. Das Ganze wirkte wie ein zweiter Klosterplan, aus menschlichen Gemeinschaften diesmal, nicht aus Gebäudegruppen bestehend. Ein engster Kreis zeichnet sich auch hier ab, der Konvent in der Klausur und seine Freunde ringsum. In weiteren Ringen stehen, am Bodensee dicht an dicht, andere geistliche Gemeinschaften, bis hin zu den fernen Abteien in Fulda, Jumièges und Monteverde. Und immer wieder stehen neben den Lebenden die Toten, wie in einem fernsten Ring, besonderer Hilfe bedürftig.

Was in den Jahren zwischen 823 und 826 Erregendes in Reichenau geschah, erschütterte viele junge Mönche; einem von ihnen, Meinrad, werden wir wieder begegnen, weil es ihn aus dem Konvent trieb. Walahfrid blieb, obwohl er mehr als den Lehrer verloren hatte, das Zutrauen zur Institution. Er suchte neue Freunde und rief um 826 den Schutz des Hofmanns Grimald an. Er möge das Gedicht über Wettis Vision verbessern, damit es sprachlich und sachlich stimme; danach wolle er es seinem Abt Erlebald und dem neuen Klosterschulmeister Tatto vorlegen. Sie müßten erfahren, was ihr Untergebener treibe, und würden ihn mit Schlägen traktieren, wenn er fehlgegriffen hätte. Walahfrid fürchtete am meisten die Kritik der Oberen an der äußeren Form: »Sie beherrschen unter anderem die Dichtkunst bestens, schätzen sie aber nicht sonderlich.« Walahfrid mußte besorgt sein, denn bislang war im Inselkloster nie eine größere Dichtung entstanden. Walahfrid legte sie just in dem Augenblick vor, da sich der Konvent unter dem Eindruck von Wettis Sterben aus weltlichen Formen der Kommunikation lösen wollte. Konnten Horaz und Ovid Mönchen in den Himmel helfen? Walahfrid bejahte die Frage, durchaus als Mönch.

Denn Kirche war zuerst kein Gebäude aus Stein, vielmehr eine Gemeinschaft geformter Menschen. Der soeben verstorbene Lehrer Wetti handelte als Kirchenbaumeister: »Er wollte Dächer, durch lange Jahrhunderte gefestigt, erbauen, aber der unbändige Tod hinderte ihn, den Giebel der Kirche bis in die luftige Höhe zu führen.« Für Jahrhunderte kann man mit Menschen nicht bauen, trotzdem läßt sich aus Mönchen eine lebende Kirche mauern, wenn der einzelne Bildung erwirbt und alle die Freundschaft pflegen. Beides können sie in der liebenswürdigen Zucht der Poesie, bei antiken Dichtern lernen. Walahfrids Dichtungen bemühten sich, es zu lernen und zu lehren. Er widmete sie einzelnen Geistlichen oder ganzen Klosterkonventen; sie sprachen andere an, zogen sie in ein diszipliniertes Gespräch, stifteten geformte Freundschaft.

Für unsere Ohren klingt dieses Programm leicht sentimental, mindestens lyrisch, aber sehr anders liest sich im Zusammenhang das von Scheffel mißdeutete Mondscheingedicht. »Wenn der Glanz des unumwölkten Vollmondes vom Himmel strahlt, dann steh du unter freiem Himmel und betrachte klaren Blickes, wie er von der klaren Lampe des Mondes leuchtet. Mit demselben Glanz umschließt der Mond uns zwei Vertraute, die körperlich zwar getrennt, aber in geistiger Liebe verbunden sind. Wenn ich dein freundliches Gesicht nicht sehen kann, soll uns wenigstens dieses Licht ein Zeichen der Liebe sein. Ein treuer Freund schickt dir diese kleinen Verse. Wenn auch auf deiner Seite die Kette der Treue festbleibt, dann bete ich jetzt, daß du in alle Ewigkeit glücklich leben mögest.« Man kann das nicht einfacher und tiefer sagen. Der Mönch ist ein klarer Spiegel, in dem natürliches Licht der Schöpfung und geistliches Licht der Liebe widerscheinen. Dieses Himmelslicht verbindet sterbliche Menschen nicht nur momentan miteinander. Treue ist Vorwegnahme von Ewigkeit, Gebetsverbrüderung ebnet den gemeinsamen Weg in den leuchtenden Himmel. Walahfrids Antwort auf Wettis Ende meinte etwas Ähnliches wie die Bemühung seines Konvents um Heiligenreliquien und Gebetsverbrüderungen, sie sagte es nur gebildeter und freundlicher, leiser und zutraulicher.

Doch wer verstand diese Lehre für Mitmönche außerhalb der Klostermauer? Sie galt ja nicht einmal innerhalb der Konvente. Um 827 ging Walahfrid ins Kloster Fulda, um bei dem dortigen Abt Hrabanus Maurus mehr Weisheit zu lernen. Er nutzte die hier erworbene theologische Bildung sogleich literarisch. Aus den Jahren in Fulda stammt mindestens das Grundgerüst von Walahfrids Psalmenkommentar, der zwei Folianten füllte. Wie Hrabanus wollte Walahfrid das Bibelbuch nicht originell interpretieren, nur die komplizierten Auslegungen der Kirchenväter, zumal die Augustins, handlich zusammenfassen. Für wen? Offenbar für Mitmönche, die diese Texte täglich im Stundengebet zusammen hersagten und sie bedenken sollten. Daraus hätten auch Mitmönche in Fulda lernen können, aber fast scheint es, als hätten sie nicht einmal Zeit gehabt, um mit Walahfrid zu reden. Theoretisch sollten alle Benediktinerklöster eine große Familie bilden, im Reichenauer Verbrüderungsbuch stand ja auch der Konvent Fulda. Die Praxis sah diffuser aus. Das Großkloster Fulda zählte damals über sechshundert Mönche, die nicht alle in Fulda selbst saßen, auch in zahlreichen Nebenklöstern und Zellen, in Propsteien nahebei und ganz weit weg. Das ständige Kommen und Gehen hob kaum ein freundliches Gesicht aus der Menge heraus, den einen Gottschalk ausgenommen, den Walahfrid schon von Reichenau her kannte und der in Fulda entschlossen gegen seinen Abt rebellierte. Walahfrid hielt dem wilden Freund die Treue, aber Trotz war keine mönchische Tugend.

Er wandte sich in Gedichten, wohl aus einem Nebenkloster, an den Abt Hrabanus, scheinbar um äußerliche Unterstützung, in Wahrheit um menschliche Wärme bittend. Weil er sie nicht fand, schrieb er die heimwehkranken Verse über Reichenau, vermutlich an Grimald. Dort ist es warm, hier ist es kalt. Fände sich wenigstens ein wärmender Funke von Geist oder ein Lehrer, mit dem man sich aussprechen könnte, wie auf der Reichenau! Das Inselkloster, von tiefen Wassern umgeben, ist ein starker Fels der Liebe und Wärme, der väterlichen, christlichen, geistlichen Gemeinschaft im dreifaltigen Gott. Bei allem Heimweh war auch dies kein schwäbisches Gedicht, sondern ein benediktinisches. Die Verbrüderung der Klöster führte nicht zur Freundschaft der Mönche, weil der Orden der vielen Abteien zu großräumig und verschwommen blieb. Geistliche Heimat konnte für jeden Mönch doch nur ein einziges Kloster sein. Das war der Sinn jener Ortsbeständigkeit des Zusammenlebens, die die Mönchsreformer nicht wahrhaben wollten. Sie redeten viel von Einheit, und Walahfrid glaubte ihnen. Darüber schrieb er wieder ein Gedicht. Ein Glaube, eine Taufe, ein Gott für alle, ein Vater, der alles schuf. Also auch auf Erden nur eine Kirche und im Himmel eine Gemeinde der Heiligen. Geistliche Eintracht ja, aber administrative Nivellierung?

Es war wohl der alte Freund Grimald, der Walahfrid 829 aus dem Kloster Fulda herausholte und nach Aachen brachte, damit er am Kaiserhof Ludwigs des Frommen den jüngsten Kaisersohn Karl erziehe. Zunächst ein bestechender Gedanke: Die karolingischen Herrscher, von Mönchen herangebildet, würden den platonischen Traum wahrmachen und der Welt den Frieden der Gotteskinder schenken. In Ludwig dem Frommen bewunderte Walahfrid die Verkörperung solcher königlichen Weisheit. Er wollte nicht zugeben, daß diese Frömmigkeit Schwäche war; eben als Walahfrid an den Kaiserhof kam, begannen die stärkeren Söhne, zumal Ludwig der Deutsche, den Vater zu entmachten. Am liebsten hätte Walahfrid auch den Kaiserhof in einen Freundesbund verwandelt. Seine Gedichte aus diesen Jahren muten rührend an: freundliche Versbriefe an die mächtigsten Bischöfe im Reich, an den Kaiser und seine Verwandten, an Äbte, Mönche, Kleriker. Einer Antwort würdigte ihn fast keiner.

Mitten in der schärfsten politischen Auseinandersetzung, im Auseinanderbrechen der karolingischen Einheit dichtete der kleine Hauslehrer über Freundschaft und Treue. Er verhielt sich sogar seinen Grundsätzen entsprechend und erklärte wendigere Leute für perfide. Der freundliche, schüchterne Mann, der sich für ein verpfuschtes Werk des Schöpfers hielt, weil er schielte, benahm sich im Ernstfall standhaft und geradlinig. Unerschütterlich hielt er an dem alternden Kaiser fest, auch als er den Boden unter den Füßen verlor. Nun ja, der Kaiser belohnte die Treue. Als der jüngste Kaisersohn Karl mit fünfzehn Jahren mündig wurde, erhob Ludwig der Fromme den Erzieher Walahfrid 838 zum Abt seines Heimatklosters Reichenau, wo Erlebald zurückgetreten war. Der Kaiser durchbrach mit der Einmischung das Recht der freien Abtwahl, das er den Reichenauern einst zugesichert hatte, der Vater der Reform zerstörte die Reform. Und der Konvent reagierte politisch klüger als Walahfrid und wählte zum Abt einen Parteigänger des Stärkeren, Ludwigs des Deutschen. Bald danach starb 840 der alte Kaiser. Was nun mit Walahfrid, dem Abt ohne Kloster?

Er zog in die Verbannung nach Speyer und schrieb 841 ein Gedicht für den schwachen Erben Ludwigs des Frommen, Kaiser Lothar, mit der Aufforderung, in die Fußstapfen des Vaters zu treten. Walahfrid wußte, wie unklug er handelte, doch nun wurde er bissig. »Es sieht ja so aus, als überschreite ich das vernünftige Maß. Aber mir ist es lieber, ich bleibe treu und lasse mich als hitzigen Eiferer schelten, als daß ich den Mund halte und mich damit doppelt schuldig mache.« Doppelt: durch Untreue gegen den kaiserlichen Freund und durch Schweigen vor den Sünden der Mächtigen. Es ist, denke ich, das stärkste Gedicht Walahfrids. Er hat alles verloren, woran er hing, die Vaterfigur eines freundlichen Kaisers, die Geborgenheit im heimatlichen Kloster – und deshalb die Freude am Dichten. »Ich habe es erfahren, was es heißt, die Eltern zu begraben, durch den Fall des seligen Herrn getroffen zu werden und beinahe selber zu fallen. Die Mühsal dieser Zeit bleibt mir treu, denn fern von meiner Heimat muß ich als Flüchtling bei Fremden wechselndes Obdach suchen... Schon habe ich die Fluren Alemanniens vergessen.« Auch Ovid wurde von daheim verjagt und vollendete in der Fremde sein Dichterwerk, den Sokrates vergifteten die eigenen Landsleute. Walahfrid fiel sich ins Wort, daß er Heiden zitiere, aber die Haltung, in der sie ihn bestärken sollten, war die christliche auch. Denn Jesus sprach, ein Prophet werde nirgends so schmählich behandelt wie in seinem Vaterland, seiner Vaterstadt, seinem Vaterhaus. Auch die selige Insel war kein Paradies, denn Stabilität des Wohnsitzes verbürgte keine Stabilität der Grundsätze. In der schwankenden Welt der Politik konnten sich, wie es schien, nur Einzelgänger und

Außenseiter Grundsätze leisten. Die Vertriebenen waren die letzten Reformer, die wahren Mönche blieben Pilger und Fremde unterwegs.

Zum verbitterten Eigenbrötler wurde Walahfrid nicht einmal jetzt, er blieb Mitmönch. Bei Aufenthalten in den Klöstern Murbach und Fulda mag ihm aufgefallen sein, daß sich die liturgischen Gewohnheiten der Benediktiner nicht überall glichen. Er hielt die Verschiedenheit kirchlicher Riten für die Folge ihrer Verbreitung durch lange Zeiten, bei vielen Völkern. Dennoch verfaßte er 841 auf Bitten des Reichenauer Bibliothekars Reginbert ein Buch »Über Ursprung und Entwicklung einiger Teile der kirchlichen Liturgie«. Dieses Lehrbuch der Liturgik wollte nicht wie der Psalmenkommentar feststehende Lehren erklären, sondern wechselnde Bräuche nach ihrem Endzweck befragen. Kirchengebäude, Glocken, Altäre, Meßopfer, Bilder und Statuen, Geräte und Gewänder, Stundengebet und Kirchengesang, manche anderen Einrichtungen verloren in Walahfrids Darstellung die Selbstverständlichkeit, mit der viele Mönche sie täglich gebrauchten. Andere Zeiten, andere Orte dienen Gott anders als wir. Wenn wir das wissen, vertrauen wir weder der gedankenlosen Routine noch der unbedachten Reform, sondern verstehen den Ritus als sichtbares, wandelbares Zeichen für das Unsichtbare, Unveränderliche. Dem Dichter fiel es nicht ein, wie andere Zeitgenossen in den schlichten Riten selbst durch allegorische Deutung kosmische Geheimnisse aufzuspüren. Liturgie war ein Wegweiser für Wanderer, keine Selbstbestätigung für Sitzengebliebene. Der Reichenauer Gottesdienst sollte aber für alle verständlich sein, weil alle ihn gestalten mußten. Ob Walahfrid noch einmal daran teilnehmen würde?

Es klingt wie ein Treppenwitz der Weltgeschichte: Walahfrid mußte seine aufrechte Haltung nicht lange büßen, weil er mächtige Freunde besaß, neuerdings auch am Bodensee. Insbesondere sorgte Grimald für ihn, der rechtzeitig zu Ludwig dem Deutschen übergegangen war und von ihm 841 die Abtei St. Gallen erhielt. Grimald bewerkstelligte 842 die Aussöhnung Ludwigs des Deutschen mit Walahfrid, er durfte nach fünfzehn Wanderjahren als Abt in die Reichenau heimkehren. Nun wohnten die ungleichen Freunde nahe beisammen und pflegten die Verbindung zwischen ihren Abteien. Trotzdem kam Walahfrid über die enttäuschte Hoffnung seiner Jugend nicht mehr hinweg. Er setzte fort, was Erlebald begonnen hatte, Heiligenverehrung und Gebetsverbrüderung; er lud die Mönche des neuen, auf der Höri über den Reliquien des heiligen Genesius errichteten Klosters Schienen ein, feierlich die Verbrüderung mit dem Konvent Reichenau zu vollziehen. Das ist schon alles, was wir von Walahfrids Wirksamkeit als Abt wissen. Ein Unterton der Resignation durchzieht sein letztes, heute berühmtestes Werk, die Dichtung vom Gartenbau.

Über den Klostergarten hätte der Reichenauer Küchenpater ein ganz anderes Buch geschrieben, nützlich und ohne Hintersinn, mönchischen Nachdenkens und somit des Aufschreibens kaum wert. Ökonomische Fragen kümmerten Walahfrid zeitlebens nicht. Statt von Nutzpflanzen im Gemüsegarten sprach er von Heilkräutern im Wurzgarten. In diesen Zeichen lag Hoffnung, denn der Gärtner bedurfte der Tröstung. Ein früh gealterter Mönch kehrte aus der bösen Welt heim, um seinen Garten zu bebauen. Im Bezirk des Gartens mochte ein Mensch sein Tagewerk vollenden können, wie im Kloster. Ein stilles Leben wünschte sich Walahfrid gleich in der ersten Zeile. Gleichwohl wußte der Gärtner nie, ob er die Früchte seiner Arbeit ernten würde. Bei der ersten beschriebenen Pflanze, der Salbeistaude, meinte Walahfrid: »Sie leidet an einem inneren Übel. Denn die wilden Samen der Blüten keimen, wenn sie nicht weggenommen werden, so üppig aus, daß sie die alten Sprosse ums Licht bringen und die alten Zweige erwürgen.«

Walahfrid schrieb noch immer als Mönch, als ein Lehrer, der das Lebendige gegen das Licht hielt und durchscheinend machte, nicht zwischen Buchdeckeln zusammenpreßte. Er sprach von Pflanzen, die menschliches Leiden lindern halfen; er sprach zugleich von Menschen, die pflanzlichem Wildwuchs glichen; die letzte behandelte Pflanze aber, die Rose, erinnerte ihn an den Tod der Frommen, die Kirche, die Gottesmutter, den Himmel. Das Amt des Lehrers sah er nicht mehr in Analogie zum Baumeister, sondern zum Gärtner. Er hoffte nicht mehr auf die himmelstürmenden Gebäude der Erwachsenen, nur noch auf die Verheißung der Heranwachsenden. Damit beschloß er das Buch, indem er es – wem sonst? – dem alten Freund Grimald widmete: »Damit du, gütiger Vater, etwas hast, was dich an unsere Arbeit erinnert.« Was ihn daran erinnern soll? »Wenn du in dem schlichten ummauerten Garten sitzt, unter den schattigen Apfelbäumen mit ihren laubigen Wipfeln, wo der Pfirsichbaum sein Laub teilt, daß es Halbschatten gibt, da sammeln dir die spielenden Knaben, die muntere Schule der Deinen, weiße Früchte mit zartem Flaum. Sie legen die mächtigen Äpfel in ihre hohlen Hände und versuchen die großen Früchte mit ihren kleinen Händen zu umspannen.«

Damit scheint sich der Kreis zu schließen, von dem jungen Klosterschüler, der angstvoll im Kreis der Mitmönche den Tod des alten Lehrers erlebte, zu dem alten Abt, der still im Kreis der Mitmönche saß und hoffnungsvoll auf die jungen Schüler blickte. Aber der Kreis schloß sich bloß im Gedicht, in der Geschichte nicht. Das letzte Stündlein Walahfrids wurde nicht vom stillen Leben verschönt, nicht von der Freundesschar der Mönche erleichtert, keine Schule der Seinen schrieb es auf. Im Dienst seines neuen Herrn, Ludwigs des Deutschen, ritt der Abt gehorsam zu seinem früheren Schüler Karl dem Kahlen und ertrank unterwegs in der Loire am 18. August 849. Eine Weile später sandte der Konvent Reichenau an verbrüderte Klöster eine Todesanzeige: Vierzehn Brüder und Freunde seien zum Herrn heimgegangen und im gemeinsamen Gebet zu bedenken. Einer davon hieß Walahfrid.

Die Bedeutung Walahfrids für das Mönchtum am Bodensee läßt sich in fünf Stichworten zusammenfassen. Erstes Stichwort: Mönchtum. Walahfrid Strabo ist der erste Benediktinermönch, der uns am Bodensee leibhaftig entgegentritt. Gallus war Wanderprediger und Einsiedler zugleich gewesen, ein Einzelner, der sich Tätigkeit und Standort von keiner Autorität vorschreiben ließ. Otmar hatte das koinobitische Mönchtum, danach die Benediktinerregel in St. Gallen eingeführt, sich als Abt jedoch weder an die Klausur noch an den Gehorsam gebunden gefühlt. Gallus und Otmar hinterließen kein geschriebenes Wort, ihre Taten wurden bald in die Wundersphäre der Heiligenlegende entrückt, endgültig im frühen neunten Jahrhundert durch Wetti und seinen Schüler Walahfrid. Ihre Bearbeitung der Gallus- und Otmarlegende holte die Gründerväter von St. Gallen in das benediktinische Mönchtum herein. Die abschließende Schriftform machte ihr lebendiges Vorbild übertragbar, für Spätere nachvollziehbar. Ohne diese Prägung ist Walahfrid selbst nicht denkbar. Er wurde in der Klausur eines Benediktinerklosters zur Nachfolge erzogen und fühlte sich in ihr noch als Abt daheim, weil er sich als

Nachfolger empfand. Nachfolge Christi war es im Grund nicht, denn Christus stand als Weltenschöpfer und Weltenrichter weit über den Mönchen. Sie folgten dem Vorgeschriebenen nach, sie dienten in der Klausur unter Regel und Abt.

Walahfrids Mönchsleben wies allerdings in den mittleren Jahren keine benediktinische Ortsbeständigkeit auf, auch wenn seine Wanderungen dem Befehl der Oberen folgten. Und sein frühestes literarisches Werk entstand nicht nach Weisung des Abtes, sondern auf Wunsch von Freunden. Die karolingische Krise der Benediktinerklöster brachte die Grundpfeiler Stabilität und Gehorsam ins Wanken. Walahfrids Leben und Werk antwortete in mönchischem Geist auf diese Herausforderung. Mönchtum war kein gehorsames Sitzenbleiben mehr, konnte aber zum freiwilligen Zusammenschluß Gleichgesinnter fortschreiten. Der Auftrag an Mönche ging dann über Erfüllung von Vorschriften hinaus und verlangte Formung des Menschen, des einzelnen und der vielen, Bildung und Freundschaft. Weil Walahfrid mehr als andere Mönche schrieb und öfter von sich schrieb, verwechseln wir ihn leicht mit einem autonomen Individuum und verkennen ihn völlig. An Selbstverwirklichung lag ihm nichts, vor dem Alleinsein fürchtete er sich, er war durch und durch geselliger Mönch. Wie der Fisch im Wasser fühlte er sich unter Mitmönchen, am wohlsten auf der seligen Insel im Bodensee.

Zweites Stichwort: Bodensee. Walahfrid gebrauchte als erster Schriftsteller, den wir kennen, den Namen Bodensee, um 833, als er in Aachen am Kaiserhof diente. Der St. Galler Abt Gozbert hatte ihn um Neubearbeitung von Wettis ungelenker Gallusvita gebeten. In deren Vorwort gab er eine Ortsbeschreibung, ähnlich wie in seinem Erstlingswerk, diesmal von Bregenz, wohin die irischen Wandermönche vor über zweihundert Jahren gezogen waren. Bregenz habe jenem See den Namen gegeben, der aus dem Durchfluß des Rheins entstanden sei. Tatsächlich hieß der See seit Plinius meistens Bregenzersee. Walahfrid fuhr fort, er führe noch einen anderen Namen, nach dem Fluß, der ihn bilde, und zwar von dem griechischen Wort für Fluß, *Potamos;* deshalb heiße der See *Lacus Potamicus.* Moderne Gelehrte wundern sich über Walahfrids gelehrte Blindheit: Überhörte er, daß der Name nichts mit dem Griechischen zu tun hat, um so mehr mit dem deutschen Ortsnamen Bodman? Ich glaube, er wollte diesen Zusammenhang ignorieren. Denn kurz danach schrieb er den St. Galler Freunden die Neubearbeitung der Otmarlegende und sagte, Otmar sei 759 in der Pfalz beim Ort Bodman, *apud villam Potamum* gefangengesetzt worden. Walahfrid wußte also, daß Ortsname und Seename in lateinischer Umschreibung ähnlich lauteten.

Aber dieses Bodman war wegen der Gewalttat an Otmar eine Zwingburg der Weltlichkeit und blieb es für Walahfrid auch 839, als ihm Ludwig der Fromme in diesem Bodman für die Abtei Reichenau Besitzungen auf dem Bodanrück schenkte. Mindestens ließ der anwesende Walahfrid zu, daß die Kaiserurkunde das Königsgut um Bodman mit einem anderen Adjektiv belegte als er den See: *Fiscus Potimiacus.* Der See, über den die Heiligen Kolumban, Gallus und Otmar gefahren waren und in dem die selige Mönchsinsel des heiligen Pirmin lag, sollte nicht nach dem Symbol der Gewaltherrschaft heißen, sondern nach dem Fluß, der die verbrüderten Klöster St. Gallen und Reichenau miteinander verband. Mit dem Flußsee meinte Walahfrid weder den Obersee noch den Untersee allein. Der ganze Bodensee zwischen Bregenz und Werd als geistliches Gewässer, als Mitte mit fließenden Übergängen, abgegrenzt und doch nach allen Himmelsrichtungen offen, war eine bewußte Schöpfung Walahfrid Strabos, seine Deutung der mönchischen Überlieferung.

Drittes Stichwort: Überlieferung. Bis zu Walahfrids Zeit verfaßte niemand im weiten Umkreis eine Klostergeschichte, höchstens Lebensläufe einzelner Gründer und Leiter von Klöstern. Zum Geschichtschreiber wurde Walahfrid nicht, doch er schrieb die früheste Darstellung, die den Zusammenhang eines Klosters am Bodensee von der Gründung bis zur Gegenwart sichtbar machte, den Überblick über die Reichenauer Abtreihe zu Beginn der *Visio Wettini*. Auch als er den Mitmönchen in St. Gallen die Lebensbeschreibung ihrer Heiligen erneuerte, stellte er diesen Zusammenhang her, vom ersten Auftritt des heiligen Gallus 612 bis zum jüngsten Neubau der St. Galler Klosterkirche seit 830. Die Stabilität benediktinischen Mönchtums sorgte für Kontinuität, ordnete die verworrenen Zeitläufe von ehedem und verband derzeit Getrenntes miteinander. »Wir Alemannen oder Schwaben«, schrieb Walahfrid im Vorwort den Jüngern des heiligen Gallus. Man muß schon ein arger Regionalpatriot sein, wenn man ihn daraufhin für einen Regionalpatrioten erklärt. Die Überlieferung des Mönchtums beschränkte sich nicht auf die Region und kam ihr von weiter Ferne, aus grauer Vorzeit zu.

Darum dichtete Walahfrid nach der *Visio Wettini* auf Bitten eines Reichenauer Mitmönchs die Legende vom irischen Abt Blaithmaic, der in einem Kloster des Nordmeers soeben, vermutlich 827, von normannischen Plünderern erschlagen worden war. Auf Wunsch von drei anderen Mönchen brachte Walahfrid die Legende des Einsiedlers Mammas in Verse, der vor einem halben Jahrtausend in den Wäldern Kappadokiens Gott gedient hatte. Hier und jetzt lebten sie alle mit denen, die ihrer gedachten. Walahfrids liturgisches Hauptwerk predigte die gleiche Gesinnung: Der Gottesdienst der Mönche verklammerte Urzeit mit Gegenwart, Fremde mit Heimat. Die goldene Kette durfte nicht abreißen, Walahfrid hatte es gelernt, in der Klosterschule anhand literarischer Bildung, am Sterbelager Wettis anhand der Gebetsverbrüderung. Brüche und Wandlungen der Geschichte mußten die Brüderlichkeit zwischen Lebenden und Toten nicht stören. Wenn die Heutigen und Hiesigen alten fernen Vorbildern nicht mehr nachfolgen wollten, wuchs in benediktinischen Klöstern das Heilkraut dagegen, Pflege der Überlieferung. Sie achtete in Reichenau nicht nur wie in St. Gallen auf Erziehung der Menschen im Kloster, sie bezog Erfahrungen der Außenwelt ein, vor allem das Wachstum in Natur und Geschichte; auch dort herrschte sinnreiche Ordnung. Walahfrids Gedicht über das Kräutergärtlein beschrieb biologisch genau den Bau und Nutzen von Gartenpflanzen, auch wenn sie am Bodensee nicht gediehen, wie der afrikanische Granatapfel. Walahfrids Prosabuch über gottesdienstliche Riten erläuterte mit archäologischem Spürsinn den Ursprung und Wandel von Gebräuchen, auch wenn die Zeitgenossen sie nicht verstanden, wie die Herkunft der priesterlichen Gewänder aus der antiken Laienkleidung. Walahfrids Gelehrsamkeit überschritt den räumlichen und zeitlichen Rahmen des Reichenauer Konvents und verschaffte ihm dadurch Respekt in der Fremde. Der sachliche Abstand erlaubte Sichtung alles Überlieferten und, wenn es wucherte oder verkümmerte, Wiederherstellung der sinnvollen Gestalt, Reform.

Viertes Stichwort: Reform. Was wir im Spiegel von Walahfrids Werk und Leben beobachtet haben, war die erste große Reformbewegung der europäischen Geschichte. Freilich betrachten wir sie nicht mit Walahfrids Augen als Überwindung geschichtlicher

Mißstände, nur als neue geschichtliche Epoche. Das benediktinische Mönchtum, anfangs gegen die Umwelt abgeschlossen, überwand in seiner angelsächsischen Umformung zwar die wilde Askese irischer Wandermönche, geriet aber in die Fallstricke einer Umwelt, die selbst christlicher wurde. Gegen die Verweltlichung der Benediktiner, die sich die Karolinger zunutze gemacht hatten, erhoben sich nach Karls Tod die Reformer. Ihre Pläne scheiterten, weil sie das Rad zurückdrehen wollten und nicht konnten. Sie mochten die wörtliche Befolgung der Benediktregel einschärfen, die Abgeschiedenheit des Monte Cassino sollte nicht wiederkehren. Der Klosterverband eines Ordens erschütterte die Selbstbestimmung des Einzelklosters genauso wie der herrische Eingriff eines Kaisers. Die Einheitsforderung machte die reformierten Klöster bald wieder abhängig von den Schwankungen der Reichspolitik, wenn die Einheit des Gesamtreichs in die Brüche ging. Walahfrid erfuhr 827 in Fulda, 841 in Speyer am eigenen Leib, daß zentrale Verwaltungsreformen den einzelnen Mönch um seinen Lebenskreis betrogen.

Die Benediktregel konnte und durfte im Einzelkloster nicht ganz restauriert werden. Die Öffnung des Klosters zur Welt hatte Bildung, Erziehung, Schule, Wissenschaft und Kunst in die Klausur eingelassen; daraus wären sie nur um den Preis geistlicher Verarmung zu vertreiben gewesen. So triumphierte auch im kulturellen wie im administrativen Bereich Karl der Große über Benedikt von Nursia. Während allerdings die Verwaltungseinheit des Benediktinerordens zusammen mit der Einheit des Karolingerreiches zerbrach, verschwand der Anspruch auf humane, ja schöngeistige Bildung nicht mehr aus der Geschichte des Mönchtums. Daß gebildeter Umgang den mönchischen Zusammenhalt festigt, hat Walahfrid als einer der ersten gegen asketischen Rigorismus verteidigt, in Leben und Werk dargestellt und Späteren unvergeßlich eingeprägt. Sein Konvent Reichenau verstand Reform ähnlich, als Übereinstimmung einer begrenzten Gemeinschaft, die ihre Mönche von früh bis spät zu brüderlicher Haltung erzog. Auch miteinander sollten die Konvente, besonders am Bodensee, im Gebet für Lebende und Tote verbunden sein. Bei dieser benediktinischen Verbrüderung wirkte Walahfrid als Schüler wie als Meister seines Klosters nach Kräften mit. Der Versuch, die zeitgenössische Verwirrung durch Gebetsverbrüderung zu überwinden, entließ freilich die Mönche nicht aus den Bedingungen der zeitgenössischen Politik; so überlebten nur zwei große Fragmente die Blütezeit der Abtei Reichenau, ein Verbrüderungsbuch ohnegleichen und eine Reihe von Meisterwerken der Dichtung.

Fünftes Stichwort: Dichtung. Walahfrid Strabo war der bedeutendste Dichter unter den Mönchen am Bodensee, darüber hinaus der erste große Mönchsdichter des europäischen Mittelalters. Mit ihm erreichte das abendländische Mönchtum eine neue Stufe der Bewußtheit. Lateinisches lasen und schrieben schon frühere Mönche, um sich zu unterrichten und andere zu unterweisen. Sie bedienten sich dabei auch gebundener Formen, die ihnen durch die biblischen Psalmen nahegelegt wurden. Hymnische Lieder zum Lob Gottes und seiner Heiligen gestalteten den Gottesdienst der Mönche einprägsam. Walahfrid schrieb zum Beispiel für das Weihnachtsfest und den Feiertag des heiligen Gallus derartige Hymnen. Nicht vergangene Vorbilder allein vergegenwärtigte seine Dichtkunst; sie besang auch festliche Gegenwart, wenn der Reichenauer Konvent 829 den Kaisersohn Karl, 838 die Reliquien des heiligen Januarius ins Marienmünster geleitete. Vor allem provozierten Walahfrids Verse künftiges, glückliches Leben. Die *Visio Wettini* entwarf eine ideale Gemeinschaft der Freunde, die Briefgedichte wiesen auf ewige Freude voraus. Indem der Dichter das, was geschehen sollte, in stimmiger Form beschwor, gab er der verschwommenen Wirklichkeit ein Ziel.

In einem seiner Gedichte malte sich Walahfrid nicht das Jenseits aus, sondern die zukünftige Geschichte, als schönes Buch voller rhythmischer Verse. Daß der Dichter durch sprachliche Vorwegnahme die Erdenwelt selbst in schöne Form bannen werde, war ein atemberaubender Gedanke, keineswegs asketisch, gleichwohl mönchisch. Denn am Anfang war es der Schöpfergott, der das Buch der Welt lesbar geschrieben hatte, und am Ende sollte der Mensch im freien Hinausgreifen über banale Zwänge sich selbst edel gestalten. Noch waren die Verhältnisse nicht so. Walahfrid, der ausgezogen war, um zusammen mit vielen Freunden die Menschen zu erziehen, schaute am Ende allein dem Wachsen der Pflanzen zu, in der Hoffnung, daß irgendwann einige Blütenträume reiften und ein paar Hände die mächtigen Früchte umspannten. Aber er brauchte nur an den Anfang zurückzudenken, um zu wissen, was Mönche alles vermocht hatten und vermögen würden. Vor wenig mehr als sieben Menschenaltern hatte sich Gallus durch den Urwald an der Steinach gekämpft, mit Bären geredet und von Holzäpfeln gelebt. Jetzt saß Walahfrid im umfriedeten Garten am Gnadensee, konnte an ferne Freunde denken, auf die nächste Ernte warten und ein Gedicht darüber schreiben.

ADELINDE · NONNE IN BUCHAU

Das deutsche Wort »Mönch« ist maskulin; »Mönchin« sagt man nicht. Das war im Mittelalter anders. Das Kirchenlatein der Geistlichen kannte neben dem *Monachus* gleichbedeutend die *Monacha*, das Italienische und Spanische kennen sie noch. Aber nördlich der Alpen meinten die Laien bald, Frauen hätten dem Herrn auf andere Weise zu dienen als Männer, und gaben ihnen den Titel *Nonna*. Seine Wortgeschichte zeigt, daß Frauen in der Familie zu Ansehen kamen und in der Gemeinde schweigen mußten. Im spätantiken Latein meinte *Nonna* zunächst die Amme oder Kinderwärterin, dann die ehrwürdige Großmutter oder Mutter, die Matriarchin über den Kindern, nicht die Schwester zwischen den Brüdern. Außerhalb der Familie trat als *Nonna* allein die adlige Dame in Erscheinung. Die Menge der Bäuerinnen war im Frühmittelalter viel zu eng an Haushalt und Scholle gebunden, als daß sie gemeinschaftliche Ziele formulieren, gar persönlichen Wünschen folgen konnte. Lediglich adlige Damen besaßen genug Ansehen, Bewegungsfreiheit und Vermögen, um sich eigene Klöster zu schaffen und dort beschaulich zu leben. Wenige Frauen konnten sich das leisten, deshalb träumten viele davon. Doch was sollten Frauen im Kloster Sinnvolles tun?

Von Mönchen erwarteten Laien, was wir die Männer von Gallus bis Walahfrid tun sahen, priesterliche Kontemplation einerseits, karitative Aktivität andererseits. Den Frauen versagte das Kirchenrecht den Zugang zu Priestertum und Studium, die verwilderten Sitten verwehrten ihnen Ausübung von Armenfürsorge und Krankenpflege. Für Gemeinschaften frommer Frauen blieb ein Leben der Weltentsagung: Sie weihten sich Christus, priesen ihn im liturgischen Gebet und verschmähten die irdische Ehe. Betrachtendes Leben in strengster Klausur erforderte eine Konzentration, die den meisten langweilig wurde, wenn nicht soziale Bindungen sie immer neu ermutigten. Wie im Brennspiegel sammeln sich die Schwierigkeiten weiblichen Mönchslebens in der Frühgeschichte des bedeutendsten merowingischen Frauenklosters, Heilig-Kreuz in Poitiers.

Sein Dasein verdankte es der Verzweiflung einer gepeinigten Frau. Die thüringische Fürstentochter Radegunde war mit dreizehn Jahren 531 von fränkischen Eroberern verschleppt und als Dienstmagd verwendet, freilich literarisch ausgebildet worden. König Chlothar I. hatte sie nach 536 zum Traualtar geschleppt und bald von ihr gesagt, sie benehme sich eher wie eine verheiratete Mönchin als wie eine Königin. Als er ihr nach längerer kinderloser Ehe den Bruder umbringen ließ, floh sie vor dem Wüstling in den Schutz der Kirche und nahm den Schleier. Einige Bischöfe unterstützten sie mehr oder weniger mannhaft gegen Drohungen des Königs und brachten ihn um 560 dazu, ihr bei Poitiers reiche Landschenkungen anzuweisen, damit sie in der Stadt ein Frauenkloster errichten könne. Sie unterstellte es dem Schutz der Bischöfe und richtete sich seit etwa 567 nach dem Vorbild der größten gallischen Mönchsbischöfe, dem apostolischen Wirken Martins von Tours und der asketischen Regel Caesarius' von Arles. Von eintretenden Frauen verlangte sie in erster Linie asketische Absage an die Ehe und lebenslanges Verweilen in der Klausur. Nach apostolischem Vorbild sollten die »Schwestern« alles gemeinsam benutzen und Privateigentum abgeben. Um 570 erwarb Radegunde vom byzantinischen Kaiser ein Stück vom Kreuz Christi; es trat in den Mittelpunkt der Liturgie, der die Jungfrauen mit Psalmengesang, Kerzenschimmer und Weihrauchduft oblagen. Ihrer priesterlichen Betreuung diente ein Mönchskonvent nahebei, dem Radegunde die Abteikirche baute.

Zur ersten Äbtissin bestimmte Radegunde ihre Pflegetochter Agnes. Sie selbst gedachte wie eine neue Martha auch außerhalb der Klausur apostolisch zu wirken. Sie pflegte Arme und Kranke, fertigte Kleider, richtete Mahlzeiten, fütterte Blinde und badete Aussätzige. Sie bemühte sich um literarische Bildung in einem Freundeskreis von Dichtern und Ärzten, um Friedensvermittlung zwischen den verfeindeten Söhnen und Enkeln König Chlothars. Andererseits half sie in der Klosterküche den Mönchinnen beim Gemüseputzen und Geschirrspülen, erlegte sich die härtesten asketischen Bußübungen auf und betete so konzentriert, daß sie das Lärmen und Singen eines abendlichen Volksfestes neben dem Kloster gar nicht wahrnam. So wurde sie zur »Mutter« für alle »Schwestern«, von denen sich bald zweihundert um sie scharten. Die meisten konnten in der Klausur nicht Radegundes Aktivität nachahmen. Manche stürzten sich so radikal in die Kontemplation, daß sie sich im Kloster feierlich für Lebenszeit einmauern ließen, um als Inklusen in einer winzigen Zelle nur noch zu beten und zu lesen. Nicht alle Schwestern kamen aus purer Neigung. Einige wurden ins Kloster abgeschoben, andere flohen vor rohen Männern, andere lockte die Sicherheit eines auskömmlichen Daseins. Solange die Königin lebte, hielt sie den Konvent durch ihre Autorität zusammen. Kaum aber war 587 die Gründerin, kurz danach die erste Äbtissin gestorben, brach im Kloster die Hölle los.

Zwei Enkelinnen König Chlothars, Chrodechilde und Basina, waren zu Radegundes Zeit folgsam ins Kloster eingetreten, meuterten aber 589 gegen die neue Äbtissin Leubovera. Um sie zu vertreiben und die Leitung zu übernehmen, zettelten die Königskinder eine Verschwörung der Schwestern an. Mit über vierzig Anhängerinnen verließen sie das Kloster und verkündeten: »Man erniedrigt uns an diesem Ort, als wären wir nicht Töchter von Königen, sondern von verächtlichen Mägden.« Bischof Gregor von Tours, den sie zu Fuß heimsuchten und der den ganzen Skandal erzählt hat, redete ihnen ebenso vergeblich zu wie andere Bischöfe. Viele heirateten jetzt, sammelten weitere Männer um sich und besetzten in Poitiers die Kirche des heiligen Bischofs Hilarius, bis die Äbtissin aus dem Kloster fortgeschafft wäre. Auch eine eingemauerte Inkluse zerbrach bei Nacht ihre Zelle und gesellte sich zu den Entsprungenen. Ihre Freunde schlugen Bischöfe und Kleriker mitten in der Kirche nieder, bemächtigten sich der Klostergüter und Klosterbauern, entführten die gichtkranke Äbtissin und die Heilig-Kreuz-Reliquie. Bei dem folgenden Krieg zwischen Klostergesinde und Chrodechildes Anhang wurde ein Klosterknecht am Grab der heiligen Radegunde erschlagen.

Man pflegt die Auswüchse dieses monastischen Krieges den brutalen Sitten des sechsten Jahrhunderts zur Last zu legen; der Krieg selbst hatte grundsätzlichere Anlässe. Sie traten zutage, als es 590 nach dem Eingreifen des Königs zum Prozeß vor den Bischöfen kam. Chrodechilde beschuldigte die Äbtissin schwerer Regelverletzungen. Sie habe einen Mann in Weiberkleidern als Diener um sich gehabt, männliche Diener im Badehaus der Frauen baden lassen, sich an Würfelspielen beteiligt, mit weltlichen Personen geschmaust, im Kloster die Verlobung ihrer Nichte gefeiert und ihr aus einer seidenen Altardecke Kleider gemacht. Ferner habe sie die Schwestern durch Hunger, Blöße und Mißhandlungen gequält. Auf diesen Vorwurf, sich erhöht und andere erniedrigt zu haben, erwiderte Leubovera: Im Vergleich mit hungernden Zeitgenossen hätten die Schwestern niemals Mangel gelitten, in ihren Kleiderschränken mehr als das Nötige hängen gehabt und seien von den Klosterdienern, zum Teil Verschnittenen, vor allen Unannehmlichkeiten bewahrt worden. Sie selbst habe lediglich gläubigen Christen geweihtes Brot verteilt und für ihre verwaiste Nichte gesorgt. Das hieß, sie hatte Radegundes Liebeswerk fortgesetzt und damit das Mißfallen der faulen Schwestern erregt.

Die Fronten sind klar. Innerhalb der Klausur begnügten sich die hochadligen Schwestern nicht mit Kontemplation, sondern verlangten wenigstens Herrschaft. Unter Hinweis auf die schlimmen Zustände außerhalb der Klausur forderte die weniger vornehme, aber aktivere Äbtissin Gehorsam. Beide Parteien standen vor dem Dilemma, daß ihnen die geschriebene Regel bloß Verzichte auferlegte und keine Aufgabe vorzeichnete. Nur ein anerkanntes Vorbild konnte den Konvent mitreißen und zusammenschweißen, aber nicht jede Äbtissin war eine Königin oder eine Heilige oder gar beides. Sobald sich Äbtissin und Konvent zerstritten, hingen alle vom guten Willen der Männer draußen, des Königs und der Bischöfe, ab; selbst wenn sie sich vertrugen, waren sie geistlich auf Mönche, wirtschaftlich auf Diener angewiesen. Sie lebten mehr von anderen als für andere, vorweg die emanzipierten Königstöchter. Basina, die der König 580 ihres Eigentums beraubt und ins Kloster gesteckt hatte, fand kein Unterkommen, unterwarf sich 590 der Äbtissin und wurde im Kloster wieder aufgenommen. Chrodechilde durfte draußen unversöhnt den Tod der Äbtissin abwarten, weil ihr der König einen Hof in Poitiers geschenkt hatte.

Das Kloster begriff die Lektion. Kurz nach 600 gab die neue Äbtissin Dedimia der braven Schwester Baudonivia den Befehl, die Biographie der heiligen Radegunde zu ergänzen. Es wurde eine Huldigung vor der Herrscherin und ihrem erhabenen Gemahl, der ohne sie nicht leben konnte. Als Königin war Radegunde von vornehmen Damen umringt, wie jener *Nonna* namens Fridovigia, die kostbaren Schmuck einem Einsiedler überbrachte, also an keine Klausur gebunden war. Von den Mönchinnen im Kloster durfte sich noch nach Radegundes Tod keine herausnehmen, auf dem Stuhl der Herrscherin zu sitzen. Sie war und blieb »die Herrin Radegunde«. Von den verwöhnten Königstöchtern schwieg die Schwester, die den Aufruhr im Kloster miterlebt haben muß; sogar von den Äbtissinnen nannte sie allein die jetzt regierende. Das Frauenkloster Heilig-Kreuz hatte keine eigene Geschichte, mindestens keine andere als die der merowingischen Landeskirche. Und was immer der Franke Fridolin zwei Menschenalter später von Poitiers nach Säckingen verpflanzt haben mag, jedenfalls brachte er nicht die Unrast, sondern den Gehorsam der Mönchinnen mit. Gegen die Adelskirche mochte St. Gallen aufbegehren, Säckingen wartete auf die nächste Königin.

Wir müssen den Bodenseeraum noch einmal verlassen. Denn die aufsteigenden pippinidischen Hausmeier benutzten Frauenklöster seit dem siebten Jahrhundert zu einer etwas anderen Politik als die merowingischen Könige. Pippin der Ältere, Ahnherr der späteren Karolinger, hatte an Mosel und Maas eine Adelsherrschaft aufgebaut. Er hatte Itta, die Tochter eines aquitanischen Herzogs, geheiratet. Als Pippin 640 starb, übernahm sein Sohn Grimoald die Herrschaft mit allen Risiken. Diesen Gefährdungen sollte der Landbesitz der Sippe entzogen, zudem Pippins Witwe standesgemäß versorgt werden, ähnlich wie einst Radegunde. Itta gründete 640 in Pippins südbrabantischer Heimat das Kloster Nivelles und lebte dort bis zum Tod. Den monastischen Ausbau leitete Ittas Tochter Gertrud, Grimoalds Schwester, die eine glänzende politische Heirat ausschlug und 652 nach dem Tod der Mutter erste Äbtissin von Nivelles wurde. In den gleichen Jahren starb am Bodensee der Einsiedler Gallus; doch weit schneller und sicherer als seine Zelle gedieh in Brabant der neue Konvent. Er wandte sich nämlich nicht von der zeitgenössischen Umwelt ab, sondern trat ihr selbstbewußt entgegen.

Gertrud ordnete das geistliche Leben in der Klausur nach den inzwischen berühmtesten Mönchsregeln, der irischen Kolumbans und der römischen Benedikts. Aus Irland berief sie Mönche, die die Schwestern in der Lesung der Heiligen Schrift und im Kirchengesang unterrichten sollten; aus Rom besorgte sie Bücher, wahrscheinlich liturgische für würdigen Gottesdienst in der Klosterkirche St. Peter. Während die »Schwestern« innerhalb der Klostermauer durch Beten, Lesen und Fasten wirkten, übernahmen die »Brüder« des zugeordneten Mönchskonvents die Außenverwaltung. Einer von ihnen, der im Dienst des Klosters übers Meer fuhr, zeichnete nachher um 670 Gertruds Leben auf. Nivelles lag inmitten beträchtlichen Grundbesitzes, dessen Bauern die Schwestern wirtschaftlich versorgten. Land und Leute bedeuteten politische Macht, und so versuchten seit 658 merowingische Könige, Königinnen und Prälaten, dem Kloster den Besitz abzujagen. Doch Klostergut stand unter besonderem religiösem und rechtlichem Schutz, es durfte nicht wieder in die Hände sündiger Laien fallen. Gertruds Biograph schrieb die Behauptung der Güter dem Bräutigam Christus zu, doch müssen die Brüder fleißig mitgeholfen haben. Kein Wunder, daß Gertrud jedem Eingriff von außen zuvorkam und 658 zur Nachfolgerin ihre junge Nichte Wulfetrud ernannte. Die Schwestern und Brüder stimmten selbstverständlich zu, Gertrud konnte 659, mit dreiunddreißig Jahren durch harte Askese geschwächt, beruhigt sterben. Nach Wulfetruds Tod 669 wurde Gertruds nächste Verwandte und Schülerin Äbtissin von Nivelles.

Die Pippiniden verstanden also Frauenklöster nicht nur als Ruhesitze für alleinstehende Damen und deren Gefolge. Durch eine wahre Erbfolge junger Äbtissinnen schützten sie Hausgüter ihrer Sippe vor der Zersplitterung durch Erbteilung und vor dem Zugriff von Nebenbuhlern. Auch wenn das Klostergut der unmittelbaren Verfügung entzogen blieb, behielt die schenkende Sippe politischen Einfluß darauf, wenigstens für einige Generationen. Die Schwestern in Nivelles beobachteten die Geschichte ihrer weiten Umgebung und ihres eigenen Klosters viel aufmerksamer als die in Poitiers. Anfangs waren sie nicht weniger fromm als die Töchter der heiligen Radegunde. Aus dem Jahr 691 wird schon berichtet, die gottgeweihten Jungfrauen und die Mönche hätten den Feiertag ihrer Heiligen Gertrud nicht nur mit einem Hochamt, sondern auch mit einem Festmahl begangen, zum Mißbehagen einer frommen Matrone, denn es war Fastenzeit. Ein unschuldiges Vergnügen, ein verständliches auch, denn die neue Zweckbestimmung entfernte die Frauenklöster von der Askese und näherte sie der Adelskirche.

Alsbald, im frühen achten Jahrhundert, hießen die Schwestern immer häufiger *Nonnae*, und es mehrten sich besorgte Stimmen, daß junge Nonnen nicht immer buchstabengetreu und lebenslang einer Mönchsregel folgten. Als die Karolinger seit 742 die Benediktregel allgemein durchsetzten, wurde sie nicht von allen Frauenklöstern übernommen. Andere wählten eine freiere Lebensform, die der sogenannten Kanonissen, die sich zwar ebenfalls Christus weihten und nicht heiraten wollten, sich dazu aber nicht auf Lebenszeit verpflichten mußten. Ähnlich wie die Rebellin Chrodechilde in Poitiers konnten Kanonissen außerhalb einer klösterlichen Gemeinschaft in eigenen Häusern, von ihrem Privatvermögen leben. Es liegt auf der Hand, daß sich diese Lebensweise für junge Damen adligen Standes und reicher Ausstattung besonders empfahl.

Wieder erreichte die karolingische Form den Bodenseeraum ziemlich spät, faßte dann aber schnell Fuß. Zur Zeit Karls des Großen um 800 entstanden am Bodensee wenigstens vier Frauenklöster: Zürich, Schänis, Lindau und Buchau. Bei allen traten nicht wie bei Männerklöstern am See und Frauenklöstern des Westens heilige Gründergestalten hervor, auch nachträglich nicht. Man trifft von Anfang an machtbewußte Adelssippen, die ihre weibliche Verwandtschaft unterbrachten und ihren Landbesitz sicherstellten. Legenden wie die der Heiligen Radegunde und Gertrud wurden in diesen Klöstern nicht verfaßt. Denn literarische, überhaupt kulturelle Mittelpunkte der Landschaft waren und wurden sie nicht. Deshalb unterschätzt sie die Forschung, nicht ganz zu Recht, denn für die politische und wirtschaftliche Erschließung der Bodenseeregion bedeuteten sie viel.

Nicht alle gleich viel. Ihr Gewicht hing mit ihrer Beziehung zum karolingischen Königtum zusammen. Mindestens war die unbedeutendste zugleich die königsfernste Gründung. Schänis, zwischen Zürichsee und Walensee liegend, hätte ein wichtiges Kloster werden können. Sein Gründer, Graf Hunfrid von Rätien, gehörte zu den einflußreichsten Ratgebern Karls des Großen; der Gründungsanlaß erinnerte an die berühmte Stiftung der heiligen Radegunde. Wenn eine Reichenauer Legende nicht lügt – und warum sollte sie? –, hätte Karl der Große dem Grafen eine Reliquie mit Teilen vom Kreuz und vom Blut Christi überlassen; zu deren würdiger Verehrung hätte Hunfrid zwischen 814 und 823 das Frauenkloster Schänis eingerichtet. Es lag auf eigenem Grund des Grafen, noch Hunfrids Nachfahren verfügten darüber als Eigenkirchenherren, vertraten das Kloster nach außen als Vögte und setzten die Äbtissinnen ein. Ihre Klosterherrschaft mußte das geistliche Niveau keineswegs beeinträchtigen, zumal da man in Schänis benediktinische Ordnung exerzierte. Deshalb wurde Schänis – im Unterschied zu Säckingen, wo inzwischen Kanonissen saßen – von den Benediktinerklöstern St. Gallen und Reichenau der Gebetsverbrüderung gewürdigt. Die Zahl der Nonnen muß in der zweiten Hälfte des neunten Jahrhunderts von neununddreißig auf dreiundsechzig angewachsen sein. Doch unterbrach die Kurzsichtigkeit von Hunfrids Erben die hoffnungsvolle Entwicklung. Sie nahmen den Nonnen schon in der nächsten Generation die wichtigste Reliquie weg; nach einigen Umwegen landete sie 923 in Reichenau. Schänis aber versank in der Provinzialität eines Adelsklosters. Der benediktinische Eifer in der Klausur erlahmte, 1045 war es Kanonissenstift und betreute nicht einmal die Pfarrkirche St. Gallus im Ort.

Von Buchau im Federsee war weit weniger zu erwarten. Die ländliche Gegend zwischen Ulm und Konstanz lag abgeschiedener als die zwischen Zürich und Chur. Trotzdem verhinderten hier politische Eingriffe von außen die Entfaltung ebenso wie die Stagnation. Wann und wie das Kloster entstand, erzählen nur sagenhafte Nachrichten. In der Mitte des sechzehnten Jahrhunderts meldete die Zimmernsche Chronik, Stifterin sei eine Schwägerin Karls des Großen, eine Herzogin von Schwaben, Adelund oder Adelinde mit Namen. Sie sei in Buchau begraben worden, nachdem ihr Ehemann samt zwei Söhnen im Kampf gegen die Ungarn gefallen sei. Nun kennen wir aus einer St. Galler Urkunde von 806 den Namen der Gattin des fränkischen Grafen Warin, mit dem Otmar von St. Gallen vor 759 aneinandergeraten war. Die Frau hieß Hadelinda. Die genealogische Rekonstruktion ist umstritten, doch läßt sich mindestens erwägen, daß die Frau oder Witwe Warins in den 770er Jahren versuchte, auf karolingische Art durch Gründung eines Frauenklosters den oberschwäbischen Grundbesitz ihrer Sippe über die nächsten Generationen hinüberzuretten.

Ob es ihr gelang? Sicher ist jedenfalls, daß die früheste Buchau betreffende Königsurkunde, 819 von Ludwig dem Frommen ausgestellt und später verfälscht, den Nonnen aus dem Königsgut das Dorf Mengen an der Donau und die Kirche Saulgau schenkte. An der Tatsache der Schenkung ist nicht zu rütteln, das Kloster stand also den Karolingern recht nahe. Zur Begründung wurde in der Forschung angeführt, Kaiserin Judith, die Welfin, sei die Urenkelin der Gründerin Adelinde gewesen und habe die Schenkung von 819 veranlaßt. Beweisen läßt sich beides nicht; mich würde es wundern, wenn es zuträfe. Denn die Urkunde Ludwigs des Frommen hätte schwerlich den Namen der kaiserlichen Fürsprecherin und der blutsverwandten Gründerin verschwiegen. Sie überging die Klostergeschichte vielleicht, weil Buchau mittlerweile aus einem Adelskloster zum Königskloster geworden war, etwa schon vor 800, als viele Klöster in das Eigentum Karls des Großen übergingen.

Frauenklöster ohne berühmte Gründerinnen und Reliquien waren gerade in ihren Anfängen jeder politischen Schwankung ausgesetzt. Deutlicher als in Buchau erkennen wir es in Lindau. Einiges spricht dafür, daß das Kloster vor 799 durch Graf Ruodpert im Argengau gegründet wurde. Seine Sippe, die Robertiner, stritt seit 823 mit den Verwandten Hunfrids, den Hunfridingern, um Herrschaft über Rätien. Die Förderung der beiden Hausklöster, hier Lindau, dort Schänis, könnte Bestandteil dieses Kampfes gewesen sein. Im Krieg der beiden Sippen stürzte etwa 833 ein Graf Ruodpert, möglicherweise Sohn und Erbe des Lindauer Gründers, vom Pferd und starb. Sein Widersacher, Hunfrids Sohn Adalbert, ließ den gefallenen Gegner, »vom Mitleid erfaßt«, im Kloster Lindau beisetzen. Künftig beanspruchte der Überlebende die Herrschaft über den Konvent und seine Güter, nicht anders als in Schänis. Durch eine gefälschte Urkunde hindurch kann man erschließen, daß Adalbert 839 in Bodman bei Kaiser Ludwig dem Frommen erschien, um die Rechte der Lindauer Nonnen bestätigen zu lassen. Die Erinnerung an die Vorgeschichte wurde so gründlich verdrängt, daß Adalbert heute meist als erster Stifter des Frauenklosters erscheint. Die Vorgänge draußen erregten die Chronisten der Zeit mehr als die inneren Zustände. Sie schwiegen sich darüber aus, ob die Lindauer Nonnen nach der Benediktinerregel lebten. Vermuten darf man es. Wenn es so war, konnten sie in ihrer Klosterkirche St. Marien nicht die Pfarrseelsorge für die Laien der Fischersiedlung, erst recht nicht die Pflege von Pilgern im Hospiz übernehmen. Vielleicht überlieferte deshalb kein Außenstehender den Namen einer Äbtissin, die Zahl der Nonnen, den Alltag im Kloster.

Anders in Buchau. Diesem Kloster galt die erste unverfälschte Königsurkunde für Nonnen am Bodensee. Ludwig der Deutsche stellte sie 857 in der Königspfalz Bodman aus. Er übergab das Kloster seiner Tochter Irmingard, ohne daß sie den Titel Äbtissin führte, und schenkte ihr vier Zinsleute aus dem Dorf Saulgau, die zuvor der Abtei Reichenau dienstpflichtig waren; das Inselkloster wurde anderweitig entschädigt. Das war die Methode der heiligen Gertrud von Nivelles; die Karolinger verwendeten noch immer Frauenklöster dazu, Angehörige zu versorgen und Grundbesitz zu sichern. Wieder wie 819 wurde Saulgau erwähnt: Der Besitz des Klosters Buchau beschränkte sich damals wie später auf das Gebiet südlich der Donau zwischen Mengen und Biberach, verdichtete sich hier aber ungewöhnlich früh. Buchau war also klein und sollte es bleiben. Ob die Ausstattung hinreichte, einen Konvent von Benediktinerinnen zu verpflegen? Gewiß, die Mönche von St. Gallen trugen die Nonnen von Buchau in ihr Verbrüderungsbuch ein (die Liste ging verloren, so daß Namen und Zahl im Dunkeln bleiben), doch könnten sie damit unter Abt Grimald dem Herrscherhaus ihre Reverenz erwiesen haben. Vielleicht war Buchau bloß ein Landsitz für die junge Karolingerin, die sich dort mit einigen vornehmen Kanonissen umgab? Irmingard wurde danach zur Äbtissin des Benediktinerinnenklosters Frauenchiemsee erhoben und fand dort einen größeren und aktiveren Konvent mit ausgedehntem Grundbesitz. Dort wurde sie um 866 bestattet und mag bis dahin Buchau mitgeleitet haben. Das Kloster im Federsee zehrte vom Glanz des Königtums für eine Weile, ohne daß es der regionalen Beschränkung entrann.

Eine entschlossener ausgreifende und genauer zupackende Konzeption lag dem Nonnenkloster in Zürich zugrunde, das Ludwig der Deutsche selbst für eine andere Tochter ins Leben rief. Dieser Hildegard übertrug der König 853 die Länder des Zürcher Königshofes und einen Güterkomplex, der bis zum Albis und nach Uri reichte. Der neue Konvent erhielt einen prominenten Platz beim Grab der heiligen Märtyrer Felix und Regula in Zürich, zugleich vom König den strikten Befehl, gemeinsam nach benediktinischer Ordnung zu leben, für alle Zeit den Normen der Regel zu gehorchen und das klösterliche Chorgebet zu pflegen. Hildegard wurde zur ersten Äbtissin bestellt. Als Priester wurden der Abtei Fraumünster vermutlich Weltgeistliche zugewiesen, zunächst wohl einzelne, die außer dem Gottesdienst im Münster die Seelsorge für die Siedlung an der Limmat ausübten. Die Benediktiner von St. Gallen unterstützten den König auch in Zürich, indem sie den Nonnen geistlichen Zuspruch boten. Das Modell von Nivelles wirkte sich 856 aus, als Hildegard starb; Ludwig der Deutsche setzte eine dritte Tochter, Bertha, für Lebenszeit als Herrin des Fraumünsters ein.

Noch immer machten nicht schriftliche Weisungen einen blühenden Nonnenkonvent, sondern persönliche Qualitäten der Äbtissin. Bertha war keine Gertrud und empfand sich nicht als Nonne. Noch weniger ihre Nachfolgerin, Kaiserin Richgard, die neben dem Fraumünster das Kanonissenstift Säckingen beherrschte. Beide Damen betrachteten die Abtei in Zürich als Versorgungseinrichtung. Sobald sie selbst dem gemeinsamen Leben in Klausur, Refektorium und Dormitorium auswichen, gestatteten sie auch den Nonnen die Nutznießung privater Einkünfte und Vermögen. Sie durchlöcherten die benediktinische Ordnung nicht grundsätzlich, aber tatsächlich. Irgendwann vor 876 etablierte sich die Gemeinschaft der Zürcher Geistlichen zu einem eigenen Stift, am Großmünster. Wie es zum Konvent von Fraumünster stand, ist schwer zu sagen. Doch trennte sich die Priestergemeinschaft fast zwangsläufig vom Nonnenkonvent, wenn dieser das gemeinsame Leben vernachlässigte. Spätestens im frühen zehnten Jahrhundert ging das Kanonikerstift Großmünster seine eigenen Wege. Der Abtei Fraumünster schien die Königsnähe den Weg zur Verweltlichung, zum adligen Damenstift zu weisen.

Der Vorgang ließ sich aufhalten, sogar umkehren, sobald eine adlige Frau ein asketisches Beispiel gab. So geschah es in Buchau. Nach dem Tod der Königstochter verstummten die Quellen. Das Kloster verlor in den spätkarolingischen Wirren wahrscheinlich die Königsnähe und kam rascher als Schänis herunter, wenigstens als geistliche Anstalt. Als Mittelpunkt eines kompakten Landbesitzes mußte es Adelssippen der näheren Umgebung, des Eritgaues, weiterhin reizen. Eine von ihnen scheint zu Ende des neunten Jahrhunderts noch einmal nach karolingischem Muster verfahren zu sein. Davon berichtete in der Mitte des elften Jahrhunderts die Chronik Hermanns des Lahmen von Reichenau. Das Grafenpaar Ato und Adelinde besaß bereits verwandtschaftliche Beziehungen zu Männerklöstern am Bodensee, besonders zu Schienen, dem mit Reichenau seit Walahfrids Zeit verbrüderten Klösterchen. Drei ihrer Verwandten fungierten dort zwischen 860 und 900 als Äbte. Doch hielt sich der Konvent auf der Höri nicht lange und wurde 909 der Abtei Reichenau einverleibt, fiel also als Bezugspunkt für die Grafensippe aus. Unter den zahlreichen Kindern Atos befand sich allem Anschein nach nur eine Tochter, die denselben Namen wie die Mutter trug, Adelinde. Die Vermutung liegt nahe, daß Mutter und Tochter mit der ersten Stifterin von Buchau, der Adelinde von etwa 770, verwandt waren. Wie auch immer, die Gräfin begann Kloster Buchau neu auszustatten und ließ ihre einzige Tochter dort als gottgeweihte Jungfrau eintreten. Andere Nonnen müssen ihr gefolgt sein und einen neuen Konvent gebildet haben.

Was dann geschah, erzählte Hermann der Lahme zum Jahr 902 so: »Im selben Jahr werden Beringer, Reginolf und Gerhard, leibliche Brüder adliger Abkunft, Söhne des Grafen Ato und der Adelinde, von Feinden umringt und erschlagen, nicht weit von dem Frauenkloster Buchau im alemannischen Eritgau, das ihre Mutter um dieselbe Zeit in frommem Eifer zu Ehren der heiligen Märtyrer Cornelius und Cyprian erbaut hatte. Sie kamen um, als sie ihre jungfräuliche Schwester heimlich von dort entführten, um sie zu vermählen. Sie wurden von ihrer Mutter bei diesem Kloster bestattet.« Wir wittern zunächst einen Irrtum des Historikers, in dessen Kloster Reichenau man hätte wissen müssen, daß Buchau nicht um 900 erbaut wurde und 857 schon stand. Oder doch kein Irrtum? Sollte Buchau vorher kein Kloster für gottgeweihte Jungfrauen, lediglich ein Kanonissenstift gewesen sein? Warum mußten die Brüder ihre Schwester heimlich herausholen? Kanonissen durften ihr Kloster verlassen, auch um zu heiraten. Das alles kann nur heißen: Mutter Adelinde machte bei der Neuordnung in Buchau, zu der ein Neubau gehörte, mit dem Schlendrian ein Ende und wandelte das bisherige Damenstift in ein Nonnenkloster nach der Benediktregel um. Ihre Tochter hatte die ewigen Gelübde abgelegt.

Dem Reformansatz kam die politische Lage in die Quere. Die drei Brüder müssen gewichtige Gründe gehabt haben, ihre Schwester aus der Klausur zu entführen und ihr damit die Versorgung auf Lebenszeit zu entziehen. Auf der Gegenseite hielten mächtige Feinde in der Nachbarschaft die beabsichtigte Ehe der jüngeren Adelinde für bedrohlich. Was da gespielt wurde, bleibt rätselhaft, nur einen vagen Verdacht hege ich. In den Jahren nach 900 rangen am Bodensee zwei Adelssippen mit großem Anhang um die Vormacht, die Alaholfinger oder Bertholde, mit dem Stammsitz beim heutigen Kloster Obermarchtal an der Donau, keine zwanzig Kilometer nördlich von Buchau, und die Hunfridinger, deren Schwerpunkt im rätischen Chur, deren Vorposten in Lindau lag. Verwandte Adelindes neigten weniger zu den Bertholden in der Nähe als zu den Hunfridingern in der Ferne. In den gleichen Jahren tobte in Franken der Kampf zwischen zwei anderen Adelsparteien, Konradinern und Babenbergern; beide gewannen auch am Bodensee Freunde, die Konradiner bei den Bertholden, die Babenberger bei den Grafen im Eritgau. Adelindes Heirat könnte ein Zug im blutigen Schachspiel gewesen sein, um die Fraktion der Hunfridinger oder Babenberger zu stärken; die Bertholde könnten die Machtverschiebung gewaltsam verhindert haben. Auf alle Fälle belegt die Schauergeschichte von Buchau, wie hilflos fromme Frauen und ihre Klöster adligen Männern und ihrer Politik ausgeliefert waren.

Gräfin Adelinde, inzwischen vermutlich Witwe, reagierte auf die Familientragödie ähnlich wie Radegunde. Hören wir weiter Hermann den Lahmen: »Dort (in Buchau) wurde die Mutter selbst nach ihrem glücklichen Ende beigesetzt. Sie hatte sich nach ihrer Rückkehr von einer Wallfahrt nach Jerusalem und anderen heiligen Orten ganz dem Gottesdienst und der Sorge für das Seelenheil gewidmet. Vorher war noch ihre gleichnamige Tochter, die Jungfrau, daselbst als Äbtissin eingesetzt worden.« Wallfahrten vornehmer Damen häuften sich in diesen Jahren. Die alemannische Adlige Wiborada pilgerte vor 906 zusammen mit ihrem Bruder nach Rom, ebenso die Schwiegermutter des Hunfridingers Burchard 911, wahrscheinlich aus denselben Gründen wie Mutter Adelinde, um von den Schlächtereien, die ihre Männer für Politik hielten, Abstand zu gewinnen und bei mächtigen Heiligen Trost zu finden. Und was nach der Wallfahrt? Die Männer hatten sich totgeschlagen, also suchten ihre Frauen eine Gemeinschaft von Leidensgefährtinnen. Nonnenklöster übten auf adlige Frauen nicht bloß des gesicherten Lebens wegen große Anziehungskraft aus; oft genug boten sie Hinterbliebenen ein sinnvolles Alter.

Inzwischen legten sich die politischen Stürme. Um 917 setzte sich Burchard, der Hunfridinger, als schwäbischer Herzog durch, seine Widersacher aus der Sippe der Bertholde verloren das Spiel und das Leben. Unbehindert, wenn nicht gefördert konnte die jüngere Adelinde ihr Amt in Buchau übernehmen. Wie sie es führte, davon wußte wohl schon Hermann der Lahme nichts. Sie hatte genug damit zu tun, Gräber und Gedächtnis ihrer Eltern und Brüder zu pflegen. In der Klosterkirche Buchau fand man 1939 ein Grab mit Gebeinen einer Frau in den sechziger Jahren und dreier Männer von achtzehn bis dreißig Jahren; über ihnen dürfte die Äbtissin mit ihren Nonnen geweint, gebetet und sich getröstet haben. Eine einzige von diesen Nonnen kennen wir zufällig, aus Ekkehards Klostergeschichten von St. Gallen. In Buchau lebte demnach als gottgeweihte Jungfrau die Schwester des Bischofs Ulrich von Augsburg; beider Mutter war mit den Burcharden verwandt, so traf das Mädchen in Buchau gewiß Freundinnen. Die Nonne wurde von einem angesehenen Mann königlicher Abstammung namens Hugo entjungfert, dabei war von Entführung und Vermählung nicht die Rede. Nun saß das arme junge Ding wieder im Kloster und stand bald im Ruf einer heiligmäßigen Frau, denn ihr bischöflicher Bruder belegte sie jedes Jahr, solange er lebte, mit neuen Bußen für ihren Fehltritt. Als 926 die Ungarn einbrachen, betete Ulrich, Gott möge seine Schwester am Leben erhalten, damit sie ihre Buße vollenden könne. Nach Mitteilung des St. Galler Chronisten wurde das Gebet des Bischofs erhört, das heißt wohl, Buchau blieb verschont.

Die tragischen Schicksale dieser Generation vor Augen, werden jüngere Nonnen fromm ihren benediktinischen Dienst getan haben, stundenlanges Chorgebet, zahlreiche Meßfeiern und Prozessionen, Fürbitten für Lebende und Tote; in den ruhigen Zeiten der ottonischen Könige und der schwäbischen Herzöge störte sie niemand mehr dabei. Die großen Benediktiner-Abteien unterstützten sie geistlich, St. Gallen, wo vorher Ulrich von Augsburg erzogen worden war, und Reichenau, wo nachher Hermann der Lahme schrieb. Hermanns eigene Sippe war mit den Geschlechtern Ulrichs von Augsburg und der Buchauer Grafen verwandt, deshalb kannte und notierte er die Geschichte von 902. Danach wußte er für das ganze zehnte Jahrhundert nichts mehr aus Buchau zu berichten. Kein schlechtes Zeichen. Drei Menschenalter lang herrschte Zucht im Nonnenkloster. Dann verblaßten Erinnerungen und Warnungen. Hermann vermerkte zum Jahr 1021, daß die ehrwürdige Äbtissin Irmentrud von Buchau gestorben und ihr Abarhild gefolgt sei. »Von dieser Zeit an begann dieser Ort mehr und mehr in Verfall zu geraten.« Weiter meldete Hermann, daß 1027 als nächste Äbtissin Hildegard antrat und am 12. Januar 1032 das Kloster abbrannte. Zum Jahr 1051 schrieb der Reichenauer Mönch, daß nach dem Tod der Äbtissin (es war wohl längst eine andere als Hildegard) der Kaiser in Buchau wie in Lindau die adlige und fromme Witwe Touta als Äbtissin einsetzte, »um beide Orte wiederherzustellen«. Man sieht, von Nonnenklöstern kann man wie von Ehefrauen sagen, daß die besten die sind, von denen man am wenigsten hört.

Trotzdem wüßten wir gern von den Nonnen des zehnten Jahrhunderts, wie sie miteinander lebten und ihre Umgebung betrachteten. Nicht nur am Bodensee schwiegen sie darüber eisern. Schon im Frühmittelalter plauderte nach Baudonivia von Poitiers keine mehr aus der Schule; was wir über Geistigkeit und Seelenleben frommer Frauen hören, stammte aus der Feder männlicher Seelenhirten, im zehnten Jahrhundert verstummten auch sie. Zu unserem Glück war einer der ersten, die im elften Jahrhundert wieder »Nonnenspiegel« schrieben, eben Hermann der Lahme von Reichenau, der die Verhältnisse in Buchau genau kannte, dort vielleicht leibliche Tanten und Schwestern hatte. Um

1045 verfaßte er für seine »kleinen Freundinnen, einige gottgeweihte Frauen« ein Lehrgedicht, dessen erster Teil erhalten ist. Er sprach die Nonnen so verwandtschaftlich vertraut an, daß als Empfängerinnen kaum andere als Buchauer Nonnen in Betracht kommen; ihre Vorsteherin Egila, die er nannte, könnte zwischen Hildegard und Touta Äbtissin gewesen sein. Was Hermann den Nonnen einschärfen möchte, ist die benediktinische Ordnung, wie sie in Buchau während des zehnten Jahrhunderts noch galt. Nur durfte er den Damen nicht historisch kommen.

Sie kennen, wie er schrieb, ihr liebes Hermännle gut genug, um zu wissen, daß er ihnen freundlich lächelnd harte Wahrheiten sagt. Und er kennt sie gut genug, um zu wissen, daß die Mädchen lieber lustige als ernste Worte hören. Sehr gebildet sind sie nicht. Als Hermann die ernste Muse Melpomene, seine liebste Freundin, zu ihnen schickt, verdächtigen sie die schöne Fremde, die Geliebte des Mönches zu sein, scherzend, nicht gerade prüde. Hermann gibt den Vorwurf prompt zurück: Auf solche Gedanken kommen sie vielleicht, weil sie selbst nicht keusch mit dem königlichen Bräutigam im Himmel leben, sondern sich unzüchtig dem Teufel hingeben. Das sagt die Muse; Hermann tadelt sie wegen solcher Worte, als enthielten sie nicht seine Befürchtungen. So zieht sich der Dichter geschickt aus der Schlinge. Die Schwestern erweisen sich – im Gedicht – dadurch als unschuldig, daß sie moralische Belehrung erbitten. Sie wird ihnen reichlich zuteil.

Sie betrifft die Punkte, in denen sich ein hochadliger Nonnenkonvent schwertut, benediktinische Askese zu üben. Weil das Leben kurz ist, handelt töricht, wer sich irdischen Freuden ergibt, zum Beispiel irdische Güter erwirbt und nach weltlicher Macht strebt. Ähnlich mühsam erwirbt man Ehrenämter, ähnlich wenig sind sie wert, zum Beispiel die Leitung einer Abtei. (Sollten sie sich in Buchau um den Posten der Äbtissin gerauft haben wie in Poitiers?) Alles dies lenkt den Sinn vom himmlischen Vaterland ab und bedrückt ihn mit der Angst vor baldigem Tod. Was ist denn, fragt der Reichenauer die Buchauerinnen, aus »unserem berühmten Karl« geworden? Ein kleines Häuflein Staub blieb von dem Herrscher, den Mönche und Nonnen als Gönner verehrten. Der Teufel verschleiert den Menschen diese Wahrheit durch Laster, deren böse Königin der Hochmut ist, das Adelslaster schlechthin. Es macht aus einem schönen Engel einen häßlichen Teufel. Hochmut läßt uns herabsehen auf Menschen, die weniger irdisches Gut und weniger vornehme Eltern aufweisen. Die sieben Todsünden sind allesamt Töchter des Hochmuts.

Die übrigen werden kurz abgehandelt, am ausführlichsten wird die Unkeuschheit besprochen. Besonders gottgeweihte Frauen werden von ihr befallen und wenden sich vom göttlichen Bräutigam ab. Von ihrer adligen Höhe sinken sie auf die Stufe brünstiger Tiere. Unkeuschheit verdirbt auch mächtige Laien, die sich neben der Gemahlin eine, zwei oder mehr Nebenfrauen leisten, während die Armen schon durch die Not zur Monogamie gezwungen sind. Sogar adlige Nonnen, die dem höchsten König jungfräulich dienen, sind vor der Begierde der Männer nicht sicher. Die Rohlinge wagen Christus anzutun, was kaum einer seinem bäuerlichen Troßknecht zumuten würde, ihm die Braut anzurühren. Mit solchen Taten sichern sich die Menschen einen Platz in der Hölle, Hermann schließt mit drastischer Schilderung ihrer Qualen und Martern. Zu Tod erschrocken, bitten die Schwestern um Weisung, was sie in diesem gefährlichen Leben tun müssen, um nicht für ewig in der Hölle zu schmachten, sondern Freuden des Himmels zu genießen.

Der positive Teil des Gedichts sollte folgen, doch starb Hermann darüber. Man kann ihn annähernd rekonstruieren, beim Blick auf jene Fresken, die um 1100 nach Reichenauer Vorbildern in der Kirche von Kappel bei Buchau angebracht wurden. Sie zeigen den thronenden Christus in seiner Herrlichkeit, von Aposteln umgeben. Bei ihnen stehen König David als Sänger der Psalmen und Erzengel Gabriel als Verkünder der frohen Botschaft an Maria. Gemeinsamer Gottesdienst, Psalmengesang und Bibellesung nehmen die Himmelsfreuden vorweg und retten die Nonnen vor Verstrickung in die Leidenschaften der Adelswelt.

Sie hingen wirklich eng miteinander zusammen. Sexuelles Besitzstreben war im Adel nicht von territorialem Machtstreben zu trennen, Buchau hatte es im frühen zehnten Jahrhundert erfahren. Hier lag zugleich das politische Grundproblem eines Nonnenklosters, das sich als Benediktinerinnenkonvent, nicht als Kanonissenstift verstand. Aus sexueller Abhängigkeit konnten sich die einzelnen Nonnen lösen, doch auf Grundbesitz blieb das ganze Kloster angewiesen. Wer verteidigte ihn gegen machtlüsterne Herren und eigensüchtige Diener? Auch hier suchten Reichenauer Mönche den Buchauer Nonnen zu helfen, durch Urkundenfälschungen, die zum Beispiel bei der echten Urkunde von 819 zu Landschenkungen weitere Rechte hinzufügten. Ähnliches war vielleicht mit einer Urkunde Ottos III. von 999 beabsichtigt, die ursprünglich wohl einem italienischen Kloster galt, aber auf Rasur das Frauenkloster Buchau als Empfängerin nannte und ihm den gesamten Besitz bestätigte, auch den, der ihm durch Nachlässigkeit von Verwaltern entfremdet worden sei. Die Buchauer Nonnen mochten noch so asketisch leben, sie konnten sich dem Gottesdienst nicht ausschließlich widmen. Sie mußten ihre Güter verwalten, dabei konnten ihnen die Mönche von Reichenau und St. Gallen wenig helfen. Einen Mönchskonvent nebenan, wie in Nivelles, hatte kein Nonnenkloster am Bodensee bei der Hand.

Bei der Güterverwaltung halfen den Buchauer Nonnen verschiedene Gruppen von Laien, die dabei andere als klösterliche Ziele verfolgten. Die Streitigkeiten mit ihnen erfüllten den Alltag der Nonnen, zumal den der Äbtissin. Davon wollte Hermann der Lahme nichts wissen, aber wir müssen es bedenken, selbst wenn erst spätmittelalterliche Quellen nähere Auskünfte geben. Die Grundfragen beschäftigten wohl schon Adelinde. Der Ärger begann damit, daß die Nonnen für geistliche Aufgaben in der Klausur, nicht für weltliche Tätigkeit draußen eingesetzt werden durften. Für irdische Bereiche mußte der Vogt, der *Advocatus* des Klosters sorgen. Vor allem oblag ihm der militärische Schutz des Klosters gegen Dritte, etwa gegen Adelindes bewaffnete Feinde oder gegen die einfallenden Ungarn, außerdem die rechtliche Vertretung des Klosters gegen Nachbarn und Hintersassen. Eigentlicher Schirmvogt von Buchau war der König, vermutlich schon »unser« Karl der Große. Der König griff selten ein, immerhin kam es vor. Obwohl Ludwig der Fromme dem Kloster angeblich 819 freie Wahl der Äbtissin zugesichert hatte, setzte Heinrich III. 1051 eine Äbtissin ein, ohne die Nonnen zu fragen. Freilich, was hieß schon freie Wahl? Wenn Radegunde, Gertrud, Adelinde die nächste Äbtissin bestimmten, hielt der Konvent auch still. Innerer Streit oder Verfall provozierte den Eingriff des Königs; die Nonnen nahmen ihn meist hin, denn Königsurkunden versprachen ihnen auch Freiheit, zum Beispiel Schutz bei Güterentfremdung, Schutz vor fremder Gerichtsbarkeit (Immunität), Schutz auch vor Übergriffen des eigenen Klostervogtes.

Er handhabte im Auftrag des Königs an Ort und Stelle die Gerichtsbarkeit über klösterliche Hintersassen. Zunächst kam dieser Vogt aus der Sippe der Klostergründer. Das vereinfachte die Probleme, denn die Vögte waren nächste Verwandte der Äbtissinnen und Nonnen. In Buchau blieb es dabei, daß für das gesamte Klostergut ein einziger Vogt zuständig war, vermutlich weil der ganze Besitz um 900 der einen Gründersippe gehört hatte. So mußten sich die Buchauer Nonnen bis ins dreizehnte Jahrhundert nicht wie andere Konvente mit einer Vielzahl von Einzelvögten herumschlagen. Das schloß heftige Streitigkeiten zwischen Kloster und Vogt nicht aus. Die Verfälschung der Urkunde von 819 beweist, daß Buchauer Vögte zu Beginn des zwölften Jahrhunderts ihre Rechte weitherzig auslegten. Ihre Familie, die der Grafen von Altshausen, aus der auch Hermann der Lahme stammte, hatte eine Zeitlang anderswo, in Altshausen und Isny, vergeblich versucht, auf dem Umweg über Hauskloster und Grablege ein Herrschaftszentrum zu schaffen; nun probierte sie es in Buchau mit anderen Mitteln.

Der Vogt durfte einen Teil der Gerichtsgebühren und -abgaben einstreichen. Aber er hielt öfter als einmal jährlich Gerichtssitzungen ab. Er kam mit großem Gefolge und verlangte von der Äbtissin Herberge und Verpflegung. Er wollte die Gerichtsgefälle ganz behalten. Weiter forderte er von den Klosterbauern zusätzliche Abgaben und Dienste. Schließlich meinte er, daß sich das Amt des Vogtes in seiner Familie vererbe und das Kloster selbst bei Mißbräuchen keinen anderen Vogt wählen dürfe. Hätten sich die Buchauer Nonnen nicht massiv – durch Urkundenfälschung – zur Wehr gesetzt, dann hätte der Vogt seine Gerichtsherrschaft schnell zur Herrschaft über Grundbesitz und Hintersassen des Klosters ausgeweitet. Von diesem Kampf zwischen Kloster und Vogt erfahren wir aus Buchau sonst nichts; es war ein Kampf zwischen Verwandten, der sich mündlich, das heißt für den Historiker lautlos, abzuspielen pflegte.

Noch weniger verraten Schriftquellen über die vorwiegend wirtschaftlichen Beziehungen der Klosterfrauen zu den Bauern. Um gleichmäßig versorgt zu werden, brauchten die Nonnen überall in ihren Besitzungen Vertrauensmänner, die sogenannten Meier, die uns schon auf St. Galler Klosterhöfen begegnet sind. Buchaus Grundstücke gruppierten sich um zwölf oder dreizehn Meierhöfe zwischen Saulgau, Ennetach, Uigendorf und Mietingen, die spätestens um 900 in das Eigentum des Klosters übergegangen waren. Vielleicht schuf also Gräfin Adelinde die ganze Organisation. Es handelte sich um ziemlich große Herrenhöfe, deren Felder in geschlossener Fläche nahe beim Hauptgebäude lagen. Ihre landwirtschaftlichen Erträge bildeten den Grundstock für die Versorgung der Nonnen. Deshalb mußte die Äbtissin zuverlässige Bauern als Meier einsetzen. Sie tat es grundsätzlich nur für Lebenszeit, damit die Familie des Meiers kein Erbrecht ersitzen konnte. Für die lebenslange Nutzung des Meierhofes hatte er Abgaben zu entrichten, besonders Hühner und jede vierte Garbe des geernteten Getreides, außerdem für Instandhaltung des Hofguts selbst aufzukommen. Natürlich folgten daraus häufig Meinungsverschiedenheiten, bei denen das Kloster leicht den kürzeren zog. Wie wollte es die Behauptung des Meiers widerlegen, dieses Jahr sei seine Ernte miserabel ausgefallen und er könne nichts liefern? Im allgemeinen mußten die Nonnen froh sein, wenn der Meier ihre Felder regelmäßig bestellte. Dafür drückten sie beide Augen zu, wenn sich Gewohnheitserbrecht an einem Meierhof bildete oder wenn sich der Meier zusätzliche Vorrechte, etwa bei der Jagd, herausnahm. Überall begannen die Vertrauensleute der Klöster,

Meier und Ministerialen, ihre Stellung gegenüber der Herrschaft zuerst ökonomisch, dann juristisch zu festigen.

In Buchau waren die Nonnen klug genug, die Interessengemeinschaft mit den Meiern zu fördern. Gemeinsame Gegner waren zum einen die Klostervögte, zum anderen die Hintersassen. Als dörflicher Vertreter des Klosters in Wirtschaftsangelegenheiten besaß der Meier eine Reihe von Zuständigkeiten und Einnahmequellen. Vor allem erließ er Gebote und Verbote für die landwirtschaftliche Ordnung und strafte Übertretungen durch Geldbußen. Dabei ging es etwa um Nutzung der Allmende, zumal die der Wälder, um Weide von Vieh und Schweinen, Ausbesserung von Wegen und Zäunen, Bestellung von Hirten und Schmieden, Aufsicht über Weinschenken und Müller. Gerichtsrechte des Vogtes konnten darunter leiden. Im Konfliktfall hielt die Äbtissin gewöhnlich zum Meier. Als Grundherrin und Leibherrin behielt sie sich die Entscheidung aller Fragen vor, die nicht die öffentliche Strafgerichtsbarkeit betrafen, und bildete zu diesem Zweck das Pfalzgericht in Buchau, mit sämtlichen Meiern als Beisitzern. Es behandelte alle Klagen und Beschwerden der Hintersassen wegen Gütern, Erträgen, Abgaben und tagte dreimal jährlich. Der Vogt durfte sich dabei nicht einmischen; ein Hintersasse drang gegen die Front der Meier nicht durch.

Der adlige Vogt verbündete sich gegen diese Koalition von Äbtissin und Meiern mit den Hintersassen. In Buchau hießen sie Kornelier, weil ihre Güter dem Klosterpatron, dem heiligen Cornelius, geweiht waren. Ursprünglich wurden die Güter der Kornelier jeweils einem Meierhof so zugeordnet wie überall im Frühmittelalter das ausgegebene Hufenland dem Herrenland; wir kennen das aus dem sanktgallischen Hinwil. Kornelier bearbeiteten in der Regel keine zusammenhängenden Felder, sondern weit auseinanderliegende Parzellen. Sie befreiten sich aus der Abhängigkeit vom Meierhof, indem sie eine eigene bäuerliche Genossenschaft bildeten. Ihre Höfe und Felder betrachteten sie als Erb und Eigen, für das sie dem Kloster geringen Zins schuldeten. Hingegen wollten sie nicht dulden, daß sie dem Meier Abgaben zahlen sollten und er ihnen Vorschriften machen durfte. Sie drängten darauf, den Meier selbst zu wählen und der Äbtissin vorzuschlagen, ihn also in ihre Reihe einzugliedern. Dem Vogt kamen die Wünsche der Kornelier sehr gelegen. Doch gewann die Opposition erst im Hochmittelalter zunehmend Boden; im zehnten Jahrhundert beherrschten noch die Meier das Feld.

Gemessen an den starken Spannungen im rechtlichen und wirtschaftlichen Bereich zeigte die Buchauer Klosterherrschaft im religiösen Bezirk wenig Reibungsverluste. Das Kloster mußte die zahlreichen Bauern seines Gebiets geistlich selbst betreuen. Wenn anfangs nicht bei jedem Meierhof eine Pfarrkirche stand, so brauchten doch die wachsenden Dörfer schließlich eigene Geistliche. Bei deren Bestellung mußte sich das Kloster mit dem für Laienseelsorge zuständigen Bischof von Konstanz zusammentun oder auseinandersetzen. In Personalfragen kamen keine langwierigen Konflikte vor, wenigstens kamen sie nicht in die Bischofsurkunden. Im allgemeinen wird das Kloster die Vikare bestimmt haben. Ein eigenes Kanonikerstift wie im städtischen Zürich besaß im ländlichen Buchau keine Existenzgrundlage und -berechtigung. Die Äbtissin behielt das geistliche Heft fest in der Hand, auch die Aufsicht über die zwei bis vier Weltgeistlichen, die in Kappel den Laien die Messe lasen und im Kloster bei Gottesdienst und Verwaltung mithalfen.

Geräuschlos regelten sich die wirtschaftlichen Folgen der religiösen Betreuung. Als

Entgelt für sie entrichteten die Laien den Kirchenzehnten, von dem die Geistlichen leben sollten. In den Buchauer Dörfern sammelte jeweils der Meier den Zehnten ein, dafür war er von der Zehntzahlung befreit. Wer erhielt die Einnahmen? Mit den Geistlichen am Ort wurde das Kloster rasch fertig. Sie empfingen etwa ein Viertel des Kirchenzehnten, das für das billige Leben auf dem Land ausreichte. Ein weiteres Viertel wurde dem Bischof von Konstanz abgeliefert. Die Hälfte verblieb der Kirchherrschaft, dem Kloster. Es gelang den Buchauer Nonnen, immer mehr vom Zehnten an sich zu ziehen. Schätzlisten aus dem vierzehnten Jahrhundert lassen erkennen, daß die Einnahmen aus dem Kirchenzehnten um ein Vielfaches höher lagen als die Abgaben von Meierhöfen, vollends von Korneliergütern. Im zehnten Jahrhundert lagen die Akzente vermutlich noch umgekehrt, doch lebten schon damals die Buchauer Nonnen vom Altar, genauer gesagt, von ihrem religiösen Ansehen. Gegen seine wirtschaftlichen Folgelasten erhob sich rund um Buchau kein Widerstand. Es fehlte die geistliche Konkurrenz, der Weg zum nächsten Kloster war viel zu weit. Auch als sich das Dorf Buchau im frühen elften Jahrhundert zu einer Marktsiedlung, um 1300 zu einer Kleinstadt auswuchs, blieb die zuständige Pfarrkirche Kappel in der Hand des Klosters, obwohl es nicht mehr der Benediktinerregel folgte und freiweltliches Damenstift wurde. Die geistliche Zuständigkeit sicherte dem Kloster für Jahrhunderte die politische Vormachtstellung im Umland.

In einem großen und berühmten Mönchskonvent wie Reichenau konnte selbst ein Abt wie Walahfrid Strabo die politischen und wirtschaftlichen Voraussetzungen des Klosterlebens übersehen. Der Nonnenkonvent in Buchau war so klein und bescheiden, daß hier eher die religiöse und geistige Entfaltung vergessen wurde. Bei vier würdigen Matronen und vier mutwilligen Novizinnen gehe alles drunter und drüber, klagten sie 1264; früher hätten in Buchau über fünfzig gelebt. Wann das gewesen war, ob zu Adelindes Zeit, sagten sie nicht; Kampf um Selbstbehauptung verhärtete ihr Leben und hinderte sie an weiterreichenden Betrachtungen. Aus Buchau, das nie geplündert wurde, haben sich keine wertvollen Manuskripte oder Kultgegenstände erhalten, erst recht keine Hinweise auf asketische Nonnen. Sogar in bäuerlichen Sagen am Federsee kommt manches Gespenst, keine heilige Nonne vor – außer der einen, von deren Ruhm das Kloster neunhundert Jahre zehrte.

Von Adelinde erzählt man sich heute am Federsee ungefähr dies. Zur Zeit Karls des Großen hieß der Graf im Eritgau Hatto, seine Frau Adelinde. Damals fielen die Hunnen in die Gegend ein, hinter Kappel fand eine furchtbare Schlacht statt, in die der Graf mit drei Söhnen zog. Beim Abschied sagte er seiner Frau, er werde zurückkommen, entweder lebend oder als Geist. Er kam nicht wieder. Die Gräfin zog aus, ihn zu suchen, und rief: »Windle, Windle weh, daß ich meinen Herrn wieder seh!« Da erschien ihr ein Reiter hoch zu Roß, der seinen Kopf auf einem Teller trug, dann die drei Söhne, jeder den Kopf unter dem Arm. Da wußte die Gräfin, was geschehen war, und rief: »Windle, Windle weh, daß ich meinen Herrn nicht mehr seh!« Die Reiter verschwanden. Wo es geschah, ließ die Gräfin eine Kapelle bauen, um dort zu beten und zu weinen. Daher bekam der Ort den Namen Plankental, Tal der Tränen. Die Gräfin ging ins Kloster Buchau, das sie gegründet hatte und dessen Äbtissin sie wurde, und starb im Ruf der Heiligkeit. Das Kloster ehrte ihr Andenken dadurch, daß es an ihrem Todestag, dem 28. August, Hunderte von kleinen Broten, die Adelindisbrote, unter das Volk verteilte.

Historisch nachweisbar ist die Plankentalkapelle seit dem fünfzehnten Jahrhundert; sie ist bis heute ein Wallfahrtsort, besonders für schwangere Frauen. An der Ostwand prangt noch jetzt ein Bild, das die Begegnung Adelindes mit dem toten Hatto darstellt. Das blieb von der Geschichte des Klosters bei seinen früheren Hintersassen lebendig, das Leiden einer Frau, die ihren Mann und ihre Söhne im Krieg verlor. Erst das Scheitern ihres Erdenlebens führte sie ins Kloster und machte sie zur heiligen Nonne. Der Tag, an dem das Kloster ihres Schicksals gedachte, war ein Volksfest für alle, künftigen Müttern half sie auch. Dies alles verstanden die Bauern gut, genau wie die niederländischen Bauern, die die heilige Gertrud von Nivelles gegen Mäuseplage anriefen, weil sie der Teufel in Gestalt einer Maus beim Spinnen gestört haben soll. Aber die Mächte, die diesen Frauen das Leben veränderten, blieben Bauern unverständlich; so begriffen sie auch nicht recht, was Nonnen im Kloster zu suchen hatten. Die Sagen verraten, was für die Klosterbauern Frömmigkeit bedeutete: ergebene Hinnahme eines unbegreiflichen Schicksals, das erträglich war, weil es auch die vornehmsten Frauen traf. Sehr anders können die Buchauer Nonnen des zehnten Jahrhunderts ihr Leben nicht gesehen haben. Auch sie waren zufrieden, wenn eine vorbildliche Frau ihnen tragen half, was unabwendbar über sie kam.

Das ist das erste, was sich zusammenfassend für frühmittelalterliche Frauenklöster am Bodensee feststellen läßt: Von ihnen gingen allenfalls Reaktionen, kaum je Initiativen aus. Nachdem sie den Gründungsimpuls durch die Klosterpolitik der Karolinger erhalten hatten, nahmen sie diese Ordnung hin und behielten sie im ottonischen Jahrhundert bei. Die Richtschnur, der sie am willigsten folgten, war nicht eine geschriebene Regel, sondern ein lebendiges Vorbild, das ihnen Schutz und Beständigkeit versprach. Wo solche mitreißenden Gestalten fehlten, spielte sich eine andere Dauer ein, die der Alltäglichkeiten. Der Umfang des Klostergutes, die rechtliche und wirtschaftliche Organisation, der Horizont der Nonnen und ihrer Bauern veränderten sich auf dem Lande durch Jahrhunderte nur unmerklich. Mit dieser auch in der Kirchengeschichte unerhörten Stabilität antworteten die Nonnen auf die permanente Gefährdung ihrer Existenz. Jeder Wechsel in der Königsdynastie, jede Katastrophe in einem benachbarten Adelshaus, jede strittige Wahl einer Äbtissin konnte ein Frauenkloster in langwierige Bedrängnis bringen, und dann besaß es kaum andere Waffen als die Berufung auf uralte Tradition.

Damit hängt zweitens das merkwürdig vage Zeitbewußtsein in Frauenklöstern zusammen. Die Gründungsgeschichte Buchaus wurde zwischen dem historischen Bericht Hermanns im elften und der bäuerlichen Sage im zwanzigsten Jahrhundert beträchtlich verzerrt, und zwar so, daß die Gestalt der ersten Adelinde mit der zweiten und dritten verschmolzen wurde; ebenso schob sich die Geschichte der Karolinger und Hunnen in die der Ottonen und Ungarn hinein, als wären alle Leitfiguren gleichzeitig und zeitgenössisch. Man kennt die Eigenart solcher mündlichen Überlieferung, die den Historiker zur Verzweiflung bringt: Er kann bei keinem Frauenkloster am Bodensee die Ursprünge zuverlässig datieren und sieht sich für die Jahrhunderte danach auf kühne Spekulationen angewiesen. Für die Nonnen bewahrte diese Überlieferung das Wesentliche auf, die Gestalten frommer Frauen und adliger Herren zum einen, den Einbruch des unerwarteten geschichtlichen Schicksals zum andern. Derlei wiederholte sich ständig. Innerhalb und außerhalb der Mauern bestanden nur geringe Spielräume für Gestaltung mönchischen

Lebens. Deshalb blieb den Frauenklöstern der Gedanke der Reform fremd und wurde ihnen von außen aufgedrängt, von Männern zumeist, die auf den Buchstaben der Regel und die Zählung der Jahre weit größeren Wert legten. Selbst Urkundenfälschungen überließen die Nonnen von Buchau lieber befreundeten Mönchen.

Hingegen war drittens der räumliche Wirkungskreis der Frauenklöster scharf umrissen, in Buchau schärfer als in Zürich. Der Bereich klösterlicher Adelsherrschaft und Landwirtschaft bildete ein geschlossenes Territorium, ohne den Streubesitz in fernen Landschaften, der ein Männerkloster wie St. Gallen umsichtig und wendig machte. Auch die geistlichen Beziehungen reichten in Buchau nicht weit, im Osten bis zum Chiemsee, im Westen bis Reichenau. Vorübergehend stellte die Bindung an das Königtum Frauenklöster in weiträumigere Verbände, doch diente sie eher dem Schutz gegen regionale Widersacher. Um geistlichen Austausch zwischen Frauenklöstern der Region, sogar um Gebetsverbrüderung mit Lindau und Zürich, bemühte sich Buchau nicht so, daß Spuren zurückgeblieben wären. Engere Beziehungen, zwischen Schänis und Lindau im neunten, zwischen Lindau und Buchau im elften Jahrhundert, wurden durch einzelne Personen geknüpft, waren also kurzlebig. Locker blieb die Verbindung zum schwäbischen Herzogtum, sogar zum Bistum Konstanz. Gewiß verlor der Bodenseeraum im zehnten Jahrhundert die karolingische Anziehungskraft, so daß den Buchauer Nonnen dort der politische und geistliche Bezugspunkt fehlte. Sie suchten ihn aber anscheinend auch nicht in der Stadt des Bischofs Ulrich von Augsburg, der ihnen persönlich nahestand. Sie beschränkten sich offenbar willentlich auf das Gebiet rund um den Federsee. Hier wirkten sie intensiv, zum einen durch Christianisierung, die den letzten Bauern geistlich prägte, zum andern durch Kultivierung, die das Land wirtschaftlich erschloß, rechtlich zusammenfaßte und sozial aufgliederte. Dem Land und den Menschen am Federsee hat die Klosterherrschaft bis heute das Profil gegeben.

Die erwähnten Besonderheiten der Frauenklöster verweisen viertens auf die geschichtliche Kraft, die ihnen am Bodensee Gestalt und Dauer verlieh, den regionalen Adel. Die Gruppe alemannischer Grafen fand sich in der Karolingerzeit zwar in einen größeren Herrschaftsverband eingegliedert, blieb aber an Ort und Stelle maßgebend. Die Frauenklöster verdankten den Grafensippen nicht alle ihre Gründung, wohl aber ihr Überleben. Ihre Hauptaufgabe blieb es, adligen Grundbesitz zu sammeln, mit dem Ziel, adlige Damen zu versorgen, wenn sie unverheiratet oder verwitwet waren. Versorgung erforderte Preisgabe von Herrschaft, von nutzbarem Land und abhängigen Bauern. Doch mußte die Klosterherrschaft ihrerseits durch männliche Verwandte der Damen geschützt werden; daraus erwuchsen Formen indirekter Adelsherrschaft. Die Nonnenklöster übernahmen vom Adel das klare Raumbewußtsein und das vage Zeitbewußtsein, schenkten ihm aber auch eine neuartige Verankerung in Raum und Zeit. Buchau wurde als Grablege der Gründersippe zum Mittelpunkt ihres geographischen Gesichtskreises und historischen Selbstverständnisses. Aus solchen Gründen stifteten 934 die Welfen in Altdorf ein Benediktinerinnenkloster. Wo die Toten beisammen lagen, traten die Verwandten zusammen ein. So bestärkten die Frauenklöster den Zusammenhalt des alemannischen Adels, der sie trug.

Demgegenüber trat fünftens die mönchische Aufgabe der Frauenklöster zurück. Eine Radegunde hätte zwischen der Askese im Kloster und der Adelsgesellschaft ringsum einen scharfen Trennungsstrich gezogen; eine Gertrud hätte religiöse Anregungen von weither aufgenommen und nach weithin ausgestrahlt. Solche Aufschwünge blieben Nonnenkonventen am Bodensee versagt. Sie waren für religiöses Leben empfänglich, aber dazu brauchten sie eine faszinierende Aufgabe, die Verehrung einer hochheiligen Reliquie oder das Vorbild einer hochadligen Frau. Der Rest war benediktinische Zucht in Klausur, vielleicht einmal im Jahr Verteilung der Adelindisbrote an Bauern; begeisternd war dieses Leben nicht. Wer das Außergewöhnliche wollte, ging nicht ins Nonnenkloster, sondern tat, was schon unter den Töchtern Radegundes die Entschlossensten taten. Die Adlige Wiborada ließ sich nach vierjähriger Probezeit 916 feierlich beim Kloster St. Gallen einmauern. Als Inkluse lebte sie in einer Zelle ohne Tür; durch ein Fenster reichten ihr Mönche des nahen Klosters die Nahrung. Durch ein zweites Fenster sah sie auf den Altar einer Kirche und nahm am Gottesdienst teil. Da saß sie einsam, bewegungslos, höchstens mit Nähen beschäftigt, ansonsten fastend, betend, Psalmen lesend, im Winter ohne Feuer und darum gichtgekrümmt. Sie saß noch da, als zehn Jahre später die Ungarn kamen. Sie deckten das Dach ab und erschlugen Wiborada. Ihr schreckliches Ende setzte einen neuen Anfang, nicht sofort, nicht für dauernd. Aber zwischen dem späten zehnten und dem frühen sechzehnten Jahrhundert ließen sich beim Kloster St. Gallen fromme Frauen für Lebenszeit einmauern.

Man wüßte gern, was die Nonnen in Buchau dachten, als sie vom Martyrium der heiligen Wiborada erfuhren. Wahrscheinlich schämten sie sich für eine Weile ihres bequemeren Daseins. Dann dürften sie sich bedauert haben, weil sie es auch nicht leicht hatten. Am Ende freuten sie sich wohl darüber, daß sie nicht so entsetzlich allein lebten und starben. Wenn sie es genau bedachten, erwartete der Himmelskönig von den Gottesbräuten nicht die Askese der Inkluse, sondern die Exklusivität wahren Adels, den Verzicht auf viehische Zuchtlosigkeit als Voraussetzung für edle Gesellligkeit, mit einem Wort, die Haltung einer *Nonna*.

GREGOR · ABT IN EINSIEDELN

Auf der Landkarte liegt Einsiedeln weiter als Buchau vom Bodensee entfernt. Trotzdem gehört historisch die Benediktinerabtei Einsiedeln ebenso wie das Nonnenkloster Buchau zum Bodenseegebiet. Die barocke Klosteranlage, wie sie heute vor uns steht, wurde seit 1691 von dem Klosterbruder Kaspar Moosbrugger in Einsiedeln entworfen, der bei den Neubauten in Münsterlingen, St. Gallen und Weingarten mitwirkte und aus dem Bregenzerwald stammte. Im zehnten Jahrhundert waren die Beziehungen noch intensiver, nicht zum ganzen Bodenseeraum, aber zu einzelnen Bodenseeklöstern. Im Zeitalter der Ottonen schuf Einsiedeln so etwas wie die Quintessenz benediktinischen Mönchtums am See, vielleicht gerade weil es am Rand lag. Gesucht wurde überall, bei den Nonnen in Buchau wie bei den Mönchen in St. Gallen, nach dem richtigen Verhältnis zwischen mönchischer Exklusivität und adliger Gemeinschaft. Die karolingische Lösung in Walahfrids Inselkloster Reichenau, liturgische Verbrüderung einer Bildungselite, vermochte schon wenig später die Frauenklöster nicht mehr aus der Verflechtung mit der regionalen Adelsgesellschaft zu befreien und in asketischer Distanz zur Umwelt zu halten. Blieb wirklich nur die bange Wahl zwischen der Isolierung in Einsiedelei oder Inklusenzelle und der Unterwerfung unter die Fürsten dieser Welt, wenngleich in Gemeinschaft des Konvents?

So stellte sich die Alternative für den Urheber von Einsiedeln, den heiligen Meinrad, Benediktiner von Reichenau und Altersgenossen Walahfrid Strabos. Was wir von seinem Verhalten wissen, verdanken wir einem Mönch des Inselklosters, der um 900 Meinrads Leben beschrieb und selbst zwischen eremitischem und koinobitischem Ideal hin- und hergerissen war. Meinrad kam aus einem adligen, aber armen Geschlecht im Sülichgau, aus größerer Ferne als Walahfrid. Doch fand er beim Eintritt in den Reichenauer Konvent um 810 einen Verwandten vor, Erlebald, der seit 823 nach Heito das Kloster leitete. Gleich um 823 schickte der Abt seinen Schützling in die Fremde, nicht wie den intellektuell beweglicheren Walahfrid an das Großkloster Fulda, sondern an ein Zwergklösterchen zwischen Zürichsee und Walensee, das heutige Benken. Es war um 741 vielleicht von einem alemannischen Edlen kurz vor fränkischen Konfiskationen gegründet, später der Abtei Reichenau unterstellt worden. Noch die Dependance auf dem Dorf bezeugte den kulturellen Anspruch des Mutterklosters: Meinrad sollte in Benken die Schule leiten, eine Zwergschule für Mönche nach dem Muster von Wettis Anstalt. Runde fünf Jahre gab Meinrad, ein Bücherfreund, der gern schön schrieb, in Benken Unterricht.

Dann machte er mit seinen Schülern einen Wandertag nach Westen, zum Zuger See, um zu fischen und die Einsamkeit gemeinsam zu genießen. Meinrad wird mit den Novizen die Lebensbeschreibung des heiligen Gallus gelesen haben; nun überkam ihn der Gedanke, es dem Einsiedler an der Steinach nachzutun und den Schulkram hinzuwerfen. Das war um 828, kurz bevor der Streit zwischen Kaiser Ludwig dem Frommen und seinen Söhnen ausbrach, der auch Reichenau politisierte. Abt Erlebald stimmte Meinrads Wunsch zu, denn die Benediktregel sah vor, daß bewährte Mönche aus der Gemeinschaft in die strengere Form des Mönchseins, die Einsiedelei, entlassen werden dürften. Aus der Weltverflechtung von Reichenau brach Meinrad auf, zurück zur Weltdistanz des Eremiten Gallus. Meinrad ließ sich am Etzelpaß nieder, der fast elfhundert Meter hoch, jedoch nicht allzuweit von Benken entfernt lag, in der Nähe menschlicher Siedlungen, die ihn und andere Einsiedler versorgten. Wie Gallus trennte sich Meinrad nicht radikal von den Menschen, eher von der Exklusivität eines Adelsklosters. Zu ihm kamen in den nächsten Jahren viele Ratsuchende und Arme. Das war schon jene Lebensweise, die sechshundert Jahre später ein paar Wegstunden weiter Nikolaus von Flüe aufnahm.

Doch Meinrad ertrug die Unruhe der Menschen nicht länger als sieben Jahre, bis 835, als die Spaltung im Karolingerreich und im Reichenauer Konvent ihren Höhepunkt erreichte; bald danach resignierte auch Erlebald. Meinrad wanderte nach Süden, am Sihlsee vorbei in den Finsteren Wald hinauf. Der Platz, den er passend fand, lag in einem vermoorten Hochtal 880 Meter hoch, um einiges oberhalb der damaligen Besiedlungsgrenze. Dort war Meinrad ganz allein, höchstens wie ein ägyptischer Wüstenvater von einer Teufelsschar gequält und von einem Engel getröstet. Er hielt sich einige Hühner, den Rest an Nahrung boten Wurzeln und Waldbeeren. Gelegentlich brachte man ihm Brot von weiter drunten, Trinkwasser fand sich in der Nähe. Die Äbtissin des nächstgelegenen Klosters Schänis half ihm wohl, sich einzurichten. Ab und zu kamen

Mönche von Reichenau, um nach dem Mitbruder zu sehen. Manchmal tauchten Landstreicher bei ihm auf, um zu betteln. Das war alles. Um Meinrads Zelle sammelten sich nicht wie an der Steinach Hütten anderer Eremiten.

So lebte Meinrad sechsundzwanzig Jahre lang. Dann kamen zwei Landstreicher, einer aus Alemannien, einer aus Rätien. Sie vermuteten große Schätze in der Zelle und erschlugen den Einsiedler 861. Zwei gegen einen, Totenstille rundum, nichts einfacher als das. Der Tod drohte damals jedem, sei es durch Hunger, sei es durch Hungrige. In das spätkarolingische Reich fielen zuerst die Normannen, später die Mohammedaner, schließlich die Ungarn ein, und niemand konnte die Bevölkerung schützen. Am sichersten lebte man in größeren Siedlungen wie in Reichenau, hinter Mauern wie in Buchau. Ein Einsiedler war allerdings frei, nämlich vogelfrei wie nachher die Inkluse Wiborada. Die Mörder trieb es selbst in die Siedlungen; in Zürich wurden sie vom Grafen gefaßt und hingerichtet. Den Leichnam Meinrads holten die Mitmönche nach Reichenau heim. Damit war alles vorüber, eine Heiligenlegende war noch zu schreiben, auch das geschah in Reichenau. Für die nächsten fünfzig Jahre, die wüstesten der karolingischen Geschichte, wagte niemand, in Meinrads Zelle zu wohnen, wenn sogar in die Buchauer Klausur Bewaffnete eindrangen. Kein Heiligengrab am Ort, keine Gemeinschaft von Helfern, die das Andenken des Gründers gepflegt hätte, keine Kontinuität. Einsiedeln wurde kein zweites St. Gallen.

Wie die Laien drängten sich in diesen Jahrzehnten die Geistlichen eng aneinander, sogar Priester in verstreuten Dörfern. Im Hegau läßt sich um die Mitte des neunten Jahrhunderts eine Bruderschaft von Weltgeistlichen nachweisen, die sich freiwillig und regelmäßig trafen, jeden Monat für einen Tag, jedes Jahr für eine Woche, um miteinander für tote Confratres zu beten und sich durch geistliche Lektüre gemeinsam zu bilden. Zu dieser Vereinigung von Dorfpfarrern im Reichenauer Geist gesellten sich Benediktiner des Klosters Schienen ebenso wie Prälaten des Konstanzer Domkapitels. Konstanzer Bischöfe selbst förderten solche Priesterverbände und gaben ihnen festeren Zusammenhalt. Salomon I., der 864 in St. Gallen den heiligen Otmar verehrte, richtete vielleicht vor 871 auf halbem Weg zwischen Klosterkirche und Bischofskathedrale eine heilige Station ein, Bischofszell über dem Thurtal. Spätestens Salomon III., zugleich Bischof von Konstanz und Abt von St. Gallen, baute vor 919 diese »Zelle des Bischofs« aus. Er brachte aus Rom Reliquien des altchristlichen Märtyrers Pelagius mit, um seinem Bistum endlich einen eigenen Heiligen zu schenken. Die feste Burg an der Thur mit ihrem Wirtschaftshof eignete sich zu gemeinsamem Leben von Weltpriestern besonders, wenn ihnen der Bischof die liturgische Verehrung dieses Heiligen auftrug. Das Stift St. Pelagius in Bischofszell versah von der Siedlung und naheliegendem Grundbesitz aus auch in weit abgelegenen Dörfern die Pfarrseelsorge besser als jeder Dorfgeistliche, der sich von Bauern kaum unterschied und gegen Adelsherren kaum aufzutreten wagte. Wenn schon Weltpriestern der asketische Zusammenschluß sicheren Halt gegenüber der Adelsgesellschaft verlieh, sollte es Mönchen erst recht gelingen.

Um 908 regte es sich wieder in Meinrads Zelle, in den Jahren, da Adelinde das Kloster Buchau neu ordnete, in den Jahren auch, da die Ungarn Alemannien überfielen und sogar die Mönche von St. Gallen in die Wälder trieben. In solchen Zeiten wurde der Wald zur Zuflucht, wenn sich viele zusammentaten. Ein vornehmer Schwabe namens

Benno, bisher Domherr in Straßburg, bewohnte die Meinradszelle, anscheinend zusammen mit geistlichen Freunden. Der Aufenthalt war wohl als vorübergehender Rückzug gedacht, Pause von der Kirchenpolitik, Besinnung in einer Priestergemeinschaft. Man begann den Wald zu roden, Hütten zu bauen, vielleicht Bücher abzuschreiben. Trotzdem blieb Benno nach neunzehn Jahren der Stille noch so aktiv in der Kirchenpolitik, daß ihn der erste Sachsenkönig Heinrich 927 zum Bischof von Metz ernannte. Der König versuchte, in dem 925 gewonnenen Lothringen die deutsche Ordnung durchzusetzen, Bischof Benno sollte ihm dabei helfen. Die Metzer, die nicht gefragt worden waren, wehrten sich gegen den fremden Oberhirten und verstümmelten und blendeten ihn 928. Er verzichtete 929 auf sein Bischofsamt und kehrte zur Meinradszelle zurück.

Der gescheiterte Kirchenfürst in der Eremitage unterschied sich erheblich von dem Einzelgänger im Urwald. Benno wurde von seinem König nicht vergessen, auch von hochadligen Verwandten nicht. Zu ihnen zählten einerseits Reginlind, Gemahlin des schwäbischen Herzogs Hermann I., andererseits die Etichonen, die im Elsaß die politische Neuordnung vorantrieben. Hochmögende Freunde wollten dem Geblendeten einen Alterssitz auf eigenem Grund einrichten. Ich bin nicht so sicher wie sachkundigere Gelehrte, ob sie an ein Mönchskloster dachten. Um 930 wurden auf Befehl von Herzog Hermann bereits Reliquien der Zürcher Stadtheiligen Felix und Regula zur Meinradszelle gebracht. Die Priestergemeinschaft vom Großmünster Zürich half dabei, zumal da Herzogin Reginlind auch die Abtei Fraumünster befehligte. Das Herzogspaar wollte anscheinend das geistliche Leben insgesamt, nicht das benediktinische allein, neubeleben. Seit 929 leiteten die Zürcher Kanoniker eine Reform für Weltpriester ein; sie betonte neben Gottesdienst und Chorgebet der Priester vor allem die Belehrung des Volkes im Glauben und die Überwachung der Dorfgeistlichen in der Askese, den Zusammenhang zwischen priesterlicher Theorie und Praxis.

Auch jetzt zog der Bischof von Konstanz mit, seit 934 der Welfe Konrad. Er hielt es für erforderlich, in der Bischofsstadt selbst neben dem Domkapitel geistliche Einrichtungen zu schaffen, die Weltpriestern gemeinsames Leben und Beten ermöglichten und sie an ihre seelsorgliche Aufgabe banden. Für diese Erneuerung apostelgleichen Priesterlebens stiftete Konrad frühestens um 940 die Kanonikergemeinschaft von St. Mauritius in Konstanz; sie wird uns später noch beschäftigen. Konrad von Konstanz unterstützte die Neugründung im Finsteren Wald ebenso bereitwillig wie sein Freund und Amtsbruder Ulrich von Augsburg. Hätten die in der Region maßgebenden Herzöge und Bischöfe allein zu entscheiden gehabt, so wäre der blinde Bischof Benno in der Meinradszelle möglicherweise von der Priestergemeinschaft eines Kanonikerstifts betreut worden. Wer sich freilich damals im Westen Europas umsah, bemerkte eine gegenläufige Bewegung, die gerade die aktivsten Weltpriester aus ihren geistlichen Gremien hinauslockte.

Zum Beispiel wurde der am aquitanischen Herzogshof erzogene Adlige Odo zuerst Kanoniker im Stift St. Martin in Tours, wandte sich dann dem benediktinischen Mönchtum zu und begann 927 die neue Abtei Cluny in Burgund zu einem gewaltigen Reformzentrum auszubauen. In Gorze bei Metz richteten seit 933 vornehme Kleriker ein heruntergekommenes altes Benediktinerkloster neu auf, durch Bennos Nachfolger auf dem Bischofsstuhl in Metz eifrig unterstützt; erster Abt des alsbald ausstrahlenden Reformklosters war Ainold, zuvor Archidiakon des Bistums Toul. Der vornehme Gerhard, am

Grafenhof von Namur tätig, gründete auf seinem Eigengut Brogne zunächst ein Kanonikerstift, wurde jedoch 931 Benediktiner und erneuerte von Brogne aus viele belgische und flandrische Mönchskonvente. Dort überall begannen in den 930er Jahren, von adligen Weltpriestern ausgehend, benediktinische Reformen, die von regionalen Fürsten und Bischöfen nachdrücklich gefördert wurden. Die neue Welle überspülte nicht mehr wie die der irischen Wandermönche und die der angelsächsischen Benediktiner ganz Europa, sie ergriff jeweils einzelne Landschaften, sie allerdings so intensiv, daß sich um ein Reformkloster ein Kranz von Abteien legte, eine Art regionaler Klosterverband. Was Cluny für Burgund war, wurde Gorze für Lothringen, Brogne für Flandern, geistlicher Mittelpunkt eines Landes, das sich politisch konsolidierte. Wo fand sich im Herzogtum Schwaben ein vergleichbarer Punkt?

Die Neugründung der Meinradszelle kam 934 in Gang, als aus Straßburg ein weiterer Domherr eintraf, Eberhard, ein Verwandter Bennos. Vielleicht hatte Eberhard in Straßburg Bischof werden wollen, doch 933 wurde ein anderer gewählt, Eberhard verließ das Domkapitel. Er besaß im Elsaß große Ländereien und hätte, wie andere Leute auch, auf eigenem Boden ein Kanonikerstift oder Mönchskloster errichten können. Aber er wollte nicht im Herrschaftsbereich der etichonischen Verwandten bleiben, wohl auch Benno zur Seite stehen. Der Schwabenherzog Hermann sah schnell, daß Eberhard der richtige Mann war, und stellte sich entschlossen hinter ihn. Der Herzog kaufte das nötige Land auf, zum Teil noch von Benno, der 940 starb, und übergab es Eberhard. Der Herzog stellte Arbeitskräfte für den Bau von Kirche und Konvent bereit. Unter den geistlichen Herren der Landschaft setzte sich besonders Bischof Ulrich von Augsburg für die Neugründung ein und verschaffte ihr um 940 Reliquien des ottonischen Reichsheiligen Mauritius aus dem Westschweizer Kloster Saint-Maurice. Schon 948 konnte die Kirche eingeweiht werden. Spätere Legenden erzählten, dem Bischof Konrad von Konstanz sei durch Engelsstimmen die Kirchweihe verwehrt worden, Gott habe die Weihe schon vollzogen.

Die neue Kirche war um die Kapelle des Einsiedlers Meinrad herum gebaut. Zwar lagen Meinrads Gebeine bis 1039 auf der Reichenau bestattet, aber der als Märtyrer gestorbene Klausner galt von Anfang an als Leitfigur des Klosters, das im zehnten Jahrhundert noch fast durchweg »Meinradszelle« hieß und erst allmählich den Namen »Einsiedeln« erhielt. Dennoch entstand hier unter Eberhards Leitung keine Eremitenkolonie, sondern eine Benediktinerabtei. Eberhard wagte es, die bei der Meinradszelle lebenden Einsiedler in ein Kloster von Benediktinern zu integrieren. Denn er war nicht von Jugend auf das eine oder das andere gewesen, die kirchenrechtlichen Schranken zwischen Eremiten, Koinobiten und Kanonikern schreckten ihn nicht. Der Außenseiter, der erst als Erwachsener den Entschluß zum Mönchsleben gefaßt hatte, verband Einsiedelei und Mönchsklausur.

Er tat es nicht auf die Weise der Kartäuser, die hundertfünfzig Jahre später jedem Mönch innerhalb der Klausur ein gesondertes Einsiedlerhäuschen bauten. Doch stellte Eberhard das benediktinische Zusammenleben auf äußerste Armut ab. Die Mönche mußten sich durch Handarbeit Nahrung, Kleidung, Wohnung beschaffen. Ihre Gottesdienste waren schmucklos, ohne Repräsentation, mit viel Raum für stilles Einzelgebet und nachdenkliche Betrachtung. Eberhard verband Zusammenleben und Einzelmönchtum auch durch seine Rekrutierungsmethoden. Er holte von überallher sowohl Klausner wie Benediktiner und verschmolz sie zu einem Konvent. Von den Klausnern sei der heilige Gerold erwähnt. Dieser churrätische Adlige nahm 941 an einer Verschwörung gegen Otto den Großen teil, wurde zum Tod verurteilt und verschwand im Untergrund. Statt wie bisher Adam nannte er sich Gerold und lebte als Einsiedler im Großen Walsertal, wo er Grundbesitz hatte. Es waren nicht immer religiöse Gründe, die adlige Herren in die Einsamkeit trieben! Auf der Insel Ufenau im Zürichsee hauste im frühen zehnten Jahrhundert ein weiterer adliger Eremit, der heilige Adelrich, ein Mann von rätselhafter Herkunft. Seit 965 gehörte seine Insel der Abtei Einsiedeln, ohne daß man wüßte, wie es dazu kam. Adelrich war nicht gesprächig genug, um sein Vorleben aufzudecken. Anders in Gerolds Fall, denn Eberhard von Einsiedeln setzte sich 949 für seine Begnadigung ein. Anscheinend zog der Klausner ins Kloster und schenkte ihm vor 972 seine Güter im Walsertal; dort entstand der Ort St. Gerold als geschlossener Klosterbezirk Einsiedelns. Der König durfte sich darauf verlassen, daß rebellische Klausner unter Eberhards Obhut ihre anarchistischen Neigungen aufgeben würden.

Außerdem ließen sich während des zehnten Jahrhunderts mindestens vier Männer beim Kloster als Inklusen einmauern. Diese Form des Einsiedlerlebens im Mönchsverband war in St. Gallen durch Wiborada eingeführt worden. Daß Einsiedeln die Tradition aufgriff, ist bezeichnend für Eberhards Vorgehen. Zur eremitischen Überlieferung Meinrads fügte er die benediktinische von St. Gallen, übernahm auch eine Reihe von Mönchen, Büchern, Heiligenfesten. Vor allem wurden, wohl wieder durch Ulrich von Augsburg, Reliquien aus St. Gallen besorgt. So konnte die Kirche von 948 das Programm des Klosters bereits in seinen Altären verkünden. Drei lagen in der Mittelachse der Kirche. Der Hochaltar im Osten war der Hauptpatronin des Klosters geweiht, der Muttergottes (eine der wenigen Anleihen bei Reichenau). In der Mitte stand am Platz der Meinradszelle ein Erlöseraltar, dem leidenden Christus gewidmet und auf das Martyrium Meinrads bezogen. Im Westen aber, beim Eingang, trat man vor den Altar der Mönchsväter; hier lagen Reliquien von Benedikt, Kolumban, Gallus und Otmar. Benediktinisch hieß übrigens nicht nur sanktgallisch; Eberhard nahm vertriebene Mönche des rätischen Klosters Disentis auf, das um 940 von Mohammedanern geplündert worden war. Einsiedeln wurde zum Inbegriff des alemannischen und des rätischen, des eremitischen und des koinobitischen Mönchtums.

Eberhards Maßnahmen waren dem Schwabenherzog Hermann hochwillkommen; es mochte scheinen, als würde Einsiedeln zum alemannischen Herzogskloster schlechthin. Doch in den 940er Jahren, in denen es aufgebaut wurde, vollzog der deutsche König Otto der Große eine Wendung nach Süden. Der Sachsenherrscher hatte bislang hie und da mit geistlichen Herren aus Schwaben zusammengearbeitet, indes den Herzögen dieses Stammes nicht sonderlich nahegestanden. Für Ottos Ziele in Burgund und Italien, letztlich für die Kaiserkrönung war aber das Oberrheingebiet als Drehscheibe des Reiches unentbehrlich. Im ersten Aufstand von 939, den sächsische Verwandte des Königs anzettelten, hatte sich der Schwabenherzog als treue Stütze erwiesen. Darum verband sich Otto enger mit Hermann. Die Herzogstochter heiratete 947 den Königssohn, der das deutsche Königtum und das Herzogtum Schwaben erben sollte. Zur dynastischen Verbindung kam die territoriale: Herzog Hermann erreichte 947, daß König Otto Kloster Einsiedeln in seinen Schutz nahm. Es wurde damit unabhängig von anderen bischöflichen und adligen Herren, insbesondere von der öffentlichen Gerichtsbarkeit in der Region. Außer der Immunität verlieh Otto Einsiedeln wie anderen schwäbischen Klöstern das Recht der freien Abtwahl. Kein Bischof oder Adliger durfte seinen Freund dem Kloster als Abt oktroyieren; der König bestimmte über die Wahl, doch war auch er an Vorschläge aus dem Konvent gebunden. Künftige Äbte würden nicht landfremde Priester oder gar Laien sein, sondern Benediktiner aus der Mitte des Konvents. Die Abtei erhielt Spielraum zur Entfaltung von Autonomie und Kontinuität und würde nicht von jedem Klimawechsel der Lokalpolitik mitbetroffen. Daran lag dem König und dem Herzog, darum banden sie sich selbst.

Auch bei der Ausstattung des Klosters mit Grundbesitz spielten sich Otto und Hermann die Bälle zu. Am Beginn stand 949 Grabs im rätischen Rheintal, das für die Gallus-Überlieferung der Bodenseemönche ebenso wichtig war wie für den Marschweg der Ottonen über die Bündner Pässe. Güter im Breisgau und in der Ortenau kamen 952 hinzu, 958 Eschenz bei Stein am Rhein, das die Erinnerung an Otmar bewahrte und den Rheinübergang schützte. Kurzum, Einsiedeln wurde im ganzen alemannischen Bereich zwischen Elsaß und Rätien mit reichem Streubesitz bedacht. Als 958 der Gründer Eberhard und die Herzogswitwe Reginlind starben und beide in Einsiedeln beigesetzt wurden, war der Aufbau des Klosters abgeschlossen, innerhalb von fünfundzwanzig Jahren. Man vergleiche damit das qualvolle, jahrzehntelange Lavieren der Abtei St. Gallen unter Otmar, die unbestimmten Anfänge des Frauenklosters Buchau, die sich über ein Jahrhundert hinzogen. Demgegenüber fand Einsiedeln sein eigenes Profil bereits in der Gründergeneration, und die weltlichen Herren, ottonische Kaiser und schwäbische Herzöge, respektierten und ermutigten die Eigenart des Klosters. Vor allem Hermann und Eberhard waren sich in den Zielen einig. Der regionale Adel hingegen, an den sich schon St. Gallen und noch Buchau angeschlossen hatten, hielt sich in den Anfängen von Einsiedeln merklich zurück. Im Gegenteil, manche Güter am Oberrhein und in Vorarlberg, die dem Kloster geschenkt wurden, kamen aus dem Besitz elsässischer und rätischer Adelssippen, die sich gegen die ottonische Herrschaft gewehrt hatten und unterlegen waren.

Deshalb unterstützten König und Herzog die Abtei so tatkräftig: Sie faßten Fuß in Landschaften, die ihnen verschlossen geblieben waren, und konnten die alten Klöster samt Adelsanhang überspielen. Warum nahmen sie aber Einsiedeln nicht auf karolingische Art selbst in die Hand, warum garantierten sie freie Abtwahl und verschenkten Land, das sie direkt hätten verwerten können? Nun, Könige und Herzöge brauchten landwirtschaftlich genutzte Grundstücke nicht mehr unmittelbar. Sie stützten sich im zehnten Jahrhundert wirtschaftlich schon auf Bischöfe und deren Städte, im alemannischen Bereich auf Straßburg, Augsburg und Chur, in zweiter Linie auf Konstanz. Das abgelegene, eben durch Rodung erschlossene Gelände um Einsiedeln versprach noch weniger Überschüsse als die Gegend um Buchau. Direkte Herrschaft über Klöster war nicht mehr nötig. Sie war auch bedenklich. Jede Erbauseinandersetzung in der königlichen oder herzoglichen Sippe hätte sofort die Klöster gespalten; mit der Kontinuität öffentlicher Einrichtungen wäre es, wie in der späten Karolingerzeit, vorbei gewesen. Die großzügige Freistellung neuer Klöster erwies sich als sicherste Methode, in den Landschaften ruhende Punkte zu schaffen.

Behutsame Klosterpolitik empfahl sich aus einem weiteren, religiösen Grund. Fromm konnten benediktinische Äbte und Mönche nur leben, wenn sie nicht zu fest in die Dienste von König und Herzog eingespannt wurden. Fromm sollten sie aber leben, weil sie nur so Ansehen erlangten und ihren Gönnern Ansehen verschafften. Überdies wünschten Könige und Herzöge, daß die beschenkten Konvente für ihre Freunde beteten, und wirksam im Jenseits waren Gebete heiligmäßiger Männer. Schließlich, je anspruchsvoller das Kloster, desto größer sein Zulauf an hochqualifizierten Mönchen. Sie konnten nachher die besten Dienste für König und Herzog tun, nicht mehr wie in der Karolingerzeit als Kanzleipersonal bei Hof, sondern als fromme Bischöfe im Stil Ulrichs von Augsburg und Konrads von Konstanz, als Säulen des ottonischen Reichskirchensystems. Als Ausbildungsstätten für künftige Bischöfe bewährten sich nicht mehr die Hofkanzleien, noch nicht die Domkapitel, sondern die bedeutendsten Klöster mit ihren Schulen. Es zeugte von politischer Weitsicht, daß die Ottonen Königsklöster wie Einsiedeln an der langen Leine führten.

Freilich mußten Königsklöster den gewährten Freiraum zu nutzen wissen; darin liegt die einzigartige Bedeutung Einsiedelns für das ottonische Jahrhundert. Von einem Konvent, der durch befehlsgewohnte Priester gegründet und durch zielbewußte Herrscher verwöhnt wurde, sollte man erwarten, daß er von sich aus die Königsnähe suchte. Nehmen wir das Frauenkloster Quedlinburg, das seit 936 bestehende Hauskloster der Ottonen. Die hochadligen Kanonissen hüteten das Grab des ersten Königs der Dynastie, Heinrichs I. Sie bestellten eine Tochter Ottos des Großen zur ersten Äbtissin. Otto kam wenigstens neunzehnmal zu feierlichen Besuchen, meist an hohen kirchlichen Festtagen. Ein solches Kloster war beinahe eine Königsresidenz, ständig im Mittelpunkt der hohen Politik, ständig abgehalten von monastischen Aufgaben. Die Unruhe machte sich bezahlt. Quedlinburg erhielt von den drei ottonischen Kaisern insgesamt zweiundzwanzig Schenkungen und Vorrechte; die Mehrzahl dieser Urkunden wurde in der meistbegünstigten Abtei des Reiches selbst ausgestellt. Nach Quedlinburg wurde Einsiedeln mit neunzehn Königsurkunden am entschiedensten gefördert, doch von diesen Urkunden wurde keine in Einsiedeln selbst verhandelt. Hierher kam, soweit wir wissen, kein Ottonenkaiser zu Besuch, zu einem feierlichen bestimmt nicht. Vor Eingriffen in die Abtwahl hüteten sie sich bei Einsiedeln ängstlich, ganz anders als bei St. Gallen und Reichenau, wo sie rücksichtslos durchgriffen. Umgekehrt hielten sich andere Äbte wochenlang bei Hof auf, um Beziehungen anzuknüpfen und warmzuhalten. Eberhard von Einsiedeln erschien im Oktober 947 in der Frankfurter Pfalz, um sich ein Privileg abzuholen, das gleiche tat er im Januar 949 in Frankfurt, das gleiche im August 952 in Augsburg. Er lief dem König nicht nach, der König ließ ihn in Ruhe. Mönchische Distanz und königliche Zucht.

Aus Frankfurt brachte Eberhard 949 mehr als eine Urkunde mit, einen leibhaftigen Angelsachsen. Wie der Engländer Gregor in die Schweiz kam, läßt sich nur erraten, denn im Kloster erzählte er von seinem Vorleben wenig mehr als Gallus. Immerhin wußte man in Einsiedeln, daß Gregor aus hochadligem Geschlecht stammte, in jungen Jahren Heimat und Braut verließ und den Kanal überquerte. Die geheimnisvolle Vorgeschichte regte zur Legendenbildung an, schließlich hielt man ihn für einen englischen Königssohn. Völlig abwegig ist die Kombination nicht, denn Otto der Große war seit 929 mit der englischen Königstochter Edith verheiratet und beschenkte eben 949 das Kloster Einsiedeln, damit es für das Seelenheil der 946 Verstorbenen bete. Gregor stand also möglicherweise im Dienst der Königin und kam mit ihr an den ottonischen Hof; nach dem Tod der Herrin blieb er, bis ihn Eberhard 949 nach Einsiedeln rief. Feststehen dürfte, daß Gregor wie Eberhard nicht in einer Abtei aufgewachsen war. Auch er gab als Erwachsener seine weltliche Stellung auf, um freiwillig ins Kloster zu gehen.

Als Gregor ankam, stand die Klosterkirche fertig, die Konventgebäude werden bald gefolgt sein. Aber mittelalterliche Klostergründer wußten noch, was moderne Universitätsgründer verdrängen, daß der eigentliche Aufbau erst beginnt, wenn das Gehäuse steht. Der innere Aufbau einer Benediktinerabtei steht und fällt mit der Person des Abtes, in Einsiedeln immer noch so wie zweihundert Jahre früher in St. Gallen. Seit 947 durfte der Konvent seinen Abt frei wählen. Es scheint aber, daß Eberhard so wie zur selben Zeit die ersten Äbte von Cluny die Wahl nicht einer Zufallsentscheidung überlassen wollte. Natürlich designierte er keine Blutsverwandten, wie es karolingische Äbtissinnen liebten. Vielmehr zog er, wie es Partei- und Konzernchefs heute tun, eine kleine Mannschaft von sehr jungen und begabten Männern an sich heran, damit sie in der Zentrale Erfahrungen sammeln und später die Nachfolge antreten konnten. Dieses Verfahren sicherte eine ungewohnte Kontinuität der Amtsführung, auch eine lange Regierungszeit der Äbte, die nicht erst als Senioren für wenige Jährchen präsidierten. In die Nachwuchsgruppe holte Eberhard Tietland, vielleicht einen Stiftsdekan aus Zürich, der 945 eingetreten war und 958 das Amt Eberhards übernahm, und dann Gregor, den späte Quellen als Helfer Tietlands bezeichnen. Nach Tietlands Rücktritt, wohl 961, bestätigte der einsichtige Konvent durch seine Wahl die Designation Gregors durch die Vorgänger. Er hatte eine Regierungszeit von fünfunddreißig Jahren vor sich.

Die Festlegung der Führungsstellen für Jahrzehnte barg enorme Gefahren für den Konvent, wenn ein starker Abt nach mehr Herrschaft dürstete. Dann regierte er in der Klausur despotisch und fing an, weitere Kreise zu ziehen, gewaltige Neubauten zu planen, Tochterklöster zu organisieren oder am Königshof Weltpolitik zu treiben. Einen solchen Benediktinerabt werden wir noch im St. Gallen des späten fünfzehnten Jahrhunderts antreffen; schon im zehnten gingen die Äbte von Cluny diesen Weg, der zur Verweltlichung führte. Gregor von Einsiedeln beschritt den entgegengesetzten Weg, durch Abbau der formalen Abtherrschaft und durch Verzicht auf Außenbeziehungen. Gregor wohnte nicht wie die Äbte von Cluny und St. Gallen in einem eigenen Abthaus und speiste nicht mit vornehmen Gästen gesondert. Er lebte im Konvent und nahm sich keine Vorrechte heraus. Er arbeitete auf dem Feld und in der Schreibstube mit und stellte die Ausflüge aus der Klausur ein, die sich Otmar von St. Gallen noch geleistet hatte. Zeitgenossen hielten die Selbstbeschränkung für ungewöhnlich und bezeichneten Gregor als *Abbas monachus*, Abtmönch. Dieser Abt erfuhr, was jeder einzelne Mitmönch tat und dachte; er spürte sofort, was im Konvent gut lief und was schief lag.

Dafür nahm er sich nicht die Zeit, um zu Konferenzen an den Königshof zu reisen. Gregor entfernte sich in den ersten Abtjahren nicht so oft und nicht so weit wie Eberhard vom Konvent. Im Januar 965 raffte er sich auf, stellte sich in Reichenau Otto dem Großen als neuer, seit fünf Jahren amtierender Abt vor und trug eine Schenkung am Zürichsee heim. Sieben Jahre später holte er im August 972 in St. Gallen und Reichenau einige Königsurkunden mit Schenkungen an sechsundvierzig Orten Alemanniens und mit Zollfreiheit in der Stadt Zürich. Erst seit 975 unternahm er häufigere und weitere Reisen ins Elsaß, nach Frankfurt, einmal nach Helfta am Harz, jedesmal um am Königshof neue Vorrechte und Ländereien entgegenzunehmen. Man darf sicher sein, daß er erst reiste, wenn zu Hause alles am Schnürchen lief. Gregor verreiste auch in hohem Alter fast nie zu hohen Festtagen; gewöhnlich besuchte er den Hof Mitte Januar, in der ungünstigsten Reisezeit, in der liturgischen Pause nach Weihnachten. Noch die Reisedaten verraten den unerbittlichen Asketen. Er muß uralt gewesen sein, als er Ende Oktober 996 noch einmal nach Bruchsal zu Hofe ritt. Acht Tage später, am 8. November 996, war er tot, offenbar von den Strapazen der Reise überanstrengt.

Ein solcher Abt konnte mit seinen Mönchen Pferde stehlen. Er bekam rasch Zulauf und leistete sich Exklusivität. Er nahm bloß Adlige als Mönche auf, wie es seit dem späten neunten Jahrhundert allgemein üblich wurde. Aber dem Zahlenrausch der Großäbte von Cluny verfiel Gregor nicht. Sein Konvent wuchs von bisher zwölf oder fünfzehn auf durchschnittlich fünfundzwanzig Köpfe an. In St. Gallen drängten sich um diese Zeit wenigstens hundert Mönche, doch Einsiedeln wollte kein Großkloster werden. Die erste Kirche von 948 begnügte sich ungefähr mit den Ausmaßen der Reichenauer Nebenkirche Oberzell; sie sollte nicht mit dem mächtigen Marienmünster des Inselklosters wetteifern. Gregor entschloß sich erst 987 zu einem Erweiterungsbau, anscheinend wegen des Andrangs neuer Mönche. Mit einem Ansturm von Bauern, die in die Waldgegend zur Sonntagsmesse kämen, war ohnehin nicht zu rechnen.

An einzelnen Namen wird sichtbar, daß im Abbatiat Gregors zunehmend alemannische Adlige eintraten, aus Grafensippen von der Ortenau bis nach Churrätien. Besonders die Grafen von Bregenz scheinen Verwandte geschickt zu haben. Damit knüpfte sich die Verbindung zu Bischof Gebhard II., der aus diesem Geschlecht stammte und seit 979 das Bistum Konstanz leitete. Aus guten Gründen hielt indes der angelsächsische Abt die Adelsgruppen der Umgebung auf Abstand. In den Totenbüchern von Einsiedeln sind für das ganze zehnte Jahrhundert nur achtundsiebzig Namen eingetragen, davon mehr als zwei Drittel Mönche des Konvents, nur zweiundzwanzig Auswärtige. Einsiedeln wünschte keine Verbrüderung mit Tausenden von Wohltätern, wie sie der Abtei Reichenau seit Walahfrids Zeit zur Gewohnheit geworden war. Eine Vielzahl von Freunden brachte enge Bindungen zur Umwelt, sie vertrugen sich mit dem Programm von Einsiedeln schlecht.

Auch das Verhältnis des Klosters zum zuständigen Ortsbischof blieb kühl. Selbst wenn Konrad von Konstanz 948 zu der berühmten Engelweihe wirklich nach Einsiedeln gekommen sein sollte, ist er zu Gregors Zeit dort nicht mehr nachzuweisen. Wenn im Kloster ein Priester zu weihen war, zog Einsiedeln die entfernter wohnenden Bischöfe von Augsburg und Chur vor. Ähnlich locker waren die Beziehungen zu alemannischen Nachbarklöstern. Mit ihnen schloß Einsiedeln nicht die üblichen Gebetsverbrüderungen und bemühte sich selbst um St. Gallen und Reichenau kaum. Sie verkörperten noch allzu deutlich das karolingische Mönchtum, das nicht einsiedlerisch genug war. Freundlicher arbeitete man mit Zürich zusammen, besonders mit dem Kanonikerstift Großmünster, das ähnlich moderne Ziele verfolgte. Auch im Bildungswesen folgte Einsiedeln nicht der Reichenauer Schule. Statt dessen übernahm Abt Gregor gern ausgebildete Mönche anderer Klöster für eine Art Postgraduate Studies. Die Aufnahme von Benediktinern fremder Schulen, manchmal bloß für ein paar Jahre, widersprach der Neigung zu eremitischer Abkapselung, verhinderte aber die Provinzialisierung der Alteingesessenen, die alles, was sie wußten, der eigenen Klosterschule verdankten.

Unter den Mönchen, die auf diesem Weg nach Einsiedeln kamen, befand sich der heilige Wolfgang, ein vornehmer Nordschwabe, zuerst in Reichenau ausgebildet, in der dortigen Karriereschule mißtrauisch beäugt. Er ging lieber als Walahfrid weg, nach Würzburg und Trier, nun mit dem Ziel einer Bischofslaufbahn. Der etwa dreißigjährige Domdekan wandte sich 965 so abrupt wie vorher Eberhard dem benediktinischen Mönchtum in Einsiedeln zu, Abt Gregor ließ ihm hier freie Hand. Er wirkte als Lehrer für Mitmönche, vielleicht als Verfasser von Geschichtsbüchern. Nur runde sechs Jahre blieb Wolfgang in Einsiedeln, dann bestieg er den Regensburger Bischofsstuhl; aber die Erfahrung von Einsiedeln prägte ihn so stark, daß er nachher bayerische Klöster nach diesem Vorbild reformierte. Erstaunlich, wie der ehrgeizige Herr im Konvent zurechtkam. Abt Gregor scheint Wolfgangs außergewöhnliche Begabung einfach dadurch der Gemeinschaft dienstbar gemacht zu haben, daß er ihm Vertrauen schenkte.

Im Kloster versammelten sich nicht nur Erwachsene und Hochadlige, sie waren auch gebildet und wußten etwas damit anzufangen. Sie eröffneten keine Schule für Söhne des umwohnenden Adels und nahmen das Auswendiglernen weniger wichtig als ältere Klöster. Besondere Bedeutung maßen sie der Schreibschule bei. Hier wurden Bücher hergestellt; Bücherschreiben war neben der Rodungsarbeit im Finsteren Wald Hauptaufgabe der Mönche. An den vielen erhaltenen Bänden sieht man, daß viele bei ihrer Fertigung mitwirkten. Zahlreiche Hände lassen sich unterscheiden, die oft nur kurze Abschnitte schrieben. Sie stammten aus unterschiedlichen Schulen, die Schreiber kamen also erst nach ihrer Ausbildung und gingen vielleicht bald wieder. Schreibarbeit in Einsiedeln vollzog sich nicht gemütlich und einsam, sondern in straffer Ordnung. Einzelne Werke sehen so aus, als hätte der Konvent mit dem Abt vorweg das Buch an allen Enden zugleich geschrieben und verbessert. Was da abgeschrieben wurde, waren nicht wie in Reichenau und St. Gallen klassische Dichtungen des lateinischen Altertums, sondern Meßbücher, Breviertexte, Predigtsammlungen, Heiligenlegenden, also Texte für den liturgischen Gebrauch. Der humanistische Impetus eines Walahfrid Strabo ging an der Klosterbibliothek von Einsiedeln vorüber; auch er war karolingisch, also überholt. Das Geschriebene wurde gelesen, wieder anders als üblich: Kontemplation bestand zum guten Teil aus stiller Lektüre. Die Einzellektüre trat neben die von allen angehörte Lesung, neben das gemeinsam gesprochene Chorgebet.

Der Konvent entwickelte eine folgenreiche, von der Forschung wenig beachtete Vorliebe für eine literarische Gattung, die Geschichtschreibung. Wohlgemerkt: In Einsiedeln verfaßte man nicht, wie Walahfrid Strabo in Reichenau, die Geschichte heiliger Äbte aus vergangener Zeit, sondern die Geschichte der zeitgenössischen Gemeinschaft selbst. Die ersten Ansätze, kurze jahrbuchähnliche Einträge, tauchten um 950 auf und wurden zwischen 966 und 997, also während der gesamten Abtzeit Gregors, zu den sogenannten *Annales Heremi* ausgeweitet. Sie boten eine Klostergeschichte im Rahmen der deutschen Reichsgeschichte, jedoch mit Christi Geburt einsetzend. Sie ordneten das Wichtigste, was in Einsiedeln geschah, in den heilsgeschichtlichen Kontext von Christi

Erlösungswerk ein, gleichzeitig in den universalgeschichtlichen Kontext des Kaisertums. Der Tod eines Mitmönchs stand gleichwertig neben dem Tod eines Kaisers, die Erweiterung der Klosterkirche neben der Krönung der Ottonen. Die einfachen Notizen, an deren Abfassung zeitweilig der heilige Wolfgang beteiligt gewesen sein muß, zeigten den hohen Anspruch des Klosterlebens: An dem, was wir hier tun, entscheidet sich die Geschichte von Kaiser und Reich, nicht für alle Zukunft, immerhin für unsere Zeit.

Die Betonung der Gegenwart unterschied Einsiedeln gründlich von Reichenau, etwa von Walahfrids Geschichtsbild; es hatte Vergangenheit und Zukunft viel enger miteinander verklammert. Übrigens verzeichnete die einsiedlerische Literatur des zehnten Jahrhunderts keine spektakulären Wunder, weder Jenseitsvisionen noch Totenerweckungen; die Geschichte von der Einsiedler Engelweihe geht, wenn nicht alles täuscht, auf spätere, und zwar Reichenauer Einflüsse zurück. Die Heiligkeit eines Mönchs erwies sich nicht in magischer Begnadung, sondern in täglicher Bewährung. Die Mönche wollten wirken, solange Tag war, sich nicht in eine andere Welt entrücken oder in dieser verzaubern lassen. Ihren Abt Gregor nannten sie schon zu Lebzeiten heilig, gerade weil er nichts Besonderes tat.

Ob sie ihren Alltag genau nach schriftlichen Festlegungen absolvierten? Seit der karolingischen Klosterreform Benedikts von Aniane pflegten anspruchsvolle Abteien auch Gewohnheiten, die nicht durch die Ordensregel vorgeschrieben waren, aufzuzeichnen: Einzelheiten der Gottesdienstordnung während des Kirchenjahres, sonstige liturgische Bräuche etwa in der Karwoche, Verordnungen über Glockenläuten, Aderlassen, Baden, Rasieren und was noch. Ein Elitekloster, das auf sich hielt, verbreitete seine *Consuetudines* bei anderen Klöstern, das geschah im zehnten Jahrhundert öfter. In Einsiedeln liegt heute eine Handschrift mit solchen Klosterbräuchen aus dieser Zeit, aber es hat sich herausgestellt, daß sie nicht unter Abt Gregor hier angefertigt, sondern aus Regensburg herübergeschickt wurde. Es paßt nicht übel zum Charakter Gregors, daß seine Abtei zwar nach strengen Sitten lebte, sie aber nicht für übertragbar hielt. Der Hochmut einer Modellgründung lag dem Abt von Einsiedeln fern. Er gründete von sich aus kein neues Kloster und reformierte kein bestehendes, er brachte keine Klosterreform von Einsiedeln ins Geschichtsbuch und präsidierte keinem Klosterverband.

Trotzdem wurde Einsiedeln neben dem betriebsamen St. Maximin in Trier zum wichtigsten Reformzentrum des ottonischen Deutschland, auf eine geräuschlose, persönliche Weise. Das Zusammenleben im Finstern Wald erschien den Zeitgenossen als so vorbildlich, daß sie viele Mönche von Einsiedeln wegberiefen. Es begann 972 mit Wolfgang, dem Bischof von Regensburg; später besetzte man die Bistümer Como, Chur und Konstanz mit ehemaligen Einsiedler Mönchen. Nachhaltiger wirkte die Versetzung an andere Klöster. Bischof Gebhard II. suchte 983 für sein neues Eigenkloster Petershausen sachkundige Hilfe. Zuerst sandte er einen der künftigen Petershauser Mönche nach Einsiedeln, dann holte er den ersten Abt und einige Mönche von dort nach Petershausen. Einsiedeln hatte sich selbst aus zahlreichen anderen Konventen rekrutiert und war damit nicht schlecht gefahren; jetzt sollte es für einen anderen Konvent das einzige Muster abgeben. Benachbarte Klöster fühlten sich übergangen, in diesem Fall Reichenau, auf dessen Grund Petershausen erbaut wurde. Doch die Außenbeziehungen überließ man in Einsiedeln dem Konstanzer Bischof; wir werden noch sehen, daß es seinem Kloster

Petershausen nicht gut bekam. Besser glückte die Verpflanzung in weiter entfernte Abteien, in die manchmal mehrere Äbte hintereinander aus Einsiedeln kamen: Niederaltaich, Tegernsee, Ellwangen, Kempten, dann, schon nähergelegen, Disentis, Pfäfers, Muri, Schaffhausen. Für die Wirkung auf bayerische Klöster zeichnete Wolfgang von Regensburg verantwortlich, im übrigen konzentrierte sich die Ausstrahlung auf den alemannischen Raum vom Elsaß bis nach Rätien.

Die Intensität der Abtei hatte ihre Kehrseite, den Verzicht auf langfristige Breitenwirkung. Der Abt hatte ihn vorgeschlagen, der Konvent gutgeheißen, bis in sein Geschichtsbild hinein. Im Mittelpunkt allgemeiner Bewunderung stand Einsiedeln nur von den 970er bis zu den 1020er Jahren. Danach hielt Einsiedeln selbst unbeirrt am Gründungsimpuls fest und gab von seiner Strenge noch lange nichts preis, aber andere begannen sich nach moderneren Vorbildern zu richten. Vor allem konnte das Königtum der Salier nicht mehr wie das der Ottonen in Verbindung mit dem Stammesherzogtum einem Kloster in einer größeren Region Freiraum gewährleisten. Entweder hielten sich die Klöster an den Schutz lokaler Gründer, frommer Adliger und Bischöfe. Oder sie wandten sich an das erneuerte Papsttum, um von irdischen Herren frei einen geistlichen Verband in der universalen Kirche zu bilden. In vielen Punkten setzten sie nur fort, was Einsiedeln begonnen hatte; dennoch geriet Einsiedeln besonders am Bodensee allmählich ins Hintertreffen. Den Abt aus England hätte es nicht bekümmert.

Die folgende Zusammenfassung hält sich an Schwerpunkte, die in der neueren Forschung die Diskussion über das Mönchtum des zehnten Jahrhunderts beherrschen. Erstens: Verhältnis des Mönchtums zum Königtum. Einsiedeln verdankte seinen Gründungsanstoß und Aufstieg weithin dem ottonischen Herrscherhaus, beginnend mit der Förderung Bennos durch Heinrich I., dann durch die Privilegien Ottos des Großen für Eberhard, schließlich durch die Schenkungen aller drei Ottonen an Gregor. Die reiche Ausstattung mit Grundbesitz schlug dabei ebenso zu Buch wie die rechtliche Freistellung durch Gewährung von Königsschutz, Immunität und freier Abtwahl. Die ottonische Unterstützung zielte – anders als im Jahrhundert zuvor die karolingische – nicht auf unmittelbare Herrschaft über Königsklöster; kein ottonischer Herrscher machte Einsiedeln zu seiner Residenz.

Die Gewährung eines monastischen Freiraums ging in Deutschland allerdings nicht so weit wie in Frankreich, etwa in Burgund. Dort wurde Cluny gleich bei seiner Gründung 910 dem Papst unterstellt, also praktisch von jeder weltlichen Herrschaft freigestellt. Cluny konnte und mußte den totalen Freiraum alsbald durch Errichtung eines autonomen Klosterverbandes ausfüllen, den der Abt von Cluny als eine Art König beherrschte. Wer die gewaltigen Ausmaße der Klosterbauten in Cluny vor Augen hat, empfindet die absolute Autonomie des Mönchtums vielleicht als grandiose Befreiung vom diesseitigen Kleinkram, doch proklamierte sie sogleich eine neue totale Herrschaft, nun im innergeistlichen Bereich. Demgegenüber nahm sich die kleine Freiheit ottonischer Klöster weniger großartig, aber praktikabler aus. Mönche sind keine Engel; vielleicht ist ihr Weg zum Himmel am kürzesten, wenn ihre Bäume nicht in den Himmel wachsen. Die neue ottonische Freiheit entließ die Benediktiner andererseits aus dem engstirnigen Gezänk, das den Mönchen in St. Gallen, den Nonnen in Buchau das Leben verleidet hatte.

Zweitens: Verhältnis des Klosters zu Klosterverbänden. So großräumige Zusammenhänge wie bei der Gründung von St. Gallen und bei der Blüte von Reichenau sind beim Aufstieg von Einsiedeln nicht zu beobachten. Das Kloster schickte keine Briefe nach Bobbio, keine Novizen nach Fulda. Wenn in Einsiedeln Reliquien des heiligen Kolumban lagen, so kamen sie aus St. Gallen; die frühesten Bewohner der Meinradszelle im zehnten Jahrhundert stammten aus Straßburg. Der Anregung aus beiden Richtungen verdankte Einsiedeln viel, die koinobitische Tendenz aus St. Gallen und die kanonikale aus Straßburg trafen hier zusammen. Dennoch schloß sich Einsiedeln keinem größeren Verband an. Verständlich ist die Abwehr des karolingischen Reichsmönchtums, insbesondere des Reichenauer Vorbildes, dem sich schon der eremitische Gründerheros von Einsiedeln verschloß. Ähnlich reserviert nahm aber Einsiedeln auch neuere Entwicklungen im Westen zur Kenntnis, denen es doch nahestand. In dem ältesten, kurz nach Gregors Tod angelegten Totenbuch liest man den Namen von Gregors Zeitgenossen und Amtsbruder, Abt Majolus von Cluny; er repräsentierte eine verwandte Spielart benediktinischer Reform, darum wollte Einsiedeln seiner gedenken. Aber derartige Querverbindungen blieben rein religiös, wie im Nehmen, so im Geben. Einsiedeln versuchte nicht, das von ihm betreute Kloster Petershausen aus der Abhängigkeit vom Konstanzer Bischof zu befreien.

Einige Gelehrte meinen, daß der Zusammenschluß von Einzelklöstern zu überregionalen Verbänden das Mönchtum am sichersten vor fremden Einflüssen bewahre und die universale Solidarität der Frommen bewirke. Das ist eine unhistorische Verallgemeinerung. Von der karolingischen Zusammenfassung der Benediktiner in einem Orden übernahm Einsiedeln lediglich den religiösen Kern der Gebetsverbrüderung, auch ihn stark reduziert; das administrative Gerüst solcher Verbände wurde als neue Verdinglichung abgelehnt. Die Beschränkung auf einen einzelnen Konvent von fünfundzwanzig Mönchen, die für viele beteten, einige in andere Klöster schickten und aus ihnen holten, verwirklichte das Mönchsideal in der ottonischen Welt auf angemessenste Weise, nämlich ohne Zwang zu rechtlicher Fixierung und Abgrenzung.

Drittens: Verhältnis des Mönchtums zu anderen geistlichen Lebensformen. Ob St. Gallen eine Einsiedelei bleiben oder ein koinobitisches Kloster werden würde, war noch hundert Jahre nach der ersten Gründung an der Steinach unentschieden; auch in Reichenau durfte anfangs offenbleiben, ob die Regel Kolumbans oder die Benedikts gelten sollte. Die karolingische Neuordnung stellte alle geistlichen Verbände vor klare Alternativen; die Nonnen von Buchau mußten wählen, ob sie sich der Ordnung eines benediktinischen Klosters beugen oder einem nichtmonastischen, kanonischen Stift angehören wollten. Auch die Trennung zwischen Benediktinern und Eremiten verschärfte sich, wie der Lebensweg Meinrads von Reichenau nach Einsiedeln zeigte. Einsiedeln erlangte einen großen Teil seiner Breitenwirkung im ottonischen Jahrhundert durch die Entschiedenheit, mit der es sich der kirchenrechtlichen Unterscheidung zwischen Eremiten, Mönchen und Kanonikern widersetzte. Der Wille zu einer neuen Synthese geistlicher Lebensformen wurde dadurch bestärkt, daß im zehnten Jahrhundert die weltlichsten Einrichtungen für Geistliche, die karolingischen Kanonikerstifte, sich entweder selbst an monastischen Maßstäben ausrichteten oder von ihren entschlossensten Mitgliedern zugunsten benediktinischer Strenge aufgegeben wurden. Männer dieses Zuschnitts gründeten Einsiedeln.

Die neue Benediktinerabtei erwies sich als Synthese der beiden Extreme, der eremitischen Isolierung und der kanonikalen Säkularisierung. Auf der einen Seite behielt das

Kloster die Einsiedlerhaltung Meinrads rigoroser bei, als es den Mönchen des heiligen Gallus gelang. Auf der anderen Seite kam das Kloster der priesterlichen Aktivität von Kanonikern freundlicher entgegen, als es die Mönche des heiligen Pirmin versuchten. Eine Arbeitsteilung bahnte sich an, die städtischen Stiften die Hirtensorge für Klerus und Laien anvertraute und ländliche Klöster der asketischen Betrachtung vorbehielt. Beide Einrichtungen fühlten sich indes aufs engste dadurch verbunden, daß sie die christliche Lehre in überschaubaren Räumen intensiv verwirklichen wollten. In die Synthese wurden, im ottonischen Jahrhundert zum ersten Mal, die Bischöfe insgesamt einbezogen; es war ein Jahrhundert von Mönchsbischöfen. Noch nicht von Mönchspäpsten. Zur Intensität paßte der Regionalismus.

Viertens: Verhältnis des Klosters zur Landschaft. Einsiedeln begann im zehnten Jahrhundert genau wie St. Gallen im siebten mit der Rodung umliegender Wälder. Das Kloster mußte sich selbst einen bewohnbaren Raum schaffen. Die zweihundert Meter Höhendifferenz zwischen St. Gallen und Einsiedeln unterschieden beide Klöster weniger deutlich voneinander als die Entfernung zur nächsten größeren Siedlung und zu wichtigen Verkehrswegen. Einsiedeln stand dem Markt in Zürich ferner als St. Gallen der Burg in Arbon; im Finsteren Wald sah man den Bodensee nicht. Als Gregor starb, war seine Abtei auch am Bodensee begütert, in Eschenz bei Stein, in Daisendorf bei Überlingen, in Reute bei Tettnang. Seine geistlichen Beziehungen reichten von St. Gallen über Petershausen bis Rheinau, allerdings weit darüber hinaus bis Straßburg und Chur. Trotzdem blieben alle Verbindungen dünn, im ganzen Geflecht bildete der Bodenseeraum keinen Knotenpunkt. Er war noch in Walahfrids Zeit eine historische Handlungseinheit gewesen, ein geistliches Band zwischen den Klöstern. Das war er im zehnten Jahrhundert nicht mehr, wir haben es schon in Buchau bemerkt.

Im Zeitalter der Ottonen war das deutsche Reich kein universales Gebilde mehr wie zur Karolingerzeit; aber zu innerer Geschlossenheit fehlte ihm noch viel. In dem lockeren Gefüge hatte das schwäbische Herzogtum den trennenden Widerstand aufgegeben und sammelnde Kraft gewonnen. Wirkungsraum des Klosters Einsiedeln war offensichtlich dieses Herzogtum. Der weiträumige Einzugsbereich der Klostergüter und der Klosterfreunde bewahrte Einsiedeln vor Provinzialisierung, Eingliederung in die Herrschaft einer Schweizer Adelssippe oder des Bischofs von Konstanz. Es ist überraschend, wie gering selbst zur Zeit des heiligen Konrad die Anziehungskraft des Bischofssitzes war. Im Totenbuch von Einsiedeln steht Konrad verzeichnet, aber da stehen die Bischöfe von Metz und Regensburg auch. Die Distanzierung von der näheren Umgebung half Einsiedeln, rasch zu sich selbst zu finden; allerdings blieb es nicht dabei, nach 1020 wurde auch Einsiedeln immer dichter in lokale Zusammenhänge verstrickt.

Fünftens: Verhältnis des Klosters zum Mönchtum. Die frühmittelalterliche Geschichte des benediktinischen Mönchtums war eine Geschichte von Klöstern, genauer besehen, von Äbten. Gallus zwar war noch kein Abt gewesen, aber schon die Entwicklung seiner Grabstätte stand ganz im Zeichen des Abtes Otmar, neben dem Mönche des Konvents nur als Helfer oder Feinde hervortraten. Noch ausschließlicher wurde das Kloster Reichenau zur Zeit Walahfrids von seinem Abt Heito geprägt, auch wenn in der Gebetsverbrüderung die Mönche namentlich aufgeführt wurden. Aus Buchau sind überhaupt nur Namen von Äbtissinnen, nicht von Nonnen bekannt. Der Abt wurde um so unbestrittener zum Herrn über das Kloster, je wichtiger dem Konvent die politischen Außenbeziehungen waren. Im zehnten Jahrhundert verschoben sich, vor allem in Einsiedeln, die Gewichte. Je gründlicher sich der Abt mit den Innenverhältnissen des Klosters befaßte, desto enger wuchs er mit dem Konvent zusammen, desto rascher wurde die Herrschaft des Abtes über die Mönche abgebaut. Bei Gregor von Einsiedeln läßt sich kaum unterscheiden, was der Abt befahl und der Konvent ausführte. Die Kollegialität unter Weltpriestern, die durch sakramentale Weihe mehr verbunden als durch Ämterteilung getrennt waren, setzte sich im benediktinischen Kloster langsam durch. Dieser Abbau von Herrschaft gelang in Gemeinschaften von Gleichgesinnten und Ebenbürtigen, die freiwillig zusammenkamen und nicht unter äußeren Zwängen standen, in unpolitischen Eliten also. Einsiedeln bot ein erstes Beispiel, dem weitere folgen sollten, denn dem Abbau äbtlicher Herrschaft gehörte die Zukunft des Mönchtums.

Lebensbeschreibungen vorbildlicher, das heißt heiliger Mönche haben wir aus dem Einsiedeln des zehnten Jahrhunderts nicht, sogar die Vita des heiligen Meinrad stammte noch von Reichenau. Die Gründer wußten, daß sie eine Neugründung wagten, die keiner Gründergestalt unmittelbar nachfolgte. Der Bruch mit dem karolingischen Schlendrian hatte schon Meinrads Leben gezeichnet, aber erst der Konvent von Einsiedeln begriff die positiven Folgen der Abwendung von vergangener Geschichte. Jetzt eröffnete sich der Blick auf Geschichte als Gegenwart, in dieser Zeit des ottonischen Reiches. Der Blick auf die Chancen des Mönchtums gab den Mönchen von Einsiedeln die Zuversicht, jetzt das Richtige zu tun, und die Bescheidenheit, das hier Mögliche zu tun. Mit beiden Eigenschaften kann eine Gemeinschaft nicht lange im Brennpunkt der Geschichte stehen, wohl aber alt werden und dabei jung bleiben. Noch Moosbruggers Klosteranlage spiegelt die Signatur der Anfänge, das Einvernehmen zwischen bereitwilligen Menschen und das Augenmaß für erreichbare Ziele. Wir besitzen am Seeufer wenige vergleichbare Beispiele für so sichere geschichtliche Selbsteinschätzung. Deshalb ist es schade, daß man am Bodensee Einsiedeln nicht sieht.

RÜCKBLICK

Der erste Abschnitt dieses Buches behandelte das frühmittelalterliche Mönchtum am Bodensee, vom siebten bis zehnten Jahrhundert. Seine Klöster St. Gallen, Reichenau, Buchau, Einsiedeln sahen in ihrer Binnenstruktur wie in ihren Außenbeziehungen sehr verschieden aus, wiesen aber einige Gemeinsamkeiten auf. Die grundlegende war der große Abstand zwischen Mönchtum und Welt, die starke Spannung zwischen Askese und Adelskirche. Klostergründungen mochten sich weiten religiösen Bewegungen einfügen, von den Wanderungen der irischen Missionare quer durch Europa bis zur europäischen Ausbreitung der burgundisch-lothringischen Klosterreform; stets vollzogen sich solche Bewegungen innerhalb des weltabgewandten Bereichs. Im ganzen handelten Mönche, wie es ihre universalen Ideale vorschrieben, und widerstrebten Zwängen der kleinräumigen Wirklichkeit. Die Frömmigkeit der Mönche und ihr Landesausbau mochten christliche Laien anlocken, von adligen Beschützern bis zu bäuerlichen Hörigen; solche Beziehungen veränderten nicht den Aufbau der Adelsgesellschaft. Deren Geschichte wurde vielmehr durch innere Wandlungen der Herrschaftsordnung bestimmt. Nur ganz langsam wuchsen in der Epoche zwischen merowingischen und ottonischen Königen die asketische Weltentsagung und die adlige Weltbemächtigung aufeinander zu, in Schüben, auf die neue Trennungen folgten. Daß Askese eine Bewährungsprobe des Adels sein könne, wurde von Anfang an durch einzelne vorgelebt, drang aber erst am Ende allmählich in das allgemeine Bewußtsein ein.

Eine zweite Gemeinsamkeit frühmittelalterlicher Klöster ergab sich aus der Verfassung: die Unabhängigkeit des Einzelklosters und die Machtfülle des Abtes. Vor mißliebigen politischen und geistigen Entwicklungen der Umwelt konnten sich Mönche in einen sakrosankten Binnenraum zurückziehen; innerhalb der Klausur besaßen sie große Gestaltungsspielräume. Daher kam das Nebeneinander, manchmal das Durcheinander der geistlichen Lebensformen, der eremitischen und der koinobitischen, der kolumbanischen und der benediktinischen, der monastischen und der kanonikalen. Immer wieder wurden straffere Zusammenfassungen und deutlichere Unterscheidungen angestrebt, zuerst von außen durch die karolingische, dann von innen durch die cluniazensische Klosterreform. Aber da sie stets Elemente weltlicher Herrschaft mit sich brachten, drangen sie nicht durch. Das beinahe persönliche Profil jedes Klosters blieb von außen weithin unberührt. Um so stärker ließ sich ein Konvent durch die Persönlichkeit des Abtes prägen. Seiner Willkür waren dort Schranken gesetzt, wo der weltzugewandte Bereich begann, aber ein asketischer Abt war der Abgott seiner Mönche. Zu heiligen Mönchen wurden in erster Linie Äbte erklärt. Sie gaben ihren Nachfolgern leuchtende Vorbilder und hielten die Geschichte des Klosters zusammen, auch über Verfallszeiten hinweg. Zwischen den Abteien spielten sich mannigfache religiöse Kontakte ein, Übernahmen von Reliquien, Gewohnheiten, Büchern, Mönchen und Äbten, doch begann den Mönchen nur sehr langsam zu dämmern, daß die schwerste Askese die Unterwerfung unter eine einheitliche sachliche Ordnung sein könne.

Der Zustand in den Abteien spiegelte die Verhältnisse derselben Umwelt, von der sie sich fernhielten. Die ersten Anregungen für das Mönchtum am Bodensee waren aus weiter Ferne gekommen und hatten sich bloß an einzelnen Orten wie in Oasen festgesetzt.

Wenig anders sah die politische und soziale Landkarte Alemanniens aus: Isolierte Siedlungen, in denen sich die Vielen unter die Herrschaft von Wenigen beugten. Es dauerte lange, bis regionale, gar monarchische Zusammenhänge aufgebaut waren. Nach heftigem Widerstreben ließen sich auch Mönche vom Gedanken einer Reichskirche begeistern, deren politische Zentralisation die jenseitige Herrschaft Gottes widerspiegeln könnte. Sie auf Erden, am Bodensee zu verwirklichen, gelang freilich Karolingern und Ottonen nicht. Veränderungen draußen blieben weithin von unverfügbaren Gewalten der Natur oder explosiven Leidenschaften der Menschen abhängig; es lohnte sich kaum, deren Geschichte zu schreiben oder zu lenken. Zu autark arbeitete die ländliche Wirtschaft von Siedlungen, die nichts Lebenswichtiges entbehrten und wenig neues Land roden mußten. Zu schwankend blieben Selbstbewußtsein und Zusammengehörigkeit adliger Eliten, deren Fortbestand von lächerlichen Zufällen abhing. So konnten sich Mönche vor allem mit sich selbst beschäftigen, mit Askese und Gotteslob, und brauchten an die Stabilisierung der Umwelt nicht viele Gedanken zu verschwenden. Sie bedachten höchst zögernd, daß auch die aktive Formung der verachteten Welt des Schweißes der Frommen wert sein könne.

Die wichtigste Gemeinsamkeit im innermonastischen Feld wird durch ein Leitbild bezeichnet, über das sich alle Mönche und Nonnen des Frühmittelalters einig waren. Jedes Kloster sollte den heroischen Asketen erziehen, der animalische Bedürfnisse rigoros unterdrückte und sich dadurch von der Masse seiner Zeitgenossen unterschied. Seine charismatische Kraft mochte sich in Wundern kundtun, vor allem in der Bändigung der wilden Natur und in der Heilung gequälter Menschen; einflußreicher wirkte sie als nachahmenswertes Vorbild für Mitmenschen, besonders Mitmönche. In Heiligenlegenden vergegenwärtigte sich der Konvent täglich solche Mustermönche, beim Chorgebet in der Kirche, bei der Lesung im Refektorium. Der große Asket war Widerpart der Gemeinschaft draußen, der Adelsgesellschaft und Adelskirche. Schon daß die heiligsten Mönche aus unbekannten Ländern oder namenlosen Geschlechtern kamen, verschaffte ihnen überirdisches Ansehen. Sie scharten um sich eine Familie von anderer Art als die Adelssippen ringsum, eine geistliche Familie unter dem Vater Abt, ohne Frauen, Geschlechtstrieb, Blutbande. Sie gründeten eine Gemeinschaft der dauernd Zusammenwohnenden von anderer Art als die Bauernsiedlungen ringsum, ohne wirtschaftliche Sorgen, materielle Gelüste und Zwänge. Sie prägten einen Personenverband von anderer Art als die monarchischen Reiche ringsum, ohne politische Intrigen, soziale Prestigekämpfe, rechtliche Ritualisierung. Mönchische Askese erlaubte ihnen, ohne starre Formalitäten stabile Regeln mitmenschlichen Verhaltens einzuüben. Daß auch dem Durchschnittslaien bei gesittetem Verhalten aller die Selbstverwirklichung ermöglicht werden könne, war im Kloster schwer einzusehen.

Aus diesem Leitbild folgte eine weitere Gemeinsamkeit frühmittelalterlicher Abteien: ihre Stabilität. Sitz des Klosters war ein für allemal ein bestimmter, umgrenzter Ort. Wenn Neubauten errichtet wurden, entstanden sie über den alten Grundmauern. Ein solcher Platz mit einer Kirche, durch Reliquien geweiht, wurde nicht aufgegeben, das Kloster mochte abbrennen, so oft es wollte. Wer als Mönch in einen Konvent eintrat, mußte zwar als Amtsträger, insbesondere als Abt, zahlreiche Reisen unternehmen, aber seine Erdenheimat blieb diese eine Abtei. Wenn er lebend nicht wiederkam, wußte er, wo man ihn begraben würde, auf dem Friedhof dieser Abtei. Ortsbeständigkeit bestimmte auch den Aktionsradius eines frühmittelalterlichen Klosters. Seine Wirkung konzentrierte sich, nicht von der Gründung an, jedoch nach einigen Jahrzehnten immer mehr, auf die nächste Umgebung, unabhängig davon, aus welchen Fernen die ersten Gründer aufgetaucht waren. Aus der Nachbarschaft kamen die meisten Mönche, da lagen die Ländereien am dichtesten beisammen. Auf diese Weise konnten die Klöster im Bodenseeraum durch Jahrhunderte nahezu ungestört missionieren und kultivieren, solange die Region ähnlich ungleichmäßig organisiert war wie die Klöster. Sie kamen sich gegenseitig allenfalls bei Außenbezirken in die Quere, um jede Abtei lag Niemandsland genug. Den Aufbruch in ein Land, das der Herr ihnen zeigen werde, unternahmen viele Laien; Mönche vergaßen ihn, wenn sie nach gefährlicher Reise ihre Abtei vor sich liegen sahen.

Eine letzte Gemeinsamkeit frühmittelalterlicher Klöster ist ihre langsame Entfaltung. Bei allen besprochenen Abteien am Bodensee mußte ein geschichtlicher Zeitpunkt dargestellt werden, der mindestens hundert Jahre nach ihrer ersten Gründung lag. Dieser Zeitabstand ergab sich, weil wir den Zeitpunkt der größten historischen Wirkung eines Klosters suchten. Zwischen Gründungsanstoß und voller Ausbildung lag eine lange Inkubationszeit, zumal da der erste Impuls gewöhnlich von weither kam. Erst nachdem sich eine ungewohnte Idee gegen Widerstände der Umgebung durchgesetzt und in der Landschaft eingenistet hatte, konnte eine Abtei wirksam »arbeiten«. Dazu mußten die politischen und rechtlichen Voraussetzungen gesichert sein, die Klostergebäude mußten stehen, die Klostergüter erschlossen sein, die Vögte mußten ihre Befugnisse, die Bauern ihre Pflichten kennen. Im Konvent mußte die Gründergeneration weggestorben, eine Leitfigur anerkannt sein. Eine zweite, dritte Mönchsgeneration mußte die Leitung übernommen haben, für die das Kloster vorgegebene Grundlage, das Leitbild bewährter Ansporn war. Im Zusammenleben der Mönche mußte sich ein tragfähiger Konsens des Tuns und Lassens herausgeschält haben, einige Zusammenbrüche mußten überstanden, einige Enttäuschungen überwunden sein. Das brauchte kaum weniger Zeit als das Wachsen eines Waldes. Die Klöster des Frühmittelalters nahmen sie sich, um widerstandsfähig zu werden, auch wenn sie dann mitunter den Urwäldern der Umgebung glichen, wo morsche Bäume nicht gefällt, gefallene nicht entfernt wurden.

Insgesamt war die Zeit vom siebten bis zehnten Jahrhundert für das Mönchtum am Bodensee eine lange und langsame Phase der ersten Stabilisierung.

REFORM IN DER PRIESTERKIRCHE

HERMANN DER LAHME · OBLATE IN REICHENAU

Kann ein Kloster, das einmal stabil gegründet wurde, vor dem Jüngsten Tag zugrunde gehen? Niemand mußte danach fragen, solange im frühmittelalterlichen Bodenseegebiet nur neue Abteien, keine Klosterruinen zu sehen waren. Uns drängt sich die Frage auf, wenn wir das Marienmünster der ehemaligen Benediktinerabtei Reichenau besuchen und vor dem wuchtigen Westbau der Kirche stehen. Das Chorgebet der Mönche ist seit mehr als zweihundert Jahren verstummt, aber der Westbau, die sogenannte Markuskirche, steht noch so, wie er vor über neunhundert Jahren errichtet wurde. Das älteste klösterliche Bauwerk am Bodensee, das sich ohne größere Eingriffe erhalten hat, ein Triumph benediktinischer Stabilität, wie es scheint. Empfanden es schon die Erbauer so? Die Frage läßt sich beantworten, weil die Reichenauer Markuskirche zugleich das früheste Baudenkmal am See ist, von dessen Einweihung uns ein Historiker als Augenzeuge berichtet – ein höchst bemerkenswertes Zusammentreffen von Gedenkstätte, Gedenktag und Gedenküberlieferung. Der Reichenauer Benediktiner Hermann der Lahme schrieb 1048 in seine Chronik: »Der Kaiser verließ Regensburg, wo er Ostern mit den Herzögen Otto und Bretislaw und mit vielen Fürsten verbrachte, zog noch einmal nach Alemannien, betrat unsere Reichenau und ließ am 24. April die neue Kirche des heiligen Evangelisten Markus, unseres Schutzheiligen, die vom Herrn Abt Bern erbaut worden war, in seiner Gegenwart vom Konstanzer Bischof Dietrich weihen. Er beging dann das Fest dieses Heiligen am Tag der großen Litanei bei uns und feierte anschließend Christi Himmelfahrt in Zürich, Pfingsten in Solothurn.«

Auf den ersten Blick unterstreicht der Text die historische Bedeutung der Kirchweihe; der zweite Blick macht stutzig. Was der Konvent der Benediktiner 1048 mit dem zuständigen Bischof und dem andächtigen Kaiser feierte, war nicht die einmalige Fertigstellung eines neuen Gebäudes, sondern die jährlich wiederkehrende liturgische Erinnerung an die Heilstaten Christi und seiner Nachfolger. Dieses Gedenken überwand die Unbeständigkeit der Standorte zwischen Regensburg und Solothurn und die Wechselfälle der Geschichte zwischen Christi Geburt und unserer Gegenwart. Der an Ostern auferstandene Herr hat vor seiner Himmelfahrt die Apostel als Gründer der christlichen Kirche eingesetzt. Ihre Gebeine liegen hier bei uns und verheißen, wenn wir ihre Feste alle Jahre gemeinsam mit Prälaten und Herrschern feiern, stabilere Dauer als ein neues Kirchengebäude. In Hermanns Worten schwingt ein Unterton der Besorgnis mit, den wir bislang von Mönchen am Bodensee nirgends vernahmen: Ist unsere Abtei wirklich auf Fundamente gebaut, die ihre Stabilität verbürgen? Von Hermanns Text her erscheint auch die Markuskirche des Abtes Bern plötzlich wie eine beschwörende Erinnerung inmitten einer sich wandelnden Welt. Die Gebeine des Evangelisten Markus, der da gefeiert wurde, waren 830 in einer kritischen Phase des Klosters, zu Walahfrids Zeit, hierhergekommen, das wußten Bern und Hermann. Die Reliquien hatten hundert Jahre danach bei einer drohenden Katastrophe für den Fortbestand der Abtei gesorgt, auch das kann man bei Hermann nachlesen.

Er notierte zum Jahr 922 knapp: »Herzog Burchard unterdrückte Heribert, setzte Liuthard in Reichenau ein, und die Brüder wurden in die Verbannung geschickt.« Heribert war seit 916 Abt gewesen, bei seinem Tod hatte Liuthard 926 die Nachfolge angetreten. Aber die innere Kontinuität war 922 zerrüttet worden durch den Eingriff von außen, von demselben Herzog, der vermutlich die Buchauer Nonnen unterstützte. In Reichenau hatte sich der Konvent gespalten, ein Teil der Mönche das Kloster verlassen. Zum Jahr darauf meldete Hermanns Chronik die Ankunft der (aus Schänis stammenden) Heilig-Blut-Reliquie in Reichenau; in denselben Jahren zwischen 919 und 934 begann die öffentliche Verehrung der Markusreliquien. Seither rückten sie in den Mittelpunkt klösterlicher Liturgie, Legendenliteratur und Bautätigkeit. Wie das Heiltum vom Blut und Kreuz Christi im Osten der Klosterkirche, in der Rundkapelle am Chorscheitel, die ewige Gegenwart des Erlösers bezeugte, so hielten die Markusgebeine im Westbau am Ende des Langhauses einen Evangelisten präsent, der als erster Bischof von Alexandria ein Oberhirte der Urkirche gewesen war, gleichzeitig und gleichrangig mit den Aposteln Jakobus und Petrus, den Gründern der Bischofskirchen in Jerusalem und Rom.

Die Geschichte der Reichenauer Hauptreliquien wurde um die Jahrtausendwende in einem prachtvollen, auf Purpurgrund geschriebenen Lektionar zusammengestellt, das Hermann für seine Chronik benutzte. Dieses hagiographische Hausbuch sollte die übergeschichtlichen Grundlagen der Klostergeschichte festhalten. Walahfrid Strabo hatte sich an die Folge der Reichenauer Äbte geklammert, aber seither war das Inselkloster immer weiter von der Historie abgerückt, ganz anders als das junge Einsiedeln. Die Reichenauer Klosterannalen wußten aus dem späten neunten und frühen zehnten Jahrhundert von harten Wintern und bösen Gewittern, Feuersbrünsten und Plünderungszügen zu sagen und brachen 939 ganz ab. Die Reichenauer Kulturblüte um die Jahrtausendwende kam der Geschichtsschreibung ebenfalls nicht zugute, denn Geschichte war bloß der häßliche Lärm, der manchmal den klösterlichen Gottesdienst störte. Der Konvent empfand sein Zusammenleben als festlich, zeitenthoben und gotterfüllt; sonst hätten die Mönche nicht so entrückt an ihren herrlichen Miniaturen gemalt. Beinahe schien es, als würde die geistliche Eintracht durch den Wechsel der Äbte nicht mehr getrübt. Wenn einer wie Ekkehard seit 958 beim Bau der schönen Kirche Johannes des Täufers das Klostervermögen überforderte, wurde er eben abgesetzt; sein Nachfolger Ruodmann machte seit 972 die Abtei wieder außerordentlich reich. Dasselbe ereignete sich 997, als Ruodmanns bauwütiger Nachfolger Witigowo abdanken mußte. Der Rhythmus der Äbte ähnelte in dem alten Kloster dem Rhythmus des Kirchenjahres. Die Äbte kamen ja nicht von auswärts und gingen nicht in den Schmollwinkel, sie lebten vorher und nachher im Konvent, der immer derselbe blieb.

Abt Ruodmann hatte allerdings einschneidende Veränderungen eingeführt, nämlich mit Hilfe der ottonischen Herrscher die Klosterreform aus Gorze durchgesetzt. (Wie Scheffel diesen »Rudimann« karikiert hat, das ist zum Weinen.) Das Mutterkloster Reichenau hatte manches von der eigenwilligen Tochterabtei Einsiedeln gelernt und neidlos anerkannt, daß Einsiedeln nach Hermanns des Lahmen Worten »von heiligen Mönchen gepflegt, längst zu einem vornehmen und berühmten Kloster erwachsen ist«. Daß Ruodmann ähnliches in Reichenau begann, brauchte Hermann nicht zu erwähnen, weil es offenbar im Einvernehmen mit dem Konvent geschah. Die Gemeinschaft von Abt und Konvent diente dem Lob Gottes, des kunstreichen Schöpfers von Mensch und Natur, und antwortete auf Gottes Schöpfung durch liturgische Preisung mit allen Mitteln von Kunst und Gelehrsamkeit. Darauf allein kam es an, dazu war jede Anregung willkommen, dafür bedurfte es keiner Historie. Doch man ließ das Kloster nicht in Ruhe. Hermann zum Jahr 1006: »In Reichenau wählten nach dem Tod des Abtes Werner die Brüder den Mönch Heinrich. Aber König Heinrich (II.) verabscheute dessen Unverschämtheit, obwohl er von ihm Geldzahlungen angenommen hatte. Da er den Brüdern, die man bei ihm verklagt hatte, feindlich gesonnen war, setzte er ihnen gegen ihren Willen einen gewissen Immo vor die Nase, den Abt von Gorze, der damals auch Prüm innehatte, einen mürrischen Mann. Daher verließen einige Brüder das Kloster freiwillig, andere wurden von ihm durch Fasten, Schläge und Verbannung schwer bedrückt. So erlitt das vornehme Kloster zur Strafe für seine Sünden einen schweren Verlust an großen Männern, Büchern und Kirchenschätzen. Der vornehme und gelehrt geistreiche Mönch Roudpert, der Onkel meiner Mutter, hat es in Prosa, Rhythmus und Vers eindringlich beklagt.«

Kennzeichnend für Walahfrids Erben: Auf den Einbruch der Geschichte antwortete Reichenau mit einem Kunstwerk. Es ist verlorengegangen, sonst wüßten wir genauer, warum ein einzelner Abt den seit Jahrhunderten stabilisierten Konvent fast zugrunderichten konnte. Immos Reformprogramm aus Gorze kann keinen Widerstand hervorgerufen haben, denn die Bräuche, die er mitbrachte, waren dem Inselkloster seit einem Menschenalter geläufig. Wohl dachte man sie sich hierorts weniger finster und etwas beschwingter. Aber schwerer wog, daß dem Kloster zum ersten Mal seit 922 ein Abt aufgezwungen wurde, nicht einmal wie damals aus den eigenen Reihen. Trotzdem hätte es den Konvent nicht zerstören müssen, daß der König das freie Wahlrecht mißachtete, denn wenigstens Hermanns Freunde im Kloster hatten die Nominierung des Mitmönchs Heinrich mißbilligt. Neu zusammengeschweißt wurde der Konvent vielmehr durch die Rücksichtslosigkeit des fremden Abtes. Im gleichen Jahr 1006 wurde das Kloster zudem beinahe buchstäblich zerstört, durch einen Großbrand, der die Kirche schwer beschädigte und die äußeren Umstände des Mönchslebens unerquicklich machte. In diesen Jahren seit 1005 förderte König Heinrich überdies nachdrücklich den Aufbau eines neuen Benediktinerklosters in Stein am Rhein, das den Wirkungskreis von Reichenau mindestens auf der Höri um Schienen beeinträchtigte. Alles denkbare Unglück kam über Pirmins Abtei auf einmal; diesen Schock vergaß so schnell keiner, der ihn erlebte.

Das Schlimmste trifft nicht immer zu. Hermann zum Jahr 1008: »In diesem Jahr erkannte König Heinrich endlich, nach zwei Jahren, die Grausamkeit Immos. Er entfernte ihn und setzte den Prümer Mönch Bern, einen gelehrten und frommen Mann, als Abt von Reichenau ein. Er wurde mit Freuden aufgenommen und sammelte die zerstreuten

Brüder wieder. Durch Bischof Lantpert von Konstanz wurde er als neunundzwanzigster Abt dieses Klosters geweiht und regierte es vierzig Jahre lang, ausgezeichnet durch große Gelehrsamkeit und Frömmigkeit.« Hermann betonte selbst, daß auch Bern nicht vom Konvent gewählt, sondern vom König ernannt war und aus dem Reformkloster seines Amtsvorgängers kam. Vermutlich schlug ihn also Immo dem König vor. In der Sache änderte sich 1008 nichts, doch der Wechsel der Person gab der Mönchsgemeinschaft ihr Selbstbewußtsein zurück. Der standesbewußte Konvent registrierte, daß Bern nicht aus vornehmer Familie kam; Hermann der Lahme verweigerte ihm das Adjektiv, das ihm bei den Mönchen von Einsiedeln und beim eigenen Großonkel selbstverständlich einfiel. Adlig war Bern nicht, dafür gelehrt und fromm, das hieß unter anderem sensibel im Umgang mit Menschen.

Mit welchen Mitteln Bern den anfangs störrischen Konvent für sich gewann, entnehmen wir einem Brief aus der Zeit um 1016. Von den einunddreißig bezeugten Briefen Berns ist er der einzige an den Reichenauer Konvent, denn wie Gregor von Einsiedeln verließ Bern seine Abtei selten. Diesmal war er unterwegs, wohl im Elsaß, um beim Kaiser für das Kloster Privilegien zu erbitten. Währenddessen starb auf der Insel unerwartet der Mönch Heinrich, nach aller Wahrscheinlichkeit der Rivale Immos bei der Abtwahl von 1006. Andere Äbte schoben gescheiterte Vorgänger in Außenstellen ab, wenn sie den Hausfrieden störten und im Altenteil rumorten; Bern hatte Heinrich mit der Wirtschaftsverwaltung der Abtei betraut, ihn also wohl zum *Cellerarius* gemacht. Der Kellner unterstand zwar dem Abt, sollte aber nach Benedikts Regel für die ganze Gemeinschaft »wie ein Vater« wirken, und Heinrich wirkte mit Feuereifer. Bern verstand wie Gregor, auch Erbitterte zu begeistern. So schwer, wie man heute meint, ist das nicht, für den Überlegenen nicht.

Als Heinrich nun starb, ordnete der Abt brieflich an, daß der Konvent über die Feiern bei der Bestattung hinausgehen und des Mitbruders besonders gedenken solle, so eindringlich, wie es in Reformklöstern der Gorzer Richtung gebräuchlich war. An dreißig Tagen hintereinander sollten die Priestermönche die Messe für Heinrich aufopfern, die übrigen Brüder für ihn Psalter und Vigilien beten. Wie damals bei Wettis Tod sollte sich der Konvent als Gemeinschaft der füreinander Betenden begreifen, und nicht der in Mittelzell versammelte allein. Im Sinn der karolingischen Gebetsverbrüderung benachrichtigte Bern die Abtei St. Gallen von Heinrichs Tod, nicht ohne anzumerken, daß der Herrscher selbst in seiner Milde den Heimgang des 1006 Verabscheuten beweine. Noch ernster als die Verbindung mit anderen Abteien am Bodensee nahm Bern die Verbrüderung der eigenen großen Klostergemeinde. An vier Tagen des Gedenkmonats sollte auch den Mönchen und Klerikern in den *Cellae* der Abtei ein besonderes Liebesmahl bereitet werden, von jener Art, die wir aus Nivelles vom Fest der heiligen Gertrud kennen. Gedacht war dabei an Außenstellen wie Oberzell, Niederzell, Radolfzell, Schienen. Die Mitmönche sollten sich nicht wie Walahfrid in Fulda als Abgeschobene verstehen. Die eigens erwähnten Kleriker besorgten dort den Gottesdienst für Laien.

Die Laien wurden in das Gedenken für Heinrich ebenfalls einbezogen. Nach Berns Anweisung sollten die materiellen Vorbereitungen von zwei namentlich genannten Benediktinern getroffen werden, »zusammen mit den Ministerialen, die draußen sind«, also mit den Meiern, die auf Klosterhöfen die bäuerlichen Arbeiten überwachten. Es ging um eine Großaktion, denn der Abt befahl noch vier Armenspeisungen, am ersten Tag des Gedenkmonats für hundert Arme, am dritten für zweihundert, am siebten für dreihundert, am dreißigsten für vierhundert, insgesamt für tausend Arme. Die wachsenden Intervalle und Zahlen hatten neben aller symbolischen Bedeutung einen ökonomischen Hintergrund: So schnell konnten so viele Mahlzeiten nicht geliefert werden. Die Armen würden erfahren, wem sie das Festessen aus der Klosterküche verdankten und für wen sie beten sollten. Die Mönchsgemeinschaft der Betenden aber festigte ihre Eintracht dadurch, daß sie die Mühseligen und Beladenen mit zu Tische lud. Weil Heinrich gut für die Klosterwirtschaft gesorgt hatte, war sie imstande, die zehnfache Zahl der Mönche zu bewirten und das Gebet der Erquickten dem toten Mitbruder zuzuwenden. Wer diese vielen Armen waren? Klosterbauern schwerlich, eher heimatlose Bettler und Pilger, die den Ruhm der gastfreundlichen Abtei und ihres verstorbenen Kellners in alle Lande verbreiten mochten. »Ein vornehmes und berühmtes Kloster«, hätte Hermann der Lahme gesagt.

Schon die Benediktregel des sechsten Jahrhunderts hatte den Mönchen, unter ihnen besonders dem Kellner, die Erquickung der Fremden und Armen aufgetragen; an der Klosterpforte von St. Gallen wurden bereits im Frühmittelalter Hungrige gespeist. Doch erst seit dem späten zehnten Jahrhundert mehrten sich Nachrichten von Massenspeisungen. Sie markierten eine neue Epoche. Die Landwirtschaft alter Abteien war leistungsfähig genug, um die zusätzliche Belastung zu ertragen; notwendig wurde sie erst jetzt, weil sich die ländlich-seßhafte Ordnung der frühmittelalterlichen Landschaften auflöste. Eine breite Schicht verließ die Scholle und wanderte, dabei verarmte sie rasch, die Vielen fanden kein Land mehr, das der Herr ihnen zeigen würde. Zuerst erkannte das Reformkloster Cluny die neue Aufgabe, sich der materiellen und geistlichen Nöte der Entwurzelten anzunehmen. Abteien an vielbegangenen Wegen brauchten nun auch größere Kirchen als das abgelegene Einsiedeln, nicht mehr nur Gott zu Ehren, auch den Laien zu nütze. In Reichenau baute Abt Ekkehard schon eine gesonderte Pfarrkirche auf der Klosterinsel selbst, Witigowo erweiterte dann die Klosterkirche, damit Laien am Gottesdienst teilnehmen konnten. Der lothringische Reformer Bern setzte diese priesterliche Öffnung der Mönchsklausur fort, indem er Weltpriester und ihre Gemeinden an der monastischen Tischgemeinschaft beteiligte. Reichenau ging über das Programm von Einsiedeln hinaus.

Wenn Bern über liturgische Fragen nachdachte, beschäftigten ihn Einzelheiten des mönchischen Gottesdienstes und Chorgebetes weniger gründlich als Walahfrid. Um kultische Bräuche für Außenstehende durchschaubar zu machen, drängte Bern auf ihre Vereinheitlichung nach römischem Muster. Er gestaltete den Gottesdienst attraktiver, indem er für ihn einprägsame Gesänge dichtete und komponierte, nicht mehr nur wie Walahfrid für Patrone von Klosterkirchen, auch von Bischofskathedralen. Bern ließ einige seiner Predigten aufschreiben, damit sie über die Klosterkirche hinausdrangen. Er schrieb seine ermahnenden Briefe in der Mehrheit nicht an Äbte und Mönche, sondern an geistliche und weltliche Betreuer von Laien, an Bischöfe und Könige. Sogar den aufkeimenden Familienzwist im salischen Herrscherhaus suchte er 1025 durch Gebetsverbrüderung zu beschwichtigen. Berns Bautätigkeit diente ähnlichen Zielen. Die neue Markuskirche setzte einen starken Akzent im Westen, wo nach mittelalterlicher Meinung die Mächte des Teufels lauerten und von wo die Laien das Münster betraten. Daß in ihrer Mitte 1048 der Kaiser einzog, machte die Klosterkirche vollends zum Sammelpunkt der Weltkirche. So priesterlich hatten Mönche am Bodensee ihre Rolle nie verstanden, auch die im modernen Kloster Einsiedeln nicht. Ihm überließ Bern 1039 die Gebeine des heiligen Meinrad und komponierte zur Feier des Einsiedlers ein Meßoffizium. Daß er ein teilweise wortgleiches Offizium auf Bischof Ulrich von Augsburg verfaßte, läßt erkennen, wie Bern von Reichenau sein Mönchtum verstand: als Mitte zwischen Weltflucht und Weltsorge.

Berns Antwort auf den Reichenauer Schock von 1006, Priestermönchtum in der Weltkirche, zog weniger die Eigenbrötler als die Geselligen ins Inselkloster. Der bedeutendste unter ihnen war Hermann der Lahme. Sein Vater, Graf Wolfrat II., besaß einen noch nicht namengebenden Schwerpunkt der Herrschaft um Altshausen, einen zweiten um Isny. Der Großvater, Wolfrat I., hatte vor 972 den Grafenrang im Eritgau erlangt und 973 bei der Besetzung des Augsburger Bischofsstuhls entscheidend mitgesprochen, denn seine Frau Bertha stammte aus der Dillinger Grafensippe und war mit dem 973 verstorbenen Bischof Ulrich von Augsburg nahe verwandt. Auch Hermanns Großvater und Vater galten als fromm, doch Religion war im Adel Frauensache. Hermanns Mutter pflegte in Altshausen das Andenken an die heiligen Vorfahren ihres Mannes, zumal Sankt Ulrich, und widmete sich einer aktiven Frömmigkeit, die von der Armenfürsorge bis zu Pilgerzügen reichte und an Adelinde von Buchau erinnerte. Im Nonnenkloster Buchau, wir sahen es schon, dürften Tanten und Schwestern Hermanns gelebt haben. Die Männer zog es zur Abtei Reichenau, wo Hermanns Großonkel 1006 Mönch war. Alles in allem eine jener Grafensippen, die das Mönchtum des zehnten Jahrhunderts in der alemannischen Region verwurzelt hatten; neumodischen Reformen aus dem fernen Westen standen sie wenn nicht ablehnend, dann abwartend gegenüber.

Der am 18. Juli 1013 zur Welt gekommene Sohn Hermann erlitt entweder bei der Geburt durch Gehirnverletzung oder in früher Jugend durch spinale Kinderlähmung eine schwere Verkrüppelung, die ihn für Lebenszeit von der politisch-militärischen Aktivität seiner wenigstens vier Brüder ausschloß. Adelssippen brachten kranke Angehörige gern in ein Kloster, doch um Versorgung ging es in diesem Fall nicht zuerst. Hermanns frommer Mutter Hiltrud lag offenbar daran, daß der gelähmte Sohn nicht dahindämmerte. Dem Siebenjährigen verschaffte sie 1020 Unterricht in Lesen, Schreiben und Latein, bahnte ihm also den Weg zu geistlicher Gelehrsamkeit. Als Schulort bot sich von selbst die Abtei Reichenau an, wo zuvor Hermanns Großonkel Roudpert eingetreten war und danach Hermanns jüngerer Bruder Werner eintreten würde. Hermann sollte auch im Kloster hilfsbereite Freunde um sich haben. Graf Wolfrat dürfte dem Kloster für Ausbildung und Versorgung Hermanns einigen Grundbesitz überschrieben haben, denn das schickte sich so. Die Übergabe des Knaben vollzog sich am 15. September 1020, wie er selbst festhielt, wahrscheinlich in der feierlichen Form der sogenannten Oblation.

Oblaten waren unmündige Kinder, die einem Benediktinerkloster von Eltern oder Vormündern in einem eigenen Ritus dargebracht wurden. Die Benediktregel schrieb vor, daß solche Kinder nichts von der Habe ihrer Eltern besitzen oder erben durften; statt dessen konnte dem Kloster eine rechtsgültige Schenkung gemacht werden, »damit dem

Knaben keine Aussicht bleibe, die ihn täuschen und verderben könnte«. Mit anderen Worten: Die Darbringung durch die Eltern band den minderjährigen Oblaten für Lebensdauer an das Mönchtum, obwohl er sich nicht frei dazu entschieden hatte. Für die patriarchalische Denkweise des Frühmittelalters, besonders des Adels, verstand es sich von selbst, daß ein Sohn der väterlichen Weisung, sei es in eine Ehe, sei es in ein Kloster, folgen müsse. Doch widersprach das Verfahren dem geistlichen Grundsatz, daß niemand zu mönchischem Leben gezwungen werden dürfe, und war seit dem neunten Jahrhundert ständig umstritten. Man versuchte für die Aufnahme ins Kloster ein Mindestalter von zehn, fünfzehn, zwanzig Lebensjahren festzulegen. Trotzdem wurden den Benediktinern bis ins zwölfte Jahrhundert immer wieder kleine Kinder übergeben, nicht bloß, weil sich die adlige Familienplanung über mönchische Prinzipien hinwegsetzte, auch der Klosterschule zuliebe. Solange sie die beste Erziehungsstätte blieb, empfahl es sich, Kinder möglichst früh einzuschulen, wie es zum Beispiel in Reichenau mit Walahfrid Strabo geschehen war. Oblaten erreichten einen Bildungsvorsprung vor später Eintretenden, vollends vor Erwachsenen, der den Oblaten die Führungsstellen sicherte. Für Hermann den Lahmen bestanden allerdings nach keiner Richtung große Aussichten, weder konnte er als Graf zu Pferde sitzen noch als Abt im Kapitelsaal thronen. Er mußte sein Schicksal hinnehmen, von anderen total abhängig zu sein, konnte allenfalls durch Bildung und Geist selbständig werden. Dies war anscheinend sein Ziel von früh an: ein Oblate aus Passion.

Einer von Hermanns frühen Lehrern könnte Purchard gewesen sein, der vor der Jahrtausendwende die Kirchenbauten Witigowos in Reichenau, ihren plastischen und malerischen Schmuck beschrieben hatte und unter Bern für den Kirchengesang zuständig war, bis er 1030 als Abt nach Regensburg berufen wurde. In diese kunstbesessene Atmosphäre wuchs der junge Hermann hinein und erlernte Fertigkeiten, die vor allem der Schönheit der Liturgie dienten. Er dichtete lateinische Lieder auf Maria und das Kreuz Christi, das heißt für Reichenauer Feste, ferner auf Heilige aus befreundeten Kirchen und Klöstern wie Magnus von Füssen, Afra von Augsburg, Wolfgang von Regensburg. Er komponierte die Musik zu einigen dieser Lieder, erfand eine eigene Notenschrift dafür und schrieb ein ganzes Buch über Harmonielehre. Er griff also die Anregungen der klösterlichen Praxis auf, bildete sie schöpferisch über die Ansätze Berns hinausgehend weiter und vertiefte sie bis in die Theorie hinein, die Bern fernlag. Der Abt spornte den Hochbegabten auf seine Weise an, indem er den etwa Dreißigjährigen trotz seines körperlichen Gebrechens zum Kleriker weihen ließ, Hermanns Arbeit somit als priesterlichen Dienst anerkannte.

Im klösterlichen Bildungskanon stand nahe bei der Musik die Mathematik; auch hier leistete der Gelähmte Außerordentliches. Er bemerkte, daß es für den Gottesdienst erforderlich war, die Stunden der Tage und Nächte genau zu berechnen, wenn es im Sinne Berns auf einheitliche Ordnung ankam. Dazu brauchte man das Astrolabium, ein Gerät zur Fixsternvermessung, das im Kloster niemand mehr richtig zu bauen verstand. Hermann erklärte seine Herstellungsweise und die astronomischen Grundlagen seines Funktionierens in besonderen Schriften. Auf ähnliche Weise führte ihn eine zusammenfassende Abhandlung über die kirchliche Zeitrechnung zu intensiven Beobachtungen und Berechnungen der Sonnen- und Mondbewegungen, die er wieder Mitmönchen erläuterte.

Er gab in keiner dieser Schriften Hinweise auf zeitgenössische Ereignisse, die eine chronologische Reihung gestatten würden. Bedauerlich für uns, kennzeichnend für ihn: Er nahm sich selbst noch nicht historisch. Überall beschritt er energischer als Bern den Weg von der Praxis zur Theorie, um darüber nicht zum Gelehrten, sondern zum Lehrer zu werden. Die Gelehrsamkeit in Reichenau war in Berns Abtjahren Bestandteil des mönchisch-priesterlichen Programms, Gott zu loben und den Mitmenschen zu dienen.

Hermanns Leben im Kloster verlief nicht eintönig. Berthold, einer der zahlreichen Schüler, die von überall herkamen, hat Hermanns Verbindung von körperlicher Starre mit geistiger Regsamkeit eindrucksvoll beschrieben. »Seine Glieder waren auf so grausame Weise versteift, daß er sich von der Stelle, an die man ihn setzte, ohne Hilfe nicht wegbewegen, nicht einmal auf die andere Seite drehen konnte. Wenn ihn sein Diener in einen Tragsessel setzte, konnte er darin gekrümmt eben sitzen und irgendetwas tun. In diesem Sessel war der nützliche und erstaunliche Diener der göttlichen Vorsehung, obwohl er an Mund, Zunge und Lippen gelähmt war und nur gebrochene und schwerverständliche Worte langsam hervorbringen konnte, seinen Schülern ein beredter und eifriger Lehrer, munter und heiter in der Rede, in der Gegenrede äußerst schlagfertig, zur Beantwortung von Fragen stets willig. Immer glaubte er, ein Mensch ohne jeden Tadel, sich alle menschlichen Fähigkeiten aneignen zu müssen, ob er nun mit seinen ebenfalls gekrümmten Fingern etwas Neues aufschrieb, ob er für sich oder mit anderen etwas Geschriebenes las oder ob er sich mit ganzer Anspannung an irgendeine nützliche oder notwendige Arbeit machte. ... Keiner verstand wie er, Uhren zu machen, Musikinstrumente zu bauen, mechanische Arbeiten auszuführen. Mit diesen und vielen anderen Dingen, deren Aufzählung zu lang dauern würde, beschäftigte er sich ständig, soweit es überhaupt sein schwacher Körper zuließ.« Er war zudem ein Asket, der von Jugend an nie Fleisch aß und unermüdlich beten konnte, aber kein Freund der visionären Entrückung oder der beschaulichen Stimmung, sondern gerade wegen seiner Lähmung ein Mann von unbändigem Tatendrang und anregender Geselligkeit, ein Priestermönch nach dem Herzen Berns.

Der hilflose Grafensohn, der nach Bertholds Zeugnis kein Unrecht schweigend hinnahm, wußte wohl, daß Mönche nur dann in der Welt wirken konnten, wenn sie von Mächtigen und Frommen im Land, Grafen und Bischöfen unterstützt wurden. Eben dabei machte Abt Bern bittere Erfahrungen, die erste, von der wir Genaueres wissen, ausgerechnet mit Hermanns Vater. Der Sohn verlor kein Wort darüber, aber wir haben das betroffene Schreiben Berns von etwa 1027, einen Hilferuf an den mächtigen Bischof Werner von Straßburg. Der bekannte Wolfrat, dessen Name mit Recht als »Rat eines Wolfes« gedeutet werde, höre nicht auf, den Briefschreiber mit Wolfszähnen zu beißen und zu zerreißen. Er schelte den Abt öffentlich einen Lügner und Verächter von Königsbefehlen. Denn ihm, Wolfrat, seien die Reichenauer Klosterhöfe Bierlingen, Empfingen und Binsdorf im Neckarraum versprochen gewesen. Mit dieser Behauptung schwäche der Graf den Zustand des Klosters und verwirre die Gesinnung der Brüder. Er habe sich obendrein hinter den Konstanzer Bischof und den König Konrad II. gesteckt und drohe dem Abt entrüstet und bissig. Wolfrat war alles andere als ein brutaler Kirchenräuber; später förderte er möglicherweise mißlungene Anfänge eines Klosters in Altshausen, nachweislich 1042 eine Kirchenstiftung in Isny, die sein Sohn Manegold 1096 zu einer Benediktinerabtei ausbaute. Solche Stiftungen auf eigenem Boden lagen dem Grafen wie anderen Standesgenossen besonders am Herzen. Er mußte sich fragen, ob dem Abt von Reichenau der Anspruch zustand, hierzulande die Weltkirche zu repräsentieren und unablässig beschenkt zu werden.

Die gleiche Frage stellte sich wenig später der Bischof von Konstanz, auch er beileibe kein Verächter des Mönchtums. Was ihn ärgerte, schilderte Hermann der Lahme aus Reichenauer Sicht zum Jahr 1032. »Abt Bern von Reichenau sandte die Privilegien seines Klosters nach Rom und erhielt von Papst Johannes (XIX.) erneut das Privileg mit den Sandalen, daß er in bischöflichen Gewändern Messe lesen könne. Darüber aufgebracht, verklagte ihn Bischof Warmann von Konstanz beim Kaiser (Konrad II.) wegen Amtsanmaßung und Ehrabschneidung. Von beiden wurde er so lange in die Enge getrieben, bis er dieses Privileg mit den Sandalen dem Bischof übergab, damit er es öffentlich bei seiner Synode am Gründonnerstag nächsten Jahres verbrenne.« Gewiß wollte der Bischof sowenig wie der Kaiser die Festlichkeit der Reichenauer Gottesdienste mindern, der Abt sowenig wie der Papst die Würde der Konstanzer Bischofskirche schmälern; aber es fragte sich, wer am Bodensee hauptsächlich den Laien die Messe zu lesen und den Glauben zu verkünden hatte, der Abt von Reichenau oder der Bischof von Konstanz. Es fragte sich überhaupt, ob Berns Reformkonzept vom Priestermönchtum nicht die den Klöstern gewiesenen Grenzen überschritt und ob der landfremde Abt nicht die geschichtlichen Kräfte dieser Landschaft übersah.

Für Reichenauer Mönche waren solche Erfahrungen mit der Geschichte niederdrükkend. Für manche wurden sie zum Anlaß, durch historische Studien die bestrittenen Rechte der Abtei zu stützen. In alten Urkunden mußte doch der Bischof selbst dem Kloster päpstliche Vorrechte erwirkt, der Kaiser selbst die freie Abtwahl zugesichert, ein Graf selbst die Höfe beim Neckar geschenkt haben. Solche mehr oder minder gutgläubigen Vermutungen führten in Reichenau schon während des zehnten Jahrhunderts zu Urkundenfälschungen, zur Manipulation einer Geschichte, wie sie hätte gewesen sein sollen. Auch Bern und Hermann mußten sich in Urkunden aus der Karolinger- und Ottonenzeit vertiefen, aber beide taten es zögernd, nur bei klarer Rechtslage und auch dann ohne Rechthaberei. Denn Prozessieren war eigentlich die Sache der Mönche nicht. Vielmehr begannen beide über die geschichtlichen Bedingungen und Beschränkungen mönchischen Lebens grundsätzlich nachzudenken. Sie eröffneten damit dem Mönchtum eine neue, die wissenschaftliche Dimension, die den Auftrag der Mönche zugleich intensivierte und relativierte. Das erstere hatte Einsiedeln aus der Geschichte gelernt; das letztere mußte Reichenau hinzutun.

Der Abt und sein Mönch erstrebten dieselben benediktinischen Ziele, stützten sich aber auf verschiedene geschichtliche Erfahrungen. Bern war von einem frommen König in sein Amt gebracht worden und bemühte sich immer um gute Beziehungen zum Herrscherhaus. Daß sich der nüchterne Konrad II. lieber an den Konstanzer Bischof und den Grafen Wolfrat hielt, bekümmerte den Abt von Reichenau tief. Trotz aller Skepsis des Alters erhoffte sich Bern 1039 vom Regierungsantritt Heinrichs III. einen Neubeginn und deutete ihn vor 1044 in einem Brief an den Herrscher als Anknüpfung an karolingische Tradition: In Heinrich III. träfen Frömmigkeit und Vornehmheit seiner kaiserlichen Vorfahren zusammen. Zu diesen Ahnen zählte Bern einerseits die großen Kaiser

Karl und Otto, andererseits den heiligen Bischof Arnulf von Metz und die heilige Äbtissin Gertrud von Nivelles. Bern schrieb eher beschwörend als jubelnd, denn im Grund sagten ihm die alten Geschichten wenig. Er sandte dem König zunächst seine eigenen Schriften, um ihn zu gewinnen, dachte aber vielleicht an ein weiteres Werk, um ihn zu überzeugen, ein Geschichtsbuch.

Selbst wenn der Abt nicht ausdrücklich den Auftrag erteilt haben sollte, durften Mönche nur mit seiner Genehmigung eine Weltchronik zusammenstellen, wie sie vorher in süddeutschen Klöstern nicht versucht worden war. Die Arbeit begann 1044/45. Sie sollte von Christi Geburt bis zur Gegenwart die Zeitenreihe berechnen und zu jedem Jahr, möglichst in einer einzigen Zeile, ein bezeichnendes Ereignis anführen, nach Art von Klosterannalen, wie sie in Reichenau bis 939 vorhanden waren. Bloß ging es jetzt nicht mehr um Katastrophen in der Nachbarschaft des Klosters, wie sie die Annalen zum Jahr 896 festgehalten hatten: »Und in Reichenau verzehrten im Elend von Hunger und Sterbefällen Christenmenschen das Fleisch anderer Christenmenschen.« Ebensowenig ging es um die stolze Gleichschaltung von Klostergeschichte und Reichsgeschichte, wie sie die Einsiedler Annalen zum Jahr 934 anboten: »Eberhard kam nach Einsiedeln. König Heinrich brachte den Ungarn eine schwere Niederlage bei.« Das war zu kurzatmig, zu aufgeregt. Statt dessen sollte die triumphale Reihe der zweiundachtzig römischen, byzantinischen und deutschen Kaiser von Augustus bis Heinrich III. vorgestellt werden, damit das Jahrtausend christlicher Kaiser in seiner Einheit von Ursprung und Endziel erscheine.

Um das Panorama dieser »Reichenauer Kaiserchronik« auszuführen, war vielerlei gelehrte Einzelarbeit zu leisten. Man mußte ältere universalhistorische Werke sichten, vor allem die Chroniken des Kirchenvaters Hieronymus aus dem vierten und des Benediktiners Beda aus dem achten Jahrhundert, dazu für neuere Zeiten alemannische Klosterannalen, besonders die von St. Gallen und von Einsiedeln. Aus ihnen mußten die wichtigsten Geschichtsdaten erhoben und zusammengetragen werden. Das war so einfach nicht, wie es klingt, denn alle diese Werke waren zwar chronologisch geordnet, aber sie zählten die Jahre verschieden, und dazwischen blieben Lücken. Alle Nachrichten mußten erst auf eine durchgehende Jahresreihe von Christi Geburt an gebracht werden, eine für die tägliche Klosterpraxis abseitige, überdies theoretisch knifflige Aufgabe – eine Aufgabe für Hermann den Lahmen. Obwohl die Gelehrten sich darum streiten, versteht es sich von selbst, daß diese wissenschaftliche Arbeit von dem besten Sachkenner der Zeitrechnung im Kloster geleitet wurde, daß aber der Gelähmte in seinem Tragsessel die schweren Folianten nicht allein durchsehen und ausschreiben konnte. Das Vorhaben war wie geschaffen für Gemeinschaftsarbeit jüngerer Mönche und Klosterschüler unter Anleitung eines erfahrenen Gelehrten, letztlich im Dienst einer kirchenpolitischen Konzeption des Abtes, die den kaiserlichen Empfänger um so sicherer überzeugen würde, je genauer die Fakten stimmten.

Der erste Entwurf erstrebte die Materialsammlung, noch nicht die Standortbestimmung der Gegenwart im Ablauf der Heilsgeschichte. Hinter der durchgehenden Reihe der Kaiser, die das Zeitgerüst trug, traten regionale Brüche zurück. Sogar in der Abtreihe von Reichenau fiel zwischen Walahfrids Tod 849 und Ekkehards Wahl 958 ein volles Jahrhundert aus. Beiseite blieben alle Wirkungen der Abtei nach außen, Tochtergründungen von Klöstern im achten und neunten, Kirchenbauten auf der Insel im neunten und zehnten Jahrhundert. Als liturgische Marksteine setzte man die Feiertage der Klosterheiligen und die Übertragungen von Reliquien, daneben die Todesjahre, vielfach auch die Sterbetage hochmögender Wohltäter, für die das Inselkloster betete. Unter den negativen Einwirkungen von außen fehlten die Demütigungen von 922 und 1032. Bloß Immo, »der Zerstörer des Klosters und Vertreiber der Brüder«, wurde gebrandmarkt. Von sonstigen Abteien am Bodensee wurden St. Gallen ausführlich, Kempten knapp, alle anderen zwischen Buchau und Einsiedeln gar nicht erwähnt. Die Bischöfe von Konstanz traten kaum häufiger auf als die von Basel und Augsburg, von Konflikten zwischen Kloster und Bischof verlautete nichts. In die unerschütterliche Kontinuität der Kaiserliste paßte die Abfolge der Päpste, ohne daß sie vollständig erfaßt oder sonstwie betont wäre. Die erste Reichenauer Kaiserchronik erweckte einen ähnlichen Eindruck wie die Markuskirche, die in denselben Jahren vollendet wurde: Geschichte als überzeitliches Gefüge, in dem sich die Frommen unter dem Schutz der Mächtigen geborgen fühlen konnten.

Sechs Wochen nach der festlichen Weihe der Markuskirche starb Abt Bern. Dazu Hermann der Lahme: »Um diese Zeit beschloß der Herr Abt Bern von Reichenau, ein Mann von ausgezeichneter Gelehrsamkeit und Sittlichkeit, im vierzigsten Jahr seiner Beförderung, in gutem Greisenalter von Krankheit erschöpft, am 7. Juni seine Tage und ruht begraben in der Kirche des heiligen Markus. An seiner Stelle wird der Dekan Ulrich von den Brüdern gewählt und vom Kaiser als Abt eingesetzt.« Zum nächsten Jahr 1049 vermerkte Hermann von dem neugeweihten Papst Leo IX.: »Er spendete am folgenden Osterfest dem Reichenauer Klosterverweser Ulrich, der nach Rom kam, die Abtweihe. Die Vorrechte dieses Klosters, aus alter Zeit vom Apostolischen Stuhl überliefert, bestätigte und erneuerte er kraft seines maßgeblichen Ansehens ... Nachher besuchte der Herr Papst Alemannien und beging in Reichenau das Fest des heiligen Klemens und den Sonntag vor Advent, den 26. November.« Wie erfreulich! Die universale Harmonie dauerte bruchlos an, im guten Einvernehmen zwischen Abt und Konvent, Kloster und Kaiser, Reich und Kirche. Oder nicht? Unmittelbar nach Berns Tod begann Hermann, den Entwurf der Reichenauer Kaiserchronik neu zu bearbeiten und ihn formal und inhaltlich zu verändern. Diese zweite Chronik war offenbar keine Gemeinschaftsleistung mehr. Der neue Abt ließ den berühmtesten seiner Mönche gewähren, seine Schüler gingen ihm weiter zur Hand, aber was er jetzt schrieb, war sein persönliches Werk. *Ego Herimannus,* setzte er wiederholt hinein und trug in die Jahresreihe die Daten seiner Familien- und Lebensgeschichte ein. Nicht aus Eitelkeit, denn nur wenige Menschen sollten die Tabellen zu Gesicht bekommen. Nein, er begriff sich selber als geschichtliches Wesen.

Was änderte das an dem ersten Entwurf? Als Achse der Zeitrechnung setzte Hermann anstelle der Kaiserreihe die bereinigte und ergänzte Liste der hundertdreiundfünfzig Päpste von Petrus bis Leo IX. und erzählte eine Geschichte mehr der christlichen Kirche als des römisch-deutschen Reiches. Sie spielte sich keineswegs geradlinig und folgerichtig ab, bald schleppend, bald sprunghaft, und nur ein roter Faden zog sich durch die Jahrhunderte, die dauernde Spannung zwischen Frommen und Mächtigen, oft zugespitzt, selten abgemildert. Das Kloster Reichenau wurde in seiner ganzen Gefährdung vorgeführt, von der Vertreibung Pirmins 727 bis zur Unterwerfung Berns 1032. Die

Reihe der dreißig Äbte war vollzählig eingearbeitet, doch Kontinuität nicht vorgetäuscht, am wenigsten für das zehnte Jahrhundert, wo Hermann alle drei Absetzungen von Äbten mitteilte. Aber Reichenau vertrat nicht die ganze Weltkirche.

Deutlicher spiegelte sich deren Geschichte in der Gemeinschaft der Klöster am Bodensee, vornehmlich im Osten zwischen Lindau und Kempten, nachrangig im Westen, wo Stein und Zurzach übergangen wurden. Besonders markant zeichnete Hermann die Spannung zwischen Askese und Adel am Beispiel von Buchau und von Einsiedeln; ich konnte nichts Besseres tun, als ihm darin zu folgen. Lückenlos bot Hermann die Reihe der Konstanzer Bischöfe von 736 an und versah sie gern mit lobenden Bemerkungen, ohne devot zu werden. Er verdammte den Bösewicht Sidonius so lauthals, wie er den heiligen Konrad seligpries. Schon die Einbeziehung der Bischöfe weitete die Klosterlandschaft zu einer Gemeinschaft der Geistlichen. Mitgestaltet wurde sie vom Adel der Region. Hermann spannte den Bogen von dem frommen Grafen Gerold, der seit 799 im Kloster Reichenau ruhte, bis zu der frommen Gräfin Hiltrud, die 1052 in Altshausen beigesetzt wurde. Ihre Grabschrift rückte der Sohn in seine Chronik ein. Kurz zuvor knüpfte er die Bande zwischen Mönchskloster und Adelsfamilie noch enger: Er ließ die Lebenden ins Reichenauer Verbrüderungsbuch eintragen, den Vater, die Mutter, sich selbst, seine Brüder Wolfrat und Manegold, seine Schwestern Touticha, Irmingard und Mechthild. Hermann machte, mit einem Wort, aus der Reichenauer Kaiserchronik eine regionale Kloster- und Adelschronik im Rahmen der universalen Kirchengeschichte.

Den Lesern, seinen Mitmönchen, sollte sie einschärfen, daß auf Erden keine immerwährende Harmonie zu stiften ist. Nicht einmal auf den von Bern gerühmten Heinrich III. ist Verlaß. Hermann wiederholte 1053 die Klage vieler, der Herrscher »falle längst immer mehr ab von der anfänglichen Haltung der Gerechtigkeit, Friedfertigkeit, Frömmigkeit, Gottesfurcht und vielgestaltigen Tugend, in der er täglich Fortschritte hätte machen sollen. Er wende sich allmählich zur Gewinnsucht und zu einer gewissen Gleichgültigkeit und werde bald viel schlechter sein, als er war«. Nicht die hergebrachten Einrichtungen und Ämter verschafften dem schwankenden Menschen Halt, allein seine täglichen persönlichen Anstrengungen. Das galt für Päpste wie für Kaiser. Hermanns persönlichen Zorn erregte der Zeitgenosse Benedikt IX. Er wurde 1033 Papst, »obwohl er eines so hohen Ranges nach Verhalten und Leistung unwürdig war«, und verkaufte das Amt 1045 an einen anderen »aus Habsucht«. Die Vermengung von Amt und Person erschien als Krebsschaden christlicher Geschichte, ihre Unterscheidung als Gewissenspflicht des gläubigen Historikers.

Er mußte nicht zetern, er konnte schweigen. Auf die Abtei Reichenau kam Hermann nur noch einmal 1053 kurz zu sprechen. Der Eintrag läßt tief blicken. Er handelte von Hermanns acht Jahre jüngerem Bruder Werner, der dem Gelähmten ins Kloster Reichenau gefolgt war und sich anschickte, ihn zu überholen. Im Familieneintrag des Verbrüderungsbuches fehlte Werner bereits, obwohl er noch unter den Lebenden weilte. »Mein Bruder Werner, Mönch von Reichenau, ein recht gelehrter und dem Mönchsleben aufrichtig ergebener junger Mann, macht sich mit einem anderen Mönch namens Liuthar in brennendem Eifer für ein vollkommeneres Leben heimlich auf Pilgerfahrt für Christus. Jedoch erbittet und erlangt er durch einen hinterlassenen Brief die Erlaubnis des Abtes. Und in der nächsten Zeit folgen Abt Richard von Rheinau und Heinrich, gleichfalls Mönch von Reichenau, diesem Beispiel, verlassen alles und nehmen sich dasselbe Ziel vor.« Das Ziel hieß Jerusalem. Werner starb dort im folgenden Jahr, Hermann sah ihn nicht wieder.

Man fragt sich, warum Werner die Abtei heimlich verlassen mußte. Reichenauer Mönche pilgerten ja nicht zum ersten Mal ins Heilige Land. Bern hatte um 1027 dem ungarischen König Stephan brieflich für freundliche Aufnahme von zwei derartigen Jerusalempilgern gedankt. Abt Ulrich brachte dafür anscheinend weniger Verständnis auf als sein Amtsvorgänger in Reichenau und sein Amtsbruder in Rheinau. Auch Mitmönche kritisierten wohl Werner, weil sein Entschluß die beiden Hauptpflichten eines Benediktiners verletzte, Gehorsam gegen den Abt und Ortsbeständigkeit. Darum bestand Hermann auf Werners aufrichtiger Neigung zum Mönchsleben. Welches Leben konnte denn vollkommener sein als das in »unserer« Reichenau? Hermann nannte 1053 die Abtei nicht mehr die unsere wie 1048 und zitierte statt dessen mit der Kurzformel »Pilgerfahrt für Christus« das Reichenauer Gründungsprogramm Pirmins von 724 »Pilgern im Namen des Herrn«. Hermann deutete den Ausbruch des Bruders als Heimweg zum Ursprung, leiblich zum Quellgebiet des Christentums, geistlich zum Kerngedanken des Mönchtums. Danach kein Wort mehr über Abt und Konvent.

Der Gelähmte konnte dem Bruder nicht folgen und ertrug die Verdrießlichkeit des Zurückbleibens, aber er durchschaute jetzt, was Geschichte war oder werden konnte: nicht die kurze Ahnentafel einiger Familien, nicht die brüchige Klausur einiger Abteien, sondern fortgesetzte Pilgerschaft, unterwegs zu einem vollkommeneren Leben. Das Gottesreich konnte sich vorübergehend auf glücklichen Inseln verwirklichen, nicht in der Weltgeschichte, weil die Welt nicht für das dauernde Glück der Menschen gemacht war. Das Gottesreich wohnte nirgends, wenn es nicht inwendig im Menschen wohnte und ihn auf Erden heimatlos machte. Das war die Lehre der Geschichte für Mönche, überhaupt für Geistliche. Der spätere Bischof Benno von Osnabrück sollte in Straßburg zum Priester herangebildet werden, besuchte indessen den Mönch Hermann in Reichenau und machte sich danach zusammen mit dem Straßburger Bischof auf Pilgerfahrt nach Jerusalem. Moderne Historiker sehen in diesen Wanderungen friedliche Vorboten der Kreuzzugsbewegung und einen Schritt in die Zukunft, zur Mobilisierung, Christianisierung, Europäisierung der Welt, einen Anlauf zur wirklichen Weltgeschichte. Für Hermann den Lahmen und seine geistlichen Freunde bedeuteten sie einen Schritt über die Welt hinaus.

Lange mußte Hermann nicht mehr warten. Der Einundvierzigjährige erkrankte 1054 und merkte, daß es zu Ende ging. Der Sterbende benahm sich anders als Wetti, dessen letzte Tage er aus Walahfrids Gedicht kannte. Seinem besorgten Lieblingsschüler Berthold erzählte er frühmorgens von einem nächtlichen Traum. Jenseitsvision eines Mönches, der mit sich im reinen, aber mit seinem Thema nie fertig war: Er habe ein verlorenes Werk Ciceros und das unvollendete eigene Gedicht für die Buchauer Nonnen Wort für Wort lesen können, als lägen sie wirklich vor ihm, »so genau und bewußt, wie wir das Vaterunser sagen«, und jetzt sei er das Erdenleben leid. Von seiner ebenfalls unfertigen Chronik träumte Hermann nicht, übergab sie aber dem Schüler mit dem Auftrag, fleißig zu vollenden, was ins Reine zu schreiben noch übrig sei, und das Buch dann denen zu überliefern, die es zu würdigen wüßten. Er verhehlte sich nicht, daß sein literarisches Werk Fragment blieb und nicht viele Freunde finden konnte. Er dachte nicht mehr an den Abt von Reichenau, für den er vor zehn Jahren begonnen hatte, diese Chronik zusammenzustellen, an den deutschen Kaiser auch nicht.

Er starb am 24. September 1054 wie ein Mönch, »unter dem Beten und Schluchzen der zahlreichen herbeigeeilten Mitbrüder, Freunde und Vertrauten«. Am Totenbett stand der Reichenauer Konvent, auch Auswärtige waren gekommen. Bestattet wurde Hermann nicht im Kloster, sondern neben der Mutter in Altshausen, wahrscheinlich seinem Wunsch entsprechend, der noch einmal das Herkommen der Ortsbeständigkeit durchbrach. Sein geistiges Erbe wurde im Inselkloster eine Weile, bis etwa 1080, durch Berthold gepflegt. Er widmete dem toten Lehrer, was für Abt Bern niemand tat, eine Lebensbeschreibung, mit der er die Reinschrift von Hermanns Chronik abschloß. Bertholds eigenes Geschichtswerk setzte allerdings nicht Hermanns persönliche Chronik fort, sondern den ersten Entwurf der Reichenauer Kaiserchronik, an dem Berthold mitgearbeitet haben muß. Hermanns letztes Buch wurde später in Einsiedeln und Regensburg eifriger gehütet als in Reichenau, wo nach Berthold niemand mehr Geschichte schreiben wollte. Der Historiker Hermann war über sein Kloster und seine Zeit weit hinausgewachsen.

Was ihn von Mitmönchen und Zeitgenossen abhob, lehrt der Vergleich mit dem Altersgenossen Ekkehard IV., dem Geschichtschreiber der Abtei St. Gallen. An der Steinach hatte die Historiographie im späten neunten Jahrhundert mit dem Buch des Klosterschulmeisters Ratpert begonnen, sich von vornherein nicht auf Kirchen- oder Reichsgeschichte eingelassen, sondern den Schicksalen des eigenen Klosters zugewandt. Ratpert hatte sie von der Zellengründung 612 bis zum Kaiserbesuch 883 nüchtern in Jahresabschnitten vorgetragen. Fasziniert hatte ihn die schließlich siegreich bestandene Auseinandersetzung des Gallusklosters mit den Konstanzer Bischöfen. Diese glorreiche Hauschronik fortzusetzen, nahm sich Ekkehard IV. aus aktuellem Anlaß vor, nachdem er in jungen Jahren, vor 1022, das Leben des Klostergründers Gallus in Versen als zeitloses Beispiel gerühmt hatte. Kaiser Konrad II. zwang dem Konvent von St. Gallen 1034 den fremden Abt Nortpert auf, der gegen passiven Widerstand der älteren Mönche einige Reformen aus Cluny einführen wollte. St. Gallen sah sich provoziert wie ein Menschenalter früher Reichenau, verbiß sich aber in die Konfrontation von Altbewährt und Neumodisch, über die sich Bern und Hermann erhoben. Ekkehard von St. Gallen schrieb 1047 und 1053, zur selben Zeit wie Hermann, an einer Geschichte der guten alten Zeit. Sie schloß an Ratperts Darstellung an und setzte mit dem Abt und Bischof Salomon III. ein. Sie demonstrierte, wie großartig sich das Mönchtum in St. Gallen ohne fremde Einmischung entfaltet und noch vor hundert Jahren gegen erste Reformversuche aus Gorze behauptet hatte. Mit dem Sieg in diesem Kampf, dem Kaiserbesuch von 972, beschloß Ekkehard sein Buch.

Es gruppierte Geschichte nicht um Zeitreihen und Jahreszahlen, sondern um einzelne große Mönche, adlig Einflußreiche und kulturell Ausdrucksstarke, die aus der Gemeinschaft herausragten und von ihr auf Händen getragen wurden. Ekkehard schilderte sie mit den Farben mündlicher Überlieferung, als hätte er die alten Helden persönlich gekannt. Freilich konnte er sie nur anekdotisch, in persönlichen Episoden beschreiben, nicht in ihrer Prägung durch den Konvent; die Wanderung der Mönche durch die Geschichte hinterließ erst recht keine Spur. Ekkehards Erzählungen spiegeln das Einverständnis eines alten Konvents mit seiner Tradition sowie die kollektive Abwehr von

Neuerungen eines Abtes, »unter dessen Leitung wir heute leben, nicht so, wie er selbst und wie angeblich wir es wollen, sondern so, wie wir es eben können«. Von der erzählten Zeit des glänzenden Klosters stand die dürftige Zeit des Erzählers durch mehr als eine Mönchsgeneration getrennt. Ekkehard vergaß die allzumenschlichen Schwächen früherer Mönche nicht anzumerken; er verurteilte sie nicht wie Hermann, sondern erblickte die Größe der Vergangenheit in dieser spontanen Lebensfülle, der nichts Menschliches fremd war. Weil er sie in seinem Geschichtsbuch anziehend und glaubwürdig gestaltete, fand er im Kloster zahlreiche Nachfolger als Historiker, schon in den 1070er Jahren und noch 1329, hinterher Scheffel als Dichter.

Dem einzigartigen zeitlichen Zusammenhang sanktgallischer Geschichtschreibung steht ihr schrumpfender räumlicher Gesichtskreis gegenüber. Ekkehard kam viel weiter in der Welt herum als Hermann und kannte auch am Bodensee die Klöster von Säckingen bis Füssen, von Buchau bis Pfäfers. Doch als Gesprächspartner für die Abtei St. Gallen war ihm keine Mönchsgemeinschaft gut genug, Reichenau am allerwenigsten. Was von dort kam, war meistens von Übel. Sogar als die Bibliothek des Gallusklosters 926 wegen der ungarischen Invasion ins Inselkloster ausgelagert wurde, gelangte sie nicht vollständig zu den Eigentümern zurück. Und da wagte es der Tyrann Ruodmann von Reichenau, das Kloster des Heiligen Gallus reformieren zu wollen! Auch was fromme Frauen betraf, bezeugte der heilige Ulrich von Augsburg die Rangordnung der Inkluse Wiborada in St. Gallen vor der Bischofsschwester in Buchau. So provinziell, wie sie klingen, waren Ekkehards Urteile gewiß nicht gemeint; weil er sein geliebtes Kloster in die Enge getrieben sah, konnte er sich nicht zur Höhe des eigenen Standpunkts erheben, wie es Hermann in ähnlicher Lage gelang.

Hätten die Reformer das Galluskloster in Ruhe gelassen, so hätte Ekkehard schwerlich den Anspruch erhoben, die älteste Keimzelle des Mönchtums am Bodensee sei wie vor dreihundert Jahren sein Schwerpunkt. Auch wenn er die aus Lothringen angeregten Modernen, Mönche von Einsiedeln und Kanoniker von Zürich, keines Blickes würdigte, hätte er sich am liebsten den Grundsatz zu eigen gemacht, den er einem Lothringer Bischof in den Mund legte: Der Himmel und das Gottesreich würden nicht auf einer einzigen Straße der Regel erstiegen, sondern da es unter uns sei, werde den einen so, den anderen anders erlaubt, es zu erreichen. So viele Wohnungen im Hause des Vaters seien, so viele Wege führten hinein. Noch diese großzügige Haltung setzte indes voraus, daß mönchisches Leben am besten in der Ortsbeständigkeit autonomer Abteien gedeihe. Diese Grundannahme frühmittelalterlichen Mönchtums wurde im elften Jahrhundert auch am Bodensee in Frage gestellt, von niemandem nüchterner als von Hermann dem Lahmen, der über die vielen Klosterkirchtürme hinweg auf die Weltgeschichte des Mönchtums blickte und sie insgesamt als Pilgerfahrt für Christus begriff.

Bei zusammenfassender Würdigung bemerken wir als ersten Punkt das Auseinanderklaffen von mönchischem Blickfeld und Bodenseeraum im frühen elften Jahrhundert. In ihren Geschichtswerken nannten Hermann und Ekkehard den See nie beim Namen, aus unterschiedlichen Gründen. Der auf St. Gallen fixierte Ekkehard erwähnte, daß man von der Bischofsstadt Konstanz nach Reichenau oder St. Gallen zu Schiff reise, aber er wiederholte Walahfrids Hinweis nicht, daß beide Abteien am gleichen Wasser lagen. Für Hermann den Lahmen erstreckte sich die geistliche Region auch auf das Bistum Konstanz, jedoch darüber hinaus bis zu Freunden in Regensburg und Straßburg. Als Historiker stellte er sein Inselkloster erst recht in weltweite Zusammenhänge, zwischen die Ursprungszonen der Christenheit, Jerusalem, Alexandria, Konstantinopel hier, und die Herkunftsbereiche des alemannischen Mönchtums, Irland, Britannien, Frankreich dort. Wie Ekkehard berief sich Hermann auf einheimische Gemeinschaften, weniger auf seinen Mönchskonvent als auf seine Adelsfamilie. Auch sie beschränkte sich aber nicht auf einzelne Orte, Altshausen und Isny, sondern überschaute die Räume zwischen Neckar und Lech, letzten Endes wieder zwischen Irland und Jerusalem. Eine neue Mobilität überkam wie die benediktinischen Mönche so ihre adligen Verwandten, eine Unruhe, die sich mehr von beschränkten Zuständen abkehrte als bestimmten Zielen zuwandte. Hermanns Chronik spiegelte diese Stimmung zwischen Abschied und Aufbruch. Sie sprach nicht von Reform, denn sie forderte keine Wiederherstellung einer ursprünglichen, lediglich durch Geschichte verdorbenen Form, sondern entwarf ein vorläufiges Dasein, das sein Ziel auf Erden nicht finden kann, also hier nicht suchen soll. Auch am Bodensee nicht.

Daraus folgt als zweiter Punkt eine stärkere Stellung des Einzelmönchs in seiner Abtei. Nicht mehr die Tradition der heiligen Stätte allein beglaubigte den Rang eines Klosters, hinzukommen mußte der lebendige Austausch zwischen bedeutenden Mönchen. Nicht von ungefähr trat in den Werken Hermanns und Ekkehards der Konvent als handlungsfähige, in sich stark gegliederte Gemeinschaft auf. Beiden Autoren galt der regierende Abt nicht mehr als unbedingte Autorität, in der sich das Kloster verkörperte. Äbte konnten wie Mönche besser oder schlechter sein; man gewöhnte sich daran, die schlechten abzusetzen. Wenn sie nicht mehr auf Lebenszeit regierten, mußten sie ihre Eignung durch immer neue Leistung erweisen. Das geforderte Vorbild selbst wandelte sich. Die Strenge, die Hermann an dem Reformabt Immo tadelte, kam noch aus der Askese, mit der Kolumban seine Mönche so in Zucht nahm wie sich selbst. Was Hermann an dem Reformabt Bern rühmte, waren andere Qualitäten, Gelehrsamkeit und Sittlichkeit, die belehrend und bildend wirkten, im Konvent, auch in der Umwelt. Bildung priesterlicher Mönche heischte nicht Unterdrückung natürlicher Regungen, sondern Entfaltung menschlicher Fähigkeiten. Sich zusammennehmen können alle gleichmäßig, sich entwickeln nicht. So waren in der Mönchsgemeinschaft nicht mehr alle gleichberechtigt und wurden nicht mehr gleich behandelt. Priestermönche genossen einen Vorrang, den ihnen Benedikt von Nursia nicht zugestanden hatte, Lehrer wie Hermann und Ekkehard erst recht. Ihr Bildungsauftrag wandte sich ja an alle Welt. Wäre Hermann nicht gelähmt gewesen, so hätte er als Lehrer an einer Domschule wirken können wie Ekkehard in Mainz. Zu ihren Schülern zählten beide auch Bischöfe.

Das führt zum dritten Punkt, zu dem unerhörten Ansehen, das Hermann der Lahme schon zu Lebzeiten genoß, ohne daß er nach dem Tod als Heiliger verehrt worden wäre. Die allgemeine Bewunderung galt seiner persönlichen Lebensleistung, dem Zusammenhang zwischen körperlicher Behinderung und geistiger Ausstrahlung. Man erzählte sich später, seine Mutter oder er selbst sei von der Gottesmutter vor die Entscheidung zwischen Gesundheit und Weisheit gestellt worden und habe die Weisheit gewählt. In Wahrheit konnte sich Hermann sein Schicksal nicht aussuchen, aber der Oblate nahm es an und wucherte mit seinem Pfund. Krüppel, zu nichts nütze und anderen zur Last, saßen in vielen Familien und Klöstern herum. Doch wenn sich einer zum vielseitigsten

Priester eines großen Konvents bildete, stellte ihn seine Willensstärke neben die berühmtesten Asketen früherer Zeiten. Und Hermann übertraf sie durch den intellektuellen Ertrag seiner Arbeit. Sie war anderen nützlich, auch in diesseitigen Bereichen lebensfördernd. Tapferkeit, mit der er seine Gegenwart meisterte, und Weisheit, mit der er sie durchschaute: Diese doppelte Qualifikation zog um ihn einen Kreis, den seine Geselligkeit nicht ganz durchbrach. Er glich nicht den anderen, hatte mehr erlitten, mehr gelernt, mehr aus sich gemacht. Ein Mensch, dessen Werk man in Büchern lesen kann, dessen Leben man in Bücher schreiben muß, ein Mensch, wie er im Buch steht. Dennoch einer von uns, keine Heiligenstatue.

Ein vierter Punkt drängt sich dem Betrachter Hermanns auf. Er hatte als erster Mönch am Bodensee eine Lebensgeschichte, die nicht ganz mit den Schicksalen von Kloster und Umwelt zusammenfiel. Er war von der bösen Geburt bis zum seligen Ende nicht derselbe. Von Jugend auf in die Überlieferungen von Adelsfamilie und Mönchskonvent eingeführt, eignete sich der Oblate zuerst Wissen und Ziele seiner Zeit und Welt an. Indem der Priestermönch im Mannesalter die vertraute Praxis künstlerisch gestaltete und theoretisch durchdrang, erhob er sich aus der Befangenheit von Heimat und Augenblick. Lange genug litt er im heimischen Kloster an dem historischen Wandel, bis es dem Alternden nach dem Verlust des väterlichen Freundes Bern gelang, auch die Umstände seines geschichtlichen Daseins aufzuheben, in dreifachem Wortsinn: den Alltagsfluch von Zufall und Unsinn außer Kraft zu setzen, das Vertraute in geläuterter Fassung aufzubewahren und das persönliche Geschick zum allgemeinen Beispiel emporzuheben. Merkwürdig, wieviel Zeit Hermann sich ließ und für andere übrig hatte, obwohl er wußte, daß er nicht fertig werden würde. Freilich, zum Aufbruch war er immer fertig, deshalb behielt er Zeit, aus Erfahrungen täglich Neues zu lernen. Das ungefähr bewog die Augsburger Annalen im späten elften Jahrhundert zu der Formulierung, Hermann der Lahme sei »das Wunder unseres Menschenalters« gewesen. Als Weltwunder pflegten Hermanns Zeitgenossen sonst nach antikem Muster die berühmtesten Bauwerke der Erde zu bezeichnen. Die Reichenauer Markuskirche hätte in deren Reihe gepaßt. Nur galt Stabilität nicht mehr als Wunder.

EBERHARD VON NELLENBURG · KONVERSE IN SCHAFFHAUSEN

Zu den schönsten romanischen Bauten nördlich der Alpen gehört heute die Kirche des Benediktinerklosters Allerheiligen in Schaffhausen. Ihre architektonische Wirkung beruht unter anderem auf der ungewöhnlich kurzen Bauzeit, die sie zu einem Kunstwerk aus einem Guß machte. Begonnen wurde das dreischiffige Münster kurz vor 1090, knapp fünfzehn Jahre danach vollzog der Konstanzer Bischof Gebhard III. um 1103 die Weihe. Kaum weniger imposant, nur weniger bekannt ist, was wir nicht mehr sehen und was erst bei Grabungen seit 1921 allmählich zum Vorschein kam. Neben und in der Basilika fand man Reste von Vorgängerbauten, zum Beispiel 1953 von einer großen fünfschiffigen Kirche, deren Fundamente nach 1083 gelegt wurden. Sie blieb unvollendet, dafür entstand seit 1090 das heutige Münster. Südlich von ihm, im heutigen Kreuzgang des Klosters, stieß man 1922 auf Mauern einer kleineren Kirche, von einem Kranz zugeordneter Sakralbauten umgeben: die erste Klosterkirche, Baubeginn März 1050, Weihe November 1064, in knapp fünfzehn Jahren hochgezogen. Östlich von ihr entdeckte man 1927 Grundmauern einer Kapelle mit drei Apsiden, die 1047 begonnen, 1049 fertig war. Sogar für moderne Begriffe ein beängstigendes Tempo: innerhalb von fünfzig Jahren viermal eine neue Kirche angefangen, zweimal die alte abgebrochen. Hier waren Männer am Werk, die sich rasch zu großen Maßnahmen entschlossen und das Geplante rücksichtslos ausführten, mit wenigen Helfern, denn mehr als sechshundert Leute wohnten damals nicht in der Nähe. Eine so stürmische Aktivität hatte das Land rund um den Bodensee nie zuvor erlebt, beim Klosterbau schon gar nicht.

Wer sich die Klosterlandschaft des elften Jahrhunderts vergegenwärtigt, kommt aus dem Staunen nicht heraus. In die Umgebung von Schaffhausen paßte kein neues Kloster mehr. Während am östlichen Ufer des Bodensees zwischen St. Gallen, Schänis, Lindau, Buchau weite Ländereien lagen, drängten sich am Hochrhein westlich des Sees kleine Klöster, die allesamt nicht recht gediehen. Reden wir nicht von Säckingen und Zurzach, sehen wir uns am Rheinfall um! Auf einer Rheininsel wenige Kilometer südlich war um 800 das Kloster St. Marien in Rheinau gegründet worden. Besitzstreitigkeiten zwischen den adligen Erben der Stifter hatten es zerfallen lassen. Einer der Erben, Wolvene, mußte es in den 850er Jahren fast ganz neu ausstatten. Er übertrug dem Konvent, dessen Vorsteher er wurde, umfangreiche Güter südlich des Rheins, im nordwestlichen Thurgau zwischen Ellikon und Stammheim, und unterstellte sie 858 dem Schutz des Königs, Ludwigs des Deutschen, um neuerliche Zersplitterung zu verhindern. Für geistlichen Auftrieb sorgte der irische Pilger Findan, der zu Wolvenes Zeit nach einer Romfahrt zweiundzwanzig Jahre lang auf der Klosterinsel als Inkluse lebte und 878 starb. Allerdings hielt sein Ruhm kaum länger als der seines Zeitgenossen und Landsmanns Eusebius auf dem Viktorsberg. Rheinau kam nicht zur Blüte, weil ihm mächtige Nachbarn den Wirkungskreis beschnitten, im zehnten und elften Jahrhundert die Bischöfe von Konstanz, gleich darauf die Grafen von Lenzburg. Die Reichsabtei Rheinau erwehrte sich dieser Zugriffe mit Hilfe der ottonischen und salischen Könige, doch an ruhigen oder gar stürmischen Aufschwung war nicht zu denken.

Noch gefährdeter war ein zweites Adelskloster weiter östlich, St. Genesius in Schienen. Es war ebenfalls um 800 entstanden und gehörte anfangs derselben Adelssippe, die um 900 das Frauenkloster Buchau im Federsee erneuerte. Aus einer Zelle zu Ehren des heiligen Genesius war um 830 ein Benediktinerkloster erwachsen, das Walahfrid Strabo in die Reichenauer Gebetsverbrüderung aufnahm. Danach war es rasch heruntergekommen, vielleicht wieder infolge von Erbauseinandersetzungen in der Stiftersippe; die Zahl der Mönche sank auf zehn. Schienen wurde nicht dem Königsschutz unterstellt, sondern 909 dem Kloster Reichenau einverleibt und von der Stifterfamilie aufgegeben. In Schienen gedieh zwar im elften Jahrhundert mönchisches Leben, die heutige Kirche wurde spätestens damals gebaut. Aber aus der selbständigen Benediktinerabtei war zur Zeit Hermanns des Lahmen wieder eine Zelle, eine Außenstelle von Reichenau geworden.

Am schlimmsten stand es mit Öhningen, südlich von Schienen, unmittelbar am Hochrhein. Hier war im ausgehenden zehnten Jahrhundert ein Graf Konrad oder Kuno begütert, der in der ganzen Gegend zwischen oberer Donau, Bodensee, Hochrhein und Schwarzwald viel Land besaß. Kuno gründete oder plante vielleicht tatsächlich, wie die spätere Überlieferung behauptet, in den 960er Jahren ein Kloster in Öhningen. Wir tappen jedoch im Dunkeln bei der Frage, ob die Gründung gelang und ob hier Benediktinermönche oder weltgeistliche Kanoniker angesetzt wurden. Im zehnten und elften Jahrhundert tauchte der Konvent Öhningen weder in Urkunden noch in Chroniken auf, nicht einmal durch Skandale machte er von sich reden. Sicher ist, daß die Erben Kunos rund um Öhningen ihren Grundbesitz bis in das späte elfte Jahrhundert beisammenhielten. Unter diesen Erben befanden sich Welfen, Rheinfeldener und Zähringer, also Hochadelsgeschlechter, die ihre Hausklöster in anderen Landschaften bauten. Demnach kann ich mir schwer vorstellen, daß Öhningen im elften Jahrhundert von Mönchen oder Kanonikern bewohnt wurde. Der große Güterkomplex in Adelshand dürfte den Ansatz Kunos inzwischen abgewürgt haben.

Trotzdem ließ sich ganze zwei Kilometer rheinabwärts von Öhningen entfernt ein weiteres Kloster nieder, in Stein am Rhein. Dicht dabei, auf der Rheininsel Werd, war 759 Abt Otmar von St. Gallen in der Haft gestorben, doch mittlerweile besaß Einsiedeln die Insel. Nicht an diese Tradition knüpfte das neue Benediktinerkloster St. Georgen an. Es war um 970 auf dem Hohentwiel bei Singen gegründet, von dem schwäbischen Herzogspaar Burchard II. und Hadwig. So tatkräftig wie zuvor das Herzogspaar Hermann I. und Reginlind in Einsiedeln engagierten sich die Stifter auf dem Hohentwiel nicht und gründeten weder eine Grablege noch ein liturgisches Zentrum für die Herzogsfamilie. Das Kloster sollte wohl als Schule für junge Adlige dienen und der Herzogsburg auf dem Berg geistlichen und kulturellen Glanz verleihen. Der heilige Georg, ritterlicher Kämpfer für Christus, spornte adlige Herren im Burgkloster gewiß zu geistlichem Kriegsdienst an. Nach dem Tod der Herzogin Hadwig hatte indes die kleine Abtei 994 ihre Aufgabe verloren. Es scheint, daß sich die Mönche über die unzugängliche Lage des Klosters beschwerten. Es wurde 1005 durch König Heinrich II. nach Stein am Rhein verlegt, an den vielbenutzten Rheinübergang zwischen oberer Donau und Zürichsee. Reichenau konnte über die Neugründung nicht glücklich sein, auch wenn es sich geistlich mit den Mönchen auf dem Hohentwiel verbrüdert hatte. Denn so verstreut der Landbesitz des Klosters St. Georgen beim Hohentwiel, in der Schwäbischen Alb und im Schwarzwald lag, in Stein selbst bildeten sich neben dem Kloster und von ihm abhängig ein Marktort und eine Besitzkonzentration. König Heinrich II. übergab Kloster und Besitz 1007 dem neugegründeten Bistum Bamberg, was die Einkünfte der Mönche schmälerte, aber die Abtei der Einwirkung von Nachbarn entzog. Nicht ganz übrigens, denn als Bamberger Vögte der Brückenstadt traten seit 1050 Zähringer hervor, die im benachbarten Öhningen Erbgüter besaßen. Hier waren Möglichkeiten einer Territorienbildung angelegt, zugleich den Gelüsten anderer Nachbarn Riegel vorgeschoben.

Eine neue Klostergründung am Hochrhein war mithin um 1050 so gut wie aussichtslos. Von den karolingischen Eigenklöstern des Adels hatte sich keines behauptet. Nur im Schutz des Königtums überlebten das Reichskloster Rheinau und das Bischofskloster Stein, und sie spürten schon den Druck mächtiger Geschlechter, die ihre Herrschaft verdichten wollten und den salischen Königen fernstanden. Lange würde der Königsschutz den Abteien nicht mehr helfen. Zwischen Rheinau und Stein aber, die etwa zwanzig

Kilometer auseinanderlagen, schien für ein drittes Kloster am Rhein kein Platz, zumal da der angrenzende Grundbesitz südlich und nördlich des Rheins weithin vergeben war. Genau hier in Schaffhausen um 1050 ohne Königsschutz ein neues Adelskloster zu gründen, hieß Gott versuchen. Dafür brauchte es einen Mann, der sich auf Überlieferungen nicht verließ und sich vor Experimenten nicht fürchtete. Wer in diesem Raum noch eine Klostergründung durchsetzen wollte, mußte mit den Machthabern der Umgebung von altersher verschwägert sein und in jeder Abtei des Umkreises einflußreiche Freunde haben. Graf Eberhard von Nellenburg war beides, wagemutig und abgesichert.

Seine Sippe stand den um Öhningen herrschenden Erben des Grafen Kuno, vermutlich durch Heirat, nahe. Lockerer waren die Beziehungen zur Stiftersippe von Rheinau, recht eng die zu den Burcharden. Eberhards Mutter Hedwig stammte möglicherweise direkt aus dem Herzogshaus, war jedenfalls mit König Heinrich II. nahe verwandt. Eberhards Vater Eppo kam aus einer Sippe, die mit Einsiedeln, also der ottonischen Kirchenpolitik verbunden war. Noch enger war sie mit der karolingischen Abtei Reichenau befreundet, wo Eberhards Vater und Brüder ihr Grab fanden. Noch einmal, zum letzten Mal, begegnen wir dem Angehörigen eines alemannischen Hochadelsgeschlechts, dem die Verbindung von Religion und Politik, Kirche und Reich in Fleisch und Blut übergegangen war. Allerdings verstand der junge Eberhard von Nellenburg seine Religiosität weit politischer als Hermann der Lahme. Was Eberhard wollte, wissen wir nicht von ihm selbst, vielmehr aus zwei verschiedenen Quellengattungen, die einander selten widersprechen, aber auseinandergehalten werden müssen. Zum einen geben fünf Urkunden, die zwischen 1045 und 1067 von ihm oder für ihn ausgestellt wurden, seine politische Tätigkeit während der Mannesjahre wieder. Zum andern erzählt das »Buch der Stifter«, das in seinem Kloster um 1300 aus einer verlorenen lateinischen Vorlage ins Deutsche übersetzt wurde, von seiner religiösen Tätigkeit besonders in den letzten Lebensjahren. Wie Hermann hat sich anscheinend Eberhard im Lauf seines Lebens gewandelt. Wenn ich mich nicht irre, dachte er in jungen Jahren nicht daran, ein Kloster zu gründen und dort einzutreten.

Seine Eltern hatten 1009 geheiratet, Eberhard war wohl ihr jüngster Sohn und kam um 1018 zur Welt, wenig später als Hermann der Lahme, aber gesund. In den 1030er Jahren, als er noch keine fünfzehn Jahre lebte, starben sein Vater Eppo und sein Bruder Manegold; der andere Bruder Burchard war spätestens 1053 tot. Die Mutter Hedwig, fromm und tatkräftig wie Adelinde von Buchau, tat als Witwe dasselbe wie sie. Auf ihrem Eigengut im Nahegau bei Bingen gründete sie ein Frauenkloster, St. Marien in Pfaffen-Schwabenheim. Dorthin zog sie sich mit anderen adligen Damen zurück und widmete sich bis zum Tod dem kanonischen Leben. Durch die Gründung wurde ihr Landbesitz an der Nahe zusammengehalten und diente bis ins sechzehnte Jahrhundert dem Stift als Ausstattung. Ein anderer Teil ihres Erbes, an der Nahe und im Elsaß gelegen, fiel an den einzigen überlebenden Sohn Eberhard, der außerdem vom Vater die Grafschaft im Zürichgau erbte. Etwa um 1036/37 fungierte er zum ersten Mal als Graf, in diesen Jahren wird er geheiratet haben. Eberhards Frau Ita, aus einem vornehmen, vermutlich ganz fremden Grafenhaus, brachte in die Ehe weiteren Landbesitz mit, möglicherweise weitab in Sachsen liegenden. Die typischen Anfänge eines hochadligen Herrn, für dessen Lebenslauf mit zwanzig Jahren die Weichen gestellt waren. Für die restlichen zwei Drittel hatte er alle Hände voll zu tun, um den weitverstreuten Besitz zu behaupten, abzurunden und zusammenzufassen.

Ähnliche Bemühungen waren vom Hochadel Alemanniens seit der Karolingerzeit immer wieder unternommen worden und immer wieder gescheitert. Wenn jede Heirat neue Ländereien einbrachte, jeder Erbfall zerstreute sie wieder. Für mehrere Generationen blieb der Besitz bloß beisammen, wenn zufällig ein einziger Erbe anstand. Graf Eberhard befand sich in dieser Lage, doch in der nächsten Generation würde sie sich ändern. Ita gebar ihm in rascher Folge sechs Söhne und zwei Töchter – eine im Adel fast durchschnittliche Fertilität. Der vermutlich älteste Sohn Udo wurde für die geistliche Laufbahn bestimmt, ein hohes Kirchenamt; tatsächlich erlangte er 1066 das Erzbistum Trier. Sein jüngerer Bruder Ekkehard sollte Mönch werden, im Kloster Reichenau, wo Großvater und Onkel begraben lagen. Der Vater Eberhard schenkte 1056 Land bei Engen und in Schaffhausen an Reichenau, um die alte Verbindung zu bekräftigen. Wirklich wurde Ekkehard 1072 zum Abt des Inselklosters gewählt und 1073 von Papst Gregor VII. in Rom persönlich geweiht. So versorgte man Söhne von Hochadligen nicht nur wirtschaftlich, sie erhielten einflußreiche Stellungen, die der Familienpolitik Vorschub leisteten, ohne daß die Erbgüter ganz zersplittert wurden. Ein dritter Sohn Adalbert starb jung, bald nach 1050. Zwei weitere, Eberhard und Heinrich, traten in die Dienste des Königshofes. Auch dies war eine Form der Ausbildung für hochadlige Herren, sie schuf die Grundlagen für großen Freundeskreis, standesgemäße Heirat und königliche Landschenkungen. Noch wußte niemand, daß beide Brüder 1075 in der Schlacht an der Unstrut für ihren König sterben würden, aber mit solchen Aderlässen mußte jede Adelsfamilie rechnen.

Auch wenn am Ende nur der jüngste Sohn Burchard als männlicher Erbe übrigblieb, waren die beiden Schwestern abzufinden, gleichgültig, ob sie heiraten oder ins Kloster gehen würden; ihre Lebenserwartung lag höher als die der Männer. Für den Familienpatriarchen Eberhard bestand jedenfalls um 1050 alle Aussicht, daß sein Besitz bald in alle Winde zerstreut würde. Er konnte es nicht verhindern, doch wie andere süddeutsche Adlige seiner Zeit wenigstens einen Schwerpunkt bilden, um den sich die Herrschaft der Familie verdichten und in späteren Generationen versammeln würde. Erst solche räumliche Verwurzelung machte aus einer weitläufigen Adelssippe mit Streubesitz eine festgefügte Adelsfamilie mit Stammsitz. Eberhard wußte von den Schwierigkeiten dieses Unterfangens und konnte sie an der Grafenfamilie im Eritgau beobachten, aus der Hermann der Lahme stammte. Sie bemühte sich am Neckar, um Altshausen, um Isny vorerst vergeblich um Schwerpunktbildung. Wie sie zu bewerkstelligen war, demonstrierten um diese Zeit zwei andere Adelsfamilien in der weiteren Nachbarschaft, Habsburger und Welfen.

Die Habsburger, ursprünglich wohl ebenso wie die Gründer der Abtei Einsiedeln im Elsaß verwurzelt, hießen nach jener Burg, die Graf Radbot um 1020 auf den Wülpelsberg im Aargau setzen ließ. Die Burg allein hätte noch nicht namengebend gewirkt. Nicht allzuweit von ihr gründete indessen 1027 Radbots Gemahlin Ita das Benediktinerkloster Muri, in dem das Gedächtnis der Gründer gepflegt werden sollte. Höchst hilfreich zeigte sich dabei Itas Bruder, Bischof Werner von Straßburg, derselbe, den Abt Bern von Reichenau gegen Graf Wolfrat anrief. Es war eben ratsam, einen Bischof in der Familie zu haben. Burg Habsburg und Kloster Muri zusammen bildeten den Kern einer Herrschaft, die sich fortan konsolidieren konnte und bei allen Einheiraten und Erbteilungen für Kontinuität sorgte. Deshalb nannte sich das bald ausschwärmende Geschlecht nach der Habsburg, noch lange nachdem sie ihm nicht mehr gehörte. Ähnlich verfuhren etwas später die Welfen, die sich auch Grafen von Altdorf nannten, ohne daß sie immer schon im Schussental gesessen hätten. Doch in Altdorf hatten sie 934 ein Benediktinerinnenkloster eingerichtet, mit Hilfe ihres Verwandten, des Bischofs Konrad von Konstanz. Es hatte sich nicht lange gehalten und mußte 1036 von einer Welfin wiederbelebt werden. Als dieses Kloster 1053 niederbrannte, räumte ihm Herzog Welf III. den Platz seiner Burg auf dem nahen Martinsberg ein, ersetzte die Nonnen durch Mönche und gab dem Ort den neuen Namen Weingarten. Die Welfen selbst bauten sich nebenan eine neue Burg auf dem Berg, die Ravensburg. Auch hier entstand, später durch einen städtischen Marktort verstärkt, aus dem Beieinander von klösterlicher Grablege und militärischer Burgherrschaft der Schwerpunkt eines hochadligen Territoriums.

Die Vorteile der Konzentration machten sich schnell bemerkbar. Eine derartige Herrschaft war wirtschaftlich nicht auf umständliche Transporte von Naturalien aus weiter Ferne angewiesen, sie zog ihre materiellen Mittel aus der nächsten Umgebung. Sie verschaffte sich mit der nötigen Beharrlichkeit die Grundherrschaft über den Boden im Umkreis, damit die politische Basis gegenüber herumsuchenden Nebenbuhlern. Hinzu kamen Gerichtsrechte über die hier lebenden Menschen, damit öffentliche Funktionen, die immer mehr auf einheitliche Herrschaft einer Familie über Land und Leute hinausliefen. Selbstverständlich durfte das langfristige Unternehmen nicht durch impulsive Erbteilungen an der Spitze gefährdet werden; Erbe konnte hier immer nur einer der Söhne sein. Zu den ersten Hochadligen, die das habsburgische und welfische Beispiel am Bodensee nachahmten, gehörte Graf Eberhard. Er könnte, wie das »Buch der Stifter« angibt, eine Zeitlang geschwankt haben, wo er sich festsetzen sollte, im Elsaß oder in Schwaben. Den Zürichgau, wo er Graf war, scheint er nicht in Betracht gezogen zu haben. Er suchte sich das Gebiet aus, wo seine Eigengüter schon dicht an dicht lagen, zwischen Stockach und Schaffhausen.

Seine erste erkennbare Maßnahme führte zu der Königsurkunde Heinrichs III. vom 10. Juli 1045. Sie verlieh dem Grafen wegen seiner treuen Dienste für das Reich das Recht, in dem Dorf *Scafhusun* im Klettgau eine Münzstätte zu errichten. Der Schlagschatz, das heißt die Einnahme aus dem Unterschied zwischen Geldwert der Münzen und Herstellungskosten, fiel theoretisch hoch aus; praktisch realisierte er sich nur, wenn am Ort Geld gebraucht wurde, also wenn hier Kaufleute Station machten. Schaffhausen muß demnach schon vor 1045 Marktort gewesen sein, und das liegt nahe. Auch wenn die Hauptstraße vom Norden nach dem Süden noch über Stein am Rhein lief, erzwang der Rheinfall bei der Fischersiedlung Schaffhausen eine Unterbrechung der Schiffahrt vom Westen nach dem Osten, zwischen Basel und Konstanz. Wo Schiffsländen und Stapelplätze angelegt werden mußten, konnte sich ein lokaler Warenmarkt anschließen, etwa an der Straße, auf der Fuhrwerke die Schiffsladungen um den Rheinfall herumführten. Wenn der zuständige Grundherr günstige Marktbedingungen schuf, kamen sie ihm selbst zugute, durch Münzstätte, Marktgebühren, Zölle, Gerichtsrechte und -gebühren, Aufsicht über sicheres Geleit und Straßenpflege. Eberhard scheint außerdem eine kostenpflichtige Fähre über den Rhein angelegt, also auch den Nord-Süd-Verkehr zwischen Donau und Zürichsee angezogen zu haben.

Seine Marktgründung war kühn, gerade weil sie nicht originell war. Wie man Marktorte aufbaute, konnte Eberhard in nächster Nähe bei Benediktinern am Bodensee studieren. Die Abtei St. Gallen hatte sich 947 von Otto dem Großen das Markt- und Münzrecht für Rorschach besorgt. Der Abt von Reichenau hatte um 998 von Otto III. die Erlaubnis erhalten, in Allensbach einen Wochenmarkt mit eigener Münzstätte zu veranstalten. Auch der Abtei Stein am Rhein dürfte um 1005 Heinrich II. das Markt- und Münzrecht verliehen haben. Indes war das königliche Marktprivileg eine Sache, das Gedeihen des Klostermarktes eine ganz andere. Zum Beispiel kamen Allensbach und Stein nicht gegen die großen Märkte der Bischofsstädte Konstanz und Basel auf und gewannen mit äußerster Anstrengung nur lokale Bedeutung. Wie konnte sich dann ein neuer Marktort Schaffhausen behaupten, der weder Bedürfnisse eines städtischen Bischofshofes befriedigte noch Überschüsse einer ländlichen Klosterwirtschaft feilbot? Der Graf mußte die Anziehungskraft des Platzes am Rhein und die Wirtschaftskraft der umliegenden Güter sehr hoch einschätzen und überdies beide Kräfte entschlossen zur politischen Machtballung verwenden, wenn er die Nachbarmärkte übertrumpfen wollte.

Er setzte nicht alles auf eine Karte. Für eine zweite Aktion zur Verdichtung seiner Herrschaft brauchte Eberhard keine Königsurkunde. Wir erfahren bloß zufällig davon, in seiner Urkunde für die Abtei Reichenau 1056. Außer manchen anderen Gütern, auch einem Hof mit Äckern in Schaffhausen, nannte sie einen Hof des Dorfes Nenzingen *iuxta castellum meum Nellenburg*, neben meiner Burg Nellenburg. Einige Ruinen sind auf dem Berg über Stockach noch zu sehen. Eberhard muß die hier erstmals erwähnte Nellenburg errichtet, wenigstens ausgebaut haben, um neben Schaffhausen im Südwesten am nordöstlichen Rand seines Bereiches einen weiteren Schwerpunkt zu setzen, anscheinend auch zur Abwehr nachbarlicher Übergriffe. Die Urkunde selbst belehrt uns, daß Eberhard Eigentumsrechte des innersten Kerns, sowohl im Ort Schaffhausen wie neben der Nellenburg, an das befreundete Kloster Reichenau weggab. Er plante also keine geschlossene Territorialherrschaft und behielt die verschenkten Güter nur auf dem Umweg über die Reichenauer Klostervogtei unter Kontrolle. Man sieht förmlich, mit wievielen Bällen ein Familienvater und Adelsherr jonglieren mußte.

Weil Eberhards Herrschaft bunt gesprenkelt war, empfand er die Nellenburg nicht als deren Mittelpunkt, nur als persönliches Eigentum unter anderem. Er nannte sich in der Urkunde »Graf Eberhard«, als Graf für den Zürichgau, nicht für einen einzelnen Punkt. Insofern verkennen wir seine Absichten, wenn wir ihn, dem Buch der Stifter folgend, als Grafen von Nellenburg bezeichnen. Die Verschmelzung von Grafentitel und Stammburg wurde erst von Eberhards Sohn und Erben nach 1080 vollzogen: »Ich, Graf Burchard von der Burg, die Nellenburg heißt«. Mittlerweile hatte nämlich die Familie nicht mehr das Grafenamt für den Zürichgau inne, das auf die Lenzburger übergegangen war. Jetzt konzentrierten sich Besitzrechte und Herrschaftsansprüche von Eberhards Familie auf die Stockacher Gegend; dann hieß sie mit vollem Recht Nellenburger. Trotzdem: Eberhard leitete diese Entwicklung ein. Er selbst könnte ebensogut »Eberhard von Schaffhausen« heißen, zumal da er vermutlich den dortigen Berg ähnlich befestigte wie den bei Stockach.

Inzwischen hatte er einen dritten Schritt zur Festigung örtlicher Herrschaft getan und außer der wirtschaftlich-finanziellen und der politisch-militärischen die kirchliche Zusammenfassung seines Eigengutes eingeleitet. Die Nachrichten der urkundlichen und der erzählenden Quellen stimmen dabei nicht genau zueinander. Nach dem Buch der Stifter zu schließen, hätte Eberhard schon einige Zeit vor 1049 den Bau eines Klosters erwogen und eigens zu diesem Zweck eine Romreise unternommen. Wahrscheinlicher ist es, daß er 1047 klein anfing und eine bestehende Kirche in Schaffhausen ausbauen ließ. Händlern des Marktortes und Bauern auf Eberhards Höfen wurden Gelegenheiten zur Seelsorge geboten. Als im November 1049 der Reformpapst Leo IX. von der Bischofsstadt Basel zum Inselkloster Berns von Reichenau reiste, machte er in Schaffhausen bei dem mit ihm verwandten Eberhard halt und weihte eine Kapelle mit drei Altären zu Ehren von Christi Geburt, Christi Auferstehung und Christi Himmelfahrt. Das war zweifellos jenes Kirchlein mit drei Apsiden, das bei Ausgrabungen südöstlich des heutigen Münsters 1927 zutage kam. Was da geschah, erregte kaum Aufsehen und war mit der Weihe der Reichenauer Markuskirche nicht vergleichbar; Hermann der Lahme unterließ es, in seiner Chronik auf Schaffhausen einzugehen.

Kaum stand die Kirche, begann Eberhard mit ihrer Erweiterung. Eine Urkunde meldete 1050, Graf Eberhard vom Zürichgau habe in diesem Jahr angefangen, »auf seinem Eigengut an dem Ort, der *Scefhusen* heißt, dem heiligen Erlöser und allen seinen Heiligen ein Haus zu bauen«. Ein Haus mußte noch kein Kloster sein, zunächst eine Kirche, eine andere als die eben geweihte, die nur dem Erlöser gewidmet worden war. »Allerheiligen« klang recht anspruchsvoll, nach Wallfahrtsort und Jahrmarkt am 1. November. Wenn das nichts zu bedeuten hatte! Die Vergrößerung stieß in der Nachbarschaft auf Mißtrauen; andere Herren begannen zu fürchten, daß Graf Eberhard unter religiösem Vorwand eine politische Zusammenballung plante. Eine große Kirche, mit ehrwürdigen Reliquien versehen und gewaltigen Fürsprechern geweiht, mußte Menschen von weither anziehen, also Eberhards Einflußbereich erweitern. Gott zu Ehren konnte er leicht Nachbarn schädigen. Beim Bau der Kirche holten seine Handwerker, vielleicht wirklich ohne es zu merken, Steine und Sand von einigen Grundstücken am Rheinübergang, die dem Bischof von Bamberg gehörten, vermutlich 1007 zusammen mit Stein am Rhein überschrieben. Sofort trat der zuständige Kirchenvogt, Berthold I. von Zähringen, auf den Plan und forderte Schadenersatz. In Verhandlungen kam ein Gütertausch zustande, so daß Eberhard die Schaffhauser Grundstücke zu Eigen erhielt und weiterbauen konnte. Es muß ihm viel daran gelegen haben.

Der Geistliche, der dem Grafen die Urkunde von 1050 schrieb, der Priester Liutpald, hatte Eberhard von Jugend auf erzogen und beraten; er dürfte vor allem die geistliche Seite des Unternehmens geplant haben. Wahrscheinlich entwarf er die neue Kirche und wurde möglicherweise erster Vorsteher des Klosters, das nun südlich der Allerheiligenkirche hochwuchs, eine richtiggehende benediktinische Abtei mit Speisesaal, Schlafsaal und Krankenhaus. Sehr groß sollte sie nicht werden; Liutpald dachte nur an zwölf Mönche, wobei ihm der vorbildlich kleine Konvent Einsiedeln vor Augen stand. Dorther mögen die ersten Mönche gekommen sein. Ein erster Abschluß wurde 1064 erreicht, der frühere Mönch von Einsiedeln, Bischof Rumold, kam von Konstanz herüber, um die Klosterkirche zu weihen, den 1922 wiedergefundenen Bau. Der alte Liutpald dürfte vorher gestorben sein, denn damals amtierte als zweiter Abt ein Mann namens Liutolf. Wir wissen es, weil später ein Schaffhauser Mönch schriftlich von dem ersten großen Tag der Klostergeschichte erzählte. Eine Neuerung, die vielleicht an die Weihe der Reichenauer Markuskirche anknüpfte: Ein Kloster begann seine Geschichte mit festlichem Aufwand, um ein historisches Gedenkzeichen zu setzen.

Zur Kirchweihe kamen 1064 die Äbte der Nachbarklöster Einsiedeln, Pfäfers, Weingarten, Petershausen, Rheinau und St. Blasien – eine stattliche Reihe vor allem neuer Klöster. Es fehlten aus dem Westen Vertreter von Säckingen und Zurzach, aus dem Osten die Äbte von St. Gallen, Reichenau und Stein. Das mochte Zufall sein; St. Gallen hatte Reliquien seines Gründerheiligen Gallus gesandt, mit Reichenau stand Graf Eberhard ohnehin auf bestem Fuß. Der Abt von Stein kann von der Neugründung neben dem bambergisch-zähringischen Bereich kaum begeistert gewesen sein, aber Widerstand half nichts mehr. Am Tag der Kirchweihe schenkte Eberhard seinem Kloster mehr als zweihundert Hufen Landes im Umkreis, die wichtigsten in unmittelbarer Nähe der Abtei. Dazu kamen zahlreiche einzelne Höfe, besonders zwischen Hochrhein und oberer Donau, sogar im Argengau und im Allgäu. Ein Klosterbesitz, dessen Wirtschaftskraft die kleine Abtei Stein und ihren Rheinübergang schnell an den Rand drängen mußte, ein Blickfang für das ganze Nordufer des Bodensees.

Obwohl Eberhard diese Güter verschenkte, gab er sie nicht aus der Hand. Er ließ sich nämlich von Papst Alexander II. bestätigen, daß er und seine Nachkommen die erbliche Vogtei über das Kloster ausüben, die Klosterverwaltung führen und den Abt einsetzen dürften. Damit war nach menschlichem Ermessen der Familienbesitz für andere Adlige unantastbar gemacht und unter den Schutz der Papstkirche gestellt. Wenn andere Grundherren dem Kloster Land schenkten, kam es ebenfalls unter die Aufsicht der Gründerfamilie. So stand für einen von Eberhards geistlichen Söhnen die Abtei als Erbe bereit, während ein zweiter Komplex um Nellenburg und Schaffhauser Klostervogtei auf die weltlichen Erben wartete. Zunächst war all dies nicht mehr als Zukunftsmusik; die schwierigste Phase, die der geduldigen Verwirklichung, stand nun bevor. Eberhard erweiterte seinen Besitz auch künftig unermüdlich. König Heinrich IV. verlieh ihm 1067 den Wildbann zwischen Rhein und Randen, freie Hand in der großen Waldzone westlich und nordwestlich von Schaffhausen. Dort konnten künftige Rodungen in den südöstlichen Schwarzwald und den Bereich der Zähringer vorstoßen; dort ließ sich ein nellenburgischer Herrschaftskomplex bilden, in den niemand sonst hineinzureden hätte.

Alles Berichtete zeigt Eberhard als klugen Politiker beim Ausbau seiner Herrschaft, noch nicht als frommen Christen. Wie andere Adlige durfte er glauben, durch die Klostergründung genug für sein Seelenheil getan zu haben und sich wieder weltlichen Geschäften zuwenden zu können. Was ihn gegen Ende der 1060er Jahre von dieser Meinung abbrachte, erzählte später das Buch der Stifter legendarisch übermalt, im Kern glaubwürdig. Auf einem Ritt in Geschäften traf Eberhard eines Tages einen seiner früheren Ritter namens Manegold. Er war im Kloster Stein Mönch geworden, aber am dortigen Leben irre geworden und ausgetreten. Eberhard mißbilligte den Entschluß, mit dem sich Manegold sein Seelenheil verscherze: Er solle sofort ins Kloster zurückkehren, denn er wisse nicht, wie lang er noch zu leben habe. Dem Grafen standen die Kürze des Menschenlebens und die Angst vor Tod und Hölle vor Augen, denn was Hermann der Lahme den Buchauer Nonnen gepredigt hatte, vernahm man auch von Pfarrkanzeln. Manegold erschrak, sagte aber, er wolle nicht mehr nach Stein gehen und lieber in Schaffhausen der Ärmste als in Stein der Erste sein. Hier kam die Spannung zwischen den Nachbarklöstern unverhüllt ans Licht. Graf Eberhard als eigentlicher Vorsteher von Schaffhausen nahm sich der Sache an und erreichte, anscheinend nicht ohne Schwierigkeiten, Manegolds Freigabe durch den Abt von Stein. Manegold trat in Schaffhausen als Mönch ein und starb bald.

Einige Zeit danach erschien er nachts dem Grafen und teilte mit, daß er verdammt worden wäre, wenn ihm Eberhard nicht geholfen hätte. Weil er seine Füße zu spät aus der Welt gezogen und auch im Kloster lau gelebt habe, müsse er im Fegfeuer viel Pein leiden. Eberhard ließ als getreuer Herr seines früheren Dieners täglich für Manegold Seelenmessen lesen, begann aber auch selbst mit Frau Ita, ein asketisches Leben zu führen. Der Schrecken fuhr ihm in die Knochen. Es genügte also nicht, ein Kloster zu gründen; vor den Qualen des Fegfeuers rettete nicht einmal der Eintritt in ein Kloster. Graf und Gräfin beschlossen zunächst zu tun, was in diesen Jahren viele für ihr Seelenheil unternahmen. Sie pilgerten zum Grab des Apostels Jakobus im spanischen Santiago de Compostela, das seit dem zehnten Jahrhundert als Wallfahrtsort immer mehr neben Jerusalem und Rom hervortrat. Die Pilgerfahrt des Grafenpaares bezeugte, wie die der Gräfin Adelinde um 900, die Loslösung vom irdischen Betrieb, eine Vorform mönchischen Lebens. Nach der Rückkehr erschien der tote Manegold dem Grafen noch einmal und berichtete fröhlich, das Gebet habe geholfen, er sei in die ewige Gemeinschaft der Heiligen aufgenommen. Kommunikation zwischen Lebenden und Toten kam jetzt in der Kirche leichter zustande als zur Zeit Wettis im Kloster, aber nicht weniger erschütternd als damals wirkte die Botschaft aus dem Jenseits. Mochten andere ihr künftiges Seelenheil fremden Helfern anvertrauen, ein zupackender Mann wie der Graf mußte selbst dafür sorgen, und zwar sofort.

Das Traumgesicht, das Eberhards unbewußte Ängste und Hoffnungen ans Tageslicht brachte, gab den Ausschlag. Um 1072 entschloß sich der Graf, in sein Kloster Schaffhausen einzutreten. Er war damals etwa vierundfünfzig Jahre alt, für mittelalterliche Begriffe ein Greis, der gut daran tat, sich auf die letzte Reise vorzubereiten. Wo er bisher Herr gewesen war, wollte er Diener sein; er unterwarf sich dem Abt Liutolf und überließ sein irdisches Erbe samt der Nellenburg dem Sohn Burchard. Seine Frau Ita zog ganz in die Nähe, in das sogenannte Herrenhaus in Schaffhausen. Dort scharte sie andere fromme Frauen um sich, darunter eine kranke Tochter von Eberhards Vetter, und lebte fortan nicht bloß wie ihre Schwiegermutter in einem Kanonissenstift, sondern in der Klausur der Benediktinerinnen. Adlige Damen pflegten dergleichen als Witwen zu tun; daß ein gräfliches Ehepaar gemeinsam ins Kloster ging, war am Bodensee noch nie vorgekommen. Beispielloses tat vor allem Graf Eberhard. Adlige Herren hatten sich bisher in jungen Jahren, als Oblaten zumeist, ins Kloster begeben, so hatte es Eberhards eigener Sohn Ekkehard gehalten. Was aber sollte dort ein alter Mann tun, der nicht die Klosterschule durchlaufen hatte und allenfalls für Hilfsdienste zu brauchen war? Benedikt von Nursia hatte noch mit Erwachsenen gerechnet, die sich zum Mönchtum bekehrten, und für sie hatte sich der Ausdruck Konversen, wörtlich: Bekehrte, eingebürgert.

Aber wenn sie nicht schon vorher als Weltkleriker ausgebildet waren, blieben sie im Kloster Menschen zweiter Klasse, weil ihnen die Bildungsvoraussetzungen zur Priesterweihe fehlten.

Doch, von einem berühmten Vorgänger wußten viele, Hermann der Lahme nannte ihn mit Ehrfurcht. In Thüringen hatte 1005 Graf Gunther von Käfernburg-Schwarzburg plötzlich der Welt und ihrem Prunk entsagt, sein Erbe dem Hauskloster vermacht, eine Wallfahrt nach Rom unternommen. Als »neulich bekehrter Mann« versuchte er sich im benediktinischen Alltag, im Familienkloster Göllingen und in Niederaltaich, fand sich aber als Spätberufener unter den dort herangewachsenen Mönchen nicht zurecht und begann als »Gunther der Eremit« im Bayerischen Wald zu leben, auch nach Ungarn und Böhmen zu wandern. Überall hochangesehen, wurde er 1045 in Prag beigesetzt. Dieser gräfliche Konverse hatte sich aber gerade nicht den benediktinischen Geboten des Gehorsams und der Ortsbeständigkeit unterworfen, sich zudem aus seiner thüringischen Heimat davongemacht, wo ihn jedermann kannte. Daß Graf Eberhard als Konverse in dasselbe Benediktinerkloster ging, das er seit einem Vierteljahrhundert aufgebaut und geleitet hatte, ließ sich nur als radikale Bekehrung deuten, als Umkehr, die vor ewigem Tod retten sollte.

Manche Gelehrte verstehen die Quellen so, als hätte Eberhard in Allerheiligen dauernd verächtliche Arbeiten getan, als Laienbruder in Küche und Backstube Priestermönche bedient oder auf den Feldern Schweine gehütet. Wenig später, 1083, berichtete der Augenzeuge Bernold von solchen Tätigkeiten adliger Konversen in Schaffhausen. Eberhard muß ihnen dafür ein Beispiel geboten haben. Sie waren das Zupacken gewohnt und mit Landwirtschaft vertraut; darin unterschieden sie sich ja von ihren Vettern, die als Kinder ins Kloster gekommen waren und mit Gänsekiel und Kuhhaut gewandter als mit Mistgabel und Dreschflegel umgingen. Dennoch werden adlige Konversen nicht ständig Knechtsarbeit getan und sich von Priestermönchen nicht grundsätzlich unterschieden haben. Eberhard hatte bei seinem geistlichen Erzieher Liutpald Lesen, also Latein gelernt, ohne die Klosterschulbank gedrückt zu haben. Auf die Vorbildung kam es in dieser Lage weniger an als auf die Haltung, die anderen ein Vorbild mönchischen Lebens gab. Der gräfliche Konverse verhalf einer alten Bestimmung der Benediktregel zu neuem Leben, daß sich Mönche zu bestimmten Zeiten mit Handarbeit, zu anderen mit heiliger Lesung beschäftigen sollten. Dem Beispiel des Klostergründers und dem Wortlaut der Mönchsregel konnten sich Priestermönche und Oblaten schwer entziehen.

Nach wie vor lebten in Klöstern adlige Herren, aber in Schaffhausen mußten sie das Vorrecht der Geburt durch tätige Gesinnung erweisen. Hermann der Lahme hatte soeben in Reichenau ein verwandtes Vorbild gegeben, war aber noch als Weltwunder bestaunt worden. Für die meisten Mönche, die von ihren Eltern als unmündige Kinder dem Kloster übergeben worden waren, bedurfte es keines persönlichen Entschlusses zum Mönchtum, keiner besonderen Anstrengung, nur der langjährigen Gewöhnung. Eberhards Eintritt in Schaffhausen riß sie aus ihrem Trott; da verzichtete ein Graf im Vollbesitz seiner Herrschaft freiwillig auf das Glück dieser Welt. Wie mitreißend er wirkte, können wir am Buch der Stifter sehen: Die anderen Mönche, die von Jugend auf und von Berufs wegen, erzählten einander sein erstaunliches Leben wie das eines Gründerabtes. Sie vergaßen darüber, irgendeinen weiteren Namen aus der Frühzeit ihres Klosters aufzubewahren, und wäre es der eines Abtes gewesen. Ohne daß Eberhard es wollte, schwächte sein Verhalten die Autorität des Abtes ebenso wie die der Priestermönche. Hatten bislang adlige Laien die frommen Mönche unterstützt und von deren Gebet das Seelenheil erhofft, so mußten sich jetzt die ältesten Mönche täglich ihren Himmel durch geistliche Tätigkeit verdienen, schnell bevor der Tod den Schlußstrich zog.

Die Jahre im Kloster müssen dem Konversen Eberhard leicht geworden sein. Kurz nach seinem Eintritt meldeten sich 1073 erste Anzeichen des kommenden großen Streites zwischen Königtum und Papsttum. Eberhard hatte stets beiden Mächten gedient und hätte sich zwischen ihnen nur mit Skrupeln entscheiden können. Zwei seiner Laiensöhne fielen 1075 im Dienst des Königs; von den zwei geistlichen Söhnen suchte der Trierer Erzbischof einen mittleren Kurs zu steuern, der Reichenauer Abt ließ sich auf die päpstliche Seite ziehen, ebenso der einzige überlebende Laiensohn Burchard. Jeder der Söhne mußte selbst entscheiden, der Vater konnte und wollte sie nicht auf eine Linie verpflichten. Er hatte sein Haus bestellt, das hiesige wie das himmlische, und starb sechs Jahre nach dem Klostereintritt, wahrscheinlich am 25. März 1078. In einer Außenkrypta am Münster wurde er beigesetzt. Seine Frau Ita überlebte ihn um dreißig Jahre und mehr. Der Sohn Burchard baute ihr um 1080 in Schaffhausen das kleine Frauenkloster St. Agnes, und dort sah sie noch den letzten ihrer Söhne ins Grab sinken.

Dieser Graf Burchard von Nellenburg, um 1101 verstorben, stand während seines ganzen Lebens im Bann der elterlichen Wendung ins Kloster und verstand sich als deren Vollstrecker. Nicht nur weil er keine Söhne hatte, beschenkte er das Kloster des Vaters reichlich. Er meinte bald nach Eberhards Tod, im Jahr 1079, daß die vom Vater aufgewandte Mühe zu wenig Wirkung gezeigt habe und das mönchische Leben fast ganz verfallen sei. Man kann es den Mönchen nachfühlen, daß sie nach dem Tod des unvergleichlichen Konversen in den gewohnten Trott verfielen und damit den gewissenhaften Erben in Harnisch brachten. An der wirtschaftlichen Ausstattung des Klosters und der Zahl der Mönche gab es wohl weniger auszusetzen. Allerdings klafften Armut im Kloster und Reichtum in der Siedlung zusehends auseinander. Den harten Vater scherte das wenig. Er schenkte der Abtei umfangreichen Landbesitz, von wo ihr hörige Bauern das Lebensnotwendige lieferten, aber es fiel ihm nicht ein, die Mönche am Markt der Kaufleute und Handwerker mit klingender Münze zu beteiligen.

Der Marktort Schaffhausen entwickelte sich glänzend, auch wegen der zusätzlichen Aufgaben des Klosterbaus. Zahlreiche Arbeitskräfte wurden benötigt und angelockt, ihre Ansiedlung förderte Arbeitsteilung und Geldumlauf. Aus der ältesten Güterbeschreibung des Klosters, die um 1140 (nicht früher, wie man oft liest) aufgezeichnet wurde, tritt uns eine blühende Siedlung entgegen. Markt und Münze brachten nicht mehr die höchsten Einnahmen für den Stadtherrn, die Schifferei erst recht nicht. Am besten zahlten Brotbäcker, Bierschenken und Weinschenken, die neben den hundertzwölf Hofstätten der Einwohner auch viele Durchreisende verköstigten. Sie kamen teils des Marktes, teils der Klosterkirche wegen. Graf Burchard, der in Schaffhausen keinen Herrschaftsschwerpunkt mehr vorsah, übergab 1080 die ganze Siedlung mit Markt und Münze an die Abtei, schuf also eine Klosterstadt, derengleichen das Bodenseegebiet noch nicht kannte. Zum ersten Mal profitierte ein Benediktinerkloster nicht nur aus ländlichem Abstand am städtischen Markt, sondern verband sich räumlich und politisch mit einer volkreichen

Bürgergemeinde. Bald umschloß eine gemeinsame Mauer Konvent und Kommune, die Betriebsamkeit auf dem Marktplatz hallte in der Stille des Kreuzgangs wider.

Burchard beteiligte die Klostergründung des Vaters unmittelbar am Wachstum des Marktorts. Auf die Frage, ob das einströmende wirtschaftliche Potential das geistliche Klima fördern werde, konnte man antworten, daß erst auf sicherer materieller Basis der ideelle Überbau weiterwachse, und etwas von der Aktivität der Laien, mit der Eberhard die Mönche wachgerüttelt hatte, schadete auch jetzt nicht. Was Burchard in Allerheiligen vermißte, war ein Mönchtum, das sich nicht als Stand, sondern als Bewegung empfand, wie der Vater sie vorgelebt hatte. Darum holte Burchard 1080 den Abt Wilhelm von Hirsau nach Schaffhausen. Mit ihm kam die ganze Begeisterung eines Reformklosters, das die Welt umstülpen und alle Menschen in seinen Bann ziehen wollte. Damit begann der gewaltige Zulauf von Mönchen und Laien, vermutlich auch von Bettlern und Kranken, so daß Wilhelms Nachfolger Siegfried bald nach 1082 täglich mehr als dreihundert Menschen verpflegen mußte. Es begann die hektische Bauplanung, die seit 1083 ein größeres, fünfschiffiges Münster neben das alte setzen wollte. Es begann die enthusiastische Aufnahme der theologischen Literatur: Abt Siegfried vermehrte die Klosterbücherei um etwa hundertdreißig Werke in dreiundfünfzig Pergamentbänden, die er kaufen oder schreiben ließ. Es begann die rechtliche Unterstellung unter den Papst allein, die Ablehnung der Klostervogtei und der Abteinsetzung durch Laien, die Abschließung von der sündigen Laienwelt, deren aktivste Sprecher sich selbst ins Kloster drängten. Graf Eberhard hatte die rasante und konsequente Entwicklung von Allerheiligen eingeleitet; der Sohn glaubte nur fortzusetzen, was der Vater begann. Der aber wäre mit dem Ergebnis schwerlich einverstanden gewesen. Was konnte aus der Kumulation von irdischer Macht und geistlicher Unrast Gutes kommen? War ihre Vermengung noch echte Bekehrung und Umkehr?

Der Gegensatz zwischen Macht und Unrast brach ein Jahrzehnt nach Eberhards Tod auf, zunächst nicht in Schaffhausen selbst, im Verhalten eines Mannes, der wenig anderes als Eberhard tun wollte, ihm verwandtschaftlich nahestand und vermutlich von seinem Beispiel fasziniert war. Er hieß Touto und saß als adliger Grundherr in Wagenhausen, einen Kilometer von Stein rheinabwärts entfernt am Südufer gelegen. Touto muß noch jung gewesen sein, bereits den Vater verloren und keinen Sohn mehr erwartet haben, als er mit Zustimmung der Mutter 1083 beschloß, der Abtei Allerheiligen seinen ganzen Besitz zu schenken, für sein Seelenheil und das seiner Eltern. Graf Burchard von Nellenburg nahm als Klostervogt die Schenkung im Münster von Schaffhausen entgegen. Touto nahm sein Seelenheil ernst, er wollte in Allerheiligen Mönch werden. Die geschenkten Güter, im Zürichgau, Thurgau, Hegau verstreut, sollten vom Kloster dazu benutzt werden, daß in Wagenhausen »einige Arme Christi Unterhalt finden könnten«. Mit anderen Worten, am Adelssitz des Stifters sollte eine klösterliche Filiale von Schaffhausen entstehen. Abt Siegfried, soeben aus Hirsau berufen, erfüllte Toutos Wunsch und baute in Wagenhausen ein schönes kleines Kloster. Unter den Schaffhauser Mönchen, die dort einzogen, befand sich wahrscheinlich Touto selbst. Er wollte gewiß nicht bloß vorübergehend im Kloster leben, sondern ungefähr wie Eberhard, beispielhaft und maßgebend, als eine Art Konverse. Es wird ihm gleichgültig gewesen sein, in welche kirchenrechtliche Sparte man ihn einstufte. Lateinisch verstand er wohl nicht, wozu auch? Im

Grund fühlte er sich noch in der Kutte als Herr von Wagenhausen, der gleichen Respekt verdiente wie Altgraf Eberhard in Allerheiligen.

Der Reformabt Siegfried von Schaffhausen verstand keinen Spaß. Er bestand nach Hirsauer Bräuchen auf der absoluten Unterordnung Wagenhausens unter Allerheiligen, auf dem absoluten Gehorsam Toutos gegenüber seinem Abt. Nach sieben Jahren brach der Konflikt offen aus. Touto behauptete 1089, er habe den Schaffhausern kein ewiges Gelübde der Ortsbeständigkeit abgelegt und ihnen seine Güter nicht bedingungslos geschenkt. Wahrscheinlich wollte Touto nicht wie einst Manegold über die Klostermauer springen, sich nur dagegen verwahren, daß der Abt ihn nach Lust und Laune versetzte und seine Güter veräußerte. Daß ihn die Schaffhauser von vornherein nicht als Klostergründer respektierten, merkte Touto erst langsam, dann aber wütend. Wie hergelaufene Mönche ihren Wohltäter behandelten, empfand er als Unverschämtheit; die umwohnenden Bauern von Wagenhausen mögen ähnlich geredet haben. Auch im Bodenseeadel stand Touto nicht allein mit seiner Ansicht. Er fand Zustimmung vermutlich ebenso in alten Bodenseeklöstern, denen die Schulmeisterei der Hirsauer auf die Nerven ging. Radikale Reform paßte nicht in die Landschaft. Diese Jahre um 1090 zwangen sogar die Bauplaner in Allerheiligen zur Einstellung des fünfschiffigen Monumentalmünsters und zum bescheideneren Entwurf der heutigen Basilika. Abt Siegfried spielte 1093 mit dem Gedanken, das ganze Kloster nach Frankreich zu verlegen.

Natürlich gab er nicht klein bei. Beim Papst strengte Siegfried 1089 ein kirchenrechtliches Verfahren gegen Touto an, das nach bezeichnendem Zögern 1092 vom Konstanzer Bischof eingeleitet und 1094 auf der Konstanzer Diözesansynode entschieden wurde, anscheinend unter dem Flankenschutz der Zähringer, Welfen und Nellenburger, der wichtigsten Papstanhänger am Bodensee. Noch nie hatte hier die Befehlsverweigerung eines Mönches so hohe Wellen geschlagen, alle Beteiligten nahmen das Verfahren als Musterprozeß. Weil das neue Kirchenrecht der Reformer die Autonomie der geistlichen Institutionen und die Hierarchie der priesterlichen Oberen betonte, forderte das Urteil die bedingungslose Unterwerfung Toutos mitsamt seinen Gütern. Er scheint sich gefügt zu haben, wenigstens für einige Jahre, an seinem Seelenheil war ihm ja ehrlich gelegen. Solange außerdem Abt Siegfried von Schaffhausen und Vogt Burchard von Nellenburg Hand in Hand arbeiteten, konnte Touto politisch nicht obsiegen, selbst wenn er sich im Investiturstreit auf die kaiserliche Seite schlug.

Fast gleichzeitig mit dem Umschwung im Investiturstreit zugunsten der kaiserlichen Partei geriet um 1097 das Kloster Allerheiligen unter einem neuen, rasch resignierenden Abt und einem neuen, recht gewalttätigen Vogt in eine schwere Krise; die Reform wurde gebremst. Touto nutzte die Gelegenheit, um sein Kloster Wagenhausen aus politischer und rechtlicher Abhängigkeit von Schaffhausen zu befreien. Er leitete fortan sein Hauskloster im eigenen Namen, ähnlich wie Eberhard vor dreißig Jahren Allerheiligen selbst. Für die geistliche Betreuung könnte Touto die nächstgelegene konservative Abtei Stein herangezogen haben. Diesen Zustand mußten, wahrscheinlich 1105 nach weiteren Verhandlungen, die Schaffhauser anerkennen. Sie durften gemäß einem neuerlichen Spruch der Konstanzer Diözesansynode einen Teil von Toutos Landschenkungen behalten, mußten aber Wagenhausen herausgeben. Der im Klosterbesitz bestätigte Touto leitete die Klosterverwaltung weiterhin selbständig, suchte sich aber eine neue geistliche Obhut, den Bischof von Konstanz. Dieser beauftragte Mönche des Bischofsklosters Petershausen mit der geistlichen Betreuung Wagenhausens. Nun gab sich Touto zufrieden und machte bis zum Tod um 1119 nicht wieder von sich reden. Er dürfte in seinem Kloster friedlich gestorben sein, in der Überzeugung, die Gründungsabsichten Eberhards von Nellenburg von unbedachten und übereilten Reformen gesäubert zu haben.

Er täuschte sich. Kaum hatte er die Augen geschlossen, da brach 1120 der Streit um Wagenhausen von neuem los, diesmal zwischen sämtlichen möglichen Erben, dem Bistum Konstanz, der Abtei Schaffhausen, der Abtei Stein und den Verwandten Toutos. Inmitten der fortwährenden Aufregung konnte sein Klösterchen nicht gedeihen. Der Nachwuchs an Mönchen stockte, die reduzierte wirtschaftliche Substanz reichte nicht hin, Hilfe von verbrüderten Klöstern war nirgends zu erhoffen. Die kleine Gemeinschaft mußte das Autonomiestreben ihres Gründers jahrhundertelang büßen. Touto war eben nicht Eberhard, Wagenhausen nicht Schaffhausen. Die Blüte der Abtei Allerheiligen selbst ging um 1120 zu Ende. Dabei wirkte der Streit um Wagenhausen nicht als Ursache, immerhin als Symptom mit. In seiner stürmischen Entwicklung hatte sich Allerheiligen überanstrengt und fiel in die gemächliche Gangart der Nachbarn zurück.

Beim Überblick auf diese Entfaltung des Klosters Schaffhausen treten fünf Gesichtspunkte hervor. Erstens wurde Allerheiligen von einem einheimischen Adligen ungewöhnlich selbständig gegründet, während bisher die großen Anstöße für das Mönchtum aus fernen, besonders westeuropäischen Ländern gekommen waren. Demzufolge lag das Schwergewicht der Neugründung zunächst nicht im religiösen, sondern im politischen Bereich. Hier brachte Eberhards Werk die Einbindung einer Klostergründung in die sich konsolidierende Herrschaft einer Adelsfamilie. Die Neuerung richtete sich gegen die weitläufigen Verflechtungen karolingischer Benediktinerklöster und Adelssippen, indem sie durch den Bau von Marktort, Burg und Münster einen örtlichen Schwerpunkt setzte und Bürgergemeinde, Adelsfamilie, Mönchskonvent in eine soziale Symbiose zwang. Was da im elften Jahrhundert Neues erwuchs, kann man noch beinahe miterleben, nicht mehr in Schaffhausen, aber in Stein, wenn man vom Marktplatz hinübergeht zum Kloster St. Georgen und hinaufblickt zur Burg Hohenklingen. Die ungewohnte Verdichtung menschlichen Zusammenlebens, unterschiedlicher Gemeinschaften auf engstem Raum durchbrach die Klausur der Mönche, die ungeschützter als bisher kritischen Blicken der Mitbürger standhalten mußten. Im Rheintal am Westrand des Bodensees bildeten sich mehrere Schwerpunkte dieser Art dicht nebeneinander und traten in Wettbewerb miteinander. Der Einflußbereich einer Gemeinde, einer Abtei, einer Adelsfamilie stieß hart an die Grenzen des nächsten Knotenpunktes. Daraus folgte eine Provinzialisierung, weil der Blick nicht ungehemmt über den Horizont von Wochenmarkt, Klosterkirche und Burgturm hinaus schweifen konnte. Wagenhausen hat darunter am meisten gelitten.

Daraus folgte aber auch eine Intensivierung, weil ungenutzter Boden jetzt zusammenhängend erschlossen werden mußte, besonders im südöstlichen Schwarzwald. Die Mönche und die Adligen machten sich gründlicher als die Bürger an Rodung und Landesausbau, an die Kultivierung der Landschaft und die Differenzierung der Wirtschaft. Auch dies setzte einen Neubeginn. Nachdem das Land um den Bodensee im zehnten Jahrhundert den von oben und außen geschaffenen politischen und kulturellen Zusammenhalt verloren hatte, wurde es im elften Jahrhundert vollends kleinräumig untergliedert, das hieß umgekehrt auch, von unten und innen her neu aufgebaut. Für das Zeitalter Eberhards von Nellenburg schränkte sich der Bewußtseinshorizont vorerst auf einzelne Regionen ein, sogar für Graf Eberhard selbst, der doch Sachsen und Spanien kannte. Was langfristig daraus wurde, macht die Güterbeschreibung des Klosters Allerheiligen um 1140 sichtbar. Da steht mitten im lateinischen Text zum ersten Mal der deutsche Name *Bodimse*, als hätte die Klosterwirtschaft nun auch volkssprachigen Laien den Zusammenhang der Landschaft zwischen Alpenrhein und Hochrhein verdeutlicht. Durchgesetzt haben ihn freilich dann andere Kräfte als die Bündnisse zwischen Benediktinerklöstern und Adelsfamilien.

Zweitens gab das Vorbild des Gründers dem provinziellen Dasein seiner Region ein neues Gepräge. Mit dem Eintritt ins Kloster sprengte der regierende Graf das herkömmliche Gefüge, in dem Kleriker und Mönche hier, Adlige und Bauern dort säuberlich getrennte Plätze eingenommen hatten. Für Priester und Laien veränderte der gräfliche Konverse die sozialen Maßstäbe. Unter den Adligen ahmten mehrere Eberhards Beispiel nach, denn es wies ihrer Mobilität plötzlich ein Ziel, das ihr Leben verwandelte. In der Grafenfamilie stand nach Eberhards Konversion nichts mehr am alten Platz, Ita fand in der Sorge für die Kinder, Burchard in der Behauptung der Herrschaft keine Lebensaufgabe mehr. Die Familie als solche verlor ihren vorrangigen Wert für die Daseinsbewältigung. Eberhard fand in Manegold und Touto Gesinnungsgenossen vom Adel, denen die Zukunft im Jenseits einen Verzicht im Diesseits abnötigte. Allerdings legten solche Herren die Sitten des adligen Landlebens im Kloster nicht ab. Kadavergehorsam hatten sie nicht gelernt, dafür Zupacken, wo es nottat.

So verwirrten Eberhard und seine Freunde auch in Benediktinerklöstern die gewohnte Ordnung. Die feingebildeten Oblaten büßten ihre Sonderrechte ein, wenn sich die rauhen Spätberufenen nicht mit Dienerrollen begnügten. Die Priestermönche wurden aus der Beschaulichkeit ihrer Meditationen aufgeschreckt, wenn nicht mehr Gelehrsamkeit, sondern Tatkraft gefragt war. Hermann dem Lahmen lag solche Willenskraft nicht fern, wohl aber weniger angefochtenen Klosterherren in Stein am Rhein. Doch in Schaffhausen gab es kein Entrinnen, wenn der Graf die Ärmel hochkrempelte. Um den eben erst bestätigten Vorrang der Priestermönche zu wahren, mußten auch die Gelehrten permanente Aktivitäten entfalten, im Kloster gelegentlich Hand anlegen und an Markttagen mit Besuchern reden. Was in Reichenau noch mit akademischer Höflichkeit vorgeschlagen worden war, Dienst der Mönche für die Weltkirche, setzte sich in Schaffhausen schon in die harte Pflicht des Tages um.

Drittens wurde Allerheiligen, auf diese Weise vorbereitet, zum Einfallstor einer neuen Klosterreform aus dem Westen. Sie fand zuerst am Westende des Bodensees Anklang, weil die dort ansässigen Adelsfamilien dem salischen Königtum aus dem Norden distanzierter begegneten als geistlichen und kulturellen Einwirkungen aus Elsaß und Burgund. Die Klosterreform, im zehnten Jahrhundert von Cluny und Gorze ausgegangen und in Einsiedeln etabliert, kam mit einer zweiten, stürmischeren Welle im elften Jahrhundert über Hirsau und St. Blasien an den Bodensee, aus dem Schwarzwald und dem Bereich der Zähringer. Sie griff von neuem in die regionalen Verhältnisse ein, ja sie störte das soeben geschlossene Bündnis zwischen Benediktinerklöstern und Adelsfamilien der Region. Was sich Eberhard von Nellenburg noch nicht hatte träumen lassen, mußte wenige

Jahre später Touto von Wagenhausen ausbaden. Wenn eine Stifterfamilie nicht mehr die erbliche Vogtei über ihr Hauskloster besaß, entglitt ihr die Verfügung über Land und Leute, die Kontrolle nicht allein über Klosterbauern, auch über Mönchskonvente. Dann wurden Reformklöster zu Festungen fremder Mächte im eigenen Land, in einer dichtbesiedelten, auf Zusammenarbeit angelegten Landschaft. Die Sprengwirkung der Hirsauer Reform wurde freilich am Bodensee abgefangen, wie der Erfolg Toutos von Wagenhausen zeigt.

Auch das Hirsauer Reformkloster Schaffhausen blieb unbeschadet der freien Abt- und Vogtwahl wenigstens in seinem Selbstverständnis ein Hauskloster der Nellenburger. Daß sie früh ausstarben, verklärte die Erinnerung. Der Konvent widmete seinem Gründer Eberhard ein Stiftergrab, seiner ganzen Familie mit Frau und sechs Söhnen eine Gedenkplatte, beide um 1105. Im Buch der Stifter hielt das Kloster nicht nur Eberhards Leben, sondern die Geschichte seiner Familie für Spätere fest. Mehr noch, die von den Reformern beabsichtigte Anbindung der Klöster an die priesterliche Hierarchie, die Unterstellung unter das römische Papsttum und sein Kirchenrecht, glückte am Bodensee nur teilweise, wie wieder der Prozeß gegen Touto von Wagenhausen beweist. Adliger Regionalismus siegte allerdings nicht einfach über päpstlichen Universalismus. Hauptgewinner der gregorianischen Kirchenreform wurde hierzulande ihr regionaler Repräsentant, der Bischof von Konstanz. Er spielte noch nicht bei der Gründung von Kloster Schaffhausen, aber schon beim Streit um Kloster Wagenhausen die entscheidende Rolle, und bei der Weihe des heutigen Münsters in Schaffhausen um 1103 stand der Bischof von Konstanz im Mittelpunkt. Er war es, der dann im zwölften Jahrhundert den Bodenseeraum zu einer neuen, geistlichen Einheit zusammenfaßte.

Viertens führte die Überlagerung eines anfangs regionalen Anstoßes durch eine Reformbewegung aus der Fremde zu einem veränderten Verständnis von Zeit, und dies war wohl die nachhaltigste Folge der Schaffhauser Frühgeschichte. Geschichte erhielt hier eine hektischere Aktualität als in Reichenau; ein souveräner Überblick der ganzen christlichen Kirchengeschichte wie die Chronik Hermanns des Lahmen wurde in Allerheiligen nicht mehr versucht. Ein Mönch von Allerheiligen, Bernold, legte zwar die Reichenauer Chroniken seinem bis 1100 geführten Geschichtswerk zugrunde, aber was ihn bewegte, war ausschließlich das gegenwärtige Geschehen, der Kampf um Verwirklichung der gregorianischen Kirchenreform. Der Historiker verkörperte den neuen Typ eines Priestermönchs: Kirchenrechtlich versiert, trat er entschieden für Reformpäpste, besonders für Konstanzer Reformbischöfe ein, trug seine Überzeugung bündig vor und verfocht sie in aller Welt herumreisend, bis er in den letzten Jahren des Jahrhunderts ermüdete. Die gleiche Hektik dokumentierte sich in der raschen Abfolge der vier Schaffhauser Kirchen. Doppelt reaktionär nimmt sich daneben die zähe Bemühung Toutos von Wagenhausen um seine alten Adelsrechte aus.

Zu Beginn, um 1050, herrschte am Hochrhein eine Aufbruchstimmung, von der sich Graf Eberhard unbeschwerter als Hermann der Lahme tragen ließ. Alte Lebensformen zerbrachen, der lockere Sippenverband des frühmittelalterlichen Adels nicht minder als der mächtige Königsschutz über frühmittelalterliche Abteien. Wer neue Lösungen fand und rasch ausführte, kam Konkurrenten und Nachbarn zuvor. Aber auch neue Lösungen wurden schnell überholt, durch noch abstraktere Entwürfe radikaler Reform. Das Stichwort Reform selbst erhielt einen aggressiven Beigeschmack. Was in Jahrhunderten gewachsen war, sollte neben dem Allerneuesten keine Chance zur Bewährung behalten, es sollte umgemodelt und vereinheitlicht werden. Der generelle Anspruch ließ sich in einer vielschichtigen und geschichtsreichen Landschaft jedoch nicht rasch verwirklichen und verschliß sich schnell. Wer das erste halbe Jahrhundert in Schaffhausen mit dem gleichen Zeitraum in Einsiedeln vergleicht, kann den Unterschied fast mit Händen greifen. In dem früheren Kloster eine von Anfang an stetige, aber bescheidene Entfaltung über Generationen, kaum von Neuerungen im Umfeld beirrt. In dem späteren Kloster nach eiligen Anfängen eine unwahrscheinliche Hochblüte und ein Kollaps gleich hinterdrein, als sich die Nachbarn sträubten.

Damit hing fünftens ein ungewohntes Gewicht des Augenblicks zusammen. Noch in Reichenau achteten die Mönche bei allem Fingerspitzengefühl für liturgische Präzision nicht genau darauf, wann ein langwieriges Werk völlig abgeschlossen wäre; an der Markuskirche und der Kaiserchronik würden die nächsten Menschenalter noch dies und das zu bessern finden. Auch Touto von Wagenhausen mochte glauben, daß er seine Pläne nur momentan nicht durchsetzen könne und bloß abwarten müsse, bis seine Zeit wiederkommen werde. Aber die Herren aus den alten Klöstern und Familien irrten sich, sie hatten keine lange Zukunft mehr vor sich, die alte Zeit kam nicht wieder. Der Wirbel der Veränderungen streifte nicht bloß die Oberfläche, die Verschiebungen erschütterten die Fundamente des frühmittelalterlichen Bundes zwischen Mönchtum und Adel. Wer das wie Touto nicht spürte, baute auf Sand. Gewiß überlebte Wagenhausen die Jahrhunderte, weil es sich Zeit ließ. Aber an der heutigen Anlage bemerken wir die Narben, die die Zeit dem schönen Klösterchen Toutos schlug, und was schwerer wiegt, in der Literatur suchen wir vergeblich nach Wagenhauser Leistungen, die die Zeit überdauerten. Das bedeutendste Überbleibsel dieses Adelsklosters ist sein Totenbuch.

Aus der großenteils erhaltenen Klosterbibliothek in Schaffhausen muß man nur einen der Bände in die Hand nehmen, die Abt Siegfried vor 1096 beschaffte, etwa den letzten Band des Hiobkommentars, den Papst Gregor der Große verfaßt hatte. Ein ehrwürdiges Zeugnis patristischer Theologie. Doch am Schluß des Bandes trugen die Mönche von Allerheiligen brandneue Papstbriefe ein, an den Bischof von Konstanz gerichtet und den Streitfall Wagenhausen betreffend, wichtig genug, hier ihren Platz zu erhalten, so wie am Ende von Augustins Psalmenkommentar das Verzeichnis der von Siegfried besorgten Bücher seine Stelle fand. Sie nahmen ihre Gegenwart ernst und wußten deshalb, daß sie keine Zeit hatten. Darum schrieben sie das jetzt Geschehende auf, bevor man es vergaß, und hüteten ihre Urkunden für den wahrscheinlichen Fall, daß ihnen die Nachfolger das zeitgenössische Geschehen nicht mehr glaubten. Aus diesem Gefühl erwuchs auch der Wille der Mönche, eine Kirche zu bauen, die im raschen Wechsel irdischen Lebens dauernden Bestand habe und die Ewigkeit Gottes bezeuge. Wer heute aus dem lärmenden Straßenverkehr kommt und das Münster Allerheiligen betritt, vergißt die fieberhafte Eile, in der es errichtet wurde, er vergißt wenigstens für ein paar Augenblicke die Zeit.

DIETRICH · ABT IN PETERSHAUSEN

Wenn ein Freund der Kunstgeschichte den Namen Konstanz hört, denkt er im ersten Augenblick weniger an die bedeutenden Bauwerke, die hier stehen, als an die zahlreichen, die hier gestanden haben. Unter ihnen ist die romanische Kirche der Abtei Petershausen die schönste gewesen. Man brach sie 1831 ab, weil das zugehörige Kloster 1802 aufgehoben, der Gottesdienst 1819 eingestellt worden war; das nutzlose Gebäude stand der Neugestaltung des Ufergeländes an der Rheinbrücke im Weg. Wer heute Reste vom Petershauser Klosterportal sehen möchte, muß ins Karlsruher Schloß fahren. Über diese Kulturschande klagen inzwischen die Konstanzer selbst. Wie anziehend wäre die Stadt, wenn sie eine Kirche vorweisen könnte, die an Alter und Rang neben Allerheiligen in Schaffhausen stünde! Aber von ungefähr kam es nicht, daß im frühen neunzehnten Jahrhundert wenige Konstanzer an der Petershauser Klosterkirche hingen. Sie sahen ohne großes Bedauern die Klosterbibliothek zuerst nach Salem, dann nach Heidelberg, das Klosterarchiv nach Karlsruhe abwandern. Petershausen war das älteste Kloster der Stadt, nicht das beliebteste. Es lag am nördlichen Rheinufer, der Altstadt gegenüber, und bildete den Mittelpunkt eines Dorfes, das unter der Herrschaft des Abtes stand. Konstanzer Bürger hatten spätestens seit 1417 mit Petershausen nichts anderes im Sinn, als das Dorf einzugemeinden. Der Vorgang zog sich bis etwa 1600 hin und nahm der Abtei ihren politischen und wirtschaftlichen Rückhalt. Schon in den 1440er Jahren war die Widerstandskraft des Klosters gebrochen, 1519 stand der Konvent vor der Auflösung. Er konnte sich langsam erholen, man sieht es an den Konventbauten von 1769. Doch dazu trug der adlig-ländliche Freundeskreis der Abtei mehr bei als die Zuneigung von Konstanzer Bürgern. Das berühmteste Überbleibsel von Petershausen ist eine Dorfkirche im Hegau, die Peter Thumb 1749 in Hilzingen für die Patres baute.

Schon bei Betrachtung der neueren Geschichte erhebt sich der Verdacht, daß dieses Benediktinerkloster zu spät entstand, um wie Allerheiligen in Schaffhausen eine ganze Bürgergemeinde zu prägen, und doch zu nahe bei der großen Stadt gegründet wurde, um wie Kloster Einsiedeln Eigengewicht aus dem Abstand zu gewinnen. Der Verdacht erhärtet sich beim Blick weiter zurück ins Hochmittelalter. Die 1831 weggeräumte Kirche wurde nach einem Klosterbrand 1159 begonnen, allein ihr Wiederaufbau dauerte einundzwanzig Jahre, obwohl sie nicht groß war und auf den alten Grundmauern stand. In Schaffhausen und Einsiedeln hatten die Mönche schneller gebaut. Wie schwer Petershausen den Klosterbrand verwand, zeigt am eindringlichsten der Schluß der Klostergeschichte, unserer besten Quelle für die Frühzeit. Sie erzählte noch ausführlich von der Brandkatastrophe und vom Beginn des Wiederaufbaus, dann brach sie 1164 ab und brachte bis ins sechzehnte Jahrhundert lediglich isolierte Einzelnachrichten. Niemand im Kloster hatte mehr Zeit, Geschichte zusammenhängend zu erzählen. Die Bauarbeiten schleppten sich über hundertfünfzig Jahre hin, bis etwa 1300. Unterstützt wurde die Abtei dabei kaum aus Konstanz, gar nicht vom Konstanzer Bischof, aus dessen Herrschaft sie sich gerade losmachte, vor allem mit Hilfe der staufischen Herrscher. Die Staufer taten materiell das meiste für das Kloster, vorwiegend aus strategischem Interesse am Rheinübergang. Vielleicht wäre die Abtei Petershausen besser gediehen, vielleicht in der Bausubstanz erhalten geblieben, wenn sie nicht neben der Rheinbrücke und der

Stadt Konstanz gelegen hätte, sondern in der Distanz, die Reichenau vor ähnlichem Schicksal bewahrte. Die geographische und institutionelle Nähe zu einem Zentrum der Herrschaft, dem wichtigsten am mittelalterlichen Bodensee, belastete und durchkreuzte das mönchische Leben in Petershausen. Wir wollen sehen, was eine Benediktinerabtei unter solchen Rahmenbedingungen im späten elften Jahrhundert geschichtlich Bemerkenswertes zu leisten vermochte. Es war mehr, als der Nachwelt bewußt blieb.

Die Klostergründung im Jahr 983 war eine Pionierleistung ersten Ranges gewesen. Das Gelände am nördlichen Rheinufer gegenüber dem Konstanzer Domhügel galt als sumpfig und unbewohnbar, war übrigens bis ins zwölfte Jahrhundert mit der Stadt nicht durch eine Brücke, bloß durch eine Fähre verbunden. Im zehnten und elften Jahrhundert konnten die Konstanzer das Kloster drüben noch für abgelegen halten. Kaum günstiger als die geographische war die juristische Lage. Der ganze Uferstreifen bis nach Wollmatingen hatte der Abtei Reichenau gehört. Erst auf dem Tauschweg kam er in die Hand des Konstanzer Bischofs Gebhard II., der seit 979 auf dem Stuhl des heiligen Konrad saß. Er wollte hier sein Kloster bauen. Wie nachher in Schaffhausen stand am Beginn nicht die Niederlassung frommer Männer, sondern der Gründungsbefehl eines großen Herrn. Petershausen entstand als bischöfliches Eigenkloster, das erste am Bodensee. Bischof Gebhard II. rundete mit der Klostergründung ein städtebauliches Konzept ab, dem sich seine Amtsvorgänger seit Salomon III. verschrieben hatten. Wie in der Ewigen Stadt Rom am anderen Ufer des Flusses die Peterskirche mit dem Vatikan lag, so sollte die liturgische Gemeinschaft der Konstanzer Kirchen durch ein Peterskloster auf der anderen Rheinseite zu einem Ring geschlossen werden. Petershausen wurde architektonisch von dem geistlichen Zentralort Konstanz her geplant, als Station priesterlicher Prozessionen.

Der Einbeziehung in die Darstellung der Weltkirche entsprach ungefähr die monastische Konzeption des neuen Klosters. Bischof Gebhard suchte das Modell Einsiedeln nach Petershausen zu übertragen, von dort kamen einige Mönche und die ersten drei Äbte. Sie brachten Verständnis für hohepriesterliche Aktivität mit, bemühten sich aber auch um mönchische Kontemplation. Einen geistlichen Freiraum gewährte der Gründerbischof seinem Kloster, nachdem er es materiell mit reichem Grundbesitz im ganzen Bodenseebereich ausgestattet hatte. Ähnlich wie Herzog Hermann Einsiedeln gab Gebhard Petershausen frei, verschaffte ihm das Recht auf ungestörte Abtwahl und löste es soweit wie möglich aus den Beziehungen zur Konstanzer Domkirche. Er unterstellte aber Petershausen nicht mehr dem deutschen König, sondern dem römischen Papst, auf die in Cluny eingeführte Art. Gebhard wollte damit den Konvent aus weltlichen Händeln heraushalten, doch fragte es sich, ob der Papst mächtig genug sein würde, um die Abtei tatsächlich vor zudringlichen Nachbarn zu schützen, insbesondere vor Konstanzer Bischöfen.

Solange Gebhard regierte, bestand keine Gefahr. Er sorgte dafür, daß auch seine Sippe, die Bregenzer Grafen, Petershausen als eine Art Hauskloster beschenkte und beschützte. Die Verwandten würden begehrliche Adelsherren schon in Schach halten. Zudem waren himmlische Wächter hinzugezogen. Der Bischof brachte 989 aus Rom den Schädel des heiligen Papstes Gregor des Großen mit, was das Peterskloster auch geistlich auf das Papsttum verpflichtete. Gebhard hätte gern den angesehensten Heiligen am Bodensee zu Hilfe gerufen und Reliquien des kürzlich verstorbenen Bischofs Ulrich von Augsburg mitgenommen. Der aber wollte in seiner eigenen Bischofsstadt liegen bleiben und bestrafte den Konstanzer Amtsbruder damit, daß er sich beim Sturz in eine Dornenhecke bös verletzte. Gebeine heiliger Mönche wurden zunächst, anders als in Einsiedeln, nicht bevorzugt, doch erhielt Petershausen den Arm des Apostels Philipp geschenkt. Und um ein letztes Zeichen zu setzen, ließ sich Bischof Gebhard II. selbst in der soeben eingeweihten Klosterkirche 995 bestatten. Er hatte alles Menschenmögliche getan, um die Abtei vor dem Zugriff seiner Nachfolger zu bewahren. Unter Konstanzer Bedingungen mußten die Gründungsmaßnahmen anders als in Einsiedeln ablaufen, das Ergebnis sollte annähernd das gleiche sein, ein nach außen freies, nach innen strenges Zusammenleben in Einsamkeit, vorbildlich auch für Weltpriester der Bischofsstadt.

Wie es Lieblingskindern geht, die von den Eltern gegen alle Eventualitäten versichert werden: Petershausen schwamm sich nicht frei. Der Mönchskonvent mußte sich seine Umwelt nicht selbst schaffen, sie war vorgegeben. Am einfachsten ist das an der Abtreihe abzulesen. Solange Gebhard lebte, scheint er die Leitung des Konvents in der Hand behalten zu haben, wie es viele Klostergründer im Frühmittelalter getan hatten. Dann trat 995 der von ihm vorbestimmte Abt aus Einsiedeln sein Amt an. Dabei blieb es nun aber auch, wenigstens fünf der frühen Äbte wurden aus Einsiedeln bestellt. Von den zehn Äbten des ersten Jahrhunderts war keiner nachweislich in Petershausen als Mönch eingetreten, keiner frei vom Konvent gewählt. Die für Einsiedelns Blüte entscheidende innere Kontinuität kam in Petershausen nicht zustande. Freilich gedieh das mönchische Leben anfangs nicht schlechter als im Musterkloster, darum bemühten sich Gebhards Nachfolger als Konstanzer Bischöfe, die zum Teil Mönche gewesen, zum Teil aus Einsiedeln gekommen waren. Gerade deshalb konnte der Petershauser Konvent seinen Abt nicht selbst wählen, weil der Bischof ständig eingriff.

Die Petershauser Mönche empfanden die Abhängigkeit bitter und ärgerten sich schon über Gebhards Nachfolger Lantpert weidlich. Andere Zeitgenossen, vor allem in Reichenau Hermann der Lahme, rühmten ihn als vorbildlich mönchischen Bischof, und zur Absicherung Petershausens trug er viel bei. Dort aber trug man ihm nach, daß er aus dem Klosterschatz Kostbarkeiten wegnehmen ließ, die der heilige Gebhard geschenkt hatte. Der Bischof tat es nicht freiwillig, sondern weil er auf Befehl König Heinrichs II. 1007 mit Wertgegenständen aus Gold und Silber zur Ausstattung des neuen Klosters in Stein am Rhein beitragen mußte. Die Plünderung durch König und Bischof kam nicht einmal den Mitbrüdern in Stein zugute, die nur wenige Mönche ernähren konnten; darum bestrafte Gott die Freveltat zur Warnung an alle kommenden Bischöfe. »Als Lantperts Lebensende herankam, begann er von Ungeziefer zu wimmeln, und zwar von kleinen Läusen in solcher Zahl, daß er sie durch keine Behandlung loswerden konnte. Denn oft wurde er von Dienern teils im Rhein, teils in Bädern gewaschen, um seine großen Schmerzen zu lindern. Aber sogar im Wasser kamen sie ihm wie Bienenschwärme oder wie Ameisen aus den Ohren und einzelnen Gelenken herausgequollen, bis er unter gräßlichen Qualen sein Leben aushauchte.« In Wirklichkeit dürfte Bischof Lantpert nicht schlimmer als andere Zeitgenossen von Läusen gequält worden sein. Er starb nach allen sonstigen Berichten eines friedlichen Todes.

Die Sage verrät Frustrationen und Aggressionen der Mönche, die ihre Schätze vor dem Bischof hüten mußten. Ihre Klosterchronik spiegelt diesen Argwohn in einzelnen Episoden, in der Gesamtanlage. Sie verzeichnete genau die Ausstattung der Abtei, den

Schmuck der Kirche, die Meßgewänder und Reliquien, die Schenkungen von Grundbesitz. Der Chronist erzählte lebendige Geschichten von den Umständen der Neuerwerbung und den Schicksalen der Förderer. Sie lesen sich so amüsant wie die St. Galler Klostergeschichten Ekkehards IV., die in diesem Punkt allerdings großzügiger verfuhren. In Petershausen stand immer zu befürchten, daß die Mitmenschen draußen Freiheit und Besitz des Klosters nicht respektieren würden. So verständlich die Angst um Hab und Gut war, sie bekam keiner Mönchsgemeinschaft auf die Dauer gut.

Der Gründerbischof hatte dem Kloster zwei silberne Kronleuchter geschenkt. Ein Petershauser Mönch, der Abt werden wollte, zertrümmerte den einen und gab das Silber dem Bischof; weil der immer noch nicht von der Eignung des Mönchs überzeugt war, mußte auch der zweite dran glauben. Andere Mönche ließen seidene Meßgewänder zu kostbaren Privatkutten umarbeiten. Reichtum korrumpiert, unter anderem durch die Sorge der Verwöhnten, er könne eines Tages versiegen. Die nackte Not fängt bekanntlich erst im Wohlstand an. Am bezeichnendsten ist vielleicht die Sache mit dem Gemüse. Aus irgendeinem Grund, und wäre es die Vorschrift der Benediktregel, wurde den Mönchen zum Essen Gemüse gereicht. Das war ihnen nicht fein genug, es ging nicht durchs Hälschen. Sie kippten es dem heiligen Gebhard aufs Grab mit den Worten, wenn er ihnen nichts anderes zu essen gebe, solle er nichts Besseres bekommen. Die Trotzgebärde, himmelweit von der Askese in Einsiedeln entfernt, kam nicht aus purem Übermut. Die Petershauser Mönche sahen aus nächster Nähe, wie Domherren und Weltpriester in Konstanz lebten, wieviel Geld sie ausgaben, wie fein gekleidet sie gingen, wie üppig sie aßen. Nebenan im Kloster Reichenau lebte Hermann der Lahme und aß sein Lebtag kein Fleisch, aber das ging Petershauser Mönche nichts an; sein Name kam in ihrer Chronik nicht vor.

Der Abt, der seinen Mönchen ein anderes Vorbild hätte geben können, erwarb sich im Konvent ein ehrendes Gedächtnis, wenn er nach außen energisch auftrat. Petershausen hatte im frühen elften Jahrhundert auch andere Äbte, zum Beispiel einen Konstanzer Domherrn Siegfried, der in Einsiedeln Mönch geworden war und dann als Abt in Petershausen eingesetzt wurde. Aber mehr als diese dürftigen Nachrichten von einem religiös bewegten Leben wußte die Chronik nicht zu überliefern. Sie pries von den frühen Äbten am höchsten Herrn Meinrad. Er regierte, während sich in Schaffhausen Graf Eberhard dem Abt seines Hausklosters als Konverse unterwarf, doch aus diesem Holz war Meinrad nicht geschnitzt. Von ihm verlangte in den 1070er Jahren der Konstanzer Bischof die Gestellung eines gerüsteten Pferdes für den Königsdienst. Der Abt erklärte wütend, von rechtswegen stehe es dem Bischof nicht zu. Als der Bischof hart blieb, warf Meinrad den Abtstab von sich und sprach: »Wenn ich schon nicht die Macht habe, Widerstand zu leisten, ist es besser, daß ich die Abtwürde niederlege.« Nach einer Weile wurde er wieder eingesetzt, aber da leistete sich der Bischof eine weitere Provokation und wollte im Kloster die Messe singen, ohne den Abt gefragt zu haben. Meinrad warf den Hirtenstab auf den Altar, ging hinaus und dankte endgültig ab.

Daß der Abt so temperamentvoll mit dem Bischof umging, ist die eine Hälfte der Geschichte. Die andere ist die Begeisterung, mit der die Mönche noch fast ein Jahrhundert lang von Meinrad erzählten. Sie lebten in äußerem Reichtum und innerer Unselbständigkeit, unter gegensätzlichen Umständen wie die Mönche in Schaffhausen, und das

Gegenteil mußte herauskommen, ein rechthaberisches und kurzsichtiges Gebaren, das von der Umwelt lediglich Notiz nahm, soweit sie sich um die Abtei bemühte. Die Petershauser Chronik verzeichnete nicht einmal die Hauptereignisse in Konstanz, etwa den Einsturz des Bischofsmünsters 1052, den Hermann der Lahme selbstverständlich notierte. Vom Nachbarkloster Reichenau, das mit dem Konstanzer Bischof ja auch seinen Kummer hatte, verlautete in den älteren Teilen der Petershauser Chronik so wenig wie von St. Gallen. Über Allerheiligen äußerte sich der Chronist bloß zum Jahr 1075, da seien im Dienst des Königs einige gefallen, »auch zwei Söhne des Grafen Eberhard von Nellenburg, der das Kloster Schaffhausen gegründet hat«. Vom mönchischen Leben des Mannes kein Wort. Das ist Provinzialität ohne Intensität: Keine Zeit haben zum vergleichenden Blick in die Runde, weil man sich tagaus tagein im Kleinkrieg veraus gabt, nicht einmal die Freiheit haben zum Verzicht auf den Vergleich, zum Glück im Winkel oder zur Sorge fürs Dorf. Ein landfremder Priester, blind und krank, lag im Dorf Petershausen im Haus eines alten Weibleins. Abt Meinrad machte Krankenbesuch, aber die Pflege überließ man einer Frau aus Konstanz, die mit der Rheinfähre herüberkommen mußte und den Kranken schließlich in ihr Stadthaus aufnahm. Dort erschlug ihn ein Irrer mit dem Spaten. Das meldete der Chronist, ohne zu überlegen, daß der Priester im Kloster Petershausen ruhiger gestorben wäre und daß die Verkrampfung des Konvents nur von Landfremden gelöst werden konnte.

Die Lösung kam aus Hirsau und wirkte in Petershausen explosiver als in Schaffhausen. Um das zu verstehen, müssen wir die ungewöhnliche Geschichte Hirsaus betrachten, die nicht so geradlinig wie die von Einsiedeln oder Schaffhausen verlief. Eine karolingische Klostergründung um 830 mißlang in dem damals noch abgelegenen Nagoldtal, das Klösterchen stand um 1000 leer, seine Bauten verfielen. Am Bodensee hätte man den Skandal nicht geduldet, im Nordschwarzwald fiel er kaum auf. Die benachbarten Grafen von Calw wollten ihren für das Kloster bereitgestellten Grundbesitz zurücknehmen. Da erschien 1049 der Neffe des regierenden Grafen in Hirsau, Papst Leo IX., ein entschiedener Verfechter der Klosterreform. Auf der Reichenau traf er damals einen frommen Konvent, in Schaffhausen einen frommen Grafen; in Hirsau mußte er die Neubelebung des Klosters befehlen. Der Graf fügte sich zögernd und begann zehn Jahre später mit dem Neubau der Klosterkirche St. Aurelius. Zwölf Jahre Bauzeit für die kleine, keine vierzig Meter lange Kirche, die erst 1071 geweiht wurde. Derweilen war in Schaffhausen das mönchische Leben längst in vollem Gang. Graf Adalbert von Calw holte 1065 die ersten Mönche herbei, und zwar aus Einsiedeln, das noch immer das alemannische Musterkloster war. Es ging in Schaffhausen gut, warum in Hirsau nicht auch?

Aber in Schaffhausen ging es gut, weil sich Graf Eberhard persönlich für das mönchische Leben engagierte und die Äbte nicht allein werkeln ließ. Graf Adalbert hingegen plante, was andere alemannische Grafen auch taten, die Errichtung eines Eigenklosters, das von der Gründerfamilie abhängig bleiben und deshalb nicht dem Königsschutz unterstellt werden sollte. Ausgerechnet in ein lokal gebundenes Adelskloster karolingischen Stils rief er Mönche aus Einsiedeln, die an königlichen Schutz und geistlichen Freiraum gewöhnt waren. Das mußte schief gehen. Der neue Abt Friedrich aus Einsiedeln war ein unermüdlicher Asket, dem Fasten, Wachen und Beten über alles gingen. Um den Grundbesitz des Klosters kümmerte er sich nicht. Bald kamen die ersten Klagen, er sei träge und verbringe seine Tage in unfruchtbarem Nichtstun. Nun freilich, ein Aktivist wie Eberhard in Schaffhausen war Friedrich in Hirsau nicht. Der Graf von Calw setzte den Abt 1069 ab, der freute sich, die ungeistliche Stätte verlassen zu dürfen. Damit war die zweite Neugründung von Hirsau zehn Jahre nach Baubeginn faktisch gescheitert.

Adalbert von Calw mußte sich einen neuen Abt suchen und fand ihn im Kloster Regensburg. Der Bayer Wilhelm, den wir heute Wilhelm von Hirsau nennen und der uns in Schaffhausen flüchtig begegnet ist, war von anderer Art als Einsiedler Mönche. Die erhaltene bildliche Darstellung zeigt ein hohlwangiges Gesicht mit loderndem Blick, keinen nachdenklichen Betrachter, einen fast demagogischen Aktivisten. Er sah, woran die schwäbischen Eigenklöster der Grafen und Bischöfe krankten: Sie waren zu eng an die weltlichen Interessen ihrer Herren gefesselt und deshalb geistlich zu passiv. Also weg mit der Eigenkirchenherrschaft, das Kloster mußte der Umwelt gegenüber absolut frei sein. Es brauchte weder den Königsschutz noch den Freundeskreis der Adelsfamilien, es brauchte die geistliche Gemeinschaft der universalen Kirche, engste Verbindung mit dem Papst in Rom. Innerhalb der Priesterkirche aber, die sich von aller Bevormundung freimachte, durfte nur der Grundsatz gelten, der ihre Heiligkeit allein rechtfertigte, das Leistungsprinzip. Wilhelm schrieb: »Durch drei Mißbräuche hat unsere Kirche in Deutschland schwere Einbußen erlitten: daß man bei Erhebung von Bischöfen entweder nur auf den Adel der Geburt Gewicht legte, welcher doch an und für sich gar keinen Wert hat; oder daß einzig der Geldbeutel den Ausschlag gab; drittens, daß persönliche Würdigkeit, auf die doch alles ankommt, gar nicht berücksichtigt wurde.« Grundsätze, nach denen für ihre Person Hermann der Lahme und Eberhard von Nellenburg gelebt hatten, die sie aber nicht als Forderung an andere formuliert hätten.

So wurde Hirsau in den 1070er Jahren zum dritten Mal aufgebaut, nicht auf Personen, sondern auf Grundsätze bezogen. Keine mutwilligen Kinder mehr ins Kloster, Schluß mit der Oblation, die träge Mönche macht. Erwachsene Männer sollen kommen, Konversen, die genau wissen, was sie hier wollen, und bereit sind, auch draußen weiterzuwirken, die Klostermauer nicht als Schutz vor Kritik benötigen. Keine Adligen mehr ins Kloster, jedenfalls nicht die Überzähligen, die Lahmen und Verkrüppelten, die Schwerhörigen und Kurzsichtigen, die Buckligen und Hinkenden, die für adliges Kriegshandwerk nicht taugen. Wenn Adlige willkommen sind, dann weil sie zupacken und sich zusammennehmen können, aufgrund ihrer Leistung, nicht ihrer Herkunft, und neben ihnen tüchtige andere. Dann haben im Kloster auch Grafen Küchendienst zu tun und Klosterschweine zu hüten wie andere, je nachdem, wofür gerade Arbeitskräfte gebraucht werden. Die Gleichmacherei sollte mehr den Gehorsam als die Askese schulen und anstelle der weltlichen eine geistliche Rangfolge einüben. Ein Abt mußte nach Wilhelms Ansicht zu jedem Dienst bereit sein, aber so wie Gregor von Einsiedeln sollte sich der Abt von Hirsau nicht benehmen. An Weihnachten hatte er Wichtigeres zu tun, als in der Klosterküche beim Bohnenwaschen zu helfen. Das Wichtigste war der feierliche vielstündige Gottesdienst in der Klosterkirche, das Kernstück des Ordo.

Um den Mönchen liturgische Zucht beizubringen, regelte Wilhelm in seinen *Consuetudines* für das Kloster Hirsau selbst den profanen Alltag bis in jede Kleinigkeit. Mönche hätten sich, so schrieb er vor, auf der Latrine mit Heu abzuputzen oder, falls dies nicht zur Hand sei, mit Reisern. Das totale Mönchtum kannte keine Intimsphäre, im

Gegenteil, Wilhelm räumte der von früheren Klosterbräuchen geringgeschätzten Körperpflege nahezu öffentlichen Rang ein, einerseits um den Gewohnheiten adliger Herren entgegenzukommen, andererseits um das Zusammenleben im Konvent zu kultivieren. Jetzt wurden die Mönche belehrt, daß sie den Nachbarn fragen müßten, wenn sie sich die Nägel schnitten, und daß sie sich nach dem Füßewaschen am Samstag die Fußnägel schneiden dürften. Das waren manche nicht gewohnt, also wurde es allen gesagt, auch um ein falsches, frühmittelalterliches Verständnis von Askese zu verhindern. Jetzt kamen nämlich neben dem ewigen Einerlei von Gemüse und Bohnen an Feiertagen Kuchen und Wein auf den Tisch des Refektoriums, daneben Eier und Käse. Nicht weil sie besser schmeckten, wie man in Petershausen gemeint hätte, sondern weil sie gesund erhielten. Die Mönche durften in Hirsau zusätzliche Kleidungsstücke anfordern, wenn sie vorhanden waren, und jährlich die Pelzkleider wechseln. Denn sie sollten sich in der ungeheizten Klosterkirche nicht nach Art der heiligen Wiborada die Gicht holen, überhaupt kein vermindertes, sondern ein gesteigertes Leben führen. Sie sollten viel leisten und durften sich etwas leisten.

Tatkraft war bislang Sache von Laien gewesen, Wilhelm brauchte auch im Kloster aktive Laien, das hieß Konversen. Nicht im üblichen Sinn, den noch Eberhard in Schaffhausen verwirklicht hatte, daß erwachsene Männer eintraten, die nicht in der Klosterschule aufgewachsen waren; das sollte in Hirsau jetzt die Regel auch für Priestermönche sein. Nein, Wilhelm suchte Männer, die sich frei für das Klosterleben entschieden, sich hier aber nicht ganz ins Gebet vertieften. Sie sollten mit Feuereifer die Verwaltung und Wirtschaft der Abtei betreuen und nicht als minderwertig oder unfrei gelten, sondern als »Äußere Brüder« oder »Laienbrüder« der Mönchsgemeinschaft angehören. Demzufolge konnte Hirsau keine strenge Klausur und Ortsbeständigkeit als Grundsatz anerkennen, denn nun wirkte stärker als in Schaffhausen die Aktivität der Laien auf die Priestermönche zurück. Hirsauer Mönche drängten in die Dörfer hinaus und hatten dabei mehr als die Sonntagspredigt im Kopf, sie gründeten in Schwarzwalddörfern ganze Laienbruderschaften, Kreise von adligen und bäuerlichen Laienbrüdern, die in der Welt blieben, trotzdem als aktive Christen leben wollten. Mit dem Unterschied zwischen Priestermönchen und Laienbrüdern innerhalb des Klosters verwischte sich draußen in den Dörfern die Unterscheidung zwischen Mönchen, Weltpriestern und Laien. Hirsauer Mönche griffen folgerichtig in die allgemeine Kirchenpolitik ein, als Priester und Seelsorger, als Vorkämpfer päpstlicher Reformpolitik, als Widersacher des deutschen Königtums, seines sakralen Anspruchs und seines allzuweltlichen Anhangs.

Dieses aktivistische Programm begeisterte im deutschen Südwesten viele, die Adligen zuerst. Jetzt trat Adalbert von Calw ins Kloster Hirsau ein. In Hirsau ließ sich 1078 der Zähringer Berthold I. beisetzen, sein Sohn Gebhard als Mönch aufnehmen. Es strömten so viele zusammen, darunter Enttäuschte aus anderen Klöstern, daß Hirsau mit hundertfünfzig Mönchen rasch das größte deutsche Kloster wurde. Wilhelm mußte 1082 an einen Neubau gehen, die an das Muster Cluny anknüpfende Kirche St. Peter und Paul, gewaltig groß und sechsundneunzig Meter lang. Ähnlich erging es Wilhelm in Schaffhausen, wo sich der Sohn des Stifters, Burchard von Nellenburg, für die Hirsauer hatte gewinnen lassen. Kaum war Allerheiligen reformiert, da mußte seit 1083 die Klosterkirche erweitert werden. Leidenschaftlicher als an Kirchen aus Stein arbeiteten die ausschwärmenden Hirsauer an der Kirche aus Menschen. Wenn die ganze Welt ins Kloster hineingezogen werden sollte, konnte Wilhelm von Hirsau dem Bischofsamt nicht so abwehrend gegenüberstehen wie die Mönche von Reichenau. Er öffnete in diesen Jahren ein Kloster nach dem anderen dem Hirsauer Einfluß, neben Schaffhausen zum Beispiel St. Blasien, Muri, Weingarten, die zum Bistum Konstanz gehörten. Wollte Hirsau weitere Freunde in der Priesterkirche gewinnen, so mußte es den Konstanzer Bischofsstuhl besetzen, auf dem inzwischen nicht mehr Mönche aus Einsiedeln, sondern Kreaturen des Königs Heinrich IV. saßen.

Zur Bischofswahl in Konstanz erschien 1084 Abt Wilhelm von Hirsau persönlich und brachte seinen Kandidaten mit, Mönch Gebhard von Hirsau, den Bruder des Zähringer Herzogs. Mit der Wahl Gebhards III. zum Bischof von Konstanz gewann die päpstliche Reformgruppe ihren wichtigsten deutschen Stützpunkt im Investiturstreit, die Hirsauer Klosterreform den ersten Bischofsstuhl, der freilich ihr einziger bleiben sollte. Damit sind wir wieder beim Kloster Petershausen angelangt. Denn Gebhard war noch kein halbes Jahr Bischof, da bedauerte er 1085, daß in dem bischöflichen Eigenkloster die Kraft des Mönchslebens erschlafft sei, und wandte sich an Wilhelm von Hirsau, er möge einige tüchtige Mönche nach Petershausen entsenden. So einfach wie in Schaffhausen, wo die Mönche seit 1080 willig mitzogen, ließ sich in Petershausen die Hirsauer Reform nicht einführen. Abt und Konvent hatten sich seit Jahrzehnten in der Kunst geübt, ihrem Bischof Widerstand zu leisten; der bockige Meinrad erfreute sich unter seinen Mitmönchen noch immer größter Beliebtheit. Eine seltsame Verkehrung der Fronten trat ein. Bis jetzt hatte sich die Abtei gegen rechtliche Übergriffe und materielle Forderungen des Bischofs gewehrt, sich aber allmählich so hartnäckig auf ihre materiellen Rechte versteift, daß sie zu protestieren fortfuhr, obwohl der neue Bischof etwas ganz anderes von ihr verlangte, geistliche Aktivität. Heute nennt man dieses Verhalten betriebsblind.

Der erste Klosterkommissar aus Hirsau, Otto mit Namen, scheiterte binnen Jahresfrist. Ein Teil des Petershauser Konvents benahm sich wie der Reichenauer 1006 und trat aus, voran der bisherige Abt Liutold und der Leiter der Klosterschule Rupert; sie wechselten in die mildere Abtei Reichenau über. Andere Mönche verließen das Klosterleben überhaupt und wurden Weltpriester. Vom alten Konvent blieb eine Minderheit, teils Aktivisten, teils Intellektuelle, darunter Meinrad, der den Hirtenstab hingeworfen hatte, und der zweite Klosterschullehrer Bernhard, der schon vorher eine Hirsauer Fraktion begründet hatte. Trotzdem zerstörte die Einmischung des Bischofs 1085 in Petershausen genauso den Konvent wie die Einmischung des Grafen 1069 in Hirsau. Wie damals hing alles davon ab, daß der Klosterherr einen neuen Mann fand, der den alten Konvent überzeugte. Weil er tatkräftig sein sollte, mußte er von außen kommen, nicht durch kollegiale Rücksichten gehemmt ein. Weil er überzeugen sollte, mußte er Grundsätzen anhängen, nicht von persönlichen Zugeständnissen abhängen. Der Gesuchte war der Zweite im Kloster Hirsau, der Prior Dietrich, den Bischof Gebhard aus seiner Mönchszeit gut kannte und 1086 zum Abt von Petershausen weihte.

Ein außergewöhnlicher Mann, schon seiner Vorgeschichte nach, über die man in Petershausen genau Bescheid wußte. Daß sein Vater Graf Kuno von Achalm, von der Burg über Reutlingen, ein hoher Herr war, hätte niemanden überrascht. Aber der Graf liebte eine unfreie Magd namens Bertha, aus der Herrschaft der Dillinger Grafen, zwei Tagesritte von Reutlingen entfernt. Mit dieser Magd, neben der er keine andere Frau hatte, zeugte Kuno drei Söhne. Ein Fall von Monogamie, den Hermann der Lahme in der Epistel für die Buchauer Nonnen nicht vorgesehen hatte. Die Familienehre des Grafen erlaubte keine kirchliche Eheschließung mit der Magd. Sie blieb Konkubine, ihre Söhne folgten »der ärgeren Hand« und wurden, was ihre Mutter blieb, Leibeigene des Dillinger Grafen. Einer der drei war Dietrich. Ein anderer, Marquard, wurde zum Vertrauten König Heinrichs IV., einer von den schwäbischen Ministerialen, die als persönlich Unfreie in hohe Ämter aufrückten; der König ließ ihn frei. Auch Dietrich muß von seinem Leibherrn, dem Grafen von Dillingen, förmlich für frei erklärt worden sein, sonst hätte er nach Kirchenrecht nicht in ein Benediktinerkloster eintreten dürfen. In die alte Abtei Reichenau nahm man sogar solche Freigelassenen nicht auf. Das müssen wir wissen, um Dietrich zu verstehen. Tradition war für diesen Mann ohne Herkunft das Ärgernis schlechthin.

Er ging in das nächstgelegene Kloster St. Ulrich und Afra in Augsburg. Dort fand er das Mönchsleben zu schlaff und siedelte in den 1070er Jahren wie so viele andere nach Hirsau über. Wilhelm von Hirsau pflegte wohl damals schon die Beziehungen zu Dietrichs Vater Kuno, die 1089 zur gemeinsamen Gründung des Klosters Zwiefalten führten. Doch Dietrich war nicht von der Sorte, die auf Beziehungen Wert legte. Seine Verwandten waren zerstritten, schon in der Vätergeneration. Kunos Bruder Werner unterstützte als Straßburger Bischof den König Heinrich IV., während Kuno auf der Seite Papst Gregors VII. stand. Bei Kunos Söhnen wiederholte sich die Spaltung, ähnlich wie bei den Nellenburgern. Die Polarisierung warf zusammen mit den Bräuchen des adligen Patriarchats alle Traditionen des benediktinischen Abbatiats über den Haufen. Dietrich verließ ohne Rücksicht auf Gehorsam und Ortsbeständigkeit das Augsburger Kloster. Er blieb auch in Hirsau nicht lange. Wilhelm schickte ihn 1081 in das neue Kloster Hasungen bei Kassel, um dort die Hirsauer Reform durchzudrücken. Dietrich tat es so rücksichtslos, daß ihn die Mönche 1085 hinauswarfen. In normalen Zeiten hätte der Abt von Hirsau seinen wilden Prior erst einmal zur Besinnung kommen lassen. Aber normale Zeiten waren das nicht, also auf nach Petershausen! Hier gelang, was in Hasungen mißglückte, weil der bischöfliche Klosterherr zu dem neuen Abt hielt und weil Dietrich, so schneidig er in der Sache blieb, Menschen zu gewinnen lernte. In der priesterlichen Zusammenarbeit zwischen dem Herzogssohn und dem Sohn der Magd verwandelte sich das störrische Eigenkloster Petershausen in ein Musterbeispiel für dynamisches Mönchtum im Bischofsdienst, innerhalb des Menschenalters zwischen 1086 und 1116, in dem Dietrich hier Abt war.

Die Zahl der Mitglieder stieg auf über vierzig Priestermönche und fünfzig Laienmönche. Auch in Petershausen mußte umgebaut werden, die Kirche zuerst. Der Gründerbischof hatte das Kloster unter anderem als Grablege eingerichtet und deshalb eine Krypta bauen lassen; der Altarraum darüber mußte hoch liegen, mit vielen Treppenstufen aus dem Langhaus aufsteigen. Neue Klosterkirchen, in Cluny wie in Hirsau, sollten keine Grabkirchen des Adels mehr sein, so verschwand die Krypta auch in Petershausen. Oben brauchte man Platz für den Gottesdienst, schon für die Sängerchöre; sie wurden dort aufgestellt, wo die Treppen gelegen hatten. Weil jeder Priestermönch täglich seine Messe lesen mußte, wurde eine Vielzahl von Altären benötigt; Dietrich ließ zwei bestehende Kapellen erweitern und zwei neue anlegen. Hirsauer Gewohnheit war weiter eine Fülle von Prozessionen, Zeichen für das Ausschreiten Gottes in die Welt. Dafür wurde vor der Kirche ein Vorhof hergerichtet, Dietrich erweiterte die bestehende Säulenhalle am Eingang. Bis etwa 1094 erhielt die Kirche ihr neues Gesicht und diente dem veränderten Gottesdienst, der neben das gemeinsame Chorgebet der Mönche zwei andere Bestandteile rückte, zum einen die Meßfeier des einzelnen Priestermönchs, zum andern die allgemeine Prozession mit Hochamt, beides liturgische Angebote auch für Laien.

Ferner erhielt Petershausen wohl jetzt erst einen eigenen Kapitelsaal, eine Neuheit, die ebenfalls von Cluny herkam. Sie unterstrich, daß Abt und Konvent nicht nur eine Gemeinschaft von Betern bildeten, sondern miteinander auch Fragen der Klosterzucht und der Klosterwirtschaft zu besprechen hatten. Ein Waschraum wurde eingebaut: Hirsauer Hygiene für alle. Ein Hirsauer Kloster beherbergte keine Gemeinschaft von Priestern allein. Dietrich räumte die an die Klosterkirche anstoßende Abtwohnung und wies sie den Laienmönchen zu, die voll in die Klausur einbezogen wurden. In Petershausen hatte vorher niemand auf das dienende Personal geachtet; jetzt errangen Laienbrüder besonderes Ansehen. Mehrfach erzählte die Chronik von einem Opert, der den Abt auf Reisen begleitete, und bescheinigte ihm, er sei genauso in den Himmel gekommen wie Dietrich. Einem zweiten, weniger geachteten Laienmönch, der dem Klostergärtner half, erschien kurz vor dem Tod der Klosterpatron Petrus persönlich. Einen dritten Laienbruder nahm Dietrich später in die Reihe der Priestermönche auf. Durchlässigkeit würden wir das heute nennen, aber um Aufstiegschancen in der Ständehierarchie war es Dietrich nicht zu tun.

Auf dem Weg über die nichtadligen Laienmönche erweiterte sich der Aktionsradius des Klosters. Bei den Förderern Petershausens befanden sich nach wie vor hochadlige Familien wie die Bregenzer Grafen. Daneben häuften sich jetzt Schenkungen von Niederadligen aus der Nachbarschaft, von bischöflichen Ministerialen und von Konstanzer Stadtbürgern. Das Bischofskloster begann auf die umwohnenden Menschen einzuwirken, im Dienst des Oberhirten, nicht mehr im Streit mit ihm. Der Bischof überwies alle straffällig gewordenen Kleriker und Laien zur Ableistung der Buße und Besserung an die Mönche von Petershausen. Ein eigenes Armenhospital des Klosters, in dem Blinde dauernd wohnen konnten, wurde in der Chronik erst nach Dietrichs Tod erwähnt, dürfte aber ebenfalls von ihm eingerichtet worden sein. Die Distanzierung des Klosters von seiner Umgebung, in Einsiedeln programmatisch betont, in Reichenau und Schaffhausen pragmatisch überwunden, wurde in Petershausen prinzipiell verworfen.

Auch der Radius geistlicher Beziehungen erweiterte sich unter Dietrich sprunghaft. Natürlich pflegte er Freundschaft mit anderen Hirsauer Klöstern, Schaffhausen, Muri, St. Blasien, Zwiefalten, Weingarten. Ohne daß ein eigener Petershauser Klosterverband erwachsen wäre, scharten sich um das Bischofskloster zahlreiche reformierte Abteien der Diözese, zumal da Bischof Gebhard III. unermüdlich neue Kirchen und Altäre weihte. Zufällig ist eine Gebetsverbrüderung erhalten, die Dietrich von Petershausen mit Siegfried von Schaffhausen 1092 abschloß, zum Gedenken an die Inneren wie die Äußeren Brüder beider Klöster. Dietrich zog auch die autonomen alten Abteien der Karolingerzeit in den geistlichen Verband und erhielt von ihnen Reliquien, die zwischen 1092 und 1094 in mehrere neue Altäre der Petershauser Klosterkirche gelegt wurden. Neben den

Konstanzer Bistumsheiligen Pelagius und Mauritius fanden sich da die Patrone Gallus und Magnus aus St. Gallen, Georg aus Stein, Verena aus Zurzach ein. Der Bodenseeraum wurde, was er für das frühe Schaffhausen noch nicht gewesen war, ein Geflecht von Beziehungen, nicht mehr wie bei Hermann dem Lahmen genealogischer, sondern theologischer Art. Dietrich von Petershausen wollte mit alledem kein cluniazensisches Klosterimperium versammeln, sondern seinem Bischof dienen, der wiederum für die universale Papstkirche wirkte. Aus einem regionalen Machtinstrument wurde die Abtei an der Rheinfähre zu einem Dienstleistungsbetrieb ohne Ressortgrenzen.

Dabei verschwammen die scharfen Grenzen zwischen Mönchtum und Priestertum, besonders zwischen Bischofskloster und Domkapitel. Die zahlreichen Weltpriester, die dem Konstanzer Bischof als eine Art Ministerrat bei geistlichen und weltlichen Geschäften halfen und sich im Chor der Bischofskirche zu versammeln pflegten, hatten bislang für gemeinsames Priesterleben und theologische Weiterbildung kaum Zeit und Gelegenheit gefunden. Zwar besaßen die Domherren in Konstanz seit der Karolingerzeit eine Bücherei für geistliche Unterrichtung und kirchliche Verwaltung, aber die Reichenauer Mönche argwöhnten, manche dieser Bücher seien ihnen entwendet worden, denn von Gelehrsamkeit verstünden die Domkleriker wenig. Auch wenn sie Priesternachwuchs selbst ausbildeten, blieben die Ansprüche bescheiden. Mönchische Bildung war der priesterlichen noch um 1050 weit überlegen. Damals taten sich mehrere Konstanzer Dompriester zu Arbeiten über Kirchenrecht und Mathematik zusammen und lehnten sich an die Reichenauer Schule Hermanns des Lahmen an. Einer von ihnen, der aus Sachsen zugezogene Bernhard, hieß immerhin schon Meister der Domschule Konstanz. Freilich wanderte er um 1072 nach Hildesheim ab, um weiter als Domscholaster zu lehren, Bücher im Geist der Kirchenväter zu schreiben und als Mönch zu sterben. Sein junger schwäbischer Schüler Bernold verlieh um 1075 der Konstanzer Domschule ein deutlicheres Profil, zunächst noch im Reichenauer Geist; Bernolds zeitgeschichtliche Chronik setzte die Studien Hermanns des Lahmen fort. Neben liturgischen Büchern schrieb Bernold allerdings auch neuartige Werke, Anmerkungen zu Rechtsbüchern der Dombibliothek und vor allem Traktate für den Investiturstreit. Sie verglichen kontroverse Lehrsätze aus der kirchlichen Rechtsprechung und Glaubensüberlieferung historisch und ordneten sie hierarchisch. So setzten Bernolds Streitschriften das päpstliche Kirchenrecht, die »Kanonistik«, durch und unterstützten in Konstanz den gregorianischen Bischof. Dennoch blieb auch Bernold nicht in der Bischofsstadt; nach weiten Reisen zwischen Quedlinburg und Rom zog er sich um 1086 in die Reformklöster St. Blasien und Schaffhausen zurück und schrieb dort weiter. In Konstanz hatte priesterliche Gelehrsamkeit noch immer keine gesicherte Heimstatt. Das änderte sich unter dem Reformbischof Gebhard und dem Reformabt Dietrich, obwohl beide selbst keine Federfuchser waren.

Jetzt wurde die Abtei Petershausen beinahe zur Konstanzer Domschule, zur Bibliothek und Rüstkammer für Theologen. Dietrich schaffte nämlich eine ganze Reihe von Büchern neu an, zum Teil wie in Einsiedeln liturgische Handschriften für den intensivierten Gottesdienst. Hinzu kamen wie im reformierten Schaffhausen wissenschaftliche Werke von Kirchenvätern, besonders von Augustin und Gregor dem Großen, auffallend viele Bibelkommentare und Pastoralwerke für den Gebrauch von Kanzelpredigern und Seelsorgern. Auch einige kirchenrechtliche Texte der Zeit wurden vermutlich in Petershausen geschrieben. Nachweislich arbeiteten mehrere kirchenrechtlich interessierte Domgeistliche während des Investiturstreits in der Klosterbibliothek und versahen dortige Bücher mit Randbemerkungen. Schon der Gründerbischof hatte vorgeschrieben, daß das Konstanzer Domkapitel dreimal jährlich in feierlicher Prozession zum Kloster Petershausen ziehen und dort für sein Seelenheil die Messe zelebrieren, außerdem am Fest Gregors des Großen mit dem Mönchskonvent zusammen ein Hochamt singen solle. Nun vertiefte sich die liturgische zur priesterlichen Gemeinschaft. Auch auswärtige Gäste des Bischofs, vor allem Geistliche wie die Bischöfe von Salzburg und Chur, wurden in Petershausen gastfrei aufgenommen, teilweise für längere Zeit.

Alles, was Dietrich unternahm, kostete Geld und war, wie die Chronik hervorhob, nicht aus den Naturaleinkünften zu bestreiten, die hörige Bauern vom klostereigenen Grundbesitz lieferten. Trotz zahlreicher Schenkungen von Gläubigen drückten den Abt stets große Sorgen, weil er ständig in gewaltige Geldschulden verstrickt war. Auch dies ein neuer Zug im Klosterleben. Der Kirchenschatz aus Gold und Silber, der anfangs in Petershausen den Hauptteil der mobilen Habe ausgemacht hatte, trat hinter einer Geldwirtschaft zurück, die mit Bargeld rechnete und Kredite aufnahm. Für die Geldbeschaffung stützte sich der Abt auf den Kustos, der eigentlich für die wertvollen Kirchengeräte verantwortlich war, aber unter Dietrich schon den Kellermeister aus der Leitung der Klosterverwaltung verdrängte. Einem ländlich-autarken Benediktinerkloster wie Reichenau wäre die Umstellung von Natural- auf Geldwirtschaft schwerer gefallen. Petershausen machte sich die Nähe des städtischen Marktes und die Verflechtung der Wirtschaftszentren zunutze. Zum ersten Mal lesen wir in einer Klosterchronik von Schuldscheinen und Gläubigern des Kustos. Am Schuldenberg wurden den Petershauser Mönchen die Nachteile der neuen Integration klar. Eine Abtei, die außer der Lebenssicherung ihrer Mönche noch Dienste für das Bistum leistete, konnte sich nicht selbst versorgen und mußte sich überanstrengen.

Das erwies sich bei der Neugründung von Klöstern, zu der Petershausen jetzt häufig herangezogen wurde. Die Anforderungen bezeugten das wachsende geistliche Ansehen der Abtei, beanspruchten sie aber materiell und personell schwer. Mit Rheinau fing es kurz nach 1086 an. Das Kloster auf der Rheininsel unterhalb von Schaffhausen sollte im Auftrag des Konstanzer Bischofs reformiert werden, natürlich von seinem Bischofskloster, nicht von Allerheiligen. Dietrich mußte einen der älteren Mönche schicken, Kuno, der noch aus dem vorgregorianischen Konvent stammte. Die Probleme des Neuaufbaus wuchsen ihm über den Kopf. Gegen einen Hörigen geriet er so in Wut, daß er ihn mit einem Balken totschlug. Er wurde als Abt von Rheinau abgesetzt und verlor die Priesterwürde. Eine Weile trieb er sich in der Gegend als geistlicher Betrüger herum, der gegen Bezahlung Weihehandlungen vornahm. Das Kloster Rheinau bezog den nächsten Abt direkt aus Hirsau und war damit der Einwirkung des Konstanzer Bischofs entzogen. Kuno aber kehrte schließlich nach Petershausen zurück. Der abgesetzte Abt tat im Konvent nicht gut. Mitmönche beschwerten sich, daß Kuno, wenn er seine Messe las, immer einen besonders großen Kelch aussuchte und bis zum Rand mit Wein füllte. Sie vergaßen nicht, daß er dem Ansehen des Klosters schwer geschadet hatte; er vergaß nicht, daß er etwas Besonderes gewesen war, und schon ging quer durch den Konvent jener Riß, den der Gründer benediktinischen Mönchtums durch Abkehr von der Außenwelt hatte verhindern wollen. Dietrich beschwichtigte die Gemüter, aber der Konvent fand es richtig, daß Kuno vom heiligen Gründerbischof Gebhard durch einen Schlaganfall bestraft wurde.

Langwieriger und erfolgreicher verlief das nächste Unternehmen in Mehrerau bei Bregenz, am anderen Ende des Bodensees. Anfangs ging es weder um Mehrerau noch um ein Benediktinerkloster; Vorarlberg besaß im elften Jahrhundert noch keines. Im Wald von Andelsbuch, hinten im Bregenzerwald, hatte ein Eremit namens Diedo Äcker gerodet, eine Kapelle samt Wohnhütte errichtet und sich zum Sterben gelegt. Graf Ulrich X. von Bregenz, Schwiegersohn des papsttreuen Gegenkönigs Rudolf von Rheinfelden, gedachte etwa 1083 hier ein dynastisches Hauskloster, ein Rodungszentrum und ein gregorianisches Bollwerk zu bauen. Papst Gregor VII. gestattete es. Um den Plan auszuführen, wandte sich der Graf selbstverständlich nicht an das königstreue St. Gallen, das ihm 1079 die Bregenzer Burg zerstört hatte, sondern an das papsttreue Petershausen, das sein bischöflicher Verwandter Gebhard II. vor hundert Jahren gestiftet hatte. Abt Dietrich ließ sich lange bitten. Nach Hirsauer Brauch wollte er von Eigenkirchenherren unabhängig bleiben und verlangte die Übereignung des Baugrundes samt benachbarter Felder. Ulrich sträubte sich, weil er ein gräfliches Eigenkloster haben wollte. Schließlich gab er nach und schenkte um 1088 Andelsbuch der Abtei Petershausen.

Nun schickte Dietrich seine Mönche, an der Spitze den abgedankten Abt Meinrad, der in Andelsbuch seine Tatkraft austoben konnte. »Unter viel Mühen und Kosten« bauten sie eine hölzerne Peterskirche und Holzhütten. Alles Lebensnotwendige mußten sie von Petershausen über den Obersee, wenigstens von Bregenz im Tal der Bregenzer Ach hinaufschaffen. Den Mönchen in Einsiedeln war es nicht besser ergangen, doch den Mönchen aus der Bischofsstadt mißfiel das Leben hinter dem Wald. Zum Bergsteigen und Holzfällen fühlten sie sich nicht berufen. Sie beschlossen, das Kloster in die Stadt Bregenz zu verlegen, wo bloß der Patron der Pfarrkirche, St. Gallus, an Mönchtum im Urwald gemahnte. Den Standort neben der Pfarrkirche fanden Bischof Gebhard III. und Abt Dietrich bei einem Lokaltermin passend, der priesterlichen Aufgabe des neuen Mönchtums angemessen. Aber da weigerte sich ein Verwandter des Bregenzer Stifters, Graf Ludwig von Pfullendorf, die ihm gehörende Hälfte von Pfarrkirche und Pfarrgut herzugeben, und so wurde Bregenz keine Klosterstadt wie Schaffhausen.

Die Petershauser Mönche mußten sich um 1090 ein drittes Gelände suchen, das ihnen der Bregenzer Graf schenken könnte. Sie fanden es im Buschwald von Mehrerau, am Seeufer unweit von Bregenz. Wieder fingen sie mit einer hölzernen Peterskirche und mit Holzhütten an. Wieder mußte Abt Dietrich von Petershausen jahrelang für die materiellen und geistlichen Bedürfnisse in Mehrerau aufkommen und viel Geld ausgeben. Dann ging es 1097 an den Bau der Steinkirche, eines romanischen Bauwerks im Hirsauer Stil, dessen ergrabene Grundmauern heute unter der modernen Klosterkirche liegen. Den Vorteil aus der gelungenen Aufbauleistung zog dann weder die Abtei noch das Bistum, sondern die Grafenfamilie von Bregenz, die den Stifter Ulrich in Mehrerau beisetzen ließ und die erbliche Vogtei über das Kloster behauptete. Für ihren Aufwand wurden die Petershauser unzureichend entschädigt und, als die Tochterabtei selbständig wirtschaften konnte, heimgeschickt. Nun gut, Gott würde es ihnen lohnen.

Noch undankbarer war eine dritte Aufgabe, die Bischof Gebhard seinem Kloster auflud. Sie betraf Wagenhausen gegenüber von Stein, dessen Gründungsgeschichte schon den Mönchen von Schaffhausen schwer zu schaffen gemacht hatte. Nach langen Auseinandersetzungen übertrug der Stifter Touto um 1105 das Kloster dem Bischof von Konstanz. Solange Dietrich und Touto lebten, lief alles leidlich; Dietrich schickte wieder ein paar Mönche aus Petershausen, die für den Bischof die geistliche Stellung hielten. Nach Toutos Tod gaben sich 1120 seine Erben mit der Schlichtung nicht zufrieden, außerdem wollte Schaffhausen das Klösterchen wiederhaben, zu allem Überfluß meldete auch das Kloster Stein Ansprüche an. Dem Konstanzer Bischof, inzwischen Ulrich I., platzte der Kragen, er erklärte die Petershauser Mönche für unfähig und schickte sie nach Hause. Der Klosterchronist, der selbst nach Wagenhausen versetzt worden war, verzieh dem Bischof diese Kränkung nie.

Späte Genugtuung erlebte nicht mehr Dietrich, aber sein Chronist bei einer vierten Gründung, Fischingen im südlichen Thurgau bei Wil. Der Konstanzer Bischof, mittlerweile Ulrich II., entsandte um 1135 den Petershauser Mönch Gebeno, der nun doch wieder in Wagenhausen als Abt amtierte, nach Fischingen, um auch dort ein Bischofskloster aufzubauen. Sein Nachfolger, der erste Abt Waltram, kam 1138 gleichfalls aus Petershausen und brachte Fischingen innerhalb von acht Jahren zu ansehnlicher Blüte. Es war eine Spätblüte. Als zur selben Zeit, um 1140, ein weiteres Benediktinerkloster in Alt St. Johann im Thurtal eingerichtet werden sollte, sah der Chronist von Petershausen nicht mehr hin. Es wurde vom Kloster Trub aus dem Berner Oberland betreut und hielt sich vom Bodenseeraum und von Hirsauer Klöstern fern. Daß es die letzte benediktinische Neugründung im weiten Umkreis sein sollte, wußte man in Petershausen noch nicht. Doch wer hier Bilanz zog, konnte kaum übersehen, daß die bischöfliche Klosterpolitik der Abtei großen Aufwand, geringen Ertrag, keinen Dank einbrachte. Der Dienst für den Bischof schwächte die Kräfte des Klosters. Das sah der Chronist und fand die frühere Selbstbeschränkung der Abtei verzeihlich. Großen Eindruck machte ihm allerdings auch, daß Abt Dietrich das Gesetz, nach dem er angetreten war, bis zum Ende durchhielt. Wir kehren zu ihm und den Jahren um 1100 zurück.

Bischof Gebhard III. hatte im ersten Jahrzehnt seiner Amtszeit nicht nur im Bodenseebistum festen Fuß gefaßt, sondern als Vorkämpfer für das römische Papsttum und als päpstlicher Legat in ganz Süddeutschland höchstes Ansehen gewonnen. Er führte im Investiturstreit die Opposition gegen Heinrich IV. und sammelte fast den gesamten südwestdeutschen Hochadel um sich. Im Dienst eines solchen Bischofs konnte die Abtei Petershausen gelegentliche Rückschläge und Einbußen verschmerzen. Doch um die Jahrhundertwende wandte sich das Blatt. Hochadlige Geschlechter machten eines nach dem andern ihren Frieden mit dem salischen Kaiser. Immer deutlicher unterschieden sich von den Überzeugten die Gewandten, auch in der Bischofsstadt Konstanz. Die Bürgerschaft hatte den Bischof 1092 mit Waffengewalt gegen den kaiserlichen und sanktgallischen Kandidaten verteidigt; nun wandte sie sich 1103 von Gebhard ab und empfing den Gegenbischof mit jenem Jubel, den man heute »überwältigend« nennt. Petershausen wurde von den Kaiserlichen schwer geplündert und dann vom Gegenbischof angewiesen, »ruhig und friedlich im Kloster zu leben«. Hausarrest in der Klausur für den aktivsten Priesterkonvent des Bistums. Dietrich schwankte keinen Augenblick und zog, anscheinend mit dem Großteil des Konvents, aus Petershausen davon.

Der Bruch der Ortsbeständigkeit durch den Abt konnte das Kloster endgültig ruinieren und stieß bei einer Minderheit auf Bedenken. An ihre Spitze stellte sich der Mönch Werner von Epfendorf, einer von den Niederadligen der weiteren Umgebung. Er ließ sich zum Abt wählen und blieb in Petershausen. Nun hatte man eine Spaltung des Klosters, das Schlimmste, was einer Benediktinerabtei widerfahren konnte, ein Spiegelbild der Spaltung im Bistum Konstanz. Dietrich zog mit seinen Mönchen zuerst in das bayerische Kloster Wessobrunn, wo er von Augsburg her Freunde sitzen hatte, dann in das oberpfälzische Kloster Kastl, wo eine Schwester seines Bischofs Grundherrin war, schließlich in das neue Stift Neresheim auf der Schwäbischen Alb. Dort herrschte Graf Hartmann von Dillingen, dessen Leibeigener Dietrich gewesen war. Dietrich half ihm jetzt, das Augustinerchorherrenstift in ein Benediktinerkloster umzuwandeln, unverdrossen wie eh und je.

Zwei Jahre nur, in drei Abteien. Dann drehte sich der Wind von neuem. Heinrich V. vertrieb 1105 die Freunde seines Vaters, auch den Konstanzer Gegenbischof. Gebhard III. kehrte zurück, Dietrich mit ihm. Der neue König half ihm persönlich, das verlotterte Petershausen instandzusetzen. Es sah so aus, als habe sich die unbedingte Grundsatztreue des Abtes politisch ausgezahlt, wenigstens für einige Jahre. Dann wurde sie auf die schwerste Probe gestellt, als der alte Kampfgefährte Gebhard III. 1110 starb. Sein Nachfolger als Bischof wurde Graf Ulrich von Dillingen, der Sohn von Dietrichs Gönner in Neresheim. Zum Gehorsam des Abtes gegenüber seinem Bischof kam die Anhänglichkeit an die Herren der Mutter. Nur erlangte Ulrich nicht die Anerkennung des Papstes, war also kein rechtmäßiger Bischof. Dietrich half ihm mit allen Kräften, und Ulrich setzte, um die Bischofsweihe in Rom zu erhalten, das hohe Ansehen Dietrichs rücksichtslos ein. Dietrich reiste 1116 zweimal an die päpstliche Kurie, beim zweiten Mal überstürzt und unter Hinterlassung großer Schulden, denn selbstverständlich mußte das Bischofskloster die Reisekosten für den Abt und fünf Begleiter bezahlen. Die Gesandtschaft erkrankte in der Sommerhitze unterwegs an Malaria, alle sechs starben. Dietrich wurde in Sutri, fern von seiner Abtei, bestattet.

Als die Nachricht in Petershausen eintraf, beweinten ihn, wie die Klosterchronik sagt, alle, selbst jene, die wenig Gutes von ihm erfahren hatten. Der Konvent scheint begriffen zu haben, daß eine Epoche zu Ende war und daß es nach 1116 so weitergehen würde, wie es 1086 aufgehört hatte: Ständiger Streit mit dem Bischof um lokale Rechte, Rückzug auf materielle Selbstbehauptung, geistliche Isolierung von der Umwelt. Die dreißig Jahre dazwischen ließen sich nicht vergessen. Der unbekannte Verfasser der Klosterchronik muß den grauhaarigen Dietrich als junger Mönch noch kennengelernt und gehört haben, was die älteren von ihm erzählten. Vermutlich war es neben der Figur des Gründerbischofs die Gestalt dieses Abtes, die den Autor zum Geschichtschreiber seines Klosters, sein Buch zum bedeutendsten geistigen Produkt Petershausens machte. Er bezog die Anregung nicht wie die Historiker in Reichenau und Schaffhausen aus dem Bewußtsein lebendiger Gegenwart, sondern aus dem Heimweh nach vergangener Größe. Der Chronist verstand, daß die Abtzeit Dietrichs nur im Rahmen der ganzen Kirchen- und Reichsgeschichte dargestellt werden könne, doch empfand er diese Blickweite nicht wie Hermann der Lahme und Bernold von Schaffhausen als zeitlose Forderung, sondern als Ausnahme von der Regel und widmete sich für die Zeit vorher und nachher den

Ereignissen um Petershausen allein. Dem Eifer Dietrichs für die Forderungen des Tages versagte sich der Historiker, er klammerte sich an die Ursprünge der Abtei und zeichnete das überzeitliche Bild eines Benediktinerklosters, wie es sein müßte, als wäre Petershausen jemals so gewesen.

Dietrich hatte ja wirklich den Konvent in Unruhe versetzt und beinahe zerstört. Er war ein besessener Bauherr gewesen, ein redegewandter Doktrinär, ein energischer Funktionär; das bekam dem Innenleben des Klosters nicht gut. Adlige Konventmitglieder scheinen ihm die unfeine Herkunft nicht ganz vergessen zu haben. Er galt zwar als Mann von edler Gestalt und feiner Lebensart, aber als launisch und ehrgeizig, wie Emporkömmlinge eben sind. Freilich wußten die Adligen, daß der Abt sie nie im Stich gelassen hatte. Er hatte den Totschläger Kuno nach seinem Scheitern in Rheinau wieder in den Konvent aufgenommen, sogar gegen Bischof Gebhards Zorn in Schutz genommen. Er hatte den eigenwilligen Meinrad in Mehrerau jahrelang selbstlos unterstützt, zum Mißfallen der Mitmönche. Er hatte den abtrünnigen Werner von Epfendorf ebenfalls wieder eingelassen, gegen den Willen des Bischofs und des Konvents. Er hatte sich nicht von persönlichen Stimmungen, sondern von seinem sachlichen Grundsatz leiten lassen, ein Abt müsse im Kapitelsaal wie ein Löwe, im Konvent wie ein Vater, im Refektorium wie eine Mutter sein.

Der Konvent merkte es sich, daß Dietrich kein Herrscher im Stil des Abtes von Cluny gewesen war. Für sich baute er keine prunkvolle Abtwohnung, beim Gottesdienst wollte er nicht lautstark repräsentieren, die Stimme war ihm vom vielen Fasten brüchig geworden. Einem halbblinden Mönch zeigte nach Dietrichs Tod in einer Vision der Apostelfürst Petrus das Buch des Lebens: Dietrichs Name stand mit goldenen Lettern eingetragen. Er hatte sich im Dienst verzehrt, das gaben alle zu, nicht eigentlich im Dienst des Klosters, sondern des Bischofs, ja der Weltkirche. Die Petershauser Mönche warfen dem Konstanzer Bischof Ulrich offen vor, aus Gehorsam gegen ihn sei Abt Dietrich in den Tod gegangen. War das Aufgabe eines Benediktiners? Wozu gab es alle die anderen Weltgeistlichen? Der Klosterchronist stellte pointiert zusammen, was die klösterliche Lebensform kennzeichne: Anhörung des Gottesworts, heilige Tischgemeinschaft, Gebet, beständiges gemeinsames Leben der Brüder, Verachtung des privaten Besitzes und Verteilung der Güter jedem nach seinen Bedürfnissen, Beharrlichkeit in Meßfeier und Almosengeben, gemeinsames Essen, geistliche Heiterkeit und Schlichtheit, fortwährende Lobpreisung und Danksagung, Eintracht der Vielen. Ein Leben im Konvent, hinter verschlossenen Türen wie die Apostel, das wäre Nachfolge Christi, so meinte der Chronist. Das war in der Tat das Kernproblem, nicht das persönliche des Abtes Dietrich, sondern das sachliche des Klosters Petershausen: Wie weit durfte ein Benediktinerkloster die Türen öffnen, im Dienst der priesterlichen Hierarchie, der Gemeinschaft der Gläubigen, der Weltkirche?

Das ist die erste Frage unserer Zusammenfassung: Was bedeutete um 1100 Kirche? Die Frage hatte sich für frühmittelalterliche Klöster nicht gestellt. Sie durften ihre Konvente für die Kirche selbst, ihre Äbte für Stellvertreter Christi auf Erden halten, denn außerhalb der verschlossenen Türen herrschte der Fürst der Finsternis. Selbst nachdem die Welt durch die Karolinger christlich organisiert worden war, erhob sie sich unter adliger Herrschaft selten zu geistlicher Betrachtung, bis in das zehnte Jahrhundert. Erst in ottonischer Zeit entstand eine christliche Laienwelt, vertreten durch die Bischöfe als Hohepriester für Klerikerbünde, als Oberhirten für Pfarrgemeinden, als Glaubenslehrer für Stadtbürger. Die Konstanzer Bischöfe dieses Jahrhunderts, von Salomon III. über Konrad zu Gebhard II., wurden so berühmt, weil sie am Bodensee eine neue Konzeption von Kirche verwirklichten, die Weltkirche der Priester. In diese veränderte Lage wurde Petershausen hineingegründet, als erstes Bischofskloster und Stadtkloster am Bodensee. Außer der zukunftsweisenden hatte Gebhards Klostergründung indes eine rückwärtsgewandte Seite. Der Gründerbischof band durch Beziehungen zum ländlichen Adel und durch Schenkungen von agrarischem Besitz das neue Kloster an die alten Formen von Herrschaft und Wirtschaft. Eine Klausur neben dem Markt, ein Gutshof in der Stadt, eine Adelsdomäne in der Bürgergemeinde, das war die Paradoxie des Klosters Petershausen, das Dilemma des Mönchtums im späten elften Jahrhundert. Sogar Eberhard von Nellenburg löste es nur für seine Person, nicht für sein Kloster. Alle anderen Reformklöster aber, Hirsau und St. Blasien vorweg, lagen im Verborgenen, nicht an den Hauptstraßen. Keine Abtei stand so unausweichlich wie Petershausen vor der Entscheidung, wo die Kirche Christi zu finden sei, bei den Einsiedlern oder in der Bischofsstadt.

Daraus ergibt sich die zweite Frage: Was konnte in der Priesterkirche noch Mönchtum heißen? Der Petershauser Chronist legte sie sich vor, ohne eine klare Antwort zu finden. Wörtlich bedeute, so schrieb er, Mönch den Vereinzelten, doch nenne sich auch der Psalmist David einen Vereinzelten, der als König mit allem Volk verkehrte; vereinzelt sei er gewesen, weil er als einziger inmitten der Menge an himmlische Dinge dachte. Das Vorbild Davids traf für Bischöfe besser als für Einsiedler zu. Die beiden Hirsauer Mönche Gebhard und Dietrich lösten den Widerspruch radikal, indem sie die Türen der Klausur weit für die christliche, priesterliche, bürgerliche Umwelt öffneten. Das Bischofskloster Petershausen war keine Welt für sich, keine Welt der Vereinzelten mehr. Die alten Definitionen trennten die Menschen nicht mehr voneinander, den Mönch vom Weltpriester, den schriftkundigen Kleriker vom ungebildeten Laien, den adlig Geborenen, der über andere herrschte, vom unfrei Geborenen, der für andere arbeitete, den nachdenklich Betrachtenden vom rastlos Tätigen. Solche Trennungen hatten gegolten, solange die Menschen in kleinen, geschiedenen Verbänden lebten. Überwunden wurden sie nicht an einzelnen Orten, sondern von der universalsten Macht der Zeit, vom Papsttum, das die katholische Kirche zu vertreten beanspruchte. In Hirsau, Schaffhausen und Petershausen drängten die maßgebenden Männer über archaische Exklusivitäten hinaus, weil sie sich vorbehaltlos den römischen Päpsten unterstellten. Regionale und nationale Beschränkungen wurden dann sinnlos: Während Gebhard in Hirsau eintrat, ging sein Bruder nach Cluny. Die Mittelpunkte regionaler Klosterreformen traten miteinander in Berührung und verloren dabei allesamt ihr Schwergewicht, Cluny wie Einsiedeln. Die Ausrichtung am Papsttum machte aus der Klosterreform die Kirchenreform; sie forderte Aufhebung der mönchischen Klausur, priesterlichen Dienst für die Laien. Mönchtum in der Priesterkirche verlangte einen Gehorsam, den die Benediktregel nicht gekannt hatte, Gehorsam des Abtes gegenüber seinem Bischof.

Was wurde, das ist die dritte Frage, unter diesen Umständen aus dem Bodenseeraum? Bischof Gebhard und Abt Dietrich stammten beide aus anderen Gegenden, der eine aus dem Breisgau, der andere aus dem bayerischen Schwaben. Ihr Wirkungskreis reichte hier bis zum Mittelrhein, dort bis zur mittleren Donau. Auch Hermann der Lahme hatte diesen Raum überblickt, doch jetzt wurde er von Mönchen durchmessen. Die dichten Verbindungen der Reformklöster zwischen Hirsau und Kastl, besonders zwischen Schwarzwald und Schwäbischer Alb schufen eine ganze Klosterlandschaft, in der Mönche einzelner Abteien denselben *Consuetudines* aus Hirsau folgten, Äbte aus demselben Hirsau wählten. Die Bischofsstadt Konstanz lag zunächst am Rand dieser Hirsauer Landschaft. Daß sie zu deren Mittelpunkt, zum Blickpunkt des größten deutschen Bistums wurde, fiel ihr nicht in den Schoß, sondern folgte aus einer bischöflich-mönchischen Aktivität, die den beiden Hirsauern Gebhard und Dietrich das meiste verdankte. Sie umgab das Bodenseebecken noch einmal mit einem Kranz neuer Abteien, von Mehrerau bei Bregenz bis Wagenhausen bei Stein, und die Mönche sahen nach Petershausen, wie die Laien nach Konstanz. Schon die Bischöfe des zehnten Jahrhunderts hatten ihre Stadt zur Bodenseemetropole erheben wollen, aber Konstanz wurde es erst im späten elften Jahrhundert dank dem Zusammenwirken von Bischof Gebhard und Abt Dietrich. Die Konstanzer wußten immer, daß die Bedeutung ihrer Stadt von der Reichweite ihres Hinterlandes abhing; sie vergaßen nur, daß ihnen Männer aus dem Hinterland diese Bedeutung verschafft hatten.

Daran schließt sich die vierte Frage an: Warum fanden Bischofsstadt und Bischofskloster um 1100 nicht zu einem geschichtlich begründeten Selbstbewußtsein? Die Weltkirche der Priester war gewiß jung, eine Geschichte des Konstanzer Domkapitels hätte sich schwerlich schreiben lassen. Aber an bedeutenden Bischöfen fehlte es nicht, mit denen sich die Stadt hätte identifizieren können. Kein einziger erhielt vor dem zwölften Jahrhundert eine Lebensbeschreibung. War etwa ihre Tätigkeit zeitlich zu hektisch, räumlich zu diffus gewesen, um auf festumrissene Gemeinschaften traditionsbildend zu wirken? In Bodenseeklöstern wurde seit dem neunten Jahrhundert Geschichte geschrieben, jedoch als Historie des eigenen Konvents und seiner hervorragenden Mönche; nur im kleinen Kreis schien sich Überlieferung zu kumulieren, in alten Abteien wie St. Gallen. Hermann der Lahme ist der Kronzeuge dafür, daß sich im elften Jahrhundert der Horizont des geschichtlichen Selbstbewußtseins beträchtlich erweiterte, in Reichenau beim Blick auf eine universalgeschichtliche Vergangenheit, in Schaffhausen beim Wirken für eine universalgeschichtliche Gegenwart. Der Fortschritt zog einen Verlust nach sich. Die Gemeinschaften, denen geschichtliche Bedeutung zukam, wurden unübersichtlich und verkörperten sich immer seltener in Menschen aus Fleisch und Blut. Das Augenmerk der Sachverständigen wandte sich abstrakten kirchlichen Ordnungen zu und beschrieb sie mit gelehrten Methoden der Exegese, Dogmatik und Kanonistik. Petershausen litt am meisten darunter. Im sachlichen Eifer fand Dietrich nicht wie Bern von Reichenau die Zeit, Persönliches und Nachdenkenswertes niederzuschreiben, und ließ seinem Konvent keine Zeit dazu. Erst ein halbes Jahrhundert danach faßte die Klosterchronik diese Blütezeit in wehmütigem Rückblick zusammen. Sie versuchte eine Heiligenlegende Dietrichs zu schreiben, wußte aber wenig Kennzeichnendes zu melden, dafür viele abstrakte Prinzipien. Dem Chronisten blieb nichts übrig, als seinen Konvent selbst ins Allgemeine zu erheben und mit der urkirchlichen Gemeinschaft der Apostel zu vergleichen, also aus aller Geschichte herauszunehmen. Zwischen Normen der Weltkirche und Anekdoten der Klostergeschichte stand ein grundsatztreuer Abt, für den sich der Chronist persönlich schwer erwärmen konnte.

Noch eine fünfte Frage: Wo lag bei derartigem Schwanken sicherer Boden, der einen Weg in die Zukunft freigab? Ältere Benediktinerabteien von St. Gallen bis Einsiedeln konnten sich in ihrer adlig-ländlichen Verwurzelung noch lange behaupten, auch wenn sie seit der Mitte des elften Jahrhunderts zu stagnieren begannen. Petershausen war unter diesen Abteien die städtischste, die aktivste, die jüngste. Die von Dietrich neu begründeten Klöster zwischen Mehrerau und Wagenhausen trugen konservativeres Gepräge, standen dem ländlichen Adelskloster des Frühmittelalters näher. Ein Weg in die Sackgasse, der dem benediktinischen Mönchtum eine Umkehr erschwerte. Petershausen selbst mußte unter Dietrich die wichtigsten Grundsätze der Benediktregel preisgeben, die autonome Verfügung des Abtes über das Kloster und die lokale Bindung des Konvents an einen Standort. Für beide Abweichungen war nicht, wie der Petershauser Chronist nachher meinte, der Bischof von Konstanz verantwortlich zu machen. Es ging nicht mehr um den Zwiespalt zwischen bischöflicher Jurisdiktion und benediktinischer Autonomie, der in St. Gallen 759 begonnen hatte, es ging um die Reform der Priesterkirche im ganzen. Ihre Forderungen hießen: Schluß mit der Herrschaft des Abtes über ein Einzelkloster, dafür Schaffung von Klosterverbänden unter kirchlicher Leitung; Schluß mit der Beschränkung des Konvents auf einen Ort, dafür gleiche Gewohnheiten und Grundsätze in allen Landschaften der Christenheit; Schluß mit der Bindung christlichen Lebens an eine statische Regel und Definition, dafür Vielfalt religiöser Bewegungen mit flexiblen Zielen. Als Dietrich 1116 starb, war diese Wendung im Gang, und es gehört zu Dietrichs Verdiensten, daß der Bodenseeraum nicht in die Lethargie alter Abteien verfiel, sondern den Aufbruch zu neuen Bewegungen mitvollzog. Aber die Abtei Petershausen blieb abseits liegen, als künftige Beute für Konstanz.

HEINRICH · PROPST IN KREUZLINGEN

In der Nacht zum 20. Juli 1963 brannte in Kreuzlingen das ehemalige Augustinerkloster St. Ulrich und Afra nieder. Während der folgenden vier Jahre wurde es so weit wie möglich in der früheren Gestalt wieder aufgebaut. Die Frage, ob man statt dessen nicht eine moderne Kirche hätte errichten sollen, bewegte die Gemüter rund um den Bodensee. Daß sich die Forderung nach Erneuerung des alten Baubestandes durchsetzen konnte, war fast ein Akt historischer Wiedergutmachung. Denn kein Bodenseekloster wechselte sein Aussehen, sogar seinen Standort häufiger als das Stift Kreuzlingen. Die 1963 zerstörte Anlage war erst seit 1924 renoviert worden, das neunzehnte Jahrhundert hatte noch Teile von ihr abgebrochen, das achtzehnte sie im Stil des Rokoko umgebaut, entstanden war sie seit 1650. Vorher hatte die Abtei nicht an der heutigen Stelle gestanden, sondern rund tausend Meter nordwestlich, ganz nahe vor den Toren von Konstanz. Deshalb war sie 1633 von den Konstanzern zerstört worden, nachdem sie im Dreißigjährigen Krieg den Schweden bei der Belagerung von Konstanz als Bollwerk hatte dienen müssen. Aus dem gleichen Grund hatten die Stadtbürger das Kloster schon 1499 in Brand gesteckt, weil es im Schwabenkrieg angeblich den eidgenössischen Feinden als Stützpunkt eingeräumt worden war.

Man sollte meinen, im Mittelalter sei der Abtei eine ruhigere Geschichte beschieden gewesen, und für das Spätmittelalter trifft das zu. Vorher war es noch turbulenter hergegangen. Im Jahr 1248 brannte ein Teil der Gebäude ab, anscheinend im Zusammenhang mit rabiaten Eingriffen des Bischofs von Konstanz. Mit Zustimmung des Bischofs wurde das Kloster 1146 in eine Abtei verwandelt, wobei sich mit der Organisation die Lebensweise des Konvents veränderte. Die vorher hier eingerichtete Augustiner-Propstei war eben erst zwanzig Jahre alt gewesen. Vor 1125 hatte die Anlage noch gar keine klösterliche Ordnung besessen. Da hatte an dieser Stelle vor den Mauern von Konstanz eine Ulrichskirche gestanden; sie galt 1125 als fast zerstört. Und das, obwohl sie vor höchstens einer Generation, in den Jahren nach 1084, hierher gebaut worden war. Sie trat die Nachfolge einer Einrichtung an, die im späten elften Jahrhundert als großenteils verfallen bezeichnet wurde, einer Herberge, die in der Mitte des zehnten Jahrhunderts anderswo, in der Nähe der Konstanzer Domkirche gestiftet worden war, und zwar vom Bischof selbst. Man wird nicht leicht eine geistliche Anstalt mit so langer Kontinuität und so kurzer Stabilität finden.

Daß sich der Faden oft verwirrte, ohne je zu reißen, hat strukturelle Gründe. Einer ist die Nähe zur Stadt Konstanz. Sie erlaubte keine ländliche Beschaulichkeit durch Jahrhunderte und schob das Kloster immer weiter aus dem Zentrum an den Stadtrand, vor die Tore und von ihnen weg. Von der Betriebsamkeit städtischer Wirtschaft wurde Kreuzlingen immer neu angezogen und abgestoßen. Doch galt ähnliches für die Benediktinerabtei Petershausen, die sich trotz aller Unruhe, die aus der Stadt anbrandete, wenigstens an ihrem Standort behaupten konnte. Kreuzlingen konnte es nicht, weil es keine benediktinische Abtei war, sondern immer ein Kloster von Weltpriestern blieb. Es öffnete sich allen Ansprüchen der Umwelt so weit, daß es den Namen eines Klosters fast nicht verdiente und nach jeder geschichtlichen Wende einer neuen Ortsbestimmung bedurfte. Meistens gab ein Bischof von Konstanz dieser Priestergemeinschaft neue Formen und Aufgaben. Gleichwohl bestand das Kloster neunhundert Jahre lang, gefördert von denselben Mächten, die es behinderten, vom Bischof, dem die Priester unterstanden, und von der Stadt, für die sie wirkten. Und im Inneren hielt den Konvent eine Ordnung zusammen, die älter als Benedikts Mönchsregel war.

In der christlichen Spätantike lebten viele Priester nahe beisammen, nicht zuerst als Seelsorger für die Bevölkerung, sondern als Helfer des Bischofs. Als Bischof von Hippo konnte der Kirchenvater Augustin seit 395 mit seinen Geistlichen in der Stadt zusammenwohnen und dafür allgemeine Richtlinien aufstellen. Die Augustinregel verglich das Gemeinschaftsleben von Priestern zwanglos mit dem Beisammenbleiben der Apostel nach Christi Himmelfahrt; sie hatten in der Stadt Jerusalem miteinander gelebt und gewirkt. Priester sollten, möglichst mit dem Bischof, gemeinsam in der Kirche ihr tägliches Stundengebet verrichten und das Meßopfer feiern, gemeinsam in einem Refektorium essen, gemeinsam in einem Dormitorium schlafen. Verwaltungsaufgaben für den Bischof und Überwachungspflichten im Bistum verhinderten eine totale Klausur der Priester, deshalb ließ sich auch persönliche Armut nicht erzwingen. In beiden Punkten unterschieden sich priesterliche Gemeinschaften grundsätzlich von mönchischen. Wie diese wohnten sie in einem gesonderten Haus, einem *Monasterium*, gehorchten indes keinem Vater Abt, sondern dem Ortsbischof. Daher bekamen sie ihren Namen. Weltpriester, die keinem Abt oder Eigenkirchenherrn unterstanden, hießen schon im vierten Jahrhundert Kanoniker, weil sie im Kanon, im amtlichen Verzeichnis der bischöflichen Geistlichen, verzeichnet standen. Sofern sie sich feierlich auf eine Regel des Zusammenlebens verpflichteten, nannte man sie Regularkanoniker. Später kam ein anderer Name auf, Chorherren, bei dem mittelalterliche Laien an das Stundengebet der Geistlichen im Chor einer Kirche denken mochten. Die Regularkanoniker selbst nannten sich lieber Brüder als Herren, zumal da sie sich von hohen Prälaten unterscheiden wollten, die als Domherren die engsten Mitarbeiter des Bischofs waren und für priesterliches Zusammenleben keine Zeit fanden.

Wir kennen das älteste Kanonikerstift am Bodensee; im ländlichen Bischofszell wurde es vermutlich vor 871 von Salomon I. begründet und konnte draußen leichter als in der Bischofsstadt seelsorgliche Aktivität mit konzentrierter Beschaulichkeit verbinden. Freilich forderte im zehnten Jahrhundert die Verweltlichung der führenden Geistlichen auch in Städten Reformversuche heraus. Deshalb verlegte vielleicht Bischof Salomon III. um 900 eine Priestergemeinschaft von ähnlichem Zuschnitt wie die Bischofszeller in die Stadt Konstanz, an die dortige Bürgerkirche St. Stephan. Wenn man späten und umstrittenen Nachrichten glauben darf, hatte sie vorher in dem ländlichen Salmsach bei Romanshorn residiert; noch im zwölften Jahrhundert verwaltete sie mehrere Pfarreien und Besitzungen im nordöstlichen Thurgau. In Konstanz ließ das Kanonikerstift allerdings für die nächsten zweihundert Jahre gar nichts von sich verlauten, so daß manche Historiker vermuten, es sei überhaupt erst im frühen zwölften Jahrhundert in der Metropole gegründet worden. Dagegen sprechen die ländliche Verwurzelung und die konventionelle Verfassung des Stiftes; sie dürften zugleich seine Wirksamkeit in der Stadt behindert haben. Das Stift St. Stephan konnte sich in Konstanz vor allem deshalb nicht entfalten, weil es bald nach der Umsiedlung durch eine genuin städtische Stiftung in den Hintergrund gedrängt wurde. Bereits Salomons zweiter Nachfolger, Bischof Konrad, gründete frühestens um 940, nach der zweiten seiner drei Jerusalemreisen, in Konstanz neben dem Domkapitel eine Gemeinschaft von Regularkanonikern, das Stift St. Mauritius. Seine Kirche grenzte an den Chor der Bischofskirche und war ein Rundbau, der das Heilige Grab in Jerusalem nachbildete. Schon damit verwies der Stifter auf das Vorbild der apostolischen Urkirche. In dem Zentralbau sollten zwölf Geistliche – die Zahl der Apostel – zusammen beten und in einem Kloster nahebei gemeinsam nach der Augustinregel leben. Der Bischof selbst wollte dem Gebet der Chorherren nahebleiben und ließ sich 975 an der Außenwand ihrer Kirche, nicht im Dom beisetzen.

Nicht bloß für Totengedächtnis und Chorgebet sollte das Stift sorgen; Bischof Konrad verband es mit einem Hospiz. Das dafür erforderliche Haus wurde unweit von der Moritz-Rotunde gebaut, vermutlich an der damaligen Konstanzer Hauptstraße, der heutigen Wessenbergstraße. Denn im Hospiz sollten täglich die durch die Stadt wandernden Fremden, besonders Pilger, aufgenommen, außerdem zwölf Arme aus Konstanz verpflegt werden. Die Fürsorge für diese Unbehausten dürfte den Chorherren von St. Moritz aufgetragen worden sein. Sie sollten an den zwölf Armen jenen Dienst der Gastfreundschaft verrichten, den Jesus beim Abendmahl seinen Aposteln erwies, die Fußwaschung. Auch in Benediktinerklöstern wusch der Abt mit der ganzen Klostergemeinde allen Gästen die Füße. Bei schmutzigen Armen und staubigen Wanderern war das mehr als eine symbolische Geste, ein Liebesdienst.

Wie kam Bischof Konrad auf solche Gedanken? Er hatte vor der Bischofsweihe als Güterverwalter des Bistums viel für die Armen getan, pflegte ihnen als Bischof selbst die Füße zu waschen und sie leiblich und geistlich zu unterstützen. Es lag nahe, diese besondere Seelsorge einer Stiftung zu übertragen, die apostolisches Priesterleben einüben sollte. Gerade in einer wachsenden Stadt wie Konstanz, deren Markt viele Durchreisende anzog und viele Mittellose verdrängte, durfte sich Seelsorge nicht auf Sonntagsmessen für Wohlhabende und Einheimische beschränken. Ähnliche Pläne hegte Konrads Zeitgenosse und Amtsbruder Ulrich von Augsburg; sie fügten sich der Tendenz des zehnten Jahrhunderts ein, den Bischof und seine Priester als Mitte der neuen Laienkirche zu legitimieren. Sie orientierte sich wie die Regel des Bischofs Augustin am zeitlosen Vorbild der Urkirche zu Jerusalem. Es ist zwar erst später bezeugt, aber glaubwürdig, daß Konrad dem Hospiz sein kostbarstes Erbstück vermachte, ein Stückchen Holz vom Kreuz Christi, das er von der Pilgerfahrt aus Jerusalem mitgebracht hatte. Die Reliquie machte die Heimstätte der Armen und Pilger zu einer heiligen Stätte urchristlicher Liebe, in der Priester und Gläubige, Ortsansässige und Landfremde einander täglich begegneten. Dieser Dienst forderte mehr Hingabe und weniger Aufwand als Armenspeisungen der Benediktiner in St. Gallen und Reichenau. Dennoch begabte Konrad Stift und Hospiz aus seinem Landbesitz sehr großzügig, denn beide städtischen Einrichtungen mußten auf dieselbe Weise unterhalten werden wie ländliche Abteien und Stifte.

Der innere Zusammenhang von Stift und Hospiz leuchtete Konstanzern des elften Jahrhunderts nicht mehr ein, weder den bischöflichen Nachfolgern Konrads noch den Kanonikern des Stifts. Sie hielten getreulich die vorgeschriebenen Gottesdienste und Chorgebete, überließen aber die Pflege der Armen und Pilger Laienhelfern, die eigens dafür eingestellt wurden. Höchstens symbolisch verbanden sich Liturgie und Sozialhilfe, wenn die Kanoniker den zwölf Armen am Gründonnerstag die Füße wuschen. Die Bischöfe von Konstanz hatten im salischen Königsdienst andere Sorgen, als durch zusätzliche Schenkungen das Hospiz zu vergrößern oder baulich zu erhalten. Die Herberge verfiel zum großen Teil. Stift und Hospiz hätten sich vielleicht völlig auseinanderentwickelt, und am Ende wäre ein Kanonikerstift ohne gemeinsames Leben übriggeblieben, wenn nicht die gregorianische Kirchenreform einen neuen Impuls von außen gebracht hätte. Die Lateransynode von 1059 legte allen Priestern nahe, ein Leben nach mönchischen Maßstäben zu geloben, also auf Konkubinen zu verzichten und im Zölibat die Keuschheit zu pflegen, ferner in gemeinsamen Gebeten, Mahlzeiten und Wohnungen den Gehorsam zu üben, schließlich durch Verzicht auf Privateigentum der Armut zu dienen. Sie sollten, zusammengefaßt, »ein apostolisches, das heißt gemeinsames Leben« beginnen.

In Konstanz hätten solche Gedanken leicht Fuß fassen können, schon seit 1051 unter Bischof Rumold, der zuerst in Einsiedeln Mönch gewesen war, dann als Propst des Goslarer Kanonikerstifts St. Simon und Juda ein strenges Gemeinschaftsleben durchgesetzt hatte. Doch blieb dem Bischof weder Zeit noch Geld für neue Stiftungen, denn 1052 stürzte eines Nachts der Konstanzer Dom ein. Der Wiederaufbau zog sich bis wenigstens 1089, wenn nicht länger hin und forderte die ganze Wirtschaftskraft des Bistums. Als 1084 der Hirsauer Mönch Gebhard von Zähringen Bischof wurde, bedrängten auch ihn andere Probleme, die Klosterreform in Schaffhausen und Petershausen, dann die Kämpfe des Investiturstreits, die ihn zeitweise aus der Bischofsstadt vertrieben. Das war kein

Nährboden für die Gründung neuer oder die Erneuerung alter Einrichtungen priesterlichen Zusammenlebens. Weit im Hinterland der Diözese stiftete ein vornehmer Herr auf seinem Eigengut Beuron im Donautal eine ländliche Propstei von Augustinerchorherren und ließ sie 1097 vom Papst bestätigen. In der Metropole war an so weitblickende Planungen vorerst nicht zu denken. Es scheint vielmehr, als hätten praktische Erfordernisse beim Neubau der Kathedrale den ersten Anstoß gegeben, sich an Bischof Konrads Doppelstiftung zu erinnern.

Die Anregung kam von Heinrich, dem Dompropst des Bischofs Gebhard III. Als Dompropst leitete er das bischöfliche Domkapitel und verwaltete das Kapitelvermögen. Gleichzeitig bekleidete Heinrich das Amt des *Vicedominus*. Der Viztum, wie er im Deutschen hieß, war früher mit der Verwaltung des ganzen Bistumsvermögens betraut gewesen, jedoch hatte man im zehnten Jahrhundert das Vermögen des Domkapitels von dem des Bischofs getrennt, seither unterstanden dem Viztum lediglich die bischöflichen Einkünfte. Er war für Stiftungen des Bischofs und kirchliche Armenpflege zuständig, vollstreckte also in Konstanz von amtswegen das Testament Bischof Konrads. Die Ämterhäufung machte Heinrich zum Vermögensverwalter von Bischof und Domkapitel, zum wirtschaftlich einflußreichsten Prälaten des Bistums. Heinrich hatte viel Sinn für Tradition und meinte, auch während des Neubaus der Domkirche müsse der verstorbene Oberhirte Konrad würdig beigesetzt bleiben. Er holte die Zustimmung der geistlichen Gremien ein und ließ Konrads Gebeine feierlich von der Außenwand der Mauritius-Rotunde in das Innere des Bischofsmünsters überführen. Den bisherigen Begräbnisplatz hob Heinrich durch eine neue, dem heiligen Nikolaus geweihte Kapelle hervor.

Was sich Heinrich von diesen Maßnahmen versprach? Wenigstens führte die Umbettung der Gebeine zu verstärkter Verehrung des toten Bischofs Konrad und verlieh der Kathedrale und dem regierenden Bischof Gebhard erhöhtes Ansehen. Noch immer hatte ja das Bistum Konstanz keinen heiligen Bischof von der Statur Ulrichs von Augsburg vorzuweisen, obwohl Konrad kaum weniger apostolisch aktiv als Ulrich gewirkt hatte. Das Konstanzer Defizit fiel zum Teil den Chorherren von St. Moritz zur Last, denn sie hatten für ihren Gründerbischof weniger geleistet als die Benediktiner in Petershausen für den ihren. Daß den Dompropst solche Hintergedanken plagten, können wir bloß vermuten, indem wir nach dem Sinn des neuen Kapellenpatronats fragen. Der heilige Bischof Nikolaus, der seit 1087 im Abendland berühmt wurde und 1092 in Petershausen ebenfalls eine Kapelle (mit St. Ulrich zusammen) erhielt, galt als Patron der Fahrenden, besonders der Kaufleute, und wurde zum Hausheiligen vieler Hospize. Ob die Stiftsherren daran erinnert werden sollten, etwa mit Seitenblick auf das Armenhospital der Petershauser Mönche?

Die Frage muß offen bleiben. Nicht einmal das Datum der Übertragung von Konrads Gebeinen steht fest. Die in der Forschung übliche Datierung 1089 kann sich nur darauf stützen, daß in diesem Jahr das Bischofsmünster geweiht und wohl im Rohbau fertiggestellt war. Ich vermute ein späteres Datum, denn die Sturmjahre des Investiturstreits taugten wenig für liturgische Festlichkeiten; die Jahre nach 1105 haben mehr für sich, weil Bischof Gebhards Regierung nun in ruhigeren Bahnen verlief. Auch eignete sich jetzt Bischof Konrad besonders zur identitätstiftenden Symbolfigur; er hatte in sich vereinigt, was im Investiturstreit aufgespalten worden war und neu versöhnt werden mußte, vornehme Geburt und Ansehen beim Volk, Zucht asketischen Lebenswandels und Hinwendung zu den Mühseligen und Beladenen. Dies mußten Konstanzer Weltpriester von neuem lernen und brauchten dafür nicht nach Petershauser Mönchen zu schielen, die sich damals um das Andenken Bischof Konrads nicht im mindesten kümmerten.

Es durch seine Doppelstiftung neu zu beleben, hatte allerdings im bischöflichen Konstanz seine rechtlichen und wirtschaftlichen Hindernisse. Das Moritzstift war immer als Erweiterung des Domkapitels verstanden worden, Stellenstreichungen kamen daher nicht in Frage. Die Kanoniker wollten die Betreuung des Hospizes gewiß nicht selbst in die Hand nehmen, sonst hätten sie ihre liturgisch geprägte, ansonsten individualistische Lebensweise gründlich ändern müssen. Auf Einkünfte des Hospizes konnten sie auch nicht verzichten, sonst hätten sie Stellen streichen müssen. Vermutlich reichten die Einnahmen ohnehin kaum aus, um das Hospiz fortzuführen. Sein Fortbestand war weiter dadurch gefährdet, daß sich in dem alten Gebäude mittlerweile eine eigene religiöse Gemeinschaft festgesetzt hatte, nämlich die Krankenpflegerinnen, die wohl im Auftrag der Kanoniker die praktische Arbeit leisteten. Wie andere fromme Laien der Zeit, zum Beispiel im Kloster Petershausen, durften sie erwarten, daß ihre Aktivität, die so viel Verzicht und Unterordnung verlangte, dem kontemplativen Leben von Priestermönchen gleichgeachtet würde. Sie werden sowieso nicht nur die Armen und Pilger gemeinsam betreut, sondern auch im Hospiz miteinander gebetet, gegessen und gewohnt haben.

Vermutlich waren die Frauen ohne lange Überredung mit der nächsten Maßnahme einverstanden: Bischof Gebhard III. verlegte, mit Zustimmung oder sogar auf Anregung der Konstanzer Geistlichkeit, die Gemeinschaft der Pflegerinnen vom Hospiz hinaus nach *Munsterlin*, dem heutigen Münsterlingen. Sie mußten dort durch Landschenkungen, vielleicht aus Konstanzer Stiftungsgut, wirtschaftlich gesichert werden. Die Quellen verraten nicht, ob die Frauen in Münsterlingen den Spitaldienst weiterführten. Näher liegt die Annahme, daß sie ein Leben in Klausur ohne Krankenpflege begannen, als regulierte Chorfrauen nach der Augustinregel, ein kontemplatives Leben vergleichbar dem der Kanonissen in Buchau, aber strenger auf Abgeschiedenheit, Chordienst und Eigentumsverzicht bedacht. Sie erinnerten sich ihres eigentlichen Schutzpatrons auch nach dem Ortswechsel. Eines Nachts vor 1123 schafften sie zu Schiff zwei schwerkranke Chorfrauen herüber, von denen die eine seit acht Monaten keine Nahrung bei sich behielt und die andere am Schlagfluß litt. Am Grab Bischof Konrads im Konstanzer Münster wurden beide gesund und kehrten nach Münsterlingen zurück. Einen Rest historischer Erinnerung könnte weiter ihre spätere Gründungssage enthalten, nach der zur Zeit Bischof Konrads im zehnten Jahrhundert eine englische Königstochter auf der Fahrt über den Bodensee in Seenot geriet, angeblich bei der Reise zu ihrem Bruder, Abt Gregor von Einsiedeln; wo sie glücklich ans Ufer kam, gelobte sie, ein Frauenkloster zu bauen. Freilich blieb von der ottonischen Aufgabe, der Betreuung landfremder Wallfahrer, nur eine blasse Kunde; daß man in Münsterlingen von Königstöchtern träumte, verwies schon auf die spätere Entwicklung. Das Chorfrauenstift Münsterlingen wurde, ähnlich dem Kanonissenstift Buchau, zur Versorgungsanstalt für unverheiratete Töchter des ländlichen Adels und des städtischen Patriziats, ein Stützpunkt der Stabilität, nicht mehr der Mobilität.

Für Bischof Gebhard paßte die Separierung der Frauen ins Reformprogramm.

Schließlich gab es fromme Männer genug, die als Pfleger zupacken konnten. Sie wären weniger als Frauen durch das ständige Kommen und Gehen von Männlein und Weiblein in einem Hospiz sittlich gefährdet, vor allem dann, wenn eine Priestergemeinschaft die Arbeit übernähme. Solche Gruppen richteten damals überall an Pilgerstraßen und Alpenpässen Hospize ein. Die Konstanzer Kanoniker waren dafür nicht Manns genug, aber auswärts gab es Vorbilder in Fülle. Zum Beispiel weihte der Bischof 1105 die St. Augustinuskirche in Marbach bei Kolmar. Das zugehörige Stift von Regularkanonikern war erst 1090 gegründet worden und hatte Gedanken der Klosterreform von Cluny und Hirsau auf das Zusammenleben von Weltpriestern übertragen. Marbach verlangte Ablegung eines Gelübdes auf die Augustinregel, Verzicht auf Privateigentum, darüber hinaus tägliche Handarbeit, gewöhnlich im Gartenbau. Zum apostolischen Leben gehörte neben dem gemeinsamen Gebet die eigene Arbeit, ein Grundsatz, der nicht nur in alten Benediktinerklöstern gern übersehen wurde. Hirsau belebte ihn wieder, und mit Hirsau stand Marbach in engem Austausch, enger als vordem Zürich mit Einsiedeln. Deshalb weihte der Bischof aus Hirsau die Stiftskirche und legte die Marbacher Gedanken vermutlich seinen Konstanzer Geistlichen ans Herz.

Wie auch immer, zwischen 1084 und 1110, wahrscheinlich nach 1105 ließ Bischof Gebhard III. vor den Stadtmauern von Konstanz eine neue Kirche zu Ehren von St. Ulrich und Afra bauen, an der sich in einer *Cella* eine kleine Priestergemeinschaft niederließ. Ihre Leitung übernahm ein Mann namens Heinrich. Ob er mit dem Dompropst und Viztum gleichen Namens identisch ist? Die kläglichen Umstände des Anfangs sprechen eher dagegen, daß ein mächtiger Domherr für sie verantwortlich war; doch wurden damals auch in anderen Domkapiteln einzelne hochwürdige Herren von der apostolischen Bewegung mitgerissen und wollten nicht mehr üppig leben. Der Titel Heinrichs gibt keine Aufschlüsse, denn *Praepositus,* verdeutscht Propst, konnte jeder Vorsteher einer geistlichen Gemeinschaft heißen, eines Domkapitels ebenso wie eines Chorherrenstifts. Mit Gütern war der Verband nicht reichlich gesegnet, von den Einnahmequellen der alten Herberge stand ihm schwerlich viel zur Verfügung. Das dürfte die Genossen Heinrichs nicht gestört haben, denn apostolisches Leben, wie es die Apostelgeschichte beschrieb, war bei genauerem Zusehen mehr als geselliges Beisammensein, es war gemeinsame Armut und Arbeit gewesen. Wenn sie nach apostolischer Handarbeit suchten, konnten sie sich dem Spitaldienst an Kranken widmen, nicht die verknöcherte Rechtsform, aber die drängende Aufgabe der Herberge Konrads übernehmen. Das taten sie.

Der Bischof unterstützte sie geistlich, darum nicht weniger wirksam durch zwei Verleihungen. Zum einen wurde, wenn nicht alles trügt, vor 1110 der neuen Priestergemeinschaft das Erbstück Konrads übergeben, das Holz vom Kreuz Christi. Denn bereits vor 1120 hieß ihre Anlage *Crucilin,* also Kreuzlein. Der volkssprachige Name sagt genug über die Popularität der Anstalt gleich in den ersten Jahren. Ihre geistlichen Ziele sind durch die Patrozinien gekennzeichnet, bei denen wieder Bischof Gebhard die Hand im Spiel gehabt haben muß. Ulrich von Augsburg, der längst heiliggesprochene Freund Konrads von Konstanz, hatte in seiner Bischofsstadt vorbildlich für klosterähnliche Gemeinschaften von Priestern gesorgt, zum Beispiel für das ehemalige Kollegiatstift St. Afra vor den südlichen Toren Augsburgs, wo sich Ulrich auch hatte beisetzen lassen. Ferner hatte er wie Konrad aus eigenen Mitteln westlich vor Augsburg ein Hospiz für Arme geschaffen.

Diesen Dreiklang, Heiligkeit des Bischofs, Zusammenleben seiner Priester, Caritas als ihre Aufgabe, wollte Gebhard III. auch vor den Toren seiner Bischofsstadt Konstanz verwirklichen. Mit solcher apostolischen Aktivität hätte der Bischof dem Bistum außerdem geschenkt, was sein Dompropst anstrebte, das Selbstbewußtsein einer alten Tradition. Gebhard kam nicht mehr dazu und starb 1110.

Sein Nachfolger wurde Ulrich von Dillingen, ein leiblicher Verwandter des heiligen Bischofs, dessen Taufnamen er trug. Als die Dillinger Grafenfamilie seit 1095 in Neresheim ein Stift regulierter Kanoniker gründete, beteiligte sich der junge Ulrich mit. Möglicherweise empfing er seine priesterliche Ausbildung in dem elsässischen Chorherrenstift Marbach, das nachher des Verstorbenen eigens gedachte. Ulrich trug als Bischof mit Vorliebe das weiße, knöchellange Gewand der Augustiner, das sie am auffälligsten von den schwarzen Mönchen unterschied. Es galt damals noch nicht als priesterliches Festgewand, sondern als Zeichen strenger Apostelnachfolge. Ulrich war demnach wie geschaffen, um in Konstanz ein Augustinerchorherrenstift ins Leben zu rufen. Daß er sich darum eifriger als um die Förderung benediktinischer Abteien bemühte, merkte Petershausen sofort. Nur eines, das Wichtigste, fehlte ihm, die Anerkennung durch den Papst und die Bischofsweihe. So gerieten die Stiftspläne ins Stocken. Propst Heinrich von *Crucilin* wird nicht weniger fleißig als Abt Dietrich von Petershausen für Ulrich geworben haben; 1118 erreichte dieser endlich die päpstliche Zustimmung und die Konsekration. Bevor er mit der Stiftung zum Ziel kam, starb Heinrich: Das Totenbuch des Klosters Wagenhausen meldet in einem Eintrag aus der Zeit vor 1120, an einem 25. Februar sei *Heinricus prepositus de Crucilino* gestorben. Daß Wagenhausen für ihn beten wollte, spricht für die Bedeutung, die der Bischof und sein Klerus der Kreuzlinger Ulrichszelle beimaßen.

Ihre Leitung übernahm – es ist verwirrend, aber nach dem Quellenbefund unausweichlich – ein Geistlicher mit demselben Namen Heinrich. Man möchte denken, daß wenigstens er, wenn schon nicht sein Vorgänger, mit dem Dompropst Heinrich identisch wäre; doch verbietet sich die Gleichsetzung aus Altersgründen. Übrigens amtierte der neue Vorsteher nie als Dompropst. Bischof Ulrich betraute ihn jedoch mit dem Amt des bischöflichen *Vicedominus*, offensichtlich in der Absicht, Stiftungswesen und Armenpflege des Bistums in Kreuzlingen zu konzentrieren. Heinrich hatte, wie wir sehen werden, einen Bruder, der sich als Konstanzer Bürger bezeichnete und vom Bischof einen Kirchenzehnten in der Nachbarschaft zu Lehen trug. Demnach darf man sich Heinrich als Angehörigen eines bischöflichen Ministerialengeschlechts vorstellen, nicht als hochadligen Herrn, als einen weltgewandten und geschäftskundigen Diener des Bischofs. Wenn der Bischof und sein Viztum ein Augustinerkloster schaffen wollten, mußten sie die bei den Machtlosen schon populäre Ulrichszelle auch an der päpstlichen Kurie und den Höfen der Hochadelsfamilien zu Ansehen bringen. Das gelang am schnellsten, wenn Bischof Konrad von Konstanz, ihr erster Urheber, heiliggesprochen wurde.

Bischof Ulrich holte 1121 aus dem Augsburger Kloster St. Ulrich und Afra den Benediktiner Udalschalk, damit er die für die Heiligsprechung unerläßliche Lebensbeschreibung Konrads verfasse. (Im Bischofskloster Petershausen fand sich anscheinend dafür kein Autor.) Die Vita betonte nach Kräften die kanonikale und die karitative Aktivität Bischof Konrads, seine enge Freundschaft mit dem heiligen Amtsbruder Ulrich und, nebenbei, den Vorwitz seines zweiten Amtsnachfolgers Gebhard II., auf dessen Heiligkeit Petershausen so große Stücke gab. Udalschalk reiste 1123 im Auftrag des Bischofs nach Rom, um die Heiligsprechung an der päpstlichen Kurie voranzutreiben; Viztum Heinrich, der Vorsteher der Kreuzlinger Ulrichszelle, begleitete ihn. Der Zeitpunkt war günstig gewählt. Der Investiturstreit zwischen Kaiser und Papst war soeben, 1122, beigelegt worden. Bischof Konrad verkörperte die alte Zusammenarbeit zwischen Kirche und Reich, die jetzt auch in Rom erneuert werden sollte. Konrad zählte außerdem zur Familie der Welfen, die auf päpstlicher Seite gestanden, aber den Ausgleich mit den Kaiserlichen gefördert, auch bei der Aussöhnung der Kurie mit Bischof Ulrich mitgewirkt hatte. Wenn sich der Bischof an den Papst wandte, um die Kanonisation bestätigen zu lassen, festigte er ferner dessen geistliche Autorität. Denn das Papsttum war bislang selten gefragt worden, zum ersten Mal 993 ausgerechnet bei der Heiligsprechung Ulrichs von Augsburg, dann 1047 bei der von Ulrichs Gesprächspartnerin in St. Gallen, der Inkluse Wiborada. Beim Dritten im Bunde würde der Papst nicht Nein sagen.

Die Gesandtschaft führte zum vollen Erfolg. Bischof Konrad von Konstanz wurde am 28. März 1123 auf dem ersten Laterankonzil feierlich heiliggesprochen, der ersten ökumenischen Bischofssynode im Abendland. Udalschalk und Heinrich brachten die päpstliche Bulle in die Heimat, wurden aber unterwegs von Widersachern gefangengenommen. Man wüßte gern, wer da den Konstanzer Bischof erpressen wollte. Die Tatsache zeigt, daß maßgebenden Zeitgenossen die politische Folge der Heiligsprechung, die Machtsteigerung des Bodenseebistums, klar vor Augen stand. Bischof Ulrich veranstaltete denn auch sofort ein großes Fest, das den neuen Heiligen, den ersten aus Konstanz, der ganzen Diözese bekanntmachen sollte, das Konradifest am 26. November, dem Todestag Konrads, im Jahr 1123, knapp hundertfünfzig Jahre nach Konrads Tod. Das Fest trug für das Kreuzlinger Vorhaben Früchte. Von überallher strömten Arme und Kranke herbei; am Festtag ereigneten sich bei den Reliquientranslationen und Prozessionen aufsehenerregende Heilungswunder. Sie riefen den anwesenden Fürsten Konrads Fürsorge für die Unbehausten ins Gedächtnis. Als die beteiligten drei Herzöge, ein Welfe, ein Staufer, ein Zähringer, dem Heiligen und seiner Bischofskirche Land schenkten, baten sie um Verwendung für Zwecke der Armen und Pilger. Bischof Ulrich stimmte zu.

»Nichts war sinnvoller als diese Anordnung, daß das Gebäude des Hospizes, das vom heiligen Konrad – siehe oben in unserer Lebensbeschreibung – erbaut, aber vor Alter zusammengebrochen war, wiederhergestellt würde«, schrieb Udalschalk. Der Bischof hielt sich an die Zweckbindung der Stiftungsmittel und ließ den Bau in der Stadt erneuern. Doch dann wurden Bedenken laut: Wer sollte die Stiftung betreuen? Das Stift St. Moritz kam nicht in Frage, war vielleicht inzwischen ganz im Domkapitel aufgegangen; man hörte noch etwas von einem einzelnen Priester in St. Moritz, nichts mehr von einem Kollegiatstift. Die Priestergemeinschaft von St. Ulrich und Afra hatte sich für Krankenpflege qualifiziert, saß allerdings draußen vor den Toren und besaß nicht genügend Mittel, um ihre Kirche vor dem Verfall zu bewahren. Das Vernünftigste (vom Bischof insgeheim wohl lang Geplante) war eine geringfügige Änderung der herzoglichen Stiftungsbestimmung, die der Ulrichszelle die Einnahmen aus den geschenkten Gütern überschrieb und den Aufbau eines leistungsfähigen Spitals erlaubte. Die Entscheidung rief in Konstanz, vermutlich bei Stiftsgeistlichen, Kritik hervor, aber Bischof Ulrich und

Viztum Heinrich setzten sich mit einem Appell an das gläubige Volk durch. Wahrscheinlich war es zu Christi Himmelfahrt 1124, da zog eine Prozession von Bischof, Klerus und Volk um die Stadt Konstanz und trug die Reliquien des heiligen Konrad zur Kirche St. Ulrich vor den Mauern, »damit diese beiden heiligen Freunde einander sozusagen wieder begrüßen konnten«. Die Prozession wurde bis in die Reformationszeit alljährlich wiederholt und schärfte den Bürgern ein, daß vor den Toren das Liebeswerk ihres neuen Stadtpatrons Konrad in besten Händen lag.

Nun begann Bischof Ulrich, in großem Stil zu bauen, neben der renovierten Kirche ein *Xenodochium*, das heißt Fremdenherberge und Krankenspital. Zu den Schenkungen der Herzöge fügte er weitere Güter aus seinem Privatbesitz und aus Bischofseinkünften hinzu, die möglichst nahe bei Kreuzlingen lagen: Einnahmen aus der Konstanzer Vorstadt Stadelhofen, aus Egelshofen und Lengwil, einen größeren Landkomplex in Kurzrickenbach. Weiter übertrug der Bischof die Stiftung zur Versorgung der zwölf Armen aus dem Stadthospiz an die Ulrichskirche. Nachdem Kreuzlingen wirtschaftlich auskommen konnte, mußten Klostergut und Lebensform rechtlich verankert werden. Zuerst wandte sich Bischof Ulrich an Kaiser Heinrich V. Er bestätigte am 7. Januar 1125 in Straßburg im Beisein des staufischen und des zähringischen Herzogs die Übergabe ihrer und der bischöflichen Güter an die Gemeinschaft von St. Ulrich und Afra, die »zur Tröstung der Armen Christi« diente.

Dann reiste der Bischof nach Rom und erhielt am 27. November 1125 von Papst Honorius II. die geistlichen Urkunden. Propst Heinrich und seine Brüder beim Hospital und bei der Kirche von St. Ulrich und Afra sollten, so hieß es, das durch Bischof Ulrich eingerichtete Leben von Kanonikern nach der Regel des heiligen Augustin für alle Zeiten unbehindert führen und die ihnen geschenkten Werte »für die Aufrechterhaltung des gemeinsamen Lebens und für die Erquickung der Armen Christi« benutzen. Damit war das Augustinerchorherrenstift gegründet. Die Papsturkunde sicherte den Brüdern zu, daß sie ihren Propst frei wählen dürften; trotzdem blieb Kreuzlingen wie die meisten Augustinerstifte ganz vom jeweiligen Bischof abhängig. Er hatte das Stift materiell ausgerüstet und dabei die Herren vom Domstift und vom Stephansstift in Konstanz bewogen, einem Gütertausch mit den Augustinern zuzustimmen. Er ordnete sie dem Verband seiner Diözesanpriester ein und verkündete auf der Diözesansynode 1127 feierlich ihre Rechte. Er wies ihnen als Oberhirte die geistlichen Pflichten zu.

Den Augustinern sollte die außerordentliche Seelsorge obliegen, die nicht durch Pfarreien abgedeckt wurde. Ulrich dachte nicht an liturgisches Gepränge im Dom, im Gegenteil. Er verlangte 1125 von den Kreuzlingern einen jährlichen Zins von zwölf Pfennigen dafür, daß der Bischof am Gründonnerstag zwölf Armen die Füße wasche; dazu sollten sie also nicht eigens in die Stadt kommen. Er verschaffte ihnen aber das Begräbnisrecht. Jedermann, der es wünsche, dürfe sich bei St. Ulrich und Afra beerdigen lassen. Und wer hätte der Auferstehung nicht gern im Schutz von Christi Kreuzesholz und seinen heiligmäßigen Dienern entgegengeschlafen! So konnten die Chorherren Totenmessen, Jahrtage, Begräbniszeremonien halten, was ihnen zusätzliche Einnahmen, den städtischen Pfarreien Einbußen brachte. Der Stadtklerus war darüber vergrämt, konnte aber wenig unternehmen, solange der Bischof die Augustiner stützte. Seit 1152 lasen sie auf Betreiben des Bischofs jede Woche eine Totenmesse für die verstorbenen Stadtbürger, mit Fürbitten für reisende Konstanzer in aller Welt. Dafür erhielten die Stiftsbrüder Weide- und Wegerechte an einer Wiese in Klosternähe. Hundert Jahre später entbrannte um die Wiese ein Rechtsstreit zwischen Stadt und Stift, aber zunächst genossen die Chorherren sichtlich das besondere Vertrauen der Bürger in Fällen, die mehr als den normalen Kirchgang erforderten.

Auch in der gewöhnlichen Seelsorge wurden die Augustiner eingesetzt, und zwar in Stadelhofen, der südlichen Vorstadt von Konstanz, die aus bischöflichen Wirtschaftshöfen zusammenwuchs und überwiegend agrarisch arbeitete. Der angrenzende ländliche Thurgau zwischen Egelshofen und Lengwil sollte gleichfalls materiell die Augustiner versorgen, geistlich von ihnen betreut werden. Hier empfingen Heinrich und seine Mitbrüder 1147 die erste bezeugte Schenkung von Privaten. Als der Konstanzer Bürger Marquard, Heinrichs leiblicher Bruder, zum zweiten Kreuzzug mit dem Staufer Konrad III. aufbrach, gab er den Kirchenzehnten vom Gut Bätershausen, den ihm der Konstanzer Bischof Hermann verliehen hatte, unter der Bedingung zurück, daß er dem Kloster Kreuzlingen »zum Nutzen der dort Gott dienenden Brüder« weitergegeben werde. Nachdem dies geschehen war, wurde Bätershausen bald zum Pfarrbezirk des Klosters gerechnet. Er war zuerst klein, aber musterhaft, denn Kreuzlingen konnte wie Bischofszell verfahren: Ein frommer Chorherr aus dem Stift erweckte bei Adligen und Bauern leichter Zutrauen und amtierte unabhängiger als ein Vikar vom Bauernhof, der vor Dorfgewaltigen zittern mußte. Den Kreuzlinger Augustinern wurden im weiteren Umkreis viele ländliche Kirchen inkorporiert, das heißt mit Seelsorgepflichten und Einkommensrechten übergeben, zuerst vielleicht Aawangen südlich von Frauenfeld. Verdrängte Landgeistliche wehrten sich, aber der Papst bestätigte dem Kloster 1158, daß es inkorporierte Kirchen mit Priestern seines Konvents besetzen dürfe.

Die Ausweitung des Kreuzlinger Pfarrsprengels lag zunächst ganz im Interesse des Bischofs, der so die Geistlichkeit seines Bistums immer unmittelbarer unter Kontrolle bekam. Er betraute das Stift auch mit der Aufgabe, die bisher das Bischofskloster Petershausen wahrgenommen hatte: Wenn Kleriker sich gegen das Kirchenrecht vergangen hatten, mußten sie ihre Buße in Kreuzlingen ableisten. So wurde das augustinische Beispiel der Sittenstrenge in der ganzen Priesterschaft verbreitet und der Priesterzölibat im Bistum durchgesetzt. Der Chronist von Petershausen hatte Kreuzlingen vor Augen, als er um die Mitte des zwölften Jahrhunderts schrieb: »Die Geistlichen, die Kanoniker heißen, schließen sich an einem Ort zusammen und predigen dennoch ständig in der Kirche das Wort Gottes. Sie tragen das rein weiße Gewand der Apostel und führen ein gemeinsames Leben. Sie gehorchen einem Propst, bewahren die Reinheit des Herzen und des Leibes und führen alle Irrenden durch ihre Predigt auf den rechten Weg zurück.«

Predigt setzte Studium voraus, allerdings weniger theologische und kirchenrechtliche Gelehrsamkeit als im Benediktinerkloster Petershausen. Einziges Zeugnis für intellektuelle Tätigkeit im Augustinerchorherrenstift ist eine Schrift, die keinen Verfassernamen trägt. Sie ist in die Jahre bald nach 1127 zu datieren, mit aller Wahrscheinlichkeit in Kreuzlingen zu lokalisieren: eine neue Lebensbeschreibung des heiligen Bischofs Konrad von Konstanz. Gleich im Vorwort wird der Verdacht zurückgewiesen, daß die Arbeit der Vorgänger (die Vita Udalschalks) verbessert werden müsse; es soll ihr nur einiges Notwendige hinzugefügt werden. Die Ergänzungen betreffen vor allem geistliche Gemeinschaften des Bistums, mit denen Konrad in Verbindung stand: das damalige Nonnenkloster Weingarten, wo jetzt Mönche wohnen; das Kloster Reichenau, wo Diener Gottes Christus nachfolgten; das Kloster Petershausen jenseits des Rheins, von dem würdigen Bischof Gebhard II. erbaut; das Nonnenkloster Münsterlingen, eine Meile von Konstanz entfernt. Für alle hat der Verfasser freundliche Worte, denn von allen Seiten blicken die Frommen auf ihren heiligen Bischof. In Konstanz selbst hat er dem liederlichen Leben im Domkapitel ein Ende gemacht und die Domherren zu gemeinsamem Dienst ermutigt. Er hat hier unter anderem die Mauritiuskirche und das Hospiz für die Armen errichtet. Von den zwölf Kanonikern des Moritzstiftes, die Udalschalk noch hervorgehoben hatte, schwieg der Bearbeiter wohlweislich: Sie hatten bessere Nachfolger gefunden.

Um so genauer unterrichtete er über die Anfänge des Konradskultes, nicht allein über populäre Wunder, auch über offizielle Bemühungen von Bischof Gebhard III. und Dompropst Heinrich. Die Geschichte der Heiligsprechung führte geradewegs zum Kreuzlinger Propst Heinrich und dessen Erlebnissen, zu Bischof Ulrich I. und seiner löblichen Gründung, in der fromme Geistliche bis auf den heutigen Tag Christus dienen. Der bischöfliche Hohepriester, Glaubenslehrer und Oberhirte versammelte um seine Domkirche alle priesterlichen Konvente, durch sie die gläubigen Laien bis jenseits des Bodensees und des Thurtals. Seine Kreuzlinger Stiftung beanspruchte weder eine geschichtliche noch eine rechtliche Sonderstellung, wie es um dieselbe Zeit der Petershauser Chronist, auch durch eine eigene Lebensbeschreibung des dortigen Gründerbischofs Gebhard II., aufdringlich tat. Es klang verärgert, wenn der Benediktiner betonte, daß die schwarzen Mönche ein vollständiges religiöses Leben führten, das keinen Bereich vernachlässige. Das muß den Petershausern von anderen vorgehalten worden sein, schon von Bischof Ulrich I., der auf die vorbildlichen Augustiner in Kreuzlingen hinweisen konnte. Sie stellten sich tatsächlich ohne Vorbehalt in den priesterlichen Dienst für die Bischofskirche Konstanz.

Merkwürdig still bleibt die Kreuzlinger Überlieferung, wenn wir nach dem inneren Leben im Stift fragen. Gemeinsame Gottesdienste und Chorgebete in der Klosterkirche standen weit weniger im Blickpunkt als bei den Benediktinern von Petershausen. Wenn ein Rückschluß aus der Lebensbeschreibung Konrads erlaubt ist, so bemühten sich die Chorherren um anschauliche Predigten voller Vergleiche. Da war die Rede von duftenden Blumen, süßem Honig, fleißigen Ameisen, einfältigen Tauben. Der Rheinfall bei Schaffhausen wurde so hübsch geschildert, daß jeder sagen mußte: Ja, das ist er. Auffällig oft wurden als Beispielfiguren Patriarchen des Alten Testaments zitiert, als wimmelte es in der Konstanzer Bischofsgeschichte von Heroen des Volkes Israel. Vielleicht hörten die Laien deren bunte Familiengeschichten gern von der Kanzel. Wie werden sie erst aufgepaßt haben bei der langen, melodramatischen Geschichte von dem jungen Mann, den die Strudel und Schlingpflanzen der Thur fast verschlangen, den das ganze Dorf bis tief in die Nacht suchte und der am nächsten Morgen, von Sankt Konrad errettet, splitternackt an die Haustür der Eltern klopfte! Die Kreuzlinger Augustiner standen jedenfalls mitten im Leben.

Ihre Hauptaufgabe neben der Seelsorge war der Dienst im Hospital. Papsturkunden von 1125, 1144 und 1145 nannten das Hospital noch vor der Kirche als den Platz, wo die Brüder die Augustinregel befolgten. Von Einzelheiten ist wieder nichts zu vernehmen, allenfalls, daß die Kreuzlinger ihre Einnahmen »für die Erquickung der Armen Christi« verwendeten. Die Armen Christi, das waren hier nicht mehr wie bei Toutos Gründung Wagenhausen Mönche, denen Unterhalt gewährt werden sollte, es waren wirklich notleidende Laien. Was man einem von ihnen Gutes tat, hatte man Christus selbst getan. Betreut wurden noch immer Stadtarme und Pilger; es waren ihrer mehr als ein Jahrhundert früher, wo Abt Bern von Reichenau schon mit tausend Armen im Einzugsbereich des Klosters rechnete. An europäischen Fernstraßen boten vielerorts so wie hier Chorherrenstifte den Durchreisenden Unterkunft und Verpflegung. Doch verschob sich allenthalben die Zusammensetzung der Betreuten: Aus dem Hospiz wurde immer mehr ein Spital, das Schwerkranke für längere Zeit beherbergte und pflegte. Viel medizinischer Sachverstand war nirgends vorhanden, auch nicht vonnöten; ein Krankenhaus war zuvörderst eine allgemein karitative, keine medizinisch spezialisierte Einrichtung. Immerhin muß vermerkt werden, daß die Wunderberichte der wahrscheinlich aus Kreuzlingen stammenden Konradsvita die äußeren Symptome und die subjektiven Schmerzen von Leidenden detailliert zu beschreiben verstanden. Die Chorherren sahen sich ihre Kranken genau an und sprachen ausführlich mit ihnen.

Gewiß taten auch in Kreuzlingen Laienhelfer die gröbsten Arbeiten, Zubereitung der Mahlzeiten, Säuberung der Betten und Säle, Körperpflege der Kranken. Doch für Priester blieben übergenug andere Arbeiten, Trösten und Zuhören, Beichtsitzen und Kommunionausteilen, Messelesen und Predigen, Beerdigen und Gedenken der Toten, dazu Planung und Verwaltung. Diese besondere Art der Seelsorge hinterließ keinerlei schriftliche Spuren, hob aber bei der Bevölkerung rund um den Bodensee das Ansehen der Kreuzlinger Augustiner gewaltig. Denn eine derartige Anstalt zur Krankenpflege bestand bisher, mindestens in dieser Größe und als Hauptbetätigungsfeld einer geistlichen Gemeinschaft, weit und breit nicht; man sieht es an zahlreichen dankbaren Schenkungen aus entfernten Gegenden. Auch dadurch gewann der Bischof von Konstanz als »Träger« des Krankenhauses Autorität bis in das kleinste Dorf.

Kreuzlingen war das erste und blieb das größte Augustinerchorherrenstift am See, das einzige blieb es nicht. Noch in der ersten Hälfte des zwölften Jahrhunderts folgten an mehreren Orten kleinere Stiftungen. Dem Kreuzlinger Typ am nächsten stand Zürich, wo sich wohl um 1126 strengere Chorherren an den Kreuzlingern ein Beispiel nahmen und sich von den laxer gewordenen Kanonikern des Großmünsters trennten. Bei St. Martin auf dem bewaldeten Zürichberg setzten sie sich fest, drangen aber gegen die Konkurrenz vom Großmünster nie durch, obwohl der Konstanzer Bischof sie förderte. Alle anderen Stifte lagen auf dem flachen Land, teils Neubelebungen wie Öhningen, teils Neugründungen wie Detzeln und Ittingen, und unterstanden anderen geistlichen oder weltlichen Herren, nicht dem Bischof. Sie ahmten eher die alten Adelsklöster der Benediktiner nach und öffneten sich den Erfordernissen der neuen Priesterkirche nur zögernd. Das machte sie widerstandsfähig gegen modische Schwankungen, denen Kreuzlingen unmittelbar ausgesetzt war. Sein Wohlergehen hing vom Wohlwollen des jeweiligen Bischofs ab, und im zwölften Jahrhundert waren Bischofssitze keine Erbhöfe für eine Adelsfamilie mehr. Die neue Mobilität zeigte ihre Kehrseite.

Bereits der Tod des Gründerbischofs Ulrich von Dillingen gefährdete 1127 die Kontinuität von Kreuzlingen. Sein Nachfolger Ulrich II. gehörte keiner bekannten Adelsfamilie an, kam aus der Abtei St. Blasien und unterstützte auch als Bischof vornehmlich benediktinische Reformklöster, zum Beispiel Petershausen. Die Augustiner in Kreuzlingen wurden nicht ganz außer Acht gelassen, mußten sich aber allmählich fragen, wofür sie arbeiteten. Wahrscheinlich ließ Propst Heinrich deshalb die Konradsvita neubearbeiten. Die Reformanstöße der gregorianischen Zeit erlahmten um 1130 überall. Die meisten geistlichen Gruppen richteten sich in den kirchenrechtlichen Grenzen ein und überließen die Laien den Ortspfarrern. In einem strengen Augustinerstift wie Kreuzlingen zog die schwere Handarbeit – hier der Spitaldienst – Kräfte von der liturgischen Ausgestaltung des Gotteslobes ab, auch von der Selbstheiligung meditierender Asketen. Der Lärm von der Durchgangsstraße störte das priesterliche Zusammenleben empfindlich. Die ordentliche Seelsorge in mehreren Pfarreien brachte hinreichend Beschäftigung, und wer gut predigen wollte, brauchte Ruhe zum Lesen und Nachdenken. So wiederholte sich im Augustinerstift Kreuzlingen die Geschichte des Kanonikerstiftes St. Moritz: Die Geistlichen suchten den Spitaldienst loszuwerden.

Der Bischof von Konstanz verhalf ihnen dazu. Seit 1138 regierte Hermann von Arbon, aus einer Ministerialenfamilie am See, erst bei der Bischofswahl zum Priester geweiht. Ihn hielt die Reichspolitik, Zusammenarbeit mit den staufischen Königen, in Atem. Wenn er sich eingehend mit Klöstern seines Bistums befaßte, dann mit Zisterziensern in Salem, nicht mit Augustinern in Kreuzlingen. Er ließ es geschehen, daß vor den Toren der Bischofsstadt eine weitere Abtei erwuchs, ein Fremdkörper, der von Kreuzlinger Augustinern und Petershauser Benediktinern als Herausforderung empfunden wurde. Um 1142 entstand im Westen von Konstanz, unmittelbar vor der Stadtmauer, das Schottenkloster St. Jakob. Damit wurde das älteste Mönchtum am Bodensee wiederbelebt, denn die Mönche dieses Klosters kamen aus Irland, wie vor über fünfhundert Jahren Kolumban. Die merkwürdigen Mönche hatten sich noch immer nicht an benediktinische Ortsbeständigkeit gewöhnt und pendelten zwischen den irischen Extremen des heimatlosen Pilgers und des eingemauerten Inklusen. Beide ungeselligen Formen des Mönchtums bedeuteten jetzt eine Absage an die gregorianische Priesterkirche unter den Laien.

Zwei dieser irischen Mönche hatten im deutschen elften Jahrhundert von sich reden gemacht, beide mit Namen Marianus. Der eine war 1056 aus Irland nach Köln gekommen und dort Benediktiner geworden. Zwei Jahre später besuchte er in Paderborn die Zelle eines Landsmanns, der lange eingemauert gelebt hatte. Marianus selbst ließ sich 1059 in Fulda einmauern, in der Klause eines verstorbenen Iren. Von dort zog er zehn Jahre später nach Mainz, um den Rest des Lebens wieder als Inkluse neben einem Kloster zu verbringen. Der andere Marianus brach 1067 mit zwei Gefährten von Irland zur Pilgerfahrt nach Rom auf. Unterwegs machten sie Halt, zuerst auf dem Michelsberg bei Bamberg, seit 1070 in Regensburg, wo sie außerhalb der Stadtmauern beisammensaßen und 1075 eine Kirche bekamen. Marianus war tot, als sich die Einsiedlerzelle um 1090 in eine Benediktinerabtei verwandelte, St. Jakob in Regensburg, das erste »Schottenkloster«. Sein Schutzpatron war der Apostel Jakobus, zu dessen Grab in Santiago de Compostela schon Eberhard von Nellenburg gepilgert war, Patron der Pilger schlechthin. An Pilger- und Handelsstraßen Deutschlands setzten sich, aus Regensburg gesteuert, weitere Schottenklöster fest, 1134 in Würzburg, um 1137 in Erfurt, 1140 in Nürnberg und um 1142 in Konstanz.

Genau besehen schlossen sich die Schottenklöster der abendländischen Pilger- und Kreuzfahrerbewegung an, nicht der ortsfesten Isolierung der Inklusen. Gleichwohl vermengten sie beide Aspekte, denn sie wurden von immer neu nachkommenden Iren besetzt, die einander gut kannten und sich um andersprachige Nachbarn wenig kümmerten. Die Konstanzer zum Beispiel wußten von »ihren« Schottenmönchen im zwölften Jahrhundert keinen einzigen Namen zu überliefern; wer von namentlich bekannten Einheimischen zu ihnen stieß, ließ sich einmauern. Der Petershauser Chronist meldete die Namen eines Mönchs, zweier Laienbrüder und zweier Laienschwestern, die sich in den 1150er Jahren in Klausen einschließen ließen, wenn ich nicht irre, bei den Konstanzer Schottenmönchen, die der Chronist keines Blickes würdigte. Er schrieb über die Inklusen spöttisch: »Diese Leute hatten fast alle ein so unerträgliches Wesen, daß sie nur schwer in einer Klostergemeinschaft hätten bleiben können.« Das Beispiel steckte trotzdem an. Bei einem anderen bischöflich konstanzischen Kloster, Fischingen im Thurgau, ließ sich eine Weile nach 1160 eine vornehme Frau nach dem Tod ihres zweiten Mannes einmauern, die heilige Ita. Zu einer religiösen Bewegung der Vielen fanden sich die Einzelgänger jedoch nicht zusammen.

Deshalb achteten Konstanzer Bürger auch die Versammlung von Eigenbrötlern gering. Der Nachschub aus Irland ließ nach, 1233 hausten in Konstanz nur noch der Abt und ein Mönch. Vorbildlich lebten sie nicht; der Papst hatte wegen einer angeblichen Fleischessünde des Abtes bereits die Strafversetzung der beiden und die Besiedlung ihres Konvents durch Nonnen verfügt. Den Schottenmönchen gelang es durch internationale Beziehungen, sich in Konstanz zu halten, aber hierzulande fanden sie wenige Freunde. Man sieht es an der päpstlichen Bestätigung ihres kümmerlichen Besitzes im Jahr 1245. Noch immer hatten sie in der Stadt keinerlei Eigentum erworben, lediglich »Gärten bei den Mauern der Stadt Konstanz, einen Weingarten und einen Maueranger neben dem Kloster«. Ihr ländlicher Grundbesitz beschränkte sich auf den westlichen Thurgau zwischen Steckborn und Weinfelden, kam jedoch allmählich den Kreuzlinger Augustinern ins Gehege.

Propst Heinrich von Kreuzlingen mochte hoffen, daß künftig der Strom ausländischer Pilger zu den Schottenmönchen abgelenkt würde. Zugleich mußte er für das geistliche Niveau seines Stifts fürchten, wenn es sich weiterhin mit Kranken und Bauern der Provinz gemein machte. Ein Alarmzeichen war das wachsende Mißvergnügen im Konvent. Einige Chorherren liefen, ohne zu fragen, davon und kamen anderswo unter, denn dies mußte Papst Eugen III. 1146 verbieten. Propst Heinrich wollte die Klausur verschärfen und fand die Zustimmung der Oberen. Bischof Hermann brauchte Kreuzlingen nicht unmittelbar für seine Kirchenpolitik; der Zisterzienserpapst Eugen III. meinte ohnehin, daß irdisches Treiben dem Seelenheil der Frommen abträglich sei. Er bestätigte dem Propst am 24. Juli 1146 in Viterbo die früheren Rechte und Besitzungen des Stifts, mit einer Abweichung. Er sprach nicht mehr vom Hospital, dafür vom Abt Heinrich. Die Beförderung des Propstes zum Abt, des Stiftes zur Abtei vergrößerte den Abstand zur Umwelt.

Die Abtei Kreuzlingen behielt ihre Aufgaben in der Pfarrseelsorge, rückte aber das

Spital an den Rand. Es verschwand nicht ganz, wurde jedoch ähnlich wie in Benediktinerabteien nur noch von einem Chorherrn beaufsichtigt, dem 1196 erstmals erwähnten *Hospitalarius*. Die Krankenpflege wurde freien Laien zugeteilt, die nach Art von Laienbrüdern zusammenlebten. Als das Auftreten der Lepra für diese ansteckende Krankheit vor 1259 eine Isolierstation, ein »Sondersiechenhaus« erforderlich machte, trug die Abtei die geistliche und materielle Versorgung, stellte auch das Grundstück am Hörnli bereit, hielt sich die Anstalt aber räumlich vom Leib. Noch vor 1297 rückte sie weiter auf freies Feld hinaus, in die Nähe der Stelle, wohin das Kloster vierhundert Jahre später umziehen mußte. Die Organisation dieses Feldsiechenhauses oblag nicht mehr den Stiftsgeistlichen, sondern Konstanzer Bürgern. Sie zogen zum Messelesen lieber Konstanzer Bettelmönche, die Augustinereremiten, hinzu und lösten die Symbiose mit den Kreuzlinger Augustinerchorherren. Seit 1220 gründete die Stadtgemeinde mit Stiftungsmitteln von Bürgern und mit Zustimmung des Bischofs ein eigenes Krankenhaus innerhalb der Mauern, das Heiliggeistspital an der Marktstätte. Die Kreuzlinger Chorherren, von denen in Urkunden nie mehr als zehn genannt wurden, zogen sich in die Klausur zurück und büßten die Zuneigung der Konstanzer Bürger ein. Es begann 1154 mit dem Streit um eine Wiese am Stadtrand und endete 1499 mit der Einäscherung des Klosters. Auch Konstanzer Bischöfe verlernten die Rücksicht auf die Kreuzlinger, griffen schon 1151 in ihre Vogtwahl ein und protestierten 1254 beim Papst gegen ihre Seelsorgerechte. Wenig später, seit 1266, taten sich in Konstanz einige gelehrte Leutpriester zu dem neuen Kanonikerstift St. Johann zusammen, das eng mit dem Domkapitel zusammenarbeitete.

Heinrich erlebte diese Folgen seines Rückzugs aus der Provinz nicht mehr. Die Papsturkunde, die ihn 1146 als Abt ansprach, war seine letzte. Nach dem Fischinger Totenbuch starb an einem 27. Februar *Heinricus abbas de Crucilino,* nach späterer Kreuzlinger Tradition im Jahr 1149. Fast dreißig Jahre lang stand er dem Stift Kreuzlingen in der entscheidenden Phase seiner Geschichte vor. Aber wer Heinrichs persönliche Note und sachliche Leistung kennzeichnen soll, kommt in Verlegenheit. Im Lauf seines Lebens wandelte er sich vom barmherzigen Samariter draußen vor der Tür zum Türhüter einer abgeschiedenen Gemeinschaft; doch das lag, wie man so schön sagt, im Zug der Zeit. Ungewöhnlich ist an Heinrich nur, daß er als erster Mönch in unserer Reihe keinen Eindruck hinterlassen hat, schon in seinem Konvent. Nicht jeder Konstanzer Geistliche konnte so Aufregendes erzählen, von der Romreise zum Laterankonzil, von der Gefangennahme mit der Papstbulle im Gepäck, von dem Franzosen mit zwei Krücken, der von der Loire zum Bodensee kam. Heinrich erzählte davon und ließ es in der Konradsvita aufschreiben. Dennoch blieb er ein geistlicher Musterbeamter, kühl und zurückhaltend. Was er tat, war von langer Hand vorbereitet und wurde geschickt ausgeführt, gegen anfängliche Widerstände erreichte er am Ende doch, was sein Bischof und er wollten.

Weil er meistens im Auftrag, immer in der Stille wirkte, fand er auch draußen wenig Beachtung. Das Bischofskloster Fischingen notierte seinen Tod; zu dem Lebenden fiel dem Chronisten des Bischofsklosters Petershausen weder Anerkennendes noch Boshaftes ein, obwohl er den Propst von Kreuzlingen bei Feierlichkeiten öfter getroffen haben dürfte. Heinrich ragte unter den Augustinerchorherren seines Konvents nicht hervor und wollte es offenbar nicht. So schien es zu genügen, wenn der Chronist mitteilte, die Kanoniker gehorchten einem Propst, und über Bischof Ulrich I. schrieb: »Er setzte beim heiligen Ulrich in Konstanz Kanoniker ein.« Vermutlich tat Heinrich weit mehr, als diesen Befehl des Bischofs in die Tat umzusetzen, aber der Rest war Schweigen.

Eine Zusammenfassung von Heinrichs Wirken muß erstens hervorheben, daß die Gründung des Chorherrenstifts Kreuzlingen ganz aus dem Rahmen der monastischen Geschichte fiel. Vergleichbar war höchstens die Entstehung des Pelagiusstiftes in Bischofszell, die freilich wesentlich schneller vonstatten ging. Kreuzlingen konnte viele Gründer und Gründungsdaten namhaft machen, Konrad um 940, Gebhard III. um 1105, Ulrich I. 1125; aber in Wirklichkeit entstand das Stift über mehrere Zwischenstufen in einem langgestreckten Prozeß, der fast zweihundert Jahre währte. Geburtshelfer waren keine adligen Laien, die sich sonst bei Klostergründungen hervortaten, sondern Geistliche, letzten Endes die Bischöfe von Konstanz. Auch sie waren, wie das Beispiel Petershausen zeigt, zu raschem Durchgreifen imstande, zogen es aber im Fall Kreuzlingen vor, Rücksichten zu nehmen, anscheinend auf Herren ihres Domkapitels und Pfarrer ihrer Bischofsstadt. Das Kollegialprinzip priesterlicher Gremien verhinderte den kräftigen, wenn auch kurzen Impuls von einem einzigen Gründer, der anderen Klöstern zum Leben verhalf. Dasselbe Prinzip bewahrte allerdings das einmal Begonnene vor jähem Ruin. Ein Druchbruch glückte infolge der gregorianischen Kirchenreform, in Konstanz dank der Aktivität Gebhards III. Doch war wegen ihres Erlahmens dem Stift eine kürzere Blütezeit vergönnt als älteren Klöstern, keine längere als dem bischöflichen Reformkloster Petershausen. Erst als sich Kreuzlingen bestehenden Abteien anpaßte, kam seine Geschichte in ruhigere Bahnen, wenigstens das innerklösterliche Leben; dafür mehrten sich Spannungen mit den nächsten Nachbarn, als habe das Stift noch immer keinen sicheren Platz im Gefüge des Bistums gefunden.

Mit der Gründungsgeschichte hängen zweitens das Menschenbild und das Geschichtsbild im Stift Kreuzlingen zusammen, wie sie sich wahrscheinlich in der anonymen Konradsvita, sicher im Leben des Propstes Heinrich spiegelten. Sogar die Bischöfe von Konstanz, zumeist scharfkantige Gestalten, verloren aus dem Blickwinkel der Chorherren ihre Besonderheiten und wurden dem harmonisierten Typ des Patriarchen angenähert, der die Diözese Konstanz beinahe so zeitlos regierte wie das Volk Israel. An Jahreszahlen nannte die Lebensbeschreibung Konrads nur die der Bischofserhebung, des Todes und der Heiligsprechung und überbrückte mit der Identität des heiligen Bischofs sechs bewegte Menschenalter, vor allem die Einbrüche in der Vorgeschichte des Chorherrenstifts selbst. Die Vita erwähnte neben den Bischöfen nur wenige ihrer prominentesten Helfer namentlich und sprach lieber allgemein von der Konstanzer Geistlichkeit oder einzelnen priesterlichen Kollegien. Auch deren Vorsteher waren nichts weiter als Mitarbeiter des Bischofs. Gehorsam wurde nicht einer geschriebenen Regel, sondern den Anordnungen des Bischofs geschuldet. Sie wiesen den Chorherren keine intensiven und exklusiven Lebensformen zu, sondern wechselnde Dienste, die Sachwerten einer Institution ebenso wie leidenden Mitmenschen gelten konnten. Es fehlte im Chorherrenstift jene Konzentration, die in Benediktinerklöstern persönliche Höchstleistungen anspornte und soziale Einheiten verklammerte; es fehlte die innengeleitete Lebensweise, die wechselnden Einflüssen von außen gelassen gegenüberstünde und der Geschichte ihr beschränktes Recht gewähren könnte. Die Chorherren negierten die Geschichte, in die sie sich stürzten.

Drittens veränderte die Bindung der Chorherren an alltägliche Geschichte das Verhältnis zwischen Priestertum und Mönchtum. Das augustinische Beisammensein von Priestern, in der Karolingerzeit neubelebt, ahmte zunächst das benediktinische Mönchtum weitgehend nach und legte das Schwergewicht auf Liturgie und Kontemplation. Die gregorianische Kirchenreform trug im elften Jahrhundert die Forderung nach christlicher Aktivität nicht nur unter die Laien und deren Weltpriester, auch in die benediktinischen Klöster; wir haben es an der Hirsauer Reform in der Abtei Petershausen beobachtet. Wenn selbst dort der Priester weit höher geschätzt wurde, als es die Regel Benedikts hatte zugeben wollen, mußte sich in einer Lebensgemeinschaft frommer Priester das gregorianische Ideal vom Christenmenschen geradezu verkörpern. Auch wenn sie sich zusammentat, schloß sie sich nicht ab. Sie widmete sich nicht der Selbstheiligung einer Elite, sondern dem selbstlosen Dienst für die Menge. Sie trennte sich nicht von der Welt, sondern verwandelte sie. In Kreuzlingen konnten die Chorherren im Gefühl ihrer apostolischen Überlegenheit getrost alle anderen Formen geistlichen Lebens anerkennen und den alten Abteien Lob spenden; der Historiker von Petershausen aber begriff die Rangverschiebung genau und mußte, weil er das tadellose Leben der Kanoniker nicht angreifen konnte, wenigstens das randvolle der Benediktiner verteidigen. Nicht lange übrigens, dann wurde der mönchische Asket zum Vorbild für den Priester in der Gemeinde, dann konnte sich die höchste Form des Christenlebens nur wieder in Klausur verwirklichen. Mit dem Erlahmen der gregorianischen Reform sahen sich die Laien in den wachsenden Städten wieder alleingelassen, obwohl auch sie in der Welt christlich leben wollten. Dann aber waren Chorherren von Kreuzlingen nichts Besseres als Benediktiner von Petershausen; um den Vortritt stritten sie sich noch 1415 auf dem Konstanzer Konzil.

Die Tätigkeit der Chorherren verlieh viertens dem Bischofsamt eine bislang unerhörte Autorität. Die frühmittelalterliche Organisation der Adelskirche hatte tatkräftige Oberhirten aus hohem Adel erfordert, die zu irdischen Machthabern in ihren Metropolen taugten. Die Laien mochten solche Bischöfe bewundern; nicht immer waren sie leuchtende Vorbilder für Priester, denen sie Befehle erteilten. Die gregorianische Kirchenreform schuf auch hierin Wandel. Der Typ des Reformbischofs war im Herzen ein Mönch; Gebhard III. von Konstanz verkörperte ihn besonders rein. Den Laien seines Bistums, zumal den Bürgern seiner Bischofsstadt, wandte er keine kräftige Sorge zu, aber er gewann für diese Aufgabe mönchsähnliche Gemeinschaften reformierter Priester. Sie folgten den Befehlen des Bischofs williger als benediktinische Bischofsklöster, denn ihr Vater Abt und ihre Ordensregel war niemand anders als der Bischof. Ihm schrieben sie die Heiligenlegende, ihm verschafften sie die Heiligsprechung. Auf ihn verwiesen sie die benediktinischen Mönche und den Diözesanklerus, die Pfarrgemeinden und den regionalen Adel. Es war ja nicht gerade üblich, mit einer Herzogsfamilie so umzuspringen wie die Konradslegende. Nachdem sie zu Beginn die Herkunft Bischof Konrads aus der Welfensippe angegeben hatte, erwähnte sie nachher bei der Heiligsprechung nur noch die Anwesenheit von »drei Herzögen«, als wäre dabei nicht ein Welfe gewesen, als hätte er nicht bei Konrads Kanonisation und der Ausstattung Kreuzlingens mitgewirkt, als wäre nicht er Vogt des Chorherrenstiftes geworden. Der Bischof von Konstanz tat alles Entscheidende allein, alle anderen kamen von weither, ihn zu besuchen und zu ehren. Er stand in der Mitte des Bodenseeraumes.

Die Chorherren begründeten fünftens die neue Einheit des Bodenseegebietes geistlich, die faktisch zu Ende des elften Jahrhunderts durch Bischof Gebhard III. und Abt Dietrich von Petershausen geschaffen worden war. Zum ersten Konradifest 1123 scharten sich um Bischof Ulrich I., wie die Legende unterstrich, nicht nur vierundzwanzig benediktinische Äbte mit ihren Mönchen, sondern auch eine unübersehbare Schar von Priestern, Diakonen und sonstigen Klerikern, dazu drei Herzöge mit vielen Grafen und Rittern, zahlreiche Bauern vom Land und die Bürger der Stadt Konstanz. Sie alle vertraten soziale Personenverbände, nicht territoriale Flächengliederungen, nicht das Bistum, sondern die Gemeinschaft der Gläubigen. Auch diese Vorstellung von lebendiger Kirche hielt sich nicht lange; das Kreuzlinger Stift bekam es zu spüren. Heinrichs Nachfolger als Abt wurde ein Adliger namens Manegold, anscheinend aus Buchhorn und dem welfischen Territorium. In welfische Politik wurde das Stift immer mehr verstrickt, gewann freilich im Welfenland nach 1150 auch Besitz, um Horgenzell westlich von Ravensburg und Hirschlatt nordwestlich von Tettnang. Wie in Oberschwaben erhielt Kreuzlingen in Vorarlberg Güter geschenkt, besonders in Rankweil, wo es die St. Peterspfarrei versorgte. Auch diese Querverbindungen über den See hinweg halfen, die Einheit des Bistums zu festigen, allerdings nun wieder auf die herkömmliche Art, durch Grundbesitz in verschiedenen Gegenden und Freunde in regionalen Adelsfamilien, durch jene Provinzialisierung, der Heinrich von Kreuzlingen hatte entrinnen wollen. Was dabei auf der Strecke blieb, war die schönste Frucht der gregorianischen Kirchenreform, die Verchristlichung des Miteinanderlebens in der Welt. Es kam nach 1963 niemandem in den Sinn, anstelle der barocken Klosterkirche in Kreuzlingen die Kapelle des spätmittelalterlichen Siechenhauses wieder aufzubauen, die 1851 abgerissen worden war. Aber wahrscheinlich ist es gut, daß das Beste, was mittelalterliche Chorherren am Bodensee taten, weder besichtigt noch besprochen werden kann: die Sorge nicht um schöne Kirchen und reiche Ländereien, sondern um bedürftige Menschen.

DIETHELM VON KRENKINGEN · BISCHOF IN KONSTANZ

Eine isländische Schar von Rompilgern, die am Bodensee um 1170 nach dem berühmtesten und gastfreundlichsten Kloster gefragt hätte, wäre von Einheimischen nicht mehr nach Kreuzlingen, sondern zur Insel Reichenau geschickt worden, zu Abt Diethelm von Krenkingen. Dieselbe Gruppe, die ihn zwanzig Jahre später dort hätte besuchen wollen, wäre enttäuscht worden: Der Abt, inzwischen auch Bischof von Konstanz, war meist auf weiten Reisen unterwegs, die ihn selbst zum Pilger machten. Wenn die fremden Pilger weitere zwanzig Jahre danach an Diethelms Grab hätten beten wollen, wäre es Ortskundigen schwergefallen zu sagen, in welcher Kirche er ruhte. In keiner hat er ein bleibendes Denkmal hinterlassen. Er soll das Marienmünster in Reichenau-Mittelzell seit 1172, bald nach seinem Amtsantritt als Abt, umgebaut haben; aber es kann sich nur um kleinere, unzusammenhängende Einbauten gehandelt haben, die sich nicht mehr identifizieren lassen. Im Konstanzer Bischofsmünster wurde Diethelm angeblich beigesetzt, aber keine Grabplatte zeigt die Stelle an. Auch in der Kirche des Zisterzienserklosters Salem, wo er 1206 starb, ist keine Erinnerung an ihn wachgeblieben. Diethelm war also ein Benediktiner ohne Ortsbeständigkeit, für seine Zeitgenossen ein Widerspruch in der Beifügung, obwohl das Kloster Reichenau seit Hermann dem Lahmen mit solcher benediktinischen Unstetigkeit leben mußte.

Die persönlichsten Zeugnisse, die sich von Diethelm erhalten haben, fallen ebenfalls aus dem Rahmen des damals Üblichen. Es sind weder Bauwerke noch Schriftwerke, wie Bern und Hermann sie der Reichenau hinterlassen haben, es sind drei Siegelabdrücke, die den Abt und Bischof darstellen. Sie zeigen von den Gesichtszügen des Mannes fast nichts, einen geistlichen Herren mit Mitra und Hirtenstab, in kostbaren Gewändern, auf prunkvollem Faltstuhl oder Thron sitzend, mit befehlenden Gebärden. Diethelm war ein herrischer Benediktiner; auch das paßte schlecht in das zeitgenössische Bild vom gehorsamen Mönchtum. Ein Hoherpriester und Oberhirte zweifellos, aber ein Mönch? Das fragte 1206 bei Diethelms Tod in Salem ein strenger Zisterzienser. Er bejahte die Frage, und der Historiker muß ihm zustimmen, jedoch hinzufügen, daß Diethelm von Krenkingen ein Mönchtum in der Krise verkörperte. Die gregorianische Reform der Priesterkirche hatte alte Formen des Mönchtums innerhalb der Klausur zerbrochen, neue Inhalte des Priestertums inmitten der Laienwelt nicht verfestigt. In der zweiten Hälfte des zwölften Jahrhunderts war ein Priester und Mönch in keiner Gemeinschaft mehr wirklich zuhause. Erst diese Krise geistlichen Lebens ließ die persönlichen Züge des einzelnen Mönchs stark hervortreten; darin war Diethelm für seine Zeit typisch.

Er stammte aus einem edelfreien Geschlecht, das keine alte Familientradition, keinen festen räumlichen Schwerpunkt besaß. Die Herren von Krenkingen tauchten unter diesem Namen erstmals 1102 in einer Schaffhauser Urkunde auf, als Herren einer Burg und eines Ortes nahe bei der Wutach, im Alpgau zwischen Schwarzwald und Randen. Wie zahlreiche andere Geschlechter in diesem Gebiet verfügten sie über keine geschlossene Herrschaft und halfen den Zähringern beim Ausbau des Landes am Südostrand des Schwarzwalds. Für ihre prekäre Lage war es bezeichnend, daß ganze fünfzehnhundert Meter südlich von Krenkingen ein adliger Herr in den 1140er Jahren ein kleines Augustinerchorherrenstift gründen konnte, St. Marien in Detzeln, ohne daß Krenkinger dabei mitwirkten. Nicht weniger aufschlußreich ist es, daß man die Namen der Krenkinger bis in das frühe dreizehnte Jahrhundert weder genealogisch noch besitzgeschichtlich klar zuordnen, weder eine Stammtafel noch eine Landkarte ihrer verschiedenen Zweige entwerfen kann. Die Ausbildung zu einer Adelsfamilie, wie wir sie bei den Nellenburgern im elften Jahrhundert abgeschlossen fanden, begann bei den Krenkingern erst, als Diethelm wohl in den 1140er Jahren geboren wurde.

Dann begann sie mit Macht, vorangetrieben durch Konrad von Krenkingen, der zwischen 1143 und 1187 nachweisbar ist. Vielleicht waren es zwei Konrade, von denen der eine Diethelms Vater, der andere sein Bruder gewesen sein könnte. Einem Konrad von Krenkingen gelang es, für sich und seine Nachkommen 1152 vom staufischen König Konrad III. die Vogtei über das Chorherrenstift Detzeln nach dem Tod des erbenlosen Gründers zu erhalten, das heißt den Zugriff auf die Güter des Stifts. Noch im späten zwölften Jahrhundert wurde das Kanonikerstift um einige Kilometer nach Norden verlegt, nach Riedern am Wald, und diente dort der Pfarrseelsorge und dem Herrschaftsausbau im südöstlichen Schwarzwald. Die eifrige Betreuung eines ländlichen Pfarrsprengels verband die Chorherren in Riedern mit denen in Kreuzlingen, denen sie später geistlich unterstellt wurden; politisch dienten sie als eine Art Hauskloster der Krenkinger, die sich hier allmählich einen räumlichen Schwerpunkt setzten. Es blieb für die ehrgeizige Familie nicht der einzige. Nach 1190, vermutlich um 1197, konnten die Krenkinger unter Mitwirkung Diethelms die Vogtei über die Benediktinerabtei Rheinau bei Schaffhausen kaufen. Damit dehnte sich ihr Einflußbereich nach Osten und Süden in den Klettgau und Thurgau aus. Durch den engen Anschluß zunächst an zähringische Herzöge, dann an staufische Könige schufen sich die Herren von Krenkingen eine Reihe von Stützpunkten am Hochrhein westlich des Bodensees und waren hier um 1200 die mächtigste Adelsfamilie.

Ihren Aufstieg hat Diethelm nicht bloß miterlebt, sondern nach Kräften gefördert. An Selbstbewußtsein fehlte es der Familie keineswegs, wie eine Anekdote bezeugt, die nicht wahr sein muß, aber hübsch erfunden ist. Als der staufische Kaiser Friedrich I. an der Burg Krenkingen vorbeiritt, soll der Burgherr Konrad sein Haupt entblößt, sich aber nicht vom Sitz erhoben haben, mit der Begründung, daß er auf eigenem, freiem Grund und Boden sitze. Er hatte Rang und Besitz nicht ererbt, sondern erkämpft und war doppelt stolz darauf. Der junge Diethelm lernte als erstes jedenfalls nicht Dienertreue, sondern Adelsstolz. Nachgeborene Söhne wie Diethelm dienten der Familienehre am besten durch Nachahmung des Nellenburger Beispiels und Übernahme hoher Kirchenämter; andere Verwandte besetzten bald auswärtige Bischofsstühle, in Salzburg und Gurk. Für weitere Erwerbungen in der Nähe mußten die Krenkinger, wie vormals die Nellenburger, die vornehmste Abtei am westlichen Bodensee ins Auge fassen, Reichenau. Diethelm wurde für den geistlichen Stand bestimmt und nicht in eine der nächstgelegenen kleinen Anstalten Detzeln oder Rheinau geschickt. Er trat vermutlich in den 1150er Jahren in das Inselkloster Reichenau ein.

Ob das Kind so wie früher Hermann der Lahme in förmlicher Oblation den Benediktinern übergeben wurde? In denselben Jahren riet die Äbtissin Hildegard von Bingen eindringlich davon ab, Kinder ohne eigenen Willen ins Kloster zu drängen; wenigstens sollten sie im mündigen Alter, mit fünfzehn Jahren, entscheiden dürfen, ob sie im Kloster bleiben wollten. Aber selbst wenn die Mönche von Reichenau Rücksicht nahmen, die Familie von Krenkingen wird den jungen Diethelm nicht lang gefragt, er wird sich nicht heftig gesträubt haben. Möglicherweise war Diethelm von Jugend auf fromm; dann hätte er ein reformiertes Kloster wählen sollen, Petershausen oder Kreuzlingen etwa. Die Sehnsucht nach modernen und strengen Gemeinschaften hat in der Tat sein Leben begleitet, doch vergaß er darüber nie die politischen Folgen religiöser Reform. Sie mögen die Familie davon abgehalten haben, den Sohn einem Eigenkloster des Konstanzer Bischofs anzuvertrauen. Diethelm beugte sich der Familienräson, zumal da ihr sein Selbstbewußtsein entgegenkam. Schließlich war Reichenau nicht bloß uralt und hochadlig, auch heruntergekommen. Das Kloster bedurfte eines starken Mannes, diese Aufgabe war des Schweißes der Edlen wert.

Die Abtei Pirmins hatte nach dem Tod Hermanns des Lahmen empfindliche Rückschläge erlitten und sich nicht davon erholt. Das karolingische Kloster hatte die gregorianischen Gedanken weniger stürmisch aufgegriffen als die Neugründung Schaffhausen, sich aber unter Abt Ekkehard von Nellenburg, dem Sohn des Stifters von Allerheiligen, wenigstens politisch der päpstlichen Reformpartei angeschlossen. Deren Wortführer, Bischof Gebhard III. von Konstanz, unterstützte allerdings mit Vorliebe Klöster, die wie Petershausen und Kreuzlingen das geistliche Leben reformierten. Den Konventherren im Inselkloster fehlten zu religiösem oder kulturellem Aufschwung die geistigen Anregungen und die materiellen Mittel der Reformklöster; politisch hatten sie andere Sorgen als den Dienst für die Weltkirche. Reichenau ließ große Teile seines weitverstreuten Grundbesitzes durch unfreie Diener, durch Meier und Ministerialen, bewirtschaften; wir kennen sie aus der Anordnung Berns von etwa 1016. Die Abtei achtete in der Folgezeit nicht immer auf ständige Kontrolle der Rechtsverhältnisse und Wirtschaftserträge, war in den Auseinandersetzungen des Investiturstreits auch von der militärischen Dienstleistung der Ministerialen viel zu unmittelbar abhängig, um sie bändigen zu können. Ministerialen eigneten sich viele Klostergüter entweder selbst an oder vergaben sie weiter, entzogen sie also der Nutzung durch das Kloster, ich denke, mit ziemlich reinem Gewissen. Denn das Adelskloster Reichenau wagte dem Beispiel des Reformklosters Petershausen nicht zu folgen, das die Aktivität seiner Diener durch Beförderung zu Äußeren Brüdern den religiösen Zielen des Konvents nutzbar machte. So erhob sich für Reichenau die alte Bedrohung in neuem Gewand: Nicht mehr die fürstlichen Herren, die unfreien Diener nahmen den Mönchen Rechte und Einkünfte, die Freiheit.

Wie ließ sie sich dennoch sichern? Weil Reichenau die in Reformklöstern geschaffenen Instrumente genauer Bestätigungsurkunden und umfassender Güterverzeichnisse nicht besaß, mußte sich das Inselkloster die Rechtsgrundlagen zu Anfang des zwölften Jahrhunderts durch Urkundenfälschungen beschaffen, nicht nur für Reichenau selbst, auch für andere Klöster, die ähnlich gefährdet waren, Buchau, Lindau, Stein, Rheinau, Einsiedeln. Eine neue Art von Verbundenheit im Bodenseeraum, Koalition der Verbitterten. Sie kämpfte im Dunklen für Errungenschaften, deren sich Reformklöster wie Schaffhausen längst erfreuten: freie Wahl des Abts durch den Konvent, Einschränkung der Verpflichtungen für den König, Festlegung der Befugnisse des Klostervogts, insgesamt Befreiung des Klosters von äußeren Einflüssen und Stärkung seiner inneren Selbständigkeit. Im Kloster Reichenau kam der Versuch hinzu, sich von Weihegewalt und Gerichtsbarkeit des Konstanzer Bischofs zu lösen; Reichenau wollte sich nach Art von Cluny dem Papst unmittelbar unterstellen. Das war vor zweihundert Jahren neu, vor hundert üblich, jetzt veraltet. Abt Ulrich von Dapfen, ein edelfreier Herr von der Rauhen Alb, muß die Fälschungen dennoch gedeckt haben und wollte wohl eine geschlossene Klosterherrschaft über Insel und Nachbarschaft errichten, etwa nach Art einer adligen Familienherrschaft. Alter Wein in neuen Schläuchen.

Diesem Ziel standen, vor allem nach der Beilegung des Investiturstreits 1122, nicht mehr die großen Herren im Weg, der Bischof von Konstanz als Oberhirte und der Welfenherzog als Klostervogt. Hingegen wuchsen sich die Spannungen des Klosters mit seinen Ministerialen fast zu einem Klassenkampf aus. Denn als Vollmönche konnten nur Angehörige edelfreier Geschlechter von den Einnahmen des Klosters leben und Priester werden; den unfreien Ministerialen, die für sie die Arbeit taten, blieb der Zugang zu Mönchtum und Priestertum verwehrt. Die krasse Scheidung zwischen Geistlichen und Laien widersprach nicht nur den Forderungen der Kirchenreform, sie unterhöhlte auch die Stellung des benediktinischen Abtes, der über den Fraktionen zu thronen hatte. Wenn der Reichenauer Konvent etwas von der Kirchenreform lernte, dann die Kollegialität der Priester, jedoch in der Kümmerform ständischer Kumpanei. So nimmt es nicht wunder, daß die edelfreien Konventherren keinen starken Abt wählten oder ertrugen und miteinander endlos zankten. Sie einigten sich weder auf eine Ministerialenpolitik noch auf eine Stellungnahme im staufisch-welfischen Streit um das deutsche Königtum. Nach dem Tod von Abt Ulrich 1123 folgten binnen zwölf Jahren vier Äbte aufeinander; daß wir von den Gründen des raschen Wechsels nichts erfahren, spricht für die Verworrenheit der Zustände. Worum der Kampf unter anderem ging, wird durch eine Nachricht blitzartig erhellt: Abt Ludwig von Pfullendorf wurde 1135 am Altar der zu Reichenau gehörenden Kirche in Tuttlingen von mächtigen Mannen seines Klosters, also von Ministerialen erschlagen.

Die übernächste Abtwahl, schon 1136 fällig, spaltete den Konvent, diesmal nicht wie früher unter äußerem Druck. Der eine Kandidat, Frideloh von Heideck, setzte sich allerdings 1139 mit Hilfe des staufischen Königs Konrad III. durch. Nun war wenigstens der politische Streit zwischen Stauferfreunden und Welfenanhängern im Kloster entschieden, in zukunftsweisendem, staufischem Sinn. Jetzt gingen die Konventherren mit viel Energie daran, den sozialen Aufstieg ihrer Ministerialen zu bremsen. Dies besorgte vor allem der Kustos, der Wirtschaftsverwalter des Kloster, Ulrich von Dapfen, vielleicht ein Neffe des früheren gleichnamigen Abtes und von der Rauhen Alb her ein alter Bekannter des derzeitigen Abtes von Heideck. Ulrich verfertigte zwischen 1142 und 1165 zahlreiche weitere Urkundenfälschungen, ausschließlich für die Abtei Reichenau, zugunsten der kleineren Grafen und edelfreien Herren, gegen die Anmaßung der niederadligen Ministerialen. Des weiteren bemühte sich die neue Führung im Kloster, an die karolingische Glanzzeit anzuknüpfen: Die alten Gebetsverbrüderungen, zumal mit St. Gallen, wurden erneuert, die Kollegialität der Reichenauer Priester wurde nach Berns Muster durch Stiftung von Liebesmählern gefestigt.

Daraus konnte nicht viel werden, weil der Konvent mehr durch ständische Interessen als durch religiösen Eifer zusammengehalten wurde. Das zeigte sich bei Fridelohs Tod 1159. Als Abt folgte ihm, aus standespolitischen Rücksichten wohl, sein Bruder Ulrich von Heideck, ein ältlicher, kränklicher Herr, dem wenig an Reformen lag. Kustos Ulrich von Dapfen sagte dem Abt, dessen politischen Kurs er billigte, privat die Meinung: Mancher Mönch, der zu Würden komme, gefährde sein Kloster und werde seiner Umgebung wie ein krankes Tier gefährlich. Anscheinend kümmerte sich der Abt bloß schwächlich um den Klosterhaushalt, die Leistungen der Klosterbauern, die Pflichten der Ministerialen, die Erfordernisse von Gottesdienst und Mönchsleben. Das mochte der junge Diethelm von Krenkingen spüren, der inzwischen wohl Vollmönch war, aber den Mund hielt. Als Ulrich von Heideck um 1165 unheilbar erkrankte, übernahm der Klosterdekan Burchard die Geschäfte und wurde dabei von Ulrich von Dapfen und der Mehrheit unterstützt. Jedoch war im Konvent umstritten, ob die Dapfen-Heidecker Politik fortgesetzt werden solle. Welche Alternative sich anbot, bleibt dunkel, vielleicht war es bloß ein Familienklüngel, der auch einmal ans Ruder kommen wollte; jedenfalls trat als Gegenkandidat der Klosterpropst Heinrich auf. Die Personennamen sagen nichts über die Familienzugehörigkeit, die Titel wenig über die Klosterkompetenzen der Widersacher. Sie zerstritten sich so heillos, daß nicht nur die Kollegialität im Konvent, sondern die

Autonomie des Klosters in die Brüche ging. Nach einigen Jahren mußten die Kandidaten um 1169 zu Kaiser Friedrich Barbarossa nach Speyer ziehen. Der Staufer scheint sich redlich, aber vergeblich um Versöhnung der Streithähne bemüht zu haben und sah sich danach ermächtigt, selbst einen Abt einzusetzen. Der Konvent hatte die gefürchtete Einmischung der Laien selbst heraufbeschworen.

Entscheidung entweder für Burchard oder für Heinrich hätte den Konvent endgültig zersprengt; Berufung eines Auswärtigen (wie die von Immo 1006) hätte den Konvent nur zur Solidarität der Neinsager gebracht. Friedrich mußte einen neutralen Dritten aus dem Konvent benennen. Er ernannte denjenigen, dessen Familie dem staufischen Haus seit längerem nahestand und im Konvent durch den Streit der Äbte nicht kompromittiert war: Diethelm von Krenkingen, noch keine dreißig Jahre alt. Der Reichenauer Konvent stimmte der Wahl des Königs erleichtert zu. Der neue Abt fand ein Trümmerfeld vor, einen seit Jahren nicht mehr geführten, in sich verfeindeten Konvent, der keine andere Initiative entfaltet hatte, als sich mit Urkundenfälschungen gegen die veränderte Umwelt abzuschirmen. Für religiöse Aktivierung des Mönchslebens fehlten die nötigsten Grundlagen. Es ist gut möglich, daß die von Diethelm 1172 begonnenen Bauarbeiten erst einmal Teile der Klosterkirche instandsetzen mußten. Diethelm begann überhaupt mit dem Nächstliegenden und hielt sich weiterreichende Entscheidungen vom Leib. Nach der Wahl hätte er sich zum Abt weihen lassen müssen, nach der von Hermann dem Lahmen her wohlbekannten Reichenauer Tradition durch den Papst in Rom persönlich. Aber Papst Alexander III. stand seit zehn Jahren mit Kaiser Friedrich I. in erbittertem Kampf, und von dem kaiserlichen Gegenpapst mochte Diethelm seine Weihegewalt nicht abhängig machen. Er zögerte die Abtweihe rund zehn Jahre hinaus, bis nach dem Frieden von Venedig 1177 das Einvernehmen zwischen Alexander und Friedrich wiederhergestellt war. Ein weißer Rabe im zwölften Jahrhundert: ein Abt, der es nicht eilig hatte.

Die erste Urkunde zeigte ihn in seiner örtlichen Umwelt ordnend und abwägend. Am 15. März 1171 versammelte Diethelm, »von Gottes Gnaden ernannter Abt der heiligen Reichenauer Kirche«, im Münster beim Hochaltar seine Konventherren und Ministerialen, um einen Gütertausch zwischen Reichenau und Salem vorzunehmen. Es ging um eine Hufe, ein Ackergrundstück mit einer angrenzenden kleinen Wiese und einem Wäldchen in Schwandorf bei Salem. Für sie gaben die Salemer Mönche den Reichenauern vier halbe Hufen an vier verschiedenen Orten im Umkreis von Salem. Der Reichenauer Abt war weniger als die Ökonomen von Salem an geschlossenen Bebauungsflächen interessiert, weil Reichenauer Mönche ihre Grundstücke nicht selbst bewirtschafteten. Auch ihre Schwandorfer Hufe war ausgegeben gewesen. Die Abtei hatte sie zu Lehensrecht an Pfalzgraf Hugo von Tübingen gegeben, er hatte sie an die Brüder Eberhard und Swigger von Rieden weiterverliehen, von ihnen hatten sie die Ritter Rudolf, Erlo und Ortwin von Ramsberg bekommen. Alle diese Herren mußten nun ebenso wie der Klostervogt, der Welfenherzog Heinrich der Löwe, dem Tausch zustimmen.

Bei so unübersichtlichen Besitzverhältnissen konnte die Schwandorfer Hufe dem Kloster keinen großen Nutzen bringen. In der Tat beschworen zwei Reichenauer Hörige, Mahtolf und Konrad von Neufrach, vor der Versammlung im Münster feierlich, daß der Tausch für das Inselkloster vorteilhaft sei. Wenigstens brachte er vier halbe Hufen vorübergehend in die Verfügungsgewalt des Abtes und rief die Eigentumsrechte des

Klosters in Erinnerung. Der Abt konnte die Hufen den Lehensträgern unter präzisierten und kontrollierten Bedingungen wieder ausgeben. Bei dem Tausch am Hochaltar schauten als Zeugen einige Klosterministerialen zu, so die von Litzelstetten und Bodman; ihre Zustimmung wurde eigens erwähnt. Gleichwohl gab Diethelm die Klostergüter lieber als an eigene Klosterministerialen an auswärtige Niederadlige zu Lehen und suchte damit beide Krebsschäden in den Außenbeziehungen des Klosters zu mildern, die einseitige Bindung des Klosters an seine Ministerialen, die Exklusivität seiner edelfreien Konventherren. Das Beispiel lehrt, welche Methode allein Erfolg versprach: vorsichtige Ausnutzung der kleinsten Gelegenheiten, geduldige Absprache mit verschiedensten Beteiligten, Politik als Kunst des Möglichen.

Diethelm öffnete die Klosterinsel für die Umwelt, an unscheinbaren Spuren in seinen Urkunden ist es zu sehen. Ein Krankenhaus für die Mönche, mit einer eigenen St. Galluskapelle, war in Reichenau schon vor 1142 eingerichtet worden. In einer Urkunde Diethelms tauchte 1181 zum ersten Mal ein Reichenauer Konventherr als Betreuer eines *Domus pauperum* auf; das muß eine Herberge für arme Pilger gewesen sein, wie die Reformklöster Petershausen und Kreuzlingen sie schon besaßen. Das Kloster verstärkte die Armenfürsorge, die es zur Zeit Berns gepflegt hatte, jetzt auch in Außenposten. Diethelm ließ 1183 ein Armen- und Fremdenhospiz auf dem Michelsberg bei Ulm bauen. Dort sollten augustinische Regularkanoniker die Arbeit übernehmen, der Reichenauer Abt behielt sich die Rechtsaufsicht vor. Pilger waren schon vor Diethelms Regierungszeit scharenweise zur Reichenau gekommen und hatten sich dort in das alte Verbrüderungsbuch einschreiben lassen; jetzt gewährte man ihnen Unterkunft. Die Benediktinerabtei wandte sich denselben priesterlichen Aktivitäten zu wie das Augustinerchorherrenstift Kreuzlingen, schob sie nicht bloß Laienhelfern und Ministerialen zu, sondern bestellte jeweils einen der vornehmen Konventherren, der als *Hospitalarius* die Aufsicht führte.

Priesterliche Verantwortung bewog Diethelm des weiteren, die Annäherung zwischen Mönchen und Kanonikern auf der Insel nicht nur wie Bern durch Liebesmähler zu fördern. Die Laien von Reichenau zahlten Kirchenzehnten an die Abtei, wurden aber von Weltgeistlichen betreut. Bei einer Zehntbestätigung zog der Abt 1194 alle Priester der Insel hinzu, die Würdenträger und »fast das ganze Reichenauer Kapitel«, sowie den Pfarrer von St. Johannes Baptista mit drei Kanonikern, den Pfarrer von Niederzell mit einem Kanoniker, den Pfarrer von Oberzell mit einem Kanoniker. Ebenso verfuhr er 1197, wobei sich die Zahl der Kanoniker beträchtlich vermehrt, also die Seelsorge für die Inselbevölkerung verbessert hatte. Abt Diethelm empfand offenbar auf moderne Weise die leibliche und geistliche Versorgung der Laien als Aufgabe sämtlicher Priesterkollegien, auch des Mönchskonvents.

In gleiche Richtung zielte eine Einrichtung, von der man ebenfalls unter Diethelm von Krenkingen zum ersten Mal erfährt, eine Marktgründung auf der Klosterinsel. Bislang hatte die Abtei den Lärm eines Marktes von den Klostermauern ferngehalten, mißtrauischer als andere alte Abteien, in deren Nähe schon Marktorte standen: St. Gallen, Lindau, Buchau, Stein, von dem neuen Schaffhausen ganz zu schweigen. Den wirtschaftlichen Vorteil von Märkten hatte sich das Inselkloster zunutze gemacht, in Allensbach, wo Abt Ekkehard von Nellenburg 1075 das Schaffhauser Vorbild seines Vaters nachahmte, und in Radolfzell 1100. Aber beide klösterlichen Märkte lagen am anderen Ufer des Gnadensees und entwickelten sich schleppend. Diethelm scheint nun einen Inselmarkt unmittelbar neben dem Kloster, an der heutigen Burgstraße, eröffnet zu haben. In einer Urkunde sprach der Abt 1200 eigens von den *Cives Augienses,* den Bürgern von Reichenau; 1202 erwähnte er einen Klosterministerialen mit dem Amt des *Minister de Augia,* des Marktrichters und Ammanns. Dies waren die Anfänge der bürgerlichen Gemeinde Reichenau. Der Abt mußte wissen, daß der Markt nicht nur von abhängigen Ministerialen kontrolliert, von hörigen Bauern und Fischern besucht würde; mit Kaufleuten aus der weiteren Umgebung kamen unweigerlich Forderungen nach wirtschaftlicher und rechtlicher Selbstbestimmung auf die Klosterinsel. Diethelm nahm solche Folgen in Kauf.

Man wird nicht fehlgreifen mit der Vermutung, daß der Abt von Reichenau in seinem örtlichen Umkreis jene Förderung von Rittertum und Bürgertum nachvollzog, die der staufische Kaiser seit den 1160er Jahren in größerem Rahmen vorantrieb, durch Heranziehung ritterlicher Ministerialen an seinen Hof und durch Markt- und Stadtgründungen zwischen Hagenau und Ulm. Diese Politik des Reichenauer Abtes kostete ihren Preis, das bekam er bald zu fühlen. Die allenthalben aufsteigenden Gruppen der Ritter und der Bürger wandten ihre Gunst am liebsten solchen Klöstern zu, in denen ihre Angehörigen selbst Mönche werden konnten. Natürlich unterstützte der Konstanzer Ministeriale Marquard 1147 das Stift Kreuzlingen, wo sein Bruder Heinrich als Propst amtierte; eine Konstanzer Matrone Mathilde schenkte vor 1164 dem Kloster Petershausen Geld, weil ihr Sohn Heinrich dort als Priestermönch lebte. Und Reichenau? Aus Diethelms Jahren kennen wir eine einzige Jahrzeitstiftung, die zwei Klosterministerialen 1197 machten. Der eine verfügte, daß den Konventherren jährlich an Allerseelen, nach seinem Tod statt dessen am Todestag, zum Gedenken an den Stifter Wein gereicht werden solle. Der andere vermachte dem Kloster jährlich auf Allerheiligen fünf Pfund Wachs für die Kerze auf dem großen Leuchter, den der Stifter zu seinem Seelenheil neben dem Hochaltar im Münster hatte aufstellen lassen. Die Ministerialen wollten sich bei den Mönchen ein gutes Gedächtnis sichern, für ihre Person, aus der Distanz; größere Schenkungen konnten sie nicht machen, aus Mangel an Masse oder aus Rücksicht auf Erben.

So blieb die Reichenauer Klosterwirtschaft veraltet und überfordert. Auch die politischen Gönner des Abtes verlangten aufwendigen Dienst und belohnten ihn dürftig. Wahrscheinlich mußte Diethelm mit einem Heeresaufgebot von Klosterministerialen an Barbarossas Italienzug von 1174 bis 1180 teilnehmen. In Italien konnte sich Diethelm von Papst Alexander III. endlich zum Abt weihen lassen, aber als er 1181 zurückkam, fand er die alten Mißstände unverändert vor. Jetzt mag ihm fraglich geworden sein, ob das Inselkloster reformiert werden könne. Am 18. Dezember 1181 suchte er die Zustände in einer Urkunde zurechtzurücken, mit resignierendem Unterton. Er hatte, um die enormen Kosten von Romreise und Heerfahrt aufzubringen, einen Hof in Bräunlingen bei Donaueschingen verkauft, der der Kirche Reichenau-Oberzell gehörte. Seine Reichenauer Mitmönche kehrten nun die priesterliche Kollegialität gegen den Abt heraus und verlangten Entschädigung, als wären seine Aufwendungen nicht dem Konvent, sondern ihm persönlich zugute gekommen. Diethelm kaufte aus eigener Tasche einen Weingarten bei Ermatingen und übergab ihn der Kirche Oberzell. Doch fügte er bitter hinzu, daß er den Bräunlinger Hof habe verkaufen müssen, »gezwungen durch den unerträglichen Dienst für den Kaiser und bedrängt durch die ungerechte Forderung der Ministerialen unseres Klosters«. Die edelfreien Konventherren, die sich selbst gern *Domini claustrales*, Klosterherren, nannten, werden für die Klage des Abtes wenig mehr als ein Achselzukken aufgebracht haben. Er hatte mit der Öffnung der Klausur begonnen, er sollte gefälligst die Folgen tragen. Daß seine Reformpolitik nur nicht die Existenzgrundlagen ihres herrschaftlichen Lebens schmälerte!

Diethelm tat seinen Dienst weiter, für das Kloster, für den Kaiser. Man fand ihn jetzt seltener bei den Mönchen im Konvent, häufiger bei den Ministerialen in der Klosterpfalz; dort führte er mit Vorliebe Verhandlungen und stellte Urkunden aus. Noch immer beschränkte er seinen Wirkungskreis auf die nächste Umgebung und zog dem Kaiser ungern in die Ferne nach. Aber als in der Konstanzer Bischofspfalz Friedrich Barbarossa 1183 seinen Frieden mit den lombardischen Städten schloß, beschwor ihn Abt Diethelm von Reichenau mit, als einziger Mönch aus dem Bodenseeraum. Man kann es begreifen, daß er über die kleinkarierten Zustände am Untersee hinausdrängte und daß die Staufer bei der nächsten Konstanzer Bischofswahl 1189 an ihn dachten. Seit dem achten Jahrhundert war es nicht mehr vorgekommen, daß ein Abt von Reichenau Bischof von Konstanz wurde, aber allen Beteiligten war die Ämterhäufung jetzt erwünscht. Die Staufer hatten 1180 nach dem Sturz Heinrichs des Löwen die Reichenauer Klostervogtei übernommen und besaßen am Bodensee keinen klügeren Freund als Diethelm; daß er nie ihr Lakai sein würde, störte sie nicht. Der Papst stimmte zu, weil Diethelm stets zwischen der päpstlichen Kurie und dem kaiserlichen Hof vermittelt hatte; daß er nie zum Ultramontanen werden würde, nahm man hin. Die Klosterherren in Reichenau rechneten sich eine Verbesserung aus, wenn die ewigen Streitigkeiten mit dem Bistum Konstanz durch Personalunion zwischen Abt und Bischof beschwichtigt wurden; daß er ihnen auch künftig nichts anhaben könne, hofften sie wohl. Für Diethelm selbst eröffneten sich neue Wirkungsmöglichkeiten als Priester und Hirte, er nahm sie sogleich wahr.

Nicht daß er seine Abtei fortan vernachlässigt hätte, aber unter seinen Bischofsurkunden beschäftigten sich wenige mit Reichenauer Fragen; als Abt ermutigte er in den Bischofsjahren die Priestergemeinschaften und den Bürgermarkt auf der Insel. Die Bischofsstadt Konstanz scheint es ihm nicht sonderlich angetan zu haben, auch hier kam er in festgefahrene Verhältnisse. Er versuchte 1192, die Bürger der Stadt mit einer Steuer zu belasten, unterlag aber ihrem Einspruch bei Kaiser Heinrich VI. Künftig beschränkte er sich darauf, dem priesterlichen Zusammenleben zu helfen und fromme Stiftungen von Konstanzer Geistlichen und Bürgern an Kanonikerstifte der Stadt zu bestätigen. Ein gemeinsames Leben der Domgeistlichen durchzusetzen, scheint er nicht versucht zu haben. Immerhin schenkte er der Domkirche 1190 einen Weinberg auf der Höri. Viel nachdrücklicher bemühte sich Diethelm um fromme Priestergemeinschaften der Umgebung, um das Chorherrenstift Öhningen, dessen Vogtei ihm die Staufer 1191 übertrugen, und um das Chorherrenstift Kreuzlingen. Er suchte ihm – möglicherweise vergeblich – 1191 die Schutzvogtei Kaiser Heinrichs VI. zu verschaffen, 1198 den Schutz vor Bedrängnis durch die Habsburger Grafen. Die Kreuzlinger verstanden den Bischof besser als die Reichenauer, und andere Konvente auch.

Seine Vorliebe als Bischof galt den zahlreichen Reformklöstern am Bodensee: St. Blasien, Schaffhausen, Zwiefalten, alles reformierte Benediktinerabteien; zu ihnen traten Gründungen des neuen Zisterzienserordens, Bebenhausen, Ebrach, Maulbronn, ferner Propsteien des jungen Prämonstratenserordens, Weißenau, Schussenried, Obermarchtal. Ein Konstanzer Bischof konnte leicht zum Bischof der Mönche werden, aber seit dem Hirsauer Gebhard III. war es keiner so ernstlich wie Diethelm. Dem Benediktinerabt war die Rolle auf den Leib geschrieben, für Ausgleich zu sorgen und die Spannungen zwischen alten und neuen Mönchsgemeinschaften zu mildern. Seine Amtsvorgänger hatten diese Gegensätze durch persönliche Vorliebe für einzelne Klöster oder durch modische Neigung zu neuartigen Verbänden erheblich verschärft. Bischof Diethelm versäumte keine Gelegenheit, auf Visitationsreisen durchs Bistum die Klöster aller Schattierungen zu besuchen und ihre Vorsteher in der Bischofspfalz zu versammeln, zum Beispiel 1192 die von Einsiedeln, Schaffhausen, Wagenhausen, Stein, Öhningen, Petershausen, Kreuzlingen, Salem, Mehrerau. Auch wenn ihm diese Konvente nur zum kleineren Teil rechtlich unterstanden und teils autonom, teils einem Ordensverband eingegliedert waren, schuf Diethelm eine priesterliche Gemeinschaft der Klosterregion. Sie vertrug sich gut mit der politischen Ausrichtung auf die Staufer, denen alle Konvente mehr oder weniger verpflichtet waren.

Der Bischof wandte seine Gunst indes nicht allen Klöstern seines Sprengels gleichmäßig zu. Wenn er eines links liegen ließ, so die Benediktinerabtei St. Martin in Weingarten. Seine Gleichgültigkeit ist schwer zu begreifen. Weingarten hatte sich ja nie so exklusiv und konservativ wie Reichenau gebärdet. Schon bei der Gründung hatte sich das welfische Hauskloster 1056 zur Einsiedler Klosterreform, dann zur gregorianischen Kirchenreform bekannt. Ähnlich wie Schaffhausen hatte sich Weingarten 1094, mit der Wahl des Hirsauer Mönches Walicho zum Abt, der nächsten großen Reformwelle geöffnet und die Hirsauer Bräuche seitdem beibehalten. Gerade während Diethelms Bischofszeit nahm das Martinskloster unter Abt Meingoz von 1188 bis 1200 einen neuerlichen Aufschwung, nicht zum wenigsten deshalb, weil das Kloster 1191 aus der Vogtei der welfischen Stifter in die der staufischen Kaiser überging und sich seiner geschichtlichen Stellung neu vergewissern mußte. Freilich verblaßten dabei einige Erinnerungen, die Weingarten mit dem Bistum Konstanz verband, etwa die an den welfischen Bischof Konrad. Aber daran kann sich Bischof Diethelm schwerlich gestoßen haben. Den Abt von Reichenau hätte der Kult einer Heilig-Blut-Reliquie in Weingarten, dort wie im Inselkloster in einer Heilig-Kreuz-Kapelle aufbewahrt, ansprechen können. Doch vielleicht ließen historische Gemeinsamkeiten den Herrn von Krenkingen kalt; er lebte und wirkte in seiner Gegenwart.

Wie Weingarten seine Gegenwart gestaltete, kann den nüchternen Bischof ebenfalls nicht begeistert haben. Abt Meingoz schrieb selbst geistliche Bücher ab, besonders Werke des Mönchspapstes Gregor des Großen, und veranlaßte die Herstellung zahlreicher liturgischer Handschriften, deren malerischer Kunstsinn noch heute die Kenner begeistert. Seine Helfer schmückten das 1182 geweihte Münster mit einem Kirchturm, vier neuen Altären, bunten Glasfenstern und Wandmalereien, zwei schönen Goldkelchen. Zur Pflege des ästhetisch erhebenden Gottesdienstes trat die Besinnung auf den historischen Wirkungskreis des Klosters. Die unter Meingoz angelegte Welfenhandschrift stellte die

Freunde der Abtei in Kalendar und Nekrolog zusammen und erzählte die Schicksale der welfischen Gründerfamilie. Deren Geschichte wurde in die neue Epoche der staufischen Kaiserzeit fortgesetzt, dabei weitete sich der Gesichtskreis vom heimischen Kloster auf Reich und Welt. In ihren Geschichtswerken ignorierten Weingartener Mönche den regierenden Bischof ihrer Diözese, und das wog schwer. Immerhin spielte Diethelm von der Beisetzung Welfs VI. 1191 bis zur Krönung Philipps von Schwaben 1205 im deutschen Südwesten eine zentrale Rolle. Doch in Weingarten wurde sein Name nicht genannt, nicht einmal ins Totenbuch eingeschrieben oder nachgetragen. Wir wissen von keinem Besuch Diethelms in Weingarten, etwa zu einer Altarweihe, von keinem Besuch Meingoz' in Konstanz, etwa zu einer Privilegienbestätigung. Manches mag der Zufall unserer Überlieferung verschuldet haben, alles doch nicht. Wenigstens faszinierten den gestrengen Bischof nicht die liturgische und künstlerische Sensibilität, nicht die historische und politische Nervosität der Benediktiner von Weingarten.

Dagegen hatte es ihm ein anderes Kloster besonders angetan, das auch den Staufern am Herzen lag, die Zisterzienserabtei Salem. Schon als Abt von Reichenau hatte Diethelm ihr seit 1171 durch Gütertausch und Schenkungen geholfen. Als Diözesanbischof mußte er in Streitfällen entscheiden, die die Zisterzienser mit Pfarrgeistlichen der umliegenden Dörfer, mit anderen geistlichen Körperschaften und weltlichen Herren ausfochten. In allen erkennbaren Fällen unterstützte Diethelm die Salemer kräftig. Warum, das sprach er in zwei Urkunden aus, zuerst in einer undatierten, wahrscheinlich aus seinen frühen Abtjahren. »Wir haben ihnen dies zukommen lassen, um die Gnade dessen zu verdienen, der reich war und unseretwegen arm werden wollte. Ebenso wollen auch wir mit dem, was uns zu Gebote steht, denjenigen unter die Arme greifen, die Ihm bei Tag und Nacht in dürftiger Ausstattung und im Geist der Armut dienen. Durch unser Tun wollen wir es verdienen, dereinst in ihre Gemeinschaft zu gelangen.« Man meint einen gregorianischen Reformer zu hören: Nachfolge Christi verlangte mehr, als Reichenau und Weingarten zu geben bereit waren, Dienst bei Tag und Nacht in dürftiger Ausstattung und im Geist der Armut. Erst dieser Dienst begründete wahre Gemeinschaft im Diesseits und im Jenseits.

Noch unverblümter schrieb Diethelm 1202, in seiner späten Bischofszeit: »Wir und die Kirche Reichenau haben die Kirche Salem mit besonderer Vorliebe ins Herz geschlossen, denn wir vertrauen im Herrn darauf, daß wir jetzt und in Zukunft immerdar bei Gott Hilfe finden durch die Verdienste und Gebete derer, die dort Gott dienen. Deshalb wollen wir für ihre Bedürfnisse sorgen.« Ein religiöses Armutszeugnis für die wohlhabende Abtei Reichenau, ausgestellt von ihrem Leiter. Wozu lebten Mönche, von irdischen Sorgen freigestellt, von irdischem Lärm abgeschlossen, wenn nicht zu ihrer aktiven Selbstheiligung und zur stellvertretenden Fürbitte für alle? War das Kloster Reichenau nichts weiter als eine Versammlung sündiger Laien, die andere für sich beten lassen mußten? Diethelm wollte seine Konventherren nicht zur Hölle schicken und ehrlich für ihr Seelenheil sorgen. Doch eben dafür bedurfte das Inselkloster fremder Hilfe, religiöse Autonomie und Exklusivität standen ihm nicht zu. Pilger aus Island und Hörige aus Ottobeuren merkten es noch nicht und ließen sich voller Zuversicht ins Reichenauer Verbrüderungsbuch aufnehmen. Diethelm erfuhr bei seinen Besuchen in den Klöstern des Bistums, daß der Ruhm von Reichenau zu verblassen begann. Hart, wie er war, stellte er sich zu den bittenden Pilgern draußen vor der Tür, denn er wußte am besten, daß er bloß ein halber Mönch war.

Zwischen 1189 und 1196 hielten die bischöflichen Pflichten den Abt oft von Reichenau fern, aber durch ihn nahm die Abtei teil am Zusammenschluß geistlicher Einrichtungen im Bistum. Diethelm verklammerte die Klöster der Region nicht allein aus religiösen Gründen; es kam seinem persönlichen Ansehen ebenso zugute wie dem Rang der Familie von Krenkingen und den Absichten des staufischen Herrscherhauses. So schwer sich seine Motive unterscheiden lassen, so eindeutig richtete sich sein Ehrgeiz allein auf das Bistum Konstanz. Er war vornehmlich in seiner Diözese tätig und reiste selten an den Hof Kaiser Heinrichs VI. oder anderswohin in Reichsgeschäften. Er ließ sich nicht zu ausländischen, gar zu überseeischen Abenteuern der Staufer verführen. Dennoch hielt er ihnen die Treue, auch als ihr Königtum 1197 mit dem Tod Heinrichs VI. ins Wanken geriet. Das Ansehen Diethelms trug wesentlich dazu bei, daß sein Bistum im folgenden Thronstreit eisern zu den Staufern stand. Der neue Schwabenherzog Philipp konnte beim Italienzug 1197 dem Bischof unbesorgt die Verwaltung des Herzogtums übertragen. Philipps Vertrauen nutzte der Familie des Bischofs, denn anscheinend verkaufte damals der Staufer den Krenkingern die Vogtei der Abtei Rheinau. Do ut des.

Staufertreue und Bistumsinteresse stimmten auch an Weihnachten 1197 zusammen, als im Kreis der deutschen Fürsten die Thronfolgefrage erörtert wurde und Philipp von Schwaben nur als Verwalter für seinen Neffen Friedrich II. fungieren wollte. Der dringende Rat Diethelms von Krenkingen muß ihn bewogen haben, anstelle des Kindes in der Ferne die Königskrone selbst aufzusetzen; seiner schwäbischen Freunde durfte Philipp sicher sein, dafür bürgte Diethelm. Der Bischof verstand es dann, den vom Kölner Erzbischof unterstützten Gegenkandidaten Berthold V. von Zähringen von seinen Thronplänen abzubringen; dabei mögen die alten Bindungen der Krenkinger an die Zähringer hilfreich gewesen sein. Als ehrlicher Makler verschaffte Diethelm dem Zähringer sozusagen zum Trost die Klostervogtei über Schaffhausen, die bislang in der Hand der Staufer gelegen hatte. Noch einmal zeigen diese Maßnahmen, wie sehr sich der Politiker Diethelm von der Tradition seiner Familie und ihrer Heimat leiten ließ. Er brachte die Vogtei über die wichtigsten Klöster am Hochrhein einheimischen Adelsfamilien zu, damit sie geschlossene Herrschaftsbereiche schaffen könnten. Hierbei fochten ihn die Skrupel moderner Mönche gegen Adelsherrschaft über die Kirche nicht an. Er bekräftigte noch einmal die alte Verbindung zwischen benediktinischen Abteien und regionalen Adelsfamilien. Auf ihr schien die Einheit der Diözese Konstanz, ja des Herzogtums Schwaben in erster Linie zu beruhen.

Das Eintreten für die Staufer zog Diethelm völlig in die deutsche Reichspolitik hinein. Wir brauchen seinem Weg nicht im einzelnen zu folgen und müssen nur sagen, daß Diethelm staufertreu blieb, als er 1201 dafür vom Papst exkommuniziert wurde und sich der staufische Anhang immer mehr lichtete. Bei den ersten Geheimverhandlungen 1203 zwischen König Philipp und Papst Innocenz III. war Diethelm unentbehrlich. Er verhandelte ferner 1204 mit dem Führer der Welfenfreunde, Erzbischof Adolf von Köln. Diese Bemühungen brachten Diethelm 1204 die Lösung vom päpstlichen Bann, zogen den Kölner auf die Seite des Staufers und führten zur Königskrönung Philipps 1205 in Aachen. Diethelm war dabei, immer dann in der ersten Reihe, wenn es auf Vermittlung ankam. Die turbulenten Jahre zwischen 1197 und 1205 sahen den Bischof meistens an der Seite des Königs, selten in seinem Bistum, noch seltener in seiner Abtei. Seine Fürsorge für Klöster erlahmte derweilen nicht. Diethelms persönlichste Entscheidung war am 7. Juni 1202 in Konstanz die Schlichtung eines Streites zwischen der Abtei St. Blasien und seinem Blutsverwandten Liutold von Krenkingen: Diethelm rügte ihn, er habe in dieser Frage völlig unrecht. Er entschied sich nicht nur für die Freiheit der Mönche gegen die Herrschaft der Adligen. Den weitblickenden Bischof verdrossen die kleinlichen Querelen seiner Angehörigen nicht mehr als die vergeudeten Reichtümer seiner Mitmönche. Er hatte für das materielle Wohlergehen beider Gemeinschaften alles Erdenkliche getan; sicherlich ging es ihnen jetzt besser als seit Menschengedenken. Doch über ihre Eigensucht fanden sie auch jetzt nicht hinaus zu einer wahren Gemeinschaft. Gehörte er noch auf ihre Seite?

Man hat viel gerätselt, was den rund sechzigjährigen Diethelm veranlaßte, nach der Krönung Philipps nur noch als Fürsprecher für Reformklöster am Hof zu erscheinen und Anfang 1206 sein Bischofsamt niederzulegen. Ob er wirklich neue politische Komplikationen im Verhältnis zwischen Papst und König fürchtete? Ob er wirklich an müde Weltflucht dachte? Ob er wirklich schwer krank war und sich den physischen und psychischen Strapazen der Bischofswürde nicht mehr gewachsen fühlte? Er war nicht der Mann, sich in den Ruhestand zu retten. Aber er hatte 1205 seine irdischen Pflichten, meistens im Alleingang, erfüllt und konnte sich geistlichen Zielen in einer wahren Gemeinschaft zuwenden. Daß sich ein regierender Bischof am Ende ins Kloster zurückzog, war nicht ungewöhnlich; hätte Diethelm nach Vorbildern gesucht, er hätte in der Chronik Hermanns des Lahmen eines in Reichenau selbst gefunden, den karolingischen Bischof und Abt Heito. Aber Diethelm kehrte nicht nach Reichenau zurück, wo er als frei resignierter Abt ohne dürftige Ausstattung hätte leben können. Er ging als einfacher Mönch in das strengste Kloster seiner Zeit und Region, zu den Zisterziensern nach Salem, und starb dort bald, am 12. April 1206. Ein Abschied von benediktinischen Abteien und edelfreien Familien, kein Weg in die Resignation, sondern in die Herausforderung. Der Salemer Mönch, der Diethelm ein Totengedicht schrieb, wurde von der neueren Forschung gescholten, weil er ihn verteidigte, als ob der große Bischof eine Rechtfertigung bräuchte. Aber wahrscheinlich dachte Diethelm von Krenkingen wie vier Generationen früher Eberhard von Nellenburg und hätte dem Dichter zugestimmt: »Für niemanden ist es zu spät, wenn die Bekehrung wahrhaftig ist. Das ist Ruhmestitel genug. Der Fürst ist in diesem Gehäuse eingeschlossen. Er hat die Welt und den wütenden Drachen getäuscht. Dieser fahndete nach einem Bischof in der Mitra und fand einen Mönch in der Kutte.« Ein Bischof als Konverse!

Diethelms Tod wurde in den Klöstern Rot, Weißenau, Obermarchtal, Zwiefalten, Petershausen, Engelberg und St. Gallen aufmerksam registriert, rund um den Bodensee bei alten und neuen Orden. Auch die Abtei Reichenau vergaß ihren Abt so wenig wie der Konstanzer Domklerus seinen Bischof. Doch hier wie dort versuchte niemand, Diethelms Andenken in einer Lebensbeschreibung wachzuhalten, denn er paßte nicht in das hagiographische Bild vom heiligen Abt oder vom heiligen Bischof. Seiner literarischen Rühmung hatte er wohl auch den Boden entzogen. Noch 1181 war einer der Reichenauer Konventherren als *Scolasticus* für Klosterschule und Bildungswesen verantwortlich; in späteren Urkunden Diethelms kam dieses Amt nicht mehr vor, das eines *Bibliothecarius* erst recht nicht. Im Inselkloster und im Domkapitel drehte sich alles Bemühen um Wahrung des Besitzstandes und Verwaltung der Einkünfte. Diethelm erwarb sich auf materiellen Gebieten große Verdienste, die Konventherren und Domherren zu würdigen wußten. Um einen geistigen Aufschwung einzuleiten, hätte Diethelm ein feinsinniger Gelehrter wie Bern von Reichenau sein müssen. Er besaß Gespür für religiösen Ernst, ohne daß er sich ihm so rückhaltlos wie Dietrich von Petershausen hingab. Diese Zwischenstellung machte ihn zum Einzelgänger in seinem Kloster, zum unbehausten Mönch auf der Suche nach einer Gemeinschaft. Sein Nachruhm blieb so vage wie das Gesicht auf seinen Siegeln, denn er lebte nicht in einem Konvent fort, dessen Gemeinschaft lebendig gewesen wäre.

Trotzdem gehörte Diethelm von Krenkingen zu den größten Mönchen am Bodensee. Seine allgemeine Bedeutung läßt sich in sechs Punkten zusammenfassen. Erstens verkörperte Diethelm noch einmal den frühmittelalterlichen Zusammenhang zwischen regionalem Adel und benediktinischem Mönchtum, half aber entscheidend bei der Auflösung dieses Zusammenhangs mit. Seine Verwandten erwarteten, daß er als Abt des vornehmen Klosters Reichenau die Herrschaft der edelfreien Geschlechter am Bodensee festige, nicht nur der Krenkinger, sondern aller Adelsfamilien, aus denen Reichenauer Mönche stammten. Diethelm entsprach der Erwartung durch zielbewußte Verwaltung des Klosterbesitzes und geschickte Politik in staufischen Diensten. Schon dabei überschritt er indes den regionalen Adelshorizont und wuchs in deutsche und europäische Politik hinein, in einem Grad, den man in Bodenseeklöstern seit den Tagen Berns von Reichenau nicht erlebt hatte. Der Bischof bemerkte, daß Klosterpolitik nicht mehr von der Autonomie des Einzelklosters, der Herrschaft eines geistlichen Souveräns ausgehen durfte. Sie brauchte die Einbeziehung in einen größeren, nämlich geistlichen Rahmen, der nicht mehr ständisch abgesteckt wäre. Diethelm füllte diesen Rahmen, das Bistum Konstanz, durch Klosterpolitik aus. Er zog ihn allerdings enger als seine staufischen Gönner. So treu er ihnen diente, er verfiel ihrer kaiserlichen Faszination so wenig wie dem universalen Anspruch der römischen Päpste. Er blieb Regionalpolitiker, ohne dem Partikularismus zu huldigen.

Zweitens stützte sich Diethelm bei der Neuordnung im Inselkloster auf soziale Gruppen, die seine Standesgenossen übersehen oder unterdrückt hatten, ritterliche Klosterministerialen und bürgerliche Kaufleute. Diethelm überspielte einerseits die Abwehr der edelfreien Konventherren gegen diese aktiven Gruppen und gewann andererseits Ministerialen und Bürger zu loyalem Dienst für das Kloster. Mit Hilfe dieser militärisch und wirtschaftlich entscheidenden Gruppen hob Diethelm das gesunkene Ansehen der Abtei und stellte ihre materielle Existenz auf gesunde Grundlagen. Allerdings mußte er zu diesem Zweck die Klosterinsel für Burgen von Ministerialen und Marktplätze von Bürgern öffnen. Seine Vorgänger hatten sich vor möglichen Folgen gefürchtet. Aus den Burgen in Niederzell und Oberzell konnten eines Tages Herrensitze werden, der Marktrichter konnte eines Tages als Bürgermeister auftreten, dann kam die Klosterherrschaft in Gefahr. Diethelm nahm dieses Risiko ebenso hin, wie seine staufischen Gönner es taten, mit dem gleichen durchschlagenden Erfolg. Der Abt thronte nicht mehr unnahbar über Unfreien und Hörigen, sondern inmitten selbstbewußter Ritter und Bürger. Für sie alle wurde Diethelm der glänzende Repräsentant einer Laiengesellschaft, die der Exklusivität eines Adelsklosters ihre ausgreifende Aktivität entgegensetzte. Die Dynamik strahlte auf andere soziale Gruppen aus, Weltgeistliche und arme Pilger, denen sich die noblen Konventherren widmeten. Sie selbst mußten der priesterlichen Tätigkeit den Rang vor der gelehrten Beschaulichkeit einräumen.

Drittens gab Diethelm als Bischof von Konstanz der Öffnung politischer und sozialer Klausuren ein breites religiöses Fundament. Er faßte die Klöster des Bistums zu einem priesterlichen Verband zusammen, wie er seit den karolingischen Gebetsverbrüderungen nicht mehr bestanden hatte. Damals hatte man keine anderen als benediktinische Klöster und regulierte Stifte gekannt. Inzwischen hatte sich die benediktinische Ordnung durch mehrere Reformbewegungen differenziert; neben weiterbestehende souveräne Abteien traten Reformklöster des Hirsauer Verbandes. Die Neubildung des Zisterzienserordens wurde von Benediktinern vielerorts als Abfall von der wahren Regel Benedikts von Nursia betrachtet. Hinzu kamen neue Formen des Zusammenlebens von Weltpriestern, die sich neben alte Kanonikerstifte stellten; auch hier schuf die Neugründung des Prämonstratenserordens zusätzliche Konkurrenz. Das vielschichtige, geschichtlich gewachsene Gefüge geistlicher Einrichtungen hielt anderswo nur unter äußerem Druck gegen innere Spannungen zusammen. Es war wohl die bedeutendste, in der Forschung nicht annähernd gewürdigte Leistung des Bischofs Diethelm, daß es im Bistum Konstanz nicht zu derartigen Spannungen kam. Der Alleinvertretungsanspruch irgendeines Ordens oder Klosters mußte den Zeitgenossen absurd erscheinen, die den benediktinischen Abt von Reichenau als Freund der Kreuzlinger Augustiner und der Salemer Zisterzienser kennenlernten. Die kärglichen Aussagen des Bischofs gaben genau an, wie er sich die religiöse Gemeinschaft dachte, nicht als hierarchischen Stufenbau, sondern als Geflecht verschiedener, einander stützender Tätigkeiten. Die Reichen und Sündigen dieser Erde sorgen mit dem, was ihnen an Machtmitteln zu Gebote steht, für die Bedürfnisse der anderen. Diese aber, die Armen und Frommen, dienen Gott und folgen Christus nach; ihr Verdienst nimmt die anderen in die wahre Gemeinschaft der Gläubigen auf. In der Mannigfaltigkeit christlicher Tätigkeiten offenbarte sich die Einheit der Kirche Christi; diesen Lieblingsgedanken des zwölften Jahrhunderts setzte Diethelm ohne großes Gerede am Bodensee in die Tat um.

Viertens führte Diethelm die Entwicklung der Stadt Konstanz zur priesterlichen Metropole des Bodenseeraumes auf einen Höhepunkt. Konstanz wandelte sich im zwölften Jahrhundert bereits von der Bischofsstadt zur Bürgerstadt, doch daran war Diethelm nicht aktiv beteiligt. Vielmehr machte er Konstanz zum Mittelpunkt der geistlichen Einrichtungen im Bistum, auch derer, die dem Bischof nicht voll unterstanden. Dabei kann nicht übersehen werden, daß ihm die Integration der Diözese nur teilweise gelang. Wie schon die ersten Anstöße der Kloster- und Kirchenreform aus dem Westen gekommen waren, so lag noch der Schwerpunkt von Diethelms Wirken westlich von Konstanz, am Untersee und Hochrhein, in der Landschaft, aus der er stammte. Sein Eintreten für die Staufer erweiterte den Gesichtskreis nach Osten, insbesondere nach Oberschwaben in die ehedem welfische, während Diethelms Lebenszeit von den Staufern übernommene Landschaft. Diethelm führte die dort entstehenden, größtenteils neuartigen Klöster an die altvertraute Klosterregion westlich des Bodensees heran. Weniger energisch gliederte der Bischof andere Regionen der Diözese ein, neue Schwarzwaldklöster im Umkreis der Zähringer und alte Schweizer Abteien zwischen St. Gallen und Einsiedeln. Die *Constantia sacra* gruppierte sich vielmehr um die Klöster zwischen Schaffhausen und Schussenried, um die Brennpunkte Reichenau und Salem. Am sinnfälligsten kam diese Konzentration in einer Königsurkunde zum Ausdruck, in der Friedrich Barbarossa 1187 Schenkungen der Abtei Reichenau an Kloster Salem bestätigte, mithin Diethelms Klosterpolitik guthieß. Es geschah in Wallhausen am Bodensee, und die Urkunde suchte diesem See einen neuen Namen zu geben, nicht wie in anderen Stauferurkunden *Lacus Lemannus*, was soviel wie alemannischer See bedeuten mochte, sondern *Lacus Constantiensis*. Die Bezeichnung Konstanzer See setzte sich nicht durch, auch Bischof Diethelm gebrauchte sie meines Wissens nicht, aber sie benannte zutreffend den neuen Mittelpunkt der Klosterlandschaft zwischen Rheinau und Bregenz.

Fünftens vollendete Diethelm mit der Versammlung der Klöster um den Bischofssitz die gregorianische Reform der Priesterkirche, die von einheimischen Adligen wie Hermann dem Lahmen angebahnt worden war. Der bischöfliche Oberhirte band sich und seine Diözese geistlich an den Papst in Rom. Politisch führte er als Reichsfürst sein Bistum in das Lager der Staufer. Mit dieser Balance zwischen den Parteien des großen Kirchenstreites ermutigte Diethelm die eigenständige Gemeinschaft der Gläubigen am Bodensee, brach aber die Weiterführung des universalen Reformwerkes ab, besonders im Mönchtum. Denn er beließ es in der Spannung zwischen Religion und Politik. Auch wenn es nicht mehr allein auf edelfreien Geschlechtern beruhte, blieb es adliges Mönchtum; auch wenn es strenge Reformen durchführte, blieb es weltnahes Mönchtum. Diethelm strebte nach Ausgleich und Offenheit, und man darf seine Haltung nicht mit Opportunismus verwechseln. Kein ungerechterer Vorwurf konnte ihn treffen als der, daß er in der Treue zu seinem Kaiser oder zu seinem Papst schwankend geworden sei. Er verfolgte seine mittlere Linie durchaus hart und verurteilte alle borinierten Extreme scharf, die seiner Familie wie die seiner Abtei. Aber katholische Christenheit und deutsches Reich, mönchisches Vorbild und ritterliche Wirklichkeit sollten nach den schmerzlichen Trennungen des Investiturstreits wieder zusammenwachsen, wenigstens im Bistum.

Sechstens stellte sich Diethelm von Krenkingen als Vertreter dessen dar, was man staufisches Reichsmönchtum nennen kann. Der Anstoß dazu kam dem jungen Mönch schon von der heimischen Burg her; der Dienst für die staufischen Könige vertiefte die Ziele des alten Bischofs in derselben Richtung. Das staufische Reichsmönchtum erstrebte grundsätzlich die Versöhnung von Natur und Geschichte, Schönheit und Askese, Besinnung und Tatkraft. Sein Geschichtsbild wurde andernorts deutlicher formuliert, in Schriften des bischöflichen Zisterziensers Otto von Freising oder des benediktinischen Abtes Berthold von Weingarten. Vollends das Menschenbild dieses Mönchtums trat am Mittelrhein bei Hildegard von Bingen, im Elsaß bei Herrad von Landsberg klarer zutage als im Umkreis Diethelms, in Reichenau, Konstanz und Salem. Trotzdem müssen diese Bilder den Herrn von Krenkingen geprägt haben; er verkörperte sie nicht durch geistige Werke, sondern durch politische Taten. Insofern war sein Siegel ein treffendes Porträt. Der mächtig thronende Herr kannte gegen sich keine Rücksicht, aber er fiel nicht seinem Schöpfer als armer Sünder zu Füßen, er ging vor den Armen, denen er die Füße wusch, nicht in die Knie, er beugte sich nicht auf die Handschriften der Denker und

Eiferer herab. Er stellte der visionären Unrast, die viele Zeitgenossen auf das Weltende warten ließ, noch einmal den gelassenen Stolz des adligen Herrn entgegen, der seiner Gegenwart Maßstäbe setzte. Er war einer der letzten, sein Gang nach Salem deutet an, daß er es wußte.

RÜCKBLICK

Der zweite Abschnitt dieses Buches handelte vom Mönchtum am Bodensee im Übergang von frühen zum hohen Mittelalter, vom Beginn des elften bis zum Ende des zwölften Jahrhunderts. Auch jetzt unterschieden sich seine Klöster Reichenau, Schaffhausen, Petershausen, Kreuzlingen deutlich voneinander, doch stärker als im Frühmittelalter machten sich Gemeinsamkeiten geltend. Sie ergaben sich aus Anregungen der cluniazensischen Klosterreform und der gregorianischen Kirchenreform. Deren allgemeinstes Kennzeichen war der Abbau des Abstandes zwischen Geistlichen und Laien, die Forderung nach Reform der Priesterkirche. Diese Bestrebungen gingen von Klöstern wie Cluny, Gorze und Hirsau aus, erfaßten aber alle anderen Formen christlichen Lebens mit. Während im Frühmittelalter die meisten Klostergründungen am Bodensee von weither angeregt und dann in ihrer Isolierung versunken waren, rief die gregorianische Reform gerade am Bodensee vielgestaltige Gemeinschaftsbildungen einheimischer Geistlicher hervor, und sie durchdrangen rasch die Laienwelt. Die Reform begann benediktinisch, ergriff jedoch besonders gründlich die Weltgeistlichen und brachte ganz verschiedene Formen des Zusammenlebens in Klöstern und Stiften hervor, weil Priester und Mönche auf eine differenzierte Umwelt einwirkten und von ihr mitgeprägt wurden. Das Nebeneinander nahm sich anfangs manchmal wie ein Gegeneinander aus, wurde aber zum Schluß wie ein Miteinander aufgefaßt.

Deshalb war es seit dem elften Jahrhundert mit der Verfassung selbständiger Einzelklöster vorbei. Es bildeten sich Klosterverbände, sogar erste Orden, die in der ganzen Christenheit nach denselben Vorschriften Klöster bauten und Tagesläufe gestalteten. Doch erforderte die Vereinigung von Weltpriestern ebenso wie die Ausrichtung auf Bedürfnisse der Laien größere Flexibilität und begünstigte regionale Gruppierungen. Die vom römischen Papsttum vorangetriebene Zusammenfassung kam am Bodensee hauptsächlich den Konstanzer Bischöfen zugute. Sie schufen einen Verband von benediktinischen Abteien und, in geringerer Zahl, augustinischen Stiften, die ihnen ganz unterstanden. Möglich wurde diese erste Konzentration, weil sich die Aufgaben der Mönche vielfach wandelten, in Richtung auf priesterliche Sorge für die Laien. An dieser Umstellung beteiligten sich, zuerst zögernd, dann maßgebend, auch souveräne Abteien wie Reichenau. Als Oberhirte des Bistums und Vorgesetzter der Priester trat der Bischof in die Mitte der Klosterlandschaft, die sich aus abgeschiedenen Schwerpunkten in ein Geflecht von Stützpunkten verwandelte.

Diese Landschaft veränderte im elften und zwölften Jahrhundert ihr wirtschaftliches und soziales Gefüge. Anstelle ländlicher Siedlungen inmitten weiter Wälder entstanden überall am Bodensee größere Menschenansammlungen in Städten, vornehmlich in der Metropole. Ihre materielle Versorgung und geistliche Betreuung erzwangen einen kleinräumigen Verbund von arbeitsteiligen Gruppen. Rund um die Bischofsstadt Konstanz legte sich zwischen Petershausen und Kreuzlingen ein Kranz neuer Gemeinschaften von Mönchen und Priestern. Auch ländliche Klöster, die modernsten zuerst, die älteren hinterdrein, zogen Märkte und Marktsiedlungen an. Die Bevölkerungszunahme verdichtete das Netz der Gemeinden und Straßen, führte außerdem zu einer Mobilität, die die seßhaftesten Klöster nicht gleichgültig ließ. Neben die Pfarrseelsorge in der Nachbarschaft des Konvents trat die Betreuung weitgereister Pilgerscharen in den Klosterkirchen, unbehauster Bedürftiger in den Klosterherbergen. Freilich wäre es verfrüht, von einem Zeitalter der Stadtbürger zu sprechen; ihre Siedlungen standen am Bodensee noch unter geistlicher Herrschaft, und hier gab der regionale Adel den Ton an, auch in Klöstern und Stiften. Den Aufstieg ritterlicher Ministerialen konnten die edelfreien Geschlechter nicht auf die Dauer verhindern; besonders im bischöflichen Dienst kamen Niederadlige zu geistlichen Würden. Der Adel im ganzen diente meist nicht mehr universalen Mächten, etwa dem deutschen Königtum, sondern gründete in der Region Herrschaften eingesessener Familien, am liebsten mit Hilfe reformierter Klöster. Auch dadurch wurde die Landschaft am Bodensee neu zusammengefaßt, als Rahmen für das Spiel adliger Familienpolitik.

Dementsprechend wandelte sich das Leitbild des Mönchtums. Faktisch hatte sich in den Bodenseeklöstern die Adelskirche voll durchgesetzt. Bei den besprochenen Mönchen überwogen noch Abkömmlinge von Grafen und Freiherren der Region. Jedermann im Umkreis kannte ihre Stammburg und übertrug das Ansehen der Familie auf den einzelnen Mönch und umgekehrt. Aber der adlige Dienst und der adlige Mut, die jetzt vom vorbildlichen Mönch erwartet wurden, zerbrachen die Schranken ständischer Überlieferung und riskierten den radikalen Neubeginn. Nicht mehr der von Jugend auf in der Klosterschule gebildete Oblate, sondern der erwachsene Konverse mit Lebenserfahrung wurde zum Ideal. Ob er zuvor Freiherr oder Höriger, Bischof oder Bauer gewesen war, er hatte sich durch religiöse Leistung auszuweisen. Gefordert wurde noch die Selbstüberwindung des Asketen, doch kam es schon mehr darauf an, Mitmönche und Mitmenschen zu aktiver Neugestaltung des Christenlebens mitzureißen. Die Mönche dieser Epoche richteten sich zunehmend bewußter an der Leitfigur des heiligen Priesters, des Bischofs aus. Sie wurden von ihren Zeitgenossen nicht mehr als statuarische Heilige von immergleichem Profil beschrieben, sondern als Einzelmenschen, die sich in einem lebenslangen Prozeß der Erziehung und Erfahrung entfalteten und als Ruhepunkt nur den Tod fanden. Was sie am Lebensende taten, war keinem von ihnen an der Wiege gesungen worden.

Mit der Dynamisierung des mönchischen Leitbildes hing es zusammen, daß sich die räumliche Stabilität der Klöster langsam auflöste. Es verstand sich weder in Weingarten noch in Riedern von selbst, daß ein einmal gegründetes Kloster oder Stift an derselben Stelle stehenblieb. Noch öfter kam es vor, daß ein einmal aufgenommener Mönch später das Kloster wechselte, wie der Bruder Hermanns des Lahmen auf der Suche nach vollkommenerem Leben, wie Diethelm von Krenkingen auf der Suche nach wirklicher Gemeinschaft. Die neue Mobilität der Mönche war von der Kirchenreform angeregt, die zu apostolischem Wirken aufrief und das Leben eines Christenmenschen als permanente

Wallfahrt begriff. Hinzu kamen handfestere Gründe. In der dicht besiedelten Landschaft bewährte sich nicht jede Neugründung an beliebigem Ort; dauernd wurde mit Standorten und Zielgruppen experimentiert, am ausgiebigsten in Stiften von Weltpriestern. Doch nötigte der Futterneid zwischen Nachbarkonventen auch Mönchsklöster zur Wendigkeit. Der erwünschte Zustrom neuer Mönche zwang zur Ausweitung des bebauten Landes, also zur Rodung, aber nicht immer war zusammenhängendes Land zu haben; wer ferngelegene Schenkungen annahm, erhielt reichlich Gelegenheit zu Reisen und Transporten über den Bodensee. Im ganzen dehnte sich der Horizont nicht ins Uferlose zwischen Irland und Jerusalem, sondern in die Hinterlande des Bodenseebeckens, anfangs zwischen Augsburg und Straßburg, endlich zwischen Bregenz und Rheinau. Auch dadurch wurde dieser Raum neu zusammengenommen, zur Stabilität einer Region.

Von langsamer Entfaltung des Mönchtums kann man für das elfte und zwölfte Jahrhundert nicht sprechen. Die Reformer der Priesterkirche lehnten gewachsene Traditionen weithin ab und setzten mit dem Rückgriff auf die apostolische Urkirche einen überzeitlichen Maßstab, der immer bloß zum Teil verwirklicht werden konnte, also immer neue Reformversuche hervorrief. Im Augenblick gipfelte das Leben. Neu begründete Klöster erreichten ihre größte historische Wirkung nach kurzer Frist; in dieser Gründungsphase mußten wir sie beobachten. Sie bewahrten die erreichte Hochform nie lange und mußten ihren Anspruch an noch neuere, radikalere Gründungen abtreten. In diesem Wettbewerb erhielten auch alte Abteien eine Chance, freilich nur, wenn sie sich von Grund auf umstülpen ließen; Alter an sich war Erstarrung. Alle Klöster und Stifte mußten sich dem Wettbewerb um geistlichen Nachwuchs und weltlichen Anhang aussetzen, das verlangte die Forderung des priesterlichen Apostolats, die Einbindung des Mönchtums in seine Umwelt. Im einzelnen Kloster und Stift spürten die Mönche ihre Bindung an die Geschichte und deren Wechselfälle. Daher rührte ihre wachsende Neigung zur Geschichtschreibung, ebenso ihr Hang, den Lebenslauf einzelner Mönche literarisch festzuhalten. Deren Reihe ergab keine kontinuierliche Linie; von den untersuchten Mönchen fand keiner einen Fortsetzer, der auf seinen Schultern gestanden hätte. Nicht mehr die zuverlässige Grundlegung durch legendäre Asketen formte das Mönchsleben, sondern die Herausforderung durch sensible Mitbrüder, die ihr kurzes Leben in die Schanze schlugen.

Im ganzen brachten das elfte und zwölfte Jahrhundert das Mönchtum am Bodensee auf einen dynamischen Höhepunkt, der ebenso anstachelnd wie anstrengend war.

APPELL AN DIE LAIENKIRCHE

EBERHARD VON ROHRDORF · ZISTERZIENSER IN SALEM

Wer moderne Zisterzienser am Bodensee besuchen möchte, braucht sich vom Seeufer gar nicht, von größeren Städten nicht weit zu entfernen. Die Abtei Mehrerau liegt in einem Vorort von Bregenz, das Priorat Birnau nahe bei Überlingen. Auf der Suche nach Klöstern mittelalterlicher Zisterzienser muß man landeinwärts ziehen, in ländliche Gegenden abseits der großen Straßen. Wer den sogenannten Prälatenweg von Birnau aus entlangwandert, merkt bald, daß die Äcker am Weg zwischen Hügeln einst dem Urwald abgerungen wurden, von Zisterziensern im Hinterland. Wenn der Besucher endlich in der weiten Ebene von Salem angekommen ist, steht er vor einer riesigen schloßartigen Anlage, die eher einer Fürstenresidenz als einem Mönchskloster gleicht. Ein weltlicher Fürst, der Markgraf von Baden, bewohnt sie heute; ein geistlicher Fürst, der Abt von Salem, baute sie 1697 nach einem Brand. Vom Leben mittelalterlicher Zisterzienser ist keine Spur geblieben, auch in der Klosterkirche nicht, die zwar schon 1299 begonnen, aber von der Baugesinnung früher Zisterzienser abgerückt wurde. Der historisch Gewitzte wird aus der Baugeschichte den Schluß ziehen, daß die ersten Gründer von Salem glänzend vorgesorgt haben müssen, wenn ihre späten Nachfolger so prächtige Bauten errichten konnten. Er wird es gleichwohl bedauern, daß die Anfänge so gründlich überdeckt worden sind. Wer das mittelalterliche Salem anschaulich vor Augen haben will, muß vielmehr nach Wettingen gehen. Dort, im Aargau nordwestlich von Zürich, rund einen Tagesmarsch von Stein am Rhein und vom Bodensee entfernt, braust heute der Autobahnverkehr dicht am Kloster vorbei, aber dort übertrumpften die Zisterzienser weder im Mittelalter noch in der Neuzeit die ersten Grundlagen. Das Kloster steht in der Bausubstanz noch so, wie es zwischen 1227 und 1294 angelegt und 1507 nach einem Brand wiederhergestellt wurde.

An der von bewaldeten Bergen eingefaßten Limmat liegt in einer Flußschleife erhöht ein streng rechtwinkliges Geviert. Seine Mitte ein schlichter Kreuzgang, die Kapitelle der Säulenarkaden ohne Skulpturenschmuck. Auf diesen inneren Kreuzgang hin öffnen sich alle Türen der anliegenden Gebäude, die meisten sind von draußen nicht zugänglich. So sammelt der Kreuzgang das ganze Mönchsleben. Nördlich liegt, vom Kreuzgang durch die Mönchspforte erreichbar, die Klosterkirche, nur mit einem kleinen Dachreiter versehen, die Fassade völlig schmucklos. Eine dreischiffige, ursprünglich flachgedeckte Pfeilerbasilika mit geradem Chorschluß, im schmalen Querschiff vier Seitenkapellen, der Mönchschor durch einen Lettner scharf gegen den Westteil der Kirche, die Kirche der Konversen, abgegrenzt. Die ganze Kirche war grau, ohne Bildschmuck; erst das achtzehnte Jahrhundert machte einen farbigen und festlichen Rokokoraum daraus, dessen verstaubte Pracht heute wieder an die Dürftigkeit der Anfänge gemahnt. Eine Kirche mehr für Hörende als für Schauende.

Im Osten am Kreuzgang neben der Kirche die kleine Sakristei und die noch kleinere Bibliothek. Anschließend ein großer, von zwei Säulen gestützter Kapitelsaal mit flacher Decke, im Fußboden die mittlerweile zerstörten Grabplatten der Stifterfamilie, die hier, nicht in der Kirche ihre Gruft fand. Im Obergeschoß darüber das Dormitorium, der gemeinsame Schlafsaal. Im Süden am Kreuzgang das zweischiffige, saalartige Refektorium, der Speisesaal, mit der Längsachse senkrecht zum Kreuzgang. So blieb am Kreuzgang noch Platz zur Einrahmung des Refektoriums durch die Wärmestube im Osten und die Küche im Westen. Sie stellte die Verbindung zum Westflügel her, der erst 1883 abgerissen wurde und den Bereich der Konversen bildete. Hier war der Kreuzgang wohl längsgeteilt, neben dem Umgang für Mönche lief die »Konversengasse« vom Konversenhaus neben der Küche im Süden zur Kirche der Konversen im Norden. An der Konversengasse entlang erstreckte sich im Westen des Kreuzgangs das Vorratshaus mit dem Klosterkeller, der Arbeitsbereich der Konversen.

Außerhalb dieses Gevierts lagen im Westen weitere Wirtschaftsgebäude und wahrscheinlich eine Gästeherberge, im Osten die Räume des Krankenhauses. Erst um 1600 entstand hier um einen eigenen Innenhof ein zweites Geviert mit zusätzlichen Funktionen, die den zentralen Bereich um den Kreuzgang nicht berührten. Man kann sich vorstellen, wie die mittelalterlichen Mönche lebten: in kärglichen Räumen, rigoros abgeschnitten von der Außenwelt und sogar von den Konversen, die sie nicht einmal beim Gottesdienst zu Gesicht bekamen. Man spürt es in jeder Einzelheit, die hier geforderte Gemeinschaft war nicht die der Priesterkirche unter den Laien. An der Klostermauer kein lärmender Markt und keine Dorfgemeinde, deren Bauern sonntags zur Klosterkirche gekommen wären. Der Weg zum Dorf Wettingen mit zahlreichen Bauernhöfen war nicht weit, aber sie scharten sich um eine eigene Pfarrkirche, der die Zisterzienser fernblieben. Freilich konnten die Bauern das Kloster liegen sehen, es lebte nicht außer der Welt, jedoch in einer Welt für sich, als stummer Appell an die Laien, bei Tag und Nacht Gott emsig zu dienen.

Das ist das eine, was die zisterziensische Klosteranlage von älteren benediktinischen Abteien unterscheidet: Die Klausur ist strenger nach außen abgeschirmt und enger zusammengenommen, jedoch im Innern nicht auf Beschaulichkeit, sondern auf Betriebsamkeit berechnet. Das andere ist die europäische Verbindlichkeit des Grundrisses. Zisterziensische Klöster wurden überall gleich gebaut. Deshalb kann man heute in Wettingen sehen, wie Salem im Mittelalter aussah; im dreizehnten Jahrhundert fand sich ein Zisterzienser aus Frankreich auf Anhieb in Wettingen zurecht. Derart durchrationalisierte und internationalisierte Klöster hat das Mittelalter weder vorher noch nachher gebaut; am Bodensee wäre man auf eine so strikte Uniformierung der Mönchsgehäuse niemals verfallen. Baugedanken und Grundhaltung der Zisterzienser kamen vom Ausland und protestierten gegen jenen benediktinischen Schlendrian, mit dem hierzulande noch Diethelm von Krenkingen nicht fertig wurde. Wer die Mönche von Salem und Wettingen verstehen will, muß die Geschichte ihres Ordensgründers kennen, des Franzosen Robert von Molesme.

Der Hochadlige Robert aus der Champagne war mit fünfzehn Jahren, in mündigem Alter, in ein heimisches Benediktinerkloster am Oberlauf der Seine unweit von Troyes eingetreten. Etwa vierzigjährig war er um 1070 Abt eines benachbarten Benediktinerklosters geworden. Eigentlich war sein Lebensziel erreicht, Robert war ein alter Mann. Er blieb aber unruhig und versuchte es seit 1073 mit dem Einsiedlerleben, das von der Benediktregel als Lebensform der erfahrensten Koinobiten zugelassen war, im Wald von Collan bei Langres, immer noch in der Nähe. Anders als den heiligen Meinrad drängte es Robert zu neuer Gemeinschaftsbildung; 1075 gründete er mit anderen Eremiten eine neue Benediktinerabtei, Molesme, auch sie im Einzugsbereich der Stadt Troyes und des Bistums Langres. So weit wiederholte sich, in engeren geographischen Grenzen, die Geschichte von Einsiedeln auf französisch; dann kam es anders. Die bitter arme Abtei im Wald besaß zwar keine fürstlichen Gönner, wurde aber vom regionalen Adel schnell begünstigt, sie wurde reich, und ihre Mönche gewöhnten sich daran. Abt Robert spielte eine Weile mit und kümmerte sich im Stil der gregorianischen Kirchenreform um Priester und Laien, wie es in Petershausen und Kreuzlingen geschah. Dann riß sich der inzwischen Siebzigjährige von neuem los.

Reichtum an Landbesitz und Einmischung in die Seelsorge waren nicht mit dem Wortlaut der Benediktregel vereinbar. Roberts Anhänger sagten: »Besitz und Tugend pflegen nicht lange beisammenzubleiben.« Äbte und Mönche brachten ihre Tage damit hin, den wachsenden Grundbesitz zu verwalten und dem staunenden Volk langatmige Gottesdienste zu zelebrieren: Das war kein Mönchtum mehr. Im Konvent von Molesme brach Streit aus, was zu tun sei; der Abt zog 1097 mit einer Minderheit davon, nach Südosten in Richtung Burgund. Eine Spaltung des Klosters, nicht wie sonst um Personen, sondern um Prinzipien. Einundzwanzig Mönche wanderten, so schrieb ein Zeitgenosse, freudigen Herzens mit Robert in die Einöde von *Cistercium*, Cîteaux im Bistum Chalon. Der Platz »war zu dieser Zeit wegen des Dickichts und Dornengestrüpps kaum zugänglich und nur von wilden Tieren bewohnt. Dorthin kamen die Männer Gottes in der Überzeugung, daß dies der Platz sei, den sie lange ersehnt hatten und nun, weil er unzugänglich und für andere abstoßend war, für sich selbst am geeignetsten hielten.« Weltflucht, beinahe Rückkehr zu den ägyptischen Wüstenvätern, nur beinahe. Denn hier zogen keine Einzelgänger in die Wüste, sondern ein Abt und Teile seines Konvents, auf der Suche nach erhöhter, ungestörter Gemeinschaft.

Was sie im Bergland von Côte d'Or am Festtag Benedikts von Nursia 1098 begannen, war ein Leben nach der Benediktregel, buchstabengetreu »bis auf das i-Tüpfelchen«, wie sie bald sagten. Sie waren Philologen mit Konsequenz, Rationalisten bis auf die Knochen. Was im Buch steht, wollen wir tun. Was steht denn geschrieben? Nicht daß Benediktiner von der Arbeit fremder Hände leben und zum Ausgleich den Laien Predigten halten sollen. Da steht sinngemäß: Bete und arbeite! Also zuerst Arbeit mit eigenen Händen, um den Lebensunterhalt zu sichern. Das war die Armut, die Benedikt in seiner Regel meinte: »Wenn es die örtliche Notlage oder die Armut erfordert, daß die Brüder selbst die Früchte des Feldes sammeln müssen, sollen sie darüber nicht klagen. Dann sind sie ja in Wahrheit Mönche, wenn sie wie unsere Mönchsväter und die Apostel von der Arbeit ihrer Hände leben.« Roberts Mitmönche verstanden – anders als zur selben Zeit Wilhelm von Hirsau – den Notfall als die Regel: Alle Mönche müssen arbeiten, weil sie arm sein sollen. Das stimmte zur wirtschaftlichen und sozialen Lage in Champagne und Burgund um 1100. Grundherren und Kaufleute wurden reich, weil sie nicht mit den Händen arbeiteten; arm waren Hörige und Handwerker, die ihre Hände brauchten, um satt zu werden. Arm wollten die Zisterzienser sein, also mußten sie die sozial entwürdigende Handarbeit tun.

Welche Art von Handarbeit? Das zisterziensische Generalkapitel ordnete 1134 an: »Bei unseren Mönchen muß der Lebensunterhalt von der Arbeit ihrer Hände kommen, vom Ackerbau und von der Viehzucht.« Da wurde Benedikts Regel wieder zugespitzt, als wäre sie an ländlich-agrarische Zustände gebunden. Gewiß sprach sie vom Sammeln der Feldfrüchte, aber auch von mönchischen Handwerkern und vom Verkauf ihrer Produkte. Doch damit hätten sich die Zisterzienser auf städtische Märkte begeben müssen, die sie hinter sich lassen wollten. Sie wollten nicht von Einkünften fremder Arbeit leben, weder von Profiten und Renten in Geld noch von Tauschwaren und Dienstleistungen in Natur. Das war um 1100 nur dort möglich, wo niemand wohnte; allein im Dickicht und Dornengestrüpp konnten Mönche im Schweiße ihres Angesichts ihr Brot essen. Sie lehnten deshalb ab, was die Reformmönche von Cluny, Gorze und Hirsau am liebsten getan hatten, bestehende Klöster im Altsiedelland zu übernehmen. Sie schufen in der Einöde ein »neues Kloster«, wie sie die Anlage in Cîteaux nannten. Den Gedanken der Reform als Umgestaltung des Vorhandenen gaben die Zisterzienser auf; nur Neugründung von den Wurzeln aus konnte weiterführen.

Die Neugründung mußte von Einwirkungen der Umwelt unabhängig sein, gründlicher, als die Cluniazenser gemeint hatten. Kein Diözesanbischof sollte dazwischenreden, der die Mönche wieder in die Seelsorge drängen würde. Kein adliger Grundherr sollte sich als Schutz- und Gerichtsvogt aufspielen, der die Mönche wieder in Herrschaften zwängen würde. Das neue Kloster durfte keinem allmächtigen Abt unterstehen, der die Mönche wieder als Laufburschen verwenden würde. Robert selbst war kein autoritärer Abt, wurde überdies bereits 1099 in seine alte Abtei Molesme zurückgeholt. Das neue Kloster sollte aus der Einstimmigkeit der Brüder leben, denn in der Wüste waren alle aufeinander angewiesen. Unter Pfadfindern und Pionieren bildete sich leichter genossenschaftliche Selbsthilfe als arbeitsteilige Herrschaft aus. Eine Wüste bot keinen Standort; die Mönche arbeiteten dort, wo es nötig wurde, und ließen sich nicht in eine Klausur einschließen. Einöde war Klausur genug. Wüste gab es überall, freilich weitverstreut, das neue Kloster konnte sich an keine Region ganz binden. Von der ersten Pioniergruppe mochten sich andere Gruppen trennen, um das neue Kloster in einer anderen Wüste noch einmal zu gründen. Es geschah 1113 zum ersten Mal, unweit von Cîteaux, dann immer wieder, immer weiter weg. Die Tochtergründungen bildeten keine souveränen Abteien, aber auch keine abhängigen Priorate wie bei Reformbenediktinern; sie blieben mit ihrer Keimzelle verbunden, in der Einstimmigkeit der Brüder des neuen Klosters.

Dieser Grundgedanke wurde 1119 durch die *Carta caritatis* zu einer Verfassung verdichtet, die aus Einzelklöstern einen ausgewogenen Klosterverband schuf. Ihn beherrschte kein Generalabt wie im nahen Cluny, vielmehr beherrschte die Gemeinschaft der Klöster sich selbst. Jede Neugründung, die von der Gesamtheit anerkannt war, regierte sich allein, wurde aber alljährlich vom Abt ihres Mutterklosters kontrolliert, und jährlich kamen am 14. September alle Äbte sämtlicher Klöster, »soweit sie gesund sind«, nach Cîteaux zum Generalkapitel, um dort alles Grundsätzliche gemeinsam zu entscheiden. Das war eine andere Art von *Ordo* und Orden als der karolingische Versuch zur Unterordnung der Benediktinerabteien, das war eine in sich kollegiale, nach außen souveräne Gemeinschaft, die an verschiedensten Orten gleichförmige Niederlassungen errichten konnte. Sie setzte sich seit 1119 entschieden gegen die alten Benediktinerklöster ab, weil sie davon überzeugt war, allein die Benediktregel nach Geist und Buchstaben zu erfüllen. Man kann es ihr abnehmen, wenn man hinnimmt, was Benedikt nicht angenommen hatte, daß ein Verband von vielen Klöstern im Kern ein einziges Kloster sei.

Der zisterziensische Rückgriff auf den Wortlaut der Benediktregel hob das vorgregorianische Benediktinertum aus den Angeln, mit Hilfe moderner Rationalität, die Universalität und Exklusivität in einem war. Was den ganzen Orden anging, wurde vom Orden allein entschieden. Sogar das römische Papsttum akzeptierte dieses Prinzip, das die Hierarchie der Priesterkirche durchbrach. Die Päpste mischten sich in zisterziensische Fragen nicht ein und lösten den Orden zwischen 1152 und 1184 ganz aus bischöflicher Gerichtsbarkeit und Strafgewalt. Wenn Mißstände auftraten, sorgte die gesetzgebende und richtende Gemeinschaft der Äbte im Generalkapitel für schnelle Reform; sie konnte sogar den Abt von Cîteaux absetzen, der zwischen den Sitzungen die Ordensgeschäfte führte. In jedem Tochterkloster konnte der exekutierende Abt des Mutterklosters bei der jährlichen Visitation Strafen verhängen. Mit der persönlichen Herrlichkeit der Benediktineräbte, die dem Wortlaut von Benedikts Regel entsprach, war es vorbei, nur die Verantwortlichkeit blieb übrig. Die zisterziensische Verfassung war sachlich und effizient; sie ersetzte Schlendrian und Willkür durch Normierung und Konsens. Was dabei verlorenging, waren die Ruhmestitel der frühmittelalterlichen Benediktiner, die charismatische Ausstrahlung einzelner Mönche auf ihren Konvent, einzelner Klöster auf ihre Region. Was dabei gewonnen wurde, war eine Radikalität, die von aller Tradition abstrahierte und die Welt nach Prinzipien konstruierte; die Theorie der Einstimmigkeit wurde in Praxis umgesetzt, Rodungsarbeit im Dickicht. Die klügsten und tatkräftigsten Menschen des zwölften Jahrhunderts ließen sich begeistern vom zisterziensischen Ausbruch aus Verfilzungen der Geschichte, der Stände, der Regionen. Der Orden breitete sich über ganz Europa stürmisch aus.

Die Geschichte der Zisterzienser ist dennoch die Geschichte ihrer Klöster. Sehen wir uns also gleich das Zisterzienserkloster Salem an, das älteste am Bodensee, eines der frühesten in Deutschland. Salems historisches Problem läßt sich in zwei Sätzen zusammenfassen: Zisterzen mußten in Einöden gebaut werden, aber die Bodenseelandschaft war keine Einöde mehr; Salem sollte ausschließlich zur Gemeinschaft der Zisterzienser gehören, aber es gehörte auch in die Bodenseelandschaft. Im System zisterziensischer Zellteilung war Salem eine Gründung der fünften Generation, obwohl es nur zwanzig Jahre nach der ersten Tochtergründung von Cîteaux entstand. Damals lebten noch viele Zisterzienser der ersten Generation. Von Cîteaux aus war 1115 Morimond gegründet worden, wo wenig später der staufische Reichsbischof Otto von Freising Abt wurde. Von Morimond war 1119 Bellevaux, noch in Burgund, ausgegangen, von Bellevaux vier Jahre später Lützel im Oberelsaß, nahe der heutigen Schweizer Grenze. An die Zisterze

Lützel wandte sich 1134, als sie elf Jahre stand, der Edelfreie Guntram von Adelsreute mit der Absicht, einen Teil seiner Güter im Linzgau zur Gründung einer neuen Zisterze bereitzustellen.

Warum er es tat, kann man bloß ahnen; mehrere Gründe mögen zusammengekommen sein. Guntram besaß keine männlichen Erben und wollte zu Lebzeiten für Totenliturgie und Seelenheil sorgen. Seine eigenständige Herrschaft, von den Vorfahren auf Rodungsland aufgebaut, geriet zudem in den Sog welfischer und staufischer Einflußnahme auf Oberschwaben und zwischen die Mühlsteine des staufisch-welfischen Streits. Guntram konnte gegen vergängliche Herrschaft ewige Seligkeit eintauschen, wenn er die frömmsten Mönche rief. Und von den Zisterziensern sprach alle Welt. Einige Jahre zuvor, vor 1125, war der älteste Sohn des Welfenherzogs, Konrad, von seinen geistlichen Studien in Köln plötzlich abgesprungen, ohne Wissen der Eltern bei den Zisterziensern in Morimond, dann in Clairvaux eingetreten und der Welt verlorengegangen. Das erregte in ganz Süddeutschland Aufsehen: Herren wollten nicht mehr Bischöfe, Bischöfe wollten Zisterzienser werden.

Für regionale Hintergründe mochten die Zisterzienser wenig übrig haben; dennoch mußten sie, um ihr Ansehen zu hüten, Fehlgriffe bei Neugründungen vermeiden. Vom altbenediktinischen Wildwuchs hielten sie gerade in Gründungsfragen nichts. Ein Zisterzienserkonvent durfte erst dann ein Tochterkloster gründen, wenn er mehr als sechzig Mönche zählte und durch die Zellteilung nicht ausgeblutet wurde. Lützel sollte damals vier weiteren Gründungsanträgen nachkommen, das erforderte Zeit. Der Abt des Mutterklosters mußte sich die Lage persönlich ansehen, den geeigneten Standort festlegen und dabei die Bestimmungen des Generalkapitels beachten, dessen Zustimmung vor der Gründung einzuholen war. Das neue Kloster mußte in menschenleerer Gegend liegen, nicht in einer Stadt oder Burg oder dörflichen Siedlung, denn es sollte nicht den Belastungen benediktinischer Abteien ausgesetzt sein, der Aufsicht über hörige Bauern, der Einbeziehung in das Pfarrsystem, dem Ärger mit Kirchenzehnten und Gebühren für Messen und Begräbnisse, dem Schmarotzen von fremder Arbeit. Und da haperte es im Linzgau. Guntram bot nämlich Grundstücke in zwei bereits besiedelten Gegenden an, in Salmannsweiler an der Linzer Aach und an seinem Stammsitz Adelsreute am Westrand des Schussentals. An beiden Orten standen je eine Kirche und mehrere Bauernhöfe.

Die Lage war auch insofern nicht vorschriftsmäßig, als beide Gemarkungen fast zwanzig Kilometer auseinanderlagen. Das Generalkapitel kannte die Nachteile des benediktinischen Streubesitzes und verlangte zusammenhängende Grundstücke, die vom Kloster aus, durch die Mönche selbst, ohne lange Anfahrt bewirtschaftet werden konnten. Dieser Fehler ließ sich korrigieren, in Adelsreute konnte man eine Außenstelle von Salmannsweiler einrichten und dann an beiden Orten Eigenbau betreiben. Aber wenigstens die Siedlungen Salmannsweiler und Adelsreute mußten aufgelöst werden. Daß das Gesamtgelände recht klein war, dürfte den inspizierenden Abt von Lützel weniger bedrückt haben. Zisterzienser brauchten keine großen Anbauflächen, weil sie sich selbst versorgten und andere nicht mitfütterten. Nur deshalb konnte ja ein kleiner Grundherr wie Guntram ein Kloster gründen; für die Ausstattung eines Benediktinerklosters wäre er viel zu arm gewesen. Ihm zuliebe mag der Abt von Lützel beide Augen zugedrückt haben, vielleicht auch, weil Bischof Ulrich II. von Konstanz sich bereitfand, die Zisterzienser nicht zu behelligen. Sie mußten von den weltlichen und geistlichen Herren der Region nichts befürchten und konnten den Beginn riskieren; ob sie sich nachher vor ihren Freunden würden retten können?

Um Pfingsten 1137 kamen aus Lützel die ersten Mönche angezogen, wahrscheinlich der allgemeinen Bestimmung des Generalkapitels folgend zwölf an der Zahl, an der Spitze ein bewährter Neugründer, Frowin. Er hatte von Bellevaux kommend Lützel mit aufgebaut, als *Cellerarius*, das heißt als Leiter der klösterlichen Landwirtschaft. Der kluge und betriebsame Romane gehörte wahrscheinlich zum Freundeskreis des aktivsten aller Zisterzienser, Bernhards von Clairvaux, den er nachher bei dessen Bodenseereise 1146 begleitete. Wieder kamen Ausländer an den Bodensee, mit dem einzigen Wunsch, von Einheimischen in Ruhe gelassen zu werden. Sie bauten ein neues Kloster und ließen nichts Altes stehen, nicht einmal den Namen Salmannsweiler. Noch vor 1140 tauften sie ihn geistreich um zu Salem, nach dem alttestamentlichen Haus des Friedens. Dort stand eine Verenakirche, »anständig aussehend, aber vor Alter fast zusammengebrochen«. Sie wurde abgerissen, nicht wie in Einsiedeln in den Neubau einbezogen. Die ersten vierzig Jahre waren von Baulärm erfüllt. Nachbarn wurden herangezogen, die Hauptarbeit taten die Mönche. Sie bauten ihr Kloster wahrscheinlich so, wie damals überall, hundert Jahre später in Wettingen Zisterzen gebaut wurden, denn die Einheit der Ordensverfassung sorgte für die Gleichheit der Baupläne.

Die Klosterkirche, der Gottesmutter geweiht, ziemlich klein, nur für Mönche und Konversen, nicht für Bauern und Pilger. Kein Glockenturm rief Fremde herbei, kein Westportal lud sie ein. Zisterzienser übernahmen grundsätzlich keine Seelsorge und Sakramentenspendung für Auswärtige. Ein gerade geschlossener Chor, im Querschiff mehrere boxenartige Kapellen für Privatmessen der Mönche, Hauptschiff und Seitenschiffe unter einem Dach, vermutlich das Ganze flach gedeckt, nicht eingewölbt, an den Wänden unverputzter Stein, die Fenster nacktes Glas, ein scheunenartiges Gebäude, grau in grau. An dieser Kirche, im Seitenschiff seit 1152 benutzt, wurde bis 1179 gebaut, länger als hierzulande üblich, ohne Stamm von Facharbeitern. Die Konventgebäude waren schon 1165 fertig, eine benediktinische Klausur, jedoch mit zwei Hälften. Die größere im Osten für die Mönche, Kapitelsaal, Speisesaal, Schlafsaal; im Westen spiegelbildlich dieselben Räume für die Konversen.

Eine Zisterze bestand aus zwei Gemeinschaften, Mönchen und Konversen. Wir haben die neue Lebensform der Konversen im Hirsauer Reformkloster Petershausen kennengelernt; auch in Salem legten die Laienbrüder nach einer Probezeit Profeß auf Lebenszeit ab und verpflichteten sich auf den Gehorsam. Frauen waren nicht zugelassen. Dennoch durften Konversen nicht Mönche werden, sich auch nicht mit Geschriebenem befassen, ihre Welt war die Klosterwirtschaft. Sie lebten von den Mönchen getrennt, hatten ihren gesonderten Zugang zur Klosterkirche, ihren besonderen Altar, ihre eigene Frühmesse, einen etwas reichlicheren Speiseplan, denn sie mußten arbeiten. Das taten sie stumm, in der Küche, im Krankenhaus, in den Werkstätten. Auch Werkstätten wurden sogleich gebaut, in Stein, als wären sie nicht weniger wichtig als die Kirche. Ständig sprachen die Zisterzienser von *Officina;* sogar die Klosterkirche hieß *Officina Dei*, Gotteswerkstatt. Das Ganze wirkte wie eine Fabrikanlage, die »arbeitet«.

Salem war die handwerkliche Zentralstation. Gleichzeitig wurden Außenstellen gebaut, ähnlich den benediktinischen *Cellae*, aber streng nach Schema; sie hießen Vorwerke oder Grangien. *Grangium* bedeutete Getreidespeicher, doch wurden neben Vorratshäusern und Ställen auch Wohnräume und Kapellen für die Konversen gebaut. Dort lebten grundsätzlich keine Mönche, sondern diejenigen Konversen, die nicht in der Zentrale als Handwerker gebraucht wurden, und draußen besorgten sie die Landwirtschaft. Grangien waren also Gutshöfe; ein paar kann man auf dem Prälatenweg von Birnau nach Salem noch sehen. Sie wurden mit Mauern umgeben, Klöster im kleinen, denn auch Konversen lebten mönchisch, unter strenger Aufsicht des Grangienmeisters, der selbst Konverse war, oft ein höchst selbstherrlicher. Er unterstand dem *Cellerarius* im Hauptkloster, dem Wirtschaftsverwalter. Salemer Grangien standen zum Teil ganz nahe beim Kloster als Zentralstellen des Eigenbaus, zum Teil bildeten sie Außenstellen wie Adelsreute oder Madachhof zwischen Stockach und Meßkirch, rund fünfundzwanzig Kilometer vom Hauptkloster entfernt. Bald legte sich ein doppelter Kranz von Vorwerken rund um Salem.

Von den Jahrzehnten des Aufbaus wissen wir wenig. Äbte starben und kamen, aus Lützel oder anderen Zisterzen herbeigeholt, keine Einheimischen. Auch bei den Mönchen überwogen Fremde. Bei den Konversen fanden sich bodenständige Bauern ein, denen der Eintritt ins Kloster häusliche Familienplage abnahm und geregeltes Leben bescherte. Körperliche Arbeit galt hier ohnehin nicht als Schande, bald arbeiteten leibhaftige Ritter und Bürger der Nachbarschaft als Konversen mit, auch sie mitunter wegen der gesicherten Versorgung. Auf dieser unteren Ebene kam es zur frühesten Berührung zwischen Fremden und Einheimischen. Das änderte sich 1191 schlagartig. Ein neuer Abt wurde gewählt, der erste, der in Salem als Mönch eingetreten war, der erste alemannische Zisterzienser, den wir kennen: Eberhard von Rohrdorf. Kein Bauer, ein Hochadliger, aus der Familie der Grafen von Rohrdorf bei Meßkirch, verwandt mit den bedeutendsten Adelsfamilien der Umgebung, auch mit einflußreichen Kirchenfürsten, zum Beispiel mit dem Konstanzer Bischof Diethelm von Krenkingen. Der neue Abt war jung, schätzungsweise siebenundzwanzig Jahre. Fast ein halbes Jahrhundert, bis 1240, regierte er Salem. Erst als er öfter erkrankte, trat er zurück und starb über achtzigjährig 1245. Die Daten machen schon deutlich, daß Eberhard von Rohrdorf das Zisterzienserkloster Salem geprägt hat wie kein Abt vor und nach ihm und daß er es aus der Isolierung am Bodensee erlöste. Er brauchte nicht mehr viel zu bauen, eine Krankenkapelle, die 1192 Bischof Diethelm weihte, dann standen die Gebäude. Eberhard konnte die Mönchsgemeinschaft an gleichförmiges Leben ohne Baustelle gewöhnen.

Schluß mit dem frischfröhlichen Pionierdasein im wilden Osten, statt dessen Kasernendienst von einer Härte, gegen die heutige Fremdenlegionäre aufbegehren würden. Urlaub bei Verwandten höchstens alle zwei Jahre für wenige Tage, Reisezeiten eingerechnet, ansonsten Klausur. Abt Eberhard war überall dabei, wie Gregor in Einsiedeln. Im gemeinsamen Schlafsaal lag er nachts wie alle anderen angekleidet auf der Pritsche, bis nach sechs oder sieben Stunden Schlaf um zwei Uhr der Chordienst begann. Täglich rund sechs bis sieben Stunden in der Kirche, Privatmessen für Priestermönche früh um vier, später ein Hochamt für alle, meist gemeinsames Chorgebet, nachts bloß von zwei Kerzen beleuchtet, denn die Gebete wußten alle auswendig. Am Ende des Tages noch einmal Versammlung im Kreuzgang zur Lesung aus Schriften der Mönchsväter, danach letztes Chorgebet und Gesang des Marienhymnus *Salve Regina* (den man Hermann dem Lahmen hat zuschreiben wollen). Aber im ganzen weniger Chordienst als bei den Hirsauern. Daneben täglich sieben Stunden Handarbeit, zumeist in den Werkstätten, auch in der Schreibstube. Bei Weinlese und Getreide- und Heuernte rückte der gesamte Mönchskonvent aus, der Abt mit allen Würdenträgern voran. Der Rest des Tages, je nach Jahreszeit zwei bis fünf Stunden, Einzellektüre zur Kontemplation und eine halbe Stunde Erholung, während der gesprochen werden durfte. Den ganzen übrigen Tag bei aller Aktivität absolutes Stillschweigen außerhalb des Chorgebets. Gemeinschaft hat nur eine Stimme. Das Allernötigste, was der Einzelne kundtun mußte, wurde durch Finger- und Zeichensprache mitgeteilt, wie sie in einer Salemer Handschrift aus Eberhards Zeit aufgezeichnet vorliegt.

Schweigen ist schlimm, Frieren ist schlimmer. Benedikt von Nursia hatte seine Regel auf den Süden Italiens zugeschnitten, Wilhelm von Hirsau sie für den kalten Schwarzwald abgemildert; die Zisterzienser befolgten sie, als schiene in Oberschwaben immer die Sonne. Die am längsten benutzten Räume, Klosterkirche und Schlafsaal, waren ungeheizt. Maximale Aufenthaltserlaubnis für Gesunde in der Wärmestube täglich eine halbe Stunde. Nachts war die Wärmestube geschlossen, geöffnet nur zwischen Ende Oktober und Ende April. Im übrigen Jahr ist der Ofen aus, »und wenn es noch so kalt wird«. Die Körperpflege wurde gegenüber Hirsauer Bräuchen eingeschränkt, als führte sie nur zur Verweichlichung. Warme Bäder waren für Gesunde verboten, neben der Krankenküche stand ein einziger Badezuber für Kranke. Am *Lavabo*, dem romantischen Brunnen beim Kreuzgang, wusch man vor jeder Mahlzeit die Hände, an jedem Morgen den Kopf, an jedem Samstag die Füße. Rasur war bloß achtmal jährlich erlaubt. Die Mönche rasierten sich gegenseitig mit Schermessern, die der Klosterschmied hergestellt hatte, keine Präzisionsinstrumente. Die Kleidung rauh und dünn; Mäntel, Pelzkrägen und Unterkleider, wie man sie in Hirsauer Klöstern trug, waren verboten. Die Kutten bestanden aus heimischer Wolle, kratzig und ungefärbt. Wenn sie, was selten geschah, gewaschen wurden, nahmen sie die weiße Färbung von Drillichen an. Die Schuhe wurden aus Kuhleder verfertigt.

Das Schlimmste war der Hunger bei gleichzeitiger Arbeitsbelastung. Auch hier wurden Hirsauer Milderungen verschmäht. Frühstück in Salem: Fehlanzeige. Im Sommer während der Hauptarbeitszeit täglich zwei Mahlzeiten, mittags Gemüse, grobes Gerstenbrot, Dickmilch und ein Stück Käse; abends Milchsuppe. Im Winter eine Mahlzeit täglich, in der Fastenzeit auf den Abend verlegt, tagsüber Hunger. Jeden Freitag in der Fastenzeit bloß Wasser und Brot. Eine besondere Vergünstigung vor Ostern, an drei Wochentagen zusätzlich fünf kleine Fische ohne Beigabe. Ein Zisterzienser verlor jeden Geschmack, zum Beispiel konnte Bernhard von Clairvaux Schweineschmalz nicht mehr von Butter unterscheiden. Zusätzliche Lebensmittel aus Spenden kamen zu Eberhards Zeit kaum je auf den Tisch, Fleisch, Fett und Eier gar nicht, lediglich für Kranke und Alte. Das waren die wenigsten.

Man hat ausgerechnet, daß die meisten Zisterzienser mit achtundzwanzig Jahren starben; ihr Durchschnitt lag weit unter der allgemeinen Lebenserwartung des zwölften Jahrhunderts, die mit fünfunddreißig Jahren für moderne Verhältnisse erschreckend niedrig war. Da die Zisterzienser keine Oblaten aufnahmen, lebte der Durschnittsmönch zwölf Jahre im Kloster und starb. Es ist kaum zu begreifen, wie Eberhard von Rohrdorf unter solchen Umständen auf fünfundsechzig Klosterjahre kam. Ihn wie andere begeisterte wohl die Härte einer Gemeinschaft im Dienst, die den ganzen Menschen forderte und ihm nichts Eigenes ließ. Der Zisterzienser Otto von Freising beschrieb das Leben seiner Mitbrüder 1146 als Entrückung, als Vorgeschmack von der Wonne des himmlischen Vaterlandes, die sich nur der Askese eines einstimmigen Konvents ekstatisch erschließt: »Obwohl durch Arbeit ermattet, durch Nachtwachen erschöpft, durch Fasten abgezehrt, singen sie wie die Grillen, die dann am schönsten zirpen, wenn sie hungrig sind.«

Wer mit einem Bein im Himmel steht, mißachtet die Künste irdischer Schöngeister. Zisterzienser in Salem untermalten ihren Gottesdienst nicht musikalisch, schmückten ihre Kirche nicht mit farbigen Fresken, malten in ihre Bücher keine Miniaturen, wie es Benediktiner in Reichenau und Weingarten liebten. Den Mönchen war es verboten, ohne besondere Genehmigung ein neues Buch zu verfassen. Wer beim Verseschmieden ertappt wurde, riskierte Strafversetzung. Einen Dichter besaß Salem um 1206, der auf Freunde des Klosters, auch auf Bischof Diethelms Tod, Gedichte schreiben durfte, freilich mit dem Kernvers: »Wir haben uns den Tod und das himmlische Leben vorgenommen. Denk also nicht an die harte auferlegte Geißelung, lauf den schmalen Weg entlang, verlaß den breiten!« Entgegen dem Wortlaut der Benediktregel wurden keine Knaben aufgenommen, keine Schulen für Novizen benötigt, für Laien schon gar nicht. Über fehlende Verbindung zur Universität mochte um 1233 ein englischer Amtsbruder Eberhards klagen, der Salemer Abt dachte nicht daran. Natürlich brauchte er Abschriften liturgischer und theologischer Standardwerke, aber nicht viele; aus dem ersten Jahrhundert Salems sind erstaunlich wenige Bücher bekannt (aus Wettingen sehr viele). Dem Denken der frühen Zisterzienser fehlte alles Verzückte, das Spätere mit ihrer Marienmystik verbanden. In der Salemer Überlieferung finde ich keinen Wunderbericht, keinen visionären Wink aus dem Jenseits, keine Heldentat von Übermönchen, keinen bösen Scherz von Querköpfen.

Wer nach Selbstzeugnissen des Salemer Konvents sucht, findet als erstes eigenständiges Werk das nüchternste unter den denkbaren: ein Urkundenbuch. Es ist unter Abt Eberhard 1215 angelegt und bringt als Vorspann eine knappe Geschichte des Klosters, vor allem seiner baulichen Entwicklung, denkt aber lieber an die Zukunft, wie es einleitend sagt: »Wir wollen die Anfänge festhalten, damit die künftig Kommenden sie kennen und einer neuen Generation, die Rechenschaft fordert, diese Rechenschaft geben können.« Rechenschaft ablegen vor den künftig Kommenden, den Weg bereiten für die Nachfolgenden, das dürfte Eberhards Leitgedanke gewesen sein. Sein Konvent wuchs und zählte 1227 mindestens sechzig Mönche, sonst hätte Salem in diesem Jahr nicht ein Tochterkloster gründen können, bei Wettingen im Aargau, wo Rapperswiler, Kyburger und Habsburger Herren sich als Gönner drängten. Wenn künftig die Zahl der Zisterzienser weiter steigen sollte, mußte Abt Eberhard dafür die Existenzreserven erweitern. Es muß der Traum von einer zisterziensisch werdenden Welt am Bodensee gewesen sein, der Eberhards Wirtschaftspolitik beflügelte.

Das Wort Wirtschaftspolitik klingt bei dem harten Asketen seltsam. Sein halb verhungerter Konvent, der den Lebensunterhalt selbst bestritt, konsumierte wenig und schuf beträchtliche Überproduktion. Armut + Arbeit = Reichtum. Das Mittelalter achtete auf diesen Zusammenhang nicht, sonst hätten die Zisterzienser, die doch arm bleiben wollten, nicht so wütend gearbeitet; erst im siebzehnten Jahrhundert begriffen ihn die Reformer unter den Zisterziensern, die Trappisten, indem sie die ökonomischen Zuwachsraten beschnitten. Mittelalterliche Zisterzienser arbeiteten so begeistert, weil die irdische Zukunft allemal ungewiß blieb und weil sie trotzdem auf Expansion ihres Ordens setzten. Sie wollten das Durcheinander unberechenbarer Triebe durch Rationalität, »Rechenschaft« ordnen. Vermutlich galt für sie die umstrittene Kapitalismusthese von Max Weber. Ihr zufolge entstand der Kapitalismus in den kalvinistischen Ländern der frühen Neuzeit nicht zum Lebensgenuß der Unternehmer oder zur Unterdrückung der Arbeiter, vielmehr aus der Askese von Unternehmern, die ihr Erdenglück nicht verprassen, sondern ihren himmlischen Gnadenstand am Kontostand ablesen wollten. Durch Askese und Arbeit Mittel für kommende Mönche bereitzustellen, bemühte sich Eberhard von Rohrdorf, und sein Kellner Baldebert half ihm unermüdlich dabei.

Auf welche Weise legte man um 1200 Reserven für die Zukunft an? Die Hortung von Reichtümern, etwa in Gestalt kostbarer Kirchengeräte, hatte schon Petershauser Benediktinern nicht lange genutzt und blieb unproduktiv. Wer Produktionsmittel in die Hand bekommen wollte, erwarb Grund und Boden. Eberhard blieb bei dieser bewährten Methode und brauchte für sie die Freundschaft des grundbesitzenden Adels im Umkreis. Er förderte sie mit allen Mitteln, auch solchen, die vom Generalkapitel verboten waren. Die frühen Zisterzienser hielten wenig vom persönlichen Totengedenken und von Gebetsverbrüderungen mit adligen Freunden; die zisterziensische Liturgie gedachte nur einmal jährlich summarisch aller Wohltäter. Deshalb finden sich bei französischen Zisterzen nicht die tausende von Eintragungen wie in benediktinischen Totenbüchern, zum Beispiel in Reichenau. Wer für das Lebendigste am Mittelalter die Totenbücher hält, muß den Zisterziensern schmollen. Im Falle Salem trägt aber nicht Abt Eberhard die Schuld an der Dürftigkeit des Quellenmaterials, sondern ein Brand, der das Totenbuch 1510 vernichtete. Was sich davon abschriftlich erhalten hat, zeigt, daß schon Eberhard die Todestage seiner Verwandten und Freunde zu feierlichem Gedenken nutzte. An die Wohltäter des frühen dreizehnten Jahrhunderts erinnerte sich der Salemer Konvent noch zweihundert Jahre später. Ich glaube nicht, daß Eberhard seine Amtsbrüder in Cîteaux um Ausnahmegenehmigung fragte.

Das Generalkapitel hatte weiter verboten, außer höchstens zwei Stiftern und ihren Frauen irgendwelche Laien im Kloster beizusetzen, weil Zisterzienser keine Hausklöster für den Adel errichten und den daraus erwachsenden Reichtum verhindern wollten. Abt Eberhard jedoch wurde 1193 vom Generalkapitel in Cîteaux gemaßregelt, weil er eine weibliche Leiche in der Salemer Kirche habe beisetzen lassen. Vermutlich war es Jungfer Mathilde, Tochter des Klosterstifters Guntram von Adelsreute. Dafür bekam Eberhard einen strengen und fünf leichte Fasttage zudiktiert und durfte vierzig Tage nicht am Chorgebet teilnehmen. Es focht ihn nicht an. Seinen Bruder Mangold ließ er 1210 im Vorraum der Krankenkapelle bestatten, die er hatte finanzieren helfen. Mangold war der letzte weltliche Herr des Geschlechts und hinterließ dem Bruder Abt Teile seiner Herrschaft. Bald folgten Beerdigungen anderer Wohltäter im Kloster, zuerst der Gräfinnen von Heiligenberg und Veringen, gewöhnlich mit Landschenkungen verbunden. Gute

Beziehungen taugten nicht erst für die zisterziensische Zukunft, sie waren für Salems Gegenwart bitter nötig. Dieses wie fast alle Zisterzienserklöster hatte sich bislang gegen hochadlige Beschützer gewehrt, nicht einmal die fromme Stifterfamilie von Adelsreute als Vögte angenommen und sich begnügt, die staufischen Könige als Schirmvögte mit der Abtei zu befreunden. Das half in akuten Notfällen nichts, besonders in den Jahren nach Barbarossas Tod nicht und während des staufisch-welfischen Thronstreits, zwischen 1190 und 1215. Eberhard sammelte da unangenehme Erfahrungen.

Ziemlich nobel benahmen sich große Herren, die Zähringer im Westen und die Welfen im Osten, obwohl sie dem Aufstieg Salems argwöhnisch zusahen. Gefährlicher wurde die Abneigung niederadliger Nachbarn, zum Beispiel des Ritters Ulrich von Bodman. Er diente den Staufern als Reichsministeriale bei der Verwaltung des Königshofs Bodman. Dort verfügte seine Familie nur über geliehene Macht; sie strebte nach einer eigenen Herrschaft in noch nicht vergebenen Gebieten, nordöstlich und nördlich von Bodman, genau im Vorfeld von Salem. Kaum hatte Barbarossa, Schirmvogt des Klosters, das Bodenseegebiet 1187 verlassen, da entbrannte der Streit um die Grangie Madach, offenbar wegen unklarer Grenzen. Unmittelbar neben dem Klosterhof besaß Ulrich einen »Ulrichsbühl« mit Äckern und Wiesen. Vielleicht fuhr ein Lebensmitteltransport nach Salem über seine Felder, jedenfalls raubte er dem Kloster bewegliche Güter im Wert von etwa hundert Pfund. Der Salemer Abt, damals noch Eberhards landfremder Vorgänger, ging auf Konfliktkurs und beschwerte sich beim Kaiser, der seit 1142 zum weltlichen Schutz der Zisterze verpflichtet war. Der Abt wandte sich ferner an den Papst, der das Kloster 1140 in geistlichen Schutz genommen hatte. Aus Rom kam die Exkommunikation, doch Bodman blieb hart, denn der Kaiser war weit. Aber sieben Kilometer von Salem entfernt stand die Burg Hohenbodman, mit deren Hilfe Ulrich die ganze Westflanke des Klostergebiets lahmlegen konnte. Der neue Abt Eberhard schaltete auf die Strategie der Umarmung. Noch 1191 kam es zum Ausgleich, vermittelt durch Eberhards Verwandte, den Konstanzer Bischof Diethelm sowie die Grafen von Heiligenberg und Rohrdorf. Ulrich von Bodman gab sogar sein Eigengut neben dem Madachhof her, sobald Salem seine Rechte anerkannte und ihm zehn Pfund zahlte.

Wie Eberhards Strategie wirkte, zeigte sich 1193 beim Tod Ulrichs von Bodman. Sein Bruder Burchard schenkte dem Kloster den Ort Gailhöfe bei Hohenbodman »für das Seelenheil seines Bruders Ulrich«. Als der Papst seit 1213 einen neuen Kreuzzug vorbereitete, wurden Zisterzienser, wie seit 1147 üblich, für die Anwerbung von Adligen eingesetzt; Abt Eberhard stand inzwischen mit dem Haus Bodman so gut, daß er Albero von Bodman für den Kreuzzug gewann. Vor der Abreise schenkte dieser dem Kloster 1217 einen Weinberg in Überlingen. Das Einvernehmen zwischen Salem und Bodman wurde im späteren dreizehnten Jahrhundert noch einmal schwer gestört, aber auf Dauer behielt Eberhards Politik recht. Der erste Bodman trat 1288 als Konverse in Salem ein, die Familie bekam in der Klosterkirche eine Gruft und schenkte nach 1307 ihre abgebrannte Burg über Bodman dem Kloster. Berg und Gebäude heißen heute Frauenberg, weil die Salemer die dort errichtete Kirche der Gottesmutter weihten. Wer die Welt am Bodensee zisterziensisch machen wollte, mußte die Fraternisierungsverbote des Generalkapitels ab und zu vergessen.

Bei einem zweiten Konflikt wurde Eberhard vollends gewahr, daß seine Zisterze nicht im Dickicht und bei wilden Tieren, sondern in einer altbesiedelten und durchgeformten Landschaft lag, also Rücksichten nehmen mußte, die man in Cîteaux nicht verstand. Wegen der Grangie Adelsreute gab es 1198 Ärger, diesmal nicht mit Adligen. Die Bauern mehrerer Nachbarorte, vorweg die von Oberzell im Schussental, fielen geschlossen über den Adelsreuter Wald und den Klosterhof her und richteten erhebliche Verwüstungen an. Abt Eberhard meldete den Schaden nach Rom. Der Papst wies die Konstanzer Kirchenbehörden an, über die Frevler harte Kirchenstrafen zu verhängen. Das half auch diesmal nichts, denn die Oberzeller Bauern fanden bei ihrem Dorfherrn Friedrich von Waldburg volles Verständnis. Das Kloster aber besaß an seiner Ostflanke zum welfischen Gebiet keine adligen Gönner mehr, seitdem die Stifterfamilie von Adelsreute ausgestorben war. Der Streit zog sich bis 1210 hin und wurde dann wieder durch Vermittlung benachbarter Herren geschlichtet.

Dabei stellte sich heraus, daß die Oberzeller Bauern tatsächlich im Adelsreuter Wald alte Allmenderechte besaßen: Sie durften im Wald trockenes Holz für ihre Heizung lesen und ihre Schweine zur Eichelmast in den Wald schicken. Der Grangienmeister von Adelsreute hatte es ihnen bestritten, weil Zisterzienser grundsätzlich nichts von Einschränkungen ihrer Nutzungsrechte durch Ansprüche anderer wissen wollten. Das mochte in dünn und spät besiedelten Randzonen angehen, am Bodensee mußten sich auch Zisterzienser in vorgegebene Rechtsverhältnisse schicken. Eberhard gab nach und gewann dadurch neue Freunde, so den Vermittler von 1210, den Ministerialen Heinrich von Schmalegg, von der mächtigsten Burg westlich Ravensburg. Als er 1219 starb, hinterließ er dem Kloster weiteren Grundbesitz. Wenig später begannen sich die mit den Schmaleggern verwandten Herren von Waldburg um den Schutz der östlichen Klostergüter zu bemühen, die sie eben noch angegriffen hatten. Ohne diesen Schutz konnte Salem nicht einmal seinen Besitzstand wahren, mit diesem Schutz konnte es ihn mehren.

Was Eberhard im Einzelfall für sein Kloster tat, lag auf einer Linie, die rasch an grundsätzliche, vom Generalkapitel seines Ordens gezogene Grenzen stieß. Vielleicht das brisanteste Thema war die Behandlung der religiösen Frauenbewegung, die seit dem späten zwölften Jahrhundert vor allem im niederen Adel und im bürgerlichen Patriziat um sich griff. Zisterzienser weigerten sich bis 1212 strikt, für solche Frauengruppen die Mühe der Seelsorge und Verwaltung zu übernehmen. In hochadligen Benediktinerinnenabteien oder Kanonissenstiften wie Buchau oder Zürich fanden fromme Frauen niederer Stände keine Aufnahme, eher in neuen oder modernisierten augustinischen Chorfrauengemeinschaften wie Münsterlingen oder Lindau, doch war auch deren Kapazität begrenzt. Überdies waren Frauen nicht weniger als Männer von der zisterziensischen Härte fasziniert. Manche Frauengruppen richteten sich, soweit sie nicht in die Häresie von Autodidakten abglitten, auf eigene Faust nach zisterziensischen Gewohnheiten. Einzelne hartnäckige Frauen setzten sogar durch, daß ein befreundeter Abt sie offiziell in den Orden aufnahm. Darüber klagte das Generalkapitel 1213. Wenn es Frauen nicht an freiwilliger Übernahme der zisterziensischen Lebensform hindern konnte, wollte es nicht auch noch rechtliche Verantwortung für sie übernehmen.

Abt Eberhard von Salem dachte anders; allem Anschein nach ging er auch hier vom Einzelfall aus. Seit 1212 trug sich ein bescheidener Ministeriale von der Schwäbischen Alb, Burchard von Weckenstein, mit dem Gedanken, ein Frauenkloster zu stiften. Denn er hatte zwei Schwestern Judintha und Ita, die sich mönchischem Leben widmeten und anscheinend bereits als Zisterziensernonnen geweiht waren. Ob etwa Eberhard von Salem ihre Weihe vorgenommen hatte? In ganz Oberschwaben sahen sie keine Gelegenheit, mit anderen Frauen die Einstimmigkeit zisterziensischer Gemeinschaft zu üben. Der Bruder mußte ihnen helfen. Burchard stellte Grundbesitz in Wald, zwischen Meßkirch und Pfullendorf gelegen, bereit und wandte sich an Eberhard. Der sah eine Chance, die Welt am Bodensee zisterziensisch zu machen, und lenkte die rechtlichen Vorbereitungen für die Neugründung im Westen seines Klosterbereiches. Der staufische König Friedrich II. nahm das neue Kloster Wald 1216 in seinen Schutz. Kurz darauf bat Papst Honorius III. das Generalkapitel der Zisterzienser, die Nonnen von Wald der Abtei Salem zu unterstellen. Das Generalkapitel konnte das päpstliche Ansinnen nicht abschlagen, schob aber dem Salemer Abt die alleinige Verantwortung zu. Eberhard arbeitete zielbewußt weiter und erreichte vermutlich schon 1217 die endgültige Aufnahme des Frauenkonvents Wald in den Zisterzienserorden. Die erste Leiterin, Judintha von Weckenstein, wurde zur Äbtissin erhoben.

Eberhard wich den Folgen seiner Aktivität nicht aus. Wald blieb von Salem abhängig und wurde nicht dem inzwischen in Frankreich errichteten Generalkapitel der Zisterzienserinnen zugeordnet. Eberhard vertrat den Frauenkonvent auf dem Generalkapitel in Cîteaux und trug die Verantwortung für das Gedeihen des Klosters. Er mußte aus Salem Meßpriester und Beichtväter nach Wald senden, die Aufnahme der Nonnen und die Wahl der Äbtissin überwachen, auf mönchische Klausur und wirtschaftliche Rentabilität achten. Die Belastung Salems überstieg bei weitem den Aufwand eines Mutterklosters für die Neugründung eines Männerkonvents. Eberhard nahm die Last auf sich, weil er damit beim Ministerialenadel der Umgebung neues Vertrauen gewann. Bald folgten gegenläufige Grundsatzbeschlüsse des Generalkapitels in Cîteaux 1220 und 1228, aber auch weitere konkrete Anträge von Nachbarn. Der wichtigste kam von frommen Frauen in Baindt bei Ravensburg, die seit 1227 mit Eberhards Hilfe eine Bleibe suchten und sie 1240 von dem Reichsministerialen Konrad von Winterstetten erhielten. Auch er stand im Kreis der Schmalegg und Waldburg, auch er war für den Schutz der Klostergüter im Osten Salems unentbehrlich. Das Beispiel machte Schule; bald sorgte der Abt von Salem für sieben Zisterzienserinnenklöster im weiten Umkreis zwischen Feldbach bei Steckborn im Südwesten und Heggbach bei Biberach im Nordosten. Andere Äbte zogen nach. Als der sanktgallische Ministeriale Rudolf Giel von Glattburg 1244 in Magdenau im Toggenburg eine Gruppe frommer Frauen aus St. Gallen ansiedelte, unterstützte ihn der Benediktinerabt von St. Gallen; der zisterziensische Abt von Wettingen übernahm die geistliche Aufsicht über das Frauenkloster, das heute noch von Zisterzienserinnen bewohnt wird. Ähnliches veranlaßte Eberhard von Bichelsee vor 1247 im thurgauischen Tänikon.

Über die religiöse Frauenbewegung knüpften die Zisterzienser von Salem engere Verbindungen zum ländlichen Ministerialenadel und zum städtischen Patriziat als die Benediktiner von Petershausen und die Augustiner von Kreuzlingen. Das mußte Rückwirkungen auf den Wirtschaftsstil der Zisterze haben. Was sollte sie mit neu geschenktem, zumeist kleinem und verstreutem Land anfangen? Es ließ sich schwer in Grangien umwandeln, schon weil es mit alten Pfarrkirchen und Bauernhöfen besetzt war, auch weil die verfügbaren Konversen nicht ausreichten. Lohnarbeiter mußten immer öfter einspringen, aber wozu eigentlich? Für den derzeitigen Bedarf der Mönche erübrigten sich zusätzliche Bauernhöfe; die Nonnen bildeten eigene Grundherrschaften aus. Salem brauchte nötiger als bebautes Land das bare Geld, das bei Verpachtung oder Zinsleihe des Landes anfiel. Doch das Generalkapitel hatte die Ausgabe von Klostergütern gegen Geldzahlung strengstens verboten. Eberhard übertrat auch diese Vorschrift und verpachtete entferntliegende oder ertragsschwache Grundstücke, anfangs gegen einen Wachszins für Klosterkerzen, bald gegen Bargeld. Eberhard hatte sich mittlerweile im Generalkapitel so viel Ansehen verschafft, daß er nicht mehr gerügt wurde. Umgekehrt ließen sich die Mitäbte in Cîteaux 1208 dazu herbei, die Verpachtung von Klosterland zu gestatten.

Das war ein gefährlicher Weg, zurück zur benediktinischen Rentenwirtschaft. Aber die päpstliche Kurie trieb den Zisterzienserorden in dieselbe Richtung. Bislang zahlte er von eigenbewirtschafteten Gütern nicht den Kirchenzehnten, den alle Bauern sonst ihren Pfarrern und Bischöfen entrichten mußten. Dort, wo den Salemern Pfarrkirchen gehörten, verlangten sie den Kirchenzehnten und verdienten viel dabei, meistens mit Zustimmung des Konstanzer Bischofs. Das Laterankonzil beschloß jedoch 1215 wegen des steigenden Geldbedarfs der Kurie, daß nur zisterziensische Altgüter befreit bleiben, neue eigenbewirtschaftete Länder zehntpflichtig werden sollten. Deshalb ließ Eberhard 1215 aufschreiben, was dem Kloster an zehntfreien Besitzungen gehörte. Von jetzt an mußte er in die Rentenwirtschaft ausweichen, wenn ihn nicht zusätzliche Zehntzahlungen belasten sollten. Ganz abgesehen von der zisterziensischen Rationalität, drängten ihn die Verhältnisse am Bodensee zum Einstieg in die Geldwirtschaft. Für Salem trifft nicht zu, was manche Gelehrte behaupten, daß die Zisterzienser nach 1200 nicht den Anschluß an die Kräfte städtischen Lebens gefunden hätten.

Eine solche Abstinenz wäre für Salem tödlich ausgegangen. Ganze neun Kilometer westwärts lag die Stadt Überlingen, deren Weinbau und Salzhandel dem Kloster das Wasser abgraben konnte. Eberhard brach wieder mit einem Tabu seines Ordens, der jeden Klosterbesitz in Städten untersagte. Der Überlinger Bürger Albero König bot 1211 der Abtei Salem ein Haus in der Stadt und einen Hof am Stadtrand zu dem stattlichen Preis von fünfundsechzig Pfund an. Der Abt griff zu, obwohl die Stadtgemeinde sich wand und wehrte. Eberhard brauchte den Zugang zum städtischen Markt, um die Überschüsse der klösterlichen Landwirtschaft zu verkaufen. Allein volkreiche Siedlungen konnten größere Mengen von Grundnahrungsmitteln abnehmen. Dies lohnte sich für das Kloster bloß, wenn es von städtischen Zöllen und Steuern befreit wurde; Eberhard setzte die Befreiung 1220 durch. Nach Überlingen kam Konstanz an die Reihe, hier ging es reibungsloser. Seit 1209 suchte Salem nach einem Bauplatz in der Stadt, dann erwirkte Eberhard 1217 von Bischof die Erlaubnis, beim Seeufer am Fischmarkt ein Grundstück aufschütten und darauf ein Haus bauen zu dürfen. Daraus entstand der Salmannsweiler Hof in Konstanz, an den heute der Name der Salmannsweilergasse erinnert.

Städtische Klosterhöfe der Zisterzienser dienten zwei Aufgaben. Zum einen waren sie Verkaufsstellen und Stapelplätze für Produkte der Klosterwirtschaft, insbesondere Getreide, Bodenseewein und Salz. Zum anderen führten sie Marktprodukte städtischer Handwerker, von Büchern bis zu Textilien, in die Zisterze ein. Das Geben und Nehmen beschränkte sich nicht auf Waren. Bald mehrten sich Aufnahmeanträge von Überlinger und Konstanzer Bürgern in Salem. Umgekehrt schickte das Kloster solche erfahrenen

Bürger gern als Konversen in städtische Klosterhöfe, um den Verkauf zu überwachen. Auf diesem Weg erhielt Salem eine für Zisterzienser unerhörte Einrichtung, städtische Grangien, deren Wirtschaft nicht auf agrarische Produktion, sondern auf Absatz am Markt bezogen war.

Um marktwirtschaftliche Chancen besser zu nutzen, beteiligte sich Eberhard sogar an Gewinnung und Vertrieb von Salz, dem ältesten und für Massenkonsum immer noch wichtigsten Artikel überregionaler Märkte. Mit einem adligen Verwandten, dem Erzbischof von Salzburg, vereinbarte Eberhard 1201, daß das Kloster Salem künftig dem Erzbistum Salzburg unterstehen solle; wieder mißachtete er zisterziensische Grundsätze, nach denen keinem Bischof Rechte über ein Kloster eingeräumt werden durften. Als Gegenleistung erhielt der Abt eine Saline bei Hallein mit allen Anlagen, Schöpfwerken, Siedehäusern und Salzpfannen. Alsbald begannen Konversen aus Salem dort mit der Arbeit. Ihnen wurde 1207 erlaubt, in benachbarten Wäldern das für Erhitzung der Salzpfannen nötige Holz zu fällen und talabwärts nach Salzburg zu flößen. Das produzierte Salz wurde vom Kloster selbst verfrachtet. Für billigen Transport mußte Salem von Zöllen unterwegs frei bleiben; 1227 überredete Eberhard den Bischof von Freising dazu. Das Salz wurde von Klosterleuten zu Lande über Freising und Augsburg nach Lindau gefahren, dort in Schiffe verladen und über den Bodensee nach Konstanz gebracht, am Hafen ausgeladen, im nahen Salmannsweiler Hof gestapelt und steuerfrei verkauft, billig für den Kunden, einträglich für die Firma.

Die Umstellung auf Geldwirtschaft hatte im Konvent einschneidende, zunächst negative Folgen. Das Generalkapitel des Jahres 1196 erfuhr, daß in Salem eine Meuterei der Konversen ausgebrochen sei. Schleunigst mußte der Abt des Mutterklosters Lützel nach Salem reisen und die Disziplin wiederherstellen. Was im einzelnen geschehen war, verschweigt die Klostertradition; man kann es sich denken. Bäuerliche Konversen wirkten in Salem während der ersten Jahrzehnte eifrig und zahlreich mit, solange ihre agrarische Arbeit anerkanntermaßen das Mönchsleben ermöglichte. Der neue Abt Eberhard aber störte die religiöse Gleichberechtigung zwischen Konversen und Mönchen, denn ein kleiner Konverse wurde nicht in der Klosterkirche bestattet wie jene adligen Laien, die bloß eine Landschenkung bewilligt hatten. Noch empörender: die Früchte der Arbeit wanderten nicht mehr in die Klosterküche. Mönche und Konversen mußten hungern, die Überschüsse wurden zu Geld gemacht. Das Ärgerlichste: Bäuerliche Konversen wurden kaum mehr gebraucht, ihre Zahl schrumpfte auch in Salem. Sie hätten sich wohl gern für Menschen abgemüht, bescheidene Mönche in der Klausur und hungrige Arme an der Pforte. Aber sie arbeiteten für abstrakte Bedürfnisse, die sie nicht verstehen konnten, und für künftige Zeiten, die sie nicht erleben würden.

In Eberhards späten Jahren traten die positiven Folgen seiner Vorsorge zutage. Salem trieb gezielte Erwerbungspolitik und Nachwuchspflege. Es kaufte von geldbedürftigen Herren mehrere kompakte Klostergemarkungen nördlich vom Obersee zusammen, es vermehrte die Kontakte zu Bürgergemeinden zwischen Ulm und Schaffhausen, es schuf Platz für neue Mönche. Die genaue Zahl der Mönche und Konversen ist unbekannt, es müssen unter Eberhard wenigstens sechzig Mönche und doppelt oder dreimal so viele Konversen gewesen sein. Im Jahr 1282 waren es mehr, ungefähr hundert Mönche und ebensoviele Konversen; sie kamen zum Teil von weit her, aus Ulm und Esslingen, zum

Teil aus Überlingen und Konstanz, vom Ministerialenadel und vom Stadtpatriziat. Im Jahre 1311 zählte man hundertdreißig Mönche und hundertachtzig Konversen. Das Kloster bewältigte diesen Zuwachs trotz schwerer Besitzeinbußen im deutschen Interregnum mühelos. Zugleich wurde es anspruchsvoll. Plötzlich fand man, daß die hundertzwanzigjährige Klosterkirche »aus schlechtem und einfachem Material« gebaut, außerdem viel zu klein geworden sei, und riß sie 1299 ab. Der Neubau, »vornehm und fein, mit größtem Aufwand«, kam innerhalb von acht Jahren zum ersten Abschluß. Wer ihn heute besichtigt, muß erst einmal die barocken Alabasteraltäre und Putten übersehen; dann sagt ihm das prachtvolle Maßwerk der bemalten Fenster, daß der aus Askese gewonnene Reichtum schon in der Hochgotik den Grundsatz der Askese verdrängte. Über die Rationalität der kargen Frühbauten siegte auf dem Weg über klare Proportionen am Ende die Neigung zur Monumentalität. Anfangs hatten Zisterzienserkirchen wie Scheunen ausgesehen, jetzt glich jede Scheune einer Kirche.

Die Veränderung blieb im Konvent nicht unbemerkt. Um 1337/38 beklagte sich ein alter Mönch in einem »Traktat über den Zustand des Klosters Salem von 1134 bis 1337«, dem ersten Geschichtswerk der Zisterze, über moderne Verweichlichung. Eingerissen sei sie seit 1311 unter Abt Konrad, der vornehm an der Universität Paris studiert habe, zusammen mit dem nachmaligen Zisterzienserpapst Benedikt XII. Dann sei er jung und verzogen nach Salem gekommen und habe sich einen Abtpalast bauen lassen. Er sollte mit kostbaren Hölzern getäfelt werden, die auf einem Haufen lagen und verfaulten, bevor sie verbaut werden konnten. Dem alten Mönch tat die Verschwendung in der Seele weh. Der untaugliche Abt bevorzugte seine adligen Vettern und hinterließ, als er 1337 ging, gewaltige Schulden für Privatpensionen und Darlehenszinsen, außerdem einen verstörten Konvent, der unter seiner Herrschaft um dreißig Mönche und achtzig Konversen geschrumpft war. Der Historiker blickte wehmütig auf die gute alte Zeit unter Eberhard von Rohrdorf zurück: Da war es noch streng hergegangen! Doch die Geschichte Salems und der Zisterzienser ließ sich nicht umkehren, Eberhard selbst hatte dafür gesorgt. Seine Rechnung auf die Zukunft ging so lange auf, wie alle Welt wirklich zisterziensisch werden wollte und der Orden mit großen Zuwachsraten rechnen konnte. Schon im dreizehnten Jahrhundert überschritt der Orden auch in Deutschland seinen Höhepunkt; nun begannen Äbte und Mönche für ihre Gegenwart zu leben. Neue Zisterzen wurden wie alte Benediktinerabteien zu Versorgungseinrichtungen für immer weniger Menschen, sie widmeten sich jetzt wie die Benediktiner dem Kunstsinn und der Buchgelehrsamkeit. Die Salemer Klosterchronik selbst wurde durch den Wandel hervorgerufen, den sie bedauerte.

Bei zusammenfassender Übersicht fragt es sich erstens, ob das zisterziensische Modell trotz aller Radikalität nicht zu nahe bei der benediktinischen Ordnung blieb, die aus lockeren, agrarischen, regionalen Zuständen des frühen Mittelalters stammte. Zisterzienser suchten zwar Einöden, aber sie fanden im zwölften Jahrhundert nur noch wenige an den Rändern Europas, im übrigen kultiviertes Bauernland. Bei voller Anwendung der Ordensvorschriften hätte die Zisterze Salem nicht gegründet werden dürfen; nachdem sie gegründet war, mußte sie wie jede Benediktinerabtei einen ländlichen Gutsbetrieb aufbauen. In diesem Rahmen wirkten die Zisterzienser allerdings bahnbrechend durch asketische Rationalität, die der körperlichen Arbeit hohen Stellenwert einräumte und sie als Mittel zur Anhäufung von Bargeld einsetzte. Nicht wegzudenken sind die Zisterzienser aus der Gestaltung der europäischen Landwirtschaft und Kulturlandschaft. Mit ihrem Grundsatz, die verbliebenen Einöden Europas aufzusuchen, trieben sie die Kultivierung des Kontinents bis in sumpfige Winkel voran. Bei der Kolonisation Ostmitteleuropas waren Zisterzienser führend, ebenso in der Durchrationalisierung der landwirtschaftlichen Technik. Sie veränderten die natürliche Umwelt.

Des weiteren fragt es sich, ob der radikale Rückzug der Zisterzienser aus der geschichtlichen Umwelt in das christianisierte Abendland des zwölften Jahrhunderts paßte. Selbst wenn sich die Priesterkirche der gregorianischen Reform den Laien allzuweit geöffnet haben sollte, führte der Appell zur Umkehr bloß eine kleine Elite in die Klausur und überließ gewöhnliche Geistliche und Gläubige ihrem Schicksal. Nur auf dem weiten Umweg über päpstliche Aufträge an das Generalkapitel befaßte sich der Zisterzienserorden mit aktuellen Sorgen der Christenheit, mit neuen Ketzersekten und häretischen Frauengruppen, die sich im Stich gelassen fühlten. Für eine Rückbesinnung des Mönchtums wiesen Zisterzienser freilich Wege in die Zukunft, durch ihren Grundgedanken von der Einstimmigkeit der Gemeinschaft. Er stellte im Konvent alle Mönche und Konversen grundsätzlich auf gleiche Stufe und schloß persönliche Begünstigung und Willkür aus. Er verband Einzelkonvente der verschiedensten Regionen zu einem einzigen neuen Kloster, dem Zisterzienserorden, und setzte an die Stelle der Abtherrschaft die Autorität des Generalkapitels. Im Rahmen der grundsätzlich gleichen, von allen Äbten beschlossenen Ordnung blieb dem einzelnen Konvent Spielraum, um bei konkreten Maßnahmen auf regionale Unterschiede einzugehen.

Hier liegt drittens die Bedeutung des Salemer Abtes Eberhard für die Geschichte des Zisterzienserordens. Der alemannische Adlige war von Haus aus ein Mann der praktischen Politik, wie sein Verwandter Diethelm von Krenkingen. Wohl sah er das Wünschenswerte, aber er tat das Erreichbare, nicht wie ein herrischer Abt, eher wie der Geschäftsführer seines Konvents. Von theoretischen Prinzipien seines Ordens ließ er sich in den zwei entscheidenden Punkten nicht festlegen. Er führte die Zisterze Salem nicht auf die Autarkie eines ländlichen Gutsbetriebs zurück, sondern bezog sie in die Arbeitsteilung städtischer Märkte ein. Und er verschanzte sich nicht in der Mönchsklausur, sondern ging auf die religiösen Probleme von Ministerialenadel und Stadtpatriziat, auf Kreuzzugsbewegung und Frauenbewegung, nach Kräften ein. In beiden Punkten vernachlässigte er, vom Einzelfall ausgehend, die Grundsätze des Ordens und veranlaßte ihn, gewiß nicht als einziger, zur Revision seiner Prinzipien. Daß die Zisterzienser ihre ursprüngliche Isolierung und Entsagung zu Beginn des dreizehnten Jahrhunderts aufgaben, brachte sie schließlich um ihre Besonderheit und Anziehungskraft. Darum erscheint mir Eberhard von Rohrdorf, wiewohl ihn sein Orden als Seligen feiert, nicht als Zisterzienser reinsten Wassers.

Seine größte geschichtliche Leistung liegt viertens im regionalen Rahmen der Bodenseegegend. Er erschloß das bisher kaum geformte Gebiet zwischen Überlingen und Ravensburg, den alten Linzgau, wirtschaftlich, geistlich, politisch. Er führt diese neue Klosterlandschaft an die alte heran und hielt zur Benediktinerabtei St. Gallen so enge Verbindung wie zum Damenstift Säckingen. Anderswo wehrten sich Bischöfe und Pfarrer erbittert gegen Sonderrechte der Zisterzienser; der Abt von Salem war mit Diethelm von Krenkingen, dem Abt von Reichenau und Bischof von Konstanz, eng befreundet. Zwischen Reichenau, Konstanz und Salem entstand um 1200 ein neues geistliches Kraftfeld; wo dessen stärkster Pol lag, zeigte der letzte Weg Diethelms zu den Zisterziensern nach Salem. Eberhard von Rohrdorf blickte nach Westen, auf die alten geistlichen Mittelpunkte, auch auf die neuen städtischen Märkte Überlingen und Konstanz. Ostwärts, nach Ravensburg und Weingarten, blieben seine Beziehungen korrekt, aber kühl, obwohl Salem am Rand des welfischen Bereichs lag. Eberhard stand wie Diethelm treu zu den Staufern, trotz der päpstlichen Bindungen seines Ordens, und ersparte damit dem Bodenseeraum eine innere Spaltung wie zur Zeit des Investiturstreits. Auch hier vernahm man den Appell zur Einstimmigkeit der Gemeinschaft. Der Mann auf der Straße sah nur ab und zu einen Konversen im grauen Habit, aber unter führenden Laien der Region war der Appell der weißen Mönche allgegenwärtig.

Es fragt sich fünftens, was von Eberhards Werk geblieben ist. In Salem arbeiten keine Zisterzienser mehr. Eberhards Traum hat sich nicht erfüllt, die Welt am Bodensee ist nicht zisterziensisch geworden und geblieben. Geblieben ist ein Merkzeichen von Eberhards Aktivität, Birnau. Zwar entstand die heutige Rokokokirche erst 1746–50, und was Birnau heute mit Salem verbindet, sind bloß Prozessionen auf dem Prälatenweg. Aber der Boden, auf dem die Kirche steht, wurde vor 1241 mitsamt der damals näher bei Überlingen gelegenen Kirche durch Eberhard von Rohrdorf für Kloster Salem erworben. Nicht nur das. Die Zisterzienser, die heute Birnau betreuen, kommen von Mehrerau bei Bregenz. Kloster Mehrerau indes wurde 1854 von Zisterziensern besiedelt, die bis 1841 im aargauischen Wettingen gelebt hatten, und Wettingen war 1227 durch Eberhard von Rohrdorf als Zisterze gegründet. Mehrerau ist insofern eine Enkelgründung von Salem. Die Predigt der Zisterzienser, die den Laien durch Armut und Arbeit den Weg zum Himmel wies, spricht heute am vernehmlichsten aus steinernen Ergebnissen ihrer Bemühung. Doch Birnau erinnert sichtbar daran, daß der Bodenseeraum weniger reich und beschaulich wäre, wenn die Zisterzienser im frühen dreizehnten Jahrhundert nicht ihre Rationalität bedürfnislos und unternehmungslustig durchgesetzt hätten.

HERMANN · PRÄMONSTRATENSER IN WEISSENAU

Barocke Bauten sind die eindruckvollste, nicht die zuverlässigste Erinnerung an mittelalterliche Mönche. Der Besucher der Krankenanstalt Weißenau, in einem südlichen Vorort von Ravensburg, merkt beim Gang durch den Torturm und die asymmetrischen Gebäudegruppen, daß er ein mittelalterliches Klostergelände betreten hat. Dann fesselt ihn die mächtige Kirche St. Peter und Paul, die Franz Beer, der Konstanzer Bürger aus dem Bregenzerwald, 1717–24 errichtet hat, und er vergißt das Mittelalter. Im Kircheninnern könnte er nicht auf Anhieb sagen, welcher Orden sich dieses Gehäuse schuf; auf Altarbildern und Deckengemälden wimmelt es von Heiligen in verschiedensten Kutten. Am häufigsten sieht man Männer in rein weißem Talar und erinnert sich des Ortsnamens Weißenau. Doch welche weißen Mönche hier einst gebetet haben, entdeckt man erst vorne am Hochaltar. Er ist eingerahmt von zwei Bischofsstatuen, die den heiligen

Augustin von Hippo und den heiligen Norbert von Xanten darstellen. Nun weiß man es: Dies war ein Kloster der Prämonstratenser, deren Ordensgründer Norbert im zwölften Jahrhundert das augustinische Zusammenleben von Weltpriestern ebenso reformieren wollte wie zur selben Zeit der erste Zisterzienser Robert von Molesme das benediktinische Zusammenleben von Mönchen.

Von den Anfängen des Ordens im allgemeinen, des Klosters im besonderen ist in Weißenau nichts mehr zu spüren, nicht einmal im Ortsnamen. Die Form Weißenau setzte sich erst seit dem Spätmittelalter durch, in der Frühzeit hieß das Kloster einfach Au oder nach dem Hauptpatron Petersau. Wer es von anderen Auen am Bodensee, Reichenau und Mehrerau, ausdrücklich unterscheiden wollte, sagte Minderau. Das paßte gut, denn dieses mittelalterliche Kloster war ärmer und kleiner als seine benediktinischen Namensvettern, auch als sein barocker Folgekonvent. Wer etwas von Minderau erfahren will, müßte eigentlich nicht nach Weißenau reisen, sondern nach St. Gallen, Stuttgart, Prag, Leningrad und London. Dort liegen nämlich zur Zeit die meisten der Bücher, die im zwölften und dreizehnten Jahrhundert von Weißenauer Prämonstratensern geschrieben wurden. Es waren viele, ganz anders als bei den Zisterziensern in Salem oder bei den Augustinern in Kreuzlingen. Hier kommen wir der Besonderheit mittelalterlicher Prämonstratenser auf die Spur. Zu den ältesten Weißenauer Selbstzeugnissen gehörte ein Bücherverzeichnis aus dem späten zwölften Jahrhundert, das bereits rund hundertzehn Bände aufführte. Im nächsten halben Jahrhundert wurde emsig weitergeschrieben, wie eine unvollständig erhaltene Liste um 1250 ausweist.

Aus diesem ersten Jahrhundert des Klosters sind noch über sechzig Handschriften erhalten, fast alle in lateinischer Sprache, manche illustriert, allerdings häufiger mit flüchtigen Federzeichnungen als mit Miniaturen auf Goldgrund versehen. Enttäuscht wird auch, wer in den frühen Bänden originelle literarische Leistungen erwartet. Unter den Büchern des späten zwölften Jahrhunderts befanden sich dreißig Schriften für den Gottesdienst, darunter sieben Meßbücher und drei Predigtsammlungen. Vierundzwanzigmal waren die *Vitae patrum* vorhanden, erbauliche Lebensbeschreibungen frühchristlicher Mönchsväter, die jeder Weißenauer Mönch still für sich lesen konnte. Bei der theologischen Literatur beherrschten wie in Petershausen Augustin und Gregor der Große das Feld. Daneben standen jedoch neueste Werke, Predigten des Zisterziensers Bernhard von Clairvaux und Schriften des Augustinerchorherrn Hugo von St. Victor, Zeugnisse der monastischen Spiritualität aus dem modernen Frankreich. Im dreizehnten Jahrhundert kamen viele Bibeltexte und Bibelauslegungen hinzu. Man spürt die kontemplative Stimmung der Prämonstratenser, die von zisterziensischer Aktivität weit entfernt war, auch wenn sie die asketische Härte mit ihr teilte. Priesterliche Fortbildung des Einzelnen stand höher im Kurs als körperliche Arbeit der Gemeinschaft. Am glücklichsten waren sie in Weißenau, wenn sie beten, lesen, schreiben konnten, von der Außenwelt ungestört. Von Geschichte wollten sie noch weniger als die in Salem wissen. Im ältesten Bücherkatalog führten sie eine einzige obskure »Chronik der Römer« an. Im frühen dreizehnten Jahrhundert besorgten sie sich weitere Historien, auch eine Lebensbeschreibung ihres Ordensgründers Norbert von Xanten. Aber wenn sie darin lasen, mußten sie sich in ihrer dürftigen Einsamkeit doppelt geborgen fühlen.

Was sie von ihm wußten? Norbert war ein vornehmer Herr am Hof Kaiser Heinrichs V. gewesen und hatte das Weltleben geliebt. Er hatte es mit dem würdigen Dasein eines Regularkanonikers am Chorherrenstift St. Victor in Xanten verbunden. Dort beteten und lebten Priester zusammen, in gemeinsamem Haushalt, aber mit Privateinkünften gepolstert und auf Mehrung der Pfründen bedacht, zudem durch Wallfahrten von Gläubigen und Anleitung der Landgeistlichen vielfältig beschäftigt. Als sich der etwa Dreißigjährige 1115 plötzlich bekehrte und seine Mitbrüder zu strengerem Leben anhalten wollte, traf er in Köln keinen reformfreundlichen Bischof, wie ihn die Kreuzlinger Priestergemeinschaft zur selben Zeit in Konstanz fand. Die Chorherren lachten über den Narren oder ergrimmten. Einer spuckte Norbert öffentlich ins Gesicht, andere verklagten ihn beim Kölner Erzbischof, weil er ohne Befugnis Mönchskleidung trage und Predigten halte. Norbert wanderte aus, um sein Ideal asketischer Wanderpredigt in Frankreich zu verwirklichen, doch in der Fremde erging es ihm wenig anders. Papst Kalixt II. verstand ihn zwar, riet ihm aber, die unstete Lebensweise aufzugeben. Sie verschliß das priesterliche Ansehen unter Laien, einer gregorianischen Illusion zuliebe.

Die Kanoniker des Kollegiatstiftes St. Martin in Laon ließen sich 1119 von ihrem Bischof überreden, Norbert zum Vorsteher zu wählen; er wollte noch einmal, diesmal in Gemeinschaft, das gregorianische Priesterbild verwirklichen. Er verkündete: »Unser Vorhaben ist es, kein fremdes Gut zu erwerben, Geraubtes auf keinen Fall durch weltliche Schiedsverfahren, Prozesse oder Untersuchungen wiederzugewinnen, niemanden wegen eines uns angetanen Unrechts oder Schadens exkommunizieren zu lassen, sondern kurz gesagt, der vernünftigsten Einsicht folgend ein rein evangelisches und apostolisches Leben zu führen.« Leben nicht nach dem Kirchenrecht, sondern nach der Vorschrift Augustins, Priesterleben nicht ohne Eigentum, aber ohne Herrschaft, Christenleben ohne Ansprüche. Den Kanonikern von Laon erläuterte Norbert die praktischen Konsequenzen seines Programms: »Sie müßten Nachahmer Christi und Verächter der Welt sein, freiwillig arm leben, geduldig Anfeindungen, Schmähungen und Verhöhnungen, Hunger, Frost und Entblößung und dergleichen auf sich nehmen, den Vorschriften und Regeln der heiligen Väter folgen.« Priester sollten zu Mönchen werden. Da sagten die Stiftsherren erschrocken, einen solchen Vorsteher wollten sie nicht haben, der ihre Lebensart und die Gewohnheit ihrer Vorgänger nicht kenne. Sie wollten sich nicht alles ohne Gegenwehr wegnehmen lassen, sie wollten so nicht leben, denn Gott wolle Züchtigung, nicht Abtötung. Priester waren eben keine Mönche.

Dem erneut abgewiesenen Reformer blieb 1120 nur der Weg in die Einöde, an einen Ort bei Laon namens Prémontré, der verlassen und abgelegen war. Hier erwuchs 1121 das erste Kloster des neuen Ordens, der sich nach dem Standort Prämonstratenser nannte und sich auf die Augustinregel verpflichtete. Seine anfangs vierzig Angehörigen wollten nicht wie die geistesverwandten Zisterzienser Mönche werden, sondern als Mönche Priester bleiben, auch in der Einsamkeit bei Handarbeit und Fastenübungen am priesterlichen Apostolat der Predigt und Mission festhalten. Der Rückzug in die Klausur sollte den Vormarsch in die Laienwelt vorbereiten. Darum wurde nicht zuerst Einstimmigkeit der abgesonderten Gemeinschaft, nicht zuerst interne Liturgie und Handarbeit gepflegt, sondern geistliche Betrachtung und innere Sammlung. Mit Bauern im Umland wollte man nicht zusammen Wälder roden, sondern zusammen Sünden büßen und Gott loben. Prämonstratenser kleideten sich als Geistliche in Weiß, als Büßende in Wolle. Das waren

Norberts Grundsätze; wie sich in der Praxis des zwölften Jahrhunderts Weltverachtung mit Weltverantwortung verbinden ließ, blieb vorerst offen.

Über diese geschichtlichen Ursprünge ihres Ordens konnten sich Prämonstratenser von Weißenau in der Klosterbücherei unterrichten, aber es scheint, daß sie lieber asketische Betrachtungen abschrieben als ihren historischen Standort bestimmten. Denn er hatte sich mittlerweile vom Pol der Weltverantwortung entfernt. Deshalb betrachteten sie ihren Ordensgründer Norbert merkwürdig kühl. Sie nannten sich nicht nach ihm Norbertiner und verehrten ihn bis zum späten sechzehnten Jahrhundert nicht als Heiligen. Im Weißenauer Totenbuch trugen sie ihn zum 6. Juni ein, als müßten sie für sein Seelenheil noch beten. Am selben Tag beteten sie für drei andere bischöfliche Wohltäter ihres Klosters, als wäre Norbert bloß einer von vielen befreundeten Bischöfen gewesen. Insgeheim verübelten sie es ihm, daß er nach der Ordensgründung wieder auf Wanderpredigt ging. Er ließ sich, aller Weltverachtung zum Trotz, 1126 zum Erzbischof von Magdeburg ernennen und stürzte sich voller Leidenschaft in die Tagespolitik, als Vorkämpfer für König Lothar von Supplinburg im Streit mit den Staufern, als Vorkämpfer für Papst Innocenz II. im Streit mit dem Gegenpapst Anaklet. Daß Norberts Energie der Ausbreitung seines Ordens zugute kam, bedachte man in Weißenau kaum. Was nach dem Tod des Gründers 1134 lebendig blieb, war vielmehr eine Haltung, die sich über die Kämpfe des Augenblicks erhob. Wie glaubwürdig sie war, hing nicht davon ab, wer sie zuerst formuliert oder vorgelebt hatte, denn ihre Wurzeln lagen in der Lehre des Evangeliums und im Leben der Apostel. Darin dachten die Weißenauer ähnlich ahistorisch wie die Kreuzlinger.

Seltsam fremd blieben den Prämonstratensern auch die geschichtlichen Bedingungen ihres Klosters. Es fiel ihnen nicht auf, daß dank Norberts Parteinahme für Lothar sein Orden überwiegend in Norddeutschland Fuß faßte, in Süddeutschland zuerst bloß im Bereich der Welfen, deren Herzog 1127 die Tochter König Lothars heiratete. Daher rührte die Häufung früher prämonstratensischer Gründungen in Oberschwaben und Bayerisch-Schwaben, in Ursberg, Rot, Roggenburg und Steingaden, während der 1120er bis 1140er Jahre. Diese Neugründungen wurden von welfischen Ministerialenfamilien fleißig gefördert, auch Weißenau selbst, 1145 durch den welfischen Ministerialen Gebizo von Peißenberg-Ravensburg gestiftet und durch Prämonstratenser aus Rot an der Rot aufgebaut. Von vornherein schien der Propstei Weißenau überregionaler und überzeitlicher Rang zuzukommen. Denn zum einen entstand sie als Hauskloster des gewaltigen Herzogs von Sachsen und Bayern, Heinrichs des Löwen, als modernes Gegengewicht zur altwelfischen Abtei Weingarten, als welfische Gegengründung zur staufisch geförderten Zisterze Salem. Zum andern wurde Weißenau durch die Gründer aus Rot unmittelbar mit dem Ordensstifter Norbert und dem Stammkloster Prémontré verbunden, also der provinziellen und aktuellen Mühsal entrückt. Auf beide Gründungsimpulse, den politischen von den Welfen und den geistlichen aus Rot, blieben Weißenauer Prämonstratenser lange fixiert, ohne ihrer starken regionalen Bindung recht gewahr zu werden. Die Festlegung hinderte sie zum Beispiel an vergleichenden Blicken über den Bodensee hinüber, wo sich in denselben Jahren eine verwandte Priestergemeinschaft, das Augustinerchorherrenstift Kreuzlingen, auf ähnliche Weise aus der Weltverantwortung löste, ohne der Provinzialisierung zu entgehen.

Sie bemerkten allenfalls, daß sich auch andere führende Adelsgeschlechter Süddeutschlands um Norberts Mönche bemühten. Ein Churer Bischof, mit der Stifterfamilie von Roggenburg verwandt, holte die Prämonstratenser vor 1149 nach St. Luzi in Chur; von dort zogen sie nach Churwalden, Klosters im Prätigau und Rüti im Zürichgau. An die Prämonstratenser in Rot wandten sich große Herren im Neckargebiet, die Pfalzgrafen von Tübingen bei der Gründung von Obermarchtal an der Donau, die Stauferherzöge bei der Gründung von Adelberg beim Hohenstaufen. Der aus oberschwäbischem Adel gebürtige Abt Oteno von Rot versammelte in seinem Konvent über zweihundert Kanoniker und Konversen und vierzig Schwestern; darüber hinaus lenkte er zwischen 1140 und 1182 die Verwurzelung seines Ordens im Gebiet zwischen Oberrhein und Lech so erfolgreich, daß sich alle genannten Prämonstratenserklöster mehr oder weniger nach Rot richteten. Noch im zwölften Jahrhundert ergab sich daraus ein regionaler Zusammenschluß über das Herzogtum Schwaben, ja über das Bistum Konstanz hinaus, eine sogenannte *Circaria*, das heißt Bezirk, namens *Suevia*. Die regionale Untergliederung der Prämonstratenser war die früheste der Ordensgeschichte, eine Abkehr von zisterziensischer Zentralisation. Weißenau fühlte sich mit dem Mutterkonvent Rot besonders verbunden und ließ sich von dorther Weisungen und Visitationen gefallen, zerbrach sich aber für andere Konvente der Zirkarie, gar für die Zirkarie im ganzen den Kopf nicht. Irgendeine übergreifende Ordnung mußte halt sein, das Wesentliche spielte sich doch im eigenen Haus ab.

Zu dieser Isolierung trug bei, daß Rot durch zwei Katastrophen 1182 lahmgelegt wurde, einen verheerenden Klosterbrand und Otenos Tod. Gleichzeitig verdrängte in Oberschwaben der staufische Einfluß den welfischen. Jeder Konvent mußte mit seinen Sorgen allein fertig werden. Weißenau gab sich optimistisch und gründete 1183 ein Kloster in Schussenried mit Hilfe der örtlichen Ministerialenfamilie. Doch der Schwung erlahmte schnell. Die Weißenauer hatten schwer darunter zu leiden, daß um 1190 die Staufer das oberschwäbische Welfenerbe ganz übernahmen. Lange danach klagten sie über Plünderungen durch adlige Anhänger der Staufer. Über die geschichtlichen Gründe dieses jähen Wechsels, der ihre Tochtergründung Schussenried in den ersten zwanzig Jahren beinahe ruinierte, dachten die Weißenauer nicht weiter nach. Wer aufs falsche Pferd gesetzt hat, glaubt gern an den bösen Lauf der Welt. Wenn es in Weißenau seit dem frühen dreizehnten Jahrhundert allmählich wieder aufwärts ging, schrieben die Prämonstratenser die Besserung weniger der Klosterpolitik König Philipps zu als der Umsicht zweier Weißenauer Pröpste.

Der beste war, so meinten sie, der aus Chur herbeigerufene Propst Ulrich, der von 1217 bis 1237 in Weißenau regierte. Während seiner Amtszeit traten die meisten der Kanoniker ins Kloster ein, die im folgenden zu betrachten sind. Bis in die 1260er Jahre beherrschte Ulrichs Vorbild das Leben des Konvents, schon allein weil er damit begonnen hatte, die Klostergeschichte aufschreiben zu lassen. Dabei ahmte Ulrich das Beispiel des Zisterziensers Eberhard von Salem nach und übernahm für die Gründungsgeschichte von Weißenau ganze Sätze aus Eberhards Urkundenbuch von 1215. Der Abt von Salem lieh es unbedenklich her, der Propst von Weißenau kopierte es lerneifrig; da trafen sich verwandte Seelen. Ulrich ließ das Hausbuch zu Beginn seiner Tätigkeit um 1220 anlegen und laufend bis 1232 fortsetzen. Der Band wurde ungewöhnlich liebevoll und sorgfältig geschrieben, mit bunten Initialen und Überschriften, mit farbigen Federzeichnungen von

Pröpsten und Wohltätern geschmückt, eine Freude für jeden Bücherwurm. Kein Denkmal der Weltverachtung, denn dem Propst Ulrich ging es wie dem Abt Eberhard nicht um Heils- oder Weltgeschichte, sondern um Schicksale der Klostergüter, »damit die Erinnerung an das Geschehene bei Heutigen und Künftigen nicht zugrunde gehe«. Man weiß ja, wie die Leute sind: »Die Bosheit der Menschen hat schon so überhandgenommen, daß einer kaum für rechtskräftig hält, was er selber verspricht.« Wie war das noch mit Norberts Forderung, Geraubtes auf keinen Fall durch weltliche Schiedsverfahren, Prozesse oder Untersuchungen wiederzugewinnen?

Propst Ulrich paßte auf, daß niemand vergaß, was er versprach. Die dankbaren Kanoniker bescheinigten es ihm noch zwanzig Jahre nach seinem Rücktritt. »Bei der Erwerbung, Vermehrung und Behauptung der Klostergüter war er überdurchschnittlich behende und gewissenhaft. So stiegen dank seiner Anstrengung und der Gnade Gottes die Einkünfte des Klosters auf einen jährlichen Schätzwert von siebzig Pfund.« Eberhard von Salem rechnete mit größeren Summen, aber in Weißenau weckte die Zahl schon Stolz und Angst. Der Propst war zu tüchtig, zu weltlich. »Bekanntlich ist nicht von Dauer, was nicht zwischendurch zur Ruhe kommt. So begann er unter der Last der Sorgen und übergroßen Mühen schließlich müde und krank zu werden. Kleinmut und Zeitumstände übermannten ihn, er trat vom Amt des Propstes zurück. Danach lebte er nur noch kurze Zeit und entschlief selig und friedlich.« Um Gottes willen keine zisterziensische Betriebsamkeit!

Anscheinend riß man sich 1237 im Konvent nicht um die Würde des Propstes, und von auswärts war niemand zu gewinnen. Nach den Angaben der Klostergeschichte war der Konvent bisher am besten mit fremden Pröpsten gefahren, die aus Rot, Adelberg oder Chur gerufen wurden. Sie brauchten weder auf Fraktionen im Konvent noch auf benachbarte Adelsklüngel Rücksicht zu nehmen. Andererseits konnte ein Propst nur regieren, wenn er drinnen im Konvent nicht den launischen Herrn spielte und den Mächtigen draußen loyal diente. Mit vornehmen Pröpsten hatte das Kloster schlechte Erfahrungen gemacht. Nach dem von Rot eingesetzten Gründungspropst Hermann hatte der Konvent 1175 einen Mitbruder zum Vorsteher gewählt. Sein Name Ortulf kam in der Stifterfamilie von Peißenberg-Ravensburg vor, er könnte ihr angehört haben. In der Landschaft war Ortulf außerordentlich beliebt, aber tatkräftig war er nicht, warf dem Konvent nach fünf Jahren Amtszeit den Bettel hin und ging weg. Noch schlimmer war es mit dem Propst Ulrich von Tanne gegangen, der 1183 aus Rot herüberkam. »Er stammte zwar aus edlem Haus, dem der Herren von Tanne, aber in seinem Verhalten bewies er keine Adelstugend. Denn er war den Brüdern beschwerlich und ungefällig, und als er dem Kloster acht Jahre lang vorgestanden und nicht viel beigestanden hatte, verließ er Propstamt und Kloster.« Er kehrte nach Rot zurück. In ihrer Not riefen die Weißenauer 1191 noch einmal den alten Ortulf aus Roggenburg herbei; er war inzwischen vollends vergreist und ließ alles laufen, wie es mochte. Damit brachte er, wie der Konvent meinte, das Kloster in die Misere um 1200. Das durfte sich jetzt nicht wiederholen. Also diesmal kein Adliger, kein Fremder, ein umgänglicher Mann mit Freunden im Konvent und im regionalen Adel.

Beide Gruppen drängten den nächsten Propst förmlich ins Amt. Er hieß Hermann, war wohl schon länger Mitglied des Weißenauer Konvents gewesen, aber nie hervorgetreten und auf die Klosterleitung nicht vorbereitet. Woher er stammte, verraten Weißenauer Quellen nicht, obwohl sie adlige Herkunft gern hervorheben. Von bedeutendem Adel war Hermann gewiß nicht, ein kleiner Mann indes auch nicht. Zufällig vermerkt das Totenbuch, daß er einen weit jüngeren Bruder namens Heinrich hatte, der später ebenfalls in Weißenau eintrat und sogar Hermanns Nachfolge antrat. Das spricht dafür, daß Hermann und Heinrich einer benachbarten Familie des niederen Adels angehörten und einflußreicheren Adelsfamilien Oberschwabens nahestanden. Unwillkürlich denkt man sich als ihre Gönner die miteinander versippte Spitzengruppe der spätstaufischen Reichsministerialen von Tanne – Winterstetten – Waldburg, die zu Hermanns Zeit auch den Konstanzer Bischofsstuhl besetzte. Aber zunächst gedachte Hermann, die ausgreifende Politik seines Vorgängers nicht fortzusetzen. Seine geistlichen Mitbrüder, denen es so leicht niemand recht machen konnte, meinten: »Er war ein recht frommer, großzügiger und barmherziger Mann und kümmerte sich eifrig um die Ordnung des Gottesdienstes und des geistlichen Lebens. In der Sorge für weltliche Dinge war er säumig und lahm. Dennoch begriff er, daß die Weide, auf der die Klosterherde grasen sollte, eng begrenzt war, und bemühte sich sehr ...« Zwischen Liturgie und Ökonomie des Konvents bestand wohl ein vertrackter Zusammenhang, aber Hermann scheint ihn zunächst nicht lebensgefährlich gefunden zu haben.

Er förderte in den ersten Jahren das kultische und geistliche Innenleben des Konvents; da hatte der Vorgänger anscheinend die Zügel schleifen lassen. Wie es zu Hermanns Zeit aussah, wissen wir aus einer Pergamenthandschrift, die neben anderen Sermonen aus Frankreich lateinische Predigten Peters von Blois enthielt. Dieser vornehme Bretone, in der bischöflichen Diözesanverwaltung und der königlichen Hofhaltung Englands tätig, war einer der frühen Studenten der Universität Paris gewesen, hatte sich aber im späten zwölften Jahrhundert der neumodischen Spaltung zwischen scholastischer Theologie der Weltkleriker und mystischer Kontemplation der Mönche widersetzt, priesterliche Spiritualität als personale Bildung verstanden und in seine frommen Betrachtungen Bestände antiker Literatur einbezogen. Im rechtsrheinischen Gebiet kannte man sonst die Schriften Peters noch nicht; die Weißenauer mögen durch französische Prämonstratenser auf sie verwiesen worden sein. Sie verstanden die humanistisch-praktische Tendenz des Autors, denn am Schluß des Bandes trugen sie später Sentenzen aus Seneca ein, mit einem Lobpreis der Armut beginnend.

Am Ende der Predigten Peters kann man lesen: »Dieses Buch wurde im Jahr nach der Fleischwerdung des Herrn 1248 geschrieben von Bruder Walther von *Ruthelingen* in Au, Kanoniker dieses Klosters. Er bittet reinen Herzens, daß alle seine Leser bei Gott fromm für ihn beten, gleichgültig ob er lebt oder tot ist.« Walther, dessen Hand nicht die eines geübten Schreibers ist, könnte aus der Stadt Reutlingen oder aus dem Dorf Riedlingen an der Donau stammen, rund fünfzig Kilometer nördlich von Weißenau. Seine Kenntnisse im Schreiben und Lesen, auch im Lateinischen muß er auswärts gelernt haben. Denn wie bei Zisterziensern war bei Prämonstratensern die Aufnahme von Oblaten und Kindern grundsätzlich verboten; eine Klosterschule wurde im mittelalterlichen Weißenau nie erwähnt. Die Kanoniker kamen schon als *Litterati* ins Kloster, durch diese Bezeichnung unterschied man sie am einfachsten von Nichtpriestern und Laienbrüdern: *Canonicus* war, wer lesen und schreiben konnte und Latein verstand.

Das klang nach akademischem Dünkel, aber zum Beispiel Walther war wirklich gebildet und obendrein vermutlich vornehm. Ein edler Magister Walter von *Rutelingen* klagte nämlich kurz zuvor beim Papst. Dieser Walter, der den Magistergrad einer ausländischen Universität erworben haben muß, war Domscholaster beim Bischof von Chur gewesen und hatte dann eine Probezeit als Novize bei Franziskanern, anscheinend in Basel, verbracht, ohne in den Orden einzutreten. Sein Bischof nahm die scheinbare Abkehr vom Priesteramt zum Anlaß, ihm die Domschulmeisterstelle in Chur abzusprechen und sie einem Verwandten zu geben. Papst Innocenz IV. überwies die Untersuchung von Walters Klage im Oktober 1247 an mehrere Geistliche des Bistums Konstanz. Es ist unbekannt, wie die Sache ausging, aber ausgeschlossen ist es nicht, daß Walter, des Weltpriestertums ohnedies überdrüssig und in Chur mit Norberts Orden vertraut, bei den Prämonstratensern in Weißenau einen stillen Platz fand.

Er trieb hier Gelehrsamkeit nicht als Selbstzweck. Er schrieb die Predigten des Franzosen – nach einem älteren, vielleicht schon länger in Weißenau liegenden Text – sorgsam ab, damit seine Mitbrüder darin lesen und sich geistlich weiterbilden könnten. Sie würden das Buch wahrscheinlich nicht in Gemeinschaft vorlesen, sondern still und einzeln studieren. Sie sollten dem Schreiber ihren leisen Dank erweisen, indem sie für sein Seelenheil beteten. In dieser Kette des Schreibens und Lesens und Schreibens und Lesens verdienten sich alle Beteiligten durch Schreibarbeit oder Gebet gemeinsam den Himmel, nicht alle auf einmal, sondern früher oder später. Der Eintrag von 1248 kam in mittelalterlichen Handschriften tausendfach ähnlich vor; er erinnert bloß uns an einen Zusammenhang zwischen Frömmigkeit und Bildung, der uns fremd geworden ist und in Weißenau lebte. Weil das von Walther geschriebene Buch bereits im Bücherkatalog des Klosters verzeichnet steht, muß er nach 1248 angelegt worden sein, vermutlich noch unter Propst Hermann. Der Katalog steht am Schluß eines anderen, aus Weingarten gekommenen Bandes, der Predigten anonymer Verfasser in der Ordnung des Kirchenjahres enthält. Er verweist auf eine weitere Tätigkeit der Weißenauer Prämonstratenser: Sie lasen solche Schriften nicht bloß zur eigenen Erbauung im stillen Kämmerlein, sondern zur Vorbereitung auf sonntägliche Predigten vor Laien.

Auch in diesem Sektor, der Prämonstratenser am gründlichsten von Zisterziensern unterschied, wartete auf Propst Hermann viel Arbeit. Kloster Weißenau hatte sich verhältnismäßig spät zur Pfarrseelsorge entschlossen, infolge einer Schenkung Herzog Philipps von Schwaben und seiner Frau Irene 1197. Sie hatten die Kapelle St. Christina, auf einem Bergvorsprung südlich der Ravensburg, mit einem zugehörigen Hof dem nahen Konvent »des heiligen Apostelfürsten Petrus in *Owe*« zugewiesen, damit die Kanoniker von den Erträgen leben könnten. Dafür mußten sie die Seelsorge übernehmen, zumal da die Bürgergemeinde Ravensburg bis zum späten dreizehnten Jahrhundert keine eigene Pfarrkirche besaß. Der Konstanzer Bischof Diethelm genehmigte 1200, daß das Kloster die Erträgnisse von St. Christina einnehmen und »angesichts der räumlichen Nähe durch Eure Kanoniker, aber nur durch geeignete Personen, für diese Kirche und ihr Volk sorgen und in ihr Gottesdienst feiern« dürfe. Damit fing es an.

Ein halbes Jahrhundert danach war das Kirchengebäude St. Christina »durch Brand und Alter zusammengestürzt« und mußte neu gebaut werden, natürlich vom Kloster. Der Konstanzer Bischof Eberhard von Waldburg erschien am 28. Juni 1253 in Weißenau, um den Hochaltar der Klosterkirche neu zu weihen; auch hier hatte also Propst Hermann bauen lassen. Am folgenden Tag Peter und Paul, dem Festtag der Klosterpatrone, fand die Kirchweihe von St. Christina statt. Hermann ließ sich vom Bischof gleich bewilligen, daß das Kirchweihfest künftig am Sonntag nach Peter und Paul gefeiert werde, vielleicht mit einem städtischen Markttag zusammen. Denn in Ravensburg waren die Weißenauer seit 1152 vom Marktzoll befreit; vielleicht ergab sich daraus eine Kombination zwischen kultischer und ökonomischer »Messe«. Wenig später reiste Propst Hermann seinerseits an den Bischofshof nach Konstanz und ließ sich am 23. Oktober 1253 noch einmal die alten, von Bischof Diethelm 1200 verliehenen Rechte auf St. Christina bestätigen. Mit einzelnen Bürgern von Ravensburg geriet das Kloster Weißenau immer wieder in Streit, aber die Bürgergemeinde der Stadt kam mit den Prämonstratensern, die ihre Pflicht als Seelsorger taten, besser zurecht als die Konstanzer mit den Augustinerchorherren von Kreuzlingen.

Hermann brachte 1253 aus Konstanz weitere Bischofsurkunden heim, die andere Leutkirchen betrafen. Zum Beispiel die Kapelle in Manzell am Bodensee, unweit von Buchhorn, zwanzig Kilometer südwestlich vom Kloster. Propst Ulrich hatte die Siedlung Manzell 1229 von den Reichsministerialen von Summerau-Liebenau erhalten, nachdem er den Vater der Stifter als ersten Burgherrn der Gegend in Weißenau hatte bestatten lassen. Der Konstanzer Bischof Konrad von Tegerfelden hatte 1230 genehmigt, daß das Kloster über die Einkünfte der Kapelle Manzell frei verfüge und durch einen seiner Kanoniker den Gottesdienst und sonstige geistliche Pflichten wahrnehme. Nach Manzell konnte der Propst nicht wie nach St. Christina schnell einen Priester hinüberschicken; der mußte ständig im Pfarrhof Manzell wohnen. Dem Gedeihen des Konvents war diese Verpflichtung nicht immer hinderlich: Als Hermanns zweiter Nachfolger Walther 1270 versagte und abgesetzt werden mußte, wurde er als Pfarrer ins Abseits nach Manzell versetzt. Im Umkreis machten die Bauern keine Schwierigkeiten. Sie waren froh, stets einen geistlichen Herrn bei der Hand zu haben, und ließen sich die dafür eingezogenen Abgaben an das Kloster gefallen. Konkurrierende Adelsfamilien hatten auf Manzell Ansprüche erhoben, aber der tüchtige Propst Ulrich hatte sie beschwichtigt. Bischof Eberhard von Waldburg konnte 1253 die bisherige Ordnung für Manzell unbedenklich bestätigen.

Viel schwieriger war die Behauptung einer Weißenauer Pfründe an der Pfarrkirche St. Gallus in Bregenz. Der rührige Propst Ulrich hatte auch sie, zusammen mit einem höchst ehrenvollen Auftrag, dem Konvent eingebracht. Der staufische König Heinrich (VII.) hatte auf Drängen der Tanne und Winterstetten 1221 die Kaiserkrone und andere Reichskleinodien auf die Waldburg bringen und von zwei Weißenauer Prämonstratensern hüten lassen. Zum Dank für diesen priesterlichen Dienst und aus Sorge um sein Seelenheil schenkte der König 1226 bei einem Aufenthalt in Weingarten die ihm zustehende Pfründe an der Bregenzer Pfarrkirche und die angeschlossene Kapelle in Wolfurt, südöstlich von Bregenz, den Brüdern und Schwestern vom Prämonstratenserorden in Weißenau, »um ihrer Not aufzuhelfen«. Der Konvent sollte für den König und seine kaiserlichen Eltern beten. Mit dem ländlichen Wolfurt ging alles glatt, zumal da das Kloster hier seit den 1180er Jahren einen Hof besaß und sich gegen Anfechtungen unter Propst Ulrich siegreich behauptete. In Bregenz hingegen verwickelten sich die Zustände merklich.

Schon bei der Übergabe Ärger. Philipp von Schwaben hatte die Pfründe bereits einem Herrn von Rheineck verpfändet; dessen Erben verweigerten Einlösung der Pfandsumme und Rückgabe der Pfründe. Propst Ulrich bereinigte die Affäre 1228 durch Zahlung der fast dreifachen Pfandsumme an die Erben. Fortan durften die Prämonstratenser die Einkünfte beziehen und das Patronatsrecht ausüben, das hieß, einen Geistlichen ihrer Wahl in die Pfründe einweisen. Die Stadt Bregenz lag viel zu weit von Weißenau entfernt, als daß das Kloster einen ständigen Vertreter hätte entsenden können. Es begnügte sich damit, ab und zu einen seiner Kanoniker in Bregenz Messe lesen zu lassen, um seine Rechte zu wahren. Die Hut der Reichskleinodien war seit 1240 nicht mehr vonnöten, aber die Einnahmen waren dem Propst weiter willkommen. Nur mußte Hermann in Bregenz Unwillen erregen, was immer er tat. Schickte er einen Prämonstratenser hinüber, so grollte die Bregenzer Geistlichkeit, insbesondere die seit 1248 voll zuständige Benediktinerabtei Mehrerau, die sich in der Pfarrseelsorge beeinträchtigt sah. Ließ Hermann es bleiben, so ärgerten sich Bregenzer Bürger, die für ihr Geld amtierende Priester sehen wollten. Am liebsten hätte Hermann die ferne Pfründe verkauft, aber das hätte dem Willen des königlichen Stifters widersprochen. Und Benediktiner von Mehrerau wie Bürger von Bregenz waren die schlimmsten Widersacher noch nicht.

Seit 1233 baute in Bregenz Graf Hugo II. von Montfort die Landesherrschaft seines Vaters weiter aus und machte alle möglichen Rechte geltend, zum Beispiel gegen die Benediktiner von Mehrerau und die Johanniter von Feldkirch. Auch auf die Bregenzer Pfründe der Weißenauer Prämonstratenser hatte er es abgesehen. Hermann schickte eine Gesandtschaft zu König Konrad IV. nach Italien und erhielt am 13. April 1253 das erbetene Schreiben des Königs an den Grafen von Montfort, die Pfründe in Bregenz sei dem Kloster Weißenau durch seinen verstorbenen Bruder Heinrich zugewiesen worden. Er habe sie den Prämonstratensern erneut bestätigt, »um ihrer Armut aufzuhelfen«; der Graf möge sie gefälligst in Ruhe lassen. Der dachte nicht daran. Hermann ließ sich 1253 auch vom Konstanzer Bischof beglaubigen, daß die Weißenauer die Pfründe keinesfalls an Laien verkaufen dürften, weil der königliche Stifter sie ihnen um seines Seelenheils willen geschenkt habe. Sie dürften »in dieser Pfründe, obwohl mit ihr keine Seelsorge verbunden ist, Gottesdienst durch Eure Kanoniker oder andere geeignete Weltkleriker abhalten«. Das bischöfliche Machtwort imponierte dem Grafen nicht. Er begann sich für die Kapelle in Wolfurt, möglicherweise für sämtliche Pfarrpfründen Weißenaus zu interessieren. Händeringend eilte Propst Hermann nach Konstanz zu dem päpstlichen Kardinallegaten. Dieser beauftragte am 23. März 1255 den mächtigen Benediktinerabt von Kempten, das Kloster Weißenau gegen jede Belästigung zu schützen, insbesondere wegen der Pfründe in Bregenz, deren Kapelle in Wolfurt, der Kirche St. Christina und der Kapelle in Manzell. Dennoch mußte der Propst ständig um Bregenz zittern, zumal da ihm die dortigen Bürger und Geistlichen nicht halfen.

Ähnlich bedroht wie die städtische Pfründe in Bregenz war der ländliche Klosterhof in Bernloch. In diesem Dorf auf der Schwäbischen Alb, mehr als eine Tagereise von Weißenau entfernt, hatte Graf Albert von Achalm vor 1161 dem ersten Weißenauer Propst Hermann zehn Hufen verkauft; 1161 waren ihm die Kirchenzehnten von Bernloch zugesprochen worden. Im Lauf der Jahre hatten die Prämonstratenser zahlreiche Bauerngüter im Umkreis aufgekauft. Weniger die Verkäufer als deren wirkliche oder angebliche Erben (einmal die Konkubine eines verstorbenen Pfarrers) zankten sich immer wieder mit dem fernen Kloster, kein Wunder bei über dreißig Vorbesitzern mit unterschiedlichsten Eigentumsrechten. Öfter überfiel ein adliger Herr die Klostergüter, bekam ein schlechtes Gewissen und vermehrte den Klosterhof um weitere Grundstücke. Weißenau mußte etwas tun, um seinen Besitz zusammenzufassen.

Spätestens seit 1180 residierte in Bernloch ein eigener Hofmeister des Klosters, der Laienbruder Marquard, und wandelte die Schenkungen zu einem Gutsbetrieb nach Art zisterziensischer Grangien um, nur daß Bernloch überwiegend Weidewirtschaft und Schafzucht betrieb. Im Jahr 1194 vollendete das Kloster eine Kapelle in Bernloch, um einen geschlossenen geistlichen Stützpunkt zu schaffen. Gut und schön, aber kurz darauf wurde der Klosterhof in Schutt und Asche gelegt und alles Vieh geraubt, man mußte wieder von vorn anfangen. Propst Ulrich tat es wie immer unverdrossen, sein Nachfolger Hermann war es am Ende leid. Schon wieder wurde der Hof durch feindselige Adlige geplündert, sie schafften das Vieh weg und zerstörten die Gebäude. Nicht lang, und der Hofmeister Heinrich von Bavendorf stand in den 1260er Jahren vor dem nächsten Zusammenstoß, mit dem Pfarrer eines Nachbardorfes. Alte Bauern der Umgebung, vor allem Klosterkonversen von Bernloch, zerbrachen sich redlich die Köpfe über die Grenzen vor achtzig Jahren, aber niemand sonst verteidigte das Klostergut, kein Dorfpfarrer und kein Landadliger. Warum nicht, das konnte sich der Propst an den Fingern abzählen: Sein Kloster war politisch zu schwach, um sich in weit entfernten Gegenden wie Bregenz und Bernloch allein zu behaupten. Es tat besser daran, sich auf die Nachbarschaft zwischen Ravensburg und Manzell zu beschränken, wo Freunde saßen.

Warum sich die politischen Möglichkeiten seit Propst Ulrichs Zeiten verringert hatten, konnte Hermann ebenfalls nicht übersehen. Die Prämonstratenser hatten sich wie alle modernen Orden keiner einzelnen Adelsfamilie in die Hand geben wollen und auf eine Klostervogtei verzichtet; sie konnten es, solange die mächtigsten Herren im Reich und in Schwaben zu ihnen hielten, die Staufer und deren oberschwäbische Reichsministerialen. Aber Hermanns wichtigste Freunde, die Herren von Winterstetten und Waldburg, starben in den 1240er Jahren. Ihr Erbe wurde aufgeteilt, ihr Ansehen vererbte sich nicht. Helfen konnten künftig nur noch Nachbarn, deren Verwandte und Bekannte im Konvent lebten und die auf Bestattung und Seelenmessen im Kloster Wert legten. Mit Hilfe solcher kleineren Herren konnte geistliche Betreuung und politische Beherrschung nur für beschränkte Räume gesichert werden, das Land zwischen Ravensburg und Manzell.

An drei Orten der näheren Umgebung erzielte Hermann am Ende seiner Regierungszeit noch Erfolge. Graf Hartmann von Grüningen schenkte 1256 den Prämonstratensern, »um ihre Not zu lindern und das Bedürfnis anderer Armer zu befriedigen«, Kirche und Patronatsrecht in Obereschach, keine Stunde vom Kloster entfernt. Dasselbe glückte 1257 dank der Schenkung des Reichsministerialen Heinrich von Ravensburg in den Kirchdörfern Amtzell, drei Stunden südöstlich, und Obereisenbach, zwei Stunden südlich vom Kloster gelegen. Die dortigen Pfarrkirchen wurden später dem Kloster inkorporiert, das heißt von ihm geistlich versehen und von den Bauern wirtschaftlich versorgt. Auf diese Weise leitete Propst Hermann den Aufbau eines ziemlich geschlossenen und kleinen Klosterbezirkes ein. Seine Nachfolger gingen denselben Weg der Intensivierung; das hieß Umkehrung der von Propst Ulrich betriebenen Expansion zwischen Schwäbischer Alb und Bregenzerwald. Weißenau war eben nicht Salem.

Trotzdem fiel die Einschränkung auf das Machbare schwer, denn sie griff nicht nur in die materielle Substanz des Klosters ein. Beginnen wir mit der Krankenpflege, die immer zu den Aufgaben von Regularkanonikern gehörte; das Beispiel der Kreuzlinger Augustinerchorherren und ihres Spitals ist uns gegenwärtig. Auch bei den Prämonstratensern in Weißenau stand spätestens 1180 ein Krankenhaus der Kanoniker mit eigener Kapelle, spätestens 1215 ein Gästehaus. Wir haben, im Unterschied zu Kreuzlingen, konkrete Nachrichten. Vor 1191 wurde ein aussätziger welfischer Ministeriale, Hermann von Dietenbach, mit Zustimmung des Herzogs nach Weißenau geschafft und von Prämonstratensern bis zu seinem Tod gepflegt, »mehr um Gottes und des Herzogs als um des Grundstücks willen«, das er ihnen schenkte. Um 1200 ging ein schwerkranker Reichsministeriale, Berthold von Fronhofen, nach Weißenau und wurde gesundgepflegt; auch er machte eine Stiftung. Ebenso zur selben Zeit Burchard von Hasenweiler, wohnhaft in Überlingen; nach der Genesung blieb er mit seinem Sohn als Konverse im Kloster. Zahlreiche andere Kranke aus allen sozialen Schichten, in Burgen, Städten und Dörfern riefen Prämonstratenser ans Sterbebett; auch dieser priesterliche Dienst brachte dem Konvent Schenkungen ein, besonders wenn keine Leibeserben in Sicht waren. Seit der Zeit Hermanns schweigen alle Schriftquellen von dieser Art der Schenkungen und der mobilen Krankenfürsorge. Sie wurde, wenn ich nicht irre, zugunsten der normalen Pfarrseelsorge in Nachbargemeinden aufgegeben, aus technischen Gründen, nicht aus religiösen wie in der Abtei Kreuzlingen.

Folgenschwerer wurde der Rückzug von der Betreuung eines Frauenklosters. Sorge für fromme Frauengemeinschaften lag nicht allen Regularkanonikern am Herzen, zum Beispiel den Kreuzlinger Augustinerchorherren nicht. Aber für Prämonstratenser stand sie schon auf dem Programm, als die Zisterzienser noch nicht daran dachten. Denn in den großen Städten Nordwesteuropas stieß der Wanderprediger Norbert von Xanten viel früher auf die religiöse Frauenbewegung als andere Reformer in ländlichen Regionen. Norbert wollte Doppelklöster bilden, in denen Nonnen etwa die Aufgaben der Konversen übernehmen sollten: Sie könnten als Laienschwestern bei den häuslichen Arbeiten mithelfen, in strengster Klausur, ohne Teilhabe am Chordienst. Noch bevor Weißenau gegründet wurde, verbot das Laterankonzil 1139 gemeinsames Chorgebet von Männern und Frauen. Die Prämonstratenser verzichteten nun auf die Idee der Doppelklöster, fühlten sich aber nach wie vor für Frauenverbände mitverantwortlich und legten bei fast allen Männerkonventen in geringem Abstand Frauenklöster an. So auch in Weißenau. Eine Landschenkung erlaubte 1154 den Aufbau eines Nonnenklosters in Meisental, dem heutigen Mariatal, wenige hundert Meter südlich von Weißenau entfernt. Hier wurde schon 1166 Kirchweihe gefeiert, während das Männerkloster noch lange keine Steinkirche besaß.

Das Prämonstratenserinnenkloster blühte so rasch auf, weil hier Töchter des oberschwäbischen Adels zusammenströmten, die vorerst bei den Zisterziensern abgewiesen wurden. Um 1200 zählte der Männerkonvent vierundzwanzig Kanoniker und sechzig Konversen, gewiß eine ansehnliche Schar, aber in Meisental saßen neunzig Schwestern mit sehr vielen Bediensteten. Vornehme Damen kamen, eine von Wolfegg, zwei von

Waldburg, eine von Summerau; manchmal traten adlige Ehepaare gemeinsam ein, der Mann in Weißenau, die Frau in Meisental, eine Art der Eheauflösung, die fortan häufiger vorkam. Der Zulauf bei den Nonnen überstieg rasch die Versorgungsmöglichkeiten, wie Bischof Diethelm von Konstanz 1200 besorgt erkannte; ich schließe daraus, daß auch Minderbemittelte aufgenommen wurden. Ständische Bedenken regten sich, weil die adligen Nonnen Not litten. Eine Urkunde Philipps von Schwaben betonte 1197, die Schwestern hätten »bisher mit demütigen Handarbeiten schwer zu schaffen gehabt, zum Beispiel mit der Wäsche der Kleidung für die Kanoniker; das war dem edlen Blut von manchen unter ihnen nicht angemessen.« Sie wollten von niedrigen Arbeiten künftig verschont bleiben und sich eingehend an Gottesdienst und Kontemplation beteiligen. Aber war Norberts Arbeitsprogramm für Nonnen nicht sinnvoller gewesen? Wie sollten sie als eine Art Kanoniker behandelt werden, wenn Frauen weder Messe lesen noch Predigt halten durften, zumeist auch kein Latein konnten, also sogar für die Schreibarbeit ausfielen? Konnte man ihnen in Meisental Krankenhausdienste zumuten, die anscheinend sogar in Münsterlingen abgelehnt wurden?

Überlegungen dieser Art bestimmten die Weißenauer, als sie 1183 bei ihrer Tochtergründung Schussenried auf ein Frauenkloster verzichteten, und das Generalkapitel der Prämonstratenser, als es um 1198 die künftige Aufnahme von Schwestern und weiblichen Konversen untersagte. Weißenau scheint den totalen Numerus clausus nicht eingeführt zu haben, wenigstens nicht bis in die Amtszeit von Propst Ulrich, der auch hierin dem Salemer Abt Eberhard nacheiferte. Noch in den 1220er Jahren traten vornehme Frauen als Schwestern oder Konversen in Meisental ein. Unter Propst Hermann hören solche Nachrichten auf. Er hatte noch einen anderen Beweggrund als die wirtschaftliche Zwangslage: Der Reichsministeriale Konrad von Winterstetten begann 1240 mit der Stiftung des Zisterzienserinnenklosters Baindt. Konrad, der mit Hermann auch sonst zusammenarbeitete, erbat und erhielt 1240 das Einverständnis von Propst und Konvent Weißenau. Hermann wird es erleichtert gegeben haben, die Scharen frommer Frauen würden demnächst zu den Zisterzienserinnen abwandern. Was aus den Frauen in Meisental werden sollte? Spätere Quellen sprechen von der Auflösung ihres Konvents im Jahr 1245. Selbst wenn er fortbestanden haben sollte, war er reduziert, vermutlich in der sozialen Zusammensetzung verändert; irgendwelche Landschenkungen kamen nicht mehr hinzu. Am Ende stand 1270 das kategorische Verbot des Generalkapitels, Frauen aufzunehmen. Meisental wurde das erste Kloster am Bodensee, das nach vollem Ausbau ohne Nachwirkung einging.

Die Rezession verschob auch im Männerkonvent die Gewichte. Aus Hermanns Jahren ist keine vollständige Konventliste überliefert, doch unterschrieb zehn Jahre nach Hermanns Rücktritt, 1267, der gesamte Konvent bei einem Verkauf von Klostergütern an die Zisterze Salem. Es waren ohne den Abt einundzwanzig Kanoniker, kaum weniger als zwei Menschenalter früher. Hingegen ging die Zahl der Konversen drastisch zurück; unter den sieben genannten befand sich noch ein Ritter. Von den Kanonikern trugen zwölf städtische Herkunftsnamen, dürften also Bürger gewesen sein, aus St. Gallen, Winterthur, Konstanz, Freiburg, Lindau, Biberach, Ulm, Augsburg. Die führende Rolle des Adels war ausgespielt, die Zeit grundbesitzender Fürsprecher vorbei. Der Konvent mußte sich, um seine ursprüngliche Aufgabe weiterzuführen, um lokale Gruppen breiterer Schichten bemühen; der Propst mußte die lästige Ökonomie mit der erwünschten Liturgie in ein neues Verhältnis bringen. Dieser Plan muß Hermann seit 1250 umgetrieben und zu dem einzigen Buch veranlaßt haben, das er persönlich verfaßte, einer Weißenauer Jahrtagsgeschichte.

Einleitend schrieb der Propst, seit Beginn des Klosters hätten zahlreiche Menschen verschiedenen Stands und Geschlechts zu ihren Lebzeiten den armen Konvent durch große Gaben aus fahrender und liegender Habe unterstützt und sich das dankbare Gebet der Brüder verdient. Aus der Fülle der Namen und Gaben sollten einige hervorgehoben und künftig durch feierlichen Jahrtag »mit Vigil, Messe und besonderer Bewirtung der Brüder im Refektorium« ins Gedächtnis gerufen werden – ähnlich wie in Salem, aber weit grundsätzlicher als eine Hauptaufgabe des Konvents. Die anschließende Liste ist nicht, wie man erwartet, nach Sterbetagen im Kirchenjahr, sondern nach Ständen geordnet. Zuerst wurden sechs Konstanzer Bischöfe genannt, als letzter Heinrich von Tanne, gestorben 1248; sein Nachfolger Eberhard von Waldburg lebte und regierte noch (bis 1274). Dann folgten drei auswärtige Bischöfe mit ihren Geldspenden. Der letzte, Eberhard von Salzburg, starb 1246, als Anhänger der Staufer im päpstlichen Kirchenbann. Die Salzburger wagten deshalb nicht, ihn im Dom beizusetzen, die Weißenauer beteten unbekümmert für ihn, weil er ihnen geholfen hatte. Die große Politik hatte in der prämonstratensischen Liturgie nichts verloren.

Die kleine sehr wohl. Im nächsten Abschnitt stehen drei deutsche Kaiser, Friedrich I., Heinrich VI., Friedrich II. Dem letzteren ist ausdrücklich die Pfründe in Bregenz zugeschrieben, obwohl das Geschenk zunächst von seinem Sohn Heinrich (VII.) ausgegangen war. Der entmachtete König, für dessen Seelenheil die Weißenauer zu beten verpflichtet waren, fehlte in der Reihe der Wohltäter, aus Gründen politischer Loyalität, wie es scheint. König Philipp dagegen erhielt wegen der Übertragung von St. Christina einen rühmenden Abschnitt und einen eigenen Jahrtag. Dann wurden fünf Schwabenherzöge aufgezählt, welfische und staufische in trautem Verein. Als Vertreter des Grafenstandes erschienen Graf Mangold von Rohrdorf und Frau Agnes in einem eigenen Abschnitt; er war der 1210 gestorbene Bruder des Salemer Abtes Eberhard. Den ersten Wohltäter in Bernloch, den Grafen von Achalm, nahm Propst Hermann nicht auf. Versehen? Verärgerung über die verfehlte Gründung? In dem ganzen Kreis hochadliger Förderer waren kräftige politisch-historische Akzente gesetzt, die gegen landesherrlichen Partikularismus die Reichstreue des Klosters betonten. Die hochadlige Phase war freilich längst Geschichte.

Nach den Hochadligen wurde der Stifterfamilie gedacht, des reichen Ministerialen Gebizo, der dem Kloster nicht allzuviel vermachte, aber »mehr gegeben hätte, wenn ihn nicht ein plötzlicher Tod hinweggerafft hätte«. Seine Geschwister Liutgard und Ortulf wurden in besonderen Abschnitten gewürdigt, sollten aber zusammen mit dem Stifter nur einen Jahrtag erhalten. Den nächsten Rang nahmen die Truchsessen von Waldburg ein, in sechs Abschnitten! Im Mittelpunkt stand der Reichstruchseß Eberhard, der um 1234, vor Hermanns Regierungsantritt, gestorben war, dessen Frau Adelheid in Weißenau begraben lag und dessen Sohn Eberhard zur Zeit der Niederschrift auf dem Konstanzer Bischofsstuhl saß. Auch drei andere Söhne stifteten Land oder Geld. Einen Abschnitt für sich bekam Eberhards Neffe, Schenk Konrad von Winterstetten. Seine

Schenkungen und Vermittlungen fielen in Hermanns Propstjahre und wurden im Geldwert so hoch geschätzt wie die keines anderen Wohltäters, auf hundertfünfzig Mark Silber. Das Gedächtnis des 1243 verstorbenen, in Baindt beigesetzten Schenken sollte »ohne Überdruß, mit aufmerksamem Sinn« gefeiert werden, so ermahnte Hermann die Confratres, die anscheinend historischen Erinnerungen ungern nachhingen.

Nach der Spitzengruppe, den Ministerialen mit Hofämtern, wurden fünf kleinere Ministerialenfamilien behandelt, die Ritter von Summerau (denen Manzell zu verdanken war), Ringgenburg, Schmalegg, Biegenburg-Baumgarten-Löwental, Ummendorf-Raderach. Ihre Verdienste gehörten zum großen Teil in die unmittelbare Gegenwart. Gleichwohl staunt der Leser, wie genau Hermann die verzwickten Herkunfts- und Verwandtschaftsverhältnisse, die Geschichte dieser Familien kannte, obwohl er nur mit den jeweils letzten Gliedern der Reihe zu tun hatte. Ohne genealogische Detailkenntnisse keine klosterpolitischen Erfolge. Danach kamen einzelne Freunde, nicht mehr ganze Familien, acht einfache Ritter, deren jeder trotzdem seinen besonderen Jahrtag haben sollte. Damit war die Reihe der Adligen abgeschlossen; sie kam, je niedriger auf der Ständeleiter, desto näher an Hermanns Tätigkeit heran.

Die nächste Gruppe wurde von einem Namenlosen eröffnet, einem »Pilger, der aus fernen Gegenden zu uns kam« und Geschenke im Wert von fünfzig Mark hinterließ. Weißenau konnte nicht wie die Wallfahrtsorte Reichenau und Weingarten mit Spenden von vielen Pilgern rechnen, darum verehrte es diesen einzigen. Sein Rang wurde nicht genannt, er war aber vor sechs Pfarrer und Priester gestellt. Auch hier, bei den Weltgeistlichen der Umgebung, bescheidene Resonanz, die auf scharfe Konkurrenz schließen läßt. Nach ihnen rangierte eine große Gruppe von Bürgern, jeweils für eine Stadt kumulativ mit einem Jahrtag bedacht: fünf aus Kempten (darunter ein Maurer), drei aus Lindau, fünf aus Überlingen, zwei aus Zürich, meist mit Geldspenden vertreten. Aus Bregenz spendete niemand, verständlicherweise... Den Beschluß bildeten Gruppen mit bloßen Vornamen ohne Herkunftsbezeichnung, zuerst vier »bäuerliche Menschen, die unser Kloster liebten« und ihm insgesamt Werte von zehn Mark schenkten, sowie vier weitere »Menschen guten Angedenkens«, die dreißig Mark Wert aufbrachten. Es folgten Nachträge, mit einem Ritter von Schwarzensee und einem Bürger von Biberach beginnend, einer davon auf 1250 datierbar, am Ende wieder nackte Vornamen, kleine Leute, das Ganze noch einmal in ständischer Reihung. Für weitere Nachträge sind nach den einzelnen Abschnitten einige Zeilen freigelassen – und freigeblieben.

Zum Schluß ordnete Hermann an, daß »für jede Burg unserer Wohltäter oder jede Stadt oder auch jede Familie jährlich bloß ein Jahrtag zu feiern ist«. Wir sehen, daß er die einzelnen Daten festzulegen begann, dann bricht das erhaltene Manuskript ab. Im Weißenauer Totenbuch stehen alle von Hermann aufgestellten Namenreihen wieder beisammen, durch spätere Zusätze verwischt und erweitert; doch wurde Hermanns Absicht verwirklicht, den ursprünglich vierunddreißig Gruppen von Wohltätern an ebensovielen Tagen des Kirchenjahres ein feierliches Gedenken zu widmen. Er kehrte nicht zur benediktinischen Feier einzelner Wohltäter zurück, begab sich auch nicht auf zisterziensische Bahnen der summarischen Würdigung sämtlicher Freunde. Wenn jemals in mittelalterlichen Klöstern eine Sozialgeschichte ihrer vielschichtigen Umwelt versucht wurde, dann in Hermanns Jahrtagsgeschichte. Vielleicht hatten ihn zwanzig Amtsjahre gelehrt, daß

Priester im Kloster nicht auf einsamer Insel lebten, aber auch nicht einzelnen Machthabern trauen durften, sondern für alle Gruppen mitsorgen mußten, Könige und Grafen, Reichsministerialen und Ritter, Bürger und Bauern. Für verstorbene Pröpste, Kanoniker und Konversen des Konvents wurde ebenfalls gebetet, nicht mit festlichen Jahrtagen wie anderswo. Von den sieben Amtsvorgängern nahm Hermann nur drei in das Totenbuch auf; so wichtig war die Würde eines Propstes nicht.

Hermann ermüdete in den 1250er Jahren. Nun häuften sich regionale Schwierigkeiten im Übergang vom staufischen Königtum zur Landesherrschaft der Territorialfürsten. Er hatte genug getan, die Jahreseinkünfte des Klosters sogar über den Rekord des Vorgängers auf achtzig Pfund gesteigert. »Endlich trat er von seinem Amt zurück, um Frieden zu haben«, 1257. Nachfolger wurde sein junger Bruder Heinrich, der auf Anhieb, als erster Vorsteher von Weißenau, zum Abt geweiht wurde, eine Rangerhöhung, die an den faktischen Schwierigkeiten des Klosters nichts änderte. Der alte Propst Hermann beteiligte sich nicht mehr an ökonomischen Transaktionen, die jetzt immer dringlicher wurden. Wir sehen an den Klosterurkunden, daß sich seit 1257 Güterverkäufe und -verpfändungen ebenso häuften wie Abtwechsel, und an der Klosterbücherei, daß das geistliche Leben stockte. Vor 1279 brach ein Aufstand der Konversen gegen die Kanoniker aus, die ihre Vorrechte nicht mehr zu verdienen schienen. Da war Hermann schon tot.

Noch bevor er starb, zwischen 1258 und 1266, schrieb ein namenloser Weißenauer Prämonstratenser die erste wirkliche Geschichte des Klosters, nicht wie Ulrich als Gütergeschichte, nicht wie Hermann als Gönnergeschichte, sondern als Besinnung auf die Bedingungen priesterlichen Zusammenlebens. Es konnte sich nicht auf Gönner und Güter dieser Welt verlassen. Der Stifter Gebizo hätte von seinen Einkünften jährlich fünfzehnhundert Schweine verzehren können, aber den ersten Prämonstratensern schenkte er wenig. Der Abt von Rot wußte das und gab nach, weil er auf weitere Zuwendungen Gebizos hoffte. Doch dazu kam es nicht, weil Gebizo irgendeinen Bauern bedrängte und dieser auf Rache sann. Als der hohe Herr auf dem Ravensburger Markt einen Streit unter Kaufleuten schlichten wollte, erstach ihn der Bauer hinterrücks mit einem Spieß. So blieb Gebizos Stiftung armselig. Auf dem sumpfigen Gelände brauchten die Kanoniker Jahrzehnte, um 1172 eine steinerne Klosterkirche fertigzustellen. Noch danach hieß das Kloster lange Zeit *Owe*, was den Verfasser nicht an Au erinnerte. »Denn seit Anfang dieses Klosters riefen über hundert Jahre lang, wie ich selbst hörte und sah und in langer Erfahrung lernte, die Bewohner ständig O und Weh, wegen der übergroßen Armut, der allzustrengen Herrschaft der Prälaten, auch wegen der gewaltsamen Wegnahme von Klosterbesitz.« Eine Ursache der Armut war freilich der erfreuliche Zulauf. In der lateinischen Sprache der Spiritualität hieß das Kloster deshalb *Augea*, weil Gott es im Lauf der Zeit vermehrte *(adauxit)*. Gott, nicht seine weltlichen Helfer.

Von ihnen sagte der Chronist fortan nichts mehr und hielt sich an die geistlichen. Der erste Propst Hermann aus Rot regierte am längsten, dreißig Jahre, und starb als einziger im Amt. Nachher resignierten die Gewählten meist nach wenigen Jahren, gerade wenn sie gute und milde Menschen waren. Fast jeder »hatte mehr Freude an der klösterlichen Ruhe als an der weltlichen Tätigkeit«. Wer zu milde regierte, verdarb die Disziplin: Um 1200 erschlug ein Konverse einen Kanoniker mit dem Beil. Wer zu streng regierte, zerstörte das Vertrauen, das sah man in jüngster Zeit. Der letzte Propst Hermann hatte sich in seinen zwanzig Jahren wacker gehalten, weil sein Herz nicht am irdischen Treiben hing. Sein Bruder und Nachfolger Heinrich war aus anderem Holz, gestreng und schnell, schlau und schlagfertig, zur Hinterlist ebenso fähig wie zum Guten. Ein schillernder Mensch, ein guter Politiker, ein schlechter Priester.

Was blieb im geschichtlichen Auf und Ab als Maßstab priesterlicher Haltung? Am Ende der Erzählung notierte der Chronist die wichtigsten Altarweihen in der Klosterkirche und die heiligen Reliquien, die in den Altären ruhten. Im ganzen waren diese Wegweiser in die Ewigkeit das bleibendste Werk der Weißenauer Vorsteher, und dafür hatte der alte Propst Hermann das meiste getan. In Buch seines Chronisten, das die Stimmung im Konvent spiegelte, schwang mehr Resignation mit als in Hermanns Lebenslauf. Er hatte weniger Abstand von der Umwelt und ihrer Geschichte gehalten, weil der priesterliche Auftrag der Prämonstratenser den Appell an die Laien einschloß. Dafür trug der Propst die Verantwortung, nicht dafür, ob, wo und wann er Widerhall fand. Das Weißenauer Totenbuch gönnte ihm zum 30. April den knappen Eintrag: *Fratris Hermanni quondam prepositi*. Andere Prämonstratenserklöster Oberschwabens gedachten seines Todes nicht, lediglich das Mutterkloster Rot zum falschen Datum, 29. April. Aber was er begonnen hatte, überdauerte ihn.

Aus Hermanns Lebensweg lassen sich allgemeinere Schlüsse ziehen, zunächst zur Spiritualität der Prämonstratenser. Sie kam ebenso wie die Rationalität der Zisterzienser aus dem Frankreich des zwölften Jahrhunderts an den Bodensee, auf direkterem Weg als die zisterziensische Klosterkette: Das Mutterkloster von Weißenau, das älteste schwäbische Prämonstratenserkloster Rot, wurde 1126 durch Kanoniker aus Prémontré besiedelt. Die Verbindung zum Stammkloster des Ordens riß im dreizehnten Jahrhundert nicht ab, weil ein ehemaliger Propst von Weißenau, Konrad von Adelberg, von 1220 bis 1232 als Abt von Prémontré dem ganzen Orden vorstand. Trotzdem waren die Beziehungen ins Ausland nicht so sehr wie bei Zisterziensern organisatorischer Art. Wir hören nie, daß ein Weißenauer Propst am Generalkapitel in Prémontré teilnahm und dessen Beschlüsse ausführte. Der Orden betonte weniger die straffe und große Gemeinschaft seiner Mönche, mehr die lockere und kleine Gruppierung seiner Kanoniker; sie sahen ihre Aufgabe mehr in der kollegialen Kontemplation als in der kollektiven Aktivität. Die prämonstratensische Spiritualität suchte einen Ausgleich zwischen asketischen Zielen von Mönchen und intellektuellen Ansprüchen von Priestern, mit dem Ziel, daß sich die Meditation der Geistlichen als Apostolat unter den Laien auswirke. Dieses ehrgeizige Programm bedurfte zu seiner Verwirklichung eines Spielraums, der in dem kulturell differenzierten Frankreich allenfalls gewährt wurde, aber bei der Übertragung nach Deutschland erst erkämpft werden mußte. Und kämpfen wollten Prämonstratenser um den Spielraum der Ohnmächtigen nicht.

Deshalb mußten sie zweitens in Deutschland politische Beschützer suchen, von denen schon ihr Ordensgründer weit mehr als alle Zisterzienser abhing. Die Prämonstratenser gerieten in den staufisch-welfischen Streit und bemerkten, daß ihre zögernde Parteinahme für augenblickliche Vorteile ausgenutzt wurde, anstatt ewige Grundsätze zu fördern. Die bohrende Frage, ob der geschichtliche Wandel einen geistlichen Sinn enthülle, regte die deutschen Kanoniker stärker als die französischen zum Nachdenken über Geschichte an. Es zeitigte sehr verschiedene Formen und Ergebnisse, große Entwürfe der universalen

Heils- und Kirchengeschichte wie um 1150 bei Norberts Freund, dem Prämonstratenserbischof Anselm von Havelberg, faktengesättigte Darstellungen der staufischen Kaisergeschichte wie um 1230 bei dem aus Biberach gebürtigen Prämonstratenserpropst Burchard von Ursberg. In Weißenau schälte sich langsamer ein anderes Verhältnis zur Geschichte heraus, das sich der deutschen Politik fernhielt und der französischen Kontemplation naheblieb, sie allerdings ins Regionale und Lokale übertrug. Geschichte war hier die tägliche Plage, der man im Kloster nicht entrann. Geistig war sie überwunden, praktisch mußte sie hingenommen werden. Zu ihrer Gestaltung rafften sich die Betrachtenden nur ungern und kurzfristig auf.

Infolgedessen bildete drittens der Konvent von Weißenau kein klares Verständnis vom Priestertum in der Laienwelt aus. Er verstand sich mehr als Klosterherde, die vom Propst auf die Weide geführt werden sollte, weniger als Gruppe von Hirten, die sich der gläubigen Herde annehmen mußte. Was an die Kanoniker herangetragen wurde, taten sie klaglos, solange es sich lohnte, leibliche Sorge für Kranke, geistliche für Frauen, Übernahme von Pfarreien in Stadt und Land. Aber im Grund hielten sie sich für arme Leute, denen andere aufhelfen mußten, und trugen ihre Armut nicht wie die Salemer Zisterzienser stolz vor sich her. Um geistliche Ausstrahlung bemühten sie sich schwach. Nach dem Versuch in Schussenried gründeten sie kein Tochterkloster mehr und kümmerten sich um andere Prämonstratenserklöster am Bodensee wenig. Es besagte nicht viel, daß Propst Ulrich, aus Graubünden gekommen, einen Weißenauer Kanoniker nach St. Luzi in Chur schickte, als er Inkluse werden wollte. Es besagte gar nichts, daß Abt Konrad von Prémontré 1230 den Weißenauern eine geistliche Tochter zur Adoption zuwies, das Prämonstratenserkloster Rüti bei Rapperswil am Zürichsee, das seit 1206 von Churwalden gegründet, aber schlecht gediehen war. Propst Hermann und seine Mitbrüder würdigten weder Chur noch Rüti eines Blickes. Weil Weißenau meistens reagierte statt zu handeln, wußten zeitgenössische Geschichtschreiber wenig von dem Konvent zu melden. Burchard von Ursberg, der in Schussenried 1205 Prämonstratenser geworden war und bis 1215 dort als Propst amtiert hatte, verlor nachher das Mutterkloster seines Heimatkonvents aus den Augen. Er kannte aktivere Priestergruppen.

Ebenso unbestimmt blieb viertens die Stellung Weißenaus in der geistlichen Bodenseelandschaft. Sogar die Bischöfe von Konstanz sahen den Propst selten in ihrer Stadt, obwohl sie für prämonstratensische Priestergemeinschaften kaum weniger Verständnis aufbrachten als für augustinische. Recht distanziert verhielten sich die Weißenauer Kanoniker zu den Augustinerchorherren in Kreuzlingen und Waldsee, obwohl beide Einrichtungen ähnliche priesterliche Funktionen erfüllten. Nicht herzlicher war das Verhältnis zum Pfarrklerus in Stadt und Land. Zu einem Kraftzentrum der Priesterbildung wurde das Prämonstratenserkloster nicht. Freundlicher begegnete es rein mönchischen Verbänden, den Zisterziensern in Salem und den Benediktinern in Weingarten, den beiden großen Abteien der Nachbarschaft; sie waren für Weißenau Wunschbilder innerer Sammlung und äußeren Ansehens. Den Sorgen anderer Klöster widmete sich Propst Hermann nicht. Lediglich bei der Gründung des Zisterzienserinnenklosters Baindt leistete er zwischen 1240 und 1255 geradezu geschäftig Hilfestellung, um die Plage der frommen Frauen für sein Kloster loszuwerden; er wurde zum Liquidator des Frauenklosters Meisental. Wenige Klöster am Bodensee zogen sich so weit in sich selbst zurück und trugen so wenig zur geistlichen Verklammerung des Bodenseeraumes bei. Die Zeit der späten Staufer, das muß man freilich bedenken, war nicht danach.

Die große Leistung der Weißenauer Prämonstratenser lag fünftens in einem unscheinbaren Wirkungskreis. Als sie zur Zeit des Propstes Hermann ihre hochmögenden Freunde bei Hofe verloren, bemühten sie sich um kleine Leute, besonders die Bauern südlich von Ravensburg. Während sie die Klostergüter auf die Landschaft im Schussental reduzierten, aktivierten sie die Pfarrseelsorge in den Dörfern dieser Gegend. Sie gewannen damit bescheidenere Freunde, Bauern, daneben kleine Ortsadlige und Bürger aus Bodenseestädten. Sie zogen Männer verwandter Gesinnung aus der Region zwischen Ulm, St. Gallen, Zürich und Freiburg an, nicht die Tatkräftigen, aber die Nachdenklichen. Die meisten wußten, daß sie in kein berühmtes und reiches Kloster gingen. Lebenslange Predigt in Obereschach und Manzell konnte auch Regsame abstumpfen, die nörgelnde Stimmung im Konvent auch Fröhliche verdrießen. Wir sind rasch bei der Hand, Weißenauer Zustände als provinziell zu verspotten und jene Intellektuellen zu bewundern, die in Weltstädten abstrakte Studien treiben, womit die Salemer Zisterzienser bald begannen. Der alte Propst Hermann würde, wenn wir ihn fragen könnten, wohl antworten, daß die Sorge für Mitmenschen der Nachbarschaft tiefer und länger wirke als die glänzenden Taten der Mächtigen, die Geschichte machten. Er würde vom Bücherbord das alte Weißenauer Totenbuch holen, das er anlegen ließ, und das neue danebenlegen, das der Canonicus Albert Schwegler 1504 schrieb. Da läsen wir in Hermanns altem Exemplar, daß einige Priester namens Walther, Kuno, Heinrich und Heinrich dem Kloster Geschenke im Wert von sechzig Mark gemacht haben und deshalb am 26. August einen Jahrtag erhalten. Im neuen Exemplar Schweglers fänden wir zum 26. August den Eintrag: »Für irgendeinen Priester und andere. Es war so verblaßt, daß der Schreiber ihre Namen nicht lesen konnte. Ihren Jahrtag wollen wir feierlich begehen.« Weil Gott die Namen der Seinen schon kennt, feierten die Kanoniker den Jahrtag für die Namenlosen wohl noch am 26. August 1802, ein halbes Jahr vor ihrer Vertreibung. Tatsächlich ist die eindringlichste Predigt aus dem mittelalterlichen Weißenau nicht die barocke Klosterkirche.

HUGO VON LANGENSTEIN · DEUTSCHHERR IN MAINAU

Die mittelalterliche Geschichte der Mönche wird am Bodensee nicht überall durch barocke Architektur verdeckt, bisweilen auch durch tropische Flora. Auf der Insel Mainau erwecken jährlich wiederkehrender Blütenschmuck und uralte Baumriesen den Eindruck, als herrsche hier kein anderer Rhythmus zwischen Wechsel und Dauer als der natürliche. Aber wie die glatte Oberfläche des Bodensees, so täuscht der friedliche Anblick der Mainau den Unerfahrenen. Eine Blumeninsel war sie schon im Mittelalter, doch ihre Frühgeschichte spielte keineswegs im Windschatten der Provinz, ihre Anfänge waren stürmischer und internationaler als irgendwo anders im Bodenseeraum des dreizehnten Jahrhunderts. Nirgendwo sonst stießen universale Anregung und regionale Verwirklichung härter aufeinander. Der Gründungsimpuls kam von der Kreuzzugsbewegung des christlichen Abendlandes, die Formgebung von aufsässigen Ministerialen der Abtei Reichenau. Damit ist die Spannweite dieser Geschichte markiert.

Man kann die Kreuzzüge mit Ranke als eine der drei großen Expansionsbewegungen Europas betrachten. Die germanische und slavische Völkerwanderung hatte zuvor den Kontinent als geographische Einheit konstituiert; die Kreuzzüge dehnten seinen Einflußbereich über das Mittelmeer bis zum Orient aus; danach sollten die Entdeckungsreisen alle übrigen Kontinente europäisieren. Es hieße die Geschichte vereinfachen, wollte man die europäische Expansion für einen organischen Prozeß halten, dem Wachsen eines Baumes verwandt. Sie vollzog sich in gewaltsamen, ruckartigen Unternehmungen, die allen Betroffenen Unglück brachten und selbst an den Siegern nicht spurlos vorübergingen. Die Überwältigung fremder Kulturen überanstrengte Europas eigene Kräfte; Aufbruch und Zusammenbruch, Manie und Depression gingen ineinander über. Der Anstoß zu den Kreuzzügen kam von der gregorianischen Kirchenreform. Mönche wie die von Cluny und später Cîteaux riefen die adligen Laien auf, ihr Christsein durch die Tat zu beweisen, durch ähnliche Aktionsgemeinschaften, wie Priester und Mönche sie im späten elften Jahrhundert gründeten. Als Ziel der Nachfolge Christi bot sich Jerusalem an, wo Jesus Christus lebte, gekreuzigt und begraben wurde und auferstand.

Die heilige Stätte befand sich seit langem in den Händen ungläubiger Mohammedaner. Sie hatten fromme Christen kaum an Wallfahrten gehindert. Auch vom Bodensee waren seit dem späten neunten Jahrhundert viele nach Jerusalem gepilgert, Gräfin Adelinde von Buchau, Bischof Konrad von Konstanz, Mönch Werner von Reichenau; doch hatten sie nicht im Sinn, sich das Heilige Land mit irdischen Machtmitteln anzueignen. Der Vorschlag, das Land des Heiligen Grabes zu erobern, zündete zuerst in Frankreich, wo im elften Jahrhundert Landesausbau und Bevölkerungswachstum an Grenzen stießen und Übervölkerung hervorriefen. Verteilungskämpfe innerhalb des französischen Adels nahmen mitunter selbstzerstörerische Formen an. Der Ausweg in den Orient versprach zugleich den Aufstieg zum Himmel, ohne daß die Adligen in strengen Reformklöstern ihre Sünden abbüßen mußten. Hoch zu Roß und mit dem Schwert in der Hand würden sie Christus nachfolgen, das Land, wo Milch und Honig floß, besetzen, das Paradies erstürmen.

Der erste Kreuzzug wurde 1097 mit der Eroberung Jerusalems gewonnen. Nun meldeten sich Folgelasten, die vorher niemand bedacht hatte. Nicht alle Adligen fanden in Palästina und Syrien Raum für Territorialherrschaften, die meisten strömten zurück. Im eroberten Land mußten Besatzungstruppen bleiben, wenn nicht alle Gewinne preisgegeben werden sollten. Der Kleinkrieg mit Mohammedanern war durch Burgenbau im europäischen Stil nicht zu gewinnen, er verlangte bewegliche Truppen zu Pferd, die in Formation zu kämpfen lernten. Ihre Versorgung brauchte permanente Organisation des Nachschubs, Pflege für Verwundete und Kranke. Aus diesen Erfordernissen entstanden Ritterorden, zunächst 1099 die Johanniter, eine Spitalbruderschaft zur Betreuung von Pilgern und Kreuzfahrern, anfangs mit dem Hospiz für Pilger und Arme vergleichbar, das Bischof Konrad in Konstanz baute. Um 1120 traten die Templer hinzu, die sich schon auf den Krieg gegen Ungläubige spezialisierten. Den Templern schrieb seit 1128 der Zisterzienser Bernhard von Clairvaux eine Rechtfertigung, die an das moderne Mönchsleben in Armut, Keuschheit und Gehorsam anknüpfte. Mit Soldaten hatte schon die Benediktregel die Mönche verglichen: Beide traten zu Männerverbänden zusammen, in strenger Unterordnung des einzelnen, in kaserniertem Zusammenleben mit vielen, in harter Ausbildung für den Einsatz. Trotzdem veränderte die Templerregel die Beziehungen zwischen Mönchtum und Rittertum von Grund auf.

Sie verschob die Ideale des Mönchtums. Die Templer blieben Ritter; sie sollten nicht beschaulich in priesterlicher Runde beten und fasten, sondern draußen kämpfen; sie mußten die Welt nicht verlassen, sondern erobern. Ritterorden boten insofern die radikalste Lösung des Dilemmas, in das die Benediktiner des elften Jahrhunderts mit ihrer Flucht in die Einsiedelei geraten waren; man könnte sich denken, daß Hermann der Lahme und Eberhard von Nellenburg dieser Lösung zugestimmt hätten. Sie warf indes neue Probleme auf. Machte die Angleichung an Zisterzienser wirklich aus Rittern Mönche? Vielleicht mußte ein Christ in Notwehr einen anderen Menschen töten, doch Mönche hatten das nicht als ihre Aufgabe betrachtet, sondern sich durch Klostermauern vor solchen Notfällen geschützt. Gewiß mußte ein Christ bereit sein, im Dienste Gottes sein Leben hinzugeben, aber durfte er dem Gebot folgen, andere Menschen um Gottes willen zu töten? Wie diese Grundforderung der Ritterorden wich ihre Lebenspraxis von der mönchischen ab. Streitkräfte konnten nur vorübergehend, während der Vorbereitung zum Kampf, in Askese und Klausur gehalten werden und mußten gerade bei Erfüllung ihrer höchsten Pflicht alle Schranken überrennen.

Die Idee des Ritterordens verwandelte außerdem die Ideale des kriegerischen Adels. Bislang hatte der Ritter im Kampf meist für sich allein gestanden, Schlachten waren Einzelgefechte gewesen. Dem Befehlshaber im Krieg, dem Lehensherrn im Frieden hatte der Ritter Treue bis zum Tod geschuldet; aber sie sollte vom Herrn bloß Schaden abwenden und verlangte, daß auch der Herr Treue hielt. Wenn nicht, durfte ihn der Vasall in Krieg und Frieden verlassen, im Notfall bekämpfen. Im Kleinkrieg gegen disziplinierte mohammedanische Reitertruppen wirkte dieses selbstherrliche Gebaren des christlichen Adels verheerend. Hier zählten andere Tugenden: strategische Planung, taktisches Geschick, straffe Organisation, Unterordnung, Zucht, Gehorsam. Diese ursprünglich mönchischen Gedanken drangen erst durch die Ritterorden in Kriegerdasein und Kriegführung ein. Moderne Armeen stellen also zu Unrecht das mittelalterliche Rittertum im ganzen als Vorbild für moderne Soldatentugenden hin. Die geistlichen Ritterorden boten ein solches Vorbild, wie man in der deutschen Geschichte am Eisernen Kreuz und am Ritterkreuz sehen kann. Wem in einer Kirche des Deutschen Ordens, zum Beispiel in Mainau, beim Anblick des schwarzen Kreuzes auf weißem Grund das Eiserne Kreuz einfällt, der hat einen historischen Zusammenhang entdeckt: Der Tapferkeitsorden des neunzehnten Jahrhunderts wurde aus dem Brustkreuz mittelalterlicher Ordensritter abgeleitet und belohnte deren Tugenden.

Schließlich hatten die Ritterorden für den Kriegeradel soziale Wandlungen zur Folge. Bisher galt der Grundherr als waffenfähig, weil nur er Zeit zur Übung mit den Waffen erübrigte, weil nur er Mittel besaß, um Schlachtroß und Rüstung zu beschaffen. Die Ritterorden eröffneten diese Möglichkeiten auch Minderbemittelten, wenn sie tüchtig oder (sagen wir es mit dem militärtechnischen Ausdruck) tauglich waren. Tauglichkeit meinte neben körperlicher Eignung für den Kriegsdienst Bereitschaft zu kriegerischer Leistung. Auf sie zielte das heute altmodisch klingende Wort Tugend, Tugend war

Tauglichkeit für den Dienst mit der Waffe. Ritterorden verstärkten die Spannung zwischen Geburt und Leistung, zwischen Adel und Tugend, die früher von Geistlichen erörtert worden war und jetzt die Adligen zu spalten begann. Der Leistungsgedanke lockte vor allem aufstrebende Niederadlige, zum Beispiel Ministerialen, denn er bestätigte ihren Adel. Andererseits mußten Ritterorden wie alle Mönchsorden taugliche Angehörige ökonomisch freistellen. Im Ritterorden konnte nicht mehr jeder Kämpfende wie beim ersten Kreuzzug für Ausrüstung und Verpflegung monatelang selbst aufkommen. Weil der Kriegsschauplatz im Orient weder Nachwuchskräfte noch Nachschubmittel lieferte, mußten Ritterorden eine Etappenorganisation im Abendland aufbauen, die früheste des europäischen Kriegswesens. Lassen wir uns durch die Verachtung der Frontkämpfer für Etappenschweine nicht beirren: Kriege werden seitdem von Zahlmeistern gewonnen und verloren.

Etappenstationen wurden zuerst in Frankreich, der Heimat der ersten Kreuzfahrer und Ordensritter, errichtet. Am Bodensee blieb es noch lange dabei, daß nur solche Herren zum Kreuzzug aufbrachen, die sich selbst rüsteten und versorgten. Der landadlige Bürger Marquard von Konstanz war wohlhabend genug, um 1147 beim Abmarsch zum zweiten Kreuzzug den Kreuzlinger Augustinerchorherren noch Schenkungen zu machen. Aus dem Vollen schöpfte erst recht Graf Rudolf von Pfullendorf, der bei seiner Pilgerfahrt 1180 Einrichtungen der Ritterorden im Heiligen Land mit Geldspenden bedachte. Noch die Kreuzzugspredigt des Zisterziensers Eberhard von Rohrdorf zielte 1217 auf reiche Adlige wie Albero von Bodman. Weil es so war, drängten nicht Johanniter und Templer selbst auf Niederlassung am Bodensee, sondern Herren des regionalen Hochadels, die sich von der Heranziehung der Ritterorden politische Vorteile versprachen. Ihr wichtigster Vertreter war Graf Hugo I. von Montfort, der im frühen dreizehnten Jahrhundert in Bregenz gegen mannigfache Widerstände seine Herrschaft über Vorarlberg aufbaute. Zu diesem Zweck gründete er in Feldkirch vermutlich die Schattenburg und einen Marktort mit eigener Pfarrei. In der städtelosen Zone zwischen Bregenz und Chur, an der Gabelung der Fernstraßen vom Rhein und Bodensee einerseits nach Graubünden und Mailand, andererseits nach Tirol und Venedig entstand ein montfortischer Schwerpunkt für Herrschaft und Handel, auch ein Rastplatz für Kreuzfahrer und Pilger zwischen Rheinebene und Adriatischem Meer.

Hugo von Montfort gelobte 1217, sich an einem Kreuzzug ins Heilige Land zu beteiligen, doch durfte er sein Gelübde so einlösen, daß er, anstatt persönlich auszureiten, andere Kreuzfahrer ausrüstete. Also siedelte Hugo im September 1218 in seiner neuen Stadt Feldkirch den Johanniterorden an. Er überließ ihm die Kirche im Ort, dazu Felder außerhalb der Stadt; Klostergebäude und Spital ließ er 1229 erstellen. Der Gründer profitierte am meisten davon. Graf Hugo leitete wahrscheinlich selbst als erster Komtur die Johanniter in Feldkirch, behielt ihre Grundherrschaft unter seiner Gerichtsbarkeit, ließ sich 1235 in ihrer Kirche beisetzen und in ihr Totengedenken einschließen. Die Komturei in Feldkirch wurde für die Grafen von Montfort ein zweites Hauskloster, das nicht nur wie die Abtei Mehrerau auf Grundbesitz und Landwirtschaft gestützt, sondern auch an Geldverkehr und Marktwirtschaft angeschlossen war. Die Gründung in Feldkirch diente zuerst der Regionalpolitik des Adels, obwohl der universale Kreuzzugsgedanke sie angeregt hatte.

Nicht in Feldkirch allein sollten die Ordensritter wirken. Der Graf erteilte ihnen den Auftrag, am Weg zum Arlbergpaß die Wanderer mit Wärme, Wasser und Obdach zu unterstützen sowie einen Geistlichen für die Seelsorge zu stellen. Daraus entstanden die Stationen Klösterle und Stuben. Die Erschließung der Arlbergstraße wurde durch Straßen- und Brückenbau vorangetrieben, auch im Interesse der Kreuzfahrer, denen ein neuer Weg von Westeuropa zum Heiligen Land angeboten wurde. Hugos Stiftung in Feldkirch nahm Verbindung zu älteren Etappenstationen der Johanniter im Westen auf, zu Basel, seit etwa 1200 bestehend, und Rheinfelden, seit 1212 nachgewiesen. Außerdem griffen die Johanniter von Feldkirch in Hinterländer aus, die bisher vom Strom der Pilger und Kreuzfahrer kaum erfaßt waren, durch Niederlassung im thurgauischen Tobel seit 1228 und in Überlingen am See seit 1257. Hier fanden, auch wenn sie nicht mehr nach Palästina zogen, Söhne regionaler Adelsfamilien standesgemäßes Unterkommen. Das Netz der Stützpunkte förderte schließlich den internationalen Warenhandel, der orientalische Luxusgüter über Venedig nach Westeuropa schaffte. Wenn dieser einträgliche Handel die neue Arlbergstrecke vorzog, gedieh der Marktort Feldkirch durch Marktabgaben und Zollgebühren.

Wer zu Lebzeiten des Grafen auf dem Markt in Feldkirch laut über diese Zusammenhänge nachgedacht hätte, wäre möglicherweise im Verlies der Schattenburg gelandet. Selbstverständlich war der Graf von Montfort voll edler Begeisterung für den Kreuzzug. Die Johanniter bemühten sich um ein religiöses Gegengewicht, doch war ihre geistliche Hierarchie noch schwach entwickelt und verfügte nur über einen *Prior* oder *Praeceptor* für ganz Deutschland; die zentrale Ordensleitung konnte kaum bis zur letzten Komturei durchgreifen. Am Ort wirkte der soziale Auftrag zur Krankenfürsorge einer allzu skrupellosen Verfremdung für politische Zwecke entgegen, aber die karitative Aktivität fand hinter verschlossenen Türen statt und erregte weder bei Zeitgenossen noch bei Historikern Aufmerksamkeit. Wer kannte denn im dreizehnten Jahrhundert, wer kennt im zwanzigsten die Lazariter von Gfenn? Die Lazariter taten sich etwa 1120 im Heiligen Land zur Pflege von Aussätzigen zusammen und setzten ihre lebensgefährliche Arbeit nachher als Ritterorden im Abendland fort, zumal da der Aussatz durch die Kreuzzüge im Westen neue Opfer fand. Rudolf III. von Rapperswil stiftete ihnen nach 1217 in Gfenn bei Dübendorf einen Konvent. Von seinem Innenleben weiß man wenig, Außenbeziehungen konnte er kaum entfalten. Während sich die Kreuzlinger Chorherren von den Aussätzigen zurückzogen und sich nach mächtigeren Freunden umsahen, taten die Lazariter in Gfenn ihren Dienst an den Ärmsten weiter; aber ihr Konvent wurde in der Reformation 1524 aufgehoben, und als das Konventhaus 1828 abbrannte, baute es niemand mehr auf. Die im Dunkeln sieht man nicht.

Die innere Logik des Kreuzzugsgedankens führte zu immer stärkerer Politisierung. Kreuzzüge taugten je länger, desto weniger zu spontanen Unternehmungen des europäischen Adels, sie wurden je länger, desto mehr von den Königen europäischer Monarchien gelenkt. Der dritte Kreuzzug von 1190 sollte im wesentlichen ein deutscher Kreuzzug, eine Heerfahrt des staufischen Kaisers Friedrich Barbarossa werden. Der Konstanzer Bischof Diethelm zog nicht mit ins Heilige Land, auch von den führenden adligen Herren am Bodensee keiner; so verpaßten sie ein historisches Ereignis, die Gründung des Deutschen Ordens. Während des Kreuzzugs ließ der Schwabenherzog Friedrich zusätzlich zu einem spätestens seit 1143 bestehenden, den Johannitern unterstellten deutschen Spital in Jerusalem im Jahr 1189 oder 1190 ein Feldspital in Akkon als Nachschubbasis für deutsche Kreuzfahrer einrichten. Als die Kreuzzugspläne von Barbarossas Sohn Heinrich VI. mit dessen Tod 1197 scheiterten, mußte das deutsche Spital in Akkon militärisch geschützt werden. Die Spitalbruderschaft wurde 1198 in einen Ritterorden umgewandelt, den Deutschen Orden. Dieser dritte große Ritterorden unterschied sich von seinen Vorgängern, Johannitern und Templern, in der inneren Ordnung wenig, er übernahm 1198 die Ordensregel der Templer, also den zisterziensischen Zuschnitt.

Von Grund auf änderten sich die Beziehungen nach außen. Von seiner Entstehungsgeschichte her war der Deutsche Orden eng mit dem staufischen Kaiserhaus verbunden und infolge dieser politischen Tendenz auf deutsche Mitglieder beschränkt. Die Politisierung spiegelte die Entwicklung der Kreuzzugsidee folgerichtig, hatte aber für die Zukunft des Ordens schwerwiegende Folgen. Er wandte sich von der Krankenpflege ab, ohne sie ganz aufzugeben, und faßte im Heiligen Land weit weniger Fuß als Johanniter und Templer. Denn nicht das gemeinsame Ziel, sondern die unterschiedliche Herkunft der Kreuzfahrer schloß diesen Orden zusammen. Deshalb eignete er sich für politisch-militärische Aufgaben in anderen Weltgegenden, näher an deutschen Interessensphären. Es begann 1211 damit, daß der ungarische König dem Deutschen Orden einen Teil Siebenbürgens zum Schutz gegen heidnische Kumanen anvertraute. Die Ordensritter schufen ein eigenes Territorium, einen Ordensstaat, und wurden deshalb 1225 von christlichen Nebenbuhlern aus Ungarn verdrängt. Die Herren vom Deutschen Orden verhielten sich nicht machtlüsterner als andere Zeitgenossen, die vor ihren Karren Kreuzfahrer spannten, venezianische Dogen zum Beispiel, die den vierten Kreuzzug 1202–04 zur Eroberung des christlichen Konstantinopel benutzten, oder französische Könige, die im Albigenserkreuzzug 1209–29 nicht nur die ketzerischen Katharer und Waldenser bekämpften, sondern die christlichen Grafen von Toulouse unterwarfen. Daran gemessen, verhielten sich frühe Deutschherren fast wie Engel.

Deshalb rief man sie 1226 nach Masowien, um die vorher durch Zisterzienser begonnene Missionierung der heidnischen Preußen fortzusetzen. Die Preußen waren an sich bereit, Christen zu werden; man hätte ihnen einen sanfteren Mönchsorden schicken können. Der rauhen Herrschaft des Deutschen Ordens wollten sie sich freilich nicht unterwerfen. Die Ordensritter aber meinten, jeder Widerstand gegen sie sei heidnisch reaktionär. So wurde im Preußenland ein Krieg gegen Ungläubige weitergeführt, der in Wirklichkeit um die Ordensherrschaft über Preußen ging. Der Krieg endete nach schweren Kämpfen 1274, als der Orden die Preußen bezwungen und zu Untertanen gemacht hatte; danach versuchte er kaum mehr, sie zu Christen zu machen. Ähnlich verfuhren Mohammedaner nach Siegen in ihren Heiligen Kriegen: Der wahre Glaube sollte über alle Welt herrschen, aber kein Allerweltsglaube werden. Demgemäß führte der Deutsche Orden Krieg nicht gegen die Preußen an sich; er nahm in den ersten zwei Jahrhunderten preußische Priester, sogar einzelne preußische Ritter auf. Aber Vorbedingung war die Unterwerfung unter die politisch-staatliche Alleinherrschaft des Deutschen Ordens in Preußen. Nicht den Frieden wollte er bringen, sondern das Schwert.

Schwerpunkt der Ritterorden blieb dennoch das Heilige Land, auch die Leitung des Deutschen Ordens residierte in Akkon. Das erleichterte den Kreuzzug Friedrichs II., den

Versuch des Staufers, das Königreich Jerusalem 1228 seinem Imperium einzugliedern. Während ihm die Deutschherren halfen, wehrten sich die beiden älteren Ritterorden nach Leibeskräften, und als der Kaiser mit dem Papst kämpfte, rangen die papsttreuen Templer den Deutschen Orden 1241 blutig nieder und verjagten ihn aus dem Heiligen Land. So waren katholische Orden noch nie miteinander umgesprungen, aber es stand in der Bibel, wer das Schwert ergreife, werde durch das Schwert umkommen. Der Kreuzzug fraß sich selbst auf. Die Leitung des Deutschen Ordens blieb bis 1291 in Akkon sitzen, dann brachen die Kreuzfahrerstaaten zusammen, Akkon wurde von Mamelucken erobert. Noch immer blickte der Orden, nun von Venedig aus, nach Palästina; erst 1309 zog er die Folgerung und verlegte den Hauptsitz nach Preußen auf die Marienburg. Während andere Mönchsorden die Wüsten dieser Erde aufsuchten, wollten sich die Ritterorden das irdische Paradies untertan machen; als sie daraus vertrieben waren, hatten sie ihre Aufgabe verloren.

Der Deutsche Orden löste sich leichter als andere Ritterorden von dem Traumland im Orient; seine frühe Ablenkung zuerst nach Siebenbürgen, dann nach Preußen rettete ihn vor dem Zusammenbruch, vor dem grausamen Ende, das dem Templerorden 1307–12 in Frankreich widerfuhr. Vor ähnlichen Verfolgungen der Landesherren schützte den Deutschen Orden seine fortlebende Macht als Herr des Ordenslandes. Dennoch widersprach die Herrschaft über christliche Preußen dem ursprünglichen Ordensziel des Kampfes gegen übermächtige Heiden. Objektiv gesehen, verlor auch der Deutsche Orden 1291 seine Daseinsberechtigung. Subjektiv empfanden die Ordensmitglieder den Einschnitt anders. Sie hofften wie das ganze europäische Spätmittelalter auf künftige Kreuzzüge nach Jerusalem. Während des frühen vierzehnten Jahrhunderts lagen viele auf der Lauer, ob es bald wieder losgehen werde. Auch wenn keiner der geplanten Züge zustande kam, bereitete man die erhofften Siege unverdrossen vor. Obwohl keine Front im Heiligen Land mehr bestand, träumte die deutsche Etappe von künftigen Schlachten. Der Historiker muß die Macht der Illusion einbeziehen, wenn er die Fakten studiert, die Organisation der Etappe betrachtet.

Insgesamt gliederte sich der Deutsche Orden nach dem Vorbild der Zisterzienser und der Templer. Die Fronttruppe, anfangs in Palästina, nachher in Preußen, unterstand dem Hochmeister des Ordens und war auf klosterähnlichen Ordensburgen kaserniert. Der Hochmeister, ein Laie, kommandierte nicht als oberster Kriegsherr, sondern hing bei allen wichtigen Entscheidungen vom Generalkapitel oder Großen Konvent ab, einer Offiziersversammlung ähnlich dem Generalkapitel der Zisterzienseräbte. Eingeschränkt waren seine Befugnisse weiter durch fünf Gebietiger, anfangs Mitglieder eines Beratungsgremiums, die mit gewissen regionalen Vorbehalten innere Verwaltung, Kriegswesen, Sanitätswesen, Ausrüstung und Finanzen besorgten. Anders als in Mönchsklöstern waren diese Verwaltungsämter zentralisiert. Der gesamte Nachschub unterstand dem Deutschmeister, dem Stellvertreter des Hochmeisters. Er besaß ebenfalls keine unumschränkte Befehlsgewalt. Seine Etappe war nicht nach Ressorts, sondern nach Regionen gegliedert, in zwölf Balleien, die über Deutschland verstreut lagen, den Zirkarien der Prämonstratenser nachgebildet, jedoch in sich straffer gestuft. An der Spitze jeder Ballei stand ein Landkomtur. Das Generalkapitel der Landkomture, alljährlich am 14. September tagend, kontrollierte den Deutschmeister. Jede Ballei bestand aus einer Anzahl von Ordensburgen oder Kommenden, von je einem Komtur geführt. Die Ausdrücke Kommende und Komtur, verkürzt aus Kommendator, waren vom lateinischen *Commendare* abgeleitet, das hieß ursprünglich »Empfehlen«. (Erst im Dreißigjährigen Krieg wurde aus dem Empfehlenden ein Befehlshaber, aus dem Komtur ein Kommandeur.) Auch hier überwachte die Gemeinschaft die Amtsträger: die Versammlung der Komture den Landkomtur beim Provinzialkapitel einmal im Jahr, die einzelne Kommende ihren Komtur beim sonntäglichen Hauskapitel.

Die starke Stellung des Kollegiums gegenüber seinem Geschäftsführer war im Ordenswesen nicht mehr ungewöhnlich; bei Priestergemeinschaften wie Augustinerchorherren und Prämonstratensern ist sie uns bereits begegnet. In der Adelsgemeinschaft des Deutschen Ordens wurde das Kollegialprinzip noch weiter getrieben: Jedes Jahr traten die Amtsträger zurück und wurden neu gewählt. Der Überwachung von unten entsprach die Kontrolle von oben durch Visitationen: Regelmäßig wurden die Amtsträger durch Beauftragte ihrer nächsthöheren Vorgesetzten überprüft. Ein solches ausgeklügeltes System ließ, anders als bei Zisterziensern, keine Initiative eines einfallsreichen Amtsträgers durchgehen; Neuerungen waren nicht opportun. Dafür entwickelte die Gemeinschaft unerhörte Beharrungskraft bei der Wahrung des Besitzstandes, auch nachdem der ursprüngliche Ordenszweck nicht mehr verklammernd wirkte. Zur Resignation von Weißenauer Prämonstratensern blieb in der Bürokratie des Deutschen Ordens gar keine Zeit, auch in Mainau nicht.

Am Bodensee wurde die Etappe des Deutschen Ordens erst spät aufgebaut. Der regionale Adel schickte seine Söhne noch eine Weile auf Kreuzfahrt ins Heilige Land, zumal da inzwischen Johanniter in Feldkirch, Tobel und Überlingen für Kontakte zum Orient sorgten. Nach dem Mittelmeer strebten auch Handelsbeziehungen der Bodenseestädte, insbesondere von Konstanz. Die Neuorientierung des Deutschen Ordens nach Preußen traf deshalb auf geringes Interesse. Welcher Bodenseehase zöge gern in den nebligen Norden! Wie bisher immer, kam die Anregung vom Oberrhein, aber die südwestdeutsche Ballei Elsaß-Schwaben-Burgund entstand ihrerseits im Gefüge der zwölf deutschen Balleien ziemlich spät. Ihre erste Kommende Rufach bei Kolmar wurde vor 1231 errichtet, danach geschah am Oberrhein lange nichts. Endlich setzte sich der Deutsche Orden 1246 in Beuggen am Hochrhein fest, nordöstlich von Rheinfelden, unweit von Basel; der Landkomtur ließ sich hier nieder. Im nächsten Jahr versuchte der Orden weiter nach Osten, in das Bistum Konstanz vorzustoßen, auf den Spuren der Johanniter.

Eine erste Gelegenheit bot sich 1250, als der Burgherr Hermann Gnifting von Raderach, nahe bei Buchhorn, in den Franziskanerorden eintrat und sein Vermögen zum Teil für fromme Zwecke freigab. Der Deutsche Orden mischte sich robust in die Erbauseinandersetzung ein, verlor aber 1253 den Prozeß. Das Klima war dem Deutschen Orden nicht günstig, der Bodenseeadel ließ sich ungern erpressen. Endlich kam man 1264 weiter, noch immer nicht am See, aber in Oberschwaben, mit der Burg Altshausen. Wie Kaiser Friedrich II., so taten seine Reichsministerialen ihr Bestes, in diesem Fall die Kämmerer von Biegenburg, die sonst den Prämonstratensern von Weißenau geholfen hatten. Die Kommende Altshausen wurde wegen ihres reichen Grundbesitzes seit 1288 Sitz des Landkomturs, also Mittelpunkt der ganzen Ballei; ihre Bedeutung ist noch am dortigen Schloß der Herzöge von Württemberg abzulesen. Indes fand der Deutsche Orden bloß dort eine Bleibe, wo spätstaufisches Reichsdenken nachwirkte und wo einheimische Adelsfamilien und Klöster das Feld räumten. Den Ansässigen leuchtete nicht recht ein, wozu dieser neue Orden dienen sollte, solange im Heiligen Land nichts zu erobern war. Daß der Orden schließlich doch noch eine bedeutende Bastion am Bodensee, die Mainau, gewann, ging nicht auf religiöse Fernwirkungen zurück, sondern auf einen regionalpolitischen Konflikt.

Die Insel Mainau befand sich seit spätestens 946 im Besitz der benediktinischen Abtei Reichenau. Sie verwaltete ihn auf bekannte Art, durch Bestellung von Ministerialen, die dem Kloster zu dienen und die Bauern zu beaufsichtigen hatten. Von einem Ministerialen auf der Mainau hört man zum ersten Mal 1241: Ein Ritter Berthold *de Maginowe* trat am Bischofshof Konstanz auf. Im Jahr danach ließ er seine Frau Anna bei den Kreuzlinger Augustinerchorherren bestatten und erwies sich dabei als Lehensmann des Bischofs. Kein eingeschworener Reichenauer also, übrigens kein reicher Mann; vermutlich suchte er sich durch Dienste bei verschiedenen Mächtigen hochzuschaukeln. Wahrscheinlich saß er in einer einfachen Klosterburg und überwachte die Arbeit auf Reichenauer Klosterhöfen zwischen Allmannsdorf und Dingelsdorf. Um 1260 dürfte es den Herren von Langenstein gelungen sein, ihn zu beerben. Auch sie waren Reichenauer Klosterministerialen. In Urkunden tauchten sie seit 1174 auf. Sie saßen auf einer Burg an der Stelle des heutigen Schlosses Langenstein bei Orsingen, die sie vermutlich im Auftrag der Abtei gebaut hatten. Weiteren Besitz erwarben sie auf dem ganzen Bodanrück, auch sie mit dem Ziel, die Abhängigkeit vom Kloster allmählich abzustreifen.

Der Ministeriale Hugo von Langenstein erschien immer dann im Gefolge des Reichenauer Abtes Diethelm von Krenkingen, wenn dieser den Zisterziensern von Salem Grundstücke schenkte. Diethelm suchte die Ministerialen an Reichenau zu fesseln, aber Salem benahm sich großzügiger. Abt Eberhard umwarb die Langensteiner bei jeder Gelegenheit, einmal zehn Käse als Geschenk, dann vierzig Käse... Solche Lockspeisen legten die Freiherren im Reichenauer Konvent nach Diethelms Tod nicht mehr aus. Sie ärgerten sich immer öfter über ihre Ministerialen: Die lebten behaglich auf Dienstgütern, während den Konventherren die Reserven an Bargeld schmolzen. Der Grundbesitz warf nur noch kleine Abgaben für das Inselkloster ab, vom größeren Rest lebten, wie es schien, Ministerialen. Ein lateinisches Gedicht klagte um 1255, die frechen Ministerialen nähmen dem Kloster Reichenau Güter weg, die ihm einst würdige Fürsten geschenkt hätten. »Früher waren sie demütige Beschützer, heute sind sie grausame Räuber.« Der alte Streit zwischen Mönchen und Vögten setzte sich auf lokaler Ebene fort, im Grund deswegen, weil der Konvent die ausgleichende Ministerialenpolitik Diethelms von Krenkingen nicht fortsetzte. Seit 1260 regierte Abt Albrecht von Ramstein, ein energischer Herr aus dem Schwarzwald, und versuchte zusammen mit den sieben oder acht freiherrlichen Mönchen des Konvents die Klosterministerialen in die vor Diethelms Zeit gewohnte Untertänigkeit zurückzudrücken. Er konnte sich ausrechnen, daß sie sich mit allen Mitteln wehren würden, und mußte wissen, daß in dem Reich ohne König jedes Kloster auf sich selbst gestellt war. Ministerialen sollten den Konvent gegen Feinde schützen, aber wer schützte den Konvent gegen Ministerialen?

Sofort begannen Auseinandersetzungen und Gewalttaten. Die Ministerialen waren gut beraten, sich nicht auf ihre physische Übermacht zu stützen, sondern juristische

Mittel einzusetzen. Der Reichenauer Ministeriale Eberhard von Steckborn förderte in den 1260er Jahren das neue Zisterzienserinnenkloster Feldbach und entzog sich um 1265 seinem bisherigen Dienstherrn dadurch, daß er in das Zisterzienserkloster Salem eintrat. Vorher vermachte er alles, was er für das Kloster Reichenau verwaltet hatte, einer anderen Gemeinschaft, nämlich dem Deutschen Orden: die Burg Sandegg, dazu Grundstücke in Steckborn, Salenstein und Ermatingen. Der Abt von Reichenau konnte gegen solche Besitzentfremdungen wenig unternehmen, weil andere geistliche Orden die Nutznießer waren. Der Zank spielte dann nicht mehr zwischen den Konventherren und einem querköpfigen Ministerialen, sondern zwischen der Abtei Reichenau und einem weitverbreiteten Orden mit mächtigen Fürsprechern. Tatsächlich willigte Abt Albrecht ein, weil er von Gütern der Ministerialen mehr Ärger als Ertrag erntete.

Der Reichenauer merkte, daß sich da eine höchst gefährliche Entwicklung anbahnte. Mit den Zisterzienserinnen von Feldbach vertrug sich der Abt von Reichenau gut. Eigentlich war ja am Untersee nirgends mehr für ein neues Kloster Platz, aber Reichenau hatte nichts dagegen einzuwenden, daß seine Klosterministerialen am Südufer des Untersees seit 1252 das kleine Frauenkloster mit bescheidenem Landbesitz ausstatteten. Die frommen Frauen wurden nicht übermütig und zeigten sich erkenntlich, indem sie dem verschuldeten Inselkloster mit Geldkrediten halfen. So verträglich würde sich der hochfahrende Deutsche Orden nicht benehmen. Er fand sich immerhin zu Verhandlungen bereit, und man vereinbarte 1270, daß der Ritterorden im thurgauischen Gebiet der Abtei, südlich des Untersees, weitere Erwerbungen machen durfte, aber auf den Bodanrück und das Nordufer, erst recht auf die Klosterinsel nicht übergreifen sollte. Nun konnte auf der Burg Sandegg eine Kommende des Deutschen Ordens eingerichtet werden. Außer zwei Söhnen des Steckborner Stifters traten andere Reichenauer Ministerialen aus dem Thurgau ein und machten Schenkungen aus ihrem Dienstgut am Südufer des Untersees. Eine ganze Gruppe von Klosterministerialen, die von Feldbach, Steckborn, Salenstein, Fruthwilen, wandte sich dem Deutschen Orden zu. Er nahm sie mit Freuden auf, weil sie ihm eine Plattform boten; sie traten mit Freuden ein, weil er sie als Ritter anerkannte.

Der Abfall ließ sich nicht auf den Thurgau beschränken. Wenigstens die Ministerialen von Langenstein standen vor derselben Entscheidung, zumal da sie mit denen von Steckborn eng zusammenarbeiteten. Dabei scheint sich die Familie gespalten zu haben. Der ältere Bruder Hugo, der dritte seines Namens, blieb weiterhin Reichenauer Ministeriale und behielt Langenstein. Der jüngere Bruder Arnold, der über die Mainauer Klostergüter verfügte, schenkte um 1271 alles, was er innehatte, dem Deutschen Orden und trat ihm mit sämtlichen vier Söhnen bei. Die Abtei Reichenau verlor mit der Insel Mainau, ihrer Burg und ihrem Wirtschaftshof fast das ganze Südwestufer des Überlinger Sees, den östlichen Bodanrück zwischen Allmannsdorf, Staad, Egg, Litzelstetten, Oberdorf und Dingelsdorf. Abt Albrecht verweigerte die Zustimmung und empfand dieses Vorgehen als Bruch der Vereinbarung von 1270. Arnold von Langenstein erklärte seinem bisherigen Dienstherrn den offenen Krieg; der Deutsche Orden pfiff ihn nicht zurück.

Es kam, wie es kommen mußte. Andere Reichenauer Ministerialen eilten dem Inselkloster nicht zu Hilfe und sahen schadenfroh zu, wie es in die Klemme geriet: Von den

Burgen Sandegg und Mainau aus konnte die Abtei Reichenau buchstäblich abgewürgt werden. Diesen rüden Gründungsmethoden war der Abt nicht gewachsen. Er gab 1272 nach, in einem Generalvertrag, den der Bischof von Konstanz, Eberhard von Waldburg, in seinem Schloß Gottlieben als Vermittler zwischen Benediktinern und Deutschherren aushandelte. Arnold von Langenstein war inzwischen gestorben. Der Zangengriff wurde gelöst, der Deutsche Orden verzichtete auf Sandegg und alle thurgauischen Besitzungen, auf Herrschaft im Untersee überhaupt. Dafür gab Reichenau faktisch die Herrschaft über den östlichen Bodanrück auf und überließ die Insel Mainau mit dem Uferstreifen von Allmannsdorf bis Dingelsdorf dem Deutschen Orden. Im Lauf des vierzehnten Jahrhunderts kamen noch die Dörfer Dettingen und Wallhausen hinzu.

Durch diesen Handstreich gelangte der Deutsche Orden an den Bodensee. Neuen Orden war hierzulande früher die Ansiedlung dadurch erleichtert worden, daß alteingesessene Abteien ihren Ministerialen Schenkungen an die Neulinge gestatteten; Reichenau verfuhr diesmal ebenso. Nur war dieses Entgegenkommen nie so rücksichtslos ausgenutzt worden, wie es dem Deutschen Orden beliebte. Er benahm sich gegenüber der Abtei Reichenau wenig anders als gegenüber preußischen Untertanen. Von Kampf gegen Ungläubige und Befreiung des Heiligen Landes sprach niemand in den Streitigkeiten um Sandegg und Mainau; jeder wußte, daß es um politische Vormacht im Herzstück des Bodensees ging. Die beiden verantwortlichen Funktionäre des Deutschen Ordens kamen aus der Fremde. Der Landkomtur der Ballei Elsaß, Werner von Battenberg, gleichzeitig Deutschmeister, also zweithöchster Würdenträger des Ordens, stammte aus einem hessischen Grafengeschlecht; behilflich war ihm der Kyburger Ministeriale Rudolf von Iberg, wohl aus dem Luzerner Seetal gebürtig und in der Kommende Beuggen bei Rheinfelden stationiert.

An Einfügung in die Landschaft, die älteren Mönchsorden schon wegen der Nachwuchspflege am Herzen gelegen hatte, dachten die Deutschherren von vornherein nicht. Rudolf von Iberg wurde erster Komtur der Kommende Mainau, zog aber bald ab, wahrscheinlich schon 1274, und kommandierte 1284 wieder in Beuggen. Seine Nachfolger als Komture wechselten bis zum Jahr 1300 wenigstens neunmal, die jährliche Neuwahl der Amtsträger ließ keine innere Konsolidierung zu. Unter den Komturen von auswärts ragte immerhin Ulrich von Jestetten, aus der Rheinauer Gegend, hervor, der öfter wiedergewählt wurde, und 1287 amtierte erstmals ein Gründungsmitglied des Konvents, ein Sohn des Steckborner Stifters, als Komtur, freilich nur für ein Jahr. Sichtlich fiel es Einheimischen schwer, sich der Ordensverfassung anzupassen, und der Zuzug neuer Mitglieder ließ auf sich warten. In der ersten Generation bestand der Mainauer Konvent aus der Gruppe ehemaliger Reichenauer Klosterministerialen: Arnold von Langenstein und seine Söhne, die beiden Söhne des in Salem eingetretenen Eberhard von Steckborn, Kuno von Feldbach und ein paar andere aus dem Bereich um den Untersee. Nach ihrer Lösung aus dem Reichenauer Dienstverhältnis hatten sie zunächst nur bei den Zisterziensern von Salem geistliche Freunde in der Region; der erste Deutschordenspriester, der sie betreute, der 1292 genannte Albert von Lorch, war auch ein Zugezogener. Andererseits deutet nichts darauf hin, daß ein Mainauer Ordensritter an die Front nach Preußen versetzt worden wäre. Einige wurden bald in Nachbarkommenden der Ballei, besonders in Beuggen, verwendet. Die meisten waren vermutlich mit der Verwaltung der Ordensgüter beschäftigt, wenige mit der Ausbildung einiger Novizen. Ein Spital unterhielten die Mainauer nicht.

Die Unsicherheit der Anfänge wurde dadurch gemildert, daß auf der Insel wenig bauliche Änderungen erforderlich waren. Eine Burg, ein einfaches Steinhaus, stand ja bereits, und wenn sich schon andere Mönchsorden wie die Benediktiner auf dem Hohentwiel daran gewöhnt hatten, in Burgen zu leben, so durften die Ritter des Deutschen Ordens erst recht in der ihnen vertrauten Burgwohnung bleiben. Eng ging es da immer zu, auch in Mainau hausten Ritter und Novizen fast nur in zwei Räumen, einem Speise- und Aufenthaltsraum und einem Schlafsaal. Die Zahl der Ritterbrüder war nie groß, bereits zu Beginn blieb der Konvent unter der eigentlich vorgeschriebenen Zwölfzahl, später waren es noch drei oder vier. Eine Burgkapelle für den Gottesdienst der Ordensritter soll 1292 gebaut worden sein. An ihren beiden Altären zelebrierten zwei Priesterbrüder, die dem Deutschen Orden angehörten und bei der Ausbildung des Ordensnachwuchses, wohl auch bei der Seelsorge auf dem Bodanrück halfen. Die Kommende war um 1297 ziemlich verschuldet; offenbar erwartete die Ordensleitung kostendeckende Selbstversorgung und gedachte, keine weiteren Mittel zu investieren. Die neuen Ordensritter erfuhren schnell, daß sie einen gemütlichen alemannischen Dienstherrn verlassen hatten, um sich einer Bürokratie mit preußischer Disziplin einzufügen. Die Frage mußte schon die Söhne der Stifter bedrängen, für welche religiösen Ziele sie diese Zucht auf sich nahmen. Dieser Frage galt das Dichtwerk Hugos von Langenstein, sein Buch *Martina*, das 1293 abgeschlossen wurde.

Er trug den Leitnamen der Familie wie sein älterer Bruder und war der zweite Sohn Arnolds von Langenstein, des Stifters der Kommende Mainau. Als Unmündiger wurde Hugo in einer Urkunde von 1257 erwähnt, mit Vater und Brüdern trat er 1271 dem Deutschen Orden bei und war damals volljährig, also spätestens 1256 geboren. Den Konflikt seines Vaters mit der Abtei Reichenau muß er miterlebt haben, ohne ihn mitentscheiden zu können. Urkunden des Deutschen Ordens nannten ihn 1291 in der Kommende Beuggen, 1298 in der Kommende Freiburg im Breisgau als Priesterbruder, danach nicht mehr. Das Wenige zeigt, daß er im Dienst des Ordens durch das Gebiet der Ballei reiste, um Transaktionen von Grundbesitz zu überwachen. Er verstand sich auf Ausfertigung von kanzleigerechten Urkunden, auf Urkundensprache und Technik von Tinten und Siegeln. Er dürfte diese Fertigkeiten nach 1271 in auswärtigen Kommenden des Deutschen Ordens erlernt haben und dort zum Priester herangebildet worden sein. Als Priesterbruder hatte er nach der Ordensregel der Dominikaner zu leben, im übrigen den Weisungen von Meister und Kapitel zu gehorchen. Von der Kollegialität anderer Priesterverbände war im Deutschen Orden wenig übriggeblieben.

In den ersten Jahren nach 1190, solange der Deutsche Orden hauptsächlich Kranke versorgt hatte, war er beinahe ein Klerikerorden im Stil der Kreuzlinger Augustinerchorherren gewesen. Doch mit der Umwandlung in einen kriegerischen Orden übernahmen Laien, die Ritterbrüder, das Regiment und verwendeten die Priesterbrüder fortan für untergeordnete Dienste, zum Beispiel in der Verwaltung; in das Amt des Komturs konnte Hugo nicht aufrücken wie sein älterer Bruder. Arbeit gab es für ihn trotzdem mehr als genug. An seinem Buch saß er nicht jahrzehntelang und widmete ihm bloß *ein teil miner stunde*. Im Deutschen Orden wurde schnell und auf Befehl gedichtet; mehr als sieben Lebensjahre wird der kaum vierzigjährige Hugo nicht darauf verwendet haben. Ob er in Mainau stationiert blieb, ist fraglich. Die einzige Handschrift seines Werkes stammt wohl aus Beuggen. Doch wurden Bücher zwischen Kommenden einer Ballei ebenso ausgetauscht wie Ordensbrüder. Hugo klagte in seiner Dichtung selbst darüber, daß er nirgends einen Heimathafen finde. Der einzelne Ordensbruder war nicht wie ein Benediktiner oder Zisterzienser für Lebenszeit in dieser oder jener Kommende daheim, sondern im Ordensverband aller Balleien. Hugo kam im Dienst des Ordens durch die Welt, ohne durch Klausurvorschriften behindert zu sein. Möglicherweise wirkte er in Viterbo mit, als der Papst 1276 die Abmachungen zwischen der Abtei Reichenau und der Kommende Mainau bestätigte. Von Bayern und Sachsen schrieb er so abschätzig, daß man ihm eine längere Reise nach Norden oder Osten kaum zutraut. Er brüstete sich seiner Weltläufigkeit zu laut, als daß sie sein Heimweh vergessen machte. Hugo suchte nach einem Standort und schrieb deshalb sein Buch.

Es ist die älteste geistliche Dichtung aus dem Deutschen Orden. Sie folgte nicht wie spätere Werke einer allgemeinen Ordensüberlieferung und befleißigte sich noch keiner geglätteten Schriftsprache. Da schrieb ein Alemanne im heimischen Dialekt; was er sagte, klang tastend und unbeholfen. Das Klima der Mainau wie des ganzen Ordens war nicht hochgeistig, die meisten Ritterbrüder konnten kaum lesen und schreiben und mußten sich vorlesen lassen, was sie aufnehmen sollten. Für solche Lesungen, wahrscheinlich während des gemeinsamen Essens, war Hugos Buch gedacht. Er sprach öfter die lieben Brüder an, auch die lieben Kinder, also Novizen. Er konnte es nicht wie in einem Prämonstratenserkonvent auf lateinisch tun, ein Novum in der Geschichte des Mönchtums. Hugo versuchte als Priesterbruder den Ritterbrüdern einige lateinische Brocken beizubringen, nicht viel mehr als das *Pater noster* und die Formel *Per omnia saecula saeculorum*. Er rechnete mit Zuhörern, die wenig von der Welt gesehen hatten, und meinte überlegen, wer bloß daheim aufgewachsen sei, halte gern für Lügen, was er aus fremden Ländern höre. Etwas von dieser Welterfahrung wollte Hugos Buch vermitteln, obwohl sie seinen Horizont überschritt.

Seine Hörer waren freilich nicht ungebildet, nur auf andere als priesterliche und mönchische Art erzogen. Sie wußten etwas von der höfischen Epik und Lyrik, die im dreizehnten Jahrhundert am Bodensee unter Ministerialen im Schwange war. Ich rede nicht von dem Ministerialen und Epiker Hartmann von Aue, den man der Reichenau zuordnen möchte, über dessen Heimat aber niemand Genaueres weiß. Ziemlich sicher ist indes, daß der frühere Lehensherr des Mainauer Ritterbruders Kuno von Feldbach kein anderer als der lebenslustige Dichter Walther von Klingen war. Wenn der Minnesänger Heinrich von Dettingen wirklich aus dem Dorf im Bodanrück kam, zählte er zu den Freunden der Langensteiner und hatte bei den Mainauer Ordensrittern junge Verwandte. Den Schenken Ulrich von Winterstetten werden sie ebenso gekannt haben wie Burchard von Hohenfels, dessen Burg über Sipplingen in Sichtweite der Mainau stand. Außerdem tafelte bei einer Hochzeitsfeier in der Kommende Mainau 1284 Rüdiger Manesse mit, der Zürcher Sammler der Minnelyrik. Die Langensteiner lernten ihn spätestens dabei kennen. Hugo hatte im Umgang mit deutschsprachiger Dichtung so viel Stilgefühl und Selbstkritik gelernt, daß er ohne falsche Bescheidenheit zugab, er sei kein guter Dichter. Die Meister möchten ihn ungeschoren lassen, denn die großen Hunde bräuchten die kleinen nicht zu beißen. Mit sachverständiger Kritik rechnete er also, dennoch konnte er es nicht lassen, sein Buch in Verse zu bringen, dreiunddreißigtausend an der Zahl, mit viel saurer Arbeit und Schweiß, wie er versicherte. Deutsch reden hieß damals Verse schreiben.

Das formale Zugeständnis betraf den Inhalt nicht, hier fühlte sich Hugo sicher. Er wolle, so schrieb er, nicht von fleischlicher Minne dichten, die die Weltkinder blind für den Gottesdienst mache. Er wolle auch nicht – wie die höfische Epik – von weltlichen Abenteuern erzählen, die den Leuten bloß sündhafte Kurzweil verschafften. Statt dessen erzählte er den Ritterbrüdern die Legende der heiligen Martina, zunächst aus persönlichem Grund. Eine ehrbare, von Kindheit fromme Dominikanerin hatte ihm mitgeteilt, die in Deutschland bisher unbekannte heilige Martina habe ihr in geistlichen Anfechtungen wunderbar geholfen. Die Ordensfrau bat Hugo, die lateinische Legende der Heiligen in deutschen Versen zu verbreiten. Man errät, wer die Dominikanerin war, Hugos leibliche Schwester Adelheid. Sie trat, anscheinend als die Männer der Familie zum Deutschen Orden gingen, in das neue, 1250 gegründete Dominikanerinnenkloster Löwental bei Buchhorn ein. Über solche verwandtschaftlichen Bindungen knüpften sich im späten dreizehnten Jahrhundert überall am Bodensee neue geistliche Beziehungen zwischen verschiedenartigen Klöstern. Doch schrieb Hugo nicht bloß aus brüderlicher Fürsorge für seine Schwester. Geistliche Anfechtungen beunruhigten Hugos Ritterbrüder ebenfalls, auch dabei sollte Martina helfen.

Was Mainauer Ordensritter anfocht, ist in einer Königsurkunde von 1296 für sie mit Händen zu greifen. »Die Brüder des deutschen Hauses haben den weltlichen Kriegsdienst aufgegeben und sind Ritter Jesu Christi geworden. Sie kämpfen unter dem Banner des Herrn in der Ordnung und zögern nicht, aus Liebe zum Erlöser im Kampf mit Barbarenvölkern den Tod zu finden.« In der Tat, um im Kampf gegen Ungläubige zu sterben, hatten sie ihr bisheriges Ritterleben aufgegeben, aber nun saßen sie auf der Blumeninsel unter alten Bäumen und exotischen Vögeln, wie sie auf dem Siegel der Kommende dargestellt waren, und zu kämpfen gab es nichts. Neue Kreuzzüge in den Orient scheint man in Mainau nach 1291 vorerst nicht erwartet zu haben; man wußte, daß Akkon in die Hände der Ungläubigen gefallen war, und fühlte sich nicht dazu berufen, mit barbarischen Preußen und Litauern zu streiten. Mancher Ritterbruder mochte denken, was der bissige Volksmund später sagte: *Kleider us, kleider an, Essen, trinken, schlafen gan, Ist die arbeit, so die Tiutschen herren han.* Gegen die alltägliche Verdrossenheit in einer Einrichtung ohne Ziel konnte das Vorbild eines unendlich geduldigen Martyriums am ehesten helfen.

Die hochadlige Römerin Martina wurde nach der Legende von dem bösen Kaiser Alexander Severus wegen ihres Christenglaubens entsetzlich gefoltert und schließlich hingerichtet. (Daß Alexander einer der christenfreundlichsten römischen Kaiser war, stört uns hier nicht.) Eine ohnmächtige Frau, die kein Schwert in die Hand nahm, rang mit der Kaisermacht des heidnischen Rom und überwand sie geistig, durch standhaften Glauben und starke Zuversicht. Nicht Dreinschlagen auf die bösen Heiden, sondern Mut zum Durchhalten beseelte den wahren Ritter Christi. Als vorbildliche biblische Helden wurden nicht, wie im Deutschen Orden später, die soldatischen Makkabäer gerühmt, sondern Märtyrer wie Stephanus, der seinem Meister Christus in den Tod folgte. Hugos

Kronzeugen waren acht römische Ritter, die auf Befehl ihres Kaisers Martina quälen sollten. Sie ließen sich von der Christin überzeugen und verweigerten ihrem bisherigen Dienstherrn den Befehl. Sie galten als geweihte Gottesritter, Gotteskämpfer von hoher Art, auserwählte Kampfrecken Christi, weil sie ohne Furcht und Zittern Martern ertrugen. Sie traten in den Dienst Christi und empfingen von ihm den Schwertsegen, sie trugen Christi Schild und Waffenrock und kämpften unter seinem Banner. Christus war ihr König und Kaiser, seinem Gebot gehorchten sie unverdrossen als edle Knechte nach Dienstrecht. Mit Ernst spielten sie das Todesspiel, ohne einen ihrer Verfolger zu töten. Hinter ihnen stand schützend *der himilsche kunic von engellant,* bei ihm die Schar der Engel *mit guoter kumpanige,* in schneeweiße Gewänder gehüllt. Das himmlische Ritterheer unterstützte die Glaubenskämpfer im Kampf gegen die Höllenwölfe; *dez himels convent* war ein Orden geistlicher Brüder.

Während Hugo den zuhörenden Ordensrittern genau angab, wo sie zu stehen hatten, mußte er die Gegenposition im Dunkeln lassen. Die irdische Gewalt lag in Händen der Höllenfeinde. An ihrer Spitze stand Kaiser Alexander, der Dienstmann des Teufels. Er herrschte über die ganze Welt, und seine Ritter fürchteten ihn sehr. Sie waren Höllenritter oder Teufelsritter, wie die habgierigen Wächter, die Christi Rock verlosten, und die feigen Wächter an Christi Grab. Auch sie gehörten einem strengen Orden an, dem Höllenkonvent, in dem verdrossene *Discipline* herrschte. Es scheint so, als wolle Hugo die ganze Weltgeschichte in den Kampf zwischen christlicher und teuflischer Ritterschaft zerlegen und hinter ihnen das ewige Ringen Gottes mit dem Teufel hervorheben; doch eine so grundsätzliche Darstellung der Heilsgeschichte war nicht beabsichtigt. Die Widersacher der Christen wurden in historische Ferne gerückt. Die Wächter an Christi Grab hatten mit den derzeitigen Herren des Heiligen Landes so wenig gemeinsam wie der römische Kaiser mit dem jetzigen deutschen König. Vielleicht würde in Zukunft von christlichen Rittern noch einmal das Martyrium gefordert, denn im Kampf gegen den Antichrist wiederholen sich am Ende die Fronten der alten Geschichte, bis der Erzengel Michael den Antichrist erschlagen wird. Dabei müssen christliche Ritter wieder mehr stillhalten als dreinschlagen. Doch dramatische Schlachten gehören der fernen Vergangenheit und Zukunft an, die Gegenwart hat andere Sorgen als den Kreuzzug gegen Heiden. Auf ihn zu warten, darf nicht Lebensziel eines Deutschherrn sein.

Hugo sah auch seine Gegenwart von einem Gegensatz beherrscht, dem innerchristlichen zwischen weltlicher und geistlicher Ritterschaft. Er prägte wenn nicht als Gegensatz, dann als Unterschied zwischen Laienadel und Ordensrittern das Leben in der Kommende Mainau. Weltlichen Rittern waren vielerlei Werte wichtig, obenan die Freude an irdischen Dingen. Hugo zählte einige auf: eine schöne Frau, freies Auftreten, zuchtvolles Benehmen, höfische Heiterkeit, reiche Freunde, weite Ländereien, süße Speisen, feine Kleider, gute Jagdfalken. Sie wären alle nicht übel, aber sie führten zu einem bösen Ende. Das Herz lachte einem Mann bei sanfter Speise, er hielt den süßen Wein für eine gute Gabe Gottes. Wenn er genug getrunken hatte, begann er zu singen; Wein machte fröhlicher als Bier. Dennoch wurde der Mensch darüber schließlich zum Tier und verfiel der Hölle. Es sah schön aus, wenn einer reiche, geschlitzte und gefütterte Kleider trug, Schild und Sattel mit Silber und Gold verzierte und prächtige Rösser ritt, aber daran freute er sich nicht lange. Das kriegerische Leben war schön, doch mühselig war es, zum Turnier zu reiten, schwere Eisenhüte und Helme zu tragen, beim Hauen und Stechen unter dem Harnisch zu schwitzen und am Ende gar im aufgewirbelten Staub zu ersticken. Und das vergnügte Leben mit Frauen? Vom Umgang mit leichten Mädchen zu schweigen, selbst ein biederer Ehemann erfuhr viel Kummer. Das Hausgesinde betrog ihn, die Kinder stellten ewig Forderungen, die Frau wünschte ständig neue Kleider und weinte ihm nachts etwas vor, daß er nicht ruhig schlafen konnte. Dabei mußte er ohnehin nachts in schweren Sorgen überlegen, wie er Hab und Gut beisammenhalten sollte.

Hugo entwarf ein anschauliches Bild vom Leben des niederen Bodenseeadels. Auch die landwirtschaftliche Umwelt erschien, die störrischen Ochsen unterm Joch, die mit der Gerte angetrieben wurden, die Jagd im Wald, der süße Bienenhonig und die sauren Holzäpfel. Doch dieses Leben, aus dem der Dichter kam, galt ihm als unsicher und vordergründig, als *der Welt cranker orden*. Vernünftiger war geistliche Ritterschaft, die sich an die Mönchsgelübde hielt, an willige Armut, schamhafte Keuschheit und aufrechten Gehorsam. Man mußte Ritter ja nicht dauernd hungern lassen und so in den Ungehorsam treiben, man mußte nur die Extreme meiden. Nicht erst im Jenseits belohnte der Himmelskönig seine Ritter, sie lebten schon auf Erden frei von den Fesseln irdischen Betriebs. Sie hatten den Kopf frei, um Neues zu lernen, soviel wie Gelehrte in Paris und Salerno, aber nicht so unnützes Zeug, sondern Lebensweisheit und vor allem Adel. Das war der springende Punkt: Ein Adel, den man lernen konnte. Die Lehre betraf offenbar nicht zuerst Hugos weltliche Verwandte; es waren die Ritterbrüder vom Deutschen Orden, die noch eine Menge zu lernen hatten.

Wofür brauchte ein Ordensritter Adel? Hugo wußte, daß seine Umwelt nicht nur aus Rittern bestand, und drittelte sie säuberlich in Prälaten, Ritter und Knechte. Der wahre Ritter stand in der Mitte, weder bei höfischen Bischöfen, Schreibern und Pfaffen, Fürsten und Herren noch auch beim gemeinen Volk, dem *Povel*. Der Ritter kannte keine Scham vor Höherstehenden, keine Hochfahrt vor Untertanen. Denn ein Ritter kannte den wahren Wert des Menschen. Er dachte darüber nach, daß wir alle von einem Paar als Gleiche geboren wurden, aber jetzt sehr verschieden sind, der eine frei, der andere eigen, der eine gestärkt, der andere geschwächt. Unter solchen Umständen konnte edle Geburt dem Menschen keinen Vorrang verschaffen. *Tugent daz ist hoh geburt*, sagten die Bösen, doch wirklich hochgeboren war, wer nach der Tugend handelte. *Tugende, daz ist edilkeit*. Adel zeigte sich in der Zucht, mit der ein Mensch anderen gegenübertrat, jeden in seiner Würde achtete. Der heidnische Kaiser, der eine wehrlose Frau quälte, war zwar nach irdischer Abstammung der Höchstgeborene, aber er brach Zucht und Adel und trieb *Unfuoge*, jene Willkür, die das Gefüge zerbrach.

Der Kaiser traf sich darin mit dem Bauern. Auch er trieb »Unfug« und handelte »ungeschlacht«. Wörtlich hieß das, daß er keinem adligen Geschlecht angehörte, doch auch beim Bauern ließ Hugo leibliche Abstammung nicht gelten. *Gebur sint, die niht tugende hant*. Mit diesen Tauglichkeiten meinte Hugo die Verhaltensweisen der Mönche, Armut, Keuschheit und Gehorsam, aber er predigte sie Laien, und zwar einer Schicht, die den Adel der Geburt noch nicht völlig erreicht, die Unfreiheit des Dienstes noch nicht völlig überwunden hatte. Er stellte sie Ministerialensöhnen vor Augen, die zum Adel aufsteigen wollten, indem sie dem höchsten König dienten, Männern seiner eigenen

Schicht. Neu waren Hugos Gedanken allesamt nicht, unter Mönchen kannte man sie am Bodensee seit Wilhelm von Hirsau. Doch Hugo von Langenstein trug sie zum ersten Mal Ritterbrüdern des Deutschen Ordens vor, die weder Mönche noch Priester waren. In ihrem Orden wurden sie zwischen zwei unbeherrschten Haltungen hin und hergerissen, dem herrischen Dünkel einer Elite und dem knechtischen Gehorsam einer Truppe. Anstelle beider Kollektivhaltungen empfahl Hugo persönliche Sittlichkeit. Nicht jeder Ritter wird sie erreichen, aber wer sich darum bemüht, kann Herr und Knecht zugleich sein und den sozialen Gegensatz zwischen Herren und Knechten überwinden. Er kann seinem Dasein als Ordensritter einen tieferen Sinn verleihen, der sich aus dem bloßen Zusammenleben im Konvent noch nicht ergibt.

In klösterlicher Runde der Auserwählten zu sitzen, war für Hugo nicht mehr das höchste der Gefühle. Wenn er an Heimat dachte, fielen ihm eher Landschaften als Menschen ein. Die Insel bot ihm ein Refugium vor den Stürmen der Welt. Man spürt es bei den Bildern, mit denen er das Erdentreiben beschrieb, nicht geradezu am Beispiel des Bodensees, aber welches sonst hätte ihn angeregt? Tobende Wellen trieben das Schiff hin und her, so daß die Ruder kaum etwas ausrichteten. Ein andermal blieb der Segelwind aus, und man kam nicht voran. Dann wieder herrschte Nebel, und der sichere Hafen zeigte sich nicht; manches Schiff ging unter, fast jedes vierte. Wer in solchen Bildern dachte, träumte nicht von der abenteuerlichen Fahrt nach Venedig und übers Mittelmeer ins Heilige Land. Er überließ es dem Erzengel Michael, die Feinde Gottes totzuschlagen; er suchte den Frieden im Winkel. Er ritt nicht angriffslustig über Land, um nach dem Rechten zu sehen. Er setzte sich lieber in eine Ecke und las Schriften der Kirchenväter und Bernhards von Clairvaux, des Papstes Innocenz III. und eines Straßburger Dominikaners.

Erstaunlich ist nicht, daß er sein Buch zu Ende brachte, sondern daß ihn der Deutsche Orden gewähren ließ; wahrscheinlich erhielt er sogar den dienstlichen Befehl zum Dichten. Hugo durfte den Mitbrüdern aus seinem Buch vorlesen, andere lasen es still; es hinterließ in der Literatur des Deutschen Ordens manche Spuren, muß also weiter verbreitet gewesen sein. Alles andere als ein Meisterwerk der Literatur, immerhin ein Versuch, der Ratlosigkeit christlicher Laien nach dem Ende der Kreuzzüge aufzuhelfen. Nach einem derartigen Wegweiser suchten anscheinend viele, nicht nur in der Kommende Mainau. Das Ausmaß der Wirkung wird daran deutlich, daß Hugos Buch wie das erste, so das letzte literarische Dokument der Kommende war. (Die manchmal so genannte Mainauer Naturlehre, ein Leitfaden der Astronomie und Chronologie, gehörte zwar in den südwestdeutschen Umkreis, aber in ihrem nüchternen Sachbuchcharakter nicht in den religiös-didaktischen Zusammenhang der Mainau.) Nicht einmal Verzeichnisse der Komturreihe wurden angelegt, von anspruchsvoller Geschichtschreibung zu schweigen.

Von den Mainauer Komturen machte nur einer im Deutschen Orden Karriere, Graf Wolfram von Nellenburg, von der Burg des Schaffhauser Gründers Eberhard, aus dem Geschlecht, das die Landgrafschaft im Hegau innehatte. Er war seit 1316 einige Jahre Mainauer Komtur, bevor er 1323 Landkomtur der Ballei Elsaß-Schwaben und 1333 Deutschmeister wurde, ein streitbarer und weltläufiger Politiker, keine geistliche Natur. Die Tüchtigen wurden wegberufen, in Mainau blieben die Beschaulichen. Bei ihnen freilich muß die Predigt Hugos von Langenstein angeschlagen haben. Die Kommende wuchs während des Spätmittelalters in die Nachbarschaft hinein, auf ähnlich bescheidene Weise wie das Prämonstratenserkloster Weißenau. Zum einen verwaltete die Kommende die Pfarreien auf dem östlichen Bodanrück, zum andern verband sie sich mit der Reichsritterschaft im Hegau, um habsburgische Zentralisationsversuche abzuwehren. Im vierzehnten Jahrhundert erwarb Mainau Ordenshäuser in den Städten Überlingen und Konstanz, nahm also Kontakt zum Bürgertum auf, im fünfzehnten kaufte Mainau die Städtchen Blumenfeld und Tengen im Hegau, baute also eine kleine Landesherrschaft auf. Von großen Herren hielt sich die Kommende fern, mit kleinen Bauern ging sie gelassen um. Für den friedlichen Alltag auf dem Bodanrück bedeutete sie viel, für die geschichtliche Entwicklung des Bodenseeraumes wenig. Trotzdem unterlag die universale Anregung nicht einfach der regionalen Verwirklichung.

Die durch Hugo von Langenstein verkörperte geschichtliche Lage sei zusammenfassend noch einmal formuliert. Erstens kam der Gründungsanstoß für die Kommende Mainau wie immer von weither, war aber enger als üblich eingeschränkt. Trotz der gesamteuropäischen Reichweite der Kreuzzugsbewegung sprach der Deutsche Orden lediglich den Kriegeradel im deutschen Reich an. Freilich stand infolge der Kreuzzüge ritterliche Lebensweise nicht mehr nur dem Geblütsadel zu, sondern erstreckte sich auch auf früher unfreie Ministerialen. Der Deutsche Orden öffnete Ministerialen ein Betätigungsfeld, das ihnen von benediktinischen Abteien verweigert wurde. Aber er zog sie nicht wie Zisterzienser und Prämonstratenser in die priesterliche Kontemplation und in die Aktivität für Laien der Region hinein, sondern isolierte sie für eine militärische Aufgabe in fernen Kriegsschauplätzen. Der Kampf gegen Ungläubige an den Rändern der Christenheit war noch weniger ein permanentes Ordensziel als die Rodung der Einöden durch Zisterzienser. Die ursprüngliche Alternative des Spitaldienstes wurde von anderen Ritterorden aufgegriffen und verwurzelte sie in der Landschaft, doch der Deutsche Orden blieb bei seiner soldatischen Verfassung, auch dort, wo sie eine Etappe ohne Front aufrechterhielt. Schon als der Gründungsimpuls des Deutschen Ordens an den Bodensee gelangte, war er von der Geschichte überholt.

Deshalb konnte sich zweitens der Deutsche Orden hierzulande nur mit Brachialgewalt durchsetzen. Er bot gegenüber bestehenden Klöstern und Orden keine religiösen Reformziele an, die alle Christen angingen, lediglich politische Herrschaft und sozialen Aufstieg für eine eng begrenzte Gruppe. Diese erste gewaltsame Ordensgründung am Bodensee wurde von unzufriedenen Reichenauer Klosterministerialen durchgefochten. Sie fanden danach wenige Freunde unter den Nachbarn und brauchten lange, um sich mit anderen Kräften der Landschaft zu verständigen, mit dem Bischof von Konstanz, den Bürgergemeinden von Konstanz und Überlingen, den Zisterziensern von Salem, den Herren von Bodman, der Ritterschaft im Hegau. Die Deutschherren in Mainau versuchten nicht erst, was den populären Johannitern in Feldkirch spielend gelang, durch Tochtergründungen in der Nähe ihren Freundeskreis zu erweitern. Mainauer Ordensrittern blieb anfangs keine andere Wahl als die Anlehnung an ferngelegene Stützpunkte des Deutschen Ordens; doch taten sie sich auch dabei schwer.

Denn im Deutschen Orden hatte sich drittens ein Selbstverständnis ausgebildet, das wir von keinem anderen Orden des Mittelalters kennen. Die Verfassung erklärte sachliche Effizienz der Verwaltung beinahe zum Selbstzweck, weil sie die Voraussetzungen für kriegerische Erfolge schuf. Für das persönliche Vorbild eines Amtsträgers und für das soziale Einverständnis eines Konvents durften, dem Ordensziel entsprechend, keine größeren Spielräume bleiben; sie hätten die bedingungslose Verfügbarkeit der Truppe beeinträchtigt. So erreichte eine Kommende des Deutschen Ordens weder die innere Geschlossenheit noch die äußere Anziehungskraft einer zisterziensischen Abtei oder eines augustinischen Stifts. Kein zweiter Orden am Bodensee war bis in regionale Beziehungen hinein so stark von abstrakten Grundsätzen geprägt. An die Stelle des mitmenschlichen Verhaltens im Konvent und zur Umgebung trat im Deutschen Orden ein Katalog von Tugenden, die in jeder Situation gelten sollten. Frühere Mönche hatten arm, keusch und gehorsam gelebt, doch diesen Orden von Rittern und Laien wurde als ersten Verbänden die Dreiheit Armut, Keuschheit und Gehorsam generell vorgeschrieben. Sowohl die Ordnungen wie die Ziele des Deutschen Ordens forderten von den Ordensrittern ein kollektives Verhalten, das nicht an geschichtliche Umstände gebunden war.

Darum übersahen die Deutschherren viertens den geschichtlichen Wandel. Von seiner Auswirkung hing kaum ein aktiver Orden so sehr ab, um seine Überlieferung kümmerte sich kaum ein kontemplativer Orden so wenig. Hugo hätte weit mehr Stoff als Eberhard von Salem oder Hermann von Weißenau gefunden, um die hundertjährige Geschichte seines Ordens zu bedenken. Auch die Gegenwart war bewegt genug, die universale, die den Deutschherren das Heilige Land abnahm, und die regionale, die ihnen die Insel Mainau einbrachte. Gewiß fehlte dem Ritterorden, was allen Mönchsorden historischen Halt gab, das Beispiel des heiligen Gründervaters, nach dem sich die Brüder hätten richten können. Aber als Ersatz wählte Hugo eine Frauenlegende aus dem spätantiken Rom; sie erzog die Ordensritter höchstens dazu, geschichtliche Aufregungen zu ignorieren. Hugos Lehre wurde gründlich befolgt. Als im frühen fünfzehnten Jahrhundert der türkische Gegenkreuzzug näherrückte, zogen ihm die Mainauer Deutschherren nicht in den Balkan entgegen; sie verwirklichten nicht einmal ihren Plan, auf der Insel ein Spital für arme Sieche einzurichten. Wenn nicht der allgemeinen Befürchtungen, dann hätten sie sich der einheimischen Erinnerungen annehmen können. Zum Beispiel lagen in ihrem alemannischen Hauptsitz Altshausen die Gebeine Hermanns des Lahmen, der zu den Reichenauer Widersachern, aber auch zu den berühmtesten Landsleuten gehörte. Der Deutsche Orden vernachlässigte Hermanns Andenken und schenkte im frühen siebzehnten Jahrhundert die Reliquien benediktinischen Abteien der Umgebung. Sogar für die Frühgeschichte der eigenen Kommende erwärmten sich noch die letzten Mainauer Ordensritter so wenig, daß ihre Freunde im frühen neunzehnten Jahrhundert bloß eine romantische Gründungssage zu erzählen wußten. Ihr zufolge wäre unser Dichter Hugo von Langenstein in jungen Jahren mit der Erbin der Mainau, einem Fräulein von Bodman, verlobt gewesen, im Dienst der Abtei Reichenau zum Kreuzzug aufgebrochen und im Orient von den Heiden lange gefangengehalten worden. Erst sein Gelübde, einem Ritterorden beizutreten, hätte ihn wunderbar befreit und in die Heimat zurückgeführt; der Deutsche Orden hätte ihn zum Kampf nach Preußen entsandt. Seine Braut hätte ihm einen letzten Liebesdienst erwiesen und die Mainau dem Deutschen Orden mit der Auflage geschenkt, daß Hugo dort der erste Komtur werde. An der Sage ist historisch alles falsch und nur eines bedenkenswert: Der Gleichgültigkeit gegen geschichtliche Ortsbestimmung, die Hugo von Langenstein lehrte, fiel er selber ein halbes Jahrtausend später zum Opfer.

Trotzdem veränderte Hugo von Langenstein fünftens die Gegenwart der Region. Sogar als Priesterbruder des Deutschen Ordens verleugnete er seine Herkunft aus dem Ministerialenadel am Bodensee nicht; er brauchte es nicht zu tun, weil er in der Kommende Mainau, die sein Vater gestiftet hatte, die nächsten Verwandten und Freunde wiedertraf. Weil sie Laien waren und nicht lesen und schreiben konnten, mußte er mit ihnen in der Volkssprache reden, und schon dieses formale Erfordernis zerbrach die Isolierung der Kommende. Wie sich die Ritterbrüder verhalten sollten, erklärte er ihnen an einem Menschen aus Fleisch und Blut, nicht anhand allgemeiner Grundsätze. Er wollte sie nicht zu einer kollektiven Haltung erziehen, sondern zu einer persönlichen Ethik. Ansätze zur Bildung des Einzelmenschen ergaben sich seit der gregorianischen Kirchenreform immer wieder aus dem Alltag der Konvente und den Zielen priesterlicher Orden; im Deutschen Orden ergänzten und milderten sie die Dienstvorschrift. Was Hugo von Langenstein predigte, betraf nicht allein Ritterbrüder des Ordens, sondern ihre weltlichen Verwandten mit; es war ein priesterlicher Appell zu adligem Verhalten an die Laien überhaupt. Hugo von Langenstein knüpfte Beziehungen zu Geistlichen am Bodensee und anderswo, vor allem zu Dominikanern in großen Städten, und versuchte so, seinen Mitbrüdern und Standesgenossen aus der hochmütigen Abschließung zu helfen. Die Literaturwissenschaftler werden weiterhin über ihn spotten, denn der redselige Dichter besaß wenig Sprachtalent. Die Historiker werden ihn übersehen, denn er gewann nicht wie die großen Feldherren gewaltige Schlachten und entband nicht wie die großen Seelenhirten gewaltige Energien. Sein Traum von der paradiesischen Insel im Bodensee stiftete bloß zwischen verzankten Mitmenschen und unversöhnlichen Grundsätzen ein bißchen Frieden. Tut die Universität, die neuestens auf dem Boden der Kommende Mainau entsteht, etwas Vernünftigeres?

HEINRICH SEUSE · DOMINIKANER IN KONSTANZ

Wieviel gilt ein Friedensstifter in seiner Vaterstadt? Jeder Konstanzer kennt den Namen Heinrich Seuse. Ihn tragen in der Stadt seit einigen Jahrzehnten eine Kirche, ein Gymnasium, eine Apotheke, eine Straße. In der Hussenstraße hängt eine Gedenktafel an dem Haus, wo er mutmaßlich geboren wurde, an einem 21. März um 1297. Im Inselhotel, wo er von etwa 1310 bis 1339 als Dominikaner lebte, prangt an der Wand des alten Kreuzgangs sein modernes Bild. Dennoch ist den Konstanzern ihr Mitbürger fremd geworden: Sie zitieren ihn meistens in der lateinischen Form Suso, obwohl er sich Seuse nannte und deutsch predigte und schrieb. Man kennt ihn hierorts als Repräsentanten der katholischen Kirche, dessen stimmungsvolle Bücher von der deutschen Romantik wiederentdeckt wurden, den der Papst 1831 seligsprach, und man kennt ihn erst wieder, seitdem der Konstanzer Stadtpfarrer und nachmalige Freiburger Erzbischof Conrad Gröber, der aus Meßkirch stammte, im frühen zwanzigsten Jahrhundert für ihn eintrat. Was aber hatte Seuse mit der Stadt Konstanz zu tun, in der er zufällig zuhause war? Auch die internationale Mittelalterforschung blickt lieber auf die schriftliche Hinterlassenschaft des begnadeten Mystikers als auf die Tatsache, daß Seuses mündliche Predigt seit seiner Vertreibung aus Konstanz, in den achtzehn Lebensjahren, die ihm noch blieben, fast verstummte. Die Verbannung löste ihm nicht die Zunge, anders als seinem Zeit- und Leidensgenossen Dante Alighieri, der nicht weniger an seiner Vaterstadt, Florenz, hing. Was band Seuse so stark an Konstanz?

Die Herkunft, gewiß. Er stammte aller Wahrscheinlichkeit nach aus dem Konstanzer Patriziergeschlecht von Berg. Vermutlich saß die Familie, bischöfliche Ministerialen, im Hegau oder im Thurgau und zog nach der Mitte des dreizehnten Jahrhunderts in die Stadt, als sie den größten Bevölkerungszuwachs erlebte. Seuses Geburtshaus stand ja nicht in der alten Bischofsburg, sondern im Neugassenviertel, das seit 1252 überbaut wurde. Die Familie stellte mehrere Konstanzer Geistliche, zum Beispiel einen seit 1298 bezeugten Kanoniker Ulrich im Stift St. Johann, vielleicht Seuses Onkel. Vorher, 1286, hört man von einem Konrad *dictus Tuchscherer de Berge*, der Seuses Vater gewesen sein könnte. Die Ministerialenfamilie vom Land warf sich demnach in der Stadt auf das Textilgewerbe, wahrscheinlich auch auf den Tuchhandel. Sie repräsentierte recht gut die patrizische Oberschicht von Konstanz, die sich aus bischöflichen Ministerialen, geistlichen Würdenträgern und Großkaufleuten zusammensetzte. Seuse beschrieb seinen Vater als ein Weltkind. Der Tuchscherer war akkurat, geschäftstüchtig und religiösen Flausen abgeneigt, ein typischer Handelsmann des späten dreizehnten Jahrhunderts, in dem sich die Bürgerstadt Konstanz wirtschaftlich entfaltete und politisch zurückhielt. Mit Politik hatte die Familie nichts im Sinn, aus guten Gründen.

Die Bürgerschaft von Konstanz hatte 1192 einen Anlauf unternommen, sich aus der Bischofsherrschaft Diethelms von Krenkingen zu lösen; die staufischen Herrscher hatten die Bürger unterstützt. Doch am Ende der Stauferzeit hatte Bischof Eberhard von Waldburg in zähem Ringen den Stadtrat niedergekämpft und 1255 das Feld behauptet. Seitdem bildete wieder die Bischofspfalz den Mittelpunkt der Stadt, zumal da die Konstanzer Bischöfe seit 1274 mit dem neuen Königshaus der Habsburger nächstverwandt und eng verbunden waren. Bischof Heinrich von Klingenberg konnte seit 1293 seine Herrschaft zu einem klug verwalteten Fürstbistum ausbauen und förderte am Bischofshof Gelehrsamkeit und Minnesang. Konstanzer Bürger wie die Herren von Berg sahen ihre Interessen durch den Bischof vorzüglich vertreten, gerade weil es nicht in erster Linie religiöse Interessen waren. Wer fromm war, ging private Wege, die nicht zur Bischofspfalz führten, denn Heinrich von Klingenberg war kein Diethelm von Krenkingen. Zu den Frommen aus Überzeugung gehörte Seuses Mutter.

Sie kam vermutlich aus einer vornehmen Überlinger Familie namens Süs; den Familiennamen der Mutter nahm wohl Seuse selbst an. Er schilderte seine Mutter als heiligmäßige Frau, die gern in Askese und frommen Werken gelebt hätte, aber von ihrem schroffen Mann daran gehindert wurde. Sie starb an einem Karfreitag, als sie die Leiden des Gekreuzigten körperlich mitempfand. Auch Mutter Seuse vertrat eine wichtige Schicht in Konstanz, Frauen von Patriziern, die sich vom hektischen Erwerbsstreben der Männer abwandten und in der leidenden Nachfolge Christi Zuflucht suchten. Seuses Vater starb zuerst, die Mutter um 1326. In ihren zwei Kindern lebte der Konflikt des Elternhauses fort und wurde zunächst im Sinn der Mutter entschieden. Heinrich, von Jugend an kränklich, für weltliche Berufe nicht sehr tauglich, trat mit dreizehn Jahren, um 1310, in das Dominikanerkloster St. Nikolaus auf der Konstanzer Rheininsel ein, seine Schwester Mechthild wahrscheinlich in das unter dominikanischer Aufsicht stehende Frauenkloster St. Katharina in St. Gallen. Warum ausgerechnet Dominikaner? Man beginnt zu ahnen, daß dieser Orden für die Spannungen in Seuses Familie, in der Stadt Konstanz eine übergreifende Lösung anbot und daß Heinrich Seuse Dominikaner wurde, weil er Konstanzer war.

Als er dem Orden beitrat, bestand diese Priestergemeinschaft bereits hundert Jahre und hatte sich in drei Menschenaltern vielfach gewandelt. Im Entstehungsgebiet, in der provenzalischen Städtelandschaft um Toulouse, trafen schon um 1200 dieselben städtischen Grundgedanken aufeinander, die Seuses Eltern entzweiten. Von der gemeinsamen Grundlage bürgerlicher Geldwirtschaft liefen sie in entgegengesetzte Richtungen: das unerbittliche Geldstreben der ehrbaren Kaufleute, die sich zu Sklaven des Geldes und des Herkommens machten, und die freiwillige Armut der frommen Frauen, die sich von Geld und Herkommen freimachen wollten. Die Frommen der Languedoc fanden um 1200 aufgeschlossene Gesprächspartner in der Sekte der Katharer, die davon überzeugt war, daß unsere Erde vom Teufel geschaffen und besessen sei, daß sich fromme Menschen allem Irdischen radikal entziehen müßten, dem Geschlechtsverkehr wie dem Fleischgenuß, dem Waffenhandwerk wie der Eidesleistung. Obwohl sich das katharische Dogma vom bösen Gott dieser Welt gründlich von christlichen Vorstellungen unterschied, ähnelten seine praktischen Folgerungen denen, die keusche und arme Mönche und Nonnen schon immer gezogen hatten. Nur, was Frühere persönlich vorgelebt hatten, wurde von den Ketzern grundsätzlich gelehrt; diese theoretische Begründung der Praxis faszinierte viele ebenso nachdenkliche wie tatendurstige Laien. Während die katholische Kirche in Südfrankreich vornehmlich mit der Verwaltung irdischer Güter und der Pflege kultureller Werte beschäftigt war, demonstrierten die Katharer den Gleichklang zwischen Glaubenslehre und Lebensweise in einem asketischen Dasein.

Man hätte Rationalität des Christseins bei den Zisterziensern finden können, aber sie zogen sich auch in Südfrankreich in die Einöden zurück; wenn sie sich gelegentlich als Prediger vor Laien blicken ließen, wiesen sie die begeisterten Frauen an der Klosterpforte zurück. Kein Wunder, daß sich um 1200 viele adlige Damen und reiche Bürgerinnen den Ketzern zuwandten, die sie gern in ihre Zirkel aufnahmen. Deshalb wurden Gemeinschaften frommer Laien, besonders der Frauen, alsbald als ketzerische »Beginen« verdächtigt, namentlich im fernen Deutschland. Das Wort war vermutlich aus »Albigenser« verballhornt; so nannte man die katharischen Ketzer mit Vorliebe und ohne Präzision, weil sie um Albi dicht saßen. Vor allem in Nordfrankreich mehrten sich die Stimmen, man müsse diese südfranzösischen Ketzer mit Stumpf und Stiel ausrotten, ihre Sympathisanten durch einen Kreuzzug vernichten. Daß die Reform der Priesterkirche abgebrochen worden war, drohte zu einer Eskalation der Extreme unter christlichen Laien zu führen.

Diesen Teufelskreis zu durchbrechen, bemühte sich der spanische Priester Dominikus von Guzmán. Angehörige seiner landadligen Familie kämpften in militanten Ritterorden gegen Mohammedaner, er selbst amtierte als Subprior in der Bischofsstadt Osma, im Domstift, das die dortigen Bischöfe dem Leben augustinischer Chorherren erschlossen hatten. Priesterliche Zuwendung zur Laienwelt verstand sich in diesem reformierten Kollegium von selbst, ungebrochener als bei Prämonstratensern. Bei einer Reise durch Südfrankreich, die Dominikus 1206 mit seinem Bischof nach Rom unternahm, begann er unterwegs, Ketzern zu predigen, andere Prediger um sich zu sammeln und eine Predigergemeinschaft zu organisieren. Fürs erste glich sie einem Stift von Augustinerchorherren, mit besonderer Betonung von Studium und Verkündigung, Weitergabe der erkannten Glaubenslehren an andere. Hier mußte eine dogmatisch begründete Irrlehre, die katharische, durch rationale Argumentation grundsätzlich widerlegt werden. Doch mit intellektueller Belehrung war es nicht getan: Auf die Askese der Ketzer mußte vorbildliche Armut der Prediger antworten, um die Verirrten durch den Einklang zwischen Glaubenseifer und Lebensernst zu überzeugen.

Nach ersten Erfolgen bemerkte Dominikus, daß er zwar begeisterte Priester gewinnen, aber die bekehrten Laien, besonders die Frauen, nicht im katholischen Glauben halten konnte, wenn er ihnen keine lohnende Aufgabe anbot. Noch bevor der dominikanische Männerorden Gestalt annahm, gründete Dominikus deshalb seit 1207 in Prouille bei Toulouse einen Frauenkonvent – der erste Fall in der Kirchengeschichte, daß ein neuer Orden mit der Organisation der weiblichen Anhänger begann, ein Schritt weiter auf dem Weg, den Norbert von Xanten eingeschlagen hatte. Ähnlich wie bei Prämonstratenserinnen war die Tätigkeit der Frauengemeinschaft geplant, die sich in Prouille einfand und 1217 ein regelrechtes Kloster bildete. Sie sollte den Predigerbrüdern auf ihren Wanderungen durch das Ketzerland einen Stützpunkt, eine Nachschubbasis und ein Krankenhaus bieten. Außerdem sollten sich die Frauen in Prouille der adligen und bürgerlichen Mädchen zwischen elf und vierzehn Jahren annehmen, um die sich sonst bloß Ketzer kümmerten. Wer die Jugend hatte, hatte die Zukunft. Die Erziehung der Chorfrauen durfte dann nicht weniger anspruchsvoll als die der Priesterbrüder, es mußte dieselbe theologisch aktive Erziehung sein.

Dominikus verstand Nächstenliebe nicht als wortloses Zupacken, wo materielle Not überwiegt, sondern als belehrende Einübung, wo geistliche Verwirrung herrscht. Er begriff Armut nicht als Mitleiden mit Mühseligen und Beladenen, sondern als selbstlose Offenheit für neue Gedanken und Wirklichkeiten. Weil Dominikus und seine Helfer in großen Städten Erfahrungen sammelten und Predigten hielten, näherten sich Predigerorden und Frauenbewegung noch zu Lebzeiten des Ordensgründers einander allenthalben an. Zwei weitere Frauenkonvente wurden seit 1218 in Madrid, seit 1219 in Rom den Predigern angeschlossen. Erste Bedenken meldeten sich. Es focht Dominikus nicht an, daß die Aufgabe gefährlich war, eine am Rand der Ketzerei stehende, der Kirche entgleitende religiöse Bewegung abzufangen. Wohl aber mußte er fürchten, was vor ihm Prämonstratenser und Zisterzienser erfahren hatten, daß die Priesterbrüder bald nur noch für Frauenklöster zu sorgen hätten. Bei der Eingliederung eines vierten Frauenkonvents, in Bologna seit 1219, erhoben sich Widerstände von mehreren Seiten. Sie nahmen in den romanischen Städten West- und Südeuropas nicht überhand, weil hier vielerlei christliche Laienvereinigungen bestanden. Frauen, die auf katholische Weise zusammenleben wollten, mußten in Großstädten nicht unbedingt Dominikanerinnen werden.

Dominikus selbst widmete sich bald wieder seiner Hauptsorge, der Heranbildung von intellektuell geschulten und asketisch lebenden Priestern. In Toulouse gründete er 1215 eine Predigergemeinschaft. Sie stand schnell vor einem Problem, das katholischen Geistlichen ungewohnt, von katharischen Widersachern aufgezwungen war. Diese zogen wandernd und predigend durch alle Länder, ohne sich an Grenzen von Bistümern und

Pfarreien zu halten. Katholische Priester jedoch unterstanden einem Bischof und wirkten in dessen Sprengel, meist bloß in einer Pfarrei. Priestergemeinschaften wie Augustinerchorherren vom Kreuzlinger Typ und Prämonstratenser vom Weißenauer Typ waren genauso bodenständig organisiert. Ländliche Regionen wurden durch dieses System gut bedient, Städtelandschaften nicht. Die neuen Predigerbrüder mußten, wenn sie den Ketzern auf den Fersen bleiben wollten, beweglich sein, also zentral geleitet werden. Für Priesterbünde wurde Mobilität durch direkte Unterstellung unter den Papst gewährleistet, im Sinn der gregorianischen Kirchenreform, aber unter Preisgabe der Ortsbeständigkeit, die noch Zisterziensern und Prämonstratensern heilig gewesen war. Damit verzichteten die Dominikaner auf klösterliches Gemeinschaftsleben, wenigstens auf seine bisherige Funktion, die einzelnen Ordensleute zur Lebensgemeinschaft zusammenzuschweißen. Ähnlich wie bei den Ritterorden für Laien mußten beim Predigerorden für Priester allgemeine Prinzipien den Zusammenhalt garantieren. Folgerichtig wurden alle Ordensoberen nur für begrenzte Amtszeiten gewählt und waren nicht mehr als Geschäftsführer des Ordensgeistes.

Das Mönchtum der Predigerbrüder vollzog sich wie das der Ritterbrüder unterwegs. Sie mußten, wenn sie mobil sein wollten, ihren Lebensunterhalt entweder durch Betteln oder durch Geldzuweisungen bestreiten, brauchten also Etappenstationen als Aufmarschbasen für ihren zentral befehligten Kriegsdienst. Was die Päpste den Ritterorden zugestanden hatten, konnten sie Priesterverbänden nicht ebenso leicht einräumen, ohne die herkömmlichen Mönchsgebräuche und das moderne Kirchenrecht für Priester umzustoßen. Es bedurfte weitsichtiger und geduldiger Päpste, um die Grundsätze des Dominikus in der Kirche zu verwirklichen. Innocenz III. empfahl die Übernahme der Augustinregel, die für Priestergemeinschaften am besten paßte, förderte aber auch eine flexible Organisation. Seit 1216 besaß der Orden der Predigerbrüder die päpstliche Bestätigung, seit 1218 war er nicht mehr an Diözesangrenzen gebunden. Damit war der Weg der Dominikaner auch für die Zeit nach dem Tod ihres Ordensgründers 1221 vorgezeichnet: Sie organisierten intensives Studium und universale Mission, einen direkten Appell an die ganze Christenheit.

Hatten sich Mönche bisher von der Einrichtung der Universität ferngehalten, die allenfalls für Weltpriester von Nutzen war, so legten die Dominikaner ihre Ordenshäuser sofort in Universitätsstädte, seit 1217 nach Paris, dann nach Bologna, Padua und Oxford. Sie sandten ihre Nachwuchskräfte in Theologische Fakultäten und warben um deren Professoren und Studenten. Der Papst gründete ihnen 1229 eine eigene Universität im Ketzerland, Toulouse, mit modernsten Methoden aristotelischer Philosophie und Naturerkenntnis ausgerüstet. Trotzdem hüteten sich die Predigerbrüder, in der andersartigen Körperschaft Universität aufzugehen, und folgten gern den Bestimmungen des Laterankonzils von 1215, daß für den Seelsorgeklerus ein dezentralisiertes Schul- und Bildungswesen aufzubauen sei. Eine Schule, wie sie gregorianische Kirchenreformer längst forderten, nicht zur Einübung mönchischen Verhaltens, sondern zur Ausbildung priesterlicher Kenntnisse. Nicht in jedem Ordenshaus bildeten Dominikaner ihren Nachwuchs stationär aus, sie faßten ihn in ausgewählten, wechselnden Häusern zusammen. Mittlerweile verstand es sich von selbst, daß keine Kinder aufgenommen wurden; es ging um Erwachsenenbildung.

Mit dem fünfzehnten Lebensjahr begann die Grundausbildung, die den Gottesdienst und die Ordensverfassung, die Klammern des Gemeinschaftslebens umfaßte. Dann folgten drei Jahre Unterricht in Logik, zwei weitere in Naturwissenschaft. Daran schlossen sich drei Jahre Theologie, überwiegend Bibelauslegung und Glaubenslehre als Vorbereitung auf den Seelsorgedienst der Prediger. Jenseits solcher Studiengänge, der sogenannten Partikularstudien, schuf man in Universitätsstädten bald Generalstudien für diejenigen Dominikaner, die für theologische Lehre und Forschung besonders begabt waren, also als Lehrer für Prediger dienen konnten. So kam es im Dominikanerorden zu einer Erziehungshierarchie wie in jedem gestuften Bildungssystem: Die oberste Stufe wurde die maßgebende und begehrteste, obwohl sie vom ursprünglichen Ordensziel der priesterlichen Seelsorge und Mission in die Wissenschaft und Scholastik abführte. Dadurch verschob sich auf lange Sicht das Ordensziel selbst, in Richtung Buchgelehrsamkeit, die nur mittelbar auf Laien einwirkte.

Die Ordnung der universalen Mission ging ebenfalls neue Wege. Nach dem Vorbild der Prämonstratenser und einer Empfehlung des Laterankonzils von 1215 errichteten die Dominikaner 1221 über den einzelnen Ordenshäusern eine Mittelinstanz, die Ordensprovinz mit einem Provinzialkapitel der Hausvorstände, der Prioren, und mit einem Provinzial als Leiter. Das System der inneren Kontrollen glich dem der Ritterorden; es erlaubte dynamische, gezielte Ausbreitung des Ordens in immer neue Nachbarländer bis an die Ränder der Christenheit. Um die Gesamtbewegung im Griff zu behalten, bedurfte es einer Oberinstanz wie bei Zisterziensern und Ritterorden, mit einem Generalkapitel der Provinziale als gesetzgebender Körperschaft für den gesamten Orden und mit einem Generalmagister an der Spitze, der als unmittelbarer Vorgesetzter jeden einzelnen Ordensangehörigen belangen konnte. Während das Generalkapitel die allgemeinen Ordensrichtlinien erließ, sorgten die Provinzialkapitel für konkrete Visitation und Reform in jedem Konvent – eine mustergültige Balance zwischen Gemeinsamkeit im Grundsatz und Beweglichkeit im Einzelfall.

Die seit 1223 sicher bezeugte Ordensprovinz *Teutonia* gehörte nicht zu den frühesten durchgeformten Regionen, obwohl sich unter den ersten Helfern des spanischen Ordensgründers mehrere Deutsche befanden. Der Pariser Magister Jordan von Sachsen, aus der Paderborner Gegend gebürtig, folgte indes 1222 dem verstorbenen Dominikus als Generalmagister nach; später übernahm Johannes Teutonicus von Wildeshausen sein Amt, ein Niedersachse, der 1220 in Bologna zum Dominikanerorden gestoßen war. Diese gelehrten Männer dachten bei ihren Wanderungen zu den Grenzen des christlichen Europa schließlich auch an deutsche Niederlassungen. Sie kamen langsam in Schwung, weil die ungewohnte Beweglichkeit der Dominikaner bei ortsbeständigen priesterlichen Einrichtungen (und das waren in Deutschland praktisch alle) auf höchstes Mißtrauen stieß. Nur wo die zuständigen Bischöfe gewonnen wurden, faßten die Predigerbrüder Fuß, etwa 1220 in Friesach, seit 1221 in Köln, 1224 in Straßburg. Johannes Teutonicus besuchte 1227 die Diözese Konstanz und wurde von dem unkonventionellen Zisterzienser Eberhard in Salem liebevoll empfangen; dann zogen 1230 Dominikaner aus Straßburg nach Zürich, von den Kanonikern des Großmünsters sehr ungern gesehen. Die Gründung eines Dominikanerklosters in der Bischofsstadt Konstanz ließ auf sich warten.

Erst 1236 übergab Bischof Heinrich von Tanne (aus dem oberschwäbischen Reichsministerialengeschlecht) die Konstanzer Rheininsel den vielleicht aus Zürich gekommenen Predigerbrüdern, damit sie dort ein Kloster und eine Kirche bauen könnten. Der Generalmagister des Ordens, Johannes Teutonicus, erschien 1241 wieder am Bodensee, Bischof Heinrich half ihm in wohlverstandenem Eigeninteresse. Der Bischof erhielt mit den Dominikanern wieder, was seine Vorgänger mit den Augustinerchorherren gehabt hatten, eine einsatzbereite Truppe von Priestern, die ihm ohne Umschweife gehorchte und nicht auf lokale Bräuche und Rechte pochte. Um so eisiger verhielt sich der Pfarrklerus, der schon Augustinerchorherren schlecht verstanden hatte; kasernierte Priester betrieben Seelsorge vom grünen Tisch, verdrehten den Laien die Köpfe und ließen sie bei alltäglichen Nöten im Stich. Bischof Heinrich mußte der Geistlichkeit 1243 gebieten, die päpstlich geschützte Tätigkeit der Predigerbrüder auf der Kanzel und im Beichtstuhl nicht zu behindern.

Die neue geistliche Aktivität zog die Besten an, auch aus alten Einrichtungen. Der Benediktinerabt von St. Gallen, Walther von Trauchburg, half noch 1244 frommen Frauen aus der Stadt St. Gallen zur Flucht aufs Land, in den Frieden des Zisterzienserinnenklosters Magdenau; im gleichen Jahr legte er seine Abtwürde nieder, um im Konstanzer Inselkloster einfacher Dominikaner zu werden. Er wiederholte den Schritt Diethelms von Krenkingen, nur zog Walther ins städtische Getümmel, um zu predigen. Auch aus dem Freundeskreis der Ritterorden fanden manche den Weg ins Inselkloster. Ritter Johannes von Ravensburg überließ 1250 seine Burg Löwental bei Buchhorn den Dominikanern und zog zu ihnen nach Konstanz. Seine Frau Touta richtete in Löwental ein Frauenkloster ein, das sich der geistlichen Leitung der Konstanzer Dominikaner unterstellte. Daß in Löwental die Schwester der Mainauer Deutschherren von Langenstein den Schleier nahm, hörten wir schon. Man sieht es, Konstanzer Dominikaner zogen von allen Ufern des Bodensees die Blicke der Adligen und Frommen auf sich. Sie standen alsbald vor derselben Aufgabe wie ihr Ordensgründer in Südfrankreich, vor der Betreuung frommer Beginen.

Um nur ihre beiden wichtigsten Häuser zu betrachten: In der Stadt St. Gallen schlossen sich Frauen zu einem Leben der Andacht und Arbeit zusammen, zuerst wohl in ihren Häusern. Zwei angesehene Stadtbürger schenkten ihnen 1228 eine Hofstätte zur Errichtung eines gemeinsamen Wohnsitzes. Der Abt von St. Gallen bestätigte die Stiftung, der Bischof von Konstanz verlieh ihr 1266 die Augustinregel. Aber wer sollte die Frauen geistlich beraten? Ein Teil von ihnen, dem es in der Stadt zu laut zuging, fand 1244 in Magdenau Anschluß an den Zisterzienserorden, aber die in St. Gallen Verbliebenen? Weder Benediktiner von St. Gallen noch Augustinerchorherren von Kreuzlingen waren für die Aufgabe gerüstet. Dominikaner von Konstanz übernahmen sie, denn es lag ihnen daran, daß sich nicht alle frommen Gemeinschaften aufs Land zurückzogen.

Frauen kamen manchmal eigens in die großen Städte, um an dem neuen religiösen Leben teilzunehmen. Eine Gruppe frommer Schwestern zog, vielleicht kurz vor 1257, unter Leitung einer Meisterin Guota nach Konstanz und setzte sich an der alten, nicht mehr gebrauchten Stadtmauer in der Niederburg fest. Vielleicht hatte sie der Konstanzer Domscholaster Burchard von Zofingen in die Bischofsstadt gerufen, denn er schenkte ihnen 1266 ein zweites Haus dazu. Danach hieß ihr Konstanzer Konvent rasch Zoffingen. Als weitere Schenker taten sich Familien des Stadtpatriziats hervor, Goldast, von

Burgtor, und Familien des Landadels zwischen Höri und Oberschwaben. Der Bischof wies die Schwestern »an der Mauer« 1257 an, der Augustinregel zu folgen; dann übertrug er 1318 ihre Beaufsichtigung dem Konstanzer Dominikanerkloster, ohne sie dem Orden einzugliedern und aus der bischöflichen Jurisdiktion zu entlassen. Ähnlich verfuhr er mit einem weiteren Frauenkonvent in Konstanz, St. Peter an der Fahr. Der Bischof zog jetzt Dominikaner so zur Aufsicht über geistliche Einrichtungen heran wie früher Augustinerchorherren. Die Einbindung in die stationäre Seelsorge hatte auch jetzt die gleiche Folge wie damals: Die Dominikaner empfanden sich als Konstanzer.

Die Überreste ihrer Bauten auf der Rheininsel zeigen es noch. Sie richteten sich weniger nach der dominikanischen, in Italien ausgebildeten Ordensarchitektur als nach regionalen Vorbildern. Die Konzentration der Konventgebäude um den Kreuzgang griff zisterziensische Muster aus Salem auf, die Säulen in der Klosterkirche ahmten das Konstanzer Bischofsmünster nach. Aus dem gewohnten Rahmen fiel die Bemalung der Kirchenwände, deren Predigt sich an Ordensleute und Laienbesucher gleichermaßen wandte. Da erblickte man zu Seuses Lebzeiten zwei Gruppen vorbildlicher Christen, heilige Bischöfe von Konstanz neben heiligen Bettelmönchen aus dem Süden. Der Klosterpatron Nikolaus, einst neben Dominikus am Triumphbogen der Kirche abgebildet, war in Konstanz seit langem ein bischöflicher, seit kurzem ein bürgerlicher Heiliger, kein Zugereister. Wer im vierzehnten Jahrhundert in das Kloster auf der Insel ging, verließ die Stadt nicht. Sie folgte ihm bis in die Zelle und rief ihn heraus auf Kanzel und Marktplatz. Niemand wußte das besser als Heinrich Seuse.

Seine Eltern hatten beim Eintritt des Sohnes Geld bezahlt, weil er vor dem fünfzehnten Lebensjahr aufgenommen werden sollte. Es schmerzte ihn noch jahrelang, daß er ein geistliches Gut durch weltlichen Besitz erkauft habe, denn er sah, daß nicht jeder junge Konstanzer in dem vornehmen Konvent willkommen war. Noch bedenklicher war die Gesinnung, der er begegnete. Nicht daß das Dominikanerkloster ein Sündenpfuhl gewesen wäre, aber Armut und Eifer der Anfänge herrschten nicht mehr, statt dessen Behaglichkeit und Lässigkeit. Predigerbrüder gingen abends, nach Studium und Liturgie, sozusagen nach Dienstschluß, noch ein wenig in die Stadt, um Bekannte zu besuchen und etwa ein Viertele zu trinken. Seuse ließ sich in den ersten Jahren von dieser lauen Stimmung anstecken, und als er sich im achtzehnten Lebensjahr zu innerer Umkehr entschloß, bekam er von einem Jugendfreund zu hören, was fast wie Konstanzer Lebensphilosophie schlechthin klingt: »Es mag wohl gut sein, daß du besser werden willst, aber mach nicht so schnell damit! Fang es maßvoll an, damit du es vollbringen kannst! Iß und trink kräftig, tu dir gütlich und hüte dich dadurch vor Sünden! Sei in dir selbst so gut, wie du willst, aber nach außen so mäßig, daß den Leuten nicht vor dir graut! Wie die Leute sagen: Ist das Herz gut, so ist alles gut. Du kannst mit den Leuten fröhlich und doch ein guter Mensch sein. Andere Menschen wollen auch in den Himmel kommen und führen kein so strenges Leben.«

Seuse hielt sich nicht an diesen Rat. Er begann zu fasten und arm zu leben, sich zu kasteien und zu geißeln. Mitbrüder im Kloster verstanden ihn nicht, alten Freunden draußen wurde er fremd. Wenn er sich zu ihnen setzte, sagte der eine: »Was für ein sonderbares Benehmen hast du dir zugelegt!«, der nächste: »So zu leben wie alle, wäre das Sicherste«, der dritte: »Das wird böse enden.« Da hört man wohlhabende junge Leute reden, die Zeit zum Ausruhen haben und um keinen Preis auffallen wollen. Seuse verglich sie verächtlich mit dem glatten Aal, den man nirgends fassen kann. Aber er trug ihre verwöhnte Lebensart mit sich herum und mußte die übertriebensten Quälereien erfinden, um davon loszukommen. In seinem Tageslauf tat er vieles Mönchische, nach Art der alten Wüstenväter, was hundert Jahre zuvor auch Zisterzienser in Salem getan hatten; nur war derlei bei Konstanzer Dominikanern nicht mehr Sitte. Seuse konnte den Tag über mancherlei tun, was seinen Mitbrüdern nicht auffiel, denn ein Dominikanerkonvent war keine permanente Lebensgemeinschaft mehr. Aber wer die Ziele eines so abstrakten Ordens ernstnahm, mußte dem Alltag im Kloster einen persönlichen Sinn geben, ähnlich wie kurz zuvor der Deutschherr Hugo von Langenstein, von dem Seuse nichts wußte. Jeder ging seinen Weg allein, wenn er nicht wie alle leben wollte. Seuse wurde vierzig Jahre alt, bis er ganz begriff, daß Askese ebenso wie Nachgiebigkeit innerlich sein müsse und den äußeren Menschen ebenso wie die Mitmenschen nichts angehe.

Seiner Schwester Mechthild erging es umgekehrt. Auch in ihr lebte der Konflikt des Elternhauses fort. Sie verließ in St. Gallen öfter das Schwesternhaus und begab sich in schlechte Gesellschaft. Vermutlich nichts Schlimmes, keine wüsten Orgien, der Rausch einer höheren Tochter, die sich gehen läßt. Als sie einmal mit anderen unterwegs war, fiel sie in Sünde, wie Seuse sagte. Vielleicht verliebte sie sich hemmungslos und wurde sitzengelassen. Jedenfalls wagte sie nicht zurückzukehren und lief weg. Der Konstanzer Dominikanerkonvent erfuhr davon; die Priester, die abends gern in die Stadt gingen, fanden den Fehltritt der Nonne unverzeihlich. Wer in einer Kleinstadt lebt, kennt das, auch die Sippenhaftung. Die Prediger schämten sich ihres Bruders und wandten sich von ihm ab. Seuse hatte Mühe, seine Schwester zu finden. Schließlich spürte er sie als Bettlerin in einem elenden Häuschen auf, anscheinend mittellos und allein, von tiefen Gewissensbissen geplagt, von ehrbaren Mitmenschen verachtet. Seuse weinte vor Freude über ihre Reue und brachte sie in einem Kloster unter, wahrscheinlich im Zoffinger Konvent, wenige Schritte vom Inselkloster entfernt. Es kostete ihn, wie er sagte, großen Aufwand und viel Arbeit. Aber er schämte sich nicht mehr und begann zu merken, daß die Unverschämtesten die Ehrbaren sind.

Freilich, Ordnung mußte sein. Im Nonnenkloster kannte man nur allzugut die Stimmung frommer Frauen, die ihre Kinder und Männer verlassen hatten, aus unerfüllter Liebe gekommen waren, das Außerordentliche hinter der Klosterpforte vermuteten – und sich in die langweilige Disziplin des Klosteralltags schicken sollten. Deshalb hatten sich die Frauen von Zoffingen kürzlich, 1318, dem Dominikanerorden unterstellt und lebten fortan in strenger Klausur, ohne jede Lizenz, sich gehen zu lassen. Die unverbrüchliche Ordnung erlöste Seuses Schwester von ihrer Unrast; im Kloster starb sie zufrieden, wie vor vierhundert Jahren in Buchau die sündige Schwester Ulrichs von Augsburg. Aber war das der Sinn der modernen Befreiung von Gewinnstreben und Ausbeutung, das Gleichmaß der alten Klausur? Ihr fehlte doch die Freiheit des Geistes, der weht, wo er will, die Freiheit der Liebe, die auf alle Mitmenschen zugeht, das Leitbild des Christen, der Christus nachfolgt, wohin immer er geht. Wie sollte sich gar ein Priester mit Gott liebend vereinen, auf gleichgültige Mitmenschen einwirken, wenn er unter selbstgenügsamen Mitbrüdern lebte?

Das blieb die Kernfrage des Dominikaners Seuse, wie sich mystische Hingabe an

Gott mit der Routine in Konvent und Kommune vertrug. Er machte die üblichen Stufen der Ordenslaufbahn durch, ein Jahr Noviziat, zwei Jahre Einübung im Lateinunterricht, in Liturgie und Verfassung des Ordens, dann das achtjährige philosophisch-theologische Studium. Seuse konnte es ganz oder teilweise in Konstanz absolvieren, denn vermutlich befand sich hier ein dominikanisches Partikularstudium. Vielleicht schloß er die theologische Ausbildung im Straßburger Konvent ab; ihm waren die Stationen zu unwesentlich, um sie uns mitzuteilen. Die Schulung im ganzen mißfiel ihm, das sagte er deutlich: Sie erzog zu philosophischen Spitzfindigkeiten und bereitete auf geistliche Ehrenämter vor, anstatt Hingabe einzuüben. Das dominikanische Ausleseverfahren züchtete Ehrgeiz und Konkurrenzneid unter Ordensbrüdern. Ganz so schlecht kann es nicht gewesen sein, denn Seuse wurde bei den Hochbegabten eingestuft, die am Ende der Ausbildung für weitere drei Jahre an ein Generalstudium geschickt wurden, um auf das theologische Lehramt eines Lektors vorbereitet zu werden. Für die deutsche Ordensprovinz lag die zuständige Schule seit 1248 in Köln, dorthin zog der etwa Fünfundzwanzigjährige um 1324. In Köln wie in ganz Deutschland bestand keine Universität; Spitzenleistungen wie in Paris oder Bologna wurden da nicht gezüchtet. Dennoch erweiterte sich Seuses Gesichtskreis in Köln beträchtlich; er erkannte seinen Auftrag, weniger im Hörsaal als auf der Straße.

In Köln, der größten deutschen Stadt des Mittelalters, drängten sich soziale Gruppen, häuften sich religiöse Probleme ganz anders als im ruhigen Konstanz. Nach Köln waren Dominikaner fünfzehn Jahre früher als nach Konstanz gekommen. Dort hatten sich neben dem Dominikanerkonvent die ersten Beginen 1230 angesiedelt, zwanzig Jahre früher als in Konstanz. Schon vor dem Eintreffen der Bettelmönche hatte Köln wenigstens neun Frauenklöster beherbergt; nun schossen Beginenhäuser aus dem Boden, um 1300 fünfzig, ein halbes Jahrhundert später hundertsiebzehn. In Konstanz bestanden keine zehn Beginenhäuser, die drei größten bildeten stattliche Anwesen mitten in der Bürgersiedlung, nahe bei den Marktplätzen. Kölner Beginen kamen nicht wie die Konstanzer aus angesehenen Familien. In Vororten hausten Handwerkerfrauen, vor allem aus dem Webergewerbe, die Beginen wurden, nichts mitbrachten, betteln gingen. Sie taten es 1317 in Straßburg, vielleicht ähnlich in Köln mit dem herausfordernden Ruf »Brot durch Gott«. Wandernde Beginen hörten nicht so gläubig auf einen überlasteten Stadtpfarrer oder Dominikanerpater, sie machten sich ihre eigene Religion. Freiheit des Geistes, hieß ihre Parole, und so nannte man sie gewöhnlich, Brüder und Schwestern vom freien Geist. Der Mensch kann, versicherten sie einander, auf Erden vollkommen und sündlos sein. Er braucht nicht zu fasten und zu beten, keinem Menschen und nicht der Kirche zu gehorchen. Er braucht keine Tugenden zu üben, er kann sie lassen, darf gelassen sein. Er kann dem Leib gewähren, wozu die Natur drängt. Wer vollkommen ist, bedarf der Gnade nicht mehr, er ist Gott gleich. Er verlangt nicht nach Sakramenten und bedenkt nicht das Leiden Christi, er ist über alles Leiden hinaus. Er muß nichts tun, schon gar nicht Handarbeit, er darf betteln oder stehlen. Hölle und Fegfeuer gibt es nicht, denn der vollkommene Mensch wird beim Tod mit Gott eins bleiben, wie er im Leben eins mit ihm ist.

Die Reden der Unversorgten in Köln waren von den Gedanken der Ehrbaren in Konstanz nicht gar zu weit entfernt, mit einem Unterschied: Sie verkündeten offen den

Pantheismus. Die Priesterkirche konnte es sich mit dieser Sorte Beginen so leicht machen wie das Konzil von Vienne 1311, das sie einfach verbot. Damit trieb sie eine religiöse Bewegung in die Radikalisierung, wie es Papst Johannes XXII. seit 1316 kaltblütig tat. Er ließ Beginen durch die dominikanische Inquisition verbrennen, dazu Anhänger der franziskanischen Armutsbewegung, als wäre sie antichristlich. Er leitete bürgerliche Geldströme auf die Mühlen des Papsthofes und baute die Kurie zu einem riesigen Finanzamt aus. Brave Christen waren demnach diejenigen, die Kirchensteuer zahlten und nicht allzuoft an die Armut Jesu und der Apostel dachten. Der kuriale Fiskalismus setzte die Idee der Bettelorden einer Zerreißprobe aus, denn jetzt widerstritt die Armut der Bettelmönche ihrem Gehorsam gegen den Papst. Das Dilemma traf in Frankreich und Italien Franziskaner, in Deutschland Dominikaner am härtesten, und zwar, weil sie sich hierzulande auf die religiöse Frauenbewegung eingelassen hatten, anfangs unter starkem Druck der Päpste und, wie in Konstanz, der Bischöfe. Was sollten sie tun?

In der deutschen Ordensprovinz zählte man 1303 etwa achtundvierzig Männerkonvente und fünfundsechzig Frauenklöster mit Anspruch auf dominikanische Seelenführung. Dabei saßen in Männerkonventen durchschnittlich zwanzig bis dreißig, in Frauenklöstern sechzig bis hundertzwanzig Menschen. Zu diesen geschlossenen Frauenkonventen (wie Zoffingen seit 1318) kamen Dutzende von offenen Beginenhäusern, allein in Straßburg auf sieben Dominikanerinnenklöster sechzig Beginenhäuser. Die Grenzen zwischen Beginen und Dominikanerinnen waren wegen der kirchenrechtlichen Schwierigkeiten und wegen der Aktivitäten der Frauen fließend geblieben. Sollte man jetzt alle dem freien Geist überlassen und hernach verbrennen? Sollte man nur die Ehrbaren versorgen und die anderen verkommen lassen? Sollte man sich das ganze Weiberpack auf den Hals laden und mit ihm zur Hölle fahren? Vor dieser Entscheidung stand der Dominikaner Meister Eckhart, als er 1314 nach Straßburg kam. Er hatte sich wie die meisten Predigerbrüder der lateinischen Wissenschaft verschrieben und lehrte noch 1313 als Professor der Theologie an der Eliteuniversität Paris. Aber nun begann er, in elsässischen Frauenkonventen deutsch zu predigen, und setzte diese urdominikanische Arbeit fort, als er 1320 an das Kölner Generalstudium des Ordens berufen wurde. Von hier aus konnte er Helfer mobilisieren.

Nach Köln kamen in ständigem Wechsel die besten deutschen Dominikaner zur wissenschaftlichen Fortbildung, so der Straßburger Johannes Tauler, der ebenfalls mit der Mystik der Beginen in Berührung gekommen war, und der Konstanzer Heinrich Seuse. Die drei großen Mystiker setzten sich um 1325 in Köln nicht zu hochgeistigen Diskussionen zusammen, sie stürzten sich in die praktische Arbeit, um mit der Beginenmystik die religiöse Frauenbewegung und die Idee der religiösen Armut zu retten. Denn Straßburger und Kölner Beginen der 1320er Jahre wirkten nicht mehr aktiv, weder durch Handarbeit, mit der sie sich selbst versorgt hätten, noch durch Caritas, mit der sie Notleidende unterstützt hätten. Die neue Armutsbewegung des freien Geistes zehrte vom Nichtstun, von der verzückten Freude an Visionen und Halluzinationen. Sie ließ alles Mannigfaltige und suchte das Unergründliche und Überschwengliche, den innigen Eindruck Gottes, der sie bildete, den sie sich einbildete. (Lauter Wortprägungen der deutschen Mystik: mannigfaltig, unergründlich, überschwenglich, innig, Eindruck, Bildung, sich einbilden.) Die Flucht vor der Welt überließ die Erde den anderen, Prälaten und

Patriziern, die aus der Kirche Gottes eine Räuberhöhle und ein Kaufhaus machten. Indem die Dominikaner um Eckhart den Armutsgedanken in der Nähe der handfesten Aktivität hielten, erneuerten sie auch ihren Orden, der im gelehrten Betrieb weltfremd geworden war. Im Dienst des verweltlichten Papsttums blieb ihm bloß die Inquisition, das Aufspüren und Verurteilen von Ketzern. Hier, bei den Beginen, fand er einen neuen Wirkungskreis und schuf, wenn es gelang, eine neue Wirklichkeit (auch dies ein Wort der Mystiker).

Es erging der Kölner Gruppe wie allen, die sich zwischen die Extreme stellen, sie wurden zu Prügelknaben der Christenheit. Beginen verketzerten sie pauschal als konservative Geistliche, Klerikale präzis als heimtückische Ketzer. Meister Eckhart starb rechtzeitig, bevor Papst Johannes XXII. einige seiner Sätze 1329 als häretisch verdammte. Seuse verteidigte den toten Lehrer in seiner ersten, in Köln verfaßten Schrift und zog eine klare Grenze zwischen rechtgläubiger Mystik und Freigeisterei: Wer Gott und Welt nicht voneinander unterscheidet, ist ein namenloses Wildes, ein Nichts, kein Mensch. Mystik meint nicht, wie das griechische Stammwort besagt, »die Augen schließen«, sondern genau hinsehen. Aufgabe des Menschen als Person ist es, sich in ständiger Bemühung zu läutern und dem Mitmenschen unermüdlich zu helfen, damit er Christus ähnlich werde. Das glückt indes nicht der fanatischen Anspannung, darin haben die Beginen recht: Der Mensch muß sich loslassen und gelassen werden. Ein Lieblingsausdruck Seuses, wir verdanken ihm das deutsche, ach so undeutsche Wort Gelassenheit. Der geläuterte Mensch bewahrt in aller Tätigkeit Ruhe, »er übt Gemeinschaft mit den Leuten, ohne ihr Bild in sich zu prägen«. »Er fällt nicht auf, er spricht nicht viel, und was er sagt, ist schlicht und einfach. Er hat einen ruhigen Lebenswandel, so daß ihn die Dinge ohne sein Zutun durchfließen, und ist ruhig in seinen Sinnen.« Gelassenheit, die alle Gewissensängste hinter sich läßt, stammt aus der Hingabe an Gott, nicht aus dem Zusammenleben der Menschen, aber erst sie macht es erträglich.

Dies war ein Mönchsgedanke schlechthin, keine Richtschnur für die gewöhnlichen Predigerbrüder. Der Orden entsandte Seuse nicht an die Universität Paris, um ihn kostspielig zum Magister auszubilden, und Seuse selbst wollte kein Hochschullehrer werden. Mehr zog ihn das Vorbild eines uralten Einsiedlers an, der still und einsam lebte, neben einer Treppe, die zum Himmel führte. Die Stufenleiter dominikanischer Ämter war anders beschaffen. Der Heimatkonvent Konstanz empfing den Zurückkehrenden argwöhnisch, denn wegen seines Eintretens für Eckhart wurde er vom deutschen Provinzialkapitel, wohl 1327 in Antwerpen, gemaßregelt. Immerhin wurde er in Konstanz als Lektor eingesetzt; ihm oblag die geistliche Schulung des Ordensnachwuchses und die geistliche Beratung des Konvents, das nächst der Würde des Priors, des Hausoberen, wichtigste Amt. Es wurde ihm 1334 entzogen, denn seine Lehren klangen gar zu gefährlich. Seuse antwortete darauf mit der vollen Wendung von klösterlicher Wissenschaft und Askese zu Seelsorge und Wanderschaft unter Laien. Ihnen würde er mitteilen, was die Mitbrüder nicht hören wollten.

Was Seuse aus Köln mitbrachte, war die Lösung des Konflikts in seinem Elternhaus, eine in Gott ruhende Gelassenheit, von der Hektik der Geschäftsleute so wenig wie von der Hysterie der Frömmler berührt. Seuse konnte jetzt beinahe so reden wie seine Konstanzer Jugendfreunde, er warnte vor übermäßigen Fasten und Geißelungen. Aber er verfiel nicht in den behaglichen Quietismus der Weltkinder. In den folgenden Jahren war er rastlos als Wanderprediger unterwegs, meist zwischen Straßburg und Winterthur, und die Mitbrüder überließen ihm dieses ambulante Gewerbe neidlos. Oft fühlte er sich wie ein fahrender Ritter, der Abenteuer erwartet und erlebt, oft wie ein Schmerzensmann, dem die Verblendung von Mitmenschen unendliche Leiden zufügt. Was er in Predigten und Gesprächen vermitteln wollte, war die Haltung der in Gott ruhenden Gelassenheit, die sich nicht durch Dozieren und Schreiben, nicht durch Predigen und Reden mitteilen ließ. Alles Geschriebene und Gesprochene galt ihm als kalter Abglanz der innerlichen Empfindung. Worte sind, sagte er, wie abgebrochene Rosen, sie leben nicht mehr.

Seuses Haltung folgte einem lebenden Vorbild. Er führte dauernd Zwiesprache mit Jesus, er empfand sein Leiden nach, er wollte es aktiv erleben. Neben die negative Theologie der älteren Mystiker, die vor dem unendlichen Gott verstummten, stellte Seuse die Nachfolge Christi, des Menschensohnes. Sie machte das Unsagbare sichtbar in der Liebe für Mitmenschen, in der Folterung durch sie. Auch im Schicksal der Gottesmutter fand Seuse dieselbe Menschlichkeit und widmete sich der Marienverehrung mit Eifer. Er pries die Himmelskönigin noch als ritterlicher Minnesänger, stellte aber auch schon das Herzeleid der Mutter unter dem Kreuz vor. Im Blick auf diese Vorbilder hielt sich Seuse gegenüber Mitmenschen zurück. Er hörte ihnen zu, freute und quälte sich mit ihnen, aber er blieb still und riß andere nicht mit in seine Freude oder Qual. Sie mußten ihren eigenen Weg gehen wie er. Wenn er verletzt wurde, zog er sich in die Zelle zurück; jeder Weg zu Mitmenschen kostete ihn Selbstüberwindung, dann ging er doch. Denn er verstand Ritterschaft der Diener Gottes ähnlich wie Hugo von Langenstein als unverzagtes Leiden ohne Gegenwehr.

Dieser Mensch paßte nicht in die aufgeregten Konstanzer Jahre, die von einem Extrem ins andere fielen. Frustration und Aggression, wohin man blickte, schon in Seuses Konvent. Wenn er in die Krankenstube ging, um sich zu erholen, oder wenn er schweigend bei Tische saß, ärgerten ihn geschwätzige Mitbrüder mit Spottreden und dummen Witzen. Die Patres hänselten ihn, weil er von weltlichen Dingen nichts verstehe und seine Hoffnung auf das Jenseits setze. In der Not wählten sie ihn, vielleicht seiner Verwandten wegen, zum Prior des Konstanzer Konvents; es war 1343/44 in einem Jahr der Teuerung, als es im Kloster an Brot und Wein fehlte. Seuse ermahnte die Mitbrüder, sie sollten zum heiligen Dominikus beten, er werde ihnen aus der Not helfen, denn auf dem Sterbebett habe er es ihnen versprochen. Zwei von ihnen spotteten: »Meint er denn, daß Gott den Himmel aufmacht und uns Essen und Trinken herunterschickt?«, sagte der eine, und der andere: »Töricht ist nicht bloß er, wir alle sind es, daß wir ihn zum Prior gewählt haben. Wir haben es doch vorher gewußt, daß er von irdischen Dingen nichts versteht und ständig aufwärts in den Himmel gafft.« Die Patres waren gewohnt, so realistisch auf den eigenen Vorteil zu achten wie ihre patrizischen Verwandten in der Stadt.

Ihre Haltung provozierte die sozial Benachteiligten im Kloster, die als Laienbrüder den studierten Predigern die Handarbeit abnahmen. Sie ließen ihren Grimm an jenen Patres aus, von denen sie nichts fürchten mußten. Ein Laienbruder, Schuster von Beruf, schnauzte Seuse in aller Öffentlichkeit an und tat sich etwas darauf zugute, daß der vornehme Seuse stillschwieg. Als sich Seuse dem Schuster zu Füßen warf und um Vergebung bat, wurde der Handwerker bestürzt und friedlich. So nachgiebig zeigten sich die Herren vom Konvent sonst nie. Seuse selbst bezeichnete das Klosterwesen als alte, zerfallene Stadt mit eingestürzten Mauern und Gräben, voll wilder Tiere in Menschengestalt. Der böse Feind war in das schlecht gehütete Refugium der Mönche eingedrungen und hinderte sie daran, Mitmenschen zu werden. Von Reform hörte man damals im Dominikanerorden viel: Der Zisterzienserpapst Benedikt XII. schaltete sich 1335 in die Erörterungen ein, erreicht wurde nichts. Katastrophenstimmung lag in der Luft, Dominikaner schürten sie noch. Ein Predigerbruder aus Paris erschreckte 1338 die Konstanzer mit seltsamen astrologischen Prophezeiungen: Der Mond färbe sich bald blutig und die Sonne schwarz, ein Drache werde durch die Luft fliegen und mit seinem Pesthauch viele töten; die Bürger sollten Buße tun und umkehren, bevor es geschehe. Hatte Dominikus dafür seine Brüder ausgesandt, den Laien Angst und Schrecken einzujagen?

So wurden sie draußen angesehen, in Dörfern der Umgebung, wohin Seuse immer wieder kam. Die Bauern beobachteten ihn wie jeden fremden Geistlichen mißmutig. Einmal kniete er an einer Kapelle auf dem Feld und betete. In der Nacht darauf kamen Diebe und stahlen wächserne Votivbilder, die die Bauern aufgehängt hatten. Ein siebenjähriges Mädchen hatte Seuse beten sehen und schrie nun, er sei der Dieb. Noch ärger spielte man ihm in der Fastenzeit mit, als an einem steinernen Kruzifix plötzlich Blutspuren auftraten und alle Leute herbeiströmten. Seuse legte den Finger auf die Stelle, um zu prüfen, ob das Blut durch Menschen aufgetragen sei. Da munkelten viele, er habe sich in den Finger gestochen und das Blut hingestrichen, aus Habgier, um den Laien Geld aus der Tasche zu ziehen.

Am übelsten war die dritte Szene, Jahrmarkt in einem Dorf mit vielen Besuchern. Seuse wanderte mit einem Laienbruder hin, wie immer, um begütigend auf die Menschen einzuwirken. Sein Begleiter wurde unversehens beschuldigt, er habe im Gedränge Händlern einen Käse gestohlen. Andere meinten, er trage Gift bei sich, denn überall verbreitete sich damals das Gerücht, daß böse Menschen Gift in Brunnen streuten. Der Laienbruder lenkte den Verdacht auf Seuse: Der trage Giftsäcke mit sich und habe schon Gift in den Dorfbrunnen geschüttet. Alle, die daraus tränken, müßten sterben. Für seine Missetat habe Seuse von seinem Orden und den Juden viel Geld erhalten. Die Menge wollte ihn aufspießen, im Rhein ertränken oder verbrennen; mit Mühe kam er davon. Immer dasselbe: eine Atmosphäre der Verdächtigung. Jeder fürchtete um sein Leben, blickte neidisch auf den Geldbeutel des Nächsten, erwartete eine irdische Katastrophe und keine Rettung vom Himmel. Denn die Mönche, die sie versprachen, waren selbst Heuchler und Betrüger.

Nicht freundlicher dachten adlige Herren der Nachbarschaft. Ein Burgherr schwor, so daß es jeder hören konnte, er wolle dem Seuse, wo er ihn träfe, ein Schwert durch den Leib stoßen. Denn ihm sei gesagt worden, Seuse habe die Tochter des Adligen und viele andere Menschen zu einem absonderlichen Leben verführt, das man den Geist nenne. Diese freien Geister seien das verkehrteste Volk auf Erden. Ein anderer Adliger sagte: »Er hat mir eine Frau, die ich liebe, abspenstig gemacht. Jetzt zieht sie den Schleier vors Gesicht und will mich nicht mehr anschauen, sie will nur noch in ihr Innerstes blicken. Das soll er mir büßen!« Beim Adel galt Seuse nicht wie bei Bauern als Betrüger und Mörder, sondern als Seelenverführer und Erzketzer. Das war feiner, aber schlimmer.

Natürlich trugen die Konstanzer Dominikaner an ihrem schlechten Ruf nicht die Alleinschuld. Die kirchenpolitische Lage tat ein übriges, seitdem die Doppelwahl von 1314 das deutsche Königtum spaltete. Der Kampf zwischen Ludwig dem Bayern und Friedrich dem Schönen berührte das Bistum Konstanz viel unmittelbarer als ein Jahrhundert zuvor der staufisch-welfische Thronstreit, den Bischof Diethelm von seiner Diözese ferngehalten hatte. Jetzt besaßen beide Parteien, Wittelsbach und Habsburg, am Bodensee starken Rückhalt. Der Konstanzer Bischof Gerhard von Benar hielt sich deshalb aus dem Thronstreit heraus, starb aber 1318. Vier Jahre lang konnte sich das Domkapitel auf keinen Nachfolger einigen und bekam vom Papst den habsburgfreundlichen Grafen Rudolf von Montfort-Feldkirch 1322 als Bischof vorgesetzt. Weil nicht alle Konstanzer Bürger wie der Papst und der Bischof zu Habsburg halten mochten, verhängte Papst Johannes XXII. 1326 das Interdikt über die Bischofsstadt. Nun durften keine Messen mehr gelesen, keine Orgeln gespielt, keine Glocken geläutet, eigentlich nicht einmal die Sakramente gespendet werden, alles aus machtpolitischen Gründen. Wer glaubte da noch an geistliche Ziele der Kirche? Nach 1330 vertrugen sich Wittelsbach und Habsburg miteinander, Ludwig der Bayer wurde hierzulande anerkannt. Trotzdem hielten die Päpste in Avignon das Interdikt aufrecht.

Denn König Ludwig förderte die Franziskaner und ihre strenge Armutsgesinnung gegen den habgierigen Papst, das wollte der Papst nicht zulassen. So sahen es die meisten Zeitgenossen am Bodensee; daß die Lage verwickelter war, interessiert uns jetzt nicht. Jedenfalls machte das päpstliche Interdikt immer mehr böses Blut: Der Papst betrog die Gläubigen um ihr Seelenheil. Bischof Rudolf galt als korrupt; zweitausend Mark Silber soll ihm seine habsburgfreundliche Haltung eingebracht haben. Als er 1334 starb, folgte eine Doppelwahl. Ein habsburgischer und ein wittelsbachischer Kandidat fochten bei Meersburg eine offene Schlacht aus, und wieder setzte sich der habsburgische durch, entgegen den Wünschen seiner Bischofsstadt. Dieser Nikolaus von Frauenfeld verlangte 1336 von allen Klöstern seines Bistums, sie sollten ihm Vieh und wertvolle Geschenke nach Konstanz bringen. Da stellten sich die adligen Herren in den Weg und verhinderten den Transport. Unbegründet war es nicht, daß Laien am Bodensee schlecht auf alles zu sprechen waren, was aus Konstanz kam und sich geistlich gebärdete.

In Konstanz selbst kam es zum Eklat, als König Ludwig im Dezember 1338 – nach zwölf Jahren – kategorisch befahl, das päpstliche Interdikt zu mißachten und öffentlich Messe zu lesen. Bischof Nikolaus versuchte, Aufschub zu erlangen und in Avignon Hilfe zu finden, doch der Konstanzer Stadtrat ließ der Geistlichkeit nur bis zum 13. Januar 1339 Bedenkzeit. Die Mehrzahl der Weltpriester und Mönche nahm den Gottesdienst wieder auf, vor allem die Franziskaner, die immer auf Seiten Ludwigs gestanden hatten. Vom Dominikanerkonvent auf der Rheininsel unterwarfen sich vier Patres; die Mehrheit weigerte sich, dem Papst und dem Bischof zu widerstehen, und zog in die Verbannung. Nicht weit übrigens. Acht gingen zu den Dominikanerinnen von St. Katharinental bei Diessenhofen, die übrigen in das Schottenkloster vor den Toren von Konstanz. Unter den Verbannten war Seuse. Gegen die Habsburger hatte er nichts einzuwenden, Aufruhr gegen geistliche Obere lag ihm fern. Im Exil wählten ihn die Mitbrüder sogar zum Prior, freilich in einem zerrissenen Konvent. Und in der Stadt war sein Appell an die Laien, seine Predigt der Gelassenheit und Liebe gescheitert.

Die Vertriebenen hofften anfangs, sie dürften nach einem halben Jahr zurückkehren, doch 1343 verjagte die Bürgerschaft weitere Geistliche. Erst am 25. April 1346 zogen die Dominikaner wieder in Konstanz ein, zusammen mit dem neuen Bischof Ulrich Pfefferhard, einem um Ausgleich bemühten Konstanzer Patriziersohn. Seuse begann die Arbeit von neuem, erlebte jedoch 1347 die schwerste Niederlage seines Lebens. Eine fromme Frau, die ihm beim Almosensammeln half, gebar ein uneheliches Kind. Seuse ließ es sie nicht entgelten, aber als sie nicht von fremden Männern lassen wollte, warf er sie hinaus. Sie versuchte, ihn zu erpressen: Sie werde überall sagen, er sei der Vater ihres Kindes. Als er sich nicht fügte, machte sie ihre Drohung wahr. In der Stadt herrschte allgemeine Empörung über Seuse, die meisten glaubten dem Gerücht. Diese frommen Herrschaften waren allzumal Heuchler. Noch tiefer verletzten den Verleumdeten die Freunde, die weiter zu ihm hielten. Eine Frau schlug vor, sie wolle das Kind heimlich des Nachts vergraben oder ihm mit der Nadel ins Gehirn stechen; wenn es beiseite geräumt sei, höre die böse Nachrede auf. Zu Seuses entsetzter Abwehr sagte die Frau: »Es ist doch nicht Euer Kind, was regt Ihr Euch darüber auf?« Ein vornehmer Verwandter meinte, er werde sich auf die Rheinbrücke stellen und warten, bis die Mutter des Kindes vorbeikomme; wenn er sie in den Rhein stoße, sei die Missetat gerächt. Ein anderer Freund sagte ihm allerdings ins Gesicht: »Mit Euch ist es jetzt aus. Nicht nur Eure Predigten, auch Eure Bücher, die Ihr geschrieben habt, muß man wegwerfen.« Was immer Seuse sagte, wurde falsch verstanden oder nicht geglaubt. In der Tat war es mit ihm in Konstanz jetzt aus.

Zwar starben die böse Frau und einige von Seuses Widersachern plötzlich, viele sahen darin ein Gottesurteil. Aber die Ordensleitung bekam von der Sache Wind. Möglicherweise war Seuse jener Konstanzer Prior, den das dominikanische Generalkapitel 1348 in Lyon absetzte. Auch wenn er sich als unschuldig erwies, konnte ein Mann mit schwankendem Leumund dem Orden in Konstanz nicht wieder zu Ansehen verhelfen; die Oberen fanden es besser, Seuse in das Dominikanerkloster Ulm zu versetzen, an den äußersten Rand des Bistums. Seuse nahm es hin. Gelassen blieb er auch in der Verlassenheit. Er gab vermutlich seine Wanderpredigten auf und pflegte engere, auch briefliche Kontakte mit Männern und Frauen in der Klausur. Nun schrieb er wieder fleißiger, durch den gelehrten Ordensprovinzial Bartholomäus von Bolsenheim ermutigt. In den letzten Jahren redigierte er die Lebensbeschreibung, die viele Jahre zuvor aufgrund seiner mündlichen Berichte von der Dominikanerin Elsbeth Stagel im Kloster Töss bei Winterthur begonnen worden war. Diese erste deutschsprachige Autobiographie wurde zu einem Lehrbuch christlichen Verhaltens und Leidens und trug viel dazu bei, in der deutschen Mystik die Wirklichkeit der Laienkirche nicht aus den Augen zu verlieren. Seuse war ein alter Mann, als er am 25. Januar 1366 in Ulm starb; dort vergaßen ihn die Mitbrüder nicht so schnell wie in Konstanz, wo bloß Zoffinger Nonnen sich seiner erinnerten.

Zusammenfassend stelle ich Seuses geschichtliches Wirken in den Zusammenhang des frühen vierzehnten Jahrhunderts. Am meisten trug er erstens zur Entwicklung der deutschen Mystik bei. Von ihren Ursprüngen im späten zwölften Jahrhundert her hing sie mit der Verweltlichung aufstrebender Schichten zusammen, mit der Selbstgefälligkeit ritterlichen Adels, mit dem Wohlbehagen reicher Stadtbürger. Gegen diese Entartung der Laienkirche wehrten sich zuerst Ketzer, dann Bettelmönche in den großen Städten und proklamierten freiwillige Armut und Demut, fröhliche Überwindung der Sorgen, Hinwendung zur Menschlichkeit Christi. Die Hingabe an Gott diente auch den Mitmenschen tätig, so hatte Dominikus gemeint. Sein Orden verstand Hingabe und Dienst allerdings bald intellektuell, als gelehrtes Studium und theologische Lehre, und bot schließlich gegen bürgerliches Erwerbsstreben nicht viel mehr als den scholastischen Ehrgeiz der Wissenshäufung auf, der von der Bürgermentalität schwer zu unterscheiden war. In dieser Lage wurde die Mystik zur wichtigsten Reformbewegung, indem sie den Armutsgedanken aus allen gesellschaftlichen und kirchlichen Zuordnungen löste und auf den inneren Menschen bezog. Der Gegensatz zwischen aktivistischen Laien und kontemplativen Priestern verschwand, wenn sich der Appell Christi an alle Menschen richtete und von allen die Abschüttelung irdischer Betriebsamkeit verlangte. Mit Seuses Worten: »Ein gelassener Mensch muß nicht allezeit danach ausschauen, was er bedarf, sondern was er entbehren kann.«

Daraus folgte zweitens eine neue Vorstellung von Kirche. Die religiöse Autorität der Priesterkirche, im frühen dreizehnten Jahrhundert noch unbestritten, hatte sich hundert Jahre später verschlissen, denn die Päpste lebten nicht arm, die Bischöfe nicht fromm; sie hatten sich durch politische und wirtschaftliche Verlockungen der Laiengesellschaft korrumpieren lassen. Die neue Frömmigkeit der Armut und der Liebe ging von Randgruppen der Laienkirche aus, von Ketzern und Beginen, und setzte gegen die lateinische Ordnung der Hierarchie eine Bewegung der Ungebildeten, die sich um rechtliche und räumliche Gliederung der Christen nicht kümmerte. Dominikanische Mystiker holten diese Bewegung in die Kirche zurück, zerbrachen aber dabei deren Schranken. Die neue christliche Gemeinde war nicht mehr die der sozialen Verbände, sondern die der innerlichen Menschen, der Stillen im Land. Sogar ein Ordensmann wie Seuse war weniger in seinem Konstanzer Konvent zuhause als bei einzelnen Gesinnungsgenossen, die er unterwegs traf. Wie Christus nach Seuses Worten ein heimatloser Pilger in seiner Kirche war, so fühlten sich seine Diener auf dieser Erde als fremde Gäste und elende Pilger, deren Heimat im Jenseits lag. Der Fromme traf Freunde nicht mehr überall in der Christenheit. Während Konstanzer Prälaten in der Papststadt Avignon nach Pfründen jagten und Konstanzer Tuchhändler ihre Stoffballen nach Oberitalien schafften, reiste Seuse kein einziges Mal über die Alpen, aber oft den Rhein hinab, zu denen, die seine Sprache verstanden. Katholische Kirche und Gemeinschaft der Gläubigen waren nicht mehr dasselbe.

Um so gründlicher bemühten sich drittens dominikanische Mystiker und ihre bürgerlichen Anhängerinnen, in deutschen Städten am Rhein, zumal in Bischofsstädten zwischen Köln, Straßburg und Konstanz, eine neue Einstimmigkeit der Gemeinde herbeizuführen. Der Konsens sollte nicht mehr auf der politischen Herrschaft des Bischofs, nicht mehr auf der wirtschaftlichen Genossenschaft der Fernhändler beruhen, sondern auf religiöser Brüderlichkeit. Mystiker und Frauen standen bischöflichen und patrizischen Kreisen sehr nahe, versuchten aber, die politischen und sozialen Gegensätze beiseitezuschieben, weil sie ihnen als oberflächlich erschienen. Eine arme Frau wunderte sich, als der vornehme Seuse ihr auf dem Weg auswich und in die Pfützen trat; Seuse entwortete: »Ach, liebe Frau, es ist meine Gewohnheit, allen Frauen gegenüber höflich und ehrerbietig zu sein um der lieben Gottesmutter vom Himmelreich willen.« Seuses Versuch mißlang in Konstanz, weil er die bestehenden Zustände übersah, anstatt sie zu überdenken. Der Nächste, dem er Liebe erwies, war der zufällig des Weges Kommende, nicht der Nachbar. So zielte der Mystiker mit seinem Appell über die Köpfe der Laien hinweg. Seuse: »Willst du allen Geschöpfen nützen, so kehre dich von allen ab.« Deshalb war die oberdeutsche Mystik nicht imstande, die Verchristlichung von Politik, Wirtschaft und Sozialgefüge zu leisten, die einst von der religiösen Laienbewegung in Südfrankreich gefordert, von der Priestergemeinschaft des Dominikus begonnen worden war. Was übrigblieb, war Abkehr von der unverständlichen Geschichte, gerade im südwestdeutschen Raum, Rückzug in das Reich der inneren Freiheit.

Trotzdem bleibt viertens ein Erfolg der Dominikaner im allgemeinen, Seuses im besonderen zu buchen. Es glückte ihnen, in der verworrenen Umwelt des frühen vierzehnten Jahrhunderts noch einmal die mönchische Forderung der Armut und Hingabe glaubwürdig zu beschreiben und zu verwirklichen. Sie taten es nicht in der abgesonderten Gemeinschaft von Mitmönchen, ganz im Gegenteil, in der Zuwendung zu Randgruppen der Laienkirche. Sie wurden wie frühere Mönche dazu gezwungen, diese Laiengruppen weithin aus ihrer Umwelt herauszunehmen und durch die Klausur zu stabilisieren. Aber sie gaben nicht vorzeitig auf und fanden sich weder mit den Kompetenzschranken in der Hierarchie noch mit den Bildungsbarrieren in der Laienwelt ab. Bislang war nur ein Mönch oder Priester imstande gewesen, Christus nachzufolgen; was wahre Christen taten und dachten, hatte nur ein exklusiver Kreis wirklich verstanden. Männer wie Seuse zogen die Ungebildeten in das Christenleben, ja in das Priesterleben hinein, denn sie beteiligten sogar Frauen durch Übersetzungen an der priesterlichen Kontemplation, durch Seelsorge am priesterlichen Apostolat. Inmitten einer Priesterkirche, die weithin vom Besitz der Dinge beherrscht war, vernahmen Laien in den Städten den Appell Seuses: »Das Vermögen, sich über den Dingen zu halten, gibt dem Menschen mehr Kraft als der Besitz der Dinge.« Das war, in zeitgenössische Ausdrücke übertragen, der Kernsatz des christlichen Mönchtums. Es kam Seuse gelegentlich so vor, als nickten ihm in der Klosterkirche die alten Mönchsväter und der heilige Dominikus zu. Sie bestätigten ihm, daß er im weltgeschichtlichen Zusammenhang der religiösen Bewegungen stand. Konstanzer Predigerbrüder sahen freilich bloß das Fresko an der Kirchenwand, und es rührte sich nie. Der Friedensstifter galt nichts in seiner Vaterstadt.

JOHANN VON WINTERTHUR · FRANZISKANER IN LINDAU

Wie wirkt ein Friedensstifter aus der Entfernung? Ungemein anheimelnd wirkte der heilige Franz von Assisi auf den franziskanischen Priester Johann von Winterthur in den 1340er Jahren. In der Chronik, die er in Lindau verfaßte, sah er zwischen Franziskus und Dominikus keinen grundsätzlichen, höchstens einen zeitlichen Unterschied: Der eine hatte seinen Orden schon 1206 in Assisi begonnen, der andere erst 1216 in Toulouse. Der eine hatte die päpstliche Bestätigung erst 1217 erhalten, der andere schon 1216. Doch dann waren beide vom gleichen Papst Gregor IX. heiliggesprochen worden. Auch ihre Orden verfolgten nach Johanns Ansicht dasselbe Ziel: Seelsorge und Mission, Vertiefung des Christenlebens bei Unwissenden drinnen, Verbreitung der Christenlehre bei Ungläubigen draußen. Priesterorden waren sie beide, mit dem Unterschied, daß der dominikanische an die Laien appellierte, während der franziskanische sie aktivierte. Heutige Historiker sind anderer Meinung als Johann, sie glauben, daß Franziskus gründlicher gescheitert sei als Dominikus. Denn was der Spanier wollte, einen Predigerorden, setzte er durch; was der Italiener wollte, eine Bußbruderschaft der Laien, kam nicht zustande. Weil seine Mitbrüder keine hochwürdigen Priester sein sollten, hatte Franz sie in seiner ersten Regel 1220/21 als Minderbrüder bezeichnet, doch was war hundert Jahre später daraus geworden? Ein Priesterorden. Nun denn, wenn unterdessen die Ziele beider Bettelorden die gleichen geworden waren, ihre Wege unterschieden sich noch immer, das sah Johann von Winterthur richtig.

Wie vertieft man das Christenleben im katholischen Europa am wirksamsten, wie machen es Franziskaner? Um 1308 wanderten, wie Johanns Chronik erzählt, zwei Franziskaner aus Schaffhausen nach Villingen, zu Fuß, mit Sandalen ohne Strümpfe, die ihnen den Namen Barfüßer eingetragen hatten. Eben als sie in das waldige Bergland am Randen kamen, wurde es Nacht. Mit hellen Stimmen sangen sie einen lateinischen Marienhymnus (vielleicht das *Salve Regina*). Ein finsterer Räuber, der im Gebüsch lauerte, wurde gerührt, lief hinter ihnen her und beichtete ihnen in Villingen, er habe sie unterwegs umbringen wollen. Da freuten sich die Franziskaner, daß sie mit dem irdischen Leben davongekommen waren und den Räuber für das ewige Leben gerettet hatten. Und wie verbreitete man die Christenlehre am besten bei Heiden? Johann zitierte einen Brief des Franziskaners Arnold von Köln, der nach 1300 in die Länder des mongolischen Großchans gezogen war, um dem Minderbruder Johann von Montecorvino in Peking beizustehen. Die Mongolen hatten den Italiener eingesperrt und gefoltert, dann laufen und gewähren lassen. Nach acht oder neun Jahren beherrschte er die Volkssprache und begann zu predigen. Manchmal kamen in einer Woche Tausende zur Taufe; vierzig einheimischen Kindern brachte er Latein bei, nicht um der Gelehrsamkeit willen, sie sollten Hymnen singen. Sogar der Großchan ließ den Franziskaner mit vier, sechs oder acht Sängerknaben des Landes öfter an den Hof kommen, um sich etwas vorsingen zu lassen. Die lateinischen Texte verstand er nicht, die hübschen Melodien machten ihm Spaß. Wer das Christentum in der Welt verwurzeln wollte, mußte nicht Tiefsinn um sich verbreiten, sondern Freude, er mußte singen, nicht dozieren, er mußte von menschlichen Beispielen erzählen wie Johann, nicht von göttlichen Eingebungen schwärmen wie Seuse. Johann verdammte Seuse nicht, er übersah ihn. Der richtige Weg war der franziskanische.

So begeistert Johann von der Tätigkeit seiner Mitbrüder berichtete, er tadelte sie, wo sich Nächstenliebe zum Sendungsglauben verkehrte. Noch zwei Anekdoten als Exempel. Die eine spielte um 1300 im Orient, wahrscheinlich in Jerusalem, wo Franziskaner ein Ordenshaus hatten. Ein Barfüßer hegte den brennenden Wunsch, Märtyrer zu werden und rannte am Freitagmittag in die Moschee, wo alle Mohammedaner zum Hauptgottesdienst versammelt waren. Er erklomm die Kanzel und begann, Christus zu preisen, Mohammed zu schmähen und die islamische Gemeinde zu beschimpfen. Die Gläubigen kamen in Wut, doch ihr Vorsteher befahl Ruhe und sagte, der arme Mensch habe mit seinen christlichen Brüdern sieben Wochen lang so schrecklich gefastet, daß er verrückt geworden sei; sie möchten ihn in Ruhe ziehen lassen. Das geschah, zu Johanns Befriedigung. Die andere Anekdote handelte von einer nicht näher bezeichneten schwäbischen Stadt, die der vom Papst gebannte Kaiser Friedrich II. um 1229 besuchte. Er war von großem Gefolge umringt, das ganze Volk zog ihm feierlich entgegen. Als der Staufer durch das Stadttor einritt, sprang ein Franziskaner hinzu, der die Krone des Martyriums erringen wollte. Er fiel dem Pferd in die Zügel und beschimpfte, während alle wie erstarrt standen, den Kaiser lauthals als Ketzer. Die Leibwache stürzte sich auf den Barfüßer, um ihn totzuschlagen, aber Friedrich winkte ab: »Der möchte wohl, daß ich ihn zum Märtyrer mache, aber seinen sehnlichsten Wunsch werde ich ihm gewiß nicht erfüllen.« Johann von Winterthur freute sich über die kaiserliche Antwort, obwohl er den Kaiser nicht schätzte. Ein Minderbruder, der sein irdisches Leben wegwerfen wollte, um himmlische Glorie zu erhaschen, war ein Egoist und folgte nicht Christus nach.

Die Ausschnitte aus der Chronik Johanns von Winterthur beleuchten, was der Franziskanerorden für die Geschichte des Mönchtums Neues brachte. Er wollte nicht wie Zisterzienser die Welt in die schweigsame Klausur hineinziehen, nicht wie Ordensritter die Welt kämpferisch disziplinieren, nicht wie Prämonstratenser durch ländliche, wie Dominikaner durch städtische Seelsorge die Welt vergeistlichen. Er wollte überhaupt keine straffe Ordnung, keinen geregelten Orden schaffen, sondern eine apostolische Bewegung in Schwung bringen, ausschreiten zu jedem Menschen, zu allen Ständen, in alle Länder, in der christlichen Freiheit zur Liebe. Das Mönchsgelübde der Keuschheit bedeutete hier nicht mehr Enthaltung von der Welt, sondern Aufhebung jeder individuellen, auf Einzelmenschen fixierten Bindung. Das erste, was dabei fallen mußte, waren Klausur und Ortsbeständigkeit des Gemeinschaftslebens, ohne daß Barfüßern der persönliche Spielraum der Dominikaner geblieben wäre. Franziskaner zogen nicht, um an einem Zielort anzukommen, auf die Straße von Schaffhausen nach Villingen, von Köln nach Peking; wichtiger als das Chorgebet in der Klosterkirche war ihnen der fromme Gesang nachts im Bergwald und am heidnischen Fürstenhof. Franziskaner waren im genauen Wortsinn keine Mönche mehr, weil sie nicht in abgesonderter Gemeinschaft leben wollten, sondern sich unter die Laien mischten, Wanderer unterwegs.

Daraus folgte eine Verfassungsänderung, der Abbau von Gehorsam und Hierarchie innerhalb der neuen Bruderschaft, ohne das Kontrollsystem der Dominikaner. Franziskaner, die zum Großchan zogen, gingen allein, höchstens von einem Gefährten begleitet, und konnten sich in Asien nirgends bei einem Bischof oder Abt Befehle oder Entlastung holen. Sie schrieben allerdings Berichte, wie Johann von Winterthur mitteilt, an ihren General. Doch das Wort weckt falsche Assoziationen, obwohl der militärische Dienstgrad des Generals seinen Namen den Bettelorden verdankt. Die zweite Ordensregel sprach 1223 vom *Generalis minister*, im bewußten Gegensatz zum Generalmagister der Dominikaner: Der franziskanische General war der Knecht aller, nicht der Meister aller. (Seit dem fünfzehnten Jahrhundert wurde aus dem General, zuerst beim Deutschen Orden, ein Befehlshaber, wie aus dem Minister ein Dienstherr wurde.) Der Generalminister berief alljährlich das Generalkapitel ein; über diese Versammlung der Amtsträger erfuhr Johann von Winterthur den Wortlaut des Briefes aus dem Fernen Osten. Die Organisation des Gesamtordens ähnelte der zisterziensischen und dominikanischen, war aber auf den unteren Ebenen stärker dezentralisiert, weder so locker wie prämonstratensische Zirkarien noch so straff wie Balleien des Deutschen Ordens strukturiert.

Die einzelne Franziskanerprovinz bildete unter einem Provinzial eine handlungsfähige und eigenständige Gemeinschaft. Johann von Winterthur kannte den Provinzial seiner oberdeutschen Ordensprovinz genauer als den Ordensgeneral. Auf Provinzialkapiteln vernahm er, was in anderen Konventen vorging, zum Beispiel das Abenteuer der Villinger Mitbrüder. Innerhalb der Provinz bildeten die einzelnen Konvente keine Heimatklöster, Franziskaner wurden nicht wie der Dominikaner Seuse nur bei besonderen Anlässen versetzt. Die beiden Barfüßer aus Schaffhausen gingen vielleicht für ein paar Jahre nach Villingen, ähnlich wie Johann von Winterthur herumgereicht wurde. Zuerst dürfte er um 1313 bei den Franziskanern in Zürich eingekehrt sein, 1328 war er in Basel, 1335 in Schaffhausen, seit 1340 in Lindau. Wie der Chronist gewann jeder Minderbruder unter diesen Umständen einen weiteren Horizont der Lebenserfahrung als Benediktiner oder Zisterzienser. Für Nachrichten aus dem Fernen Osten oder dem Baltikum interessierten sich im vierzehnten Jahrhundert Konstanzer Dominikaner nicht; was ihnen Seuse von seinen Abenteuern im Rheinland erzählte, hörten sie verwundert. Franziskaner erörterten solche Mitteilungen erregt, denn sie konnten jeden von ihnen bald betreffen.

Die wichtigste Neuerung im Franziskanerorden, neben Aufhebung der lokalen Klausur und Auflockerung der zentralen Verfassung, war ein verändertes Verständnis der mönchischen Armut. Mit dem Ordensziel der apostolischen Wanderpredigt vertrug sich die Naturalwirtschaft nur bei regionaler Beschränkung, wie sie Augustinerchorherren und Prämonstratenser übten. Schon Zisterzienser und Ordensritter erkannten trotz ihrer agrarischen Ökonomie die Chancen der Geldwirtschaft. Weil Franziskaner in die städtischen Zentren dieser Wirtschaft strömten, lag es für sie auf der Hand, die Versorgung durch Geldspenden und Geldrenten zu suchen. Dominikaner taten es ohne Bedenken, weil sie Geld nur als Mittel zum Zweck der Freistellung für Studium und Predigt ansahen. Franz von Assisi nahm das Geld weit ernster, man konnte nur entweder Gott oder dem Mammon dienen. Wer Geld sammelte, den erklärte Franz für einen Dieb und Räuber, der sich das Himmelreich verscherzte. Franz, sonst so tierlieb, mochte die Ameisen nicht, die Lebensmittel einheimsten. Johann von Winterthur stimmte dem Ordensgründer zu: Wenn der Deutsche Orden das Geld der heidnischen Litauer wollte, konnte er nicht ihr Seelenheil wollen; der Räuber am Randen hätte zwei Dominikaner mit prallem Geldbeutel am Gürtel ungerührt erschlagen. Franziskaner mußten Geld wie Stein, Staub oder Kot behandeln. Wovon sollten sie dann leben?

. Sie hätten wie Zisterzienser und Beginen apostolisches Leben als gemeinsame Handarbeit verstehen können, sich aber damit an ortsfeste Werkstätten und hierarchische Kommandos gebunden. Deshalb verwies Franziskus entschlossen auf das Betteln, die Sammlung des Nötigsten von Fall zu Fall. Bettel war für Franz keine Existenzsicherung; er begriff zu Beginn der europäischen Geldwirtschaft, was zu verstehen uns immer noch schwerfällt: Das Schlimmste an ihr ist nicht die ungerechte Verteilung materieller Güter, sondern die soziale Herausforderung zu neidischem Vergleich. Bettel unterband den Wettbewerb um Prestige. Bettelmönche übten die Demut Christi, der sich nicht schämte, von Almosen zu leben, und kamen mit den richtigen Freunden zusammen. »Freuen sollen sie sich, wenn sie sich treffen mit den gemeinen und verachteten Leuten, mit den Armen und Schwachen und Kranken und Aussätzigen und mit denen, die am Weg betteln«, hieß es in der ersten Regel 1220/21. Franz verschob damit das Schwergewicht mönchischen Lebens von Keuschheit und Gehorsam zur Armut. Er meinte nicht die materielle des einzelnen Ordensmanns, die schon Benedikt und noch Dominikus vorgeschrieben hatten, sondern die geistliche der Ordensgemeinschaft. Die Wendung zur kollektiven Armut war eine scharfe Absage an die irdische Umwelt, auch an die verweltlichte Priesterkirche, denn der Reichtum, der Königen und Bürgern als Maßstab für Prestige recht gewesen war, war Päpsten und Pfarrern billig geworden.

Mönchtum hatte bisher stets der Welt entsagt und sich zur Gemeinschaft der Frommen abgesondert. Die franziskanische Absage führte zum Bund mit den Bettlern, Räubern und Dieben in dieser Welt, nachdrücklicher als der dominikanische Appell an Randgruppen der Laienkirche. Die Folgerungen seien mit einer weiteren Anekdote Johanns von Winterthur skizziert. Bei einer Hungersnot bat 1343 ein Familienvater in einem alemannischen Ort seinen Nachbarn, er möge ihm zwei Schillinge leihen. Sie wurden verweigert. Der Abgewiesene stahl dem Nachbarn den Mantel, verkaufte ihn auf dem Markt und kaufte Brot dafür, um dem Tod zu entgehen. Der Nachbar forderte Schadenersatz. Als er die Sachlage erfuhr, schämte er sich und schenkte dem Hungernden fünf Schillinge dazu. Leider zu spät. Die hungernde Familie schlang im Bewußtsein, sich alles leisten zu können, so viel so schnell in sich hinein, daß alle starben. Der Leser muß daraus schließen, daß es allen Beteiligten besser bekommen wäre, wenn sie sich franziskanisch verhalten hätten, der Reiche zuerst seinen Geiz, der Arme danach seine Gier gezügelt hätte. Menschliches Miteinanderleben beruhte auf gemeinsamer Absage aller an ihr Eigeninteresse, auf der Armut im Geiste.

Die Erzählung erläutert, was die Franziskaner nicht wollten. Sie waren keine Sozialrevolutionäre, die im Blick auf ein endzeitliches Ideal die derzeitige Wirklichkeit umstürzten, sie machten die Erde nicht zum Himmel. Unter gegebenen Verhältnissen wollten sie das Zusammenleben der Menschen, wie sie nun einmal sind, so erträglich gestalten, daß es kein irdisches Jammertal blieb. Franz ermahnte sie, trotz ihrer eigenen Armut »die Leute nicht zu verachten und zu verurteilen, die sie in weichen und bunten Kleidern einhergehen und feine Speisen und Getränke genießen sehen«. (Menschen sind eben nicht wie Grillen, die am schönsten zirpen, wenn sie hungrig sind.) Auch dem Leib soll man geben, was er braucht. Am glücklichsten sind die Menschen, wenn andere zu ihnen freundlich sind. Der Menschenfreund gilt als Narr, das darf ihn nicht verdrießen. Eine frühe Legende erzählte von Franziskus, daß er an einem Wintertag singend seines Weges zog. Räuber machten sich an ihn heran und fragten, wer er sei. Er sagte: »Ich bin der Herold des großen Königs.« Königliche Herolde sahen vornehmer aus, die Wegelagerer fühlten sich auf den Arm genommen, verprügelten Franz und warfen ihn in einen Graben voll Schnee. Seuse hätte tief geseufzt. Franz kletterte zerschunden und halb erfroren auf die Straße und ging singend weiter, ein Narr in Christus.

Am lästigsten wurden solche Narren nicht Wegelagerern, sondern beamteten Sachwaltern Christi. Frühe Franziskaner brachten die ganze kirchliche Hierarchie durcheinander und waren auch untereinander keineswegs einig. Von den hitzigen Auseinandersetzungen der Anfänge wußte Johann von Winterthur hundert Jahre danach nichts mehr, sonst hätte er den Priesterorden, dem er angehörte, nicht so selbstverständlich als Franzens Werk ausgegeben. Eine kleine Bruderschaft, wie Franz sie sich gedacht hatte, mochte jeden aufnehmen, der kam, jeden ziehen lassen, der ging. Aber Tausende von Franziskanern brauchten eine Grundordnung, Aufnahmeregeln, Leitungsorgane, Kontrollgremien, eine Verständigung darüber, wie sie miteinander umgehen und wovon sie leben sollten. Darüber entzweiten sich die Minderbrüder in den 1240er Jahren. Die einen, die sogenannten Spiritualen, hielten die kollektive Armut für oberstes Ordensziel, weil nur sie den Mitgliedern das christusförmige Leben und das Himmelreich sicherte. Das hieß bettelnd durch die Welt wandern und gar nicht erst Kirchen und Klöster bauen. Das hätte die Selbstheiligung von Asketen zur Leitlinie gemacht, den Dienst am Nächsten zurücktreten lassen, die Gehorsamspflicht unterhöhlt und die Gemeinschaft zerstört, weil bloß ein Haufe verzückter Hungerleider übriggeblieben wäre, nicht viel anders als manche Beginengruppen.

Die anderen, Anhänger der sogenannten Kommunität, steuerten in Richtung auf alte Orden und hielten die kollektive Ordnung für entscheidend. Der einzelne Franziskaner mußte arm sein, aber wenn er seinen Nächsten und der Christenheit dienen sollte, durfte er nicht dauernd für seinen Lebensunterhalt tätig werden. Sein Orden hatte ihn für Aufgaben der Nächstenliebe wirtschaftlich freizustellen, also Eigentum zu bilden und zu verwalten. Der Orden mußte, um in der Laienwelt Prestige zu gewinnen, dem heiligen Gründer in Assisi eine imposante Grabkirche bauen. Er mußte gelehrte Studien aufnehmen, um Priester auszubilden, die predigen und Sakramente spenden durften. Das hätte die Franziskaner ganz zu einem der vorhandenen Priesterorden gemacht, in denen seelsorglich tätige Geistliche gemeinsam beteten und lebten, wie Augustinerchorherren, Prämonstratenser, Dominikaner. Es hätte die Beweglichkeit abgeschafft, mit der die Franziskaner auf die Laien in ihrer Welt zugingen, und das Hauptziel des heiligen Franz zunichte gemacht.

Der Streit wurde im Orden seit 1260 durch den Generalminister Bonaventura entschieden, der Rigoristen und Laxe gleichermaßen in die Schranken wies. Sein Mittelkurs wurde in der Priesterkirche von Päpsten durchgesetzt, die auf das Instrument einer beweglichen und populären geistlichen Truppe nicht verzichten wollten. Die Neuordnung entschied darüber, daß die Franziskaner Priester wurden, Messe lasen, Beichte hörten, Predigt hielten. Zugleich wurde ihnen die korrumpierende Verwaltung abgenommen, durch eigens bestellte Pfleger oder Prokuratoren, Vermögensverwalter aus dem bürgerlichen Patriziat, die gewöhnlich nicht dem Orden angehörten und Laien blieben. Ein Kompromiß, der an die ältere Einrichtung der Laienbrüder erinnerte, aber nicht mehr auf den Einzelkonvent bezogen war. Rechtlich gehörte seit 1279 sämtlicher Besitz der

Franziskanerkonvente nicht ihnen, sondern der Römischen Kirche; die Ordensleute sollten ihn lediglich benutzen.

Beide Maßnahmen zusammen, Festlegung auf priesterliche Seelsorge und Freistellung von wirtschaftlicher Selbstversorgung, sicherten dem Franziskanerorden seinen durchschlagenden Erfolg in den Städten des vierzehnten Jahrhunderts. Hier, wo die Pfarrseelsorge der Zuströmenden im argen lag, übernahmen Franziskaner die Betreuung der Bürger, besonders der Armen und Kranken. Gleichzeitig blieben sie von der Geldwirtschaft frei, die Stadtbürgern und sogar Dominikanern zu schlechtem Gewissen verhalf. Nirgends ließ es sich besser beschwichtigen als bei Franziskanern. Sie gewannen ihr Prestige durch Verzicht. Nur: die Bruderschaft des kleinen Armen von Assisi war das nicht mehr, sondern ein wohlorganisierter Priesterorden, um 1300 mit rund vierzigtausend Mitgliedern bei weitem der größte Orden der Christenheit.

Am Bodensee schlug er zwischen 1240 und 1260 Wurzeln, in der Zeit des Schwankens zwischen Laienbruderschaft und Priesterorden, in der sich die Minderbrüder um Ordensziele stritten und ihre Freunde sich um kirchenrechtliche Einordnung bemühten. Deshalb hatten sie mit weniger Widerständen, aber mehr Mißverständnissen zu kämpfen als andere Orden am See. Zum ersten Mal ging die Anregung nicht von rheinischen Bischofsstädten im Westen aus, wie noch bei den Dominikanern, sondern von italienischen Handelsstädten im Süden. Erster Stützpunkt wurde die Hafenstadt Lindau, ein wichtiger Markt- und Umschlagplatz des Fernhandels zwischen Trient und Augsburg. Nach einer späten, aber glaubwürdigen Nachricht kamen die ersten Franziskaner noch zu Lebzeiten Franzens, 1224, und zwar aus Trient. Ihre frühesten Freunde im Land waren merkwürdigerweise keine Lindauer Kaufleute, sondern Adlige von der Schwäbischen Alb, denen die Barfüßer lokale Fehden beilegen halfen. Die politischen Hintergründe lassen sich nicht mehr rekonstruieren, zu einer festen Niederlassung kam es nicht. Die Jünger Franzens werden als wandernde Friedensstifter weitergepilgert sein.

Weniger flüchtig verlief die nächste Begegnung 1239 bei einem innerstädtischen Streit. Die Stadt Lindau hatte sich um ein karolingisches Benediktinerinnenkloster entwickelt, das in manchem die Schicksale von Buchau teilte. Im zwölften Jahrhundert aber wurde es in ein Stift von Augustinerchorfrauen umgewandelt und gelangte zu neuer geistlicher Blüte. Für die Klostersiedlung, die seit 1180 einen Markt abhielt, baute das Stift eine eigene Pfarrkirche St. Stephan, später ein Heiliggeistspital. Im dreizehnten Jahrhundert suchten sich Lindauer Kaufleute und Handwerker für Marktrecht und Pfarrkirche von der Aufsicht der Äbtissin zu befreien und hielten sich deshalb, wie andere Stadtgemeinden, an den Staufer Friedrich II., der Lindau 1241 zu seiner Stadt erklärte. Als 1239 der Endkampf zwischen Kaiser und Papst begann, standen die Lindauer Bürger mit dem Pfarrer von St. Stephan auf der staufischen, Äbtissin und Stift auf der päpstlichen Seite.

Zur Verstärkung scheint die Äbtissin Franziskaner nach Lindau gerufen zu haben. Jetzt kamen sie nicht mehr als Friedensvermittler, sondern als Vorkämpfer der Priesterkirche gegen die Laien. Die Äbtissin gewährte ihnen provisorisch im Stift Unterkunft und schenkte ihnen 1239 ein Gelände südwestlich vom Stift, am heutigen Barfüßerplatz, wo ein Wagenschopf und ein Wirtschaftsgebäude des Stifts standen. Hier sollten sie ein eigenes Kloster bauen können. Die Äbtissin wollte die Wanderprediger am Ort halten.

Der Pfarrer von St. Stephan protestierte, denn er fürchtete, die Minderbrüder würden neben ihm Messe lesen und Almosen sammeln. Der Streit wurde 1241 durch den papsttreuen Prokurator der deutschen Franziskaner, den Bischof von Würzburg, salomonisch geschlichtet: Die Franziskaner durften nicht in ganz Lindau, aber in ihrer Kirche Messe lesen und Almosen sammeln. Durch diese Entscheidung wurden Lindauer Barfüßer von vornherein auf die Linie der Kommunität festgelegt, auf einen Priesterorden, der für den Altar und von ihm lebte. Autoritäten der Priesterkirche, auch der Papst und der Konstanzer Bischof, nahmen die Franziskaner gegen Pfarrgeistliche und Laienkirche in Schutz und wiesen sie in die stationäre Seelsorge ein, als wären sie Augustinerchorherren oder Prämonstratenser.

Dieselbe Frontstellung behinderte die Niederlassung der Barfüßer in großen Bodenseestädten, wohin sie wohl von Lindau kamen. In Konstanz unterstützte sie um 1240 Bischof Heinrich von Tanne ebenso wie die Dominikaner; der Stadtpfarrer von St. Stephan wehrte sich. Die Minderbrüder fanden in der Bischofsstadt keine grundbesitzenden Freunde von der Art der Lindauer Äbtissin und plagten sich zehn Jahre lang mit Provisorien herum. Erst 1250 hatten sie genug Almosen gesammelt, um mit dem Bau eines Klosters beginnen zu können. In Zürich trafen vor 1240 die ersten Franziskaner, einige aus Bayern, ein und wurden von den Bürgern begrüßt, von den Geistlichen abgelehnt. Die Äbtissin von Fraumünster beschwerte sich 1266 beim Konstanzer Bischof über Hetzpredigten eines Barfüßers, zur selben Zeit stritten sich die Kanoniker vom Großmünster mit ihnen um Begräbnisrecht und Almoseneintreibung. Gerade weil Minderbrüder bettelarm waren, konnten sie auf Pfarrgebühren und Almosenrechte nicht verzichten. Leichter taten sie sich in kleineren Städten, in Schaffhausen um 1253 und in Überlingen um 1259, wo ihnen keine Priestergemeinschaften im Wege, jedoch bürgerliche Honoratioren zur Seite standen.

Nicht in allen großen Städten am Bodensee faßten Franziskaner Fuß, in St. Gallen nicht, in Ravensburg nicht. Aber bis 1260 eroberten sie fünf wichtige Bastionen, mehr als die Dominikaner, auch spontaner. Noch waren die inneren Auseinandersetzungen zwischen Spiritualen und Kommunität nicht abgeschlossen, die Rückendeckung durch Zentralinstanzen des Ordens half wenig. In jeder Stadt mußten sich die Minderbrüder allein durchbeißen und konnten es nur, indem sie Rechte und Pflichten der ordentlichen Seelsorge übernahmen, also zum Priesterorden wurden. Erst nachdem sich der einzelne Konvent in seiner Stadt etabliert hatte, wurden die Fäden zwischen den Konventen fester geknüpft. Eine eigene »alemannische« Ordensprovinz mit dem Sitz in Straßburg entstand 1239; innerhalb dieser oberdeutschen Provinz bildete man sofort sechs Untergruppen, sogenannte Kustodien, jeweils durch einen Kustoden vertreten. Eine von ihnen war die Kustodie Bodensee, meines Wissens die erste geistliche Einrichtung, die den Namen des Sees führte; ihr Kustode saß gewöhnlich im ältesten Konvent des Raumes, in Lindau. Doch für den Rest des dreizehnten Jahrhunderts war die regionale Kommunikation noch zweitrangig, erst einmal mußten die Franziskaner am Ort ihr Kloster bauen.

Die franziskanische Bauweise unterschied sich von allem Gewohnten, von Anlagen der Benediktiner und Zisterzienser, schon in der topographischen Zuordnung. Bettelordenshäuser wurden nicht in die kostspielige Stadtmitte gesetzt, wo längst Dom- und

Stiftskirchen, Patrizierhäuser und Marktplätze lagen, sondern mit Vorliebe an die Stadtmauer, wie in Konstanz, wo das Franziskanerkloster (die heutige Stephansschule) unmittelbar an die Mauer (die heutige Laube) stieß. So erhielt man billiges Baugelände mit Reserveland und wohnte in der Nähe der ärmeren Stadtbürger und Vorstädter. Am Rand saßen die Konstanzer Dominikaner auch, aber auf der vornehmen Rheininsel. Bettelordenshäuser wurden bewußt dem städtischen Befestigungssystem eingegliedert, in Friedenszeiten stetig als Amtshäuser und Gerichtsstätten, Tagungsorte von Stadtrat und Bürgergemeinde, Absteigequartiere für prominente Gäste mitbenutzt, also dem Gemeinwesen als tägliche Treffpunkte angeboten. Auch wenn Franziskaner jetzt ortsfeste Klöster bauten, hielten sie die Türen für Laien weit offen.

Eine Bettelordenskirche war erst recht ein öffentliches Gebäude, für Laien zugänglich, für Predigt und Seelsorge bestimmt, darum sehr groß, meist blockförmig und hallenartig. Im Mittelpunkt stand eher die Kanzel als der Altar. Das Querschiff mit den vielen Seitenkapellen konnte wegfallen, ebenso der lange Mönchschor mit dem Chorgestühl. Denn weder die Privatmesse des einzelnen Priesters noch das Chorgebet des Konvents stand im Brennpunkt franziskanischen Gottesdienstes. Die Lindauer Franziskanerkirche, eine der ältesten deutschen, bestand aus einem einfachen, flachgedeckten Viereck und war einschiffig, ohne Strebepfeiler und Säulen. Sie brauchte keinen Kirchturm für große Glocken, keine Monumentalität, ihre Ärmlichkeit zog an. Sie rief keinen heiligen Schauer bei einzeln eintretenden Besuchern hervor, sie sammelte eine neugierige Gemeinde. Deswegen zeigte sie nicht den nackten Stein, der handwerklich sauber verarbeitet und durch Säulen gestützt werden müßte. Die Wände waren schnell zusammengemauert, verputzt und reich bemalt, eine wahre Bilderbibel, auf Belehrung schaulustiger Laienchristen erpicht; in Lindau sind Teile von Fresken erhalten.

Nicht weniger einschneidend veränderten sich die Konventgebäude. Zwar blieb der benediktinische Grundriß erhalten: der Versammlungsraum, der Speisesaal. Aber der gemeinsame Schlafsaal im Obergeschoß wurde durch Einzelzellen ersetzt, für jeden Franziskaner eine eigene, eine empfindliche Einschränkung der Konventgemeinschaft. Die Reihe der Zellen zog sich rund um den Klosterhof im Obergeschoß und wurde bei größeren Klöstern darüber in einem zweiten Obergeschoß fortgesetzt oder nebenan um einen zweiten und dritten Klosterhof gruppiert. Auch in Lindau waren die Konventgebäude teilweise dreigeschossig und um drei Höfe angeordnet, vom Barfüßerplatz südwärts bis an das Seeufer auf einer beträchtlichen Grundfläche ausgebreitet. Die Sammlung um den einen Kreuzgang fiel weg, weil hier keine abgesonderte Gemeinschaft mehr wohnte. Der Franziskaner sammelte sich und bereitete sich vor in der Einzelzelle, die oft ebenfalls bebildert war. Im Wohntrakt enthielt das Kloster ein privates Element neben dem öffentlichen der Kirche; beide Bereiche trennten sich voneinander. Dem Franziskaner blieben noch mehr Möglichkeiten als dem Dominikaner, mit sich allein zu sein, damit er sich auf die eigentliche Gemeinschaft, die der Laienchristen, einstellen konnte.

Die übrigen Bestandteile alter Klöster fehlten. Weil Franziskaner keinen Abt oder Propst oder Prior über sich hatten, sondern bloß einen Guardian, wörtlich: einen Wärter, brauchten sie keinen Abtpalast. Weil sie in der Stadt wohnten, brauchten sie weder Gasthaus noch Krankenhaus. Weil sie keine Landwirtschaft trieben, brauchten sie keinen Wirtschaftshof, keine Konversenwerkstätten. Was sie dringend brauchten, waren Bücher, nicht die gelehrten der Prämonstratenser und Dominikaner. Lindauer Barfüßer kauften 1271 für viel Geld vom Propst der Augustinerchorherren in Waldsee eine Bibel, für die Predigt. Weiter brauchten sie einen großen Friedhof, denn auch für tote Laien hielten sie die Türen noch weiter offen als Augustinerchorherren. Sie waren um 1270 kaum in die fertige Kirche eingezogen, da mußten sie 1278 zwei Stiftsscheunen abbrechen lassen, um die Kirche zu erweitern; viele vornehme Bürger wollten sich in ihr beisetzen lassen. Sie rissen 1305 ein weiteres Nachbarhaus ab, um auch den Friedhof für ärmere Freunde auszudehnen. Man spürt es an den Daten: Nach einem Menschenalter des kümmerlichen Anlaufs war ihnen der Durchbruch gelungen; der Pfarrer von St. Stephan gab 1296 endgültig klein bei, sie beherrschten die Seelsorge für Lindaus Bürger.

Die ersten Geldschenkungen kamen, 1280 eine reichliche Jahresrente. In Isny wurde ihnen 1288 ein Haus am Marktplatz geschenkt und so weiter. Dabei wohnten in Lindau noch 1305 nur sieben Franziskaner. Sie stammten aus Ravensburg, Waldsee, Isny, Rottweil, aus Städten des weiteren Umlands. Ein Bürger wurde nicht immer in seiner Heimatstadt Franziskaner. In Lindau bildeten sich allerdings gewisse Klüngel: Das einheimische Patriziergeschlecht von Milven stellte 1288 den Guardian Eberhard und den Prokurator Konrad, die geistliche und die wirtschaftliche Leitung des Konvents. Doch diese Aristokratisierung war nicht die Regel. Zwei Franziskaner aus Lindau gehörten 1328 zum Konvent Zürich, einer als Guardian. Umgekehrt lebte im Konvent Lindau unser Chronist Johann, der sich stolz als Bürger der Stadt Winterthur bekannte. Die häufigen Versetzungen der Minderbrüder bewahrten etwas von der ursprünglichen Beweglichkeit und unterbanden im einzelnen Konvent Gemeinschaftsbildung und Cliquenwesen. Den regionalen Zusammenhalt förderten sie, denn Franziskaner wurden meist innerhalb der Kustodie Bodensee verpflanzt, weniger weit weg als Deutschherren oder Dominikaner.

Danach richtete sich das Gesichtsfeld Johanns von Winterthur. Er wußte nichts über die Anfänge des Lindauer Klosters, seine Baugeschichte, seinen Streit mit dem Pfarrer zu melden; wahrscheinlich saß im Konvent kein alter Lindauer, der ihm davon erzählt hätte. Johann wollte nur »meine Zeit und ein bißchen vorher« beschreiben, »die Zeiten, die nicht weit über mich und meine Eltern zurückreichen«. Wie fast alle franziskanischen Historiker lebte er in seiner Gegenwart; weil sie ihn aufregte, schrieb er Geschichten auf. Für den um 1300 in wohlhabendem Bürgerhaus geborenen Winterthurer gehörten Franziskaner und ihre Klöster zum vertrauten Bild der Bodenseestädte; daß es einmal anders begonnen hatte, konnte er sich nicht vorstellen. Überall waren die Minderbrüder bei kleinen Leuten beliebt, nicht bei allen Honoratioren. Denn so unpolitisch sich die Franziskaner gebärdeten, ihre frühere Parteinahme für die Päpste und gegen die Kaiser war in den Ratsstuben unvergessen. Voller Empörung und Unverständnis hatte der junge Johann 1313 miterlebt, daß bettelnden Franziskanern in der Stadt Zürich an den Haustüren die gröbsten Unverschämtheiten gesagt wurden, und zwar nicht, weil vornehme Zürcher Bettlern nichts gaben, sondern weil sie den Bettelmönchen zutrauten, aus Papsttreue den deutschen Kaiser Heinrich VII. vergiftet zu haben.

Dabei verhielten sich die deutschen Franziskaner wie ihre bürgerlichen Gönner königstreu und kirchenkritisch, vor allem im Streit zwischen Kaiser Ludwig dem Bayern und Papst Johannes XXII. Daß hiermit alte franziskanische Kontroversen zwischen Spiritualen und Kommunität wieder auflebten, war dem Winterthurer nicht bewußt, aber er bezog wacker Stellung. Politisch neigte er eher Habsburgern als Wittelsbachern zu, doch mißfiel ihm wie den meisten Minderbrüdern dieser Papst, der eher Chef des Kirchenfinanzamts als Stellvertreter und Nachfolger Christi war. So hatten Christus und seine Apostel nicht gelebt. Sie waren arm gewesen, hatten nichts besessen und nichts besitzen wollen, weder einzeln noch alle zusammen. Johann erregte sich noch zwanzig Jahre hinterher über die Gegenbehauptung des Papstes, daß auch Christus nicht arm gewesen sei und daß unbedingte Armut nicht die Lebensweise der Apostel bestimmt habe. Wie konnte ein Papst den Gehorsam der Franziskaner verlangen, wenn er ihre Armut schmähte?

Die Dominikaner – da dachte Johann an die in Konstanz und Zürich, die Mitbrüder Seuses – hätten um 1329 aus Papsttreue das Armutsprinzip der Franziskaner verraten. An den Wänden ihrer Klöster seien dort, wo häufig Bürger vorbeikämen, Wandbilder angebracht: Christus am Kreuz hängend, mit der einen Hand festgenagelt, mit der anderen Hand Münzen in einen Geldbeutel am Gürtel stopfend! Ein rechter Franziskaner wie Konrad von Weilheim bewies die Kraft der Armut auf bessere Art: Er predigte 1330 in Paris die Armut so standhaft, daß ihm eine reiche und vornehme Dame siebzig Gulden schenkte. (Wer lacht da?) Leider widerstanden die Franziskaner dem Papst nicht alle. Johann äußerte sich bestürzt über die Feigheit seiner Mitbrüder, die die Standhaften schließlich im Stich ließen und sich mit dem Papst arrangierten.

Ebenso verheerend wirkte die Aktion desselben Papstes gegen fromme Frauen, die sich vielfach der franziskanischen Lebensweise angeschlossen, aber keinen Frauenorden gegründet hatten, sondern in Bürgerhäusern wohnengeblieben waren, um ihren Mitmenschen in Armut und Keuschheit zu dienen. Diese Beginen hatten zum Zeichen ihres Gesinnungswandels einfarbige graue, schwarze oder weiße Kleidung angelegt, berichtete Johann. Und nun verbot der kurzbeinige und schnellzüngige Johannes XXII. den Beginen die ordensähnliche Tracht und das Zusammenleben. Die Pfarrgeistlichen (noch einmal wurden alte Schulden beglichen) hatten nichts Eiligeres zu tun, als die Sympathisantinnen der Franziskaner zum Kleiderwechsel zu zwingen, so daß sie zum Gespött der Pfarrgemeinde in roten, grünen und blauen Gewändern herumlaufen mußten. Bald versanken die Frauen, die bisher in Gemeinschaft von ihresgleichen züchtig gelebt hatten, einzeln im erbärmlichen Hurenleben.

Johann übersah wieder die Lindauer Geschichte der Beginen; sie war glimpflicher verlaufen. Die Schwestern »in der Sammlung am Steg« standen seit 1268 den Franziskanern nahe und wurden wie andere verfolgt und zerstreut. Aber sie hielten mit franziskanischer Hilfe durch. Die zwanzig Frauen schlossen sich um 1322 dem dritten Orden des heiligen Franziskus an und legten feierliche Gelübde ab, ähnlich wie es in Konstanz die Zoffinger Gemeinschaft bei den Dominikanern tat. Freilich traf die Separierung der Anhängerinnen Franziskaner ungleich härter, das macht Johanns Entrüstung begreiflich. Die Armutsbewegung der Laien wurde vor die falsche Wahl zwischen Prestige und Verzicht gestellt. Sie wurde entweder hinter Klostermauern reguliert oder ging im weltlichen Treiben unter. Über diese veraltete Alternative zwischen Weltverachtung und Weltgier strebten Franziskaner energischer als Dominikaner hinaus. Auch Johann von Winterthur wollte die Weltverantwortung nicht preisgeben, selbst wenn die Papstkirche in Avignon widerstrebte; die Laien am Bodensee würden mitmachen. Der Minderbruder zeigte eine Trotzhaltung, die bisher bei mittelalterlichen Mönchen nicht anzutreffen war. Sie hielt Abstand zum Zentralismus der päpstlichen Kurie und suchte bei den Bürgern in der Provinz Zuflucht.

Christentum war für Franziskaner nicht das, was volltönende Hirtenbriefe aus der Ferne dozierten, sondern das, was die eigene Stadtgemeinde im alltäglichen Zusammenleben praktizierte. Johann war es aus Winterthur gewohnt, daß alle wichtigen Ereignisse auf der Straße stattfanden oder auf dem Marktplatz besprochen wurden. Er brachte das Interesse an Kommunalpolitik nach Lindau mit und verfolgte genau, was geschah, in erster Linie das Wirtschaften. Gemeinsame Überzeugung des Bettelmönchs und seiner Mitbürger war nicht der Klassenkampf zwischen reich und arm, sondern der Verzicht auf Prestige. Dem zugereisten Barfüßer erzählte offenbar ein Lindauer Bürger die Geschichte von König Rudolf von Habsburg; weil Rudolf ein Beichtkind der Franziskaner war, gehörte er zu ihnen. Als er vor einem halben Jahrhundert nach Lindau kam, schenkte ihm ein Bürger einen großen Bodenseefisch. Bei der Zubereitung, auf die König und Gefolge an der Tafel warteten, entdeckte der Koch im Fischmagen eine große Kröte und warf den Fisch weg. Der König aber meinte, so sei das im Leben, der Fisch habe die Kröte verzehrt, er wolle den Fisch verzehren. Also den Fisch auf die Tafel, bloß nichts umkommen lassen!

Und nur ja nichts verschwenden! So entzückt Johann über Rudolf von Habsburg sprach, so entsetzt über sieben junge Leute aus Überlingen. Sie gründeten um 1343 eine Eidgenossenschaft mit der Bestimmung, so lange beieinanderzubleiben, bis sie ihr ansehnliches Hab und Gut ausgegeben hätten. Überlinger Fromme wollten die Sittenverderbnis untersagen, doch der Magistrat erwiderte, mit ihrem eigenen Geld könnten sie machen, was sie wollten. Wenn sie jemanden schädigten, sollten sie Ersatz leisten. So fingen sie denn an. Der Stadtrat hatte verboten, während des Gottesdienstes in der Stadt Lärm zu schlagen, zum Beispiel mit Pfeifen und Hörnern. Mit diesen Instrumenten zogen die jungen Leute um die Pfarrkirche herum, hatten einen Heidenspaß und zahlten gern den Strafbefehl über neun Schilling. Dann gingen sie zum Markt, kauften teure Gläser und Tontöpfe und zerschmissen sie an Hauswänden oder mit Stöcken. Die Völkerkunde bezeichnet derartigen Prestigegewinn durch Warenzerstörung als Potlach, wir sagen dafür heute Selbstverwirklichung. Der Bürgerzorn steigerte den Jugendspaß. Sie tanzten, sangen und veranstalteten Würfelspiele mit höchstem Einsatz in Überlingen und Konstanz, die ganze Gegend sollte zusehen. Sobald einer von ihnen blank war, begleiteten sie ihn mit Pfeifen und Pauken nach Lindau, wo wieder die ganze Stadt zusammenlief. Dort verabschiedeten sie den Genossen, denn nun verdingte er sich als Söldner in der Lombardei. Der Franziskaner rügte die Vergeudung strenger als der Stadtrat. Für normale Bürger war Sparsamkeit kein Selbstzweck, nur vorübergehender Konsumverzicht. Wahrscheinlich beneideten viele brave Bürger die jungen Leute. Denn kräftig essen, trinken und es sich wohlsein lassen, davon träumten alle. Dieser Traum vom Paradies auf Erden war für Minderbrüder das schlimmste Ärgernis, denn er ging zu Lasten der Mitmenschen.

Daß Leute mit Geld Geschäfte machten und von der Not der Mitbürger reich wurden, verstand sich für Lindauer Bürger von selbst, doch hier packte den Franziskaner vollends die Wut. In Lindau traten 1344 einige Männer und Frauen auf, die nach

Johanns Worten schlimmer als die Juden waren. Sie verliehen Geld zu einem wöchentlichen Zinssatz von vier, also einem jährlichen von zweihundert Prozent. Das hieß nach Johann den Menschen die Substanz aufzehren. Weibliche Wucherer behaupteten, um das Maß voll zu machen, sie hätten bei Franziskanern gebeichtet und die hätten ihnen gesagt, das sei eine lässliche Sünde, denn sie trösteten mit ihrem Geld verzweifelte Menschen. In Wahrheit, so beteuerte Johann, gehörten die Wucherer nicht zu den Beichtkindern der Barfüßer. Die Aufregung war allgemein; die Wucherer suchten vor dem Volkszorn Schutz bei den Bettelmönchen, die Wucherfrage traf den empfindlichsten Nerv der Franziskaner. Sie verwarfen ja nicht die Geldwirtschaft an sich, von der sie leben mußten, sondern das Bestreben anderer, vom Geld zu leben, ohne zu arbeiten oder zu betteln. Der Stadtrat rief schließlich Juden in die Stadt, die nur fünfzig Prozent Zins jährlich zu nehmen versprachen und das Monopol für Geldverleih beanspruchten. Dieser Erfolg der freien Marktwirtschaft wurmte den Franziskaner Johann. Nicht durch die jüdische Konkurrenz, durch ihr christliches Gewissen hätten die Wucherer gebändigt werden müssen, durch den Blick auf Christus und die Apostel, durch den Gedanken an die Gemeinschaft der Gläubigen, die von der Habgier zerrissen wurde.

Johann von Winterthur erkannte die Gefährdung der ganzen Kirche und der einzelnen Gemeinde durch rücksichtslose Ausnutzung der Geldwirtschaft. Wenn arm und reich nicht mehr zusammenhielten, sondern im Wettbewerb von Prestige und Neid gegeneinanderstanden, zerbrach das Gemeinwesen insgesamt. Böse ging es seit 1336 in Zürich zu, wo sich die Gemeinde mit Recht gegen Ausbeutung und Willkür der Ratsherren empörte und bei den Franziskanern versammelte; es entstand ein übler Krieg daraus, bei dem viel schuldiges und unschuldiges Blut floß. Daß sich 1342 in Konstanz die Gemeinde gegen schwere und unerträgliche Übergriffe des Stadtrats erhob, mochte hingehen, denn man vertrug sich wieder. Doch 1345 mußte Johann von einem Aufstand der Armen und Niedriggeborenen in Lindau berichten, der die reichen Bürger in die Verbannung trieb. Die Vertriebenen kamen 1346 bewaffnet zurück und drangen durch ein schlecht bewachtes Stadttor ein. Ihr Überfall mißlang zwar, verschlechterte aber die Beziehungen zwischen Stadt und Umland. Wo sollte der Klassenkampf enden?

Kurzfristig traf Johanns Behauptung zu, dieser Bürgerkrieg habe Lindau verändert. »Eine Stadt, die in kurzer Zeit an Ehren, Reichtum und Zuwachs fremder Bürger hoch aufgeschossen war, wurde zu Boden geworfen und ein Gegenstand der Verachtung, Beschimpfung, Gemeinheit und Armut.« Langfristig sah Johann zu schwarz. Auch die neue, von Handwerkern mitgetragene Stadtverwaltung sorgte aus purem Selbsterhaltungstrieb für weitere Expansion des Handels. Am Lindauer Barfüßerkloster zeigten sich bald die Spuren wiederkehrenden Wohlstands. Seit 1353 wurde die Klosterkirche um einen gewölbten hochgotischen Chor bereichert. Spenden begannen so reichlich zu fließen, daß die Franziskaner Grundstücke kauften, Gelder verliehen, feste Jahreseinkünfte verbuchten. Unsitten des Wohlstands rissen auch bei Minderbrüdern ein. Johann von Winterthur hätte sie vermutlich ebenso getadelt wie Heinrich Seuse das Prestigedenken bei Dominikanern. Doch er erlebte die materielle Verbesserung und ideelle Verschlechterung nicht mehr. Wahrscheinlich starb er 1349 an der Pest, deren Anrücken er noch beobachtete. In der Erschütterung der Pestjahre gipfelte und endete eine seit Jahrzehnten schwelende Krise, die Johann nicht historisch begreifen konnte, weil er Anfang und Ende nicht sah. Er wurde zum Tagebuchschreiber seiner Gegenwart am Bodensee, nicht zum Historiker des frühen vierzehnten Jahrhunderts.

Er empfand seine Zeit als Folge schwerer Bedrängnisse, ausgelöst durch unbegreifliche Katastrophen. In Lindau wüteten Brände, Johann erlebte sie schaudernd mit. Zu Beginn der Fastenzeit 1340, an einem Abend, ließ ein Mann in der Webergasse Fett aus. Der Seewind fuhr in den Herd und jagte das Feuer an die Holzschindeln des alten Hauses. Im Nu stand die halbe Stadt in Flammen und brannte nieder, acht Tage lang, ohne daß jemand helfen konnte. Dasselbe noch einmal am 1. Mai 1347, kurz nach Mittag. Der Seewind trieb das Feuer durch Lindau, diesmal starben viele Menschen. Dazu kam die Wassergefahr am See. Nach einem nassen Frühjahr fiel Anfang August 1343 acht Tage lang ein fürchterlicher Regen, der den Bodensee über die Ufer treten ließ. Im Umland wurden, wie Johann notierte, Weingärten, Äcker, Wiesen und Gräben verwüstet, in Lindau Keller und Plätze überschwemmt. Bei den Barfüßern zerstörte das Wasser Garten und Werkstatt; »fast hätte ich es vergessen«, es quoll auch in der Klosterkirche aus den Bodenritzen, so daß sie zu stinken begann und die Brüder nur auf der Empore Gottesdienst halten konnten. Im gleichen Jahr 1343 brachte der September ein nächtliches Gewitter mit Wolkenbruch und Hagelschlag, vor dem die Menschen in Gräben und Höhlen Unterschlupf suchten, wenn sie nicht wie Lindauer Fischer auf dem See vom Hagel überrascht und in Todesangst versetzt wurden.

Auf solche Naturkatastrophen folgten Hunger und Teuerung, weniger auf dem Land als in der Stadt, die von Zulieferungen der Bauern abhing. Anfang Oktober 1347 verdarb ein achttägiger Schneefall in ganz Schwaben die Getreideernte, die noch auf den Feldern stand. Wegen der Feuchtigkeit kam die üppige Baumblüte dieses Jahres nicht zum Tragen. Der Bodenseewein war sauer, außerdem spärlich, weil bei Lindau die Weinreben zu spät blühten. Für den franziskanischen Stadtbürger bedeuteten schlechte Ernten magere Zeiten im eigenen Refektorium, sie schadeten darüber hinaus dem städtischen Handel mit Lebensmitteln, der Marktwirtschaft. So sprach sich überall herum, was Johann 1336 aufschrieb, daß der diesjährige Zürcher Wein ausnahmsweise den Elsässer bei weitem übertraf. Sonst war er so sauer, daß er die eisernen Schnäbel der Weinkannen zerbiß! Nun sah es so aus, als bessere er sich auf Dauer. Man merkt schon, der Franziskaner trank seit Zürcher Zeiten gern sein Viertele und bezog es am Bodensee gewöhnlich aus dem Elsaß. Besonders erfreute ihn der Jahrgang 1346. Zwar schmeckten die Trauben bei Lindau hart und sauer, sie ergaben aber einen erstaunlich angenehmen Trinkwein, soweit sie den Septemberreif überstanden. Franziskaner trieben keine rabiate Askese wie Zisterzienser, doch Johanns Anteilnahme kam nicht nur von der Gaumenlust, auch von der Einsicht in wirtschaftliche Zusammenhänge, die sogar Dominikaner nicht ebenso unmittelbar trafen.

Vom Überschuß der städtischen Geldwirtschaft hing der ökonomische Spielraum der Franziskaner ab; in Notzeiten bekamen sie weniger Stiftungen und Almosen und hätten gerade dann mehr gebraucht, um Mitbürgern zu helfen. Der Barfüßerkonvent war wirklich auf Gedeih und Verderb an die Bürgergemeinde gefesselt. Wirtschaftlich waren die Franziskaner die Nehmenden, sozial die Gebenden, vor allem in kleineren Städten wie Lindau und Überlingen, wo sich alle religiösen und geistigen Aktivitäten auf den einzigen Bettelorden am Platz richteten. In größeren Städten wie Konstanz und Zürich rangen verschiedene Orden frommer Habenichtse um die Gunst der Spender und neigten deshalb zu Konfrontationen. Ihre Fähigkeit zur Kommunikation entfalteten Franziskaner am besten in Gemeinden mit weniger als fünftausend Einwohnern, wo sie jeden kannten. Weil sie arm waren, gaben sie Bürgern, die etwas zu verlieren hatten, in allen Schwankungen von Wirtschaft und Politik zuverlässigen Rückhalt, wenn nicht im Diesseits, dann für das Jenseits. Die Schicksalsgemeinschaft schweißte zusammen, franziskanische Propaganda half nach. Johann erzählte gern kleinbürgerliche Geschichten; wir lesen sie in der Chronik, Lindauer hörten sie von der Kanzel oder im Beichtstuhl.

In Walenstadt am Walensee starb bald nach 1300 eine Frau, die den Franziskanern zugetan war. Auf der Bahre liegend, erhob sie sich jäh und berichtete den verstörten Trauergästen, sie sei schon fast verdammt gewesen, wegen einer Sünde, die zu beichten sie sich geschämt habe. Der heilige Franziskus, der mit anderen Barfüßern ganz nahe bei Gottes Thron stehe, habe sie losgebetet. Sie dürfe ins Leben zurückkehren, um ihre Sünde einem Almosensammler des Ordens (ich denke, aus Zürich) zu beichten. Unschwer erkennt man das Muster, das der Jenseitsvision des Reichenauer Benediktiners Wetti 824 zugrunde lag. Nur hatte sich damals die Vision allein an Mönche gewandt und ihnen aktive Vorbereitung des Sterbens nahegelegt; jetzt wurde sie Laien erzählt, die sich bei Franziskanern ihrer Höllenängste entledigen sollten. Sie taten es nicht allein durch Beichten. Johanns Geschichte ging weiter. Nach dem zweiten Tod war die Frau erlöst, doch im Haus spukte ein böser Geist. Weil ihm die Seele der Frau entwischt war, quälte er die Hinterbliebenen. Ruhe kehrte erst ein, nachdem das Haus den Barfüßern geschenkt worden war ...

Dennoch empfanden sich lebende Franziskaner keineswegs als großmächtige Wundertäter, die Tote erweckten und Teufel austrieben, sondern als sündige Menschen wie andere. Das machte sie erst vertrauenswürdig. Johann wird die selbstkritische Geschichte seinen Hörern aus Lindau sowenig vorenthalten haben wie seinen geistlichen Lesern. Neulich, um 1310, studierte ein frommer Franziskaner des Konvents Bern nachts beim Kerzenschein in seiner Zelle, während die Mitbrüder in ihren Zellen schliefen. Auf einmal hörte er Lärm, hob den Kopf und sah hinaus auf den Klostergarten. Da bildete sich eine große Prozession von Barfüßern. Zwei und zwei zogen sie durch den Garten, ins Haus, die Treppe herauf. Dröhnend schlugen sie an die meisten Zellentüren. Zitternd wartete der Bruder, daß sie an seine Tür klopften, aber sie gingen vorbei. Die anderen Berner hatten von der nächtlichen Szene nichts gehört. Bald starben die, an deren Tür der Geisterzug gepocht hatte, der Reihe nach. Die verstorbenen Heiligen des Franziskanerordens hielten über den Tod hinaus die Gemeinschaft aufrecht und standen den lebenden Mitbrüdern drohend oder helfend bei. Das war Tradition, Zurechtweisung der Lebenden durch die Toten. Leider Gottes hörten Franziskaner nicht viel aufmerksamer hin als Laien.

Wie in Bern, so in Lindau. Einem dortigen Franziskaner wurde um 1308 in einer Vision vorausgesagt, daß er im Bodensee ertrinken werde. Anstatt sich auf den Tod vorzubereiten, mied er das Wasser. Als ihn der Guardian in Konventgeschäften eilig nach Konstanz beorderte, kam er im Seesturm um und wurde erst ein Jahr später von Fischern geborgen. Schwach wie im Glauben waren die Mitbrüder im Helfen. Einem Witwer in Höchst an der Rheinmündung erschien um 1330 täglich beim Frühstück und beim Zubettgehen seine verstorbene Frau in Leichengestalt. Der Dorfpfarrer konnte mit Reliquien und Beschwörungen den Spuk nicht vertreiben. Der Mann wandte sich über den See nach Lindau, anscheinend an die Franziskaner, doch das Gespenst verfolgte ihn, auch in Schaffhausen, wohin er dann floh. Erst zuhause in Höchst klärte ein bettelnder Konverse den Zusammenhang auf. Der Mann hatte seiner Frau auf dem Totenbett versprochen, einen Garten an das Töchterchen der Frau aus erster Ehe zu übereignen, und es nicht getan. Sobald er auf den Rat des armen Wanderers das Versprechen einlöste, verschwand der Spuk. Auch diese Erzählung wartete mit einem Nachschlag auf. Der Pfarrer von Höchst verlangte Lohn dafür, daß er geholfen habe. Das Gespenst der Frau erschien und erwürgte ihn. Franziskaner waren schon geringe Menschen, doch so ein Dorfpfarrer war obendrein ein Scharlatan, der bedrängten Menschen nicht Hilfe bringen, sondern Geld nehmen wollte.

Johanns anschauliche Geschichten warben für die Barfüßer, zugleich für rechtschaffenes Miteinanderleben, vor allem für korrekten Umgang mit Erb und Eigen. Im letzten Fall ging es um das Erbe eines armen Waisenmädchens, im nächsten um den Schutz bürgerlicher Handelsware. Ein Schiffer fuhr vor 1300 im Winter von Konstanz nach Lindau, das Schiff schwer mit Getreide beladen. Abends kam er auf der Höhe von Wasserburg an; weil es unerträglich fror, landete er, um sich über Nacht in einem Haus zu wärmen. Vorher empfahl er dem heiligen Georg, Patron der Wasserburger Pfarrkirche, den Schutz seiner Ladung. Ein Bauer sah das scheinbar unbewachte Schiff liegen und stahl einen Getreidesack daraus, blieb aber mit einem Fuß wie festgebannt auf dem Schiff stecken, in Eiseskälte bis zum Morgen. Der zurückgekehrte Schiffer wollte den Dieb verklagen, hatte aber Mitleid mit dem Jammernden. Bauern waren schließlich auch Menschen. Hauptsache, die Getreidesendung kam unversehrt nach Lindau. Die letzten Beispiele machen klar, daß die Gemeinschaft, deren Zusammenhalt dem Franziskaner am Herzen lag, nicht allein die Stadt Lindau umfaßte. Der Bauer aus Höchst und der aus Wasserburg gehörten dazu, ferner die anderen Städte am Bodensee, Überlingen, Konstanz, Schaffhausen und Zürich.

Für eine Zusammenfassung ist das der erste Gesichtspunkt. In keinem Buch eines mittelalterlichen Mönchs spielte der Bodensee so oft im Alltagsleben mit wie in der Chronik Johanns von Winterthur. Das kam daher, daß in den genannten Städten wie in Lindau Franziskaner wohnten, die miteinander in lebhaftem Austausch standen. Sie rechneten sich alle zur gleichen Ordenskustodie *Super lacum*, am See. Was der Franziskaner, meist nach mündlichen Berichten von Ordensbrüdern, niederschrieb, war Zeitgeschichte dieses Raumes, den er selbst »das Land am Bodensee« nannte. Mit den Franziskanerklöstern der Region verquickten sich die zugehörigen Stadtgemeinden. Auch sie verbündeten sich im frühen vierzehnten Jahrhundert miteinander und hießen seit 1331 *Costenzer und ir geselleschaft umb den see*. Ähnlich nannte sie Johann von Winterthur seit 1338 »die verschworenen Gemeinden am Bodensee«. Sie wollten seit 1312 eine gemeinsame Außenpolitik verfolgen, untereinander den Landfrieden aufrechterhalten, ihre Wirtschaftsbeziehungen miteinander festigen, also in der Region dasselbe tun, was in jeder einzelnen Stadt Franziskaner predigten.

Die Franziskaner des frühen vierzehnten Jahrhunderts identifizierten sich mit einem politischen Partner in der Region, so entschlossen wie kein früherer Orden, obwohl sie in ihren Anfängen am Bodensee als Vorkämpfer der universalen Papstkirche aufgetreten waren. Jetzt trugen sie die Politik der Bodenseestädte meist auch dann mit, wenn sie sich gegen den Papst richtete, zum Beispiel als Johannes XXII. Ludwig den Bayern in den Kirchenbann tat und über seine Anhänger das Interdikt verhängte. Seit 1339 ignorierten die Bürgergemeinden am See auf Befehl des Kaisers das päpstliche Interdikt; während Konstanzer Dominikaner den bitteren Weg ins Exil gingen, sangen Lindauer Franziskaner unbekümmert die Messe, hörten Beichte und feierten Begräbnisse, schon um die ratlosen Laien nicht in Gewissensnöte zu treiben, aber auch, weil das Wohl und Wehe ihrer unbegüterten Konvente mehr von örtlichen Führungsschichten als von zentralen Ordensbehörden abhing. Kein zweiter mittelalterlicher Orden brach die Mauer zwischen Konvent und Kommune so vollständig ab und schirmte sich so trotzig gegen die Politik der Kirchenleitung ab.

Deshalb ignorierten die Franziskaner am Bodensee zweitens die Gemeinschaft der Geistlichen. Für andere Orden hatten sie weniger übrig als diese für sie. Glatt abgelehnt wurden die Dominikaner, sie hielten nach Johanns Feststellung in Konstanz und Zürich das päpstliche Interdikt gegen kaiserlichen Befehl; daraus entstand ihnen viel Schaden und anderen Menschen viel Anstoß. Über schläfrige Deutschherren auf der Mainau verlor Johann kein Wort. Erträglich fand er Johanniter, soweit sie Spitaldienst taten, doch ihren Komtur in Überlingen hielt er für arrogant und wunderte sich nicht, daß ihn 1342 ein Bauer totschlug. Frostig behandelte Johann die Zisterzienser, auch den Reformpapst aus ihrem Orden, Benedikt XII., den er für einen gewaltigen Weintrinker erklärte; über die Zisterze Salem schwieg er. Für ähnlich überholt und verkommen hielt Johann die Benediktiner; es grenzte an Akrobatik, daß er ihre Abteien Reichenau und St. Gallen nirgends erwähnte. So sehr er den Sendungsglauben einzelner Barfüßer bemängelte, im ganzen erfüllte nach seiner Meinung nur ein Orden die Anforderungen der Gegenwart, der franziskanische.

Vom Weltklerus dachte Johann nicht besser. Mit der städtischen Priesterschaft kämpften Minderbrüder um die Zuneigung der Bürger und fanden die Konkurrenten unsympathisch. Doch auch von Landgeistlichen im Bistum Konstanz erzählte Johann mit Behagen Skandalgeschichten. Wenn einer als Säufer, Spieler, Frauenheld und Wucherer davongejagt wurde, hatte nicht der Bischof, sondern ein Adliger aus dem Thurgau durchgegriffen. Konstanzer Bischöfe taugten nach Johanns Ansicht ebenfalls nicht viel, sie erhielten ihre Würde nur mit schwerem Aufwand und unermeßlichen Geldschenkungen. Rudolf von Montfort wollte angeblich die Geistlichkeit reformieren, in Wahrheit schröpfte er sie bloß um Geldbußen, die ihn steinreich machten. Nikolaus von Frauenfeld verdiente immerhin als Freund der Bettler Respekt. Es war nicht blanke Mißgunst, was das Urteil des Barfüßers färbte: Er fragte nicht nach Alter und Ansehen geistlicher Behörden und Würdenträger, allein nach dem persönlichen Verhalten des Geistlichen, nach seinem Verhältnis zu Geld und Prestige. Von Laien verlangte er keine Armut, denn Handel und Wandel mußten gedeihen; doch unter Geistlichen erkannte er nur die Haltung an, die er an seinen Ordensbrüdern rühmte: »Einmütig bestanden sie, unerschütterlich wie die Marmorsäulen, auf dem Bekenntnis zur heiligen Armut.« Wie die Marmorsäulen – Franziskaner allein stützten die baufällige Kirche Christi.

Hinter dem unerhörten, durch Zustimmung der Stadtbürger begründeten Selbstbewußtsein der Franziskaner stand drittens eine ungewohnte Auffassung vom christlichen Mönchtum. Die Absicht des Ordensgründers Franziskus hatte sich, um das mindeste zu sagen, nur teilweise verwirklicht, durch einen Kompromiß zwischen der geistlichen Armut der Asketen und dem priesterlichen Gehorsam der Kommunität. Dennoch wurde aus dem Franziskanerorden keine abgesonderte Gemeinschaft. Auch wenn sich Minderbrüder des vierzehnten Jahrhunderts mehr zu Patriziern in den Ratsstuben als zu Bettlern am Wegesrand hingezogen fühlten, identifizierten sie sich ohne Vorbehalt mit der Laienkirche. Das lebenslange Beisammensein an einem Ort war schon von Ordensrittern und Dominikanern aufgegeben worden, aber Franziskaner entzogen ihm die Grundlage, weil sie keine besonderen Haltungen mehr einüben wollten. Das hieß bei ihnen Armut im Geiste: unbedingte Offenheit für mitmenschliche Gegenwart und Umwelt. Dieser franziskanische Grundsatz nahm gesonderten Menschenbildern und Bildungszielen ihre Berechtigung. Er schob auch geschichtlich gewachsene Besonderheiten beiseite, die Entwicklung des Mönchtums und seiner verschiedenen Orden, die Anfänge des Barfüßerklosters und der Beginensammlung in Lindau. Mönch sein hieß als Mitmensch präsent sein.

Weil Franziskaner von der geschehenden Geschichte keinen Abstand halten mochten, gewann ihre Allgegenwart wenig Dauer, auch am Bodensee. Es hätte Johann von Winterthur auffallen können, daß nach der großen Gründungswelle des dreizehnten Jahrhunderts eine lange Pause eintrat, daß Minderbrüder nicht in alle größeren Städte vordrangen. Im vierzehnten Jahrhundert entstanden in Seenähe drei Franziskanerklöster auf dem flachen Land. Vom frühesten berichtete Johann noch ausführlich. Nach dem Mord an dem habsburgischen König Albrecht gründeten seine königlichen und herzoglichen Verwandten seit 1309 am Tatort ein Kloster der Minderbrüder, die den Habsburgern besonders vertraut waren, Königsfelden im Aargau, unweit der Zisterze Wettingen. Die nächste Gründung kam viel später zustande, 1373 in Betenbrunn im Linzgau, nahe der Zisterze Salem, durch eine Stiftung der Grafen von Werdenberg-Heiligenberg, die sich jedoch nicht bewährte und 1398 in ein Kollegiatstift von Weltpriestern umgewandelt wurde. Das letzte Minoritenkloster entstand 1383 auf dem Viktorsberg in Vorarlberg und erneuerte die Tradition des irischen Klausners Eusebius mit Hilfe der Grafen von Montfort-Feldkirch. Diese fürstlichen Stiftungen an ländlichen Wallfahrtsorten bewiesen zwar noch einmal die Wendigkeit der Franziskaner, die jeder geistlichen Aufgabe offenstanden, entfernten sie aber aus ihrem bevorzugten stadtbürgerlichen Wirkungskreis.

Daran schließt sich viertens die Frage an, was die franziskanische Wendigkeit vom Vorhaben des Gründers übriggelassen hat. Heute sitzen Franziskaner nur auf der Insel Werd und hüten das Andenken an den Benediktiner Otmar von St. Gallen. Am Bodensee wird bloß noch eine Barfüßerkirche genutzt, in Überlingen. Hier lebt nicht der erste Orden, aber der Grundgedanke Franzens fort, in einem Altersheim, das von Franziskanerinnen des dritten Ordens betreut wird. Überall sonst sind die Klöster verschwunden oder umgebaut, in Schaffhausen und Zürich großenteils abgerissen oder städtischen Behörden übergeben. In Konstanz ist aus der Klosterkirche ein Bürgersaal, aus dem Konvent eine Volksschule geworden; in Lindau dient die Barfüßerkirche als Stadttheater, der Konvent als Oberschule. Das ist bezeichnend. Franziskanische Bauten waren zum einen zu unansehnlich, um als monumentale Kunstdenkmäler konserviert zu werden wie Allerheiligen und Fraumünster. Sie gingen zum andern in städtisches Eigentum über, weil Barfüßerkonvent und Bürgergemeinde aufs engste zusammenlebten. In der Reformationszeit predigten Lindauer Franziskaner zuerst die neue Lehre, bevor sie von den Bürgern übernommen wurde. Die Ausnahme bestätigt die Regel: Das Franziskanerkloster Überlingen blieb bis 1808 bestehen, weil sich der dortige Stadtrat der Reformation verschloß. Die Minderbrüder sind in den Bodenseestädten untergegangen, weil sie in ihnen aufgegangen sind.

Erfüllten sie nicht damit den Auftrag des heiligen Franz von Assisi? Ich glaube es nicht. Einvernehmen mit den Bürgern der Bodenseestädte brachte die Franziskaner des frühen vierzehnten Jahrhunderts um Unruhe und Anfechtung, die Franziskus umgetrieben hatten. Man merkt es der Chronik Johanns von Winterthur an, wie angesehen er sich in der schönen Stadt Lindau fühlte, wo ihm jedes Kind mit Zuneigung und Freude begegnete. So hatte es Franz nicht gemeint; was er wollte, war der völlige Verzicht auf soziales Prestige, menschliche Sympathie, den eigenen Willen. Als Bruder Leo unterwegs den Heiligen fragte, was eigentlich die wahre Freude sei, antwortete Franz: »Wenn wir nachher in Santa Maria degli Angeli angelangt sein werden, durchnäßt und verfroren, bedeckt mit dem Kot der Straße und vom Hunger gequält, und wenn wir an die Pforte klopfen und der Pförtner zornig herauskommt und uns fragt: Wer seid denn ihr? Und wenn wir dann sagen: Wir sind zwei von euren Brüdern, und wenn er sagen wird: Ihr lügt, Landstreicher seid ihr, die ihr die Welt betrügt und den Armen die Almosen wegnehmt, geht ihr bloß weg! Und wenn er uns nicht auftun wird und uns draußen vor der Tür stehen läßt und wenn wir dann demütig und liebevoll überlegen, daß dieser Pförtner uns wohl kennt, daß ihn aber Gott gegen uns reden ließ – das, Bruder Leo, ist die vollkommene Freude.« Verstehen wir ihn besser als der Lindauer Franziskaner? Der Friedensstifter wirkt aus der Entfernung ungemein befremdlich.

RÜCKBLICK

Dieser dritte Abschnitt des Buches galt dem Mönchtum am Bodensee im Hochmittelalter, vom Beginn des dreizehnten bis zur Mitte des vierzehnten Jahrhunderts. Es fällt schwer, die untersuchten Klöster Salem, Weißenau, Mainau, Konstanz und Lindau auf irgendeinen gemeinsamen Nenner zu bringen. Bei wörtlicher Auslegung dürften nur die Zisterzienser von Salem noch »Mönche« heißen, könnte die Unterkunft der Franziskaner von Lindau nicht mehr »Kloster« genannt werden. Darin liegt eine Gemeinsamkeit der Epoche, daß der Abstand zwischen Kloster und Welt, zwischen Geistlichen und Laien, den die Zisterzienser scharf betonten, zusehends schrumpfte und bei den Franziskanern fast verschwand. Der priesterliche Appell an die Laienkirche, die Vergeistlichung der Laienwelt gelangen weithin, weil sich Mönche als Prediger immer weiter in den Alltag ihrer Mitmenschen vorwagten und sich von ihm ihre Ideale vorzeichnen ließen. Kehrseite dieser Entwicklung war eine schnelle Verweltlichung des Mönchtums, wenigstens seine Angleichung an das Weltpriestertum und dessen Seelsorge für Laien. Die Forderungen der gregorianischen Kirchenreform wurden also am Bodensee verwirklicht, wenngleich mit Verzögerung. Denn sämtliche Neuerungen im Bereich des Mönchtums waren nun wieder ausländischen Ursprungs und brauchten, obwohl viele Deutsche führend mitwirkten, längere Zeit, um aus den romanischen Kernzonen der Kirchenreform das Bistum Konstanz zu durchdringen. Soeben hatten sich die alten Klöster im Land erneuert, warum sollte man sie jetzt zum alten Eisen werfen? Reformen brachen das benediktinische Monopol, blieben aber im Pluralismus moderner Ansätze stecken.

Die neuen Orden der Zisterzienser, Prämonstratenser, Deutschherren, Dominikaner und Franziskaner wiesen insgesamt eine andere Verfassung auf als ältere benediktinische Abteien und augustinische Stifte. Sie stützten sich nicht auf den einzelnen Konvent und seine permanente Lebensgemeinschaft, nicht auf das regionale Umland und seine aristokratisch-agrarische Ordnung, sondern auf eine zentralisierte Organisation mobiler Mitglieder, die in allen Ländern eingesetzt werden sollten. Man könnte die bekannte Formel der Verfassungsgeschichte umdrehen: Aus frühmittelalterlichen Territorialklöstern wurden im Hochmittelalter institutionalisierte Personenverbände. Ihre Bezugspunkte waren nicht mehr Bischof und Bevölkerung einer Landschaft, sondern Papst und Gemeinschaft der Christenheit. Ihre Verbände fanden sich im engeren Rahmen der Bodenseeregion nicht zu konzertierter Aktion zusammen. Mit der Zentralisierung nahm die Rationalisierung im Mönchtum zu. Ordensverfassungen mußten abstrakt formuliert und bis aufs i-Tüpfelchen studiert werden; sie wurden nach der Fixierung dem geschichtlichen Wandel entzogen und immer feiner in Details ausgesponnen. Wer nicht genau das Festgelegte wollte, gründete einen neuen Orden und legte ihn fest. So spezialisierten sich hochmittelalterliche Orden auf besondere Zuständigkeiten: Landwirtschaftliche Aktivität, ländliche Seelsorge, Kriegsdienst an den Grenzen, theologische Gelehrsamkeit in Metropolen, leibliche und seelische Betreuung von Kleinbürgern. Eine klare Arbeitsteilung kam trotzdem nicht zustande, am Bodensee schon gar nicht, wo die neuen Orden auf dem Land mit Benediktinerabteien, in der Stadt mit Chorherrenstiften der Reformepoche in Wettbewerb traten. Auch untereinander gerieten sich ländliche Zisterzienser und Prämonstratenser, städtische Dominikaner und Franziskaner ins Gehege.

Die soziale Umwelt am Bodensee verschob die innere Verfassung der neuen Orden um so nachhaltiger, je weltoffener sie angelegt waren. Während Zisterzienser noch Abstand vom Trubel halten konnten, stürzten sich Franziskaner mitten hinein. Mönchische Gemeinschaften lösten ihren Zusammenhalt fortschreitend auf, um in der Gemeinde der Gläubigen aufzugehen. Die internationale Verflechtung, besonders die Verbindung zum Papsttum, wurde von regionalen und lokalen Bündnissen abgelöst. Die Provinzialisierung, bei Zisterziensern zaghaft eingeleitet, bei Franziskanern beherzt vollendet, führte neue soziale Schichten an das Mönchtum heran, Ministerialenadel und städtische Fernhändler zuerst, dann Handwerker und Bauern in kleinen Gemeinden. Sie alle, ihre Frauen vorab, wollten sich nicht bloß von Mönchen betreuen lassen, sondern selbst Mönche werden. Kehrseite der religiösen Intensivierung war eine zunehmende Isolierung der Bodenseeregion, die mit sich selbst genug zu tun hatte. Wie sie sich politisch in keiner der großen Streitfragen mehr zusammennehmen ließ, so entfaltete sie sich geistlich zu einem Reichtum, den niemand überschauen konnte und kaum jemand ordnen wollte. Am wenigsten gelang es dem Repräsentanten der gregorianischen Priesterkirche, dem Bischof von Konstanz. Besser als hierarchische Abstufungen gediehen Querverbindungen gleichrangiger Gemeinschaften, für die der Bund der Bodenseestädte das Modell abgab.

Die Einbeziehung der Mönche in Gruppierungen ihrer Umgebung verwandelte auch die mönchischen Leitbilder. Der begnadete Asket verschwand ebenso wie der adlige Vorkämpfer immer mehr hinter dem Durchschnittsmönch. Wenn ihm Musterbeispiele vorgehalten wurden, waren sie weder Zeitgenossen noch Landsleute. Er benahm sich keinesfalls faul und wüst, vom Treiben des Pöbels hielt er sich würdevoll fern. Aber sein Ansehen in der Gemeinde beruhte darauf, daß er gewissenhaft tat, was man ihm vorschrieb. Den alten Anspruch der Mönche, mit radikalen Forderungen dem Schlendrian der Tradition entgegenzutreten, erkannte die Öffentlichkeit nicht mehr an. Wer wie Heinrich Seuse aus der Reihe tanzte, wurde von Mitbrüdern und Laien scheel angesehen. Innerhalb der Klöster forderte die Kollektivierung des Mönchsideals eine neue Individualisierung heraus: Der einzelne Mönch mußte entscheiden, ob sich sein Leben in der Einhaltung anerkannter Regeln erschöpfen sollte. Die betrachteten Mönche antworteten unterschiedlich, aber alle ihre Schriften nahmen anstelle hagiographischer immer mehr autobiographische Züge an. Währenddessen glaubten Laien der Umgebung keinem Orden mehr, was jeder behauptete, daß er der allerbeste sei. Die Gemeinde der Gläubigen legte an Mönchsgemeinschaften vielmehr den ihr vertrauten Maßstab sozialen Nutzens an und suchte ihn zu quantifizieren: Wieviele Jahrtage wurden bei Zisterziensern gefeiert, wieviele Essen bei Franziskanern ausgeteilt? Religiöse Kriterien waren das nicht. Weil zu viele Orden und Mönche vorkamen, galten Orden als alltägliche Einrichtungen, Mönche als gewöhnliche Sterbliche.

Hier bahnte sich eine Entzweiung an, die keine Kompromisse mehr gestattete. Am deutlichsten trat sie bei den Modernsten, den Bettelmönchen, zutage. Sie hatten sich auf bürgerliche Rationalität und Mobilität eingestellt, dem Wettbewerb ihre Friedensforderung, dem Erwerbsstreben ihr Armutsgebot entgegengesetzt. Sie gewannen damit, besonders am Bodensee, die Zuneigung der Aufstrebenden und Benachteiligten. Sie änderten aber, auch am Bodensee, nicht die Zustände der Gesellschaft, vor allem nicht den Konkurrenzkampf von Prestige und Neid, im Gegenteil, sie wurden hineingezogen. Waren sie zunächst als Bannerträger einer heilsgeschichtlichen Bewegung angetreten, so verloren sie am Ende das Gespür für langfristige Veränderungen und gaben sich ihrem Augenblick hin. Sie hatten keine andere Geschichte mehr als ihre Umgebung. Was bisher kaum aufgefallen war, lag jetzt auf der Hand: Das Mönchtum stützte sich, und zwar seit dem Frühmittelalter, auf öffentliches Ansehen, auf die Bewunderung der Gemeinde, gerade weil es den Abstand von der Menge voraussetzte. Dieses Ansehen wurde hinfällig, wenn Mönche nichts Außergewöhnliches mehr waren und wollten. Die frühere Dynamik ließ sich durch Anbiederung der Mönchskirche an die Laienkirche zu allerletzt wiederbeleben; auch eine Vervielfältigung der unterschiedlichen Orden und der einzelnen Klöster verschlimmerte die Stagnation. Wenn das Mönchtum noch einmal zum Motor der mittelalterlichen Geschichte werden wollte, mußte es seinen Siegeszug durch die Gesellschaft freiwillig abbrechen; alle mußten tun, was sie Seuse übelnahmen, jeder mußte seinen Weg allein suchen und gehen.

Im ganzen lenkten das dreizehnte und frühe vierzehnte Jahrhundert die Mönche am Bodensee auf eine Bahn des allgemeinen Erfolgs, die in alle Gassen führte und als Sackgasse endete.

ABSAGE AN DIE BÜRGERKIRCHE

DIE UNGENANNTE DOMINIKANERIN IN ST. KATHARINENTAL

Auf der Fahrt rheinabwärts taucht, nachdem das Schiff den Bodensee und das Städtchen Diessenhofen hinter sich gelassen hat, am Südufer eine Klosteranlage auf, weit größer als das Benediktinerklösterchen Wagenhausen, an dem das Schiff zuletzt vorbeifuhr, indes nicht wie Wagenhausen auf einer Anhöhe über dem Ufer thronend, sondern in eine schmale Terrasse zwischen Fluß und Hang gezwängt, als wolle sie nicht gesehen werden. Droben auf der Höhe eine mächtige Klosterscheune, landeinwärts wie ein Wahrzeichen wirkend. Wer es nicht wüßte, könnte in St. Katharinental den Sitz eines weltabgewandten, allenfalls landwirtschaftlich aktiven Ordens vermuten, etwa der Zisterzienser oder Zisterzienserinnen, und müßte sich an den Kopf greifen, wenn er erführe, daß hier Dominikanerinnen wohnten. Das Haus eines Bettelordens, so entschieden von der Stadt abgewandt? Bürgerfrauen in einer ländlichen Exklusivität, die hochadligen Damen wie in Buchau, Töchtern von Ministerialen wie in Baindt anstünde? Wenn man dann hört, daß dieses Kloster von Beginen aus der Stadt Winterthur gegründet und von Dominikanern aus der Stadt Konstanz betreut wurde, beginnt man St. Katharinental zu verstehen, als Meilenstein am Rückweg der Mönche und Nonnen aus der Laienkirche der städtischen Armutsbewegung und Frauenbewegung.

Beginen hatten im zwölften Jahrhundert ganz anders begonnen. Sie wollten den evangelischen Räten der Armut und Keuschheit folgen, auf ererbten Reichtum und angesehene Heirat verzichten, statt dessen in freiwilliger Versammlung bei ihren Mitbürgern von der Handarbeit und für die Krankenpflege leben. Beginen kamen selten in vornehmen Frauenklöstern unter, und selbst ihre hochadligen Vorbilder träumten, wie die heilige Landgräfin Elisabeth von Thüringen, nicht vom Rückzug in die Klausur. Die Beginenbewegung rief umgekehrt deutsche Dominikaner aus ihrer gelehrten Klausur heraus und bewog sie, Theologie mit aller Transparenz und Konsequenz in die Volkssprache zu übertragen. Die Predigerbrüder zogen damit städtische Beginengruppen zu sich heran und regten neue Vereinigungen an. Ihnen verhieß die dominikanische Predigt zum ersten Mal ein Ordensziel, das Frauen weder zu untätigem Schweigen noch zur Unterordnung unter Männerklöster verurteilte. Vorbildlich wurde für Deutschland die Zusammenarbeit in Straßburg. Dort gründeten die Dominikaner, seit 1224 ansässig, schon 1225 eine Frauengemeinschaft bei St. Markus und empfahlen ihr in den nächsten Jahren eine eigene Satzung, nach dem Muster des Frauenklosters San Sisto in Rom, das Dominikus seit

1219 reformiert hatte; nur sollte der Straßburger Frauenverband dem Dominikanerorden nicht juristisch angegliedert werden.

Sobald Predigerbrüder von Straßburg kommend 1229 in Zürich, 1236 in Konstanz ihre Häuser aufbauten, meldeten sich in diesen Städten Anhängerinnen, zumeist nicht Handwerkerfrauen aus Vorstädten, sondern wohlhabende Damen aus Ministerialenadel und Stadtpatriziat. Ihre Bemühung um christliche Aktivität galt der Armut und der Arbeit, sie strebten nicht nach wirtschaftlicher Versorgung durch Dominikaner. Sie verlangten keine regelmäßige geistliche Betreuung, denn sie blieben in der Obhut städtischer Pfarreien. Sie besaßen einflußreiche Verwandte, die ihnen weiterhalfen, und brauchten Predigerbrüdern nicht zur Last zu fallen. Die Dominikaner selbst zeigten, wie Zisterzienser und Prämonstratenser zuvor, wenig Neigung, ihre apostolische Tätigkeit auf die Seelenführung solcher Frauenvereine einzuschränken; in Städten schien es unnötig zu sein. Die Wege wären verschieden, die Ziele verwandt, eine gute Grundlage für geistliche Kollegialität zwischen Männerklöstern und Frauenkonventen. So war es gedacht.

Wie die Wirklichkeit aussah, kann man am Beispiel Pfullendorf studieren. Mitten in dieser kleinen, stolzen Stadt besaßen die Ritter von Ramsberg ein burgähnliches Herrenhaus, über dem steilen Abhang neben der Pfarrkirche. Sie überließen es den Konstanzer Dominikanern, damit sie an dem wichtigen Marktort Pfullendorf Seelsorge betreiben und Almosen sammeln könnten. Um ihre Herberge instandzuhalten, wurden einige fromme Frauen aufgenommen, die ein tätiges und gemeinsames Leben begannen. Ihnen räumten die Predigerbrüder 1255 das ganze Haus ein, behielten aber Nutzungsrechte und geistliche Leitung. Die Frauen stammten wohl aus städtischen Handwerkerkreisen, dafür spricht der erste um 1260 belegte Name eines Mitglieds, Adelheid Kaltschmied. Der Konvent blieb klein und arm, 1335 gehörten ihm neben einer Priorin schwerlich mehr als drei Schwestern an, allesamt Bürgerliche. Damals kaufte er ein Bauerngut in Mettenbuch, stellte sich also im bescheidenen Rahmen seiner Kräfte auf Grundbesitz und Landwirtschaft um. Von der geplanten städtischen Rührigkeit blieb wenig übrig, auch weil das »Weiße Kloster« seit 1350 durch das »Graue Kloster«, einen rasch wachsenden und höchst aktiven Konvent von Franziskaner-Terziarinnen, in die Ecke gedrängt wurde. Konstanzer Dominikaner nahmen sich ihrer Anhängerinnen in Pfullendorf halbherzig an; die Frauen lagen ihnen ständig in den Ohren mit der Bitte, als regelrechte Dominikanerinnen aufgenommen zu werden. Erst um 1435 erreichten sie die Zulassung, bloß zum dritten Orden. Sie verfolgten ihr Ziel beharrlich, aus Pfarrgemeinde und Pfarrkirche ausgeschieden zu werden, konnten aber erst im späten siebzehnten Jahrhundert eine eigene Klosterkirche bauen. Über den Status einer Beginenversammlung kamen sie nie recht hinaus.

In diese Zwangslage gerieten fast alle Frauenverbände, die sich Dominikanern anschlossen. Entweder folgten sie dem Gesetz, nach dem sie angetreten waren, und blieben in der städtischen Umgebung; dann setzten sie sich einem gnadenlosen Wettbewerb um Betätigungsfeld und Nachwuchs aus, den nur bestehen konnte, wer über mächtige Freunde verfügte. Oder sie schwenkten auf die Linie der alten Frauenklöster ein und bemühten sich um ländliche Klausur und landwirtschaftliche Versorgung; dann verloren ihre dominikanischen Helfer in Konstanz das Interesse an solchen Fürsorgeempfängerinnen, und andere mächtige Herren kümmerten sich um die Frauen meistens nicht. Dies wurde zum Schicksal zahlreicher Frauenkonvente, die östlich und nördlich des Bodensees in Kleinstädten und Dörfern entstanden, St. Peter bei Bludenz, Hirschtal bei Bregenz, Sießen bei Saulgau, Habsthal bei Sigmaringen, Engen, Meersburg, Buchhorn. Die Konstanzer Dominikaner, an die sie sich klammerten, konnten beim besten Willen nicht alle mitversorgen; einflußreiche Laienschichten, die sie in den Gemeinden gestützt hätten, fanden sie nicht. So zersplitterte sich die religiöse Frauenbewegung der Städte in zahlreichen Konventikeln der Landschaft, wo einige Unentwegte, fast schon Vereinzelte mit täglichen Widrigkeiten kämpften.

Anders verlief die Entwicklung, wo tatkräftige Damen der Oberschicht am Werk waren, besonders südlich und westlich des Bodensees, in großen Städten wie Zürich und Winterthur. In Zürich wohnte eine angesehene, aus dem Hegau stammende Bürgerin, Gertrud von Hilzingen, nahe bei dem neuen Kloster der Predigerbrüder. Von deren heiligem Leben begeistert, beschloß sie 1231 zusammen mit zwei weiteren ortsansässigen Damen, in einem verfallenen Zürcher Haus ein Kloster zu gründen. Sie lebten armselig von Almosen und verließen sich nicht auf hochmögende Stifter, aber sechs Jahre später hatten sie vierundsechzig Schwestern und genug Geldmittel beisammen, um draußen am Oetenbach beim Zürichhorn mit dem provisorischen Klosterbau anzufangen. Ihre Verfassung hielt sich an das Vorbild des römischen San Sisto, nicht an das rheinische von St. Markus; sie steuerten von vornherein die Aufnahme in den Dominikanerorden an. Zürcher Predigerbrüder kümmerten sich rührend um die Schwestern, weigerten sich aber pflichtgemäß, ihre Seelsorge ganz zu übernehmen. Frauenverbände sollten ja nicht in der Klausur von Nonnenklöstern enden. Die Oetenbacher Schwestern waren anderer Ansicht und wollten die Dominikaner vermutlich schon 1239 auf dem Umweg über den Papst zur Inkorporation zwingen. Weil sie gewitzte Helfer vorschicken konnten, erreichten sie 1245 durch eine Papstbulle die Zulassung in den zweiten Orden des heiligen Dominikus, den von Prouille ausgegangenen Dominikanerinnenverband. Der Notlage kleinbürgerlicher Beginenzirkel waren sie damit enthoben.

Noch zügiger kam man in Winterthur voran. Hier bat eine Witwe aus kyburgischem Ministerialengeschlecht, Eufemia von Herten, den Grafen Hartmann IV. von Kyburg 1233, für eine Frauengemeinschaft einen Bauplatz zu stiften, außerhalb der Stadt im Südosten, in den Weideländereien an der Töss gelegen, dem Trubel entzogen. Kyburger Grafen hatten kürzlich die Städte Winterthur und Diessenhofen begründet, Lenzburger und Zähringer beerbt und waren die mächtigsten Herren der Nordwestschweiz. Außerdem standen sie seit dem Investiturstreit der Papstkirche nahe, waren also wie geschaffen zu Klostergründern alten Stils. Mit ihrer Hilfe wurde 1233 bei der Tössbrücke ein Kloster gebaut, nach der Regel des heiligen Augustin und der Verfassung von St. Markus in Straßburg eingerichtet, 1235 von Papst Gregor IX. und Bischof Heinrich den Zürcher Dominikanern zu geistlicher Betreuung zugewiesen. Der Bischof kam 1240 zur Kirchweihe in das Behelfskloster; 1245 wurde Töss wie Oetenbach endgültig dem Dominikanerorden inkorporiert, das heißt dem Ordensgeneral und dem Ordensprovinzial unterstellt. Das lief wie am Schnürchen, weil Frau von Herten ihre Verbindungen spielen ließ.

In Winterthur bestand indes eine zweite, schwerlich ältere Beginengemeinschaft mit weniger guten Beziehungen. Sie blieb in der Stadt sitzen und wurde den frisch etablierten

Nonnen von Töss lästig. Ihr Glück wollte es, daß sich dieser Gemeinschaft ebenfalls eine adlige und reiche Dame aus der Nachbarschaft zuwandte, Williburg von Hünikon. Ihr eingebrachtes Vermögen half den Beginen aus wirtschaftlichen Nöten. Sie suchten nach geistlichen Tätigkeiten und verständigten sich mit dem Pfarrer und Spitalpfleger Hugo von Diessenhofen, der Krankenpflegerinnen suchte. Das war jenes Betätigungsfeld für fromme Frauen, das zum Beispiel die Chorfrauen von Münsterlingen aufgegeben, aber die Beginen von Marburg unter Leitung Elisabeths von Thüringen aufgegriffen hatten; auch die Beginen von Winterthur wollten apostolischen Dienst in der Laienkirche übernehmen. Williburg als Priorin zog mit einer leiblichen Schwester, deren zwei Töchtern und weiteren zehn Beginen einige Jahre vor 1242 von Winterthur nach Diessenhofen um. Dort wurde ihnen in einem Steinhaus, wohl an der Kirchgasse, und im alten Spital mitten im Städtchen eine Unterkunft bereitet; in den Gottesdienst gingen sie zur Pfarrkirche nebenan. Im Pfarrer Hugo fanden sie einen verständnisvollen geistlichen Berater. Der Graf von Kyburg wird gegen den Umzug nichts eingewandt, an ihm auch nicht mitgewirkt haben; zu Landschenkungen an die kleinstädtische Gemeinschaft bestand kein Anlaß. Alles Nötige geschah auf bescheidenerer Ebene als in Töss, trotzdem weniger beschränkt als in Pfullendorf.

Die vierzehn Frauen konnten nun in christlicher Nächstenliebe Kranken dienen; aber sie wollten höher hinaus, wie ihre früheren Nebenbuhlerinnen in Töss einem profilierten Orden zugehören und luden gelegentlich zur Predigt Dominikaner aus Konstanz ein. Im Jahr 1242 fanden die Beginen, daß es in den Stadtmauern und an der Durchgangsstraße von Diessenhofen viel zu lärmend zugehe, als daß sie in Ruhe Gott dienen könnten. Nicht mehr Dienst an den Menschen, Dienst vor Gott wurde ihr Programm; sie suchten den gleichen Abstand von der Stadt wie vor ihnen die Konstanzer Frauen in Münsterlingen, neben ihnen die St. Galler Frauen in Magdenau. Sie erbaten sich vom Grafen Hartmann ein Jagdhaus in einem Gelände voller Gestrüpp, etwa tausend Meter westlich der Stadt Diessenhofen gelegen, unmittelbar am Rheinufer. Außerdem sollte der Konstanzer Bischof Heinrich, Freund der Bettelorden, der neuerlichen Verlegung zustimmen und die Frauen aus dem Verband der Ortspfarrei entlassen. Der Bischof genehmigte ihnen 1242 alles Erbetene, auch die Satzung des Straßburger Frauenklosters St. Markus. Rechtlich galten sie nicht als Dominikanerinnen, sie übernahmen lediglich deren Lebensweise. Doch hätten sie auch draußen am Rhein apostolisch aktiv bleiben können. Sie wollten nicht.

Die Frauen schlugen dem Bischof 1242 einen Namen für ihr künftiges Kloster vor: St. Katharinental. Wenn sie sich nicht mit einem Flurnamen begnügten und einen frommen Ortsnamen erfanden, folgten sie zisterziensischen Bräuchen, aber warum wählten sie nicht die Gottesmutter Maria, Patronin der Zisterzienser? Katharina von Alexandria war die Lieblingsheilige der Dominikaner, weil sie nach der Legende den Christenglauben beredt und logisch verteidigt hatte; darum wurde sie zur Patronin der Theologen, Philosophen, Juristen, der Universitätsstudien überhaupt. Ein Frauenkonvent, der die gelehrte Heilige zur Namenspatronin wählte, stellte nicht länger die karitative Aktion in den Mittelpunkt des Zusammenlebens, sondern die intellektuelle Kontemplation. Die Wendung von der Beginengemeinschaft zum Dominikanerinnenkonvent entsprach in St. Katharinental bewußter als irgendwo sonst einem geistlichen Programm.

Die ehrgeizige Absichtserklärung war schwer zu verwirklichen. Soeben, 1242, verbot der Dominikanerorden auf Betreiben des Generalmagisters Johannes Teutonicus seinen Mitgliedern Seelsorge und Visitation in Frauenklöstern. Da mußten die Frauen eben sanfte Gewalt anwenden. Die von St. Markus in Straßburg taten es und brachten 1245 eine päpstliche Bulle nach Hause, ebenso die von Oetenbach und von Töss. Warum sollten sich die von St. Katharinental nicht anhängen, auch wenn sie bislang nicht so eng wie die anderen mit Predigerbrüdern verbunden waren? Aus Winterthur hatten sich zwei Schwestern in Diessenhofen eingefunden, deren eine, Mechthild von Kloten, nachher Willliburgs Nachfolge als Priorin antrat. Die Schwestern steckten sich hinter ihren Vater Konrad von Kloten, einen angesehenen Bürger von Winterthur, dessen Familie früher Oetenbach durch Schenkungen unterstützt hatte. Er unternahm im Sommer 1245 auf eigene Kosten die Reise nach Lyon, wo Innocenz IV. residierte. Der Vater erreichte das Ziel der Töchter: Der Papst erteilte 1245 dem Provinzial der deutschen Dominikanerprovinz den Befehl, das Kloster St. Katharinental dem Orden der Predigerbrüder einzuverleiben und dessen Visitation und Seelsorge zu übernehmen. Gegen päpstliche Befehle durfte sich der Orden nicht zur Wehr setzen, obwohl Johannes Teutonicus der Verzweiflung nahe war. Binnen fünf Jahren überwies der Papst zweiunddreißig Frauenklöster den Dominikanern der deutschen Ordensprovinz, die in diesen Jahren bloß vier neue Männerkonvente gründeten. Doch das waren Männersorgen; die Frauen von St. Katharinental gehörten zum zweiten Orden des heiligen Dominikus und zum Bezirk der Konstanzer Dominikaner, Punktum.

Predigerbrüder konnten nicht dauernd im Kloster wohnen, auch die zeitraubende Reise bloß gelegentlich unternehmen. Für den täglichen Gottesdienst stellten die Nonnen ein oder zwei weltgeistliche Kapläne an. Auch Verwaltung und Bewirtschaftung des allmählich zusammenkommenden Grundbesitzes blieben in der Hand der Nonnen und wurden von Laienbrüdern und Pfründnern, bis zu zehn an der Zahl, besorgt, zuerst durch Ritter Konrad von Marbach als Hofmeister geleitet. Der Dominikanerorden lehnte es hartnäckig ab, für die wirtschaftliche Versorgung der Frauenklöster aufzukommen. In St. Katharinental machte sie größere Schwierigkeiten als in Oetenbach und Töss, denn die Umstellung von Marktwirtschaft auf Landwirtschaft mußte verkraftet werden. Die ersten Nonnen lebten in Diessenhofen noch vom Weben und Betteln; der Erlös reichte nicht hin, weil es sofort zu einem ungeheuren Andrang kam. Man hatte ursprünglich mit vierzig Schwestern gerechnet, doch um 1280 stand die Zahl der Nonnen bei über hundertfünfzig, um 1300 sammelte das Totenverzeichnis rund zweihundertfünfzig Namen, ohne die zahlreichen Laienschwestern. Sie mußten von einer Landwirtschaft ernährt werden, die keine weitgedehnten Landschenkungen von hochadligen Herren erhielt, sondern weitverstreute Parzellen von weniger begüterten Landadligen und Stadtbürgern. Hätten die Nonnen diese Felder selbst bebaut, sie wären ständig unterwegs gewesen. Aber dafür waren sie zu vornehm, darum mußten sie erst einmal hungern.

An der Totenliste kann man ablesen, woher die Nonnen stammten. Manche gehörten zum umwohnenden Hochadel, einige zur Verwandtschaft der Kyburger Grafen, keine zum Grafenhaus Habsburg, das seit 1264 in Winterthur und Diessenhofen das Kyburger Erbe übernahm und ansonsten Katharinental begünstigte. Viele Nonnen zählten zu kleineren edelfreien, noch mehr zu niederadligen Familien der Umgebung, zum Beispiel die

Herten und Laubegg aus dem Aargau, die Stoffeln und Randegg aus dem Hegau. Die meisten kamen aus dem Stadtpatriziat, die Mehrzahl aus Konstanz, zum Beispiel die Pfefferhard und Burgtor, daneben die Brünnsin aus Schaffhausen, die Schellenberg aus Zürich, die Goldast aus Bischofszell, die Rienolt aus Lindau, die Haimburg aus Villingen. Hinter ihnen zurücktretend einfachere Frauen ohne geläufige Familiennamen, zum größeren Teil aus Städten zwischen Rheinfelden und St. Gallen, zum kleineren aus Dörfern zwischen Hallau und Salenstein. Auch räumlich wie ständisch ein großes Einzugsgebiet, mit dem Schwerpunkt zwischen Winterthur, Rheinfelden und Villingen. Zuzug aus anderen Frauenklöstern ist nicht zu beobachten, Übertritt in andere Frauenkonvente kam selten vor. Katharinental bildete einen stabilen Punkt, neben Oetenbach und Töss das einzige anerkannte Dominikanerinnenkloster am See, das vornehmste insofern, als es vom städtischen Treiben abgesondert lag. Es war nicht einseitig bürgerlich geprägt und lockte Frauen aus dem ganzen Bodenseegebiet an.

Aus Diessenhofen zogen die Nonnen bald nach 1242 aus und verkauften 1246 ihr Stadthaus; aus der Behelfsunterkunft beim Jagdhaus zogen sie 1251 in das neue Kloster um. Beim Bau halfen Edelleute wie die von Randegg und Salenstein, Bürger wie die von Schaffhausen und Villingen mit Spenden. Den hilflosen Frauen standen starke Männer bei, doch die Bauten wuchsen nur langsam. Die Klosterkirche, zu der die Kreuzlinger Augustinerchorherren viele Steine auf dem Rhein herbeischaffen ließen, wurde erst 1269 geweiht, durch Albertus Magnus, Bischof von Regensburg, den bedeutendsten Gelehrten des Dominikanerordens neben Thomas von Aquin. Die Nonnen von St. Katharinental hielten ihre doppelte Gründungsabsicht durch, zum einen den hohen intellektuellen Anspruch, der sie zum Dominikanerorden zog, zum anderen die Armutsforderung, die trotz wachsendem Reichtum aus der permanenten Überfüllung im Konvent folgte. In Oetenbach wurde 1310 ein Numerus clausus eingeführt: Nur wenn zwei Schwestern gestorben waren, durfte eine neue aufgenommen werden. In Katharinental dachte man daran nicht. Um 1280 wurden das Refektorium im Nordflügel des Konventgevierts und das Dormitorium im Ostflügel vergrößert, am Südflügel wurde 1305 mit der Spende eines Konstanzer Bürgers der Chor der einschiffigen Kirche erweitert, der ausschließlich den Nonnen diente und zu klein geworden war. Baulärm für Jahrzehnte. Den Rhein entlang reihten sich andere Wohn- und Wirtschaftsgebäude aus Fachwerk, nicht in strenger Symmetrie, sondern wie in einer spätmittelalterlichen Stadt je nach Bedarf angestückelt. Und der Bedarf hielt an. Für die erste Hälfte des vierzehnten Jahrhunderts brachte das Totenbuch etwa zweihundertzehn Namen zusammen, um 1350 drängten sich im Konvent rund siebzig Nonnen, während nebenan in Reichenau ganze sieben Mönche wohnten.

Schenkungen und Käufe landwirtschaftlich nutzbarer Flächen nahmen seit den 1270er Jahren sprunghaft zu, wirtschaftlich wäre das Kloster nun gesichert gewesen. Trotzdem blieb es gefährdet, zuerst aus politischen Gründen. Um 1312, während die habsburgischen Gönner anderweitig beansprucht waren, schädigte Graf Egino von Fürstenberg die Besitzungen des Klosters schwer, kein Klostervogt sprang in die Bresche. Es muß damals gewesen sein, daß die Nonne Margret von Fürstenberg kaum mehr schlafen konnte vor Sorge, der Konvent könne infolge der Streitigkeiten im Land zersprengt werden. Kirchenrechtliche Bedenken kamen hinzu, als 1311 mit dem Konzilsbeschluß von Vienne die Verfolgung der Beginen anfing. Damals fragten Nonnen von Katharinental den Pfarrer von Diessenhofen, ob sich die religiöse Frauenbewegung von diesem Schlag erholen werde. Er antwortete schadenfroh: »Wenn sie künftig jemals wieder auf Erden in Erscheinung treten, will ich mich in Gold aufwiegen lassen und es Euch schenken!« Die Beginenhetze flaute seit 1318 allmählich ab. Die Nonnen waren infolge der Bauarbeiten so verschuldet, daß sie zum Pfarrer von Diessenhofen kamen und ihn spöttisch bedrängten: Sie wollten nicht sein ganzes (anscheinend erhebliches) Körpergewicht in Gold haben, mit einem Arm oder Bein in Gold wäre ihnen schon geholfen. Der Pfarrer, kein Krösus, machte Ausflüchte und brauchte für den Spott der Zeitgenossen nicht zu sorgen. Aber, so schrieb Johann von Winterthur abschließend, zum Freund der Nonnen wurde er dadurch nicht. Grundsätzlich brauchten die Frauen in der Obhut der Dominikaner wenig zu befürchten, doch hierzulande auf dem Lande konnte ein habgieriger Graf oder ein neidischer Pfarrer leicht sein Mütchen an ihnen kühlen.

Bis zum Jahr 1320 reicht, nicht ganz zufällig, eine anonyme Erzählung *Wie daß hochlobl. Closter S. Catharinathal bey Dießenhofen ihren Anfang genommen*, die die meisten der oben skizzierten Geschehnisse überliefert. Sie geht in den vorhandenen Fassungen nicht über das frühe siebzehnte Jahrhundert zurück, beruht aber auf einer Vorlage des frühen vierzehnten. Die Nonnen empfanden in den 1320er Jahren einen deutlichen Einschnitt, das Ende der Gründungsepoche und den Übergang zu innerer Festigung. Bis dahin verstanden sie sich als Konvent, als Schicksalsgemeinschaft, die unter Schlägen von außen immer wieder eng zusammenrückte. Fortan schrieb man in Katharinental keine Geschichte des ganzen Konvents mehr, dafür Geschichten von einzelnen Schwestern, in dem sogenannten Nonnenbuch, dessen Schwerpunkt in der Generation nach 1320 lag. Verfaßt wurde es rund fünfzig Jahre später, grob geschätzt um 1370, sicher nach 1350 und vor 1380, in einer erneut veränderten Lage des Klosters. Wir müssen sie kennen, bevor wir im Nonnenbuch blättern.

Seit etwa 1350 profitierte Katharinental wie andere Bettelordenshäuser, zum Beispiel das Franziskanerkloster Lindau, von einer neuen Schenkungswelle, jetzt im wesentlichen von Bürgern in Diessenhofen ausgehend. Sie brachte Grundstücke in der Nachbarschaft zwischen Basadingen und Gailingen. Gleichzeitig konnte das Kloster mit eigenem Geld weitere Grundstücke in der Nähe aufkaufen, abgelegene an Bürger oder Bauern verpachten. Der Konvent schlug sichtlich in der näheren Umgebung Wurzeln und florierte wirtschaftlich. Von eintretenden Schwestern forderte er hohe Aussteuern, meistens Bauernhöfe, bisweilen Geldzahlungen, vom Umfang einer Heiratsmitgift. Jetzt achteten die Nonnen auf Erhaltung des materiellen Spielraums und begrenzten 1357 ihre Zahl, einschließlich der Laienschwestern, auf höchstens hundert. Die tatsächliche Belegung sank von etwa siebzig Schwestern im vierzehnten auf rund dreißig im sechzehnten Jahrhundert, der Einzugsbereich schrumpfte beträchtlich. Frauen aus Winterthur, Villingen und Schaffhausen gingen in näherliegende Klöster, sogar Konstanzerinnen kamen seltener, nur der Zustrom aus Diessenhofen hielt an.

Saturierung und Provinzialisierung sorgten für ein Nachlassen der asketischen Disziplin, auch wenn das Kloster seinen guten Ruf wahrte. Bei der nächsten dominikanischen Reform deutscher Frauenklöster um 1380 beteiligte sich St. Katharinental nur mit einzelnen Schwestern, die zu strengeren Klöstern abwanderten, nicht als Konvent im ganzen und ging zum stiftsmäßigen Leben über, ohne gemeinsames Leben, in Einzelzellen, ohne strenge Klausur, auf Pfründenbasis, ähnlich wie Buchau. Schon bevor diese Folgen sichtbar wurden, machte sich ein Nachlassen des intellektuellen Anspruchs bemerkbar. Die Verfasserin des Nonnenbuchs gab es freimütig zu. Sie erfuhr in jungen Jahren, wohl um 1340, von der alten Nonne Anne von Ramschwag mystisch-theologische Äußerungen, die sie nicht verstand: *Vnd dises was von als gar hohen vnbegriffenlichen dingen, das ich sin wenig verstuond.* Die Verfasserin, die sich nicht mit Namen nannte, lebte zur Zeit der Niederschrift vielleicht schon ein Menschenalter im Konvent. Sie gab sich als harmloses Gemüt, an dem nichts Besonderes war, von ihrem persönlichen Erfahrungshorizont sprach sie nirgends. Sie könnte zur Stadt Konstanz und den dortigen Dominikanern gute Beziehungen besessen haben, doch höbe sie das nicht vor anderen Mitnonnen hervor. Im Konvent lernte sie viel dazu, den Umgang mit streitbaren und sensiblen adligen Damen, wie Anne von Ramschwag eine war, aus dem sanktgallischen Ministerialengeschlecht, aber auch mit naiven Laienschwestern vom Land, die unverblümt ihre Meinung kundgaben. Sehnsucht nach solchen originellen Verstorbenen war es wohl, was die Autorin die Stagnation der Gegenwart beklagen ließ.

Deshalb hielt sie schriftlich fest, was sie von längst verstorbenen Nonnen des späten dreizehnten und frühen vierzehnten Jahrhunderts gehört hatte. Die Gattung war alles andere als neu. Lebensbeschreibungen einzelner Nonnen in deutscher Sprache wurden seit 1318 in zahlreichen südwestdeutschen Frauenklöstern verfaßt, seit 1340 im Nachbarkonvent Töss durch Elsbeth Stagel, die Schülerin Heinrich Seuses, zusammengetragen. Das Nonnenbuch von Katharinental war eines der letzten, eines der reichhaltigsten; es berichtete von nicht weniger als vierundfünfzig Nonnen des Klosters. Im ganzen hielt die Verfasserin die chronologische Reihenfolge ein; die erste Priorin Williburg von Hünikon wurde mit einem Großteil des Gründungskonvents vorgestellt. Je näher die Autorin an ihre eigenen Klosterjahre herankam, desto schweigsamer wurde sie; nur von Toten wollte sie reden. Da sie keine Jahreszahlen und historischen Ereignisse nannte, erscheinen im Nonnenbuch hundertzwanzig Jahre Nonnenleben wie ein einziger Geisterzug aus dem Jenseits, nicht viel anders als in der Vision des Berner Minderbruders, die Johann von Winterthur erzählte. Das Nonnenbuch wurde in didaktischer Absicht geschrieben, als eine Art *Vitae matrum*, eine Sammlung von Nonnenlegenden, die den Lebenden vorgelesen werden konnte und ihrer Schwachheit aufhelfen sollte.

Uns soll das Nonnenbuch, entgegen seinem Vorsatz, nicht die Gestalten einzelner Schwestern, sondern das Klosterleben im ganzen beschreiben helfen. Von den erwähnten Nonnen lassen sich vierzehn eindeutig dem Landadel zuordnen, vierundzwanzig dem Stadtpatriziat, unter den restlichen sechzehn befanden sich einige Bauersfrauen. Der Querschnitt war demnach repräsentativ und bevorzugte keine ständische Gruppe über Gebühr. Alle genannten Nonnen stammten aus dem weiteren Umkreis des Klosters, dem Raum zwischen St. Gallen, Zürich, Schaffhausen und Villingen; auch hier keine Verzerrungen. Die meisten Frauen hielten Kontakt zu Verwandten, zum Beispiel in Konstanz; die kamen hie und da zu Besuch ins Kloster, weil die Nonnen nie verreisten. Adlige Damen, im Fall der Priorin Elsbeth von Stoffeln eine Mutter mit zwei Töchtern, lebten in Katharinental, während Mann und Söhne bei den Johannitern dienten. Wo, das fragte niemand; das eigene Kloster stand im Brennpunkt der Welt und holte die Blutsverwandten in seinen Bannkreis. Die adlige Agnes von Wangen trat hier gegen den Widerstand ihres Mannes Burchard als Nonne ein. Schließlich besann er sich um 1260 eines Besseren und half bei der Seelsorge als Kaplan im Kloster mit, noch als er alt war und im Meßbuch die Tagesgebete verwechselte. Die adlige Anne von Ramschwag war mit dem Lektor der Konstanzer Dominikaner, Hugo von Stauffenberg, verwandt und führte gern mit ihm geistliche Gespräche. Die bürgerliche Adelheid Zürcher zog ihren leichtsinnigen Bruder schließlich als Konversen mit in ihr Kloster.

Wie geistliche Verwandte draußen im Bistum zurecht kamen, lag jenseits des Horizonts. Adelheid Pfefferhard stammte aus derselben Konstanzer Bürgerfamilie wie Bischof Ulrich Pfefferhard, der erste Nichtadlige auf dem Stuhl des heiligen Konrad. Er führte die Dominikaner 1346 in ihr Konstanzer Kloster zurück, er unterstützte die Dominikanerinnen von Katharinental materiell. Kein Grund für das Nonnenbuch, ihn zu erwähnen. Die Nonnen unterstanden dem Bischof rechtlich nicht mehr und mußten nicht zu ihm pilgern. Wenn er sie nicht besuchte und ihnen keine geistliche Erbauung bot, blieb er links liegen. Aus anderen Quellen erfährt man auch, daß eine Verwandte Annes von Ramschwag von 1316 bis 1327 als Äbtissin der Zisterzienserinnen von Magdenau amtierte. Solange sie nicht nach Katharinental gezogen kam, schenkte ihr das Nonnenbuch keine Beachtung. Vielmehr erschien der Konvent, gerade wegen seiner Abschirmung gegen andere geistliche Einrichtungen, als integrierende und stabilisierende Mitte der Landschaft am Bodensee. Die meisten Nonnen traten jung ein, Adelheid Pfefferhard mit dreizehn, Elsbeth Haimburg mit vierzehn Jahren. Anne von Tetikon starb im Kloster jung und fröhlich, aber die meisten wurden steinalt. Elsbeth Bächlin wollte schon als Zehnjährige kommen und blieb zweiundsiebzig Jahre. Wer solchen Alten zuhörte, wurde selbst beinahe zur Zeitgenossin der legendären Gründerjahre. Hier stand die Zeit still, während sie sich draußen überschlug.

Im Nonnenbuch verwischten sich mit den Hintergründen der Herkunft die sozialen Unterschiede. Laienschwestern mochten einfache Bäuerinnen sein und ihr Lebtag nichts anderes als Zupacken gelernt haben, sie konnten gleichwohl heiligmäßiger leben als manche empfindsame Dame. In diesem Grundsatz lebte noch etwas von der Aktivität der ersten Beginen, nicht mehr viel. Die Laienschwester Adelheid aus St. Gallen hat ein Leben lang die Nonnen treu bedient und ist abends oft zum Umfallen müde. Beim Sterben denkt sie verbittert darüber nach, daß die Schwestern sich jetzt nicht ebenso getreulich um sie kümmern. Die Muttergottes erscheint ihr und tröstet sie: Sie hat ja nicht den hochmütigen Nonnen gedient, sondern dem Jesuskind und wird von ihm den Lohn empfangen. Umgekehrt ist die hübsche Laienschwester Gutta Mestin von unverwüstlicher Körperkraft; obwohl sie die schwere Arbeit im Klosterwald tut, treibt sie rabiate Askese. Das wird ihr wenig nützen, denn sie will mit dem Kopf durch die Wand und wird nicht so nahe zum Herrn gelangen wie die feinnervige Berta von Herten, die ehrlich wünschte, sich die Waldarbeit aufzuladen. Der geistliche Rang einer Schwester im Nonnenbuch bestimmte sich nicht nach ihrer sozialen Herkunft, nicht einmal nach ihrer allgemeinen Wertschätzung im Konvent. Denn dieser Nonnenkonvent war keine verschworene Gemeinschaft mehr.

Woher kamen die starken Spannungen, die sich in den Sterbegedanken der Laienschwester Adelheid niederschlugen? Ihr einfachster Grund war das jahrzehntelange

Zusammenleben vieler Menschen auf engstem Raum. Wir wissen nicht, wie Mönche eines frühmittelalterlichen Klosters miteinander fertig wurden. Sie waren wohl einfacher und geselliger aufgewachsen, in Zeiten, als die Siedlungen noch nicht überfüllt waren, als die Gemeinschaften noch auf Tod und Leben zusammenhalten mußten; zwischendurch verschafften gefährliche Reisen in die Fremde Abwechslung und nährten das Heimweh nach Freunden. So war für sie die Gemeinsamkeit des Betens, Essens, Schlafens jahraus jahrein kaum eine Nervenprobe. Für Ordensleute des Spätmittelalters wurde es eine, auch für Männer, die immer wieder in das Menschengewimmel der Städte eintauchten und ihre Mitbrüder im Konvent nicht jeden Tag sahen; sie gingen einander auf die Nerven und verlangten Einzelzellen, die sich im vierzehnten Jahrhundert in den meisten Klöstern durchsetzten. Da stelle man sich einen Frauenkonvent vor, dessen enge Klausur durch lange Verweildauer und fortwährende Neuaufnahmen überfüllt, weder durch Dienstreisen noch durch Heimaturlaub zeitweise entlastet wird, einen Frauenkonvent, der seinen Mitgliedern keine gemeinsame Aktivität bietet, aber gemeinsames Stillhalten aufzwingt. Katharinental lebte in der gleichen Restriktion wie das zisterziensische Salem, ohne die gleiche Motivation.

Wenn die adlige Schaffnerin Elsbeth von Stoffeln sich redliche Mühe gegeben hatte, die Wirtschaft des Klosters in Ordnung zu halten, wartete sie auf ein lobendes Wort der Mitschwestern; sie hörte keines, nur Gott und Maria lohnten es ihr. Wenn die todkranke Anne von Ramschwag sich längere Zeit im Bett aufsetzte, meinte die bedienende Mitschwester, da könne sie nicht sehr leidend sein. Wenn die bäuerliche Mia von Rittershofen über dem Haupt einer Mitschwester eine goldene Krone schweben sah, beschwerte sie sich im Gebet bei Christus, bis er ihr versicherte, daß sie eine noch viel schönere erhalten werde. Vielsagend ist auch die Geschichte der Kleinbürgerin Mechthild von Eschenz. Sie stand im Nonnenchor beim Gebet, da kam die Priorin herein und schickte sie in die Küche. Sie sagte kein Wort und gehorchte. Daraufhin sah die Mitschwester Adelheid Ludwig sie mit einemmal kristallklar leuchten. Die Regel war schweigende Ausführung von Befehlen offenbar nicht. Das Nonnenbuch wollte zu geselligem Verhalten erziehen, die toten Nonnen hatten danach gestrebt, aber eingeübt und selbstverständlich war es nicht. Im Konvent herrschte keine fraglose Zucht unter einer starken Priorin, kein stolzes Gemeinschaftsbewußtsein zwischen Schwestern, sondern Wettbewerb um den geistlichen Rang jeder Nonne. Dieser Rang dokumentierte sich auch in selbstloser Tätigkeit für andere, vornehmlich aber in kontemplativen Erlebnissen, bei denen Christus und die Heiligen der einzelnen Schwester leibhaftig erschienen. Nie zeigte sich Christus mehreren Schwestern zugleich, gar dem ganzen Konvent; wenn es so schien, sah es nur eine einzige.

Da indes das erstrebte Prestige, anders als auf Burgen und Marktplätzen, rein geistlich war, fand die Konkurrenz im Verschwiegenen statt. Die Schwestern redeten nicht viel mehr als Zisterzienser miteinander und behielten ihre mystischen Erscheinungen ängstlich für sich, weil sie durch Mitteilung oft abgebrochen wurden. Auf dem Totenbett erzählten sie das eine oder andere, manche nicht einmal dann. Als die Mitschwestern Geri Haimburg nach dem Tod umzogen, sahen sie, daß ihr Rücken vom Blut geheimer Geißelungen schwarz geworden war; in der Klausur, wo Tag und Nacht keine Schwester mit sich allein war, hatte es niemand geahnt. Die schweigsamen Nonnen übten unglaubliche Härte. Adelheid Zürcher geißelte sich täglich zweimal, aß täglich nur einmal und verzehrte in den fünfzig Jahren ihres Klosterlebens niemals Fleisch. Wenn sie Wein trank, dann so mit Wasser vermischt, daß sie den Wein kaum schmeckte. Aus dem einzigen Weinfaß, das im Kloster stand, teilte die beauftragte Schwester Adelheid Werlin nur Schwerkranken auf besonderen Wunsch etwas zu. Dabei kränkelten viele. Von den im Nonnenbuch Erwähnten hieß es bei jeder vierten, daß sie jahrelang schwer siech war. Trotzdem zogen sie ungern in das »Siechenhaus«, wo die alte Siechenmeisterin Adelheid sie nachts versorgte. Die meisten blieben im gemeinsamen Schlafsaal, wo sie ab und zu von einer Mitschwester besucht, sonst nicht betreut wurden. Manche Kranke schleppte sich wie Ita von Kloten mitten in der Nacht in die Kirche, um nur ja nicht bei Gottesdienst und Kommunion zu fehlen. Zu den wenigsten trat Sankt Martin mit der Hostie ans Krankenbett wie zu Adelheid Ludwig oder sogar Christus selbst wie zu Adelheid von St. Gallen.

Härteste Askese war Vorbedingung für mystische Erscheinungen; der Herr offenbarte sich nur denen, die sich völlig entäußerten. Die dominikanische Verbindung von theologischem Anspruch und praktischer Armut, Grundlage der deutschen Mystik, wurde hier unbarmherzig zu Ende gedacht und in das Seelenleben des Einzelmenschen verlegt. Der Herr der Kirche gehörte freilich keiner Klosterfrau persönlich und erschien ihr meistens in der Klosterkirche. Hier standen die Nonnen im Chorgestühl bei den sieben Tagzeiten und beteten und sangen gemeinsam. Sie sangen gern. Wenn die Vorsängerin Kathrin von Stein besonders ergreifend gesungen hatte, bemerkte Adelheid Ritter, daß Christus neben ihr stand und sich tief vor ihr verneigte. Beim Gesang der Berta von Herten sah eine andere aus ihrem Mund ein goldenes Rohr zum Himmel hinaufwachsen. In der Klosterkirche beim Gottesdienst formierten sich die Nonnen zur einstimmigen Gemeinschaft, nur hier.

Die Stunde der großen Visionen war die Zeit der nächtlichen Mette. Da erblickte Adelheid von St. Gallen die auf dem Bild des Hochaltars gemalte Muttergottes mit dem Jesuskind, wie sie durch den Nonnenchor ging und der Reihe nach jeder singenden Schwester das göttliche Kind auf den Arm legte. Da sah Anne von Konstanz am Gründonnerstag, wie Christus den Jüngern die Füße wusch, und Ita von Hallau erlebte die Taufe Jesu mit. Die Krönung war die Weihnachtsmette. Da kam, wie Geri Haimburg sah, eine goldene Scheibe vom Himmel, und alle singenden Schwestern wurden daraufgeschrieben. Da weilte Ita von Hallau in Bethlehem bei dem Kind in der Krippe, dem Rind und dem Esel im Stall (ein Schnitzwerk dieses Inhalts stand im Chor). Da blickte Anne von Ramschwag schlagartig in ihr Inneres: Zwei schöne Kinder umschlangen einander, der Herr und ihre Seele.

Nach der Mette konnten sich die Schwestern noch einmal schlafenlegen. Manche tat es und erlebte wie Gertrud Reuter im Traum, daß der Herr zu ihr trat und aus goldenem Kelch sein Blut zu trinken gab. Andere waren wie Elsbeth Haimburg einfach müde und schliefen mit schlechtem Gewissen bis zum nächsten Glockenzeichen. Viele kehrten nach der Mette nicht in den Schlafsaal zurück, blieben in der stockdunklen Kirche im Chorgestühl sitzen und beteten. Und wie sie beteten! Adelheid Pfefferhard bombardierte den Himmel schon als kleines Mädchen mit dreißigtausend Ave Maria, um gegen den Willen der Eltern ins Kloster zu gelangen. Mechthild Huser brachte es täglich auf sechshundert Psalmen, Kathrin von Stein auf fünfhundert Vaterunser; bei aller Inbrunst waren sie imstande, genau mitzuzählen, als hinge tatsächlich vom Kontostand der Gnadenstand ab. In der Stimmung zwischen Schlafen und Wachen kam Er besonders oft. Die Priorin Mechthild von Hewenegg sah ihn an der Martersäule stehen (das Bild hing im Chor) und spürte die Geißelschläge mit. Anne von Ramschwag erlebte ihn anders, als siebenjähriges Kind mit goldblondem Seidenhaar und einem roten Rosenstrauß, den er ihr schenkte. So kam er meistens, entweder als freundliches Jesuskind oder als leidender Heiland. Selten erschien er so wie der Anne von Ramschwag als dreißigjähriger Mann oder so wie der Elsbeth Haimburg nach der Ostermette als verklärter Himmelskönig. Männliche Kraft und Herrlichkeit sprachen eine Nonne kaum an.

Nächster Höhepunkt, immer noch ganz früh am Morgen, war die Prim und die gemeinsame Messe, vom Kaplan zelebriert. Bei der ersten Weihnachtslesung schlug Elsbeth Haimburg das Lektionar auf und fand im Buch das Jesuskind in Windeln liegen, die Grenze zwischen Miniatur und Realität verschwamm ihr. Als der Priester bei der Wandlung die Hostie hochhob, wurde sie auf einmal groß wie der Vollmond und schien wie die Sonne, Adelheid Ludwig sah es. Die Hände des Priesters Konrad von Lindau strahlten plötzlich golden, wie Diemut von Lindau mit eigenen Augen bemerkte. Zur weinenden Mechthild von Torlikon kam während der Messe am Michaelstag der Herr wie ein Kind und schenkte ihr zum Trost einen Apfel. Sie hielt ihn so fest in der Hand, daß man noch lange in ihrer Handfläche Wunden von den Fingernägeln sah; sie spürte es nicht. Viele gingen aus der Kirche am Morgen hinaus und nahmen sich vor, den ganzen Tag mit keinem Menschen zu sprechen, nachdem sie Christus empfangen hatten. Der Ort der großen Gemeinschaft war die Klosterkirche, nicht das Konventgeviert.

Manche trugen ihre Verzauberung für zwölf Tage mit sich herum wie die Laienschwester Ita von Hallau, für vierzehn Tage wie die Laienschwester Hedwig von Unlegellen. Aus dem Traum schreckten sie hoch, wie Geri Haimburg, wenn im Speisesaal neben ihr eine Mitschwester hastig nach dem gemeinsamen Tischmesser langte, wie Hilde Brünnsin, wenn eine Mitschwester sie ans Fenster schickte, wie Caecilie von Winterthur, wenn die Nachbarin sie bei der gemeinsamen Lektüre fragte, ob sie überhaupt mitlese. Am liebsten wartete jede für sich auf den Herrn, auch tagsüber bei der Arbeit. Die Kellnerin Adelheid Hutter hatte nach der Non im Chorgestühl Besuch vom Jesuskind. Die Pförtnerin kam und holte sie in die Küche. Sie hatte Glück, das Jesuskind lief mit. Die Laienschwester Ita von Hallau bereitete in der Küche das gesottene Gemüse zu, die Hauptmahlzeit der Dominikanerinnen, gemeinhin Kraut genannt. Sie formte einen Ballen und wollte ihn in den Kochtopf werfen. Da stand das Jesuskind neben ihr, nahm ihr den Ball aus der Hand und fing an, mit ihr Ball zu spielen. Sie spielte und spielte. Nachher war sie verblüfft, daß das Gemüse trotzdem gar gekocht war.

Unsereiner wüßte gern, wie es den Nonnen gemundet hat, aber die Frage ist ungehörig. Gäste mögen es geschmeckt haben, daß die Schaffnerin Adelheid von Ossingen aus der Kirche nur ungern in die Küche ging, um ihnen Essen zu kochen; Dominikanerinnen hatten anderes im Sinn. Im Speisesaal sah Adelheid von Spiegelberg vor sich auf dem Tisch das Jesuskind sitzen; *was fröd vnd süssikeit vnd wirtschaft si do hatt, das ist vnsaglich.* Vom Essen kann sie nicht viel gemerkt haben. Auch in den Arbeitssaal, das sogenannte Werkhaus, wo die Schwestern gewöhnlich bei Textilarbeiten saßen, kam

Besuch. Anne Hettin stickte dort, vielleicht ein Meßgewand. Ihr erschien die Muttergottes in einem schönen Mantel, auf dem mit goldenen Buchstaben stand: *Ave Maria!* Geri Haimburg arbeitete im Werkhaus für sich allein, währenddessen kam das Jesuskind zu ihr. Eine Mitschwester trat hinzu, weil sie mit ihrer Arbeit nicht zu Rande kam, und bat um Anleitung. Geri winkte stumm, sie solle weggehen. Sofort verschwand das Jesuskind, und eine Stimme sprach: »Weil du die Liebe nicht übtest und der Schwester nicht tun wolltest, worum sie dich bat, darum siehst du mich nicht mehr.« Eine Schlüsselvision für das Nonnenleben in Katharinental!

Sie wußten es ja alle noch, daß eine Nonne mit anderen, nicht für sich leben sollte, und das Nonnenbuch schärfte es den Neulingen ein. Man sollte nicht verträumt im Werkhaus sitzen, sondern wie Adelheid Pfefferhard Kleider von armen Leuten flicken. Man sollte nicht wie Luggi von Stein endlos zu Maria Magdalena beten, sonst bekommt man von ihr zu hören, es wäre besser zu tun, was Mechthild Ritter tut. Sie denkt nämlich immer, wenn sie einen Kranken pflegt, daß sie damit dem Herrn tun wolle, was Maria Magdalena ihm tat. Man sollte nicht nach der Kommunion in Schweigen verfallen, wenn eine bedrängte Novizin Hilfe braucht; man sollte sie wie Adelheid von Holderberg in den Kapitelsaal mitnehmen und so lange mit ihr reden, bis sie getröstet ist. Gleich danach mag das Jesuskind der Trösterin erscheinen. Auch innerhalb der Klausur fand eine Nonne überall Gelegenheit, *der erbermd werch* an Mitmenschen zu üben. Allerdings verlernte sie es leicht, weil sich der Konvent nicht als Lebensgemeinschaft fühlte und seine Hilfe für Laien nahezu unsichtbar blieb.

Was konnten Nonnen für Fremde tun? Vielleicht arbeiteten sie in der Schreibstube, dann gewöhnlich nicht an geschichtlichen Aufzeichnungen oder Güter- und Zinslisten des Klosters. Lieber malten sie ein Meßbuch wie das herrliche Graduale von 1312, wo sie Wappen und Bilder ihrer Wohltäter verewigten. Oder sie übersetzten wie Mechthild von Wangen, ohne je Latein gelernt zu haben, die Leidensgeschichte Christi ins Deutsche und schrieben sie für andere auf. Oder sie stickten Meßgewänder, auch für auswärtige Pfarreien. Oder sie beteten wie Adelheid Ritter eine Vigil für die ärmste Seele im Fegfeuer. Ihr erschien eines Nachts eine Seele aus dem Orient, ein Bürger von Ninive, um für die Hilfe zu danken. Oder die geretteten Seelen traten nachts als Kinder ans Bett der Adelheid Pfefferhard und sangen ihr ein Liebeslied. Oder sie beteten wie Adelheid von St. Gallen für den verstorbenen Vater einer Konstanzer Verwandten, und dann vernahm man, daß der Teufel in einer Vision zähneknirschend vom Erfolg des Nonnengebets berichtet habe. Doch wie sollten die Schwestern wirksam für Menschen beten, deren Nöte sie nicht kannten? Am Ende blieb ihnen bloß der kleine Kreis der Nahestehenden, und sie beteten für die vom Schmerz gepeinigte Mitschwester Mia von Konstanz, daß sie leichter sterben konnte. Wofür sonst sollten sie den Himmel bestürmen? Etwa für leibliche Bedürfnisse der Laien, die den Nonnen selbst gleichgültig waren? Am Schluß war jede auf sich verwiesen, auf ihre Seele und ihren Herrn.

Die Schwestern spürten die Welt um sich herum, aber sahen sie nicht. Sie blickten kaum zum Fenster hinaus; der Rhein, der neben dem Speisesaal des Klosters vorbeifloß, kam im Nonnenbuch nicht vor. Vom Bodensee nahmen sie bloß im übertragenen Sinn Notiz. Hilde Brünnsin träumte vom wilden Meer der Welt, das der Herr durchrudert. Andere sangen: *Uns kunt ein schiff geladen Uff sin höchstes port, Es bringt den sun des vaters, Das ewig wort. Das schiffli, das gat stille Und bringt uns richen last, Das segel ist die minne, Der heilig geist der mast.* (Aus diesem Gedicht entstand das im siebzehnten Jahrhundert vertonte, bis heute gesungene Adventslied. Es erinnert daran, daß unsere ältesten Kirchenlieder aus der deutschen Mystik stammen.) Sie blickten durch solche Bilder hindurch, um das Unsichtbare dahinter zu sehen. So auch im Klostergarten vor dem Ostflügel. Dort standen sie wie Elsbeth von Stoffeln im Mai und freuten sich an den Blumen, an Gottes Schöpfung, und schon waren sie mitten im Gespräch mit Ihm, der all das aus Liebe geschaffen hat.

Zur erlebten Wirklichkeit wurde die Welt der Bilder nur dann, wenn sie den Herrn und die Seele darstellte, in Werken der bildenden Kunst. Die Schwestern sahen das Jesuskind und den Schmerzensmann täglich in Plastiken und Gemälden vor sich, die in ihr Leben buchstäblich eingriffen. Welche Freude, wenn Adelheid Othwins vor dem Marienbild mit dem Jesuskind stand und nach dem Füßchen faßte: Siehe da, es fühlte sich lebendig an! Welches Entsetzen, wenn Mechthild Ritter in den Schrein griff, der den Herrn im Grab zeigte: Sie spürte die Leichenstarre! Ein Nonnenleben verging schnell. Jungen Schwestern gefiel das Jesuskind, das mit ihnen spielte; ältere blickten auf den Gekreuzigten, der sie leiden lehrte. Was für eine Szene: Die Priorin Adelheid Hutter stand mit zwei Schwestern vor dem großen Kruzifix im Kirchenchor und betete. Da sprach der Herr: »Seid gegrüßt!«, löste die rechte Hand vom Kreuz und zog die Priorin zu sich heran. *Vnd darnach ward si gar siech vnd hatt strenges we wol nün jar.* Sich selbst sahen die Nonnen in zwei Bildern, die ebenfalls im Kirchenchor hingen und im Graduale von 1312 zu sehen waren. Das eine stellte Maria Magdalena dar, die dem Herrn die Füße wusch, das andere den Evangelisten Johannes, der am Herzen des Herrn ruhte. Sie verkörperten beide Formen geistlicher Liebe, die tätige und die betrachtende, aber Johannes hatte den besseren Teil erwählt.

Mit bildhafter Anschauung mochten sich die meisten Nonnen begnügen, sie wußten dennoch, daß Bilder nur Gleichnisse waren. Das Wichtigste hörten sie von einer Stimme. Zu Geri Haimburg sagte sie: »Lob mich, so komm ich; lieb mich, so bleib ich; halt Frieden, das bin ich; sei barmherzig, so wird sich mein Erbarmen nie mehr von dir scheiden.« Wieder die beiden Seiten des Nonnenlebens, Lob für Gott und Barmherzigkeit für Mitmenschen, Gottesliebe und Seelenfriede – nun nicht als Zustandsbeschreibung, sondern als Aufforderung zum Handeln. Trotz aller sinnenhaften und bildhaften Visionen war die Mystik von Katharinental durch Sprachlichkeit bestimmt. Die Nonnen stammelten nicht und schrien nicht; ihnen wurde etwas mitgeteilt, was sie aufschreiben, wiederholen, verstehen sollten. Man brachte es ihnen als Novizinnen bei, mühsam genug. Denn wie alle unverbildeten Menschen schauten sie lieber auf Bilder als in Bücher.

Die Verfasserin des Nonnenbuchs rühmte den großen Fleiß, mit dem sich einst, als sie ins Kloster kam, die Novizenmeisterin Diemut von Lindau ihrem Unterricht widmete. Dreißig Jahre lang fand Diemut keine Zeit, zwischendurch still im Nonnenchor zu sitzen. Die Mädchen kamen ja unmündig, fast wie Oblaten, und mußten im Kloster das Wesentliche lernen. Sie übten nicht wie in der alten Klosterschule der Benediktiner Gemeinsamkeit ein, sondern Ausdrucksfähigkeit. Anne von Ramschwag erzählte der Autorin, daß sie blutjung ankam und gar keine Lust hatte, lesen zu lernen und in die Bücher zu sehen, bis sie im Buch ein Kind liegen sah, das sich über ihre adlige Faulheit beklagte.

Wie sollte sie mit dem Jesuskind ins Gespräch kommen, wenn sie nichts von ihm lernte? Die Novizin Kathrin Brünnsin begriff, allem bürgerlichen Fleiß zum Trotz, das Latein nicht, bis ihr in einer nächtlichen Vision der Evangelist Johannes aus einem Buch mit Goldbuchstaben vierundzwanzig lateinische Verse beibrachte; das berichtete sie der Autorin des Nonnenbuchs. Der Lieblingsjünger des Herrn belehrte die Nonne, wie sie mit dem fleischgewordenen Wort reden sollte. Frauen aus dem Landadel und dem Stadtpatriziat sprachen und lasen ihre Gebete lateinisch wie studierte Geistliche, nicht um gebildet zu erscheinen, sondern um sich dem Herrn verständlich zu machen. Deshalb versuchten sie auch, das Fremde und Gelehrte in ihre Heimat und ihren Dialekt zu übersetzen, damit es Laien gleichfalls verstünden.

Die Nonnen von Katharinental lernten nicht von selbst, magische Formeln der Liturgie in den Ausdruck persönlicher Frömmigkeit zu verwandeln. Das lehrten sie die großen Mystiker des Dominikanerordens, zum Beispiel der Ordensprovinzial Meister Eckhart, der von Straßburg aus in oberrheinischen Frauenklöstern predigte. Anne von Ramschwag vertraute es der Autorin fast wie ein Geheimnis an, daß er in Katharinental war (zwischen 1314 und 1320 muß es gewesen sein). Die sterbende Nonne verriet der jüngeren Mitschwester nach langem Schweigen, was ihr Meister Eckhart am Beichtfenster sagte; uns gab sie es nicht weiter. Auch Heinrich Seuse hielt sich vielleicht in Katharinental auf, zwischen 1339 und 1346, solange die Dominikaner aus Konstanz vertrieben waren. Das Nonnenbuch nannte Seuse nicht, vielleicht aus tieferen Gründen; zu seiner lyrischen Mystik fühlten sich die Frauen von Katharinental weniger hingezogen als die von Töss. Die daraus erwachsende Erotik der Brautmystik, die anderswo seltsame Blüten trieb, fehlte im Nonnenbuch nahezu ganz. Es beteiligte sich ebensowenig an dem »stummen Jubel«, der sonst von der philosophischen Mystik Eckharts übrigblieb. Die Nonnen lachten und weinten nicht nur, sie erklärten, warum sie es taten. Die Stimme im Herzen spiegelte nicht allein ihre eigenen Gefühle, oft auch fremde Gedanken; der Elsbeth von Stoffeln hielt diese körperlose Stimme eine subtile Predigt über den Heiligen Geist, mit Augustinzitaten. Sogar wenn sie etwas für unsagbar hielten, sagten sie es.

Solche sprachliche Zucht lernten die Schwestern in einem Konvent, der sich im Zaum hielt. Sein eigentlicher Zusammenhalt lag hier, in der geistigen Zucht, die keine rauschhafte und kollektive Selbstverwirklichung anerkannte. Daß die Verfasserin ihr Nonnenbuch aufgrund von Befragungen der Sterbenden schrieb, gehörte zu dieser Selbstkontrolle, die jeder Mitteilung vorausgehen mußte. In den meisten Frauenklöstern, vielleicht auch in Katharinental, trugen dominikanische Beichtväter und Seelenführer den Nonnen die Anfertigung biographischer Niederschriften auf. Insofern lebte die Autorin selbst in der geistigen Welt, von der sie Abschied nahm: Der intellektuelle Anspruch der Predigerbrüder wurde im Nonnenbuch noch einmal in das asketische Leben der Dominikanerinnen übersetzt, in einer Zeit, als die Nonnen von Katharinental zu dem einen kaum mehr fähig, zu dem anderen kaum mehr willens waren.

Zusammenfassend kann man erstens sagen, daß das Buch der ungenannten Nonne um 1370 einen Scheideweg des mittelalterlichen Mönchtums bezeichnete. Daß der apostolische Appell der Priester an die Laienkirche fehlschlug, wurde am ehesten in einem Frauenkloster sichtbar, weil die hier versammelten Frauen keine Priester werden konnten und keine Laien bleiben wollten. Sie konnten das tätige Christenleben in der Stadt, mit dem ihre Gemeinschaft begonnen hatte, nicht nach Art franziskanischer Seelsorger gemütlich fortsetzen, weil Frauenverbände schneller als Männerklöster wieder im Alltag der Laienwelt versanken. Sogar das abgeschiedene Katharinental war im späten vierzehnten Jahrhundert auf dem Weg, eine gewöhnliche Versorgungsanstalt für wohlhabende Frauen zu werden. Die Gründerinnen des Klosters wollten sich diesem Sog dadurch entziehen, daß sie sich die geistige Durchdringung des Christenglaubens nach Art dominikanischer Prediger als Ziel setzten; Frauenverbände mußten es strenger als Männerklöster in der Absonderung der Klausur anstreben. Hierbei zeigte sich aber, daß der Rückzug in den Konvent keine Gemeinschaft mehr trug. Nach dem Ausgreifen der Bettelmönche in die Gemeinde aller Gläubigen besaß ein gesonderter monastischer Verband keine zusammenfassende Kraft mehr. Was konnte dann künftig noch Mönchtum heißen?

Die Antwort der Nonne von Katharinental verwies zweitens auf eine neue, bei Seuse nur angedeutete Vereinzelung und Verinnerlichung des Mönchtums. Der wahre Christ fand auf Erden keine Gesinnungsgenossen, es sei denn in der liturgischen Einstimmigkeit des Gottesdienstes. Doch sie beherrschte nicht einmal im geschlossenen Frauenkloster das Leben der einzelnen Nonne. Armut und Askese, die frühere Konvente zu Aktionsgemeinschaften zusammengeschweißt hatten, lenkten den Blick der Dominikanerinnen ganz nach innen, in einen Bereich, wo sich die Grenzen zwischen Wirklichkeit und Einbildung, Tätigkeit und Betrachtung verwischten. Hinter der verschwiegenen Begegnung zwischen der Seele und ihrem Herrn trat alles Gemeinsame zurück, Chorgesang in der Klosterkirche, Handarbeit im Werkhaus. Den Predigerbrüdern war es gelungen, die religiöse Frauenbewegung so zu lenken, daß sie innerhalb von Ordensgemeinschaften wirken konnte und die Zusammengehörigkeit der katholischen Kirche nicht sprengen mußte; aber die neue Absage der Frauen war nicht weniger radikal. Sie ließ den Konvent, den Orden, die Kirche unangetastet, doch keine Gemeinschaft nahm an dem Zwiegespräch zwischen Gott und Seele teil, das den Kern des Mönchtums ausmachte. Mechthild von Wangen traf, ohne von der Geschichte des Mönchtums etwas zu wissen, den Nagel auf den Kopf, als sie ernsthaft überlegte, ob sie nicht besser Klausnerin werde als Klosterfrau bleibe.

Das Mönchtum der Nonnen erschloß drittens eine neue Dimension, die von Seuse vorweggenommen, nun in einem ganzen Konvent ausgebaut wurde, die Dimension des religiösen Individuums. An ausgeprägten Charakteren hatte es unter Mönchen und Nonnen nie gefehlt; ihre Besonderheiten hatten aber historische Einflüsse gespiegelt und das Verhältnis zur Umwelt der Laien betroffen; in der Klausur hatte immer eine einzige Norm als allgemeines Ideal gegolten. Bei den Dominikanerinnen in Katharinental war Individualität religiös begründet und betraf die Wurzeln des Mönchtums selbst. Zwei drastische Beispiele, der Tod zweier Nonnen. Die eine, Adelheid Zürcher, stand ihr Leben lang im Dienst für andere. Sie fragte die Priorin, wann die günstigste Sterbestunde wäre. Weil beim Tod einer Schwester ein Gong geläutet wurde, antwortete die Vorsteherin, daß die Schwestern nachts immer sehr erschräken. »Ist es Euch denn recht, daß ich morgen nach der Messe sterbe«, fragte die Sterbende und tat es. Die andere, Adelheid Pfefferhard, war immer gegen sich und andere rücksichtslos gewesen. Als die Mitschwestern kamen, um nach der Sterbenden zu sehen, sagte sie: »Geht alle weg, ich will niemanden bei mir haben als unseren Herrn.« Beide Frauen zählten zu den wenigen, denen die Autorin des Nonnenbuchs die Bezeichnung »selig« zugestand. Jede Nonne mußte nach ihrer Façon selig werden.

Der religiöse Individualismus im Kloster brachte viertens die öffentliche Frömmigkeit draußen ins Zwielicht. Auch am Bodensee hatte im frühen vierzehnten Jahrhundert der Streit zwischen Kaisertum und Papsttum die Gemeinschaft der Christenheit erschüttert, hatten Bürgerkämpfe und Pestwellen die Solidarität der Nachbarn verschlissen. Seit etwa 1350 herrschte in Mitteleuropa unter dem »Pfaffenkönig« Karl IV. wieder Friede, aber er blieb unsicher und ließ die aktive Selbstbestätigung christlicher Verbände nicht mehr recht gelingen. Wer dieser Krise nicht wie die Frühhumanisten mit profaner Bemächtigung von Natur und Geschichte trotzte, der verlangte Heilsgewißheit für seine Seele. Die Priester machten den Laien erweiterte Angebote dafür: In berühmten Wallfahrtsorten und in kleinen Dorfkapellen stellten sie für jedermann die Monstranz mit dem Leib Christi, die Reliquien und Bilder der Heiligen zur Schau. Auch zur aktiven Gestaltung der Gottesdienste luden sie die Laien ein, durch regelmäßige Predigt in der Volkssprache, Förderung des Kirchengesangs in der Gemeinde, Empfehlung häufiger Kommunion für Laien. Selbst in Katharinental wurden diese Neuerungen eifrig genutzt. Weil aber Frömmigkeit jetzt weniger den Mitmenschen dienen als dem Einzelmenschen helfen sollte, wurde es fraglich, ob geweihte Gegenstände und sakramentale Riten der Priesterkirche den Weg zur Seligkeit wiesen. Mindestens über die Schwelle des Todes, der durch Kriege, Seuchen und Hungersnöte alle bedrohte, mußte jeder allein gehen. Laien, die sich darauf privat vorbereiten wollten, übten am besten asketische Lebensformen, bei denen es nicht mehr auf den Vollzug sozialer Regeln ankam, sondern auf die Heilsversicherung aus dem Jenseits. Vorbildlich für solches Leben und Sterben wirkten Nonnen wie die von Katharinental, gerade weil ihnen Nimbus und Odium der priesterlichen Weihe und Bildung fehlten. Mit ihnen konnten sich Laien identifizieren; darum halfen sie ihnen seit 1350 nach Kräften. Eben die allgemeine Anerkennung konnte freilich Frömmigkeit verdinglichen, zur Scheinheiligkeit der Menge entwürdigen, die persönliche Heiligkeit des Christenmenschen verderben. Wie immer der einzelne das Dilemma löste, christliche Öffentlichkeit verlor jedenfalls die Unbefangenheit, von der ihre Überzeugungskraft bisher gelebt hatte.

Daraus ergab sich fünftens ein eigentümlich kühles Verhältnis des Klosters zu seiner Umgebung. Die Nonnen von Katharinental fanden bei den geistlichen Behörden im vierzehnten Jahrhundert allenthalben Respekt, nirgends besondere Sympathie, im Weltklerus schon gar nicht, vom Bischof in Konstanz bis zum Pfarrer in Diessenhofen. Denn die Schwestern nahmen an allgemeinen Sorgen der Christenheit kaum Anteil; im Nonnenbuch muß man lange suchen, bis man einen Hinweis auf die Pest von 1348 findet. Bei Ordensleuten überwog die Bewunderung, darin waren sich Konstanzer Dominikaner mit Reichenauer Benediktinern einig, freilich vor allem deshalb, weil die Nonnen Hilfe häufiger gewährten als verlangten. Den Laien halfen sie nicht durch spektakuläre Aktionen, Armenspeisung oder Krankenpflege für große Scharen. Sie hielten sich an kein Adelsgeschlecht, dem sie als Hauskloster gedient hätten, an keine Bürgergemeinde, die sie als Vorstadt betrachtet hätte. In Katharinental bestattete man wenige Auswärtige, aber man betete für viele Wohltäter aus den verschiedensten Ständen im weiten Umkreis. Das Kloster nahm Adlige, Bürgerliche, Bäuerliche in größerer Streuung als ältere

Konvente auf, weil es ihm weniger auf soziale und räumliche Herkunft als auf persönliche religiöse Leistung ankam. Katharinental hielt seine Sonderstellung nicht lange durch, doch um die Mitte des vierzehnten Jahrhunderts repräsentierte dieses Frauenkloster wie kein zweites die ganze Landschaft am Bodensee, und zwar indem es sich von deren einzelnen Kreisen distanzierte. Weil sich die Dominikanerinnen nicht verzettelten, entdeckten sie eine andere Landschaft, nicht so ruhig und überschaubar wie die am Bodensee, die der menschlichen Seele. Sie hat sich seither gründlicher als die sichtbare verändert. Wer heute am Rheinufer Halt macht, findet in der Barockkirche des Altersheims St. Katharinental noch ein paar alte Schnitzwerke, darunter den Gekreuzigten, mit dem die Nonnen des vierzehnten Jahrhunderts sprachen. Das Bild bewegt sich nicht mehr, denn die Schwestern sind verstummt.

ELSBETH ACHLER · FRANZISKANERIN IN REUTE

Wo ist im früheren Klarissenkloster Paradies bei Schaffhausen der franziskanische Geist geblieben? Entgeistert standen Besucher 1977 im Klosterhof vor einem schweren Panzerwagen, der die Leistungen der hier residierenden Eisenfirma eindrucksvoll bekundete. Ich will ihr Geschäft nicht schädigen, sie hat die Klostergebäude am Hochrhein schön restauriert. Auch wer sich das mittelalterliche Paradies vorzustellen sucht, muß fragen, wo der Geist des Franz von Assisi geblieben sei. Gewiß war der Konvent kleiner, die Kirche nüchterner als in dem wenige Kilometer stromaufwärts gelegenen Dominikanerinnenkloster Katharinental; dennoch glichen sich beide Klöster wie Zwillingsschwestern. An den Scheunen und Ställen sieht man, daß auch Paradies Mittelpunkt einer ländlichen Grundherrschaft und Gutswirtschaft war, ein Paradies in idyllischem Sinn. Die Strukturverwandtschaft der Frauenklöster erklärt sich auf den ersten Blick einfach: Der franziskanische und der dominikanische Konvent wurden zur gleichen Zeit, vom selben Gönner aufs Land versetzt und zu adlig-bäuerlicher Lebensweise angeregt. Daß sich die Klarissen von Paradies dazu bereitfanden, bleibt verwunderlich. Die Dominikanerinnen nebenan wollten sich ungestört der hochgeistigen Betrachtung hingeben, die ihr Ordensgründer verlangte; der heilige Franziskus stellte seinen Anhängerinnen eine ganz andere Aufgabe, tätige Nächstenliebe inmitten der Stadtgemeinde. Was hatten Franziskaner in der dörflichen Idylle zu suchen? Warum verließ die Frauengemeinschaft freiwillig ihren ersten Wirkungskreis in Konstanz, das Gelände vor der westlichen Stadtmauer, dem sie bloß den Namen Paradies hinterließ?

Sie war keine der vielen Beginengruppen ohne feste Ordensregel, um die sich Johann von Winterthur sorgte. Schon 1251 erlangte die Konstanzer Schar eine päpstliche Bulle und hieß darin »Äbtissin und Konvent vom Orden des heiligen Damian im Kloster Paradies nahe bei Konstanz«. In der Urkunde bestätigte Innocenz IV. alle von seinen Vorgängern gewährten Freiheiten und Vorrechte. Nimmt man den Plural wörtlich, so bewilligte bereits Papst Gregor IX. zwischen 1227 und 1241 den Klarissen klösterliche Ordnung. Wenn das zutrifft, war Konstanz eines der frühesten franziskanischen Frauenklöster in Deutschland und wurde bald nach der direkt von Assisi ausgehenden Niederlassung Söflingen bei Ulm, bald nach 1237, gegründet. Auf einen Anstoß aus Söflingen deutet die späte Klostertradition, die urkundlich wohlbezeugte erste Konstanzer Äbtissin Gertrud sei eine Gräfin von Söflingen gewesen. Da trübte wohl der Wunsch nach Standeserhöhung die Erinnerung der Klarissen von Paradies; sie stellten ihre Vorgängerinnen am liebsten als adlige Witwen und Jungfrauen mit reichem Haus- und Grundbesitz dar. Die wirklichen Anfänge in Konstanz waren materiell niederdrückend, freilich geistlich beschwingt. Bischof Heinrich von Tanne, der auch Dominikaner und Dominikanerinnen förderte, gestattete dem ersten Orden des heiligen Franz, dem Männerorden, um 1240 die Ansiedlung in der Stadt; vielleicht wurde damals auch der zweite, weibliche Orden zugelassen. Dem Wunsch des Bischofs folgend betreuten Konstanzer Franziskaner das nahegelegene Klarissenkloster an der Stadtmauer seelsorglich. Die äußere Organisation hätte kaum reibungsloser ablaufen können. Die Schwierigkeiten lagen im Selbstverständnis des zweiten Ordens.

Seine Gründerin Klara von Assisi war als achtzehnjährige Adlige durch die Predigt Franzens 1212 für das Ideal evangelischer Armut begeistert worden und hatte die drei Mönchsgelübde abgelegt und den Schleier genommen. Franz wollte sie in Benediktinerinnenklöstern unterbringen, doch türmten sich die Widerstände der Etablierten. So baute er für sie und ihre Schwester Agnes neben dem Kirchlein St. Damian in Assisi ein eigenes Kloster, dessen Leitung er ihr 1215 übertrug. Andere fromme Frauen fanden sich ein, darunter Klaras Mutter und eine weitere Schwester. Doch das Ziel der neuen Gemeinschaft blieb undeutlich. Kardinal Hugolin, der Freund der Franziskaner und nachmalige Papst Gregor IX., verwies die Klarissen um 1219 auf die Benediktregel und ein Leben des Schweigens, Fastens und Betens, das die Nonnen radikal von der Umgebung schied und ihnen keinen Raum für Eigentumsverzicht und Hilfsdienst ließ. Wegen ihrer strengen Klausur konnten sie nicht einmal betteln und mußten durch dienende Kräfte ernährt werden, also Geld oder Land erwerben. Das Ergebnis wäre ähnlich wie in Buchau ausgefallen.

Klara verließ einundvierzig Jahre lang die Klausur nicht; auf das franziskanische Herumwandern verzichtete sie willig. Aber lieber wollte sie beim Spinnen und Nähen im Kloster halb verhungern als sich Besitz aufschwätzen lassen. Sie bestand auf unbedingter Armut des gesamten Konvents, wie sie der erste Orden seit der Regel von 1223 befolgte. Klara erreichte 1247 eine Reglemänderung durch Innocenz IV., die den Bezug zur Benediktregel aufhob und die organisatorische Zuordnung der Klarissen zu den Franziskanern einräumte: Der Papst unterstellte den zweiten Orden dem Generalminister und den Provinzialen des ersten Ordens. Doch stellte er den Schwestern nach wie vor gemeinsamen Besitz frei.

Erst wenige Tage vor ihrem Tod setzte Klara 1253 bei Innocenz IV. eine weitere Neufassung der Regel durch. Sie verbot den Nonnen den Erwerb von jeglichem Eigentum, sei es ein Haus, ein Grundstück oder sonst eine Sache. Zugleich aber schrieb die neue Regel eine Lebensweise vor, die weder Zeit noch Kraft für Handarbeit oder Bettel ließ. Zwei Mahlzeiten waren nur am Weihnachtstag zugelassen, an allen Mittwochen und Freitagen des Jahres stand bloß Gemüse und Obst auf dem Tisch, in der Fastenzeit an vier Wochentagen nur Wasser und Brot. Am großen Chorgebet nahmen lesekundige Schwestern voll teil, die übrigen beteten täglich sechsundsiebzig Vaterunser. Alle beichteten jährlich wenigstens zwölfmal und kommunizierten mindestens sechsmal. Im Kloster herrschte Stillschweigen, vor allem in Kirche, Speisesaal und Schlafsaal, verschärft bei Nacht und während der Fastenzeit. Keine Schwester durfte Besucher allein empfangen, die Möglichkeiten des Ausgangs wurden rabiat eingeschränkt. Damit war den Klarissen jene apostolische Aktivität verwehrt, die den Kerngedanken des Franziskanerordens bildete. Die franziskanische Arbeit fiel weg, es blieb neben benediktinischer Liturgie die franziskanische Armut, ein Restbestand.

Die Konstanzer Klarissen müssen unter Äbtissin Gertrud diese Ordnung bejaht und ihre Folgerungen verstanden haben. In einer betriebsamen Handelsstadt hatten sie nichts mehr zu suchen; wenn sie keine Güter produzieren und verkaufen, erbetteln und kaufen durften, brauchten sie ländlichen Grundbesitz. Die neue Regel des zweiten Ordens wurde am 9. August 1253 vom Papst bestätigt; am 6. Dezember desselben Jahres übergab Graf Hartmann IV. von Kyburg der Äbtissin und dem Konvent von Paradies bei Konstanz zu ewigem Eigen sein gesamtes Gut im Dorf Schwarzach bei Schaffhausen mit dem Patronatsrecht über die dortige Kirche und mit allen Äckern, Weiden, Fischteichen und Wäldern. Als Zeugen waren zugegen der Konstanzer Domscholaster Magister Burchard von Zofingen, wohl im Auftrag seines Bischofs, dazu neben anderen Klerikern und Laien der Schultheiß und der Meier von Schaffhausen, als sollte die Stadtnähe des neuen Platzes unterstrichen werden. Graf Hartmann tat für Klarissen von Konstanz mehr als für Beginen von Winterthur. Denn alles spricht dafür, daß die Klarissen bereits 1253 den Umzug planten. Spätestens seit diesem Jahr saßen Franziskaner des ersten Ordens in der Stadt Schaffhausen, wenige Kilometer westlich von Schwarzach, so daß Betreuung und Aufsicht des zweiten Ordens nach dem Auszug aus Konstanz gesichert blieben. Der Pfarrer der Peterskirche in Schwarzach wurde 1258 bewogen, als Pfründner des Klarissenklosters zu leben und Franziskanern das Beichthören im Kloster und die Seelsorge bei Klosterbauern zu überlassen.

Im Einvernehmen mit geistlichen und weltlichen Wortführern des Landes und der Nachbarschaft kamen die Klarissen in Paradies viel schneller ans Ziel als die Dominikanerinnen in Diessenhofen. Spätestens seit 1258 wurde im Dorf Schwarzach gebaut, seitdem lag das Klarissenkloster nicht mehr bei Konstanz, sondern bei Schaffhausen. Schon 1259 wurde die Klosterkirche St. Michael eingeweiht. Hartmann von Kyburg vermachte den Klarissen weitere Ländereien, so daß die wirtschaftliche Grundlage ihres Zusammenlebens recht breit war. Die religiöse Strenge zog so viele Frauen an, daß der Konvent 1266 an die Niederlassung Basel Klarissen abgeben konnte und 1276 eine Höchstzahl von sechzig Mitgliedern festsetzen mußte. Freilich zeitigte die Frühblüte in Paradies auch negative Folgen. An der Klosterpforte drängten sich Damen aus Adelsgeschlechtern und Patrizierfamilien, nicht aus dem ganzen Bodenseeraum, immerhin zwischen Schaffhausen und Ravensburg, und brachten Streubesitz in diesem Raum ein. Schaffhauser Franziskaner mühten sich um seine Verwaltung, doch die ferngelegenen Güter mußten ausgeliehen werden, und der eigenbewirtschaftete Komplex beim Kloster lockte die Begehrlichkeit adliger Nachbarn, die nach dem Aussterben der Kyburger 1264 zugriffen. Vor allem die Herren von Krenkingen und von Stoffeln waren durch päpstliche Banndrohungen nur mühsam zu bändigen.

Gegen solche Gefährdungen suchten die Klarissen und ihre franziskanischen Berater bei einem räumlich und ständisch beschränkten Kreis Zuflucht, der ihnen sozusagen durch die Hintertür wieder zu ihrem städtischen Wirkungskreis verhalf. Das Kloster lehnte sich immer enger an die Bürgergemeinde Schaffhausen an, die immer mehr Schirmpflichten und Gerichtsrechte für Paradies übernahm. Infolgedessen änderte sich die Zusammensetzung des Konvents, der anfangs von edelfreien, später von patrizischen Familien besetzt wurde und am Ende beinahe ein Schaffhauser Stadtkonvent war. Die arbeitsteilige Betriebsamkeit innerhalb der Klausur macht ebenfalls einen bürgerlichen Eindruck; Klarissen dachten handfester als durchgeistigte Dominikanerinnen. Wie wichtig sie ihre Klosterämter nahmen! Für den Chordienst brauchten sie eine Organistin und eine Musikmeisterin. In der Küche schafften Speismeisterin, Kellnerin, Milchmeisterin, Kornmeisterin. Für Kleidung sorgten Näherin, Gewandschneiderin, Bettmeisterin, Flachsmeisterin. Eine Schwester kümmerte sich um Kranke im Konvent, eine um Novizinnen. Eine unterhielt in der Schreibstube den schriftlichen Kontakt zur Außenwelt, eine überwachte im Parlatorium die Besuche, eine betreute im Gästehaus die Gäste. Sie waren in Paradies alle emsig bei der Arbeit, allerdings ohne Außenstehenden ideelle Hilfen und materielle Werte anzubieten. Sie verbrauchten nur Werte, die andere, Laienschwestern, außerhalb der Klausur beschafften, und beteten für Bedürftige in der Laienwelt ganz allgemein.

Solange harte franziskanische Armut für alle Klarissen galt, stärkte sie den inneren Zusammenhalt der Gemeinschaft. Doch im späten vierzehnten Jahrhundert begannen einzelne adlige Nonnen Sonderrechte auszuhandeln, zur selben Zeit, als der ganze Konvent in Not geriet. Zu Ende des vierzehnten und Anfang des fünfzehnten Jahrhunderts war er so verschuldet, daß er Liegenschaften verkaufen und öffentliche Sammlungen von Liebesgaben erbitten mußte. Die Frauen kehrten durchaus unfreiwillig zur Bettelpraxis zurück und klagten über ihre Verarmung; sie rühre daher, daß sie ohne Verletzung der Klausur die ländliche Klosterwirtschaft nicht wirksam beaufsichtigen könnten, sagten sie, als wären sie Reichenauer Benediktiner. Der gänzlich unfranziskanische Widerspruch zwischen monastischer Klausur und ökonomischer Autarkie beschäftigte den Konvent mit Verwaltung und Verteilung irdischer Werte und ließ ihn nicht zu geistlicher Entfaltung und Ausstrahlung kommen. Keine Nonne von Paradies hinterließ bleibende Eindrücke oder bedeutende Schriften. Der Franziskaner Johann von Winterthur erzählte mehrere Geschichten von Klarissen in Akkon, Neapel und Königsfelden, keine einzige von denen in Paradies, die er aus der Schaffhauser Zeit am besten kennen mußte.

Von Paradies aus wurde kein zweites Klarissenkloster im Umland des Bodensees gegründet. Die deutsche Königin Elisabeth stiftete seit 1309 im Aargau an der Stelle, wo 1308 ihr Gemahl König Albrecht ermordet worden war, ein habsburgisches Gedenk- und Hauskloster, Königsfelden, das mit Schwestern und Brüdern des heiligen Franziskus besetzt werden sollte. Doch die ersten sechs Klarissen kamen 1312 nicht aus dem vierzig Kilometer entfernten Paradies, sondern aus Söflingen bei Ulm; eine von den sechsen war eine Konstanzer Patriziertochter. Die Tochter der Stifterin, die verwitwete Königin Agnes von Ungarn, gewährte dem Konvent Königsfelden viel mehr politische Selbständigkeit und wirtschaftliche Sicherheit, als Paradies je besaß, und verhalf ihm zu größerer religiöser Blüte. Agnes lebte seit 1317 ständig in Königsfelden, zog die Zügel straff an und begrenzte 1335 die Zahl der Nonnen auf vierzig. Sie diente dem reichen Kloster als unerbittliche Prokuratorin und wurde selbst wohlweislich keine Klarisse. Sie hielt sich die Hände für politische und religiöse Aktivität außerhalb der Klausur frei, auch wenn sie in einer Klause neben dem Konvent wohnte und härenes Hemd und graues Gewand trug. Wie die ihr verschwägerte Elisabeth von Thüringen hundert Jahre zuvor wirkte Agnes in franziskanischem Geist, nicht im Gewand der Klarissen.

Wenigstens an Nachmittagen versank sie nicht in Gebet und Betrachtung, sondern saß mit ihren Mägden beim Weben. Zu Weihnachten schenkte sie armen Kindern selbstgefertigte Kleidungsstücke. In Hungerszeiten verteilte sie Getreide, kümmerte sich um Nöte der Klosterbauern und griff mit Friedensbemühungen in die Politik ein. So knapp sie die Nonnen hielt, so zäh verfocht sie deren Interessen gegen dritte. Daß solche franziskanische, über die Klausur hinauswirkende Tätigkeit nicht jeder frommen Frau vergönnt war, wußte Agnes selbst. Als sie 1364 in Königsfelden starb und beigesetzt wurde, brach man acht Tage danach, wie sie es bestimmt hatte, ihre Klause bis auf den Grund ab. Danach erging es den Klarissen von Königsfelden etwas besser als denen von Paradies. Im Konvent hatten sie genug Geistliches zu tun, mit feierlichen Gedächtnisgottesdiensten, mit der Pflege von Armen und Kranken und der Verteilung von gestifteten Geldern und Lebensmitteln. In den Außenbeziehungen rückten sie der Bürgergemeinde Bern politisch immer näher und machten wenig von sich reden. Sie konnten von einem persönlichen Vorbild zehren, das sie auf Hilfe für Mitmenschen verpflichtete. Nicht jedes Klarissenkloster wurde so königlich geformt. Im ganzen faßte der zweite Orden des heiligen Franziskus am westlichen Bodensee später und langsamer Fuß als der des heiligen Dominikus mit seinen geistlich bedeutenden und wirtschaftlich blühenden Niederlassungen im selben Gebiet. Hie und da konnten sich die Klöster schüchterner Klarissen unter dem Schutz von Mächtigen häuslich einrichten, sie blieben aber für geschichtliche Zwänge zu anfällig, um mit ihren geistlichen Ansprüchen die ganze Umwelt aufzurütteln.

Gleichwohl machten auf Frauen am Bodensee, besonders im Osten, franziskanische Armut und Nächstenliebe tieferen Eindruck als dominikanische Geistigkeit und Seelenmystik. Kein anderer Orden wies im spätmittelalterlichen Bistum Konstanz beinahe hundert Häuser auf wie der dritte Orden des heiligen Franziskus. Diese Bruderschaft von Laien, die in der Welt leben und christliche Vollkommenheit erstreben wollten, entsprach den ursprünglichen Zielen Franzens am genauesten. Er hatte dem apostolischen Wirken in der Laienkirche keine Reglementierung aufzwingen wollen; erst das päpstliche Kirchenrecht drängte den Widerstrebenden dazu, Teilen seiner Anhänger feste Ordensregeln zu geben, die Männer des ersten Ordens als Priester, die Frauen des zweiten als Nonnen abzusondern. Den vielen anderen, die nicht ins Kloster gehen konnten oder wollten, gab Franz möglicherweise 1221 erste Richtlinien. Doch das ist ungewiß. Sie brauchten keine geschriebene Ordnung, keine bindenden Gelübde, keine Probezeiten, keine Kleidungsvorschriften, keine Verfassung. Wer mitmachen wollte, kam, wer aufhören wollte, ging.

Die Bruderschaften hießen spätestens 1230 »Dritter Orden«, ohne daß sie ein Orden im kirchenrechtlichen Sinn geworden wären, sie bestanden ja aus Laien. Erst 1289 faßte Papst Nikolaus IV. die Gewohnheiten der franziskanischen »Terziaren« in einer eigenen Regel zusammen, die sich an monastischen Ordnungen ausrichtete und eine Art Konversenorden entwarf. Die Bruderschaft sollte an einer Kirche errichtet werden und unter priesterlicher Leitung stehen, bei Klosterkirchen sollten es Franziskaner, sonst Weltgeistliche sein. Mitglieder sollten einfache und billige Kleidung tragen, Gelage und Prassereien meiden, sich mit zwei Tagesmahlzeiten begnügen, sich von Fleischspeisen am Mittwoch und Freitag enthalten, als Lesekundige das Brevier, ansonsten Vaterunser beten, dreimal jährlich beichten und kommunizieren, monatlich eine gemeinsame Messe feiern und für verstorbene Mitglieder besonders beten. Wichtiger als Einzelbestimmungen war die grundsätzliche Verpflichtung zu Nächstenliebe und Friedenswillen, der Verzicht auf Waffentragen und Eidesleistung. Selbstbehauptungswille und Konkurrenzdenken der bürgerlichen Welt sollten mitten unter den Laien beharrlich bekämpft werden, durch das Beispiel der Brüderlichkeit.

Terziarengruppen entstanden zunächst bei Franziskanerklöstern, unterstanden Minderbrüdern, übersetzten deren Predigt in den Alltag der Stadtgemeinde und bildeten den treuesten Stamm ihrer Gläubigen. So in Lindau, Konstanz, Schaffhausen und Überlingen. Vermutlich erwuchsen derartige Laienverbände auch in ländlichen Pfarrgemeinden, ohne Anlehnung an einen Franziskanerkonvent, doch erlangten sie keine Dauer und hinterließen keine Nachricht. Immerhin behaupteten im frühen sechzehnten Jahrhundert die Zisterzienserinnen von Heiligkreuztal am Südrand der Schwäbischen Alb, ihr Kloster verdanke seinen Ursprung einer Sammlung von grauen Schwestern, Franziskaner-Terziarinnen, die sich vor 1227 bei der Pfarrkirche des benachbarten Dorfes Altheim an der Donau zusammengeschlossen hätten. Die Vereinigung sei allerdings schlecht gediehen und habe eine Landschenkung adliger Herren 1227 gern zur Umsiedlung und Neuordnung benutzt. So könnte es wirklich gewesen sein, denn so viel steht fest, daß die Frauen in Heiligkreuztal sich alsbald auf Landwirtschaft und Grundherrschaft einstellten und 1231 die Zisterzienserregel annahmen. Ähnlich wie die Frauen in Baindt erlangten sie 1233 mit Hilfe Eberhards von Salem die Aufnahme in den Zisterzienserorden, dessen Lebensweise agrarischen Verhältnissen entgegenkam. Der dritte Orden der Franziskaner war offenbar auf dem Land noch zu fremdartig, er gedieh vorerst nur in der städtischen Wirtschaft, in einer bürgerlichen Öffentlichkeit, die freilich erhöhte Gefahren mit sich brachte.

Am Lindauer Beispiel sahen wir, daß die klosternahen Terziaren seit 1311 durch päpstliche Verfolgung der Beginen schwer getroffen wurden. Der Konstanzer Bischof Gerhard von Benar befahl zwar 1318, die Franziskanerkonventen angeschlossenen Brüder und Schwestern des dritten Ordens unbehelligt zu lassen, doch wurden sie dadurch aus ihrer Mittlerrolle zwischen Kloster und Welt verdrängt und in eine regulierte Ordnung mit Gelübde und Klausur gezwängt. Sie hatten inzwischen von Verwandten aus der städtischen Oberschicht genug Geldrenten und Grundstücke erhalten, um sich einem beschaulichen Klosterleben hinzugeben. Franziskanerinnen traten in der Stadt, ähnlich wie Zisterzienserinnen und Klarissen auf dem Land, jenen langen Marsch durch die Institutionen an, den niemand unverändert durchhält. Aber kaum wurden die ersten Folgen der Behäbigkeit sichtbar, da setzte die unverwüstliche Idee des heiligen Franz schon die nächsten Gruppen in Bewegung. Was sich nach 1320 rund um den Bodensee an neuen Terziarengemeinschaften bildete, glich ungefähr den ländlichen Vereinigungen, die vor hundert Jahren gescheitert waren. Jetzt behaupteten sie sich, mitten in ihrem klosterfernen und kleinbürgerlichen Umkreis. Drei der vielen Beispiele seien herausgegriffen.

In Bregenz ließen sich keine Franziskaner nieder, weil die Betreuung der Bevölkerung in anderen Händen lag, bei den Benediktinern von Mehrerau; auch die Prämonstratenser von Weißenau besaßen eine Pfarrpfründe. In einer Furche zwischen der heutigen Oberstadt und der südlich davon stehenden Pfarrkirche St. Gallus, dort, wo der Thalbach fließt, wohnten angeblich 1336 zwei leibliche Schwestern, Anna und Dorothea Miller, in einem niedrigen Häuschen, von dessen Dach die Kühe Gras fressen konnten. Sie führten gemeinsam Haushalt, hatten aber keinen Grundbesitz und lebten von Handarbeit. Sie lebten so fromm, daß andere Leute – vielleicht ihre Beichtväter – ihnen rieten, sich einem Orden anzuschließen. Sie wanderten 1340 nach Konstanz und baten die dortigen Franziskaner um Einkleidung in ihren dritten Orden. Anscheinend wurden sie aufgenommen und kehrten nach Hause zurück. Wenig später, 1342, bot ihnen eine Witwe ihren Weinberg an, nahe bei dem Haus auf der Sonnenseite. Der Kaufpreis lag so hoch, daß ihn die Schwestern nach und nach abzahlen mußten. Innerhalb einiger Jahre gelang es ihnen, das Geld durch fleißiges Spinnen aufzubringen. Textilerzeugung über den Eigenbedarf hinaus wurde in der Bregenzer Gegend vielfach geübt, aus heimischem Flachs wurde Garn gesponnen, zum Verkauf in größere Textilstädte. Auf diese Weise werden die Millers nicht nur den Weinberg erworben, sondern vorher und nachher den Lebensunterhalt bestritten haben.

Die Witwe ließ sich den Kaufpreis nicht ganz auszahlen, sondern bestimmte eine größere Summe gewissermaßen als Hypothek, von der alljährlich an den Freitagen der Fastenzeit Brot an die Armen ausgeteilt werden sollte. Die Beschenkten würden ebenso wie die Schwestern für das Seelenheil der Stifterin beten, die Terziarinnen würden Notleidenden behilflich sein. Was nach dem Tod der Millers aus dem Haus wurde, ist unbekannt. Vermutlich zogen andere Terziarinnen zu und setzten Handarbeit und Brotstiftung fort. Anscheinend wurde gegen Ende des fünfzehnten Jahrhunderts der auch sonst als Ordensfreund bekannte Priester Hildebrand Brandenburg aus Biberach auf das Schwesternhaus Thalbach aufmerksam und reiste eigens nach Rom, um eine päpstliche Bestätigung zu erlangen. Erhalten ist sie nicht, wie überhaupt alles Berichtete aus mündlicher Tradition stammte. Deshalb kam in der neueren Forschung der Verdacht auf, die ganze Gründungsgeschichte habe sich hundert Jahre nach dem überlieferten Datum, seit 1436 abgespielt. Schriftliche Zeugnisse setzten erst im sechzehnten Jahrhundert ein, als das Kloster zu wachsen begann. Bis dahin war außer Weinberg und Stiftung offenbar nichts zu verwalten und zu vererben, nichts aufzuschreiben. Ein ziemlich untrügliches Zeichen dafür, daß die Terziarinnen von Thalbach wirklich in franziskanischer Armut von Handarbeit lebten und von geistlichen oder weltlichen Behörden kaum bemerkt wurden.

Ähnliches geschah in Möggingen, einem Dorf auf dem Bodanrück, dessen Kirche den Benediktinern von St. Gallen gehörte und dessen Land von der Abtei als Lehen an die Herren von Bodman ausgegeben war. Auch hier wohnten keine Franziskaner, die nächsten in Konstanz. Auch hier zuerst ein örtlicher Anstoß. Auf dem Bodanrück über Bodman, im Bodenwald, hauste im späten vierzehnten Jahrhundert ein Einsiedler namens Burchard, der zahlreiche Almosen erhielt. Von ihrem Ertrag kaufte er, wie es scheint

1378, ein Rebland neben der Mögginger Kirche, das zum Pfarrgut gehörte. Pfarrer Johann Keller verkaufte es mit Genehmigung der Herren von Bodman. Auf diesem Rebland baute die leibliche Schwester des Einsiedlers, die bislang in Mahlspüren gesessene Klausnerin Adelheid, ein Haus für sich und andere »arme Menschen«, die dem Herrn dienen wollten. Wieder lesen wir all das in späten Aufzeichnungen, in einer gefälschten Gründungsurkunde aus dem siebzehnten Jahrhundert. Auch in Möggingen begann erst im sechzehnten Jahrhundert, von Thalbach angeregt, intensives Klosterleben; dann reimte man sich recht und schlecht zusammen, was man aus mündlicher Überlieferung wußte. Neuzeitliche Ordenstradition behauptet, daß Adelheid Franziskaner-Terziarin gewesen sei; sie könnte ihre Gemeinschaft dem Ortspfarrer in Möggingen oder den Franziskanern in Konstanz unterstellt haben; sie könnte – die Forschung wird es nie erfahren.

So kläglich die Frauen lebten, sie konnten sich bei bescheidensten Ansprüchen allmählich hocharbeiten. Wer indes höher hinaus wollte, riskierte Widerstände und Zusammenbrüche, wie sie den Frauen von Äschach widerfuhren. Es waren ihrer drei, die leiblichen Schwestern Anna und Adelheid Mayer aus Berneck und Anna Hug aus Feldkirch, fromme Kleinbürgerinnen, die sich 1378 in einem Privathaus bei Äschach zusammensetzten, am Nordoststrand der Appenzeller Berge über dem Rheintal. Wahrscheinlich gingen sie in das nahe St. Margrethen hinunter zur Kirche und zum Pfarrer, wandten sich aber auch an die Lindauer Franziskaner und wurden in den dritten Orden aufgenommen. Zwölf Jahre wohnten sie unter Leitung von Anna Mayer beisammen, ohne großen Zuzug und Zuspruch. Dann erreichte sie ein Ruf nach auswärts, zu geistlicher Rangerhöhung und wirtschaftlicher Besserstellung, dem sie nicht widerstehen konnten.

Graf Rudolf V. von Montfort-Feldkirch hatte im wilden Waldtal Valduna hinter Rankweil 1388 einen Einsiedler seßhaft zu machen versucht, Marquard mit Namen, der aus Tegernsee stammte und in Brixen als Kaufmann reich geworden war. Er begann mit zwei Genossen in Valduna eine Klause zu bauen, deren Grundstück ihm der Graf schenkte. Der unstete Marquard machte jedoch Schwierigkeiten und verschwand alsbald heimlich, die Klause halbfertig zurücklassend. Der Graf, der soeben auf dem Viktorsberg Franziskaner angesetzt hatte, bat den Kustoden der Franziskaner am Bodensee, Marquard von Lindau, um Unterstützung für Valduna und wünschte sich eine Niederlassung von Klarissen, die erste in Vorarlberg. Marquard von Lindau überredete nun die frommen Frauen von Äschach 1390 zum Umzug nach Valduna, der Graf machte ihnen in Feldkirch mündliche Zusagen für weiteren Ausbau. Hätten sie nicht zugreifen sollen? Wären sie als Klarissen nicht geistlich und materiell besser gestellt? Könnten sie dann nicht segensreicher und ansteckender wirken?

Kaum hatten sie zugesagt, starb Ende 1390 ihr gräflicher Gönner ohne Erben, 1392 ihr franziskanischer Beschützer. Sie strebten nach Äschach zurück, um das alte Leben als Terziarinnen fortzusetzen. Aber man ließ sie nicht ziehen. Bürger aus Feldkirch und Rankweil stifteten Weizen, Wein und Geld; der Erbe der Montforter, Herzog Leopold IV. von Österreich, bestätigte 1393 die frühere Zusage, ein Klarissenkloster zu errichten. Es würde ärmlicher ausfallen als Paradies oder gar Königsfelden, dafür franziskanischer. Um geistliche Betreuung und Lateinunterricht der Frauen kümmerten sich in der Tat Franziskaner aus Konstanz. An Zulauf fehlte es nicht, 1403 saßen in Valduna schon fünfzig Terziarinnen und zwölf Laienschwestern. Lediglich an Mitteln fehlte es. Mit Almosen der Umgebung wurde langsam und kümmerlich ein Klosterkirchlein gebaut, zum Essen und Trinken reichten die Einkünfte nicht. Und Armut mußte (franziskanisch) zwar sein, durfte aber (kirchenrechtlich) nicht sein.

Die Dürftigkeit der Ausstattung verhinderte die kanonische Aufnahme in den Klarissenorden. Denn zuvor mußte die Versorgung nachgewiesen werden, und kein Franziskanerkonvent im Umkreis konnte sie mitverkraften. Konstanzer Barfüßer erreichten 1403 nach einer wohlwollenden bischöflichen Visitation trotzdem die Aufnahme des Konvents in den Klarissenorden. Der Kustode am See, Johann Schönbenz aus Lindau, nahm sie vor, Anna Mayer durfte sich von nun an Äbtissin nennen. Was war damit wirklich gewonnen? Die frischgebackenen Klarissen merkten bald, daß die kirchenrechtlichen Bestimmungen ihren guten Sinn hatten. In den Wirren des Appenzeller Krieges stockte der Eingang von Almosen, im Oktober 1406 mußte sich der Konvent Valduna praktisch auflösen. Er beschloß einstimmig, jede einzelne Schwester solle so lange selbst für ihren Unterhalt mit ihrer Hände Arbeit und ihrer Verwandten Hilfe aufkommen, bis bessere Zeiten kämen. Seit dem Nonnenkrieg in Radegundes Kloster Poitiers war dies das Schreckgespenst aller Ordensleute, die Zerstreuung in die Welt. Wie lange konnten vereinzelte Nonnen ihre Gelübde halten? Für Valduna kamen bessere Zeiten erst 1411, als die Stadt Feldkirch die Schirmvogtei über das Kloster übernahm. Auch hier wie in Paradies und Königsfelden kamen die Klarissen in das Fahrwasser der Bürgergemeinde, die ihnen seit den franziskanischen Anfängen nahestand. Nackte Not hinderte die Nonnen von Valduna auch weiterhin daran, geistlich so träge wie vornehmere Konvente am See zu werden, aber Nachahmung fand ihr Beispiel nicht. War geistlicher Ehrgeiz nicht auch eine Art Hochmut und kam vor dem Fall? Wer franziskanisch hungern wollte, tat es besser im Stillen.

Die franziskanische Frauenbewegung des späten vierzehnten Jahrhunderts hatte, wie die Beispiele lehren, ihre Schwerpunkte im Hinterland, weitab von geistlichen, politischen, wirtschaftlichen Zentren. Bei kleinen Leuten war sie höchst populär, bei tonangebenden kaum bekannt, aufs Papier kamen ihre Spuren selten und spät. Nur einem außergewöhnlichen Glücksfall ist es zuzuschreiben, daß wir eine Terziarinnengruppe am Bodensee in den ersten zwanzig Jahren ihrer Geschichte aus nächster Nähe beobachten können, die von Reute bei Waldsee. Der Schussengau war mit älteren Klöstern reichlich gesegnet und nahm kein Franziskanerkloster mehr auf; das nächste in Lindau lag eine Tagereise entfernt. Auch die Kleinstadt Waldsee brauchte die Minderbrüder nicht, denn seit 1181 wirkte hier das Augustinerchorherrenstift St. Peter, das im weiten ländlichen Umkreis die Pfarrseelsorge innehatte, ähnlich wie Kreuzlingen. In dem Dorf Reute, eine Wegstunde südwestlich vom Städtchen entfernt, besaß das Stift Waldsee seit 1329 Land, seit 1351 versah es mit Genehmigung des Konstanzer Bischofs die Pfarrei. Gegen Ende des vierzehnten Jahrhunderts amtierte als Pfarrer in Reute der Augustinerchorherr Konrad Kügelin, ein ebenso gebildeter wie schlichter Priester. Er schrieb auf, was er erlebte.

Kügelin saß auch in Waldsee öfter im Beichtstuhl. Im Jahre 1400 kam zu dem dreiunddreißigjährigen Chorherrn ein vierzehnjähriges Mädchen aus dem Ort zur Beichte, Elsbeth Achler, eines von vielen Kindern der ehrbaren Eheleute Hans und Anna Achler. Der Beruf des Vaters ist nicht zweifelsfrei auszumachen, nach der einen Überlieferung war er Leineweber, nach der anderen Färber, vermutlich also in der oberschwäbischen Textilverarbeitung tätig. Er war nicht ganz so arm, wie ihn die Lokalüberlieferung darstellt; er besaß ein Haus, in dem mehrere Knechte und Mägde arbeiteten, und hinterließ der Familie etliches Gut. Dennoch war er ein Kleinbürger; seine Frau konnte sich zum Stillen keine Amme leisten, und die Kinder wuchsen bescheiden auf. Elsbeth verfertigte Puppen, wickelte sie in Tücher und spielte mit ihnen, als wären es ihre Kinder. Einmal besetzte sie ihren Rock mit Kletten und malte sich aus, es wären goldene und silberne Knöpfe. Jugendträume eines strebsamen Mädchens, dem eine Zukunft als Hausmutter einer reicheren Familie vorschwebte. Ähnlich mögen die Eltern gedacht haben, zumal da die heranwachsende Elsbeth schön und im Kreis der Gespielinnen gut angeschrieben war. Sie kam zu Kügelin in die Stiftskirche, um ihre kleinen Eitelkeiten zu beichten.

Der Beichtvater fand sie einfältig und rein, warnte sie vor irdischen Begierden und empfahl ihr das Ordensleben, *und sunderlich den tritten orden und regel sant Franciscen, in dem sü ir leben solte volbringen in andaht und in schowen der himmelschen gnaden gottes.* Daß Elsbeth nicht in dem hochadligen Damenstift Buchau ankommen würde, stand von vornherein fest; die Zisterzienserinnen von Baindt, bis vor kurzem auch in Reute begütert, nahmen schwerlich minderbemittelte Kleinbürgerinnen auf. Etwas besser hätte Elsbeth in den Konvent von Heiligkreuztal gepaßt, denn den dortigen Zisterzienserinnen haftete noch etwas von ihren franziskanischen Neigungen an. Im vierzehnten Jahrhundert rekrutierten sie sich vorzugsweise aus Bürgerfamilien der habsburgischen Kleinstadt Riedlingen, deren politisches Schicksal dem von Waldsee haargenau glich. Heiligkreuztal wetteiferte geistig und künstlerisch sogar mit Katharinental, übernahm sich aber dabei. Im Klausurgebäude von 1256, das anfangs mit zehn Schwestern belegt und seitdem nicht erweitert worden war, drängten sich 1382 hundertfünfundzwanzig Schwestern, zu viele für die Erträge der kleinen Grundherrschaft. Die überfälligen Baumaßnahmen waren eingestellt; die Äbtissin klagte dem Konstanzer Bischof, ihr Konvent sei durch Krieg, Pest, feindliche Angriffe und widrige Naturereignisse schwer geschädigt. Da hätte Elsbeth ärmlich leben können; doch eben damals begannen in Heiligkreuztal wohlhabende Nonnen, Privateigentum zu kaufen, Leibrenten zu beziehen und prunkvolle Kleidung zu tragen – das alte Lied von der sozialen Kluft bei wirtschaftlicher Not, wie in Paradies. Elsbeth hätte dort keine geistliche Heimat gefunden, die Tagereise dorthin hätte ihr die leibliche Heimat genommen. Aber warum in die Ferne schweifen? Kügelin betreute in Waldsee bereits einige fromme Frauen vom dritten Orden, die er ebenfalls in der Beichte geworben haben wird; er hatte seine Freude an dem Kind, das er nicht wegzuschicken, sondern in Waldsee geistlich zu formen gedachte. Elsbeth erwies sich als gelehrig und wollte bald von sich aus als Terziarin eingekleidet werden *in der kilchen noch gewonheit und sitten,* öffentlich wie die anderen Schwestern, als jugendliche Braut Christi. Es geschah nach ihrem Wunsch, bei dem noch kindliche Freude an Zeremonien mitspielte. Folgenreich war die Feierlichkeit nicht, denn Elsbeth blieb im Elternhaus wohnen.

Dem Seelenführer mißfielen die lockeren Sitten des Gesindes im Haus, von denen ihm die Terziarin erzählte und die ihr das fromme Leben erschwerten. Er besprach den Satz des Evangeliums mit ihr, daß Christi unwürdig sei, wer Vater und Mutter mehr als ihn liebe. Sie folgte ihm sofort, obwohl beide wußten, daß die Eltern nicht in eine Trennung willigen würden. Was hätten die Leute im Städtchen zu munkeln! Prompt verstießen die Eltern ihre Tochter und versagten ihr jede Unterstützung. Kügelin brachte sie bei einer älteren, ehrbaren Schwester des dritten Ordens unter, damit sie weben lerne. Man kann den Zorn der Eltern nachfühlen. Sie verloren ein Kind, das sie sich weder als arme Weberin noch als ewige Jungfer erträumt hatten. Elsbeth hatte vorher das Weben nicht gelernt; oft zerrissen ihr die Fäden im Gewebe, so daß sie manchmal einen halben Tag brauchte, um sie wieder zusammenzuknüpfen. Sie saß also an einem Webstuhl, wie ihn in Waldsee manche Heimarbeiterin bediente. Ihre Lehrmeisterin verdiente wenig, Elsbeth litt während der dreijährigen Lehrzeit bittere Not. Bisweilen legte sie sich auf den Boden und aß, was dort für Hühner und Katzen bereitet war. Ihrem Beichtvater gestand sie die Entbehrungen damals nicht. Sie wollte sich in franziskanischer Armut und Arbeit bewähren, ohne Mitmenschen zur Last zu fallen, und hielt durch. Schon war sie kein Wachs mehr, das andere formen konnten.

Ihren geistlichen Berater erfüllte währenddessen eine Sorge, die nicht franziskanisch, jedoch für spätmittelalterliches Mönchtum typisch war. Er sah es, die siebzehnjährige Terziarin widerstand allen Versuchungen des Teufels, der sie durch Armut und Mißgeschick vom Gottesdienst abbringen und Weltfreuden zuführen wollte. Trotzdem, was konnte das Mädchen noch in der Laienwelt gewinnen? Die tägliche Plage bei der Weberin hemmte ihren geistlichen Fortschritt. Sie durfte *in dem stetlin zu Walse* nicht ihre besten Jahre vertun. Es zählte bloß sechshundert Seelen, aber für ein geistliches Leben waren das viel zu viele. Kügelin begann 1402 zu überlegen, wo und wie er ein Haus bauen könne, für Elsbeth und die anderen Schwestern vom dritten Orden, *daz sü sich abgescheidenlich möchten gehalten und luterlich von der welte*. Das war noch immer und schon wieder der Inbegriff des Mönchtums, ein abgesondertes Haus für anhaltende Weltflucht. Ein Haus für fromme Frauen bestand bereits in größeren Nachbarstädten, in Weingarten seit über hundert, in Ravensburg seit wenigen Jahren, in Waldsee und Umgebung noch nicht (auch in Reute nicht, wo die Lokaltradition aufgrund einer Verwechslung ein altes Beginenhaus vermutet).

Weltflucht ja, aber inmitten der Laienwelt, die Vorbilder brauchte. Der Zweck des dritten Ordens und der Wunsch der Frauen wären verfehlt worden, wenn Kügelin die frömmsten Mitglieder seiner Gemeinde in weite Ferne geschickt hätte. Am besten brachte er seine Beichtkinder aus Waldsee neben der Dorfkirche von Reute unter, deren Pfarrer er war. Er baute ihnen 1402 eine Klause, wenig mehr als die vier Wände, denn woher sollte er reiche Stifter nehmen? Hier versammelte er fünf Terziarinnen, darunter Elsbeth Achler und vielleicht ihre Webmeisterin. Die zwei ältesten Frauen sollten in der Klausur bleiben. Zwei jüngeren befahl Kügelin, zum Betteln mit Bittbriefen des Propstes von Waldsee über Land zu ziehen, damit die Klause fertiggestellt und die Verpflegung sichergestellt werden könne. Die übliche Finanzierungsmethode der Bettelmönche, für Frauen nicht unbedenklich. Deshalb sollte Elsbeth, die jüngste und kindlichste, ebenfalls zuhause bleiben. Sie war die schönste unter den Schwestern und gefiel jedermann wohl, das konnte Belästigungen und Gefährdungen bringen. Sie sollte den anderen Schwestern das Essen kochen. Sie tat es zwei Jahre lang gewissenhaft, ungefähr bis 1405.

Schon in den ersten Jahren engen Zusammenlebens suchte Kügelin die Schwestern, besonders Elsbeth Achler, über wirtschaftliche Sorgen und soziale Freuden einer Klostergemeinschaft hinauszuführen. Der geistliche Leiter des Schwesternhauses residierte nicht dort wie ein Propst, sonst hätte er wohl den Fragen der Organisation mehr Gewicht beigemessen. Er kam zu den Schwestern, um Messen zu feiern, Predigten zu halten, Beichten zu hören. Dabei stellte er ihnen als besondere Seelenarznei immer wieder das Leiden Christi vor Augen; sich darein zu vertiefen, sei ihre Hauptaufgabe. So wurde der Klosteralltag für die Franziskanerinnen vordergründig und durchsichtig, fast ohne daß sie es merkten. Als eines Tages ein armer Mann an der Tür um Almosen bettelte, nahm Elsbeth als Köchin ein Stück Brot und gab es ihm. Das war franziskanische Nächstenliebe, denn die Schwestern hatten selbst wenig zu beißen. Doch Kügelin legte großen Wert darauf, daß der Bettler plötzlich verschwunden sei, und vermutete, es sei Christus persönlich gewesen. Ein anderer Christus als der Erlöser am Kreuz in Katharinental; der Bettler an der Tür forderte nicht Betrachtung, sondern Tätigkeit, allerdings die der Köchin, nicht des Konvents.

Auf ähnliche Art gab Kügelin internen Beschäftigungen der Schwestern eine überhöhende Deutung. Soweit sie in der Klausur blieben, unterstützten sie ihre draußen bettelnden Mitschwestern durch Spinnen und Weben, sei es für die eigenen Kutten, sei es für den Verkauf. Eine solche Arbeitsgemeinschaft schweißte zusammen. Doch wenn Elsbeth am Spinnrad saß, dachte sie nicht an das Ergebnis ihrer Arbeit und die Bedürfnisse der Mitschwestern, sondern an die Locken ihres liebsten Gemahls Christus, an denen ihn die frevelhaften Juden zerrten. Wenn sie Holz in die Küche trug, fiel ihr wieder Christus ein, der von allen Freunden verlassen das Kreuzesholz schleppte. Elsbeth fühlte sich gewiß nicht verlassen, sie wurde von den älteren Mitschwestern anerkannt und bediente sie mit gutem Willen, aber sie wuchs in eine andere, übernatürliche Gemeinschaft mit ihrem liebsten Gemahl Christus hinein. Kügelin muß die Veränderung bemerkt und als großen Fortschritt empfunden haben. Hier bahnte sich eine ähnliche Vereinzelung wie in Katharinental an. Elsbeth teilte mystische Erlebnisse nicht mit den Schwestern, teilte sie nur dem Seelenführer mit und blieb die einzige im Konvent, der sie zuteil wurden.

Es dürfte in diesen ersten Jahren geschehen sein, daß sich Elsbeths häuslicher Kummer in Wohlgefallen auflöste. Vater Achler starb, die Mutter zog *mit allem irem guot* in die Klause nach Reute, um ihre Sünden abzubüßen und eines frommen Todes zu sterben. Den Mitschwestern mag der materielle Zuwachs willkommen gewesen sein, Elsbeth wird die Sinneswandlung der Mutter begrüßt haben, doch an der Gemeinschaft der Familie hing sie nicht mehr. Ihre Absage an die Bürgerkirche machte alle sozialen Bindungen unwesentlich, auch in Kügelins Augen. Nachdem er das Schwesternhaus in Reute vor allem Elsbeths wegen begründet hatte, konnte er jetzt den entscheidenden Schritt aus der Welt hinaus wagen, die Umwandlung der Klause in ein Kloster. Der zuständige Bischof von Konstanz übergab die Terziarinnen von Reute 1406 der Obhut des Franziskanerordens; der Kustode am See, Johann Schönhenz aus Lindau, schrieb ihnen die Statuten vor und nahm ihnen die Gelübde ab. Zur ersten Meisterin wurde die älteste Mitschwester Margarethe Batzer aus Waldsee gewählt. Damit war aus der Frauengemeinschaft ein reguliertes Kloster des dritten Ordens geworden, nicht des zweiten wie in Valduna, doch betraf der Unterschied kirchenrechtliche Feinheiten, nicht die Lebenspraxis. Arm blieb das Kloster Reute, der Propst des Augustinerchorherrenstifts Waldsee übergab ihm 1407 wenigstens das Klostergelände zu eigen.

Damit möchte man die Geschichte der Franziskanerin Elsbeth Achler abbrechen. Nach modernen Maßstäben entschwand sie nun den Augen der Welt und wirkte nicht mehr auf sie ein. Entsprach dieser Rückzug noch dem Laienapostolat des heiligen Franziskus oder der Landgräfin von Thüringen, deren Taufnamen Elsbeth trug? Aber nach der Ansicht Kügelins, der spätmittelalterlichen überhaupt, begann jetzt erst ihre geistliche Ausstrahlung. Schon 1405, vor der rechtlichen Umwidmung des Konvents, gab Elsbeth eines Tages Bescheid, Kügelin möge zu ihr kommen. Sie kam nicht mehr zu ihm, denn sie lebte in Klausur, und rief ihn nicht oft, denn sie wußte selbst, was zu tun war. Diesmal wußte sie es nicht. Sie sagte ihm, sie wolle ohne alle natürliche Nahrung leben, und fragte ihn, ob das angehe. Kügelin war überrascht, diesen Gedanken hatte nicht er ihr nahegelegt. Er erbat sich Bedenkzeit und wanderte nach Warthausen nördlich von Biberach, wo seit etwa 1380 neben der Pfarrkirche ein Schwesternhaus des dritten Ordens stand, von einer Biberacher Witwe samt Töchtern ins Leben gerufen. Die dortige Vorsteherin namens Elsbeth gab dem Chorherrn die Auskunft, daß bei Gott kein Ding unmöglich sei. Das *Insprechen* des Heiligen Geistes, von dem dieser Gedanke komme, dürfe Elsbeth Achler nicht erschrecken, sie solle ganz auf Gott vertrauen. So begann Elsbeth auf alle Speise außer der Eucharistie zu verzichten, drei Jahre lang. Das hieß die franziskanische Armut auf die Spitze treiben und die apostolische Aktivität restlos aufgeben.

Fragen wir nicht lang, wie ein Mensch ohne Nahrungsaufnahme am Leben bleiben kann; fragen wir gleich, was der Konvent dazu sagte. Dieses Verhalten einer Mitschwester war eigenwillig und zerstörte die klösterliche Tischgemeinschaft, ganz davon abgesehen, daß Elsbeth keinen Küchendienst mehr tun konnte und meist das Bett hüten mußte. Kügelin begriff die naheliegenden Einwände der Nonnen, ließ sie jedoch nicht gelten und schrieb den Hauptwiderstand in seiner überhöhenden Art dem Teufel zu. Der böse Geist habe sich eines Tages, als Elsbeth besonders schwach und krank war, in die Gestalt der Meisterin Batzer verwandelt, ihr Gerstenmus in einer Schüssel gebracht und davon zu essen befohlen. Sie weigerte sich. War das der klösterliche Gehorsam, den sie geschworen hatte? Die Mitschwestern schöpften Verdacht, Elsbeth hungere nur aus Prestigegründen, *von ruom und ere der welt wegen*. Der böse Geist habe sich, so berichtet Kügelin, oft in die Gestalt Elsbeths verwandelt und heimlich Bohnen und Linsen aus der Küche weggenommen. So glaubten die Nonnen, daß Elsbeth sie betrüge; nur die Meisterin wußte es besser. Die Aufregung im Konvent ist begreiflich, sie entzündete sich weniger an dem Wunder, das die Frauen gern geglaubt hätten, als an Elsbeths Sonderstellung. Sie wurde von den Regeln der Gemeinschaft befreit und auf Kosten der Mitschwestern erhöht, ohne eine Hand zu rühren.

Um die Schwestern zu beruhigen, aß Elsbeth nach drei Jahren etwas, behielt es aber nicht bei sich. So zeigte sie, daß ihre Nahrungsverweigerung keine asketische Leistung, sondern ein auferlegtes Gesetz war, und blieb dabei, von 1408 bis zum Tod weitere zwölf Jahre. Die Nonnen gaben ihren Argwohn nicht sofort auf. Sie meinten mitunter Elsbeth zu sehen, wie sie Brot, Fleisch, Schmalz und andere Speisen aus dem Keller stahl und in ihre Einzelzelle trug; sie fanden das Gestohlene sogar unter Elsbeths Bett. Sie tuschelten, nun sei es klar, warum Elsbeth öffentlich nichts essen müsse, sie schlage sich heimlich den Magen voll. Kügelin, der unbestrittene geistliche Herr im Haus, wies diesen Verdacht als teuflische Vorspiegelung zurück. Es scheint, als hätten ihm die Schwestern allmählich geglaubt. Denn schließlich geschah etwas, was kein Betrug sein konnte; jede Schwester mußte sich täglich davon überzeugen. Die entkräftete, meist bettlägerige Elsbeth begann an verschiedenen Stellen des Körpers zu bluten und wie der heilige Franziskus die Wundmale Christi aufzuweisen. So tief war ihr Mitleiden mit dem liebsten Gemahl, daß die Wunden bis zu achtmal am Tag aufbrachen, besonders stark an Freitagen und während der Fastenzeit.

Ein Wunder, zweifellos, kein freudenreiches. Kügelin verschweigt nicht, was es für Elsbeths Mitschwestern bedeutete. Sie begehrten nicht mehr auf, aber der nun geforderte franziskanische Krankendienst war schwer. Sie hatten viel Mühe mit dem Waschen von Elsbeths Kleidung und Bettzeug, ständig mußten sie zum fernen Bach laufen und frisches Wasser holen. Schließlich gruben sie auf Elsbeths Weisung im Garten neben der Klause einen Brunnen, und nun ging die Arbeit schneller von der Hand. Wie beschwerlich sie blieb, zeigt ein Wunder während der Arbeit am Brunnen. Keine Mitschwester behielt genug Zeit, um Elsbeth aus dem Bett zu heben, das Bett ordentlich zu richten und sie behutsam wieder hineinzulegen, ohne ihr weh zu tun. Engel Gottes besorgten es dies eine Mal – aber in den ganzen Jahren sonst? Die Schwestern merkten selbst, was Elsbeth litt und wie schwach sie war. Eines Pfingsttages ging Kügelin mit den Franziskanerinnen im Klostergarten spazieren, Elsbeth war dabei. Sie fiel ohnmächtig hin und wurde in ihre Zelle getragen. Als sie wieder zu sich kam, meinte sie, das Vöglein habe so süß und innig gesungen, daß sie von allen Kräften gekommen sei. Nur ja dem geschundenen Leib keine Rechte über den Geist einräumen!

Manchmal lag sie zwei oder drei Tage wie tot, *on alle sinlicheit*. Wenn sie erwachte, war ihr, als wäre sie von den Toten auferstanden. Auf Kügelins drängende Fragen erzählte sie ihm von ihren Erlebnissen drüben, Visionen in der Art Wettis von Reichenau, mit helleren Farben freilich. Der Menschensohn Christus, begleitet von seiner Mutter Maria und dem ganzen himmlischen Heer, sei zu ihr gekommen und habe ihren Geist vor die Majestät Gottes geführt, in eine unaussprechliche Freude des Schauens, vor der alle kreatürliche Vernunft verstummt sei. Sie spürte (und das zeigt, daß sie dem Sterben wirklich nahe war), daß ihr Geist sich vom Leib trennte und daß sie bei der Wiedervereinigung große Schmerzen litt. Nicht immer war sie so weit von sich entfernt. Wie den Nonnen von Katharinental konnte es ihr geschehen, daß sie ihren Gemahl Christus in himmlischer Gestalt erblickte, von Engeln und Heiligen umringt, und daß er ihr die Eucharistie reichte. Wenn sie kommuniziert hatte, war sie gewöhnlich für zwei oder drei Stunden entrückt. Doch kam es auch vor, daß ihre Seele mitten im Leib für etwa sechs Stunden das Fegfeuer brennen fühlte. Während sie ohnmächtig lag, traf sie mit vielen büßenden Seelen zusammen, die sie mit greulichen Stimmen um Hilfe anriefen. Davon erwachte sie völlig in Schweiß gebadet, als käme sie aus dem Bach. Damit nicht genug. Kügelin meinte zu wissen, daß oft der Teufel in ihre Zelle kam, sie an den Haaren hin und her zog, sie schlug und biß, so daß man nachher die Wunden sah. Auch Gott schlug sie bisweilen hart. Drei Tage lang war sie aussätzig, sah aufgedunsen aus und stank. Sie ertrug es wie alles andere, als Leiden, das sie mit ihrem Gemahl Christus verband und das er mit ihr überwand. Es konnte nicht anders sein: Die irdische Welt hinter sich zu lassen und der himmlischen entgegenzugehen, hieß dem Leidensweg Christi zum Kreuz nachfolgen.

Wem diente das Leiden? Nur der Prüfung und Läuterung der einen Frau? Kügelin, der sie bewunderte, erweckte durch seinen Bericht diesen Eindruck, aber er führt irre. Kloster Reute war von der Umwelt nicht hermetisch abgeriegelt; man merkt es, wo sich Kügelin auf Augenzeugen beruft. Elsbeths Wunden seien, so schreibt er, von vielen besichtigt worden, nicht allein von den anderen Schwestern, auch von Edlen und Unedlen, Priestern und Laien, Frauen und Männern, sogar von gelehrten Magistern. In der späteren Fassung seines Berichtes nannte er als Besucher zwei Fräulein von Königsegg, aus dem Herrengeschlecht nahebei in Aulendorf. Sie können sich an den Leiden der Franziskanerin nicht nur erbaut, sie müssen sich darüber entsetzt haben. War dies jene Nachfolge Christi, die Gott von jedem Menschen verlangte? Sah so der Triumph des Geistes über das Fleisch aus? Nein, eher spiegelte sich darin die Misere des Menschenlebens. Im Leiden Christi und seiner Braut verkörperte sich überdies ein allgemeines Leid, von dem Elsbeth mit Kügelin öfter sprach, die Trennung der Christenheit im Papstschisma. Lange Zeit vor der Wiedervereinigung der Christenheit in Konstanz habe Elsbeth vorausgesagt, daß sie am Martinstag 1417 geschehen werde, *und nüt e*. Sie litt nicht als einzige Frau an der Kirchenspaltung geradezu körperlich. Die Dominikaner-Terziarin Katharina von Siena, die 1374 an der Pest erkrankte, trug bis zum Tod 1380 gleichfalls die Wundmale Christi. Christ sein hieß in diesen bösen Zeiten sterbenskrank sein.

Allerdings wollte Elsbeth Achler, anders als Katharina von Siena, nicht die Öffentlichkeit aufrütteln. Wenn Kügelin anderen Menschen von ihrem Leiden erzählte, bat sie ihn, davon zu schweigen; Apostel und Heilige seien bessere Vorbilder. Ansehen wollte sie auch als Dulderin nicht provozieren, denn sie blickte sich kaum nach Mitmenschen um. Dennoch war ihr Leiden an der Weltlichkeit und Körperlichkeit stellvertretend gemeint, nicht für den Konvent in Reute, den dritten Orden der Franziskaner oder das Bistum Konstanz, sondern für den Menschen in der Welt. Sie wandte sich von einer Christenheit ab, der nur Leiden, nicht Handeln helfen konnte. Elsbeth, die in Kindertagen gern mit Puppen gespielt hatte, dachte sich auch Christus manchmal so wie die Dominikanerinnen von Katharinental als Kind. Aber wenn sie es umfangen wollte, entzog es sich ihr, sie konnte nur noch schreien: »Wo bist du, wohin bist du gekommen?« Dem strahlenden Herrn würde sie erst im Jenseits begegnen.

Auf Erden offenbarte Er sich den Menschen nur im Leiden und Sterben. So starb sie, an ihrem vierunddreißigsten Geburtstag, dem 25. November 1420, an Lebensjahren Christus gleich. Sie wußte wie die meisten mittelalterlichen Heiligen, daß es so weit war. Sie ließ den Beichtvater Kügelin und alle Schwestern, angeblich sechzehn, rufen und die Kerzen anzünden. Dann lasen sie ihr, wie sie es wünschte, die Leidensgeschichte Christi vor. Sie trank die »Johannesminne«, kirchlich geweihten Wein zur Erhaltung leiblicher Gesundheit oder zur Vorbereitung auf den Tod; der Trunk war zugleich Abschied von der Gemeinschaft der Mitschwestern. Sie gab Kügelin dankbar die Hand, er hatte ihr am nächsten gestanden. Dann ließ sie alle hinter sich, faltete die Hände und starb, mit einer Heiterkeit, die das Ende des Lebens als Ende des Leidens feierte. Was auf Erden von ihr zurückblieb, war ihre Sorge nicht.

Es war Kügelins Sorge, obwohl er seit 1418 nicht mehr Pfarrer in Reute, sondern Propst des Stifts in Waldsee war. Sofort nach Elsbeths Tod reichte er der bischöflichen Behörde in Konstanz einen lateinischen Bericht über ihr Leben ein, sei es um eine Heiligsprechung vorzubereiten, sei es um Verdächtigungen entgegenzutreten. Ein abgeschlossenes Nonnenleben sollte offiziös untersucht werden, weil es Merkmale des Außergewöhnlichen trug. Für Kügelin stand fest, daß Gott mit dem Leben von Elsbeth Achler ein tröstliches Beispiel für Zeitgenossen geben wollte. Um es bekanntzumachen, übersetzte Kügelin seinen Bericht sofort ins Deutsche. Alsbald überarbeitete und erweiterte er ihn noch zweimal, die letzte Fassung übergab er im Mai 1421 den Schwestern von Reute. Sie solle, befahl er, weder ausgeliehen noch abgeschrieben werden, damit das Andenken der Seligen nicht von ihren Landsleuten geschmälert und verunglimpft würde. Kügelins fieberhafte Tätigkeit wurde offenbar dadurch veranlaßt, daß Leute von Waldsee und Umgebung der Verstorbenen die Absage an die Bürgerkirche heimzahlten. Was die Nonnen in Reute schließlich begriffen hatten, war den Laien ringsum schwerer klarzumachen: daß das Besondere der Franziskanerin kein Hochmut war.

Tatsächlich drängt sich der Verdacht auf, daß zuerst Fremde verehrungsvoll an Elsbeth Achler dachten. Die neunjährige Vollwaise Ursula Haider aus Leutkirch wurde 1422 nach Reute geschickt und lernte wohl dort die Zuneigung zum Leiden Christi, die sie später als Klarisse in Valduna, noch später als Äbtissin in Villingen lehrte. Auch die meisten der neun erhaltenen Handschriften von Kügelins Bericht wurden in größerer Entfernung abgeschrieben, bei den Benediktinern von St. Gallen und Engelberg, bei den Franziskanern von Konstanz, in Straßburger und Augsburger Klöstern, bei den Zisterzienserinnen von Kirchheim im Ries. In der Nähe fand die Erinnerung bloß eine sichere Bleibe, im Kloster Reute selbst. Unsere Quellen verstummten allerdings bis ins späte sechzehnte Jahrhundert, als ein Klosterbrand neue Aktivität entfachte. Doch beim ersten Seligsprechungsprozeß sagte 1625 eine siebenundsiebzigjährige Schwester von Reute aus, sie sei noch vier Jahre mit einer anderen Schwester zusammengewesen, diese habe ihr versichert, sie habe eine Schwester gekannt, die noch mit Elsbeth Achler persönlich zusammengelebt habe. Diese habe gesagt, die gute Beth habe ein ganz heiliges Leben geführt. Mündliche Überlieferung hielt über zweihundert Jahre hinweg die Franziskanerinnen von Reute zusammen; in allen Nöten erzählten sie einander von dem Vorbild im Leiden, ohne viel in Kügelins Bericht zu lesen. Das Umland begann sich erst spät um die Seligsprechung der guten Beth zu bemühen und erreichte sie 1766. Seitdem wird sie auf den Altären einer Landschaft verehrt, die ihr Leben nicht verstanden hatte, ähnlich wie Seuse in Konstanz.

Wenn wir von den Einzelheiten zurücktreten, um einen Überblick zu gewinnen, bemerken wir erstens die Besonderheit der franziskanischen Mystik im Spätmittelalter. Vieles, was von der Mystik der Dominikanerinnen in Katharinental zu sagen war, gilt für die der Franziskanerin von Reute auch: Auflösung der Konventgemeinschaft, Vereinzelung der Nonnen, Ausbildung des religiösen Individuums, kühles Verhältnis zur Umgebung. Nur betrifft es weniger die Mitschwestern im Durchschnitt als Elsbeth Achler, die von jeder mitmenschlichen Gemeinschaft abgerückt erscheint. Aber es scheint nur so, ihre Mystik trägt franziskanische Züge. Von ihr hört man nirgends, daß sie etwas gelesen oder geschrieben hätte; andere lasen ihr vor oder schrieben für sie. Vermutlich beherrschte sie zeitlebens das Lateinische nicht, und wo hätte es etwa ihre Weblehrerin lernen können? Eine Lateinschule bestand in Waldsee wie in anderen Städten, jedoch ausschließlich für Knaben, vornehmlich für künftige Priester. Damit entfiel bei den

Franziskanerinnen von Reute jene Gelehrsamkeit, die den Dominikanerinnen in Katharinental von Jugend auf, den Klarissen in Valduna nachträglich beigebracht wurde. Die Klosterverwaltung mag in Reute unter dem Fehlen der Schriftlichkeit gelitten haben, dem Historiker entgehen die schönsten Quellen; doch das geistliche Leben behielt eine Spontaneität, die aus den nichtregulierten Beginenhäusern des dritten Ordens kam.

Mystik bedeutete deshalb in Reute nicht sublime Spekulation, sondern emotionales Erlebnis, das sich in der Begegnung mit dem leibhaftigen Christus vollzog und sich nicht zur Sprachlichkeit vergeistigte, dafür den ganzen Menschen bis zur Bewußtlosigkeit erschütterte. Hier herrschte franziskanische Armut und Arbeit, Hingabe des Lebens für andere, freilich aus dem Bereich fröhlichen Handelns zurückgenommen in den Bezirk ohnmächtigen Leidens. Die Leidensmystik in Reute war nicht süßlicher und erotischer als die Seelenmystik in Katharinental, indes blutiger, beinahe ohne Lächeln. Die Nonne stand dem Gekreuzigten in Reute nicht gegenüber, sie bildete sein Leiden in ihrem Leben nach. Das bräutliche Gefühl für den geliebten Christus steigerte auch nicht die Individualität der Nonne, sondern drückte ihrem Leib den Stempel der Qual so übermächtig auf, daß weniger begnadeten Mitschwestern Neidgefühle vergingen. Noch im Mitleiden blieben Franziskanerinnen hellhörig für Nöte der durchschnittlichen Mitmenschen draußen, die ein ähnlich unsicheres Leben führten, sich aber nicht darüber zu erheben wußten. Auch die Klarissen in Paradies fanden über die Umstände ihres Alltags um so weniger hinaus, je enger sie sich mit der Bürgerkirche in den Städten verbanden. Erst die radikale Absage an die Gesellschaft legte hinter aller Geschäftigkeit der Menschen die menschliche Ohnmacht bloß.

Die Eigenart franziskanischen Klosterlebens hing zweitens mit seiner Verfassung zusammen. Während Dominikanerinnen und Klarissen größere Konvente mit abgestufter Hierarchie und verteilten Ämtern bildeten, kamen die Franziskanerinnen von Reute aus einer kleinen Beginengruppe, in der alle zusammenhalfen, um die anfallende Arbeit zu bewältigen. So drückend die Armut in Reute blieb, sie befreite die Frauen von vielen äußeren Ordnungen und Sorgen. Selbst wenn die anderen Schwestern mehr Verpflegung und Kleidung als Elsbeth Achler benötigten, lebten sie von der Hand in den Mund und vertieften sich nicht in weitläufige Güterverzeichnisse und verwickelte Schenkungsurkunden. Sie nutzten die franziskanische Freiheit bloß zu gelegentlichen Bettelzügen durch die nächsten Dörfer und waren gegen den Bankrott des Konvents so wenig wie die Klarissen von Valduna gefeit. Aber sie warteten nicht auf großmächtige Beschützer, nicht einmal auf die Bauern von Reute; ihren Brunnen im Garten gruben sie eigenhändig und freuten sich wie die Kinder, als er wirklich lief. Weil sie den Alltag nahmen, wie er kam, brauchten sie keine gemeinsame Überlieferung zu pflegen und keine gemeinsame Verantwortung zu tragen. Ihr Konvent blieb aufgelockert, weil alle wichtigen Entscheidungen von ihrem Gründer und Leiter getroffen wurden, der dem Konvent selbst nicht angehörte. Diese Besonderheit, auf andere Weise auch in Königsfelden verwirklicht, prägte das Erscheinungsbild des Klosters Reute.

Kügelin war Prokurator des Konvents. Er mußte das Nötige unternehmen, damit die Schwestern ein Dach über dem Kopf, Vorräte im Keller hatten, er mußte Bettelbriefe bei seinem Propst, Privilegien bei seinem Bischof besorgen. Zu den Verwaltungsaufgaben kamen geistliche, die dem Leiter einer Drittordensgemeinschaft zustanden. Auch nachdem die Terziarinnen dem Franziskanerorden eingegliedert waren, blieb Kügelin oberste Autorität. Der Augustinerchorherr vermittelte den Frauen alles an religiöser Bildung, was sie besaßen; er hatte in Büchern gelesen und würde in Bücher schreiben. Was er predigte, versuchten sie zu tun; was mißlang, beichteten sie ihm. Ihr Vertrauen gab ihm Macht und legte ihm Verantwortung auf, die über die eines Beichtvaters hinausging. Er mußte entscheiden, ob Elsbeth Achler leibliche Nahrung verweigern durfte; die möglichen Folgen ihres Gehorsams fielen auf ihn. Sein Vorgesetzter, der Propst von Waldsee, wurde 1414 in Konstanz beim Papst denunziert, er habe in seiner Kirche falschen Gottesdienst von Beginen geduldet; derlei konnte schlimme Wirkungen haben. Kügelin mußte wissen, was die Leute im Städtchen schwätzten und manche Confratres auch. Wer hätte nicht gern den geistlichen Rat einer schönen jungen Franziskanerin gespielt! Aber wer hätte dann bei ihr ausgehalten, als sie aufgedunsen dalag? »Gott behüte unseren Orden vor großen Männern«, hat man moderne Ordensleute sagen hören; schon im Mittelalter war es gefährlich, das Ungewöhnliche zu fördern. Kügelin war überzeugt, eine Heilige herangezogen zu haben, doch wenn er sich täuschte? Er unterwarf sich ausdrücklich dem Urteil und der Strafe seiner Oberen, ein treuer Diener der Kirche, der nie erfuhr, ob sie seinen größten Dienst annahm.

Drittens: Was hieß in Reute noch Kirche? Kügelin erlebte in Waldsee, daß er mit den fünf Terziarinnen ziemlich allein stand. Die Leute im Städtchen hatten andere Ängste und Freuden, nicht bloß Knechte und Mägde vom Gesinde, auch ehrbare Eheleute. Christen hießen sie alle und wollten mit kirchlichen Riten getauft, getraut und bestattet sein, aber zwischendurch ihr kägliches Dasein nach Kräften genießen. Im Dorf Reute verdroß es den Pfarrer, daß sich die Bauern über das geschäftige Treiben der Franziskanerinnen ärgerten, anstatt ihnen zu helfen. Auf höhere Stände durfte er noch weniger bauen. Der Landesherr von Waldsee, Herzog Leopold III. von Österreich, fiel 1386 im Kampf gegen die Eidgenossen bei Sempach. Damals mußten die Habsburger Waldsee an die Truchsessen von Waldburg verpfänden, obwohl die Bürger sich vorher selbst aus anderen Pfandschaften freigekauft und dafür von Österreich das Versprechen erhalten hatten, nie mehr verpfändet zu werden. Sie rebellierten 1392 gegen die Waldburger, der Truchseß schlug hart zurück und ließ die Rädelsführer enthaupten oder verbannen. Der Friede, den Franz von Assisi in die ständische Welt hatte bringen wollen, kehrte in Waldsee nicht ein; Friedensstifter bezogen in der Laienkirche schnell Prügel von allen Parteien.

Um die Laien eines Besseren zu belehren, mühten sich Priester vom Schlag Kügelins um fromme, wenn auch kleine Gefolgschaften wie die Terziarinnen. Sie überzeugten aber kaum jemanden, solange die Priesterkirche insgesamt zerstritten war. Seit 1378 machten einander zwei Päpste die Leitung der katholischen Kirche streitig, der eine in Rom, der andere in Avignon, das war schon arg. Noch ärger war, daß in Konstanz 1384 und 1387 je zwei Bischöfe auf einmal gewählt wurden, einer von der römischen, einer von der avignonesischen Obödienz. Das Ärgste war: Mochte sich schließlich die nächste Bischofsstadt Konstanz auf die römische Seite schlagen, die nächste Stadt mit einem Franziskanerkloster, Lindau, hielt zu Avignon. Was Elsbeth Achler voraussagte, merkten auch ihre Landsleute: Ob Rom oder Avignon, weder da noch dort herrschte franziskanische Nächstenliebe, überall Kampf um die Macht. Wenn der Friede auf sich warten ließ, lag der Fehler nicht bei einzelnen Würdenträgern, sondern in der Herrschaftsordnung der Kirche. Zur wahren Kirche Christi zählte dann bloß der einzelne Fromme, der kein Amt bekleidete und ohne Rücksicht auf die Gesellschaft für die Nachfolge Christi lebte, irgendwo im Verborgenen, in Thalbach oder Reute.

Viertens: Mönchtum forderte in dieser Lage Rückzug aus dem Bürgerkrieg der Laien und Priester. Das hieß Abkehr von etablierten und zentralisierten Orden, die voll in das Papstschisma hineingezerrt wurden, Umgehung päpstlicher oder bischöflicher Eingriffe, Beschränkung auf den einzelnen Ort und wenige Gleichgesinnte, mit einem Wort Rückkehr zur Beginengruppe. Möglichst kein weitläufiger Grundbesitz, der in politisches Gezänk verwickelt würde, möglichst keine feste Organisation, die kirchenrechtlichen Querelen ausgesetzt wäre, möglichst keine Querverbindung zu Nachbargruppen, die nach Verschwörung aussehen könnte. Elsbeth Achler reiste vermutlich nie über den Umkreis von Waldsee und Reute hinaus, allenfalls bis Warthausen. Sie zog sich sogar im Kloster Reute in sich selbst zurück. Denn die Spaltung der Christenheit drang bis in die Klausur, wenn die einen an das Leiden Christi, die anderen an Ruhm und Ehre der Welt dachten. Die Scheidung zwischen Kindern Gottes und Kindern der Welt war innerhalb der Klöster vor dem vierzehnten Jahrhundert nicht üblich gewesen; am Bodensee mußte Heinrich Seuse sie als erster aushalten, Elsbeth Achler als zweite. Ihre Einsamkeit im Konvent führte dazu, daß wir das Mönchsleben beider Einzelgänger bis in alle Einzelheiten kennen, denn sie vertrauten sich Gleichgesinnten von draußen an.

Elsbeth Achler hätte bei aller Willenskraft und Selbständigkeit den Konflikt nicht besser als Heinrich Seuse durchgestanden, wenn Konrad Kügelin ihr nicht unerschütterlich beigestanden hätte. Im Grund war er ihr einziger Mitmönch, in seinem Konvent so allein wie sie in dem ihren. Was daraus erwuchs, der Beziehung zwischen Heinrich Seuse und Elsbeth Stagel verwandt, aber an Intensität überlegen, wäre als geistliche Freundschaft nur oberflächlich benannt. Es war Einverständnis von Einzelnen inmitten der Vielen, Übereinstimmung der Gezeichneten. Einem ähnlichen Einvernehmen zwischen den Stillen im Land wollte der Propst durch die Lebensbeschreibung der Terziarin dienen; es ist ihm gelungen. Die Leidensgeschichte der Elsbeth Achler wurde an den Rändern des Bodenseegebietes von vielen abgeschrieben und nachgelesen. Trotzdem kann man kaum behaupten, ihr Leben hätte die Klosterlandschaft am See mitgestaltet. Es bewegte einzelne fromme Menschen, soweit sie lesen und schreiben konnten; das waren eigentlich schon die falschen. Eher hätten sich im Schicksal der guten Beth die Frauen von Thalbach oder von Möggingen wiedererkannt, doch zu ihnen drangen höchstens Gerüchte. Die Jahre um 1400 waren nicht die Zeit für eine Gemeinschaft der Gläubigen, geschweige denn der Heiligen, nicht am Bodensee, geschweige denn auf Erden. Ich male mir aus, daß Elsbeth Achler heute wiederkäme und sich zu einer Reise von Reute nach Paradies überreden ließe. Über den Panzerwagen im Nonnenkloster würde sie sich kaum wundern, mehr über den Ortsnamen: Ein Paradies auf Erden?

EBERHARD HORGASSER · KARMELITER IN RAVENSBURG

Das Konstanzer Konzil vereinigte von 1414 bis 1418 die ansehnlichste Schar christlicher Kirchenfürsten, die das Mittelalter an einem Ort zusammenkommen sah. Prälaten und Fürsten aus aller Welt, die sich am Bodensee versammelten, suchten durch die Verurteilung von Jan Hus die Einheit des christlichen Glaubens zu retten und gaben mit der Wahl von Martin V. der christlichen Kirche einen allgemein anerkannten Papst. Aber vereinigte das Konzil damit wirklich, wie nicht bloß Elsbeth Achler ersehnte, die christliche Gemeinschaft der Gläubigen zu einem lebendigen Körper? Dem Mönchtum fiel ein neuer Auftrag zu, wenn die Reform christlichen Lebens gelingen sollte. Ob sie gelingen konnte, wird dem Betrachter zweifelhaft, der in Ulrich Richentals Konzilschronik blättert. Der Konstanzer Bürger vermerkte wenige Jahre nach Abschluß des Konzils voller Stolz, daß aus allen großen Städten die führenden Priester, Mönche und Laien herbeigeeilt waren; aber eigentlich schrieb er bloß die Geschichte seiner Vaterstadt zur Konzilszeit. Die Bedeutung der Mönche war ihm bewußt, nach seiner Darstellung standen die Konstanzer Klöster mehr im Mittelpunkt des Konzilsgeschehens als der Bezirk des Konstanzer Bischofs um Münster und Pfalz. Nur, was geschah bei den Mönchen Wichtiges?

Als Papst Johannes XXIII. anreiste, übernachtete er zuerst bei den Augustinerchorherren in Kreuzlingen. König Siegmund richtete sich anfangs bei den Benediktinern in Petershausen häuslich ein. Während ältere Orden vornehmlich Quartiere bereitstellten, trafen sich bei den drei Konstanzer Bettelorden die Konzilsnationen zu Sitzungen in Kapitelsälen und Speisesälen, bevor sie zu Plenarversammlungen im Münster zusammentraten, die Italiener und Franzosen bei den Dominikanern auf der Rheininsel, die Deutschen und Engländer bei den Franziskanern am Stephansplatz, die Spanier bei den Augustinereremiten im Neugassenviertel, bei denen sich dann auch König Siegmund einquartierte. Bettelmönchen galt Richentals besondere Zuneigung, jedoch nicht, weil er von ihnen eine Erneuerung christlichen Lebens im ganzen erhoffte, sondern weil sie die alte Verbindung zwischen katholischer Weltläufigkeit und Konstanzer Bürgergemeinde am sichtbarsten bezeugten. Die Namen ihrer italienischen Ordensgeneräle notierte er bei dem festlichen Einzug in Konstanz mit Wohlgefallen. Bürgern der Kongreßstadt lag am Inhalt der Konzilsberatungen wenig, an einer Erneuerung des Mönchtums nicht viel, denn ihre örtliche Welt war heil geblieben. Richental schätzte die seit zweihundert Jahren in den Städten tätigen Bettelorden, auch die seit siebenhundert Jahren bestehenden Abteien auf dem Land, doch von neueren Ordensgründungen traten die wenigsten in sein Blickfeld. Sie machten beim Konzil kaum von sich reden, weil sie unter dem vorangegangenen Papstschisma schlimmer als längstgefestigte Orden litten und weil sie mit der Wiederherstellung der päpstlichen Einheit das Ziel der Kirchenreform noch nicht verwirklicht sahen. Sie wollten die Bürgerkirche aus ihrer Selbstzufriedenheit aufrütteln, doch wer hörte auf sie?

Einen dieser spätmittelalterlichen Orden beachtete Richental, weil er ihn aus seinem Alltag kannte, die Antoniter. Er berichtete, daß der *großmaister sant Anthönier ordens* 1414 in Konstanz einzog und *in der Tönier huß* mit zweiunddreißig Pferden Platz fand. Der Orden erinnerte nur durch seinen Namen noch an den Mönchsvater des frühchristlichen Orients und war zu einer rein städtischen Kongregation geworden. In die Kirche von La Motte in den französischen Hochalpen waren um 1070 die angeblichen Gebeine Antonios' des Großen gebracht worden. Bald hieß das hier entstehende Benediktinerkloster St. Antoine. Rasch entwickelte sich eine Wallfahrt, als sich herausstellte, daß der heilige Antonius gegen eine ansteckende Hautkrankheit half, eine brandige Vergiftung nach Genuß von Mutterkorn, die seit der Jahrtausendwende um sich griff. Nun hieß die Krankheit Antoniusfeuer. Im Spital der Benediktiner von St. Antoine wurden die am Antoniusfeuer Erkrankten gepflegt, auch die Krüppel weiter versorgt, denen man brandige Glieder hatte amputieren müssen. Dort wirkte seit etwa 1095 eine Spitalgenossenschaft von Laien, die 1247 die Augustinregel für priesterliche Kanoniker aufgriff und 1297 das ganze Kloster von den Benediktinern übernahm. Sie betrieb weiterhin jene besondere Seelsorge, die Kreuzlinger Augustinerchorherren lästig geworden war, die Krankenpflege. Darüber wurden die Antoniter, anders als die Johanniter, praktisch zu Bettelmönchen. Denn die Chorherren konnten die Pflegekosten nicht aus ihrem Grundbesitz bestreiten und schickten ihre Mitglieder (im schwarzen Mantel mit einem blauen T-artigen Kreuz, dem Antoniuskreuz) durch die ganze Christenheit, wo sie jährlich einmal in jeder Pfarrei Spenden sammeln durften. Ein Orden apostolischer Aktivität inmitten der Laienkirche, kirchenrechtlich ein Monstrum, nämlich Kanonikerorden, Spitalorden und Mendikantenorden zugleich, im Alltag eben deshalb von größter Durchschlagskraft.

Die »Sammelbrüder«, wie die Antoniter auch hießen, errichteten im Raum zwischen Garonne, Po, Maas und Rhein über zweihundert Zweigstellen, sogenannte Praeceptorate, zum Almosensammeln; an die meisten Stationen waren kleine Spitäler für die vom Antoniusfeuer Befallenen angeschlossen. Im Konstanzer Bistum traten sie vielleicht um 1290 erstmals in Freiburg auf; spätestens 1348 saß in der Bischofsstadt Konstanz ebenfalls ein Praeceptor, nicht zufällig seit der großen Pest. Denn als Nothelfer gegen sie wurde der heilige Antonius gleichfalls angerufen. Von Konstanz aus entstanden weitere Filialen, in Uznach östlich vom Zürichsee 1373, später zum Beispiel in Ravensburg, mit Vorliebe in Städten. Praeceptoren waren in der Regel keine Einheimischen, sondern Welsche aus der Dauphiné. Das Papstschisma störte die Arbeit der Antoniter in Deutschland, weil die Mutterabtei St. Antoine avignonesisch ausgerichtet war. Demzufolge hingen die Konstanzer Antoniter der Observanz Benedikts XIII. an. Als der römische Papst Innocenz VII. 1406 für Konstanz den im Memminger Haus wohnenden Südfranzosen Jacob Torculator als Praeceptor vorsah, brach eine offene Spaltung aus. Ein Beauftragter des Abts von St. Antoine, der Praeceptor von Chambéry, kam nach Konstanz gereist und schlug an den Kirchentüren Mandate an, nach denen Torculator keine Almosen mehr einheben dürfe; dafür sei jetzt Bruder Albert d'Urre zuständig. Der Konstanzer Bischof Albrecht Blarer protestierte 1409, daß der fremde Delegierte sich weigere, vor ihm Rechenschaft abzulegen. Dennoch konnte der Bischof den Kandidaten Roms nicht gegen den Widerstand des Ordens in Konstanz durchbringen. Er wich nach Memmingen aus. Eine der zahllosen Zänkereien, mit denen sich die Priesterkirche bei Laien um ihren Kredit brachte.

Auch der Antoniterorden verlor sein Ansehen. Es sprach sich herum, daß die Ausländer Geld sammelten, um eine ganz bestimmte, in Deutschland nicht verbreitete Krankheit zu heilen. Als das Antoniusfeuer im vierzehnten Jahrhundert erlosch, behandelten sie Haut- und Geschlechtskrankheiten, ohne großen medizinischen Sachverstand, immerhin mit viel Erfahrung am Krankenbett. Bedenklicher als die Spezialisierung war die Provinzialisierung der Antoniter. Sie sahen ihre Praeceptorate als Erbhöfe südfranzösischer Familien an und führten im Ausland ein ungezwungenes Leben, als gingen sie christliche Maßstäbe der geldgebenden Gastgemeinden nichts an. Kein Muster der von allen geforderten Kirchenreform! Richental äußerte solche Bedenken nicht. Er achtete die karitativen Aktivitäten, mehr noch die ökonomischen Aktiva der Antoniter. Er kannte das stattliche Haus der Tönier in Konstanz, auf der inneren Stadtmauer am Rindporter Tor, das weit besser instand gehalten wurde als das Schottenkloster nebenan. Er wußte, daß die Chorherren, in Konstanz nie mehr als vier, in der ganzen Diözese Geld eintrieben und mehrere Niederlassungen zwischen Bern und Reutlingen beaufsichtigten. Er fand die Zahl der Pferde beachtlich, mit denen Abt Hugo von St. Antoine zum Konstanzer Konzil anritt. Er hörte, daß Antoniter den Arztdienst am Papsthof versahen. International verbreitet und doch am Bodensee zuhause, fromm und doch finanzkräftig, so dachte sich der Konstanzer die Mönche seiner Bürgerkirche.

Deshalb übersah Richental zwei andere spätmittelalterliche Mönchsgemeinschaften, obwohl sie auf dem Konstanzer Konzil vertreten waren, mittlerweile am Bodensee wirkten und schon wegen ihrer Ordenstracht aus dem gewohnten Rahmen fielen: die Pauliner mit weißem Habit und weißem Mantel und die Karmeliter mit braunem Habit und weißem Mantel. Beide Orden verkörperten reiner als stolzierende Generäle und Äbte das Mönchtum des frühen fünfzehnten Jahrhunderts, denn sie waren buchstäblich von Außenseitern begründet und fügten sich nicht in das kirchenrechtliche Schema der Koinobiten und Mendikanten. Sie sammelten anfangs Einsiedler und kamen aus Randzonen des christlichen Abendlandes, Kernzonen der urchristlichen Gemeinde. In der wohlbestallten Bürgerkirche des Kontinents, in der dichtbesetzten Klosterlandschaft am Bodensee wirkten sie wie Pilger und Fremdlinge. Doch wenn Mönchtum als Gemeinschaftsleben noch eine Zukunft vor sich hatte, dann bei Paulinern und Karmelitern.

Der Paulinerorden ging aus mehreren ungarischen Eremitengruppen hervor, die sich seit 1215 entwickelten und zwischen 1250 und 1263 zu einem Orden vereinigten. Ihr Namenspatron war der älteste Eremit der christlichen Kirchengeschichte, Paulus von Theben, der im dritten, vierten Jahrhundert angeblich neunzig Jahre lang in einer Felsenhöhle gelebt hatte. Doch konnten die Pauliner die Weltabgeschiedenheit des spätantiken Ägypten nicht ohne weiteres in das katholische Ungarn des dreizehnten Jahrhunderts übertragen. Sie standen vor der ewigen abendländischen Frage, was sie außer der Selbstheiligung für ihre Mitmenschen zu tun gedächten. Seit 1308 übernahmen sie die Augustinregel, das Grundgesetz für gemeinsam lebende Priester. Ähnlich den Prämonstratensern, deren Ordenstracht sie nachahmten, verknüpften sie angestrengte Liturgie und ländliche Handarbeit mit der Zurückgezogenheit von Einsiedlern. Sie wollten für Laien mitsorgen, indes in Randgebieten, und beschränkten ihren Wirkungskreis auf Bergwälder des spätmittelalterlichen Europa, vor allem auf die Ostalpen. Seit 1340 ließen sie sich, vom Osten kommend, im deutschen Süden nieder, in Rohrhalden bei Rottenburg auf dem Rücken des Rammertberges, dann um 1350 in der Bergwildnis von Ebnit in Vorarlberg, nicht allzuweit vom Viktorsberg, wo im neunten Jahrhundert der irische Klausner Eusebius gewohnt hatte, schließlich 1362 in Grünwald im Hochschwarzwald und 1402 unweit davon in Bonndorf. Überall kümmerten sie sich um die Pfarrseelsorge der Bergbauern und unterschieden sich von ihnen klar durch die priesterliche Bildung, weniger deutlich durch die soziale Herkunft, fast gar nicht durch die harte Lebensweise. Man könnte sich keinen schärferen Gegensatz zur Bürgerkirche des vierzehnten Jahrhunderts, etwa zu den Franziskanern von Lindau, denken.

Selbst in den Bergen lebten die Pauliner nicht mit Bauern und Hirten allein, sondern bekamen mit adligen Familien zu tun, die sich wenigstens eine kärgliche Landesherrschaft aneignen wollten, bevor aller Boden gerodet und vergeben war. Ein solcher Herr rief die Pauliner an den Bodensee. Graf Heinrich III. von Montfort-Tettnang mußte seinem Bruder 1354 bei der Erbteilung die Grafschaft Bregenz überlassen und wollte um Tettnang einen eigenen Schwerpunkt bilden. Unter anderem erbte er eine Zelle im Wald Argenhart, auf einem Bergvorsprung über dem wilden Argental, wo sich seit den 1330er Jahren verjagte Prämonstratenser aus Weißenau, dann Weltgeistliche aufgehalten hatten. Zur Allerheiligenkapelle Argenhart rief der Graf 1359 die Pauliner, die er aus Ungarn kannte. Es kamen bloß zwei, einen kennen wir mit Namen, den Priester Johann von Zug. Wenn der Name nicht trügt, stammte er aus dem Bergland der Innerschweiz, wo die Pauliner keine Niederlassungen hatten. Der Konstanzer Bischof nahm die Priesterzelle Argenhart 1364 aus dem Verband der Pfarrei Langenargen heraus, 1377 entzog der Papst die Pauliner der bischöflichen Gerichtsbarkeit überhaupt. Sie konnten fortan in Argenhart wie anderswo von Ordnungen der Bürgerkirche unbehelligt tun, was ihnen am Herzen lag. Freilich war da noch der Graf von Tettnang; er hatte anderes mit ihnen vor.

Unfern von Argenhart, unten im bequemeren Flußtal der Argen, stand seit zweihundertfünfzig Jahren die Benediktinerpropstei Langnau, 1122 gestiftet von Arnold von Hiltensweiler, einem Adligen, der den Nellenburger Grafen nahestand; deshalb wurde die Gründung dem Kloster Allerheiligen in Schaffhausen zugeordnet. Die Mönche, drei oder vier an der Zahl, sollten für alle Zeit bei Tag und Nacht Gottesdienst und Seelsorge üben. Außerdem sammelten sie im Lauf der Zeit rund um das Argental einen hübschen Landbesitz mit mehreren Meierhöfen und zahlreichen Gotteshausleuten, eine blühende kleine Grundherrschaft. Auf sie warf der landhungrige Graf von Tettnang begehrliche Blicke. Als zuständiger Klostervogt begann er sich über die schlechte Verwaltung des benediktinischen Propstes zu beschweren, mit der Miene des Biedermanns. Ob zu Recht oder nicht, die Mutterabtei Schaffhausen ließ sich herbei, den abgelegenen Güterkomplex 1389 an den Grafen zu verkaufen. Weil er die Seelsorge der Klosterbauern neu ordnen mußte, versetzte er die Pauliner vom unwirtlichen Bergwald in die Klostergebäude von Langnau neben der steinernen Pfarrkirche und übertrug ihnen die geistliche und wirtschaftliche Betreuung des gesamten, bisher benediktinischen Klostergutes, als befände man sich im frühen zwölften Jahrhundert.

Es regten sich Widerstände, die den Aufbau des Paulinerklosters Langnau um anderthalb Jahrzehnte verzögerten. Woher Einsprüche kamen, läßt sich denken. Die Pauliner von Argenhart, unter Leitung des für alle deutschen Ordenshäuser verantwortlichen Provinzials Nikolaus, dürften ihr selbstgewähltes Einsiedlerleben nur widerwillig aufgegeben haben, um eine altbenediktinische Grundherrschaft zu verwalten. Die Konstitutionen ihres Ordens hatten kürzlich noch die Dorfherrschaft als Gift der Gotteskirche verdammt und die Seelsorge nicht als Ordensziel vorgesehen. Pauliner wollten sich nicht in die Bürgerkirche hineinziehen lassen, auch nicht auf dem Umweg über Feudalherrschaft. Ihr Protest wäre verhallt, wenn nicht Graf Heinrich III. abgelenkt worden wäre. Er mußte in den nächsten Jahren seine Burg mit Markt und Stadt in Tettnang ausbauen sowie verwickelte Kämpfe mit habsburgischen Herzögen und Appenzeller Bauern ausfechten. Weiter wirkte das Papstschisma hinderlich, gerade im Bistum Konstanz, das sich zwischen den Päpsten lange nicht zu entscheiden wagte. Das angrenzende Bistum Chur votierte für Avignon, nebenan das Bistum Augsburg für Rom. Unter den mächtigsten Landesfürsten neigten die Habsburger, besonders in Tirol und Kärnten, zu Avignon, die Luxemburger, besonders in Böhmen und Ungarn, zu Rom. An welchen Papst sollten sich die aus Ungarn stammenden Pauliner halten, an welchen sollte sich der auf Habsburg angewiesene Graf von Tettnang wenden? Der Bürgerkrieg der Christenheit blockierte mönchisches Gedeihen noch im fernsten Winkel.

Als sich der Wirrwarr klärte, geschah den Paulinern nicht das Erwünschte, sondern das Gewöhnliche, sie wurden verwendet. Der Graf schrieb 1406 dem römischen Papst Innocenz VII., er habe sich nie für die antirömische Partei bestechen lassen, sie stets bekämpft und bitte deshalb um Bestätigung des neuen Klosters. Diesem kirchenpolitischen Bündnis mußten sich die Pauliner beugen. *Provinzial und Brüdern Sant Pauls des ersten Ainsidls Sant Augustins Ordens* übergaben der Graf und seine beiden Söhne schon 1405 Kirche und Klostergut Langnau, mit der Auflage, ständig durch fünf Priester Gottesdienst und Seelsorge auszuführen und für die Stifterfamilie, der die erbliche Vogtei zustehe, alljährlich Seelenmessen zu singen. Folgerichtig ließ sich Graf Heinrich III. 1408 in der Klosterkirche Langnau beisetzen. Gründung eines dynastischen Hausklosters im fünfzehnten Jahrhundert, Politik aus der Mottenkiste mit Mönchen aus dem Hinterwald.

Bindung an das Grafenhaus Tettnang war nicht die einzige Hypothek, die die Pauliner übernehmen mußten. Unter dem Prior Johann von Stetten, zugleich Provinzial der kleinen deutschen Ordensprovinz, reorganisierten sie zwischen 1407 und 1418 die Grundherrschaft Langnau im alten Stil. Alsbald empfingen sie Landschenkungen vom Grafen und von seinen Ammännern. Als Wohltäter meldeten sich Patrizier aus benachbarten Handelsstädten, die Schreiber und Ysenbach aus Lindau, die Nidegg und Humpis aus Ravensburg. Schon war es ratsam, daß der Prior 1415 zum Konstanzer Konzil eilte und von König Siegmund den Schutz des Klosters bestätigen ließ. Dasselbe 1418, als das Konzil Martin V. zum Papst gewählt hatte; auch er beglaubigte Privilegien. Fromme Bürger und Bauern schenkten den Paulinern Land und Geld, damit sie für ihr Seelenheil beteten. Es blieb ihnen nichts anderes übrig, als ihren Besitz rationell zu verwalten, für pünktliche Zahlungen ihrer Schuldner zu sorgen, ihre wohlerworbenen Rechte in einem Kopialbuch aufzuschreiben, das heißt statt für das Seelenheil für das Erdendasein zu leben. Von älteren ländlichen Klöstern, etwa Prämonstratensern in Weißenau, unterschieden sich Pauliner bald bloß dadurch, daß sie weniger vornehme Mitglieder anzogen und weniger gelehrte Bücher verfaßten, denn zum Studium wollten sie sich nicht bequemen. Von ihrer Absage an die Bürgerkirche blieb äußere und innere Armut übrig. Deshalb wissen wir von der Klosterwirtschaft in Langnau viel, vom Zusammenleben des Konvents nichts. Auch wenn sie andere Paulinerklöster zwischen Schwarzwald und Bregenzerwald kontrollierten, durfte Richental sie getrost übersehen. Sie zogen nicht wie Antoniter bettelnd durch die Städte, für die Neuordnung der Christenheit waren sie belanglos. Langnau würde niemals Theben werden.

Aber der Berg Karmel, lag er nicht in den größten Städten der Christenheit? Warum ignorierte Richental auch ihn? Der General dieses Bettelordens, der Südfranzose Johannes Grossi, nahm selbstverständlich am Konstanzer Konzil teil. Er fand hier kein Kloster seines Ordens vor, in dem er kostenlos hätte wohnen können, und seine Quartierschulden mußten ihm sämtliche Karmeliterklöster bis 1424 abzahlen helfen. Sie waren also weder im Bodenseeraum verwurzelt noch finanzstark, konnten daher dem Bürger Richental nicht imponieren. Trotzdem mußte er davon gehört haben, daß sich unter den gefeierten Kanzelrednern des Konzils der englische Karmeliterprovinzial Thomas Netter befand, theologischer Hauptgegner von Wyclif und Hus an der Universität Oxford, in Konstanz überdies Beauftragter des englischen Königs. Doch um Gelehrsamkeit scherte sich Richental nicht. Er mußte weiter wissen, daß nahe am Bodensee in Ravensburg ein Karmeliterkloster stand. Doch da kamen Neidgefühle ins Spiel, die dem Konstanzer jede Erwähnung der Handelsmetropole Oberschwabens verboten, sogar dort, wo er die deutschen Reichsstädte aufzählte: Buchhorn ja, Biberach ja, Ravensburg nein. Wenn es noch eines Beweises bedürfte, hier wäre er: Richentals Bürgerkirche war geistig und räumlich hoffnungslos borniert. Wir überlassen den Konzilsberichterstatter seinen Animositäten und fragen die Karmeliter selbst, wie sie sich in der Bürgerkirche am Bodensee fühlten.

Sie kamen von weither, nicht bloß aus Frankreich und Ungarn, und hatten mehr Wanderungen und Wandlungen hinter sich als andere Orden. Seit den Zeiten des alttestamentlichen Propheten Elias boten Schluchten und Höhlen des Berges Karmel in Palästina immer wieder Flüchtlingen und Einsiedlern Unterschlupf. Wer dort lebte, konnte sich auf ältere und berühmtere Vorgänger berufen als Pauliner und Antoniter. Seit etwa 1155 hauste am Karmel beim Eliasbrunnen ein abendländischer Eremit namens Berthold, der aus Kalabrien gekommen und dort wohl vom griechischen Mönchtum gefesselt worden war. Er brachte einige Gefährten mit und lenkte seit 1185 eine Einsiedlerkolonie von abendländischen Pilgern und Kreuzfahrern. Dann geschah dasselbe wie wenig später bei den Paulinern. Bertholds Nachfolger Brocardus gab der Gruppe 1208 eine Verfassung, die ihr Einsiedlerleben mit Formen des Zusammenlebens verquickte und manches von Basilios dem Großen, dem Mönchsvater der Ostkirche, übernahm. Jeder sollte weiter allein in seiner Zelle leben, beten und schweigen, aber alle sollten einem Prior gehorchen und täglich zur Messe, wöchentlich zum Kapitel zusammentreten. Fleischgenuß und Privatbesitz sollten Fremdworte bleiben. Die Ordensregel, 1226 von Papst Honorius III. bestätigt, gab den »Brüdern der seligen Jungfrau Maria vom Berg Karmel« eine Stütze, als sie um 1240 vor andrängenden Mohammedanern ihr Kloster am Karmel räumen mußten.

Sie setzten sich am Seeweg der Kreuzfahrer fest, an den Küsten von Zypern, Sizilien, Frankreich, Flandern und England, und wären wieder zu verstreuten Einsiedlern geworden, wenn Simon Stock nicht gekommen wäre. Der Engländer, der als Eremit lange in einem hohlen Baumstamm gelebt, dann als Wanderprediger den Knotenstock in die Hand genommen hatte, faßte die aus dem Heiligen Land vertriebenen Karmeliter 1245 energisch zusammen, auf dreierlei Art. Zum ersten organisierte er den Verband als Generalprior und reiste unermüdlich durch Europa, um alle Konvente zu visitieren. Bei einem derartigen Besuch starb er 1265 im Karmeliterkloster Bordeaux. Schon durch diese Zentralisierung näherte er sich der Verfassung von Bettelorden. Zweitens paßte er die Lebensweise der Karmeliter städtischen Bedingungen an, durch eine Regeländerung, die Papst Innocenz IV. 1247 guthieß. Karmeliter durften sich künftig in Städten ansiedeln und Seelsorge betreiben, diesem Ordensziel zuliebe Stillschweigen und Fleischverbot mildern, durch gemeinsame Mahlzeiten ihre Zusammengehörigkeit im Alltag stärken. Die Päpste füllten diesen erweiterten Rahmen aus, indem sie den Karmelitern Predigt und Beichthören erlaubten, sie also auf priesterliche Aufgaben verwiesen. Sie kamen damit in nächste Nähe eines anderen Bettelordens der zweiten Generation, der Augustinereremiten, die 1256 aus mehreren Verbänden italienischer Einsiedlergruppen zu einem Orden zusammengefaßt wurden.

Eine dritte, speziell die Karmeliter kennzeichnende Neuerung wurde 1251 von Simon Stock eingeführt, die Verehrung des Skapuliers. Ein solches »Schulterkleid«, ursprünglich Arbeitsschürze für Benediktiner, diente in verkleinerter Form von zwei Wollstücken, die auf Brust und Rücken getragen und durch Schulterbänder verbunden wurden, schon länger als Abzeichen für Laienbruderschaften, die sich Mönchsorden anschlossen, ohne Mönchsgelübde abzulegen. Das Besondere am braunen Skapulier der Karmeliter war seine heilstiftende Wirkung. Die Muttergottes übergab es dem Generalprior 1251 in einer Vision in Cambridge, als Unterpfand des Seelenheils für alle, die mit ihm bekleidet sterben würden. Wer sich der Gottesmutter weihte, den geleitete sie sicher ins Jenseits; wer das Skapulier der Karmeliter trug, brauchte das Höllenfeuer nicht mehr zu fürchten. Dieser Gedanke, im vierzehnten Jahrhundert durch eine angebliche Papstbulle bekräftigt, machte die Karmeliter als »Liebfrauenbrüder« populär. Skapulierbruderschaften von Laien, die sich ihnen anschlossen, bildeten eine besondere Art von drittem Orden, nicht mehr auf gemeinsame Tätigkeit im Alltag, sondern auf persönliche Sicherheit im Jenseits gegründet. Die Blickrichtung der Karmeliter lenkte, wie die der Mystiker, von den gegenwärtigen Zuständen weg auf den Heilsweg des Individuums hin und verlieh der Idee des Bettelordens eine weltverachtende Begründung. Wenn im Nachlaß eines Karmeliters Privateigentum gefunden wurde, beerdigten ihn die Mitbrüder ohne Totenamt außerhalb des Konvents. Ob die Gottesmutter seiner Seele dann noch helfen würde?

Von England kamen Karmeliter rasch den Niederrhein und den Main herauf, entlang den Handelsstraßen zur Donau hinüber: 1249 Köln, 1252 Würzburg, 1273 Bamberg, 1287 Nürnberg, 1290 Regensburg. Im rhein- und mainfränkischen Städteband lagen ihre Schwerpunkte, für die niederdeutsche Provinz in Köln, für die oberdeutsche in Nürnberg, in den größten deutschen Städten. Den Bodensee ließen sie abseits liegen; Augsburg 1274, Esslingen 1275, Rottenburg 1289 blieben lange ihre äußersten Vorposten im alemannischen Raum. Zwischen Karmelitern und Augustinereremiten schien sich im späten dreizehnten Jahrhundert eine ähnliche Zonengrenze einzupendeln wie im frühen zwölften zwischen Prämonstratensern und Zisterziensern; von Italien kommende Augustinereremiten setzten sich seit den 1260er Jahren in Zürich und Konstanz fest, allerdings mühsamer und langsamer als die Karmeliter. Ein weiterer Bettelorden, die aus der

Provence stammenden Sackbrüder, drang bis Basel und Freiburg vor, nicht weiter in das Bistum Konstanz hinein. Dessen Bedarf war gedeckt.

Der überraschende Siegeszug der Karmeliter durch volkreiche und finanzstarke Handelsstädte erklärt sich einfach: Mit dem diesseitigen Aufschwung der Kleinbürger wuchs ihre Angst vor jenseitiger Vergeltung. Durch Spenden an unbestechliche Karmeliter beruhigten die Laien ihr schlechtes Gewissen. Der Platz im Himmel war vielleicht zu erkaufen, wenn die Gottesmutter für Skapulierträger einstand. Hinzu kam der Glaube, daß Unsere Liebe Frau vom Berg Karmel für Rettung aus Seenot hilfreich sei. Das mochten fliehende Karmeliter im Mittelmeer und Atlantik erprobt haben, es kam auch Fernhändlern bei Überseegeschäften gelegen. Aus solchen Gründen fanden die Karmeliter zum selben Zeitpunkt in Ravensburg Freunde, als sich die Stadt dem fränkisch-bayerischen Fernhandelsnetz anschloß und an Kopfzahl und Einkommen rapide zunahm. Vom fränkischen Dinkelsbühl kamen 1344 die ersten Karmeliter herüber, anfangs verständnislos beäugt. Denn der Orden mußte 1346 in Köln beschließen, dem neuen Ravensburger Konvent mit einem Geldzuschuß unter die Arme zu greifen. Dann dezimierte 1348 die Pest die Ravensburger Bevölkerung und leitete einen ersten Gesinnungswandel ein. Bei einer Feuersbrunst am Viehmarkt vor der alten Stadtmauer wurden einige Häuser eingeäschert; nun erlaubte der Stadtrat den Karmelitern, auf der Brandstätte zu bauen. Ihr Bauplatz kam bei der folgenden Stadterweiterung an den inneren Mauerring zu liegen, neben das »Brüdertor«, in ein Neubaugebiet. Ähnlich wie bei den Augustinereremiten im Konstanzer Neugassenviertel ein Wechsel auf die Zukunft.

Die Benediktiner von Weingarten, für die Ravensburger Pfarrkirche seit 1279 zuständig, waren für Neugründungen meist aufgeschlossen und stimmten auch dieser zu. Die Prämonstratenser von Weißenau hatten in Ravensburg nicht mehr viel zu bestellen. Einverstanden war der Konstanzer Bischof Ulrich Pfefferhard, ein Förderer der Bettelmönche; sein Weihbischof segnete 1349 den Bauplatz. Die Priesterkirche verhielt sich großzügig, fünfzehn französische Bischöfe schrieben 1350 einen eigenen Ablaß für Bauspenden aus. Nun flossen die Gelder etwas reichlicher, vor allem aus Kollekten bei Kleinbürgern; führende Stadtbürger blieben zugeknöpft. Seit 1367 sammelten die Karmeliter eine marianische Skapulierbruderschaft um sich, Konstanzer Bischöfe geizten 1367, 1391, 1399 nicht mit Ablässen für die Bruderschaft, auch nicht mit Befehlen an die Leutpriester, Karmeliter nicht beim Predigen und Beichthören zu stören. Die Zeiten des Papstschismas erschwerten die Eingewöhnung des neuen Bettelordens.

Noch 1392 vermerkten die Karmeliter dankbar, daß ihnen Truchseß Johannes von Waldburg die Trümmer seines Ravensburger Stadtschlosses für Kirchen- und Klosterbau überließ, den sie noch nicht fertig hatten. Mit den Trümmern hatte es seine eigene Bewandtnis. Die Bodenseestädte wehrten sich 1389 gegen die von König Wenzel befohlene Auflösung ihres Bundes durch erfolgreiche kriegerische Aktionen. Bei dieser Gelegenheit zerstörten die Ravensburger dem verhaßten Truchsessen die Stadtburg, er durfte sie nicht wieder aufbauen. Er schenkte die Steine den Karmelitern, sie lasen täglich eine Messe für ihn. Beliebt machten sie sich dadurch nicht bei Ravensburger Großbürgern, zum Beispiel bei Henggi Humpis nicht, einem führenden Kopf des Städtebundes. Beinahe herausfordernd nahmen sich Bürgermeister Humpis, Stadtrat und Leutpriester von Ravensburg 1395 eines seit 1335 bestehenden Schwesternhauses St. Michael auf dem Berge an. Aus diesem Beginenhaus sollte eine geschlossene Klause für acht Nonnen werden, wenig später wurde sie in ein Franziskanerinnenkloster vom dritten Orden umgewandelt. Die Förderung solcher örtlichen Frauengruppen war weniger gefährlich als die eines universal verbreiteten Männerordens; man sah ja in Waldsee, daß sich Frauen nicht in die große Politik einmischten. Daran lag freilich Ravensburger Karmelitern auch nicht.

Sie wagten kein weiteres Kloster im Bistum Konstanz zu gründen. Statt dessen strebte die 1348 endgültig verselbständigte oberdeutsche Ordensprovinz vom Zentrum Nürnberg aus nach Osten: Prag 1347, Wien 1360, Budapest 1372, Krakau 1397. Ravensburg blieb, wo es war, am Rand der karmelitischen Expansion. In seiner Umgebung stand der neue Konvent allein, doch von inneren Schwierigkeiten des Ordens wurde er mit erfaßt. Das Papstschisma traf Karmeliter besonders hart, weil sie sich in der Aufbauphase nur auf das universale Papsttum, nicht auf die regionalen Mächte stützen konnten. Der Orden spaltete sich. Während im avignonesischen Bereich der 1389 gewählte Generalprior, Magister Johannes Grossi aus Pamiers, weiter amtierte, gehorchten die Konvente der römischen Obödienz einem italienischen Oberen. Beide Generäle warben Anhänger, indem sie Milde ausstrahlten und den Orden geistlich korrumpierten. Keine beneidenswerte Lage für den Leiter der oberdeutschen Ordensprovinz, Heinrich Gräfenberger aus dem Nürnberger Konvent, der auf die römischen Päpste schwor. Er hielt von 1393 bis 1421 die Provinz durch seine persönliche Aktivität zusammen und in Zucht; er wies ihr das lohnende Ziel der Ausdehnung nach Osten, eine missionarische Aufgabe abseits kirchenpolitischer Ärgernisse. Auch dies eine Konsequenz des Papstschismas, die Regionalisierung von Orden, die auf Internationalität angelegt waren. Da Ravensburg in der falschen Himmelsrichtung lag, konnte der Konvent von der Provinz wenig Hilfe erwarten, und sonst half ihm keine Ordensinstanz.

Die Kirchenspaltung gefährdete mit dem organisatorischen Zusammenhang der Karmeliter auch ihre geistliche Zugkraft. Sie beruhte im vierzehnten Jahrhundert nicht mehr so sehr auf dem volkstümlichen Skapulierwesen als auf anspruchsvoller Ausbildung im dominikanischen Stil. Karmeliter schickten ihre besten Nachwuchskräfte in Universitätsstädte, um hervorragende Prediger zu gewinnen. Angestrebt wurde wie bei Dominikanern Einflußnahme auf die Laienkirche, doch kam ein Dilemma im Orden hinzu: Mit Hilfe des Studiums sollte die Kluft zwischen Kontemplation des Einsiedlers und Aktivität des Priesters überbrückt, zugleich Abstand von der allzu derben Denkweise der Gläubigen gewonnen werden. Das gelang, solange europäische Universitäten ein einheitliches geistliches Gefüge bildeten. Das Papstschisma zerrüttete es und zwang die Karmeliter zu provinziellen Bildungsgängen. Sobald der Papst der römischen Obödienz, Urban VI., 1384 die Gründung einer theologischen Fakultät an der Universität Wien genehmigt hatte, wurde Wien für Karmeliter zu einem Gegenstück der Pariser Sorbonne. Das Bamberger Generalkapitel richtete 1385 ein neues Generalstudium im Konvent Wien ein, zu dem die oberdeutschen Karmeliter ihre künftigen Prediger für wenigstens drei Jahre schickten. Wieder lag Ravensburg am falschen Ende und blieb hinter anderen Konventen zurück.

Das Studium im Karmeliterorden verlangte an sich von allen Studierenden eine schrittweise Ausweitung des Gesichtskreises, noch unerbittlicher als im Dominikanerorden. Wer in ein Kloster eintrat, womöglich das seiner Vaterstadt, lernte beim Novizenmeister nur die Anfangsgründe des Lateinischen. Dann wurde er einem Magister für Grammatik und Logik anvertraut, doch einen derartigen *Informator* besaß nicht jedes Kloster, Ravensburg bis zur Mitte des fünfzehnten Jahrhunderts nicht. In der Stadt gab es die übliche Lateinschule, indes stellten die Karmeliter weder Lehrer noch Schüler für sie. Die mönchischen Studierenden wurden zum Studium der *Artes liberales* in größere Klöster versetzt, Ravensburger mit Vorliebe nach Nürnberg. Dann folgte das Studium der Theologie an einem Generalstudium des Ordens, das einer Universität inkorporiert war; dazu gingen frühe deutsche Karmeliter meistens nach Paris oder Toulouse, spätere eben nach Wien. Vielleicht ist es mehr als Zufall der Überlieferung, daß vor 1413 kein Karmeliter aus Ravensburg in eine Universitätsmatrikel eingetragen wurde.

Der Fortgang der allgemeinen Kirchengeschichte wertete den Ravensburger Konvent schließlich doch auf. Beim Generalkapitel in Bologna einigten sich die Karmeliter 1411 auf einen einzigen Ordensgeneral, den rechtzeitig zur Konzilspartei umgeschwenkten Grossi. Gräfenberger mußte seine eigenständige Provinzialpolitik sofort büßen: Das Generalkapitel beschloß die Abtrennung der tschechischen, ungarischen und polnischen Konvente in einer eigenen böhmischen Ordensprovinz. Gräfenberger, der diese Klöster von Nürnberg aus aufgebaut hatte, trat aus Protest zurück, ließ sich indes wenige Monate später, noch 1411, von dem wendigen Grossi in Wien umstimmen. Deutsche Karmeliter urteilten, der General habe gehandelt »wie einer, der ein gutes Glas zerbricht, um zwei unnütze Scherben zu haben«. Sie trauten dem Franzosen, der sie auch auf dem Konstanzer Konzil vertrat, nicht über den Weg. Aber der Ravensburger Konvent lag plötzlich in der richtigen Richtung, am Rückweg zur Internationalität des Ordens. Nach der Wiedervereinigung wurden den deutschen Konventen vom Generalkapitel 1411 die Studienorte Paris und Toulouse nachdrücklich empfohlen; der Ordensgeneral Grossi hatte in Toulouse studiert. So schnell war die lange Trennung, die den Ordensnachwuchs vermindert hatte, nicht zu überwinden; Gräfenberger sandte die begabtesten oberdeutschen Karmeliter weiter nach Wien. Aber dort immatrikulierten sich am 14. April 1413 unter sechs Ordensbrüdern der Provinz zum ersten Mal zwei aus dem Konvent Ravensburg, Eberhard Horgasser und Simon Reiser.

Woher sie stammten, ist unbekannt. In erhaltenen Bürgerlisten von Ravensburg und in Akten der dortigen Handelsgesellschaft fand ich beider Familiennamen nicht. Sie kamen wohl aus kleinbürgerlichen oder bäuerlichen Verhältnissen und hätten es als Laien schwerlich zu Ehren und Würden gebracht. Doch kannte der Konvent später noch die Vornamen von Horgassers Eltern Johannes und Richel; der Aufstieg des Sohnes wirkte auf das Ansehen der Eltern zurück. Karmeliterkloster und Stadtpatriziat hatten sich seit einigen Jahren einander genähert: Die Ravensburger Großhändlerfamilie Faber ließ sich 1404 an die Klosterkirche zwischen Chor und südlichem Seitenschiff eine Grabkapelle anbauen. Für jenseitige Sicherung zogen nun auch vornehme Kreise Karmeliter heran, für irdische Versorgung noch nicht. Die Lebenden der führenden Geschlechter traten lieber in adlige Klöster ein, die Humpis zum Beispiel bei Benediktinern in Weingarten oder Prämonstratensern in Weißenau. Doch war ein Universitätsstudium auch eine Art Adelsbrief und mußte Karmelitern in Ravensburg Ansehen verschaffen.

Horgasser mag seine ersten Studien auswärts, unter den Augen des Provinzials Gräfenberger in Nürnberg, absolviert haben. In Wien sollte er den akademischen Grad eines

Lektors der Theologie erwerben. Bei den Karmelitern wie den Dominikanern hatte der Lektor im Konvent die Ausbildung des Ordensnachwuchses zu leiten und als Prediger auf der Kanzel zu wirken. Der Lektor war nach dem Prior der maßgebende Würdenträger im Kloster, oft bekleidete ein und derselbe Karmeliter beide Ämter. Viele Konvente, auch Ravensburg, besaßen noch keinen voll ausgebildeten Lektor. Um diesem Mangel abzuhelfen, wurde Horgasser, ähnlich wie einst Seuse nach Köln, auf Ordenskosten nach Wien geschickt und kam tatsächlich als graduierter Lektor zurück. Er war also ein Gelehrter, aber zur Wissenschaft zog es ihn nicht. Er fiel nicht wie Seuse durch eigenwillige theologische Schriften unangenehm auf und achtete, wiewohl er ein Bücherfreund blieb, auf Praxisnähe der klösterlichen Bildung.

Prompt wurde Horgasser 1414 zum Prior seines Heimatkonvents Ravensburg bestellt. Daß er in der fünfundsechzigjährigen Geschichte des Klosters bereits der siebzehnte Prior war, läßt tief blicken. Seine Vorgänger hatten durchschnittlich bloß vier Jahre amtiert und kaum Spuren hinterlassen. Das wurde jetzt anders. Für das wachsende Gewicht des Ravensburger Konvents in der Ordensprovinz ist es bezeichnend, daß Horgassers Studiengenosse Reiser wahrscheinlich als Lektor des Nürnberger Klosters die Vorstudien der Nachwuchskräfte aus der ganzen Provinz leitete. Der Provinzial Gräfenberger trieb anscheinend eine weitsichtige Personalpolitik, die künftige Führungskräfte früh in die Zentrale hereinnahm und das Übergewicht des Nürnberger Konvents in der Ordensprovinz vorsichtig abbaute.

Wie Horgasser in Ravensburg angesehen wurde, läßt sich indirekt, aber zweifelsfrei aus dem Eintrag im Totenbuch des Konvents entnehmen, in dem Mitbrüder die Tätigkeit ihres Priors zusammenfaßten: »Von ihm hat der Konvent einen Hof namens Hofstadt [in der Gemeinde Wolfegg], einen Hof in Wolpertswende [östlich von Waldsee] und einen Hof in Reute bei Fronhofen. Die letztgenannten Höfe haben [Horgasser] und Bruder Wilhelm von Weingarten, der Kustos dieses Hauses, zusammen gekauft. [Horgasser] hat weiter unsere Bücherei reich ausgestattet und viel Gutes hinterlassen. Der Prior des Hauses soll [am Gedenktag] für immer den Brüdern Zusatzverpflegung geben und jedem Priesterbruder sechs, jedem Studierenden zwei Pfennig.« Der Kustos besorgte die Wirtschaft des Klosters und führte die Verhandlungen mit den Vorbesitzern, aber der Konvent bekam das Bargeld für den Kauf und das Angebot der Höfe nur, wenn der Prior das geldkräftige Stadtpatriziat und den grundbesitzenden Landadel für das Kloster einnahm. Das glückte Horgasser doch wohl, weil er die geistlichen und gelehrten Pflichten des Priors und Lektors ernstnahm und im Konvent die geistlichen und gelehrten Talente weckte. Ob er zum Konstanzer Konzil herüberkam? Eine Bestätigungs- und Schutzurkunde wurde ihm in Konstanz weder vom König noch vom Papst ausgestellt. Lange hielt er sich jedenfalls draußen nicht auf.

Die Zeit der inneren Konsolidierung ging rasch zu Ende, Horgasser blieb nur sieben Jahre Prior. Der gebrechliche Provinzial Gräfenberger rief 1421 das Provinzialkapitel nach Nürnberg, um nach achtundzwanzig Amtsjahren einen Nachfolger wählen zu lassen. Der neue Provinzobere hieß Eberhard Horgasser. Weil er Prior in Ravensburg bleiben wollte, wurde sein Heimatkonvent zum Sitz der oberdeutschen Ordensprovinz, Leitstand für neunzehn Klöster zwischen Rhön und Wienerwald. Ravensburg stieg zu einem Zentrum des Karmeliterordens auf. Die Prioren der Ordensprovinz, die eigentlich nur alle zwei Jahre tagen sollten, tatsächlich aber alljährlich nach Nürnberg zum Provinzialkapitel kamen, trafen sich während Horgassers Amtszeit zweimal in Ravensburg, 1423 und 1428. Der Konvent des Provinzials wurde finanziell entlastet, nämlich von den jährlichen Zahlungen an die Provinzkasse entbunden, doch brachte das hohe Amt Störungen des Klosterfriedens mit sich, vor allem für den Provinzial selbst, der wegen seiner dauernden Reisen beim Ravensburger Provinzialkapitel 1423 Johann Lump zum Prior des Heimatkonvents wählen ließ. Das war, aus unbekannten Gründen, keine Dauererlösung; das nächste Ravensburger Provinzialkapitel benannte 1428 Ulrich Roschach, seit 1420 mit der Güterverwaltung des Klosters betraut, als neuen Prior von Ravensburg. Er blieb es bis 1451, gewährleistete also eine ungewohnte Stetigkeit, die seinen Konvent zum zuverlässigen Partner im Ordensverband und in der Stadtgemeinde machte. Daß diese von Horgasser eingeleitete Entwicklung zu negativen Folgen führte, werden wir noch sehen; fürs erste überwogen positive, die den Ravensburger Konvent zum Stützpunkt karmelitischer Erneuerung machten.

Der Provinzial Horgasser brauchte nicht nur in Ravensburg zuverlässige Helfer. Sein Ravensburger Mitbruder und Wiener Studienfreund Reiser leitete seit 1421 als Gräfenbergers Nachfolger den noch immer wichtigsten Konvent der Provinz, Nürnberg, und vertrat den Provinzial, wenn er abwesend war. Nicht als hätte Horgasser die Provinz mit einem Ravensburger Klüngel geleitet! Er stützte sich vielmehr auf Wiener Studiengenossen von 1413, theologisch ausgewiesene Lektoren. Einer dieser Kollegen, der Nördlinger Lektor Johann Kraus, ging Horgasser als *Socius Provincialis* bei den Amtsgeschäften zur Hand. Ein anderer, der Schweinfurter Prior und Lektor Johann Büsselheim, übernahm in mainfränkischen Konventen wie Würzburg und Bamberg geistliche Aufgaben. Einen jüngeren Karmeliter, der 1420 in Wien studiert hatte, den Würzburger Friedrich Mörlin, holte Horgasser als Helfer 1427 nach Ravensburg und versetzte ihn dann nach Nürnberg als Lektor, nach Würzburg als Prior. Auf diese Weise ordnete der Provinzial die oberdeutschen Konvente einander gleichberechtigt zu, statt sie wie bisher dem Nürnberger Konvent unterzuordnen, und knüpfte genossenschaftliche Verbindungen, die das Einzelkloster aus seiner Gastgemeinde heraushoben.

Horgasser begnügte sich nicht mit der Fortsetzung von Gräfenbergers Personalpolitik, sondern erweiterte den Gesichtskreis der nächsten Karmelitergeneration. Nachfolger hielten seine Maßnahmen für unzulänglich und beklagten, daß die Provinz zu seiner Zeit noch immer nicht genug ausgebildete Lektoren besessen habe; weil wenig Studiengebühren angefallen seien, hätten die Geldreserven der Provinz einen ärgerlichen Höchststand erreicht. Tatsächlich wirtschaftete Horgasser behutsam und ließ nur etwa fünfundzwanzig Studenten aus der Provinz an anderen Orten unterhalten. Aber er löste die einseitige Bindung an Wien. Zu Beginn seiner Amtszeit studierten drei oberdeutsche Karmeliter in England, wahrscheinlich am Londoner Generalstudium des Ordens. Zwischen 1421 und 1430 lernten vier weitere seiner Schützlinge am Generalstudium in Köln. Die oberdeutsche Provinz rückte näher an ihre Ursprungskonvente heran. Ein Karmeliter war 1423 in Heidelberg eingeschrieben, in Paris immatrikulierte sich 1428 ein Vertrauensmann Horgassers, Engelfrid von Rottenburg. Sechs andere studierten ebenfalls »außerhalb der Provinz«, jedenfalls nicht in Wien, das allerdings meistbesuchter Studienort blieb.

Die von Horgasser gewünschte Internationalisierung bereicherte auch seinen Heimatkonvent: Zwei, vielleicht drei der fünfundzwanzig Studenten kamen aus Ravensburg. Auch sie studierten »außerhalb der Provinz« und würden, wenn sie zurückkehrten, die Heimatstadt mit wacheren Augen betrachten. Sie würden vielleicht eine Korporation alter Studienfreunde bilden, dafür aber Verlockungen und Erpressungen der bürgerlichen Gesellschaft widerstehen. Wenn ich Horgasser richtig verstehe, wollte er, durch Ravensburger Erfahrungen gewitzt, den oberdeutschen Karmelitern durch Akademisierung ihren Abstand von der Kirche der Kleinbürger zurückgewinnen. Diese Politik warf allerdings die alte, im Schisma verdeckte Lebensfrage des Karmeliterordens von neuem auf: Was verband die einsam am Schreibtisch der Einzelzelle studierenden Brüder zu einer geistlichen Lebensgemeinschaft und was hatte ihr Konvent den Kommunen der Laien draußen zu sagen?

Eine Lebensgemeinschaft konnte weder die Provinz noch der Konvent, der ganze Orden mußte es sein. Das erfuhr der Provinzial auf seinen Reisen immer wieder. Gewiß schwelten regionale Meinungsverschiedenheiten, beispielsweise über die Frage, ob der Straßburger Konvent seinem Wunsch gemäß bei der oberdeutschen Provinz bleiben oder dem päpstlichen Befehl folgend zur niederdeutschen geschlagen werden sollte. Horgasser reiste deswegen 1422/23 zum Ordensgeneral Grossi, stimmte aber 1425 dem Ausscheiden Straßburgs aus seiner Obhut zu. Unbeschadet solcher Organisationsprobleme festigte sich der internationale Zuammenhalt des Ordens, vor allem durch die Generalkapitel in Pamiers 1425 und in Nantes 1430, die Horgasser besuchte. Der General, noch immer Grossi, gab dem Orden sein geistliches Selbstbewußtsein zurück. Er verfocht, auch in literarischen Werken, die Glaubwürdigkeit der Überlieferung vom Propheten Elias als Ordensgründer der Karmeliter und vom Skapulier der Gottesmutter. Damit machte Grossi die Ordensgemeinschaft von Schwankungen ihrer Geschichte unabhängig. Ob der nüchterne Horgasser mit diesem Zugeständnis an den Volksgeschmack ganz einverstanden war? Ernstlich kann es ihn nicht verstimmt haben, auch nicht, daß französische Mitbrüder in den Kapitelsakten seinen Namen verballhornten und das eine Mal mit *Ongar*, das andere Mal mit *de Orgacis* wiedergaben. Der Reisende aus Ravensburg traf am Atlantik Gesinnungsgenossen, darauf kam es an.

Wie nach Westen, verdichtete Horgasser die Kontakte nach Osten, wobei ihn Simon Reiser in Nürnberg unterstützte. Auch dort behob Horgasser alte Verstimmungen aus der Schismazeit. Er besuchte zum Beispiel das von der neuen böhmischen Ordensprovinz gegründete Karmeliterkloster Priwitz in der Westslowakei und starb dort am 24. September 1430, darin dem großen Simon Stock vergleichbar. Visitationsreisen innerhalb der oberdeutschen Provinz, alle zwei Jahre reihum bis zu vier Tagen Aufenthalt in jedem Konvent, hinterließen dem Provinzial ebenfalls nachhaltige Eindrücke von der Ordensgemeinschaft, desgleichen die alljährlichen Provinzialkapitel in Nürnberg oder Ravensburg. Beim Provinzialkapitel von 1429 wurde Widerspruch gegen die fränkische Vormacht laut, Schwaben und Bayern verlangten angemessene Mitbestimmung in Kontrollgremien. Der Schwabe Horgasser stimmte zu, nicht aus Stammesstolz, sondern zur Stärkung des Bundes aus allen Stämmen.

Solche Versammlungen mußten indes ernste Spannungen in einzelnen Konventen beraten, wo es mit der Lebensgemeinschaft haperte. Bezeichnend war ein Streit, der den

Provinzial 1427/28 nach Augsburg eilen ließ. Der dortige Prior Konrad Mechinger, wohl ein älterer Herr, geriet mit dem jungen, soeben von der Universität Heidelberg importierten Lektor Johann Schäzlin hart aneinander; Schäzlin mußte nach Bamberg versetzt werden. Studierte Lektoren dünkten sich etwas Besonderes und fügten sich der Ordensdisziplin nicht mehr. Ihre Mindestlehrverpflichtung mußte vom Provinzialkapitel 1427 eingeschärft, ihre Taxe gelegentlich gekürzt werden. Schon daß sie für Lehrtätigkeit gesondert vergütet wurden, widersprach dem strikten Verbot von Privateigentum. Die Akademisierung der Karmeliter führte, entgegen Horgassers Absichten, zur Privilegierung der Gelehrten. Selbst wenn ihnen Horgasser begründete Sonderrechte zubilligte, rief er den Protest anderer Karmeliter hervor, besonders der aushäusigen, die dem klösterlichen Gemeinschaftsleben entwöhnt waren. Widerspenstig benahmen sich die Terminarier, das heißt Sammler von Spenden, und die in Pfarrstellen eingesetzten Priesterbrüder. Arbeitsteilung drohte den Konvent ganz aufzulösen.

Das Generalkapitel befahl 1420: Alle Karmeliter, Magister ausgenommen, müssen an den gemeinsamen Mahlzeiten teilnehmen und dürfen nicht in den Zellen speisen; kein Karmeliter, Lektoren ausgenommen, darf ohne Erlaubnis des Priors in die Stadt gehen. Sogar der ständige Wechsel des Konvents war manchen Brüdern so zur Gewohnheit geworden, daß das Generalkapitel 1425 vom Brauch der Bettelorden abwich, die Zuweisung des einzelnen Mitglieds zum Gesamtorden oder zur Ordensprovinz aufhob und alle Karmeliter denjenigen Konventen zuordnete, in denen sie den Habit empfingen. Die Ordensoberen wollten wie Horgasser die hochmittelalterliche Idee des Bettelordens so weit einschränken, daß die priesterliche Aktivität in der Laienkirche nicht mehr die abgesonderte Gemeinschaft der Mönche zerstörte. Sie konnten jedoch die Rückkehr zur Ortsbeständigkeit nicht erzwingen, das eremitische Ideal nicht neubeleben, ohne zugleich die Internationalität des Ordens aufzugeben. Sie aber schützte die Karmeliter vor dem Versinken in der Bürgerkirche am Ort.

Ohnehin mehrten sich Anzeichen lokaler Verweltlichung. In die Konvente strebten zahlreiche begüterte Laien, um gegen Geldeswert gesichert zu leben, ohne an der geistlichen Gemeinschaft teilzunehmen. Ältere Orden richteten solche Altersheime für Pfründner nicht ungern ein, weil sie materielle Vorteile boten; die für Lebenszeit Versorgten hinterließen dem Konvent ihr Erbe für die Dauer. Unterbringung von Dauergästen im Kloster schadete indes dem religiösen Zusammenleben und wurde 1429 vom Provinzialkapitel der oberdeutschen Karmeliter untersagt. Trotz aller Bemühungen lockerten sich die strengen Sitten infolge der Bürgernähe. Das Provinzialkapitel von 1427 ordnete an, daß Konvente oder Brüder, die sich an Mittwochen nicht von Fleischspeisen enthalten wollten oder könnten, beim Chorgebet eigene Sühnegebete vom Leiden Christi verrichten müßten; bei Unterlassung sollte der Prior abgesetzt werden. Nicht mehr alle Karmeliter folgten dem leidenden Christus so wie Elsbeth Achler nach. Wenig später gestattete der Papst selbst dem Karmeliterorden an drei Wochentagen Fleischgenuß. Noch hielten sich die Mißstände in Grenzen; von den späteren Klagen über Kleiderluxus und Privateigentum verlautete in Horgassers Amtszeit nichts. Trotzdem schlich sich Laiengesinnung in die mönchische Klausur ein.

Im Ravensburger Konvent erlebte Horgasser wenig davon. Immerhin brachte ihm seine Führungsposition im Orden und sein persönliches Verhalten als Priester und Gelehrter die Hochschätzung der führenden Bürgerfamilien ein, seinem Konvent die Verbindung mit der großen Ravensburger Handelsgesellschaft. Sie war etwa zwischen 1380 und 1408 entstanden, aus dem Zusammenschluß von Unternehmungen der Ravensburger Familie Humpis, der Buchhorner Familie Mötteli und der Konstanzer Familie Muntprat. In dem patrizisch regierten Ravensburg gediehen ihre Handelsgeschäfte besser als in dem unruhigen, von Zünften mitbeherrschten Konstanz. Die Gesellschaft widmete sich zunächst vor allem der Ausfuhr oberschwäbischer Leinwand nach Italien und Spanien und machte riesige Gewinne. Einiges davon legten die miteinander verschwägerten Teilhaber bei Klöstern der Umgebung an. Mit Geldspenden bedachten sie fast nur Bettelmönche zwischen Konstanz und Kempten, auffällig reich die armen Franziskanerinnen von Warthausen und Reute. Die schienen am wirksamsten für das Seelenheil der Großbürger zu beten, und es konnte nicht schaden, wenn die Handelsgesellschaft religiöse Investitionen ebenso wie wirtschaftliche und politische über das ganze Bodenseegebiet streute.

Während der Kirchenspaltung, als die Ravensburger Karmeliter im örtlichen Abseits standen, wurden sie von der Ravensburger Handelsgesellschaft nicht nennenswert unterstützt. Beide Gemeinschaften fanden erst in den 1420er Jahren zueinander, als die Gesellschaft in ihre kurze Glanzzeit eintrat und der Konvent internationales Format gewann. Henggi Humpis, nun Regierer der Handelsgesellschaft, schenkte den Karmelitern 1428 regelmäßige Geldeinkünfte aus ländlichem Grundbesitz in Waldsee und Umgebung, seinem Seelenheil zuliebe. Er versicherte sich bei ihnen für die bevorstehende Reise ins Jenseits, nachdem er das achtzigste Lebensjahr überschritten hatte. Als er 1429 starb, ließ er sich in Horgassers Kloster beisetzen, als wäre er ein Karmeliter, der in der Kirche zu bestatten war. Sein Grabstein ist erhalten. Er zeigt in betender Pose einen reich gekleideten Mann, zu dessen Füßen Helm und Wappenschild eines Adligen stehen. Über die Schulter hängt eine Geldtasche, kein Skapulier. Johann von Winterthur hätte sich bekreuzigt: der Geldbeutel in der Klosterkirche! Horgasser duldete den steinernen Dauergast, wohl in der Hoffnung, daß er die Mitbrüder nicht anstecken werde.

Nach Horgassers Tod in der Fremde 1430 wurde im Kloster Ravensburg viel gebaut, zunächst für den Konvent. Der Prior Roschach errichtete ein neues Refektorium und vollendete 1436 den Kreuzgang; mönchisches Gemeinschaftsleben konnte sich voll entfalten, die kahlen Wände überzogen sich mit Fresken. Anbauten für die Handelsgesellschaft schienen kaum zu stören, die Möttelikapelle 1448, die Allerheiligenkapelle 1452. Erst nach einem Umbau von 1461 diente letztere geradezu als Kapelle für die große Ravensburger Handelsgesellschaft, die von Karmelitern ihre tägliche Bittmesse lesen und ihre jährliche Gedenkmesse singen ließ, als ob sie die Skapulierbruderschaft wäre. Wer Ravensburg nach 1430 besuchte, fand Großhändler und Karmeliter in trautem Verein, den Konvent auf dem Höhepunkt seiner Geschichte.

Dazu trug neben dem Prior Roschach der Nachlaßverwalter Horgassers, Simon Reiser, das meiste bei. Ihn wählte das Kapitel zum nächsten Provinzial. Er reiste 1431 zum ökumenischen Konzil nach Basel und wurde international beachtet. Auf seine Veranlassung kam an Pfingsten 1434 das Generalkapitel des Karmeliterordens, das in Avignon hatte tagen wollen, statt dessen nach Ravensburg, weil im Zeichen der Konzilien der Bodenseeraum zur ökumenischen Landschaft schlechthin zu werden schien. Aus der ganzen Christenheit trafen sich in Reisers Heimatkonvent die Würdenträger der einundzwanzig

Ordensprovinzen unter dem Vorsitz des neuen Generals Johannes Faci. Dieser Professor aus der Provence neigte allerdings nicht zu strengen Reformen und bremste den eifrigen Reiser. Faci reiste 1436 nach Nürnberg, um den Provinzial abwählen zu lassen, ein höchst ungewöhnliches Verfahren. Reiser kam, wie es scheint, nicht nach Ravensburg zurück, sondern ging nach Bamberg und Nördlingen. Damit war die große Zeit des Ravensburger Konvents vorbei. Der Karmeliterorden im ganzen hatte seine geistliche Kraft längst nicht erschöpft; zu Horgassers Lebzeiten begann seine nächste Reform. In Flandern trat 1428 der karmelitische Bußprediger Thomas Connecte seine Wanderung an, die 1434 auf dem Scheiterhaufen in Rom endete, aber seinem Orden in Flandern, Südschweiz und Oberitalien gründliche Erneuerung schenkte. Wieder stand Ravensburg am äußersten Rand der Bewegung und versank im örtlichen Einerlei.

Nur einige Beispiele, eines für geistlichen Verfall. Der Bischof von Konstanz vernahm von seinen Leutpriestern 1464 mit höchstem Mißfallen, daß Ravensburger Karmeliter in ihrer Kirche ein Bild der Gottesmutter mit dem Jesuskind auf dem Schoß aufgestellt hatten, tränenüberströmt. Die Liebfrauenbrüder warnten das Volk vor kommendem Unheil, über das Maria offenbar weine, und bekamen daraufhin viele Geldgeschenke. Der Bischof vermutete fast wie einst Seuse, die Tränen seien um des Gelderwerbs willen in betrügerischer Absicht fabriziert worden, denn es sei nicht zu glauben, daß die in den Himmel aufgenommene Gottesmutter auf die Erde herabsteige, um zu weinen. Das Bild sei schleunigst zu entfernen. Solcher Methoden hatten frühere Karmeliter nicht bedurft, um Laien zu überzeugen. Das Generalkapitel hatte ihnen 1362 strengstens verboten, in Predigten über die Zukunft zu spekulieren; nicht in der irdischen Zukunft, in der himmlischen Heimat hatten sie ihr Heil gesucht, ihre Predigt hatte mehr auf die Herzen als auf die Börsen gezielt.

Wie es mit dem Gemeinschaftsleben im Konvent stand, mußte das Provinzialkapitel 1475 erörtern. Zwei Ravensburger Karmeliter wurden bestraft, weil sie eine Verschwörung gegen ihren Prior angezettelt hatten. Sie wollten die Mitbrüder überreden, den Prior zur Herausgabe der Schlüssel zu zwingen, und dann den Stadtrat veranlassen, dem zur Visitation anreisenden Ordensprovinzial den Zutritt zu Stadt und Kloster zu verwehren. Karmeliter machten sich mit Ravensburger Laien auf eine Weise gemein, die im Evangelium nicht vorgesehen war. Die Gesellschaft der Ravensburger Büchsenschützen ließ sich 1477 als Laienbruderschaft in den Karmeliterorden aufnehmen. Der Mutter Gottes wurde zugemutet, den Himmel Spießern zu öffnen, die Mitmenschen zur Hölle schickten. Bei solcher Weltläufigkeit hielten die Karmeliter nicht einmal ihre Wirtschaft in Ordnung. Der Stadtrat griff 1487 durch und setzte mit Zustimmung des Ordensprovinzials zwei Pfleger ein, die das Finanzgebaren des Ravensburger Konvents überwachten. Horgasser hätte sich im Grab umdrehen können: Seine Mitbrüder waren Weltkinder geworden und hatten mit dem Abstand von den Bürgern ihr Ansehen bei den Bürgern eingebüßt.

Zusammenfassung, Punkt eins: Ravensburger Karmeliter bekamen am schmerzlichsten zu spüren, was auch Langnauer Pauliner und in geringerem Maß Konstanzer Antoniter traf, das Schicksal von Neugründungen, die zu spät auftauchten, um auszureifen. Entstanden waren alle drei Orden seit dem späten dreizehnten Jahrhundert, nach der ersten, dominikanischen und franziskanischen Welle der Bettelorden. Die spätmittelalterlichen Verbände ließen sich teilweise noch auf das Ideal der Bettelmönche, apostolische

Aktivität inmitten der Laienkirche, ein; sie übernahmen priesterliche Aufgaben, verquickten sie aber mit dem Leitbild einer Eremitengruppe, die sich von der Bürgerkirche absetzte. Ihre europäischen Anfänge versprachen noch im vierzehnten Jahrhundert viel, weil sie von den Rändern kamen, urchristliche Überlieferungen verfochten und nicht im Tageslärm aufgingen. Ihre Schutzpatrone, Einsiedler des Orients, konnten die allenthalben verlangte Kirchenreform garantieren. Denn Reform hieß für spätmittelalterliches, vollends für mönchisches Denken Rückgriff auf ursprüngliche Form, die im Schlendrian der Geschichte verderbt worden war.

Ihre verheißungsvolle Entfaltung wurde im späten vierzehnten Jahrhundert durch die Kirchenspaltung unterbrochen. Im Papstschisma verloren sämtliche Orden ihre gemeinsame Spitze und Eintracht, die innere Einheit ihres Aufbaus und Wirkungskreises. Oberste handlungsfähige Einheiten wurden überall die Ordensprovinzen, die eine Regionalisierung und Provinzialisierung des Mönchtums unterstützten. Sie führte dazu, daß Ordenshäuser sich mehr an den umgebenden örtlichen Gemeinden als an der Gesamtkirche und am Ordensverband ausrichteten. Die Borniertheit dieser Bürgerkirche wurde neuen Orden zum Verhängnis: Sie erreichten keine Breitenwirkung mehr und blieben in Randpositionen. Ihre Sprecher waren nicht mehr die Wortführer der abendländischen Gesellschaft, ihre Mitglieder kamen nicht mehr aus den dynamischsten Gruppen des Sozialgefüges, ihr Ruf nach Reform verhallte.

Punkt zwei: Gleichwohl überlebten die Orden eremitischer Priester die allgemeine Krise der Christenheit, weil sie in ihrer Verfassung flexibel, in ihrer Tätigkeit spezialisiert waren. Sie konnten in jede Lücke abendländischer Klosterlandschaften einspringen. Pauliner, die eigentlich in der Bergwildnis leben wollten, verwalteten ländliche Pfarrbezirke und Grundherrschaften; Antoniter, die eigentlich stationär Kranke betreuen wollten, zogen in der ganzen Christenheit bettelnd umher; Karmeliter, deren Vorbilder in Höhlen gewohnt hatten, setzten sich neben dem Stadttor fest. Obwohl sie sich überall nach örtlichen Bedingungen richteten, hielten sie ihre kleinen Ordensverbände durch häufige Treffen der Amtsträger zusammen. Ihre Notgemeinschaften bauten keine starren Regelungen aus, beugten sich keinen allmächtigen Würdenträgern, brachten keine überragenden Köpfe hervor, sie packten gemeinsam an, was gerade zu tun war.

Trotzdem wandte sich ihre Tätigkeit an eng begrenzte Zielgruppen in der Laienwelt, deren Nöte sie sich zu eigen machten. So kümmerten sich Pauliner nur um Bauern in abgelegenen Gebieten, Antoniter nur um von Hautkrankheiten Befallene, Karmeliter nur um Stadtbürger, die sich für das Jenseits versichern wollten. Sie gewannen eine kleine, aber treue Gefolgschaft, zuerst in Randgruppen der spätmittelalterlichen Gesellschaft, die in ihrem Sonderschicksal befangen, zu großräumigem Zusammenschluß und Einfluß nicht befähigt waren. Ihre priesterlichen Helfer neigten zu einer kontemplativen Haltung, die nicht auf lautstarke Aktionen erpicht, aber zu gelehrter Vertiefung geeignet war, zu medizinischen Studien bei Antonitern, zu pastoraltheologischen bei Karmelitern. An bäuerlichen Paulinern sieht man, daß ohne Vertiefung ins Grundsätzliche die neuen Orden leicht auf den Horizont ihrer Schützlinge eingeschränkt und um weiterreichende Wirkungen gebracht wurden. Auch daß sich die Antoniter so wie früher die Schottenmönche aus einer einzigen Region rekrutierten, verurteilte sie zur Rolle von Außenseitern. Allein die Karmeliter wuchsen über diese Stellung am Rand hinaus.

Punkt drei: Die Karmeliter versuchten nach dem Ende der Kirchenspaltung ihr Mönchtum zwischen den Polen der priesterlichen und der eremitischen Lebensweise neu zu begründen, zum einen durch Marienfrömmigkeit, zum anderen durch Universitätsgelehrsamkeit. Die Verehrung des marianischen Skapuliers zog Laiengruppen an die karmelitischen Priester heran, auf andere Weise, als es der Appell der hochmittelalterlichen Bettelmönche getan hatte. An die Stelle tatendurstiger Aktionsgruppen traten Bruderschaften von Trostbedürftigen. Dabei verschwand der Rest von franziskanischer Aktivität, den noch die Leidensmystik Elsbeth Achlers aufwies. Sie hatte dem leidenden Christus nachfolgen wollen und sich in dieser Nachfolge als Glied seines Leibes, der Kirche, empfunden. Die Marienverehrung der Karmeliter galt hingegen der trostreichen Gottesmutter, sie vertrat nicht wie bei den Dominikanerinnen von Katharinental das weibliche Geschlecht, die Menschheit, die Kirche insgesamt, sondern wandte sich jedem ihrer Schützlinge einzeln als Helferin zu. Diese Frömmigkeit stiftete Bruderschaften, keine Gemeinschaft, sie appellierte an den Einzelmenschen, nicht in seinen gegenwärtigen Zuständen, sondern in seinen künftigen Bedrängnissen.

Die Förderung der Universitätsgelehrsamkeit diente bei Karmelitern wie bei Dominikanern der Schulung für priesterliche Predigt, daneben stärker als bei den Bettelorden der Kontemplation von Einzelgängern. Sie wurden miteinander international verbunden, indem man sie an fernen Universitäten ausbildete und lokalen Bildungseinrichtungen fernhielt. Gelehrter Abstand vom örtlichen Durcheinander verschaffte Karmelitern den Respekt weitblickender Laien wie etwa der Ravensburger Patrizier. Derselbe Abstand verhinderte, daß der Karmeliterkonvent zu einer ortsbeständigen Lebensgemeinschaft zusammenwuchs. Er blieb eine Ansammlung von Eigenbrötlern, ohne daß er bedeutende Individualitäten hervorgebracht hätte. Horgasser, der den Typ des gelehrten Karmeliters besonders rein verkörperte, kommt uns bei seinen Bemühungen um Zusammenhalt des Ordens recht unpersönlich vor. Das liegt daran, daß er uns in sachlichen Aufzeichnungen wie Universitätsmatrikeln, Kapitelsakten, Totenbüchern entgegentritt, nicht in menschlichen Aussagen; das kennzeichnet ihn und seine Ordensbrüder.

Punkt vier: Die karmelitische Erneuerung des Mönchtums war wegen ihres Erfolges zum Scheitern verurteilt. Geselligkeit und Tätigkeit, die der Orden vernachlässigte, setzten sich von außen kommend wieder durch. Karmelitische Frömmigkeit und Gelehrsamkeit machten zum Beispiel den Ravensburger Konvent in allen Schichten der Bürgerkirche beliebt, und da das Kloster der Einzelgänger keine abgesonderte Lebensgemeinschaft bildete, verschmolz es seit der Mitte des fünfzehnten Jahrhunderts mit der Bürgergemeinde Ravensburg fast bis zur Nichtunterscheidbarkeit. Am Ende ereilte die Karmeliter das Schicksal der Franziskaner, mit einem wichtigen Unterschied: Franziskanerklöster standen in vielen Städten am Bodensee, sie konnten mit dem städtischen Bürgertum insgesamt verwechselt werden; Karmeliter gehörten allein zu Ravensburg. Insoweit hatte Richental gute Gründe, von den Karmelitern zu schweigen, wenn er nicht von Ravensburg reden wollte; hätten sie in Konstanz gesessen, er hätte sie über den grünen Klee gelobt.

Für das Land am Bodensee bedeutet dieses Endergebnis, daß zum ersten Mal in seiner Geschichte ein neuer Impuls des Mönchtums, der von außen kam, nicht mehr allgemein durchdrang. Die Orden eremitischer Priester erreichten keine Zusammenfassung der Region mehr, die sie alle bloß von den Rändern her anschnitten. Am weitesten dehnten sich im Bistum Konstanz die Antoniter aus, doch kamen sie vom Stallgeruch der Dauphiné am wenigsten los. Die Pauliner fanden von ihrem ungarischen Zentrum den Weg in die habsburgischen Gebiete nördlich des Sees bis zum Schwarzwald, nicht in den schweizerischen Süden der Diözese. Der Zug der Karmeliter vom Niederrhein zur Donau berührte das Bistum lediglich im Nordosten. Nicht besser erging es aktiveren religiösen Gemeinschaften der Devotio moderna, die sich, von den Niederlanden ausgehend, einer innerweltlichen Nachfolge Christi zuwandten. Ihre Laienverbände, die Brüder vom gemeinsamen Leben, drangen nicht über Tübingen hinaus südwärts; ihre Priestergemeinschaften, die Chorherren der Windesheimer Kongregation, fanden um 1480 lediglich in zwei kleinen Schweizer Chorherrenstiften Freunde, in St. Martin in Zürich und in Mariazell auf dem Beerenberg bei Winterthur, beides ältere Gründungen. Sollte Ulrich Richental auch damit recht behalten, daß in der Mitte dieser Landschaft nur noch alte Orden eine Chance der Erneuerung hatten?

ULRICH RÖSCH · BENEDIKTINER IN ST. GALLEN

Unter den Mönchen, die 1417 zum Konzil nach Konstanz kamen, zählte Ulrich Richentals Chronik an vornehmster Stelle die Benediktiner vom Bodensee auf, drei zuerst: Friedrich von Zollern, Abt von Reichenau; Hugo von Rosenegg, Abt von Einsiedeln; Heinrich von Gundelfingen, Abt von St. Gallen. Dann folgten unter anderen die Äbte von Weingarten, Petershausen, Rheinau, Bregenz-Mehrerau, Schaffhausen, Stein und Wagenhausen, sie nur mit Vornamen, ohne adlige Familiennamen verzeichnet. Der Abt von Fischingen fehlte zufällig; die Leiter sämtlicher anderen Benediktinerklöster rund um den See trafen sich auf dem Konzil. Daß sie zusammenkamen, weckte Hoffnungen auf Reform, und Reform tat not. Unter dem Grafen von Zollern, einem ungelehrten Herrn, lebten in der Abtei Reichenau noch zwei Mönche. Auch Hugo von Rosenegg wurde in Einsiedeln von bloß zwei Mitbrüdern zum Abt gewählt. Heinrich von Gundelfingen, ein Herr mit zwei Söhnen, ohne Schriftbildung und Priesterweihe, verdankte seine Würde gar der Wahl eines einzigen Konventualen. Warum waren alte Abteien verödet?

Ihr Elend lag dort, wo Richental ihren Glanz suchte, in der adligen Exklusivität. Sie nahmen lediglich edelfreie Herren auf. Diese wurden in der Regel Mönche, um die klösterliche Pfründe zu erlangen, und hielten zueinander, um Einkünfte und Liegenschaften der Abtei zu verteidigen. Nach diesem Ordenszweck wählten sie ihren Abt aus einflußreichem Adelshaus. Vorsichtshalber trennten sie die dem Abt zustehenden Klostergüter sorgfältig von dem Konventvermögen, damit nicht einer alles verderbe. Zulauf war unerwünscht, denn je größer der Konvent, desto kleiner die Pfründe des Einzelnen. Sie lebten nicht mehr zusammen in den viel zu großen Konventgebäuden und wohnten gewöhnlich in städtischen Häusern oder ländlichen Burgen, verwalteten Privateinkommen und huldigten Privatvergnügungen. Lieber zogen sie auf die Jagd oder in den Krieg, als daß sie Chorgebete sprachen oder Bücher lasen. In den Abteigebäuden wohnten vielfach weltgeistliche Pfründner, die in Klosterkirche und inkorporierten Pfarrkirchen den Gottesdienst versahen.

Auf einen vereinfachten Nenner gebracht: Die alten koinobitischen Klöster waren vom Wandel des Mönchtums nicht unberührt geblieben. Auch in sie war der spätmittelalterliche Individualismus der Mönche eingezogen und hatte die Lebensgemeinschaft des Konvents zerschlagen. Auch in ihnen hatte sich die hochmittelalterliche Laienkirche durchgesetzt und die Absonderung der Priester zunichte gemacht. An einer Ausschließlichkeit des Frühmittelalters hielten sie fest, der Verquickung von Mönchsleben und Adelsherrschaft. Die veraltete Einrichtung wurde von Außenstehenden seit langem angegriffen, von Nutznießern zäh verteidigt. Waren die benediktinischen Grundsätze so viel schlechter als die Perspektiven der Bettelmönche? Überwältigend und kurzatmig wirkten die einen, erdverbunden und zählebig die anderen; konnte man nicht die Vorteile der einen nutzen, um die Mißstände der anderen zu heilen? Offenbar krankte die benediktinische Ordnung daran, daß jede Abtei in ihrer Verfassung autonom war und von den adligen Verwandten der Konventherren abgeschirmt wurde. Wer sie reformieren wollte, mußte die Souveränität der Abteien durch gesetzgebende Versammlungen der Äbte, wenigstens durch Provinzialkapitel überwinden und ihre regionale Verfilzung durch internationale Kontrollen, wenigstens durch Visitationen auflockern.

Dieses Programm lief auf Angleichung an die zisterziensische Verfassung hinaus und wurde denn auch von einem Zisterzienserpapst, Benedikt XII., 1336 vorgeschlagen, aber gerade deshalb boykottiert. Gegen Zentralisation der Benediktiner im päpstlichen Sinn sprachen Erfahrungen der Kirchenspaltung, mit der Einzelabteien besser als internationale Orden fertig wurden. Darum begann das Konstanzer Konzil nach Wiederherstellung der Einheit behutsam und begnügte sich im Februar 1417 mit der Einberufung und Eröffnung eines Provinzialkapitels der deutschen Benediktineräbte in Petershausen. Die benediktinische Reform sollte in der klosterreichen Landschaft des Konzilsortes, unter den Augen der Weltkirche, eingeleitet werden. Dazu kamen die von Richental erwähnten Prälaten nach Konstanz, insgesamt achtundsiebzig Äbte und aus weiteren achtundvierzig Abteien Abgesandte. Drei Wochen tagten sie und hielten am 19. März 1417 eine feierliche Schlußprozession von Petershausen zu den Konstanzer Augustinereremiten und zurück. Richental zählte bei dieser Gelegenheit sechsunddreißig Äbte, zwölf Pröpste und dreihundertdreiundsiebzig Mönche, *all in swartzen kutten*. Schon daß sie die gleiche Kleidung trugen, wertete er als Erfolg und meldete befriedigt, sie *ernüwtend da ir gesetzt*. Mit der öffentlichen Verlesung der Kapitelsbeschlüsse begann, so schien es ihm, die Erneuerung des benediktinischen Mönchtums.

In der Tat verlangten die Beschlüsse Wiederherstellung benediktinischer Ordnung, vor allem des Zusammenlebens in Klausur, Abschaffung von Privateigentum und Kleiderluxus, würdige Feier regelmäßigen Gottesdienstes und Chorgebetes. Die Reformer überlegten in Petershausen auch, wie die schönen Grundsätze zu verwirklichen wären. Daß Klostergüter nicht in Einzelpfründen aufgeteilt, schon gar nicht zwischen Abt und Konvent getrennt werden dürften, wurde zwar erörtert, aber die angestrebte Einheitsverwaltung, die alle am Ganzen interessiert hätte, kam nicht zustande. Immerhin sollte die Klosterverwaltung rationalisiert und für Visitatoren transparent gemacht werden. Wie das Pfründenwesen ließ sich das Adelsprivileg nicht mit einem Schlag beseitigen.

Immerhin sollten die Abteien künftig mehr als zwei oder drei Mönche aufnehmen und die früher festgesetzten Höchstzahlen anstreben. Falls sich dafür nicht genügend adlige Bewerber fänden, sollte die Zahl durch Nichtadlige aufgefüllt werden, außerdem müßten Graduierte Adligen gleichgeachtet sein. Damit wurde weiter eine Erneuerung des benediktinischen Bildungswesens angeregt. In jeder Abtei müsse eine Schule für Novizen eingerichtet werden, begabte Mönche seien an auswärtige Universitäten zu entsenden. Die Beschlüsse klangen oberflächlich, aber nüchtern, man darf sie nicht unterschätzen. Benediktiner wußten, daß der Teufel nicht im Beschluß, sondern im Vollzug der Reform steckte. Um sie durchzusetzen und fortzubilden, sollten regelmäßig weitere Provinzialkapitel die Grundsätze beschließen, Visitationen ihre Durchführung überwachen, im gemeinsamen Vorwärtsschreiten aller.

Zu Beginn mußte ein Exempel statuiert werden, wenn die Reform nicht in Grundsatzerklärungen steckenbleiben sollte. Das erste Opfer der Petershauser Reform wurde, weil das Konzil in Konstanz tagte, ein Bodenseekloster, St. Gallen. Drei aus Konstanz abgeordnete Visitationen versuchten die Abtei des heiligen Gallus zu reformieren und den unfähigen Abt Heinrich von Gundelfingen abzusetzen. Ein Erfolg in der ältesten Abtei des Bistums mußte Signalwirkung haben. Besondere Tatkraft entfaltete bei dem Verfahren Abt Konrad von Pegau, aus einem Hirsauer Reformkloster bei Leipzig, den keine örtlichen Rücksichten schreckten. Wirklich gelang mit Unterstützung des neuen Konzilspapstes Martin V. die Absetzung Heinrichs von Gundelfingen, der sich allzusehr auf Freunde in der Region verlassen hatte. Der Heilige Stuhl setzte 1418 als neuen Abt von St. Gallen den Reformer Konrad von Pegau ein, nach dem alten Grundsatz, daß das wichtigste Reforminstrument zu Anfang ein eiserner Besen sei.

Konrad von Pegau erfuhr schnell den Unterschied zwischen Theorie und Praxis. Ein Klosterbrand vernichtete 1418 einen Teil der Kirche und der Konventbauten. Für den Wiederaufbau hätte der landfremde Abt die Hilfe des Umlands gebraucht. Daß er zwar kein Adliger, aber ein Gelehrter war, rührte die tonangebenden Herren der Nachbarschaft nicht im geringsten. Nach zehn Monaten gab Konrad sein Amt in St. Gallen auf und kehrte nach Pegau zurück. Als Nachfolger empfahl er einen seiner sächsischen Vertrauten, dem es trotz verzweifelter Anstrengungen nicht besser glückte. Im Kloster wohnte neben ihm nur der abgesetzte Abt Heinrich, monastischer Nachwuchs traf nicht ein. Von außen bedrückten die Appenzeller ziemlich unbehindert die sanktgallischen Klostergüter, weil ihnen kein adliger Beschützer der Abtei in den Weg trat. Es war ein schwacher Trost für die Reformer, daß ihnen der gutmütige Gundelfinger wenigstens nicht aktiv widerstand, wie es in der Abtei Reichenau Graf Friedrich von Zollern bis 1427 tat. Dennoch war abzusehen, daß die reformierte Abtei St. Gallen binnen kurzem aus Mangel an Mönchen eingehen und ihren Besitz an rührige Nachbarn verlieren würde. Sie konnte die Krise zwischen Erstarrung und Wiederbelebung nur überstehen, wenn sie bei der nächsten Abtwahl einen einheimischen Vorkämpfer fand.

Die päpstliche Kurie tat einen glücklichen Griff, indem sie 1426 Eglolf Blarer zum Abt ernannte. Die aus St. Gallen stammende, inzwischen auch in Konstanz ansässige Familie war zwar bürgerlicher Herkunft, aber am ganzen Bodensee angesehen. Sie hatte sich mit den reichsten Ravensburger Fernhändlern Humpis und Muntprat verschwägert und hohe Kirchenämter besetzt. Ein Blarer war bis 1410 Bischof von Konstanz, ein anderer seit 1418 Abt von Weingarten. In der Familie verkörperte sich beinahe die Einheit der Bodenseeregion. Eglolf hatte in der Abtei St. Blasien die Grundsätze benediktinischer Reform praktiziert, erfüllte also auch die monastischen Voraussetzungen für seine Würde. In St. Gallen mußte er zuerst die Angriffe der Appenzeller abwehren, dabei bewährten sich seine weitgespannten Beziehungen. Er gewann das politische Spiel 1429 mit Hilfe des Grafen von Toggenburg und der Großbürger von St. Gallen. Seit 1429 ging der Abt an den inneren Aufbau nach Petershauser Grundsätzen.

Die Klosterkirche wurde repariert, der Neubau des Mönchschors begonnen; eine Außenmauer schuf den bislang fehlenden Klausurbezirk; ein Haus für Refektorium und Dormitorium erlaubte die Einführung gemeinsamen Lebens. Mit Bauten war es nicht getan, Menschen wurden benötigt. Weil einheimische Mönche fehlten, holte der Abt 1429 sechs oder sieben Benediktiner aus dem reformierten Kloster Hersfeld, die den Stamm eines neuen Konvents bildeten und ihre heimischen Gebräuche mitbrachten. Sie waren keine Adligen, sondern Bürger aus großen Städten wie Köln und Frankfurt. Die Verpflanzung einer ganzen Mannschaft in ein entferntes Kloster war bei Benediktinern seit der frühmittelalterlichen Gründungsphase aus der Übung gekommen und glich jetzt einer Neugründung. Die Fremden blieben nicht lange unter sich, ihnen traten nichtadlige Mönche aus der Nachbarschaft zur Seite, der aus St. Gallen gebürtige Gallus Kemli, der aus Wil stammende Heinrich Bösch, beides gelehrte Männer nach dem Herzen der Reformer. Bösch leitete die von Abt Eglolf neu begründete Klosterschule in St. Gallen, anscheinend zusammen mit der städtischen Lateinschule. Das war vielleicht auch ein Ergebnis des guten Einvernehmens zwischen Benediktinerabt und Stadtgemeinde. Die Reform schien zu gelingen, weil alle Beteiligten sie wollten.

Dennoch blieb das Schwerste noch zu tun, Einübung des Zusammenlebens im Konvent. Die Gebräuche der Hersfelder widersprachen manchem, was dem Abt aus St. Blasien vertraut war, erst recht alten Gewohnheiten von St. Gallen. Kleinigkeiten gewiß, aber durch tägliche Wiederholung entnervend. Ein erster Streit zwischen Abt und Konvent kam 1434 vor das Konzil in Basel und wurde dadurch verschärft, daß die Konzilsväter Visitatoren schickten, denn die schwätzten dem irritierten Kloster ungewohnte Observanzen auf. Ähnlich ungut wirkte es, daß 1436 der Nachbarabtei Reichenau eine Oberaufsicht zugestanden werden sollte, der alten Rivalin, die noch vor kurzem schlimmer als St. Gallen zerrüttet war. Mittlerweile hatte dort seit 1427 der energische Abt Friedrich von Wartenberg die Petershauser Reform durchgesetzt, die hochadligen Mönche verdrängt und einen neuen Konvent aus niederadligen und gelehrten Einheimischen zusammengeschweißt. Nun hatten die Reichenauer gut reden, daß sie sich einig seien, aber konnte St. Gallen seine Eintracht durch Unterwerfung unter Reichenau erkaufen?

Einheitsforderungen und Eingriffe der Reformer zeigten ihre Kehrseite, sie ließen Abt und Konvent nicht mehr zu der abgesonderten Lebensgemeinschaft zusammenwachsen, die dem Ordensgründer Benedikt vorgeschwebt hatte. Wer eine seit Jahrhunderten gewachsene Abtei mit Methoden moderner Ordensverfassungen gleichschaltete, erzielte dasselbe Ergebnis wie in neueren Orden, die Zerschlagung des Einzelklosters, auf dessen Zusammenhalt doch Benedikts Orden beruhte und die Petershauser Reform bestand. Nicht nur aus Privatinteresse wehrte sich Eglolf Blarer ebenso wie sein Amtsbruder und Vetter Johann Blarer in Weingarten gegen Reglementierung von außen. Wenn schon

Vereinheitlichung der Bräuche, dann nach freier Wahl des Einzelklosters. Eglolf schickte 1439 die Hersfelder nach Hause und berief einige Mönche aus einem anderen Reformkloster, Kastl in der Oberpfalz, die sich leichter in die St. Galler Erwartungen schickten und der Abtei eine offenere Zukunft versprachen. Offen blieb allerdings auch die Grundfrage, ob der permanente Wechsel von Reformvorschriften das klösterliche Gemeinwesen besser zu sich selbst finden ließ.

Am besten sorgte Blarer, bevor er 1442 starb, für die offene Zukunft seiner Abtei durch die Förderung eines jungen Mannes, Ulrich Rösch. Er war am Ulrichstag 1426 in Wangen im Allgäu als Sohn eines Bäckers geboren, in einer strebsamen Familie von Kleinbürgern. Zwei Brüder Ulrichs, Konrad und Michel, studierten die freien Künste an Universitäten, wurden Magister und blieben Laien, zwei weitere wurden Pfarrer. Sozialen Aufstieg verhießen im fünfzehnten Jahrhundert am sichersten die Universitäten, allenfalls die modernen Orden mit Generalstudien. Aber zu Karmelitern nach Ravensburg ging kein junger Rösch, zu Benediktinern nach Isny schon gar nicht. Dieses Kloster aus dem elften Jahrhundert, eine Gründung der Grafen von Altshausen, blieb stets klein, reformbedürftig, provinziell, von Adelsherren abhängig. Die Bürgerschaft von Wangen schloß sich wie die von Isny wirtschaftlich eng an Ravensburg an, suchte mit Schmiedehandwerk und Leinwandweberei Anschluß an den Fernhandel, löste sich aber politisch und rechtlich nicht ganz von der Bindung an die Abtei St. Gallen. Dorthin schickte der Bäcker Rösch in den 1430er Jahren seinen Sohn Ulrich, für den keine akademische Laufbahn vorgesehen war.

Rösch wurde im Kloster als Küchenjunge eingestellt, schwerlich für eine Dauerbeschäftigung, möglicherweise für eine Lehrzeit vor Übernahme des väterlichen Geschäfts in Wangen. In der Klosterküche aber fiel der Junge rasch auf durch seine Dienstwilligkeit, sein stilles und listiges Benehmen, seinen Ehrgeiz unter Altersgenossen. Verwöhnte Tagediebe hätten das Bürschchen als Streber verhöhnt, aber Hochmut herrschte in Blarers Klosterküche nicht, da wurde gearbeitet. Neben geschwinder Auffassungsgabe zeigte Ulrich Rösch Vorliebe für das Rechnen und Rechten, keine Mönchstugenden, jedoch für die Klosterverwaltung nützliche Begabungen. Abt Eglolf ließ den Knaben als einen der ersten Klosterschüler durch Magister Heinrich Bösch unterrichten, vielleicht auch auf auswärtige Schulen schicken. Man möchte dabei an die Stadtschule Ulm denken, wo Bösch selbst ausgebildet worden war, gewiß nicht an eine Universität. Theologe wie Horgasser wurde Rösch nie. Frühestens mit sechzehn Jahren, also 1442, wurde er als Novize in den Konvent St. Gallen zugelassen. Wahrscheinlich war Eglolf Blarer schon tot, aber der erste nichtadlige Abt von St. Gallen hatte dem Küchenjungen den kirchlichen Aufstieg ermöglicht. Bei Karmelitern in Ravensburg wäre er nicht mehr ungewöhnlich gewesen, bei Benediktinern am Bodensee war er bisher keinem Kleinbürger geglückt.

Wie um zu bekunden, daß die Bäume der Reformer nicht in den Himmel wachsen durften, wählte der St. Galler Konvent nun wieder einen adligen, freilich gelehrten Abt von außerhalb, Kaspar von Breitenlandenberg. Der Abkömmling eines sanktgallischen Ministerialengeschlechts verdankte dem reformierten Kloster Reichenau seine monastische Bildung und der Universität Bologna seinen Doktorgrad im Kirchenrecht. Patrizier von St. Gallen rümpften über den Hinterwäldler aus der Gegend von Turbenthal die

Nase, doch war Kaspar kein Krautjunker, eher ein Liebhaber besinnlicher Lektüre und harmloser Geselligkeit, der für Erfordernisse von Politik und Wirtschaft wenig Begabung mitbrachte. In Italien hatte er die benediktinische Reform von Subiaco kennengelernt; dieses Kloster, durch Benedikt von Nursia selbst begründet, regte in Deutschland andere Reformzentren an, Melk in Niederösterreich und Wiblingen bei Ulm. Eine halb romantische, halb humanistische Sehnsucht nach den Ursprüngen bewegte den neuen Abt. Seine etwas weltfremden Ideale erregten im St. Galler Konvent die Gemüter; Gallus Kemli sprach hochdramatisch von Kaspars Tyrannei und wich vor ihr 1443 in andere Benediktinerklöster aus. Auch dies eine Begleiterscheinung benediktinischer Reform, die Suche der Enttäuschten nach dem Ort des geringsten Widerstands.

Da es wieder einmal an engagierten einheimischen Mönchen mangelte, schaffte der Abt auf bewährte Weise Nachschub herbei, diesmal aus Wiblingen, so daß nun die dritte Reformrichtung in St. Gallen die Welt verbesserte. Sie war davon überzeugt, daß sich Mönche nicht um weltliche Angelegenheiten kümmern dürften, sonst versänken sie in der Bürgerkirche. Sie sollten die Güterverwaltung sachverständigen Laien, die Seelsorge inkorporierter Pfarreien eigenen Weltpriestern überlassen. Das Programm leuchtete Kaspar ein, er zitierte gern den heiligen Hieronymus: Mönche sollten wirklich Mönche sein und als geistliche Menschen das weltliche Regiment fahren lassen. Kluge Mönche hätten ihn an die rauhe Wirklichkeit erinnern können, aber Blarer war tot und Rösch zu jung. Kaspars Leitsatz verlangte zudem, was Eglolf mißlungen war, innere Festigung des Konvents. Während Kaspars Abtzeit traten in St. Gallen dreiundzwanzig Mönche ein. Sie strömten aus dem weiten Umkreis zwischen Konstanz, Füssen, Ulm und Luzern herbei, nur wenige aus dem Herrschaftsbereich von Kloster und Stadt St. Gallen. Die alte Erfahrung: der Konvent blühte auf, weil er nicht allzu bodenständig war.

Umgekehrt überwogen Einheimische bei den weltlichen Beamten der Klosterverwaltung, weil sie Ortskenntnis brauchten; auch das war normal. Der Abt ließ ihnen freie Hand, wie es seinem Leitsatz entsprach. Die Trennung zwischen geistlichen und weltlichen Angelegenheiten hatte sich bei Bettelorden bewährt, warum sollte sie nicht auch Benediktinern helfen, wieder Mönche zu werden? In der Erwartung lag ein Trugschluß, weil die Wirtschaft das Leben von Koinobiten leichter störte als das von Mendikanten; bei Engpässen konnte der Abt die Mönche nicht zum Betteln in die Stadt schicken. Die negativen Nebenfolgen von Kaspars Politik ließen nicht lange auf sich warten. Die Klosterverwalter wirtschafteten lieber in die eigene Tasche als in die des Abtes, unter dem Beifall der St. Galler Bürger, die mit unschuldigem Augenaufschlag meinten, Mönche sollten sich nicht um irdische Sorgen kümmern. Als infolgedessen die Einkünfte nicht mehr hinreichten, begann der Konvent gegen den saumseligen Abt zu meutern, mit Recht, denn er hätte die materiellen Grundlagen bereitstellen sollen, damit sich die Mönche nicht um irdische Sorgen kümmern mußten. Als Wortführer des Konvents gegen den Abt traten drei Mönche hervor, die von weither gekommen waren, drei Bürgersöhne: Simon Gelbfrand aus Ulm, Heinrich Schüchti aus Luzern, Ulrich Rösch aus Wangen.

Es kam zu einem Dreieckskonflikt zwischen Abt, Konvent und Stadtgemeinde, weil die strittige Frage genau zwischen Innenleben und Außenbeziehung des Klosters lag. Sie überlagerte alle innermonastischen Reformbestrebungen, Provinzialbeschlüsse und Visitationen, denn sie ging an den Nerv des benediktinischen Mönchtums, den Unterhalt einer abgesonderten Gemeinschaft. Zu lösen war sie nur von außen, am einfachsten durch die bislang neutrale Eidgenossenschaft, die 1451 eingriff. Zürich, Luzern, Schwyz und Glarus verhielten sich indes nicht neutral, sondern politisch. Sie drängten die machtlose Stadtgemeinde St. Gallen in die Ecke und schlossen mit dem reich begüterten Kloster St. Gallen einen Burg- und Landrechtsvertrag, der ihnen Zugang verschaffte. Wie für die äußere Sicherung wollten die Eidgenossen für die innere Verwaltung der Abtei eintreten und entschieden sich für den starken Konvent, gegen den schwachen Abt. Dem Abt Kaspar wurde die gesamte Verwaltung entzogen und als Wohnsitz die äbtische Burg Rorschach zugewiesen; die Güter von Abt und Konvent wurden getrennt. Die geistliche Leitung der Abtei konnte dem Abt nicht genommen werden, aber die wirtschaftliche wurde dem Sprecher des Konvents übertragen, dem fünfundzwanzigjährigen Ulrich Rösch, der zweifellos der begabteste Ökonom des Klosters war. Genau genommen, ein Rückfall in die Zeit vor der Petershauser Reform, ein Fortschritt in falsche Richtung, die Maßstäben der Bürgerkirche in der Mönchsklausur Vorrang gab.

Man konnte die Entscheidung anders verstehen: Die ökonomische Sanierung schuf neuen Spielraum für das monastische Reformprogramm. Deshalb fand Rösch seine stärkste Stütze in Abt Ulrich Hablützel von Wiblingen, dem aktivsten Vorkämpfer der Melker Klosterreform im deutschen Südwesten. Die Gesundung der Klosterwirtschaft, vor allem der Abbau der gewaltigen von Abt Kaspar zugelassenen Schuldenlasten und Zinsverpflichtungen, sollte wirklich den Unterhalt der Mönchsgemeinschaft in der Klausur sichern. Wenn jedoch – entgegen dem Wortlaut von Benedikts Regel – nicht mehr der Abt für Wirtschaftsfragen die Verantwortung trug, beherrschte der Ökonom auch das geistliche Leben in der Klausur; dann hing das Kloster erneut von einem externen Prinzip ab und würde mit bürgerlicher Kalkulation kaum besser fahren als mit adliger Tradition. Natürlich protestierten gegen die Lösung von 1451 die beiden Verlierer und taten sich zusammen, Abt Kaspar und die Stadtgemeinde St. Gallen. Der Abt war als geistlicher Leiter des Konvents nicht gut aus dem Kloster fernzuhalten und setzte 1453 seine Rückkehr durch. Sofort ließ er den angeblich ungetreuen Verwalter Rösch absetzen, ins Gefängnis werfen und mit seinen Freunden Gelbfrand und Schüchti exkommunizieren. Kaspar wollte die absolute Herrschaft des Abtes über den Konvent restaurieren, als wäre er der heilige Kolumban. Sein Racheakt wurde unter dem Druck der Eidgenossen aufgehoben, doch wie nun weiter?

Die Besiegten hatten von den Siegern gelernt. Im folgenden Jahr 1454 erreichte auch die Stadtgemeinde St. Gallen einen Burg- und Landrechtsvertrag mit den Eidgenossen; dadurch geriet der Konvent in die Hinterhand. Rösch wurde nach Wiblingen abgeschoben, der Abt machte reinen Tisch. Er verkaufte 1454 die Hoheitsrechte der Abtei in der Landschaft an die Stadtgemeinde St. Gallen und erhob sie damit praktisch aus einer Klostersiedlung zur freien Stadt, ja zum Mittelpunkt einer künftigen Landesherrschaft. Zum Dank dafür sollte sie dem Kloster aus finanziellen Nöten helfen. Noch einmal Kaspars Lieblingsgedanke, das zeitliche Regiment fahren zu lassen. Das ganze Drum und Dran einer Benediktinerabtei, ihre Grundherrschaft, Gerichtsherrschaft, Landwirtschaft war dem Abt durch den Streit so verleidet, daß er daran dachte, das Kloster in ein Chorherrenstift umzuwandeln. Mit dieser Flucht vor Tradition und Reform liebäugelten anderswo manche Benediktiner, die von Luzern machten 1456 Ernst damit. Allerdings unterschied sich eine geistliche Gemeinschaft, die dem nächsten Bischof ihr Regiment übertrug, von einer, die sich der nächsten Bürgergemeinde auslieferte; nur die erstere konnte am Leben bleiben.

Der Abt von St. Gallen hatte alle Rechnungen ohne seinen Konvent gemacht. Der empörte sich über die Selbstherrlichkeit des Abtes und wollte auf seine Selbstherrlichkeit nicht verzichten. Auch die Reformer aus Wiblingen wurden auf den Plan gerufen, wenn dem Orden eine berühmte Abtei entfremdet werden sollte. Vor allem war es die pure Illusion, wenn die verschiedenen Fraktionen der Benediktiner glaubten, sie könnten über das Schicksal der Abtei St. Gallen noch selbst entscheiden; es lag seit 1451 in den Händen der Eidgenossenschaft. Sie dachte nicht daran, der Stadt St. Gallen die Schirmherrschaft über das Kloster zu belassen und den Aufbau eines Territoriums in der Ostschweiz zu gestatten. Noch einmal legten Abt und Stadt gemeinsam den gefährlichsten Gegner Rösch 1456 vorübergehend lahm, dann traten die wahren Machtverhältnisse zutage. Die Stadtgemeinde St. Gallen wurde 1457 durch Schiedsspruch Berns zwar in der Freiheit von Selbstverwaltung und Gericht bestätigt, mußte aber die Abtei finanziell unterstützen und trotzdem in ihrer ländlichen Herrschaft unangetastet lassen. Divide et impera. Nach dem Ausgleich zwischen Kloster und Stadt fiel die Entscheidung zwischen Abt und Konvent, wieder in eidgenössischem Sinn. Abt Kaspar wurde 1457 vom Papst abgesetzt, als Pfleger des Klosters wurde wie 1451 Ulrich Rösch eingesetzt, diesmal endgültig und ohne Nebenbuhler.

Mit einunddreißig Jahren hatte Rösch, ein rothaariger, vierschrötiger Mann, das Spiel gewonnen und den Abt besiegt. Er würde bald nominell Abt von St. Gallen sein, faktisch war er es schon. Er würde die Lehren der sechs stürmischen Jahre beherzigen. In dem Streit war es immer weniger um Grundfragen benediktinischen Lebens gegangen, vielmehr hatten zuerst Kleinigkeiten in Klosterbräuchen Abt und Konvent entzweit und Auswärtigen Einfluß verschafft. Das durfte sich nicht wiederholen. Rösch würde sich bemühen, als Abt den Konvent zu repräsentieren, als dessen Sprecher er hochgekommen war. Ein Benediktinerabt blieb im Konvent stark, wenn er ihm die wirtschaftlichen Voraussetzungen für ein geistliches Leben zuverlässig darbot. Rösch würde darauf bedacht sein, die Klosterverwaltung in der Hand zu behalten und wirksam zu ordnen. Wenn ökonomische Macht lebenswichtig war, durfte Rösch die politischen Partner der Abtei nicht vernachlässigen. Erst die Mißwirtschaft des letzten Abtes hatte es der Stadtgemeinde St. Gallen erlaubt, ihre überlegene Finanzkraft zur Befreiung aus der äbtischen Herrschaft einzusetzen. Ihr gegenüber stand das Kloster nach wie vor geschwächt da, Rösch vergaß die alte Feindschaft auch persönlich nie. Von Bürgers Gnaden sollten Mönche von St. Gallen nicht leben müssen.

Wenn die Abtei Selbständigkeit und Absonderung im benediktinischen Sinn wahren wollte, blieb ihr gegen Selbständigkeitsgelüste der Stadtgemeinde nur ein Bundesgenosse, die Eidgenossenschaft, die Röschs Aufstieg gefördert hatte. Sie würde die Abtei gewiß nicht selbstlos unterstützen und eines Tages die Rechnung präsentieren. Vielleicht würde die Abtei dann erst recht in die Hände der Bürger fallen; doch wer dieses übernächste Spiel gewinnen würde, das hing von der Schnelligkeit der Partner ab, und bis jetzt hatten die Eidgenossen mehr reagiert als gehandelt. Fürs erste konnte Rösch mit eidgenössischer Unterstützung daran gehen, die verlorene Stellung in St. Gallen wiederzugewinnen und die Herrschaft im Land zu einem geschlossenen Klosterstaat abzurunden. Damit würde er dem Konvent ein ungestörtes Mönchsleben ermöglichen und vorerst der Stadt St. Gallen, später vielleicht den Eidgenossen Widerpart halten. Röschs Konzeption war zweifellos klug, aber man muß sie mit den Gedanken vergleichen, die vor kurzem dem Karmeliter Horgasser durch den Kopf gegangen waren, um den Umsturz der Werte zu erkennen: Vielleicht konnten die Mönche von St. Gallen wirklich Mönche sein, bestimmt mußte der Pfleger von St. Gallen Politiker sein. Ulrich Rösch war es, schon bevor ihn 1463 der Papst zum Abt von St. Gallen bestellte.

Zum ersten Mal im fünfzehnten Jahrhundert erhielt der Konvent einen Abt aus den eigenen Reihen, doch frei wählen durfte er ihn nicht. Dieser Abt würde eher Monarch als Primus inter pares sein. Rösch hielt den Konvent in eiserner Zucht und wurde dabei von seinem Freund Gelbfrand, dem Stiftsdekan, unterstützt. Es herrschten stramme Klausurvorschriften, Laien kamen nicht mehr zu Besuch, Kartenspielen wurde verboten. Auch die energische Schuldentilgung trug geistliche Früchte. Noch 1458 mußte Rösch zwei Mönche in fremde Klöster schicken; die zurückbleibenden freuten sich darüber, daß jetzt hoffentlich der Tischwein ausreiche. Schon 1462 konnte der Konvent mühelos zwanzig Mitglieder aufnehmen. Die Klosterbibliothek erhielt 1461 einen vollständigen Katalog, die Klosterschule wurde 1468 neu geordnet und einem besoldeten Laien unterstellt. Die Schüler, die täglich zwei Stunden Singen üben mußten, wurden zur Verschönerung des Gottesdienstes herangezogen und sangen jeden Morgen im Münster. Ältere Mönche wurden auf Universitäten gesandt, nach Erfurt, Heidelberg, Pavia, Rom. Die allgemeine Richtung des Petershauser Reformprogramms wurde eingehalten, bis auf einen wesentlichen Punkt: Rösch verschloß sich allen Einmischungen von außen, auch Provinzialkapiteln und Visitationen, das heißt dem gemeinsamen Weg der Benediktinerklöster.

Was ihn von reformierten Mönchen seines Konvents und seines Ordens noch grundsätzlicher unterschied: Er fühlte sich als Herr im Haus, nicht als Mitglied einer Gemeinschaft und hielt sich persönlich nicht an mönchische Lebensformen. Bis 1469 trug er keine Tonsur, auswärtige Visitatoren beanstandeten es; ob er sie sich daraufhin schneiden ließ, wissen wir nicht. Wir wissen aber, daß ihm um 1468 eine Witwe in Wil einen unehelichen Sohn Ulrich gebar. Der Vater Abt schickte ihn zum Studium nach Tübingen und Bologna und machte ihn schließlich zum Pfarrer von Berneck. Ähnlich sorgte er für einen zweiten unehelichen Sohn Hans Ulrich. Er formierte so etwas wie eine fürstäbtliche Familiendynastie. Die gelehrten Brüder Konrad und Michel wurden als Helfer der Stiftsverwaltung an den Abthof gezogen, für Konrads studierende Söhne kam der Onkel ebenfalls fürstlich auf. Der Emporkömmling aus der Bäckerfamilie benahm sich in Personalfragen wenig anders als die adligen Äbte seines Klosters vor der Reform. Ein mönchischer Abt hätte Mitarbeiter nach sachlichen Kriterien ausgesucht, etwa wie Horgasser, aber Rösch legte zwischen sich und den Konvent einen Graben. Der Konvent ließ es sich gefallen, denn der Abt war tüchtig und mochte sein Privatleben genießen. Nur begaben sich die Mönche durch ihr Stillschweigen fast in Röschs Hörigkeit. Der Fall Kemli zeigt es.

Gallus Kemli, neun Jahre älter als Rösch und vor ihm in den Konvent eingetreten, hatte sich seit 1443 anderswo aufgehalten, 1460 als bemoostes Haupt in Heidelberg studiert, war 1470 nach St. Gallen zurückgekehrt und erwartete, als Senior des Reformkonvents geachtet zu werden. Er entfesselte hitzige Auseinandersetzungen und wurde, nach seinen Worten, »durch Beleidigungen und Verfolgungen getroffen, aufgrund von List und Trug der meisten Brüder. Ich ließ ihnen Wahrheit, Milde und Gerechtigkeit widerfahren und versuchte, Buhlerei und Hurerei, Ehebruch und Unzucht, die in unserem Kloster St. Gallen schändlich herrschen, als Senior durch Tadel und Ermahnung zu unterdrücken.« So schändlich konnten Mitbrüder nicht leben, Rösch hinderte sie daran; Kemli wird sich freimütig über den Lebenswandel des Abtes ausgelassen und im Konvent blankes Entsetzen hervorgerufen haben. Kemli fuhr denn auch fort, der Tyrann Pilatus Ulrich Rösch habe ihn verfolgt und 1471 von neuem verjagt.

Kemli versuchte es bei den Benediktinern in Schaffhausen, auf einer Pfarrstelle im Schwarzwald, bei Johannitern (in Tobel?), beim franziskanischen dritten Orden in Zürich, bei den Johannitern im üchtländischen Freiburg, bei Bauern, bei Beginen. Die ganze monastische Welt am Bodensee begegnete ihm, nirgends fand der empfindliche und zänkische Mönch Ruhe. Er wollte 1480 ins Kloster St. Gallen heimkehren. Kurz danach ließ ihn Rösch gefangensetzen; er beschwerte sich beim Papst, dann verlor sich seine Spur. So erging es einem Mönch, der sich dem Abt von St. Gallen nicht schweigend unterwarf; er hatte keine Klosterheimat mehr. Kein zweiter lehnte sich auf.

Seinen Freunden half Rösch großzügig weiter, und zwar aus der Klausur hinaus. Der geborene St. Galler Johann Bischoff studierte bis 1466 in Rom Kirchenrecht. Dann ging er zu den Benediktinern nach Petershausen, ohne Profeß abzulegen. Rösch scheint ihn 1469 für die Heimatabtei gewonnen zu haben und sandte ihn 1474 zu weiterem Studium nach Pavia. Von dort kam er 1476 durch fleißiges Studium abgemagert, mit dem Doktorhut des Kirchenrechts geziert zurück. Rösch plante große Dinge mit ihm. Bischoff sollte Rektor eines Gymnasiums in St. Gallen werden, einer ausgeweiteten Klosterschule, die Grammatik, Dialektik, Rhetorik, Poetik, Historie, griechische Sprache, Musik lehren würde. Aus dem wahrhaft humanistischen Gymnasium wurde nichts, aber Bischoff erhielt im Konvent eine privilegierte Stellung, unbeschränkter als ein karmelitischer Lektor. Er durfte das Kloster verlassen, wann er wollte, seine privaten Bücher behalten, mehrere Pfarrpfründen übernehmen und seine Vorrechte sogar gegen den Willen des (künftigen) Abtes ausüben. Für die Entbindung von den zentralen Mönchsgelübden sollte Bischoff den Mönchen geistliche Vorträge zur Erbauung und Belehrung halten und das kirchliche Ordensrecht beibringen. Der Lehrer forderte wie der Abt von anderen, was er selbst nicht tat, ein Mönchtum zweiter Klasse sozusagen. Rösch verwendete Bischoff bei seinen zahlreichen Prozessen als geistlichen Rechtsberater und Gesandten, auch an der römischen Kurie. Wie diesem Vertrauten wies der Abt einigen anderen Mönchen Tätigkeiten zu, die außerhalb der Klausur lagen und mehr dem Fürstabt als dem Konvent dienten.

Solche hochgebildeten Helfer, zum Teil studierte Mönche, zum Teil weltliche Beamte, unterstützten den Abt beim Aufbau des sanktgallischen Klosterstaates mit den Schwerpunkten Rorschach und Wil. Beide Orte wurden von Rösch zu Verwaltungszentren bestimmt und zu Marktplätzen ausgebaut. Aus beiden Städten wurden die dörflichen Siedlungen der Gotteshausleute straff zu einer Landesherrschaft geordnet. Vielerorts mußten die Verwalter auf geographische und historische Besonderheiten Rücksicht nehmen, ihre Verwaltung blieb aufgefächert und verwickelt; doch steckte sie überall die rechtlichen Befugnisse und die räumlichen Grenzen ab und stellte sich bedingungslos in den persönlichen Dienst des Fürstabts. Rösch mußte 1464 den Hofammann Hans Hechinger wegen Urkundenfälschung entlassen, die ganz zugunsten der Abtei, zu Lasten der Untertanen gegangen war. Weil sich Rösch an Rechtsordnungen band, konnten die Bauern in äbtischen Dörfern unter dem Krummstab gut leben; auch die Bürger in den Marktstädten Rorschach und Wil kamen auf ihre Kosten. Aus ihren Kreisen stammten ferner die schreibfreudigen Beamten, die Vögte, Ammänner, Weibel und Schreiber, die der Abt durch Treueid, genaue Kompetenzbeschreibung, ausreichende Besoldung und patriarchalische Fürsorge an sich band. Sogar die adligen Ministerialen des Klosters, die sich für niedrige Verwaltungsdienste nicht mehr hergaben, fanden in Spitzenämtern des fürstäbtlichen Hofstaates standesgemäße Aufgaben. So gewann Rösch in der »Alten Landschaft« des Klosters viele Anhänger und konnte an weitere Erwerbungen denken. Eine Ausweitung im Rheintal mißlang, hier kamen ihm die Appenzeller 1460 zuvor. Dafür glückte es ihm 1468, im Südwesten der Alten Landschaft die Grafschaft Toggenburg aufzukaufen. Da er ihre genossenschaftlichen Ordnungen schonte, hielten auch die Toggenburger zu dem neuen Herrn. Röschs Territorialpolitik schädigte nur eine Gemeinschaft gründlich, die Stadtgemeinde St. Gallen.

Sie hatte sich zwar 1457 von der direkten Klosterherrschaft befreit, sah sich jetzt aber durch die klösterliche Landesherrschaft eingekreist und am Aufbau eines städtischen Territoriums gehindert. Die Widersacher trafen in St. Gallen unmittelbar aufeinander, Abt Ulrich vermied kaum eine Gelegenheit zum Streit. Erster Anlaß wurde die vor dem Klosterplatz liegende Pfarrkirche St. Laurenzen, der Abtei seit 1359 inkorporiert, von der Bürgerschaft 1422 neugebaut. Im Auftrag des Klosters hielten Weltgeistliche und auswärtige Bettelmönche Gottesdienst, den die Stadtbürger gern besuchten; sie hielten da auch Bürgerversammlungen ab, so daß die Kirche öffentliche Funktionen übernahm, wie anderswo das Barfüßerkloster. Ganz in der Nähe dieser Bürgerkirche schenkte das Kloster Wein über die Gasse aus und führte eine Wirtschaft. Das Grölen betrunkener Bauern störte die Geistlichen von St. Laurenzen beim Vespersingen. Der Abt stellte sich taub. Die Bürger rächten sich, indem sie auf dem Schießplatz nahe beim Kloster die Mönche im Mittagsschläfchen erschreckten. Der Abt rächte sich, indem er die Bürgerkirche zur Nebenkirche herabwürdigte, durch feierliche Ausgestaltung des Gottesdienstes im Münster, durch Ausmalung der Seitenwände mit Szenen aus Gallus' und Otmars Leben, durch Einbau einer neuen Orgel, die die Bürger zu den Benediktinern lockte. Psychologische Kriegführung zur größeren Ehre Gottes. Der Rechtsstreit zwischen Abt und Leutpriester mußte 1475 vom Papst entschieden werden und endete zugunsten Röschs, aber der Zorn der Bürger wuchs.

Dann ging es um ein eigenes Stadttor für die Abtei. Die Wächter schlossen jeden Abend alle Tore in der Stadtmauer und gehorchten dem Stadtrat. Der Abt konnte nur nach ihrer Kontrolle seinen Klosterstaat im Umland besuchen; die Stadt weigerte sich, ihm freien Durchgang zu gewähren. Sie bestand umgekehrt darauf, daß die städtischen Nachtwächter zur Früherkennung von Gefahren den Münsterturm des Klosters mitbenutzen und jederzeit aufschließen durften. Wieder lauter Kleinigkeiten, die einen großen Gegensatz sowohl bemäntelten wie aufstachelten. Sie hatten sich 1479 so summiert, daß die Eidgenossen um einen Schiedsspruch angerufen wurden. Rösch wußte genau, daß er auf die Eidgenossenschaft angewiesen blieb, und kam ihr 1479 einen entscheidenden Schritt entgegen: Der Fürstabt räumte den vier eidgenössischen Schutzorten eine ständige Vertretung in Wil ein. Dieser »Hauptmann« sollte dem Abt raten und helfen, fungierte also fast schon als Landvogt des sanktgallischen Klosterstaates. Die Bürger von St. Gallen vernahmen es mit neuer Erbitterung, daß sie mit eidgenössischer Hilfe eingeschnürt werden sollten wie 1451. Und schon plante der findige Abt den nächsten, den tödlichen Streich.

Um von den St. Galler Bürgern unbehelligt zu bleiben, hielt sich Rösch am liebsten in Wil auf, der westlichsten Stadt seines Staates. Dort hatte er die alte Burg der Toggenburger zu einer prächtigen zweiten Residenz umbauen lassen; dort hielt er mit seinen Dienern Hof, in einer keineswegs mönchischen, dennoch genau geregelten Lebensgemeinschaft. Sein Versuch, das Städtchen zum Marktzentrum und Vorort der Leinwandherstellung zu machen, zeitigte allerdings wenig Erfolg, denn Wil lag zu nahe am Einzugsbereich von Zürich. Mochte in Wil der eidgenössische Hauptmann residieren, der Abt besaß ja am östlichen Rand des Klosterstaates, weit von den Eidgenossen weg, noch eine zweite ausbaufähige Stadt: Rorschach, zwölf Kilometer von St. Gallen entfernt am Bodenseeufer. Der Gedanke kam ihm spätestens 1481: Warum nicht dorthin die gesamte Abtei verlegen? Ganz unerhört war die Idee nicht. In einer bedrohlichen politischen Lage hatte Abt Siegfried von Schaffhausen 1093 erwogen, mit seinem Konvent nach Südfrankreich auszuwandern; um dem städtischen Trubel zu entgehen, waren die Beginen von St. Gallen 1244 mit Billigung des Abtes in das ländliche Magdenau ausgewichen. Nur waren beide Fälle kurz nach Gründung der Konvente eingetreten. Die Abtei St. Gallen stand dagegen seit über achthundertfünfzig Jahren an der Stelle, wo der heilige Gallus Halt gemacht hatte. Durfte man sie jetzt noch verlassen? Was wurde dann aus dem letzten intakten Grundsatz benediktinischen Mönchtums, der Ortsbeständigkeit? Oder stand gerade sie einer Erneuerung im Weg?

Rösch machte sich die Antwort nicht leicht und klärte sie durch eine historische Aufzeichnung, die uns erhalten ist, seine persönlichste Hinterlassenschaft. Er argumentierte so: Länger als siebenhundert Jahre war St. Gallen *ain recht gotzhus statt* und gehorchte den Äbten, wie es einer Klostersiedlung anstand. Erst vor anderthalb Jahrhunderten kam das Leinwandgewerbe in die Siedlung und machte ihre Bewohner reich und hoffärtig. Seit 1370 begannen sie mit dem Abt um Herrschaft zu kämpfen, bald auch die Appenzeller Bauern gegen ihn aufzuhetzen. Seitdem kehrte nie wieder Friede ein, die Laien nahmen den Mönchen die Stille. Wenn es so ist, muß man von neuem tun, was *unser lieber husvatter sant Gall* getan hat, Heimat und Reichtum verlassen und in die Wildnis wandern, um Ruhe und Seelenheil zu suchen. Stünde der heilige Gallus heute vor der Entscheidung, er würde die Absage an die Bürgerkirche vollziehen, weil in der Stadt St. Gallen kein Benediktinerkloster gedeihen kann, das seinen Namen verdient. Es kann nicht einmal abgeschlossen werden, sondern steht den Bürgern bei Tag und Nacht offen. Ich möchte Rösch gern glauben, daß ihn religiöse Reformgedanken dazu bewogen, vor der Stadt zu fliehen wie Jakob vor Esau; seine Offenherzigkeit gibt aber andere Gründe preis. Der Platz, wohin er zu fliehen gedachte, war alles andere als eine ländliche Wildnis. Aus diesem Ort wollte er nicht bloß *ain kron des ordens sant Benedictz* machen, zugleich *ain klus und ain beschluss des gantzen lands,* eine gewaltige Klosterfestung inmitten der äbtischen Landschaft. Röschs Religiosität war politisch begründet, seine Absage an die Bürgerkirche galt der Nebenbuhlerin, nicht dem Fürsten dieser Welt. Der Abt von St. Gallen stand dem Herzog Cunzo näher als dem Eremiten Gallus, doch das durfte er sich selbst nicht eingestehen.

Wie Rösch seinem Konvent die Verlegung schmackhaft machte, verrät diplomatische Meisterschaft und gibt uns Einblick in die Denkweise spätmittelalterlicher Benediktiner. Wie Rösch es darstellte, fand mönchisches Leben entweder in der Hölle oder im Himmel statt; eine dritte Möglichkeit, die hochmittelalterliche der Bettelmönche, kam nicht in Frage. Die Hölle war die Stadt St. Gallen. Dort wurde die klösterliche Stille ständig unterbrochen, durch Reiten, Fahren, Pfeifen, Trommeln, Singen, Schreien, Schießen, Steinwerfen, durch Besuche von fremden Bettlern und liederlichen Frauen, nebenan durch das Trocknen von Tüchern und das Tanzen im Heu. Die Bürger schnürten die Mönche ein, verhinderten Ausbau und Ausdehnung des alten Konvents und verlangten für alles Lebensnotwendige überhöhte Preise. Die Bürger sperrten die Mönche in die falsche Klausur, die Mauern ihrer Stadt, und brachen die richtige Klausur, mit der sich das Kloster selbst behütet hätte. Die Bürger, die ihre Freiheit genießen und vermehren wollten, zogen die Mönche in jeden Aufruhr und Krieg mit hinein, auch in Stadtbrände und Epidemien, ohne daß die Benediktiner ausweichen konnten. Nicht einmal ihre weltlichen Helfer vom Kanzler bis zum Hausknecht unterstanden den Mönchen des Klosters allein, sie waren zuerst Bürger der Stadt, in der sie wohnten. Aus dem Klostergarten stahlen die Bürger Äpfel und Birnen, Hühner und Schweine. In diesem Trubel mochten sich Bettelmönche und andere Vagabunden wohlfühlen, ein ordentliches Kloster mußte zugrunde gehen. Kein Zweifel, Rösch erhob Einwände gegen die Bürgerkirche, die Johann von Winterthur übersehen hatte; er vergaß nur einen Einwand gegen die Mönchskirche, daß die Bürger derselben Gemeinschaft der Gläubigen angehörten wie die Mönche.

Das Paradies auf Erden hieß Rorschach. Da würde man das Kloster auf die halbe Höhe des Rorschacher Berges zwischen die äbtische Burg und das äbtische Dorf setzen, von beiden gleich weit entfernt. Da hätte man geistliche Stille, viele fromme und gelehrte Leute kämen zusammen. Sie könnten *ain ordenlich leben nach der regel sant Benedicts* führen, miteinander die Messe ungestört singen, Kolloquien halten und Spaziergänge unternehmen. Dort fänden sie sauberes Wasser und gute Luft, die der Gesundheit bekäme. Es wäre Platz für ein großes Kloster, dreimal so billig wie in St. Gallen zu bauen. Da stünde ein Wohntrakt mit vielen ausgeschmückten Einzelzellen, für Sommer und Winter, hinter jeder ein Garten mit fließendem Wasser. Man könnte ein Krankenhaus mit allen hygienischen Erfordernissen neben dem Wohntrakt bauen. Weiter weg möchte ein schönes Haus für Pfründner stehen, das die Geistlichen nicht ablenkte, ihnen aber brave Leute und viele Einnahmen zuführte. Da wäre auch ein Gästehaus hübsch gelegen. Die weltliche Herrschaft wäre gesondert in einem Abthaus unterzubringen, zusammen mit Rathaus, Gerichtsgebäude und Gefängnisturm. Ein eigenes Haus für *des gotzhus grossen schatz,* das heißt seine Urkunden und Verwaltungsakten, ließe sich feuerfest anlegen. Aus gutem Rorschacher Sandstein könnten ferner Scheuern, Ställe und andere Wirtschaftsgebäude errichtet werden.

Und was würde auf den Feldern nahebei alles wachsen, Nußbäume, Apfelbäume,

Birnbäume, Pfirsichbäume, dazu Weinreben *wie vil man wölt*, in der trefflichen Lage zum Sonnenaufgang! Unweit ein Bauernhof, da stünden dreißig Kühe und anderes Vieh, man hätte Eier, Schmalz, Käse und Fisch immer frisch zur Hand. Da säße man hoch oben, *mit lust zu sechen den gantzen Bodensee und alles, das darumb gelegen ist*. Wer wollte, führe bequem und billig über den See nach Konstanz, Lindau, Überlingen, Buchhorn, Arbon, Romanshorn, Bregenz und ins Rheintal. Ein oder zwei Konventherren möchten hinuntergehen ins Dorf Rorschach und die Seelsorge versehen, da entstünde kein Zank um Pfarreirechte. Im Dorf wäre eine Taverne für den Klosterwein zu bauen, vom Rorschacher Hafen aus könnte die Abtei in den Städten am See alles verkaufen und kaufen, was sie wollte. Das Kloster läge, wehrhaft mit Gräben, Bollwerken und Zugbrücken versehen, mitten in der äbtischen Herrschaft, dazu außerordentlich günstig vor St. Gallen und Appenzell. Mit anderen Worten, die Abtei könnte beiden Gemeinschaften und Landschaften den Zugang zum Bodensee nach Belieben sperren. Röschs konstruktive Phantasie entwarf das Idealbild einer Gemeinschaft, in der Abt und Konvent eine neue Welt erschufen, eine konkrete Utopie, gleich nebenan.

Was Rösch plante, war kein herkömmliches Benediktinerkloster mehr, in dem Asketen sich und anderen den Himmel verdienten. Es war im Innern eine geistliche Akademie, in der Intellektuelle mit Glasperlen spielten und eine idyllische Landschaft genössen, nach außen eine Festung, aus der ein Fürst die einträgliche Landschaft verwaltete und weite Fäden spönne. Rösch zog damit Folgerungen einerseits aus der Petershauser Klosterreform, andererseits aus der sanktgallischen Realpolitik. Das Kloster in Rorschach wäre im spätgotischen Gewand die erste barocke Fürstabtei am Bodensee geworden und hätte ein neuzeitliches, ebenso landschaftsverbundenes wie weltfrohes Mönchtum gezüchtet. Nun, Rösch sprach nicht im Irrealis, der Potentialis war ein Imperativ. Papst und Kaiser stimmten ebenso wie der Konvent dem Plan seit 1483 zu; mit der Einrichtung der Baustelle wurde 1484 begonnen. Wieviel irdische Macht hinter dem Vorhaben stand, spiegelte sich im Bautempo. Fünf Jahre später, im Juli 1489, war die neue Klosterkirche zum guten Teil fertig, ebenso der Kreuzgang mit Kapitelsaal, der Wohntrakt mit achtzig Mönchszellen samt zahlreichen Wirtschaftsbauten. Rösch rechnete mit erheblichem Zuwachs, sein bereits ungewöhnlich großer Konvent umfaßte rund dreißig Mönche. Gegen berauschende Zukunftsaussichten hatten weder die Bürger von Rorschach noch die Bauern der Alten Landschaft viel einzuwenden, denn sie verdienten am Klosterbau und würden nachher vom Klosterbetrieb profitieren.

Um so länger wurden die Gesichter der Bürger von St. Gallen. Natürlich hingen sie seit Jahrhunderten am heiligen Gallus; wahrscheinlich würde Rösch nicht so weit gehen, die Heiligenreliquien wegzuführen und den Gottesdienst im Stadtkloster einzustellen. Bedenklicher als die geistlichen waren die weltlichen Folgen einer Klosterverlegung; da lag für die Städter wie für den Abt des Pudels Kern. Bei Auflösung der mönchisch-bürgerlichen Symbiose würde St. Gallen den einträglichen Fremdenverkehr verlieren, Prozessionen von einfachen Pilgern, Besuche von hohen Potentaten. Handel und Handwerk müßten auf ihre zahlungskräftigsten Kunden in der Abtei verzichten. Statt dessen würde Rorschach aufblühen, sein Markt und Handel fänden von weither Zulauf, durch Zölle und Vorkaufsrechte könnte es St. Gallen blockieren. Die Ungunst der geographischen Lage würde die Gallusgemeinde dann erst voll treffen. Politisch hätte sie das Spiel endgültig verloren, wenn die Abtei um Rorschach einen Flächenstaat konzentrieren könnte. Von dort aus würde Rösch nach Osten, ins Rheintal und nach Appenzell vorstoßen, von Wil aus würden die Eidgenossen schadenfroh zusehen. Daß die Bürger mit Mönchen nicht leben konnten, hatten sie seit längerem gewußt; daß sie ohne Mönche auch nicht leben konnten, merkten sie jetzt, etwas spät. Die Stadtgemeinde St. Gallen mußte, wenn sie überleben wollte, den Rorschacher Klosterbau um jeden Preis verhindern.

Sie suchte eilig nach Bundesgenossen. Das dreiwöchige Schützenfest in St. Gallen im Sommer 1485 mochte unpolitischer Fröhlichkeit dienen, es demonstrierte doch die Anziehungskraft der Stadtgemeinde. Dreitausend Besucher kamen aus Ulm, Biberach, Ravensburg, Isny, Buchhorn, Überlingen, Konstanz, Zürich und Schaffhausen. Es sah so aus, als wolle die Stadt die Bodenseestädte gewinnen, auf die es auch der Abt abgesehen hatte. In Scharen kamen die Bergbauern von Appenzell, natürliche Feinde der Abtei. Ihre Herrschaft abzuschütteln, war den Landleuten früher als den Städtern gelungen, aber in Rorschach drohte sie beiden Gemeinschaften von neuem. Die ungleichen Partner, eher durch den gemeinsamen Gegner als durch gleichsinnige Ziele zusammengeführt, zögerten lange, so lange, bis am 8. Juli 1489 in Rorschach die ersten Altäre geweiht wurden. Nach einer Vorverständigung am 12. Juli erschienen am 20. Juli die Sprecher der Stadtgemeinde St. Gallen und der Landsgemeinde Appenzell in Wil vor Abt Ulrich und forderten ihn auf, den Klosterbau einzustellen und die bereits stehenden Bauten abzubrechen. Rösch weigerte sich und rief die vier eidgenössischen Schutzorte an. Er würde wieder einmal der Schnellere sein.

Seinen Widersachern half jetzt bloß rasches Handeln, die Schaffung jener Tatsachen, die man vollendet nennt, weil man sie nicht vorbereitet hat. Ein geheimes Treffen bei der Kirchweihe in Urnäsch hinter einem Stadel beschloß die Mobilmachung. Am Montag, 27. Juli 1489, zogen rund dreihundertfünfzig St. Galler nach Nordosten, trafen unterwegs in Grub eine Freischar von zwölfhundert Appenzellern, am nächsten Tag noch sechshundert Leute aus dem Rheintal. Am Dienstag, 28. Juli, traten sie morgens zu einer Vollversammlung zusammen und diskutierten, ob sie für dauernd oder für diesmal zusammenhalten sollten. Nun denn, wenigstens für diesmal. Nach dem Essen besetzten die mehr als zweitausend Männer den Bauplatz in Rorschach und zerstörten die Baustelle gründlich. Sie legten Feuer und plünderten, auch unten in Rorschach taten sie sich gütlich. Am folgenden Morgen, 29. Juli, zogen alle davon und wurden von der Stadt St. Gallen offiziell empfangen. Die Überraschung schien geglückt zu sein. Der Abt, der aus Wil zunächst ein Heer in Marsch setzte, schickte dann doch bloß den eidgenössischen Hauptmann als Beobachter nach Rorschach. Der spendete der Bürgerinitiative ironische Lobsprüche. Als zur Vergeltung des Klosterbruchs noch immer nichts Entscheidendes geschah, probten auch Gotteshausleute in den Dörfern den Aufstand, schließlich sogar die von Rorschach. Damit hatte der Abt nicht gerechnet, er mußte das Spiel aus der Hand geben. Nur täuschten sich seine Gegner gründlich, wenn sie meinten, jetzt hätten sie es in der Hand.

Das dicke Ende kam langsam, aber sicher. Ein eidgenössisches Heer zwang zuerst die Gotteshausleute, dann die Appenzeller, zum Schluß die St. Galler in die Knie. Im März 1490 diktierten die Eidgenossen in Einsiedeln den Frieden. Sie gewannen die politische Oberhand in der ganzen Nordostschweiz bis an Bodensee und Rhein. Alle anderen waren Verlierer, auch Abt Ulrich. Den in Rorschach angerichteten Schaden, nach seiner Rechnung sechzehntausend Gulden, mußten ihm die Bürger und Bauern größtenteils erstatten; sie mußten ihm zusichern, daß er in Rorschach oder irgendwo anders auf äbtischem Boden bauen dürfe, was ihm beliebe. Rösch begann damit und ließ in Rorschach die erste der zerstörten Kapellen im September 1490 neu weihen, den Kapitelsaal vollenden, das Refektorium beginnen. Aber er mußte einwilligen, daß selbst nach dem Aufbau eines Klosters in Rorschach die Abtei für alle Zukunft ihre beiden wichtigsten Unterpfänder im Münster zu St. Gallen lassen werde: den Sitz ihres Gerichts und die Gebeine ihrer Heiligen. Am Schluß behielt ein Spottlied auf den Rotfuchs aus Wangen recht: *Sant Gall, der hat ain zaichen tan Zu Rorschach, als ich wol verstan, Won er doch nit wil haben Kain ander Kloster denn das sin, Da er jnn lyt vergraben.* Am 13. März 1491 starb Ulrich Rösch in Wil, nicht als gebrochener, doch als geschlagener Mann. Sein Leichnam wurde im Kreuzgang nicht zu Rorschach, sondern zu St. Gallen beigesetzt. Die beiden nächsten Äbte bauten seit 1499 in Rorschach weiter, Häuser für Verwaltungs-, Wirtschafts- und Schulzwecke, keine Klosterkirche mehr, denn die Reform des benediktinischen Mönchtums war gescheitert.

Hinter dem persönlichen Schicksal Röschs werden allgemeine Zusammenhänge sichtbar, die abschließend skizziert seien. Erstens konnte eine benediktinische Reform im fünfzehnten Jahrhundert keinesfalls das ursprüngliche Mönchsleben nach der Regel Benedikts von Nursia wiederbeleben, es sei denn, Benediktiner hätten als ungebildete Laien auf einsamen Bergen beten und arbeiten wollen, ähnlich wie halberemitische Pauliner. Statt dessen leitete das Konstanzer Konzil 1417 eine Anpassung der Benediktregel an die moderne Verfassung der Zisterzienser und Bettelmönche ein. Die beabsichtigte Vereinheitlichung überwand die Eigenbrötelei der alten Adelsklöster, unterband aber die Lebensgemeinschaft zwischen Kloster und Umland, insbesondere die zwischen Abt und Konvent. Das Reformprogramm enthielt einen inneren Widerspruch, wenn es die abgesonderte Gemeinschaft der Mönche dadurch retten wollte, daß es die Äbte zu Provinzialkapiteln und Visitationen reisen ließ. Äbte wurden so zu Außenvertretern, die das Innenleben der Konvente nicht prägen konnten. Weil die Reform aus dem Geist des hierarchischen Kirchenrechts, nicht aus der Gemeinschaftsidee der Benediktregel geboren wurde, beschränkte sie sich auf Äußerlichkeiten, Stoff und Farbe der Kutten, Alter und Ausbildung der Novizen und dergleichen mehr. Sie erneuerte keinen benediktinischen Kerngedanken und gab den schwarzen Mönchen kein neues Ziel. Daher kam es, daß die Reformrichtungen im fünfzehnten Jahrhundert mehr nebeneinander als miteinander wirkten und sich um Quisquilien ereiferten. Weil alle austauschbar waren, überzeugte keine von Grund auf. Lerneifrige und tatkräftige Mönche wie Rösch fanden innerhalb der Klausur keinen Lebensinhalt.

Daß die benediktinische Reform keine Rückbesinnung, sondern eine Modernisierung leistete, trug ihr zweitens auch Vorteile ein. Der wichtigste war die Zurückdrängung des Adelsstandes und die Stärkung der Gelehrsamkeit in den Abteien. Die alte Exklusivität der Benediktiner wurde nicht völlig aufgegeben, aber an neuen Maßstäben gemessen. Daß an die Stelle der vornehmen Geburt die akademische Qualifikation trat, rettete die Benediktinerkonvente vor dem Aussterben und führte ihnen aus den Schichten zwischen Niederadel und Kleinbürgertum die strebsamsten und ehrgeizigsten Adepten zu. Sie pflegten auf irrationale Traditionen wenig zu achten und nüchtern zu kalkulieren; was ihnen an Altersweisheit abging, machten sie durch jugendliche Wendigkeit wett. Die Abtverfassung der Benediktiner gab zielbewußten Männern wie Rösch die Möglichkeit, ihre Planungen jahrzehntelang souverän zu verwirklichen. Die Rationalität des sanktgallischen Klosterstaates war allerdings kaum mehr religiös begründet, kaum mehr vom Konvent mitgetragen, kaum mehr vom Zusammenhang zwischen Vernunft und Askese bestimmt. Konstruiert wurde vielmehr eine wirksame Verwaltung mit klaren Abgrenzungen, eine Landesherrschaft, die sich von der anderer Fürsten lediglich im Ornat unterschied. Die Neuordnung war lebensnotwendig, ein Gegenbeispiel beweist es. Die geistlich aktivere Abtei Reichenau fand niemanden, der ihre Herrschaft und Wirtschaft rationalisierte; das kostete sie nach langwierigen Querelen ihre Selbständigkeit und die Eingliederung in das Fürstbistum Konstanz 1540. Vor diesem Schicksal, das auch Weingarten 1477 drohte, bewahrte Rösch St. Gallen. Wohlgeordnete geistliche Territorien wie dieses galten für die nächsten drei Jahrhunderte als fortschrittlich, ihre Untertanen begehrten selten auf. Die neue Rationalität wurde für irdische Ziele verwendet und führte nicht mehr zur geistlichen Sublimierung. Insofern kündigte Röschs Klosterstaat die Neuzeit an.

Die benediktinische Reform stellte drittens das Verhältnis zwischen Mönchtum und Bürgertum neu zur Diskussion. Zur Verstädterung ihrer Umwelt hatten ländliche Benediktiner selbst beigetragen, denn Städte wie Lindau, Schaffhausen und St. Gallen erwuchsen aus Klostersiedlungen. Reformierte Benediktiner konnten nicht zu agrarischen Zuständen zurückkehren und ihren Grundbesitz nicht mehr um dörfliche Meierhöfe gruppieren, die jedem Zugriff preisgegeben waren. Sie brauchten die wirtschaftlichen Möglichkeiten großräumiger Verflechtungen so gut wie Bettelmönche. Sie brauchten als Mittelpunkte eines geschlossenen Territoriums städtische Zentren. Dort durften sie aber nicht wie Bettelmönche von den Almosen der Bürger und dem Wohlwollen des Stadtrats abhängen. Der Kampf, den Rösch gegen die Stadtgemeinde St. Gallen führte, war keine Absage an die Bürgerkirche, sondern ein Streit um Herrschaft in ihr. Die weltabgewandte Gemeinschaft der Mönche beteiligte sich kaum daran, vielmehr gerieten die Geschäftstüchtigen aneinander, hier der benediktinische Fürst, dort die bürgerliche Genossenschaft. In Ravensburg verbündeten sich Patrizier mit Karmelitern, weil beide Gemeinschaften Spielregeln der Arbeitsteilung einhielten, hier Arbeit für das Diesseits, dort Gebet für das Jenseits. In St. Gallen wurde diese Lösung durch die diesseitigen Aufgaben eines Benediktinerabtes vereitelt. Warum sollten Nachtwächter, die viertausend Bürger beschützen mußten, dem einen Abt beim nächtlichen Passieren des Stadttores Sonderrechte gewähren? Sie hätten es vermutlich getan, wenn ihnen dieser Abt die asketische Alternative zu ihrem turbulenten Dasein vorgelebt und nicht bloß seinen Herrschaftsanspruch entgegengesetzt hätte. Nachdem die religiöse und geistige Zusammenarbeit zwischen Mönchtum und Bürgertum aufgekündigt war, blieb die politische und militärische Auseinandersetzung übrig, die bloß Besiegte hinterließ, freilich nur in St. Gallen. Andere Abteien hatten ganz andere Sorgen.

Denn reformierte Benediktiner begründeten viertens keinen regionalen Zusammenschluß miteinander. Die Reform war den Bodenseeklöstern vom Weltkonzil in Konstanz aufgenötigt, von landfremden Abteien beigebracht worden und traf jedes Kloster in besonderer Lage. Dabei blieb es nachher, als die Reform eingespielt war. Höchstens in der Abwehr auswärtiger Eingriffe fanden St. Gallen und Weingarten zueinander. Wenn die Abtei Reichenau Aufsichtsrechte über St. Gallen wahrnahm, rief sie Widerspruch hervor. Schaffhausen nahm anstandslos einen St. Galler Mönch auf, der sich mit seinem Abt überworfen hatte. Der Abt von St. Gallen war mit dem von Wiblingen bei Ulm befreundet, mit dem von Mehrerau bei Bregenz nicht. Warum hielten Benediktiner am Bodensee im fünfzehnten Jahrhundert nicht mehr so zusammen wie im neunten? Ein Beispiel spricht Bände: Als die Mitbrüder von Einsiedeln 1470 den Abt Ulrich Rösch zu sich riefen, sollte er den Streit schlichten, wem ein Schlüssel zum Opferstock in der dortigen Marienkapelle zustehe. Es fehlten gemeinsame Ordensziele, sogar Gebetsverbrüderungen. Rösch fand in seinem politischen Kampf keinen geistlichen Beistand in der Nähe, auch bei anderen Orden nicht. Er sah sich nach weltlicheren Vorbildern um, den genossenschaftlichen Bünden der Eidgenossen im Westen, der Bodenseestädte im Norden. Freilich bildeten auch diese politischen und wirtschaftlichen Verbände keine Bruderschaft mehr. Rösch war durch seine Herkunft eng mit dem Nordufer des Sees verbunden, mußte aber seine Territorialpolitik auf die Landschaft südlich des Sees begrenzen. Seitdem die Eidgenossen den Habsburgern 1460 den Thurgau abgenommen hatten, wurde der Bodensee immer mehr zur Grenze zwischen Nord und Süd. Auch mit dem Bischof von Konstanz erörterte der Abt von St. Gallen bloß einige Kauf- und Tauschgeschäfte, wenige Jahrzehnte nachdem aus der Bischofsstadt jene Beschlüsse ergangen waren, die den Aufstieg des Abtes ermöglicht hatten. Die Benediktiner verleugneten tapfer ihre Vergangenheit, gewannen aber damit die Zukunft nicht. Sie saßen wie eh und je inmitten der Bodenseelandschaft; sie noch einmal geistlich zusammenzuschließen, versuchten sie nicht. Wenn das im ältesten Kloster der Region geschah, war in der Uhr des koinobitischen Mönchtums nicht mehr viel Sand. Nie mehr würde eine Prozession von Hunderten in schwarzen Kutten durch Konstanz ziehen.

PETER THALER · KARTÄUSER IN ITTINGEN

Wozu noch Prozession von Mönchen durch die Straßen? Die Bürgerkirche des fünfzehnten Jahrhunderts hatte alle Gemeinschaften entweder wie die der Mendikanten integriert oder wie die der Koinobiten isoliert, in jedem Fall festgelegt. Wenn Mönchtum noch als Bewegung sinnvoll sein sollte, dann nicht mehr als Prozession der Vielen durch die Welt, sondern als Rückweg der Einzelgänger zu den Ursprüngen, als Absage an die Bürgerkirche. Gewiß besaß Europa keine Wüsten mehr, in denen Eremiten einsam mit Dämonen kämpfen konnten; auch in Wäldern machte sich seit den Tagen des heiligen Gallus lärmendes Treiben breit. Doch hatten Mönche inzwischen gelernt, daß Einsamkeit keine menschenleere Weite brauchte, bloß vier Wände einer Zelle. Wer zeitlebens in der Zelle blieb, konnte zwar nicht wie einst die Wüstenväter von eigener Arbeit zehren, aber das Dasein von Anachoreten in wilder Natur wurde ohnedies immer seltener für asketisch, immer häufiger für idyllisch gehalten. Mehr Selbstüberwindung kostete es, mit sich selbst allein zu sein und trotzdem das zu tun, was in anderen Einzelzellen andere taten, sich also einer Gemeinschaft zu unterwerfen, ohne sich von ihr tragen zu lassen. Diese Lebensform eremitischer Gemeinschaft lag undeutlich dem Individualismus von Benediktinern und Karmelitern, dem Subjektivismus von Franziskanerinnen und Dominikanerinnen zugrunde; wer sie rigoros verwirklichte, fand im Spätmittelalter viele Helfer, die ihm das wenige, was er brauchte, ans Fenster der Zelle stellten.

Ein solcher vielbewunderter Orden von Einsiedlern bestand in Europa seit fast vierhundert Jahren, die Kartäuser. Sie hatten sich nie auf die Experimente von Reformbenediktinern und Augustinerchorherren, auf die Kompromisse von Paulinern und Karmelitern eingelassen; sie hatten nie an die Laienkirche appelliert, nie an der Wachstumseuphorie des Hochmittelalters partizipiert. Sie hatten am Bodensee nicht Fuß gefaßt, es nicht einmal versucht, denn ein richtiger Kartäuser tat in fast allem das Gegenteil dessen, was Ulrich Rösch richtig fand. Äußerlich betrachtet, war es reiner Zufall, daß sich in Röschs erfolgreichsten Jahren um 1461 der strengste Orden der Kirche im thurgauischen Ittingen niederließ. Für den nachdenklichen Beobachter hingegen wirkten die Kartäuser am Bodensee wie das letzte Aufgebot der Unerschütterlichen, nachdem alle weltnäheren Formen mönchischen Lebens sich verschlissen hatten. Die Kartäuser kamen geistig und räumlich aus weiter Ferne, wie von einem anderen Stern; wenn wir dächten wie sie, müßten wir nicht lange fragen, was sie in Ittingen vorfanden. Aber weil wir begreifen wollen, was ihnen hier widerfuhr, müssen wir die Vorgeschichte ihres Klosters betrachten. Merkwürdigerweise spiegelt sich in ihr fast der ganze Prozessionsweg des Mönchtums.

Die Geschichte des Ortes Ittingen hing mit den ältesten Benediktinerabteien der Region zusammen. Der zwischen Stein und Frauenfeld nahe der Thur gelegene Platz dürfte zu dem Stammheimer Gebiet gehört haben, um das die fränkischen Grafen Warin und Rudhard 759 mit Abt Otmar von St. Gallen rangen. Besiedelt war der Landstrich im Thurtal nicht, hier stand einige Jahrhunderte länger der Urwald, den weiter östlich Gallus zu roden anfing. Allem Anschein nach begannen nicht die St. Galler und ihre Klosterbauern mit der Urbarmachung Ittingens, sondern die Mönche von Reichenau, auf dem Umweg über ein Ministerialengeschlecht. Jedenfalls hören wir bei der ersten Erwähnung Ittingens 1079 von einer Burg, die dem Abt Ekkehard von Reichenau und dem Herzog Welf IV. offenstand, also der päpstlichen Partei im Investiturstreit zugehörte. Der kaisertreue Abt Ulrich III. von St. Gallen ließ die Burg *Hittingin* 1079 überfallen und zerstören. So dunkel die Einzelheiten bleiben, wir erkennen, wie sich das benediktinische Mönchtum mit Hilfe des einheimischen Adels in der Landschaft einnistete und wie auf die Bewältigung der wilden Natur eine erste politisch-militärische Ordnung folgte. In der Nähe der Burg auf dem Berg denken wir uns für das elfte Jahrhundert eine Siedlung abhängiger Bauern im Tal, die für den nahen Burgherrn und das ferne Kloster arbeiteten.

Jenseits des örtlichen Landesausbaus spürte Ittingen wenig von den europäischen Bewegungen des Frühmittelalters und wurde sogar von der Abtei Reichenau kaum beachtet; in der Chronik Hermanns des Lahmen kam der Ortsname nicht vor. Ittingen blieb tiefste Provinz, auch nachdem die Burg, nun wieder unter Oberhoheit des Abtes von St. Gallen, neu aufgebaut war. Nur von fern sah das Dorf dem nächsten Anlauf zu europäischer Erneuerung zu, der Kirchenreform des späten elften Jahrhunderts. Die Ortsadligen von Ittingen zählten am Beginn des zwölften Jahrhunderts zu den Freunden der

Reformabtei Allerheiligen in Schaffhausen; ein Berthold von Ittingen schenkte ihr 1107 Land. Die Ministerialenfamilie mag den gregorianischen Reformanstoß genutzt haben, um für ihre kleine Herrschaft mächtige Fürsprecher zu finden.

Diese politische Begründung schlug wie bei den Nellenburgern so bei den Ittingern in eine religiöse um. Warum, das erzählte eine späte Klostersage, die eine typische Stimmung des frühen zwölften Jahrhunderts wiedergab, auch wenn sie Einzelheiten aufgebauscht haben mag. Eines Sonntags hätten die Erwachsenen von der Ittinger Burg im benachbarten Kirchdorf Üsslingen an der Thur die Messe besucht. Währenddessen hätten sich die Kinder der Burgherren die Zeit vertrieben und das gespielt, was für adliges Landleben das höchste Vergnügen bedeutete, ein Schlachtfest. Dabei habe der ältere seinem jüngeren Bruder so in den Hals gestochen, daß er verblutet sei. Daraufhin hätten die Eltern beschlossen, in der Nähe der Burg eine Stätte klösterlichen Lebens einzurichten. Nehmen wir die Sage einen Augenblick für historische Wahrheit: Die Eltern mochten fromm zum Sonntagsgottesdienst gehen, geschickt die Mehrung ihres Erbes vorbereiten, die Fortdauer von Familie und Herrschaft nach allen Seiten abstützen; im irdischen Leben war nichts sicher, ein unbewachter Augenblick machte langfristige Planungen zunichte. Und was würde im Jenseits aus dem älteren Sohn, wenn er ein Brudermörder wie Kain war? Was sonst als das Mönchtum konnte ihn retten?

Die Reaktion der Ittinger Adelsfamilie ist durch Urkunden unanfechtbar bezeugt: Sie gab ihre Burg auf. Drei Söhne, Albert, Berthold und Ulrich von Ittingen, von denen wenigstens der erste Geistlicher wurde, gründeten 1151 unweit der väterlichen Burg das Augustinerchorherrenstift St. Laurentius, dem Albert als erster Propst vorstand. Gut möglich, daß der Missetäter jener Gelperad war, den die Eltern zuerst ins Kloster St. Gallen brachten und der nachher den Ittinger Chorherren als Konverse diente. Die leiblichen Brüder suchten nach geistlichen und fanden sie am ehesten bei den Augustinerchorherren in Kreuzlingen; wie diese schlossen sie sich den strengen Regularkanonikern von Marbach an, wollten also priesterliche Aktivität mit mönchischer Kontemplation verbinden. Freilich lag Ittingen abseits der Städte und Straßen, konnte also nicht wie Kreuzlingen viele Fremde und Kranke betreuen. Auch zur ländlichen Klausur und Handarbeit der Salemer Zisterzienser entschlossen sich die Ittinger Kanoniker nicht. Sie konzentrierten sich auf gemeinsames Chorgebet, ohne ganz auf Privateigentum zu verzichten, und unterstellten sich keinem Generalkapitel oder anderen zentralen Organen. Ihr frei gewählter Propst regierte selbständig, mehr als vier bis sechs Chorherren hatte er nicht zu befehligen. Wie die Prämonstratenser in Weißenau übernahmen sie die Pfarrseelsorge in Nachbardörfern, insbesondere in der Kirche Üsslingen, die ihnen Papst und Bischof gleich 1152 zuwiesen, außerdem seit 1162 in den Kapellen von Nussbaumen und Unterschlatt, die bisher zur Pfarrei Stammheim gehörten. In ihrem ländlichen Kreis bemühten sich Ittinger Chorherren also um priesterliche Durchdringung der Laienkirche.

Da ihr Ordensziel modern war, fanden sie viele Freunde. Sie erbaten und erhielten 1152 die Zustimmung des Konstanzer Bischofs Hermann und des Papstes Eugen III. Herzog Welf VI. verzichtete im gleichen Jahr auf alle Ansprüche als Ittinger Lehensherr und Üsslinger Kirchenvogt. Als weltlichen Beschützer durften sich die Kanoniker im selben Jahr einen Vogt frei wählen; sie nahmen den mächtigsten Herrn in der Umgebung, Graf Hartmann III. von Kyburg. In geistlicher Hinsicht kam das neue Kloster nicht ganz von der Abtei St. Gallen los und wurde ihrer Obhut anvertraut. Dennoch versprach die verwickelte Konstruktion größtmögliche Unabhängigkeit nach allen Seiten. Den Ittinger Brüdern konnte niemand ihr Erbe streitig machen; die Klostergründung erleichterte dem Einzelnen den Weg zum Himmel und sicherte der Erbengemeinschaft ein irdisches Auskommen. Auch wenn die Brüder aus der Gemeinschaft der Familie ausschieden und die adlige Blutbahn nicht in ihren Kindern fortführten, waren sie in der Gemeinschaft der Geistlichen aufgehoben und den Zufällen des irdischen Jammertals entzogen. Herren des Umlandes blieben sie nach wie vor.

Im selben Gebiet wie die Kirchen lagen die Grundstücke des Ittinger Stifts, weiter ausgreifend und verstreut. Sie bestanden aus Ländereien, die die Brüder von den Eltern geerbt hatten, und wurden je und dann erweitert. Es erwuchs eine kleine ländliche Herrschaft, über die der Propst die Gerichtsbarkeit ausübte. Mit der politischen Herrschaft waren soziale Pflichten verquickt. Aus einer Urkunde von 1219 wird ersichtlich, was die Ittinger da zu tun hatten. Einige Kanoniker vom Großmünster in Zürich, leibliche Brüder aus ritterlicher Familie, gaben ihr Eigengut Weiningen an der Thur den Ittinger Confratres. Diese sollten dafür das Wachs einer Kerze im Zürcher Fraumünster liefern. Ferner hatten sie für das Seelenheil der Schenker neun Jahrmessen zu feiern, wöchentlich zwei Messen zu singen und täglich am Altar Kerzen zu brennen. Außerdem mußten sie für Arme eine Wohnung errichten und ihnen an elf bestimmten Tagen im Jahr Brot oder Getreide austeilen. Schließlich würden sie für die Erquickung von Kranken ein Fuder guten Weins im Keller lagern und von ihrem Hafer Hühner füttern, die ebenfalls für den Verzehr von Kranken bestimmt waren. Verwandte Vorkehrungen wie in Kreuzlingen, wenn auch bescheidener und nicht zur Einrichtung eines Spitals ausreichend. Immerhin sorgten Ittinger Chorherren für einige Arme und Kranke der Nachbarschaft ebenso wie für das Seelenheil der vornehmen Stifter, um Not im Diesseits zu lindern und im Jenseits Schätze zu sammeln. So spielte sich eine Lebensgemeinschaft zwischen adligen Geistlichen und bäuerlichen Laien ein, weniger eng als bei Franziskanern im städtischen Lindau, aber weniger empfindlich.

Ittinger Chorherren stammten weiterhin wie die ersten Gründer aus dem regionalen Niederadel. Viel wissen wir darüber nicht, doch 1256 wurde ein Propst Heinrich von Randegg erwähnt, von der Burg nördlich Diessenhofens, deren Herren damals den Dominikanerinnen von Katharinental halfen. Gut vertrugen sich die Kanoniker auch mit dem anderen Frauenkloster in der Nähe, den Zisterzienserinnen in Kalchrain, deren Frühgeschichte undurchsichtig ist; wahrscheinlich wurde ihr Konvent 1330 durch den Freisinger Bischof Konrad von Klingenberg gestiftet, wieder durch eine thurgauische Familie aus niederem Adel. Auch wenn Verwandte in die Ferne zogen, Chorherren blieben im Land. Kein Generalkapitel verschlug sie in fremde Gegenden, keine Visitation verglich sie mit ausländischen Modellkonventen, keine Klausur behinderte ihre Vertrautheit mit der Landschaft zwischen Stein und Frauenfeld. Nicht die leiseste Andeutung verrät, daß Bauern der umliegenden Dörfer irgendwann gegen die Stiftsherren gemeutert hätten; es ging ländlich sittlich zu. Provinzialismus in Reinkultur. Sogar Ulrich Richental vergaß mitzuteilen, daß außer dem Propst von Öhningen der von Ittingen zum Konzil nach Konstanz kam. Politisch fiel die Miniaturherrschaft nicht ins Gewicht, seitdem die Habsburger 1271 als Erben der Kyburger die Stiftsvogtei übernommen hatten. Sie achteten auf Einzelheiten so wenig wie die Äbte von St. Gallen, die mit ihren Bürgern beschäftigt waren. Geistig blieb dem Chorherrenstift jede Ausstrahlung versagt. Nicht alle Mitglieder waren so ungebildet wie die neun von 1289, die nicht einmal Schreiben gelernt hatten, doch in den ganzen dreihundert Jahren verfaßte kein Chorherr ein bemerkenswertes Buch. Mit Ittingen verglichen, war selbst die verschlafene Mainau ein Unruheherd.

Nach dem Konstanzer Konzil geriet Ittingen in jene Bewegung, die anderswo längst von Mönchen in den Alltag der Laien getragen worden war. Jetzt lenkte sie der Bischof von Konstanz gegen den Alltag der Stiftsherren. Bischof Otto von Hachberg, der beim Konzil kaum hervorgetreten war, fand durch die Konzilsbeschlüsse seine geistliche Macht gestärkt und wollte sie durch Reform eigenmächtiger Priesterkollegien beweisen. Im ganzen brach er bloß Händel vom Zaun, besonders mit seinem Domkapitel und dem Stift Öhningen hatte er wenig Erfolg; aber an dem Stift Ittingen statuierte er ein Exempel. Ihm wurde 1420 gemeldet, das Kloster habe zur Zeit keinen Propst und keinen einzigen Priester, der Klosterbauern die Sakramente spenden könne. Otto sorgte für Abhilfe durch zwei Leutpriester aus stiftsfremden Nachbardörfern. Wenig später begann der Bischof, die Ittinger Zustände zu untersuchen und die geistlichen Herren zu verhören, und verkündete 1422 das Resultat. Das Kloster sei durch schlechte Wirtschaft und schlimmen Lebenswandel des Propstes und der Stiftsherren derart heruntergekommen, die Gebäude seien so weit verfallen, daß die Einkünfte nicht mehr zur Wiederherstellung ausreichen. Der Propst wurde abgesetzt und wie die Chorherren in anderen Klöstern untergebracht. Bischof Otto leitete die Neugründung des Stifts sofort ein und befahl zwei altgedienten Chorherren vom Konstanzer Stift St. Stephan, nach Ittingen zu übersiedeln. Sie mußten ihr ganzes Vermögen dem Kloster vermachen, damit es weiterbestehen könne. Geistlichen Beistand leisteten die Äbte von St. Gallen und Kreuzlingen, politischen Schutz versprach die Stadtgemeinde Konstanz als derzeitige Inhaberin der Landgrafschaft im Thurgau. Doch waren die Kräfte aller Beteiligten so schwach und verzettelt, daß die konzertierte Aktion wenig half; der offene Konflikt zwischen Bischof und Domkapitel in Konstanz machte ihr bald ein Ende. In Ittingen war die Reform der Beginn des Ruins.

In die Bresche warf sich ein junger Idealist von auswärts. Zum Propst von Ittingen wurde 1426 Wilhelm Neidhart gewählt, einer von elf Söhnen des 1409 verstorbenen Stadtschreibers Heinrich Neidhart in Ulm. Auch Ittingen sah sich also gezwungen, aus der Exklusivität und Selbstgenügsamkeit des Landadels auszubrechen und sich dem Ehrgeiz und der Gelehrsamkeit von Stadtbürgern zu öffnen. Die Neidhartsöhne waren in ganz Deutschland als Muster der Klugheit und Gelehrsamkeit berühmt. Sie sammelten in Ulm eine reichhaltige Familienbibliothek theologischer und juristischer Bücher. Einige waren Doctores der Jurisprudenz, einer amtierte seit 1424 als Pfarrer in Ulm, einer seit 1439 als Propst im Großmünsterstift Zürich, einer war dortselbst Kanoniker, einer Protonotar in Ulm, einer Offizial des Bischofs in Konstanz. Die Familie Neidhart war über den kleinbürgerlichen Nepotismus des Abtes Ulrich Rösch hinausgewachsen und hatte, wie die weniger gelehrte Familie Blarer, Zugang zu maßgebenden Herren und Gemeinschaften im gesamten Bodenseeraum. Wenn ein Neidhart als Propst nach Ittingen ging, konnte das Stift als Pflanzschule geistlicher Gelehrsamkeit aufblühen.

Wilhelm kam zu spät. Was Ittingen gebraucht hätte, wäre eher ein Küchenjunge wie Rösch als ein Stubengelehrter wie Neidhart gewesen. Das rein agrarisch organisierte

Stift wurde seit 1432 durch eine Serie von Mißernten schwer getroffen. Der Propst mußte einen Hof nach dem andern verpfänden oder verkaufen und konnte keinen Nachwuchs aufnehmen. Am Ende saß er fast allein in den Gebäuden und verkaufte sogar Glocken aus der Kirche. Zu den wirtschaftlichen Schwierigkeiten kamen politische, um den geistlichen Aufschwung zu verhindern; nun konnten die einflußreichen Brüder Neidhart nicht mehr ausgleichen. In den Jahren um 1458 wurde der Thurgau durch schwere Kämpfe zwischen Schweizer Eidgenossen und Habsburgern heimgesucht. Während die Eidgenossen 1460 das berühmte Dominikanerinnenkloster Katharinental schonten, fand das verarmte Ittingen keine Gnade und wurde geplündert. Weder beim thurgauischen Landadel noch beim Zürcher Stadtpatriziat rührte sich eine Hand für den Propst aus Ulm. Er war 1461 am Ende und bot Stift Ittingen zum Verkauf an, um die allerschwersten Schulden abzudecken. Kein Nachbarkloster konnte einspringen. Am 14. Dezember 1461 rief Propst Wilhelm Neidhart seine Untertanen im Kelhof Üsslingen zusammen und teilte ihnen mit, daß das Chorherrenstift mit allen Rechten verkauft sei. Die neuen politischen Herren des Thurgaus, die Eidgenossen, hatten gegen den Besitzwechsel nichts einzuwenden. Die geistlichen Institutionen beeilten sich, dem Verkauf zuzustimmen, der Papst, der Bischof von Konstanz, Abt Ulrich Rösch von St. Gallen. Denn wenn Ittingen überhaupt für die Mönchskirche zu retten war, dann durch den Käufer von 1461, den Kartäuserorden.

Die Bauern werden die Nachricht achselzuckend hingenommen haben; keiner von ihnen dürfte je ein Kartäuserkloster zu Gesicht bekommen haben. Der Kartäuserorden bestand seit der gregorianischen Kirchenreform, aber nicht in Deutschland, woher sein Gründer Bruno von Köln kam, sondern in Randgebirgen Frankreichs und Italiens. Kartäuser antworteten seit 1084 auf die Krise des benediktinischen Adelsmönchtums, wie es wenig später Zisterzienser und Prämonstratenser taten; nur wählten die Kartäuser den entgegengesetzten Weg, die eremitische Abwendung vom priesterlichen Apostolat. Sie brachen die Beziehungen zum Umland radikal ab, lösten auch die Lebensgemeinschaft im Konvent beinahe auf. Sie ließen sich durch die Erfolge der Bettelmönche inmitten der Laienkirche nicht beirren und zahlten den Preis für ihre Absage; sie blieben ein kleines Häuflein abseits der Menge. Erst als um 1320 die religiöse Bewegung der Bettelorden ins Stocken kam, fanden Kartäuser den Weg nach Deutschland; die erste südwestdeutsche Kartause entstand 1345 in Freiburg im Breisgau. Danach herrschte Stille bis zur Niederlassung in Bern 1397. Nach Basel kamen die Mönche in den weißen Kutten 1401, im nächsten Jahr nach Buxheim bei Memmingen, 1439 nach Güterstein bei Urach. Im weiten Abstand vom Bodensee saßen sie rundherum, ans Ufer wagten sie sich nicht, da war es zu laut. Beim Weltkonzil in Konstanz vermißte sie Richental nicht. Sie hatten wirklich andere Sorgen als andere Mönche.

Beneidenswerte Sorgen. Die Kartäuser fanden ihre Ausbreitung schwindelerregend und fingen sie durch schärfere Visitationen ab. Ohnehin hatte kein anderer Orden das internationale Netz der Generalkapitel und Konventvisitationen dichter geknüpft; sie sahen einander seltener ins Gesicht als auf die Finger. Das romtreue Generalkapitel schuf 1400 zu besserer Beaufsichtigung der neuen Klöster neben der ober- und der niederdeutschen eine eigene Rheinprovinz zwischen Amsterdam und Bern. Zwar spaltete das Papstschisma auch den Kartäuserorden, aber weniger tief als etwa den Karmeliterorden.

Die Generalkapitel beider Obödienzen, der römischen im steirischen Seitz, der avignonesischen in der Grande Chartreuse bei Grenoble, waren eifersüchtig darauf bedacht, die Strenge der alten Bräuche zu wahren, als Unterpfand der Wiedervereinigung. Es war genug Zugeständnis an den Zeitgeist, daß ihre Klöster neuerdings auch in größeren Städten wie Freiburg und Basel gebaut wurden oder in gottverlassenen Nestern wie Buxheim und Güterstein bestehende Anlagen bezogen, verarmte ländliche Propsteien. Diesem Orden kam es nicht darauf an, wo er saß, auf dem Berg oder im Tal, in der Stadt oder auf dem Land; er kümmerte sich nicht um seine Umgebung.

Kartäuser waren Einsiedler, die einige Regeln monastischen Zusammenlebens aufgegriffen hatten, aber weniger festgefügte Konvente als Pauliner und Karmeliter bildeten. Im Mittelpunkt einer Kartause lagen keine Gemeinschaftsräume. In jeder stand eine Kirche, ein einschiffiger Gebetsraum ohne Kanzel, vom Chorgestühl beherrscht. Hier versammelten sich die Kartäuser dreimal, nicht zu allen sieben Tagzeiten, zur nächtlichen Matutin von etwa 23.30 Uhr bis ein Uhr, zur Messe von etwa sieben bis neun Uhr, zur Vesper von etwa fünfzehn bis sechzehn Uhr. Im Vergleich mit dem benediktinischen Stundenplan war der kartäusische Gottesdienst verkürzt wie der zisterziensische. Zisterziensisch mutet auch die Zweiteilung der Klosterkirche an; ein Lettner teilte sie in Mönchskirche und Kirche der Laienbrüder. Der Unterschied bestand darin, daß Zisterziensermönche einen Großteil des übrigen Tages Handarbeit taten, während Kartäusermönche sie ausschließlich Laienbrüdern überließen. Denn sie lebten rein kontemplativ, noch unbedingter als Frauenorden, die ihre Nonnen wenigstens in die Küche und in das Werkhaus schickten. Kartäusisches Leben vollzog sich in Einzelzellen, genauer gesagt, in Einzelhäuschen, die am großen Kreuzgang, an die Kirche anschließend, aufgereiht lagen.

Jeder Kartäuser bewohnte allein ein zweistöckiges Häuschen, unten mit einem Vorraum und einem Bastelraum, oben mit einem Betraum und einer Schlafkammer, alles äußerst dürftig eingerichtet. Hier verbrachte er den größten Teil seines Mönchslebens allein mit sich und mit Gott. Er betete auf ein Glockenzeichen die Stundengebete, ohne daß er jemanden hörte und ihn jemand sah. Er las in den zwei Büchern, die höchstens in seinem Bücherbord stehen durften. Er holte um elf Uhr täglich aus einem Klappfenster am Kreuzgang sein Mittagessen, das ihm der Koch hingestellt hatte, und aß es allein. Fleisch sah er nie auf dem Teller. Zwei Stunden am Tag dienten der Erholung. Da konnte der Kartäuser im Bastelraum schreinern oder schnitzen, in dem hoch ummauerten Gärtchen seines Häuschens graben oder herumgehen. Um den großen Kreuzgang paßten zwölf bis vierzehn Einzelhäuschen, mehr Mönche nahm die normale Kartause nicht auf. Zusammen kamen sie zu den Gottesdiensten in der Kirche, außerdem an Sonn- und Feiertagen zum Mittagessen im Refektorium. Dort wurde vorgelesen, sonst sprach niemand. Zisterziensisches Schweigen brauchte Kartäusern nicht eingeschärft zu werden, sie hatten meistens niemanden in der Nähe, mit dem sie reden konnten. Lesen und schreiben konnten sie alle, waren also gewöhnlich Studierte. Literarisch aktiv wurden sie dennoch selten, denn sie wollten andere nicht belehren. Fürbitte und Nachdenken, sonst nichts.

Es machte die Kartäuser zum strengsten Orden des Mittelalters, daß er den einzelnen Mönch einem genauen Tageslauf unterwarf, aber Gehorsam nicht vor einem sichtbaren Oberen, sondern lediglich vor einem Glockenzeichen verlangte. Er zwang den einzelnen Mönch in Wohnung, Kleidung und Nahrung zu äußerster Armut, ohne den Wettbewerb und die Übereinstimmung einer Gemeinschaft herauszufordern. Keuschheit hieß bei Kartäusern anders als bei Franziskanern nicht Offenheit für alle Mitmenschen, sondern Verzicht auf jede mitmenschliche Gebärde; nicht einmal schweigen durften sie miteinander. Mittelalterlichen Menschen, denen Geselligkeit über alles ging, kam dieses Leben übermenschlich vor, unmenschlich nannten es manche modernen. Immerhin wurde es mit einem Satz von Pascal verteidigt: »Alles Unglück kommt daher, daß der Mensch nicht in seinem Zimmer bleiben kann.« Das Streben nach Prestige hatte bei Kartäusern den geheimsten Sinn verloren; diese Absage verschaffte ihnen ein Prestige, von dem sie nichts hatten. Die meisten traten nicht aus jugendlicher Begeisterung ein; sie hielt nicht lange an. Es kamen Erwachsene, die Enttäuschungen hinter sich hatten, mit der Welt nicht fertig geworden waren oder nichts mehr von ihr wissen wollten. Viele waren es nie, in der Blütezeit um 1400 höchstens zweieinhalbtausend Mönche.

Der Kartäuserorden war eine Ausnahme auch darin, daß die Blütezeit nicht im ersten Jahrhundert nach der Gründung aufhörte, sondern erst dreihundert Jahre danach anfing. Von Blüte wagt man kaum zu reden, von Verfall noch weniger. Diese Mönche griffen nicht in die Geschichte ein, sie beteten für die draußen. Das machte sie im Spätmittelalter zum angesehensten Orden, daß sie sich auf die korrupte Umwelt nicht einlassen wollten und daß sich die anderen auf ihr Gebet verlassen konnten. Die reichsten und sündigsten Herrscher Europas wünschten sich ein Grab bei Kartäusern, der Herzog von Burgund 1385 in Champmol, der Herzog von Mailand 1390 in Pavia. Die mächtigsten deutschen Städte leisteten sich eine Kartause wie Nürnberg seit 1380, wo manche Patrizierfamilie ein Häuschen finanzierte und sich so das Gebet des Insassen sicherte. Je eine Zelle der Kartause Buxheim stifteten 1441 der Konstanzer Patrizier Liutfrid Muntprat samt Frau, 1465 der Ravensburger Patrizier Ital Humpis samt Frau. Fürstentum und Großbürgertum schätzten die Kartäuser am höchsten. Außerdem unterstützten akademisch Gebildete die Kontemplation in Einsamkeit, die jede soziale Aktion ausschloß. Einfachere Leute, die sich lieber an Franziskaner hielten, hörten von Kartäusern mit gelindem Schauder; so heilig wollten sie nicht werden. Die Kartäuser selbst ließen sich, soviel ich sehe, keiner bestimmten sozialen Schicht zuordnen, denn sie kamen aus keiner Gemeinschaft und begaben sich in keine, sie waren Einzelgänger.

Man fragt sich erschrocken, wie es die Kartäuser an die milden Gestade des Bodensees verschlug. Sie siedelten am ersten und besten in unfruchtbaren Landstrichen, die nur wenigen Asketen Unterhalt boten und ihnen den Lärm der Menge vom Leib hielten. Klüger als die Zisterzienser sorgten die Kartäuser vor, daß die Armut des Einzelnen nicht zum Reichtum des Konvents ausarte, und begrenzten die Kopfzahl der Viehherde in jedem Kloster. Für die Anlage von Kartausen kamen ja Zonen der Viehzucht, nicht des Ackerbaus in Betracht. Unter allen Gesichtspunkten der Vegetation, der Anbaumethoden, der Bevölkerungsdichte eignete sich das Bodenseegebiet im allgemeinen, das Thurtal im besonderen nicht für die Errichtung einer Kartause. Die Kartäuser schwankten selbst, wo sie die Neuerwerbung unterbringen sollten, bei der niederdeutschen Ordensprovinz, zu der die nächstgelegenen Kartausen Buxheim und Güterstein zählten, bei der oberdeutschen, aus der die österreichische Stammbesatzung Ittingens herkam, bei der rheinischen, die Ittingen an Freiburg und Basel anschloß, oder bei der Genfer Provinz, deren Mittelpunkt das Mutterkloster des Ordens, die Grande Chartreuse, war. In jedem der vier bis 1505 durchprobierten Fälle wurde Ittingen mit Kartausen anderer geographischer und historischer Landschaften verbunden; in keinem Fall fand es Anlehnung bei Nachbarn.

Woher sollten in dieser Landschaft des regionalen Adels und der Mittelstädte mächtige Gönner kommen, reiche Herzöge und Großbürger? Woher sollten in dieser Landschaft der dichten Kommunikation begeisterte Einsiedler kommen, die Ulrich Röschs Lust verachteten, den ganzen Bodensee und alles, was darum gelegen ist, zu betrachten und zu besuchen? Schon der Historiker Johann Stumpf schüttelte im sechzehnten Jahrhundert den Kopf, daß sich die Kartäuser in Ittingen eingenistet hatten: *Weiß nit durch was mittel oder antrag hierzugefürdert.* Doch, das wissen wir: Sie kamen nicht gerufen, sondern gezwungen. In diesen Jahren mußte der Orden zwei Kartausen an der Türkengrenze im heutigen Nordjugoslawien, Freidnitz und Pletriarch, vorübergehend evakuieren und für deren Mönche Unterkünfte bereitstellen; für wie lange, konnte niemand vorhersagen. Von österreichischen Kartäusern kam der Antrag an das Generalkapitel von 1461, das unter einem spanischen Generalprior in der Grande Chartreuse tagte, Ittingen möge für den Orden gekauft werden. Die Notgemeinschaft aller Kartäuser sollte den Kaufpreis aufbringen. Das gelang. Den Beginn leiteten provisorisch die Prioren der Kartausen Buxheim und Güterstein; der Orden brauchte keine einheimischen Berater und palaverte nicht mit ihnen.

Aber Ittingen war nicht als Kartause gebaut, sondern als Chorherrenstift, verwahrlost war es auch. Nichts Neues für die Prioren von Buxheim und Güterstein, eine zusätzliche Belastung für den Orden. Das Generalkapitel sandte 1465 den Prior einer dritten Kartause, Schnals in Tirol, nach Ittingen, zusammen mit einigen Mönchen aus Pletriarch. Es beauftragte 1466 die Prioren der einflußreichen Kartausen Seitz und Nürnberg mit der Oberaufsicht in Ittingen und begann, um Spenden zu werben. Unterstützung kam dementsprechend von großbürgerlichen Geldgebern in Wien und in Nürnberg. Allmählich schenkten Nachbarn auch, ein Bürger aus St. Gallen, ein Arzt, ein Handelsherr und ein Domherr aus Konstanz, ein Magister aus Diessenhofen, zwei Patrizier aus Schaffhausen, durchweg Freunde aus der reichen und gebildeten Oberschicht der Städte. Es fehlten städtische Handwerker, wohlhabende Bauern, der regionale Adel, überhaupt die Wortführer der Region. Noch alarmierender: fast niemand aus der Umgebung wollte Kartäuser werden. Im Kloster bleiben wollte nicht einmal Jakob Räß, der letzte Augustinerchorherr aus Neidharts Amtszeit. Er bemühte sich 1464, aus Ittingen wegzukommen, und trat nach einem Rechtsstreit 1466 mit Erlaubnis des Bischofs in Kreuzlingen ein, wo ein Abt aus dem Überlinger Patriziat regierte. Da ließe sich's wie gewohnt leben; mochten die Kartäuser selber zusehen, wie sie mit der ländlichen Seelsorge fertig wurden. Ittingen war auf dem Weg, eine der ersten monastischen Fehlgründungen am Bodensee zu werden, noch vor dem Rorschacher Klosterbruch. Die Kartäuser verstanden die Signale sofort; sie waren vom zügigen Ausbau des benachbarten Buxheim ganz anderen Widerhall gewohnt. Aber Kartäuser und kapitulieren?

Das Generalkapitel, die alljährlich in der Urkartause tagende Versammlung sämtlicher Prioren, damals über hundertachtzig, befaßte sich fast jedes Jahr ausführlich mit Ittingen und unternahm alles mögliche. Man versetzte 1467 den ersten Kommissar. Man sprach von Skandal. Man beschwor »beim Fleisch Jesu Christi«. Man drohte Strafen an.

Man kommandierte 1468 eine Reihe von Mönchen nach Ittingen ab, denn schließlich war es für einen Kartäuser nebensächlich, in welcher Gegend Europas er sich die vier Wände besah. Sie kamen aus Brünn, Prag, Güterstein. Zehn Jahre nach dem Kauf, 1471, war das Schlimmste geschafft, Ittingen konnte offiziell in den Orden aufgenommen, der erste Prior Johannes eingesetzt werden, wahrscheinlich aus der Straßburger Kartause kommend. Trotzdem riß der Ärger nicht ab, denn wenn Ittingen endlich in den Kartäuserorden paßte, in die Landschaft paßte es noch immer nicht.

Mit Klosterbauern der nächsten Umgebung begann der Verdruß. Sie hatten mit den Augustinerchorherren zusammengelebt und die Sonntagsmesse selbstverständlich in der Propsteikirche besucht. Prior Johannes versuchte, den Gotteshausleuten vom Nachbardorf Warth plausibel zu machen, daß die strenge Klausur der Kartäuser die Fernhaltung des weiblichen Geschlechts von der Klosterkirche erfordere. Sollten die Bäuerinnen von Warth vielleicht ohne ihre Männer in die vier Kilometer entfernte Pfarrkirche Üsslingen pilgern? Als sie sich weigerten und weiter nach Ittingen kamen, ließ der Prior zur Zeit des Gottesdienstes die Klostertore schließen. Die empörten Frauen von Warth veranstalteten daraufhin 1471 an einem Festtag ein regelrechtes Go-in und Sit-in. Sie besetzten die Klosterkirche und zogen erst ab, als ihnen der Prior versprach, auf Klosterkosten eine eigene Kapelle in Warth zu bauen. Dort sollte der Vikar von Üsslingen den Gotteshausleuten und ihren Frauen jede Woche eine Messe lesen. Ähnlich war das Problem vorher im benachbarten Buch gelöst worden, nur saß an der dortigen Kapelle ein eigener Geistlicher. Die in Frauenfeld aufgezeichnete Vereinbarung vom Dezember 1471 läßt erkennen, daß es auch den Bauern von Warth nicht nur um kurzen Kirchweg am Sonntag ging. Sie erwogen bereits, die neue Kapelle künftig zur Pfarrkirche mit eigener Pfarrpfründe zu befördern, das heißt, ihrer Gemeinde mehr geistliche, rechtliche, politische Selbständigkeit zu verschaffen. Der eidgenössische Bazillus steckte sie schon an. Die Kartäuser wehrten sich nicht, anders als in größerem Rahmen Ulrich Rösch in St. Gallen, und bauten die Kapelle in Warth, um im Kloster Ruhe zu haben.

In der Kartause kamen sie aber kaum zur Besinnung. Weil vieles noch im argen lag, brachen die vom Generalkapitel verfügten Visitationen über Ittingen häufiger herein als im üblichen Zweijahresabstand. Ein Kartäuser war noch seltener als ein Prämonstratenser zum Homo politicus geboren. Auch der Prior wäre lieber in seinem Häuschen geblieben als zum Generalkapitel und zu anderen Kartausen gereist. Überdies haftete er für die Amtsführung seines Prokurators, des kartäusischen Verwalters, der sich im Wirtschaftshof mit Laienbrüdern und Bauarbeitern abmühte. Kennzeichnend war der Sprachgebrauch im Kartäuserorden. Wenn ein Prior abgesetzt wurde, hieß es, man erweise ihm Barmherzigkeit. Dem Ittinger Prior Johannes wurde 1477 vom Generalkapitel »auf sein inständiges Bitten und wegen sehr häufiger Krankheit« Barmherzigkeit erwiesen. Er beantragte und erhielt die Versetzung nach Brünn. Kein gutes Zeichen, wie in Weißenau, daß die Erfahrenen wegzogen.

Ittingen war zu laut, weil repariert und umgebaut wurde. Ein Oberschwabe aus Riedlingen trat 1476 ein, der Laienbruder Johann Wagner, der erste aus der näheren Umgebung. Er wurde bei Bauarbeiten eingesetzt, beschwerte sich aber 1489 beim Papst, er könne sich in Ittingen nicht geistig konzentrieren. In Hergiswald südlich Luzern, am Hang des Pilatus, fand der Einsiedler eine ruhige Waldwiese, die später Wallfahrtsort wurde. Der Laienbruder kapitulierte, der Konvent nicht. Er wählte 1477, zum ersten Mal frei, als nächsten Prior den gebürtigen Münchener Bartholomäus Hölderle, der an der Universität Wien studiert und in der Kartause Aggsbach gelebt hatte. Hölderle kam vermutlich mit der Klosterwirtschaft nicht zurecht. Er wurde 1482 abgesetzt, unbarmherzig in den Stand eines Novizen zurückgestuft und nach Österreich zurückkommandiert. Als nächsten wählte der Konvent wieder einen studierten Magister, jedoch aus der Umgebung, Ludwig Moser aus Weinfelden, der bisher in der Kartause Basel gedient hatte. Er schrieb asketische Bücher auf Deutsch, ökonomisch versagte auch er und wurde 1485 nach Basel zurückversetzt. Zu allem Unglück traf 1483 eine Pestepidemie den Konvent. Drei Mönche und vier Laienbrüder fielen ihr zum Opfer, soweit erkennbar keiner aus der Bodenseegegend. Die Kartause blieb ein Fremdkörper.

Vorbedingung für eine Festigung des Konvents war, daß die Kartäuser bei den wenigen gemeinsamen Riten nicht alle paar Monate neue Gesichter neben sich sahen und nicht wie Franziskaner ständig herumgereicht wurden; zudem brauchte Ittingen einen hochqualifizierten Prior, um in ruhigere Bahnen zu gelangen. Der nächste Prior, Heinrich Gans aus Winterthur, kam aus der Nachbarschaft und war vorher in Freiburg Prior gewesen. Er hielt es in Ittingen für elf Amtsjahre aus, bevor er als Prior nach Buxheim berufen wurde. Wirtschaftlich steckte das Kloster noch tief in den Schulden des alten Chorherrenstifts und der Umbaumaßnahmen, aber nun blieben wenigstens die Mönche öfter am Ort. Kurz vor dem Jahrhundertende tauchen Laienbrüder und sogar Mönche auf, die aus keiner anderen Kartause versetzt, sondern in Ittingen selbst eingetreten waren. Interne Zänkereien zeigen an, daß der Konvent noch keinen zuverlässigen Konsens eingeübt hatte. Seit 1495 beschwerten sich einzelne Kartäuser über den angeblich altersschwachen Prior Gans beim Generalkapitel; einer wurde 1496, vermutlich wegen Aufsässigkeit, für vier Monate im Aggsbacher Karzer eingesperrt. Die Einzelgänger waren schwer zu integrieren. Sie wählten 1496 erstmals einen Ittinger Mitbruder zum Prior, doch schon im folgenden Jahr lagen ihre Beschwerden dem Generalkapitel vor, zwei Jahre darauf wurde er abgesetzt und entschwand nach Buxheim. Der Konvent wurde nicht zur Gemeinschaft.

Trotzdem ging es nach der Jahrhundertwende aufwärts. Der nächste Prior, ein Auswärtiger, verfügte über Bargeld, kaufte 1501 die weinbauende Herrschaft Hüttwilen und schloß 1506 den architektonischen Aufbau ab. Nun werden sie in Ittingen an ihre eigentliche Arbeit gegangen sein. Dazu gehörte wie bei Prämonstratensern das Abschreiben und Ausmalen von Handschriften, bei Kartäusern seit langem als Ersatz für Handarbeit besonders beliebt. Wie alle Kartausen muß Ittingen eine stattliche Bibliothek zusammengebracht haben, wahrscheinlich nur theologischen Inhalts, ohne alle weltlichen Bücher. Kein Manuskript, das in Ittingen geschrieben wurde, blieb erhalten, aus einem Grund, der gleich zu schildern sein wird. Man darf sich Ittinger Handschriften ungefähr so vorstellen wie die aus der Kartause Freiburg vom Jahr 1493, die Ittingen 1583 als Ersatz für eigene Verluste ankaufte. Ein Schweinslederband mit Pergamentblättern, ein Antiphonar enthaltend, das heißt Psalmentexte mit Noten für den Chorgesang, geschmückt mit vier farbigen Miniaturen auf Gold- oder Damastgrund. Die Bilder erzählen von Christi Auferstehung, Christi Himmelfahrt, dem Pfingstwunder und der Eucharistie. So vergeistigt, fast jenseitig sie wirken, im bunten Rankenwerk tummeln sich um die Texte und Noten irdische Tiere wie Rebhuhn, Eule, Pfau, Hirsch, Windhund, Hase, und es blühen schöne Pflanzen wie Türkenbund, Akelei, Erdbeeren. Als hätte allein die Natur ihre Unschuld bewahrt, treten Menschen bloß in Gestalt von Waldschraten mit Drachen und Bären auf. In solchen beschaulichen Büchern spiegelte sich kartäusisches Leben als Vorgriff auf das himmlische Paradies; in ihrer Verfertigung und Betrachtung mögen die Ittinger allmählich das seelische Gleichgewicht gefunden haben.

Unter diesen günstigen Bedingungen trat 1511 Peter Thaler sein Amt als Prior von Ittingen an, das er vierzehn Jahre innehaben sollte, länger als alle Vorgänger. Thaler war gebürtiger Walliser, als Kartäuser in dem ältesten südwestdeutschen Konvent Freiburg im Breisgau heimisch. Ein charaktervoller Schweizer, dazu praktisch veranlagt; er befreite Ittingen endlich von der Schuldenlast dreier Menschenalter. Der Konvent war jetzt vorschriftsmäßig mit dreizehn Mönchen besetzt, darunter einige aus der städtischen Umgebung, aus Ravensburg, Riedlingen, Überlingen, St. Gallen. Das Generalkapitel versetzte 1512 vier Ittinger als Hospitanten anderswohin, in die Grande Chartreuse, nach Pavia, Aggsbach und Rostock. Umgekehrt reisten Kartäuser aus Koblenz, Basel, Mantua und Gaming an. Es gab (und gibt) ja keinen kirchlichen Orden, dessen Konvente so international wie Kartausen zusammengesetzt wären; schweigen kann man in allen Sprachen. In die gesamteuropäische Zirkulation der Kartäuser konnte Ittingen jetzt ohne innere Schäden einbezogen werden und trat damit der eigentlichen Ordensgemeinschaft bei, einer Internationale der Einsiedler.

Bedenklich schwach blieben die Beziehungen Ittingens zur Bodenseeregion, obwohl einige Kartäuser Alemannen waren. Sie kamen aus Städten, und Ittingen blieb ländlich. Das Verhältnis der Kartause zum Umland hing demnach von den Kontakten zu Nachbardörfern ab, die dem Prior geistlich, zum Teil auch gerichtlich und politisch unterstanden. In die Seelsorgetätigkeit der Augustinerchorherren traten die Kartäuser nicht selbst ein; sie setzten in Üsslingen, Buch und Hüttwilen weltgeistliche Vikare und Kapläne ein, kamen also mit der Bevölkerung nur mittelbar in Berührung. So fiel die Vermittlerrolle den Laienbrüdern des Klosters zu, zwei bis vier Bauern, die den Mönchen die Landwirtschaft besorgten und in der Kartause zusammenwohnten. Die profiliertesten waren Konrad Gruber aus Ravensburg und Johann Vogt aus Stammheim, von nahebei. Aber sie rechneten sich zu den Mönchen und kapselten sich von den Bauern ab, die der Kartause durch Fronarbeiten und Abgaben von draußen dienten.

Die örtlichen Hintergründe der Reibereien müßten genauer untersucht werden, ihre allgemeinen Ursachen liegen auf der Hand. Thaler mußte die Ittinger Klosterwirtschaft auf ähnliche Weise rentabel machen wie Zisterzienser von Salem drei Jahrhunderte zuvor. Seine Kartäuser verzehrten nicht viel, aber die Außenstände erforderten mehr als ein paar Bienenkörbe für Gewinnung von Kerzenwachs und ein paar Haferfelder für Fütterung von Krankenhühnern. Wohin die sorglose Konsumwirtschaft der Ittinger Chorherren geführt hatte, stand dem Prior vor Augen; wenn er keinen neuen Schuldenberg anwachsen lassen wollte, brauchte er Bargeld. Die Laienbrüder mußten den Grundbesitz der Kartause in rationelle Eigenbewirtschaftung nehmen, um Vorräte im Kloster zu stapeln und Überschüsse auf dem Markt zu verkaufen. Die Erzeugung hochwertiger Lebensmittel wie Schlachtvieh, Wein, Öl und Nüsse verlangte Zusammenfassung der Arbeitskräfte und Flächen, möglichst nahe beim Kloster, den Aufbau einer geschlossenen

Gutswirtschaft. Wohlhabende Bauern der Umgebung, besonders in Stammheim, exerzierten den Kartäusern das System vor: Überall in der Nachbarschaft wurden Wälder abgeholzt und in Weinberge verwandelt, frühere Getreideäcker als Viehweiden genutzt, das kostete wenig und brachte viel ein.

Die Rationalisierung der Anbaumethoden, Allmenderechte, Erbgewohnheiten schädigte die Gotteshausleute, vor allem die von Warth, einige hundert Meter neben der Kartause. Die Klosterbauern merkten, daß sie zum einen die Kartäuser nicht als Seelsorger benötigten und zum andern den Kartäusern als Landwirte entbehrlich wurden. Was sie nicht durchschauen konnten, waren die Gründe dieser Veränderung. Sie wußten auch nicht wie heutige Historiker, daß sich im späten fünfzehnten Jahrhundert auf dem süddeutschen Land die Bevölkerungszahl sprunghaft vermehrte; die Folge bekamen sie zu spüren. Sie mußten mehr Menschen als früher auf weniger Land ernähren und konnten doch im Thurtal nicht ausweichen, weder auf häusliche Weberei noch auf städtisches Handwerk. Solche unverständlichen Engpässe bedrückten die Stimmung der Bauern; einige konkrete Vorfälle genügten, um sie in Verbitterung zu verwandeln.

Der Schweinehirt trieb 1519 die Herde aus den Klosterstallungen. Dabei wurde ein Eber wild und überrannte ein Bauernkind aus Warth, das dem Unfall erlag. Der Vater des getöteten Kindes wies voller Haß alle Vorschläge des Priors zur Wiedergutmachung zurück. Selbst wenn der Bauer den Konvent nicht für eine Versammlung von Kindsmördern hielt, muß er sich gefragt haben, ob das Kind sein Leben, ob er seine Arbeitskraft für Mönche hergeben müsse, die er nie, auch in der Kirche nicht zu sehen bekam, die nichts für ihn taten und zum Teil nicht einmal seine Sprache verstanden. Im alten Chorherrenstift mochten auch Kindsmörder gesessen haben, sie kümmerten sich doch wenigstens um die Bauern. Diese Kartäuser aber verlangten bloß Geld und gaben bloß Geld, das war man hierzulande von Mönchen nicht gewohnt. Schlagartig verschlechterte sich im selben Jahr 1519 der innere Zustand des Konvents durch eine neuerliche Epidemie, die neun Mönche und vier Laienbrüder das Leben kostete. Der eben noch voll besetzte Konvent umfaßte danach neben dem Prior und dem Prokurator noch vier Mönche. Für diese wenigen Menschen sollten die Dörfer Ittingen, Warth, Üsslingen, Hüttwilen arbeiten. Was hatten sie davon? Solange sie dem Prior glaubten, daß ihnen der himmlische Lohn sicher sei, hielten sie still. Das blieb das stärkste Band, das Mönche und Laien beieinander hielt, der Zusammenhang zwischen dem Gebet der einen und der Arbeit der anderen. Vier Jahre später wurde dieses Band zerschnitten, eine Tagereise von Ittingen entfernt.

Huldrych Zwingli wollte mit seinen Schlußreden bei der ersten Zürcher Disputation am 29. Januar 1523 den Stadtstaat Zürich auf die neue Grundlage des Gotteswortes stellen, nicht die Bauern aus allen Zwängen befreien. Aber er forderte Freiheit von Priesterzwang und Beichte, von Gebetsgemurmel und Fegfeuerangst, Freiheit von den Mönchsorden, die er Geldklebemittel nannte. Die Kirchenzehnten sollten wegfallen, Mönchen und Nonnen sollte der Austritt aus den Klöstern freistehen, damit sie nützliche Arbeitskräfte würden. Diese Forderung stellte die Daseinsberechtigung kontemplativer Orden und den Sinn ihrer Gebetshilfe in Frage. In Ittingen wurde Zwinglis Ruf sofort vernommen, als hätten alle darauf gewartet, Kartäuser und Bauern. Prior Thaler bat zwei Monate später, am 28. März 1523, die eidgenössische Tagsatzung um Schutz, weil man drohte, die Kartause zu überfallen. Die Bauern wurden also schon unruhig. Im April 1523 wies die Tagsatzung den in Frauenfeld neu eingesetzten Landvogt des Thurgaus Josef Amberg an, etwaige Aufwiegler gefangenzunehmen. Dazu bestand vorerst kein Anlaß. Solange die Bauern keine Wortführer fanden, warteten sie ab.

Erstaunlicher war, was bei den verbliebenen Mönchen in der Kartause geschah. Drei von ihnen setzten sich brieflich mit Zwingli in Verbindung. Der erste und bedeutendste war der aus Ulm stammende vierzigjährige Jost Hesse, Magister der Philosophie. Seit etwa 1510 lebte er in Ittingen, als Prokurator überwachte er die Klosterwirtschaft und ging mit den Laienbrüdern um. Er bat über einen Mittelsmann um Auskunft, was Zwingli eigentlich gesagt habe und ihm nur durch merkwürdige Gerüchte bekannt geworden sei. Als er Genaueres erfuhr, distanzierte er sich im Februar 1524 von Zwingli, nicht ohne nachher noch zu schwanken. Den Magister mögen grundsätzliche Zweifel am Beruf der Orden geplagt haben; die Mitbrüder brachten handfeste Ärgernisse vor. Pater Alexius aus Sachsen beklagte sich bei Zwingli über die schlechte Ordnung im Kloster und über die Nachstellungen seiner Gegner, er trage sich mit dem Gedanken, aus dem Orden auszutreten. Während ihm das Innenleben des Konvents mißfiel, dachte der dritte an die Außenbeziehungen. Pater Valentin, ebenfalls Sachse, fragte Zwingli, ob es erlaubt sei, von Kirchenzehnten und anderen Leistungen der Untertanen zu leben, ob man Meßgelder annehmen dürfe, ob es erlaubt und wie es möglich sei, das Ordenskleid abzulegen und sich mit Handarbeit zu ernähren. Er bat Zwingli, die Antwort vor dem Prior geheimzuhalten, denn »ich bin hier der einzige, der es aufrichtig mit Luther hält, und man gestattet mir nicht, seine Schriften zu lesen«. Die Kartause Ittingen war nahe daran, im Innern auseinanderzubrechen, ohne daß sich die Klosterbauern rührten.

Das Generalkapitel, durch Thaler alarmiert, reagierte schnell und hart wie immer, Anfang Mai 1523, mit dem Auftrag an den Prior: »Und Herr Valentin soll in Kerkerhaft kommen, wenn er die lutherische Sekte nicht mit Wort und Tat abschwört.« Der schroffe Befehl bewirkte das Gegenteil des Beabsichtigten. Valentin und Alexius verließen Kloster und Orden und schlossen sich in Zürich der Reformation an; im Licht der neuen Theologie empfanden sie das ganze kartäusische Leben als Kerkerhaft. Im Kloster Ittingen blieben der standfeste und landfremde Prior Thaler, ein ebenfalls unerschütterter Pater Johannes aus Österreich, als einziger Alemanne der schwankende Magister Hesse, die Laienbrüder Gruber aus Ravensburg und Vogt aus Stammheim. Eine kleine, aber eingespielte Besatzung, noch lange nicht auf verlorenem Posten. Denn in den Dörfern ringsum drehten sich die Diskussionen nicht um das harte Leben der Kartäuser, sondern um die weiche Lehre der Dorfpfarrer.

Wir betrachten beispielshalber den Machtkampf im ältesten und größten Dorf zwischen Stein und Frauenfeld, in Stammheim. Dort besaß die Ittinger Kartause keine geistlichen Rechte, sie lagen bei der Benediktinerabtei St. Gallen. Der von ihr im Jahr 1500 eingesetzte Pfarrer und Dekan Adam Moser war kein angesehener Asket, sondern Vater von zwei unehelichen Kindern, auch kirchenpolitisch ohne Grundsätze und lavierte zwischen den Mächten. Einerseits lag die Ortsherrschaft über Stammheim in den Händen der Stadt Zürich, die sich der Reformation Zwinglis anschloß. Andererseits verteidigten der zuständige Landvogt des Thurgaus und die hinter ihm stehenden, ländlich geprägten eidgenössischen Gremien die hergebrachten Ordnungen. Dekan Moser hielt einerseits dunkle Predigten, daß er die Wahrheit schon seit vierundzwanzig Jahren kenne, sie aber nicht verkünden dürfe, als wäre er ein Zwinglianer der ersten Stunde. Andererseits schockierte er die Stammheimer von der Kanzel mit den Worten, wenn er nicht ihr Seelsorger wäre, läge ihm nichts daran, ob sie der Teufel holte. Er ließ dem Landvogt Amberg in Frauenfeld ein Faß Wein zukommen und bat um Hilfe gegen Aufwiegler.

Er hatte eine Familie besonders im Auge, die des Untervogts Hans Wirth, der den Landvogt in Stammheim vertrat. Von Wirths geistlichen Söhnen amtierte der ältere Hans seit 1510 als einer der beiden Kapläne in Oberstammheim; der jüngere Adrian arbeitete seit 1521 als Vikar in Zürich bei Zwingli, er heiratete dort eine Nonne aus dem Dominikanerinnenkloster Töss. Diesen Adrian Wirth schickten die Zürcher Ende 1523 in sein Heimatdorf Stammheim, damit er Zwinglis Lehre predige und Messe und Bilder abschaffe. Moser und Amberg einerseits und die Familie Wirth andererseits kämpften offen um die Pfarrstelle im Dorf und um die Gestaltung des Gottesdienstes. Eine Klage der Gemeinde in Zürich führte im Januar 1524 nicht zur Absetzung Mosers, sondern zur Verweisung Adrian Wirths; die Stadt ließ ihre ländlichen Freunde aus lauter Vorsicht im Stich.

Daraufhin schlossen sich auf Anregung des Vaters Wirth im Februar 1524 die Stammheimer mit den Nachbargemeinden Stein, Nussbaumen und Waltalingen zu einem Schutz- und Trutzbund, einem »Bundschuh« zusammen, um auf eigene Faust die Prädikanten der neuen Lehre gegen die Altgläubigen zu verteidigen. Im Schutz dieses Bündnisses kehrte Adrian Wirth Ende März nach Stammheim zurück. Weil im Dorf nur eine Minderheit, von etwa hundertzehn Bauern höchstens zwölf, zum Dekan hielt, ließ ihn der Untervogt durch Mehrheitsentscheid der Gemeindeversammlung absetzen und seinen Sohn Adrian zum 1. Mai 1524 als Pfarrer von Stammheim wählen, ohne den zuständigen Abt von St. Gallen zu fragen. Schon vorher waren in Stammheim Kruzifixe zerschlagen und fromme Bilder mit Steinen beworfen worden, durch Schulkinder unter Anleitung des Dorflehrers. Jetzt beschloß die Gemeinde offiziell, einem kürzlich ergangenen Befehl aus Zürich zu folgen und am 24. Juni aus allen Kirchen die Bilder und Fahnen zu verbrennen. Es wurde ein Volksfest, Dekan Moser verließ Stammheim.

Rechtlich ging die Affäre den Kartäuserprior Thaler nichts an, der geborene Volksredner war er auch nicht. Aber da es ihm an Bekennermut nicht fehlte, begab er sich nach Stammheim, wahrscheinlich am Sonntag, 26. Juni 1524, zwei Tage nach der Verbrennung des Kirchenschmucks. Thaler sagte unterwegs zu einem Bauern: Wenn sie die Bilder verbrannt hätten, müßten sie fürchten, daß Gott sich rächen und ihnen die Häuser verbrennen werde. Dasselbe verkündete er von der Kanzel in Stammheim. *Das namen die Stamer zuo großen widerdris an, verclagtend gemellten vatter mit höchsten verunglimpfungen gegen denen von Zürch und trowten im starck, gingend uf der findung* (= mit dem Gedanken) *um, sich an im zuo rechen.* Der Prior hatte noch einmal den mittelalterlichen Zusammenhang beschworen, hier die Arbeit der Laien, dort das Gebet der Mönche, Angst und Hilfe auf Erden, Lohn und Vergeltung im Himmel; doch er hatte ihn auf Hier und Jetzt zugespitzt: Wer Gottes Haus anzündet, dem zündet Gott das Haus an. In Stammheimer Ohren klang die Rede des Kartäusers, den die Bauern kaum kannten, wie eine Drohung mit Brandstiftung oder Blitzschlag. Was fiel dem Mönchlein ein!

Nach dieser Predigt mußte die Kartause das Schlimmste befürchten. Auch Landvogt und Tagsatzung meinten, mit den Gotteshäusern fange es an, dann kämen die Adligen, der Landvogt und die eidgenössische Obrigkeit überhaupt an die Reihe. Wohl möglich, daß manche Bauern der Hafer stach, besonders am Stammtisch beim Wein. Ihre Gegner schlossen daraus geflissentlich, die Bauern wollten sich zu Herren im Thurgau machen und die gerissenen Krämer von Zürich hülfen ihnen heimlich dabei. Am 4. Juli 1524 erneuerten Stammheimer und Steiner ihr Bündnis; am selben Tag versuchte Landvogt Amberg – wie Nachbarn vermuteten – die Rädelsführer aus der Familie Wirth zu verhaften, traf sie aber nicht zuhause an. Der Landvogt leugnete die Aktion ab, bei den Bauern im Umkreis löste sie höchste Alarmbereitschaft aus. Amberg mußte vorerst zurückstecken, blieb aber unerbittlich. Am 12. Juli besorgte er sich auf der eidgenössischen Tagsatzung in Luzern den Befehl, einen anderen Aufwiegler gefangenzunehmen, den Pfarrer Hans Oechsli von Burg bei Stein, der ebenfalls die Bilder aus der Kirche entfernt hatte.

Um Aufsehen zu vermeiden, wurde Oechsli in den späten Abendstunden des Sonntags, 17. Juli, in seinem Haus verhaftet und von dreißig Mann gefesselt nach Frauenfeld gebracht. Es gelang dem Pfarrer noch, um Hilfe zu schreien. Sofort wurden in der Nacht die Sturmglocken geläutet, in Stein und Eschenz, in Nussbaumen und Stammheim; die Konstanzer schlossen eilends das Kreuzlinger Tor. Vier- bis fünftausend bewaffnete Bauern kamen zusammen, die meisten aus Stammheim, andere aus Nussbaumen, Stein, Diessenhofen und Wagenhausen. Noch in der Nacht eilten sie hinter dem Trupp des Landvogts her nach Süden, um den Gefangenen zu befreien. Im Morgengrauen des Montags, 18. Juli 1524, stand der führerlose Haufe an der Thur und sah, daß er die berittene Polizeitruppe nicht einholen, das feste Frauenfeld nicht stürmen konnte. In der ratlosen Stimmung muß einer gerufen haben: Gehen wir doch nach Ittingen und holen uns den Morgenimbiß! Das war das erlösende Stichwort. Die frustrierte Masse, die es mit der Staatsgewalt nicht aufnehmen konnte, wurde auf ein weniger gefährliches Ziel abgelenkt, genau genommen auf Wehrlose. Aber standen die Kartäuser nicht mit dem Landvogt im Bund, waren sie nicht auch Herren, die von der Arbeit unterdrückter Bauern lebten, drohten sie ihnen nicht eben noch mit Brandstiftung?

Einige besonnene Leute aus der Stadt Stein ritten die drei Kilometer voraus und bereiteten den Prior Thaler und den Prokurator Hesse vor. Sie sollten nicht erschrecken, es kämen gute Gesellen; wenn sie ihnen zu essen und zu trinken gäben, würden sie weiter keinen Schaden tun. Dazu war der Prior bereit und traf Vorkehrungen. Da brach der Bauernhaufe schon zum Klostertor herein in den Wirtschaftshof, in die Küche, erbrach die Speisekammer und durchsuchte das ganze Kloster, anfangs tatsächlich nach Eßbarem und Trinkbarem. Als sie an die Weinfässer gerieten, war kein Halten mehr. Rasch waren die ersten betrunken und begannen, Wein auszukippen und Fässer zu zerschlagen. Ochsen, Kühe, Kälber, Schweine, vor allem Hühner in den Stallungen wurden geschlachtet oder weggeführt. Der Untervogt Hans Wirth aus Stammheim und seine Söhne beschworen die Plünderer zwei bis drei Stunden lang, das Kloster zu verlassen. Dann wurden sie selbst angegriffen und gingen hilflos hinaus. Drinnen machte sich eine Gruppe an das Klosterarchiv: Da lagen die Urkunden der Unterdrücker, die Wirtschaftsbücher der faulen Herren. Mit Urkunden und Kirchenbüchern machte man ein Feuer, um Fische zu braten. Alles Schriftliche erschien als verdächtig: Manche rissen aus Büchern Miniaturen heraus, um sie den Kindern mitzubringen, andere stachen wütend mit Hellebarden in Meßbücher. Wertgegenstände zogen die Begehrlichkeit auf sich: Zweiundvierzig Meßgewänder, viele Kelche, Monstranzen und Reliquiare wurden demoliert oder mitgenommen. Der Bildersturm schlug in sinnlose Zerstörung um: Neunzehn Öfen und die Fenster im großen Kreuzgang wurden zerbrochen. Da konnte niemand mehr wohnen.

Die Plünderung dauerte den ganzen Montag. Aus Nachbardörfern kamen neue Beutelustige hinzu, Vorsichtige machten sich aus dem Staub. Prior und Mönche waren in die Kirche geflohen und wurden dort verprügelt und mit dem Tod bedroht. Im Morgengrauen des Dienstags schrie einer, auf der Schütte lägen noch Nüsse. Ein Trupp nahm Kerzen und machte sich auf die Suche. In einer Kammer neben der Zelle des Priors fanden sie Stroh. Einer von den dreien hielt die brennende Kerze hin. Nachher wollte man in Stammheim wissen, der Vater des 1519 getöteten Kindes sei es gewesen oder sonst einer aus Warth. Ein Augenzeuge aus Herdern versicherte dagegen, es sei keiner vom Ittinger Gericht gewesen, denn die hätte er alle gekannt. Brandstifter sind immer die anderen. Als das Feuer gegen fünf Uhr um sich griff, liefen Ittinger Gotteshausleute herbei, um zu löschen. Stammheimer schrien (und mögen an die Predigt des Priors gedacht haben), wer löschen helfe, dem werde das eigene Haus angezündet. Die Kartause brannte zum größten Teil nieder. Als die Biedermänner das sahen, verzogen sie sich vom Brandplatz. Einige Hitzköpfe aus Stein wollten gleich weitermachen und die Zisterzienserinnenklöster Kalchrain und Feldbach verbrennen, aber die meisten hatten genug. Das hatten sie nicht gewollt, und was jetzt kommen mußte, konnten sich auch diejenigen ausrechnen, die von den Folgen des Rorschacher Klosterbruchs nichts wußten.

Landvogt und thurgauischer Adel boten Truppen auf, um Stammheim und Stein zu überfallen: Bürgerkrieg zwischen Thurgau und Zürich, Land und Stadt, Katholiken und Zwinglianern! Zürich war durch den Ittinger Sturm vor allen Eidgenossen ins Unrecht gesetzt; die Zuger drohten schon, den Zürchern ihr Zisterzienserkloster Kappel anzuzünden, damit die Sache gleich zu gleich stehe. Zürich gab schleunigst nach und befahl Ende Juli, die vermeintlichen Hauptschuldigen zu verhaften. Als solche boten sich die von Zürich bisher geförderten Mitglieder der Familie Wirth in Stammheim dar. Der eidgenössische Prozeß im August ergab eindeutig, daß die Wirths Zwinglis Lehre verfochten, aber am Brand der Kartause unschuldig waren. Dennoch wurden der Untervogt von Stammheim, sein Sohn Hans und der Untervogt von Nussbaumen von der Tagsatzung zum Tod verurteilt und am 28. September 1524 in Baden hingerichtet. Das Bluturteil rettete fürs erste den Frieden der Eidgenossenschaft, vergiftete aber vollends das Verhältnis zwischen Herren und Bauern. Fast gleichzeitig brach nebenan, im Südschwarzwald um Stühlingen, der deutsche Bauernkrieg aus.

Wir haben ihn nicht mehr zu betrachten und werfen nur noch einen Blick auf Ittingen. In der Kartause waren sämtliche Wirtschaftseinrichtungen, Gemeinschaftsräume, Laienwohnungen und Gaststuben abgebrannt. Außer den Grundmauern der Kirche standen noch zehn Mönchshäuschen, die der Umwelt abgekehrten Bauten. Niemand wollte mehr darin wohnen. Prior Thaler sah sein Lebenswerk vernichtet und bat angesichts der eisigen Stimmung seiner Untertanen, die ihn für den Justizmord haftbar machten, flehentlich um Versetzung; 1525 wurde ihm Barmherzigkeit erwiesen. Drei Jahre später starb er in seiner alten Kartause Freiburg. Prokurator Hesse kam wegen seiner früheren Verbindung zu Zwingli in die Mühlen der Behörden und wurde 1525 verhaftet, dann nach Buxheim und Astheim am Main abgeschoben. Der österreichische Pater Johannes starb im November 1525, einige Tage vor ihm der Laienbruder Vogt aus Stammheim. Keine zwei Jahre nach dem Ittinger Sturm war von Thalers Konvent nur noch der Laienbruder Gruber übrig. Alle Verbindungen zum Umland, zu Ittinger Bauern, zu Frauenfelder Behörden, zu Zürcher Freunden waren abgerissen.

Aber Kartäuser und kapitulieren? Das Generalkapitel gab Ittingen nicht auf und schickte neue Mönche aus Basel, Freiburg, Buxheim, Gaming und Schnals. Die Thurgauer vergällten ihnen das Leben und setzten ihnen die abgefallenen Confratres Valentin und Alexius als Logisgäste ins Haus. Der Orden hatte seit 1532 über hundert Jahre zu tun, bis die Kartause wieder erstand. Sie wurde im achtzehnten Jahrhundert herrlich ausgeschmückt und erst 1848 endgültig aufgehoben. Ihre Widerstandskraft blieb erstaunlich. Zuerst diente sie über ein Jahrhundert als landwirtschaftlicher Großbetrieb, der die Außenanlagen nutzte; demnächst soll sie ein Bildungszentrum des Kantons Thurgau werden, das den Innenbereich neu belebt. Die Kartause Ittingen überstand als Bauwerk alle Stürme, wie der Kartäuserorden an anderen Plätzen alle Einbrüche überlebte. Beim Ittinger Sturm ging 1524 etwas anderes zugrunde, das mittelalterliche Mönchtum am Bodensee. Aufgelöst wurden anderswo zwar nur kleinere oder jüngere Klöster, zum Beispiel das Benediktinerkloster Stein, das Franziskanerkloster Lindau. Die großen und die alten Konvente überdauerten in der Mehrzahl bis ins frühe neunzehnte Jahrhundert. Aber die meisten waren nur noch Nachlaßverwalter, im geistlichen wie im wirtschaftlichen Sinn. Sie hielten die Bodenseegegend nicht mehr in Bewegung und nicht mehr in Verbindung.

Eine Zusammenfassung der Ittinger Geschichte muß erstens betonen, daß der Kartäuserorden die spätmittelalterliche Absage der Mönche an die Bürgerkirche auf die Spitze trieb. In den Konventen selbst gab dieser Verband von Einsiedlern die Gemeinschaft des Lebens und Betens weithin auf. Er verzichtete sogar innerhalb der Klausur auf soziale Aktivität und setzte sich aus gebildeten Einzelgängern zusammen, die mit sich und mit Gott genug zu tun hatten. Bei Fürsten und Großbürgern des Spätmittelalters erregte die kartäusische Ablehnung jeder Art von Prestige höchste Bewunderung, denn sie verwirklichte die unbedingte Alternative zu dem allseits bedingten Dasein der Laien. Als modernster Orden der Zeit erschien der kartäusische auch wegen seiner Verfassung, die jeder Verfilzung allzumenschlicher Interessen zuvorkam. Im internationalen Verband der Kartäuser waren die Standorte der Mönche und Klöster auswechselbar, die Verfehlungen des einzelnen Vorgesetzten und Untergebenen durchschaubar. Wenn es im Mittelalter einen abstrakten Orden gab, dann war es dieser, die große Hoffnung der vielen, die an den konkreten Zuständen litten. Wer allerdings noch immer im Mönch den Mitmenschen, im Konvent die Gemeinschaft suchte, kam mit den Kartäusern nicht zurecht.

Denn sie blieben zweitens für ihre Umgebung unsichtbar, ihre Wirkungen waren mittelbar. Selbst im nächsten Umkreis der Kartause sahen die Bauern gewöhnlich keinen Mönch am Altar, auf der Kanzel, im Beichtstuhl, am Krankenbett. Sie wußten, daß sie drinnen hinter den Mauern unentwegt für die Sünder draußen beteten, doch ganz im allgemeinen, denn die besonderen Nöte der Laien kamen ihnen nicht zu Ohren. Wieder machte die Selbstlosigkeit kartäusischer Fürbitten den Ruhm des Ordens aus, wenigstens für die, denen die Bürgernähe anderer Mönche eigensüchtig vorkam. Nicht weniger modern mutete die Wirtschaftspraxis der Kartäuser an. Auch sie wurde von unsichtbaren Mönchen nach rationellen Grundsätzen gesteuert, sparsam und wirksam von wenigen Laienbrüdern ausgeführt. Laien ahnten, daß sich hinter den Mauern Naturalvorräte und Geldreserven häuften, weil Kartäuser für sich selbst fast nichts verbrauchten. Die Bedürfnislosigkeit der Kartäuser wurde überall bewundert, bisweilen gefürchtet. Trinkfreudige Franziskaner wurden weniger geachtet, aber mehr geliebt.

Aus diesen Gründen gewannen die Kartäuser drittens keine Bindung an irgendeine Landschaft. In menschenleere und unfruchtbare paßten sie am besten, auch in volkreiche und üppige ließen sie sich verpflanzen. Diese Mobilität trug dem Orden im Spätmittelalter wieder Modernität ein, nachdem sogar die Konvente der Bettelmönche sich kaum mehr von ihren Bürgergemeinden trennen ließen. Kartäuser waren immer noch bereit zum Aufbruch in das Land, das der Herr ihnen zeigen würde. So kamen sie nach Ittingen, wohin sie nicht recht paßten, aber sie paßten sich nirgends an. Mit dem Bischof von Konstanz, dem Abt von St. Gallen hatten sie kaum etwas gemein, und zwar nicht wie Benediktiner, deren Welt der einzelne Konvent war. Sie hatten Freunde in Wien und Nürnberg, Mönche in Rostock und Pavia, einzelne Menschen in aller Welt. In großen Städten verstand man die Vereinzelung der Kartäuser gut, in kleinen Dörfern schlecht. Ittinger Bauern waren seit Jahrhunderten an die Symbiose mit seßhaften Chorherren gewöhnt, deren Burgen wie die Wälder zur Landschaft gehörten. Die hatten sich gehütet, das Gesicht dieser Landschaft so umzumodeln, wie es Kartäuser tun konnten, um abstrakter Prinzipien willen.

Deshalb fehlte den Kartäusern viertens ein Verhältnis zur Geschichte. Ihr Orden hatte seit mehr als vierhundert Jahren wenig innere Veränderungen erlebt und sah im Festhalten an alten Gewohnheiten die Garantie seiner Dauer. Den Zeitgenossen im Spätmittelalter erschienen die Kartäuser als vollkommene Mönche, weil sie sich nicht wie alle anderen vielmals gewandelt hatten. Als sie nach Ittingen kamen, übernahmen sie die Schulden der Chorherren, nicht ihr Erbe, das hochmittelalterliche priesterlicher Zuwendung zu den Mitmenschen. Als sich in Ittingen die Schwierigkeiten türmten, dachten die Kartäuser nicht an Kapitulation, sie führten das einmal Begonnene weiter. Wenn in der Kartause neumodische Schriften auftauchten, verbot der Prior, sie zu lesen; wenn böse Menschen die Kartause unter dem einen Prior abbrannten, baute der nächste sie wieder auf. Kartäuser versuchten noch einmal, die irdische Welt aus dem Abstand der Mönche von Grund auf zu verwandeln. Doch die Laien, gerade die kleinen Bauern in der Provinz, verweigerten den subtilen Mönchen die Gefolgschaft und forderten ihr Recht auf den Alltag hier und jetzt. Die Prozession der Mönche durch die Geschichte war am Bodensee vorbei.

RÜCKBLICK

Dieser vierte Abschnitt des Buches widmete sich dem Bodenseemönchtum im Spätmittelalter, vom ausgehenden vierzehnten bis ins beginnende sechzehnte Jahrhundert. Die betrachteten Klöster St. Katharinental, Reute, Ravensburg, St. Gallen und Ittingen ordneten das innere Zusammenleben und die Verbindung nach außen jeweils grundverschieden, indes unter dem Eindruck eines gemeinsamen Schicksals, der politischen Aufgliederung, wirtschaftlichen Zerfaserung und religiösen Spaltung der Christenheit im vierzehnten Jahrhundert. Jedes Kloster wurde auf sich selbst verwiesen und kapselte sich von anderen Klöstern, Orden, Ständen ab, am auffälligsten vom Weltpriestertum. Die Absage an die Bürgerkirche verblüfft am meisten bei den Bettelorden, die im Hochmittelalter gesamtkirchliche Ordnung und soziale Breitenwirkung angestrebt hatten. Jetzt suchten Dominikanerinnen und Klarissen in ländlicher Abgeschiedenheit ihr Heil, und wenn Benediktiner und Karmeliter in Städten blieben, beschränkten sie sich auf die eine Gastgemeinde. Der Rückzug der Mönche aus der Gesellschaft berührt um so merkwürdiger, als die meisten Orden längst am Bodensee ansässig, die meisten Mönche mit Einheimischen blutsverwandt waren. Nur die Kartäuser kamen neu und von weither, aber besser als sie verstanden sich auch alteingesessene Benediktiner mit ihren Nachbarn nicht. Die Mauer zwischen Mönchen hier, Priestern und Laien dort wurde im späten Mittelalter öfter als im frühen niedergerissen, gleichwohl war sie höher.

Das lag nicht an der Verfassung der Orden, die sich seit dem Hochmittelalter wenig verändert hatte. Der damals vom Papsttum geförderte internationale Verbund der Konvente durch Generalkapitel und Visitationen wurde überall beibehalten, bei Benediktinern neu eingeführt. Die abstrakte Ordensgemeinschaft ohne Ortsbeständigkeit verklammerte allerdings im Zeitalter der Kirchenspaltung nur noch kleine Kongregationen wie die Kartäuser tatsächlich. Die anderen büßten ihren Zusammenhalt ein und gelangten trotz aller Provinzialisierung, zum Beispiel am Bodensee, kaum zu regionalem Zusammenschluß. Daran änderte das Weltkonzil in Konstanz wenig; Folgen hatte es nur für Benediktiner und bei ihnen nur für einzelne Abteien. So wenig wie Weingarten und St. Gallen hatten auch die Bettelordenshäuser Paradies und Reute miteinander gemein. Das einzelne Kloster fand noch weniger Unterstützung bei der Geistlichkeit der Diözese und beim Bischof von Konstanz; sehe jeder, wie ers treibe, hieß die Losung. Unter solchen Umständen gewann bei den Mönchen die Idee der eremitischen Gemeinschaft immer mehr Freunde. Die Pest hatte die meisten Konvente wiederholt dezimiert, die Kirchenspaltung ihre Disziplin verdorben, der Erfolg der Bettelmönche ihre Lebensgemeinschaft gesprengt. Jetzt war die abgesonderte Gemeinschaft nicht mehr zu reparieren, vielmehr trieben Karmeliter und Kartäuser die Vereinzelung der Mönche immer weiter. In den Klöstern setzten die Oberen keine gültigen Maßstäbe mehr, sondern verwalteten für kurze Zeit bloß den lästigen Außendienst. Alles Feinste blieb privat.

In die Zwänge ihrer Umwelt verstrickten sich die Mönche trotzdem heillos. Das Kloster stand der Gastgemeinde nicht mehr geschlossen, also nicht mehr frei gegenüber. Ob ein Ordenshaus in der Stadt oder auf dem Land, im Einflußbereich der Habsburger oder der Eidgenossen lag, konnte über sein Schicksal entscheiden. Vorsteher wie die von St. Gallen und Ittingen, die sich über die Wünsche der Nachbarn hinwegsetzten, wurden mit roher Gewalt an die Bedingtheit ihres Daseins erinnert. Politisch zerfiel der Bodenseeraum während des fünfzehnten Jahrhunderts in viele Einzelteile; unter ihnen war das Bistum Konstanz, früher die zusammenfassende Macht, eine der schwächsten geworden. Wenn Kommunen, Eidgenossen und Landesherren ihre territorialen Flächenstaaten festigten, standen auch grundbesitzende Klöster dem Zugriff ziemlich wehrlos gegenüber; nur Ulrich Rösch beteiligte sich an dem Geschäft, mit mäßigem Erfolg. So wenig wie auf große Landflächen konnten sich Klöster auf geschlossene Sozialschichten stützen. Der regionale Adel, noch immer zumeist klosterfreundlich, verlor durch Territorienbildung seine Selbständigkeit, durch Klosterreform seinen Einfluß. Fürsten und Großbürger beschenkten zwar viele Klöster, trugen aber kaum eines allein. Nicht mehr die aktivsten Gruppen traten ins Kloster ein, sondern Einzelgänger, mitunter ehrgeizige, zumeist resignierende. In ihrer sozialen Zusammensetzung standen die Mönchskonvente den Laiengemeinden näher als je zuvor, aber gerade deshalb griffen Mönche in die Gestaltung dieser Welt nicht ein.

Ihr Leitbild hatte sich gründlich geändert. Der wahre Mönch verzichtete auf Tätigkeit in einer Welt, die er weder hinnehmen noch verändern konnte. Er legte den Maßstab sozialen Nutzens nicht mehr an; für Bedürftige waren geistliche und weltliche Behörden zuständig. Auch auf den Wettbewerb zwischen Klöstern und Orden gab er wenig; Gleichgesinnte fand er überall, jedoch überall nur ein paar. An die Stelle des Allerweltsmönchs trat der Außenseiter, der Innerlichkeit pflegte und am liebsten schwieg. Von sich selbst sprach er nicht, weil er alles Persönliche als vordergründig empfand. Der wahre Mönch wurde nun vollends zum Gelehrten, der sich alles, was ihn betraf, durch Niederschrift vom Halse schaffte. Je weniger die Mönche miteinander und mit Nachbarn redeten, desto fleißiger saßen sie über Büchern. Gemeinschaft der Gleichgesinnten entstand dann daraus, daß viele Einsame im stillen Kämmerlein dasselbe lasen und dachten, wie es am radikalsten Kartäuser taten. Nachfolge Christi hieß nach wie vor Verzicht auf Annehmlichkeiten, nun allerdings auf die herzstärkende Gemeinsamkeit von Gottesdienst und Chorgebet. Der wahre Mönch stand im dauernden Zwiegespräch mit Gott, ohne dafür Zeugen zu haben und davon Zeugnis zu geben. Wie ähnlich er Christus wurde, erkannten die anderen an seinem Leiden. So ungesellig sich dieses Leitbild ausnahm, es vereinte die Gezeichneten und die Stillen, und das waren viele.

Vor ihren Blicken verschwammen die Konturen der Geschichte. Wer nach draußen sah, bemerkte Bewegung ohne Richtung, Lärm ohne Einstimmigkeit, Wandel ohne Ende. Was das Mönchtum am Bodensee anging, so wurden keine neuen Orden eingeführt, keine neuen Klöster gebaut. Wer es versuchte, ging unter, wie Rösch in Rorschach; sogar Kartäuser gaben sich mit einem alten Chorherrenstift zufrieden. Umgebaut wurde in Klöstern immer noch viel, fertig wurden die Arbeiten fast nirgendwo. Von der wechselhaften Gegenwart wandten Mönche den Blick auf das Bleibende, das nicht in Vergangenheit und Zukunft, sondern im ursprünglichen und endzeitlichen Paradies festgemacht war. Für die geschehende Geschichte hatten gelehrte Mönche wenig Verständnis; noch der derbste in der Reihe, Ulrich Rösch, entwarf in seinen Aufzeichnungen das Traumbild eines klösterlichen Paradieses. Die Abstraktion ihres Denkens übersprang alle Unebenheiten der Wirklichkeit, darin waren sie hochmodern. Anderswo bewegten Mönche auch weiterhin die Welt. Aber am Bodensee wuchs vor den Klostermauern der Trubel des bürgerlichen und bäuerlichen Lebens und verlangte Gestaltung und Genuß der Gegenwart. Weil die Mönche längst nicht mehr hinhörten, darum tobten die Laien in Rorschach und Ittingen so hemmungslos.

Im ganzen schlossen sich die Mönche am Bodensee während des Spätmittelalters in viele Einzelzellen ein, in denen sie mit Gott immer mehr ins Gespräch kamen und den Mitmenschen immer weniger zu sagen hatten.

SCHLUSS

MÖNCHE IM MITTELALTER

Zu Beginn des sechzehnten Jahrhunderts zerbrach am Bodensee ein Spannungsbogen, der seit dem siebten Jahrhundert allmählich aufgebaut worden war. Er wurde zu Anfang in dem Gegensatz zwischen Kolumban und Gallus sichtbar; er kennzeichnete am Ende den Gegensatz zwischen landfremden Kartäusern und alemannischen Bauern. Die Heimatlosen wirkten in diesem Raum als radikale Weltverächter, die Einheimischen als engagierte Weltgestalter. Die ungelöste und durchgehaltene Spannung zwischen Weltabkehr und Weltzuwendung, das ist eine Formel, mit der sich mittelalterliches Mönchtum definieren läßt. Diese Spannung bestand vor dem sechsten Jahrhundert noch nicht, nach dem sechzehnten nicht mehr; ägyptische Wüstenväter der Frühzeit und Jesuitenmissionare der Neuzeit lösten sie nach der einen oder der anderen Seite hin auf. Das Zusammenleben von Zugewanderten und Ansässigen wurde ausgehalten, solange sich die Grundgedanken des Mönchtums in den Grundordnungen des Bodenseeraumes verwirklichen ließen.

Welches die Grundgedanken des Mönchtums sind, kann man im heute geltenden Gesetzbuch der katholischen Kirche, dem *Codex iuris canonici* von 1917, nachschlagen. Da wird vom Stand der Religiosen gesagt, er sei »eine ortsbeständige Lebensweise in Gemeinschaft, in der Gläubige außer den allgemeinen Geboten die Einhaltung der evangelischen Räte durch die Gelübde des Gehorsams, der Keuschheit und der Armut auf sich nehmen«. Demnach ist Mönchtum durch zwei Bestandteile gekennzeichnet, eine soziale Form, die Bindung des Einzelmenschen an eine feste Lebensgemeinschaft, und einen religiösen Inhalt, die Erfüllung der drei Mönchsgelübde. Die Definition trifft für das Selbstverständnis mittelalterlicher Mönche ungefähr zu, läßt aber ihre Außenbeziehungen mit gutem Grund aus dem Spiel, denn hier liegt der Unterschied zwischen Neuzeit und Mittelalter. Heutzutage stehen katholische Mönche neben einer Vielzahl anderer Gemeinschaften, die von ihren Mitgliedern ähnliche Verhaltensweisen und Verzichte fordern, aber für Nichtmitglieder lediglich als Sekten gelten. Neben religiösen Vereinigungen anderer Bekenntnisse könnte man militärische, politische, kulturelle, sportliche Eliten dazurechnen, von deren Leben Außenstehende sagen, es gehe sie nichts an. Wie mittelalterliche Mönche lebten, das ging alle an, weil sie die Bindung an eine Lebensgemeinschaft und die Erfüllung ihrer Gelübde umfassender als moderne Christen verstanden und verwirklichten.

Eine soziale Grundform, streng definiert, doch vielseitig anwendbar, verhalf mönchischen Inhalten zur Wirkung auf weite Kreise und für lange Zeit. Diese Besonderheit des Mittelalters in der Weltgeschichte des Mönchtums wird rasch sichtbar, wenn wir in einem vormittelalterlichen Wörterbuch nach Kernbegriffen des Mönchtums suchen. Bischof Isidor von Sevilla schrieb seine Enzyklopädie zwischen 620 und 636, also zu Lebzeiten des heiligen Gallus, doch über Mönchtum dachte er ganz anders. Von den drei Mönchsgelübden sprach Isidor nicht; er begriff den Mönch aus seinem exklusiven Verhalten, das zugleich seinen moralischen Zustand anzeigte. »Der *Monachus* heißt so nach einer griechischen Etymologie, deshalb weil er einzigartig ist. Denn *Monas* bedeutet auf griechisch Einzigartigkeit.« Isidor wurde durch moderne Wortuntersuchungen bestätigt, das griechische Wort meinte ursprünglich den unvergleichlichen, moralisch hervorragenden Menschen. Für antikes Verständnis müßte der Vorbildliche inmitten seiner Gemeinschaft stehen, sie überragen und verkörpern; nicht so für das frühchristliche, das Isidor ohne Übergang anschloß. »Wenn nun das Wort *Monachus* den Alleinstehenden bezeichnet, was tut dann der im Gedränge, der allein ist?« Aus dem Hervorragenden war der Abgesonderte geworden.

Danach stufte Isidor die beiden Arten des Mönchtums ein, die er unterschied. Zur ersten gehörten die Koinobiten, die miteinander Lebenden, von der Menge getrennt, mit ihresgleichen nach Art der Apostel verbunden. Die zweite Gruppe bildeten die Anachoreten oder Eremiten, die nach Absolvierung der Gemeinschaft die Wüste aufsuchten, um allein zu leben; sie ahmten Elias und Johannes nach. Obwohl die Apostel die Kirche Christi verkörperten, gab Isidor den Vorläufern des Christentums höheren Rang; er hielt die Eremiten für die vollkommenen Mönche, vom Zusammenleben am weitesten abgerückt, bei der Erfüllung ihrer Ideale am wenigsten abgelenkt. Mittelalterliches Mönchtum war das nicht. Dessen Selbstverständnis wurde um 530, hundert Jahre vor Isidor, durch Benedikt von Nursia festgelegt. Er teilte wie Isidor die positiven Spielarten des Mönchtums in Koinobiten und Anachoreten. Ihn schreckten aber die Auswüchse von Sarabaiten und Gyrovagen, das heißt von Einzelgängern, die entweder keiner festen Regel folgten oder ohne festen Wohnsitz durch die Lande zogen. Darum hielt er den Dienst in einem Kloster und unter einer Regel für die stärkste Art des Mönchseins. Warum, das erklärte er nach einer langen Aufzählung von Merkmalen frommen Verhaltens: »Die Werkstätten, in denen wir all dies fleißig üben wollen, sind Abgeschlossenheit des Klosters und Beständigkeit im Zusammenleben.« Man kann diesen Satz ohne viel Übertreibung die Grundregel für mittelalterliches Sozialverhalten nennen.

Sie bedeutete zweierlei. Der Einsiedler, wie vorbildlich er sein mochte, lebte nicht lange und wirkte nicht weit; die mittelalterlichen Grenzfälle des Klausners Eusebius von Viktorsberg und der Kartäuser von Ittingen bestätigten es. Die Gemeinschaft der Frommen, wie groß sie sein mochte, mußte umfriedet sein, um frommes Verhalten einzuüben und es der Menge als Alternative anzubieten; die mittelalterlichen Grenzfälle der Stiftsdamen von Buchau und der Beginen von Möggingen gaben Benedikt recht. Beide Forderungen zusammen besagten: Gemeinsam leben wie andere Leute, aber unter einer Regel leben nicht wie andere Leute. Dienst am Nächsten, aber aus der Ferne. Solche freiwilligen Bruderschaften auf Lebenszeit als Muster für naturwüchsige Gemeinden wurden vor dem Mittelalter von Christen nicht konzipiert, nach dem Mittelalter auch von Nichtchristen kopiert; im Mittelalter prägten sie die christliche Gesellschaft im ganzen. Wer die moderne Gegenprobe machen will, kann im kirchlichen Gesetzbuch nachsehen. Da sind die *Monachi* in den größeren Rahmen der *Religiosi* eingefügt, im Rang nach den Regularkanonikern, vor sonstigen Regularen eingestuft, also nach der Stellung innerhalb der priesterlichen Hierarchie beurteilt, als Abgesonderte unter Hervorragenden, nicht als Vorbilder für alle.

Einen zweiten Kernbegriff mittelalterlichen Mönchtums nannte Benedikt von Nursia in dem zitierten Satz: das Kloster, unentbehrliche Voraussetzung einer Mönchsgemeinschaft, die sich von antiken Eremiten und modernen Religiosen unterschied. Das Wort besaß keine griechische Wurzel, noch Isidor von Sevilla gebrauchte es nicht im Zusammenhang mit Mönchen, sondern mit Türen. »Sie heißen *Claustra*, weil man sie zuschließen kann.« Isidors Mönche brauchten weder Türen noch Mauern. Wer fern vom Menschengedränge lebte, dem bot die Wüste hinreichende Sperren und Grenzen, sie band ihn meist nicht an einen festen Standort. Umgekehrt bei Benedikt, dessen Mönchsgemeinschaft stabil zusammenhalten sollte. Der Strafe verfiel, wer es wagte, »die Umfriedung des Klosters zu überschreiten oder irgendwohin zu gehen«. Mittelalterliche Mönche waren ortsfesten Bauwerken zugeordnet, die man weder verlegte noch abriß, höchstens neubelegte oder umbaute. Auch das hieß Beständigkeit im Zusammenleben, auch das wurde vorbildlich für mittelalterliches Wohnverhalten schlechthin.

Ein Kloster war ein abgeschlossener Raum, den nicht jeder betreten durfte, der aber nicht völlig unzugänglich war. Das lehrt die mittelalterliche Geschichte des Wortes *Monasterium*. Für Isidor von Sevilla war *Monasterium* »die Wohnung eines einzigen Mönchs, eines Einsiedlers«. Für die Wohnung der Koinobiten schlug er die Bezeichnung *Coenobium* vor. Sie setzte sich im Mittelalter nie ganz durch, weil Benedikt von Nursia sie nicht gebrauchte. Er nahm *Monasterium* als umfriedeten Raum mönchischen Zusammenlebens und als die hier wohnende Gemeinschaft. *Sociari corpori monasterii*, sich zum Körper des Klosters gesellen, hieß in den Mönchsverband aufgenommen werden. Er versammelte sich zur wichtigsten Tätigkeit in der Klosterkirche. Benedikt hob sie als *Oratorium* eigens aus der Gesamtanlage des Klosters heraus, aber bald hieß sie als Mittelpunkt des Mönchslebens ebenfalls *Monasterium*. Nachdem sonntags auch Laien diese Kirchen aufsuchten, nannten sie, in Deutschland seit etwa 1200, jede größere Kirche ein Münster. Deshalb trägt die westfälische Stadt Münster ihren Namen nach dem Bischofsdom, nicht nach einer Klosteranlage, und die Konstanzer nennen ihre ehemalige Bischofskirche Münster, obwohl dort keine Mönche die Messe lasen. Ähnlich weitete sich der Wortgebrauch von *Cella* aus. Für Isidor von Sevilla bedeutete sie noch ein heimliches Gemach, für Benedikt von Nursia schon einen Gemeinschaftsraum, nicht nur für Mönche oder Novizen, auch für Kranke oder Gäste. Weil dann im Mittelalter ganze Klöster Zellen hießen, heißen heute Städte so, Appenzell, Bischofszell, Radolfzell, abgesondert, keineswegs verborgen.

Moderne Benediktiner und Zisterzienser klagen darüber, daß der Volksmund Gemeinschaften von Eremiten mit absoluter Klausur (wie die Kartäuser) ebenso wie Gemeinschaften von Weltpriestern ohne strenge Klausur (nach Art der Augustinerchorherren) unterschiedslos als Mönche, ihre Häuser als Klöster bezeichnet. Dem modernen Kirchenrecht ist das Wort *Monasterium* keine Definition mehr wert, es entspricht für *Monachi* dem, was allgemein für Religiose *Domus religiosa* heißt. Wie Gebäude zu benennen sind, hängt da vom kirchlich verliehenen Status ihrer Bewohner ab; das meinen heutige Koinobiten wohl auch. Ich hielt es in diesem Buch mit dem Volksmund, der bei der mittelalterlichen Beiordnung geistlicher Bauwerke zu Laiengemeinden geblieben ist. Wer vorübergehend zusammen mit Laien in Privathäusern wohnte, war kein Mönch im Kloster, mochte er auch rechtens den Habit der Benediktiner von St. Gallen tragen. Wer aus seiner Wohnung auszog, um in einem besonderen Haus dauernd mit Gleichgesinnten beisammenzubleiben, führte ein klösterliches Leben, auch wenn er wie die Beginen von Lindau Alltagskleider trug und den Segen des Papstes nicht bekam. Für alle galt als Maßstab, daß Mönche zwar im Kloster abgesondert lebten, sich aber Laien zuwandten, nicht als Einzelgänger, sondern in Gemeinschaft. Für mittelalterliche Menschen war die wichtigste Stelle der Klosteranlage neben der Kirche die Pforte. Schon nach Benedikts Weisung sollte jeder, der an die Klosterpforte kam, immer jemanden finden, von dem er Antwort bekam, in aller Gottesfurcht und Nächstenliebe. Der Mönch als Pförtner, eine mittelalterliche Leitfigur. Ist es Zufall, daß ich heute leichter in verlassenen als in arbeitenden Klöstern einen Pförtner antreffe?

Ein dritter Kernbegriff schränkt die Ortsbeständigkeit des Klosters ein und rundet das Bild von der sozialen Grundform mittelalterlichen Mönchtums ab: Pilgerschaft im Namen des Herrn. Für Isidor von Sevilla war ein *Peregrinus* noch nicht als Christ ausgezeichnet, sondern als Ausländer abgestempelt, der fern von seinem Vaterland weilte, dessen Eltern man im Gastland nicht kannte. Benedikt von Nursia gab dem Wort religiöses Gewicht im Kloster, denn Christus war als Fremdling unterwegs und bei Frommen zu Gast gewesen. Deshalb mußte ein Pilger den Mönchen immer willkommen sein. Freilich war Vorsorge zu treffen, daß »die Gäste, die zu unbestimmten Zeiten ankommen und dem Kloster nie fehlen, nicht die Brüder beunruhigen«. Mönche selbst durften nicht irgendwohin wandern, doch oft kehrte ein *Monachus peregrinus* aus fernen Gegenden in einem Kloster ein. Er mochte dort bleiben, solange er wollte, wenn er keine Unruhe stiftete. Zur Ruhe kommen, war das Ziel mönchischen Lebens, aber sein Ursprung lag in der Unrast, die Augustins Gebet bezeichnet hatte: »Ruhelos ist unser Herz, bis es seine Ruhe findet in Dir.« Alle klösterliche Stille konnte nur vorläufig sein, Beständigkeit in der Pilgerschaft zu Gott.

Darum blieben die Mönche nicht in der Klausur. Der Weisung des Herrn an Abraham folgend, gingen sie aus ihrem Heimatland und aus ihrer Freundschaft, als Fremdlinge und Pilger wie Abraham. Dem Befehl des Evangeliums gehorsam, gingen sie hin und lehrten alle Völker wie die Apostel. So kam Kolumban aus der Fremde an den Bodensee, und hundert Jahre später nannte Pirmin auch die hiesigen Mitbrüder *Monachi peregrini*, obwohl sie sich nicht aus der Heimat entfernten und bloß die Klausur aufsuchten. Auch sie zogen doch immer wieder im Namen des Herrn hinaus, nicht nur um neue Klöster zu gründen. Sie gaben dem Zusammenleben von Priestern und Laien neue Anstöße, die alle Überlieferungen und Sachzwänge als provisorisch entlarvten. Auf dem Höhepunkt dieser mönchischen Pilgerbewegung stand Franz von Assisi. In seiner letzten Regel berief er sich 1223 auf den ersten Petrusbrief: Christen seien in dieser Welt Pilger und Fremdlinge. Deshalb sollten die Minderbrüder arm und bettelnd durch die ganze Welt ziehen und allenthalben nur zu Gaste wohnen. So folgten sie Christus nach, der für uns in dieser Welt arm lebte und uns in die andere voranging.

Die pilgernden Mönche bauten mit an einem neuen Heimatland hier auf Erden, zunächst an der lateinischen Christenheit, danach am Europa der Adelsburgen und Bürgerstädte. In diesen Festungen des Zusammenlebens wurde die Unrast der Mönche ebenfalls aufgegriffen, allerdings abgelenkt zur Aneignung der diesseitigen Gegenwart und Umwelt. Sozialformen der Adligen und Bürger verwandelten auch die Mönchsverbände und drängten sie von der asketischen Gottsuche immer weiter in die aktive Weltgestaltung. Fromme Männerbünde, die sich von pilgernden Frauen ferngehalten hatten, mußten schließlich auf seßhafte Frauen zugehen; Orden, die als Gemeinschaften in sich selbst geruht hatten, liefen endlich als nervöse Sonderlinge auseinander. Über solchen Spannungen, denen etwa Heinrich Seuse ausgesetzt war, zerbrach am Ende des Mittelalters die Klammer zwischen Religiosität der Mönche und Geselligkeit der Laien überhaupt. Bei dieser Säkularisation der Sozialformen ging das mittelalterliche Erbe nicht ganz verloren. Heutige Europäer können, auch wenn sie keine Christen mehr sind, die Erde nur in Bewegung begreifen, die Geschichte nur als Provisorium, den Menschen nur als Wanderer unterwegs. Europäer können aber, auch wenn sie Christen geblieben sind, die Gesellschaft nicht mehr als Pilgerschar ansehen, die in Gottes Wohnungen zur Ruhe kommen wird. Man schlage im katholischen Gesetzbuch von 1917 nach. *Peregrinus* heißt da bloß noch der Gläubige, der außerhalb seiner heimischen Pfarrei oder Diözese weilt und nicht an alle in der Gastgemeinde geltenden Vorschriften gebunden ist. Vom Mönch unterscheidet ihn vor allem der fehlende Wille, an einem Ort zu bleiben. Die Grundregel für den Bund zwischen Mönchen und Laien, Beständigkeit in der Pilgerschaft, gilt noch in idealen Sphären, in der sozialen Wirklichkeit nicht mehr.

Zurückhaltende Zuwendung, dieses mittelalterliche Verhältnis zwischen Mönchen und Laien hatte weitreichende Folgen für das Verständnis menschlicher Gemeinschaften überhaupt, ihrer Formen wie ihrer Inhalte. Was die Formen betrifft, so ist die Geschichte des Kernbegriffs Orden aufschlußreich. Für Isidor von Sevilla bezeichneten *Ordines* in der Kirche die priesterlichen Ränge in hierarchischer Reihenfolge, mit Vorliebe den obersten des Bischofs. Benedikt von Nursia verstand *Ordo* lieber als feststehende Reihenfolge liturgischer Handlungen oder als Rangfolge der Mönche innerhalb des Konvents, die sich nach dem Eintrittsalter richtete. Diese an der Zeit ausgerichtete Ordnung einer Gemeinschaft ließ das Mittelalter *Ordo* als geregelt ablaufende, »ordentliche« Lebensweise schlechthin begreifen; dabei ist es bis heute im allgemeinen Sprachgebrauch geblieben. Seit der Karolingerzeit kam ein spezieller hinzu, den wir heute mit Orden wiedergeben. Die Reformsynode von 744 verlangte, daß »der *Ordo* der Mönche und der Gottesmägde nach der heiligen Regel beständig verbleiben solle«. Beständiges Leben nach der Regel hieß nicht mehr nur Ordnung, auch Orden.

Die Einzahl ließ sich aufrechterhalten, solange außerhalb der Klostermauern kaum Ordnung herrschte und in der Klausur überall dieselbe Ordnung befolgt wurde. Schon von benediktinischen Reformern des zehnten Jahrhunderts wurde der Abt eines nicht cluniazensischen Klosters als Angehöriger »eines anderen Ordens« bezeichnet. Doch noch nach der Vervielfältigung der Mönchsorden im Hochmittelalter blieb dem Wort der allgemeine Beiklang einer verbindlichen Lebensgemeinschaft. Im jetzigen Kirchenrecht heißt *Ordo*, genauer *Ordo regularis* eine Gemeinschaft, in der feierliche Gelübde abgelegt werden, im Unterschied zu den Kongregationen, die nur einfache Gelübde verlangen. Da wird sorgfältiger als im Mittelalter nach dem Grad der Verbindlichkeit und Feierlichkeit gefragt. Einen letzten Rest mittelalterlicher Formen zelebrieren Träger moderner Orden, das heißt sichtbarer Ehrenzeichen, wenn sie bisweilen zusammenkommen, um etwas Festliches zu tun, freilich mit jener Höflichkeit, die man im Deutschen ebensogut verbindlich wie unverbindlich nennen kann. Der moderne Werktag wird von einer ganz anderen Ordnung beherrscht, die alles Förmliche und Exklusive abgestreift hat; ordensähnliche Regeln einer abgesonderten Gruppe halten dem Druck weltweiter und rasch wechselnder Sachzwänge nicht stand. Aus der hierarchisch gestaffelten Ordnung ist eine bürokratisch verzettelte geworden.

Was die Inhalte mittelalterlicher Gemeinschaften angeht, so erinnere ich an die Schicksale des Kernbegriffs Religion. Für Isidor von Sevilla hatte er noch nichts mit dem Mönchtum speziell zu tun und war jedermanns Sache, Rückbindung der Seele an Gott durch den Kult. In der Regel Benedikts von Nursia kam das Wort nicht vor, als ließe sich Religion nicht an eine beständige Gemeinschaft fesseln. Jeder Christ konnte religiös sein, in besonderem Maß derjenige, der sein ganzes Leben unter die Norm des Glaubens stellte, der geistliche im Unterschied zum weltlichen Menschen. Auch Geistlich meinte bei Benedikt keinen Personenstand, sondern eine innere Haltung. Wieder häuften sich seit der Karolingerzeit Belege, die *Religio* als Ordensstand, *Religiosi* als Ordensleute begriffen. Demzufolge beschränkte sich der Inhalt religiösen Lebens nicht auf Erfüllung der alttestamentlichen zehn Gebote, mit denen die Laien Last genug hatten, sondern erforderte Einhaltung der drei evangelischen Räte.

Am klarsten spiegelte sich die Wandlung in der Regel Franzens von Assisi 1220/21, wo er das Leben in Gehorsam, Armut und Keuschheit »diese *Religio*« nannte. Jeder konnte im Mittelalter ein guter Christ sein, das wußten die Mönche selbst und keiner besser als Franziskus. Aber niemand, auch kein hochwürdiger Priester, konnte im Alltag unter Laien völlig arm, keusch und gehorsam leben, wenn er nicht einer Gemeinschaft beitrat, die dies zum Hauptziel hatte. Es mußte nicht die franziskanische sein, die Christenheit umfaßte viele *Religiones*. Daß Mönche auch in der Klausur der Forderung nicht ganz gerecht wurden, stachelte sie zu immer neuen Reformen und Ordensgründungen an, unter denen die franziskanische die bedeutendste war. Daß versammelte Religiose der Forderung besser als vereinzelte Laien gerecht wurden, begründete ihr Ansehen in der Welt. Ein schwacher Schimmer davon blieb im derzeitigen Kirchenrecht übrig, wo *Religio* definiert ist als eine von der kirchlichen Behörde gebilligte Gesellschaft, deren Mitglieder mit Hilfe feierlicher Gelübde die evangelische Vollkommenheit anstreben. Das hieß nun Religion, nicht mehr Sonntagsmesse in der Kirche, sondern Nachfolge Christi im Alltag, durch Selbstverleugnung in der Gemeinschaft bei Benediktinern, durch gemeinsame Erfüllung der evangelischen Räte bei Franziskanern. Damit ist Religion, die ein Anspruch an jedermann gewesen war, ein Beruf für Fachleute geworden, einer neben zahllosen profanen. Im ganzen klaffen Form und Inhalt menschlicher Gemeinschaften heute auseinander; im Mittelalter waren die Formen weniger ausgeweitet, die Inhalte weniger zugespitzt, und Mönche schlugen Brücken zwischen den Ordnungen und Religionen.

Mittelalterliche Mönche gingen über Unterscheidungen des modernen Kirchenrechts hinaus, sie fügten sich nicht in den Schematismus der Kleriker, Religiosen und Laien.

Mönchsverbände machten vielmehr den Rängen der Priester und den Gemeinden der Laien immer neue Vorschläge, mit welchen Ordnungen und Religionen alle Christen leben sollten. Ihre Vorschläge wurden von Geistlichen und Weltlichen wenn nicht verwirklicht, dann wenigstens bejaht. Dadurch trieben Mönche die Sozialgeschichte des Mittelalters immer weiter voran, bis zur Spiritualisierung jeglicher Gemeinschaft und zur Auflösung jeglicher Absonderung. Die jeweiligen Gemeinschaftsformen der Mönche spiegelten die Strukturen ihrer Gründungszeit, angefangen mit der patriarchalischen Herrschaft des Abtes im Benediktinerkloster bis hin zur nahezu anarchischen Genossenschaft der franziskanischen Bettelmönche, angefangen mit der lokalen Stabilität im Frühmittelalter bis hin zur internationalen Mobilität im Spätmittelalter. Mönchische Bruderschaften konnten leichter als Ränge von Priestern und als Gemeinden von Laien Gemeinschaften von reiner Konsequenz ausbilden, radikale Alternativen anbieten und große Geschichtsräume erfassen. Wie sie als Wandermönche im siebten Jahrhundert das mittelalterliche Europa schufen, so gestalteten sie als Bettelmönche im vierzehnten den Bodenseeraum.

Das gelang ihnen, weil sie zwar an der religiösen Pilgerschaft festhielten, aber auf die Ordnungen der Seßhaften eingingen. Sie rissen die sozialen Zeiten und Räume nicht in isolierte Abschnitte auseinander, wie wir es heute tun, im Gegenteil, sie setzten aus den vielschichtigen Teilen der Epoche und des Kontinents ein Ganzes zusammen. Die Kernbegriffe der Religions- und Ideengeschichte, nach denen Mönche ihr internes Beisammensein richteten, kamen zumeist von weither, zogen ihre Niederlassungen wenigstens in den Rahmen gesamteuropäischer Bewegungen. Sie galten überdies als alt und abgeklärt, auch wenn sie es nicht immer waren. So stellten sie die Gegenwart der Christenheit in die Prozession der Heilsgeschichte und verliehen dem Augenblick epochale Bedeutung. Umgekehrt stammten die Bedingungen der Verfassungs- und Landesgeschichte, von denen Laien draußen abhingen, gewöhnlich aus der Nachbarschaft, zwängten ihre Verbände mindestens in den Rahmen örtlicher Zustände. Außerdem hielt man sie für aufgewühlt und neu, auch wenn der Schein mitunter trog. So stellten sie die Gestaltung Europas vor das Tribunal der Regionalgeschichte und verliehen dem Zuhause kontinentale Bedeutung. Taten und Worte der Mönche vereinigten beide Bereiche. Die Mitte der sozialen Zeit, der Augenblick, und die Mitte des sozialen Raumes, das Zuhause, wurden so zum Zentrum des Zusammenlebens, zum Wirkungsfeld, in dem sich alle Menschen als Zeitgenossen und Landsleute bewähren mußten, zugleich in der Nachfolge von zugewanderten Vorgängern und in der Vorsorge für auswandernde Nachfahren. Hermann der Lahme ist ein Kronzeuge für diese Leistung der Mönche. Sie hob das Land am Bodensee, wie zahlreiche andere Landschaften auch, auf die Höhe der Heilsgeschichte und in die Mitte des Erdkreises; sie nahm den Laien die Lust, in einem Ferienparadies am Rande zu vegetieren.

Die Tugenden mittelalterlicher Mönche waren mit ihren Lastern identisch. Solange die Spannung zwischen Weltabkehr und Weltzuwendung ungelöst blieb und durchgehalten wurde, verließen sich Laien nie ganz auf ihre Ordnung, aber Mönche verwirklichten auch nie ganz ihre Religion. Unsereiner muß ja heutzutage entweder Idealist oder Materialist sein; so manichäisch ließen sich mittelalterliche Menschen nicht auseinanderdividieren, wenn sie zusammenkamen. Eine Gemeinschaft der reinen Idee, ohne Rücksicht auf die verworrene Wirklichkeit, konnte sich in einem kleinen Zirkel über Jahrhunderte erhalten. Das eindrucksvollste Beispiel bieten die Kartäuser, die ohne Reform und ohne Spaltung heute so wie vor achthundert Jahren leben, rund sechshundert Mönche. Wer hingegen auf breite und eindringliche Wirkung bedacht war, mußte auf Vielgestalt und Veränderlichkeit der Wirklichkeit gefaßt sein, sie geradezu wollen. Die Benediktiner erhielten sich nur am Leben, weil sie von einer Reform zur nächsten eilten, von Aachen nach Cluny, von Hirsau nach Cîteaux, von Petershausen nach La Trappe. Die Franziskaner bezahlten ihre Volkstümlichkeit mit zahlreichen Abspaltungen von der Kommunität, Spiritualen, Fratizellen, Konventualen, Observanten, Kapuziner. Die meisten mittelalterlichen Orden legten mehr Wert auf aktuelle, wenn auch diffuse Wirkung als auf Reinheit der dauernden Idee. Fast alles, was Mönchen schon von Zeitgenossen angekreidet wurde, beruhte auf dieser Vorliebe für gesellschaftliche Wirkung.

Die soziale Grundform des Mönchtums mit ihren drei Kernbegriffen, der geregelten Gemeinschaft, der ortsfesten Niederlassung und der beständigen Pilgerschaft, brachte Mönche immer wieder in Gefahr, mit Laien gleichgesetzt zu werden. Ein heilsames Gegengewicht, das immer wieder für Abstand von den Laien sorgte, bildete der religiöse Grundinhalt der drei evangelischen Räte Gehorsam, Armut und Keuschheit. Es wäre aber falsch (wozu moderne Katholiken gelegentlich neigen), die drei Mönchsgelübde als religiöse Idealvorstellungen von den Schwankungen der sozialen Wirklichkeit abzutrennen. Zweifellos kann man sie zeitlos beschreiben, als Verzicht auf wertvolle Möglichkeiten der Lebenserfüllung, auf Macht und Freiheit, auf Besitz und Sicherheit, auf Sinnlichkeit und Ehe. Man kann zugunsten der Mönche betonen, daß die Möglichkeiten des Menschen durch hemmungslose Erfüllung ins Unmenschliche verkehrt werden, zur Gier nach Herrschaft, nach Geld, nach Geschlechtlichkeit. Man kann gegen die Mönche einwenden, daß der Verzicht auf diese Möglichkeiten menschliche Schwäche vermuten läßt, Angst vor kämpferischer Selbstbehauptung, vor wirtschaftlichem Wettbewerb, vor persönlicher Hingabe. Solche abstrakten Überlegungen verschleiern, daß die immer gleichlautenden Ratschläge Christi im Lauf der Geschichte verschiedene Ziele bezeichneten und konkrete Wirkungen hinterließen.

Der geforderte Gehorsam war die Grundtugend der Benediktiner im Frühmittelalter. Sie hielten sich an das von Benedikt zitierte Wort des Herrn: »Ich bin nicht gekommen, meinen Willen zu tun, sondern den Willen dessen, der mich gesandt hat.« Das war kein Kadavergehorsam, sondern freiwillige Bindung; niemand mußte Mönch werden. Der Gehorsam, wie ihn Benedikt von Nursia vorschrieb, galt keiner Person, nicht eigentlich dem Amt des Abtes, vielmehr einer überpersönlichen Gemeinschaftsordnung, der geschriebenen Regel, letztlich dem Vatergott. Die Mönche sollten den Abt frei wählen, dem sie dann gehorchten; der Abt sah sich bei seinen Befehlen an die allen Mönchen bekannte Regel und die Verantwortung vor Gott gebunden. Diese benediktinische Ordnung war ein entschiedener Widerspruch gegen die wichtigste Triebkraft der frühmittelalterlichen Geschichte Europas, gegen die Gewalt des Schwertes. Mönchische Askese wurde gegen adlige Willkür gesetzt. Weil sich benediktinischer Gehorsam ebenso an Grund und Boden klammerte wie adlige Herrschaft, gelang im Zeichen mönchischen Dienstes die friedliche Kultivierung europäischer Landschaften, in der Ortsbeständigkeit einer Abtei und ihrer Mönche, in der gemeinsamen Rodung und Feldarbeit, die später von den Reformern der Benediktregel, den Zisterziensern, wieder aufgenommen wurde. Der Verzicht auf die Macht des Schwertes gab anderen – in gewissen Grenzen – Freiheit. Den seßhaften und fleißigen Mönchsgemeinschaften war es mit zu verdanken, daß der Kontinent für das Zusammenleben menschlicher Kleingruppen erschlossen wurde.

Als die Bändigung der wilden Natur gelungen war, richtete sich die mönchische Forderung des Gehorsams am Übergang zum Hochmittelalter auf ein anderes Ziel, das Zusammenleben der Menschen in großen Verbänden. Nicht nur geistliche Gemeinschaften bildeten sich im elften und zwölften Jahrhundert neu, quer durch Europa schlossen sich auch ritterliche und bürgerliche Laien in Land und Stadt zu genossenschaftlichen Ordnungen zusammen. Sie waren eine Herausforderung an die sich festigende Hierarchie der Priesterkirche, die alle Geistlichen in eine abstraktere Ordnung als die mönchische band, sie aber auf mönchische Art aus weltlichen Verflechtungen löste. In die Bresche sprangen die Mönche. Sie unterzogen sich selbst einer Reform, die sie für neue Aufgaben tauglich machte, für priesterlichen Dienst an Laien in Land und Stadt. Dazu kam die Zusammenfassung reformierter Abteien in Klosterverbänden, die sich dem Papst und den Bischöfen der Priesterkirche zur Verfügung stellten. Die Absage der Mönche an ihre Autonomie gab anderen – in gewissen Grenzen – Geborgenheit. Die Bereitschaft der Mönche zu gehorsamer Umkehr, zur Abkehr von Ortsbeständigkeit und Abtregierung wies dem europäischen Aufbruch der Laien, auch ihrem Ausgreifen in den Orient ein geistliches Ziel: Gott will es! Dabei hielt die Pilgerschaft der Mönche den Mitmenschen die Vorläufigkeit alles irdischen Strebens vor Augen.

Der Aufbruch Europas ins Hochmittelalter brachte Reichtum mit sich. Dem Frühmittelalter fiel die vom Mönch geforderte individuelle Armut leicht, weil Reichtum vornehmlich aus Grundstücken bestand und weil jeder Einzelmensch auf die Hilfe seiner Gruppe angewiesen war, um gesichert leben zu können. Benedikt von Nursia sprach kaum grundsätzlich von der Pflicht des Einzelnen zur Armut, oft von der konkreten Pflicht der Gemeinschaft, Armen zu helfen. Eine besondere Mönchstugend, eine ungewöhnliche Zumutung wurde die Armut erst im hochmittelalterlichen Zeitalter der Bettelmönche, besonders bei den Franziskanern. Sie folgten als Gruppe dem von Franz zitierten Wort des Herrn: »Willst du vollkommen sein, so geh hin, verkaufe deine ganze Habe und gib sie den Armen.« Die Armutsforderung wurde zum Gegengewicht gegenüber dem beherrschenden Streben nach wirtschaftlicher Sicherheit bei Fürsten und Großbürgern. Mönchische Armut bedeutete Verzicht der Gemeinschaft auf Privateigentum zugunsten des Verschenkens, das vielen zugute kam. Materielle Güter sollten lediglich dem Unterhalt dienen, nicht dem Sozialprestige. Gegen die Zurschaustellung von Überfluß setzte die mönchische Forderung das einfache Leben, im schlichten Habit, in kärglicher Zelle, bei knapp bemessener Mahlzeit. Der Verzicht auf Reichtum der Gemeinschaft gab anderen – in gewissen Grenzen – Sicherheit. Weil der franziskanische Widerspruch dieselben Methoden individueller Mobilität und Initiative wie die bürgerliche Wirtschaft benutzte, gelang im Zeichen mönchischer Anspruchslosigkeit der Aufbau einer zwar konfliktgeladenen, aber konsensbereiten europäischen Sozialordnung.

Sie zerbrach am Übergang zum Spätmittelalter, im Zeitalter der Pestepidemien und der Kirchenspaltung. Um die Verteilung materieller Güter kämpften beinahe alle gegen alle, bis schließlich monarchische Verfassungen erwuchsen, die freilich nicht mehr ganz

Europa umfaßten und sich innerweltlichen Zielen zuwandten. In Territorien des Spätmittelalters erhielt die mönchische Armutsforderung ein anderes Gesicht. Sie förderte die Verinnerlichung des Einzelmenschen, dessen äußere Verhältnisse als unwesentlich erschienen. Dem Streben nach fürstlicher Herrschaft über die Vielen wurde die Armut im Geiste entgegengesetzt. Die neue Subjektivität der Einzelgänger wurde von Dominikanern entdeckt, zog aber die weitesten Kreise; hier wehte der Geist, wo er wollte. Die Absage an soziale Einordnung gab anderen – in gewissen Grenzen – Individualität. Eine neue Gemeinschaft der Stillen im Land entstand, ihre Lieblingsbeschäftigung wurde Bildung im Gehäuse. Mönchische Selbstlosigkeit brachte freilich keine kulturelle Integration Europas mehr zustande, denn gelehrte Innerlichkeit diente auch weltlichen Mächten, zumal in den höfischen Bewegungen von Humanismus und Renaissance. Sie stimmten der Absage an die Welt nicht mehr zu und überwanden trotzdem die Verworrenheit täglichen Zusammenlebens. Die Armut der Mönche wurde sinnlos, wenn die Welt auch ohne religiöse Bindung von den Mitmenschen in Ordnung zu bringen war.

Am schwersten fiel dem ganzen Mittelalter die geforderte Keuschheit. Folgenreicher als der persönliche Verzicht auf Sinnlichkeit war der soziale auf Familie und Kinder. Denn im Mittelalter bot Kontinuität der adligen Herkunft und des bürgerlichen Erbes die natürlichste Sicherung des Einzelmenschen durch eine Gemeinschaft. Sorge für Familie und Kinder festigte allerdings zugleich die allgemeine Herrschaft des Schwertes und des Geldes; sie zwang Einzelmenschen zu atemloser Betriebsamkeit, Gemeinschaften zu hektischer Fortpflanzung auf Kosten anderer. Wie das Geschlecht im Mittelalter gründlicher als das Schwert und das Geld wirkte, so war die Keuschheitsforderung absoluter; sie ließ keine Relativierung zu wie der Gehorsam der Freiwilligen und die Armut der Bedürfnislosen. Keuschheit war eine Grundforderung an sämtliche Orden. Ihre Erfüllung machte die Mönche radikaler als andere Gelübde von ihrer Umwelt frei, frei von lokalen Verflechtungen einer Sippe, von europäischen Verfilzungen der Märkte, frei für eine andere Gemeinschaft. Der geforderte Verzicht auf Sinnlichkeit schenkte anderen eine besondere Art von Liebe. Trotzdem meinten mittelalterliche Mönche zu verschiedenen Zeiten mit demselben Wort Liebe ganz Unterschiedliches.

Benedikt von Nursia brauchte von der Keuschheit nur kurz zu reden; in der Zucht eines geschlossenen Klosters waren sexuelle Verfehlungen leicht fernzuhalten. Schwerer lernte der eng zusammenwohnende Konvent neben dem Gehorsam gegen Regel und Abt die brüderliche Liebe zu Mitmönchen. Das Wort Bruder gehörte zu den häufigsten der Benediktregel. Im vorletzten Kapitel faßte Benedikt beschwörend seine zentralen Forderungen zusammen. »Keiner suche das, was er für sich, vielmehr das, was er für die anderen als nützlich erachtet. Sie sollen einander in keuscher Gesinnung die Liebe der Brüderlichkeit erweisen.« Liebe galt nicht dem einen mehr, dem anderen weniger, sondern allen gleich, als gegenseitiger Dienst und Gehorsam. Liebe wurde auch Gästen und Armen erwiesen, die ins Kloster kamen, aber vornehmlich den Mitbrüdern im Konvent und dem Abt des Klosters. Brüderlichkeit sollte den inneren Zusammenhalt der benediktinischen Lebensgemeinschaft beherrschen. Anders bei Franz von Assisi. Er mußte seinen Mitbrüdern, die durch die Welt wanderten, eigens vom Umgang mit Frauen abraten und für Unzucht die Höchststrafe, Ausstoßung aus der Bruderschaft, androhen; die Gefahr lag nahe, daß Brüder unterwegs wie andere Leute Anlehnung bei Einzelmenschen suchten. Daß Minderbrüder einander lieben sollten, wie der Herr sie geliebt habe, betonte Franz auch. Aber eindringlicher und ausführlicher war seine Ermahnung an die Brüder, ihre Feinde zu lieben und denen Gutes zu tun, die sie hassen. »Unsere Freunde sind schließlich alle, die uns ungerecht Trübsal und Bedrängnis bringen, Beschämung und Beleidigung, Schmerz und Mißhandlung, Folter und Tod. Wir müssen sie sehr lieben, denn aus dem, was sie uns bringen, haben wir das ewige Leben.« Liebe galt zuerst den Feinden, nicht den Freunden in der Welt. Brüderlichkeit sollte Frieden zwischen den zerstrittenen Lebensgemeinschaften der Menschheit stiften.

Ungeachtet aller historischen Unterschiede läßt sich zusammenfassen, was die Mönchsgelübde eigentlich verlangten: Denen beistehen, die in der Jagd nach adliger Selbstdarstellung nicht untergehen wollen und vom Geschrei der bürgerlichen Märkte nicht taub geworden sind; Zeit und Aufmerksamkeit haben für das andere, was nicht der Alltag fordert, zum Beispiel für das Unnütze und Freundliche; Zeit und Aufmerksamkeit haben für die anderen, die nicht zur Notgemeinschaft gehören, zum Beispiel für Nichtverwandte und Klassenfeinde. Mit diesen Forderungen widerstanden die Mönche den herrschenden Ordnungen des Schwertes und des Geldes und legten den Grund für andere Lebensgemeinschaften, die unter dem Leitbild der Brüderlichkeit standen. Man kann die Brüderlichkeit ohne viel Übertreibung die Quintessenz der Mönchstugenden und die Grundregel christlichen Verhaltens nennen; man muß allerdings genauer nachfragen, was Brüderlichkeit im Mittelalter hieß, weil das Wort eine Geschichte hat.

Der Ausdruck *Fraternitas* war für Isidor von Sevilla noch nicht erklärungsbedürftig. Menschen wurden entweder aufgrund gemeinsamer Abstammung, von einem Vater, von einer Sippe, von einem Volk, als Brüder bezeichnet oder aber aufgrund gemeinsamer Gesinnung, wie die Gesamtheit der Christen und der Menschen, die einander lieben sollen. Diese religiöse Tugend hatte für Isidor nichts mit sozialen Institutionen zu tun, sie griff über die alltäglichen Gemeinschaften hinaus. Benedikt von Nursia dagegen übernahm die Formulierung des Römerbriefs von der *Caritas fraternitatis*, zu der Paulus alle römischen Christen ermahnt hatte, und bezog sie auf das Verhalten guter Mönche zu ihren Mitmönchen, das heißt auf die soziale Gemeinschaft des Klosters, die sich zur Einübung brüderlicher Gesinnung organisierte. In dieser abgesonderten Bruderschaft war gegenseitige Rücksichtnahme das oberste Gebot; es brauchte nicht in Gehorsam, Armut, Keuschheit aufgegliedert zu werden, die sich im lebenslangen Vollzug von selbst einstellten.

Auch für Franz von Assisi bezeichnete *Fraternitas* die Bruderschaft seiner Minderbrüder, die er gleichbedeutend *Ordo* und *Religio* nennen konnte. Doch diese Bruderschaft lebte nicht mehr abgesondert und nahm alle Menschen als Brüder, auch die Feinde der Franziskaner. Darum mußte Franz die universalen Inhalte formulieren, die brüderliches Verhalten unter Mitmenschen kennzeichnen sollten. *Fraternitas* meinte jetzt Einhaltung der drei Mönchsgelübde, die seit dem frühen zwölften Jahrhundert der ganzen christlichen Gesellschaft als Grundmuster menschlicher Verbände vorgehalten wurden. In den Statuten des Deutschen Ordens besagte *Brûderschaft* deshalb zweierlei zugleich, das religiöse Ideal und die zugehörige soziale Einrichtung. Das deutsche Wort Brüderlichkeit kam erst während der Französischen Revolution auf und sollte die von sozialen Formen losgelöste reine Idee umschreiben. Eben eine reine Idee war mittelalterliche Brüderlichkeit nirgends, sie war überall zugleich soziale Gemeinschaft.

Hier sind wir am Kernproblem mittelalterlichen Mönchtums angelangt, an der unlöslichen Verschmelzung von sozialer Form und religiösem Inhalt. Daß mittelalterliche Mönche Brüderlichkeit stets als Bruderschaften übten, machte zum einen ihre gewaltige Durchschlagskraft aus. Sie setzten ihre Ideale schon in Wirklichkeit um, ehe sie genau formuliert waren. Wie sie sich Mitmenschen dachten, so wollten sie selber ein ganzes Leben lang sein. Sie entwarfen keine grandiosen Ansätze und Programme; was sie vorhatten, ging in Fleisch und Blut über, wurde mit Gleichgesinnten eingeübt und Mitmenschen nahegebracht; ihr Einvernehmen wurde intern ständig erprobt und extern weit verbreitet, über Jahrhunderte in einem ganzen Kontinent. Zum andern hemmten die Sozialformen der mittelalterlichen Gesellschaft die Verwirklichung universaler Ideen, weil sie nur innerhalb der Bruderschaften uneingeschränkt wirkten. Religion bedeutete dann leicht nur Ordenszugehörigkeit, Gehorsam nur Folgsamkeit vor Oberen, Armut nur Verzicht auf Verschwendung, Keuschheit nur sexuelle Zurückhaltung. Mönchische Tugenden wurden nicht zu menschlichen Verhaltensregeln. Aus diesem Dilemma erkläre ich mir die merkwürdige Nachwirkung des Mönchtums in der Neuzeit, die an den modernen Mönchen, zum Beispiel in Einsiedeln und Weingarten, geflissentlich vorbeiging. Zahlreiche Gruppen von den Wiedertäufern bis zu den Studentenkommunen versuchten immer wieder, aus sozialen Ordnungen des Alltags auszubrechen und den Mitmenschen Vorbilder einer brüderlichen Gemeinschaft zu geben. Sie taten es fast alle, indem sie ideologische Inhalte auf Kosten sozialer Formen hervorhoben und auf die kleinräumige Verwirklichung ihrer weltweiten Ideen wenig achteten.

Die Besonderheit des Mittelalters in der Weltgeschichte des Mönchtums sei aus diesem Blickwinkel noch einmal beleuchtet, mit Worten eines nachmittelalterlichen Laien, der französischen Philosophin Simone Weill. Kurz vor ihrem Tod schrieb sie 1943 aus dem Londoner Exil: »Heute muß eine Elite die Tugend der Armut im Geiste in den verelendeten Massen entzünden. Dazu ist es erforderlich, daß die Angehörigen dieser Elite nicht nur im Geiste, sondern in Wirklichkeit arm sind. Sie müssen alle Tage mit Seele und Leib die Schmerzen und Demütigungen des Elends erdulden. Wir brauchen keinen neuen Franziskanerorden. Mönchsgewand und Kloster bedeuten Absonderung. Die neue Elite muß in der Masse leben und sie anrühren, ohne daß irgendetwas dazwischensteht. Und was noch schwieriger zu ertragen ist, sie darf sich keinerlei Entschädigungen erlauben; sie muß in ihre Beziehungen zu der sie umgebenden Masse dieselbe Demut hineinlegen, die ein Eingebürgerter den Bürgern des Landes entgegenbringt, das ihn aufgenommen hat.« Weills Ideal glich, trotz ihrer Absage, weithin dem franziskanischen der Anfänge. An Mönchsgewand und Kloster hing Franz von Assisi nicht, sie wurden erst seinem Orden im Lauf der Geschichte aufgenötigt. Weill setzte die schon bei Franz betonte Armut vollends absolut, als Haupttugend der neuen Elite. Ob sie indes die anderen Mönchstugenden abgelehnt hätte? Wäre die geforderte Demut etwas wesentlich anderes als Gehorsam gegen eine überpersönliche Ordnung? Müßte sich, wer die Masse anrühren wollte, nicht die individuelle Hingabe versagen, das hieße Keuschheit üben? Ich nehme an, darüber hätte die Philosophin mit sich reden lassen.

Unerbittlich bestand sie jedoch auf der Zurückweisung jeder sozialen Absonderung. Darin war sie hochmodern, damit fand sie den Beifall moderner Jesuiten. Die Einzubürgernden kämen aber doch wohl aus der Fremde, man müßte ihnen das Land zeigen, die

Bürger vorstellen. Eine Elite könnte ohne Auslese schlecht zusammengestellt, ohne Einübung schwer zusammengehalten, ohne Formierung kaum ausgebreitet werden. Sie käme, mit einem Wort, an der Geschichte nicht vorbei. Könnte der abstrakte Gedanke von der Elite in der Masse die kleinen Gemeinschaften der wirklichen Menschen, der Bürger des Landes, gestalten, ohne sie zu zerbrechen? Gäbe es Brüderlichkeit ohne Bruderschaften? Was taugte eine Idee der fernen Brüderlichkeit, die Millionen umschlänge, aber den Nächsten umbrächte? Ich stelle die Fragen nur, um das Dilemma der modernen Brüderlichkeit bewußt zu machen, nicht um eine Antwort zu geben; ich kenne aus meinem gegenwärtigen Erfahrungsbereich keine überzeugende Antwort. Für sicher halte ich aber, daß Menschen nicht mit Ideen, sondern miteinander leben sollten. Das konnten sie im Mittelalter mit Hilfe der Mönche besser als heute.

Trotzdem, die Zeit der Mönche ist vorbei und kehrt nicht wieder. Ihre allzu schlichte Gleichsetzung zwischen Bruderschaften und Brüderlichkeit ist uns verwehrt. Die meisten ihrer Gehäuse zwischen Bregenz und Schaffhausen dienen anderen Zwecken; daran läge weniger, als Mörike meinte. Aber ihr Platz unter Mitmenschen ist leer geblieben und durch Scheffels ehrenwerten Bruder Rudimann nur verdeckt, nicht ausgefüllt. Deshalb sind die Überreste von alten Geschichten für uns wichtig, als Merkposten für eine künftige Geschichte. Sie erinnern an die gegenwärtige Lücke, die wir sonst übersähen. Was uns fehlt, sobald wir danach suchen, ist nicht der alte Ausgangspunkt; die meisten von uns tragen die Unrast der Mönche noch mit sich herum. Wir vermissen auch das alte Endziel kaum; den Gott der Mönche haben die meisten von uns schon aus den Augen verloren. Was uns abhanden kam, ist die Beständigkeit unterwegs. Als typische Verhaltensweise von Menschen des zwanzigsten Jahrhunderts beschrieb die ostdeutsche Dichterin Christa Wolf 1976 das Überlebenssyndrom, die blinde Flucht aus den sozialen Zeiten und Räumen, die Todsünde dieser Zeit, die da heißt, sich nicht kennenlernen wollen. »Reiter über den Bodensee. Rücksichts-los sein (ohne Sicht zurück) als eine der Überlebensbedingungen; als eine der Voraussetzungen, die Lebende von Über-Lebenden trennt. ... Gestorbensein – Überlebthaben – Leben: Woran erkennt man sie? Von den Toten kann man nicht sprechen. Den Überlebenden sind Rück-Sicht und Vor-Sicht versperrt. Die Lebenden verfügen frei über Vergangenheit und Zukunft.« So mag es sein, aber es muß nicht so bleiben, denn es war einmal anders: Mönche am Bodensee. Radikal sein gegen sich, mit Rücksicht auf andere, als eine der Bedingungen für Zuversicht aller Sterblichen; als eine der Voraussetzungen, die den Augenblick mit der Weltgeschichte, den Erdkreis mit dem Zuhause verbinden. Von den Toten sprechen, um über die Zukunft frei zu verfügen.

ANHANG

BILDER UND ERLÄUTERUNGEN

Die folgenden Bilder sollen sichtbar machen, wie die Mönche am Bodensee ihre Zeitgenossen und Landsleute in größere soziale Zeiten und Räume einbezogen und wie sie die Pilgerschaft durch die Zeiten mit der Verwurzelung am Ort verbanden. Wir Nachgeborenen können Beharrlichkeit und Beweglichkeit der Längstverstorbenen vor Augen sehen, denn die Hinterlassenschaft ihrer Kirchen- und Klosterbauten und die Überlieferung ihrer Schrift- und Kunstwerke liegen uns vor. Jedem der zwanzig Textabschnitte dieses Buches sind deshalb im folgenden vier Abbildungen zugeordnet, von denen zwei die Gebäude, zwei die Gedanken der Mönche zu verschiedenen Zeiten betreffen. Ein erstes Bild gibt den spätesten, nämlich heutigen Zustand des besprochenen Klosterbereichs möglichst in einer Luftaufnahme wieder; sie zeigt die Veränderungen der letzten zweihundert Jahre seit der Französischen Revolution. Ein zweites Bild führt die früheste bekannte Ansicht vom Klosterbezirk vor, gewöhnlich mit einer Zeichnung aus den ersten beiden Jahrhunderten nach der Reformation; sie weist zurück auf die Raumgestaltung im mittelalterlichen Konvent. Ein drittes Bild präsentiert ein tunlichst gleichzeitiges literarisches oder künstlerisches Zeugnis von dem behandelten Mönch und Konvent; es offenbart, welche Gedanken mittelalterliche Zeitgenossen für überliefernswert hielten. Ein viertes Bild spiegelt die geistige Nachwirkung von Mönch und Konvent in einer späteren, meist noch mittelalterlichen Generation; es erläutert, welche Teile der Überlieferung für die Nachfahren bedeutsam blieben. Diesen insgesamt achtzig Bildern sind zwei weitere vorangestellt, die das Geschehene einleitend an Luftaufnahmen heutiger Klosterbauten illustrieren, und zwei letzte angefügt, die das Beabsichtigte abschließend an Kunstwerken für mittelalterliche Mönche erklären. Alle Bilder zeigen das Vorhandene, auch wenn es auf den ersten Blick abstoßend oder nichtssagend wirkt. Wer Geschichte begreifen will, muß genau hinsehen, auch bei der modernen Fabrik, die sich neben eine Klosterfassade gesetzt hat, auch bei dem unförmigen Klumpen, der von einem Abtsiegel übriggeblieben ist. Selbst solche Bilder täuschen den Betrachter leicht, denn vorhanden sind bloß noch unverwüstliche Dinge, meistens aus Stein, Edelmetall, Pergament, die schon von ihren Urhebern für die Dauer bestimmt waren. Die flüchtigeren Gebilde aus Holz, Tuch, Papier, in denen mehr Leben steckte, sind fast alle spurlos vergangen, vom Gespräch der Mönche ganz zu schweigen. Auch wir brauchen Sprache, um den Überresten ein wenig von ihrem Lebenszusammenhang wiederzugeben. Das versuchen die Erläuterungen, die der Bilderreihe folgen.

1 Ehemaliges Kloster Wagenhausen um 1960 (Erläuterung S. 469)

2 Benediktinerkloster Weingarten um 1970 (Erläuterung S. 470)

3 Klosterplatz und Stadt St. Gallen um 1970 (Erläuterung S. 471)

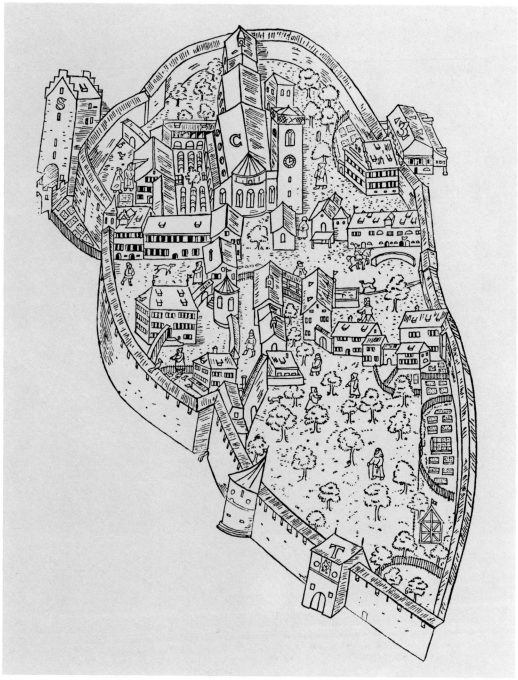

4 Benediktinerkloster St. Gallen 1596 (Erläuterung S. 471)

usq; dum uenit ad boui... nostrum... omnia diligent... ...pergo
abbate meum. Surrexit, antransiuit, sic mihi reuelante, sic mih... reuelat est p
uision. Nota die... &hora. &uenies me... cito... in... oma. Dia... cecidit ad pe-
des eius dic... Domne quousq; quia nescio... ...illed... ...adefr... noli
timere sed p... g... sicut dixi D... ...gressus tuos. Ille au... p... benedictione abut... manstu... cum festinatione &puenit adsupra nominatu locu... &
inuenit omnia sicut reuelatum fuit magistro suo p... & mansit apud
fr... noctem una &recepit ab eoseptem o... q... ...
&cabu... p... quaeinmanib; tenebat transmisit u... ...D... nr... ...
si... nob... adhuc uiuens ut pistum baculum gallus fuiss... & absol... ab ex com mun-
cationes... & ch mise... eu... Et ille coepit... agere... nocte... ad... miadi... q...
in noc... hodie pu... ut adsc... gallu... &ad illi epta... qua porta... defri...
& cam butta... cum absolutione. Cuq; legisset epi... am fleuit amare... intrauit
oratoriu... cum frib; cepit missam agere &offerre sacrificiu... pro eo.
Contigit au... in a die du... operare... cum frib; &pleue in or... sum u... una axe ex
parte... decortan... &pr... or apparuit aliu... in pa... ...agistri uole-
ba... eum eicere. Uir di d... illu... sustinere mocha... e... ...r indom... &sumamus
cybum que... nob... pparauit d... &fecit sic... u... bened... pane &dicit e... benedi-
tione. P... sumpto cybo fr... re... eor... om... parte... adoperation... Inuenit... q... erat
...a longior ...a pede &glori...ua... ...&conlocauer...
...a... em inlocu... suum ubi prius fuerat. Cr... psa... atus... usq; inhodiern... d... addenun...

5 Gallus-Vita in Rätien (?) vor 900 (Erläuterung S. 472)

◁ 6 Der heilige Gallus in St. Gallen um 900 (Erläuterung S. 473)

7 Otmarskapelle in Werd 1967 (Erläuterung S. 474)

8 Benediktinerkloster Füssen 1619
(Erläuterung S. 474)

9 Liste von Otmars Konvent in St. Gallen ▷
um 800 (Erläuterung S. 475)

† Audomarus abb in monasterio sci galli conf
† ego flacuinus prb pmitto oboediencia stabilitate corá do & scis
† ego constantius prb pmitto oboed stabt coré do & scis
† ego exsuperatus prb pmitto oboed stat coré do & scis
† ego petrus diac promitto ut supre coré do &
† ego aedelmarus prom oboed stat coré do &
† ego uuoluoinus prom oboed stat coré do &
† ego landoline prom oboed stat coré do &
† ego echo theotini prom oboed stat coré do &
† ego hsadolfus prom oboed stat coré do &
† ego ostmarus prom oboed stat coré do &
† ego chincho prom oboed stat coré do &
† ego uuatto prom oboed stat coré do &
† ego uualdgaer prom oboed stat coré do &
† ego eelto prom oboed stat coré do &
† ego cotsydus prom oboed stat coré do &
† ego reginolfo prom oboed stat coré do &
† ego heepinolf prom oboed stat coré do &
† ego uuagnbertus prom oboed stat coré do &
† ego zeimuat prom oboed stat coré do &
† ego uuindolfus pr prom oboed stat coré do &
† ego amedbertus prom oboed stat coré do &
† ego uualahus prom oboed stat coré do &
† ego theoto prom oboed stat coré do &
† ego uuaido prom oboed stat coré do &
† ego sigoini prom oboed stat coré do &
† ego uuagulfus prom oboed stat coré do &

◁ 10 Der heilige Otmar in Zwiefalten um 1140 (Erläuterung S. 476)

11 Kloster Reichenau-Mittelzell 1956 (Erläuterung S. 477)

12 Konvent und Kloster Reichenau 995 (Erläuterung S. 478)

13 Handschrift Walahfrids in Reichenau (?)
um 840 (Erläuterung S. 478)

Si scire cupis annos ab initio mundi, multiplica ccc xvii quindecies, fiunt iiii DCCLV. Adde semp regulares iiii, adde & ia & indictione anni in quo computare uolueris. uerbi gratia, secunda (presenti) fiunt simul iiii DCCLXI. Ipsi sunt anni ab initio mundi. Cum autem ad xv indictionē perueneris, tē ccc xviii multiplicabis quindecies & hoc ordine deinceps seruato annos mundi sine errore repperies.

ARGUMENTUM AD INUENIENDUM ANNUM CYCLI DECENNOUENALIS PER IOS DEM ANNOS.

Si nosse desideras quotus sit annus in cyclo decennouenali, collige annos ab initio mundi quot fuerint in praesenti, & de his semp subtrahe vi, ceteros partire per xviiii. quotus numerus remanserit totus annus est cycli decennouenalis. Si uero de tota summa p xviiii partita nihil sup fuerit, xviiii annus cycli decennouenalis erit. ITEM DAM

ARGUMENTUM AD INDICTIONEM INUENI.

Si uis scire quota sit indictio, tene annos ab initio mundi quot fuerint in presenti & subtrahe semp quattuor, & tota summa partire per xv, qd remanet ipsa est indictio. Si nihil remanserit, xv erit. DAM

ARGUMENTUM AD EPACTAM INUENIEN.

Si nosse uis quota sit epacta, collige annos ab ordio mundi & de his subtrahe iii, ceteros partire p xviiii, & qd remanserit multiplica p xi, ipsos uerū diuide per xxx, qd sup fuerit ipsa est epacta. Si nihil remanserit nulla erit. ARGUMENTUM AD CONCURRENTES INUENIENDOS.

Auri das volck also genant komen diser zeyt in schiffung gein Sicilian vnd verwuestetz vil dings. do schifften di venediger auch hynein. alßpald aber die vnglawbigen die schifffegeln von verren sahen do kerete sie wider in affricam. Diser zeit wardt der leichnam sant Marxen des euangelisten von ettlichen kawflewten auß alexandria gein venedig gebracht durch einen listigen anschlag. dañ die briester legten auß verhaißung der kawflewt das ferchlein darin der leichnam lag an ein angezaigtes ende in einem korb. do deckten die kawfmansknecht den mit krawt vnd schweynnin flaisch zu vnd trůgen den vber den marckt. vnd do die zolfordrer ir gerechtigkeit dauon als von einer kawfmans ware zehaben suchten vnnd schweynnin flaisch alda vnder dem krawt funden do suchten sie auß grawen den sie ab demselben flaisch haben nit weyter. also kom der leichnam in ein schiff vnd fůroan gein Venedig.

Rabanus erzbischoff

Strabus

Rabanus ein closterman vnd teutscher abbt zů Fulde vnnd darnach erzbischoff zu Maynz. der heilligen schrifft vnnd der poetrey ein hohgelert man hat diser zeyt auß grösse seiner synnreichigkeit vil trefflicher schrifft vñ bůcher gemacht.

Strabo auch ein closterman des benanten rabani iůnger ist diser zeyt nit mynder dann derselb sein maister gewest. vnnd hat auch vil schöner schrifft gemacht vnnd begriffen.

14 Erinnerung an Walahfrid in Nürnberg 1493
(Erläuterung S. 479)

15 Stadtpfarrkirche und Kinderheilstätte ▷
Bad Buchau 1978 (Erläuterung S. 480)

16 Damenstift und Stadt Buchau 1643
(Erläuterung S. 481)

17 Grab Adelindes in Buchau 1941
(Erläuterung S. 482)

18 Marienklage in Buchau um 1430
(Erläuterung S. 482)

19 Benediktinerkloster Einsiedeln 1958 (Erläuterung S. 483)

20 Benediktinerkloster Einsiedeln 1627 (Erläuterung S. 484)

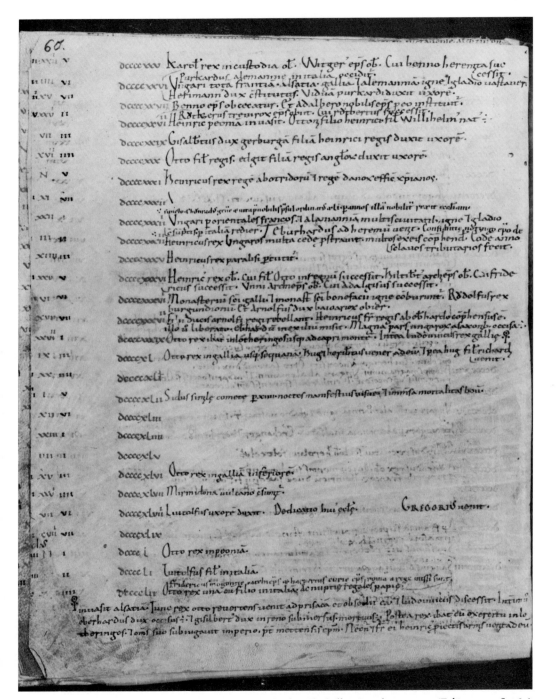

21 Gregor in den Einsiedler Annalen um 970 (Erläuterung S. 485)

tinis celebramus officio · intercedente
beato sebastiano martyre tuo saluationis
tue sentiamus augmentum. ⁋

OMPS · SEMP · DS ·
qui inmeritis sci me
ginradi martyris tui
semp es mirabilis · qs
clementia tua · ut sicut
ei emminente passionis glo
riam contulisti · sic ad csequendam
micidiam tua eius nos facias precib;
adiuuari. ⁋ SECRETA

Haec tibi qs dne beati meginradi mar
tyris tui pcibus grata reddatur ob
latio · ae nrm gloriosa famulatum
purificet. ⁋ AD COMP.

Ds qui nos sci meginradi martyris tui
temporali facis celebritate gaudere.

22 Der heilige Meinrad in Einsiedeln nach 1100 (Erläuterung S. 486)

23 Markuskirche in Reichenau-Mittelzell 1956 (Erläuterung S. 486)

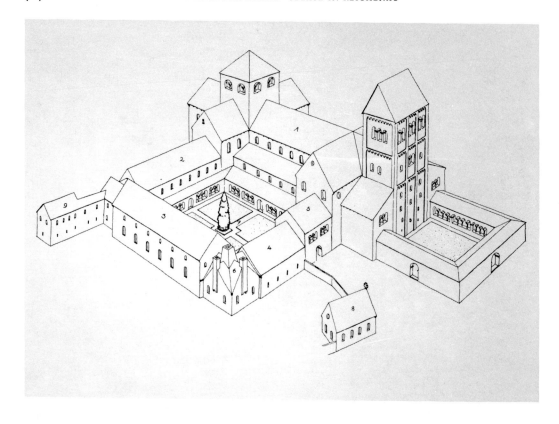

24 Benediktinerkloster Reichenau um 1050 (Erläuterung S. 487)

25 Bern in Reichenau um 1020–30 (Erläuterung S. 488)

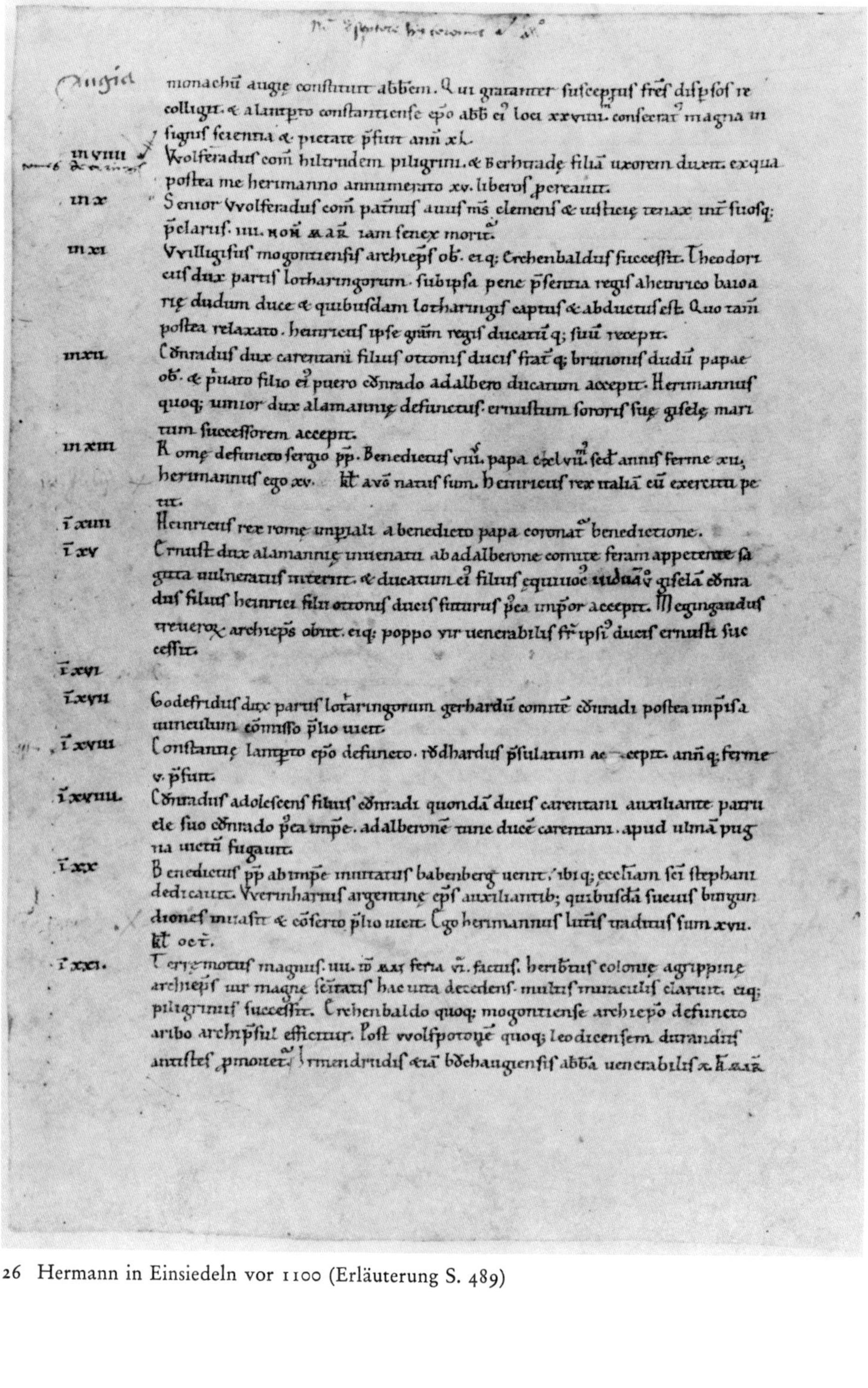
Augia monachu augie constituit abbem. Qui gratanter susceptus fres dispsos re
collegit. et a Lamperto constantiense epo abb ei loci xxviii. consecrat magna in
signis scientia et pietate pfuit ann xl.
m viii Wolferadus com hiltrudem piligrini et Berhtrade filia uxorem duxit. ex qua
postea me hermanno annumerato xv. liberos pcreavit.
m ix Senior Wolferadus com patruus avus ms clemens et iustitie tenax int suosq;
pclarus. iiii. non mar iam senex morit.
m xi Willigisus mogontiensis archieps ob. ei q; Erchenbaldus successit. Theodori
cus dux partis lotharingorum. sub ipsa pene psentia regis ahenrico baioa
rie dudum duce et quibusdam lotharingis captus et abductus est. Quo tam
postea relaxato. heinricus ipse gnm regis ducatu q; suu recepit.
m xii Conradus dux carentani filius ottonis ducis frat q; brunonis dudu papae
ob. et pvato filio ei puero conrado adalbero ducatum accepit. Hermannus
quoq; iunior dux alamannie defunctus. ernustum sororis sue gisele mari
tum successorem accepit.
m xiii Rome defuncto sergio pp. Benedictus viii. papa c.xl.viii. sed annis ferme xii.
Hermannus ego xv. kl avo natus sum. Heinricus rex italia cu exercitu pe
tit.
m xiiii Heinricus rex rome imperiali a benedicto papa coronat benedictione.
m xv Ernust dux alamannie in venatu ab adalberone comite feram appetente sa
gitta vulneratus interiit. et ducatum ei filius equivoc vidua v gisela conra
dus filius heinrici filii ottonis ducis futurus pea impor accepit. Megingaudus
treverorum archieps obiit. ei q; poppo vir venerabilis fr ipsi ducis ernusti suc
cessit.
m xvi
m xvii Godefridus dux partis lotaringorum gerhardu comite conradi postea impsa
uinculum commisso plio vicit.
m xviii Constantie lamperto epo defuncto. rodhardus psulatum ac- cepit. annq; ferme
v. pfuit.
m xviiii. Conradus adolescens filius conradi quonda ducis carentani auxiliante patru
ele suo conrado pea impe. adalberone tunc duce carentani. apud ulma pug
na victu fugavit.
m xx Benedictus pp ab impe invitatus babenberg venit. ibiq; ecclesiam sci stephani
dedicavit. Werinharius argentine eps auxiliantib; quibusda suevis burgun
diones invasit et conserto plio vicit. Ego hermannus litteris traditus sum xvii.
kl oct.
m xxi. Terremotus magnus. iii. id mar feria vi. factus. heribtus colonie agrippine
archieps vir magne sctatis hac vita decedens multis miraculis claruit. ei q;
piligrimus successit. Erchenbaldo quoq; mogontiense archiepo defuncto
aribo archipsul efficitur. Post wolfpotonje quoq; leodicensem durandus
antistes pmovet. Irmendrudis etia buchaugensis abba venerabilis x. kl mar.

26 Hermann in Einsiedeln vor 1100 (Erläuterung S. 489)

27 Münster Allerheiligen in Schaffhausen um 1960 (Erläuterung S. 489)

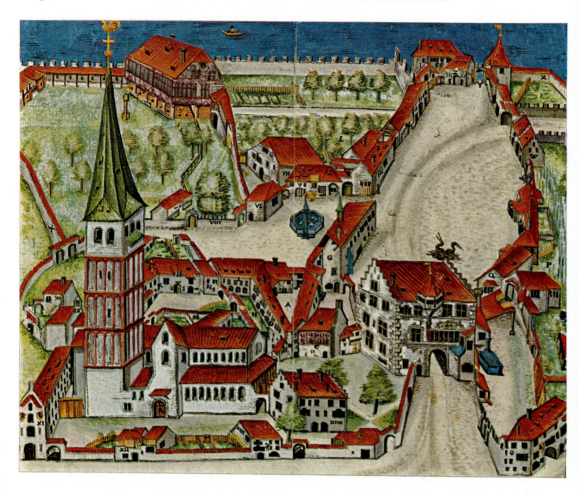

28 Ehemaliges Kloster Schaffhausen um 1600
(Erläuterung S. 490)

29 Grab Eberhards und Burchards in ▷
Allerheiligen um 1105 (Erläuterung S. 491)

Das ist der stifter leben / vil diets algulf genomet ward
Graf Eberhartes vō nellenburg / Von nellenburg Graf eberhart
Es ist ein alti gewonhait / Burg vn stette er sich vzech
Das man vil diets ze mere sait / Vn swas Im got gūtes re vlech
Ire hohe huser vn grosses gūt / Am kloster da mit hat gestift
Verzeret durch ir uber mūt / Das man wol noch hutte sicht
Vnd das si weltlich ze besten / Botte vn allen frauden sin
So sol man billicher von den sagen / Ze Schaffhusen ist es vil wol schin
Die durch got von himelrich / Vn sin vatt vn sin mūt sint gewesen
Landes vn luten hat verzige sich / Das hat man an disem buche lesen
Vn klöst vn kilchē hat gestift / Vn wie er alles sin leben In gottes
Dz man noch vil mancges sicht / willen vertraut
In walhen vn in swaben lant / Vn der im vnz vf sin ende belaip
Vō sin'r einkeit gelob ist er kant / Sins vatt' name hieren vō erst bekan
Wie ab genant sint ir namen / Ir horch wie er was genant
Dz kan ich all mōht gesagen / Do was ein Hof grave In swabe lant
Doch ist m'r ein wol erkant / Schaffhusen Vnd das man do bi
Als ich sin leben geschribe vant / der zit ein edele geburt vnd
Wan an adel vn an gūtes vich / ein eere vn an gūte kume vant
Vand man kume d'r im ware gelich / Sinen gelich Es was och an dz
In allem swaben lande / gvn' vorcht sam man d' aßt m
Sinen namen man wol erkante / mangē hohen hern muste furchten
Do er vor karlin vn vor kungen / Ist hatt och dem icht uf got

N. 108.

30 Vita Eberhards in Schaffhausen um 1300 (Erläuterung S. 492)

31 Klosterkaserne Petershausen 1978 (Erläuterung S. 493)

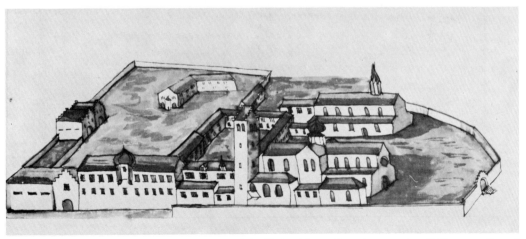

32 Benediktinerkloster Petershausen 1627 (Erläuterung S. 493)

dederit. & ad augense monasteriū se ctulerit. qdā etiā se ad clericalē
habitū transtulerit. Jā dict' aū Rōpt' egregi' erat magister in omib;
liberalib; disciplinis. s. & bernhard' inde eidē monasterii monach'
summę sapientię & doctrine uir. q̃ tē teporis ambo simul multitu
dine magnā discipuloꝝ in eodē loco nutrierant. quo scolis peract
& plerosq; ad optimā eruditionē puexerant. Hic tam bernhar
dus. s. & wernhari' pari pene pollens eruditione. anathema
fugentes: hirsaugiensi se monasterio iā pdē sociauerant.
Igitur transmissi a willihelmo abbe. hirsaugensēs Qm Theoderic' aduen. ꞇ
monachi uiri ualde religiosi. monasteriū dom' petri sublimitan degeneren
tes. & spiritalē militiā p̃ut destinati fuerant fortiter exercentes. ꞇ eius anone.
cū ottone sibi designatū magistrū in breui rephensibile in quibdā
deph̃endissent. pr̃m eū ad suos remiserit. & aliū q̃ eis pe̅r dign' cēr
fauente Gebehardo epo destinari petierint. Quapp̃ Willihelm'
abbas. optimo c̃silio usus. misit uenerabilē ualde uirū Theodericū.
om̃i seclāri & monastica eruditione ad p̃me imbutū. & huic
regimini satis idoneū. Hui' pat cuono comes c̃cubinā habebat
nomine berhtā sibi ualde dilectā. nec alia uxorē duxerat pter
eā. quę ei tres peperit filios corpore ualde formosos. animo v̄
ñ minus acutissimos. Liutoldū scilicet. Marquardū & Theodericū.
S. liutold' & marquard' cū p̃obitū patris in ius hartmanni comitis
de dilingin cessisset. eo qd̄ ex ancilla nati ee̅nt. facti s̄ tam in om̃i
re militari acerrimi. & nimis animosi. adeo ut rex heinricus
liutoldū ūn̄ duodeci quos sceleꝝ suoꝛ semp secū c̃scios & fau
tores habuerat assumpserit. quo erat fortis nimis. & celer ualde.
& om̃i militari strenuitate c̃spicuus. unde & ab eodē rege priui
legiū libertatis pmeruit. tā sibi. quā suis posteris omnib;.
Theoderic' v̄ in p̃meno iuuentutis flore illecebris carnis. p̃ut
anim' suggessit indulsit. s; maturi animū abhuc in tenerione

33 Dietrich in der Petershauser Chronik um 1135 (Erläuterung S. 494)

34 Der selige Wilhelm von Hirsau in Klosterreichenbach um 1150 (Erläuterung S. 495)

35 Kirche und Lehrerseminar Kreuzlingen 1978 (Erläuterung S. 496)

36 Augustinerkloster Kreuzlingen 1633 (Erläuterung S. 497)

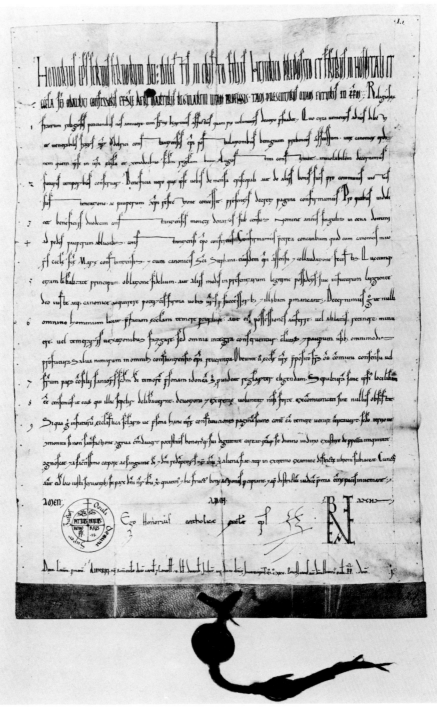

37 Heinrich in der Kreuzlinger Gründungsurkunde 1125 (Erläuterung S. 497)

38 Plastiken am Kreuzlinger Siechenhaus vor 1297 (Erläuterung S. 498)

39 Kreuzgang des Münsters in Konstanz 1965 (Erläuterung S. 499)

40 Münster und Domburg in Konstanz um 1470 (Erläuterung S. 500)

41 Siegel von Abt Diethelm
und Konvent Reichenau 1194
(Erläuterung S. 500)

42 Konradscheibe am Konstanzer Münster vor 1299 (Erläuterung S. 501)

43 Münster und Schloß Salem um 1970 (Erläuterung S. 502)

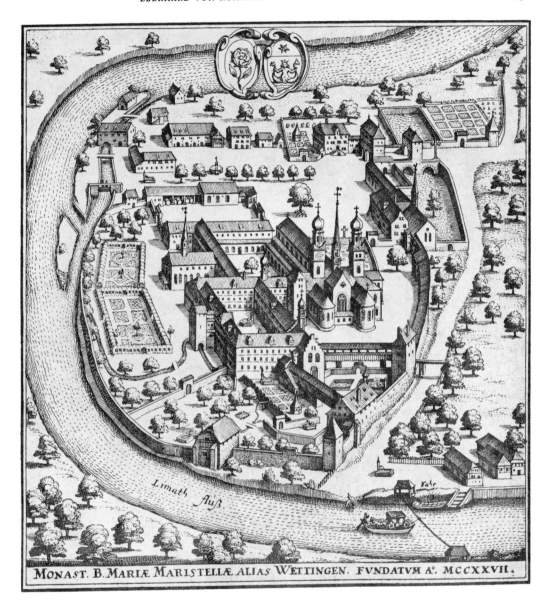

44 Zisterzienserkloster Wettingen 1642 (Erläuterung S. 503)

45 Siegel Eberhards von Salem
und Siegfrieds von Kreuzlingen 1239 (Erläuterung S. 504)

46 Gottesmutter und Zisterzienser ▷
in Wettingen um 1280 (Erläuterung S. 504)

47 Kirche, Krankenhaus und Fabrik Weißenau 1978 (Erläuterung S. 505)

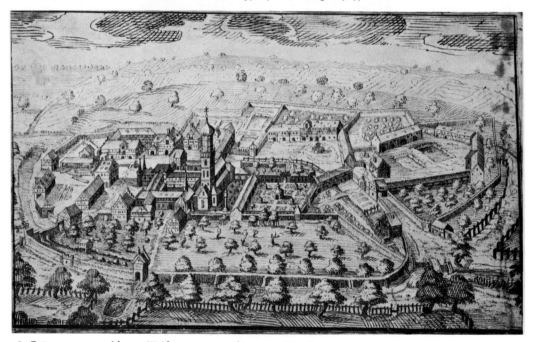

48 Prämonstratenserkloster Weißenau 1623 (Erläuterung S. 506)

29

De dno Hmano ppofito. h'noīs secundo. &
quantū fortuna. et sollicitudo importuna. Et
ut dictū. quod caret alterna requie. durabile nō
est. curaȝ molestiis. et nimiis laboribȝ demū
fatigatus. lassari cepit et egrotare. sicqȝ pu
sillanimitate animi uictus et tempestate.
officiū ppositure sue reliquid et resignauit.
postea breui uiuens tempe. beato fine quieuit.
Anno dñi. M̄. CC. xxxvii. Lipare. &
quidā augeñ eccłe canonicus religiosus.
noīe Hermānus. ad magnā petitionem instanciā.
tam platoȝ quā fratrū. ad regenda dictam
eccłam est uocat? uel ut uerius dicā adtract?
Quo suscepto. eccłam augensem. pio moda
mine ānis xx. rex̄ et gubnauit. Hic
pius. largus. et misericors admodū fuit.
et ad diuina ministia. et sptalia disponēda.

49 Hermann in der Weißenauer Chronik um 1260 (Erläuterung S. 507)

50 Erinnerung an den Stifter in Weißenau 1524 (Erläuterung S. 508)

51 Schloß Mainau 1978 (Erläuterung S. 509)

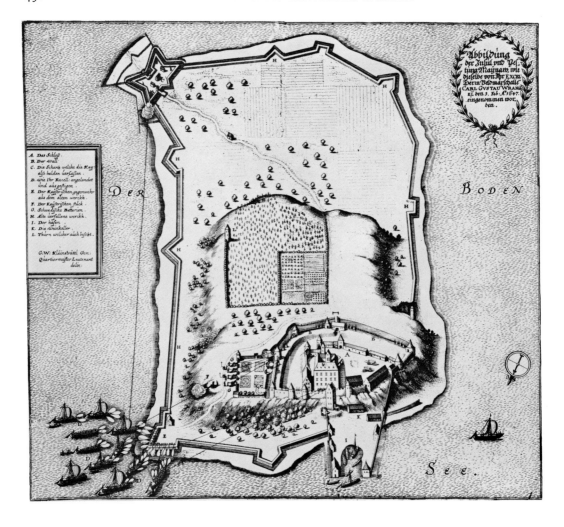

52 Deutschordenskommende Mainau 1647
(Erläuterung S. 509)

53 Deutschherren und Benediktiner in ▷
Konstanz 1291 (Erläuterung S. 510)

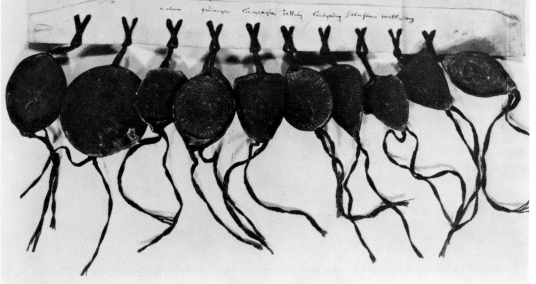

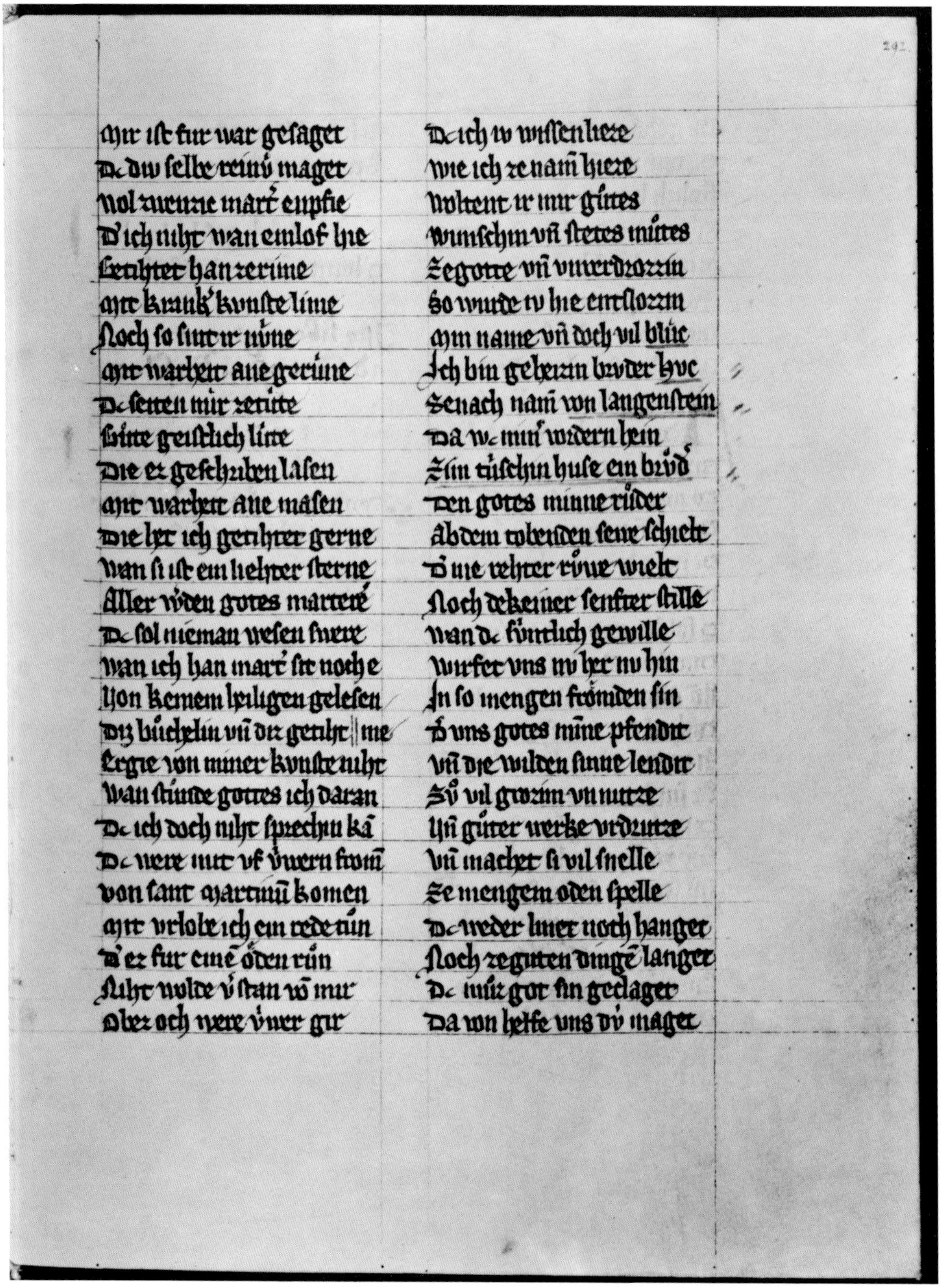
Mir ist fur war gesaget
Dc dw selbe reinú maget
Wol zierunge mart' enpfie
D' ich niht wan ein lof hie
Getihtet han ze rime
Mit krank' kunste lime
Noch so sint ir núne
Mit warheit ane gerúne
Dc seiten mir ze rúte
Bitte geistlich lúte
Die ez geschriben lasen
Mit warheit ane masen
Die lert ich getihter gerne
Wan si ist ein liehter sterne
Aller w'den gotes marteré
Dc sol nieman wesen swere
Wan ich han mart' sit noch e
Von keinem heiligen gelesen
Diz bůchelin vñ diz getiht || me
Ergie von miner kunste niht
Wan stúnde gottes ich daran
Dc ich doch niht sprechin kā
Dc were mit vf v'wern from̄
von sant Martinū komen
Mit vrlobe ich ein rede tún
D' ez fur einē ōden rún
Niht wolde v'stan wā mir
Aber och were v'ner gir
Dc ich iu wissen lieze
Wie ich ze namē hieze
Woltent ir mir gûtes
Wunschin vñ stetes mûtes
Ze gotte vñ unverdrozzin
So wurde iu hie entslozzin
Min name vñ doch vil blûc
Ich bin geheizzin bruder Huc
Ze nach namē von Langenstein
Da wc min' vordern hein
Zem tûschin huse ein brůd'
Den gotes minne rûder
Ab dem tobenden sewe schielt
D' nie rehter růwe wielt
Noch dekeiner senfter stille
Wan dc süntlich gewille
Wirfet uns nu her nu hin
In so mengen frömden sin
D' uns gotes minē pfendit
Vñ die wilden sinne lendit
Sů vil grozzin unnutze
Vñ gûter werke urdrutze
Vñ machet si vil snelle
Ze mengem oden spelle
Dc weder liner noch hanger
Noch ze gûten dingē langer
Dc mûz got sin geclaget
Da von helfe uns dú maget

54 Hugos Dichtung in Beuggen (?) um 1350 (Erläuterung S. 511)

Dv gelobte martina
De wir ir vil schnere na
frolich komen gezoget
Zv dem werden himel voget
In siner fröde krainen
Zv mengem reinē samen
Die ander welte sie namen
Dar vbir sprechin alle amen
Als man mit warheit spurte
Do me nach gotes geburte
Diz buch gemachet de ist war
Do man zalte tusent iar
Drw vñ nvnzic darzv
De man der zal rehte tv
Vn swer ez welle lesin
D sol des gemant wesin
Dur sine alre besten wilt
In aller tugende gemuht
Doch vf der sele fromen
Si er von guten liten komē
Ez sin frowen oder man
Den ich allen gutes gan
Got ruche ir heils pflegen
Vñ sende in sinen segen der
Die ir wht gen mir niht bue
Vñ mir armē sind sprechent
Ein gut aue maria zelone
Dur de si dort vil schone

dʹ himel kvnic krone
krone mit steter ewne

der dis buch geschriben hat
dʹ heizt vō sant Gallē Cōrat

Iste liber ptinet
ad Cartuß in Basilea

vnde dar zv zwei hundert
mit warheit vs gesundert

55 Inselhotel Konstanz 1968 (Erläuterung S. 512)

56 Dominikanerkloster Konstanz um 1700 (Erläuterung S. 513)

57 Der heilige Dominikus im Inselkloster Konstanz um 1280 (Erläuterung S. 513)

58 Heinrich Seuse und die Begine in Straßburg (?) vor 1400 (Erläuterung S. 514)

59 Stadttheater und Stiftsplatz Lindau 1978 (Erläuterung S. 515)

60 Barfüßerkloster und Stadt Schaffhausen 1644 (Erläuterung S. 516)

61 Handschrift Johanns in Lindau 1347 (Erläuterung S. 517)

62 Erinnerung an franziskanische Ursprünge in Luzern 1513 (Erläuterung S. 518)

63 Altersheim St. Katharinental 1978 (Erläuterung S. 519)

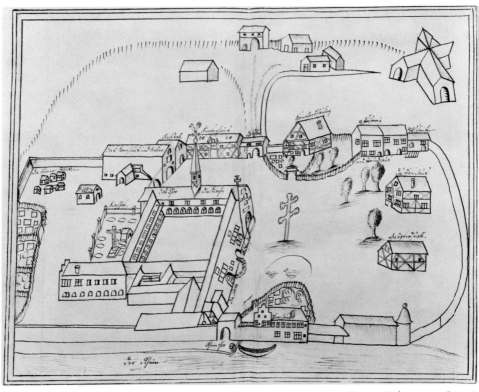

64 Dominikanerinnenkloster St. Katharinental 1623 (Erläuterung S. 519)

65 Mariens Heimsuchung in St. Katharinental um 1320 (Erläuterung S. 520)

Adelheid Pfefferhartin

Es was ain
em seligü
schwester
dü hiess
schwester
Adelhait
pfefferhartin do
die ain kind was
do hatt si vil be-
gird darnach das
si ain gaistlicher
mentsch wurdi vñ
darumb tett si gross
gebett Si bettet an
ander gebett unser
fröwen dryssig tu-
send ave maria dz
ir unser fröw hulff
Das si em gaistlich
mentsch wurdi Von
ir vatter und muter
hatten willen dz si
sy in die welt wöltu
geben und do ir
vatter starb do wa[rd]

si in das closter getan
do si drizehen iar alt
was und was in dem
Closter ontz in das
fünfftzigost iar vñ
lebt als tugentlich
und als sälcklich das
die swestran die si
sähent und horten
ir bild und lere von ir
nament Sy sang gar
wol und öch als an-
dätcklich dz menig
mentsch von ir singen
ze andächt geraitzet
ward Si hat vil lip-
licher und gaistlich
gnäd und hatti wol
vil liebes und trostes
gehan von den lüten
do sah si es an als es
ist ain vppikait und
trugenheit allü di
fröd und trost den
man in zit von der

66 Nonnenbuch von St. Katharinental, 15. Jahrhundert (Erläuterung S. 521)

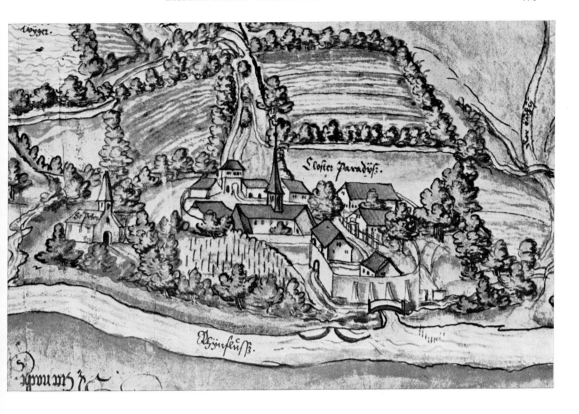

◁ 67 Eisenbibliothek Paradies 1978
(Erläuterung S. 522)

68 Klarissenkloster Paradies 1571
(Erläuterung S. 523)

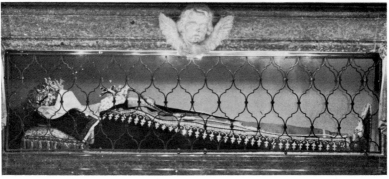

69 Grab Elsbeth Achlers in Reute 1767
(Erläuterung S. 524)

70 Vita Elsbeth Achlers in Waldsee 1607
(Erläuterung S. 524)

71 Evangelische Stadtkirche Ravensburg um 1969 (Erläuterung S. 525)

72 Karmeliterkloster und Oberstadt Ravensburg 1625 (Erläuterung S. 526)

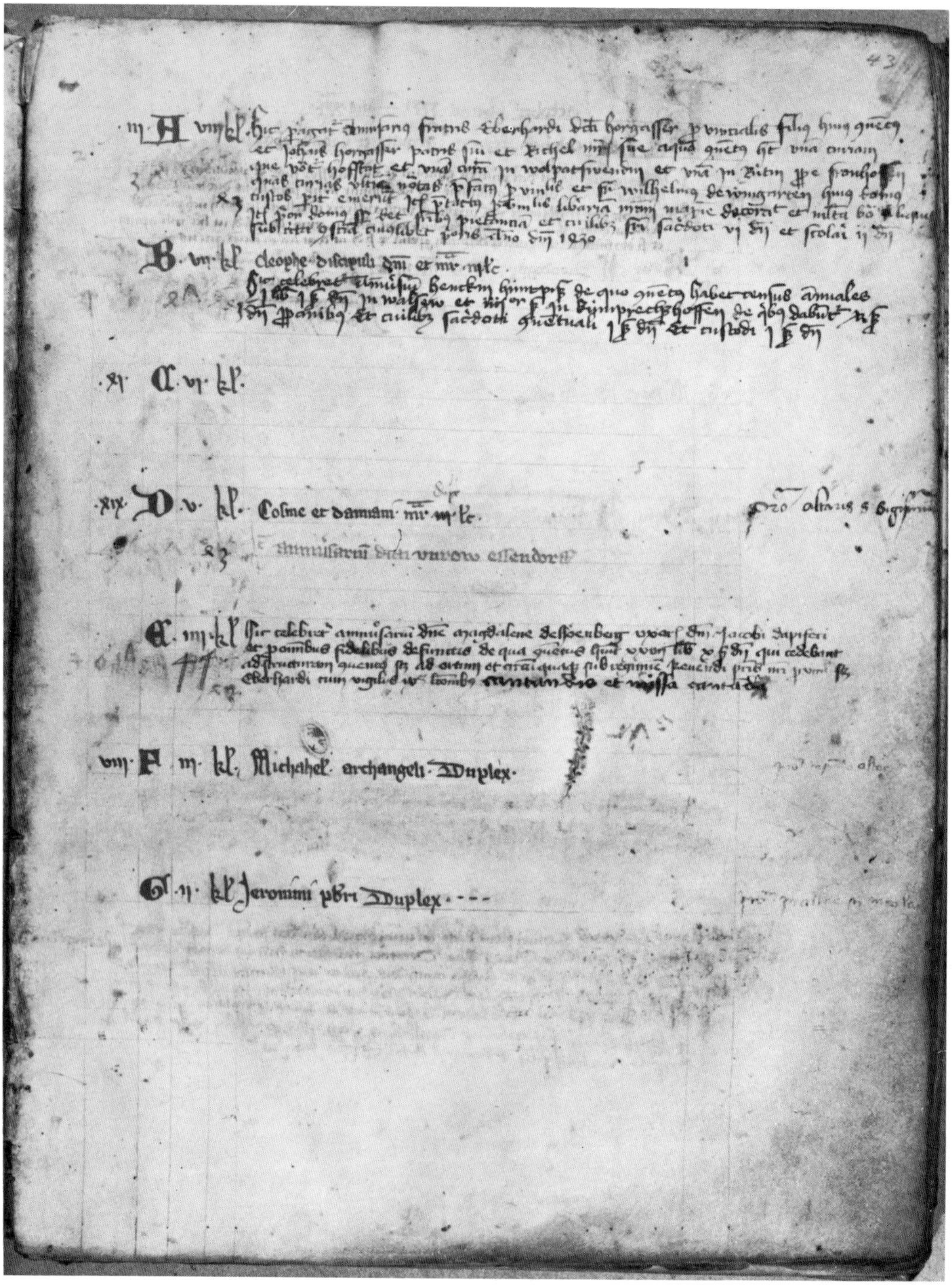
Cosme et damiani mr
Michahel archangeli Duplex
Jeronimi pbri Duplex

◁ 73 Nachruf auf Eberhard
Horgasser in Ravensburg 1430
(Erläuterung S. 527)

74 Eremiten bei einer
alemannischen Stadt 1445
(Erläuterung S. 528)

75 Lehrerseminar Mariaberg über Rorschach 1974 (Erläuterung S. 529)

76 Rorschacher Klosterbruch im Rückblick 1513 (Erläuterung S. 530)

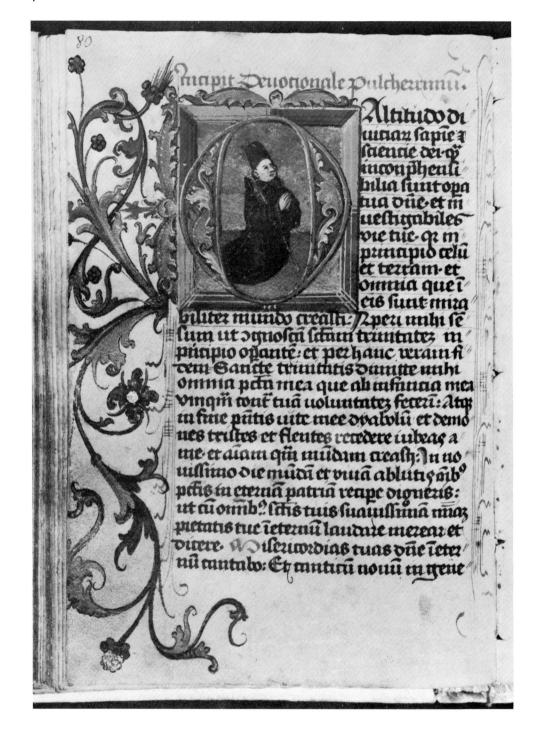

77 Gebetbuch für Ulrich Rösch aus Wiblingen 1472 (Erläuterung S. 530)

78 Der heilige Gallus in Mariaberg 1519 (Erläuterung S. 531)

79 Kulturzentrum Ittingen 1978 (Erläuterung S. 532)

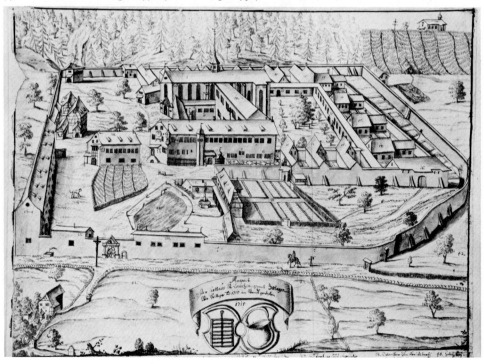

80 Kartause Ittingen 1715 (Erläuterung S. 533)

81 Kartäusisches Antiphonar aus Freiburg 1493 (Erläuterung S. 534)

...unt, ne adjutrices manus Calamitosa Cartusia ferrent, at[que] restantes, se ejus domus mox incensuros, ut vel sic funditus tolleretur, & à memoria ho[minu]m abraderetur n[ost]ra Cartusia.

DESIGNATIO
Rerum, quæ in Devastatione Cartusiæ, tum perditæ, tum destructæ fuere.

Explicatâ utcunq[ue] Lamentabili Infestatione Cartusiæ Ittingana, quæ tn[] multò ferociori rabie, insolentia, ac majori cu[] damno, atq[ue] ruinâ o[mn]i ex parte accidit, quàm ant[ea] cogitari, aut describi queat: abunde est hoc loco inserere Catalogu[m] rerum plerarumq[ue], quæ deperditæ, ac destructæ sunt.

1°. Altaris Su[m]i Tabula cu[m] Tabernaculo dejecta est, ip[s]us augustmu[m] Sacr[a]m[en]tu[m] in terras dejectus, ac pedibus impiis Conculcatus. Capsa verò ex argento, & deaurata, ablata est: unà cu[m] pixide S. Olei, quod aeque in terras effusu[m], & in honorat[um] est.

2°. Monstrantia argentea in partes confracta, quæ p[artim] erant deaurata, hinc inde distractæ, paucissima nobis restituta. Valoris 70. florenoru[m] Constantiensiu[m].

3°. Pretiosissima Reliquia irreverenter tractata, ac dispersa: quarum pleræq[ue] erant auro, & argento decenter inclusæ, ut pote 2. integra S. Capita argentea, quæ à primis h[u]ius loci habitatorib[us], & Religiosis nobis remanserunt, magni pretii: duo ite[m] deaurata brachia, inclusis S. Reliquiis. Tabula alia nec pauca Reliquiaru[m] partim asportata, partim confracta, & elisa. Ad 8 alias Monstrantias ex aurichalco adfabrè factas, unà cu[m] reliquiis ludibriosè concusserunt, & donis tarunt q[ue];

4°. Casula prætereà disserpta sunt; ex quibus inde holosericis Thoraces, marsupia, fascia pectorales, & horis similia confecta sunt, quorum valor designari nequit. habuim[us] 4. holosericas Casulas, cu[m] intertextis, adfabrè floribus; 4. Damascenas, simili artificio textas; 2. Caeruleas holosericas à Comitibus Cilia D[omi]næ n[ost]ræ oblatas, cu[m] 2. Crucib[us] ex auroductili, Supra 60. florenoru[m] valores. 4. Casulas Undulatas sericas. Item rubra[m] holosericam, quæ singulis Feriis 6tis in Missa de Passione D[omi]ni usurpata fuit.

5°. Casula itide[m] Londinensis panni, cu[m] pretiosis Crucibus, Oÿ geneseis Supra 30. cu[m] potiss albis, ex subtili Carbaso, & Bysso, cu[m] aliis ad re[m] paramentis, ut plurim ablata sunt.

6°. O[mn]ia Antipendia, mappa, manitergia, picta mappula, aliaq[ue] Altaris Ornamenta, Sole[m]nioribus Festivititibus usurpari solita, ablata sunt.

7°. Quindecim Missalia, Libri Chorales, eleganter scripti, & Compacti: item Gradualia, Psalteria, Antiphondria, Collectanea, Biblia, Lectionaria, p[] & Libri Evangelioru[m], & alios ad divinus officius ritè persolvendus partim combusserunt, partim securibus, & gladys sciderunt, & laceraverunt. quos Œc[] 800. floreneis redimeremus, dummodò adhuc inveniremus.

---

82 Peter Thalers Bericht vom Ittinger Sturm 1783 (Erläuterung S. 534)

83 Benedikt von Nursia in Reichenau (?) um 1020 (Erläuterung S. 535)

84 Franz von Assisi in Königsfelden um 1325 (Erläuterung S. 536)

ERLÄUTERUNGEN ZU DEN BILDERN

Heute am Bodensee (Text S. 7–17)

Bild 1: Ehemaliges Kloster Wagenhausen um 1960

Das kleine Kloster liegt unmittelbar am Westrand des Bodensees in einer Landschaft mit überwiegend reformierten Einwohnern. Schon im Mittelalter gedieh es schlecht, denn sein Stifter Touto war bloß ein örtlicher Grundherr, und es erlangte keine Reliquien berühmter Heiliger. Der Klosterbezirk wurde ständig verstümmelt, aber in seiner mittelalterlichen Bausubstanz belassen. Das Luftbild von Nordosten zeigt typische Merkmale eines mittelalterlichen Klosters, vor allem den Platz der Kirche im Norden der Klausur, mit genauer West-Ost-Ausrichtung, die der Abendseite den Haupteingang und die Laienkirche, der Morgenseite den Mönchschor und den Altarraum zuweist. Kennzeichnend ist weiter die sonnige Südlage des Konventgeviertes, dessen drei Flügel mit der Kirche einen Innenhof bilden. Außerhalb der Klausur herrscht weniger Ordnung, doch liegt der Klosterfriedhof meistens im Osten nahe beim Hochaltar, der Wirtschaftshof gewöhnlich im Westen unweit des Hauptportals; in Wagenhausen wurde diese Zuordnung nachträglich gestört. Halbwegs unverändert steht die Kirche St. Marien, die 1083–87 unter Abt Siegfried von Schaffhausen im Hirsauer Stil gebaut wurde, als dreischiffige Pfeilerbasilika ohne Querhaus und Kirchturm, mit drei gestaffelten Apsiden im Osten. So sah sie aus, als der Stifter Touto Wagenhausen 1105 von Schaffhausen trennte und zur selbständigen Abtei machte, auch als der Konstanzer Bischof das verschuldete Kloster 1417 wieder der Abtei Schaffhausen unterstellte. Größere Eingriffe begannen erst nach der Auflösung des benediktinischen Konvents durch die Reformation 1529. Im 16. Jahrhundert wurden die drei Apsiden durch einen geraden Chorschluß ersetzt. Im 17. Jahrhundert brach man das nördliche Seitenschiff ab und mauerte die Nordarkaden des Mittelschiffs zu. Aus dem Westwerk entstand 1892 eine Empore im Dienst der reformierten Kirchengemeinde. Vom Konventgeviert ist nur der Ostflügel mit Kapitelsaal und Kreuzgang ungefähr so erhalten, wie er nach einem Brand um 1100 entstand, mit dem Obergeschoß. Der Westflügel wurde 1829 ganz abgerissen, der Südflügel umgebaut, als die Gemeinde Wagenhausen den Komplex 1862 übernahm. Die Wirtschaftsgebäude im nächsten Umkreis wurden nach der Epoche der Mönche errichtet, der Fachwerkbau für die Weinkelter im Osten 1548, die im Westen gleich hinter der Kirche sichtbare Alte Mühle 1649. Wie meistens bei aufgehobenen Klöstern haben sich von den mittelalterlichen Bauten die Kirche am besten, der Konventbau in Resten, die Mehrzahl der Wirtschaftsgebäude gar nicht erhalten. Seit dem Abzug der Benediktiner hat die Anlage ihren Lebenszusammenhang verloren, dafür musealen Wert gewonnen. (Aufnahme von Th. u. H. Seeger, Egg/ZH)

Bild 2: Benediktinerkloster Weingarten um 1970

Das große Kloster liegt im nördlichen Hinterland des Bodensees in einer Gegend, wo vornehmlich noch Katholiken wohnen. Mit einer Unterbrechung zwischen 1809 und 1922 saß hier stets ein benediktinischer Konvent, der den Klosterbereich dauernd instand hielt und umbaute. Zu geistlicher Aktivität und wirtschaftlicher Potenz verhalfen dem Kloster gleich anfangs zwei Unterpfänder von weltweitem Ansehen, die Gruft der Welfenherzöge, die seit 1055 in der Kirche beigesetzt sind, und die Heilig-Blut-Reliquie, die seit 1094 in der Kirche verehrt wird. Die Luftaufnahme von Nordwesten läßt Besonderheiten neuzeitlicher Großabteien erkennen, vor allem die Zentrallage der Kirche inmitten der Klausur und ihre Schaufassade nach Westen, mit der sich das Kloster weniger brüderlich einladend als herrisch befehlend der Umwelt zuwandte. Die heutige Klosterkirche St. Martin ist die dritte an dieser Stelle. Unter Abt Sebastian Hyller aus Pfullendorf wurde sie 1715–24 in barockem Stil neu errichtet, teilweise auf den Grundmauern der romanischen Kirche von 1124–82 fußend, doch über deren Maße hinausgreifend. Ein gigantischer Idealplan sah 1723 vor, neben und hinter dieser größten süddeutschen Barockkirche auch die Konvent- und Wirtschaftsgebäude auszuweiten, doch stockten die 1727 begonnenen Folgearbeiten. Zwischen 1740 und 1792 wurde der anspruchsvolle Prälatenhof im Norden vollendet, bezeichnend für das Selbstbewußtsein barocker Fürstäbte. Aber vom großen Konventhof im Süden wurde bloß der Südostflügel, später ein Teil des Südflügels ausgeführt. Deshalb behielt das alte Konventgeviert, das im Bild kaum zwischen den Kirchtürmen zu erkennen ist, die bescheidene Gestalt, die es beim Bau des spätgotischen Kreuzgangs 1515–1605 angenommen hatte. Auch die Nebengebäude hielten sich lange, weil sie abseits lagen. Am westlichen Vorhof der Kirche steht noch das Gästehaus von 1554, daneben das Krankenhaus von 1593, das rechts ins Bild kommt. Dahinter, am Südrand der Klausur, bemerkt man den »Fruchtkasten«, eine viergeschossige Kornschütte mit Mittelvorbau von 1685–88, daneben nordostwärts ziehend Mühle und Bäckerei, davor nach Norden angefügt den »Bauhof« von 1709–13, mit mächtigen, zum Teil gewölbten Pferde- und Viehställen. Er wurde 1973 abgebrochen, denn die modernen Mönche von Weingarten brauchen ihn für ihre Ökonomie nicht mehr. Überhaupt ist ihnen die barocke Anlage zu groß geworden. Im Südostflügel, im Seminarbau, richteten sie 1922 vorübergehend eine höhere Schule ein; den Prälatenhof im Norden räumten sie 1949 einer Pädagogischen Hochschule. Erziehung ist benediktinisches Erbe, aber längst kein Monopol der Mönche mehr. Die Benediktiner selbst wohnen wieder im kleinen Konventgeviert, buchstäblich auf Fundamenten des 12. Jahrhunderts. Diese mittelalterlichen Grundmauern können nicht ausgegraben und besichtigt werden, weil über ihnen der Zusammenhang der Klostergeschichte lebendig geblieben ist. (Luftbild von Albrecht Brugger, Stuttgart, freigegeben vom Regierungspräsidium Stuttgart, Nr. 2/36750 C)

GALLUS · EREMIT AN DER STEINACH (Text S. 19–32)

Bild 3: Klosterplatz und Stadt St. Gallen um 1970

Das Luftbild zeigt den Klosterbezirk von Nordwesten, den ausgedehntesten inmitten der größten Stadt des Bodenseeraums. Im Mittelpunkt die Stiftskirche St. Gallus und Otmar, deren West-Ost-Achse nach Nordosten gedreht ist, denn sie nimmt Rücksicht auf Vorgängerbauten. Mit der Doppelturmfassade im Osten, der querschiffartigen Mittelrotunde und dem Westchor samt Apsis vereint sie drei ältere Gotteshäuser unter einem Dach. Fürstabt Coelestin Gugger von Staudach ließ sie 1755–66 bauen. Derselbe Abt befahl, die Konventbauten südlich der Kirche, die 1665–74 neu hergerichtet worden waren, abzureißen und 1758–68 viergeschossig in einem gestreckten Rechteck zusammenzufassen. Die rasche Ausführung der Pläne, weniger aufwendig als in Weingarten, aber zielsicher, zeugt vom Reichtum und Realitätssinn der Abtei. Die Gliederung des Konventgevierts behielt ebenfalls ältere Ordnungen bei: Im stillen Westflügel der Bibliothekssaal, im Südflügel das Krankenhaus, im Ostflügel neben dem Kirchenchor der ganze Konvent. Dem Ostflügel blieb sogar der Unterbau von 1674 erhalten. Stehen blieb auch der östlich anschließende Hofflügel, die Alte Pfalz des Abtes von 1666, im Bild von den Kirchtürmen verdeckt, nahe der Stelle, wo Gallus im Urwald Rast gemacht hatte. Seine barocken Amtsnachfolger distanzierten sich vom Konvent und stellten 1767–69 weiter nach Osten und Norden die Neue Pfalz, eine fürstliche Klause mit zwei Flügeln im rechten Winkel. Doch drängte sich dieses Schloß nicht vor die Schauseite der Kirche nach Norden zur Stadt; der dritte Flügel am Klosterplatz wurde erst nach der Zeit der Äbte 1838–44 als Zeughaus angefügt. Im ganzen hat der Klosterbereich sein Gesicht aus der Barockzeit behalten. Aus früheren Epochen sind nur zwei Wehrbauten am Rand sichtbar geblieben, der Runde Turm am Südosteck der Neuen Pfalz aus dem frühen 16. Jahrhundert und nebenan das »Karlstor« von 1570. Die Abtei wurde 1805 aufgehoben, in die Neue Pfalz zog die Kantonsregierung. Nachdem seit 1836 auch ein katholischer Bischof in St. Gallen residierte, siedelten sich seine Behörden am Hofflügel an. Wie das herrschaftliche hat sich das sakrale Zentrum des Klosters zur Stadt geöffnet; zwischen der reformierten Bürgerkirche St. Laurenzen nördlich vom Klosterplatz und der katholischen Stiftskirche ist die Klostermauer gefallen. Noch die Bischofskathedrale hütet die Gebeine der Gründermönche Gallus und Otmar. Das Konventgeviert der Benediktiner ist mittlerweile aufgeteilt unter Kirchenverwaltung, Realschule und Kindergarten; doch der Westflügel birgt einen zweiten ruhenden Pol, die Stiftsbibliothek, heute eine Touristenattraktion. Wie die Reliquien bewahren die Codices eine Tradition von fast vierzehnhundert Jahren an diesem Ort. Nur fehlt ihm jetzt die konzentrierte Stille, die der heilige Gallus und seine gelehrten Mönche hier fanden. (Aufnahme vom Verkehrsverein St. Gallen)

Bild 4: Benediktinerkloster St. Gallen 1596

Daß die Abtei vor den Neubauten des 18. Jahrhunderts ihr Aussehen neunhundert Jahre lang kaum änderte, lehrt ein modern nachgezeichneter Ausschnitt aus dem Kupferstich »Die loblich Stat Sant Gallen sambt dem furstlichen Clostr«, den der einheimische Goldschmied Melchior Frank 1596 im Auftrag des Stadtrats anfertigte (40 x 61 cm). Der Klosterbezirk ist, ungefähr in Originalgröße des Kupferstichs, von Osten betrachtet. Die Kirche weist drei Teile auf. Vorn im Osten erhebt sich das große Gallusmünster (mit C bezeichnet), das unter Abt Gozbert 830–37 die ältere Grabkirche für Gallus ersetzte. Hinten im Westen, an der Mauer, steht die kleinere Hallenkirche St. Otmar, die Abt Grimald 867 für Otmars Gebeine errichten ließ. Zwischen beiden Gotteshäusern liegt das »Helmhaus«, eine Vorhalle mit Zugang zu beiden Kirchen, im Obergeschoß die Michaelskapelle von 867, an der Nordseite der Schulturm, ebenfalls aus Grimalds Zeit. Das Gallusmünster erhielt 1206 einen eigenen Turm, nach dem Brand von 1418 einen spätgotischen Chor, den Abt Eglolf Blarer 1439 begann und Abt Ulrich Rösch 1483 vollendete. Wie die Kirchen dürfte das Klostergeviert karolingischen Ursprungs sein, auch wenn Brände 937 und 1418 Reparaturen erforderten. Der Kreuzgang um den Garten verband als Innenkorridor zweistöckige Häuser von ungleicher Breite und Höhe. Im Osttrakt lagen alle Räume des Konvents, Kapitelsaal unten, vielfenstriger Schlafsaal oben, am Südrand Speisesaal und Küche. Der Südtrakt bestand aus der Studierstube, dem vorspringenden Kranken- und Schulhaus und dem Speisesaal der Konversen. Im Westen erhielten Bibliothek und Archiv erst 1551 einen eigenen Flügel. An den Osttrakt schließt sich ostwärts die Alte Pfalz des Abtes an, gleichfalls im 9. Jahrhundert grundgelegt; davor sieht man den Rundbau der Galluskapelle von 971. Karolingisches Alter erreicht auch die Kirche St. Peter, die sich nordwärts in einem eigenen Hof befindet, dem Klosterfriedhof. Weit jüngeren Datums sind die vielen Häuser für Gesinde und Gäste und die Wirtschaftsgebäude, die von der Klostermauer erst seit 1566 gegen die Stadt abgeschirmt werden. Frank kennzeichnet nur zwei dieser Bauten, die für Bürger wichtig sind: im Norden stadtwärts das Mägdehaus und Schulgebäude (Z), im Südosten landwärts das »Abtstor« von 1570 (T), Zugang des Fürstabts zu seinem Klosterstaat. Frank bevölkert die geistliche Festung mit wenigen Mönchen und Knechten und viel Kleinvieh; bloß vor dem neuen Marstall strebt ein Reiter zur Stadt. Dort in den Gassen geht es lebhafter zu; im Kloster scheint die Zeit stillzustehen. (Originalabzug im Historischen Museum St. Gallen, Inventar-Nr. 6512)

Bild 5: Gallus-Vita in Rätien (?) vor 900

Die Pergamentseite, in den oberen zwei Dritteln wiedergegeben (im ganzen 28,7 x 23,2 cm), ist die erste von zwei Doppelblättern aus einer kalendarisch geordneten Sammlung lateinischer Heiligenleben (Passionale), die für Lesungen eines geistlichen Konvents bestimmt war. Die Fragmente wurden im ausgehenden 19. Jahrhundert in einem Bucheinband der Zentralbibliothek Zürich entdeckt. Erhalten sind Texte zur zweiten Oktoberhälfte, wie der Hinweis am oberen Rand *Octobris* besagt: der Schluß der Gallusvita zum 16., Lesungen zum Tag des Evangelisten Lukas am 18., der Apostel Simon und Judas am 28. Oktober. Geschrieben sind die Blätter von einer Hand des späten 9. Jahrhunderts, sicher nicht in St. Gallen, eher im Umkreis der rätischen Schriftprovinz. Spätere zerschnitten das Pergament und verwendeten den haltbaren und teuren Stoff für Bucheinbände. Der alte Text interessierte niemanden mehr, vielleicht weil Gallus in Rätien bloß als einer von vielen fremden Heiligen galt, vielleicht weil man seine Vita in modernerer Fassung, der von Walahfrid Strabo, besaß. Für die heutige Forschung sind die Bruchstücke das einzige Überbleibsel vom ältesten Zeugnis über Gallus, von einer Lebensbeschreibung, die um 680 in St. Gallen verfaßt sein könnte und auch auswärts zweihundert Jahre lang vorgelesen und nachgeschrieben wurde. Die erste Seite berichtet oben von der Entsendung des Diakons Maginold nach Bobbio (erste Zeile *bobium*); er soll für Gallus Nachrichten von Kolumban einholen und kommt nach acht Tagen zurück nach St. Gallen (zwölfte Zeile *ad Sanctum Gallum*, die erste Erwähnung des Ortsnamens). Dieser Abschnitt bezeugt den Austausch zwischen Kolumbans Klöstern quer durch Europa. Der nächste Abschnitt, mit *Contigit* beginnend, erzählt in den ersten vier Zeilen, wie Gallus zusammen mit den Brüdern und dem Volk ein Bethaus *(oratorium)* baut und wie sie in der Arbeitspause zum Essen in ein Gemeinschaftshaus gehen. Dies ist der älteste Bericht vom Bau eines Klosters am Bodensee. Die Lebensbeschreibung sucht schon die wandernden Mönche an einen festen Standort zu binden. (Staatsarchiv Zürich, Bestand C VI 1 II 8 a, Seite 1)

Bild 6: Der heilige Gallus in St. Gallen um 900

Die Elfenbeintafel (ohne Rahmen 32,0 x 15,5 cm) wurde um 900 von dem St. Galler Mönch Tuotilo geschnitzt, im unteren Drittel nach der modernsten Galluslegende von Walahfrid Strabo. Im obersten der drei Felder ist der brutale Kampf der Tiere in der Natur dargestellt: Ein Löwe überfällt eine Hirschkuh, umgeben von ornamentalem Rankenwerk, das schon auf eine höhere Ordnung hinweist. Im Mittelfeld zeigt sich die jenseitige Eintracht zwischen Menschen und Engeln am Beispiel von Mariens Himmelfahrt *(Ascensio sanctę Marię)*. Dem Menschenkind im Heiligenschein, der ersten Patronin der Galluszelle, huldigen vier Cherubim. Das untere Feld preist den christlichen Frieden zwischen Menschen und Tieren auf Erden am Beispiel der Galluslegende. Beide Teilszenen dieses Feldes spielen im Urwald, sind aber voneinander durch das Kreuz mit der Reliquienkapsel getrennt, das Gallus dort aufgerichtet hat; die Natur ist bereits geweiht. Links schleppt ein Bär von übermenschlicher Größe einen Holzklotz zum Feuer. Rechts erhält das Tier zum Lohn für seinen Gehorsam ein Brot, wird jedoch zugleich aus der Gegend gewiesen. Am Boden kauert der Diakon Hiltibold, der sich schlafend stellt und den Vorgang ängstlich beobachtet. Gallus erscheint in beiden Teilszenen ohne Heiligenschein, als Mensch unterwegs, nicht mehr als Einsiedler, sondern als Mönch in Gemeinschaft, im knielangen Mantel mit hochgeschlagener Kapuze über einem Untergewand, das fast bis zu den beschuhten Füßen reicht. Auf der linken Teilszene trägt er noch den Wanderstab; es ist kein Abtstab, Gallus hält ihn in der Linken. Im rechten Teilbild ist der Stab verschwunden, Gallus ist über den Bären hinausgewachsen und hier Herr. Seine rechte Hand ist in beiden Szenen zur selben Geste des Segnens und Befehlens erhoben, die der Bär unmittelbar versteht. Die Überschrift benennt nur jenen Sinngehalt des Bildes, der auf den Leib Christi verweist: *Sanctus Gallus panem porrigit urso*, der heilige Gallus spendet dem Bären das Brot. Denn Tuotilos Tafel wurde sogleich für den Einband einer Evangelienhandschrift verwendet. Die älteste erhaltene Darstellung des Klostergründers, immerhin erst ein Vierteljahrtausend nach seinem Tod entstanden, ermahnte also den benediktinischen Konvent am Gallusgrab zu andächtiger Feier des Gottesdienstes. Das Bild wird für Jahrhunderte im Gedächtnis haften (Bild 78). Zusammen mit dem Buch blieb sein Deckel, wie die meisten St. Galler Handschriften, bis heute am Entstehungsort. (Stiftsbibliothek St. Gallen, Codex 53, Einband; Aufnahme von Hildegard Morscher, St. Gallen)

Otmar · Koinobit in St. Gallen (Text S. 32–48)

Bild 7: Otmarskapelle in Werd 1967

Otmar begründete in St. Gallen einen benediktinischen Konvent, kein neues Kloster; seine geschichtliche Wirkung blieb auf St. Gallen beschränkt, weil die neue Ortsbeständigkeit der Mönche ihre Fernverbindungen behinderte. Daran erinnert die Aufnahme, die von Südosten die Bauten auf der Rheininsel Werd zeigt. Die heutige Wallfahrtskirche St. Otmar mißt in der Länge keine zwölf, in der Breite keine sechs Meter; aus der Vogelschau verschwindet sie unter den Bäumen. Hier lag Otmar gefangen und starb 759, in dem rechteckigen Haus mit starken Mauern und kleinem Innenraum, auf dessen Grundmauern jetzt das Kirchenschiff steht; es war das Haus seines Gefängniswärters, des Franken Gozbert. Bestattet wurde Otmar östlich davor, an der Stelle des Kirchenchors, nur für zehn Jahre, bis ihn die Mitmönche heimlich nach St. Gallen überführten. Die Kapelle in Werd entstand lange danach, als Otmar 864 heiliggesprochen war und 867 in St. Gallen eine Grabkirche erhalten hatte (Bild 4), vielleicht um 900 erst. Die Insel Werd gehörte weltlichen Großen und kam nach deren Rebellion gegen die Ottonen 958 in den Besitz einer Abtei, nicht der des heiligen Gallus, sondern der des heiligen Meinrad. Die Benediktiner von Einsiedeln verschafften sich Reliquien des heiligen Otmar und feierten seinen Tag, doch ein Kloster bauten sie in Werd nicht, nicht einmal ein so kleines wie Wagenhausen (Bild 1). Laien der Umgebung pilgerten hierher, schwangere Frauen, kranke Kinder, Fußleidende. Das 12. oder 13. Jahrhundert baute westlich an die Kapelle ein Wohnhaus für den Pfarrer von Eschenz und erneuerte die zwei Südfenster im Chor. Später kam der steinerne Glockenstuhl hinzu, der Gläubige herbeirief. Mehr als lokale Bedeutung für Laien erhielt der Platz nie, auch wenn hier 1695 und 1744 zwei Benediktiner aus Einsiedeln beigesetzt wurden, auch wenn der vorletzte Fürstabt von St. Gallen, Beda Angehrn, der Kapelle 1767 eine Otmarsreliquie überließ. Im Pfarrhaus, das 1899 neugotisch umgebaut wurde, leben erst seit 1957 Mönche, und zwar Franziskaner, die eine Priesterstation für die Seelsorge in der Umgebung unterhalten. Die benediktinische Klausur erschwerte die priesterliche Seelsorge, eben seit Otmars Zeit. (Aufnahme von Heinz Finke, Konstanz)

Bild 8: Benediktinerkloster Füssen 1619

Der Kupferstich (12,3 x 17,0 cm) aus dem Buch eines Augsburger Benediktiners erinnert an ein Kloster, das dem Abt Otmar von St. Gallen seine Anfänge verdanken würde, wenn es ihn nicht völlig vergessen hätte. Die Zelle von Otmars Abgesandtem Magnus in Füssen blühte freilich erst um 950 auf, als Bischof Ulrich von Augsburg die Leitung des Klosters in die Hand nahm und einen Neubau veranlaßte. Die Ostkrypta hat sich erhalten, denn da liegen die Reliquien des Gründerheiligen Magnus; ein Wandbild im selben Raum, 1950 aufgedeckt, um 980 unter Reichenauer Einfluß gemalt, bekennt sich zur Tradition von St. Gallen. Es zeigt die Pilger Gallus und Magnus im Mönchsgewand; sie schreiten verehrend zu einer sitzenden Gestalt, vielleicht Kolumban. Dieselben Heiligen wie in der Krypta zieren die Deckengemälde in der Klosterkirche des 18. Jahrhunderts. Nur Otmar ist nirgends zu finden, obwohl Ulrich von Augsburg am Grab des heiligen Otmar in St. Gallen erzogen worden war. Warum Otmars Andenken in Füssen verdrängt wurde, wird beim Blick auf den Klosterbezirk, hier von Süden, verständlich. Das Mönchsleben ging über der Magnuskrypta weiter, ziemlich mühsam. Der Platz lag ungünstig, wurde aber zäh behauptet. Die Kirche, des Geländes wegen nach Nordosten ausgerichtet, hatte sich im 12. Jahrhundert zur dreischiffigen Basilika mit Nordturm und Querhaus entfaltet. Das Konventgeviert war am Steilhang des Lechufers im Süden nicht unterzubringen, brauchte auch bei östlicher Anbindung an die Kirche gewaltige Fundamente und blieb noch nach Neubauten im 15. Jahrhundert unregelmäßig und klein. Weiter im Osten, zur flacheren Lechhalde hin, dehnte sich ein ebenso vielgestaltiger Wirtschaftshof. In einem so verwinkelten, über achthundert Jahre gewachsenen Kloster blieben nicht alle Phasen der Vergangenheit gleich lebendig, die schwierigsten am wenigsten. Von den Geburtshelfern aus der Ferne wurden diejenigen verehrt, die schon weltberühmt waren, die halbmythischen Helden der Ursprünge; zu ihnen gesellte man den örtlichen Gründer. Otmar kam nach ihnen und blieb in ihrem Schatten. (Karl Stengel, Monasteriologia, Augsburg 1619, unpaginiert)

Bild 9: Liste von Otmars Konvent in St. Gallen um 800

Die Seite (26,7 x 17,7 cm) eröffnet ein Buch mit 23 Pergamentblättern ohne Titel; die Forschung nennt es »Liber promissionum Sancti Galli«. Unter Abt Werdo schrieb um 800 ein Mönch von St. Gallen, wahrscheinlich anhand älterer Listen, auf den ersten sieben Seiten die Namen und Profeßformeln der Konventmitglieder bis in seine Gegenwart zusammen. Obenan steht Otmar in Großbuchstaben: † *Audomarus abbas in monasterio sancti Galli confiteor.* In der Wortwahl äußern sich Grundzüge koinobitischen Mönchtums: Otmar nennt sich als erster Mönch am Bodensee Abt, seinen Verband *Monasterium;* er selbst legt kein Gelübde, nur ein Bekenntnis ab. Dann folgen die Mönche seines Klosters mit der Formel, die sie ihm geloben. Beim ersten lautet sie in halb romanischem Latein: † *Ego Flavinus presbyter promitto eboedientia stabilitate coram Deo et sanctis eius,* ich, der Priester Flavinus, verspreche vor Gott und seinen Heiligen Gehorsam und Ortsbeständigkeit. Wieder sind Kernbegriffe des koinobitischen Mönchtums genannt, *Oboedienta* und *Stabilitas,* genauso bei allen folgenden Mönchen. Die vordersten, drei Presbyter und ein Diakon mit welschen Eigennamen, kamen wohl mit Otmar zusammen 719 aus Rätien. Insgesamt erscheinen auf den ersten zwei Seiten 53 Namen, offenbar von denen, die zu Otmars Zeit, zwischen 719 und 759, Profeß ablegten. Denn dann kommt als nächste Überschrift der Name von Otmars Nachfolger Johannes. Romanischer Einfluß machte sich in manchen Namen (23. Zeile *Walahus*) und noch fast hundert Jahre später in der Schreibweise der anlegenden Hand geltend. Nachher wurde die Liste von vielen verschiedenen Händen bis ins elfte Jahrhundert fortgesetzt. Manche der neu eingetretenen Mönche mögen sich eigenhändig verewigt haben; andere fehlen, die wir aus sonstigen Quellen kennen. Das Buch war weder ein juristisches noch ein statistisches Dokument, es hielt vielmehr über dreihundert Jahre hinweg die Gemeinsamkeit der Mönche im Bewußtsein. Sie alle hatten sich seit Otmars fernen Tagen feierlich auf Gehorsam gegenüber dem Abt und auf Beständigkeit an diesem Ort verpflichtet. Das Buch wurde in Ehren gehalten, auch als es vollgeschrieben war, und um 1600 prächtig in Leder gebunden; es wird bei den frühesten Urkunden des Klosters verwahrt. (Stiftsarchiv St. Gallen, Codex Class. I. Cist. 3. B. 56, Seite 1)

Bild 10: Der heilige Otmar in Zwiefalten um 1140

Das Pergamentblatt (44,2 x 28,4 cm) gehört zum dritten und jüngsten Band eines umfangreichen Passionale, einer Sammlung lateinischer Heiligenlegenden. Der Ergänzungsband enthält auf 191 Blättern Nachträge zu den beiden ersten Bänden, darunter mehrere Lebensbeschreibungen von St. Galler Heiligen, die den Sammlern kürzlich bekannt geworden waren. Wo das Passionale entstand, ist ungewiß; meistens denkt die Forschung an das Reformkloster Hirsau. Jedenfalls lag der Band bereits um 1160/70 im Kloster Zwiefalten, einer Tochtergründung von Hirsau, und könnte auch dort geschrieben und ausgemalt worden sein. Sehr eng waren die Beziehungen der Hirsauer zu St. Gallen nicht; sie erhielten die Otmarslegende Walahfrid Strabos vielleicht von Reichenau und nahmen sie als eine unter vielen auf, ähnlich wie Rätoromanen die Galluslegende (Bild 5). Nach der Kapitelübersicht in der linken Spalte folgt, mit dem verzierten Anfangsbuchstaben F beginnend, das Vorwort Walahfrids; eine spätere Hand hat seinen Namen in die Überschrift eingeflickt. Dann meldet in der rechten Spalte das erste Kapitel Otmars alemannische Herkunft, seine rätische Erziehung und Priesterweihe. Am Anfang stehen großgeschrieben die Worte *Igitur Othmarus*. In die Initiale I ist das älteste erhaltene Bild Otmars eingezeichnet, sparsam mit Braun und Rot belebt. Aus dem I ist eine zweitürmige Kirche mit hohem Langhaus und Querschiff gemacht, keine naturgetreue Abbildung der Klosterkirche St. Gallen (die damals bloß einen Turm hatte), sondern ein Hinweis auf Otmars Gründungsanstoß, aus dem eine Kirche der Mönche erwuchs. Otmar steht bei den Menschen auf Erden, nicht wie ein Mönchsvater (Bild 83) bei den Engeln des Himmels. Aber er ragt über das Kirchenschiff hinaus, über menschliche Maße. Dem Heiligen, der an der Geschichte gescheitert war, haftet nichts Geschichtliches mehr an, nicht einmal das Weinfäßchen, das ihm spätere Legenden gern als Attribut beigeben. Otmar trägt die römische Tonsur mit dem Haarkranz, die benediktinische Kutte mit der Kapuze (Kukulle), ein langes Untergewand und Schuhe, in der Hand einen schmucklosen Abtstab. So ähnlich sieht jeder Benediktinerabt aus. Der Mönch mit dem Nimbus bedarf keiner zusätzlichen Symbole, er ist über irdische Maßstäbe erhaben und überall gegenwärtig, wo sein Fest gefeiert wird. Wer den Menschen kennenlernen wollte, müßte die alte Legende lesen; das neue Bild gibt einen Idealtyp des Mönchtums. (Württembergische Landesbibliothek Stuttgart, Codex Biblicus folio 58, Blatt 118 Rückseite; Aufnahme vom Bildarchiv Foto Marburg, Nr. 236346)

Walahfrid · Mönch in Reichenau (Text S. 48–66)

Bild 11: Kloster Reichenau-Mittelzell 1956

An keinem Bodenseekloster läßt sich mehr Geschichte ablesen als an der Abtei auf der ländlichen Insel Reichenau. Wir sehen sie aus der nordöstlichen Richtung, in die Pirmins erste Mönche blickten. Von der kleinen Saalkirche, die Pirmin 724 baute, sind nur unter dem Fußboden des Marienmünsters Spuren übrig. Wo jetzt das Ostquerhaus steht, bog rechtwinklig ein zweigeschossiger Konventbau nordwärts zum Gnadensee ab; ob er sich gleich zu Beginn mit einem Nord- und Westflügel um einen Kreuzgang schloß, ist zweifelhaft. Seit den Tagen Walahfrids, in denen Abt Heito 816 die größere zweite Klosterkirche weihte, hat sich am Ostquerhaus des Münsters, am Schauplatz mönchischen Gottesdienstes, wenig geändert. Das westwärts anschließende Langhaus für Laien, denen Heito wenig Platz gelassen hatte, geht auf Abt Witigowo um 990 zurück (Bild 12). Das Westquerhaus mit dem Westturm wurde 1048 unter Abt Bern fertiggestellt (Bild 23). Der hohe spätgotische Chor im Osten entstand gleichzeitig mit dem in St. Gallen (Bild 4) unter Abt Friedrich von Wartenberg 1447–77, anstelle der karolingischen Apsiden und der ottonischen Heilig-Grab-Rotunde. So enthält die Klosterkirche, deutlicher als in St. Gallen erkennbar, mehrere Gotteshäuser zugleich, Erinnerungen nicht an die Klostergründung, aber an die Höhepunkte der folgenden Klostergeschichte im 9., 11. und 15. Jahrhundert. Doch nur die Kirche überstand den Wandel der Geschichte. Fast nichts blieb vom Konventgeviert, das seit Walahfrids Zeit um die schattigen Nordwände der Kirche zusammenwuchs. Nur die Ostwand des Fachwerkhauses, das an das Westquerhaus stößt, zeigt im Erdgeschoß Reste aus mittelalterlicher, wohl ottonischer Zeit, ein fünfteiliges Arkadenfenster, zwei vermauerte Rundbogentore, ein Kellerfensterchen und Balkenlöcher für die flache Kreuzgangdecke. Da lagen wohl Keller und Vorratsräume (Bild 24). Umgebaut wurde hier noch im 15. Jahrhundert unter Abt Friedrich; hier wie in Füssen (Bild 8) hielt das Mittelalter am alten Standort fest, der feucht und kalt war. Aber nachdem die Abtei 1540 dem Bistum Konstanz einverleibt war, ließ der Klosterherr, Bischof Jakob Fugger, 1604 die Konventgebäude im Norden abreißen und sie in den nächsten drei Jahren an der sonnigen, benediktinisch herkömmlichen Südseite des Münsters neubauen. Der Westflügel der imposanten Renaissance-Anlage ist inzwischen teilweise abgebrochen, im ganzen steht sie noch, ein einheitlicher Baukörper um einen quadratischen Hof, mehr zum Repräsentieren als zum Zusammenleben geeignet, eine Vorstufe zum Bauplan von Weingarten (Bild 2). Es fehlte der geistliche Impuls, um auch die Kirche unter ein einziges immenses Dach zu bringen; die ins Langschiff gebohrten Bullaugen sollten 1688 mehr Licht verbreiten. Aufgeklärte Zeiten: Der Konstanzer Bischof vertrieb 1757 mit Waffengewalt die letzten Benediktiner; als Bischofsgut wurde die Abtei aus dem finsteren Mittelalter 1803 staatlicher Besitz. Jetzt renoviert man sie wieder, zuletzt 1964–70. (Aufnahme von Theo Keller, Reichenau)

Bild 12: Konvent und Kloster Reichenau 995

Mittelalterliche Klöster wurden nicht als steinerne Denkmäler betrachtet, sondern als Rahmen für geselliges Leben. Das demonstriert eine vielleicht vom Verfasser gemalte Miniatur zu dem Gedicht des Reichenauer Mönches Purchard »Carmen de gestis Witigowonis abbatis Augiae« von 995, das älteste Bild eines Bodenseekonvents (14,9 x 16,4 cm). Die Klosterpatronin *(Sancta Maria)* thront mit dem Jesuskind in der Mitte. Ihr zu Füßen kniet der »ungebildete .Dichter« *(rusticus poaeta)*. Zur Linken der Gottesmutter, noch in ihrem Strahlenkranz, steht der regierende Abt *(Witegowo abbas)*, den Abtstab in der Rechten. Von rechts steigt zu Maria ein anderer herauf, größer als Witigowo, durch Heiligenschein und bischöflichen Schulterstreifen (Rationale) ausgezeichnet: der Klostergründer *(Sanctus Pirmin episcopus)*. Er ist seit einem Vierteljahrtausend tot, doch hier steht er gegenwärtig, als lägen wenigstens seine Reliquien hier und als wäre das Münster ihm geweiht. Hinter ihm, nicht hinter dem augenblicklichen Abt, zieht der Reichenauer Konvent ein, durch sieben Mönche repräsentiert, eine Prozession durch die Zeiten, wie die St. Galler Konventliste (Bild 9). Alle Männer tragen dieselbe Kleidung, die Häupter geschoren mit dichtem Haarkranz, einen meist blau wiedergegebenen Kapuzenmantel (Kukulle), nach Art der Arbeitsschürze an den Seiten offen und nicht durch Gürtel zusammengehalten, unter der Kukulle ein fußlanges, gewöhnlich grün getöntes Untergewand. Dem Konvent gegenüber tritt eine Frau, die personifizierte Reichenau *(Augia)*, und trägt ein Kirchenmodell herbei, den dreischiffigen und zweijochigen Abschnitt vom Langhaus der Klosterkirche, den Witigowo hat bauen lassen. Ringsum im purpurnen Hintergrund leuchten andere Bauten der Insel, stark schematisiert und schwer zu identifizieren. Die Kirche auf der Laienseite, hinter der Augia, könnte die Pfarrkirche St. Johannes Baptista sein, die 958 errichtet (und 1812 abgebrochen) wurde. Hinter dem Zug der Mönche taucht die Klostermauer auf, wahrscheinlich auch das Marienmünster im ganzen, mit den zwei Westtürmen, die Witigowo hingesetzt hat, vielleicht mit der Rotunde des Heiligen Grabes aus der Zeit vor 946. Anscheinend ist das Langhaus, das Augia auf der Schulter trägt, ein Teil dieser Klosterkirche. Die übrigen Bauten stellen wohl die anderen vier von Witigowo errichteten Kapellen dar, eine vielturmige Klosterstadt, die alle Zeiten einschließt und alle Menschen zum Himmel weist. Der Band, der 175 Pergamentblätter und außer Purchards Gedicht Bibelauslegungen enthält, wurde noch im 15. Jahrhundert um eine Reichenauer Abtliste ergänzt und blieb hier bis zur Säkularisation. Mit den anderen Reichenauer Codices schaffte man ihn 1805 nach Karlsruhe. (Badische Landesbibliothek Karlsruhe, Codex Augiensis 205, Blatt 72 Vorderseite)

Bild 13: Handschrift Walahfrids in Reichenau (?) um 840

Die Pergamentseite (20,9 x 13,4 cm) ist dem einzigen Buch entnommen, von dem sich nachweisen läßt, daß Walahfrid es eigenhändig schrieb und sein Leben lang bei sich trug. Die Schreibweise ist die im ganzen Reich Karls des Großen verbreitete, die sogenannte karolingische Minuskel; sie weist noch einige alemannische Besonderheiten auf, Erinnerungen an die Vergangenheit des Klosters Reichenau. Der Text gehört zu einem *Excerptum de libro Albini*. Gemeint ist Alkuin, doch wurde sein Werk nach seinem Tod

804 fortgeschrieben, vielleicht in der Aachener Hofbibliothek Karls des Großen. Walahfrid dürfte die Vorlage in seinen Wanderjahren nach 829 kennengelernt und kopiert haben, denn die Schrift ist die abgeklärte seiner letzten beiden Lebensjahrzehnte. Abgeschrieben hat er eine »Abbreviatio chronicae«, eine kurze Weltchronik von der Weltschöpfung bis zum Weltjahr 4761, dem neunten von Karls Kaisertum, also bis 809. Neuere Ereignisse aus der eigenen Lebenszeit trug Walahfrid nicht nach, nicht einmal den Tod Karls des Großen 814. Darauf folgte eine Anleitung zur Berechnung des Tages von Christi Passion und ein *Argumentum ad annos ab initio mundi inveniendos*, wie Walahfrid mit roter Tinte auf der letzten Zeile der vorhergehenden Seite angab. Wie diese Berechnung durchzuführen sei, lesen wir in den ersten Zeilen der Abbildung: »Wenn du die Jahre seit Weltbeginn wissen willst, multipliziere 317 mit 15. Das macht 4755. Dann zähle immer die vier Regularen dazu, addiere auch die Indiktion des Jahres, mit dem du rechnen möchtest, zum Beispiel (über der Zeile nachgetragen: in diesem Jahr) die zweite. Das macht zusammen 4761. Dies sind die Jahre seit Weltbeginn.« Auch diese Rechnung führte auf das Jahr 809, in dem Alkuin schon tot, Walahfrid eben geboren war. Nach weiteren Kalenderberechnungen, jedesmal mit dem herausfordernden Auftakt »Wenn du wissen willst«, wird auf der nächsten Seite die Umrechnung von Weltjahren in Jahre nach Christi Geburt vorgeführt: Von Adam bis Christi Geburt sind es 3952 Jahre, das Weltjahr 4761 entspricht also dem christlichen Jahr 809. Simple Spielereien? Sie begründen Walahfrids Interesse an Geschichte. Er sieht die Gegenwart im Dreiklang zwischen Gottvaters Weltschöpfung, Christi Erlösungswerk und liturgischer Feier dieser Heilstaten. Er borgt sich die Überlieferung von Lehrern und gibt sie an Schüler weiter; er spannt eine Kette mönchischen Wissens durch die Epochen, nicht nur wie die Freunde in St. Gallen eine Kette von Mönchsnamen (Bild 9). Walahfrids schmuckloses Buch mit 396 Seiten blieb freilich schon im Spätmittelalter nicht dort, wohin es gehörte, denn die Reichenauer ließen mit der Bibliothek ihr Langzeitgedächtnis verkommen. Eine späte Schreiberhand zeigt sanktgallische Züge, 1457 lag der Band in der Dombücherei Chur. Über den Sanktgaller Geschichtschreiber Gilg Tschudi kam er im 16. Jahrhundert endgültig ins dortige Kloster. (Stiftsbibliothek St. Gallen, Codex 878, Seite 291)

Bild 14: Erinnerung an Walahfrid in Nürnberg 1493

Der Holzschnitt (6,3 x 5,2 cm) beschließt eine Seite in der Weltchronik des Nürnberger Stadtarztes Schedel; die Illustrationen stammen von den Nürnberger Malern Michael Wolgemut und Wilhelm Pleydenwurff. Auf den nicht abgebildeten oberen zwei Dritteln der Seite hat Schedel die Regierungszeit Ludwigs des Frommen 814–40 abgehandelt. Nun erzählt er zum Schluß, wie listig damals Kaufleute die Gebeine des Evangelisten Markus aus Afrika nach Venedig brachten. Daß sie ins Kloster Reichenau gelangt wären, davon sagt Schedel nichts. Dann stellt er den hochgelehrten Hrabanus Maurus als Abt von Fulda und Erzbischof von Mainz vor; links kann man ihn mit allen Würdenzeichen im Bild bewundern. Sein Schüler Strabo sei nicht geringer als der Meister gewesen und habe viele schöne Bücher geschrieben. Schedel weiß keinen Buchtitel Walahfrids zu zitieren. Ob er Theologisches, Historisches, Poetisches, Botanisches behandelte, jedenfalls war er *auch ein closterman*. Wieder scheint Schedel nicht zu wissen, daß Walahfrids Heimatkloster Reichenau hieß und daß er es dort zum Abt brachte. Aber das weiß Schedel noch, daß Walahfrid nicht zuerst Dichter oder Gärtner, sondern Mönch war. Der rechts beigegebene Holzschnitt zeigt einen ernsten Mann, der ins Unbestimmte blickt, nicht wie Hrabanus zum Beschauer. Er trägt die Kappe spätmittelalterlicher Benediktiner und deren weite Kukulle. In der Hand hält er nicht wie Hrabanus ein Buch, nur einen Stab oder Griffel. Auf anderen Seiten der Weltchronik stellt derselbe Holzschnitt auch Gelehrte anderer Epochen und Orden dar, vier Mönche vom 5. bis zum 13. Jahrhundert, und von den meisten weiß Schedel mehr als von Walahfrid zu berichten. Nur Mönche und Gelehrte, das waren sie alle. Die Holzschnitte der Chronik verstanden Mönche meist nicht mehr als Mitglieder einer Gemeinschaft, sondern als Einzelmenschen in der Studierstube, während sie Bürger gewöhnlich in ihrer Stadtgemeinde lebend zeigten. Nürnberger Handelsleute wußten vom ländlichen Reichenau weniger als vom städtischen St. Gallen. Dessen mönchische Patrone Gallus und Otmar traten in der Chronik in eigens angefertigten Holzschnitten auf, mit ihren populären Attributen, Gallus mit dem Bären (Bild 6), Otmar mit dem Weinfäßchen. Dergleichen konnte Walahfrid, der für ihren Nachruhm gesorgt hatte, nicht bieten. (Hartmann Schedel, Buoch der Cronikken, Nürnberg 1493, Blatt 169 Vorderseite)

Adelinde · Nonne in Buchau (Text S. 66–83)

Bild 15: Stadtpfarrkirche und Kinderheilstätte Bad Buchau 1978

Wir überblicken von Westen den Bereich des früheren Damenstifts in der Kleinstadt Buchau. Der Federsee liegt im Nordosten weit jenseits des Bildausschnitts; die letzte Fürstäbtissin hat ihn 1788 erstmals schrittweise trockenlegen und zurückdrängen lassen. In der Mitte, auf dem höchsten Punkt des Stiftsbezirks, steht die Stadtpfarrkirche St. Cornelius und Cyprian. Ihr Turm an der Südostecke ist der letzte sichtbare Überrest vom Mittelalter. Alle anderen Stiftsgebäude wurden im 18. Jahrhundert neugebaut, zuerst 1709 der Kavalierbau für vornehme Gäste, der die Kirchenachse nach Westen fortsetzt. Dann ließ die vorletzte Fürstäbtissin Maria Karolina von Königsegg-Rothenfels 1744–48 den Fürstenbau, die Residenz mit dem Giebelvorbau, rechtwinklig zwischen Kavalierbau und Kirche stellen. Weiter nordwärts, am Rand des inneren Hofes, errichtete sie das stiftische Gerichtshaus mit dem Ziergiebel und das Rentamt, die beiden wichtigsten Verwaltungszentren des Klosterstaates. Schließlich ergänzte sie 1770–74 den Fürstenbau zum Konventgeviert, indem sie den »Damenbau« für die Stiftsdamen, nämlich den Nordflügel, seine Fortsetzung, den »Spitzbau«, und den Ostflügel an die Kirche heranführte. Inzwischen waren auch am äußeren Hof südlich der Klausur zahlreiche Gebäude entstanden, nahe bei der Kirche die Wohnungen der höheren Stiftsbeamten, so das Amtshaus mit dem Garten (heute katholisches Stadtpfarramt) und Häuser für die Stiftsgeistlichen und den Stiftsarzt, weiter nach Süden abgerückt unter anderem der »Lange Bau« für Gesindewohnungen, Stallungen und Kornspeicher (heute Progymnasium). Erst danach wandte sich Maria Karolina dem Herzstück des alten Klosters zu und begann 1769 mit dem frühklassizistischen Bau der Kirche, den ihre Nachfolgerin 1776 vollendete. Das ohnedies recht weltliche »Schloß« kam bei der Säkularisation 1802 an die Fürsten von Thurn und Taxis, die 1806 die übrigen Stiftsgüter an Württemberg abgeben mußten und die Stiftsbauten bis 1947 behalten durften. Sie nutzten das Schloß für Verwaltungsbehörden und Kulturinstitute, gaben aber die Kirche 1806 für die katholische Pfarrgemeinde frei und verkauften 1852–75 die Nebengebäude im Süden an Buchauer Bürger. Tore und Klostermauern fielen, der Stiftsbezirk wuchs hier wie in St. Gallen (Bild 3) in die Stadtgemeinde hinein. Das frühere Konventgeviert dient seit 1947 wieder einem christlichen Zweck, als Kinderheilstätte der Caritas. (Luftbild von Albrecht Brugger, Stuttgart, freigegeben vom Regierungspräsidium Stuttgart, Nr. 2/317)

Bild 16: Damenstift und Stadt Buchau 1643

Der breite Kupferstich (10,3 x 32,4 cm), den Matthäus Merian nach einer unbekannten Vorlage fertigte, gibt das Panorama der Siedlung von Südwesten. Das Kloster liegt unmittelbar am Federsee, beherrschend über der kleinen Stadt, mit Ringmauer und Tortürmen gegen sie abgegrenzt. Die Kirche ist alt, nur der Oberbau ihres Turms erhielt im 15. Jahrhundert eine neue Gestalt, im übrigen geht sie auf einen Bau des späten 11. Jahrhunderts zurück. Als er nach einem Brand von 1032 nötig wurde, schonte man von den älteren Gebäuden nur eine unterirdische Krypta, ähnlich wie in Füssen (Bild 8). Äbtissin Touta stellte das Kloster nach 1051 wieder her, nicht nur im baulichen Zustand, auch in der benediktinischen Zucht. Wie die schmalen Fenster in der Westfassade erkennen lassen, wurde die dreischiffige Basilika seit dem 13. Jahrhundert gotisch modernisiert, etwa zur selben Zeit, als der Äbtissin Adelheid von Markdorf die Novizinnen wegblieben und sie sich neueren Orden anschließen wollte, 1264 den Deutschherren, 1273 den Augustinern. Aus der Reform wurde nichts, man kann es sehen. Rechtwinklig zur alten Kirche, ihr Schiff überragend, zieht sich nach Norden der mächtige »Adelsbau« für Äbtissin und Konvent, ein spätmittelalterliches Schloß mit vielen Stockwerken und Dachgeschossen, mit Erkern und Zinnengiebeln, der Mittelpunkt der Landschaft. Angeblich von Adelinde erbaut, entstand er am ehesten nach 1417, als Papst und König in Konstanz der Äbtissin Agnes von Tengen und ihren zwölf Chorfrauen den geistlichen Status eines freiweltlichen Damenstiftes und die Verfügung über Pfründen und Einnahmen gesichert hatten. Daneben zeichnen sich wenige Stiftsbauten ab, links im Westen das stiftische Badhaus von 1459, vorn im Südwesten ein mehrstöckiges Amtshaus mit Ecktürmchen (heute Rathaus), rechts im Süden der Freihof, Sitz der Stiftsministerialen (heute Krankenhaus). Die Bürgergemeinde steht dem Zugriff des Stifts völlig offen, nicht einmal den Marktplatz kann man erraten. Bescheiden steht am linken Bildrand, von Buchau durch Stadttor und Damm getrennt, die Kirche St. Peter und Paul in Kappel. Dorthin zogen bis 1806 die Bürger von Buchau zu Taufe, Hochzeit und Begräbnis. Im Chor dieser Pfarrkirche befinden sich Wandmalereien im Reichenauer Stil aus der Zeit um 1100, die frühesten Zeugnisse der Buchauer Klostergeschichte über dem Erdboden. Da draußen blieb Adelindes Geist am längsten lebendig. (Matthäus Merian, Topographia Sueviae, Frankfurt am Main 1643, nach Seite 10; ohne das rechte Drittel des Originals)

Bild 17: Grab Adelindes in Buchau 1941

Von den wechselvollen Anfängen des adligen und königlichen Frauenklosters Buchau im karolingischen 8. und 9. Jahrhundert blieb keine Spur, so wie in Werd (Bild 7), anders als in den berühmten Männerklöstern St. Gallen und Reichenau. Die zweite Stifterin, Gräfin Adelinde, wurde im 10. Jahrhundert in ihrem Nonnenkloster bestattet, wahrscheinlich im Boden beim Hochaltar der Kirche. Im 11. Jahrhundert entstand, vermutlich noch vor dem Brand von 1032, unter dem Kirchenchor eine romanische Hallenkrypta, dreischiffig, hoch eingewölbt, mit Arkadenbögen an der Nordwand, mit einem Altarblock im Osten, mit rings umlaufender Steinbank, mit nur einem Zugang von Süden (da ist unser Standort), vielleicht der älteste erhaltene Kirchenraum Oberschwabens. Für welche vornehmen Toten die Krypta bestimmt war? Nicht für Adelinde, deren Grab von 1032 bis 1410 unauffindbar blieb. Die Nonnen benutzten die Krypta noch im Spätmittelalter für Andacht und Gottesdienst. Beim Neubau der Stiftskirche im 18. Jahrhundert bestand für unterirdische Frömmigkeitsübungen längst kein Bedarf mehr, zumal da die Krypta oberirdisch einen hochgelegenen Chor mit vielen Treppenstufen erforderte. Der Chor wurde tiefergelegt, die Krypta teils abgetragen, teils zugeschüttet. Äbtissin Maximiliane von Stadion ließ um 1776 Gräfin Adelinde lieber hoch in den Lüften schweben, im Deckengemälde des Kirchenschiffs, wie sie am Altar die Buchauer Stiftungsurkunde niederlegt und auf ihre erschlagenen Söhne hinweist. Erst 1929 entdeckte Stadtpfarrer Erich Endrich die Krypta wieder und ließ sie restaurieren. Er stieß 1939 im Chor auf Gebeine einer alten Frau und dreier junger Männer, offenbar auf das verschollene Grab Adelindes und ihrer Söhne. Man verzichtete darauf, die Reliquien so wie andernorts (Bild 69) zur Schau zu stellen. Der moderne Steinsarkophag mit der Aufschrift »Adelindis« wurde 1941 an der Westwand der Krypta in einer Nische aufgestellt, die Gebeine der Söhne fanden zu Füßen der Mutter ihren Platz. So wenig bis heute über die historische Adelinde und ihr Frauenkloster bekannt ist, die ständige Präsenz dieser Reliquien und die überlieferte Legende von Adelindes Schicksal verliehen dem Ort einen unverrückbaren Schwerpunkt, auch wenn niemand die sterblichen Überreste der Stifterin zu Gesicht bekam. (Aufnahme von Eugen Stocker, Bad Buchau)

Bild 18: Marienklage in Buchau um 1430

Bildlich wurde Adelinde im Mittelalter meines Wissens nie dargestellt. Wer sie sich vergegenwärtigen wollte, brauchte aber nur auf eine andere Mutter zu schauen, die ihren Sohn beweinte. Die farbige Holzplastik aus einem Stück, die wenig mehr als halbe Lebensgröße erreicht (etwa 100 x 60 cm), zeigt Maria zusammen mit den drei im Johannesevangelium genannten Vertrauten, ihrer Schwester Maria, Maria Magdalena und dem Lieblingsjünger Johannes. Die vier stehen unter dem Kreuz Christi, das man sich rechts neben ihnen denken muß. Eine verwandte Gruppe trauernder Frauen wurde um 1420 für die Kirche St. Cornelius und Cyprian in Mittelbiberach geschnitzt (heute Staatliche Museen, Preußischer Kulturbesitz, Berlin). Die Forschung vermutet, der Meister von Mittelbiberach habe auch die Buchauer Gruppe geschaffen. Das ist gut möglich, nicht nur aus kunsthistorischen Gründen. Die Pfarrkirche von Mittelbiberach hatte stets dem

Kloster Buchau unterstanden, bis sie 1351 an das Spital in Biberach kam; sie verehrte nach wie vor die Buchauer Kirchenheiligen. Bei näherem Zusehen unterscheiden sich indes die Themen beider Schnitzwerke. In der Mittelbiberacher Gruppe fehlt Johannes; die Frauen sind in Haltung, Gesichtsausdruck und Gewandung zu völliger Einheit verschmolzen. Die Mutter des Gekreuzigten sinkt tränenblind nach hinten; die Ohnmächtige wird von den Leibern der Gefährtinnen gehalten, die selbst blicklos mit verkrampften Mündern weinen und sich nicht einander zuwenden. Die Buchauer Gruppe steht im ganzen gefaßt, aufeinander bezogen, in sich bewegt. Die Muttergottes hält sich aufrecht, sie neigt den Kopf zur vertrauten Schwester, die ihr zuzusprechen scheint. Die andere Frau hat Maria unter die Arme gegriffen, bekümmert, aber zupackend. Johannes steht traurig sinnend dabei, doch unterstützt er sanft Mariens Hand. Deren Arme werden nicht nur von der Gruppe gehalten, sie halten sie auch zusammen. Die Frauen sind vielleicht bunter gekleidet als Stiftsdamen, gewiß feiner als Kleinbürgerinnen. Wer in der Buchauer Stiftskirche vor der Holzplastik stand, mußte auch an Adelinde denken, die hier ihre Söhne beweint und in der Gemeinschaft edler Frauen Trost gefunden hatte. Was lag daran, daß zwischen Maria und Adelinde neun, zwischen Adelinde und der um 1430 regierenden Äbtissin Klara von Montfort fünf Jahrhunderte standen? Mit der Mutter unter dem Kreuz konnten sich alle Frauen identifizieren, in ihrer Ohnmacht und Gemeinschaft. (Bad Buchau, Katholische Stadtpfarrkirche, Magazin; Aufnahme von Hellmut Hell, Reutlingen)

Gregor · Abt in Einsiedeln (Text S. 83–98)

Bild 19: Benediktinerkloster Einsiedeln 1958

Kein barockes Kloster am Bodensee liegt so kastellartig abgeschlossen auf so begrenzter Fläche wie Einsiedeln, das hier von Nordwesten aufgenommen ist. Nach außen sind die Ecken des Klausurgevierts durch höhere Pavillons turmartig verstärkt, nach innen unterteilen Verbindungstrakte den Kreuzgarten in vier Binnenhöfe. Dieser geistlichen Festung ist die Klosterkirche Unserer Lieben Frau nicht wie in Obermarchtal und Ottobeuren vorgelagert, sondern eingegliedert als Zentrum, freilich nicht genau in der Mitte, sondern nach Westen gerückt. Mit ihrer Doppelturmfassade ragt sie weiter nach außen, in den zu ihr ansteigenden Platz, über den die Pilgerscharen kommen. Daneben treten die Konventbauten, obwohl dreistöckig ausgebaut, bescheiden zurück, nordwärts der sogenannte Prälatenflügel mit Nebenkirchen und Bibliothek (heute auch mit Gymnasium), südwärts symmetrisch dazu der Konventflügel mit Kapitelsaal und Speisesaal, auch mit Wohnungen für den Abt und fürstliche Gäste. Mit dem Konventflügel wurde der Neubau des Klosters unter Abt Maurus von Roll 1704–18 begonnen; am Prälatenflügel arbeitete man mit Unterbrechungen 1710–58. Zügiger ging die Neugestaltung der Klosterkirche 1719–35 vor sich; ihre Chorpartie, die erst 1674–76 gebaut worden war, wurde 1746–48 angeglichen. Dann folgten Schaufassade und Platzanlage im Westen 1745–51 und zum Schluß 1746–70 die Wirtschaftsgebäude mit dem Marstall, in einem langgestreckten Geviert, das sich im Norden an die Klausur anlehnte und sich nach Westen zur Laienwelt aufschloß. Die Reihenfolge der Bauarbeiten war eine Rangfolge; Einsiedeln betonte noch im Barock das geistliche Innenleben. Was Weingarten nachher größer plante (Bild 2), wurde in Einsiedeln vollständiger ausgeführt, ein Kloster aus einem Guß, in erster Linie Heimstatt eines benediktinischen Konvents, in zweiter Linie Ziel von Pilgerzügen. Dem grandiosen Einheitsgedanken wurden alle älteren Bauteile geopfert, außer der Friedhofskapelle St. Benedikt, die seit der Pestepidemie 1611 weitab von der Klausur die Toten hütete. Die wichtigsten Unterpfänder der Kontinuität sind im Bild ebenfalls nicht zu sehen: in der Klosterkirche der Platz von Meinrads Klause im 9. Jahrhundert und das Gnadenbild der Muttergottes mit dem Jesuskind aus dem 15. Jahrhundert; im Prälatenflügel die Stiftsbibliothek, deren Handschriften sich seit dem 10. Jahrhundert angesammelt haben. (Luftbild von Photo-Swissair, Zürich, Nr. 21564)

Bild 20: Benediktinerkloster Einsiedeln 1627

Der Weingartener Benediktiner Gabriel Bucelin gab 1627 seinem handgeschriebenen Buch »Constantia Benedicta« eine kolorierte Zeichnung auf Papier bei (13,5 x 24,5 cm), die Einsiedeln vor den barocken Neubauten wiedergibt, aus südwestlicher Richtung, die den Nebenbauten besonderes Gewicht verleiht. Nach zahlreichen Bränden war ein Großteil des Klosters zwischen 1559 und 1600 spätgotisch neugebaut, allerdings auf mittelalterliche Art ohne Gesamtplan aneinandergereiht worden. Unübersichtlich wirkt besonders die vieltürmige Kirche, deren dreischiffige Anlage mit romanischen Rundbogenfenstern nach einem Brand von 1029 entstanden war und sich seither ständig verändert hatte. Sie wird durch ein Turmpaar zweigeteilt. Im westlichen Unteren Münster, das kurz vor 1600 neugestaltet worden ist, liegt die Klause des heiligen Meinrad, nach außen kenntlich am »Frauentürmchen« über der Gnadenkapelle, mit der Madonna im Strahlenkranz, für Pilger zugänglich durch eine zweistöckige Vorhalle, das zuerst 1547 erwähnte »Helmhaus«. Im östlichen Oberen Münster befindet sich der Mönchschor, der wohl nach dem Brand von 1509 das Querhaus und den Dachreiter über der Vierung erhalten hat. Im Norden hinter der Kirche ahnt man den soeben aufgelassenen Klosterfriedhof; im Süden schmiegt sich an die Kirche das zweigeschossige Konventgeviert mit dem Kreuzgang, wie es nach dem Brand von 1577 wiedererstanden ist. Auf der Zeichnung wird es fast ganz verdeckt durch die höheren Häuser im Westen und Süden. Neben dem Helmhaus, dem Platz zugewandt, fallen die Häuser des Abtes ins Auge, eines mit Treppenturm; inzwischen haben die Äbte von Einsiedeln das Vorbild Gregors verleugnet, der mitten unter seinen Mönchen wohnte. Hinter dem südlichen Abthaus öffnet sich nach Osten ein Hof, den zwei Gästehäuser einrahmen, im Norden das an den Konventflügel angelehnte, im Bild nicht sichtbare, für gewöhnliche Gäste, im Osten das für die Vornehmen mit Außentreppe und Dachreiter. Östlich hinter Konventgeviert und Gästehaus liegt der Konventgarten; da reihen sich, von Bucelin ungenau gezeichnet, die Klosterschule, die Bibliothek und das Pfarrhaus im Winkel. Schamhaft versteckt sind die Wirtschaftsgebäude im Süden und Südosten; Bucelin nimmt nur den Alten Marstall vor der Klostermauer wahr. Die Abtei präsentiert sich dem Benediktiner als weltzugewandt, dem Pilgerstrom geöffnet, herrschaftsgewohnt und bildungsbeflissen. Gregors weltferne

Klausur, die 1029 abgebrannt war, lebt eher in der Otmarskapelle von Werd (Bild 7) fort, in Einsiedeln ist sie von neueren Sehenswürdigkeiten überlagert. (Württembergische Landesbibliothek Stuttgart, Codex HB V, 4, Blatt 201 Rückseite)

Bild 21: Gregor in den Einsiedler Annalen um 970

Das Pergamentblatt (22,7 x 18,7 cm), unter Gregors Augen in Einsiedeln geschrieben, enthält die Eintragungen der »Annales Heremi« zur Gründungsepoche des Klosters, zu den Jahren 925–52. Beim Jahr 925 ist in der ersten Zeile die Wahl Bennos zum Bischof (von Metz), beim Jahr 927 seine Blendung vermerkt. Zum Jahr 934 ist von der ersten Hand, aber in der Zeile zuvor angefügt: *Eburhardus ad Heremum venit,* Eberhard kam (aus Straßburg) nach Einsiedeln. Wie die Beziehungen zum Oberrhein werden die zum Bodensee gepflegt: Zum selben Jahr sind der Tod des Konstanzer Bischofs Noting und die Wahl seines Nachfolgers Konrad nachgetragen. Weil dafür in der einen Zeile je Jahr der Platz nicht reichte, setzt sich der Eintrag zwei Zeilen darüber fort, und zwar nach Konrads Tod 975 von späterer Hand. Umschau bei anderen Abteien: Zu 937 werden Brände in den Klöstern St. Gallen und Fulda gemeldet. Bennos Tod in Einsiedeln 940 ist ausgelassen, es geht um Gegenwart. Deren wichtigste Ereignisse sind beim Jahr 948 zusammengestellt: Liutolf hat geheiratet, unsere Kirche ist geweiht worden, Gregor ist gekommen *(Liutolfus uxorem duxit. Dedicatio huius ecclesię. GREGORIUS venit).* Der Name des regierenden Abtes ist als einziger auf der Seite mit Großbuchstaben hervorgehoben. Obwohl er erst Anfang 949 nach Einsiedeln kam und obwohl Ottos des Großen Sohn Liutolf die Tochter Ida des Schwabenherzogs schon Ende 947 heiratete, sind beide Daten neben die Einsiedler Kirchweihe von 948 gesetzt, als hätte sich das Glück des Klosters mit einem Schlag entschieden. Walahfrids Frage nach der genauen Jahreszahl (Bild 13) stellte sich nicht mehr. Die Annalen wurden in den ersten Abtjahren Gregors, nach 966, begonnen und bis 971 von derselben Hand geschrieben, die im gleichen Band den ältesten Einsiedler Heiligenkalender aufzeichnete. Benutzt wurden für die Annalen auch fremde Chroniken: Aus der Fortsetzung der Weltchronik Reginos von Prüm stammt unter anderem die Nachricht von den Klosterbränden 937; von den Reichenauer Annalen sind zum Beispiel die Notizen über Ungarneinfälle 926, 933, 938 entlehnt. Es kann nicht bewiesen, darf aber vermutet werden, daß Wolfgang, der spätere Bischof von Regensburg, in Einsiedeln bei der Abfassung dieser Seite mitwirkte, ja sie eigenhändig schrieb. Nach Gregors Tod wurden die Annalen in diesem Buch noch bis 1024 fortgesetzt, zwei Nachträge reichten bis 1057. Ein anderer Band, Codex 319, nahm die annalistischen Einträge bis 1569 auf, auch die gereimte Grabschrift Gregors. Unsere Handschrift wurde mit andersartigen Texten vereint, einem medizinischen Traktat von Galen und den Psalmenpredigten Augustins, mit zeitlos gültigen Weisungen also. Das Buch, nun 152 Seiten umfassend, liegt noch tausend Jahre danach dort, wo man es schrieb. (Stiftsbibliothek Einsiedeln, Codex 356 [609], Seite 60)

Bild 22: Der heilige Meinrad in Einsiedeln nach 1100

Abt Gregor wurde in der Grabschrift als heilig gerühmt, aber zunächst nur ins Totenbuch, nicht wie sein Mitmönch Wolfgang in den Heiligenkalender eingetragen; erst seit dem 12. Jahrhundert beteten die Mönche von Einsiedeln zu Gregor, nicht mehr für ihn. So steht sein Festtag, der 8. November, noch nicht in dem prächtig ausgemalten Missale mit 314 Pergamentblättern (26,6 x 19,5 cm), das im Kloster kurz nach 1100 entstand. Inzwischen lagen aber seit 1039 Meinrads Gebeine in der Klosterkirche. In dem Teil des Meßbuchs, der die Gebete an Heiligenfesten nach dem Ablauf des Kirchenjahrs ordnet, wird der Todestag Meinrads, der 21. Januar, in der roten Überschrift als sein Geburtstag bezeichnet *(Natalis sancti Meginradi martyris)*. Das Eingangsgebet zur Meinradsmesse beginnt mit den Worten: *Omnipotens sempiterne Deus, qui in meritis sancti Meginradi martyris tui semper es mirabilis*. Ein einziger Gedanke durchzieht alle Gebete: Wie Gott den heiligen Meinrad erhöht hat, so möge er uns, die den Festtag feiern, zur ewigen Seligkeit helfen, Meinrad möge für uns Fürbitte tun. In der Feier von Meinrads Ruhm und in der Bitte an ihn vergewisserte sich der Konvent zuerst der Gegenwart seines Gründers und stellte sich seine Gestalt im Bild vor, ein Vierteljahrtausend nach Meinrads Tod. Dessen älteste erhaltene Abbildung ist in den ersten Buchstaben O hineinkomponiert, ähnlich wie bei Otmar (Bild 10) und doch anders. Im Hintergrund ist nur blauer Himmel, nicht Erdreich sichtbar, weder der Wald noch die Zelle. Meinrad wird sogar ohne seine zwei Raben gezeigt, ohne Heiligenschein, auch wenn ihn ein tieferes Blau wie eine Gloriole umgibt. Er kniet wie ein benediktinischer Mönch, im grauen Haar die römische Priestertonsur, mit schwarzer Kukulle und hellem Untergewand. Er hebt die Hände zum Beten, während ihn die beiden bunt gewandeten Landstreicher mit Keulen erschlagen. Auf das Gebet des Märtyrers antwortet aus dem Himmel der Segen eines Engels; Abtötung, Gebet und Erhöhung gehen ineinander über. Die eremitischen Züge von Meinrads Leben sind übergangen; er steht als Priestermönch vor einer Gemeinschaft, die seit Gregors Jahrhundert aus Priestermönchen bestand. Insofern ist in dieser Miniatur Gregors geschichtliche Leistung mit aufgehoben. (Stiftsbibliothek Einsiedeln, Codex 111 [464], Blatt 26 Vorderseite)

HERMANN DER LAHME · OBLATE IN REICHENAU (Text S. 102–118)

Bild 23: Markuskirche in Reichenau-Mittelzell 1956

Eindrucksvollstes Beispiel für mönchische Stabilität scheint der Westbau des Marienmünsters in Reichenau zu sein, das älteste klösterliche Bauwerk am Bodensee, das sich im wesentlichen erhielt, und das erste, dessen Vollendung von einem Augenzeugen, Hermann dem Lahmen, der Nachwelt geschildert wurde. Die Anlage (vgl. Bild 11), von Südwesten photographiert, wurde unter Abt Bern längere Zeit nach dem Großbrand von 1006 erbaut und am 24. April 1048 vom Konstanzer Bischof geweiht. Sie erinnerte an den Ostbau des Straßburger Münsters, den Berns Freund Bischof Werner 1015–28 hatte errichten lassen. Im Hintergrund sieht man den steilen Dachstuhl des Westquerhauses; Bern ließ es statt älterer Westtürme und Westchöre (Bild 12) in das Langhaus der Klosterkirche ostwärts einbinden und machte es von Westen durch die beiden zweigeschossigen Vorhallen erreichbar. Die neue Stabilität mußte viel Gewachsenes beiseite räumen. Der Turm erhielt zum Titelheiligen den Evangelisten Markus, angeblich den ersten Bischof von Alexandria, seine Reliquien wurden in der Westempore gezeigt; im Westchor ließ sich auch der Bauherr Bern 1048 beisetzen. Das große Westfenster im Turm erhellt Empore und Apsis drinnen. Die zwei kleinen Rundbogenfenster oben in der Südwand des Turmes gehören zur Michaelskapelle über der Apsis; zwei durch schmale Fensterchen belichtete Wendeltreppen führen hinauf. So wehrhaft der Turm wirkt, so einladend der Zugang. Die Funktion mittelalterlicher Westwerke ist in der modernen Forschung umstritten, aber gewiß ist, daß im Reichenauer Westbau Mönchskirche und Laienwelt einander begegneten. Während der Erzengel Michael die Teufel der Abendseite fernhielt, zogen die frommen Christen zu dem Evangelisten Markus hinein, dem Morgen entgegen. Das Bauwerk ist bewegter, als es sich darstellt, auch in seiner weiteren Geschichte. Von Berns Turm sind nur die Geschosse bis zu den Schallfenstern ursprünglich; das Glockenhaus wurde später aufgesetzt, vielleicht beim Neubau des Dachstuhls über dem Langhaus nach dem Großbrand von 1235. Der Turmgiebel mit Dachstuhl erhielt seine Gestalt 1437 unter dem Reformabt Friedrich von Wartenberg, der in Kirche und Konventgeviert viel umbauen ließ. So bewahrt die Markuskirche die Erinnerung an Katastrophen und Neuanfänge im Kloster, besonders an die Reform zur Zeit Berns und Hermanns. Sie öffnete die Tore der Gottesburg für Weltgeistliche und Laien. (Aufnahme von Theo Keller, Reichenau)

Bild 24: Benediktinerkloster Reichenau um 1050

Die Rekonstruktion mit Blickrichtung von Nordwesten wurde 1925 von dem Karlsruher Bauhistoriker Otto Gruber gezeichnet. Gruber hielt sich, weil näherliegende zeitliche und räumliche Parallelen fehlen, für die Grundrißgestaltung an den St. Galler Klosterplan des 9. Jahrhunderts, für die Darstellung im Aufriß an den Bau der Abtei Maria Laach im 12. Jahrhundert, gab also nur ein ungefähres Bild vom Kloster Reichenau zur Zeit Hermanns des Lahmen. Ob vor dem 1048 geweihten Westbau noch ein Atrium, gar mit Gärtchen, lag, ist so fraglich wie die Dachkonstruktion des Westturms. Das Konventgeviert bestand aus zahlreichen Einzelhäusern, die vermutlich weniger einheitlich aussahen, als Gruber meinte. Gesichert ist der Platz der Klosterpforte (im Plan: 5) neben der Nordwand des Westchors. Im Obergeschoß der Pforte lag die Januariuskapelle, draußen am Zugangsweg die Pirminskapelle (8), beide von Abt Witigowo 985–86 zur Reliquienverehrung auch durch Laien bestimmt (Bild 12). An die Pforte schloß sich im Westflügel des Gevierts wohl der Keller, darüber der Vorratsraum (4, siehe Bild 11), in der Ecke vermutlich die Küche (6), von Gruber zu spätgotisch rekonstruiert. An dieser Nordwestecke lag, im Bild nicht sichtbar, der Klosterbrunnen. Den Nordflügel nahmen wohl der Speisesaal und darüber die Kleiderkammer ein (3), den Ostflügel der Wärmeraum (?) und darüber der Schlafsaal mit dem Zugang zum Kirchenchor (2). Nach Nordosten, zum Gnadensee, könnte man sich Badestuben und Abortanlagen (9) angebaut vorstellen. In der Rekonstruktion fehlen die geistlichen Außenanlagen, die nach dem St. Galler Klosterplan nahe bei der Kirche, hier also im Süden und Osten zu liegen hätten:

Friedhof, Spital, Abthaus, Schule, Pfalz, Gästehaus. Weiter sind die Wirtschaftsgebäude weggelassen, die im St. Galler Klosterplan ihre Stelle nahe bei Vorratshaus, Küche und Speisesaal hatten, hier also im Westen und Norden zu suchen wären: Gesindewohnungen, Gemüsegärten, Scheunen, Werkstätten, Brauerei, Bäckerei, Mühlen, Ställe. So weit wird Hermann der Lahme selten gekommen sein, doch am Kapitel muß er teilgenommen haben. Als Kapitelsaal diente der Südteil des Kreuzgangs, an der Klosterkirche entlang. Der Kreuzgang, mit bemalter flacher Decke und unverglasten Bögen zum Innenhof, schloß alle Gebäude des Konventgevierts zusammen, als Schauplatz für die gemeinsame Prozession der Mönche im Schatten der Kirche. (Die Kultur der Abtei Reichenau, hg. Konrad Beyerle, Band 2, München 1925, Seite 856)

Bild 25: Bern in Reichenau um 1020–30

Das Pergamentblatt (20,4 x 14,5 cm) wurde wahrscheinlich im Kloster Reichenau bemalt, eines der letzten Zeugnisse für die ottonische Blütezeit der Reichenauer Buchmalerei. Es zeigt auf Goldgrund in der Mitte Ulrich von Augsburg, auf dessen Heiligenschein eine Hand aus dem Himmel weist. Weil er keine Bischofsmitra trägt, erkennt man die Priestertonsur des Grauhaarigen. Er ist nicht mönchisch, sondern bischöflich gekleidet, mit blauem Untergewand, gelbem Obergewand, purpurrotem Meßgewand. Er legt beide Hände segnend auf die Häupter zweier Mönche. Auch sie tragen Tonsur, jedoch keinen Bart wie Ulrich. Ihre Kleidung besteht aus einer weiten ärmellosen Kukulle in Schwarz, einem gelben Untergewand und schwarzen Schuhen; in der Rechten tragen beide den Abtstab. Das Bild steht am Beginn der »Vita sancti Udalrici«, die Bern von Reichenau für Fridebold von St. Ulrich und Afra in Augsburg verfaßte; diese Äbte werden als Diener des heiligen Bischofs dargestellt, voneinander übrigens nicht unterschieden. Die zugehörigen lateinischen Verse sind ein Gebet: »Erhabenster Bischof Gottes, der in der Himmelshöhe regiert, nimm gnädig an die Wünsche deiner Diener. Der Sünder Bern. Abt Fridebold.« Zwar hatte ein Augsburger Dompropst schon kurz nach Ulrichs Tod dessen heiliges Leben geschildert, aber wirksamer wurde der Ruhm einheimischer Heiliger durch auswärtige Mönche besungen, wie der des heiligen Otmar durch Walahfrid von Reichenau (Bild 10). Deshalb hatte der Augsburger Abt seinen Amtsbruder am Bodensee um eine Neubearbeitung, auch in hübscherem Stil, gebeten; Bern bekundete gern die Weite seiner Gesinnung und Schreibkunst. Das Bild ist das einzige zeitgenössische von Bern; so sah auch Hermann der Lahme seinen Abt, ähnlich sich selbst, als Priestermönch in der Weltkirche, weder auf reichenauische noch auf benediktinische Vorbehalte festgelegt. In Augsburg wurde Berns Werk mit anderen Augsburger und Konstanzer Heiligenleben zu einem hagiographischen Hausbuch zusammengebunden. Den kostbaren Band, alles in allem 137 Blätter, nahmen im 14. Jahrhundert die Augsburger Dominikaner den dortigen Benediktinern weg und reichten ihn, um sich Rückforderungen zu entziehen, an die Dominikaner in Ulm weiter – das pure Mönchsgezänk. Ulmer Bettelmönche waren an den Heiligen des fremden Ortes und Ordens wenig interessiert; so gelangte der Band vor 1576 in die kaiserliche Hofbibliothek. (Österreichische Nationalbibliothek Wien, Codex 573, Blatt 26 Rückseite)

Bild 26: Hermann in Einsiedeln vor 1100

Das Pergamentblatt (26,8 x 19,7 cm) ist weder von Hermann noch in Reichenau geschrieben, sondern von fünf Händen im Kloster Einsiedeln gegen Ende des 11. Jahrhunderts. Die abgebildete Seite, von der vierten Hand, enthält den Text von Hermanns Chronik zu den Jahren seiner Jugend, von 1008 bis 1021. Die ersten drei Zeilen berichten zu 1008 von Abt Bern, der Reichenau vierzig Jahre lang gelehrt und fromm regierte. Im nächsten Eintrag zu 1009 erfahren wir, wie Hermanns Eltern Wolfrat und Hiltrud heirateten und 15 Kinder zeugten; im übernächsten zu 1010, wie fromm Hermanns Großvater Wolfrat starb. In der Mitte des Eintrags zu 1013 lesen wir: *Herimannus ego XV. kal. Aug. natus sum,* ich Hermann wurde am 18. Juli geboren. Am Schluß der Nachrichten zu 1020 ist vermerkt: *Ego Herimannus literis traditus sum XVII. kal. Oct.,* ich Hermann wurde am 15. September der Schule übergeben. »Hinweise auf den Verfasser dieser Chronik«, notierte deshalb eine späte Hand am oberen Rand. Auf anderen Seiten trugen schon die Schreiber des 11. Jahrhunderts Nachrichten aus den Einsiedler Annalen (Bild 21) nach; sie verstanden das Werk also als Klosterchronik. Ein Mißverständnis, denn auf dieser einen Seite geht es um Päpste in Rom, Erzbischöfe in Mainz und Trier, Bischöfe in Konstanz und Straßburg, die Krönung des deutschen Königs zum Kaiser, die Herzöge von Lothringen, Bayern und Schwaben, nur in der letzten Zeile um Kloster Buchau. Den Band, bei dessen 45 Blättern heute die letzten fehlen, entlieh sich 1356 der Abt von Pfäfers, Hermann von Arbon; er ließ ihn abschreiben und gab das neue Exemplar sofort nach Einsiedeln zurück, wo es noch liegt (Codex 349). Der Abt, ein weißer Rabe unter Büchernarren, sandte den alten Band 1361 nach Reichenau weiter, wo anscheinend Hermanns Chronik nicht vorhanden war. Dort trug man nun Konstanzer Lokalereignisse zwischen 1385 und 1393 ein, als wäre das Werk eine Bistumschronik – wieder ein Mißverständnis. Im 15. Jahrhundert setzte ein Reichenauer zu einzelnen Notizen genealogische Erläuterungen, so auf unserer Seite neben die Erwähnung von Hermanns Vater: *Comes de Veringen,* als wäre die Chronik eine regionale Adelsgeschichte. Dem Pergamentcodex wurden schließlich historische Texte in Papierhandschriften des 14. Jahrhunderts beigebunden, welfische Annalen aus Weingarten, bischöfliche Viten aus Konstanz. Noch einmal unterschätzten die Reichenauer Benediktiner die Blickweite ihres berühmten Mitbruders; immerhin behielten sie jetzt sein Buch bis zum Schluß. (Badische Landesbibliothek Karlsruhe, Codex Augiensis 175, Blatt 39 Rückseite)

Eberhard von Nellenburg · Konverse in Schaffhausen (Text S. 118–135)

Bild 27: Münster Allerheiligen in Schaffhausen um 1960

Wer das Münster zu Allen Heiligen durch das Hauptportal im Westen betreten hat und im Langhaus steht, möchte glauben, daß sich der Kirchenraum nicht verändert habe, seitdem er kurz vor 1090 von Abt Siegfried aus Hirsau begonnen und um 1103 vom Konstanzer Bischof geweiht wurde. Beim Weitergehen verblaßt dieser Eindruck;

schon im Fußboden der Vierung erinnern moderne Markierungen an die drei Kirchen, die hier seit 1049 entstanden und verschwunden waren. Im bestehenden Münster wurde am frühesten der Chor der Mönche umgebaut, der ursprünglich mit einer halbrunden Apsis schloß und sich in der zweiten Hälfte des 12. Jahrhunderts zu einem quadratischen Altarhaus auswuchs, zur selben Zeit, als über seiner nördlichen Seitenkapelle der fünfgeschossige Glockenturm emporwuchs. Die drei Rundbogenfenster in der Stirnwand des Chors sind so modern wie ihre Glasmalereien. Unten an der Stirnwand findet man Reste von figurenreichen Wandmalereien des frühen 13. Jahrhunderts, erst 1924 wieder freigelegt; die Seitenkapellen wurden im 15. Jahrhundert ausgemalt. Auch das erste Langhausjoch, von einfachen Pfeilern getragen, bezeugt Wandlungen, denn hier stand einmal das Gestühl für den Nebenchor der Laienmönche an den Pfeilern entlang, während die singenden Mönche im Hauptchor unter der Vierung knieten. Schon lange bevor das Münster 1529 zum Gotteshaus der reformierten Pfarrgemeinde wurde, suchte es außer den Mönchen die Bürger anzuziehen. Umgekehrt blieb der Raum nach der Reformation von allen gotischen und barocken Modernisierungen verschont. Eingriffe fanden nur in der westlichen Zugangszone, an Vorhalle, Hauptportal und Türflügeln, seit dem 18. Jahrhundert statt, ganz anders als in Wagenhausen (Bild 1). In der Reform von Hirsau trat offenbar eine Rationalität zutage, die noch der Reformation Zwinglis einleuchtete; insofern trügt der erste Eindruck der Dauer nicht. Der Chor ist quadratisch, ebenso die Vierung und die Arme des Querschiffs. Dasselbe Quadrat wiederholt sich viermal im Hauptschiff; es ist in acht Joche unterteilt, damit die halb so breiten Seitenschiffe ebenfalls quadratische Maße erhalten. Die Joche des Langschiffs sind getragen von Monolithsäulen mit Würfelkapitellen und von Arkadenbögen aus abwechselnd rotem und graugrünem Sandstein. Der Raum war stets flachgedeckt. Seine zeitlose Wirkung beruht auf klaren Maßen von Quadrat und Halbkreis, auf einfachen Formen von Stein, auf freiem Durchblick ohne Dämmerlicht – im Grund auf einer radikalen Reform. (Aufnahme von Hans Bührer, Schaffhausen)

Bild 28: Ehemaliges Kloster Schaffhausen um 1600

Was in Allerheiligen für den Kirchenraum gilt, trifft für die Klosterbauten nicht zu; man sieht ihnen die Vergänglichkeit an. So urteilte auch die kolorierte Federzeichnung (21,5 x 26,5 cm) des Bürgermeisters und Glasmalers Hans Caspar Lang für die »Chronik der Stadt und Landschaft Schaffhausen«, die der Münsterpfarrer Johann Jakob Rüeger um 1600 schrieb und dem Staatsarchiv der Vaterstadt hinterließ. Für Chronist und Zeichner steht im Blickpunkt das von Norden gesehene Münster mit Glockenturm, die Kirche der reformierten Gemeinde. Südöstlich dahinter entdeckt man einen zweiten Sakralbau, die St. Anna-Kapelle (mit IX bezeichnet), am Platz der ersten, 1049 vom Papst geweihten Kirche Eberhards, jedoch im 12. Jahrhundert neugebaut und 1522 erweitert. Noch undeutlicher ist das Konventgeviert südlich des Münsters wiedergegeben. Seine ursprüngliche Anlage kann im 11. und 12. Jahrhundert kaum größer als in Wagenhausen (Bild 1) gewesen sein, wurde aber im Mittelalter vielfach verändert. Westlich vom Kreuzgang baute sich der Abt im 13. Jahrhundert, ähnlich wie der von Einsiedeln (Bild 20), am Münstervorplatz eine eigene Residenz, die Alte Abtei (C). Sie bezog ältere

Kapellen mit ein und wandte sich nach Süden mit einer großen Loggia zum Pfalzhof (A), den Lang falsch darstellt. Den Kreuzgang selbst zerstörte ein Brand 1353 zum Teil. Sein Westflügel wurde im frühen 15. Jahrhundert mit alten Steinen erneuert; der Südflügel vor dem Speisesaal erhielt wahrscheinlich 1496 spätgotische Maßwerkfenster. Am Ostflügel brach man wohl 1522 den Kapitelsaal und den Schlafsaal darüber ab; hier blieben nur Mauern und Fensterreihen (M) stehen. Auf der Zeichnung ist kaum zu bemerken, daß sich im Osten ein zweiter Klosterhof, vielleicht für die Novizen, anschloß. Der Kreuzgarten wurde nach der Aufhebung des Konvents 1529 als Friedhof der vornehmen Geschlechter belegt; in die Konventbauten (D, I, K, N) zogen städtische Schulklassen und Werkstätten, Pfründner und Rentner. Am interessantesten fand der Zeichner die weltlichen Gebäude, besonders die Neue Abtei (F) von 1484, eine dreigeschossige Abtresidenz mit Staffelgiebel und Torbogen. Dahinter reihten sich um zwei Wirtschaftshöfe viele Nebengebäude verschiedenster Gestalt, ein Knechtshaus (G), Ställe, Scheunen, Keller, Werkstätten, auch Brunnen und Gärten bis zum Rheinufer im Süden. Eine kleine Stadt, lebendig nur noch bei der Kirche, ansonsten ausgestorbener als in St. Gallen (Bild 4). Auf dem Gelände der Wirtschaftsbauten stehen heute Fabriken; die Konventbauten fanden mit der Einrichtung des Museums 1921 eine angemessene Verwendung. (Staatsarchiv Schaffhausen, Chroniken A 1, Band 2, nach Seite 546)

Bild 29: Grab Eberhards und Burchards in Allerheiligen um 1105

Der Klosterstifter Eberhard von Nellenburg wurde um 1078 in einer Außenkrypta östlich seiner zweiten Kirche beigesetzt, die, deutlicher als in Buchau (Bild 17), als Grablege seines Geschlechts und als Kultstätte vorgesehen war. Dann wurde 1103 zugleich mit dem neuen Münster als dessen südliche Frontkapelle an der Vorhalle die Erhardskapelle fertiggestellt. Hierher, in die Zone der Laien, überführte man Eberhards Leichnam, nachdem auch sein Sohn Burchard und seine Frau Ita gestorben waren. Alle drei erhielten ein gemeinsames Hochgrab mit monumentalen Figurenplatten, wie sie damals Könige und Bischöfe eben zu beanspruchen begannen. In der Mitte liegt erhöht und sehr breit die Grabplatte Eberhards aus rötlichem Sandstein (206 x 77 cm). Sie zeigt fast lebensgroß einen langhaarigen und langbärtigen Mann in prunkvoller Tracht, mit gefälteltem Untergewand, weitärmeligem Obergewand und einem Mantel, dessen Säume edelsteinverziert sind, mit eleganten Schuhen auf einer Fußbank stehend. Er ist als Klostergründer anerkannt, denn in den Händen hält er das Modell einer Basilika mit sechs Oberfenstern und wuchtigem Dachreiter, vielleicht das seiner zweiten Kirche. Der Rahmen der Tumba ist mit üppigen Band- und Rankenornamenten geschmückt. Die Ausführung wirkt trotz aller Starrheit der Pose sorgfältig und feinfühlig, zur Strenge des gleichzeitigen Münsterraumes paßt sie schlecht. Vom Grabstein Itas ist bloß ein Kopfteil erhalten. Die Grabplatte Burchards (206 x 65 cm), vom gleichen Künstler behauen, führt noch einen reich gekleideten Herrn vor, mit Mittelscheitel und gepflegtem Kurzbart, in den Händen ein stilisiertes Bäumchen mit Wurzelballen, das ihn als Schenker von Klosterland ausweist. Als die Grabsteine gemeißelt wurden, war den Mönchen von Allerheiligen der Gegensatz zwischen ihrer asketischen Gegenwart und der adligen Großzügigkeit ihrer Stifter bewußt, nicht zuletzt weil sie sich mit den Erben der Stifter neuerdings zankten. Sie rückten den alten Grafen, indem sie ihm alle weltlichen Ehren erwiesen, von ihrem geistlichen Leben ab, in dem er doch gestorben war. Die Reformierten vergaßen den Stifter ganz: Die Grabsteine wurden 1537 weggeräumt und erst 1921 bei den Ausgrabungen im Münster wiedergefunden. Jetzt sind sie in der Erhardskapelle von neuem zu einem Dreiergrab zusammengesetzt. (Museum zu Allerheiligen Schaffhausen, Inventar-Nr. MzA 6947-49)

Bild 30: Vita Eberhards in Schaffhausen um 1300

Mit der Papierseite (27,6 x 20,8 cm) beginnt die älteste und vollständigste Fassung der Lebensbeschreibung, die sich am Schluß *der stiffter buoch* nennt. Sie erzählt nur von einem Stifter ausführlich, von Eberhard und seiner Klostergründung. *Dis ist der stiffter leben, graf Eberhartes von Nellenburg,* so beginnt der Text, der dann ein Gedicht als Einleitung vorträgt. Es hält adligen Herren, die ihren Reichtum verschwenden und sich dessen brüsten, das Gegenbeispiel nobler Asketen vor, die in welschem und schwäbischem Land viele Klöster stifteten, so wie der Graf in *Schafhusen*. Dann beginnt bei der zweiten verschmierten Initiale der Prosabericht über Eberhards Elternhaus. Wie das Eingangsgedicht behauptet, ist die Darstellung aus einer lateinischen Vorlage übersetzt. Diese kann nur im Kloster Allerheiligen entstanden sein, bald nach Eberhards Tod, als die Mönche noch an seine Heiligsprechung dachten. Nach 1105 kamen sie davon ab; kein Passionale nahm Eberhard so wie Gallus (Bild 5) auf, seine lateinische Legende ging verloren. Erhalten blieben lediglich volkssprachliche Versionen, von lateinkundigen Schaffhauser Benediktinern schwerlich vor 1300 verfaßt. Sie stimmten zu den populären Wandmalereien im Münster, die damals auch das Stifterpaar abbildeten. So schlecht sich Eberhards Leben in die monastische Routine des Spätmittelalters fügte, so sehr erregte sein Vorbild die Frommen unter den Laien. Kein Geistlicher wagte wie anderswo (Bild 70) zu sagen, man dürfe Perlen nicht vor die Säue werfen. Unser schmuckloses Manuskript, im 14. Jahrhundert geschrieben und mit deutschen Heiligenlegenden, naturkundlichen Traktaten und historischen Balladen zusammengebunden, mag aus dem Besitz von Schaffhauser Bürgern gekommen sein, so wie die jüngeren erhaltenen Fassungen desselben Textes von Schaffhauser Bürgern veranlaßt oder geschrieben wurden. Eberhards Klostergründung hatte die Bürgergemeinde Schaffhausen ins Leben gerufen; deshalb hielt sie bis zur Reformation sein Gedächtnis in Ehren. Danach ging der Band, 239 Seiten stark, auf Wanderschaft; er gehörte dem thurgauischen Adligen Hans Christoph Giel von Glattburg zu Wängi, sodann dem Sanktgaller Historiographen Gilg Tschudi, dessen Signatur N. 108 am Fuß der Seite steht. Mit seinem Nachlaß ging das Buch 1572 in die Klosterbücherei von St. Gallen, die vieles aufhob, was andere wegwarfen. (Stiftsbibliothek St. Gallen, Codex 604, Seite 3)

DIETRICH · ABT IN PETERSHAUSEN (Text S. 136–154)

Bild 31: Klosterkaserne Petershausen 1978

Das älteste Bischofskloster am Bodensee mußte seine Nähe zur Stadt Konstanz büßen, am sichtbarsten nach seiner Aufhebung 1802, wie das Luftbild von Südwesten enthüllt. Die ehemalige Klosterkirche in Petershausen wurde, anders als die in Buchau (Bild 15), nur bis 1819 für Gottesdienste gebraucht. Nachdem es seit 1827 keinen Bischof von Konstanz mehr gab, lag den Konstanzern an dem Grab des heiligen Bischofs Gebhard II. nichts mehr. Sie brachen die Kirche 1831 ab, um einem späteren Kasernenbau Platz zu machen; man kann die Baulücke beim Winkel zwischen den Straßen im Südosten nicht übersehen. Das Großherzogliche Schloß wurde 1813/14 als Militärhospital, seit 1851 tatsächlich als Kaserne verwendet, denn Soldaten ließen sich zu vielen in große Häuser zwängen. Die vorhandenen reichten nicht einmal aus; nicht am Standort der Kirche, sondern im Norden des Klosterbezirks entstand 1874–77 ein schloßartiger Erweiterungsbau mit drei Flügeln. Die älteren Gebäude waren zu benediktinischen Zeiten 1769–72 unter Abt Georg Strobel barock neugestaltet und vereinheitlicht worden, bescheidener übrigens, als es der Idealplan der Mönche vorgesehen hatte. Er hatte die Klosterkirche an der alten Stelle lassen, aber wie die in Weingarten (Bild 2) mit Doppelturmfassade und hoher Kuppel barockisieren wollen. Die Konventbauten sollten ein mächtiges dreistöckiges Quadrat mit höheren Eckpavillons bilden. Der Umbau überdeckte 1769 die alten Kirchen am Klosterfriedhof im Osten und verschonte kein mittelalterliches Bauwerk. Er ignorierte nur den verwinkelten Komplex westlich der Kirche, der als Bäckerei und Verwaltungsbau diente, und akzeptierte die langgestreckte Gebäudegruppe im Südwesten am Rheinufer. Sie vereinte seit 1630 die Prälatur des Abtes und den Torbau zu einer Schaufassade gegenüber der Stadt. Im Innern des Bereichs wurde gründlich aufgeräumt, die neuen Konventbauten brauchten Platz, der massige Nordflügel und die halben West- und Ostflügel, dazu die breitgelagerten Wirtschaftsgebäude im Nordwesten, von denen noch die Klostertorkel steht, fast wie ein Schloß mit Seitenflügeln und Ziergiebeln. Mit der Neugestaltung des 18. Jahrhunderts verließ die Abtei ihre Konzentration auf den Innenbereich und gebärdete sich als Herrschaftszentrum. Nach der Säkularisation nutzten die neuen Herren das Gelände ganz ähnlich. Wie heutige Verwaltungsbehörden dem hochgeschraubten Anspruch des Areals gerecht werden wollen, nachdem die Soldaten es 1978 verlassen haben, darauf darf man gespannt sein. (Luftbild von Albrecht Brugger, Stuttgart, freigegeben vom Regierungspräsidium Stuttgart, Nr. 2/46963)

Bild 32: Benediktinerkloster Petershausen 1627

Die kolorierte Federzeichnung (13,5 × 25,0 cm) entstammt demselben Werk des Weingartener Benediktiners Gabriel Bucelin wie die Ansicht von Einsiedeln (Bild 20). Das unvollendete Blatt enthält einige Verzerrungen, lehrt aber, was einem Benediktiner, zumal im Vergleich mit Einsiedeln, beim Blick von Süden, von Konstanz her, an Petershausen auffiel. Kunstlos und geduckt erscheint das ganze Kloster, besonders die Kirche

St. Gregor. Es ist noch der Bau, den Abt Konrad, der zweite Nachfolger und Verwandte Dietrichs, nach dem Brand von 1159 begann und der 1180 geweiht wurde. Die Kirche blieb nach Westen ausgerichtet, weil dort das Grab des heiligen Gebhard lag, und legte den Haupteingang nach Osten, wo die Landstraße verlief. Den reichen Portalschmuck aus dem späten 12. Jahrhundert (heute im Badischen Landesmuseum Karlsruhe) hielt Bucelin nicht für bemerkenswert, wohl aber die altertümliche Bauweise der dreischiffigen Säulenbasilika: Rundbogenfenster, schmales Querschiff, gerader Chorschluß, ein einziger simpler Glockenturm – dem vieltürmigen Münster in Einsiedeln weit unterlegen. Die westwärts anschließenden Gebäude am Rheinufer hielten eher dem Vergleich mit Einsiedeln stand; sie waren erst 1551–63 errichtet worden, die Klostersakristei, die Prälatur mit dem Türmchen, das Torhaus mit Staffelgiebel. Merkwürdig fand der Besucher die Lage des Konventgeviert, nicht unmittelbar neben dem Langhaus der Kirche, aus deren Schatten heraus nach Nordwesten verschoben. Auch daß der Konvent nicht (wie vor dem Brand von 1159) südwärts der Kirche zu finden war, fiel aus dem Rahmen; soeben hatte Kloster Reichenau dieselbe Regelwidrigkeit beseitigt und dabei stattliche Gebäude errichtet (Bild 11). Demgegenüber wirken die zweistöckigen Konventbauten in Petershausen niedrig, ihr Kreuzgang ist kaum zu erkennen. Freilich liegt er in der Mitte des Klostergeländes, nach allen Seiten abgeschirmt. Etwas zu mächtig zeichnet Bucelin die Gebäudegruppe, die am Nordflügel des Konventgeviert ansetzt und ostwärts weist. Dort an der Klostermauer liegt wie gewöhnlich der Friedhof. Die Friedhofkapelle, den Heiligen Johannes Baptista und Nikolaus geweiht, hatte den Brand von 1159 überstanden; sie stammte aus der Zeit vor Dietrichs Regiment, den Jahren um 1050, und war nach Dietrichs Tod unter Abt Konrad 1129 erweitert, um eine zweistöckige Doppelkapelle ergänzt worden. Dahinter lag das Hospital. Auf die Wirtschaftsgebäude im Westen und Norden achtete Bucelin so wenig wie in Einsiedeln. Um den großen Hof hinter der Prälatur standen Gesindewohnungen neben Wagenremisen, Scheunen, Ställen und Torkeln. Im ganzen hatte sich das Kloster zwischen dem 12. und 17. Jahrhundert allmählich verändert, aber nicht gründlich gewandelt und sich die Zurückgezogenheit der Klausur noch nicht nehmen lassen. (Württembergische Landesbibliothek Stuttgart, Codex HB V, 4, Blatt 252 Rückseite)

Bild 33: Dietrich in der Petershauser Chronik um 1135

Ein Mitbruder schrieb dem Verfasser das Pergamentblatt (24,5 x 17,0 cm) der Petershauser Chronik zwischen 1134 und 1139. Der Autor selbst verbesserte, vermutlich erst um 1150, den Text an vielen Stellen; zu Beginn der 21. Zeile fügte er ein *Sed* ein, in der neunten Zeile und am Rand trug er die Überschrift des Kapitels nach. Wir wissen von dem Mönch nicht den Namen, nur was er viel zurückhaltender als Hermann der Lahme (Bild 26) von sich sagt, daß er vor 1120 aus Petershausen nach Wagenhausen abgeordnet und vor der Erhebung von Gebhards Reliquien 1134 zurückgekehrt war. Vor seiner Chronik hatte er eine Lebensbeschreibung dieses Gründerbischofs verfaßt, vermutlich in Konkurrenz zu den gleichzeitigen Kreuzlinger Bemühungen um die Vita des Bischofs Konrad. Wie zwei ältere Verwandte des Autors gehörte er selbst wohl schon zu Dietrichs Lebzeiten dem Petershauser Konvent an. Auf der abgebildeten Seite beginnt sein Bericht über Dietrichs Taten. Zunächst erzählt er, wie Bischof Gebhard III. die Hirsauer Reformer nach Petershausen berief und sich die älteren Mönche dagegen sträubten. Dann hören wir, daß Wilhelm von Hirsau den sehr ehrwürdigen Mann Dietrich (15. Zeile *venerabilem valde virum Theodericum*) entsandte. Dessen Abkunft von dem Grafen *Cuono* und der Magd *Berhta* und das Schicksal seiner Brüder Liutold und Marquard werden erörtert. Die Chronik wurde, ähnlich wie die Einsiedler Annalen (Bild 21), von späteren Mönchen bis 1173 zusammenhängend, bis 1249 stockend fortgesetzt; an den Schluß kam eine Liste der Petershauser Äbte aus dem 14. Jahrhundert, von verschiedenen Händen bis 1556 ergänzt. Im 15. Jahrhundert diente der Text als Vorlage für eine deutsche Übersetzung, die viele Einzelheiten, so die über Dietrich, wegließ, aber Laien, ähnlich wie in Schaffhausen (Bild 30), interessiert haben muß. Die 116 Blätter des Bandes nahmen neben der Chronik die Legenden der beiden Klosterpatrone auf, des Papstes Gregor I. und des Bischofs Gebhard II., außerdem die Meßgebete zum Gebhardsfest. So galt der Codex für wenigstens dreihundert Jahre als Hauptquelle zu Ursprung und Frühgeschichte des Klosters; ein Benediktiner von St. Blasien gab den Chroniktext 1790 gedruckt heraus. Mit der Petershauser Bücherei kam der Band 1802 zu den Zisterziensern nach Salem, die Universität Heidelberg kaufte ihn 1827. (Universitätsbibliothek Heidelberg, Codex Salemitanus IX 42 a, Blatt 60 Vorderseite)

Bild 34: Der selige Wilhelm von Hirsau in Klosterreichenbach um 1150

Von Dietrich hat sich keine Abbildung erhalten; denn Petershausen war kein Zentrum der Buchmalerei, und Dietrich kam anderswo nicht zur Ehre der Altäre, der illuminierten Meßbücher und Legendensammlungen. Wer später von dem Reformabt Dietrich und seinem Reformbischof Gebhard las, konnte sich beide wenig anders vorstellen als ihren Abt und Lehrmeister Wilhelm von Hirsau, von dem wir eine Darstellung haben. Sie wirkt nicht idealtypisch verallgemeinert wie das Bild des heiligen Otmar im gleichen Hirsauer Kreis zur selben Zeit (Bild 10), sondern hält unverwechselbare Züge eines Menschen fest. Aus dem Pergamentblatt (23,0 x 16,0 cm) und seinem abstrakten, vierfach abgestuften Rahmen tritt die hagere Gestalt fast geisterhaft heraus und blickt dem Betrachter scharf in die Augen. Seine Augen faszinieren durch ihre Asymmetrie. Die Ungleichmäßigkeit wiederholt sich im ganzen Gesicht, in der dünnen Stirnlocke, im schiefen Haaransatz der Tonsur, in den unterschiedlich stark hervortretenden Backenknochen, in dem schütteren Bärtchen. Der temperamentvolle Mann trägt keine Kukulle mit Mönchskapuze, sondern ein weites Meßgewand, dessen Schmuck bloß aus parallelen Streifen besteht. In den Händen hält er Buch und Stab eines Abtes. Das Buch ist zum Rechteck abstrahiert, das dem geometrischen Rahmen des Bildes fast genau gleichläuft; der lange Abtstab durchschneidet das Bild beinahe exakt diagonal. Zwischen der berechneten Komposition und dem unberechenbaren Gesicht besteht starke Spannung, die der leidenschaftlichen Sachlichkeit. Wilhelm war seit zwei Menschenaltern tot, als ihn ein Mönch so zeichnete; aber der Dargestellte beherrschte die Gegenwart des Darstellenden. Denn Wilhelm von Hirsau hatte 1082, während ihm Gebhard und Dietrich noch unmittelbar unterstanden, das Priorat Klosterreichenbach gegründet, das in der vorliegenden Handschrift zwischen 1143 und 1152 auf 40 Blättern seine Besitzungen zusammenstellte.

Von Hirsau blieb Klosterreichenbach direkter als Petershausen abhängig; auch die Zeichnung verrät den Hirsauer und Zwiefaltener Einfluß. (Württembergische Landesbibliothek Stuttgart, Codex historicus quarto 147, Blatt 1 Rückseite)

Heinrich · Propst in Kreuzlingen (Text S. 154–172)

Bild 35: Kirche und Lehrerseminar Kreuzlingen 1978

Nur scheinbar kam das zweite Bischofskloster bei Konstanz, Kreuzlingen, hier von Nordwesten photographiert, unversehrter davon als das erste, Petershausen. Die derzeitige Anlage wurde nach dem Brand von 1963 bis 1967 wiederaufgebaut, deshalb wirkt sie ganz neu. Ziemlich neu ist sie, denn an diesem Platz wurde sie erst seit 1650 errichtet, nicht infolge der Modernisierungswünsche eines bauwütigen Abtes, sondern nach der Zerstörung des alten, weiter nördlich gelegenen Klosters 1633, im Dreißigjährigen Krieg. Die Verlegung wurde dadurch erleichtert, daß die heiligsten Schätze transportabel waren; im Boden lagen nicht wie in Petershausen Gräber von heiligen Gründern und vornehmen Stiftern. Mitgebracht wurden in das neue Kloster ein großes Gnadenkreuz des späten 14. und ein Vesperbild des frühen 15. Jahrhunderts, vor allem das Stück vom Kreuzesholz Christi, das Bischof Konrad von Konstanz im 10. Jahrhundert den Chorherren von St. Mauritius geschenkt hatte. Diese Reliquie gab dem Augustinerkloster im frühen 12. Jahrhundert den Namen und für siebenhundert Jahre danach die Rechtfertigung. Beim Neubau wurde unter Abt Jakob Denkinger 1653 zuerst die Klosterkirche St. Ulrich und Afra vollendet, wo diese Heiligtümer ruhten. Ein Jahrzehnt später gingen die Augustiner an die Konventbauten, deren Ostflügel sie 1668 bezogen; der Westflügel war erst 1685 so weit. Das dreigeschossige Geviert erhielt einen gewölbten Kreuzgang und jene einheitlichen Außenfronten, die seit dem 16. Jahrhundert Klöstern zukamen (Bild 75), jedoch nicht wie in Einsiedeln (Bild 19) den Festungscharakter einer Fürstabtei. Die Prälatur, Residenz des Abtes, lag vielmehr in dem Trakt, der den Westflügel nach Süden fortsetzte und sich äußerlich kaum von ihm unterschied. Im 18. Jahrhundert renovierte man die Kirche und das Konventgeviert im Stil des Rokokos und baute 1760 quer zur Kirchenachse die Ölbergkapelle im Norden an, als Schatzkammer der Heiligtümer. Damals wurden, weil die örtliche Klostergeschichte zu wenig Vorbilder hergab, Szenen aus dem Ordensleben des heiligen Augustin in den Deckengemälden verewigt. Ein Brand erzwang 1774 den Neubau der Wirtschaftsgebäude, der letzten von den Augustinern erbauten Klosterhäuser. Der Kanton Thurgau hob die Abtei 1848 auf und machte die Konventbauten zum Lehrerseminar. Bald danach brach man den Westflügel mit dem Bibliothekssaal ab; so entstand der jetzige offene Hof. Im Hintergrund erwuchsen 1969–72 Neubauten für das Lehrerseminar, das immerhin eine Aufgabe der alten Augustiner übernommen hat. (Luftbild von Albrecht Brugger, Stuttgart, Nr. CH 46964)

Bild 36: Augustinerkloster Kreuzlingen 1633

Kurz nach der Klosterzerstörung von 1633 entstand der große Stich (35,4 x 49,0 cm) des flämischen, in München ansässigen Kupferstechers Jan Sadeler, nach der aquarellierten Federzeichnung eines anonymen Konstanzers, der die Leiden seiner Vaterstadt im Dreißigjährigen Krieg beschrieb (Generallandesarchiv Karlsruhe, Signatur 65/313). Sadeler zeigt den Klosterbereich von Norden, von Konstanz her, in Einzelheiten ungenau, aber noch an dem Ort, wo die Anlage seit 1125 allmählich erwachsen war. Im Norden steht eine einfache Kirche (mit 1 bezeichnet), der Bau von 1125, wenngleich durch Brände 1248 und 1499 verändert. Nach zuverlässigeren Angaben war sie eine Basilika mit einem südlichen Seitenschiff und geradem Chorschluß, ohne Querhaus; der Turm stand nicht vor, sondern nördlich neben dem Chor. Das zweigeschossige Konventgeviert (2) im Süden der Kirche, mit dem eingezogenen Kreuzgang, könnte statt der Rundbogenfenster gotische Spitzbögen aufgewiesen haben. Noch jüngeren Datums sind die Gebäude am zweiten Klosterhof im Südosten. Ihn umstehen Häuser für den Abt, eine Liebfrauenkapelle (3), ein dreistöckiges Haus mit breiter Fensterfront, von Abt Georg Tschudi um 1550 erbaut (4), und die ältere Abtresidenz (5). Die spätmittelalterlichen Äbte bauten hier wie in Schaffhausen (Bild 28) ihre Zone anspruchsvoller aus als ihre Amtsvorgänger und Amtsnachfolger; da konnten sie 1414 einen Papst standesgemäß bewirten und sich zum Dank dafür die Bischofsmitra verleihen lassen. Städtische Beobachter achteten hier wie in Schaffhausen besonders auf den großen Wirtschaftshof im Süden: Neue Scheuer (11), Wagnerhaus (13), Küferhaus (14), Neuer Keller (15), Schenkhaus (16), Marstall (17), Bäckerei (19), Gästehaus (20). Hingegen übersieht man, anders als in Petershausen (Bild 32), beinahe den winzigen Friedhof (6) nördlich der Kirche, auf dem sich zu Heinrichs Zeit viele Konstanzer Laien hatten beisetzen lassen; völlig vermißt man das Spital, um das sich zu Heinrichs Zeit der Dienst des Priesterkonvents gedreht hatte. Das stadtnahe Kloster ist inzwischen durch eine Mauer geschützt; seine Gutswirtschaft bietet mit Gärten und Feldern einen ländlichen Anblick, fast wie das dörfliche Ittingen (Bild 80). Seit der Gründungsepoche hat sich noch nicht der Standort, aber schon der Funktionszusammenhang der Klosterbauten beträchtlich verschoben. (Originalabzug im Rosgartenmuseum Konstanz, Inventar-Nr. T 77)

Bild 37: Heinrich in der Kreuzlinger Gründungsurkunde 1125

Propst Heinrich von Kreuzlingen war der Empfänger der großen Pergamenturkunde (51,0 x 25,9 cm), die Papst Honorius II. am 27. November 1125 im Lateran in Rom ausstellte (das Datum steht in der letzten Zeile). Der Papst versichert dem Propst und »seinen Mitbrüdern beim Hospital und bei der Kirche des heiligen Bekenners Ulrich und der heiligen Märtyrin Afra«, daß sie das Kanonikerleben nach der Augustinregel unbehindert führen und die ihnen geschenkten Güter für die Aufrechterhaltung des gemeinsamen Lebens und für die Erquickung der Armen Christi benutzen dürfen (Zeile 6–7). Jedermann kann sich bei den Augustinern bestatten lassen (Zeile 16–17). Sie dürfen ihren Propst künftig frei wählen (Zeile 15–16). Bischof Ulrich I. von Konstanz war, wie der Text sagt, eigens nach Rom gereist, um diese Urkunde (nebst einer zweiten für Neresheim) zu erwirken. Sie vollendete im geistlichen Bereich die Gründung des Augustinerchorherrenstifts. Vorangegangen waren Verhandlungen wegen seiner materiellen Ausstattung. Der Papst bestätigte denn auch einen Gütertausch zwischen den Kreuzlinger Chorherren und den Konstanzer Stiften am Dom und bei St. Stephan (Zeile 9–10). Für Propst Heinrich brachte diese Urkunde die Erfüllung seines Lebenswerkes. Wie alle mittelalterlichen Klöster würde Kreuzlingen derartige Privilegien eifersüchtig hüten, denn leicht konnten neidische Nachbarn oder spätere Nebenbuhler dem Konvent die alten Rechte bestreiten; dann mußte er aus dem Klosterarchiv unanfechtbare Urkunden vorlegen. Deshalb wurden sie feierlich und einigermaßen fälschungssicher ausgestaltet. Nicht die angeblich eigenhändige Papstunterschrift (vorletzte Zeile *Ego Honorius catholicae ecclesiae episcopus subscripsi*) garantierte die Echtheit, sondern die Rota, das von zwei konzentrischen Kreisen eingefaßte Kreuz mit Namen und Sinnspruch des regierenden Papstes, und die angehängte Bleibulle, auf der Vorderseite mit dem Papstnamen, auf der Rückseite mit den Köpfen der Apostelfürsten Petrus und Paulus. Auch die verschnörkelte Gitterschrift am Anfang diente ebenso wie die feste Abfolge der Sätze, Formeln und Rhythmen im Hauptteil zur Beglaubigung für alle kommenden Zeiten. Die Chorherren verwahrten das Unterpfand ihrer künftigen Dauer bis ans Ende; 1848 kam es mit allen ähnlichen Urkunden ins Kantonsarchiv. (Staatsarchiv des Kantons Thurgau, Frauenfeld, Abteilung Kreuzlingen, Lade 1, Nr. 1; Aufnahme vom Lichtbildarchiv älterer Urkunden, Marburg)

Bild 38: Plastiken am Kreuzlinger Siechenhaus vor 1297

Die drei Figuren aus Rorschacher Sandstein waren in der nördlichen Außenwand der Kreuzlinger Siechenkapelle unter dem Dach eingemauert. Kapelle und Sondersiechenhaus wurden von den Augustinerchorherren vor 1297 für Leprakranke errichtet, wegen der Ansteckungsgefahr abseits der Siedlungen auf freiem Feld, lange bevor das Kloster selbst 1650 in nächste Nähe des Siechenhauses gedrängt wurde. Beim Bau der Kapelle dürften die Plastiken gleich hierhergekommen sein, aber sie waren um Jahrzehnte älter und ursprünglich nicht für eine Siechenkapelle bestimmt. Wahrscheinlich kamen sie aus Konstanzer Kirchen, die damals neuen plastischen Schmuck erhielten und altertümliche Figuren nicht mehr brauchten; zu denken wäre an die Bischofskirche oder eine ihrer Kapellen, an die Klosterkirchen von Petershausen oder von Kreuzlingen selbst. Dargestellt sind keine Spezialpatrone, sondern die höchsten Himmelsherren, nicht ganz lebensgroß. Der thronende Christus mit dem Kreuznimbus (99 x 42 cm) hat die rechte Hand segnend erhoben, in der linken das Buch des Lebens mit Alpha und Omega. Die sitzende Maria (90 x 46 cm) ist durch die Inschrift *Mater Domini* ausgewiesen und trägt in der rechten Hand einen Apfel, in der linken, abgeschlagenen vielleicht das Jesuskind, ähnlich wie auf dem Reichenauer Konventsiegel (Bild 41). Nur ist ihr Haupthaar nicht mit dem offenen Kopftuch bedeckt, sondern mit einer eng anliegenden Haube. Petrus (83 x 42 cm) ist ein Mann mit Bart und Priestertonsur, ohne Heiligenschein, kenntlich am mächtigen Himmelsschlüssel in der Linken; in der Rechten trägt er ein Buch, sein Gewand hat einen Prunksaum. Die Gestalten wenden sich nicht an Mönche, deren Kleidung sie trügen, sondern an jedermann auf der Straße. Auch wenn sie nur Abfallprodukte des Konstanzer Kirchenbaus waren, den Aussätzigen galten sie als tröstliche Zeugen, daß sich die gewaltigsten Helfer im Jenseits der Ausgestoßenen annehmen würden. Für uns sind die plumpen Figuren die letzte Erinnerung an den Spitaldienst der Kreuzlinger Augustinerchorherren, der 1125 unter Propst Heinrich begann und mit dem Bau der Siechenkapelle fast schon endete. Trotzdem blieb die Kapelle stehen, solange das Kloster bestand; 1851 wurde sie abgerissen. Man brachte die Plastiken nach Konstanz, zuerst in den Spitalkeller, dann in das Münster; 1869 kaufte sie das Museum. (Rosgartenmuseum Konstanz, Inventar-Nr. S 26 a; Aufnahme von Jeannine Le Brun, Konstanz)

Diethelm von Krenkingen · Bischof in Konstanz (Text S. 172–188)

Bild 39: Kreuzgang des Münsters in Konstanz 1965

An der Bischofskirche hätte mönchisches Zusammenleben von Priestern am leichtesten gedeihen können. Der Blick von Nordwesten auf das Münster Unserer Lieben Frau in Konstanz belehrt uns, was von den Ansätzen zu einem Kloster der Domherren übriggeblieben ist. Aus der Luft gesehen, wäre der Kreuzgang völlig durch Bäume verdeckt, die aus den Ruinen wuchsen. Die Mauern im Vordergrund bezeichnen den Verlauf der Außenwände im West- und Nordflügel; beide wurden 1824 durch Brand beschädigt und gleich ganz weggeräumt. Der noch vorhandene Südflügel lehnt sich an das Langhaus der Domkirche an, deren Ostquerhaus oben rechts sichtbar wird. Er stand bereits zu Bischof Diethelms Zeit, wenigstens das Erdgeschoß. Seine schlichten frühgotischen Fenster könnten im frühen 13. Jahrhundert eingebaut worden sein; bald danach, 1265, tagte hier das bischöfliche Gericht. Das Erdgeschoß des angrenzenden Ostflügels ist seit 1275 sicher bezeugt, wahrscheinlich ist es älter; spätestens 1317 lagen hier die Räume der Domschule, an derselben Stelle wie heute. Die reichen spätgotischen Maßwerkfenster wurden im Ostflügel erst zu Beginn des 14. Jahrhunderts angebracht, unter Salemer Einfluß – eine Erinnerung an Diethelms Wendung nach Salem. Damals wurden auch die Obergeschosse des Süd- und Ostflügels errichtet; im 15. Jahrhundert beherbergten sie den Kapitelsaal der Domherren und die Dombibliothek. Was das Domkapitel an Gemeinschaftsräumen für Beratung, Gericht, Schule und Bücherei brauchte, fand es hier. Aber Speisesaal und Schlafsaal fehlten, denn die Domherren lebten nicht zusammen, obwohl der Kreuzgang sie dazu einlud. Seit wann er im Norden der Kathedrale lag, ist ungewiß; bereits zur Zeit Bischof Konrads im 10. Jahrhundert könnten hier die Chorherren von St. Mauritius gewohnt haben. Jedenfalls ließ unter Bischof Gebhard III., um 1105, Dompropst Heinrich »das ganze *Claustrum* an dieser Stelle erneuern und mit neuen Bauten ausgestalten«, als er nebenan in der Mauritius-Rotunde und über Konrads Grab Neubauten anregte. Im Zug der gregorianischen Kirchenreform, im Einklang mit den Hirsauer Reformern von Petershausen, bei der Belebung des Konradskultes hätte der Kreuzgang im frühen 12. Jahrhundert zum Mittelpunkt einer Priestergemeinschaft werden können. Er wurde es nicht, zur Heimstatt von Regularkanonikern entwickelte sich Kreuzlingen. Konstanzer Domherren kauften sich in der Stadt eigene Höfe, Kurien. Als Diethelm Bischof wurde, war es zu spät; er selbst vergab 1192 mit einer Dompfründe die zugehörige »Kanonikerkurie«. Schon zu Diethelms Zeit gemahnte der Konstanzer Kreuzgang an gescheiterte Versuche, Domherren zum Leben im Konvent zu bewegen. (Aufnahme von Alfons Rettich, Konstanz)

Bild 40: Münster und Domburg in Konstanz um 1470

Die kolorierte Federzeichnung füllt ohne Rahmen ein Papierblatt (27,8 x 20,7 cm) in der »Chronik der Stadt Konstanz«, die der hiesige Fischer und Ratsherr Gebhard Dacher zwischen 1467 und 1471 eigenhändig schrieb. Ob der Verfasser auch das Bild zeichnete? Es illustriert die historische Topographie der Stadt, mit der er seine Chronik einleitet, und zeigt die Bauten, die er dabei aufzählt, ungefähr von Südosten. Den Hintergrund bildet am Rheinufer im Norden die Stadtbefestigung mit Rheintorturm, Pulverturm und Schottentor. Von der Niederburg und dem Kanonikerstift St. Johann ist so wenig wie vom Kreuzgang zu sehen, als grenze das Münster im Norden direkt an die Stadtmauer. Der Dom erscheint in der kreuzförmigen, anfangs turmlosen Gestalt, die er seit dem Einsturz von 1052 und dem Neubau der Bischöfe Rumold und Gebhard III. aufwies und an der auch Diethelm nichts änderte. Von den beiden Westtürmen stand der nördliche vor 1128, als er zusammenbrach und neu emporwuchs; der südliche wurde lange nach Diethelms Zeit 1378 vollendet. Auch der hohe Dachreiter über der Vierung kam später, nach dem Brand von 1299, hinzu. Ähnlich lebhaft war die Bautätigkeit im Oberen Hof, südlich des Münsters, wo die schraffierten Kleckse im Original grün gefärbt sind, also Bäume bezeichnen. Die skizzierten Gebäude sind in Maßstab und Perspektive verfehlt, doch so unregelmäßig standen sie wohl am Oberen Hof: ganz rechts die Bischofspfalz, die Salomon III. um 900 errichtet hatte und auch Diethelm bewohnte; südwärts die angebaute Pfalzkapelle St. Peter; im rechten Winkel dazu die Pfalzvogtei, die den Hof im Süden abschloß; im Westen, wieder an das Münster stoßend, das bischöfliche Ammanngericht von 1431 und ein Domherrenhof. Gezeigt wird die Domburg, das Herrschaftszentrum des Bischofs, und daneben der Kern der Bürgerstadt, wahrscheinlich links außen die Bürgerkirche St. Stephan und einige Rathäuser und Kaufhäuser, die nach Dachers Ansicht zuerst südwestlich der Domburg entstanden. Diese älteste Darstellung von Konstanz unterstreicht die Verflechtung von Domburg und Bürgerstadt; sie läßt für abgesonderte Konvente neben der Gemeinschaft der Priester und Laien, etwa für Petershauser Benediktiner und Kreuzlinger Augustiner, keinerlei Raum. In Konstanz wie in Nürnberg (Bild 14) darf es nur eine Mauer geben, um die ganze Gemeinde. Dachers Chronik mit 476 Seiten wurde von seiner Witwe 1472 dem Konstanzer Stadtschreiber übergeben, doch nicht von der Gemeinde gehütet. Über private Schweizer Käufer, die Zusätze machten, kam sie – wohin wohl? – nach St. Gallen. (Stiftsbibliothek St. Gallen, Codex 646, Blatt 8 Rückseite)

Bild 41: Siegel von Abt Diethelm und Konvent Reichenau 1194

Der reichlich große, spitzovale Siegelabdruck (8,5 x 7,0 cm) hängt an einer der wenigen Urkunden, in denen Bischof Diethelm als Abt von Reichenau amtierte. Es geschah 1194 auf der Insel, im Beisein fast aller Konventherren, vieler Geistlicher und Ministerialen, um der Zisterze Salem unter Abt Eberhard den Kirchenzehnten in Gründelbuch bei Stockach zu übertragen; Diethelm besiegelte seine Vorliebe für die Abgeschiedenheit der Zisterzienser. Von deren Bescheidenheit verrät das Siegel allerdings nichts. Diethelm hatte sich zuvor 1172-89 als Abt mit einem kleineren Siegel begnügt, auch als Bischof seit 1190 ein ähnlich einfaches verwendet. Beide Porträtsiegel waren nicht wie die gleichzeitigen von Trierer Erzbischöfen oder Hersfelder Äbten plastisch und lebensnah, aber fein und würdig modelliert. Das vorliegende Siegelbild mag beim Wachsabdruck entstellt worden sein, es wirkt doch grobschlächtig. Der Abt sitzt breit und starr auf einem Kasten, nicht wie sonst auf einem Faltstuhl oder Thron. Sein Haupt ist nicht wie sonst von einer Mitra bedeckt; der Haarkranz um die Tonsur wüst, das Gesicht feist. Der Leib ist mit einer faltenreichen Kukulle bekleidet; da scheint auch ein Brustkreuz zu baumeln, wer will das genau sagen? Die rechte Hand hält den Abtstab schief, die linke ein Ding, das niemand als Buch bezeichnen würde, der es nicht von Bildern anderer Äbte, etwa Wilhelms von Hirsau (Bild 34), wüßte. Die Umschrift, ohne die üblichen Trennlinien und Schnörkel, betont das Gottesgnadentum des Abtes: † *Diethalmus Dei gracia Augensis abbas*, so daß es jeder lesen kann, ohne die gängigen Abkürzungen. Der Zusatz »von Gottes Gnaden« stand eigentlich Päpsten und Bischöfen zu, wurde in Diethelms Zeit von selbstbewußten Reichsäbten aufgegriffen und von Diethelms Nachfolgern beibehalten. Seine Vorgänger hatten kein eigenes Abtsiegel, sondern das runde Konventsiegel mit der Klosterpatronin Maria verwendet. Jetzt besiegelten damit die Konventherren dieselbe Urkunde gesondert. Die Fassung (Durchmesser 7,0 cm), seit 1189 im Gebrauch, ist ebenfalls kein Meisterwerk der Siegelschneidekunst. Maria hält den Apfel und das Jesuskind recht ungelenk, wie bei den Kreuzlinger Siechen (Bild 38); daß sie es ist, beweist erst die Umschrift: † *Sancta Maria Dei genitrix*, abgekürzt wie normal. In ihrem Nebeneinander verraten die Siegel mehr von der stolzen Selbstbehauptung des Abtes und der Konventherren als von ihrer frommen Gemeinschaft. (Badisches Generallandesarchiv Karlsruhe, Signatur C 101)

Bild 42: Konradscheibe am Konstanzer Münster vor 1299

Obwohl die Domherren von Konstanz ihrem Bischof Diethelm keine Lebensbeschreibung widmeten, lebte er fort. Mindestens wirkte sein Eindruck nach, als man an der Domkirche ein Bildnis seines heiligen Amtsvorgängers Konrad anbringen wollte. Nach dem Brand von 1299 wurden an den Ostgiebel des Münsterchores mehrere große Goldscheiben gesetzt, die vom See weither glänzen sollten, in der Mitte der thronende Christus, flankiert von den Bistumspatronen, dem Märtyrer Pelagius und dem Bischof Konrad – ähnlich der Gruppe an der Kreuzlinger Siechenkapelle (Bild 38), nur viel anspruchsvoller. Die Konradscheibe (Durchmesser 94 cm) ist von diesen vergoldeten Kupferscheiben die späteste, künstlerisch die schlechteste. Wann und wo sie entstand, weiß niemand genau, jedenfalls nicht allzulange nach Diethelms Tod 1206, am ehesten in Konstanz selbst. Konrad ist wie Pelagius im Brustbild dargestellt, ursprünglich ohne den Heiligenschein aus gewelltem Zinn, der ihm wie Pelagius später aufgesetzt wurde; bei unserer Aufnahme 1972 war dieser Nimbus vorübergehend abgenommen, was dem Medaillon gut bekam. Der Bischof trägt eine niedrige Mitra, deren beide Hörner nicht mehr auf die alte Art rechts und links hochstehen, sondern in der Blickrichtung hintereinander, wie Diethelm sie auf seinem Bischofssiegel erstmals getragen hat. Auch der mächtige, unter der Mitra hervorquellende Haarkranz erinnert an Diethelm. Wie dieser auf dem Abtsiegel hält der Heilige in der rechten Hand den Hirtenstab, in der linken das Evangelienbuch. Allerdings ist Konrad nicht in eine Mönchskukulle gehüllt, der Schulterstreifen (Rationale) kennzeichnet ihn als Bischof. Die Hände sind ungeschickt mit dem Körper verbunden, ein großer Könner war der Künstler nicht. Doch geben die einfachen, tief eingegrabenen Linien dem runden Gesicht einen lauschenden Ausdruck, dem stummen Mund einen schmerzlichen Zug, der dem Gebaren eines Kirchenfürsten und der Beredsamkeit eines Kirchenlehrers widerspricht. Die Zeit der herrschgewaltigen und wortmächtigen Bischöfe war in Konstanz vorbei, seit Diethelms Gang nach Salem. Dennoch knüpfte sich geistliche Kontinuität in Konstanz lieber an die Bischofsreihe als an klösterliche Gemeinschaften. Die Scheibe blieb über sechshundert Jahre droben hängen, wo niemand sie von nahem betrachten konnte. Sie wurde 1923 abgenommen, das Original hängt jetzt in der Münsterkrypta, dem ältesten Kirchenraum, den Konstanzer Bischöfe bauten. (Aufnahme von Alfons Rettich, Konstanz)

Eberhard von Rohrdorf · Zisterzienser in Salem (Text S. 191–209)

Bild 43: Münster und Schloß Salem um 1970

Fürstlich wurde der Klosterbezirk Salem, der hier von Südwesten aufgenommen ist, erst im Lauf der Neuzeit, aber ländlich ist er immer gewesen. Dem Mittelalter, nicht mehr der Zeit Eberhards, gehört nur noch ein heutiges Bauwerk an, das wichtigste, die jetzige Pfarrkirche Mariä Himmelfahrt. Sie entstand unter Abt Ulrich von Seelfingen seit 1299 am Ort der Vorgängerkirche und war 1307 für den Gottesdienst benutzbar, ihr weiterer Ausbau zog sich bis 1414 hin. Der Grundriß ist einfach rechteckig, die Querschiffe greifen seitlich nicht über die Seitenschiffe hinaus und bilden erst in der Höhe mit dem Längsschiff ein Kreuz. Gleichwohl ist der Aufbau raffiniert, seine Ausdehnung beträchtlich, seine Ausstattung üppig: im 14. Jahrhundert prächtige Maßwerkfenster (vgl. Bild 39), im 16. virtuoses Chorgestühl, im 18. Alabaster-Altäre. Der schlichte Dachreiter wich um 1750 einem riesigen Glockenturm über der Vierung; erst nach der zisterziensischen Epoche trat 1808 wieder ein Dachreiter an seine Stelle. Im Münster erinnert eine Äbtetafel an die Helden der Anfänge, Frowin und Eberhard, die als Selige ausgezeichnet sind; eine Stiftertafel nennt neben Guntram von Adelsreute noch einmal Eberhard von Rohrdorf. Aber die Kirche ist wie jede zisterziensische kein Grabdenkmal für Gründeräbte und Adelsfreunde. Die Kontinuität, die hier lebt, ist die eines betriebsamen und exklusiven Konvents. Die ältesten Bauten nächst der Kirche sind profane am Westrand, das Haus des bäuerlichen Sennhofs von 1562, mit dem tiefgezogenen Dach, gleich neben dem Oberen Tor und, nordostwärts fortfahrend, der Lange Bau, das Ökonomiegebäude aus dem frühen 17. Jahrhundert mit Scheuer, Keller, Küferei und Schmiede. Landwirtschaft und Handwerk sind nicht wie in Einsiedeln (Bild 19) vom Kirchplatz verdrängt, allerdings auch nicht wie in Ittingen (Bild 79) auf dem modernsten Stand gehalten. Ein Großbrand vernichtete 1697 die Konventgebäude; aus der Zeit vorher sind keine genauen Abbildungen vom Kloster erhalten, weil es außer der Kirche keine Renommiergebäude besaß. Abt Stephan Jung leitete sofort den barocken Neubau von 1697–1706 ein, der freilich Sehenswürdiges schuf. Man begann mit den Konventbauten im Süden der Kirche und schloß mit der Prälatur im Osten. Daraus wurde ein hohes und breites Schloß, vielfältig untergliedert und um drei große Innenhöfe gelagert; die Nordfassade der Prälatur stellte sich selbständig und groß neben das Münster, wenig anders als in Buchau (Bild 16). Während des 18. Jahrhunderts wurden auch die vornehmeren Profangebäude erneuert, vom Marstall östlich des Langen Baus über die Klostertore im Nordosten und Südwesten bis zum Rentamt mit dem Mansardendach im Süden. Die Abtei wurde 1802 säkularisiert und Eigentum der Markgrafen von Baden. Prinz Max von Baden richtete 1920 in den Konventbauten die Internatschule Schloß Salem ein. Aktivität einer Elite ist hier noch immer zuhause, einer weltlichen unterdes. (Luftbild von Albrecht Brugger, Stuttgart, freigegeben vom Innenministerium Baden-Württemberg, Nr. 2/20259)

Bild 44: Zisterzienserkloster Wettingen 1642

Der Kupferstich von Matthäus Merian (17,7 x 16,4 cm) zeigt von Südosten das Zisterzienserkloster an der Limmat, das 1227 durch Abt Eberhard von Salem gegründet wurde. Die Klosterkirche St. Marien ist noch der erste Bau von 1227–56, eine dreischiffige Pfeilerbasilika mit kleinem Dachreiter, schmalem Querschiff und geradem Chorschluß. Die zwei Seitenkapellen mit dem Chorumgang wurden erst um 1600 unter Abt Peter Schmid angebaut, ebenso der zweite Klosterhof im Südosten mit vier dreistöckigen Flügeln, in denen Abt, Novizen und Gäste gesondert wohnten, wie nachher in Salem. Das Konventgeviert mit dem vorspringenden Kreuzgang ist wieder südlich an die Kirche angelehnt. Der Nordflügel stammt noch aus dem ersten Jahrhundert der Zisterze, die 1294 fertiggestellt war. Der unvermeidliche Klosterbrand kam über Wettingen früher als über Salem und zerstörte 1507 die südlichen Konventflügel; in den nächsten zehn Jahren wurden sie nach dem alten Schema spätgotisch wieder aufgebaut. Im Ostflügel fanden Sakristei und Kapitelsaal Platz, darüber der große Schlafsaal; die Mitte des Südflügels nahm das hallenartige Refektorium ein, das nach zisterziensischem, nachher in Salem verleugnetem Brauch senkrecht zum Kreuzgang stand. Im Westflügel lagen wie üblich die Wohn- und Arbeitsräume der Laienbrüder, die durch den Konversengang direkt in den für sie abgetrennten Westteil der Klosterkirche gelangen konnten. Beim Bereich der Laienbrüder im Westen und Norden verteilten sich mannigfache Wirtschaftsgebäude, nicht in einen Langen Bau eingegliedert, nach Art von Bauernhöfen eines Dorfes locker versammelt. Im stillen Winkel nördlich der Kirche liegt der Vorplatz zum Jenseits, der Friedhof. Aber selbst in die nüchterne Kirche hat hier wie in Salem weltlicher Prunk bereits Eingang gefunden, mit Stukkaturen und Chorgestühl der Spätrenaissance von 1601–06. Ähnlich sollten die zwei Zwiebeltürme wirken, die freilich Wunschträume des Zeichners blieben. Wo diese Verweltlichung anfing, zeigt das Bild nicht: Von Anfang an wurden wie in Salem Grabdenkmäler adliger Förderer gepflegt, nicht in der Kirche, sondern im Kapitelsaal und in der Marienkapelle, deren Ostfassade am Ende des zweiten Klosterhofs zu erkennen ist. Sie war die älteste Keimzelle des Klosters, und ihre Hochgräber erscheinen wie die von heiligen Gründern, sind jedoch die von hochadligen Freunden. (Matthäus Merian, Topographia Helvetiae, 1. Auflage, Frankfurt am Main 1642, nach Seite 50)

Bild 45: Siegel Eberhards von Salem und Siegfrieds von Kreuzlingen 1239

Weil Kloster Salem unter Abt Eberhard fast immer nur Schenkungen entgegennahm und fast nie Länder hergab, häuften sich im Klosterarchiv Urkunden fremder Aussteller; anderswo lagen wenige Urkunden mit Eberhards Siegel, und so können wir keinen schönen Siegelabdruck unter vielen aussuchen. Der wiedergegebene ist schmal und klein (4,0 x 2,5 cm), kaum mehr als ein Wachsklumpen. Er hängt mit einem ähnlichen, etwas größeren Siegel zusammen an einer Urkunde; dieses zweite Siegel (5,0 x 3,0 cm) trägt die Umschrift † *Sigillum Crucilinensis abbatis.* Denn in dieser Urkunde vom 6. Juli 1239 schlichtet Abt Siegfried vom Augustinerkloster Kreuzlingen einen Streit zwischen Abt Eberhard von Salem und dem Weltpriester Bruno um ein Gut in Andelshofen nördlich von Überlingen. Der Priester, seine Mutter und seine Schwester dürfen das Gut zu ihren Lebzeiten weiterhin nutzen, danach fällt es an Salem. Die Zisterzienser können warten, sie haben den längeren Atem. In ähnlichen Streitfällen, immer wieder zwischen Weltgeistlichen und Zisterziensern, hat der Bischof von Konstanz schlichten müssen, einmal im Konstanzer Münster 1217, einmal im Salemer Kloster 1238. Diesmal ist Bischof Heinrich auf Reisen; an seiner Stelle kommt der Abt von Kreuzlingen nach Salem. Mit den Klöstern anderer Orden arbeitet Eberhard vorzüglich zusammen. Zeugen der Schlichtung sind zahlreiche Würdenträger seiner Abtei, an der Spitze sein bedeutendster Helfer Baldebert, der Wirtschaftsverwalter. Eberhard beglaubigt die Abmachung indes nur mit seinem Siegel, nicht auch mit dem des Konvents; Salem hat kein anderes Siegel als das seines Abtes. Trotzdem unterscheidet es sich gründlich von dem selbstherrlichen des Freundes Diethelm, das doppelt so groß ist (Bild 41). Der Zisterzienser sitzt nicht, er steht, ohne Kopfbedeckung, im Priestergewand, den Stab in der Rechten, das Buch in der Linken vor der Brust, wie jeder andere Abt. Die Umschrift, vom Siegelbild durch eine Trennlinie geschieden, lautet so sachlich wie möglich: † *Sigillum abbatis de Salem.* Der Abt führt den Konvent, aber nicht von Gottes Gnaden; daß er Eberhard heißt, ist keiner Erwähnung wert. Seine Nachfolger können dasselbe Siegel benutzen; er handelt als Geschäftsführer eines Konvents, der ihn überdauert. Die Urkunde blieb mit dem Klosterarchiv noch nach der Säkularisation in Salem, bis die Markgrafen von Baden sie in den 1840er Jahren nach Karlsruhe abgaben. (Badisches Generallandesarchiv Karlsruhe, Signatur 4/97, 1239 VII 6)

Bild 46: Gottesmutter und Zisterzienser in Wettingen um 1280

Im Nordflügel des Wettinger Kreuzgangs, der den Brand von 1507 und alle Bilderstürme überstand, sind die Fenster mit 42 bunten Scheiben verglast, die um 1280 gemalt und vermutlich von der Maler- und Glaskünstlerwerkstatt Salem angeregt wurden. Die farbige Ausgestaltung von Kirchenfenstern war Zisterziensern verboten; daß sie die

Vorschrift nicht in der Kirche, aber auf dem Weg dorthin übertraten, kündigt eine Lokkerung der ursprünglichen Askese an, ebenso wie die Verglasung des Kreuzgangs überhaupt. Doch begnügen sich fast alle Gläser mit Ornamenten, von denen eines am unteren Bildrand erscheint; nur vier Scheiben stellen Christus und Maria dar, eine einzige im dritten Fenster zeigt auch einen Sterblichen. Gerade sie, eine Maßwerkfüllung im Sechspaß von kleinem Ausmaß (größter Durchmesser 42,5 cm), bezeugt die anfänglichen Ideale zisterziensischer Frömmigkeit, die ekstatische Kehrseite von Eberhards Nüchternheit. Da kniet ein bleicher Mönch mit langem Haarkranz und unrasiertem Bart, im weißen, beinahe schmutzigen Habit der Zisterzienser. Er hebt betend die Hände und blickt mit weiten Augen auf das Wunder, das ihm erscheint: Maria mit goldener Krone und goldenem Heiligenschein, in einem Kreis aus goldenen Ranken vor rotem Hintergrund. Einen blühenden Zweig trägt sie in der Linken, mit der Rechten hält sie den stehenden Jesusknaben, der zärtlich mit ihr spielt und den Mönch nicht beachtet. Die Mutter sitzt in goldgelbem Gewand und blauem Mantel auf der gemusterten Decke eines Steinthrons. Man weiß nicht recht, wen sie anblickt, ihr göttliches Kind oder den kleinen Mönch in der Ecke, der die Harmonie der Kreiskomposition durchbricht. Er kann sich auf die Gottesmutter nicht so stolz berufen wie die Konventherren von Reichenau (Bild 41); sie ist ihm fernergerückt als den Stiftsdamen in Buchau (Bild 18). Es ist müßig zu fragen, wer dieser Zisterzienser ist: einer von den vielen, die hier hereingekommen sind und hinausgetragen werden. Wenn sie sich abends im Kreuzgang versammeln und ihr *Salve Regina* singen, sehen sie solche Bilder vor sich, die ihnen die Farbenfülle des Himmels verheißen, und sind überzeugt, daß ihre Toten, auch Eberhard von Salem, in dieser Freude leben. (Aufnahme des Schweizerischen Landesmuseums Zürich für die Denkmalpflege des Kantons Aargau, Aarau)

Hermann · Prämonstratenser in Weissenau (Text S. 209–227)

Bild 47: Kirche, Krankenhaus und Fabrik Weißenau 1978

Während sonst in ländlichen Klosterbezirken wenigstens die Etappen und Zonen, wenn nicht gar die Intentionen mönchischen Zusammenlebens kenntlich geblieben sind, ist Weißenau auseinandergefallen, ähnlich wie Petershausen (Bild 31), aber nicht infolge der Stadtnähe. Das Prämonstratenserkloster, hier von Südwesten gesehen, verlor schon im 18. Jahrhundert bei der Nachahmung Salems sein Eigenprofil. Abt Leopold Mauch aus Wangen begann 1708 mit dem Abbruch der Konventbauten, die im Kern seit 1156 standgehalten hatten. In zehn Jahren, 1708–17, wurden der ganze Ost- und Südflügel und ein Teil des Westflügels nach Salemer Art neugebaut, etwa doppelt so groß wie zuvor. Die Abtzimmer wurden hier wie in Kreuzlingen (Bild 35) nicht zu einer eigenen Prälatur ausgeweitet, sondern in den Westflügel einbezogen; an seinen stuckierten und ausgemalten Sälen hatte man freilich bis 1784 zu tun. Mauch dachte nicht an seine Bequemlichkeit, sondern an die nächste Aufgabe, den Neubau der Klosterkirche St. Peter und Paul, die alle Wandlungen seit 1172 überstanden hatte. Nur 1628–31 war ihr ein schmales und niedriges Chorhaus östlich angefügt und ein frühbarockes Chorgestühl eingebaut worden. Weil das Geld schon knapp wurde, ließ Mauch den Chor wie in Einsiedeln stehen, aber das Langhaus der Kirche mit der beherrschenden Doppelturmfassade im Westen 1717-24 völlig neu errichten. Von der Klausur aus Hermanns Zeit blieb keine Spur; die zahlreichen Deckengemälde in Konventbau und Kirche bildeten keinen mittelalterlichen Prämonstratenser von hier ab. Wie in Kreuzlingen wollte man der provinziellen Vergangenheit entkommen. Auch die gehobenen Wirtschaftsgebäude wurden wie in Salem modernisiert; an der Straße nach Norden stehen noch einige, vom Amtshaus mit dem Satteldach bis zum Torhaus von 1740. Ländlich-bäuerlich mochte man nicht mehr sein. Andere sorgten dafür bald gründlicher als die Prämonstratenser. Bei der Säkularisation gelangte das Kloster 1802 in den Besitz der Grafen von Sternberg-Manderscheid, sie verkauften es 1835 an den Staat Württemberg. Im Südwesten, wo die meisten Verwaltungs- und Wirtschaftsbauten gestanden hatten, arbeitet seit 1888 eine Bleicherei, inzwischen hochindustrialisiert. In die Konventbauten zog 1892 eine Irrenanstalt ein – eine der modernen Möglichkeiten, einen abgelegenen und abgeschlossenen Gebäudekomplex mit vielen Menschen zu bevölkern. Im 20. Jahrhundert brauchte das Psychiatrische Landeskrankenhaus Erweiterungsbauten, zumal im Südosten; dabei werden seit 1974 auch die Konventbauten saniert. Die Kirche dient der katholischen Pfarrgemeinde. Aber Seelsorge, Krankenpflege und Industrie haben heute weit weniger miteinander zu tun als in prämonstratensischen Zeiten. (Luftbild von Albrecht Brugger, Stuttgart, freigegeben vom Regierungspräsidium Stuttgart, Nr. 2/41129 C)

Bild 48: Prämonstratenserkloster Weißenau 1623

Die Ansicht von Nordosten ist eine unsignierte Zeichnung, die der Ravensburger Maler David Mieser 1623 skizziert haben könnte, als Vorlage für den Kupferstich, den er 1625 dem Weißenauer Abt Johann Christoph Hertlin widmete; die Zeichnung (18,5 x 30,2 cm) fand sich in einen Folianten des Weingartener Benediktiners Gabriel Bucelin eingeklebt. Beherrscht wird die Szene von der Klosterkirche, dem Bau des Gründungspropstes Hermann von 1152-72, einer dreischiffigen Basilika ohne Querschiff mit geradem Chorschluß. Kennzeichnend ist der eine Kirchturm mit Doppelarkaden, zwischen Langhaus und Chor; Hertlin hat ihm soeben, 1623, einen achteckigen Aufbau und eine modische Zwiebel aufstülpen lassen. Dahinter duckt sich im Süden das Konventgeviert mit dem Kreuzgang, der um 1490 gotisch eingewölbt worden ist; im übrigen herrscht auch hier das 12. Jahrhundert. Im Konventgarten steht eine alte Kapelle, der Hertlin noch 1623 den Garaus machen wird; dem Altarhaus wird er 1628 zu Leibe gehen und einen Langchor daraus machen. So beginnt die Epoche der Neuerungen. Nördlich der Kirche behaupten sich indes die Toten, im Friedhof. Der Zeichner rückt die weltnahen Bauten in den Hintergrund, namentlich die langgestreckte zweistöckige Prälatur, die westwärts an Kirche und Konventbau grenzt, daneben vor den Fischteichen Amtshaus und Bäckerei. Südwärts steht auf freiem Platz die Kanzlei mit hohem Staffelgiebel und Arkadenbögen, das Verwaltungszentrum. Im Südwesten dahinter ein Hof mit breiten Fachwerkhäusern, vielleicht neben der Sägemühle und dem Südtor das Gästehaus, jedenfalls wie in Kreuzlingen (Bild 36) kein dominierendes Spital mehr. Im Hintergrund ist das ehemalige Frauenkloster Meisental verschwunden. Den Vordergrund nehmen weitläufige Gärten und mehrere Wirtschaftshöfe mit hohen Scheunen ein; das agrarische Gesamtbild ähnelt dem des Chorherrenstifts Kreuzlingen zur selben Zeit. Seit Hermanns Tagen ist Weißenau reicher geworden. Den wichtigsten Anziehungspunkt kann die Zeichnung nicht zeigen: die Heilig-Blut-Reliquie, angeblich aus dem Besitz von Maria Magdalena, die König Rudolf von Habsburg 1283 der Abtei schenkte und die ihr zum Zulauf eines Wallfahrtsortes verhalf. Sie gab dem Ort höhere Weihe als Heiligenkrypten und Stiftergräber, an denen es Weißenau fehlte. (Württembergische Landesbibliothek Stuttgart, Codex HB V, 15 a, hinterer Spiegel)

Bild 49: Hermann in der Weißenauer Chronik um 1260

In dem Pergamentband, den Hermanns Amtsvorgänger Ulrich um 1220 für die Gütergeschichte von Weißenau anlegen ließ, steht auch die Klosterchronik, die ein unbekannter Prämonstratenser zwischen 1258 und 1266, unter dem ersten Abt von Weißenau, Hermanns Bruder und Nachfolger Heinrich, verfaßte. Der vorangehenden, ursprünglich gesondert gebundenen Gütergeschichte hatten die Schreiber am Rand feine Federzeichnungen ihrer Wohltäter und Pröpste beigegeben; neben Kaiser Friedrich II. und Bischof Diethelm von Konstanz waren Ritter Gebizo und Propst Ulrich abgebildet, nicht mehr auf Goldgrund, aber noch mit der Ehrfurcht, die auf Reichenauer Miniaturen hohen Herren zukam (Bild 25). Die Chronik bringt keine Abbildungen mehr und erweist den Vorstehern wenig Respekt, auch wenn sie liebevoll und fehlerfrei geschrieben und mit roten Initialen verziert ist. Ob der Verfasser selber sie aufs Pergament brachte? Die wiedergegebene Seite (18,8 x 12,6 cm) beginnt mit der roten Überschrift »Über Herrn Hermann, den zweiten Propst dieses Namens«, berichtet aber zunächst noch von Ermüdung und Tod des allzu emsigen Propstes Ulrich. Erst die zweite Hälfte der Seite erzählt von Hermanns Wahl 1237 (das Jahr rot untermalt), von seiner zwanzigjährigen Amtszeit, von seinen geistlichen Verdiensten; auf der nächsten Seite kommen seine Schwächen bei der Güterverwaltung zur Sprache. Der Autor achtet allein auf den Konvent, von Herkunft und Eigenart des Prälaten sagt er weit weniger als der Petershauser Chronist (Bild 33). Nach der Chronik fand im gleichen Band die Weißenauer Jahrtagsgeschichte Platz, die Hermann seit 1250 verfaßt hatte, ebenfalls ohne Bilder, immer noch genau und schön geschrieben, denn das Totengedächtnis wurde wichtig genommen. Ein Verzeichnis der Weißenauer Klostereinkünfte von 1335–38 kam hinzu, als im 16. Jahrhundert der Band von 450 Seiten zusammengebunden wurde, wohl unter Abt Jakob Murer, der ihn für Studien zur Klostergeschichte benutzte. Vermutlich wurde das Buch im Dreißigjährigen Krieg, zu Abt Hertlins Zeit, aus Weißenau gestohlen und weiterverkauft; denn es tauchte bei dem sanktgallischen Patrizier Lorenz Reinsperg auf, der es 1659 der Bibliothek seiner Vaterstadt vermachte. Während die Prämonstratenser ihre mittelalterlichen Gebäude beseitigten, verloren sie das Buch, das von ihrer mittelalterlichen Geschichte erzählte. (Stadtbibliothek Vadiana St. Gallen, Codex 321, Seite 291; Aufnahme von Karl Künzler, St. Gallen)

Bild 50: Erinnerung an den Stifter in Weißenau 1524

Abt Jakob Murer aus Konstanz ließ 1524, ein Jahr nach seiner Abtwahl, in einem Pergamentcodex von 68 Blättern alle Privilegien zusammenschreiben, die von den Besitzungen des Klosters Kunde gaben. Das war bequemer als die Durchsicht der vielen Einzelurkunden. Murer hatte 23 Jahre lang als Klosterpfarrer in Ummendorf bei Biberach, am Nordrand des Weißenauer Klosterstaates, die Bedeutung ländlicher Stützpunkte erfahren, schon bevor sie ihm der Bauernkrieg 1525 in Erinnerung rief. Murer kannte die Grundlagen des Klosterlebens, die sein Amtsvorgänger Hermann gern übersehen hätte und die ein weltfremder Konvent anderswo (Bild 82) betont übersah: die tägliche Plage der Prälaten und der Bauern. Die ganzseitige Deckfarbenmalerei (31 x 22 cm), die Murer dem Privilegiencodex beifügen ließ, stammt vielleicht von dem Konstanzer Maler Andres Haider und zeigt in der Mitte eine vornehme Szene, die mit dem hungrigen und entblößten Dasein des Ordensgründers Norbert nichts gemein hat. In bunter Gewandung und affektierter Haltung stolziert der reiche Ritter Gebizo von Ravensburg (auf dem Schriftband *Gebiso dives miles,* am Rand »Unser erster Gründer«). Er übergibt die Klosterkirche, mit altem Turmgiebel und billigem Verputz, dem Abt Oteno von Rot *(Otto abbas Rotensis),* der in das schlichte Weiß der Prämonstratenser gekleidet ist, jedoch ein weiches Barett und einen herrlichen Abtstab trägt. Otenos Gesichtszüge gleichen dem Porträt Murers im selben Band – so sieht eben ein Prämonstratenserabt aus. Er führt ein nobles Wappen wie der Ritter auch. Gebizo konnte seit 1145 nur Pergamenturkunden von der Art der Kreuzlinger (Bild 37) überreichen, denn die Weißenauer Kirche war noch nicht fertig, als er 1153 starb; deshalb fand er sein Grab in Weingarten. Trotzdem hatte der Zeichner recht, denn Gebizos Schenkungen ermöglichten den Kirchenbau. Die geschenkten Höfe sind am Rand abgebildet, strohgedeckt, sozusagen mit Stallgeruch, angeblich alle am Ufer der Schussen gelegen. Neben dem Abt unten rechts ein Bauernhof mit Fachwerkscheune, *Locus in quo est monasterium,* im Klosterbereich selbst. Rechts oben Mühlbruck *(Müllbrug)* nördlich von Weißenau an der Schussen, neben der Marienkapelle; an der Brücke wird gerudert und geangelt. Über Gebizos Haupt der stattlich eingezäunte Hof Herwigsreute *(Herwisrüte),* das heutige Rahlen, nahe beim Kloster im Nordwesten liegend, mit solidem Wohnhaus, denn da saß zu Murers Zeit einer der reichsten Klosterbauern. Hinter Gebizo *Riwinsberg,* das jetzige Rimmersberg, weit nordwestlich von Weißenau entfernt, mit einem Ziehbrunnen. Die Ortsnamen der Höfe, die wirklich zur Gründungsausstattung gehörten, sind nicht den Schenkungsurkunden entnommen, sondern der Chronik von etwa 1260 – auch ein Zeugnis monastischer Kontinuität. Der Blick schweift über die ländliche Provinz hinaus; im Hintergrund (genau genommen im Norden) vor Schneegipfeln schimmert es blau, der Bodensee. Und wenn es auch mit Gebizo nicht weit her war, Weißenau gedachte seiner Schenkung. Den Codex nahm der letzte Prämonstratenser 1803 mit, nach dessen Tod kam er 1843 auf Schloß Zeil. (Fürstlich Waldburg Zeil'sches Gesamtarchiv, Schloß Zeil, Handschrift ZA Ms 150, Seite 4)

Hugo von Langenstein · Deutschherr in Mainau (Text S. 227–246)

Bild 51: Schloß Mainau 1978

Die Luftaufnahme zeigt von Nordwesten vor dem Überlinger See den Ostrand der Insel Mainau, insbesondere das Schloß, in der Gestalt, die es im 18. Jahrhundert als Kommende des Deutschen Ordens erhielt. Zwar schufen sich damals zahlreiche Klöster schloßartige Bauten, doch die Kommende Mainau fällt aus dem Rahmen, wenn man sie etwa mit der Zisterze Salem (Bild 43) vergleicht. Dort war die große Kirche die Mitte des Klosterbezirks geblieben; die Konventbauten hatten eine geschlossene Klausur gebildet; die Wirtschaftshöfe hatten sich breit um Kirche und Konvent gelegt. In Mainau ist all dies anders. Unter dem Komtur Reinhard von Schönau, einem kurtrierischen Höfling, entstand als erster Neubau 1732–39 die Kirche St. Marien, eine kleine Saalkirche mit Westturm, ohne Schaufassade. Sie steht im Süden des Konventbaus, jedoch aus seinem Zusammenhang gelöst und westwärts verschoben, als solle sie nicht im Wege stehen. Zuvor hatten sich hier höchst profane Bauten befunden, die eigens abgerissen werden mußten, das Zeughaus, ein Reitstall, ein Rundturm. Eine solche Verlegung des Sakralbaus leistete sich kein zweites Kloster am Bodensee; hier lagen keine ehrwürdigen Gräber. Der Konventbau wurde anschließend, 1739–46, errichtet, unter dem Komtur Ignaz Roll von Bernau, der aus aargauischem Adel stammte; am Mittelrisalit des Hauptflügels sind die Wappen von Hochmeister, Landkomtur und Komtur angebracht. Der neue Bau ist klein, denn neben dem Komtur wohnten hier nicht mehr als zwei oder drei Ordensritter; aber das Klausurgeviert ist aufgebrochen zu einer offenen Dreiflügelanlage mit Ehrenhof, einem weltlichen Adelsschloß. Es ist so angeordnet, daß die Deutschherren freie Aussicht auf den See genießen, nicht mehr aus militärischen, nur aus ästhetischen Gründen. Denn von der Befestigungsanlage sind im 18. Jahrhundert nur dürftige Reste verblieben, der runde Gärtnerturm westlich vom Schloß und vorn, im Nordwesten, der Torbau aus dem 15. Jahrhundert, das älteste Haus auf der Insel. Die Wirtschaftsgebäude schließlich sind aus der Nähe des Schlosses verbannt; gehalten hat sich lediglich der Burggarten auf dem Plateau südlich der Kirche, der heutige Rosengarten. Die Kommende wurde 1805 aufgehoben und fiel an das Großherzogtum Baden; doch diente das 1827 verkaufte Schloß weiterhin wie zu Ordenszeiten hohen Herrschaften als Ruhesitz, seit 1853 dem Großherzog Friedrich I., der den wertvollen Baumbestand pflanzen ließ. Seit 1932 baute Graf Lennart Bernadotte das Gelände zur Blumeninsel aus. Damit verlor die Mainau vollends den düsteren Anblick einer Wehranlage, den sie bis ins 18. Jahrhundert geboten hatte. (Luftbild von Albrecht Brugger, Stuttgart, freigegeben vom Regierungspräsidium Stuttgart, Nr. 2/46962)

Bild 52: Deutschordenskommende Mainau 1647

Der Kupferstich (27,9 x 30,7 cm) wurde von Matthäus Merian veröffentlicht, nach einer Zeichnung des Generalquartiermeisterleutnants Georg Wilhelm Kleinsträttl, eines Österreichers. Er schildert die Eroberung der Insel Mainau durch den schwedischen Feldmarschall Wrangel im letzten Jahr des Dreißigjährigen Krieges und gibt die einzige zuverlässige Ansicht der alten Deutschordenskommende, ungefähr von Osten. Dicht am Ostabhang der Insel, über dem Hafen und einem hohen Vorwerkturm steht die Ordensburg, quadratisch und dreistöckig um einen kleinen Innenhof angelegt, mit regelmäßigen Fensterfronten unter einem durchlaufenden Dach. Aus der Nordostecke des Burghofs ragt ein schlanker Turm, ein zweiter lehnt außen am Westflügel des Burggevierts. Von einer gesonderten Kirche ist nichts zu sehen, die 1292 geweihte Ordenskapelle dürfte in den Südflügel der Burg eingebaut gewesen sein. Genau dies ist der Grundtyp der Ordensburg, wie er sich seit den 1260er Jahren herausgebildet hat. Im Innern gewölbte und ausgemalte Säle und Kammern, außer den Räumen des Komturs und der wenigen Ordensritter Arbeits- und Wohnstuben für die Ordenspriester und die zahlreichen Verwalter und Diener. Neben der Südostecke der Burg das zweistöckige Zeughaus mit dem Staffelgiebel; Reitstall und Pulvermagazin schließen sich westwärts an. Im Westen und Norden ist die Burg von einem Wirtschaftshof umgeben, dem »Viehhof«, wo zwei Leiterwagen stehen; rundherum Amtshaus, Weintrotte, Schmiede, Mühle, Keller, Ställe, alles auf engerem Raum als etwa im Kloster Wettingen (Bild 44); denn der Hof gehört zum innersten Befestigungsring (im Plan mit A bezeichnet). Den weiteren Wall (B) verteidigen neun Rundtürme, darunter der jetzige Gärtnerturm, und der erhaltene Torbau im Nordwesten. Der Garten im Süden ist eigens ummauert, sogar im Weinberg weiter westlich steht ein Wehrturm, der heutige Schwedenturm. Am Ufer bildet ein System von Vorwerken (E, H) den äußersten Ring um die Burg. Einige Wehranlagen mögen neuzeitlichen Ursprungs sein; die Ordensburg selbst muß bald nach der Gründung der Kommende, etwa im 14. Jahrhundert so errichtet worden sein. Sie stand fremd im Kreis der Bodenseeklöster, als Bau mit schnurgeraden Linien und ohne sichtbare Kirche, als Mittelding zwischen Kloster und Burg, als Wehranlage zur Ehre Gottes in einer friedlichen Landschaft. (Matthäus Merian, Theatrum Europaeum, Band 5, Frankfurt am Main 1647, Seite 1019; Aufnahme von Erich Hofmann, Konstanz)

Bild 53: Deutschherren und Benediktiner in Konstanz 1291

Im Umkreis der Mainau trat der Dichter Hugo von Langenstein nicht bei politischen Händeln hervor; auch die vorliegende Urkunde nennt ihn nicht, aber den ganzen Kreis seiner Verwandten und Ordensbrüder. Denn sie legt den Streit mit der Abtei Reichenau bei, der seit der Gründung der Kommende Mainau geschwelt hat und vom Vater des Dichters, Arnold von Langenstein, ausgelöst worden ist. Vor seinem Eintritt in den Deutschen Orden um 1271 war Arnold Meier in Wollmatingen gewesen, Vorsitzender des Dorfgerichts im Auftrag des Abtes von Reichenau. An Arnolds Stelle übernahm die Kommende Mainau sofort das Wollmatinger Niedergericht, später die Hochgerichtsbefugnisse eines Vogtes, als wäre nicht der Reichenauer Abt Gerichtsherr von Wollmatingen geblieben. Das Pergament (32,5 x 36,5 cm) ist am 13. Januar 1291 ausgestellt von Albrecht von Ramstein, »von Gottes Gnaden Abt«, und dem Konvent Reichenau, indes auf neutralem Boden, in der Konstanzer Kurie des einen von Reichenau bestellten Schlichters. Dies ist Magister Konrad Pfefferhard, Kanoniker von St. Johann und gelehrter Jurist. Die Mainauer haben den anderen Schlichter benannt, den edelfreien Landkomtur Rudolf von Urach aus der Deutschordenskommende Altshausen, der vor zwei

Jahren als Komtur der Mainau amtiert hatte. Ein einziger Schiedsrichter wie bei kleineren Streitfällen (Bild 45) genügte diesmal nicht, der Bischof von Konstanz hielt sich fern. Beide Parteien zogen Freunde hinzu, die Benediktiner den Bruder des Abtes, Dietrich von Ulm, und sechs führende Klosterministerialen, darunter *Hugo de Langenstain*, den gleichnamigen Vetter des Dichters (achte Zeile), und Heinrich von Dettingen. Bei den Deutschherren standen der Bruder des derzeitigen Komturs Eberhard, »Bruder Hiltebold *de Stekboron* vom erwähnten Haus *in Maienouwe*« (siebtletzte Zeile), der 1287 als erster Einheimischer selbst Komtur gewesen war, und sein Vater Eberhard von Steckborn, Zisterzienser aus Salem. Auch drei Konstanzer Bürger waren zugegen. Da auf beiden Seiten Niederadlige den Ton angaben, fiel der Schiedsspruch zugunsten ihrer Mainauer Genossen aus: Sie hatten ein Viertel der Wollmatinger Gerichtsgebühren und Bußgelder beansprucht und erhielten gegen Zahlung von 25 Mark Silber die Hälfte. Der Abt von Reichenau und nachträglich seine sechs (in der viertletzten Zeile genannten) Konventherren stimmten dem Kompromiß zu. Alle besiegelten den Frieden, als erster von links Abt Albrecht, als zweiter der Konvent Reichenau, danach die Zeugen; das schildförmige fünfte Siegel ist das des Langensteiners. Die Urkunde lag bis 1808 im Mainauer Archiv, denn sie verbriefte den Sieg des Deutschen Ordens. (Badisches Generallandesarchiv Karlsruhe, Signatur 3/211, 1291 I 13)

Bild 54: Hugos Dichtung in Beuggen (?) um 1350

Die einzige erhaltene Handschrift der »Martina« wurde schön auf Pergament geschrieben, vermutlich in Beuggen von einem wandernden Lohnschreiber. Er nennt sich auf der letzten Seite des Werkes: *Der dis buoch geschriben hat Der heizit von Sant Gallen Cuonrat*. Diese und die vorhergehende Seite sind abgebildet (20,3 x 15,5 cm). In der zweiten Spalte der vorletzten Seite stellt sich der Dichter selbst vor: *Ich bin geheizin bruder Huc, Zenach namen von langenstein, Da was* (= war) *miner vordern hein, Zim tiuschin huse ein bruoder*. Äußerst umständlich gibt Hugo auf der Schlußseite das Datum seiner Dichtung 1293 an, wobei Schreiber Konrad zwei Zeilen übersprungen, ein anderer sie rechts nachgetragen hat. Die Schrift des Schreibers ist rund zwei Generationen jünger als die Abfassungszeit des Werkes. In dem Pergamentband mit insgesamt 308 Blättern schrieb derselbe Konrad von St. Gallen nach Hugos »Martina« die sogenannte Mainauer Naturlehre auf, die schwerlich von der Mainau, sicher nicht von Hugo stammte; aber sie paßte in den Umkreis volkssprachlicher Bodenseeliteratur. Danach trug eine wenig jüngere Hand die Legendennovelle »Der Littauer« von dem Alemannen Schondoch ein; sie erzählte von einem Heidenkönig, der sich während der Kämpfe des Deutschen Ordens in Litauen taufen ließ, gehörte also in den Umkreis der volkssprachlichen Deutschordensliteratur. Man kann aus dem Befund folgern, daß in der Kommende Beuggen Ordensliteratur gesammelt werden sollte, etwa auf Betreiben des Deutschmeisters Wolfram von Nellenburg, der auch in Mainau Komtur gewesen war. Die Deutschherren verwahrten freilich ihre Bücher nicht an festen Orten, besonders in Beuggen herrschten Unruhe und Krieg. Vielleicht während des Basler Konzils landete der unbebilderte Band in der Kartause Basel, die ihren Besitzvermerk anbrachte und 1455 eigens notierte, man habe das Buch lange einem Schaffhauser Bürger ausgeliehen. Einen ähnlichen Widerhall wie Graf Eberhards Lebensbeschreibung (Bild 30) fand das Werk jedoch nicht. Bei den Kartäusern wäre es gut aufgehoben gewesen, wenn die Kartause Basel nicht 1529 aufgehoben worden wäre. Ihre Bücherei kam ziemlich vollzählig in die örtliche Universitätsbibliothek. Das Schicksal der Handschrift zeigt, daß der Deutsche Orden am Bodensee keinen Sammelpunkt für seine Tradition besaß und bei Einheimischen zwischen St. Gallen und Basel nur gedämpfte Zustimmung erfuhr. (Öffentliche Bibliothek der Universität Basel, Handschrift B VIII 27, Blatt 292 Vorder- und Rückseite)

Heinrich Seuse · Dominikaner in Konstanz (Text S. 246–263)

Bild 55: Inselhotel Konstanz 1968

Die Aufnahme von Südwesten, aus der Konstanzer Altstadt, zeigt die »Predigerinsel« im Bodensee mit den Gebäuden des einstigen Dominikanerklosters. Sie haben überlebt, denn sie waren solide gebaut und noch um 1750 unter Prior Matthias Lorinser aus Bludenz im Geschmack des Rokokos erneuert worden. Der Konvent ging mit der Zeit, bis die Zeit über ihn hinwegging; er wurde 1785 im Zug der josephinischen Reformen aufgehoben. Nun sollte etwas Nützlicheres geschehen, Genfer Kaufleute wurden angesiedelt und machten eine Kattunfabrik auf. Dabei standen auf der Insel, anders als in Weißenau (Bild 47), kaum Wirtschaftsgebäude, die sich für Industrieanlagen eigneten, nur das sogenannte Kapitelhaus, dessen Giebel im Bild hinter dem Nordflügel des alten Konventgevierts auftaucht; die Dominikaner hatten es als Weinlager verwendet. Der Westtrakt am Kreuzgang verschwand, doch die Firma florierte nicht, die Erben der Unternehmer verkauften 1874 die Insel. Sofort wurde das Kloster zum »interessantesten Gasthofe Deutschlands« umgebaut, wie der zeitgenössische Kunsthistoriker Franz Xaver Kraus schrieb. Dabei litt besonders das Innere der Klosterkirche, deren Wandmalereien zum Teil erst aufgedeckt wurden, die sich aber als Speisesaal neugotisch verkleidete. Das riesige Westfenster der Kirche verlor die Maßwerkfüllungen, während der gotisch gewölbte Kreuzgang bloß durch Historiengemälde verschönert wurde. Auch nach außen gab man sich mittelalterlich, mit neuen Staffelgiebeln, nahm indes der Kirche ihre dominierende Höhe, durch Beseitigung des Dachreiters und Betonung des Ostflügels, der Schauseite zum See, die um zwei Geschosse aufgestockt wurde: eine Mainau für Bürger (Bild 51). Die Insel füllte sich mit mancherlei Anbauten samt Schornstein; stadtwärts wurde das Gelände aufgeschüttet, nachdem Stadtmauer und Klostertor gefallen waren. Immerhin schonte man den Baubestand, erst recht, als das Land Baden-Württemberg den Komplex 1963 kaufte und 1964–65 renovieren ließ. In den Jahren 1966–68 war hier die neugegründete Universität Konstanz zuhause, wieder ein geistiges Unternehmen, das an diesem Platz zu sich selbst und zu den Nachbarn am Bodensee hätte finden können. Seitdem die Universität in die Isolation moderner Bauten am Mainauwald umgezogen ist, dient die Anlage wieder als Hotel für Durchreisende, die sich am Kreuzgang von der Gegenwart erholen. (Aufnahme von Alfons Rettich, Konstanz)

Bild 56: Dominikanerkloster Konstanz um 1700

Das Ölbild eines unbekannten Malers ist so klein (24,5 x 36,5 cm), daß es als Andachtsbild für eine Zelle gedacht gewesen sein kann, am ehesten im Konstanzer Dominikanerinnenkloster Zoffingen, wo es noch hängt. Gezeigt ist die Altstadt Konstanz von Nordosten, rechts im Hintergrund das Frauenkloster Zoffingen, regelmäßiger dargestellt, als es war, in hoffnungslosem Wettstreit mit der modernen Fassade von Jesuitenkirche und -kolleg. Aber seewärts, vor der Oberen Mauer und ihren (hier kaum sichtbaren) beiden »Predigertürmen«, liegt das stattlichste Kloster von allen, St. Nikolaus auf der Insel. Im Mittelpunkt die hochaufschießende und langgestreckte Kirche, mit gerade geschlossenem Ostchor und drei gotischen Chorfenstern, ohne Querschiff, scheinbar ohne Seitenschiffe, doch mit großem Dachreiter, ein Blickfang vom See und von der Stadt her; denn der ganze Süden der Insel, von den Dominikanern aufgefüllt, ist für den Klostergarten von Bauten freigehalten. Freundlicher als die verdeckte Domburg (Bild 40) lädt diese Kirche alle im weiten Umkreis ein. Sie steht auf der Sonnenseite, in ihrem Schatten nordwärts das niedrige, zweistöckige Konventgeviert. Nach anderen Bildern war es aus Häusern verschiedener Breite zusammengestückelt, keine Ordensburg unter einem Dach wie Mainau (Bild 52). Soweit der dicke Pinselstrich erkennen läßt, erscheint die Seefront begradigt und mit Mansarden geziert. Hier im Ostflügel lag neben dem Zugang zum Kirchenchor die Sakristei, daneben ein Saal mit würdigem Portal, eher der Kapitelsaal als der Speisesaal, der sich nordwärts anschloß. Alle Gemeinschaftsräume waren hier konzentriert; schon der unregelmäßige Anbau im Norden, mit dem sogenannten Hussenturm, enthielt kleine Gemächer. Im Obergeschoß hatten die Patres ihre Einzelzellen, auch in den anderen Flügeln, über deren sonstige Verwendung man nichts Sicheres weiß. Eigentlich brauchten Bettelmönche kein Geviert mit Kreuzgang wie Benediktiner und Zisterzienser. Sie brauchten auch kaum Wirtschaftsgebäude, anders als die Prämonstratenser von Weißenau (Bild 48); denn Dominikaner kauften auf dem städtischen Markt ein und lebten nicht von Landwirtschaft. Trotz der Mauern ringsum und des Bollwerks rechts außen ist das Kloster keine Festung. Von Klausurvorschriften ungehindert, wandelt ein Dominikaner am Petershauser Nordufer daher, Heinrich Seuse mit Heiligenschein. Im Rosenbusch erscheint ihm das Jesuskind, er trägt sein Herz in der Hand. Der Hund mit dem Stoff in der Schnauze, Seuses Attribut, erinnert an das Wortspiel von den *Domini canes*, den Hunden des Herrn. Seuse sieht nichts von der Stadt, von der Predigerinsel, vom Schiffsverkehr in seinem Rücken. Ein rechter Dominikaner ist in aller Öffentlichkeit allein. (Aufnahme von Jeannine Le Brun, Konstanz)

Bild 57: Der heilige Dominikus im Inselkloster Konstanz um 1280

Klosterkirche und Konventbauten wurden etwa 1250–70 unter Leitung eines einheimischen Dominikaners gebaut, des Ritters Johannes von Ravensburg, mit Anleihen bei der Konstanzer Bischofskirche und dem Salemer Kreuzgang. Bald danach wurden Kirche, Kreuzgang und Zellen mit Fresken ausgemalt, vermutlich von Dominikanern. Sie zeichneten ihre Vorbilder nicht mehr wie die Prämonstratenser von Weißenau (Bild 49) in Bücher für lateinkundige Priester, sondern an die Wände, auch für Laien, die nicht lesen konnten. Das älteste Fresko befindet sich am Ostabschluß des nördlichen Seitenschiffs, in der Zone zwischen Langschiff und Altarraum. Das große Bild (278 x 384 cm) bietet das kleine Schriftband am Fuß in Augenhöhe dar; man muß hinaufschauen, um die Heiligen zu erkennen, die lebensgroß unter Baldachinen stehen. In der Mitte der sieben Männer Johannes der Täufer mit dem Lamm, begleitet von zwei heiligen Bischöfen. Unser Ausschnitt zeigt die linke Hälfte, rechts den einen Bischof, wahrscheinlich den Kirchenpatron St. Nikolaus von Myra, mit allen Zeichen oberhirtlicher Würde, doch in Betrachtung versunken, dem Bischof auf der Konradscheibe am Münster (Bild 42) verwandt. Neben ihm zwei Dominikaner, kenntlich an dem dunklen Kapuzenmantel über weißem Chorhemd. Der Heilige links ist Petrus Martyr, den soeben, 1252, italienische Katharer erschlugen; die Kapuze ist zurückgestreift, die kurze Priestertonsur mit der Schädelwunde freigelegt. Anders als Meinrad (Bild 22) hat Petrus die Welt seiner Mörder hinter sich gelassen. Der Mann in der Mitte des Ausschnitts ist St. Dominikus; er hat die Kapuze hochgeschlagen und den Mantel um sich gezogen, als ob er fröre. Er hält in der Linken das Buch des monastischen Lehrers, in der Rechten eine Lilie – seine Attribute. Das Gesicht ist bei allen Figuren modern übermalt, aber vielleicht blickte der Mann immer so nach oben, als sähe er nichts Irdisches mehr. Auf der rechten Seite des Bildes stehen neben Johannes wahrscheinlich der heilige Bischof Konrad von Konstanz, gewiß der heilige Franz von Assisi mit Wundmalen und vermutlich sein Ordensbruder Antonius von Padua mit Lilie. Benediktinische und zisterziensische Heilige fehlen, denn hier wird nicht Abgeschiedenheit empfohlen. Wie am 1874 abgerissenen Triumphbogen, so versammeln sich an der Nordwand der Kirche um Christus und seinen Vorläufer seine Nachfolger im Priestertum, bischöfliche und mönchische, deren vorbildlicher Dienst auch Laien anspricht. Sie mögen, wie die lateinischen Verse am Fuß verkünden, ihre Bitten diesen beispielhaften Dienern Gottes vortragen und auf Erhörung hoffen. Die Konstanzer Dominikaner verstanden das Beispiel bald nicht mehr. Noch während Seuse lebte, um 1350, zogen sie zwischen dem Chor für Priestermönche und dem Langschiff für Laien einen Lettner quer durch die Kirche, deren Mittelpunkt nicht mehr die Predigerkanzel sein sollte. Dabei verschwanden die Fresken. Sie kamen erst beim Umbau 1874 wieder so zutage, wie Seuse sie betrachtet hat. (Aufnahme von Alfons Rettich, Konstanz)

Bild 58: Heinrich Seuse und die Begine in Straßburg (?) vor 1400

Die kolorierte Federzeichnung füllt eine Pergamentseite (21,5 x 17,0 cm) in dem Buch von 160 Blättern, das Seuses deutsche Schriften enthält. Es wurde etwa ein Menschenalter nach Seuses Tod, zwischen 1380 und 1400, wahrscheinlich im Elsaß geschrieben und gemalt. Das Bild illustriert das 22. Kapitel von Seuses Lebensbeschreibung. Eine fromme Frau namens Anna, eine »Gottesfreundin«, hat von Seuse gehört und empfängt in der Entrückung den Befehl, den »Diener der ewigen Weisheit« aufzusuchen, weil er die Gemeinde der innerlichen Christen um sich schare. Sie erwidert, sie werde Seuse unter den vielen Brüdern nicht erkennen können. Die Stimme, im unteren Teil der Zeichnung als Engel dargestellt, sagt zu Anna, er sei unter den anderen leicht herauszufinden. Er trage um das Haupt einen grünen Kranz, der rings mit roten und weißen Rosen besetzt sei. Die weißen bezeichneten seine Lauterkeit, die roten seine Geduld im Leiden.

Wie der goldene Nimbus bei gemalten Heiligen die ewige Seligkeit bedeute, so versinnbildliche der Rosenkranz die mannigfachen Leiden der Gottesfreunde, die Gott während dieser Zeitlichkeit ritterlich dienten. Jenseitige Freuden, von denen Zisterzienser träumten (Bild 46), rücken in blasse Ferne. Im oberen Bild weisen der Engel und eine Hand vom Himmel auf Seuse, so daß Anna »den Diener« erkennt, und was sieht sie? An den Händen trägt er Wunden von Bußübungen, auf die Brust hat er sich den Namen Jesu (JHS) blutig eingeritzt. Um Seuse herum stehen sechs Dominikaner. Sie sind regeltreu tonsuriert und gekleidet, tragen keine Bäuche und schielen nicht nach Frauen. Doch sie starren mit überraschten Gebärden den Ordensbruder an, der ihnen nicht gleicht und kaum mehr zu ihnen gehört. Die Handschrift, der beste und vollständigste Text von Seuses deutschen Schriften, mag auf den Kreis um Rulman Merswin zurückgehen, einen Straßburger Kaufmann, der sich unter Taulers Anleitung dem mystischen Leben der »Gottesfreunde« zuwandte und 1371 eine Johanniterkommende in Straßburg gründete. Diesen Ordensrittern gehörte der Band bis zur Auflösung der Kommende 1792, dann kam er in die dortige Stadtbibliothek. Ein Germanist entlieh ihn und starb darüber; die Erben verkauften ihn 1868 der Berliner Staatsbibliothek. Sie gab ihn nach dem Ersten Weltkrieg zurück. Auch im Konstanzer Dominikanerkloster müssen Seuses Schriften vorhanden gewesen sein; nur kümmerte sich, anders als im Fall Petershausen (Bild 33), keine Bibliothek um die Bücher des aufgelösten Konvents, und so sind sie verschwunden. (Bibliothèque nationale et universitaire de Strasbourg, Manuskript 2929, Blatt 28 Rückseite)

Johann von Winterthur · Franziskaner in Lindau (Text S. 264–281)

Bild 59: Stadttheater und Stiftsplatz Lindau 1978

Von den Franziskanerklöstern, die im 13. Jahrhundert am Bodensee erbaut wurden, steht keines mehr; der größte mittelalterliche Orden war zu sehr auf Gegenwart erpicht, um auf Dauer zu achten. Am besten erhalten sind Teile des Barfüßerklosters Lindau, in dem Johann von Winterthur seit 1340 seine Chronik schrieb und wahrscheinlich 1349 starb. Das Luftbild von Nordwesten läßt mitten zwischen Bürgerhäusern die Umfassungsmauern der Klosterkirche erkennen, eines schlicht verputzten heterogenen Bauwerks. Im Westen das niedrige einschiffige Langhaus, das um 1270, ein Menschenalter vor Johanns Geburt, fertig war; im Osten der hohe spätgotische Chor, der kurz nach Johanns Tod 1353 begonnen wurde. In diesem Übergang von der Laienkirche zum Priesterchor spiegelte sich die Geschichte des Franziskanerordens. Die Kirche, wie herkömmlich im Norden des Klosterbereichs gelegen, wandelte sich nach der Aufhebung des Konvents 1528 von der Kultstätte allmählich zur Kulturstätte, ziemlich umständlich und zufällig. Im reformierten Lindau blieb sie zunächst geschlossen, aber bestehen; nur auf den Friedhof im Südwesten (außerhalb des Bildes) setzte die Stadt 1590 ihr Gerichtshaus. Der Versuch der Franziskaner, die Kirche dem Orden 1628 zurückzugewinnen, mißlang 1634. Nun diente sie seit 1658 als evangelische Dreifaltigkeitskirche, erwies sich aber bald als zu groß. In Lindau standen Kirchen mehr als genug, die größten und ältesten am Stiftsplatz, links im Vordergrund, im Nordosten: für Katholiken die

Stiftskirche St. Marien, daneben (nicht mehr im Bild) für Reformierte die Bürgerkirche St. Stephan. Deshalb wurde vom Langhaus der Barfüßerkirche, das weiter Gotteshaus blieb, 1747 der Priesterchor abgetrennt und in zwei Geschosse geteilt, für einen Festsaal oben, für die Stadtbibliothek unten. Seit 1798 wurde auch das Langhaus nicht mehr als Kultraum gebraucht, sondern als Kaserne, Gefängnis, Zeughaus, Reithalle, Turnhalle benutzt, lauter Verlegenheitslösungen. Im Obergeschoß des Chors entstand unterdes 1868 ein Konzertsaal, der sich bewährte; diesem Neubeginn folgte 1886 die Einrichtung des Langhauses als Stadttheater. Der letzte Umbau bezog 1950–51 die bisherige Stadtbibliothek, das Untergeschoß des Chors, als Eingangshalle in das Theater mit ein und gliederte ihm einen Vorbau an. Nichts blieb hingegen von dem Konventgeviert übrig, dessen Ostflügel vom Süden der Chorwand seewärts lief, und von den zwei weiteren Klosterhöfen, die bis an das Seeufer (am oberen Bildrand) reichten. Am Kreuzgang wohnten und unterrichteten zuerst reformierte Prediger von St. Stephan, seit 1641 Lehrer einer Lateinschule; doch wurden die alten Bauten nach 1820 abgerissen und machten moderneren Schulhäusern Platz. Nach allem Wandel zeichnet sich doch eine Kontinuität ab, die Bildungsidee der Bürgergemeinde. Nachdem sie von den Franziskanern erzogen worden war, benutzte sie deren Kloster am Barfüßerplatz zu Erziehungszwecken, nur ohne franziskanische Predigt. (Luftbild von Albrecht Brugger, Stuttgart, freigegeben vom Regierungspräsidium Stuttgart, Nr. 2/46954 C)

Bild 60: Barfüßerkloster und Stadt Schaffhausen 1644

Merians Erben veröffentlichten 1654 den Kupferstich mit Südansicht von Schaffhausen (21,3 x 38,4 cm), nach dem zehn Jahre älteren Entwurf des Pfarrhelfers Johann Jakob Mentzinger aus Diessenhofen. Man muß lange suchen, bis man oben im Norden, mitten in der Vorstadt, das Barfüßerkloster (mit 3 bezeichnet) entdeckt, in dem Johann von Winterthur 1335–39 gewohnt hat. Schon im Spätmittelalter, besonders zwischen 1454 und 1499, wurden Kirche und Konvent emsiger umgebaut als in Lindau; Johann hätte sich kaum mehr zurechtgefunden. Der Schaffhauser Konvent wurde in der Reformation 1529 aufgelöst, kurz nach dem Lindauer; auch jetzt ging alles schneller. Die Kirche St. Franciscus steht an der Südseite des Klosterbezirks, wie beim Konstanzer Dominikanerkloster (Bild 56) der Altstadt zugewandt. Doch ihr gotischer Ostchor ist bereits seit 1543 abgerissen. Noch steht das ausgemalte Langhaus, eine dreischiffige Pfeilerbasilika von beinahe dominikanischer Größe. Geblieben ist weiter das zweistöckige Konventgeviert nördlich der Kirche; es wird innen noch vom Kreuzgang und vom baumbestandenen Kreuzgarten zusammengehalten. Nach außen stellt es sich als krumme Häuserzeile dar, wenig anders als Bürgerhäuser der Nachbargassen; die Straße am Westflügel des Konvents heißt denn auch Krummgasse. Der Ostflügel mag vom Kapitelhaus eingenommen worden sein. Der Nordflügel, an einen Platz mit Brunnen grenzend, beherbergte im Ostteil das Haus des Guardians, das sich wohl dem Wettbewerb mit der Pfalz des Benediktinerabtes am Ort (Bild 28) verdankte; doch muß im selben Haus der Speisesaal für alle gelegen haben. Daneben sprang rechtwinklig nach Norden das Konventhaus vor, mit den Einzelzellen. Im Westflügel könnten die Barfüßer ihre paar Wirtschaftsräume, vor allem Wohnungen für Pfründner untergebracht haben. Während die

Franziskaner im Kreuzgang beigesetzt wurden, lag der Friedhof für Freunde seit 1261 östlich des Konventgevierts. Er verlieh dem Kloster so viel Ansehen, daß er hier wie in Lindau sofort beseitigt und seit der Mitte des 16. Jahrhunderts mit Häusern einer Handelsgesellschaft überbaut wurde; danach heißt die Straße im Osten Safrangasse. Das Barfüßerkloster hob sich nicht über die Silhouette der Bürgerhäuser hinaus und blieb im Schatten anderer Türme. Im Westen waren es die der Stadtbefestigung, der Turm am Ort (16) und das Obertor (6), im Osten die der Kirchen, St. Agnes (4) und St. Johann (1), ganz zu schweigen von Allerheiligen im Süden (2). Im nächsten Jahrhundert, seit 1729, wird die Barfüßerkirche dem Stadthaus weichen, nach dem heute die einstige Brüdergasse heißt, und das Konventgeviert wird sich in Wohnhäuser, Wirtshäuser und Werkstätten auflösen. Kein Straßenname mehr weist über den städtischen Alltag hinaus, den die franziskanische Armut einst erschüttert hat. (Matthäus Merian, Topographia Helvetiae, 2. Auflage, Frankfurt am Main 1654, nach Seite 54; Ausschnitt in Originalgröße)

Bild 61: Handschrift Johanns in Lindau 1347

Abgebildet ist das letzte Drittel einer dicken Papierseite (etwa 22 x 15 cm), die Johann eigenhändig schrieb. Seine Schreibweise ist weniger gotisch verschnörkelt und gebrochen als die des Zeitgenossen Konrad von St. Gallen (Bild 54), so klar und einfach wie die Walahfrids (Bild 13), aber von der karolingischen Monumentalität weit entfernt. Johann drängt Buchstaben und Zeilen eng aneinander, er schreibt schnell, mit wenigen Absätzen und vielen Abkürzungen; je älter er wird, desto größer und gröber wird seine Schrift. Diesmal schreibt er sehr sauber, doch seine Chronik enthält 242 Seiten von höchst unterschiedlicher Abmessung, Beschriftung und Ordnung. Er hat 1340–43 in Lindau ein Konzept der Chronik begonnen, darin jedoch so viel korrigiert, daß er den ersten Teil noch einmal abschreiben muß; deshalb finden wir keine Streichungen und Zusätze. Aus Nebenbemerkungen läßt sich erschließen, daß Johann diese Neufassung im Lauf des Jahres 1347 hergestellt hat. Am linken Innenrand kündigt er mit einem Paragraphenzeichen den neuen Abschnitt an. Soeben hat er von Florentiner Unruhen im Juli und August 1343 berichtet; nun erzählt er von einem schrecklichen Gewitter zwei Tage vor Mariens Geburt, am Abend des 6. September 1343. Er erinnert sich als Lindauer Augenzeuge an das Unwetter vor vier Jahren mit Wolkenbruch und Hagelschlag, das die Flüsse anschwellen ließ, »rund um den Bodensee und vor allem um Lindau« (dritt- und zweitletzte Zeile *circa lacum potannicum, presertim circa Lindaudiam*). Die Stelle zeigt Johanns Verwurzelung in Gastgemeinde und Landschaft, ein Einvernehmen, das hier nicht wie in Mainau (Bild 53) durch Streit zwischen geistlichen Institutionen beeinträchtigt wird und sich diesmal nicht wie in Weißenau (Bild 49) auf die Identität des Konvents beschränkt. Johann hat die Ereignisse seit 1343 ebenfalls notiert, nachdem er von ihnen erfuhr, nicht mehr in einem Zug, mit vielen Veränderungen im Text und am Rand; dieser zweite Teil der Chronik ist gleichfalls bis Herbst 1347 geführt. Am Ende kommt noch ein Stück Reinschrift für die Monate bis Juni 1348, wo das Werk abbricht, wahrscheinlich weil der Autor an der Pest starb. Er arbeitete also an allen Teilen seiner Chronik gleichzeitig, in allen Stadien zwischen Materialsammlung und Reinschrift. Er wollte dem Tagesgeschehen auf der Spur bleiben und zugleich seinen zeitlosen Sinn ergründen. Sein Tagebuch der Gegenwart wurde vom Lindauer Konvent weder fortgesetzt noch aufbewahrt; Franziskaner behandelten Geschriebenes ähnlich lieblos wie Deutschherren (Bild 54). Schon im 15. Jahrhundert wurde der Band von Zürcher Bürgern gelesen, wie engagierte Randnotizen beweisen; Zwinglis Nachfolger Heinrich Bullinger studierte ihn. Ein auswärtiger Historiker wollte ihn 1603 kaufen, aber in Zürich ist er geblieben. (Zentralbibliothek Zürich, Codex C 114 d, Seite 128)

Bild 62: Erinnerung an franziskanische Ursprünge in Luzern 1513

Der Luzerner Priester Diebold Schilling, dessen Namensvetter Guardian der Schaffhauser Franziskaner war, berichtete 1513 in seiner Luzerner Chronik auch von der Gründung des Barfüßerklosters in der Vaterstadt. Sie sei in den ersten Jahren der Ordensgeschichte zustande gekommen, als früheste alemannische. Gräfin Guta von Rothenburg habe 1223 die Au und die Hofstatt südlich der Reuß von einem Murbacher Abt um 60 Mark Silber gekauft, sei im selben Jahr gestorben und liege bei den Franziskanern begraben. Schilling selbst steuerte, wie er andere Luzerner Begebenheiten illustrierte, eine Deckfarbenmalerei (22,5 x 17,4 cm) bei, die die Geldübergabe darstellt. Der Abt des Benediktinerklosters ist in Begleitung eines Mönchs persönlich aus dem Oberelsaß herbeigeeilt; auch die Gräfin hat eine Hofdame mitgebracht. Die Herrschaften stehen auf dem fertig gepflasterten Franziskanerplatz nördlich vom Kloster, während im Hintergrund die Handwerker die dreischiffige Pfeilerbasilika St. Marien errichten. Sie ist aufwendiger als die Lindauer Barfüßerkirche, sauber gemauert und nicht verputzt, mit gotischen Maßwerkfenstern und kreuzrippengewölbtem Ostchor ausgestattet. Südwärts am Hirschengraben steht der Turm der Stadtbefestigung, bis zu dem sich die Konventbauten erstrecken werden. Das Bild ist topographisch richtig, aber historisch falsch. Das Barfüßerkloster Luzern wurde erst kurz vor 1269 gegründet, die Kirche um 1270–80 gebaut, nicht früher als in Lindau oder Schaffhausen. Die Stadt unterstand wirklich bis 1291 der Abtei Murbach, doch Gräfin Guta ist nicht nachzuweisen, wenngleich die Barfüßer später am Choreingang ihr Epitaph vorzeigten. Gegen die Adelsfamilie von Rothenburg kämpften die Luzerner Bürger erbittert, was noch Johann von Winterthur durch Ordensbrüder aus Luzern erzählt bekam. Johanns Chronik kümmerte sich nicht um die Urgeschichte einzelner Barfüßerklöster, denn er lebte für seine Gegenwart und sah sich in ihr ohne Lokalpatriotismus um. Spätere Bürger aber identifizierten sich mit den Franziskanern am Ort so hemmungslos, daß sie deren Anfänge wie die der Vaterstadt möglichst uralt und vornehm beschrieben. Die Prämonstratenser in Weißenau beriefen sich zu Schillings Zeit auch auf einen adligen Stifter (Bild 50), mit Recht, denn sie lebten noch von seinen Bauernhöfen. Bei Schilling aber gründen Repräsentanten der alten Feudalwelt einen Konvent für Bettelmönche, als wären sie Luzerner Kaufleute. Keine einheimische Begine, kein Franziskaner von auswärts schaut zu. Über Franz von Assisi, der 1223 noch am Leben war, weiß Schilling fast nichts mehr. Franziskaner sind Mitbürger geworden, darum muß ihre Gründung ein Geschäft der Lokalpolitik und Hochfinanz gewesen sein. (Zentralbibliothek Luzern, Luzerner Bilderchronik, Blatt 7 Vorderseite)

Die ungenannte Dominikanerin in St. Katharinental (Text S. 284–301)

Bild 63: Altersheim St. Katharinental 1978

Viele ehemalige Klöster sind heute Altersheime und dienen damit einer Fürsorge, die manche von ihnen schon im Mittelalter übernommen hatten; aber gerade St. Katharinental gehörte anfangs nicht zu diesen Versorgungsanstalten. Es liegt, wie man von Südwesten sieht, nicht beherrschend über der Landschaft; der Rheinlauf drängt die West-Ost-Achse nach Südosten ab, der Hang im Vordergrund begrenzt die Breite. Der längsrechteckige dreistöckige Komplex am Ufer war das Konventgeviert der Dominikanerinnen. Es wurde 1715–18 auf den alten Mauern neu errichtet; im Nordflügel am Rhein lag der Speisesaal. Hier wie beim Konstanzer Dominikanerkloster (Bild 55) befand sich die Klosterkirche St. Katharina südlich vom Konventgeviert; sie überragt alle anderen Häuser, seitdem sie 1732–35 anstelle der mittelalterlichen Kirche neu entstand. Unter dem schweren Giebeldach und hinter der kärglichen Westfassade liegt ein harmonischer einfacher Kirchenraum, ein fast quadratisches Langhaus vor einem rechteckigen Altarhaus und einem tiefen Chor. Konvent und Kirche waren von der Priorin Josepha von Rottenberg einheitlich geplant, weit schlichter und kleiner als kurz zuvor die Zisterze Salem (Bild 43). Im Kircheninneren wurden die Altäre nach dem Geschmack des 18. Jahrhunderts gestaltet, die Deckengemälde mit den Heiligen des internationalen Dominikanerhimmels gefüllt; dennoch schämten sich die Dominikanerinnen ihrer örtlichen Vergangenheit nicht und ließen zahlreiche Bildwerke des 14. Jahrhunderts in der Kirche stehen. Gänzlich neu entstanden wie in Salem die Bauten für gehobene Außenbeziehungen, das Torhäuschen südlich der Kirche 1642, das Gasthaus mit Fachwerk 1649, das Hofmeisterhaus im Garten 1781, das Herrenhaus am Rhein 1746. Auch hier keine Tabula rasa: Das spätmittelalterliche Kornhaus im Südosten erhielt 1749–50 nur einen neuen Dachstuhl und Giebel, die Klosterscheune auf dem Hügel im Südwesten behielt ihre Gestalt aus der Zeit um 1600. Die moderne Aufnahme kann ein Haus nicht mehr zeigen, das erst nach 1792 verschwand und auf das die Nonnen besonders stolz waren, das »Hasenhaus«, in dem die ersten Dominikanerinnen angeblich zwischen 1242 und 1251 eine Notunterkunft fanden. Dieses Denkmal der armseligen Ursprünge wurde gehütet, obwohl es keine Gebeine von Heiligen oder Adligen enthielt. Bei der Aufhebung des Konvents 1869 nahmen die letzten Nonnen die beweglichen Andenken, gerade die mittelalterlichen, mit in das Dominikanerinnenkloster Weesen am Walensee, wo sie heute stehen. Auch die Kirche in St. Katharinental beherbergt noch einige große Holzfiguren aus dem frühen 14. Jahrhundert, der Zeit der Nonnenvisionen. (Luftbild von Albrecht Brugger, Stuttgart, Nr. CH 46967)

Bild 64: Dominikanerinnenkloster St. Katharinental 1623

Die Doppelseite aus Papier (34,5 x 40,6 cm) entstammt der handgeschriebenen »Geschichte des Gotteshaußes St. Katharinäthal«, die der Rheinauer Benediktiner Moritz Hohenbaum van der Meer 1792 für die Nonnen verfaßte. Sie zeigt von Norden, vom Rheinufer, den Zustand des Klosters vor den Neubauten des 18. Jahrhunderts, zwar mit

Hohenbaums Beschriftung, aber nach einer verlorenen Zeichnung von 1623, vielleicht des Winterthurer Glasmalers Hans Jeggli. Vorn am Ufer sehen wir das Konventgeviert von 1251, inzwischen durch Anbauten nach Norden und Osten erweitert. Im Nordflügel lagen wohl Speisesaal und Küche, im Ostflügel wohl der Kapitelsaal und darüber Schlafräume, im Westflügel jedenfalls Pforte und Sprechzimmer, irgendwo im Geviert Werkhaus und Siechenhaus der Nonnen. Die Klosterkirche ist ebenfalls noch die erste von 1251–69, nur 1305 um einen Nonnenchor verlängert, einschiffig ohne Querschiff, durch den großen Dachreiter hervorgehoben, aber die anderen Bauten kaum überragend. Einen hohen spätgotischen Chor wie in Lindau (Bild 59) findet man nicht. Im Osten des Konventgevierts liegt der Friedhof mit dem großen Kreuz und einer kleinen Grabkapelle für Elsbeth von Stoffeln, eine der Nonnen des 14. Jahrhunderts. Ganz am linken Rand der Klostergarten, dann an der Klostermauer entlang die Wirtschaftsgebäude: Hühnerhäuser, Kornhaus mit Keller, Reitstall, Küferhaus, Torhaus, das soeben 1623 neugebaute Hofmeisterhaus mit eigenem Garten (heute heißt es Rebhaus), das Haus für Pfründner und die Bäckerei, beide von 1566, die Schmiede von 1583, dahinter auf dem Hügel die große Klosterscheune in Kreuzform von etwa 1600. Vor diesen neuesten Bauten steht mitten im Wirtschaftshof der älteste, das »Hasenhaus«, ein unregelmäßiger Fachwerkbau. Rheinwärts bemerkt man den Pferdestall für Gäste und am Ufer das steinerne Herrenhaus mit Staffelgiebel und breiter Fensterreihe, vornehmlich für Beichtväter und Prediger bestimmt. Die scheinbar unbeholfene Perspektive gibt einen Eindruck von absichtsloser Vielgestalt, wie bei den Barfüßern in Schaffhausen (Bild 60). Für repräsentative Blickpunkte, für Prälaturen und Schaufassaden ist kein Raum. Im Herzen des Klosters steht die Einheit von Kirche und Konvent, auf dem Friedhof wie auf dem Wirtschaftshof steht ein großes Kreuz. Die Dominikanerinnen, die von der Geschichte ihrer Bauten mehr wußten als die meisten Mönche anderer Klöster, bewahrten auch Hohenbaums Band bis 1869 auf. Mit der Klosterbibliothek kam er in den Besitz des Kantons. (Thurgauische Kantonsbibliothek Frauenfeld, Handschrift Y 204, zwischen Seite 16 und 17; Aufnahme von Konrad Keller, Frauenfeld)

Bild 65: Mariens Heimsuchung in St. Katharinental um 1320

Die Holzplastik (59,1 x 30,5 cm) wurde in der Werkstatt des Meisters Heinrich von Konstanz für die Dominikanerinnen von St. Katharinental geschnitzt, bemalt und vergoldet. Sie zeigt zwei schwangere Frauen, Elisabeth, die Mutter Johannes' des Täufers, und Maria, die Mutter Jesu, bei der Begegnung, die zu Beginn des Lukasevangeliums geschildert ist und als *Visitatio Mariae* im Mittelalter oft dargestellt wurde. Die ältere Elisabeth steht rechts (von den Figuren her betrachtet auf der minderen linken Seite); sie ist nicht, wie seit dem 12. Jahrhundert üblich, in ehrfürchtiger Haltung wiedergegeben, sondern bewegt und zutraulich. Maria wartet ab, schlägt aber in die dargebotene Rechte ein und deutet mit der Linken eine Umarmung an. Elisabeth hält in der linken Hand ein schwarzes Spruchband mit goldenen Lettern: *Unde hoc michi veniat ut mater*, ungenaues Zitat ihrer Rede bei Lukas: »Womit habe ich verdient, daß die Mutter meines Herrn zu mir kommt?« Die Frauen, die sich schwesterlich begegnen, sind keine Nonnen. Beide tragen goldene, hermelingefütterte, reich eingefaßte Gewänder und Kopftücher; Elisabeths Scheitel und Kinn sind vom Gebende einer verheirateten Frau eingefaßt. Ihre Leibesfrüchte waren ursprünglich sichtbar und wurden erst später durch Kristalle ersetzt. Die Schwestern von St. Katharinental konnten sich die Freuden der Mutter so lebhaft vorstellen wie die Stiftsdamen von Buchau die Leiden der Mutter (Bild 18); wenigstens in der höfischen Verhaltenheit und Anmut der Gestalten erkannten sie sich selbst. In ihrem verschwiegenen Wettbewerb scheuten sie freilich die direkte Selbstdarstellung weit mehr, als ihre dominikanischen Berater es taten (Bild 58). Aber die Visionärin Anne von Ramschwag muß an dieses Bild gedacht haben, als sie in ihrem Innern zwei schöne Kinder einander umschlingen sah, den Herrn und ihre Seele. Noch die letzte Nonne von St. Katharinental hing an dem kleinen Andachtsbild so, daß sie es 1869 privat mitnahm. Nach ihrem Tod kaufte es ein Kunstsammler von St. Gallen billig. Schwangerschaft galt als anstößig. Über Zürich und Paris gelangte die Plastik um teures Geld 1914 zu dem amerikanischen Bankier John Pierpont Morgan; er schenkte sie 1917 dem New Yorker Kunstmuseum. Die heute vielbewunderte Gruppe ist nicht nur räumlich ihrem Ursprung ferngerückt, sie hat auch ihren sozialen Rahmen verloren. (The Metropolitan Museum of Art, New York, Inventar-Nr. 17.190.724)

Bild 66: Nonnenbuch von St. Katharinental, 15. Jahrhundert

Mit der Papierseite (20,5 x 14,2 cm) beginnt ein Buch ohne Überschrift, ohne anderen Schmuck als zweifarbige Initialen, ein Lesebuch: das volkssprachliche Nonnenbuch in der Fassung, die in St. Katharinental verblieben ist. Geschrieben ist sie von einer ziemlich groben Hand des 15. Jahrhunderts, lange nach dem Tod der namenlosen Autorin des Textes. Die Schreiberhand ist ungeübt, besorgt aber eine recht fehlerfreie Reinschrift; eine Ausnahme ist gleich in der ersten Zeile die Verdoppelung *ain – ein*. Der Text beginnt mit der Beschreibung von Adelheid Pfefferhards Leben; ihre Erlebnisse sind im Nonnenbuch neben denen von Elsbeth von Stoffeln und Anne von Ramschwag am ausführlichsten dargestellt. In der ersten Spalte ist die Rede von den 30 000 *Ave Maria*, mit denen Adelheid den Widerstand ihrer Eltern niederrang, in der zweiten Spalte von ihrem Alter, Eintritt mit 13 Jahren, 50 Jahre Klosterleben. Da wir wissen, daß Adelheid nicht lange vor 1360 starb, können wir ermessen, wie weit der Zeithorizont des Nonnenbuches zurückreicht. Adelheids Musterleben (Spalte 2, Zeile 10 *Bild vnd lere*) ersetzt eine Einleitung; das lebendigste Beispiel wird wichtiger genommen als das älteste, ähnlich wie bei Johann von Winterthur kurz vorher (Bild 61). Erst danach ist als nächste die Gründungspriorin Williburg von Hünikon behandelt. Noch im 15. Jahrhundert wurde der Text, nicht aus unserer Handschrift, mindestens dreimal abgeschrieben, ziemlich wortgetreu für das Dominikanerinnenkloster Zoffingen in Konstanz, mit einigen Zufügungen und Weglassungen für das Dominikanerinnenkloster St. Katharina in Nürnberg, in einer völligen Neubearbeitung für das Dominikanerinnenkloster St. Katharina in St. Gallen. Wie sich Inhalt und Dialekt dieser Fassungen zueinander und zur verlorenen Urschrift verhalten, bleibt zu untersuchen; jedenfalls ist den Texten für auswärtige Konvente ein Abriß der Frühgeschichte von St. Katharinental vorangestellt. Das Hausexemplar schwieg von der Geschichte, die jede Leserin kannte. In dieses Buch trug dieselbe Hand am Schluß viele Marienlieder ein, auch *Uns kunt ein schiff geladen*. Der

150 Seiten starke Band gehörte, wie Besitzvermerke belegen, der Priorin des Hauses, Margarethe von Ulm (gestorben 1583), und im Jahr 1720 einer Schwester Antonia, vielleicht Antonia Magdalena Imhoff (gestorben 1734). Mehrere Hände des 17. und 18. Jahrhunderts, darunter die des Rheinauer Benediktiners Hohenbaum, brachten Überschriften für die einzelnen Viten (hier *Adelheid Pfefferhartin*) und Zahlen für ein Nonnenregister an, erste Ansätze zur gelehrten Erschließung des Textes, deren Fortsetzung von der modernen Forschung versäumt worden ist. Der Band kam nach der Auflösung des Klosters 1869 nach Frauenfeld. (Thurgauische Kantonsbibliothek Frauenfeld, Handschrift Y 74, Seite 1; Aufnahme von Konrad Keller, Frauenfeld)

Elsbeth Achler · Franziskanerin in Reute (Text S. 301–319)

Bild 67: Eisenbibliothek Paradies 1978

In ländlicher Abgeschiedenheit konnte ein Frauenkloster die Geschichte länger überleben als in den Aufregungen der Stadt; aber ohne diese Herausforderung konnte ein franziskanischer Konvent in der Geschichte nicht überzeugend leben. Das Dilemma wird beim Blick, hier von Westen, auf das frühere Klarissenkloster Paradies bei Schaffhausen sichtbar. Die heutige Anlage steht auf den Grundmauern des mittelalterlichen Klosters, das von der Stadtgemeinde Schaffhausen getragen worden war; aber das neuzeitliche Kloster wurde 1578 gegen den Widerstand Schaffhausens von den katholischen Eidgenossen erzwungen und mit Klarissen aus Villingen neugegründet. Der Beginn wurde durch eine unfähige Äbtissin und einen Großbrand von 1587 beinahe abgewürgt, doch nun hatten die Nonnen eine Aufgabe, die sie unter der nächsten Äbtissin Maria Andergand mit Feuereifer bewältigten. Beim Wiederaufbau, der 1610 abgeschlossen war, übernahmen die Klarissen nicht mehr die örtliche Tradition; sie ließen 1588 die Dorfkirche St. Peter, die Keimzelle des alten Klosters, abreißen und die Steine für den Neubau verwenden. Um so zäher hielten sie an der alten Grundidee fest, einem kompakten Klausurgeviert von städtischer Enge und franziskanischer Armut. Die Klosterkirche St. Michael blieb wie zuvor ein schmaler, flachgedeckter Saalbau; der wuchtige Dachreiter wurde dem alten nachgebildet. Die Kirche blieb im Süden des Klosterbezirks, wie bei den Barfüßern in Schaffhausen (Bild 60), die den alten Konvent betreut hatten. Die Südansicht bot eine Fluchtlinie, fast eine Schaufassade, während nach allen anderen Himmelsrichtungen die Konventbauten über das Quadrat am Kreuzgang hinausstießen. Die Konventflügel erhielten moderne, gleichförmige Abmessungen und Gesimse, im Innern gerade Fluchten von Fenstern und Gewölben. Die Aufteilung folgte nicht mehr dem benediktinischen Brauch. Alle Gemeinschaftsräume, Kapitelsaal und Speisesaal, lagen neben dem Kirchenchor im Ostflügel, sonst waren die Erdgeschosse mit Wirtschaftsräumen belegt, Keller und Bäckerei im Nordflügel, Küchen und Vorratsräume im Westflügel. In den Obergeschossen reihum an einem Mittelgang die Einzelzellen der Nonnen, auch die der Äbtissin. Beim Neubau verdrängten zwischen 1600 und 1610 zwei feste Häuser im Süden und Westen kleinere Nebengebäude, in Verlängerung der Kirchenachse das Hofmeisterhaus, rechtwinklig dazu das Gästehaus. Aus der Zeit vor dem Brand blieben lediglich im südöstlichen Vorfeld ein langes Fachwerkhaus und das Klostertor stehen, auf das die Allee zuführt. Mit der Fertigstellung der Gehäuse erlahmte die Energie des Konvents, der im 18. Jahrhundert von fremdem Landadel beherrscht war; er barokkisierte noch die Klausur und errichtete im Südosten ein stattliches Amtshaus mit Mansardendach, mehr nicht. Er hielt sich bis 1836, die letzte Nonne starb hier 1845. Gebäude und Grundbesitz wurden vom Kanton Thurgau versteigert; bei der landwirtschaftlichen Nutzung verkamen die Bauten, der Kreuzgang wurde zum Hühnerstall. Ein Stahlwerk aus Schaffhausen erwarb das Klostergut 1918, zunächst um Wohnungen für Werksangehörige einzurichten. Die Firma renovierte das Kloster 1948–51 und gründete eine Fachbibliothek zur Geschichte der Eisenverwertung. Einem städtischen Industriebetrieb verdankt es das Kloster, daß es nicht ganz zu dem Bauernhof wurde, der es immer halb war. (Luftbild von Albrecht Brugger, Stuttgart, Nr. CH 46937)

Bild 68: Klarissenkloster Paradies 1571

Gezeigt ist ein Ausschnitt aus der »Conntrafactur des Closters Paradyß, desselben zugehörigen gütter, Ouch hoher unnd niderer gerichten etc. 1571«. Die kolorierte Karte (rund 59 x 82 cm) von einem unbekannten Maler nahm aus Norden den Bestand des Klosters auf, das von der Stadtgemeinde Schaffhausen 1529 zur Reformation gezwungen und 1548 aufgehoben worden war. Das Schicksal seiner franziskanischen Betreuer in Schaffhausen hatte sich schneller entschieden (Bild 60); doch in Paradies lebten noch die letzten Nonnen, deren Umerziehung zum neuen Glauben mißlang. Auch die Gemeinde Diessenhofen sperrte sich ebenso wie die katholischen Eidgenossen gegen Schaffhauser Eingriffe. Deshalb wurde das Streitobjekt genau vermessen, deshalb auch wirkt es halbtot. Im Osten des Klosterbereichs steht noch die alte Dorfkirche St. Peter von Schwarzach, neben der sich die Klarissen 1253 niedergelassen hatten, aber sie ist – anders als das »Hasenhaus« in Katharinental (Bild 64) – längst verlassen und zerfallen. Den Kern des Klosters bildet das kleine, seit 1258 angelegte Geviert von Kirche und Konvent, das den Kreuzgang in das Erdgeschoß hineingezogen hat und innen ärmlich eingerichtet ist. Im Süden unter den Fensterchen des Nonnenchors läuft der Kreuzgang nicht einmal durch. Immerhin sind im Kreuzgarten Bäume gewachsen, ebenso vor dem Ostflügel, vermutlich im Klosterfriedhof. Der Zeichner nahm die Klausur als leblosen Block; wichtiger war ihm die Klostermauer, die den Nonnen sogar den Blick auf den Rhein im Norden versperrte, und das Klostertor im Süden, schon damals durch eine Allee zugänglich. Die Wirtschaftsgebäude sind klein und verstreut, nur zwei größere Steinbauten, vielleicht für Beamte und für Gäste, stechen hervor. Weinberge, Felder, Weiher und Wege versetzen uns in den Alltag eines Bauerndorfes, das alles Lebensnotwendige hervorbringt und dafür keine Rechtfertigung braucht. Aber was diese Landwirtschaft mit dem Nonnenkonvent verbindet, durchschaut der Betrachter nicht. Sogar auf dem Dachreiter der Klosterkirche hat das Kreuz dem Hahn Platz gemacht, wieder anders als in Katharinental. Außer ländlicher Beharrungskraft besitzt Paradies kein Unterpfand der Dauer, kein Denkmal geistlicher Erfolge. Die Karte, vermutlich im Auftrag der Gemeinde Schaffhausen angelegt, blieb in deren Besitz. (Staatsarchiv Schaffhausen, Kartensammlung)

Bild 69: Grab Elsbeth Achlers in Reute 1767

Vom Franziskanerinnenkloster Reute bei Waldsee gibt es keine alten Zeichnungen, denn da stand nicht mehr als ein Haus für 20 Frauen, mit Keller, Hühnerstall und Waschküche, ein Bauernhaus wie andere im Dorf. Elsbeth Achler wurde 1420 nicht im winzigen Friedhof des Konvents beigesetzt; ihr Betreuer Kügelin setzte nicht auf die Dauer der Gemeinschaft, sondern auf die Ausstrahlung der außergewöhnlichen Nonne. Er ließ ihr mitten in der hochragenden Pfarrkirche St. Peter und Paul in Reute ein Hochgrab auf Stufen mauern und es mit einer großen Sandsteinplatte bedecken, ganz ähnlich dem Stiftergrab Eberhards in Schaffhausen (Bild 29). Man sah die Verstorbene im Relief, eine gotische Umschrift meldete ihre Wundertaten lateinisch. Anders als Adelinde in dem reichen Buchau (Bild 17) blieb Elsbeth in dem ärmlichen Reute für jedermann sichtbar, als Kontrast zum Alltag. Es kam 1421 ein prominenter Pilger von weither, der Kardinallegat Branda de Castiglione; dann wurde es um die gute Beth still, wenigstens in der großen Welt. Schwestern am Ort und Bauern im Umkreis beteten an Elsbeths Grabmal unterdessen so eifrig, daß die Umschrift der Deckplatte schließlich abgegriffen und unleserlich war. Über diese stetige Verehrung hinaus brauchten und erreichten schlichte Gemüter keinen Widerhall. Doch die Chorherren von Waldsee öffneten das Grab 1623, als Elsbeth seliggesprochen und die Pfarrkirche Reute zur Wallfahrtskirche ausgebaut werden sollte. Die Erweiterung der Kirche kam zustande, die Seligsprechung nicht. Ein Großbrand verwüstete Kirche und Kloster 1653 und vernichtete die meisten Schriftquellen. Die Waldseer Augustiner begannen von vorn und erreichten mit Hilfe des Konstanzer Bischofs die Seligsprechung Elsbeths 1766. Im selben Jahr wurde die lebende Elsbeth im Hauptchor der Kirche an die Decke gemalt, wie ihr Christus die Eucharistie reicht; im nächsten Jahr wurden ihre sterblichen Überreste auf einen neuen Altar im nördlichen Seitenschiff der Kirche übertragen, wenige Meter neben dem alten Hochgrab. Unter dem großen Kruzifix stellte man Elsbeths Gebeine, mit kostbaren Stoffen verhüllt, so sichtbar aus, wie es in barocken Wallfahrtskirchen geschah, im Grund jedoch so, wie Schwestern und Bauern sie seit über dreihundert Jahren betrachtet hatten. Die Präsenz der Reliquien rettete das Franziskanerinnenkloster Reute 1786 nicht vor der Auflösung durch Kaiser Joseph II.; schon seine Ahnen hatten sich um die kleine Elsbeth wenig gekümmert. Aber als die neue Kongregation der Schwestern vom dritten Orden des heiligen Franz im Bistum Rottenburg, 1848 in Ehingen begründet, nach einem Mutterhaus suchte, baute sie es 1870 neben die Grabkapelle der seligen Mitschwester in Reute. Kügelins Entscheidung bewährt sich bis heute. Der neugierige Tourist kann die zerbrochenen, in die Seitenwand rechts eingemauerten Reste der mittelalterlichen Grabplatte kaum näher betrachten, denn er stört immer einige Beterinnen, die vor dem barocken Grabaltar knien. (Aufnahme oben vom Kath. Wallfahrtspfarramt Reute über Aulendorf; unten von Ulrich Kurz, Herlazhofen, 1978)

Bild 70: Vita Elsbeth Achlers in Waldsee 1607

Kügelin überließ den Schwestern in Reute 1421 die Biographie Elsbeth Achlers mit der grimmigen Bedingung, daß sie weder ausgeliehen noch abgeschrieben werde; Perlen seien nicht vor die Säue zu werfen, im Vaterland der Prophetin schon gar nicht. Auswärts verbreitete sich die Vita rasch und wurde 1428 in Salzburg, bald danach in Innsbruck kopiert. Doch in Waldsee und im ganzen Bistum Konstanz bildete sich keine literarische Überlieferung von Elsbeth und Reute, im starken Kontrast zu dem gelehrten Dominikanerinnenkloster St. Katharinental, das die Heiligkeit seiner Nonnen schriftlich propagierte (Bild 66). Die Selbstbescheidung des Frauenkonvents war in Elsbeths Sinn, nicht nach dem Geschmack der geistlichen Herren von Waldsee. Zu Beginn des 17. Jahrhunderts entdeckte der dichtende Augustinerchorherr Jonas Hänlin die Schriften seines vor zweihundert Jahren verstorbenen Mitbruders Kügelin, die ursprüngliche lateinische und die endgültige deutsche Fassung. In der Woche nach Pfingsten 1607 bearbeitete er den deutschen Text lateinisch, um ihn, »in der Schreibweise ein wenig verändert«, frommen Menschen zur Kenntnis zu bringen. Er verließ sich nur auf schriftliche Vorlagen, nicht auf die mündliche Überlieferung, die in Reute noch lebte. Seine »Vita et res gestae cuiusdam monialis Elizabethae Achlerin in Reüttin« ist ein Büchlein von 34 Papierblättern; die zwei abgebildeten Seiten (15,8 x 9,4 cm) enthalten Hänlins Absichtserklärung am Schluß der Einleitung. Wozu eine lateinische Übersetzung, eine Umkehrung von Kügelins Vorgehen? Hänlin wollte ausländische Geistliche, letztlich die päpstlichen Behörden zu Lesern gewinnen. Er sang in der Einleitung einen schwungvollen Lobpreis des Schöpfers, der die gesamte Natur, vor allem den Menschen wunderbar gestaltet habe. Inmitten irdischer Gebrechlichkeit habe Gott vorbildliche Helden ausgewählt, seine Heiligen; ihr Ruhm müsse in der ganzen Kirche bei allen Völkern verbreitet werden. Elsbeth Achler hätte widersprochen, doch Hänlin ging es nicht allein um ihren Ruhm, auch um das Ansehen seines »Kollegs der Regularkanoniker in Waldsee, das vom Kaiser der Römer und Herzog von Schwaben Friedrich, genannt Barbarossa, 1181 gegründet wurde«. Noch immer war das Kolleg nicht zur Abtei erhoben, wie Kreuzlingen schon seit über dreihundert Jahren. Nebenbei mochten die alten augustinischen Verdienste helfen, den Franziskanern ihre modernen Rechte im Frauenkloster Reute zu bestreiten. Kaum war der Propst von Waldsee 1621 zum Abt befördert, da brach der Kampf zwischen Chorherren und Barfüßern offen aus. Waldsee trat jetzt energisch für Elsbeths Seligsprechungsprozeß ein, Hänlins Büchlein wurde 1625 der römischen Ritenkongregation vorgelegt. Danach wurde es nicht mehr gebraucht und lag in der Stiftsbibliothek Waldsee, Fach XXIII, Nummer 10. Nach der Aufhebung des Stifts 1788 schickten es die Nachlaßverwalter nach Reute, wo Kügelins Original 1653 verbrannt war. Der volkstümliche Kult hat die gelehrte Kontinuität überlebt. (Katholisches Wallfahrtspfarramt Reute, Codex 1, Blatt 4 Vorder- und Rückseite)

Eberhard Horgasser · Karmeliter in Ravensburg (Text S. 320–338)

Bild 71: Evangelische Stadtkirche Ravensburg um 1969

Beim ersten Blick erinnert das Innere der ehemaligen Karmeliterkirche St. Marien, aus der Mitte des Langhauses im Westen betrachtet, an das Münster Allerheiligen in Schaffhausen (Bild 27). Die Ausdrucksformen haben sich allerdings gewandelt, der romanische Rundbogen ist dem gotischen Spitzbogen gewichen, die Seitenschiffe sind höher und breiter geworden und machen den Raum fast zur Halle, der Abstand zum Altar ist nicht durch Vierung und Querhaus verlängert, eine Kirche für Bürger mehr als für Mönche. Trotzdem wirkt der Raum asketisch einfach, das Langhaus mit schlichten Säulen, weiten Bögen und flacher Decke, der Chorraum nur unmerklich erhöht und gerade geschlossen. Der Bau atmet, wie der Kunsthistoriker Albert Knoepfli schreibt, »den fast protestantisch anmutenden Geist der Bettelmönche«. Aber er ist nicht aus einem Guß wie Allerheiligen; ein Jahrhundert hat an ihm gebaut und geändert. Die erste Karmeliterkirche von 1344–49 wird ein Behelfsbau gewesen sein, die endgültige Ausgestaltung zog sich bis 1452 hin. In Horgassers Jahren wurde nahe beim Chorraum schon umgebaut. Ostwärts hinter der Abschlußwand des südlichen Seitenschiffes entstand 1404 die Faber-Kapelle, eine Neuauflage der adligen Stifterkrypta; in die beiden östlichen Joche desselben Seitenschiffs wurde 1448 die Mötteli-Kapelle eingepaßt, also in das Langschiff hereingenommen. Der Chorraum dürfte unter Horgassers Nachfolger Ulrich Roschach 1435–47 die jetzige Gestalt, wenig später den reichen Freskenschmuck erhalten haben. An die Nordwand des Chors, im Bild nicht sichtbar, stößt die Kapelle der Ravensburger Handelsgesellschaft, 1452 eingeweiht; dort hängt heute die Grabplatte von Henggi Humpis, den Horgasser 1429 in der Kirche beisetzen ließ. Die Zeichen wachsenden Reichtums sind in Nebenräume verdrängt, aber unübersehbar. Gegen die Verweltlichung wehrte sich der karmelitische Konvent wie der dominikanische in Konstanz (Bild 57) durch Einbau eines Lettners zwischen Langhaus und Chor, ebenfalls in Roschachs Jahren; aber die Sinnlichkeit war schon ins Allerheiligste vorgedrungen. Die Kirche überstand die Einführung der Reformation 1544, doch wurde sie seit 1549 am Lettner zweigeteilt, noch rabiater als die Barfüßerkirche in Lindau (Bild 59). Den Karmelitern blieb der Chorraum, im Langhaus sang die evangelische Gemeinde. Das Beieinander brachte Reibereien und Prozesse bis zum Reichskammergericht; sie verhinderten barocke Modernisierung. Nach der Aufhebung des Klosters 1806 ergriff die evangelische Stadtgemeinde von der ganzen Kirche Besitz, brach den trennenden Lettner ab, setzte 1841–44 einen großen Glockenturm an die Stelle der Faber-Kapelle und renovierte die ganze Kirche 1858–62 neugotisch, mit einem Holzgewölbe. Der spätmittelalterliche Zustand wurde erst 1965–66 restauriert. Er zeugt von der Begegnung zwischen eremitischen Priestern und städtischen Patriziern, bei der die Asketen schon vor der Reformation weich wurden. (Aufnahme von Hellmut Hell, Reutlingen)

Bild 72: Karmeliterkloster und Oberstadt Ravensburg 1625

Der einheimische Maler David Mieser schuf 1625 im Auftrag des Stadtrats ein riesiges Ölgemälde »Deß Heyligen Römischen Reichs Statt Ravenspurg« (220 x 285 cm). Der Ausschnitt zeigt nur ein Fünfzigstel, immer noch stark verkleinert, den Blick von Westen auf die Altstadt. An ihrem Nordrand, im Bild links, fällt das wichtigste Gotteshaus der Stadt auf, die um 1365 begonnene Pfarrkirche Unserer Lieben Frau (bezeichnet mit B) neben dem Frauentor (P). Am Südostrand übersieht man leicht den ältesten Ravensburger Sakralbau, die Michaelskapelle der Franziskanerinnen (E), die an den mächtigen Turm »Mehlsack« (S) angebaut ist und sich nordwärts in der Häuserzeile des Klosters fortsetzt. Nach Westen, zum Betrachter, trennt der breite Viehmarkt die Oberstadt von der jüngeren Unterstadt; am Viehmarkt steht beherrschend neben dem Brüdertor oder

Kästlinstor (Q) ein sakraler Häuserblock als Gegengewicht zur Pfarrkirche, das Karmeliterkloster (D). Es besitzt keinen Turm wie die Pfarrkirche, aber zwei Dachreiter auf dem hohen Chorfirst. Das breite Langhaus mit den Seitenschiffen ist aus der Unterstadt durch eine eigene Gasse zugänglich. Wie bei Bettelorden häufig (Bild 63), liegt die Kirche im Süden, freilich nicht an der Schauseite zur Stadt, sondern an der Stadtmauer. Nahe beim Chor, dem Viehmarkt zugekehrt, sammeln sich im Norden des Bezirks um den Kreuzgang die Klausurbauten von etwa 1392–1450, dreistöckig, jedoch nicht unter einem einzigen Dach. Ihre Nordfront nimmt eine ganze Gasse in Anspruch, springt weit über den inneren Hof nach Westen vor und umschließt einen äußeren Hof. Er ist mit kleineren Häusern vollgestellt, nur in seinem Westflügel steht ein Bau mit hohem Staffelgiebel quer. Hier mögen die Werkstätten wie Schneiderei und Schreinerei gelegen haben, auch die Bierbrauerei, Haupteinnahmequelle der Karmeliter. Vor dem Kloster im Westen ein kleiner Platz, Grünflächen im Süden und hinter der Kirche der gleich 1349 geweihte Friedhof, die Krypta für Kleinbürger. Das Kloster ist wie das der Barfüßer von Schaffhausen (Bild 60) in die Stadt eingebaut, aber viel anspruchsvoller. So stattlich sah es zu Horgassers Zeit noch nicht aus, doch zum Reichtum legte Horgasser den Grund. Danach wurde wenig verändert, auch als seit 1811 zuerst ein Truppenteil, dann eine Schule, zuletzt das Landgericht in den Konventbau zog; das Giebelhaus am äußeren Hof ist verschwunden – langsam zerbröckelnde Vergangenheit. (Rathaus Ravensburg; Aufnahme von Thomas und Lucinde Weiss, Ravensburg)

Bild 73: Nachruf auf Eberhard Horgasser in Ravensburg 1430

Das große Jahrtagebuch (Liber anniversariorum) der Ravensburger Karmeliter, 79 Pergamentseiten (36,5 x 27,5 cm), widmet jeder Woche des Kirchenjahres eine Seite. Zwischen 24. und 30. September sind einige Heiligenfeste zu feiern, am 25. der Emmausjünger Kleophas, am 27. die Ärzte Kosmas und Damian, am 29. der Erzengel Michael, am 30. der Kirchenvater Hieronymus. Am 28. hätten die Karmeliter des heiligen Herzogs Wenzel gedenken können, aber so böhmisch dachten sie in Ravensburg nicht. Es gab genug einheimische Gedenktage, auf unserer Seite allein drei, die mit Eberhard Horgassers Wirken zusammenhingen. Oben, zum 24. September, der Nachruf auf Horgasser selbst, die Nennung seiner Eltern, die Aufzählung der Höfe Hofstadt, Wolpertswende und Reute, die er zusammen mit dem Kustos Wilhelm von Weingarten 1429–30 für den Konvent erwarb, die Erinnerung an seine Sorge für die Klosterbibliothek, die Anordnung von Zusatzverpflegung und Sonderzahlung alljährlich am Todestag Horgassers. Am Ende ist sogar, was sonst kaum vorkommt, sein Todesjahr 1430 festgehalten. Der Konvent feiert das Totengedenken noch wie im Frühmittelalter mit Jahrtagsmesse und Festmahl, doch fehlen die Bestimmungen von einst über die Speisung von Armen. Die Karmeliter beten für ihre Wohltäter; das sind in Ravensburg ähnlich wie in Luzern (Bild 62) Laien aus dem geldkräftigen Stadtpatriziat und dem grundbesitzenden Landadel. Der Zufall will es, daß gleich am 25. September der Todestag von Henggi Humpis zu begehen ist, dem mächtigsten Patrizier der Stadt zu Horgassers Zeit. Er hat, kurz vor dem Tod 1429, den Karmelitern Jahreszinsen von Landgütern in Waldsee und Kümmerazhofen zugewiesen; seine Schenkungsurkunde von 1428 liegt im Klosterarchiv.

Es wird schon wieder Geld ausgeschüttet; während gestern neben den Priesterbrüdern die Studenten bedacht wurden, sind es heute die Priesterbrüder und der Kustos. Drei Tage danach, am 28. September, ist noch ein wichtiger Jahrtag fällig; diesmal empfangen die Priesterbrüder nichts und müssen Lesung und Messe singen, für Gräfin Magdalena von Hohenberg, die um 1435 verstorbene Gemahlin des Truchsessen Jakob von Waldburg, des Reichslandvogts in Oberschwaben und wichtigsten Adelsherrn zu Horgassers Zeit. Die Leistungen der adligen Dame bestanden nicht aus Rechten oder Grundstücken und sind deshalb nicht im Klosterarchiv nachzuprüfen; sie hat Bargeld gestiftet »für den Bau des Konvents, nämlich für den Garten *(ortum)* und Umgebung, unter Leitung unseres ehrwürdigen Vaters Provinzial, nämlich Eberhard«. Ob Horgasser damit am äußeren Hof bauen ließ? Deshalb also wurden Ravensburger Karmeliter, der Konvent und die einzelnen Priesterbrüder, zuerst reich und waren hinterdrein überlastet – sie hatten am Schluß jährlich 3063 Stiftungsmessen zu lesen. Ihr Jahrtagebuch hoben sie gewissenhaft auf, es kam zusammen mit den Kauf- und Schenkungsurkunden nach dem Ende 1806 ins staatliche Archiv. (Hauptstaatsarchiv Stuttgart, Bestand B 198, Büschel 51, Seite 43)

Bild 74: Eremiten bei einer alemannischen Stadt 1445

Dis ist die legend von sant antonius und ouch von sant paulus, anno domini 1445, steht am unteren Rand des Bildes (133,5 x 77,5 cm), das mit Temperafarben auf Holz gemalt ist und anscheinend Mittelblatt eines kleinen dreiteiligen Altars war. Die Forschung rätselt an dem Maler herum, der seinen Namen nicht nannte und gewöhnlich Basler Meister von 1445 getauft wird. Man glaubt ihn in dem Meister wiederzuerkennen, der im selben Jahr für Bischof Otto von Hachberg das Grabdenkmal im Konstanzer Münster ausmalte. Die Forschung rätselt auch am Bestimmungsort des Bildes herum; manche meinen, das Stadttor im Hintergrund sei das Spalentor in Basel, aber es gibt viele ähnliche Tore. Auch der Fluß am Waldrand muß nicht der Rhein sein. Wichtiger wäre die Identifikation der Personen. Der rechts sitzende heilige Antonius ähnelt mit Mönchskappe und Kapuzenmantel einem Antoniter des 15. Jahrhunderts, auch wenn er diesmal nicht sein populärstes Attribut, das Antoniusschwein, mit sich führt und nicht das blaue T-Kreuz dieses Ordens auf dem Mantel trägt. Antoniter saßen in Konstanz wie in Freiburg und Basel am Stadtrand; sie mögen hier und anderswo, wie später im Praeceptorat Isenheim, bei den bedeutendsten Künstlern ein Altarbild ihres Patrons bestellt haben. Auch Matthias Grünewald hatte auf dem Isenheimer Altar unser Thema darzustellen, die Begegnung des Ordensvaters mit Paulus von Theben, dem anderen großen Eremiten der Frühzeit und Leitbild der Pauliner. Sie sind gleichrangig, ein Rabe bringt ihnen vom Himmel ein zweigeteiltes Brot, das sie beide ohne Streit sättigen wird. Anders verhalten sich Tiere ohne Gottes Segen, wie man seit Tuotilos Elfenbeinschnitzerei (Bild 6) weiß; im Vordergrund verschlingt der Storch einen Frosch. Gott und die Engel haben das Land zwischen Fels und Fluß sichtbar gesegnet; an die Schrecken der Einöde, denen der heilige Meinrad in Einsiedeln zum Opfer fiel (Bild 22), denkt niemand mehr. Die beiden haben einander weniger zu sagen als Elisabeth und Maria (Bild 65). Die idyllische Stimmung erlaubt dem einen, ganz nach oben zu blicken, dem andern, ganz in sich gekehrt zu sitzen; für Wasser und Brot hat Gott gesorgt. Eremitische Einsamkeit ist keine Herausforderung zu extremer Askese mehr, denn der Weg von der Einsiedlerhöhle zum nächsten Stadttor ist nirgends weit. Auch unsere Heiligen sind »Barfüßer« und mit dem Wanderstab unterwegs; man könnte ihren Schülern am Ravensburger Brüdertor begegnen. Das Bild hing vor einigen Jahrzehnten noch in Donaueschingen, jetzt ist es in Basel. (Kunstmuseum Basel, Inventar-Nr. 1598)

ULRICH RÖSCH · BENEDIKTINER IN ST. GALLEN (Text S. 338–355)

Bild 75: Lehrerseminar Mariaberg über Rorschach 1974

Die räumliche Verbindung zwischen Mönchsklausur und Bürgerkirche wurde im Spätmittelalter problematisch, wenn sie nicht wie bei Bettelorden (Bild 72) auf Verschmelzung zielte. Ein Beispiel ist hier von Süden zu sehen. Vom Rorschacher Berg blickt man hinab auf die Stadt Rorschach, die im Norden an den Bodensee stößt. Ihr ältester Bau, nordöstlich außerhalb des Bildausschnitts gelegen, ist die katholische Pfarrkirche St. Kolumban, deren Patron auf alte Bindungen an St. Gallen verweist; ihr Langhaus entstand 1438, in Ulrich Röschs Jugendjahren, von neuem. Die Stadt, von Rösch als Verwaltungszentrum und Marktort gefördert, blühte jedoch erst im 18. Jahrhundert aus eigener Kraft auf, durch Leinwandhandel und Stickerei-Industrie. Den Aufschwung bezeugen die im Bild sichtbaren Kirchen, eine katholische und eine reformierte, aus den Jahren um 1900. Noch immer liegt, anders als in St. Gallen selbst (Bild 3), das Kloster abseits der Stadt, am Hang über ihr. Seine Gebäude wurden nach dem Rorschacher Klosterbruch und dem Frieden von Einsiedeln 1490–1519 errichtet, die ersten noch unter Abt Ulrich Rösch, die letzten unter Abt Franz Gaisberg von St. Gallen. Geplant war keine weitläufige Anlage mit ungleichen Bauten, sondern eine konzentrierte Festung wie vorher Mainau (Bild 52), wenigstens ein einheitlicher Baukörper wie nachher Paradies (Bild 67). Die Breitseite des Rechtecks wurde der Aussicht zum Bodensee zugewandt, doch eine Schaufassade zur Stadt, mit Hauptportal und Freitreppe, riskierte erst 1777 Abt Beda Angehrn. Das Kloster ohne Kirche diente als sanktgallisches Amtshaus und Verwaltungszentrum, seit 1624 auch als höhere Schule der Benediktiner. Sie setzte sich gegen die modernen Jesuitengymnasien in Konstanz und Feldkirch nicht durch und ging 1666 ein. Mit der Säkularisation des Gallusklosters kam der Komplex 1805 an den Kanton St. Gallen, der ihn 1840 der Stadt Rorschach verkaufte. Aber sie scheute die Einnistung und vermietete das Haus 1848 an eine Tabakfabrik. Der Kanton kaufte es 1864 zurück und richtete Lehrerseminar und Kantonsschule ein, griff also ähnlich wie in Kreuzlingen (Bild 35) die benediktinische Schultradition auf. Dabei wurden Umbauten vorgenommen, 1964 Erweiterungsbauten angefügt, die Altbauten 1969–78 renoviert. Dennoch sind Kloster und Stadt auf Distanz geblieben, der Klosterbruch von 1489 ist unvergessen. (Luftbild von Photo Swissair, Zürich, Nr. 7800 C)

Bild 76: Rorschacher Klosterbruch im Rückblick 1513

Die Deckfarbenmalerei (23,5 x 19,2 cm) gehört zur Luzerner Chronik Diebold Schillings von 1513. Sie wurde nicht vom Verfasser, sondern von dem Luzerner Maler Hans von Arx ausgeführt, der auch sonst die über Luzern hinausgreifenden Nachrichten der Chronik illustrierte. Diesmal wird das negative Gegenbild zu der frommen Klostergründung in Luzern (Bild 62) gezeigt, die frevelhafte Vernichtung des Klosters in Rorschach. Da Luzern einer der eidgenössischen Schutzorte für die Abtei St. Gallen war, wußten Chronist und Maler einigermaßen Bescheid über Ablauf und Schauplatz. Nach Schillings Informationen war das Bauvorhaben Ulrich Röschs mehr als halb fertig, als die Rotten aus St. Gallen und Appenzell an Sankt Jakobs Abend 1489 einbrachen. Die Szene ist von Süden, vom Rorschacher Berg gesehen. Die Eindringlinge tragen Fähnlein mit den Wappen von St. Gallen und Appenzell, eine blutige Ironie, denn beide zeigen den Bären des Klostergründers Gallus (Bild 6). Die nach Landsknechtsart gekleideten Spießgesellen dringen ungeordnet in den Innenhof ein; der Maler pflegt eidgenössische Truppen anders wiederzugeben, einheitlich gekleidet, mit ausgerichteten Spießen, in Reih und Glied marschierend. Ein Anführer (wohl der Appenzeller Hauptmann Christian Pfister) zeichnet sich durch den Federbusch am Barett und das Schwert am Gürtel vor den anderen aus, er treibt es auch schlimmer als sie und bricht mit dem Spieß die Kirchentüre auf. Andere diskutieren oder stehen gaffend herum, die meisten schieben sich weiter. Links im Vordergrund der Steinbau der spätgotischen Klosterkirche, anscheinend als Langhaus mit Ostquerhaus vorgestellt, noch ohne den Priesterchor im Osten. Auf dem First hängt schon die Glocke im Türmchen. Die schlanke Kirche überragt die übrigen Klosterbauten; man wird sie vom Bodensee weither erkennen, obwohl sie hinter dem Konventgeviert steht. Dessen Nordostecke ist im Hintergrund zu sehen, der Rohbau ist bis zu den Mansarden im Dach und dem Dachreiter gediehen. In diesem Ostteil des Nordflügels befindet sich der Speisesaal, im Nordteil des Ostflügels der Kapitelsaal, im Erdgeschoß der Kreuzgang mit Pfeilern: die übliche benediktinische Anordnung, nur nördlich der Kirche und, wie die Schornsteine zeigen, besser heizbar als in alten Klöstern. Das Obergeschoß in Fachwerkbau beherbergt auf moderne Art einzelne Mönchszellen; es fängt gerade zu brennen an. Das Bild erstrebt keine photographische Wiedergabe, es will das Gefühl vermitteln, daß mit dieser Brandstiftung und Plünderung eines unfertigen Klosters etwas Unerhörtes geschehen ist. (Zentralbibliothek Luzern, Luzerner Bilderchronik, Blatt 150 Rückseite)

Bild 77: Gebetbuch für Ulrich Rösch aus Wiblingen 1472

Der geübte Kalligraph Simon Rösch aus Markdorf, Benediktiner im **Reformkloster Wiblingen** bei Ulm, schrieb und malte auf Bestellung des St. Galler Abtes Ulrich Rösch 1472 ein lateinisches Gebetbuch (Devotionale) mit 228 Pergamentblättern, darin 81 meist ganzseitige Miniaturen. Auf den ersten Blättern fand der Abt den Festkalender für St. Gallen und Privatgebete, einzelne für verschiedene Anlässe und zu verschiedenen Heiligen. Mit der abgebildeten Seite (16,1 x 11,8 cm) beginnt ein großer Gebetszyklus, in dem die Hauptbegebenheiten der Heilsgeschichte des Alten und des Neuen Testaments, von der Erschaffung der Welt bis zur pfingstlichen Gründung der Kirche, mit Wort und Bild vorgestellt werden. Die gelehrten Nonnen von St. Katharinental hatten sich aus Lesebüchern erbaut (Bild 66), Abt Ulrich wollte auch Bilder betrachten. Die rote Überschrift meldet, daß hier »ein sehr schönes Gebetbuch« anfängt, ein Eigenlob des Künstlers, das unter Mönchen nicht gebräuchlich war. Das erste Gebet beginnt mit einer Anrufung der göttlichen Weisheit, aus dem Römerbrief des Apostels Paulus: *O altitudo divitiarum sapientie et scientie dei,* ohne die allzuvielen Abkürzungen, die lesehungrige Mönche liebten. Der Text fährt fort, diese Weisheit solle den Beter erleuchten, damit er die wunderbaren Werke der göttlichen Dreifaltigkeit seit der Weltschöpfung erkenne und seine eigenen seit Jugendtagen begangenen Sünden einsehe, auf daß seine rein geschaffene Seele am Ende dieses Lebens in die ewigen Freuden des Himmels eingehen könne. Der Lebenslauf des Abtes wird also in die Heilsgeschichte eingebettet. An das Schöpfungswerk erinnern die Blüten und Ranken des Seitenrandes, an den heilsbedürftigen Menschen die Einzelheiten der Initiale. In dem gerahmten Anfangsbuchstaben O kann sich Abt Ulrich selbst als Beter bewundern, an der Stelle, wo Meßbücher noch immer Heilige abzubilden pflegen (Bild 81). Ulrich Rösch ist in die schwarze Kukulle gehüllt und kniet auf dem blanken Fußboden. Aber er hält das Haupt mit der hohen Kappe bedeckt, die einer Mitra ähnelt. Ob er sich darunter inzwischen, wie es die Visitatoren verlangten, eine korrekte Mönchstonsur hat schneiden lassen? Auch den Abtstab hat er nicht aus den Händen gelegt, während er sie zum Beten faltet; auch das taten Mönche sonst nicht (Bild 74). Die Wiblinger Benediktiner kannten und schätzten Ulrich Rösch seit zwanzig Jahren; sie mußten wissen, was ihm gefiel: eine weltfrohe und zeremoniöse Frömmigkeit, die von Selbstbespiegelung nicht frei, von Skrupeln wenig belastet war und noch im stillen Kämmerlein auf Schönheit und Würde hielt – keine Absage an die Bürgerkirche. Das Gebetbuch steht heute nicht in der Bibliothek von Ulrich Röschs Konvent; entweder wurde es ihr vom Besitzer vorenthalten oder von Späteren entwendet. Es wird dort aufbewahrt, wo Ulrich Röschs Lebenswerk 1490 gescheitert ist, in Einsiedeln. (Stiftsbibliothek Einsiedeln, Codex 285 [1106], Seite 80)

Bild 78: Der heilige Gallus in Mariaberg 1519

Der Schlußstein aus grünlichem Rorschacher Sandstein (Durchmesser 54 cm) krönt ein Gewölbe im Südflügel des Kreuzgangs von Mariaberg, der 1519 unter Abt Gaisberg fertiggestellt wurde. Die über achtzig Schlußsteine folgten einem Bildprogramm, das noch einmal auf mönchische Art Natur und Überwelt, Gegenwart und Vergangenheit zusammennahm. Es wurde nicht wie bei den Franziskanern in Königsfelden (Bild 84) auf zerbrechliches Glas gemalt, sondern in dauerhaften Stein gemeißelt, fast wie zum Trotz. Wer im Kreuzgang wandelnd nach oben sah, sollte die ewigen Helfer erblicken, neben Christus und Maria die Apostel und Nothelfer, auch die Patrone benediktinischen Zusammenlebens, Benedikt von Nursia, Kolumban von Luxeuil, Otmar und Magnus. Der Klostergründer Gallus erschien auf zwei Schlußsteinen. Ein älterer, 1513 an der Decke des Speisesaals angebracht, zeigte ihn als strammen Herrn, Haarkranz und Bart kurz gelockt, den Kapuzenmantel kunstvoll drapiert, mit dem Bären wie einem Hündchen spielend. Die Scheibe wurde vornehm gesäumt und in einem Vierpaß gerahmt. Der Gallus draußen im Kreuzgang ist anders, kein vornehmer Fürstabt wie sein Spiegelbild im Speisesaal oder sein Amtsnachfolger Ulrich Rösch. Er ist auch kein Bettelmönch wie der heilige Dominikus in Konstanz (Bild 57), der alles Irdische übersieht und in die Anschauung Gottes versunken ist. Wohl trägt er den Heiligenschein, die Spruchbänder unterstreichen seine Heiligkeit wie seine Gegenwart: *Sancttus 1519 Gallus*. Er ist präsent, nicht in einen Rahmen gezwängt und sieht den Betrachter an. Aber er ist ein alter Mann, die Stirn in nachdenkliche Falten gelegt, den Kopf gütig zur Seite geneigt. Haarkranz und Bart sind ihm lang gewachsen, den groben Mantel hat er lässig übergeworfen. In der rechten Hand hält er ein Brot, der Bär beißt gerade hinein. Das struppige Tier trägt das Holzscheit noch in der Tatze und rührt damit an den rohen Ast, den Gallus als Wanderstab benutzt. Er sieht wieder dem Gallus ähnlich, den Tuotilo vor sechshundert Jahren in Elfenbein geschnitzt hat (Bild 6). Nur ist der Heilige milder und müder geworden. Denn die Menschen, denen er helfen wollte, haben ihm neulich hier in Mariaberg übel mitgespielt. Er befiehlt niemandem mehr, aber wer sich von ihm segnen ließe, könnte den Kummer des Tages verwinden. Nur blicken nicht mehr viele so lange nach oben. (Aufnahme von Hans Labhart, Rorschach, für das Kunstdenkmälerarchiv des Kantons St. Gallen, 1961)

Peter Thaler · Kartäuser in Ittingen (Text S. 355–373)

Bild 79: Kulturzentrum Ittingen 1978

Der ehemalige Klosterbereich Ittingen, hier von Südwesten aufgenommen, liegt unzeitgemäß und verirrt in der Landschaft: ein großer Bauernhof in der Einsamkeit, weitläufiger als Paradies (Bild 68), verschlossener als Weißenau (Bild 48). Die heutige Anlage entstand nach dem Ittinger Sturm 1524 ganz neu, aber auf den alten Fundamenten; der Grundriß hielt hier wie in Paradies die mittelalterliche Tradition aufrecht. Sonst blieb fast nichts übrig, denn Gräber einheimischer Heiliger lagen hier nicht wie in Reute (Bild 69); nur ein paar Grabplatten von bürgerlichen Freunden wie dem Schaffhauser Ehepaar Oening 1490 überlebten, störten aber die Stille nicht wie bei den Ravensburger Karmelitern (Bild 71). Was sich seit dem Spätmittelalter am gründlichsten veränderte, ist auf dem Bild nicht zu sehen; es geschah im Innern der Kirche, überdies nicht im westlichen Langhaus des »Bruderchors«, wohin Gäste allenfalls kamen, sondern hinter dem Lettner im Priesterchor, wo 1703–19 ein barockes Chorgestühl die Nüchternheit durchbrach, und im Altarraum, wo 1763–67 Stuck und Gemälde im Rokokostil für strahlende Heiterkeit sorgten. Rein geistliche Beschwingtheit noch immer, Bilder vom Triumph der Askese über den Tod. Was man von draußen sehen kann, sind eher die Lücken. Hinter der Kirche hatten sieben weitere Mönchswohnungen den Nordflügel des Großen Kreuzgangs gebildet, einige von ihnen noch aus der Zeit vor dem Ittinger Sturm; sie wurden um 1860 abgerissen. Im Ökonomiehof westlich vor der Kirche verschwand ein freistehendes Gebäude mit Wohnungen für Dienstboten; sonst aber nehmen sich die Wirtschaftsbauten im Westen und Süden halbwegs modern aus. Die meisten dieser Fachwerkhäuser wurden tatsächlich zwischen 1825 und 1840 neugebaut, kurz bevor die Kartäuser 1848 ausziehen mußten. Der Kanton Thurgau verkaufte das Klostergut 1856 an Privatfamilien, die hier ähnlich wie in Paradies den landwirtschaftlichen Betrieb weiterführten. Mit den leerstehenden Klausurbauten konnten sie wenig anfangen, am Ende auch mit den veralteten Ställen und Scheunen schlecht wirtschaften. Seit 1977 richtet eine private Stiftung, von Eidgenossenschaft und Kanton unterstützt, die Räume am Kleinen Kreuzgang als Kulturzentrum her, die Mittelzone des kartäusischen Lebenszusammenhangs. Mit neuem Leben werden sich schwerlich die Randzonen erfüllen lassen, die Wirtschaftsgebäude im Westen und die sieben übriggebliebenen Kartäuserzellen am Großen Kreuzgang im Osten. Sie können moderne Besucher das Gruseln lehren, denn so allein möchte heute niemand freiwillig wohnen. (Luftbild von Albrecht Brugger, Stuttgart, Nr. CH 46938)

Bild 80: Kartause Ittingen 1715

Der »Prospect der Carthaus St. Lorentzen, genant Ittingen, Wie Selbige Anno 1715 im Standt gewesen« ist eine lavierte Tuschzeichnung (49,2 x 59,2 cm), die das Kloster kurz nach dem Abschluß des Wiederaufbaus von Süden zeigt. Nach der Wiederbesiedlung des Konvents 1532 wurden zuerst Einzelzellen der Kartäuser repariert oder neugebaut. Dann ging Prior Leonhard Janny an die Klosterkirche St. Laurentius (im Bild mit 1 und 2 bezeichnet); sie wurde 1549–53 so nüchtern wie vor dem Ittinger Sturm spätgotisch erneuert. Außer dem kleinen Dachreiter brauchte sie keinen äußeren Schmuck. Gleichzeitig nahm man den Kleinen Kreuzgang (11) südlich der Kirche in Angriff, die Mittelzone zwischen den Eremiten im Osten und den Bauern im Westen. Sie gewann im Lauf der Neuzeit an Bedeutung. Der Südflügel (3–7) mit Klosterpforte, Priorat, Bruderhaus und Speisesälen entstand zwischen 1541 und 1606. Die beiden Verbindungstrakte zur Kirche wurden spät aufgestockt, zuerst der geistliche Ostflügel (10) mit Sakristei, Kapitelsaal und Bibliothek 1707, der weltliche Westflügel (12) mit Kellern und Gästehaus nach der Zeit des Prospekts, 1728–36. Der Klosterfriedhof lag, anders als bei den meisten Orden, mitten unter den Lebenden, im Garten des Kleinen Kreuzgangs, am Weg der Kartäuser zur Kirche. Inzwischen hatten sie auch das Herzstück des Klosters, den Großen Kreuzgang (17) im Osten, 1621–29 mit Stiftungsgeldern wiederhergestellt. Hier lagen insgesamt 14 Häuser für die einzelnen Kartäuser (14–15), die neueren im Süden und Osten aus den Jahren 1621–27. Der Prospekt, eher von einem Laienbruder als von einem Mönch entworfen, achtete mehr auf den Wirtschaftshof im Westen und bezeichnete jeden Bau sorgfältig: neben dem südlichen Hauptportal (30) von 1686 rechts den gewölbten Pferdestall (28) von 1715, links Schmiede und Schlosserei (27) von 1714, am Westrand die große Scheune (26) von 1680 mit gewölbtem Keller, im Hintergrund Torkel (21), Küferei (22), Schweinestall (23) und Sennerei (19). Für sich liegt im Hof das Gesindehaus (20) von 1588 mit der großen Torkel, davor ein Rebhang, südwärts der Klausur quergestellt die Klostermühle (25) von 1714, rechtwinklig dazu die Bäckerei (24), davor Brunnen und Pferdeschwemme (34) – alles beinahe agrarwissenschaftlich geplant. Die Neugestaltung des Wirtschaftshofes schloß die Bauzeit der Kartause ab, ließ aber ihren geistlichen Auftrag zurücktreten. Wer nach Lebewesen suchte, fand an der Klostermauer einen reitenden Laien, auf dem Wirtschaftshof wenigstens ein Tier; in der Klausur ließ sich kein Kartäuser blicken. (Historisches Museum Frauenfeld, Graphische Sammlung; Aufnahme des Schweizerischen Landesmuseums Zürich für die Thurgauische Denkmalpflege und Kunstdenkmälerinventarisation Frauenfeld)

Bild 81: Kartäusisches Antiphonar aus Freiburg 1493

Die Seite (rund 53 x 39 cm) gehört zu einem mächtigen lateinischen Gesangbuch (Antiphonar) mit 219 Pergamentblättern, das die Gesänge beim gemeinsamen Chorgebet der Kartäuser mit Texten und Noten enthält. Am rechten Rand sieht man die ledernen Lesezeichen, die rasches Aufschlagen der verschiedenen Gruppen von Gebeten erlaubten. Auf der Seite vor der abgebildeten trägt das Buch den Vermerk: *Pro Cartusiensibus prope Friburgum;* es wurde also für die älteste südwestdeutsche Kartause auf dem St. Johannesberg bei Freiburg im Breisgau geschrieben, wahrscheinlich von einem der dortigen Kartäuser. Das Herstellungsdatum 1493, am Schluß des Bandes vermerkt, läßt die Vermutung zu, daß Peter Thaler, der 1511 aus der Freiburger Kartause kam und 1525 in sie zurückkehrte, dieses Buch beim Gottesdienst vor sich liegen hatte. Die Seite bringt die Epistel vom Pfingstsonntag *Dum complerentur dies penthecostes,* den Text aus der Apostelgeschichte, mit zusätzlichen Allelujarufen und einer äußerst verwickelten Melodie. So eifrig die Schweigsamen sangen, so gerne malten sie ihre Bücher aus, mehr um Gott zu preisen als um sich zu erbauen; denn beim Chorgesang behielten sie wenig Muße, sich in die Bilder zu vertiefen. Der Buchmaler stellt in den ersten, gerahmten Buchstaben D ein Bildchen vom Pfingstwunder, farbenprächtig auf Goldgrund. Die Apostel, um Maria versammelt, gleichen in Haartracht und Kleidung nicht den Kartäusern, aber sie stehen stumm und ergriffen, über ihnen schwebt der Heilige Geist in Gestalt der weißen Taube, der Wegweiser zum Himmel, der auch das Gebet der Kartäuser beseelt. Im Rankenwerk rund um die Zeilen kommt, wie in Röschs Gebetbuch (Bild 77), die irdische Natur zu Wort, mit unschuldigen Akeleiblumen und Erdbeeren, Störchen und Hasen, die keinem menschlichen Zweck unterliegen und wie die Kartäuser den Schöpfer pfingstlich preisen. Das Buch folgte Thaler nach Ittingen, als er längst tot war; die Ittinger kauften es 1583 von den Freiburger Ordensbrüdern als Ersatz für die 1524 erlittenen Verluste an Chorbüchern, mit der Bedingung, daß sie es zurückgeben dürften, wenn sie in Not kämen. Zum unbeschwerten Singen und Malen kamen die Ittinger Kartäuser erst im späten 17. Jahrhundert wieder. Bei der Aufhebung 1848 bat der letzte Prior, diesen Band mitnehmen zu dürfen. Es wurde ihm nicht gestattet, die Handschrift kam in die Bibliothek des Kantons. (Thurgauische Kantonsbibliothek Frauenfeld, Handschrift Y 2, Blatt 35 Vorderseite; Aufnahme von Willy Müller, Gottlieben, für die Thurgauische Denkmalpflege und Kunstdenkmälerinventarisation Frauenfeld)

Bild 82: Peter Thalers Bericht vom Ittinger Sturm 1783

Die zwei Papierseiten (26,1 x 20,6 cm) stehen in einem lateinischen Buch »Necrologium Ittingense sive Catalogus Priorum Ittingensium«, das ein ungenannter Kartäuser in Ittingen schrieb, in einem Zug bis zu Mitteilungen des Jahres 1783; es wurde in den folgenden Jahren durch Nachträge anderer Hände ergänzt. Den Auftrag zur Abfassung gab Prior Anton von Seilern aus Wil, der dem Konvent seit 1760 viel Zuwachs eingebracht und die Zuversicht der Deckengemälde historisch untermauert hatte. Seilern selbst schrieb 1781 eine ausführliche Chronik von Ittingen; das Necrologium beschränkte sich in den 90 Seiten, denen heute der Anfang fehlt, auf knappe Listen mit Lebensdaten und Amtszeiten der Prioren. Außerdem sind die Mönche und Laienbrüder aufgezählt, die während der Regierung eines Priors verstarben. Hie und da werden Nachrichten über besondere Vorkommnisse angehängt; doch fehlt im Unterschied zu den Karmelitern (Bild 73) jeder Hinweis auf besondere Verdienste eines Mitbruders. Um so überraschender wirkt ein 19 Seiten langer Bericht über die Verwüstung der Kartause 1524, der beim Priorat von Peter Thaler eingeschoben ist. Obwohl er von Thaler nur in der dritten Person spricht, muß er auf dessen Niederschrift zurückgehen. Er bringt die Geschichte von dem Bauern, dessen Kind 1519 durch ein Klosterschwein getötet wurde und den der Prior vergeblich zu besänftigen suchte; bei der Brandstiftung 1524 sei dieser Bauer führend beteiligt gewesen. Auf den abgebildeten Seiten folgt eine »Aufzählung der Gegenstände, die bei der Verwüstung der Kartause geraubt oder zerstört wurden«, insgesamt 35 Punkte, zu Beginn die geistlichen Verluste. Tabernakel, mehrere Monstranzen im Wert von 70 Gulden, Reliquienbehälter, darunter zwei silberne Kopfreliquiare, »die uns von den ersten Einwohnern dieses Ortes und den Chorherren hinterlassen wurden« (Punkt 3), schöngestickte Meßgewänder, Altartücher, fünfzehn liturgische Bücher, »die wir mit 800 Gulden bezahlen würden, wenn wir sie jetzt nur fänden« (Punkt 7). Wie um die weltferne Innerlichkeit der Kartäuser zu untermalen, sind in das Buch sieben hübsche Aquarelle aus dem späten 17. Jahrhundert eingeklebt, darunter eine idyllische, ungenaue Ansicht von der Kartause Ittingen, vor der ein Kartäuser steht. In Wirklichkeit sahen sie ihr eigenes Kloster kaum von außen. Aus der Geschichte bildeten sie bloß freundliche Begebenheiten um ihren Ordensgründer Bruno und um ihr Ordenshaus ab. Doch der Schock von 1524 blieb in ihrem Kreis über ein Vierteljahrtausend lebendig, auch ohne daß sie Schreckensbilder im Stil der Luzerner (Bild 76) malten. Das Manuskript gelangte 1848, wohl über einen der letzten Kartäuser, in Privatbesitz und wurde von einem Zürcher Antiquar der Kantonsbibliothek geschenkt, die auch die sonstigen Schriften aus Ittingen aufbewahrt. (Thurgauische Kantonsbibliothek Frauenfeld, Handschrift Y 70, Blatt 11 Rückseite und 12 Vorderseite; Aufnahme von Konrad Keller, Frauenfeld)

Mönche im Mittelalter (Text S. 377–389)

Bild 83: Benedikt von Nursia in Reichenau (?) um 1020

Zusammen mit dem Sieger Christus und den drei Erzengeln steht Benedikt auf einem hohen Gipfel, vor den Bögen des himmlischen Kreuzgangs, in übermenschlicher Schlankheit und Größe, unvergänglich über allen Sterblichen. Deren Herrscher, Kaiser Heinrich II. und Kaiserin Kunigunde, kauern wie Sklaven winzig klein zu den Füßen Christi. Auch benediktinische Mönche unserer Tage haben neben den furchtbaren Herren des Himmels keinen Platz, wie sie ihn neben heiligen Bischöfen immerhin einnehmen können

(Bild 25). Benedikt von Nursia trägt den Heiligenschein wie neben ihm Michael (und auf der anderen Seite Christi, hier nicht abgebildet, Gabriel und Raphael). Sein Gesicht ist wie das der Erzengel jugendlich glatt und bartlos, während ihn Benediktiner vom Stammkloster Monte Cassino im 11. Jahrhundert als bärtigen Greis mit übergezogener Kapuze darstellen. Doch vor dem Glanz des Himmels braucht der Mönchsvater sein Antlitz nicht mehr zu verbergen. Er unterscheidet sich noch im Jenseits von den Engeln. Er trägt nicht deren gescheiteltes Haar, sondern die römische Priestertonsur; er steht nicht barfuß, sondern in Mönchsschuhen; über die Tunika reicht ihm die enge, seidige Kukulle bis fast auf die Füße herab. In den Händen hält er rechts den Abtstab, links das Buch seiner Ordensregel. Er ist der heilige Vater schlechthin, jenseits geschichtlicher Altersstufen und gesellschaftlicher Gruppierungen, das unwiderstehliche Vorbild, das von jedem Mönch zu allen Zeiten Gehorsam fordert. Darum ist sein Bild aus dem wertvollsten und dauerhaftesten Stoff, aus Gold geschmiedet. Die große goldene Altartafel (120 x 178 cm) wurde für Kaiser Heinrich II. in der Werkstatt eines Benediktinerklosters geschaffen und war möglicherweise auch für ein Benediktinerkloster gedacht. Manche Forscher nehmen an, daß das Antependium im Kloster Reichenau hergestellt worden sei, zur Zeit des Abtes Bern, kurz bevor Hermann der Lahme in das Inselkloster kam (Bild 26). Doch kommen auch die Klöster Fulda und Regensburg in Betracht, beide im Reichenauer Gesichtskreis gelegen. Die Werkstatt ist nicht lokalisierbar, weil den Künstlern alle provinziellen Besonderheiten fehlten. Deshalb paßte die Altartafel in jede christliche Kirche; Heinrich II. schenkte sie der Bischofskirche in Basel, die 1019 eingeweiht wurde und der er besonders gewogen war. Vielleicht konnte die Tafel in einer Bischofskathedrale das Mittelalter sicherer überleben als in einem Mönchskloster; dort hätte sie bei einem der zahllosen Großbrände zugrunde gehen können oder wäre bei einem der zahllosen Notfälle eingeschmolzen worden. Das Antependium blieb bis 1834 im Basler Kirchenschatz, kam für die nächsten Jahrzehnte in Basler Privatbesitz und wurde schließlich nach Paris verkauft. Weil es als Kunstwerk von europäischem Rang erkannt wurde, blieb es vor der Vernichtung bewahrt, nicht vor der Entfremdung; denn es hatte Auftraggebern, Goldschmieden und Empfängern erst in zweiter Linie als Wertgegenstand gegolten. Ihnen hatten alle Reichtümer dieser Erde zuerst dazu gedient, die geregelte Gemeinschaft der Söhne Benedikts zu bestärken. (Musée de Cluny, Paris, Inventar-Nr. Cl. 2350; Aufnahme vom Bildarchiv Foto Marburg, Nr. 30122)

Bild 84: Franz von Assisi in Königsfelden um 1325

Zusammen mit sechs Minderbrüdern kniet Franz vor dem Papst Innocenz III. und überreicht ihm 1210 die erste Ordensregel. Der Papst sitzt mit hoher Tiara, gelbem Pluviale und blauem Untergewand auf einer Thronbank und hebt segnend die Rechte; hinter ihm stehen ein Bischof, vielleicht Guido II. von Assisi, ein kurialer Würdenträger mit scharfem Profil und, fast verdeckt, ein niederer Kleriker. Gegen die kultivierte Pracht und die strenge Hierarchie des päpstlichen Hofes sticht die naive Brüderlichkeit und Armut der Franziskaner ab. Der Maler hat auch ihren Kutten leuchtende Farben gegeben, denn nicht erst das Jenseits ist schön, wie Zisterzienser meinen (Bild 46); auch die christliche Welt liebt sinnliche Freude. Freilich tragen die Franziskaner nur einfache Wollkutten aus einem Stück, mit dem Knotenstrick umgürtet; in anderen Szenen zeigen sie die baren Füße. Franz von Assisi, der ein dünnes Bärtchen trägt, unterscheidet sich von seinen Ordensbrüdern allein durch den Heiligenschein. Er trägt keinen Stab und gibt sein Buch eben aus der Hand. Wie er sind die vorderen drei Franziskaner durch die Tonsur als Priester gekennzeichnet; eine gewisse Ordnung herrscht also, aber sie greift nicht tief. Bei der Begegnung mit der Priesterkirche sind Franziskaner hier wie auf den Fresken in ihrem Stammkloster Assisi lediglich demütige Minderbrüder, Franz ist einer von ihnen. Auch seine Ordensregel erhält erst durch den Segen des heiligen Vaters Autorität. Franz steht mitten in seiner Gegenwart und unter seinen Mitmenschen; er wirkt gerade deshalb unwiderstehlich. Darum ist sein Bild auf den leuchtendsten und zerbrechlichsten Stoff, auf Glas gemalt. Das Glasfenster, dessen Felder im Durchschnitt 85,5 x 54 cm messen und vier weitere Szenen aus Franzens Leben enthalten, wurde von einer Werkstatt berufsmäßiger Künstler, nicht von Mönchen geschaffen, zwischen 1325 und 1330 im Elsaß, am ehesten in Straßburg, im Auftrag des Herzogs Otto von Österreich und seiner Gemahlin Elisabeth von Bayern. Es war von vornherein bestimmt für die Chorwand der Klosterkirche Königsfelden, die von den Kindern des ermordeten Königs Albrecht I. als habsburgische Gedenkstätte eingerichtet wurde. Ottos Schwester Agnes leitete den franziskanischen Konvent ohne alle provinzielle Beschränktheit, in denselben Jahren, als der Barfüßer Johann von Winterthur auf der Wanderung von Zürich nach Basel hier vorbeikam (Bild 61). Das Kloster Königsfelden löste sich 1528 auf, Altäre und Bilder wurden aus der Kirche geräumt. In einer größeren Stadt wären die Glasfenster den Steinwürfen von Bilderstürmern leichter zum Opfer gefallen; unter Feuersbrünsten und Hagelschauern hatten sie auch hier zu leiden. Aber sie blieben am Ort, auch als im Langhaus der Kirche 1777 eine Kornschütte eingerichtet wurde, auch als die meisten Klosterbauten 1868 einer Heil- und Pflegeanstalt weichen mußten. Unser Fenster, das achte unter den elf, wurde 1897 restauriert; dabei ergänzte man den Kopf Franzens, den Kopf eines Bruders und einen Teil des Bischofsornats. Seitdem der europäische Rang des Kunstwerks erkannt ist, wird am Vollkommenen nichts Vergängliches geduldet. Auftraggebern, Glasmalern und Empfängern war es erst in zweiter Linie auf die Farbenpracht angekommen. Ihnen hatten alle Schönheiten dieser Erde zuerst dazu gedient, die beständige Pilgerschaft der Brüder Franzens zu ermutigen. (Aufnahme der Photosammlung Kunstdenkmäler des Kantons Aargau, Aarau, Nr. 15269)

SEKUNDÄRLITERATUR UND PRIMÄRQUELLEN

Abgekürzt zitierte Buchreihen und Zeitschriften

AFA	Alemania Franciscana Antiqua
BLV	Bibliothek des literarischen Vereins in Stuttgart
FDA	Freiburger Diözesan-Archiv
FORL	Forschungen zur oberrheinischen Landesgeschichte
KGRQ	Konstanzer Geschichts- und Rechtsquellen
MBH	Monasticon Benedictinum Helvetiae
MCSM	Miscellanea del Centro di studi medioevali
MGH	Monumenta Germaniae Historica
MMS	Münstersche Mittelalter-Schriften
MSG	Mitteilungen zur vaterländischen Geschichte, herausgegeben vom Historischen Verein des Kantons St. Gallen
SHB	Schaffhauser Beiträge zur vaterländischen Geschichte
SMBO	Studien und Mitteilungen aus der Geschichte des Benediktinerordens und seiner Zweige
SVGB	Schriften des Vereins für Geschichte des Bodensees und seiner Umgebung
TGB	Thurgauische Beiträge zur vaterländischen Geschichte
VKBW	Veröffentlichungen der Kommission für geschichtliche Landeskunde in Baden-Württemberg
VMPG	Veröffentlichungen des Max-Planck-Instituts für Geschichte
VuF	Vorträge und Forschungen, herausgegeben vom Konstanzer Arbeitskreis für mittelalterliche Geschichte
WdF	Wege der Forschung
ZGO	Zeitschrift für die Geschichte des Oberrheins
ZKG	Zeitschrift für Kirchengeschichte
ZSKG	Zeitschrift für schweizerische Kirchengeschichte
ZWLG	Zeitschrift für württembergische Landesgeschichte

Heute am Bodensee (S. 7–17)

Grundlegende Darstellungen des Bodenseeraumes, die in diesem Buch ständig herangezogen wurden, sind für die allgemeine Geschichte: OTTO FEGER, Geschichte des Bodenseeraumes, 3 Bände, Lindau-Konstanz 1956–63; BERTHOLD SÜTTERLIN, Geschichte Badens, Bd. 1, 2. Aufl., Karlsruhe 1968; Handbuch der Schweizer Geschichte, Bd. 1, Zürich 1972; BENEDIKT BILGERI, Geschichte Vorarlbergs, bisher 2 Bände (Bd. 1 in 2. Aufl.), Wien–Köln–Graz 1974–76. Für die Kirchengeschichte: HERMANN TÜCHLE, Kirchengeschichte Schwabens, Die Kirche Gottes im Lebensraum des schwäbisch-alemannischen Stammes, 2 Bände, Stuttgart 1950–54; RUDOLF PFISTER, Kirchengeschichte der Schweiz, Bd. 1, Zürich 1964. Für die Kunstgeschichte: ALBERT KNOEPFLI, Kunstgeschichte des Bodenseeraumes, bisher 2 Bände, Konstanz–Lindau bzw. Sigmaringen 1961–69; HANS KOEPF, Schwäbische Kunstgeschichte, 4 Bände, Konstanz–Stuttgart 1961–65.

Eine Bestandsaufnahme des Mönchtums geben für die ganze Kirchengeschichte: MAX HEIM-
BUCHER, Die Orden und Kongregationen der katholischen Kirche, 2 Bände, 3. Aufl., München 1965;
GILES CONSTABLE, Medieval Monasticism, A select bibliography, Toronto 1976; Dizionario degli
istituti di perfezione, hg. GUERRINO PELLICCIA und GIANCARLO ROCCA, bisher 4 Bände, Rom
1974–77. Für die Bodenseeregion: EGBERT FRIEDRICH VON MÜLINEN, Helvetia sacra oder Reihenfolge der kirchlichen Obern und Oberinnen in den ... schweizerischen ... Bistümern, Kolle-
giatstiften und Klöstern, 2 Bände, Bern 1858–61; teilweise überholt durch: Helvetia sacra, hg.
ALBERT BRUCKNER, bisher 6 Bände, Bern 1972–78, wo die für das Mittelalter wichtigsten Bände
noch ausstehen; ANDREAS ULMER, Die Klöster und Ordensniederlassungen in Vorarlberg einst und
jetzt, in: Veröffentlichungen des Vereines für christliche Kunst und Wissenschaft in Vorarlberg
und im Westallgäu 14/15 (1925/26) S. 5–196; weniger zuverlässig und auf das Gebiet der heutigen Erzdiözese beschränkt LUDWIG HEIZMANN, Die Klöster und Kongregationen der Erzdiözese
Freiburg in Vergangenheit und Gegenwart, München-Kolbermoor 1930.

Die unentbehrlichen Karten für die allgemeine Klostergeschichte: Atlas zur Kirchengeschichte, Die christlichen Kirchen in Geschichte und Gegenwart, hg. JOCHEN MARTIN u. a., Freiburg i. Br. 1970. Für die Bodenseeregion: Kirchenhistorischer Atlas von Österreich, hg. ERNST
BERNLEITHNER, besonders Lieferung I, Karten 6 und 7, Wien 1966; Historischer Atlas von Baden-
Württemberg, hg. Kommission für geschichtliche Landeskunde, besonders Lieferung VIII, Karten 3 und 6, Stuttgart 1973–75.

Moderne Schicksale mittelalterlicher Klöster sind zusammengestellt bei: FRANZ SCHOCH, Die
Aufhebung der thurgauischen Klöster in der ersten Hälfte des 19. Jahrhunderts, in: TGB 70
(1933) S. 1–31; HERMANN SCHMID, Säkularisation und Schicksal der Klöster in Bayern, Württemberg und Baden 1802–1815, Überlingen 1975. Im einzelnen: KARL OTTO MÜLLER, Das Kloster
Löwental zur Zeit seiner Aufhebung 1806, in: SVGB 61 (1934) S. 80–127; zum Konstanzer
Schottenkloster FRANZ QUARTHAL (unten S. 548 f.); ERNST LEISI, Das Augustinerinnenklösterlein
im Blümlistobel, in: TGB 70 (1933) S. 36–56; FRANZ GÖTZ, Grünenberg, in: AFA 16, Landshut
1971, S. 65–78.

Über die heutigen Klöster unterrichten am besten ihre Mitglieder: Hundert Jahre Zisterzienser in Mehrerau 1854–1954, hg. ADALBERT RODER, Bregenz 1954; BRIGITTA HILBERLING, Siebenhundert Jahre Kloster Zoffingen 1257–1957, Konstanz 1957. Von den Merkzeichen am Bodensee handeln: HANS RUDOLF SENNHAUSER und RICHARD STROBEL, Ausgrabungen und Bauunter-
suchungen an der Otmarskapelle auf der Insel Werd, in: TGB 104 (1967) S. 129–152; MAX MESSER-
SCHMID, Die letzten Jahre des Klosters Hofen 1792–1804, in: SVGB 84 (1966) S. 79–97. Die
Wallfahrtsgeschichten sind dargestellt von: ODILO RINGHOLZ, Wallfahrtsgeschichte Unserer Lieben Frau von Einsiedeln, Freiburg i. Br. 1896; ergänzend KUNO BUGMANN, Die Einsiedler Engel-
weihbulle und die Reichenau-Renaissance im 12. Jahrhundert, in: FDA 95 (1975) S. 135–148;
GEBHARD SPAHR, Kreuz und Blut Christi in der Kunst Weingartens, Konstanz 1963.

Gallus · Eremit an der Steinach (S. 19–32)

Die strittigen Fragen der alemannischen Geschichte im siebten Jahrhundert werden erörtert:
für den kirchlichen Bereich von ERNST KLEBEL, Zur Geschichte der christlichen Mission im
schwäbischen Stammesgebiet, in: ZWLG 17 (1958) S. 145–218; WOLFGANG MÜLLER, Die Christianisierung der Alemannen, in: Zur Geschichte der Alemannen, hg. WOLFGANG MÜLLER
(WdF 100), Darmstadt 1975, S. 401–429. Für den politischen Bereich BRUNO BEHR, Das aleman-
nische Herzogtum bis 750 (Geist und Werk der Zeiten 41), Bern–Frankfurt 1975; anders HAGEN
KELLER, Fränkische Herrschaft und alemannisches Herzogtum im 6. und 7. Jahrhundert, in:
ZGO 124 (1976) S. 1–30, mit kühnen Lösungen. Für den archäologischen Bereich RUDOLF
MOOSBRUGGER-LEU, Die Schweiz zur Merowingerzeit, Die archäologische Hinterlassenschaft der
Romanen, Burgunder und Alamannen, 2 Bände, Bern 1971; demnächst RAINER CHRISTLEIN, Die
Alamannen, Archäologie eines lebendigen Volkes, Stuttgart–Aalen 1978.

Das fränkische Mönchtum ist zusammenfassend untersucht bei FRIEDRICH PRINZ, Frühes
Mönchtum im Frankenreich, Kultur und Gesellschaft in Gallien, den Rheinlanden und Bayern
am Beispiel der monastischen Entwicklung, 4. bis 8. Jahrhundert, München–Wien 1965; ergän-

zende Aufsätze in: Mönchtum und Gesellschaft im Frühmittelalter, hg. FRIEDRICH PRINZ (WdF 312), Darmstadt 1976. Für das irische Mönchtum empfehlen sich: WALTER DELIUS, Geschichte der irischen Kirche von ihren Anfängen bis zum 12. Jahrhundert, München–Basel 1954; besonders LUDWIG BIELER, Irland, Wegbereiter des Mittelalters, Olten 1961.

Für Kolumban ist die Hauptquelle: Jonas, Vita Columbani abbatis discipulorumque eius, hg. BRUNO KRUSCH (MGH Scriptores rerum Germanicarum 37), Hannover–Leipzig 1905; deutsch bei KARL SUSO FRANK, Frühes Mönchtum im Abendland, Bd. 2, Zürich–München 1975. Über Kolumban am Bodensee handelt erschöpfend KURT-ULRICH JÄSCHKE, Kolumban von Luxeuil und sein Wirken im alamannischen Raum, in: Mönchtum, Episkopat und Adel zur Gründungszeit des Klosters Reichenau, hg. ARNO BORST (VuF 20), Sigmaringen 1974, S. 77–130. Über die zahlreichen vermeintlichen Schüler Kolumbans informiert ISO MÜLLER, Zum geistigen Einfluß der kolumbanischen Bewegung im mittleren Europa, in: ZSKG 59 (1965) S. 265–284.

Die älteste Lebensbeschreibung von Gallus ist ediert von ISO MÜLLER, Die älteste Gallus-Vita, in: ZSKG 66 (1972) S. 209–249. Bei ihrer Deutung folge ich nicht BARBARA und HANNO HELBLING, Der Heilige Gallus in der Geschichte, in: Schweizerische Zeitschrift für Geschichte 12 (1962) S. 1–62, sondern WALTER BERSCHIN, Gallus abbas vindicatus, in: Historisches Jahrbuch 95 (1975) S. 257–277. Die früheste vollständig erhaltene Vita sancti Galli von Wetti ist herausgegeben von BRUNO KRUSCH, in: MGH Scriptores rerum Merovingicarum, Bd. 4, Hannover 1902, S. 256–280; teilweise verdeutscht von KARL SUSO FRANK, wie oben. Die letzte Lebensbeschreibung ist vorerst nur hektographisch greifbar: WALTER BERSCHIN, Das Leben des Heiligen Gallus von Notker dem Stammler, Seine literarische und historische Bedeutung, Freiburg–St. Gallen 1970. Die neueste Übersicht zum ganzen Gallus-Problem bringt JOHANNES DUFT, Die Gallus-Kapelle zu St. Gallen und ihr Bilderzyklus, in: 117. Neujahrsblatt des Historischen Vereins St. Gallen, Gossau 1977, S. 5–56.

Zu Fridolin ist die Hauptquelle: Balther, Vita Fridolini confessoris Seckingensis, hg. BRUNO KRUSCH, in: MGH Scriptores rerum Merovingicarum, Bd. 3, Hannover 1896, S. 350–369. Sie wurde kommentiert und übersetzt von BERTHE WIDMER, Die Vita des heiligen Fridolin, in: Jahrbuch des Historischen Vereins des Kantons Glarus 65 (1974) S. 100–191, und sorgfältig untersucht von MARGRIT KOCH, Sankt Fridolin und sein Biograph Balther, Irische Heilige in der literarischen Darstellung des Mittelalters (Geist und Werk der Zeiten 3), Zürich 1959. Für die Anfänge des Klosters Säckingen ist unübertroffen ALOYS SCHULTE, Gilg Tschudi, Glarus und Säkkingen, in: Jahrbuch für Schweizerische Geschichte 18 (1893) S. 1–157; eine neue Darstellung soll in der Helvetia sacra erscheinen.

Das Eremitenwesen ist für das Frühmittelalter noch nicht aufgearbeitet, für das Hochmittelalter allgemein skizziert von HERBERT GRUNDMANN, Deutsche Eremiten, Einsiedler und Klausner im Hochmittelalter, 10. bis 12. Jahrhundert, in: HERBERT GRUNDMANN, Ausgewählte Aufsätze (Schriften der MGH 25), Bd. 1, Stuttgart 1976, S. 93–124; regional von ANTON SELIG, Einsiedeleien in Württemberg und Hohenzollern, in: ZWLG 17 (1958) S. 292–301. Im einzelnen: Zu Meinrad unten S. 544; zu Eusebius VIKTOR WRATZFELD, Eusebius vom Viktorsberg, Geschichte – Legende – Kult, Ein Beitrag zur Geschichte der Heiligen Vorarlbergs (Schriften zur Vorarlberger Landeskunde 11), Dornbirn 1975.

Otmar · Koinobit in St. Gallen (S. 32–48)

Die Regel Benedikts von Nursia ist am gründlichsten herausgegeben und erläutert von ADALBERT DE VOGÜÉ und JEAN NEUFVILLE, La Règle de S. Benoît, 6 Bände (Sources chrétiennes 181–186), Paris 1971–72; deutsch am besten von BASILIUS STEIDLE, Die Regel des hl. Benedikt, 10. Aufl., Beuron 1965. Aus der Literatur zur Benediktregel hebe ich nur hervor: Commentationes in Regulam S. Benedicti, hg. BASILIUS STEIDLE (Studia Anselmiana 42), Rom 1957; GIUSEPPE TURBESSI, La Regola di S. Benedetto nel contesto delle antiche regole monastiche, in: Regulae Benedicti Studia 1 (1972) S. 57–90. Die Geschichte der Benediktiner ist allgemein behandelt von PHILIBERT SCHMITZ, Geschichte des Benediktinerordens, 4 Bände, Zürich–Einsiedeln 1947–60; regional von KLAUS SCHREINER, Benediktinisches Mönchtum in der Geschichte Südwestdeutschlands, in: Die Benediktinerklöster in Baden-Württemberg, hg. Franz Quarthal (Germania Benedictina 5), Augsburg 1975, S. 23–114.

Zur Frühgeschichte von Disentis wurde die älteste Quelle bekanntgemacht von Vittorio F. Rascher, Passio beatissimi martyris tui Placiti, in: Archivio storico Ticinese 1 (1960) S. 165–172; die wichtigste von Iso Müller, Die Passio s. Placidi, ca. 1200, in: ZSKG 46 (1952) S. 161–180, 257–278. Die grundlegenden Gesamtdarstellungen sind: Iso Müller, Geschichte der Abtei Disentis von den Anfängen bis zur Gegenwart, Zürich–Köln 1971, für den geistlichen Bereich; für den politischen Elisabeth Meyer-Marthaler, Rätien im frühen Mittelalter, Eine verfassungsgeschichtliche Studie, Zürich 1948.

Der frühkarolingischen Klosterpolitik widmet sich: Josef Semmler, Karl der Große und das fränkische Mönchtum, in: Mönchtum und Gesellschaft (oben S. 540) S. 204–264; Josef Semmler, Episcopi potestas und karolingische Klosterpolitik, in: Mönchtum, Episkopat und Adel (oben S. 540) S. 305–395. Die alemannische Lage ist untersucht von: Heinrich Büttner, Frühmittelalterliches Christentum und fränkischer Staat zwischen Hochrhein und Alpen, Darmstadt 1961; Theodor Mayer, Konstanz und St. Gallen in der Frühzeit, in: Zur Geschichte der Alemannen (oben S. 539) S. 430–481.

Für Otmar sind die literarischen Quellen die von Walahfrid Strabo verfaßten Miracula sancti Galli confessoris und Vita sancti Othmari abbatis, hg. Gerold Meyer von Knonau, in: MSG 12 (1870) S. 62–139; teilweise verdeutscht und durch andere Nachrichten ergänzt bei Johannes Duft, Sankt Otmar, Die Quellen zu seinem Leben, Lateinisch und deutsch (Bibliotheca Sangallensis 4), Zürich 1959. Die urkundlichen Quellen findet man in: Urkundenbuch der Abtei Sankt Gallen, hg. Hermann Wartmann, Bd. 1, Zürich 1863. Die letzte Übersicht über Otmars Leben bietet Johannes Duft, St. Otmar in Bodman, in: Bodman, Dorf – Kaiserpfalz – Adel, hg. Herbert Berner, Bd. 1, Sigmaringen 1977, S. 277–286. Seine Nachwirkungen sind untersucht von Johannes Duft, Sankt Otmar in Kult und Kunst, St. Gallen 1966.

Die Klostergeschichte ist am umfassendsten analysiert bei Rolf Sprandel, Das Kloster St. Gallen in der Verfassung des karolingischen Reiches (FORL 7), Freiburg i. Br. 1958. Daneben bleiben bedeutsam: Gerold Meyer von Knonau, Der Besitz des Klosters St. Gallen in seinem Wachstum bis 920, in: MSG 13 (1872) S. 87–225; Hermann Bikel, Studie über die Wirtschaftsverhältnisse des Klosters St. Gallen von der Gründung bis zum Ende des 13. Jahrhunderts, Göttingen 1914. Das liturgische Leben im Konvent ist am anschaulichsten anhand eines späteren Sakramentars dargestellt von Johannes Duft, Hochfeste im Gallus-Kloster, 2. Aufl., Sigmaringen 1974.

Für Magnus wurden Quellen publiziert von Maurice Coens, La vie de S. Magne de Füssen par Otloh de Saint-Emmeran, in: Analecta Bollandiana 81 (1963) S. 159–227; Une vie panégyrique de saint Magne de Füssen, ebenda S. 321–332. Eine Gesamtdarstellung, mit deutscher Übersetzung des Otloh-Textes, gab Gebhard Spahr, Der heilige Magnus, Leben – Legende – Verehrung (Allgäuer Heimatbücher 75), Kempten 1970; kritisch ergänzend Hansmartin Schwarzmaier, Ein Reichenauer Passionar des 10. Jahrhunderts, Zur Vita sancti Magni und ihrer Erforschung, in: ZGO 121 (1973) S. 297–306.

Die Frühgeschichte seiner Klöster ist untersucht von: Hansmartin Schwarzmaier, Königtum, Adel und Klöster im Gebiet zwischen oberer Iller und Lech (Studien zur Geschichte des Bayerischen Schwabens 7), Augsburg 1961, unter politischen Gesichtspunkten; unter monastischen von Hermann Tüchle, Abtei und hochfürstliches Stift Kempten, in: SMBO 81 (1970) S. 390–406. Ein Überblick über die vielfach kontroversen Probleme der Anfänge steht bei Josef Hemmerle, Die Benediktinerklöster in Bayern (Germania Benedictina 2), Augsburg 1970.

Walahfrid · Mönch in Reichenau (S. 48–66)

Die Anfänge des Klosters Reichenau wurden in ihren geistlichen Voraussetzungen geklärt durch: Arnold Angenendt, Monachi peregrini, Studien zu Pirmin und den monastischen Vorstellungen des frühen Mittelalters (MMS 6), München 1972; Arnold Angenendt, Pirmin und Bonifatius, Ihr Verhältnis zu Mönchtum, Bischofsamt und Adel, in: Mönchtum, Episkopat und Adel (oben S. 540) S. 251–304. Strittig bleiben die politischen Vorgänge, zwischen: Friedrich

PRINZ, Frühes Mönchtum in Südwestdeutschland und die Anfänge der Reichenau, Entwicklungslinien und Forschungsprobleme, in: Mönchtum und Gesellschaft (oben S. 540) S. 151–203, einerseits und: Die Gründungsurkunden der Reichenau, hg. PETER CLASSEN (VuF 24), Sigmaringen 1977, andererseits.

Die karolingische Literatur im allgemeinen ist Thema von FRANZ BRUNHÖLZL, Geschichte der lateinischen Literatur des Mittelalters, Bd. 1, München 1975; regional ist das Hauptwerk: WOLFRAM VON DEN STEINEN, Notker der Dichter und seine geistige Welt, 2 Bände, Bern 1948. Grundzüge klösterlicher Bildung sind herausgearbeitet von DETLEF ILLMER, Formen der Erziehung und Wissensvermittlung im frühen Mittelalter (Münchener Beiträge zur Mediävistik und Renaissance-Forschung 7), München 1971; Bildung, Wissenschaft und Kunst im Kloster Reichenau werden vorgestellt in: Die Kultur der Abtei Reichenau, hg. KONRAD BEYERLE, 2 Bände, München 1925, vor allem im zweiten Band. Politischer Einfluß und Wirtschaftskraft des Klosters werden dokumentiert durch die Ausdehnung des Reichenauer Besitzes um 900, in: Historischer Atlas von Baden-Württemberg (oben S. 539), Lieferung VIII, Karte 2, Stuttgart 1977.

Walahfrids Dichtungen sind ediert von ERNST DÜMMLER, in: MGH Poetae latini aevi Carolini, Bd. 2, Berlin 1884, S. 259–423. Sein Vademecum ist besprochen bei BERNHARD BISCHOFF, Eine Sammelhandschrift Walahfrid Strabos, in: BERNHARD BISCHOFF, Mittelalterliche Studien, Bd. 2, Stuttgart 1967, S. 34–51. Die neueste Gesamtinterpretation ist: ALF ÖNNERFORS, Walahfrid Strabo als Dichter, in: Die Abtei Reichenau, Neue Beiträge zur Geschichte und Kultur des Inselklosters, hg. HELMUT MAURER, Sigmaringen 1974, S. 83–113. Zu einzelnen Werken: DAVID A. TRAILL, Walahfrid Strabo's Visio Wettini, Text, translation, and commentary (Lateinische Sprache und Literatur des Mittelalters 2), Bern–Frankfurt 1974; ALF ÖNNERFORS, Über Walahfrid Strabos Psalter-Kommentar, in: Literatur und Sprache im europäischen Mittelalter, Festschrift für Karl Langosch, Darmstadt 1973, S. 75–121; HANS-DIETER STOFFLER, Der Hortulus des Walahfrid Strabo, Aus dem Kräutergarten des Klosters Reichenau, Sigmaringen 1978. Für Walahfrids Stellung zu den Karolingern vergleiche PETER WILLMES, Der Herrscher-›Adventus‹ im Kloster des Frühmittelalters (MMS 22), München 1976.

Von der Klosterbaukunst im allgemeinen handelt geistreich WOLFGANG BRAUNFELS, Abendländische Klosterbaukunst, Köln 1969; vom St. Galler Klosterplan zuletzt WALTER HORN und ERNEST BORN, New Theses about the Plan of St. Gall, A Summary of Recent Views, in: Die Abtei Reichenau (wie oben) S. 407–480. Auf die klösterliche Gedenküberlieferung im ganzen blicken KARL SCHMID und JOACHIM WOLLASCH, Societas et fraternitas, Begründung eines kommentierten Quellenwerkes zur Erforschung der Personen und Personengruppen des Mittelalters, in: Frühmittelalterliche Studien 9 (1975) S. 1–48. Regionale Beispiele nahmen sich vor: KARL SCHMID, Zur historischen Bestimmung des ältesten Eintrags im St. Galler Verbrüderungsbuch, in: Alemannisches Jahrbuch 1973/75, Freiburg 1976, S. 500–532; DIETER GEUENICH, Die ältere Geschichte von Pfäfers im Spiegel der Mönchslisten des Liber Viventium Fabariensis, in: Frühmittelalterliche Studien 9 (1975) S. 226–252; KARL SCHMID, Probleme einer Neuedition des Reichenauer Verbrüderungsbuches, in: Die Abtei Reichenau (wie oben) S. 35–67. Das Verhältnis Walahfrids zur Gebetsverbrüderung wird neu diskutiert von KARL SCHMID, Bemerkungen zur Anlage des Reichenauer Verbrüderungsbuches, Zugleich ein Beitrag zum Verständnis der »Visio Wettini«, in: Landesgeschichte und Geistesgeschichte, Festschrift für Otto Herding, hg. KASPAR ELM u. a. (VKBW B 92), Stuttgart 1977, S. 24–41.

Walahfrids Verwendung des Ausdrucks »Bodensee« wurde behandelt von JOHANNES DUFT, Der Bodensee in Sanktgaller Handschriften, Texte und Miniaturen aus der Stiftsbibliothek St. Gallen (Bibliotheca Sangallensis 3), 2. Aufl., Zürich 1960; weitergehend ARNO BORST, Die Pfalz Bodman, in: Bodman (oben S. 541) S. 169–230. Walahfrids Geschichtsbild, insbesondere dessen mönchische Wurzel, müßte neu untersucht werden.

Adelinde · Nonne in Buchau (S. 66–83)

Das frühmittelalterliche Nonnenwesen ist noch nicht gültig behandelt; nebeneinander stehen: KARL HEINRICH SCHÄFER, Die Kanonissenstifter im deutschen Mittelalter, Ihre Entwicklung und innere Einrichtung im Zusammenhang mit dem altchristlichen Sanktimonialentum (Kirchenrechtliche Abhandlungen 43-44), Stuttgart 1907, juristisch einengend, und STEPHAN HILPISCH, Geschichte der Benediktinerinnen (Benediktinisches Geistesleben 3), St. Ottilien 1951, geistlich harmonisierend. Ich halte mich an die wichtigsten Quellen: Vita sanctae Radegundis, hg. BRUNO KRUSCH, in: MGH Scriptores rerum Merovingicarum, Bd. 2, Hannover 1888, S. 358-395; Vita sanctae Geretrudis, ebenda S. 447-474, und ihre Auswertung durch FRIEDRICH PRINZ (oben S. 539).

Über das regionale Nonnenwesen orientiert umfassend JOSEF SIEGWART, Die Chorherren- und Chorfrauengemeinschaften in der deutschsprachigen Schweiz vom 6. Jahrhundert bis 1160 (Studia Friburgensia NF 30), Freiburg i. Ü. 1962, dem ich nicht in allem folge. Im einzelnen handeln: Über Schänis ELISABETH MEYER-MARTHALER, Zur Frühgeschichte der Frauenklöster im Bistum Chur, in: Festgabe Hans Nabholz, Aarau 1944, S. 1-35, zur inneren Entwicklung; zur äußeren JOSEF MEINRAD GUBSER, Geschichte der Landschaft Gaster bis zum Ausgange des Mittelalters, in: MSG 27 (1900) S. 315-633. Über Lindau KARL WOLFART, Geschichte der Stadt Lindau im Bodensee, 3 Bände, Lindau 1909, zur inneren Entwicklung; zur äußeren JOSEF SIEGWART, Zur Frage des alemannischen Herzogsgutes um Zürich, in: Zur Geschichte der Alemannen (oben S. 539) S. 223-287. Besonders ungewiß ist die Frühgeschichte in Zürich: Kühn argumentiert EUGEN FISCHER, Das Monasterium der heiligen Märtyrer Felix und Regula in Zürich, in: ZSKG 53 (1959) S. 161-190; behutsam HANS CONRAD PEYER, Zürich im Früh- und Hochmittelalter, in: Zürich von der Urzeit zum Mittelalter, hg. EMIL VOGT, Zürich 1971, S. 163-235.

Von Irmingard berichten: PETER VON BOMHARD, Die selige Irmengard von Chiemsee, in: Bavaria sancta, Zeugen christlichen Glaubens in Bayern, hg. GEORG SCHWAIGER, Bd. 3, Regensburg 1973, S. 67-90; HERMANN TÜCHLE, Aus dem schwäbischen Himmelreich, Folge 1: Irmengard, die Königstochter, in: Der Pfeiler 1 (1948/49) S. A 3-8; von Adelinde HERMANN TÜCHLE, ebenda Folge 3: Adelindis, die Frau auf dem Kreuzweg, ebenda S. A 17-24. Hauptquelle für Adelinde ist die Chronik Hermanns des Lahmen (unten S. 545). Um Adelindes Verwandtschaft ging der Streit u. a. zwischen HANSMARTIN DECKER-HAUFF, Die Ottonen und Schwaben, in: ZWLG 14 (1955) S. 232-371, und GERD TELLENBACH, Kritische Studien zur großfränkischen und alemannischen Adelsgeschichte, in: ZWLG 15 (1956) S. 169-190. Die frühen Urkunden für Buchau stehen am bequemsten beisammen in: Wirtembergisches Urkundenbuch, Bd. 1, Stuttgart 1849.

Hermanns Gedicht ist herausgegeben von ERNST DÜMMLER, Incipit opusculum Herimanni diverso metro conpositum ad amiculas suas quasdam sanctimoniales feminas, in: Zeitschrift für deutsches Altertum 13 (1867) S. 385-434. Es wurde am eindringlichsten besprochen von ROBERT BULTOT, Christianisme et valeurs humaines, La doctrine du mépris du monde, Bd. 4, 2, Louvain-Paris 1964. Allgemein schildert MATTHÄUS BERNARDS, Speculum virginum, Geistigkeit und Seelenleben der Frau im Hochmittelalter, Köln-Graz 1955, das geistliche Leben in Frauenklöstern.

Abrisse der Buchauer Klostergeschichte insgesamt versuchten: JOHANN EVANGELIST SCHÖTTLE, Geschichte von Stadt und Stift Buchau samt dem stiftischen Dorfe Kappel, Waldsee 1884, veraltet; knapp GEBHARD SPAHR, Klöster und Geistliche Herrschaften, in: Der Kreis Biberach, hg. HANS SCHLEUNING, Stuttgart-Aalen 1973, S. 80-95. Auf die Ursprünge zielen die Thesen von HANS JÄNICHEN, Warin, Rudhard und Scrot, Besitzgeschichtliche Betrachtungen zur Frühgeschichte des Stiftes Buchau, in: ZWLG 14 (1955) S. 372-384. Die beste Spezialstudie, vorwiegend zu Verfassung, Recht und Wirtschaft, stammt von PAUL HÄRLE, Die zwölf Abteimaierhöfe des Stifts Buchau (Darstellungen aus der Württembergischen Geschichte 27), Stuttgart 1937. Von der sagenhaften Nachwirkung berichtet JOSEPH MOHN, Kappel das Dorf über dem Federsee, Aus der Geschichte von Stadt und Stift Buchau am Federsee, Bad Buchau 1971. Die ganze Klostergeschichte müßte und könnte neu geschrieben werden.

Zum Inklusenwesen allgemein und besonders zu Wiborada steht das Wichtigste bei EVA IRBLICH, Die Vitae sanctae Wiboradae, Ein Heiligen-Leben des 10. Jahrhunderts als Zeitbild, in: SVGB 88 (1970) S. 1-208; ihre Nachfolgerinnen stellt EMIL SCHLUMPF, Quellen zur Geschichte der Inklusen in der Stadt St. Gallen, in: MSG 41 (1953) S. 1*-26*, zusammen. BERNHARD SCHELB, Inklusen am Oberrhein, in: FDA 68 (1941) S. 174-253, berührt den Bodenseeraum nicht.

Gregor · Abt in Einsiedeln (S. 83–98)

Das Gesamtbild der Klosterreform im zehnten Jahrhundert ist noch ungeklärt. Zwei anregende Werke stehen einander diametral gegenüber: KASSIUS HALLINGER, Gorze – Kluny, Studien zu den monastischen Lebensformen und Gegensätzen im Hochmittelalter (Studia Anselmiana 22–25), 2 Bände, Rom 1950–51, und JOACHIM WOLLASCH, Mönchtum des Mittelalters zwischen Kirche und Welt (MMS 7), München 1973. Weiter führt jetzt JOACHIM WOLLASCH, Neue Methoden der Erforschung des Mönchtums im Mittelalter, in: Historische Zeitschrift 225 (1977) S. 529–571. Vermittelnde Aufsätze sammelt: Cluny, Beiträge zu Gestalt und Wirkung der cluniazensischen Reform, hg. HELMUT RICHTER (WdF 241), Darmstadt 1975. Meist wird die von JOSEF SIEGWART (oben S. 543) erwiesene Kanonikerreform aus dem Spiel gelassen, bei der m. E. der Schlüssel des Problems liegt.

Von Meinrad berichtet: Vita sive passio venerabilis heremitae Meginrati, hg. ODILO RINGHOLZ, Geschichte des fürstlichen Benediktinerstiftes U. L. F. von Einsiedeln, Bd. 1, Einsiedeln 1904, S. 647–652. Was daraus zu schließen ist, findet man in: Sankt Meinrad, Zum elften Zentenarium seines Todes 861–1961, hg. Benediktiner des Klosters Maria Einsiedeln, Einsiedeln 1961. Benken wird von ALEXANDER TANNER, Beiträge zur Frühgeschichte der Klöster Benken und Lützelau im oberen Zürichseegebiet, in: ZSKG 63 (1969) S. 1–38, untersucht.

Priestergemeinschaften bilden das Hauptthema von SIEGWART (oben S. 543); ergänzend HELMUT MAURER, Die Hegau-Priester, Ein Beitrag zur kirchlichen Verfassungs- und Sozialgeschichte des früheren Mittelalters, in: Zeitschrift der Savigny-Stiftung für Rechtsgeschichte 92, Kanonistische Abteilung 61 (1975) S. 37–52. Im einzelnen: ALBERT SCHEIWILER, Geschichte des Chorstifts St. Pelagius zu Bischofszell im Mittelalter, in: SVGB 45 (1916) S. 193–294; WERNER KUNDERT, St. Pelagius in Bischofszell, in: Helvetia sacra, hg. ALBERT BRUCKNER, Bd. II,2, Bern 1977, S. 215–245. Ebenda ULRICH HELFENSTEIN und CÉCILE SOMMER-RAMER, SS. Felix und Regula (Großmünster) in Zürich, S. 565–596. Literatur zu den Konstanzer Stiften unten S. 548 und 549.

Für die Klosterpolitik der Ottonen sind heranzuziehen allgemein: Otto der Große, hg. HARALD ZIMMERMANN (WdF 450), Darmstadt 1976; regional LOTTE HERKOMMER, Untersuchungen zur Abtsnachfolge unter den Ottonen im südwestdeutschen Raum (VKBW B 75), Stuttgart 1973. Für Einsiedeln ist die maßgebende moderne Studie: HAGEN KELLER, Kloster Einsiedeln im ottonischen Schwaben (FORL 13), Freiburg i. Br. 1964, wo auch die innere Geschichte des Konvents aufgeklärt ist. Daneben behält PAUL KLÄUI, Untersuchungen zur Gütergeschichte des Klosters Einsiedeln vom 10. bis 14. Jahrhundert, in: Festgabe Hans Nabholz, Aarau 1944, S. 78–120, eigenen Wert.

Über Gregor steht das Aufschlußreichste in Königsurkunden für Einsiedeln; sie sind herausgeben von THEODOR SICKEL, Die Urkunden ... Ottos I., II., III. (MGH Die Urkunden der deutschen Könige und Kaiser 1–2,2), 3 Bände, Hannover 1879–93. Nachrichten über Gregor und seinen Konvent sind zusammengestellt bei RUDOLF HENGGELER, Profeßbuch der Fürstlichen Benediktinerabtei U. L. Frau zu Einsiedeln (MBH 3), Zug 1934. Die Schreibarbeit ist zusammenfassend behandelt von ALBERT BRUCKNER, Schreibschulen der Diözese Konstanz, Stift Einsiedeln (Scriptoria medii aevi Helvetica 5), Genf 1943.

Zur annalistischen Geschichtsschreibung, allgemein: MICHAEL McCORMICK, Les Annales du haut moyen âge (Typologie des sources du moyen âge occidental 14), Turnhout 1975. Zu Einsiedeln: GEORGINE TANGL, Schwaben, in: WILHELM WATTENBACH und ROBERT HOLTZMANN, Deutschlands Geschichtsquellen im Mittelalter, Deutsche Kaiserzeit, Bd. 1, Tübingen 1948, S. 220–259; ergänzend ALBERT BRUCKNER, Zur Datierung annalistischer Aufzeichnungen aus Einsiedeln, in: Corolla Heremitana, Festschrift Linus Birchler, Olten-Freiburg 1964, S. 81–100. Die Tätigkeit Wolfgangs in Einsiedeln schilderte zuletzt KUNO BUGMANN, Der Mönch Wolfgang, in: SMBO 78 (1967) S. 9–27.

Außenbeziehungen, weit über Gregors Zeit hinaus, behandelten: ODILO RINGHOLZ, Beziehungen des Benediktinerstiftes Einsiedeln zu ehemaligen Klöstern etc. in Baden, in: FDA 52 (1924) S. 83–113; ergänzend HAGEN KELLER, Ottobeuren und Einsiedeln im 11. Jahrhundert, in: ZGO 112 (1964) S. 373–411; KUNO BUGMANN (oben S. 539) über die Beziehungen zu Reichenau; URS REBER, Die rechtlichen Beziehungen zwischen Fahr und Einsiedeln, in: ZSKG 67 (1973) S. 1–120.

Hermann der Lahme · Oblate in Reichenau (S. 102–118)

Für die salische Klosterpolitik im frühen elften Jahrhundert: grundlegend THEODOR SCHIEFFER, Heinrich II. und Konrad II., Die Umprägung des Geschichtsbildes durch die Kirchenreform des 11. Jahrhunderts (Libelli 285), Darmstadt 1969; für Einzelheiten HANS JOACHIM VOGT, Konrad II. im Vergleich zu Heinrich II. und Heinrich III., Ein Beitrag zur kirchenpolitischen wie religiös-geistlichen Haltung der drei Kaiser, Diss. phil., Frankfurt/Main 1957. Zur Klosterreform sind auch hier die oben S. 544 genannten Bücher von KASSIUS HALLINGER und JOACHIM WOLLASCH zu vergleichen.

Die geschichtlichen Voraussetzungen der Abtzeit Berns sind zusammenhängend dargestellt von KONRAD BEYERLE, Von der Gründung bis zum Ende des freiherrlichen Klosters 724–1427, in: Die Kultur der Abtei Reichenau, hg. KONRAD BEYERLE, Bd. 1, München 1925, S. 55–212. Ergänzungen in: Die Abtei Reichenau (oben S. 542), hier zur politischen Geschichte HELMUT MAURER, Rechtlicher Anspruch und geistliche Würde der Abtei Reichenau unter Kaiser Otto III., S. 255–275; zur Baugeschichte WOLFGANG ERDMANN und ALFONS ZETTLER, Zur karolingischen und ottonischen Baugeschichte des Marienmünsters zu Reichenau-Mittelzell, S. 481–522; zur Literaturgeschichte THEO KLÜPPEL und WALTER BERSCHIN, Vita Symeonis Achivi, S. 115–124; zur Kunstgeschichte WILHELM MESSERER, Reichenauer Malerei – nach Jantzen, S. 291–309, und das Buch von KURT MARTIN, Die ottonischen Wandbilder der St. Georgskirche Reichenau-Oberzell, 2. Aufl., Sigmaringen 1975.

Für Bern sind Hauptquelle: Die Briefe des Abtes Bern von Reichenau, hg. FRANZ-JOSEF SCHMALE (VKBW A 6), Stuttgart 1961; zu benutzen mit dem Kommentar von FRANZ-JOSEF SCHMALE, Zu den Briefen Berns von Reichenau, in: ZKG 68 (1957) S. 69–95. Über Berns Leben und Werke unterrichtet HANS OESCH, Berno und Hermann von Reichenau als Musiktheoretiker, Mit einem Überblick über ihr Leben und die handschriftliche Überlieferung ihrer Werke, Bern 1961. Berns politische Haltung ist untersucht von: HANSMARTIN SCHWARZMAIER, Reichenauer Gedenkbucheinträge aus der Anfangszeit der Regierung König Konrads II., in: ZWLG 22 (1963) S. 19–28; CARL ERDMANN, Bern von Reichenau und Heinrich III., in: CARL ERDMANN, Forschungen zur politischen Ideenwelt des Frühmittelalters, Berlin 1951, S. 112–119.

Hermann der Lahme wird im ganzen gewürdigt von: Berthold von Reichenau, Annales, hg. GEORG HEINRICH PERTZ, in: MGH Scriptores, Bd. 5, Hannover 1844, S. 267–269; auch HEINRICH HANSJAKOB, Herimann der Lahme von der Reichenau, Sein Leben und seine Wissenschaft, Mainz 1875; jetzt zu ergänzen durch OESCH, wie oben. Herkunft und Politik seiner Familie sind untersucht durch JOSEPH KERKHOFF, Die Grafen von Altshausen-Veringen, Die Ausbildung der Familie zum Adelsgeschlecht und der Aufbau ihrer Herrschaft im 11. und 12. Jahrhundert, in: Hohenzollerische Jahreshefte 24 (1964) S. 1–132; kritisch ergänzt durch HANS JÄNICHEN, Zur Genealogie der älteren Grafen von Veringen, in: ZWLG 27 (1968) S. 1–30. Für das Problem der Oblation verweise ich nur auf: PHILIPP HOFMEISTER, Die Klaustral-Oblaten, in: SMBO 72 (1961) S. 5–45; ILDEFONS HERWEGEN, Die hl. Hildegard von Bingen und das Oblateninstitut, in: SMBO 33 (1912) S. 543–552.

Hermanns Hauptwerk ist in letzter Fassung herausgegeben als Herimanni Augiensis Chronicon von PERTZ (wie oben) S. 67–133; im letzten Teil verdeutscht von RUDOLF BUCHNER, in: Ausgewählte Quellen zur deutschen Geschichte des Mittelalters, Freiherr vom Stein-Gedächtnisausgabe, Bd. 11, Darmstadt 1961. Das Werk wurde zuletzt quellenkritisch von FRANZ-JOSEF SCHMALE, Die Reichenauer Weltchronistik, in: Die Abtei Reichenau (oben S. 542) S. 125–158, analysiert; sein Geschichtsbild von ARNO BORST, Hermann der Lahme und die Geschichte, in: Hegau 32/33 (1975/76) S. 7–18. Für die Gattung sind maßgebend: ANNA-DOROTHEE VON DEN BRINCKEN, Studien zur lateinischen Weltchronistik bis in das Zeitalter Ottos von Freising, Düsseldorf 1957; KARL HEINRICH KRÜGER, Die Universalchroniken (Typologie des sources du moyen âge occidental 16), Turnhout 1976.

Das Werk Ekkehards IV. ist als Casus sancti Galli herausgegeben von GEROLD MEYER VON KNONAU, in: MSG 15/16 (1877) S. 1–450; übersetzt von HANNO HELBLING, Ekkehard IV., Die Geschichten des Klosters St. Gallen (Die Geschichtsschreiber der deutschen Vorzeit 102), Köln-Graz 1958. Die Forschung ist zusammengefaßt bei EBERHARD URL, Das mittelalterliche Geschichtswerk »Casus sancti Galli«, Eine Bestandesaufnahme (109. Neujahrsblatt des Historischen Vereins), St. Gallen 1969. Die Gallusdichtungen besprach ERNST SCHULZ, Über die Dichtungen Ekkeharts IV. von St. Gallen, in: Corona Quernea, Festgabe Karl Strecker (Schriften der MGH 6), Leipzig 1941, S. 199–235.

Eberhard von Nellenburg · Konverse in Schaffhausen (S. 118–135)

Zur Klosterreform des späten elften Jahrhunderts liegen differenzierte Übersichten vor, allgemein: Il monachesimo e la riforma ecclesiastica 1049–1122 (MCSM 6), Mailand 1971; I laici nella Societas christiana dei secoli XI e XII (MCSM 5), Mailand 1968; regional: KARL SCHMID, Adel und Reform in Schwaben, in: Investiturstreit und Reichsverfassung, hg. JOSEF FLECKENSTEIN (VuF 17), Sigmaringen 1973, S. 295–319; KLAUS SCHREINER, Sozial- und standesgeschichtliche Untersuchungen zu den Benediktinerkonventen im östlichen Schwarzwald (VKBW B 31), Stuttgart 1964.

Die frühen Klöster am Hochrhein sind gründlich untersucht: KARL SCHMID, Königtum, Adel und Klöster zwischen Bodensee und Schwarzwald, in: Studien und Vorarbeiten zur Geschichte des großfränkischen und frühdeutschen Adels, hg. GERD TELLENBACH (FORL 4), Freiburg i. Br. 1957, S. 225–334, über die Anfänge von Rheinau und Schienen; für die spätere Geschichte Rheinaus: FRITZ GROPENGIESSER, Der Besitz des Klosters Rheinau bis 1500, Diss. phil., Zürich 1939. Alles Wichtige über Öhningen steht in: Dorf und Stift Öhningen, hg. HERBERT BERNER, Singen 1966. Das Hohentwielkloster ist beschrieben bei FRANZ BEYERLE, Das Burgkloster auf dem Hohen Twiel, in: Hohentwiel, Bilder aus der Geschichte des Berges, hg. HERBERT BERNER, 2. Aufl., Konstanz 1957, S. 125–135. Dem Kloster Stein widmen sich: FERDINAND VETTER, Das St. Georgen-Kloster zu Stein am Rhein, Ein Beitrag zur Geschichte und Kunstgeschichte, in: SVGB 13 (1884) S. 23–109; HEINRICH WALDVOGEL, Die Äbte des Klosters St. Georgen zu Stein am Rhein, in: SHB 22 (1945) S. 77–117; HEINRICH WALDVOGEL, Die Mönche des Klosters Sankt Georgen zu Stein am Rhein, in: SHB 48 (1971) S. 121–134.

Eberhards Familie wird in Herkunft, Politik und Herrschaft herausgearbeitet von KURT HILS, Die Grafen von Nellenburg im 11. Jahrhundert, Ihre Stellung zum Adel, zum Reich und zur Kirche (FORL 19), Freiburg i. Br. 1967. Eberhards Urkunden sind gesammelt bei FRANZ LUDWIG BAUMANN, Das Kloster Allerheiligen in Schaffhausen, in: Quellen zur Schweizer Geschichte 3,1, Basel 1883. Quellenkritische Korrekturen, von neueren Autoren bisweilen übersehen, bringt THEODOR MAYER, Die älteren Urkunden des Klosters Allerheiligen in Schaffhausen, in: ZGO 110 (1962) S. 1–15. »Das Buch der Stifter des Klosters Allerheiligen« ist herausgegeben von KARL SCHIB (Beilage zum Jahresbericht 1933/34 der Kantonsschule Schaffhausen), Aarau 1934.

Die Frage der Konversen wurde zuletzt erörtert von: HERBERT GRUNDMANN, Adelsbekehrungen im Hochmittelalter, Conversi und nutriti im Kloster, in: Ausgewählte Aufsätze (oben S. 540) S. 125–149; WOLFGANG TESKE, Laien, Laienmönche und Laienbrüder in der Abtei Cluny, Ein Beitrag zum ›Konversen-Problem‹, in: Frühmittelalterliche Studien 10 (1976) S. 248–322; 11 (1977) S. 288–339.

Die Frühgeschichte des Klosters ist geschildert bei: HEINRICH BÜTTNER, Schwaben und Schweiz im frühen und hohen Mittelalter, Gesammelte Aufsätze (VuF 15), Sigmaringen 1972, und zwar Zur frühen Geschichte von Allerheiligen in Schaffhausen, S. 181–189; Allerheiligen in Schaffhausen und die Erschließung des Schwarzwaldes im 12. Jahrhundert, S. 191–207, unter allgemeinen Aspekten; unter örtlichen bei KARL SCHIB, Geschichte der Stadt und Landschaft Schaffhausen, Schaffhausen 1972; KARL SCHIB, Die Rolle des Hochadels bei der Gründung von Stadt und Kloster Schaffhausen, in: Festschrift Walter Drack, Zürich 1977, S. 170–176. Die Mitglieder des Konvents stellt zusammen RUDOLF HENGGELER, Profeßbuch der Benediktinerabtei Allerheiligen in Schaffhausen, in: MBH 4, Zug 1955, S. 339–386. Über den Grundbesitz orientieren: ELISABETH SCHUDEL, Der Grundbesitz des Klosters Allerheiligen in Schaffhausen, Diss. phil., Zürich 1936; ergänzend KARL OTTO MÜLLER, Der Güterbesitz des Klosters Allerheiligen (zu Schaffhausen) in Schwaben, in: ZWLG 16 (1957) S. 95–110. Die Klosterbibliothek behandelt ALBERT BRUCKNER, Schreibschulen der Diözese Konstanz, Kloster Allerheiligen in Schaffhausen (Scriptoria medii aevi Helvetica 6), Genf 1952.

Die Geschichte Toutos und Wagenhausens wurde von BRUNO MEYER in mehreren Studien aufgehellt: Touto und sein Kloster Wagenhausen, in: TGB 101 (1964) S. 50–75; Die Äbte und Pröpste des Gotteshauses Wagenhusen, in: TGB 102 (1965) S. 19–43; Das Totenbuch von Wagenhusen, in: SVGB 86 (1968) S. 87–187.

Dietrich · Abt in Petershausen (S. 136–154)

Die Stellung des Bistums Konstanz im Investiturstreit wurde zuletzt behandelt von: JOSEF FLECKENSTEIN, Hofkapelle und Reichsepiskopat unter Heinrich IV., in: Investiturstreit und Reichsverfassung (oben S. 546) S. 117–140; HELMUT MAURER, Die Konstanzer Bürgerschaft im Investiturstreit, ebenda S. 363–371, unter politischen Aspekten; unter geistigen von: JOHANNE AUTENRIETH, Die Domschule von Konstanz zur Zeit des Investiturstreits (Forschungen zur Kirchen- und Geistesgeschichte NF 3), Stuttgart 1956; JOHANNE AUTENRIETH und RAYMUND KOTTJE, Kirchenrechtliche Texte im Bodenseegebiet, Mittelalterliche Überlieferung in Konstanz, auf der Reichenau und in St. Gallen (VuF Sonderband 18), Sigmaringen 1975.

Hirsau wurde neu beleuchtet: in seiner Frühphase von KARL SCHMID, Kloster Hirsau und seine Stifter (FORL 9), Freiburg i. Br. 1959; in seiner Ausstrahlung von HERMANN JAKOBS, Die Hirsauer, Ihre Ausbreitung und Rechtsstellung im Zeitalter des Investiturstreites (Kölner historische Abhandlungen 4), Köln-Graz 1961. Den Laienbrüdern galt die Arbeit von ADOLF METTLER, Laienmönche, Laienbrüder, Conversen, besonders bei den Hirsauern, in: Württembergische Vierteljahrshefte für Landesgeschichte NF 41 (1935) S. 201–253; der mönchischen Lebensform, u. a. in Hirsau, das Buch von GERD ZIMMERMANN, Ordensleben und Lebensstandard, Die Cura Corporis in den Ordensvorschriften des abendländischen Hochmittelalters (Beiträge zur Geschichte des alten Mönchtums und des Benediktinerordens 32), Münster 1973.

Hauptquelle für Petershausen, auch für das Leben Dietrichs, ist: Die Chronik des Klosters Petershausen, herausgegeben und übersetzt von OTTO FEGER (Schwäbische Chroniken der Stauferzeit 3), Lindau-Konstanz 1956. Ihr Geschichtsbild wurde neuestens untersucht durch: JÖRG KASTNER, Historiae fundationum monasteriorum, Frühformen monastischer Institutionsgeschichtsschreibung im Mittelalter (Münchener Beiträge zur Mediävistik und Renaissance-Forschung 18), München 1974; genauer durch HELMUT G. WALTHER, Gründungsgeschichte und Tradition im Kloster Petershausen vor Konstanz, in: SVGB 96 (1978) S. 31–67. Die Klostergründung wurde von HELMUT MAURER, Konstanz als ottonischer Bischofssitz, Zum Selbstverständnis geistlichen Fürstentums im 10. Jahrhundert (VMPG 39), Göttingen 1973, in den Rahmen der Stadtplanung gestellt. Alle anderen Gesichtspunkte der inneren und äußeren Geschichte, auch von Dietrichs Tätigkeit, sind zusammengefaßt von ILSE JULIANE MISCOLL-RECKERT, Kloster Petershausen als bischöflich-konstanzisches Eigenkloster, Studien über das Verhältnis zu Bischof, Adel und Reform vom 10. bis 12. Jahrhundert (KGRQ 18), Sigmaringen 1973.

Die Gründungen Petershausens sind in Einzelstudien untersucht: KOLUMBAN SPAHR, Die Au am See, in: Hundert Jahre Zisterzienser in Mehrerau (oben S. 539) S. 9–18; INGRID SCHUSTER, Drei alte Ansichten der Abteikirche Mehrerau, in: Montfort 18 (1966) S. 330–333. Über Wagenhausen oben S. 547. Weiter BRUNO MEYER, Fischingen als bischöfliches Kloster, in: SVGB 92 (1974) S. 47–94; BRUNO MEYER, Die Äbte des Klosters Fischingen, in: TGB 113 (1976) S. 95–136. Schließlich JOHANN KECKEIS, Das Kloster St. Johann im Thurtal 1520–1555, Ursachen und Verlauf seines Verfalls, in: ZSKG 37 (1943) S. 53–85, 132–176, 267–311, 321–358. Die Schweizer Gründungen werden demnächst in der Helvetia sacra behandelt.

Beziehungen Petershausens zu anderen Klöstern sind bei MISCOLL-RECKERT berücksichtigt; Ergänzungen bringen: für Schaffhausen DIETER GEUENICH, Verbrüderungsverträge als Zeugnisse der monastischen Reform des 11. Jahrhunderts in Schwaben, in: ZGO 123 (1975) S. 17–30; für Neresheim HERMANN TÜCHLE, Die Anfänge, Das Dillinger Hauskloster, in: SMBO 86 (1975) S. 13–30. HELMUT MAURER, Stadterweiterung und Vorstadtbildung im mittelalterlichen Konstanz, Zum Problem der Einbeziehung ländlicher Siedlungen in den Bereich einer mittelalterlichen Stadt, in: Stadterweiterung und Vorstadt, hg. ERICH MASCHKE und JÜRGEN SYDOW (VKBW B 51), Stuttgart 1969, S. 21–38, geht der Eingemeindung Petershausens nach.

Heinrich · Propst in Kreuzlingen (S. 154–172)

Die Regel Augustins ist übersetzt, erläutert und in ihrer Wirkung skizziert von ADOLAR ZUM-KELLER, Das Mönchtum des hl. Augustinus (Cassiciacum 11), 2. Aufl., Würzburg 1968; ihre Fernwirkung bis ins zwölfte Jahrhundert ist beispielhaft gezeigt von CHARLES DEREINE, Les chanoines réguliers au diocèse de Liège avant Saint Norbert, Brüssel 1952. Die Kanonikerreform des späten elften und frühen zwölften Jahrhunderts ist in ganzer Breite aufgerollt, allgemein in: La vita comune del clero nei secoli XI e XII (MCSM 3), 2 Bände, Mailand 1962; regional von JOSEF SIEGWART (oben S. 543) und JOSEF SIEGWART, Die Consuetudines des Augustiner-Chorherrenstiftes Marbach im Elsaß, 12. Jahrhundert (Spicilegium Friburgense 10), Freiburg i. Ü. 1965. Eine kritische Übersicht bietet STEFAN WEINFURTER, Neuere Forschungen zu den Regularkanonikern im deutschen Reich des 11. und 12. Jahrhunderts, in: Historische Zeitschrift 224 (1977) S. 379–397.

Die Geschichte des Konstanzer Stephansstifts ist bearbeitet von THEODOR HUMPERT, Chorherrenstift, Pfarrei und Kirche St. Stephan in Konstanz, Konstanz 1957; teilweise korrigiert von GERHARD BARISCH, St. Stephan in Konstanz, in: Helvetia sacra (oben S. 544) S. 325–341, jedoch mit Spätdatierung ins zwölfte Jahrhundert, die mich nicht überzeugt. Die Gründung des Konstanzer Mauritiusstifts wird von HELMUT MAURER, Bischof Konrad von Konstanz in seiner ottonischen Umwelt, in: FDA 95 (1975) S. 41–55, in den politischen Rahmen der Zeit gestellt; in den baugeschichtlichen von WOLFGANG ERDMANN und ALFONS ZETTLER, Zur Archäologie des Konstanzer Münsterhügels, in: SVGB 95 (1977) S. 19–134. Die Entstehung des Frauenklosters Münsterlingen ist im wesentlichen geklärt durch ELISABETH MEYER-MARTHALER, Zur älteren Geschichte des Klosters Münsterlingen, in: ZSKG 64 (1970) S. 153–172. Zur späteren Personen- und Besitzgeschichte führen GALL MOREL und JOHANN ADAM PUPIKOFER, Regesten des Klosters Münsterlingen, in: TGB 21 (1881) S. 59–135.

Für die Klosterpolitik der Bischöfe, auch Ulrichs von Dillingen, wird eine vorläufige Übersicht geboten von URSULA-RENATE WEISS, Die Konstanzer Bischöfe im 12. Jahrhundert, Ein Beitrag zur Untersuchung der reichsbischöflichen Stellung im Kräftefeld kaiserlicher, päpstlicher und regional-diözesaner Politik (KGRQ 20), Sigmaringen 1975. Die Aktionen zur Heiligsprechung Bischof Konrads sind eingehend analysiert von: RENATE NEUMÜLLERS-KLAUSER, Zur Kanonisation Bischof Konrads von Konstanz, in: FDA 95 (1975) S. 67–81; WALTER BERSCHIN, Ôdalscalcs Vita S. Kônradi im hagiographischen Hausbuch der Abtei St. Ulrich und Afra, ebenda S. 82–106; WALTER BERSCHIN, Historia S. Kônradi, ebenda S. 107–128. Dabei ist die Rolle des Propstes Heinrich berücksichtigt.

Die anonyme Vita sancti Konradi altera ist herausgegeben von GEORG HEINRICH PERTZ, in: MGH Scriptores, Bd. 4, Hannover 1841, S. 436–445. Den unbefriedigenden Forschungsstand faßt FRANZ-JOSEF SCHMALE, Deutschlands Geschichtsquellen im Mittelalter, Vom Tode Kaiser Heinrichs V. bis zum Ende des Interregnum, Bd. 1, Darmstadt 1976, S. 284 f., zusammen; vor allem die Verfasserfrage müßte neu untersucht werden. Neben dieser Schrift berichten über Heinrich die frühen Kreuzlinger Urkunden, in: Thurgauisches Urkundenbuch, hg. JOHANNES MEYER und FRIEDRICH SCHALTEGGER, Bd. 2, Frauenfeld 1917.

Eine verbesserungsbedürftige Gesamtdarstellung der Klostergeschichte lieferte KONRAD KUHN, Thurgovia sacra, Bd. 2, Frauenfeld 1879, S. 241–375; noch nicht überholt ist die Materialsammlung von JOHANN ADAM PUPIKOFER, Die Regesten des Stiftes Kreuzlingen im Kanton Thurgau (Die Regesten der Archive in der schweizerischen Eidgenossenschaft II,4), Chur 1853. Das Interesse der neueren Forschung galt den Königsurkunden: ELISABETH MARTHALER, Die Diplome Kaiser Friedrichs I. und Heinrichs VI. für Kreuzlingen, in: TGB 77 (1941) S. 10–34; PAUL ZINSMAIER, Zur Beurteilung des Diploms Kaiser Heinrichs VI. für das Kloster Kreuzlingen, in: ZGO 93 (1941) S. 585–589. Aufgearbeitet ist die Orts- und Häusergeschichte der Klosterbauten in: Alt-Kreuzlingen, hg. Vereinigung Heimatmuseum (Beiträge zur Ortsgeschichte von Kreuzlingen 15), Kreuzlingen 1962. Zur inneren Geschichte des Konvents ist mir keine Studie bekannt.

Zu den Chorherrenstiften der Umgebung: Oben S. 546 für Öhningen, unten S. 549 für Riedern-Detzeln, S. 560 für Ittingen, S. 557 für Waldsee. Das Wenige, was man vom Konstanzer Schottenkloster weiß, ist zusammengetragen von FRANZ QUARTHAL, Konstanz, Schottenkloster, in: Die

Benediktinerklöster in Baden-Württemberg (oben S. 541) S. 359–363. Auch für Konstanz bringt einiges Neue die allgemeine Studie von Ludwig Hammermayer, Die irischen Benediktiner-»Schottenklöster« in Deutschland und ihr institutioneller Zusammenschluß vom 12. bis 16. Jahrhundert, in: SMBO 87 (1976) S. 249–338. Das historische Problem Ita von Toggenburg ist geklärt durch Bruno Meyer, Die heilige Ita von Fischingen, in: TGB 112 (1974/75) S. 21–97. Andere Konkurrenzgründungen zu Kreuzlingen sind behandelt von: Wolfgang W. Schürle, Das Hospital zum Heiligen Geist in Konstanz, Ein Beitrag zur Rechtsgeschichte des Hospitals im Mittelalter (KGRQ 17), Sigmaringen 1970; Konrad Beyerle, Die Geschichte des Chorstifts St. Johann zu Konstanz, in: FDA 31 (1903) S. 1–140; 32 (1904) S. 1–139; 36 (1908) S. 1–165; kurz Robert J. Bock, St. Johann in Konstanz, in: Helvetia sacra (oben S. 544) S. 308–324.

Diethelm von Krenkingen · Bischof in Konstanz (S. 172–188)

Die Klosterpolitik der Staufer wurde dargestellt: allgemein von Albert Hauck, Kirchengeschichte Deutschlands, Bd. 4, 5. Aufl., Leipzig 1925; knapp von Hermann Tüchle, Die Kirche oder die Christenheit, in: Die Zeit der Staufer, Geschichte – Kunst – Kultur, hg. Württembergisches Landesmuseum, Bd. 3, Stuttgart 1977, S. 165–175. Regional sind grundlegend: Karl Weller, Geschichte des schwäbischen Stammes bis zum Untergang der Staufer, München–Berlin 1944; Hansmartin Schwarzmaier, Die Heimat der Staufer, Bilder und Dokumente aus einhundert Jahren staufischer Geschichte in Südwestdeutschland, 2. Aufl., Sigmaringen 1977; demnächst Hansmartin Schwarzmaier, Staufisches Land und staufische Welt im Übergang, Bilder und Dokumente aus Schwaben, Franken und dem Alpenland am Ende der staufischen Herrschaft, Sigmaringen 1978.

Die geschichtlichen Voraussetzungen für Diethelms Abtzeit sind im Überblick dargestellt von Konrad Beyerle (oben S. 545). Aus demselben Sammelwerk, Die Kultur der Abtei Reichenau, sind für das zwölfte Jahrhundert wichtig: Konrad Beyerle, Die Marktgründungen der Reichenauer Äbte und der Entstehung der Gemeinde Reichenau, S. 513–539; Aloys Schulte, Die Reichenau und der Adel, Tatsachen und Wirkungen, S. 557–605. Der bedeutsamste neuere Aufsatz: Hans Jänichen, Zur Herkunft der Reichenauer Fälscher des 12. Jahrhunderts, in: Die Abtei Reichenau (oben S. 542) S. 277–287.

Die Frühgeschichte der Herren von Krenkingen wurde in mehreren Arbeiten von Helmut Maurer beleuchtet: Das Land zwischen Schwarzwald und Randen im frühen und hohen Mittelalter, Königtum, Adel und Klöster als politisch wirksame Kräfte (FORL 16), Freiburg i. Br. 1965; Die Anfänge des Augustinerchorherrenstifts Riedern am Wald und die Erschließung des südöstlichen Schwarzwaldrandes, in: ZGO 115 (1967) S. 1–42; Die Rheinauer Klostervögte und der Klettgau im 13. Jahrhundert, in: SHB 48 (1971) S. 90–120. Für Diethelms Lebensgeschichte bleibt grundlegend Karl Heinrich Roth von Schreckenstein, Herr Diethelm von Krenkingen, Abt zu Reichenau (1170–1206) und Bischof von Konstanz (1189–1206), ein treuer Anhänger des Königs Philipp, in: ZGO 28 (1876) S. 286–371.

Diethelms Abturkunden sind bequem zugänglich bei Karl Heinrich Roth von Schreckenstein, Urkundliche Beiträge zur Geschichte der Konstanzer Bischöfe, 12. Jahrhundert, in: ZGO 28 (1876) S. 129–179. Seine Bischofstätigkeit ist zu überblicken anhand von: Regesta Episcoporum Constantiensium, hg. Paul Ladewig und Theodor Müller, Bd. 1, Innsbruck 1895, S. 124–136, Nr. 1113–1214. Über Diethelms Klosterpolitik als Bischof verbreitet sich Ursula-Renate Weiss (oben S. 548). Über seine Reichspolitik handeln: Eduard Winkelmann, Philipp von Schwaben und Otto IV. von Braunschweig (Jahrbücher der Deutschen Geschichte), Bd. 1, Leipzig 1873; Arno Borst, Staufische Herrschaft in Südwestdeutschland, vor allem am Bodensee, in: Arno Borst, Reden über die Staufer, Frankfurt-Berlin 1978, S. 27–36; Abt Diethelm von Reichenau und Kaiser Friedrich Barbarossa, ebenda S. 37–57; demnächst Helmut Maurer, Der Herzog von Schwaben, Grundlagen, Wirkungen und Wesen seiner Herrschaft in ottonischer, salischer und staufischer Zeit, Sigmaringen 1978.

Die Geschichte der Abtei Weingarten ist in zahlreichen Beiträgen zu: Weingarten 1056–1956, Festschrift zur 900-Jahr-Feier des Klosters, hg. Gebhard Spahr, Weingarten 1956, behandelt; die in Weingarten gepflegte welfische Tradition zuletzt von Otto Gerhard Oexle,

Bischof Konrad von Konstanz in der Erinnerung der Welfen und der welfischen Hausüberlieferung während des 12. Jahrhunderts, in: FDA 95 (1975) S. 7–40. Zur welfischen und staufischen Politik in Oberschwaben äußerten sich zuletzt: KARIN FELDMANN, Herzog Welf VI., Schwaben und das Reich, in: ZWLG 30 (1971) S. 308–326; GÜNTHER BRADLER, Heinrich der Löwe in Oberschwaben, Eine antistaufische Position im Herzogtum Schwaben, in: Beiträge zur Landeskunde, Beilage zum Staatsanzeiger für Baden-Württemberg, Nr. 2, April 1978, S. 1–7. Zu Salem unten S. 550 f.

Die Mönchstheologie des zwölften Jahrhunderts ist meisterhaft charakterisiert von JEAN LECLERCQ, Wissenschaft und Gottverlangen, Zur Mönchstheologie des Mittelalters, Düsseldorf 1963; das staufische Reichsmönchtum ist anregend von FRIEDRICH HEER, Die Tragödie des Heiligen Reiches, Stuttgart 1952, geschildert. Wie Naturbild und Geschichtsbild der Mönche in staufischer Zeit zusammenhängen, wird angedeutet etwa von: AUGUST NITSCHKE, Naturerkenntnis und politisches Handeln im Mittelalter, Körper – Bewegung – Raum (Stuttgarter Beiträge zur Geschichte und Politik 2), Stuttgart 1967; HORST DIETER RAUH, Das Bild des Antichrist im Mittelalter, Von Tyconius zum Deutschen Symbolismus (Beiträge zur Geschichte der Philosophie und Theologie des Mittelalters NF 9), 2. Aufl., Münster 1978.

Eberhard von Rohrdorf · Zisterzienser in Salem (S. 191–209)

Die beste Übersicht über die neuen Orden des zwölften und dreizehnten Jahrhunderts bietet HERBERT GRUNDMANN, Religiöse Bewegungen im Mittelalter, Untersuchungen über die geschichtlichen Zusammenhänge zwischen der Ketzerei, den Bettelorden und der religiösen Frauenbewegung im 12. und 13. Jahrhundert und über die geschichtlichen Grundlagen der deutschen Mystik, 3. Aufl., Darmstadt 1970. Eigenart und Geschichte des Zisterzienserordens sind eindringlich dargestellt in: Die Cistercienser, Geschichte – Geist – Kunst, hg. AMBROSIUS SCHNEIDER, Köln 1974. Den Haupttext für die Ursprünge edierte KOLUMBAN SPAHR, Das Leben des hl. Robert von Molesme, Eine Quelle zur Vorgeschichte von Cîteaux, Freiburg i. Ü. 1944. Der Frühgeschichte des Ordens in Europa widmen sich zahlreiche Beiträge in: Mélanges Saint Bernard (24. Congrès de l'Association Bourguignonne des Sociétés Savantes), Dijon 1954.

Wettingens Gründung ist behandelt von HANS LEHMANN, Das Cisterzienserkloster Wettingen und seine Beziehungen zu Salem bis zum Tode des Abtes Peter II. 1633, in: ZGO 70 (1916) S. 602–630; 71 (1917) S. 341–374, 515–561; die Verfassung und Wirtschaft von FRITZ WERNLI, Beiträge zur Geschichte des Klosters Wettingen, seines Grundbesitzes und seiner Gebietsherrschaften, Diss. phil., Zürich 1948; die Baugeschichte in: 750 Jahre Kloster Wettingen 1227–1977, Festschrift zum Klosterjubiläum, hg. HEINRICH MENG, Baden 1977. Für Salems Gründung und Frühgeschichte sind heranzuziehen: HANS DIETRICH SIEBERT, Gründung und Anfänge der Reichsabtei Salem, in: FDA 62 (1934) S. 23–56; WERNER RÖSENER, Reichsabtei Salem, Verfassungs- und Wirtschaftsgeschichte des Zisterzienserklosters von der Gründung bis zur Mitte des 14. Jahrhunderts (VuF Sonderband 13), Sigmaringen 1974.

Eberhard erhielt keine mittelalterliche Lebensbeschreibung und keine moderne Gesamtdarstellung; unzureichend ist MARIAN GLONING, Graf Eberhard von Rohrdorf, Abt von Salem 1191–1240, Augsburg 1904. Seine Abturkunden sind gesammelt in: Codex diplomaticus Salemitanus, Urkundenbuch der Cistercienserabtei Salem, hg. FRIEDRICH VON WEECH, Bd. 1, Karlsruhe 1883. Wichtigste erzählende Quellen sind der nach Eberhards Weisung angelegte Codex Salemitanus, hg. FRANZ LUDWIG BAUMANN, Acta Salemitana, in: ZGO 31 (1879) S. 47–140, sowie die spätere Chronik von Salmannsweiler, hg. FRANZ JOSEPH MONE, in: Quellensammlung zur badischen Landesgeschichte, Bd. 3, Karlsruhe 1863, S. 18–41, 663–666; hier, S. 137–139, auch zwei Gedichte aus Eberhards Zeit. Zur Salemer Literaturgeschichte vorzüglich PAUL ZINSMAIER, Die Geschichtsschreibung des Zisterzienserklosters Salem, in: FDA 62 (1934) S. 1–22.

Für die innere Geschichte des Konvents fehlt eine moderne Untersuchung; ich benutzte die Chronik von Salmannsweiler, wie oben. Die allgemeinen Schlüsse von JOACHIM WOLLASCH, Neue Quellen zur Geschichte des Cistercienser, in: ZKG 84 (1973) S. 188–232, über das Totengedenken der Zisterzienser sind für Salem zu modifizieren durch: FRANZ LUDWIG BAUMANN, Das Totenbuch von Salem, in: ZGO 53 (1899) S. 351–380, 511–548; FRIEDRICH VON WEECH, Fürbitten für die lebenden und verstorbenen Wohltäter des Klosters Salem, in: ZGO 49 (1895) S. 279–286.

Eberhards Tätigkeit für die Frauenbewegung spiegelt sich in seinen Gründungen: MAREN REHFUS, Das Zisterzienserinnenkloster Wald, Grundherrschaft, Gerichtsherrschaft und Verwaltung (Arbeiten zur Landeskunde Hohenzollerns 9), Sigmaringen 1971; LEODEGAR WALTER, Die Äbtissinnen des Cistercienserklosters Baindt, in: SVGB 56 (1928) S. 115–218. Für die Anschlußgründungen siehe: EUGEN GRUBER, Geschichte des Klosters Magdenau, Ingenbohl 1944; GEORG BONER, Die Anfänge der Zisterzienserinnen in der Schweiz, in: ZSKG 58 (1964) S. 67–78. Zu Heiligkreuztal unten S. 556, zu Feldbach S. 553, zu Kalchrain S. 560.

Gut erforscht ist die Wirtschaftsgeschichte Salems, die ländliche vor allem durch HANS DIETRICH SIEBERT, Studien zur wirtschaftlichen Entwicklung der Cistercienserabtei Salem von der Gründung bis zur Resignation Abt Eberhards von Rohrdorf 1134–1240, Diss. phil. (masch.), Freiburg i. Br. 1924; die städtische neuestens durch MARTIN R. SABROW, Der Stadthof des Zisterzienserklosters Salem in Konstanz von seiner Gründung bis in das 15. Jahrhundert, in: SVGB 94 (1976) S. 93–124. Eine souveräne Übersicht gibt HEKTOR AMMANN, Das Kloster Salem in der Wirtschaft des ausgehenden Mittelalters, in: ZGO 110 (1962) S. 371–404. Der Salemer Grundbesitz des vierzehnten Jahrhunderts ist kartographiert im Historischen Atlas von Baden-Württemberg (oben S. 539), Lieferung VIII, Karte 4, Stuttgart 1975.

Hermann · Prämonstratenser in Weißenau (S. 209–227)

Die innere Geschichte des Prämonstratenserordens ist am ansprechendsten dargestellt von FRANÇOIS PETIT, La spiritualité des Prémontrés (Études de théologie et d'histoire de la spiritualité aux XIIe et XIIIe siècles 10), Paris 1947; die äußere am zuverlässigsten von NORBERT BACKMUND, Monasticon Praemonstratense, 3 Bände, Straubing 1949–56. Hauptquelle für die Ursprünge ist: Vita domni Norberti Magdeburgensis archiepiscopi, hg. ROGER WILMANS, in: MGH Scriptores, Bd. 12, Hannover 1856, S. 663–703; deutsch von HATTO KALLFELZ, in: Ausgewählte Quellen zur deutschen Geschichte des Mittelalters, Freiherr vom Stein-Gedächtnisausgabe, Bd. 22, Darmstadt 1973. Die besten Studien zu den Anfängen des Ordens sind: CHARLES DEREINE, Les origines de Prémontré, in: Revue d'histoire ecclésiastique 42 (1947) S. 352–378, allgemein; regional HERMANN TÜCHLE und ADOLF SCHAHL, 850 Jahre Rot an der Rot, Geschichte und Gestalt, Sigmaringen 1976.

Eine moderne Geschichte Weißenaus fehlt; als Ersatz dient FRIEDRICH ADOLF RIEF, Die Geschichte der Königlichen Domäne Manzell und im Zusammenhange damit die Geschichte des Klosters Weißenau, in: SVGB 24 (1895) S. 65–210. Besser untersucht sind jüngere Gründungen: ALFONS KASPER, Das Prämonstratenser-Stift Schussenried, 2 Bände, Schussenried 1957–60; RUDOLF GREMINGER, Die Gütergeschichte der Praemonstratenserabtei Rüti im Kanton Zürich, Diss. phil. Zürich, Affoltern 1950; JÜRGEN SYDOW, Zur Gründungsgeschichte von Hausklöstern des schwäbischen Adels im 12. Jahrhundert (Protokoll Nr. 205 des Konstanzer Arbeitskreises), Konstanz 1976. Interessant ist ein Vergleich mit der staufischen Gegengründung: BODO ODEBRECHT, Kaiser Friedrich I. und die Anfänge des Prämonstratenserstifts Adelberg, in: ZWLG 6 (1942) S. 44–77. Für die Geschichte Oberschwabens im späten zwölften und frühen dreizehnten Jahrhundert sind unentbehrlich: speziell GÜNTHER BRADLER, Studien zur Geschichte der Ministerialität im Allgäu und in Oberschwaben (Göppinger akademische Beiträge 50), Göppingen 1973, sowie die Ravensburger Stadtgeschichte von ALFONS DREHER (unten S. 558); allgemein für die Lage des niederen Adels die Beiträge zu: Herrschaft und Stand, Untersuchungen zur Sozialgeschichte im 13. Jahrhundert, hg. JOSEF FLECKENSTEIN (VMPG 51), Göttingen 1977.

Am genauesten kennt man die Bibliotheksgeschichte von Weißenau. Bücherlisten publizierte PAUL LEHMANN, Mittelalterliche Bibliothekskataloge Deutschlands und der Schweiz, Bd. 1, München 1918, S. 407–418; ergänzend PAUL LEHMANN, Verschollene und wiedergefundene Reste der Klosterbibliothek von Weißenau, in: PAUL LEHMANN, Erforschung des Mittelalters, Ausgewählte Abhandlungen und Aufsätze, Bd. 3, Stuttgart 1960, S. 110–120; PAUL LEHMANN, Handschriften aus Kloster Weißenau in Prag und Berlin, ebenda Bd. 4, Stuttgart 1961, S. 40–82. Einige Verbesserungen verdanke ich ROLF KÖHN, der die Prager Handschriften aus Weißenau für mich nachprüfte. Die Klage des Magisters Walter von Rutelingen ist behandelt in: Bündner Urkundenbuch, hg. ELISABETH MEYER-MARTHALER und FRANZ PERRET, Bd. 2, Chur 1973, S. 292 f., Nr. 845.

Für Leben und Wirken Hermanns II. sind am wichtigsten seine Urkunden, gesammelt in: Wirtembergisches Urkundenbuch, Bd. 4–5, Stuttgart 1883–89. Die von Ulrich und Hermann veranlaßten oder verfaßten Schriften, Gütergeschichte, Chronik und Jahrtagsgeschichte, sind ediert von FRANZ LUDWIG BAUMANN, Acta s. Petri in Augia, in: ZGO 29 (1877) S. 1–128; ergänzend FRANZ LUDWIG BAUMANN, Der Schluß der Weißenauer Gütergeschichte, in: ZGO 42 (1888) S. 359–373. Das Weißenauer Totenbuch gab ebenfalls FRANZ LUDWIG BAUMANN heraus, in: MGH Necrologia Germaniae, Bd. 1, Berlin 1888, S. 153–165. Die Weißenauer Historiographie ist zusammenfassend gewürdigt bei FRANZ-JOSEF SCHMALE (oben S. 548) S. 306–308. Das prämonstratensische Geschichtsbild ist noch nicht im ganzen untersucht; nur eine Materialsammlung gibt NORBERT BACKMUND, Die mittelalterlichen Geschichtsschreiber des Prämonstratenserordens (Bibliotheca Analectorum Praemonstratensium 10), Averbode 1972. Für Anselm von Havelberg vgl. AMOS FUNKENSTEIN, Heilsplan und natürliche Entwicklung, Formen der Gegenwartsbestimmung im Geschichtsdenken des hohen Mittelalters, München 1965; für Burchard von Ursberg FRANZ-JOSEF SCHMALE (oben S. 548) S. 115–119.

Von der Zähigkeit der Weißenauer Tradition zeugen Jacob Murers Weißenauer Chronik des Bauernkrieges von 1525, hg. GÜNTHER FRANZ und WERNER FLEISCHHAUER, 2 Bände, Sigmaringen 1977, und eine Aufzeichnung des siebzehnten Jahrhunderts: MARKUS RIST, Gebräuche im ehemaligen Kloster Weißenau, in: SVGB 49 (1921) S. 101–176. Zur neueren Baugeschichte hilft NORBERT LIEB, Die Vorarlberger Barockbaumeister, 3. Aufl., München–Zürich 1976.

Hugo von Langenstein · Deutschherr in Mainau (S. 227–246)

Den modernsten Überblick über die Kreuzzugsbewegung gibt HANS EBERHARD MAYER, Geschichte der Kreuzzüge (Urban-Bücher 86), 3. Aufl., Stuttgart 1975. Ein Sammelwerk zu den Ritterorden wird vorbereitet: Die geistlichen Ritterorden im Rahmen der europäischen Geschichte, hg. JOSEF FLECKENSTEIN und MANFRED HELLMANN (VuF 26), 2 Bände, Sigmaringen etwa 1979.

Die Geschichte der Johanniter ist kursorisch dargestellt von ADAM WIENAND u. a., Der Johanniter-Orden – Der Malteser-Orden, Der ritterliche Orden des hl. Johannes vom Spital zu Jerusalem, Seine Aufgaben, seine Geschichte, Köln 1970; in den Anfängen besser von JONATHAN RILEY-SMITH, The Knights of St John in Jerusalem and Cyprus c. 1050–1310, London 1967. Einzelstudien für die Region: KARL HEINZ BURMEISTER, Die Komture des Johanniterhauses zu Feldkirch, in: Montfort 21 (1969) S. 185–227; H. C. DE ZEININGER, L'ordre de St-Jean et la Suisse, in: ZSKG 40 (1946) S. 213–234, 269–310, auch über Tobel; KARL HEINRICH ROTH VON SCHRECKENSTEIN, Die Johanniter (Malteser)-Commende in Überlingen, in: ZGO 29 (1877) S. 129–163; 32 (1880) S. 167–183.

Über die Geschichte der Templer orientiert am besten MARIE LUISE BULST-THIELE, Sacrae domus militiae Templi Hierosolymitani magistri, Untersuchungen zur Geschichte des Templerordens 1118/19–1314 (Abhandlungen der Akademie der Wissenschaften in Göttingen, Phil.-Hist. Kl. III, 86), Göttingen 1974. Die Lazariter sind allgemein und regional untersucht von ELISABETH SAUER, Der Lazariter-Orden und das Statutenbuch von Seedorf, Diss. phil., Freiburg i. Ü. 1930.

Eine Übersicht über die Geschichte des Deutschen Ordens vermittelt MARIAN TUMLER, Der deutsche Orden im Werden, Wachsen und Wirken bis 1400, Wien 1955. Die Anfänge werden neu diskutiert von MARIE-LUISE FAVREAU, Studien zur Frühgeschichte des Deutschen Ordens (Kieler Historische Studien 21), Stuttgart 1975. Das Spitalwesen erörtert CHRISTIAN PROBST, Der Deutsche Orden und sein Medizinalwesen in Preußen, Hospital, Firmarie und Arzt bis 1525 (Quellen und Studien zur Geschichte des Deutschen Ordens 29), Bad Godesberg 1969; den Aufbau der Etappenstationen analysiert KLAUS MILITZER, Die Entstehung der Deutschordensballeien im deutschen Reich (Quellen und Studien zur Geschichte des Deutschen Ordens 16), Bonn–Godesberg 1970. Die Herkunft der Ordensritter wird am Beispiel der Ballei Thüringen erforscht von DIETER WOJTECKI, Studien zur Personengeschichte des Deutschen Ordens im 13. Jahrhundert, Wiesbaden 1971; der staufische Einfluß bei Kommende-Gründungen wird gezeigt von DIETER WOJTECKI,

Der Deutsche Orden unter Friedrich II., in: Probleme um Friedrich II., hg. JOSEF FLECKENSTEIN (VuF 16), Sigmaringen 1974, S. 187-224.

Für die Region unterrichtet umfassend BERNHARD DEMEL, Der Deutsche Orden und seine Besitzungen im südwestdeutschen Sprachraum vom 13. bis 19. Jahrhundert, in: ZWLG 31 (1972) S. 16-73. Meiner Darstellung der Mainauer Frühgeschichte liegt zugrunde OTTO FEGER, Die Deutsch-Ordens-Kommende Mainau, Anfänge und Frühzeit (Schriften des Kopernikuskreises 2), Lindau-Konstanz 1958. Als Gesamtdarstellung bleibt gültig KARL HEINRICH ROTH VON SCHREKKENSTEIN, Die Insel Mainau, Geschichte einer Deutschordens-Commende vom 13. bis zum 19. Jahrhunderte, Karlsruhe 1873.

Die Familiengeschichte der Herren von Langenstein wurde aufgeklärt von FRANZ GÖTZ und ALOIS BECK, Schloß und Herrschaft Langenstein im Hegau, Singen 1972. Hugos Buch ist gedruckt: Martina von Hugo von Langenstein, hg. ADELBERT VON KELLER (BLV 38), Stuttgart 1856. Das Werk wurde philologisch untersucht durch: PAUL DOLD, Untersuchungen zur Martina Hugos von Langenstein, Diss phil. Straßburg, Mülhausen 1912; ERICH WIEGMANN, Beiträge zu Hugo von Langenstein und seiner Martina, Diss phil., Halle 1919. In den Zusammenhang der Ordensliteratur wurde das Buch gerückt durch KARL HELM und WALTHER ZIESEMER, Die Literatur des Deutschen Ritterordens (Gießener Beiträge zur deutschen Philologie 94), Gießen 1951.

Den geistesgeschichtlichen Hintergrund beleuchtet JOACHIM BUMKE, Ministerialität und Ritterdichtung, Umrisse der Forschung, München 1976; den sozialgeschichtlichen ERICH MASCHKE, Domus hospitalis Theutonicorum, Europäische Verbindungslinien der Deutschordensgeschichte (Quellen und Studien zur Geschichte des Deutschen Ordens 10), Bonn-Godesberg 1970. Der Zusammenhang zwischen Bildungsgeschichte und Geschichtsbild im Orden wurde aufgedeckt von HERBERT GRUNDMANN, Deutsches Schrifttum im Deutschen Orden, in: Ausgewählte Aufsätze (oben S. 540), Bd. 3, Stuttgart 1978, S. 96-129.

Für die Anfänge des Zisterzienserinnenklosters Feldbach ist bis zum Erscheinen des Artikels in der Helvetia sacra OTTO FEGER, wie oben, heranzuziehen; für die Anfänge des Dominikanerinnenklosters Löwental JOHANN GEORG SAMBETH, Calendarium et necrologium monialium ordinis s. Dominici in Löwenthal, in: SVGB 15 (1886) S. 103-123. Das Verhältnis der Konstanzer Bischöfe zu den Klöstern im späten dreizehnten Jahrhundert bedürfte einer eigenen Untersuchung über das von OTTO FEGER (oben S. 538) im zweiten Band Zusammengetragene hinaus.

Heinrich Seuse · Dominikaner in Konstanz (S. 246-263)

Die Geschichte der Dominikaner überblickt ANGELUS M. WALZ, Compendium historiae Ordinis Praedicatorum, 2. Aufl., Rom 1948; auf der inneren Entwicklung liegt der Akzent bei WILLIAM A. HINNEBUSCH, The History of the Dominican Order, Origins and Growth to 1500, Bd. 1, Staten Island 1966. Für die Frühzeit sind maßgebend: MARIE-HUMBERT VICAIRE, Geschichte des heiligen Dominikus, 2 Bände, Freiburg i. Br. 1962-63; KASPAR ELM, Franziskus und Dominikus, Wirkungen und Antriebskräfte zweier Ordensstifter, in: Saeculum 23 (1972) S. 127-147, im allgemeinen. Für Südfrankreich im besonderen: GOTTFRIED KOCH, Frauenfrage und Ketzertum im Mittelalter, Die Frauenbewegung im Rahmen des Katharismus und des Waldensertums und ihre sozialen Wurzeln (Forschungen zur mittelalterlichen Geschichte 9), Berlin 1962, und der Sammelband: Saint Dominique en Languedoc (Cahiers de Fanjeaux 1), Toulouse 1966.

Regionalgeschichte bieten: LUDWIG BAUR, Die Ausbreitung der Bettelorden in der Diözese Konstanz, in: FDA 28 (1900) S. 1-101; 29 (1901) S. 1-107, für die äußere Entfaltung; für die innere ANGELUS WALZ, Dominikaner und Dominikanerinnen in Süddeutschland 1225-1966, Freising 1967. Zürich ist Thema von BRUNO HÜBSCHER, Die Gründung des Zürcher Predigerklosters und sein Kreisgebiet, in: Zürcher Taschenbuch 77 (1957) S. 11-25. Das Wenige, was über Konstanz bekannt ist, sammelt BRIGITTA HILBERLING, Das Dominikanerkloster St. Nikolaus auf der Insel vor Konstanz, Geschichte und Bedeutung, Sigmaringen 1969. Einzelstudien zu Frauenkonventen: Zu Löwental oben S. 553; THOMA VOGLER, Geschichte des Dominikanerinnen-Klosters St. Katharina in St. Gallen 1228-1607, Freiburg i. Ü. 1938; zu Zoffingen BRIGITTA HILBERLING (oben S. 539); MAX WEBER, Zur Geschichte von St. Peter in Konstanz, in: SVGB 54 (1926) S. 204-242; zu Pfullendorf unten S. 555.

»Seuses Leben« steht im mittelhochdeutschen Originaltext bei: Heinrich Seuse, Deutsche Schriften, hg. KARL BIHLMEYER, Stuttgart 1907, S. 7–195; neuhochdeutsch bei: Heinrich Seuse, Deutsche mystische Schriften, hg. GEORG HOFMANN, Düsseldorf 1966. Die bedeutendste moderne Studie: GEORG MISCH, Geschichte der Autobiographie, Bd. 4, 1, Frankfurt/Main 1967, ohne auf die mönchische Seite der Selbstdarstellung einzugehen. Sie ist einbezogen bei ANNE-MARIE HOLENSTEIN-HASLER, Studien zur Vita Heinrich Seuses, in: ZSKG 62 (1968) S. 185–332. Die gründlichste moderne Lebensbeschreibung Seuses findet sich in der Einleitung der Edition von KARL BIHLMEYER, wie oben; neuere Untersuchungen seiner Schriften und Wirkungen sind gesammelt in: Heinrich Seuse, Studien zum 600. Todestag 1366–1966, hg. EPHREM M. FILTHAUT, Köln 1966. Für Seuses Grundproblem ist wichtig ISNARD WILHELM FRANK, Die Spannung zwischen Ordensleben und wissenschaftlicher Arbeit im frühen Dominikanerorden, in: Archiv für Kulturgeschichte 49 (1967) S. 164–207.

Über Bistum und Stadt Konstanz im frühen vierzehnten Jahrhundert unterrichten: ANTON HAUBER, Die Stellungnahme der Orden und Stifter des Bistums Konstanz im Kampfe Ludwigs des Bayern mit der Kurie, in: Württembergische Vierteljahrshefte für Landesgeschichte NF 15 (1906) S. 284–318; EDI JOOS, Die Unruhen der Stadt Konstanz 1300–1450, in: ZGO 116 (1968) S. 31–58, nicht abschließend. Zur Wirtschaftsgeschichte der Bürger liest man am besten FRIEDRICH WIELANDT, Das Konstanzer Leinengewerbe (KGRQ 2–3), 2 Bände, Konstanz 1950–53. Für die Geistesgeschichte, vor allem die Konstanzer Beginen, fehlt Vergleichbares.

Die Beginenbewegung im ganzen behandelten zuletzt: HERBERT GRUNDMANN, Ketzergeschichte des Mittelalters (Die Kirche in ihrer Geschichte 2 G 1), 2. Aufl., Göttingen 1967; ROBERT E. LERNER, The Heresy of the Free Spirit in the Later Middle Ages, Berkeley-Los Angeles-London 1972. Über die Beginen zwischen Köln und Straßburg schrieben: EVA GERTRUD NEUMANN, Rheinisches Beginen- und Begardenwesen, Ein Mainzer Beitrag zur religiösen Bewegung am Rhein (Mainzer Abhandlungen zur mittleren und neueren Geschichte 4), Meisenheim 1960; ALEXANDER PATSCHOVSKY, Straßburger Beginenverfolgungen im 14. Jahrhundert, in: Deutsches Archiv für Erforschung des Mittelalters 30 (1974) S. 56–198, weiterführend.

Die deutsche Mystik wird klassisch dargeboten von FRIEDRICH-WILHELM WENTZLAFF-EGGEBERT, Deutsche Mystik zwischen Mittelalter und Neuzeit, Einheit und Wandlung ihrer Erscheinungsformen, 2. Aufl., Tübingen 1947; neuere Beiträge in: Altdeutsche und altniederländische Mystik, hg. KURT RUH (WdF 23), Darmstadt 1964. Für die Region bleibt grundlegend WALTER MUSCHG, Die Mystik in der Schweiz 1200–1500, Frauenfeld–Leipzig 1935.

Johann von Winterthur · Franziskaner in Lindau (S. 264–281)

Ordensregel und andere Schriften Franzens sind handlich greifbar in: Analekten zur Geschichte des Franciscus von Assisi, hg. HEINRICH BOEHMER, 3. Aufl., Tübingen 1961; deutsch in: Franz von Assisi, Die Werke – Die Blümlein, hg. WOLFRAM VON DEN STEINEN (Rowohlts Klassiker der Literatur und der Wissenschaft 34), Hamburg 1958. Die Absichten Franzens sind in der Forschung umstritten, etwa zwischen KAJETAN ESSER, Anfänge und ursprüngliche Zielsetzungen des Ordens der Minderbrüder (Studia et Documenta Franciscana 4), Leiden 1966, und KURT-VICTOR SELGE, Rechtsgestalt und Idee der frühen Gemeinschaft des Franz von Assisi, in: Erneuerung der Einen Kirche, Festschrift Heinrich Bornkamm, hg. JOACHIM LELL, Göttingen 1966, S. 1–31. Den Diskussionsstand fassen zusammen: San Francesco nella ricerca storica degli ultimi ottanta anni (Convegni del Centro di studi sulla spiritualità medievale 9), Todi 1971; KASPAR ELM (oben S. 553). Zum allgemeinen Verhältnis zwischen Mönchtum und Armut äußern sich mehrere Beiträge in: Études sur l'histoire de la pauvreté, Moyen âge – XVIe siècle, hg. MICHEL MOLLAT (Publications de la Sorbonne, Études 8), 2 Bände, Paris 1974; speziell zum franziskanischen Problem MALCOLM D. LAMBERT, Franciscan Poverty, The doctrine of the absolute poverty of Christ and the Apostles in the Franciscan Order 1210–1323, London 1961.

Zur Geschichte des Ordens gibt den gediegensten Überblick noch immer HERIBERT HOLZAPFEL, Handbuch der Geschichte des Franziskanerordens, Freiburg i. Br. 1909; neuere Fragestellungen bringt JOHN MOORMAN, A History of the Franciscan Order from its origins to the year 1517, Oxford 1968. Für die Regionalgeschichte orientiert man sich bei: KONRAD EUBEL, Geschichte der oberdeutschen (Straßburger) Minoriten-Provinz, Würzburg 1886; LUDWIG BAUR (oben S. 553). Der Konvent Lindau ist behandelt von SIGISMUND KECK, in: Bavaria Franciscana Antiqua, hg. Bayerische Franziskanerprovinz, Bd. 5, München 1961, S. 551–604; daneben ist auf die Stadtgeschichte von KARL WOLFART (oben S. 543) zurückzugreifen.

Für Konstanz bleibt man vorerst angewiesen auf BENVENUT STENGELE, Das ehemalige Franziskaner-Minoritenkloster zu Konstanz, in: SVGB 18 (1889) S. 91–99. Die anderen Klöster sind mustergültig bearbeitet in: AFA, hg. JOHANNES GATZ, 18 Bände, Ulm bzw. Landshut 1956–73; hier WALTER SCHAUFELBERGER, Zürich, in Bd. 15, Landshut 1970, S. 61–147; JOHANNES GATZ, Schaffhausen, in Bd. 1, Ulm 1956, S. 126–146; SIGISMUND KECK, Überlingen, in Bd. 14, Landshut 1970, S. 193–254; zu Königsfelden unten S. 556; BENVENUT STENGELE, Bettenbrunn, in Bd. 13, Landshut 1969, S. 186–189; FLORENTIN NOTHEGGER, Viktorsberg, in Bd. 3, Ulm 1957, S. 91–101. Zu den Schweizer Konventen jetzt auch: Helvetia sacra, Bd. 5,1, Bern 1978.

Hauptquelle ist: Die Chronik Johanns von Winterthur, hg. FRIEDRICH BAETHGEN (MGH Scriptores rerum Germanicarum NS 3), 2. Aufl., Berlin 1955; deutsch von BERNHARD FREULER, Johanns von Winterthur Chronik, Winterthur 1866. Bester Lebenslauf Johanns in der Einleitung der Ausgabe von FRIEDRICH BAETHGEN, wie oben. Unter den Würdigungen sind hervorzuheben: JOHANN HOFER, Die Geschichte des Armutsstreites in der Chronik des Johann von Winterthur, in: ZSKG 21 (1927) S. 241–263; vor allem FRIEDRICH BAETHGEN, Franziskanische Studien, in: FRIEDRICH BAETHGEN, Mediaevalia, Aufsätze – Nachrufe – Besprechungen (Schriften der MGH 17), Bd. 2, Stuttgart 1960, S. 319–362, auch zur franziskanischen Geschichtsschreibung überhaupt. Für das Geschichtsbild der Franziskaner-Spiritualen bleibt grundlegend ERNST BENZ, Ecclesia spiritualis, Kirchenidee und Geschichtstheologie der franziskanischen Reformation, Stuttgart 1934; über den Fortgang des Armutsstreits zu Johanns Lebzeiten informiert ausführlich JÜRGEN MIETHKE, Ockhams Weg zur Sozialphilosophie, Berlin 1969.

Franziskanische Wirkungen im vierzehnten Jahrhundert werden allgemein untersucht von: BERNHARD TÖPFER, Das kommende Reich des Friedens, Zur Entwicklung chiliastischer Zukunftshoffnungen im Hochmittelalter (Forschungen zur mittelalterlichen Geschichte 11), Berlin 1964; GORDON LEFF, Heresy in the Later Middle Ages, The relation of heterodoxy to dissent c. 1250–c. 1450, Bd. 1, Manchester 1967. Für das Verhältnis der Franziskaner zur Region ist aufschlußreich BERNHARD E. J. STÜDELI, Minoritenniederlassungen und mittelalterliche Stadt, Beiträge zur Bedeutung von Minoriten- und anderen Mendikantenanlagen im öffentlichen Leben der mittelalterlichen Stadtgemeinde, insbesondere der deutschen Schweiz (Franziskanische Forschungen 21), Werl 1969. Den politischen Bünden am See geht nach: JÖRG FÜCHTNER, Die Bündnisse der Bodenseestädte bis zum Jahre 1390 (VMPG 8), Göttingen 1970.

Die ungenannte Dominikanerin in St. Katharinental (S. 284–301)

Die Eingliederung der religiösen Frauenbewegung in die Bettelorden ist allgemein geklärt von HERBERT GRUNDMANN, Religiöse Bewegungen (oben S. 550); ergänzende Einzelstudien in seinen Ausgewählten Aufsätzen (oben S. 540). In regionale Zusammenhänge ist Grundmanns Ansatz beispielhaft übertragen von KASPAR ELM, Klarissen und Beginen in Basel, in: FDA 90 (1970) S. 316–332. Brauchbar bleibt die ältere Übersicht von GABRIEL MEIER, Die Beginen der Schweiz, in: ZSKG 9 (1915) S. 23–34, 119–133. Zur häretischen Beginenbewegung vergleiche oben S. 554.

Für die Geschichte der Dominikanerinnen im allgemeinen ist unersetzt HIERONYMUS WILMS, Geschichte der deutschen Dominikanerinnen 1206–1916, Dülmen 1920. Die regionale Frühgeschichte ist mitbehandelt bei LUDWIG BAUR und bei ANGELUS WALZ (beide oben S. 553). Einzelstudien: JOHANN SCHUPP, Das Dominikanerinnenkloster Maria zu den Engeln im Rahmen der Stadtgeschichte Pfullendorf, Donaueschingen 1963; ANNEMARIE HALTER, Geschichte des Dominikanerinnen-Klosters Oetenbach in Zürich 1234–1525, Diss. phil. Zürich, Winterthur 1956; MARIE-CLAIRE DÄNIKER-GYSIN, Geschichte des Dominikanerinnenklosters Töss 1233–1525 (289. Neujahrsblatt der Stadtbibliothek Winterthur), Winterthur 1957. Zu anderen Konventen oben S. 553.

Für die Frühgeschichte von St. Katharinental ist die Hauptquelle eine anonyme Gründungsgeschichte, herausgegeben von KARL FREI-KUNDERT, Zur Baugeschichte des Klosters St. Katharinental, in: TGB 66 (1929) S. 1–176, hier S. 139–150. Der Aufsatz enthält auch die neueste Gesamtdarstellung der Klostergeschichte; daneben bleibt die ältere unentbehrlich, von KONRAD KUHN, Thurgovia sacra, Bd. 3, Frauenfeld 1883, S. 77–250. Für die politische Geschichte des Klosters ist hilfreich WILLI RÜEDI, Geschichte der Stadt Diessenhofen im Mittelalter, Diessenhofen 1947.

Die innere Geschichte des Konvents ist bisher personen- und sozialgeschichtlich untersucht, zusammenfassend von ANNELIESE MÜLLER, Studien zur Besitz- und Sozialgeschichte des Dominikanerinnenklosters St. Katharinental bei Diessenhofen, Diss. phil., Tübingen 1971. Die wichtigste Quelle dafür ist ediert von RUDOLF HENGGELER, Der Totenrodel des Klosters St. Katharinental bei Diessenhofen, in: ZSKG 26 (1932) S. 154–188. Reste einer Professliste aus Katharinental publizierte WOLFGANG IRTENKAUF, Das Frauenkloster Hofen und der Hegau, Vom Fund eines Fragments aus dem 14. Jahrhundert, in: Hegau 2 (1957) S. 26–28; berichtigend REINHARD FRAUENFELDER, Nachträge zu dem Fragmentfund »Frauenkloster Hofen«, in: Hegau 2 (1957) S. 110–111.

Das Nonnenbuch ist unzulänglich herausgegeben von ANTON BIRLINGER, Leben heiliger alemannischer Frauen des Mittelalters V: Die Nonnen von St. Katharinental bei Diessenhofen, in: Alemannia 15 (1887) S. 150–183. Die eindringlichste Interpretation bringt WALTER MUSCHG (oben S. 554); Teilaspekte erhellt WALTER BLANK, Die Nonnenviten des 14. Jahrhunderts, Eine Studie zur hagiographischen Literatur des Mittelalters unter besonderer Berücksichtigung der Visionen und ihrer Lichtphänomene, Diss. phil., Freiburg i. Br. 1962, mit gewagter Frühdatierung auf 1340/45. Dringend nötig ist eine kritische Edition der verschiedenen Handschriften, die das Problem der Abfassungszeit und der Verfasserin klären könnte. Für die hier besonders wichtigen kunstgeschichtlichen Befunde sei auf KARL FREI-KUNDERT, wie oben, und ALBERT KNOEPFLI (oben S. 538) verwiesen.

Die Wandlungen der monastischen Askese im Spätmittelalter müßten genauer untersucht werden. Ansätze finden sich bei: ALBERT AUER, Leidenstheologie des Mittelalters, Salzburg 1947; HEINRICH FICHTENAU, Askese und Laster in der Anschauung des Mittelalters, in: HEINRICH FICHTENAU, Beiträge zur Mediävistik, Ausgewählte Aufsätze, Bd. 1, Stuttgart 1975, S. 24–107. Besser bekannt sind die Veränderungen der Laienfrömmigkeit um die Mitte des vierzehnten Jahrhunderts; Übersichten bieten: FRANCIS RAPP, L'Église et la vie religieuse en Occident à la fin du moyen âge, Paris 1971; WERNER GOEZ, Die Einstellung zum Tode im Mittelalter, in: Der Grenzbereich zwischen Leben und Tod, hg. WOLFGANG HARMS, Göttingen 1976, S. 111–153.

Elsbeth Achler · Franziskanerin in Reute (S. 301–319)

Für die Geschichte der Klarissen benutzt man noch immer EDMUND WAUER, Entstehung und Ausbreitung des Klarissenordens, besonders in den deutschen Minoritenprovinzen, Leipzig 1906; ergänzend HERBERT GRUNDMANN (oben S. 550) für die allgemeine Entwicklung; für die regionale LUDWIG BAUR (oben S. 553). Einzelstudien: Zu Paradies erschöpfend KARL SCHIB, Geschichte des Klosters Paradies, Schaffhausen 1951; knapp JOHANNES GATZ, Paradies, in: AFA Bd. 1, Ulm 1956, S. 150–180. Zu Königsfelden umfassend GEORG BONER, Die Gründung des Klosters Königsfelden, in: ZSKG 47 (1953) S. 1–24, 81–112, 181–209; GEORG BONER, Die Königsfelder Klosterordnungen der Königin Agnes von Ungarn, in: SHB 48 (1971) S. 59–89; knapp MAX HEINRICHSPERGER, Königsfelden, in: AFA Bd. 17, Landshut 1972, S. 5–53. Die vergleichbare Entwicklung bei Zisterzienserinnen wird, allzu lokal, beschrieben von GÜNTHER PAPE, Geschichte des ehemaligen Zisterzienserinnenklosters, in: Heiligkreuztal 1227–1977, Vergangenheit – Gegenwart – Zukunft, hg. ALFONS BACHER, Rottweil 1977, S. 10–32.

Für die Anfänge des dritten Ordens, bis zum Ende des dreizehnten Jahrhunderts, ist die beste Gesamtdarstellung: FIDENTIUS VAN DEN BORNE, Die Anfänge des franziskanischen dritten Ordens, Vorgeschichte, Entwicklung der Regel, Ein Beitrag zur Geschichte des Ordens- und Bruderschaftswesens im Mittelalter (Franziskanische Studien, Beiheft 8), Münster 1925. Die regionale Geschichte ist bei LUDWIG BAUR, wie oben, gestreift, nicht erschöpft. Einzelstudien: Zu Thalbach gut GEROLD FUSSENEGGER, Bregenz-Thalbach, in: AFA Bd. 9, Ulm 1963, S. 93–140. Zu Möggingen sehr knapp EMIL HARDER, Das Franziskanerinnenkloster ad Sanctum Antonium a Padua in Möggingen, in: Möggingen 860–1960, hg. HERBERT BERNER, Singen 1960, S. 124–131; ausführlicher MAX HEINRICHSPERGER, Möggingen, in: AFA Bd. 9, Ulm 1963, S. 67–80. Zu Äschach MAX HEINRICHSPERGER, Grimmenstein, in: AFA Bd. 18, Landshut 1973, S. 99–117; JOHANNES GATZ, Valduna, ebenda S. 46–98. Zu Warthausen MORIZ MILLER, Warthausen, in: AFA Bd. 6, Ulm 1960, S. 65–90.

Für Elsbeth Achler ist Hauptquelle die Lebensbeschreibung von Konrad Kügelin, ediert durch KARL BIHLMEYER, Die schwäbische Mystikerin Elsbeth Achler von Reute († 1420) und die Überlieferung ihrer Vita, in: Festgabe Philipp Strauch, hg. GEORG BAESECKE und FERDINAND JOSEPH SCHNEIDER, Halle 1932, S. 88–109. Eine philologische Analyse des Textes unternimmt WERNER KÖCK, Vita der seligen Elisabeth von Reute, Text, Wortindex und Untersuchungen, Diss. phil. (masch.), Innsbruck 1972. Eine kurze moderne Lebensbeschreibung bringt HERMANN TÜCHLE, Aus dem schwäbischen Himmelreich, Folge 15–16: Die gute Beth, in: Der Pfeiler 2 (1949/50) S. A 123–136.

Einen Abriß der Konventgeschichte findet man bei: MAX HEINRICHSPERGER, Reute, in: AFA Bd. 7, Ulm 1961, S. 193–229; K. FÜLLER, Die Selige Gute Betha und Reute, 2. Aufl., Reute 1962. Für den lokalgeschichtlichen Zusammenhang ist nützlich, nicht immer verläßlich JOSEF G. BALLUFF, Zur Geschichte der katholischen Stadtpfarrei Waldsee, 2 Bände, Waldsee 1936; allgemeiner bleibt HERMANN KLOCKER, 650 Jahre Stadt Waldsee, Waldsee 1948. Verständlich wird die Krise der Kleinstadt erst beim Blick auf Einwirkungen von außen, denen sie erlag; dazu regional: JOSEPH LAUB, Geschichte der vormaligen fünf Donaustädte in Schwaben, Mengen 1894; BERNHARD KIRCHGÄSSNER, Strukturfragen von Handel und Verkehr des Bodenseeraumes im Mittelalter, in: SVGB 91 (1973) S. 41–65; allgemein: Der deutsche Territorialstaat im 14. Jahrhundert, hg. HANS PATZE (VuF 13–14), 2 Bände, Sigmaringen 1970–71; Historischer Atlas von Baden-Württemberg (oben S. 539), Lieferung VI, Karte 4, Stuttgart 1976.

Die Laienfrömmigkeit des frühen fünfzehnten Jahrhunderts wurde untersucht von: HERMANN HEIMPEL, Das deutsche fünfzehnte Jahrhundert in Krise und Beharrung, in: Die Welt zur Zeit des Konstanzer Konzils, hg. THEODOR MAYER (VuF 9), Konstanz-Stuttgart 1965, S. 9–29; FERDINAND SEIBT, Die Krise der Frömmigkeit – die Frömmigkeit aus der Krise, Zur Religiosität des späteren Mittelalters, in: 500 Jahre Rosenkranz, hg. Museum der Erzdiözese Köln, Köln 1975, S. 11–29, allgemein; an regionalen Beispielen von ARNO BORST, Die Sebaldslegenden in der mittelalterlichen Geschichte Nürnbergs, in: Jahrbuch für fränkische Landesforschung 26 (1966) S. 19–178; GUY P. MARCHAL, Die frommen Schweden in Schwyz, Das »Herkommen der Schwyzer und Oberhasler« als Quelle zum schwyzerischen Selbstverständnis im 15. und 16. Jahrhundert (Basler Beiträge zur Geschichtswissenschaft 138), Basel-Stuttgart 1976. Für den Bodenseeraum kenne ich keine verwandten Studien.

Eberhard Horgasser · Karmeliter in Ravensburg (S. 320–338)

Für das Konstanzer Konzil ist die regionalgeschichtliche Hauptquelle: Ulrichs von Richental Chronik des Konstanzer Konzils, hg. MICHAEL RICHARD BUCK (BLV 158), Stuttgart-Tübingen 1882, für den Aulendorfer Text; Ulrich Richental, Das Konzil zu Konstanz 1414–1418, hg. OTTO FEGER, 2 Bände, Starnberg-Konstanz 1964, für den Konstanzer Text. Zum Inhalt der Chronik zuletzt STEFAN WEINFURTER, Zum Gestaltungsprinzip der Chronik des Ulrich Richental, in: FDA 94 (1974) S. 517–531. Die Aufgaben des Konzils im allgemeinen besprechen: JOSEPH GILL, Konstanz und Basel–Florenz (Geschichte der ökumenischen Konzilien 9), Mainz 1967; die Aufsätze in: Das Konstanzer Konzil, hg. REMIGIUS BÄUMER (WdF 415), Darmstadt 1977. Seine regionale Bedeutung wird untersucht von: HERMANN TÜCHLE, Die Stadt des Konzils und ihr Bischof, in: Das Konzil von Konstanz, Beiträge zu seiner Geschichte und Theologie, hg. AUGUST FRANZEN und WOLFGANG MÜLLER, Freiburg i. Br. 1964, S. 55–68; OTTO FEGER, Das Konstanzer Konzil und die Stadt Konstanz, ebenda S. 310–333.

Für die Geschichte der Antoniter wurde eine Grundlage geschaffen von ADALBERT MISCHLEWSKI, Grundzüge der Geschichte des Antoniterordens bis zum Ausgang des 15. Jahrhunderts (Bonner Beiträge zur Kirchengeschichte 8), Köln-Wien 1976, allgemein; regional von ADALBERT

MISCHLEWSKI, Der Antoniterorden in Deutschland, in: Archiv für mittelrheinische Kirchengeschichte 10 (1958) S. 39–66. In beiden Publikationen wird auch das Antoniterhaus Konstanz besprochen.

Zur Geschichte der Pauliner grundsätzlich zuletzt KASPAR ELM, Quellen zur Geschichte des Paulinerordens aus Kloster Grünwald im Hochschwarzwald in der Stiftsbibliothek von St. Paul im Lavanttal, in: ZGO 120 (1972) S. 91–124. Für die Region ist alles Wesentliche gesagt von GEBHARD SCHNEIDER, Geschichtliches über das ehemalige Kloster Langnau, in: SVGB 13 (1884) S. 133–148; 14 (1885) S. 5–18; 15 (1886) S. 124–197; Paulinerkloster Argenhart, ebenda S. 198–208; Ergänzungen bei ADOLF SCHAHL, Zur Baugeschichte des Klosters Langnau, in: SVGB 64 (1937) S. 57–66.

Die Geschichte der Augustinereremiten ist geschrieben: knapp und allgemein von BENIGNUS A. L. VAN LUIJK, Le monde augustinien du XIIIe au XIXe siècle, Assen 1972; breit und regional von ADALBERO KUNZELMANN, Geschichte der deutschen Augustiner-Eremiten (Cassiciacum 26), 7 Bände, Würzburg 1969–76. Hier steht über das Konstanzer Kloster mehr als bei BENVENUT STENGELE, Das ehemalige Augustinerkloster zu Konstanz, in: SVGB 21 (1892) S. 183–198. Geschichte und Verbreitung der Sackbrüder behandelt KASPAR ELM, Ausbreitung, Wirksamkeit und Ende der provençalischen Sackbrüder (Fratres de poenitentia Jesu Christi) in Deutschland und den Niederlanden, in: Francia 1 (1972) S. 257–324. Das Terziarinnenkloster Ravensburg ist beschrieben von ALBERT HENGSTLER, Ravensburg, in: AFA Bd. 10, Ulm 1964, S. 5–93.

Für den Karmeliterorden liefert eine Gesamtdarstellung GONDULF MESTERS, Geschichte des Karmelitenordens, Mainz 1958; die Ordensbeschlüsse stehen in: Acta capitulorum generalium ordinis fratrum B. V. Mariae de monte Carmelo, hg. GABRIEL WESSELS, Bd. 1, Rom 1912. Regional ist das wichtigste Buch: ADALBERT DECKERT, Die oberdeutsche Provinz der Karmeliten nach den Akten ihrer Kapitel von 1421 bis 1529 (Archivum historicum Carmelitanum 1), Rom 1961; es liegt meiner Darstellung zugrunde. Für den Ravensburger Konvent fehlt eine moderne Untersuchung; als Ersatz benutzte ich GUSTAV MERK, Inventar des Archivs der Karmeliter in Ravensburg, in: Schwäbisches Archiv 30 (1912) S. 49–54, 75–77, 110–112, 120–125. Auch für Horgasser gibt es keine Vorarbeiten; ich stützte mich auf das von ADALBERT DECKERT, wie oben, ausgebreitete Material.

Die Außenbeziehungen des Konvents sind besser bekannt, die politischen durch Arbeiten von ALFRED DREHER; besonders: Das Patriziat der Reichsstadt Ravensburg, 4. Teil, in: ZWLG 23 (1964) S. 1–140; allgemein: Geschichte der Reichsstadt Ravensburg und ihrer Landschaft von den Anfängen bis zur Mediatisierung 1802, 2 Bände, Weißenhorn-Ravensburg 1972. Die wirtschaftlichen Außenbeziehungen sind erörtert bei: OTTO FELLINGER, Der Karmeliterorden und der deutsche Kaufmann im Mittelalter, Diss. phil. Bonn, Köln 1914; genauer ALOYS SCHULTE, Geschichte der Großen Ravensburger Handelsgesellschaft 1380–1530 (Deutsche Handelsakten des Mittelalters und der Neuzeit 1–3), 3 Bände, Stuttgart–Berlin 1923.

Zur Devotio moderna informiert zusammenfassend REGNERUS R. POST, The Modern Devotion, Confrontation with Reformation and Humanism, Leiden 1968; auf der beigegebenen Karte ist der Beerenberg falsch eingezeichnet. Der bewegten Geschichte dieses geistig regen Konvents gilt die Monographie von KARL HAUSER, Das Augustinerkloster Mariazell auf dem Beerenberge bei Winterthur 1355–1525 (242. Neujahrsblatt der Stadtbibliothek Winterthur), Winterthur 1906.

Ulrich Rösch · Benediktiner in St. Gallen (S. 338–355)

Die Lage des Benediktinerordens im fünfzehnten Jahrhundert wird im Überblick besprochen von: PHILIBERT SCHMITZ (oben S. 540) im dritten Band; DAVID KNOWLES, Geschichte des christlichen Mönchtums, Benediktiner, Zisterzienser, Kartäuser, München 1969; anhand der wichtigsten Reformklöster von: BARBARA FRANK, Subiaco, ein Reformkonvent des späten Mittelalters, in: Quellen und Forschungen aus italienischen Archiven und Bibliotheken 52 (1972) S. 526–656; PETRUS BECKER, Das monastische Reformprogramm des Johannes Rode, Abtes von St. Matthias in Trier (Beiträge zur Geschichte des alten Mönchtums und des Benediktinerordens 30), Münster 1970; Fünfhundert Jahre Bursfelder Kongregation, Eine Jubiläumsgabe, hg. PAULUS VOLK, Münster 1950. Die regionale Situation schildern: HERMANN TÜCHLE, Süddeutsche Klöster vor

500 Jahren, ihre Stellung in Reich und Gesellschaft, in: Blätter für deutsche Landesgeschichte 109 (1973) S. 102–123; KLAUS SCHREINER (oben S. 540 f.).

Den Beginn der benediktinischen Reform untersucht JOSEPH ZELLER, Das Provinzialkapitel im Stifte Petershausen im Jahre 1417, in: SMBO 41 (1922) S. 1–73. Ihren Fortgang beobachten für die beiden wichtigsten Abteien der Region: HERMANN BAIER, Von der Reform des Abtes Friedrich von Wartenberg bis zur Säkularisation 1427–1803, in: Die Kultur der Abtei Reichenau (oben S. 545) S. 213–262; eingehender GEBHARD SPAHR, Die Reform im Kloster St. Gallen 1417–1457, in: SVGB 75 (1957) S. 13–80; 76 (1958) S. 1–62. Dieser Aufsatz gibt zugleich eine innere Geschichte des Konvents.

Seine Personengeschichte ist abgehandelt bei RUDOLF HENGGELER, Profeßbuch der fürstlichen Benediktinerabtei der Heiligen Gallus und Otmar zu St. Gallen (MBH 1), Zug 1929; seine Bildungs- und Geistesgeschichte bei PAUL STAERKLE, Beiträge zur spätmittelalterlichen Bildungsgeschichte St. Gallens, in: MSG 40 (1939) S. 1–323, mit vielen biographischen Details. Das Verhältnis zwischen Abtei und Stadt verfolgt LOTHAR WILHELM KEMPTER, Über die stadtherrlichen Hoheitsrechte des Abtes von St. Gallen im Hoch- und Spätmittelalter, Diss. phil. (Teildruck), Zürich 1950. Die grundlegende Gesamtdarstellung der äbtischen und städtischen Geschichte für das späte vierzehnte und das ganze fünfzehnte Jahrhundert ist: WILHELM EHRENZELLER, St. Gallische Geschichte im Spätmittelalter und in der Reformationszeit, 2 Bände, St. Gallen 1931–38, hier auch am besten über die Außenbeziehungen der Abtei. Den wirtschaftlichen Aufschwung der Stadt zu Röschs Lebzeiten belegt HANS CONRAD PEYER, Leinwandgewerbe und Fernhandel der Stadt St. Gallen von den Anfängen bis 1520, 2 Bände, St. Gallen 1959–60.

Die Quellen zur Abtzeit Röschs sind gesammelt bei J. HARDEGGER, Kurze Chronik des Gotzhaus St. Gallen 1360–1490, in: MSG 2 (1863) S. 1–112; darauf stützt sich meine Darstellung. Außer acht blieb dieser Chroniktyp in der Übersicht von JEAN-PIERRE BODMER, Chroniken und Chronisten im Spätmittelalter (Monographien zur Schweizer Geschichte 10), Bern 1976. Eine verklärende Biographie schrieb JOHANN A. SCHEIWILER, Abt Ulrich Rösch, der zweite Gründer des Klosters St. Gallen 1463–1491 (43. Neujahrsblatt des Historischen Vereins St. Gallen), St. Gallen 1903. Röschs Helfer sind geschildert bei PAUL STAERKLE, Der fürstlich-st. gallische Hofstaat bis zur Glaubensspaltung, in: ZSKG 58 (1964) S. 35–55; seine rechtlichen Maßnahmen im Klosterstaat bei WALTER MÜLLER, Die Offnungen der Fürstabtei St. Gallen, Ein Beitrag zur Weistumsforschung, in: MSG 43 (1964) S. 1–208.

Der Klosterbruch ist am ausführlichsten untersucht von: JOHANNES HÄNE, Der Klosterbruch in Rorschach und der St. Galler Krieg 1489–90, in: MSG 26 (1899) S. 1–273; WILHELM EHRENZELLER, wie oben, im zweiten Band. Für den Rorschacher Blickwinkel sind zu beachten: FRANZ WILLI, Geschichte der Stadt Rorschach und des Rorschacher Amtes, Rorschach 1947; JOSEF RECK, Vorgeschichte, Bau und Schicksale des Klosters und der Schule Mariaberg, in: Rorschacher Neujahrsblatt 67 (1977) S. 5–15. Mit den religiösen und geistigen Folgen befaßt sich WERNER NÄF, Vadian und seine Stadt St. Gallen, 2 Bände, St. Gallen 1944–57; mit den politischen GEORG THÜRER, St. Galler Geschichte, Kultur, Staatsleben und Wirtschaft in Kanton und Stadt St. Gallen von der Urzeit bis zur Gegenwart, 2 Bände, St. Gallen 1953–72.

Peter Thaler · Kartäuser in Ittingen (S. 355–373)

Eine umfassende Geschichte des Kartäuserordens fehlt; Materialien dazu sammelt JAMES HOGG, Analecta Cartusiana, bisher 54 Bände, Salzburg 1970–78. Die Anfänge sind diskutiert in dem Sammelwerk: L'eremitismo in occidente nei secoli XI e XII (MCSM 4), Mailand 1965, hier besonders von BERNARD BLIGNY, L'érémitisme et les Chartreux, S. 248–270. Die Verfassung behandelt JOHANNES SIMMERT, Zur Geschichte der Generalkapitel der Kartäuser und ihrer Akten, in: Festschrift für Hermann Heimpel (VMPG 36), Bd. 3, Göttingen 1972, S. 677–692. Die Ordensgeschichte des späten vierzehnten und frühen fünfzehnten Jahrhunderts spiegelt sich bei HERBERT PAULHART, Die Kartause Gaming zur Zeit des Schismas und der Reformkonzilien (Analecta Cartusiana 5), Salzburg 1972. Für deutsche Kartäuser des Spätmittelalters sind exemplarisch: HEINRICH RÜTHING, Der Kartäuser Heinrich Egher von Kalkar 1328–1408 (VMPG 18), Göttingen 1967, zur Gedankenwelt; zur Verfassung FRIEDRICH STÖHLKER, Die Kartause Buxheim

1402–1803, bisher 3 Bände, Buxheim 1974–76, die gründlichste Darstellung einer einzelnen Kartause überhaupt. Nützlich ist noch THEODOR SCHÖN, Geschichte der Kartause Güterstein in Württemberg, in: FDA 26 (1898) S. 135–192.

Kloster Ittingen, auch seine Gründung und seine augustinische Epoche, ist ebenso wie die kartäusische Zeit umfassend behandelt von KONRAD KUHN, Thurgovia sacra, Bd. 2, Frauenfeld 1879, S. 143–239. Zahlreiche, nicht nur kunstgeschichtliche Ergänzungen bringt ALBERT KNOEPFLI, Die Kunstdenkmäler des Kantons Thurgau, Bd. 1, Basel 1950, S. 223–301. Für die Kartause ist bislang nur ein personengeschichtliches Grundgerüst erstellt, von ALBERT COURTRAY, Catalogue des prieurs ou recteurs et des religieux de la chartreuse Saint-Laurent d'Ittingen en Thurgovie, in: ZSKG 13 (1919) S. 33–54, 146–176, 209–235; 14 (1920) S. 171–189. Einen knappen Abriß gibt JAMES HOGG, The Charterhouses of Buxheim, Ittingen and La Valsainte (Analecta Cartusiana 38), Salzburg 1977, S. 23–64.

Die Lage der Bauern wurde zuletzt allgemein diskutiert in dem Sammelband: Revolte und Revolution in Europa, hg. PETER BLICKLE (Historische Zeitschrift, Beiheft 4), München 1975, regional hier von DAVID SABEAN, Probleme der deutschen Agrarverfassung zu Beginn des 16. Jahrhunderts, Oberschwaben als Beispiel, S. 132–150; KARL HEINZ BURMEISTER, Genossenschaftliche Rechtsfindung und herrschaftliche Rechtssetzung, Auf dem Weg zum Territorialstaat, S. 171–185. Zur religiösen Situation schrieben grundlegend: OSKAR FARNER, Huldrych Zwingli, 4 Bände, Zürich 1943–60; BERNHARD LOHSE, Mönchtum und Reformation, Luthers Auseinandersetzung mit dem Mönchsideal des Mittelalters, Göttingen 1963, allgemein; regional: OSKAR VASELLA, Reform und Reformation in der Schweiz, Zur Würdigung der Anfänge der Glaubenskrise, Münster 1958; HANS-CHRISTOPH RUBLACK, Die Einführung der Reformation in Konstanz von den Anfängen bis zum Abschluß 1531, Gütersloh–Karlsruhe 1971.

Die geistige Lage im späten fünfzehnten Jahrhundert ist dargestellt von: RUDOLF STADELMANN, Vom Geist des ausgehenden Mittelalters, Studien zur Geschichte der Weltanschauung von Nicolaus Cusanus bis Sebastian Franck, Halle 1929; WILLY ANDREAS, Deutschland vor der Reformation, Eine Zeitenwende, 7. Aufl., Berlin 1972, allgemein; anhand der kartäusischen Tradition von: PAUL LEHMANN, Bücherliebe und Bücherpflege bei den Kartäusern, in: Erforschung des Mittelalters (oben S. 551), Bd. 3, S. 121–142; DIETER MERTENS, Iacobus Carthusiensis, Untersuchungen zur Rezeption der Werke des Kartäusers Jakob von Paradies 1381–1465 (VMPG 50), Göttingen 1976.

Die beste Quelle zum Ittinger Sturm ist das auf Mitteilungen von Adrian Wirth beruhende Wirthenbüchlein, hg. WILHELM OECHSLI, Quellenbuch zur Schweizer Geschichte, Zürich 1893, S. 518–532. In deutschen Bibliotheken ist OSKAR FARNER, Das Wirthen-Büchlein, Die Glaubenszeugen von Stammheim, Zürich 1924, nicht nachzuweisen. Quellenkritisch sichtet ALFRED FARNER, Die zeitgenössischen Berichte über den Ittinger Sturm, in: Anzeiger für Schweizerische Geschichte NF 8 (1900) S. 277–284, 309–315. Ergänzende, vom Landvogt Amberg informierte Berichte veröffentlicht OSKAR VASELLA, Der Ittinger Sturm im Lichte österreichischer Berichte 1524, in: Reformata reformanda, Festgabe für Hubert Jedin, hg. ERWIN ISERLOH und KONRAD REPGEN, Bd. 1, Münster 1965, S. 365–392. Die eingehendsten modernen Darstellungen des Ittinger Sturms sind: ALFRED FARNER, Geschichte der Kirchgemeinde Stammheim und Umgebung, Zürich 1911, vom religiösen Standpunkt; vom politischen JOHANN ADAM PUPIKOFER, Geschichte des Thurgaus, Bd. 2, 2. Aufl., Frauenfeld 1889.

Zur Geschichte des benachbarten Zisterzienserinnenklosters Kalchrain ist Material bereitgestellt von RUDOLF HENGGELER, Das Necrologium des Zisterzienserinnenklosters Mariazell zu Kalchrain, in: TGB 82 (1945) S. 43–71. Über das Ende der Kartause Ittingen 1848 berichtet JOHANN CASPAR MÖRIKOFER, Die letzten Tage des Kartäuser-Klosters Ittingen, in: TGB 18 (1878) S. 5–13.

Mönche im Mittelalter (S. 377–389)

Den vormittelalterlichen Sprachgebrauch zum Mönchtum spiegelt Isidor von Sevilla, Isidoris Hispalensis episcopi Etymologiarum sive Originum libri XX, hg. WALLACE M. LINDSAY, 2 Bände, Oxford 1911. Ihn erläutert ALFRED ADAM, Grundbegriffe des Mönchtums in sprachlicher Sicht, in: ZKG 65 (1953/54) S. 209–239. Unter den neueren Gesamtdarstellungen achtet KARL SUSO FRANK, Grundzüge der Geschichte des christlichen Mönchtums (Grundzüge 25), Darmstadt 1975, besonders auf vormittelalterliche Formen und spätere Wandlungen der Gemeinschaftsbildung.

Der mittelalterliche Sprachgebrauch ist an den Regeln Benedikts von Nursia (oben S. 540) und Franzens von Assisi (oben S. 554) abzulesen, im übrigen bei CHARLES DU CANGE, Glossarium mediae et infimae latinitatis, 10 Bände, hg. LÉOPOLD FAVRE, Niort 1883–87, belegt. Eine Geschichte des zentralen Begriffs im mittelalterlichen Mönchtum bietet WOLFRAM SCHIEDER, Brüderlichkeit, Bruderschaft, Brüderschaft, Verbrüderung, Bruderliebe, in: Geschichtliche Grundbegriffe, Historisches Lexikon zur politisch-sozialen Sprache in Deutschland, hg. OTTO BRUNNER, WERNER CONZE, REINHART KOSELLECK, Bd. 1, Stuttgart 1972, S. 552–581. Der Gedanke der Bruderschaft beherrscht die neueren Gesamtdarstellungen von MARCEL PACAUT, Les ordres monastiques et religieux au moyen âge, Paris 1970; CHRISTOPHER BROOKE, Die große Zeit der Klöster 1000–1300, 2. Aufl., Freiburg i. Br. 1977.

Der nachmittelalterliche Sprachgebrauch schlägt sich nieder im Codex iuris canonici Pii X pontificis maximi, Rom 1951 u. ö. Ihn erläutert FRIEDRICH WULF, Dekret über die zeitgemäße Erneuerung des Ordenslebens, in: Das zweite Vatikanische Konzil, Konstitutionen, Dekrete und Erklärungen lateinisch und deutsch, Kommentare, hg. HEINRICH SUSO BRECHTER u. a., Bd. 2, Freiburg i. Br. 1967, S. 249–307; hier in der Einführung auch das Zitat aus Simone Weill. Unter den neueren Gesamtdarstellungen versteht WALTER DIRKS, Die Antwort der Mönche, Geschichtsauftrag der Ordensstifter, 3. Aufl., Olten-Freiburg 1968, das Mönchtum von modernen Inhalten und Wandlungen der Mönchsgelübde her.

REGISTER

Aufgenommen sind Namen von Menschen (Personen und Gemeinschaften) und von Räumen (Orten und Landschaften). Personen sind nach den Grundsätzen des Lexikons für Theologie und Kirche verzeichnet; die vor 1500 gestorbenen erscheinen also unter ihren Vornamen, nur von wichtigen Familien sind Nachnamen aufgeführt. Eingeklammerte Zahlen verweisen auf Seiten, die nur das Amt, nicht den Namen einer Person erwähnen. Für Titel werden Abkürzungen verwendet: Äbt. = Äbtissin, Bf. = Bischof, Ebf. = Erzbischof, Gen. = Generalmagister, -minister oder -prior, Gf. = Graf, Gfn. = Gräfin, Hg. = Herzog, Hgn. = Herzogin, Hl. = Heilige oder Heiliger, Kg. = König, Kgn. = Königin, Ks. = Kaiser, Ksn. = Kaiserin, Mt. = Märtyrer, Mtn. = Märtyrin, Pr. = Prior, Prn. = Priorin, Pp. = Propst, Pv. = Provinzial.

Aachen 52, 59, 63, 183, 384, 479
Aargau 11, 122, 191, 200, 209, 280, 289, 304, 509
Aawangen 164
Abarhild, Äbt. v. Buchau 75
Abraham, Erzvater 12, 380
Achalm 143, 218, 222
Adalbero I., Bf. v. Metz (86)
Adalbert, Gf. v. Calw 140–143 – v. Nellenburg 122 – I., Gf. v. Rätien 72
Adam, Urmensch 242, 479 – v. Rätien (Gerold) 88
Adelberg 213, 214, 225, 551
Adelheid, Äbt. v. Buchau 481 – Äbt. v. Heiligkreuztal (310) – v. Holderberg 296 – Hutter, Prn. 295, 297 – Kaltschmied 285 – v. Langenstein 240, 252 – Ludwig 293–295 – v. Mahlspüren 308 – Mayer 308 – v. Ossingen 295 – Othwins 297 – Pfefferhard 292, 294, 296, 299, 521, 522 – Ritter 294, 296 – v. St. Gallen 292, 294, 296 – v. Spiegelberg 295 – v. Waldburg 222 – Werlin 294 – Zürcher 292, 294, 299
Adelhelm, Bf. 54, 57
Adelinde I., Gfn. 71, 81 – II., Gfn. v. Eritgau 73–75, 77, 78, 80, 81, 83, 85, 107, 121, 127, 228, 408, 481–483, 524, 543 – III., Äbt. v. Buchau 73–75, 81
Adelrich v. Ufenau 88
Adelsreute 196, 198, 201–203, 502
Adolf, Kg. (240) – I., Ebf. v. Köln 183
Adria 230
Afra, Mtn. v. Augsburg 108, 144, 154, 160, 497
Afrika 64, 479
Aggsbach 365, 366

Agnes v. Assisi 302 – Äbt. v. Buchau 481 – Äbt. v. Poitiers 67 – Gfn. v. Rohrdorf 222 – Mtn. v. Rom 129, 517 – Kgn. v. Ungarn 304, 305, 537, 556 – v. Wangen 292
Ägypten 20, 36, 84, 193, 322, 377
Ainold, Abt v. Gorze 86
Akkon 232, 233, 240, 304
Albero v. Bodman 202, 230 – König 205
Albert, Gf. v. Achalm 218, 222 – Pp. v. Ittingen 357 – v. Lorch 237 – v. Urre 321
Albertus Magnus, Bf. 289
Albi 248 – Albigenser 232, 248, s. Katharer
Albis 72
Albrecht I., Kg. 280, 304, 537 – Bf. v. Konstanz 321, 340 – Abt v. Reichenau 235–237, 510, 511
Alemannen 19, 21–23, 27, 28, 33, 34, 36, 38–40, 43, 47, 49, 57, 64, 82, 84, 92, 239, 476, 478, 511, 539 – Alemannien 19, 26, 29–34, 36, 39, 40, 42, 44, 46, 49, 60, 85, 88, 92, 95, 100, 102, 107, 112, 117, 121, 122, 140, 187, 267, 270, 459, 539, 541, 543
Alexander II., Papst 126 – III., Papst 177, 179 – Severus, Ks. 240–242
Alexandria 56, 103, 117, 287, 487
Alexius v. Sachsen 368, 372
Alkuin v. York 478, 479
Allensbach 124, 178
Allerheiligen 118, 125, 323, 334, 489
Allgäu 43, 44, 46, 126, 342, 551
Allmannsdorf 235–237
Alpen 25, 26, 28–30, 32, 56, 262, 321, 322, 549 – Alpenrhein 25, 34, 46, 56, 63, 89, 133, 277, 308, 348, 351, 352

Alpgau 173
Alpstein 14, 25, 34, 35
Altdorf 82, 123, 165
Altenklingen 239
Altheim 306
Alt St. Johann 31, 149, 547
Althausen, Ort 78, 107, 109, 113, 115, 117, 122, 342, 545 – Deutschherrenkommende 234, 245, 510
Amberg, Josef 368–371, 560
Amsterdam 360
Amtzell 219
Anaklet II., Gegenpapst 212
Andelsbuch 31, 148
Andelshofen 504
Andergand, Maria, Äbt. 522
Andreas II., Kg. v. Ungarn (232)
Angehrn, Beda, Abt 474, 529
Angelsachsen 40–42, 51, 65, 87, 90, 91, 159, s. Engländer
Aniane 52
Anna, Hl. Mutter Mariens 490 – Achler 309–312 – Hug 308 – v. Mainau 235 – Miller 307 – v. Straßburg (?) 514, 515 – Äbt. v. Valduna 308, 309
Anne Hettin 296 – v. Konstanz 294 – v. Ramschwag 291–295, 297, 298, 521 – v. Tetikon 292
Anselm, Bf. v. Havelberg 226, 552
Antichrist 241, 550
Antonios v. Kome 20, 320, 321, 528
Antoniter 320–322, 325, 335, 336, 338, 528, 557, 558, s. Konstanz
Antonius v. Padua 514, 557
Antwerpen 257
Appenzell, Land 8, 308, 309, 324, 340, 341, 348, 349, 351, 352, 530 – Ort 379
Aquitanien 52, 53, 69, 86
Arbon 19, 21–27, 30, 33–37, 39, 45, 46, 97, 167, 351, 489
Argen 71, 126, 323
Argenhart 323, 558
Aristoteles, Philosoph 250
Arlbergpaß 231
Arles 67
Ärmelkanal 41, 90
Arnold v. Hiltensweiler 323 – v. Köln 264 – Gegenbf. v. Konstanz (149, 150) – v. Langenstein 236–238, 510
Arnulf, Bf. v. Metz 111
Arx, Hans v. 530
Äschach 308, 557

Assisi 264, 302, Bf. s. Guido – Klöster: Franziskaner 268, 281, 537; Klarissen 301, 302
Astheim 372
Atlantik 29, 64, 327, 332
Ato, Gf. v. Eritgau 73, 80, 81
Augsburg, Bistum 324 – Bf. s. Heinrich, Ulrich, Wikterp – Bf.sitz 43, 82, 89, 92, 107, 108, 112, 118, 137, 160, 190 – Stadt 90, 206, 221, 269, 316 – Klöster: Benediktiner St. Ulrich u. Afra 144, 150, 161, 474, 488, 548, Abt s. Fridebold, Udalschalk; Dominikaner 488; Kanoniker St. Afra 160; Karmeliter 326, 333
Augustin, Bf. v. Hippo 59, 135, 146, 155–157, 159, 160, 163, 166, 210, 211, 250, 252, 253, 286, 298, 321, 322, 324, 380, 485, 496, 497, 548
Augustiner-Chorfrauen 159, 203, 543, s. Lindau, Münsterlingen – Chorherren 150, 158, 160, 161, 163–172, 178, 188, 211, 248–250, 321, 344, 345, 357–360, 379, 424, 481, 496–499, 525, 543, 548, s. Detzeln, Ittingen, Konstanz St. Mauritius, Kreuzlingen, Mariazell, Öhningen, Riedern, Waldsee, Zürich St. Martin
Augustiner-Eremiten 326, 558, s. Konstanz, Zürich – Eremitinnen 10, s. Blümlistobel
Augustus, Ks. 111
Aulendorf 315
Aurelia, Hl. v. Rom (?) 32, 33
Aurelius, Hl. v. Armenien 140
Avaren 55
Avignon 260, 262, 273, 274, 318, 321, 322, 324, 328, 334, 361

Babenberger 74
Baden im Aargau 371
Baden, Land 191, 503, 504, 509, 538, 539, 544
Baden-Württemberg 13, 512, 539, 541
Baindt 204, 221, 223, 226, 284, 306, 310, 551
Baldebert v. Salem 201, 504
Balkan 245
Balther v. Säckingen 28, 29, 540
Baltikum 266
Bamberg, Bistum 120, 125, 126 – Bf. s. Hartwig – Stadt 167 – Karmeliterkloster 326, 328, 331, 333, 335
Bangor 20, 29, Abt. s. Comgall
Barfüßer s. Franziskaner
Bartholomäus v. Bolsenheim, Pv. 261 – Hölderle, Pr. 365
Basadingen 290

Basel, Bf. s. Heito – Bf.sitz 112, 125, 536 – Stadt 33, 123, 124, 234, 512, 528, 529, 536 – Klöster: Antoniter 528; Franziskaner 216, 266, 537; Johanniter 231; Kartäuser 360–362, 365, 366, 372, 511, 512; Klarissen 303, 555; Sackbrüder 327 – Konzil 334, 341, 511, 557 – Meister 528
Basilios v. Caesarea 325
Basina v. Poitiers 67, 68
Bätershausen 164
Battenberg 237
Baudonivia v. Poitiers 68, 69, 75
Baumgarten 223
Bavendorf 219
Bayern, Stamm 141, 270, 332, 365 – Land 8, 13, 39, 57, 93, 95, 128, 150, 152, 212, 239, 327, 489, 537, 539, 541, 543, 555
Bebenhausen 181
Beda v. Wearmouth 51, 111
Beer, Franz 209
Beerenberg s. Mariazell
Beginen 10, 248, 252, 255–257, 262, 266, 273, 284–287, 290, 292, 301, 306, 317–319, 328, 347, 378, 380, 445, 514, 515, 518, 554, 555
Belgien 87
Bellevaux 195, 197
Benedikt IX., Papst 113 – XII., Papst 207, 259, 279, 339 – XIII., Gegenpapst 321 – v. Aniane 52, 53, 94 – v. Nursia 40–45, 47, 49–54, 65, 69, 70, 72, 84, 88, 96, 105–107, 117, 127, 128, 139, 152, 154, 171, 186, 193–195, 199, 200, 229, 267, 302, 341, 343, 344, 350, 353, 378–382, 384–387, 467, 484, 531, 535, 536, 540
Benediktiner 14, 40–65, 84–93, 96–99, 102–120, 122, 128, 132, 133, 147–152, 154, 181, 183–186, 188, 193, 194, 279, 282, 321, 323, 326, 338–347, 349–351, 353–356, 374, 379–384, 386, 394, 396, 400, 410, 414, 421, 439, 469–480, 483–496, 529–532, 535, 536, 540, 541, 558, 559, s. Alt St. Johann, Benken, Einsiedeln, Fischingen, Hofen, Hohentwiel, Isny, Konstanz Schotten, Langnau, Mehrerau, Petershausen, Reichenau, Rheinau, Rorschach, St. Gallen, Schaffhausen, Schienen, Stein, Wagenhausen, Weingarten, Zurzach – Benediktinerinnen 71–77, 203, 302, 543, s. Altdorf, Buchau, Lindau, Schaffhausen, Schänis, Zürich Fraumünster
Benken 84, 544
Benno, Bf. v. Metz 86, 87, 95, 485 – II., Bf. v. Osnabrück 114

Berg, Fam. v. Konstanz 247, 248
Beringer v. Eritgau 73, 75
Berlin 482, 515, 551
Bern, Abt v. Reichenau 102–115, 117, 118, 122, 125, 153, 166, 173, 175, 176, 178, 185, 415, 477, 486–489, 536, 545
Bern, Stadt 305, 322, 345 – Klöster: Franziskaner 277, 291; Kartäuser 360 – Land 149
Bernadotte, Gf. Lennart 509
Bernau 509
Berneck 308, 346
Bernhard, Abt v. Clairvaux 197, 199, 210, 228, 243, 550 – v. Konstanz 146 – v. Petershausen 143
Bernloch 218, 219, 222
Berno s. Bern
Bernold v. Konstanz 128, 134, 146, 150
Berta v. Herten 292, 294
Bertha v. Dillingen 143, 144, 495 – Gfn. v. Eritgau 107 – Äbt. v. Zürich 73
Berthold v. Fronhofen 220 – I. v. Ittingen 357 – II. v. Ittingen 357 – v. Kalabrien 325 – v. Mainau 235 – v. Reichenau 109, 114, 115, 545 – Abt v. Weingarten 187 – I. v. Zähringen 125, 142 – II., Hg. v. Zähringen (143) – V., Hg. v. Zähringen 183 – Bertholde 74, 75
Betenbrunn, Klöster: Franziskaner 280, 555; Kanoniker 280
Beth s. Elsbeth Achler
Bethlehem 294
Bettelorden 14, 169, 250, 253, 256, 261, 266, 267, 270, 271, 274, 276, 277, 283, 284, 287, 288, 290, 299, 304, 311, 320–322, 325–327, 333–337, 339, 343, 348, 350, 353–355, 360, 373, 374, 383, 385, 513, 526, 527, 529, 550, 553, 555, s. Augustiner-Eremiten, Dominikaner, Franziskaner, Karmeliter
Beuggen 234, 237–239, 440, 511
Beuron, Klöster: Benediktiner 13; Chorherren 158
Biberach an der Riß 72, 204, 221, 223, 226, 307, 313, 325, 352, 483, 508, 543
Bichelsee 204
Biegenburg 223, 234
Bierlingen 109
Bingen 121, 174, 187
Binsdorf 109
Birnau 8, 10, 11, 13, 191, 198, 209
Bischoff, Nikolaus, Pr. (365)

Bischofszell, Stadt 289 – Kanonikerstift 85, 156, 164, 170, 379, 544
Blaithmaic, Abt v. Iona 64
Blarer, Fam. v. St. Gallen 321, 340, 341, 359
Blois 215
Bludenz 286, 512
Blumenfeld 244
Blümlistobel 10, 11, 17, 539
Bobbio 24, 29, 96, 473
Bodanrück 31, 63, 235–239, 244, 307
Bodensee 7, 19, 33, 46, 63, 133, 159, 187, 206, 243, 270, 272, 276–278, 296, 297, 308, 309, 312, 351, 389, 508, 517, 529, 542, s. Gnadensee, Obersee, Überlinger See, Untersee
Bodenseeraum 13, 14, 30, 46, 63, 64, 82, 97, 116, 117, 132, 133, 146, 152, 153, 171, 172, 189, 190, 209, 226, 227, 278, 282, 301, 337, 338, 355, 377, 383, 538 – Bodenseestädte 278, 279, 281, 282, 327, 352, 355, 555
Bodenwald 307
Bodman 31, 44–46, 63, 72, 178, 202, 230, 244, 245, 307, 308, 541, 542
Böhmen 128, 324, 329, 332, 527
Bologna 249–251, 255, 329, 342, 346
Bonaventura, Gen. 268
Bonifatius, Ebf. v. Mainz 41, 42, 45, 51, 541
Bonndorf 323
Bordeaux 326
Brabant 69
Branda de Castiglione 524
Bräunlingen 179, 180
Bregenz 8, 11, 13, 19, 21–24, 28–30, 33, 43, 46, 63, 92, 137, 145, 148, 187, 190, 191, 217–219, 222, 223, 230, 286, 307, 323, 351, 389, s. Mehrerau, Thalbach
Bregenzerwald 14, 31, 83, 148, 209, 220, 324, 325
Breisgau 34, 89, 152
Breitenlandenberg 342
Breitenstein 10
Bretislaw I., Hg. v. Böhmen 102
Bretonen 215
Brixen 308
Brocardus v. Karmel 325
Brogne 87, Abt s. Gerhard
Bruchsal 92
Brüder vom freien Geist s. Freier G. – vom gemeinsamen Leben 338
Brünn 364
Brünnsin, Fam. v. Schaffhausen 289, 295, 296, 298
Bruno v. Andelshofen 504 – der Kartäuser 360, 535

Bucelin, Gabriel 484, 485, 493, 494, 506
Buch im Thurgau 364, 366
Buchau, Stadt 80, 178, 407, 480, 481, 524 – Frauenkloster 44, 70–83, 85, 89, 95–97, 99, 103, 107, 112–114, 116, 119, 127, 144, 159, 175, 203, 254, 269, 284, 291, 302, 310, 378, 407–409, 480–483, 489, 491, 493, 503, 505, 521, 543, Äbt. s. Abarhild, Adelheid, Adelinde, Agnes, Egila, Hildegard, Irmentrud, Klara, Königsegg, Stadion, Touta
Buchhorn, Ort 172, 217, 234, 240, 252, 325, 334, 351, 352, s. Friedrichshafen – Dominikanerinnenkloster 286
Budapest 328
Bullinger, Heinrich 518
Bundschuh 369
Burchard v. Bodenwald 307, 308 – v. Bodman 202 – v. Hasenweiler 220 – v. Hohenfels 239 – I., Bf. v. Konstanz (318, 327) – II., Bf. v. Konstanz (335, 355) – Gf. v. Nellenburg 122, 124, 127, 129–131, 133, 142, 419, 491 – v. Reichenau 176, 177 – I., Hg. v. Schwaben 74, 103 – II., Hg. v. Schwaben 120, 121 – v. Ursberg, Pp. 226, 552 – v. Wangen 292 – v. Weckenstein 203, 204 – v. Zofingen 252, 303 – v. Zürichgau 121
Burg bei Eschenz 370
Burgtor, Fam. v. Konstanz 252, 253, 289
Burgund 28, 86–88, 95, 99, 133, 193–195, 234, 362, 539
Buxheim 360–363, 365, 372, 559, 560
Byzantinisches Reich 53, 67, 111, s. Griechen

Caecilie v. Winterthur 295
Calvin, Jean 201
Calw 140, 141
Cambridge 326
Cannstatt 33, 39, 42
Capua 40
Caesarius v. Arles 67
Cazis 35
Chalon 193
Chambéry 321
Champagne 193, 194
Champmol 362
Chartreuse, La Grande 361–363, 366
Chiemsee 72, 82, 543
Chinesen 264
Chlodwig II., Kg. 28
Chlothar I., Kg. 67
Chorherren s. Augustiner-Chorherren

Christian, Abt v. Lützel (196) – Abt v. Salem (198, 202)
Christina, Mtn. v. Bolsena 216–218, 222
Christus s. Jesus C.
Chrodechilde v. Poitiers 67–70
Chur, Bistum 19, 324, 543 – Bf. s. Hartmann, Konrad, Tello, Volkard, Wido – Bf.sitz 25, 34–36, 46, 89, 92, 94, 97, 147, 216, 479 – Stadt 21, 28, 29, 34, 35, 39, 71, 74, 230 – Prämonstratenserkloster St. Luzi 213, 214, 216, 226 – Churrätien s. Rätien
Churwalden 213, 226
Cicero, Redner 114
Cîteaux 193–195, 201, 203–205, 228, 384, 550
Clairvaux 196, 197, Abt s. Bernhard
Cluniazenser 99, 146, 381 – Cluny 86, 87, 91, 92, 95, 96, 106, 115, 133, 137, 142, 144, 145, 151, 152, 160, 175, 188, 194, 228, 384, 544, 546, Abt s. Majolus, Odo
Collan 193
Comgall, Abt v. Bangor 20, 22
Como 35, 94
Cornelius, Hl. Papst 73, 79, 480, 482
Côte d' Or 193
Cunzo v. Überlingen, Hg. 25, 26, 350
Cyprian, Hl. Bf. v. Karthago 73, 480, 482

Daisendorf 97
Damian, Mt. v. Kleinasien 527 – Hl. Bf. v. Pavia 301, 302
Dante Alighieri 247
Dapfen 175, 176
Dauphiné 321, 338
David, Kg. v. Israel 22, 77, 152
Dedimia, Äbt. v. Poitiers 68
Denkinger, Jakob, Abt 496
Dettingen 237, 239
Detzeln 166, 173, 174
Deutsche 111, 241, 260, 282, 320, 389, Sprache 63, 121, 239, 240, 246, 256, 261, 284, 291, 296, 298, 300, 316, 365, 492, 495, 511, 514, 515, 521, 553 – Deutschland 56, 141, 225, 226, 229, 240, 248, 251, 255, 256, 321, 324, 339, 343, 360, 512, s. Niederd., Oberd.
Deutschherren 229, 231–246, 266, 282, 387, 438, 439, 481, 509–512, 552, 553, s. Altshausen, Beuggen, Mainau
Devotio moderna 338, 558
Didacus, Bf. v. Osma (248)
Diedo v. Andelsbuch 31, 148
Diemut v. Lindau 295, 297

Diessenhofen 38, 44, 45, 57, 260, 284, 286–290, 300, 303, 358, 363, 370, 516, 523, 556
Dietenbach 220
Diethelm, Bf. v. Konstanz 172–189, 192, 198, 200, 202, 208, 209, 216, 217, 221, 231, 235, 247, 252, 260, 428, 499–502, 504, 507, 549
Dietrich, Bf. v. Konstanz 102, (486) – Abt v. Petershausen 143–154, 161, 172, 185, 422, 494, 495, 547 – v. Ulm 511
Dillingen an der Donau 107, 143, 144, 150, 161
Dingelsdorf 235–237
Dinkelsbühl 327
Dionysius, Hl. Bf. v. Paris 33, 38, 55
Disentis 35, 38, 57, 88, 95, 541
Dominikaner 14, 238, 246–264, 266, 273, 279, 282, 284–290, 294, 298, 299, 328, 330, 386, 443, 444, 512–515, 553, 554, s. Konstanz, Zürich – Dominikanerinnen 249, 256, 284–301, 374, 449, 519–522, 555, 556, s. Löwental, St. Katharinental, Töss, Zürich Oetenbach – Dominikaner-Terziarinnen 252, 253, 284–286, 315, 553, s. Buchhorn, Engen, Habsthal, Hirschtal, Konstanz St. Peter, Konstanz Zoffingen, Meersburg, Pfullendorf, St. Gallen, St. Peter, Sießen
Dominikus v. Guzmán 248–251, 253, 258, 259, 262–264, 267, 284, 285, 301, 305, 444, 514, 532, 553
Donau 71, 72, 74, 120, 124, 126, 152, 158, 213, 215, 306, 326, 338 – Donaustädte 557
Donaueschingen 179, 529
Dorothea Miller 307
Dritter Orden s. Terziaren
Dübendorf 231

Eberhard v. Bichelsee 204 – Abt v. Einsiedeln 87–91, 93, 95, 111, 485 – Horgasser, Pv. 329–335, 337, 342, 346, 458, 526–528, 558 – II., Bf. v. Konstanz (169, 215), 216–218, 222, 237, 247, (252, 253, 270) – v. Milven 272 – I., Gf. v. Nellenburg 121–134, 139–142, 152, 167, 174, 178, 184, 229, 243, 419, 420, 490–492, 512, 524, 546 – II. v. Nellenburg 122, 129, 140 – v. Rieden 177 – I., Abt von Salem 198–209, 213–214, 221, 222, 230, 235, 245, 251, 306, 432, 501–505, 550, 551 – II., Ebf. v. Salzburg (174, 206), 222 – I. v. Steckborn 236, 237, 511 – II. v. Steckborn 511 – Truchseß v. Waldburg 222
Ebnit 322
Ebrach 181

Eckhart, Meister 256, 257, 298
Edith, Kgn. 91
Egelshofen 163, 164
Egg 236
Egila, Äbt. v. Buchau (?) 76
Egino, Gf. v. Fürstenberg 289
Eglolf, Abt v. St. Gallen 340–343, 472
Ehingen 524
Eidgenossen s. Schweizer
Einsiedeln 11–13, 31, 83–99, 103–107, 110–113, 115, 116, 120–122, 125, 126, 133, 135–141, 143, 145, 146, 148, 152, 154, 157, 159, 160, 175, 181, 187, 193, 197, 198, 338, 352, 355, 388, 410–412, 416, 474, 483–486, 489, 490, 493–496, 502, 506, 529, 531, 539, 544, Abt s. Eberhard, Gregor, Hugo, Konrad, Roll, Tietland
Einsiedler s. Eremiten
Ekkehard I., Abt v. Reichenau 103, 106, 111 – II., Abt v. Reichenau 122, 127, 129, 174, 178, 356 – II. v. St. Gallen 7 – IV. v. St. Gallen 75, 115–117, 139, 545, 546
Elias, Prophet 325, 332, 378
Elisabeth, Hl. Mutter des Täufers 520, 521, 528 – v. Bayern, Hgn. 537 – v. Kärnten, Kgn. 304 – v. Reute s. Elsbeth Achler – Landgfn. v. Thüringen 284, 287, 305, 313
Ellikon 119
Ellwangen 95
Elsaß 86, 87, 89, 92, 95, 105, 121–123, 133, 161, 187, 195, 234, 237, 243, 256, 276, 514, 518, 537
Elsbeth Achler 309–320, 333, 337, 454, 455, 524, 525, 557 – Bächlin 292 – Haimburg 292, 294, 295 – Stagel 261, 291, 319 – v. Stoffeln, Prn. 291, 293, 297, 298, 520, 521 – v. Warthausen 313
Empfingen 109
Endrich, Erich 482
Engelberg 184, 316
Engelfrid v. Rottenburg 331
Engen, Stadt 122 – Dominikanerinnenkloster 286
Engländer 159, 200, 320, 325, s. Angelsachsen – England 40, 41, 90, 91, 117, 215, 325, 326, 331
Ennetach 78
Epfendorf 150
Eppo, Gf. v. Zürichgau 121, 122
Erchanold, Tribun 27
Eremiten 14, 15, 20, 31, 35, 36, 40, 48, 84–88, 96, 97, 99, 148, 193, 257, 299, 307, 308, 322–326, 333, 336, 337, 355, 356, 360, 361, 364, 372, 374, 378, 379, 459, 473, 486, 528, 529, 540, s. Inklusen, Kartäuser, Pauliner, Waldbrüder
Erfurt 168, 346, 560
Erhard, Abt v. Kreuzlingen (359, 497) – Hl. Bf. v. Regensburg 491, 492
Eritgau 73, 74, 80, 107, 122
Erlebald, Abt v. Reichenau 55–58, 60, 61, 84
Erlo v. Ramsberg 177
Ermatingen 180, 236
Esau, Erzvater 349
Eschenz 89, 97, 293, 370, 474
Esslingen, Stadt 206 – Karmeliterkloster 326
Etichonen 86, 87
Etzelpaß 84
Eufemia v. Herten 286 – Äbt. v. Lindau (269, 270)
Eugen III., Papst 168, 357 – IV., Papst (333)
Europa 29, 228
Eusebius v. Viktorsberg 31, 119, 280, 322, 378, 540

Faber, Fam. v. Ravensburg 329, 526
Fahr 544
Federsee 71, 80, 82, 480, 481, 543
Feldbach, Ort 236, 237, 239 – Zisterzienserinnenkloster 9, 204, 236, 371, 553
Feldkirch, Stadt 230, 231, 260, 280, 308, 309 – Klöster: Jesuiten 11, 529; Johanniter 218, 230, 231, 234, 244, 552
Felix, Mt. v. Zürich 72, 86
Findan v. Rheinau 119
Fischingen 149, 168, 169, 338, 547, Abt s. Waltram
Flamen 497 – Flandern 87, 325, 335
Flavinus v. St. Gallen 475
Florenz 247, 517
Florinus, Hl. v. Chur 36
Frank, Melchior 472
Franken, Volk 22, 28, 33–35, 38, 39, 42, 43, 49, 69, 84, 474, 539 – Reich 19–22, 24–26, 28–30, 35, 41, 42, 44, 51, 539, 541 – Stamm 332 – Land 74, 327, 331, 549
Frankfurt 90, 92, 341
Franz v. Assisi 264, 266–269, 277, 280, 281, 301, 302, 305, 306, 313, 314, 318, 380, 382, 385–388, 468, 514, 516, 518, 536, 537, 554 – Marasme, Gen. (363)
Franziskaner 234, 256, 260, 264–283, 301–307, 382–385, 388, 447, 448, 515–518, 525, 536, 537, 554, 555, s. Betenbrunn, Königsfelden, Konstanz, Lindau, Schaffhausen, Überlingen, Viktorsberg,

Werd, Zürich – Spiritualen 268, 270, 272, 384, 555 – Zweiter Orden s. Klarissen – Franziskanerinnen (Terziarinnen) 305–319, 524, 556, s. Äschach, Grimmenstein, Grünenberg, Konstanz, Lindau, Möggingen, Pfullendorf, Ravensburg, Reute, Schaffhausen, Thalbach, Überlingen, Waldsee, Warthausen, Weingarten
Franzosen 14, 55, 169, 193, 320, 325, 327, 329, 332, 388 – Frankreich 19, 52, 95, 117, 131, 192, 210, 211, 215, 225, 226, 228, 230, 232, 233, 248, 249, 252, 256, 263, 321, 322, 325, 349, 360, 553
Fratizellen 384
Frauenchiemsee 72, Äbt. s. Irmingard
Frauenfeld 164, 260, 356, 358, 364, 368–370, 372, 498, 520, 522, 534, 535
Freiburg im Breisgau, Erzbistum 246, 539 – Stadt 221, 227 – Klöster: Antoniter 321, 528; Deutschherren 238; Kartäuser 360–362, 365, 366, 372, 465, 534; Sackbrüder 327
Freiburg im Üchtland 347
Freidnitz 363
Freier Geist, Sekte 255–257, 259, 554
Freising, Bf. s. Gerold, Konrad, Otto – Bf.sitz 187, 206, 358
Fridebold, Abt v. Augsburg 488
Frideloh, Abt v. Reichenau 176
Fridiburga v. Überlingen (25, 26)
Fridolin, Hl. v. Säckingen 28–33, 69, 540
Fridovigia, Nonne 69
Friedrich I. Barbarossa, Ks. 174, 177, 179, 180, 187, 202, 222, 231, 232, 525, 548, 549, 551 – II., Ks. 183, 204, 222, 232–234, 265, 269, 507, 553 – III., Ks. (351) – der Schöne (III.), Gegenkg. 260 – I., Großhg. v. Baden 509 – Abt v. Hirsau 140, 141 – I., Ebf. v. Köln (211) – Mörlin, Pr. 331 – Pp. v. Öhningen (358) – I., Abt v. Reichenau 338, 340 – II., Abt v. Reichenau 341, 477, 487, 559 – II., Hg. v. Schwaben (162, 163) – V., Hg. v. Schwaben 231, 232 – v. Waldburg 203
Friedrichshafen 7–9, s. Buchhorn
Friesach 251
Friesen 38, 41
Fronhofen 220, 330
Frowin, Abt v. Salem 197, 502
Fruthwilen 10, 236
Fugger, Jakob, Bf. 477
Fulda, Stadt 167 – Benediktinerkloster 58, 59, 61, 65, 84, 96, 105, 479, 485, 536
Fürstenberg 289

Fußach 33
Füssen, Stadt 43, 343 – Benediktinerkloster 43, 44, 108, 116, 400, 474, 475, 477, 481, 541

Gabriel, Erzengel 77, 536
Gailhöfe 202
Gailingen 290
Gaisberg, Franz, Abt 529, 531
Galen, Arzt 485
Gallien 67, 539
Gallus, Hl. Eremit 21–39, 42, 43, 46–49, 55, 62–66, 69, 71, 84, 88–90, 97, 115, 116, 126, 146, 148, 178, 217, 307, 348–351, 353, 355, 356, 377, 378, 397, 398, 463, 471–476, 480, 492, 530–532, 540, 541, 546 – Kemli 341, 343, 346, 347
Gaming 366, 372, 559
Gans, Heinrich, Pr. 365
Garonne 321
Gaster 543
Gaudentius, Bf. v. Konstanz (25)
Gebeno, Abt v. Wagenhausen 149
Gebhard Dacher 500 – II., Hl. Bf. v. Konstanz 92, 94, 137–139, 148, 152, 158, 162, 165, 493–495 – III., Bf. v. Konstanz 118, 142–153, 157–161, 165, 170–172, 175, 181, (489), 495, 499, 500
Gebizo v. Peißenberg 212, 222, 224, 507, 508
Gelperad v. Ittingen 357
Genesius, Hl. v. Schienen 56, 61, 119
Genf 362, 512
Georg, Hl. v. Lydda 120, 146, 278
Gerhard, Dompp. v. Augsburg (488) – Abt v. Brogne 86, 87 – v. Eritgau 73, 75 – IV., Bf. v. Konstanz (253), 260, 306 – Abt v. Schaffhausen (131)
Geri Haimburg 293–297
Germanen 20, 41, 44, 228, s. Alemannen, Bayern, Franken
Gerold, Gf. 55, 56, 113 – Bf. v. Freising (206) – Hl. v. Walsertal 88
Gertrud v. Hilzingen 286 – Hl. Äbt. v. Nivelles 69, 70, 72, 73, 77, 81, 83, 105, 111, 543 – Äbt. v. Paradies 302, 303 – Reuter 294 – v. Supplinburg, Hgn. (212)
Gfenn 231
Giangaleazzo Visconti, Hg. v. Mailand (362)
Giel v. Glattburg, Hans Christoph 492
Glarus 28, 344, 540
Glattburg 204, 492
Gnadensee 66, 179, 477, 487
Goldast, Fam. v. Bischofszell 252, 289
Göllingen 128

Gorze 86, 87, 104, 105, 115, 133, 188, 194, 544, Abt s. Ainold
Goslar 157
Gottesfreunde 514, 515
Gottfried, Hg. 33
Gottlieben 237
Gottschalk der Sachse 59
Gozbert, Abt v. St. Gallen 63, 472 – v. Werd 474
Grabs 25–27, 30, 34, 89
Graubünden 226, 230, 552, s. Rätien
Gregor I., Hl. Papst 29, 41, 51, 54, 135, 137, 146, 147, 181, 210, 494, 495 – VII., Papst 122, 144, 148 – IX., Papst (168, 233, 250), 264, 286, 301, 302 – Abt v. Einsiedeln 90–98, 105, 141, 159, 198, 411, 484–486, 544 – Bf. v. Tours 68
Grenoble 361
Griechen 325, Sprache 20, 63, 257, 347, 378, 379 – Griechenland s. Byzantinisches Reich
Grimald, Abt v. St. Gallen 55, 58, 59, 61, 62, 72, 472
Grimmenstein 8, 9, 557
Grimoald, Hausmeier 69
Gröber, Conrad, Ebf. 246
Grub 352
Gruber, Konrad 366, 368, 372 – Otto 487, 488
Gründelbuch 501
Grünenberg 10, 31, 539
Grünewald, Matthias 528
Grüningen 219
Grünwald 322, 323, 558
Gugger v. Staudach, Coelestin, Abt 471
Guido II., Bf. v. Assisi 536
Gundelfingen 338
Gunther der Eremit 128
Guntram v. Adelsreute 196, 201, 502
Guota, Prn. v. Zoffingen 252
Gurk 174
Guta, Gfn. v. Rothenburg (?) 518
Güterstein 360–364, 560
Gutta Mestin 292

Habsburger 13, 122, 123, 180, 200, 244, 247, 260, 273, 274, 280, 288, 289, 304, 310, 318, 324, 338, 355, 358, 360, 374, 507, 537
Habsthal 286
Hadelinda, Gfn. 71
Hadwig, Hgn. v. Schwaben 120
Hagenau 179
Haider, Andres 508
Haimburg, Fam. v. Villingen 289, 292–297

Hallau 289, 294
Hallein 206
Hänlin, Jonas 525
Hans Achler 309–312 – Hechinger 348 – Ulrich Rösch 346
Hartmann v. Aue 239 – I., Bf. v. Chur (94) – I., Gf. v. Dillingen 150 – Gf. v. Grüningen 219 – III., Gf. v. Kyburg 357 – IV., Gf. v. Kyburg 286, 287, 303 – v. St. Gallen 31, 32
Hartwig, Bf. v. Bamberg (125)
Harz 92
Hasenweiler 220
Hasungen 144
Hatto s. Ato und Heito
Havelberg 226, Bf. s. Anselm
Hedwig v. Unlegellen 295 – Gfn. v. Zürichgau 121, (127)
Hegau 34, 85, 130, 136, 243, 244, 247, 286, 289, 544
Heggbach 204
Heideck 176
Heidelberg 136, 331, 333, 346, 495
Heiligenberg 201, 202, 280
Heiliges Land 114, 228, 230–235, 237, 241, 243, 245, 325, s. Orient
Heiligkreuztal 306, 310, 556, Äbt. s. Adelheid
Heinrich I., Kg. 86, 90, 95, 111 – II., Ks. 104, 105, 120, 121, 124, 138, (489), 535, 536, 545 – III., Ks. 77, 107, 110, 111, 113, 115, 123, 545 – IV., Ks. 126, 143, 144, 149, 150, 547 – V., Ks. 150, 163, 210, 211 – VI., Ks. 180, 183, 222, 232, 548 – VII., Ks. 272 – (VII.), Kg. 217, 218, 222 – I., Bf. v. Augsburg (107) – v. Bavendorf 219 – der Löwe, Hg. v. Bayern u. Sachsen 177, 180, 212, 550 – der Schwarze, Hg. v. Bayern (162, 171, 196) – der Stolze, Hg. v. Bayern (212) – Bösch 341, 342 – v. Dettingen 239, 511 – Gräfenberger, Pv. 328–331 – Pp. v. Ittingen 358 – I., Bf. v. Konstanz (215), 222, 251, 252, 270, 286, 287, 302, 504 – II., Bf. v. Konstanz 247 – III., Bf. v. Konstanz (310, 323, 327) – (IV.), Gegenbf. v. Konstanz (318) – IV., Bf. v. Konstanz (360) – Dompp. v. Konstanz 158–161, 165, 499 – Holzbildhauer v. Konstanz 520, 521 – I., Pp. v. Kreuzlingen 160, 161 – II., Abt v. Kreuzlingen 161–170, 172, 179, 425, 497–499, 548 – III., Gf. v. Montfort-Tettnang 323, 324 – Neidhart 359 – v. Nellenburg 122, 129, 140 – v. Pe-

tershausen 179 – v. Ravensburg 219 – Gegenabt v. Reichenau 104–106 – Pp. v. Reichenau 176, 177 – v. Reichenau 113, 114 – III., Abt v. St. Gallen 338, 340 – IV., Abt v. St. Gallen (340, 359) – v. Schmalegg 203 – Schüchti 343, 344 – Seuse, Pr. 246–248, 253–264, 266, 268, 273, 275, 283, 291, 298, 299, 316, 319, 330, 335, 381, 445, 513–515, 554 – I., Abt v. Weißenau 215, 224, 225, 507 – Priester bei Weißenau 227
Heisterbach 9
Heito I., Abt v. Reichenau 52–57, 84, 97, 184, 477
Helfta 92
Henggi Humpis 327, 334, 526–528
Herdern 371
Hergiswald 364
Heribert, Abt v. Reichenau 103
Hermann v. Dietenbach 220 – I., Bf. v. Konstanz 164, 167–169, 357 – III., Bf. v. Konstanz (363) – der Lahme 73–78, 81, 102–119, 121, 122, 125, 127, 128, 133, 134, 138–141, 144, 146, 150, 152, 153, 173, 174, 177, 184, 187, 189, 199, 229, 245, 356, 383, 416, 486–489, 494, 536, 543, 545 – II., Abt v. Pfäfers 489 – Gnifting v. Raderach 234 – I., Hg. v. Schwaben 86–89, 120, 137 – I., Pp. v. Weißenau 214, 218, 224, 506 – II., Pp. v. Weißenau 214–227, 245, 435, 506–508, 552 – I., Bf. v. Würzburg (270) – v. Zähringen (152)
Herrad v. Landsberg 187
Hersfeld 9, 341, 342, 501
Herten 286, 289, 292
Hertlin, Johann Christoph, Abt 506, 507
Hesse, Jost 368, 370, 372
Hessen 41, 237
Hewenegg 295
Hieronymus v. Stridon 111, 343, 527
Hilarius, Hl. Bf. v. Poitiers 28, 29, 33, 55, 68
Hilde Brünnsin 295, 296
Hildebrand Brandenburg 307
Hildegard, Äbt. v. Bingen 174, 187, 545 – Äbt. v. Buchau 75, 76 – Äbt. v. Zürich 72, 73
Hildesheim 146
Hiltebold v. Steckborn (237), 511
Hiltensweiler 323
Hiltibold v. Arbon 23, 24, 473
Hiltrud, Gfn. v. Altshausen 107, 113, 115, 489
Hilzingen 136, 286
Hinwil 38, 79

Hiob, Buch 135
Hippo 155
Hirsauer 11, 131, 134, 148, 149, 153, 160, 171, 186, 194, 197, 199, 340, 469, 499, 547 – Hirsau 130, 133, 140–145, 147, 152, 157, 181, 188, 243, 384, 423, 476, 489, 490, 495, 496, 501, 547, Abt s. Friedrich, Wilhelm
Hirschlatt 172
Hirschtal 286
Hochrhein 28–30, 89, 119, 120, 124–126, 132, 134, 174, 183, 186, 234, 284, 287, 296, 301, 491, 519, 523, 528, 546
Höchst 277, 278
Hofen 7, 8, 12, 539
Hofstadt 330, 527
Hohenbaum, Moritz 519, 520, 522
Hohenberg 528
Hohenbodman 202
Hohenfels 239
Hohenklingen 132
Hohenstaufen 213, s. Staufer
Hohenstoffeln 289, 291, 303
Hohentwiel 120, 238, 546
Hohenzollern 540, s. Zollern
Holderberg 296
Honorius II., Papst 163, 497, 498 – III., Papst 204, 325
Horaz, Dichter 56, 58
Horgenzell 172
Höri 31, 61, 73, 104, 180, 253
Hornbach 56, 58
Hospitaliter s. Johanniter, Lazariter
Hrabanus Maurus, Ebf. 59, 479, 480
Hugo, Adliger 75 – v. Diessenhofen 287 – Abt v. Einsiedeln 338 – I. v. Langenstein 235 – III. v. Langenstein 236 – IV. v. Langenstein 511 – V. v. Langenstein, Komtur v. Sumiswald 238 – VI. der Dichter v. Langenstein 238–246, 254, 258, 440, 510–512, 553 – I., Gf. v. Montfort 230, 231 – II., Gf. v. Montfort 218 – Abt v. St. Antoine (320), 322 – v. St. Victor 210 – v. Stauffenberg 292 – I., Pfalzgf. v. Tübingen 177
Hugolin, Kardinalbf. v. Ostia 302, s. Gregor IX.
Humpis, Fam. v. Ravensburg 324, 327, 329, 334, 362
Hunfrid, Gf. v. Rätien 70–72 – Hunfridinger 71, 72, 74, 75
Hünikon 287
Hunnen 80, 81
Hus, Jan 246, 320, 325, 513

Hüttwilen 365-367
Hyller, Sebastian, Abt 470

Iberg 237
Ida, Hgn. v. Schwaben (88), 485
Iller 14, 43, 541
Imhoff, Antonia Magdalena 522
Immo, Abt v. Reichenau 104, 105, 112, 117, 177
Inklusen 67, 68, 83, 88, 119, 167, 168, 226, 543
Innocenz II., Papst 212 – III., Papst 183, (202, 203), 243, 250, 536, 537 – IV., Papst 216, 288, 301-303, 326 – VII., Papst 321, 324 – VIII., Papst (364)
Innsbruck 525
Iren 21, 22, 28, 31, 35, 37, 45, 47, 63, 65, 87, 99, 119, 168, 280, 540, 549 – Irland 14, 20, 22, 29, 41, 42, 69, 117, 167, 168, 190, 540
Irene, Kgn. 216
Irmentrud, Äbt. v. Buchau 75
Irmingard v. Altshausen 113 – Äbt. v. Frauenchiemsee 72, 543
Isenheim 528
Isidor v. Sevilla 378-382, 387, 561
Islam s. Mohammedaner
Isländer 172, 182
Isny, Stadt 107, 117, 122, 272, 342, 352 – Benediktinerkloster 78, 109, 110, 342
Israel 165, 170
Ita, Hl. v. Fischingen 168, 549 – Gfn. v. Habsburg 122 – v. Hallau 294, 295 – v. Kloten 294 – Gfn v. Nellenburg 121, 122, 127, 129, 133, 134, 491 – v. Weckenstein 204
Ital Humpis 362
Italiener 14, 21, 41, 66, 264, 320, 328, 514 – Italien 19, 21, 22, 24, 25, 34, 40, 56, 77, 88, 179, 183, 199, 218, 249, 253, 256, 262, 269, 326, 334, 335, 360
Itta v. Aquitanien 69
Ittingen, Ort 356, 357, 367, 371, 372 – Klöster: Chorherren 166, 357—360, 366, 367, 373, 535, 560, Pp. s. Albert, Heinrich, Johannes, Konrad, Wilhelm; Kartäuser 360-374, 376, 378, 464, 466, 497, 502, 532-535, 560, Pr. s. Bartholomäus, Bischoff, Gans, Janny, Johannes, König, Moser, Sanler, Seilern, Thaler

Jakob, Erzvater 349 – Räß 363 – Torculator 321 – I., Truchseß v. Waldburg 528 – Pp. v. Waldsee (312, 318)
Jakobus der Ältere, Apostel 103, 127, 167, 530

Janny, Leonhard, Pr. 533
Januarius, Hl. v. Neapel 65, 487
Jeggli, Hans 520
Jerusalem 56, 74, 103, 114, 117, 127, 155-157, 190, 228, 232, 233, 265
Jestetten 237
Jesuiten 10, 11, 377, 388, 529
Jesus Christus 15, 23, 24, 27, 37, 55, 56, 60, 76, 77, 88, 93, 102, 125, 151, 156, 166, 182, 211, 240, 241, 247, 256, 262, 267, 273, 292-298, 300, 310, 312, 314-317, 333, 335, 375, 380, 473, 478, 479, 484, 498, 501, 505, 513-515, 520, 521, 524, 531, 535 – Christi Blut 13, 70, 103, 181, 259, 470, 507 – Grab 156, 228, 241, 477, 478 – Kreuz 28, 67, 68, 70, 103, 108, 157, 160, 163, 181, 482, 496
Johannes, Apostel 149, 169, 297, 298, 315, 482, 483, 517 – XIX., Papst 110 – XXI., Papst (239) – XXII., Papst 256, 257, 260, 272, 273, 279 – (XXIII.), Papst 320, (497) – Bischoff 347 – Büsselheim, Pr. 331 – Carpentarii, Pv. (335) – Faci, Gen. 335 – Gieg, Pr. (335) – v. Grabs 25, 26, 34 – Grossi, Gen. 325, 328, 329, 332 – Horgasser 329 – Pp. v. Ittingen (359) – Pr. v. Ittingen 364 – Keller 308 – I., Bf. v. Konstanz 26, 27 – II., Bf. v. Konstanz 45, 46, 475 – Kraus, Pr. 331 – v. Langnau, Pv. 324 – Lump, Pr. 331 – v. Montecorvino, Bf. 264 – v. Österreich 368, 372 – v. Ravensburg 252, 513 – Schäzlin 333 – Schönbenz 309, 312 – der Täufer 103, 178, 378, 478, 494, 514, 520, 521 – Tauler 256, 515 – Teutonicus, Gen. 251, 252, 288 – Wagner 364 – II., Truchseß v. Waldburg 318, 327 – II., Abt v. Weingarten 340, 341 – v. Winterthur 264-268, 272-281, 290, 291, 301, 304, 334, 350, 447, 515-518, 521, 537, 555 – v. Zug 323
Johanniter 228-234, 279, 291, 347, 552, s. Feldkirch, Tobel, Überlingen
Jonas v. Bobbio 21, 540
Jordan v. Sachsen, Gen. 251
Joseph II., Ks. 512, 524
Judas Thaddäus, Apostel 157, 472
Juden 259, 275, 312
Judintha, Äbt. v. Wald 204
Judith, Ksn. 71
Jugoslavien 363
Jumièges 58
Jung, Stephan, Abt 503

Käfernburg 128
Kain, Sohn Adams 357
Kalabrien 325
Kalchrain 358, 371, 560
Kalixt II., Papst 211 – (III.), Gegenpapst (177) – III., Papst (345)
Kanoniker 14, 73, 79, 85–87, 96, 97, 99, 106, 120, 156, 169, 178, 186, 190, 211, 247, 280, s. Betenbrunn, Bischofszell, Konstanz St. Johann, Konstanz St. Stephan, Niederzell, Oberzell, Zürich Großmünster
Kanonissen 70–74, 90, 121, 159, 203, 221, 542, s. Buchau, Lindau, Säckingen, Schänis, Zürich Fraumünster
Kappadokien 64
Kappel am Albis 371
Kappel bei Buchau 77, 79, 80, 481, 543
Kapuziner 10, 384 – Kapuzinerinnen 8
Karl I. der Große, Ks. 44, 46, 49, 51, 52, 54–57, 65, 70, 71, 76, 77, 80, 111, 478, 479, 541 – II. der Kahle, Ks. 60, 62, 65 – III. der Dicke, Ks. 29 – IV., Ks. 300 – Martell, Hausmeier 38, 39, 41, (49), s. Karolinger
Karlmann, Hausmeier 39, 42
Karlsruhe 136, 478, 487, 489, 494, 497, 501, 504, 511
Karmel 325, 327
Karmeliter 322, 325–338, 374, 457, 525–528, 558, s. Ravensburg
Kärnten 324
Karolinger 39–49, 51–53, 57, 60, 63, 65, 69–73, 81–85, 89–100, 110, 120–122, 132, 140, 145, 146, 151, 171, 174, 176, 186, 195, 269, 381, 382, 472, 477, 541, 542
Kartäuser 87, 356, 360–375, 377–379, 384, 464, 465, 532–535, 559, 560, s. Ittingen
Kaspar, Abt v. St. Gallen 342–345
Kassel 144
Kastl 150, 153, 342
Katharer 232, 248, 249, 514, 553
Katharina, Mtn. v. Alexandria 248, 287, 519, 521 – v. Siena 315
Kathrin Brünnsin 298 – v. Stein 294, 295
Kelten 20
Kempten, Stadt 43, 223, 334 – Benediktinerkloster 43, 44, 58, 95, 112, 113, 218, 541, Abt s. Rupert, Tatto
Kirchheim am Ries 316
Klara, Äbt. v. Assisi 302 – Äbt. v. Buchau 483
Klarissen 301–305, 308, 309, 374, 453, 522, 523, 556, s. Königsfelden, Paradies, Valduna
Kleinsträttl, Georg Wilhelm 509

Klemens I., Hl. Papst 112 – III., Papst (202) – VII., Gegenpapst (318)
Kleophas, Hl. v. Emmaus 527
Klettgau 123, 174, 549
Klingenberg 247, 358
Klösterle 231
Klosterreichenbach 423, 495, 496
Klosters 213
Kloten 288, 294
Knoepfli, Albert 526
Koblenz 366
Koinobiten 14, 15, 35, 36, 40, 47, 48, 84, 87, 88, 96, 99, 322, 339, 343, 355, 378, 379, 475, s. Benediktiner, Zisterzienser
Kollegiatstifte s. Kanoniker, Kanonissen
Kolmar 160, 234
Köln, Ebf. s. Adolf, Friedrich – Ebf.sitz 183, 196, 211 – Stadt 255, 256, 262, 341, 360, 554 – Klöster: Benediktiner Groß St. Martin 167; Dominikaner 251, 255–257, 330; Franziskaner 264, 265; Karmeliter 326, 327, 331
Kolumban, Abt v. Luxeuil 12, 19–25, 28–31, 33, 35, 37, 40–43, 63, 69, 88, 96, 99, 117, 167, 344, 377, 380, 473, 475, 529, 531, 540
König, Bernhard, Pr. (534)
Königsegg 315 – -Rothenfels, Maria Karolina v., Äbt. 480, 481
Königsfelden 280, 304, 305, 308, 309, 317, 468, 531, 537, 538, 556
Konrad II., Ks. 109, 110, 115, 545 – III., Kg. 164, 173, 176 – IV., Kg. 218 – v. Bayern 196 – v. Berg 247 – I., Bf. v. Chur (213) – III., Abt v. Einsiedeln (13) – IV., Bf. v. Freising 358 – v. Grünenberg 31 – Pp. v. Ittingen (358) – v. Kloten 288 – I., Hl. Bf. v. Konstanz 86, 87, 90, 92, 97, 113, 123, 137, 152, 156–167, 170, 171, 181, 228, 292, 429, 485, 494, 496, 499, 501, 502, 514, 548, 550 – II., Bf. v. Konstanz (205), 217, (504) – v. Krenkingen 173, 174 – Kügelin, Pp. 309–319, 524, 525, 557 – v. Lindau 295 – II., Abt v. Lützel (206) – v. Marbach 288 – Mechinger, Pr. 333 – v. Milven 272 – v. Neufrach 177 – v. Öhningen s. Kuno – I., Abt v. Petershausen 494 – Pfefferhard, Pp. 510 – Abt v. Prémontré 225, 226 – Rösch 342, 346 – Abt v. Salem 207 – III., Abt v. St. Gallen 340 – v. St. Gallen 511, 517 – v. Weilheim 273 –

Schenk v. Winterstetten 204, 221–223 – Hg. v. Zähringen (162, 163) – Konradiner 74
Konstantinopel 117, 232
Konstanz, Bistum 14, 26, 45, 82, 92, 94, 116, 117, 131, 143, 146, 150, 158, 163–165, 183, 185–187, 213, 216, 234, 260, 279, 282, 305, 321, 324, 328, 338, 354, 375, 477, 493, 525, 547–549, 553, 554 – Bf. s. Albrecht, Arnold, Burchard I., II., Diethelm, Dietrich, Eberhard II., Fugger, Gaudentius, Gebhard II., III., Gerhard IV., Heinrich I.–IV., Hermann I., III., Johannes I., II., Konrad I., II., Lantpert, Mangold, Marquard, Nikolaus I., II., Noting, Otto I., III., Rodt, Rudolf II., III., Rumold, Salomon I., III., Sidonius, Ulrich I.–III., Warmann – Bf.sitz 13, 25, 26, 33, 36, 39, 45–47, 79, 80, 86, 89, 96, 97, 110, 112, 113, 115, 119, 132, 134–140, 146, 152–155, 157–160, 166, 169–172, 175, 180, 181, 184, 186–189, 205, 209, 226, 235, 244, 253, 270, 300, 303, 315, 318, 320, 355, 359, 373, 374, 379, 426, 427, 429, 488, 489, 496, 498–502, 513, 528 – Domkapitel 45, 85, 86, 139, 146, 147, 153, 156, 158, 159, 162, 163, 165, 169, 170, 180, 184, 185, 359, 498–501, Pp. s. Heinrich
Konstanz, Stadt 10, 12, 16, 19, 21, 23, 27, 30, 46, 71, 123, 124, 136, 137, 145, 149, 154–157, 161, 163–165, 168, 169, 172, 180, 186, 187, 205–207, 209, 217, 221, 228, 234, 244, 246–248, 253–255, 257–263, 274–278, 287, 289–292, 294, 296, 304, 334, 337, 343, 351, 352, 359, 362, 363, 370, 427, 439, 442, 493, 497, 499–500, 508, 512, 547, 549, 551, 554, 557, 560 – Klöster: Antoniter 320–322, 335, 528, 558; Augustiner-Eremiten 10, 169, 320, 326, 327, 339, 558; Benediktiner s. Petershausen; Chorherren St. Mauritius 86, 156–160, 162, 165, 167, 496, 499, 548; Dominikaner 8, 11, 247, 251–263, 266, 271, 273, 279, 281, 284–288, 291, 292, 298, 300, 320, 443, 444, 512–516, 519, 526, 532, 553, Pr. s. Heinrich Seuse, Lorinser; Dominikanerinnen St. Peter 253, 553; Dominikanerinnen Zoffingen 11–13, 252–254, 256, 261, 273, 513, 521, 539, 553, Prn. s. Guota; Franziskaner 270, 271, 280, 302, 307–309, 316, 320, 555; Franziskanerinnen 306; Jesuiten 10, 513, 529; Kanoniker St. Johann 169, 247, 500, 510, 549, Pp. s. Konrad Pfefferhard; Kanoniker St. Stephan 156, 163, 270, 359,
498, 500, 548; Kapuziner 10; Klarissen Paradies 301–303, Äbt. s. Gertrud; Schotten 10, 167, 168, 260, 322, 548, 549 – Konzil 171, 315, 318, 320, 322, 324, 325, 329, 330, 338–340, 353, 354, 358–360, 374, 481, 557
Kornelier 79, 80
Kornelimünster 52–54
Kosmas, Mt. v. Kleinasien 527
Krakau 328
Kraus, Franz Xaver 512
Krenkingen 173, 174, 177, 183–185, 198, 303, 549
Kreuzlingen 8, 154, 155, 160–172, 174, 175, 178–181, 186, 188, 189, 193, 204, 210–212, 217, 220, 226, 230, 231, 235, 238, 250, 252, 289, 309, 320, 321, 357–359, 363, 424–426, 432, 494, 496–501, 504–508, 525, 529, 548, Pp. bzw. Abt s. Denkinger, Erhard, Heinrich I., II., Manegold, Markus, Siegfried, Tschudi
Kumanen 232
Kümmerazhofen 527
Kunigunde, Ksn. 535
Kuno, Gf. v. Achalm 143, 144, 495 – v. Feldbach 237, 239 – Gf. v. Öhningen 119–121 – Abt v. Rheinau 147, 148, 151 – Priester bei Weißenau 227
Kurzrickenbach 163
Kyburg 200, 237, 286–288, 303, 357, 358

Laienbruderschaften 142, 159, 169, 228, 232, 264, 265, 268, 269, 287, 305, 306, 321, 326, 327, 335, 337, 387, s. Beginen, Terziaren
Lang, Hans Caspar 490, 491
Langenargen 323
Langenstein 235–246, 252, 511, 553
Langnau, Klöster: Benediktiner 323; Pauliner 323–325, 335, 558, Pv. s. Johannes, Nikolaus
Langobarden 41
Langres 193
Lantfrid, Hg. (33, 39, 49)
Lantpert, Bf. v. Konstanz 105, 138 – v. St. Gallen 45
Laon 211
Latein 20, 36, 41, 50, 51, 56, 65, 107, 128, 130, 215, 221, 224, 239, 255, 264, 296, 298, 308, 316, 329, 341, 492, 514, 516, 525
Lateran 497 – Erstes Konzil 162, 169; Zweites 220; Viertes 205, 250, 251 – Synode 157
Laubegg 289

Laurentius, Mt. v. Rom 348, 357, 471, 533
Lazariter 231, 552, s. Gfenn
Lazarus v. Diessenhofen 38, 45, 57
Lech 43, 117, 213, 475, 541
Leipzig 340
Lengwil 163, 164
Leningrad 32, 210
Lenzburg 119, 124, 286
Leo IX., Papst 112, 125, 140, (490) – v. Assisi 281
Leopold III., Hg. v. Österreich 318 – IV., Hg. v. Österreich 308
Leubovera, Äbt. v. Poitiers 67, 68
Liebenau 217
Limmat 73, 191, 503
Lindau, Stadt 8, 33, 72, 74, 178, 206, 221, 223, 269–272, 274–278, 280, 281, 289, 295, 318, 324, 351, 354, 446, 447, 515–517 – Klöster: Franziskaner 264, 266, 270–281, 290, 308, 309, 312, 318, 323, 358, 372, 515–518, 520, 526, 555, Pv. s. Marquard; Franziskanerinnen 273, 306, 308, 380; Frauenkloster St. Marien 8, 70–72, 75, 82, 113, 119, 175, 203, 269, 515, 516, 543, Äbt. s. Eufemia, Touta
Linzgau 196, 208, 280
Litauer 240, 266, 511
Litzelstetten 178, 236
Liutfrid Muntprat 362
Liutgard v. Peißenberg 222 – v. Zähringen, Markgfn. (150)
Liuthar v. Reichenau 113
Liuthard, Abt v. Reichenau 103
Liutold v. Dillingen 495 – v. Krenkingen 184 – Abt v. Petershausen 143
Liutolf, Abt v. Schaffhausen 126, 127 – Hg. v. Schwaben (88), 485
Liutpald, Abt (?) v. Schaffhausen 125, 128
Loire 62, 169
Lombardei 180, 274
London 210, 331, 388
Lorch 237
Lorinser, Matthias, Pr. 512
Lothar I., Ks. 60 – III., Ks. 212
Lothringen 86, 87, 99, 106, 116, 489
Löwental, Ort 9, 223 – Dominikanerinnenkloster 9–11, 240, 252, 539, 553, Prn. s. Touta
Ludwig I. der Fromme, Ks. 49, 52, 55, 59, 60, 63, 71, 72, 77, 84, 479 – IV. der Bayer, Ks. 260, 272, 279, 554 – I. der Deutsche, Kg. 60–62, 72, 73, 119 – Gf. v. Pfullendorf 148 – Abt v. Reichenau 176

Luggi v. Stein 296
Lukas, Evangelist 472, 520
Lukmanierpaß 35
Luther, Martin 368, 560
Lützel 195–198, 206, Abt s. Christian, Konrad
Luxemburger 324
Luxeuil 24, Abt s. Kolumban
Luzern, Stadt 343, 344, 364, 370, 448, 518, 530, 535 – Klöster: Benediktiner St. Leodegar 344; Franziskaner 448, 518, 527, 530 – Land 237
Luzius, Hl. v. Chur 213
Lyon 261, 288

Maas 38, 69, 321
Madachhof 198, 202
Madrid 249
Magdalena v. Waldburg 528
Magdeburg 212, Ebf. s. Norbert
Magdenau 204, 252, 287, 292, 349, 551, Äbt. s. Margarethe
Maginold v. St. Gallen 473
Magnus, Hl. v. Füssen 43, 44, 46, 48, 108, 146, 474, 475, 531, 541
Magulf v. St. Gallen 33
Mahlspüren 308
Mahtolf v. Neufrach 177
Mailand 34, 230, 362
Main 326, 331
Mainau 8, 227–229, 234–246, 252, 279, 281, 359, 437, 438, 509–513, 517, 529, 553, Komtur s. Eberhard II. v. Steckborn, Hiltebold v. Steckborn, Roll, Rudolf v. Iberg, Rudolf v. Urach, Schönau, Ulrich v. Jestetten, Wolfram v. Nellenburg
Mainz 117, 167, 479, 489, 554, Ebf. s. Bonifatius, Hrabanus
Majolus, Abt v. Cluny 96
Makkabäer 240
Mamelucken 233
Mammas, Mt. v. Caesarea 64
Manderscheid 506
Manegold, Gf. v. Altshausen 109, 110, 113 – Abt v. Kreuzlingen 172 – v. Stein 126, 127, 131, 133 – v. Zürichgau 121, 122
Mangold, Bf. v. Konstanz (318) – Gf. v. Rohrdorf 201, 222
Mantua 366
Manzell 217–219, 223, 227, 551
Marbach im Elsaß 160, 161, 357, 548
Marbach am Untersee 288
Marburg 287

Marchtal s. Obermarchtal
Margarethe, Äbt. v. Magdenau (292) – Meisterin v. Reute 312, 313
Margret v. Fürstenberg 289
Maria, Hl. Mutter Jesu 8, 9, 13, 33, 55, 62, 77, 88, 108, 117, 119, 121, 173, 197, 199–200, 202, 258, 262, 264, 281, 287, 292–294, 296, 297, 314, 325–327, 332, 335, 337, 338, 355, 409, 433, 450, 469, 473, 478, 482–484, 497, 498, 501–503, 505, 508, 509, 517, 518, 520, 521, 525, 526, 528, 531, 534 – Frau des Klopas 482, 483 – Magdalena 296, 297, 482, 483, 507
Mariaberg s. Rorschach
Maria Laach 487
Marianus Scotus v. Mainz 167 – v. Regensburg 167
Mariatal s. Meisental
Mariazell auf dem Beerenberg 338, 558
Marienburg 233
Markdorf 481, 530
Markolf v. Reichenau (?) 49
Markus, Evangelist 56, 102, 103, 106, 112, 118, 125, 126, 135, 284, 413, 479, 486, 487 – Abt v. Kreuzlingen (363)
Marquard v. Bernloch 219 – v. Dillingen 144, 495 – Bf. v. Konstanz (312, 327) – v. Konstanz 164, 179, 230 – v. Lindau, Pv. 308 – v. Tegernsee 31, 308 – Guardian v. Zürich (272)
Martha v. Bethanien 67
Martin V., Papst 320, 324, (332), 340, (481) – Hl. Bf. v. Tours 33, 55, 67, 86, 123, 181, 211, 294, 315, 470
Martina, Mtn. v. Rom 240–242, 511, 553
Masovien 232
Mathilde v. Adelsreute 201 – v. Konstanz 179 – Äbt. v. Quedlinburg (90)
Matthäus, Pp. v. Großmünster (359)
Mauch, Leopold, Abt 505, 506
Maulbronn 181
Mauritius, Mt. v. Agaunum 86, 87, 146, 156, 158, 165, 499
Maximin, Hl. Bf. v. Trier 94
Mechthild v. Altshausen 113 – v. Berg 248, 254 – v. Eschenz 293 – v. Hewenegg, Prn. 295 – Huser 294 – v. Kloten, Prn. 288 – Ritter 296, 297 – v. Torlikon 295 – v. Wangen 296, 299 – Äbt. v. Zürich (270)
Meersburg 260 – Dominikanerinnenkloster 286
Mehrerau, Klöster: Benediktiner 8, 11, 31, 148, 151, 153, 154, 181, 210, 218, 230, 307, 338, 355, 547; Zisterzienser 8–11, 13, 191, 209, 539
Meingoz, Abt v. Weingarten 181, 182
Meinrad, Hl. Eremit 31, 58, 84–88, 96–98, 107, 193, 412, 484, 486, 514, 528, 544 – Abt v. Petershausen 139, 140, 143, 148, 151
Meisental 220, 221, 226, 507
Meister v. Basel 528 – v. Mittelbiberach 482, 483
Melk 343, 344
Melpomene, Muse 76
Memmingen, Stadt 360 – Klöster: Antoniter 321; Kartäuser s. Buxheim
Mendikanten s. Bettelorden
Mengen 71, 72
Mentzinger, Johann Jakob 516
Merian, Matthäus 481, 503, 504, 509, 510, 516, 517
Merowinger 19, 28, 29, 33, 44, 51, 67, 69, 99, 539
Meßkirch 198, 204, 246
Mettenbuch 285
Metz, Bistum 86, 97 – Bf. s. Adalbero, Arnulf, Benno – Stadt 26, 86
Mia v. Konstanz 296 – v. Rittershofen 293
Michael, Erzengel 167, 178, 241, 243, 295, 303, 327, 472, 487, 526, 527, 536
Michel Rösch 342, 346
Mieser, David 506, 526
Mietingen 78
Milo v. Alt St. Johann 31
Milven, Fam. v. Lindau 272
Minderbrüder s. Franziskaner
Mittelbiberach 482, 483
Mittelmeer 29, 55, 228, 243, 327
Mittelrhein 152, 187, s. Rheinland
Mittelzell s. Reichenau
Möggingen 307, 308, 319, 378, 556, 557
Mohammed 265 – Mohammedaner 85, 88, 228, 229, 232, 248, 265, 325
Molesme 193, 194, Abt s. Robert
Mönche 20, 36, 152, 281, 378–380, s. Orden
Mongolen 264
Monte Cassino 40–42, 50, 65, 536
Monteverde 58
Montforter 218, 230, 231, 260, 280, 308, 323, 324, 483
Moosbrugger, Kaspar 83, 98
Morgan, John Pierpont 521
Mörike, Eduard 7, 8, 12, 389
Morimond 195, 196
Moritz s. Mauritius
Mosel 49, 69
Moser, Adam 368, 369 – Ludwig, Pr. 365

Moses, Buch 12
Mötteli, Fam. v. Buchhorn 334, 526
Mühlbruck 508
München 365, 497
Münster in Westfalen 379
Münsterlingen 8, 83, 159, 165, 203, 221, 287, 548
Muntprat, Fam. v. Konstanz 334, 362
Murbach 58, 61, 518
Murer, Jakob, Abt 507, 508, 552
Muri 95, 122, 123, 143, 145
Müstair 35, 57

Nagold 140
Nahe 121
Namur 87
Nantes 332
Neapel 304
Neckar 33, 34, 39, 109, 110, 117, 122, 213
Neidhart, Fam. v. Ulm 359, 360
Nellenburg 121, 122, 124, 126, 127, 131, 134, 144, 173, 174, 243, 323, 357, 511, 546
Nenzingen 124
Neresheim 150, 161, 497, 498, 547
Neuburg bei Mammern 9
Neufrach 177
Newman, John Henry 12
New York 521
Nidegg, Fam. v. Ravensburg 324
Niederaltaich 57, 95, 128
Niederdeutschland 326, 332, 360, 362
Niederlande 81, 338
Niederrhein 38, 262, 326, 338
Niedersachsen 251, s. Sachsen
Niederzell 9, 105, 178, 185, s. Reichenau
Nikolaus IV., Papst 305 – v. Flüe 84 – I., Bf. v. Konstanz 260, 279 – II., Bf. v. Konstanz (318) – v. Langnau, Pv. 323 – Hl. Bf. v. Myra 158, 247, 253, 494, 513, 514
Nil 20
Ninive 296
Nivelles 69, 70, 72, 73, 77, 81, 105, 111, Äbt. s. Gertrud, Wulfetrud
Nonnen 66, 69, 70, 73
Norbert v. Xanten, Ebf. 210–214, 220, 221, 226, 249, 508, 551
Nordamerika 32
Nördlingen 331, 335
Normannen 64, 85
Nortpert, Abt v. St. Gallen 115, 116
Noting, Bf. v. Konstanz 485
Notker der Dichter 32, 51, 540, 542
Nürnberg, Stadt 363, 373, 406, 479, 480, 500, 557 – Klöster: Dominikanerinnen 521;
Karmeliter 326, 328–332, 335; Kartäuser 362, 363; Schotten 168
Nussbaumen 357, 369–371

Oberalppaß 35
Oberdeutschland 149, 182, 196, 212, 234, 263, 266, 270, 291, 326, 328–332, 344, 360, 362, 367, 555, 558
Oberdorf 236
Obereisenbach 219
Obereschach 219, 227
Obermarchtal, Ort 74 – Prämonstratenserkloster 181, 184, 213, 483
Oberpfalz 150, 342
Oberrhein 88, 89, 213, 230, 234, 269, 298, 543
Oberschwaben 71, 172, 186, 196, 199, 204, 212, 213, 215, 219, 220, 225, 234, 251, 253, 310, 325, 334, 364, 482, 528, 550, 551, 560
Obersee 8, 28, 30, 46, 63, 148, 206
Oberstammheim 369
Oberzell in Reichenau 9, 92, 105, 178–180, 185, 545
Oberzell im Schussental 203
Oechsli, Hans 370
Odo, Abt v. Cluny 86
Oftringen, Anna v., Äbt. (522)
Öhningen 9, 119–121, 166, 180, 181, 358, 359, 546, Pp. s. Friedrich
Oening, Fam. v. Schaffhausen 532
Opert v. Petershausen 145
Orden 52, 195, 265, 381, 382, 539, s. Bettelorden, Eremiten, Koinobiten, Regularkanoniker, Ritterorden
Orient 55, 56, 228, 230, 231, 233, 234, 240, 245, 265, 266, 296, 325, 336, 385, s. Ägypten, Heiliges Land
Orsingen 235
Ortenau 89, 92
Ortulf v. Peißenberg 222 – Pp. v. Weißenau 214
Ortwin v. Ramsberg 177
Osma 248, Bf. s. Didacus
Osnabrück 114
Ossingen 295
Österreicher 362, 363, 368, 372, 509, s. Habsburger – Österreich 8, 13, 308, 318, 343, 365, 537, 539, 560
Oetenbach s. Zürich
Oteno, Abt v. Rot 213, (224), 508
Otloh v. St. Emmeram 541
Otmar I., Hl. Abt v. St. Gallen 12, 36–49, 51, 53, 55, 62, 63, 71, 85, 88, 89, 91, 97,

120, 280, 348, 356, 399, 401, 402, 471, 472, 474–476, 480, 485, 486, 488, 495, 531, 541
Otto I. der Große, Ks. 88–91, 95, 111, 124, 544 – II., Ks. 95, 544 – III., Ks. 77, 95, 124, 544, 545 – I., Bf. v. Freising 187, 195, 200, 545 – I., Bf. v. Konstanz (139) – III., Bf. v. Konstanz (320), 359, (469), 528 – Hg. v. Österreich 537 – Kommissar v. Petershausen 143 – III., Hg. v. Schwaben 102
Ottobeuren, Ort 182 – Benediktinerkloster 483, 544
Ottonen 75, 83, 87, 89–91, 94–100, 104, 110, 119, 121, 151, 159, 474, 477, 488, 543–545, 547, 548
Otwin, Gf. 27
Ovid, Dichter 56, 58, 60
Oxford 250, 325

Pachomios v. Tabennisi 36, 40
Paderborn 167, 251
Padua 250, 514
Palästina s. Heiliges Land
Pamiers 328, 332
Paradies 301–305, 308–310, 317, 319, 374, 452, 453, 522, 523, 529, 532, 533, 556, Äbt. s. Andergand, Gertrud, Oftringen
Paris, Bf. s. Dionysius – Stadt 207, 215, 242, 250, 251, 255–257, 328, 329, 331, 521, 536 – Klöster: Dominikaner 250, 259; Franziskaner 273
Pascal, Blaise 362
Pauliner 322–325, 336, 338, 528, 558, s. Langnau
Paulus, Apostel 142, 209, 217, 387, 481, 498, 524, 531 – Hl. v. Theben 322, 324, 528
Pavia 346, 347, 362, 366, 373, Bf. s. Damian
Pegau 340, Abt s. Konrad III. v. St. Gallen
Peißenberg 212, 214
Peking 264, 265, Bf. s. Johann v. Montecorvino
Pelagius, Mt. v. Aemona 85, 146, 170, 501
Peter v. Blois 215, 216, s. Petrus
Petershausen 8, 9, 94–97, 126, 132, 136–140, 142–155, 157–159, 161, 162, 164, 165, 167–172, 174, 175, 178, 179, 181, 184, 188, 189, 193, 197, 204, 210, 320, 338–341, 344, 346, 347, 351, 384, 421, 422, 493–500, 505, 507, 513, 515, 547, 559, Abt s. Dietrich, Konrad, Liutold, Meinrad, Otto, Siegfried, Strobel, Werner
Petrus, Apostel 24, 69, 103, 112, 137, 142, 145, 148, 151, 172, 209, 210, 216, 217, 253, 303, 309, 380, 472, 481, 498, 500, 522–524 – Martyr v. Verona 514
Pfäfers 35, 57, 95, 116, 126, 542, Abt s. Hermann
Pfaffen-Schwabenheim 121
Pfefferhard, Fam. v. Konstanz 261, 289, 292, 510
Pfister, Christian 530
Pfullendorf, Stadt 148, 176, 204, 230, 285, 470 – Klöster: Dominikanerinnen 285, 287, 555; Franziskanerinnen 285
Philipp, Apostel 138 – Kg. 182–184, 213, 216, 218, 221, 222, 549 – II., Hg. v. Burgund (362)
Pilatus, Pontius 347
Pilatus bei Luzern 364
Pippin der Ältere, Hausmeier 69 – der Mittlere, Hausmeier 33, 38 – der Jüngere, Kg. 39, 42–45 – Pippiniden 33, 38, 69, 70, s. Karolinger
Pirmin, Hl. Abt v. Reichenau 31, 39, 49, 53, 56, 58, 63, 97, 112, 114, 380, 477, 478, 487, 541
Pius II., Papst (346) – X., Papst 561
Placidus, Mt. v. Disentis 35, 541
Plankental 80, 81
Platon, Philosoph 60
Plettiarch 363
Pleydenwurff, Wilhelm 479
Plinius der Ältere 63
Plissen 31
Po 321
Poitiers, Bf. s. Hilarius – Stadt 28 – Frauenkloster 67–70, 76, 309, Äbt. s. Agnes, Dedimia, Leubovera
Polen 329
Prag, Stadt 128, 210, 551 – Klöster: Karmeliter 328; Kartäuser 364
Prämonstratenser 181, 186, 210–227, 233, 250, 251, 282, 322, 434, 505–508, 551, 552, s. Schussenried, Weißenau – Prämonstratenserinnen 220, 221, 249, s. Meisental
Prätigau 213
Predigerorden s. Dominikaner
Prémontré 211, 212, 225, 226, Abt s. Konrad
Preußen 232–234, 237, 240, 245, 552
Priestergemeinschaften 85, 160, 544, s. Kanoniker, Regularkanoniker
Priwitz 332
Prouille 249, 286
Provence 248, 327, 335
Prüm 104, 485
Purchard, Abt v. Regensburg 108, 478

Quedlinburg 90, 146, Äbt. s. Mathilde

Radbot, Gf. v. Habsburg 122
Radegunde, Kgn. 28, 67–70, 74, 77, 82, 83, 309, 543
Raderach 223, 234
Radolfzell 105, 179, 379
Rahlen 508
Rammertberg 322
Ramsberg 177, 285
Ramschwag 291
Ramstein 235
Randegg 289, 358
Randen 126, 173, 264, 266, 549
Ranke, Leopold v. 228
Rankweil 172, 308
Raphael, Erzengel 536
Rapperswil 200, 226, 231
Rätoromanen 22, 26, 35–38, 47, 475, 476 – (Chur-)Rätien 19, 25, 34, 36, 39, 46, 57, 74, 85, 88, 89, 92, 95, 397, 472, 473, 475, 476, 541, s. Graubünden
Ratpert v. St. Gallen 115
Rauhe Alb. s. Schwäbische Alb
Ravensburg, Stadt 123, 172, 203, 204, 208, 209, 212, 214, 216, 217, 219, 224, 227, 252, 270, 272, 303, 324, 325, 327, 329, 334, 335, 337, 342, 352, 354, 362, 366, 456, 457, 506, 508, 513, 525–527, 551, 558 – Klöster: Antoniter 321; Franziskanerinnen 311, 327, 328, 526, 558; Karmeliter 325, 327–335, 337, 342, 354, 374, 457, 458, 525–529, 532, 535, 558, Pr. s. Johann Gieg, Johann Lump, Ulrich Roschach, Pv. s. Eberhard Horgasser, Simon Reiser
Regensburg, Bf. s. Albertus, Erhard, Wolfgang – Bf.sitz 93, 94, 97, 117 – Stadt 102 – Klöster: Benediktiner St. Emmeram 94, 108, 115, 141, 536, 541, Abt s. Purchard; Karmeliter 326; Schotten 167
Reginbert v. Reichenau 52, 61
Reginlind, Hgn. v. Schwaben 86, 89, 120
Regino v. Prüm 485
Reginolf v. Eritgau 73, 75
Regula, Mtn. v. Zürich 72, 86
Regularkanoniker 156, 379, 548, s. Augustiner-Chorherren, Prämonstratenser
Reichenau, Ort 29, 31, 111, 178, 179, 185, 549, s. Niederzell, Oberzell – Benediktinerkloster 7, 9, 13, 29, 31, 39, 42–44, 49–66, 70–77, 80, 82–85, 87, 88, 90–94, 96–99, 102–122, 124–126, 128, 129, 133–135, 137–140, 143–147, 150, 153, 157, 165, 166, 172–188, 200, 201, 209, 210, 223, 228, 235–239, 244, 245, 277, 279, 289, 300, 304, 338, 340–342, 354–356, 403–405, 413–415, 428, 467, 475–482, 485–489, 494, 498, 500–502, 505, 507, 510, 511, 535, 536, 541, 542, 544, 545, 547, 549, 559, Abt s. Albrecht, Bern, Diethelm, Ekkehard I., II., Erlebald, Frideloh, Friedrich I., II., Heinrich, Heito I., Heribert, Immo, Johannes II., Liuthard, Ludwig, Pirmin, Ruadhelm, Ruodmann, Sidonius, Ulrich I., II., IV., Walahfrid, Waldo, Werner, Witigowo
Reinsperg, Lorenz 507
Reuß 518
Reute bei Fronhofen 330, 527
Reute bei Tettnang 97
Reute bei Waldsee, Ort 309–311, 317, 318 – Franziskanerinnenkloster 311–319, 334, 374, 454, 524, 525, 532, 557, Meisterin s. Margarethe
Reutlingen 143, 144, 215, 322
Rhein s. Alpenr., Hochr., Mittelr., Niederr., Oberr., Rheinfall, Seer., Vorderr., s. Rheinland
Rheinau 97, 113, 114, 119–121, 126, 147, 151, 174, 175, 183, 187, 190, 237, 338, 519, 546, 549, Abt s. Kuno, Richard, Wolvene
Rheineck 9, 218
Rheinfall 119, 123, 165
Rheinfelden, Stadt 120, 148, 234, 237, 289 – Johanniterkommende 231
Rheinland 259, 266, 321, 360, 362, 539
Rhön 330
Richard, Abt v. Rheinau 113, 114
Richel Horgasser 329
Richgard, Ksn. 29, 73
Rieden 177
Riedern am Wald 173, 174, 189, 549
Riedlingen 215, 310, 364, 366
Rienolt, Fam. v. Lindau 289
Rimmersberg 508
Ringgenburg 223
Ritterorden 228–233, 241, 242, 244, 245, 248, 250–252, 552, s. Deutschherren, Johanniter, Lazariter, Templer
Rittershofen 293
Robert, Abt v. Molesme 193, 194, 210, 550
Robertiner 71, 72
Rodt, Franz Konrad v., Bf. (477, 524)
Roggenburg 212–214
Rohrdorf 198, 201, 202, 222, 502
Rohrhalden 322

Roll, Maurus v., Abt 483 – v. Bernau, Ignaz 509
Rom, Stadt 69, 74, 85, 119, 125, 127, 128, 137, 146, 167, 172, 249, 284–286, 335, 346, 347 – Reich 19, 20, 30, 33, 43, 111, 210, 240, 241, 245, s. Latein
Rom, Papstsitz 29, 40–42, 44, 46, 103, 106, 110, 112, 122, 134, 141, 149, 150, 152, 162, 163, 169, 177, 179, 185, 187, 188, 195, 202, 203, 248, 269, 307, 318, 321, 324, 328, 347, 360, 361, 489, 525 s. Lateran, Vatikan – Papst s. Alexander II., III., Anaklet II., Benedikt IX., XII., XIII., Cornelius, Eugen III., IV., Gregor I., VII., IX., Honorius II., III., Innocenz II., III., IV., VII., VIII., Johannes XIX., XXI., XXII., (XXIII.), Kalixt II., (III.), III., Klemens I., III., VII., Leo IX., Martin V., Nikolaus IV., Pius II., X., Sixtus II., IV., Urban VI., Zacharias
Romanen 19, 21, 22, 26–29, 34, 51, 249, 282, 475, 539, s. Rätoromanen
Romanshorn 156, 351
Rorschach, Stadt 124, 344, 347–349, 351, 352, 460, 498, 529, 531, 559 – Benediktinerkloster Mariaberg 8, 14, 350–353, 363, 371, 375, 376, 460, 461, 463, 529–532, 559
Rösch, Fam. v. Wangen 342, 346, 359
Rosenegg 338
Rostock 366, 373
Rot an der Rot 184, 212–214, 224, 225, 508, 551, Abt s. Oteno
Rothenburg bei Luzern 518
Rothenfels 480
Rottenberg, Josepha v., Prn. 519
Rottenburg, Bistum 524 – Stadt 322, 331 – Karmeliterkloster 326
Rottweil 37, 272
Roudpert v. Reichenau 104, 105, 107
Ruadhelm, Abt v. Reichenau (60)
Ruadrich, Gf. 54
Rudhard, Gf. 44, 356, 543 – Bf. v. Straßburg (87)
Rüdiger Manesse 239
Rudimann s. Ruodmann
Rudolf I. v. Habsburg, Kg. 274, 507 – v. Rheinfelden, Gegenkg. 148 – Giel v. Glattburg 204 – v. Iberg 237 – II., Bf. v. Konstanz (247, 511) – III., Bf. v. Konstanz 260, 279 – V., Gf. v. Montfort-Feldkirch 308 – Gf. v. Pfullendorf 230 – v. Ramsberg 177 – III. v. Rapperswil 231 – v. Urach 510
Rüeger, Johann Jakob 490, 491
Rufach 234
Rulmann Merswin 515
Rumold, Bf. v. Konstanz 125, 157, 500
Ruodmann, Abt v. Reichenau 7, 103, 104, 116, 389
Ruodpert I., Gf. v. Argengau 71 – Ruodpert II., Gf. 72
Rupert I., Abt v. Kempten (218) – v. Petershausen 143
Rußland 32
Rüti 213, 226, 551
Rütimann, Burchard (371)

Sachsen, Stamm 38, 51, 86, 88, 121, 133, 146, 212, 239, 251 – Land 368
Sackbrüder 327, 558
Säckingen 28–30, 42, 44, 69, 71, 73, 116, 119, 126, 208, 540
Sadeler, Jan 497
Saint-Antoine 320–322, Abt s. Hugo
Saint-Maurice 87
Säkularkanoniker s. Kanoniker
Salem 8, 11, 13, 136, 167, 173, 177, 181, 182, 184, 186–188, 191, 192, 195–210, 212–214, 220–222, 226, 227, 235–237, 244, 251, 253, 254, 279–281, 293, 306, 357, 366, 430, 432, 495, 499, 501–505, 509, 511, 513, 519, 550, 551, Abt s. Christian, Eberhard, Frowin, Jung, Konrad, Ulrich – Ort s. Salmannsweiler
Salenstein 10, 236, 289
Salerno 242
Salier 95, 106, 119, 120, 133, 149, 157, 545
Salmannsweiler 196, 197, 205, 206
Salmsach 156
Salomon I., Bf. v. Konstanz 85, 156 – III., Bf. v. Konstanz 115, 137, 152, 156, 500
Salzburg, Ebf. s. Eberhard, Thiemo – Ebf.sitz 174, 222 – Stadt 206, 525
Sandegg 236, 237
San Francisco 32
Sankt Blasien, Klöster: Benediktiner 126, 133, 143, 145, 146, 152, 167, 181, 184, 341, 495; Jesuiten 11
Sankt Gallen, Bf.sitz 471 – Stadt 23, 24, 27, 32, 48, 178, 204, 210, 221, 227, 252, 270, 287, 289, 291, 292, 341–354, 363, 366, 395, 471–473, 480, 481, 507, 511, 512, 521, 529, 530, 543, 559 – Klöster: Benediktiner 7, 8, 11, 13, 23–51, 53, 54, 57, 58, 61–64, 69, 71, 73, 75, 82, 83, 85, 88–93, 95–97, 99, 105, 106, 112, 115, 116, 119, 120, 124, 126, 139,

140, 146, 148, 149, 153, 154, 157, 162, 184, 187, 204, 208, 252, 279, 280, 307, 316, 338, 340–356, 358–360, 364, 368, 369, 373, 374, 380, 396, 398, 401, 471–479, 482, 485, 487, 488, 491, 492, 500, 529, 530, 540–542, 545–547, 559, Abt s. Angehrn, Eglolf, Gaisberg, Gozbert, Grimald, Gugger, Heinrich III., IV., Johannes II., Kaspar, Konrad III., Nortpert, Otmar I., Salomon III., Ulrich III., VIII., Walther, Werdo; Dominikanerinnen 248, 254, 521, 553 – Land 291, 344–351, 354, 529
Sankt Gerold 88
Sankt Katharinental 260, 284, 287–301, 310, 312, 314–317, 337, 358, 360, 374, 449–451, 519–523, 525, 531, 555, 556, Prn. s. Adelheid Hutter, Elsbeth v. Stoffeln, Mechthild v. Hewenegg, Mechthild v. Kloten, Rottenburg, Ulm, Williburg
Sankt Margrethen 308
Sankt Peter bei Bludenz 286
Sanler, Jakob, Pr. (365)
Santiago de Compostela 127, 167
Saulgau 71, 72, 78, 286
Schaffhausen, Stadt 122–126, 129, 130, 147, 148, 165, 174, 178, 206, 278, 289–291, 301, 303, 304, 352, 354, 363, 389, 418, 447, 490–492, 495, 511, 516, 517, 522, 523, 532, 546 – Klöster: Benediktiner Allerheiligen 9, 95, 118–121, 125–137, 139–143, 145, 146, 149, 150, 152, 153, 157, 173–175, 181, 183, 187, 188, 280, 323, 338, 347, 349, 355, 357, 417–420, 469, 489–492, 497, 516, 517, 524, 525, 546, 547, Abt s. Gerhard, Liutolf, Liutpald, Siegfried; Benediktinerinnen St. Agnes 129, 517; Franziskaner 264–266, 270, 280, 303, 304, 447, 516–518, 520, 522, 523, 527, 555, Guardian s. Schilling; Franziskanerinnen 306
Schänis 70–73, 82, 84, 103, 119, 543
Schedel, Hartmann 479, 480
Scheffel, Joseph Victor v. 7, 9, 12, 48, 58, 104, 116, 389
Schellenberg, Fam. v. Zürich 289
Schienen 10, 61, 73, 85, 104, 105, 119, 546
Schiller, Friedrich v. 16
Schilling, Diebold 518, 530 – Rudolf, Guardian (518)
Schmalegg 203, 204, 223
Schmid, Peter, Abt 503, 550
Schnals 363, 372
Schönau, Reinhard v. 509
Schondoch, Dichter 511

Schottenklöster 167, 168, 549, s. Konstanz
Schreiber, Fam. v. Lindau 324
Schussen 13, 123, 196, 203, 227, 309, 508
Schussenried 181, 187, 213, 221, 226, 551, Pp. s. Burchard v. Ursberg
Schwaben, Stamm 49, 64, 93, 144, 146, 332, 549, s. Alemannen – Land 71, 74, 75, 82, 86–89, 97, 120, 123, 154, 183, 213, 216, 222, 231, 234, 243, 265, 276, 489, 492, 525, 538, 543, 544, 546, 549, 550, 557, s. Oberschw.
Schwäbische Alb 14, 39, 120, 150, 153, 175, 176, 203, 218, 220, 269, 306
Schwandorf 177
Schwarzach am Hochrhein 303, 523
Schwarzburg 128
Schwarzensee 223
Schwarzwald 14, 38, 120, 126, 132, 133, 140, 142, 153, 173, 187, 199, 235, 322–324, 338, 347, 371, 546, 549, 558
Schweden 154, 509, 510, 557
Schwegler, Albert 227
Schweinfurt 331
Schweizer Eidgenossen 154, 318, 344–346, 349, 352, 355, 360, 364, 367, 368, 370, 371, 374, 375, 522, 523, 533 – Schweiz 8, 10, 13, 87, 187, 286, 323, 335, 338, 345, 352, 366, 538, 539, 543, 551, 552, 554, 555, 560
Schwyz 13, 31, 344, 557
Seerhein 8, 9, 136–138, 140, 165, 261, 493, 494, 500
Seilern, Anton v., Pr. 535
Seine 193
Seitz 361, 363
Sempach 318
Seneca, Philosoph 215
Sennwald 25
Sidonius, Bf. v. Konstanz 45, 113
Siebenbürgen 232, 233
Siegfried, Abt v. Kreuzlingen 432, 504 – Abt v. Petershausen 139 – Abt v. Schaffhausen 130, 131, 135, 145, 349, 469, 489
Siegmund, Ks. 320, 324, (481)
Siena 315
Sießen 286
Sigibert II., Kg. (26)
Sigisbert, Hl. v. Disentis 35
Sigmaringen 286
Sihl 13, 84
Simon Gelbfrand 343, 344, 346 – Reiser, Pv. 329–332, 334, 335 – Rösch 530, 531 – Stock, Gen. 325, 326, 332 – Zelotes, Apostel 157, 472
Singen 120
Sipplingen 239

Sixtus II., Hl. Papst 284 – IV., Papst (347, 348, 351)
Sizilien 325
Skandinavier 53
Skapulierbruderschaft 326, 327, 334, 337
Slaven 21, 53, 228
Slowakei 332
Söflingen 302, 304
Sokrates, Philosoph 60
Solothurn 102
Spanier 14, 66, 248, 251, 264, 320, 363 – Spanien 127, 133, 334
Speyer 28, 60, 65, 177
Spiegelberg 295
Staad 236
Stadelhofen 163, 164
Stadion, Maximiliane v., Äbt. 480–482
Stammheim 119, 356, 357, 366–372, 560
Staufer 136, 162–164, 167, 173, 174, 176, 177, 179–183, 185–187, 195, 196, 202, 204, 209, 212, 213, 217, 219, 222, 224–227, 231–233, 235, 247, 260, 265, 269, 549–553
Stauffenberg 292
Steckborn 168, 204, 236, 237, 511, s. Feldbach
Steiermark 361
Stein am Rhein, Stadt 8, 9, 12, 13, 45, 46, 89, 97, 113, 123, 125, 126, 130, 132, 153, 175, 178, 191, 294, 296, 356, 358, 368–371 – Benediktinerkloster 9, 104, 120, 121, 124, 126, 127, 131–133, 138, 146, 149, 181, 338, 372, 546
Steinach 23–27, 66
Steingaden 212
Stengel, Karl 474, 475
Stephan, Mt. v. Jerusalem 33, 156, 240, 269, 272 – I., Kg. v. Ungarn 114
Sternberg 506
Stetten 324
Stockach 123, 124, 198, 501
Straßburg, Bf. s. Rudhard, Werner I., II., Wilhelm I. – Bf.sitz 86, 87, 89, 96, 97, 114, 117, 122, 144, 190, 485, 486, 489 – Stadt 28, 33, 163, 255, 256, 258, 262, 316, 445, 514, 515, 537, 554 – Klöster: Dominikaner 243, 251, 255, 256, 285, 298; Dominikanerinnen 256, 284–288; Franziskaner 270; Johanniter 515; Karmeliter 332; Kartäuser 364
Strobel, Georg, Abt 493
Stuben 231
Stühlingen 371
Stumpf, Johann 363
Stuttgart 210, 476, 485, 494, 496, 507, 528
Subiaco 343, 558
Sülichgau 84

Summerau 217, 221, 223
Süs, Fam. v. Überlingen 247
Sutri 150
Swigger v. Rieden 177
Syrien 228

Tänikon 204
Tanne 214, 215, 217, 222, 251, s. Waldburg
Tatto, Abt v. Kempten 53, 58
Tegerfelden 217
Tegernsee, Ort 31, 308 – Benediktinerkloster 95
Tello, Bf. v. Chur 46
Templer 228–230, 232, 233, 552
Tengen 244, 481
Terziaren s. Dominikaner-T., Franziskanerinnen
Tetikon 292
Tettnang 97, 172, 323, 324
Thalbach 307, 308, 319, 556
Thaler, Peter, Pr. 366–372, 466, 534, 535
Theben in Ägypten 322, 325
Theoderich s. Dietrich
Theodor v. St. Gallen 43, 44
Thiemo, Ebf. v. Salzburg (147)
Thomas v. Aquin 289 – Connecte 335 – Netter, Pv. 325
Thumb, Peter 32, 136
Thur 85, 149, 165, 356–358, 362, 367, 370
Thurgau 27, 34, 36, 38, 119, 130, 149, 156, 164, 168, 174, 204, 231, 236, 237, 247, 279, 355, 356, 358–360, 368, 370–372, 492, 496, 523, 533, 539, 548, 560
Thüring v. Alt St. Johann 31
Thüringer 67 – Thüringen 128, 284, 552
Thurn u. Taxis 481
Tietland, Abt v. Einsiedeln 91
Tirol 230, 324, 363
Tobel 231, 234, 347, 552
Toggenburg 204, 341, 348, 349, 549
Torlikon 295
Töss, Fluß 14, 286 – Dominikanerinnenkloster 261, 286–289, 291, 298, 369, 555
Toul 86
Toulouse, Stadt 232, 248–250, 329 – Dominikanerkloster 249, 264
Tours, Bf. s. Gregor, Martin – Stadt 86
Touta, Äbt. v. Buchau 75, 76, 481 – Prn. v. Löwental 252
Touticha v. Althausen 113
Touto v. Wagenhausen 130–135, 149, 166, 469, 547
Tozzo v. Augsburg (43)
Trappisten 201, 384

Trauchburg 252
Treviso 56
Trient 269
Trier, Erzbistum 122 – Ebf. s. Maximin, Udo – Ebf.sitz 93, 489, 501, 509 – Benediktinerklöster: St. Matthias 558; St. Maximin 94
Troyes 193
Trub 149
Tschechen s. Böhmen
Tschudi, Georg, Abt 497 – Gilg 479, 492, 540
Tübingen 177, 213, 338, 346
Tuggen 21, 22
Tuotilo v. St. Gallen 473, 528, 532
Turbenthal 342
Türken 245, 363
Tuttlingen 176

Überlingen, Stadt 25, 26, 30, 46, 97, 191, 202, 205, 207–209, 220, 223, 244, 247, 274, 276, 278, 281, 351, 352, 363, 366, 504 – Klöster: Franziskaner 270, 280, 281, 555; Franziskanerinnen 280, 306; Johanniter 231, 234, 279, 552
Überlinger See 8, 236, 509
Üchtland 347
Udalrich, Gf. 54
Udalschalk, Abt v. Augsburg 161, 162, 164, 165, 548
Udo, Ebf. v. Trier 122, 129
Ufenau 88
Uigendorf 78
Ulm, Stadt 71, 178, 179, 206, 221, 227, 342, 352, 359, 360, 368 – Klöster: Dominikaner 261, 488; s. Söflingen, Wiblingen
Ulm, Margarethe v., Prn. 522
Ulrich I., Hl. Bf. v. Augsburg 75, 82, 86–88, 90, 107, 116, 137, 144, 154, 155, 157, 158, 160–163, 170, 254, 342, 474, 475, 488, 497 – v. Berg 247 – v. Bodman 202 – v. Bodman, Konverse 202 – X., Gf. v. Bregenz 148 – v. Dapfen 176 – v. Ittingen 357 – v. Jestetten 237 – I., Bf. v. Konstanz 149–151, 161–166, 170, 172, (211), 497, 498, 548 – II., Bf. v. Konstanz 149, 167, 196 – III., Bf. v. Konstanz 261, 292, (309), 327 – I., Abt v. Reichenau 112, 114, 115 – II., Abt v. Reichenau 175, 176 – IV., Abt v. Reichenau 176 – Richental 320, 322, 325, 337–339, 358, 360, 557 – I. Rösch, s. Ulrich VIII. v. St. Gallen – II. Rösch 346 – Roschach, Pr. 331, 334, 526 – II., Abt v. Salem 502 – III., Abt v. St. Gallen 356 – VIII., Abt v. St. Gallen (91), 342–356, 359, 360, 363,
364, 375, 462, 472, 529–532, 534, 559 – I., Pp. v. Weißenau 214 – II., Pp. v. Weißenau 213, 214, 217–221, 224, 226, 507, 552 – IV., Abt v. Wiblingen 344 – Schenk v. Winterstetten 239
Ummendorf 223, 508
Ungarn, Volk 29, 71, 75, 77, 81, 83, 85, 111, 116, 485 – Land 114, 128, 232, 304, 322–325, 329, 338
Unlegellen 295
Unstrut 122
Unterschlatt 357
Untersee 9, 44, 46, 63, 180, 186, 236, 237
Urach 360, 510
Urban VI., Papst (318), 328
Uri 72
Urnäsch 352
Ursberg 212, 226
Ursula Haider, Äbt. 316
Üsslingen 357, 360, 364, 366, 367
Uznach 321

Valduna 31, 308, 309, 312, 316, 317, 557, Äbt. s. Anna
Valentin v. Sachsen 368, 372
Vatikan 137 – Zweites Konzil 15, 561
Venedig 56, 177, 230–233, 243, 479
Verena, Hl. v. Zurzach 146, 197
Vergil, Dichter 56
Veringen 201, 489, 545
Victor, Mt. v. Marseille 210 – Mt. v. Xanten 211
Vienne 256, 289, 290
Viktor, Praeses v. Chur 35, 36, 38, 39, 46 – Viktoriden 34–36, 39, 46
Viktorsberg, Klause 31, 119, 322, 378, 540 – Franziskanerkloster 280, 308, 555
Villingen, Stadt 289–291 – Klöster: Franziskaner 264–266; Klarissen 316, 522, Äbt. s. Ursula
Viterbo 168, 239
Vogesen 20–24, 28
Vogt, Johann 366, 368, 372
Volkard, Bf. v. Chur (216)
Vorarlberg 31, 89, 148, 172, 230, 280, 308, 322, 538–540, 552
Vorderrhein 35

Wagenhausen 9, 11, 130–132, 134, 135, 149, 153, 154, 161, 166, 181, 284, 338, 370, 393, 469, 474, 490, 494, 547, Abt s. Gebeno

Walahfrid, Abt v. Reichenau 48–66, 73, 80, 83, 84, 92–94, 97, 103–106, 108, 111, 114, 116, 119, 405, 406, 473, 476–480, 485, 488, 517, 541, 542
Walahus v. St. Gallen 38, 475
Wald 204, 551, Äbt. s. Judintha
Waldbrüder 31, 33, 36, 47, s. Eremiten
Waldburg 203, 204, 215–217, 219, 221, 222, 318, 327, 508, 528
Waldenser 232, 553
Waldo, Abt v. Reichenau 49, 52, 54, 56, 57
Waldsee, Stadt 272, 309–312, 316, 318, 319, 328, 330, 334, 527, 557 – Klöster: Chorherren 226, 272, 309–312, 315, 318, 455, 524, 525, 557, Pp. s. Jakob, Konrad Kügelin; Franziskanerinnen 310, 311, 318, s. Reute
Walensee 19, 70, 84, 277, 519
Walenstadt 277
Walicho, Abt v. Weingarten 181
Wallhausen 187, 237
Wallis 14, 35, 366
Walsertal, Großes 88
Waltalingen 369
Walther v. (Alten-)Klingen 239 – v. Ruthelingen 215, 216, 552 – Abt v. St. Gallen (204), 252, (349) – Abt v. Weißenau 217 – Priester bei Weißenau 227
Waltram v. Arbon 34–36, 38, 39, 42 – Abt v. Fischingen 149
Wangen im Allgäu 342, 343, 353, 505
Wangen am Untersee 292, 296
Wängi 492
Warin, Gf. 44, 71, 356, 543
Warmann, Bf. v. Konstanz 109, 110
Wartenberg 341
Warth im Thurgau 364, 367, 371
Warthausen 313, 319, 334, 557
Washington 32
Wasserburg 278
Weber, Max 201
Weckenstein 203, 204
Weesen 519
Weiler im Hegau 10
Weilheim 273
Weill, Simone 388, 561
Weinfelden 168, 365
Weingarten, Stadt 13, 330 – Klöster: Benediktiner 7, 8, 12, 13, 83, 123, 126, 143, 145, 165, 181, 182, 189, 200, 209, 212, 216, 217, 223, 226, 327, 329, 338, 340, 354, 355, 374, 388, 394, 470, 471, 477, 484, 489, 493, 506, 508, 539, 549, Abt s. Berthold, Hyller, Johannes, Meingoz, Walicho; Franziskanerinnen 311

Weiningen 358
Weißenau 181, 184, 209–227, 234, 244, 250, 281, 307, 323, 324, 327, 329, 357, 364, 434–436, 505–508, 512, 513, 517, 518, 532, 551, 552, Pp. bzw. Abt s. Heinrich, Hermann I., II., Hertlin, Mauch, Murer, Ortulf, Ulrich I., II., Walther
Welf III., Hg. v. Kärnten 123 – IV., Hg. v. Bayern 356 – VI., Hg. v. Spoleto 182, (220), 357, 550 – Welfen 71, 82, 86, 120, 122, 123, 131, 162, 171, 172, 175–177, 181–183, 186, 196, 202, 203, 209, 212, 213, 220, 222, 225, 260, 470, 489, 549, 550
Wenzel, Hl. Hg. v. Böhmen 527 – Kg. 327
Werd 12, 45, 46, 48, 63, 120, 280, 399, 474, 482, 485, 539
Werdenberg 280
Werdo, Abt v. St. Gallen 475
Werner v. Altshausen 107, 113, 114, (189), 228 – v. Battenberg 237 – Gegenabt v. Petershausen 150, 151 – Abt v. Reichenau 104 – I., Bf. v. Straßburg 109, 122, 486 – II., Bf. v. Straßburg 144
Wernher v. Grünenberg 31
Wessobrunn 150
Wetti v. Reichenau 52, 54–59, 62–65, 84, 105, 114, 127, 277, 314, 540, 542
Wettingen 11, 13, 191, 192, 197, 200, 204, 209, 280, 431, 433, 503–505, 510, 550, Abt s. Schmid
Wiblingen 343–345, 355, 462, 530, 531, Abt s. Ulrich
Wiborada, Hl. v. St. Gallen 74, 83, 85, 88, 116, 142, 162, 543
Wido, Bf. v. Chur (147)
Wiedertäufer 388
Wien, Stadt 363, 365, 373, 488 – Karmeliterkloster 328–331 – Land 330
Wikterp, Bf. v. Augsburg (43, 44)
Wil 149, 341, 346–349, 352, 353
Wildeshausen 251
Wilhelm, Abt v. Hirsau 130, 141–144, 194, 199, 243, 423, 495, 501 – Pp. v. Ittingen 359, 360, 363 – I., Bf. v. Straßburg (114) – v. Weingarten 330, 527
Williburg v. Hünikon, Prn. 287, 291, 521
Willimar v. Arbon 21, 23, 25–27, 36
Windesheim 338
Winterstetten(-stadt) 204, 215, 217, 219, 221–223, 239
Winterthur 221, 258, 261, 264, 272, 274, 284, 286–290, 295, 303, 338, 365, 520, s. Mariazell, Töss

Wirth, Adrian 369, 370, 560 – Hans, Kaplan 369–371 – Hans, Untervogt 369–371
Witigowo, Abt v. Reichenau 103, 106, 108, 477, 478, 487
Wittelsbacher 260, 273
Wodan, Gott 21
Wolf, Christa 389
Wolfegg 220, 330
Wolfgang, Hl. Bf. v. Regensburg 93–95, 108, 485, 486, 544
Wolfram v. Nellenburg 243, 511
Wolfrat I., Gf. v. Eritgau 107, 489 – II., Gf. v. Altshausen 107, 109, 110, (113), 122, 489 – III. v. Altshausen 113
Wolfurt 217, 218
Wolgemut, Michael 479
Wollmatingen 137, 510, 511
Wolpertswende 330, 527
Wolvene I., Abt v. Rheinau 119
Wrangel, Carl Gustav v. 509
Wulfetrud, Äbt. v. Nivelles 69, 70
Württemberg 8, 13, 234, 481, 506, 539, 540, 543
Würzburg, Bf. s. Hermann – Bf.sitz 93 – Klöster: Karmeliter 326, 331; Schotten 168
Wutach 173
Wyclif, John 325

Xanten 210, 211

Ysenbach, Fam. v. Lindau 324

Zacharias, Papst (42, 44)
Zähringer 120, 125, 126, 131, 133, 142, 143, 150, 152, 157, 162, 163, 173, 174, 183, 187, 202, 286
Zeil 508
Zimmern, Froben Christoph Gf. v. 71
Zisterzienser 14, 168, 181, 187, 191–209, 228, 229, 232, 233, 248, 279, 281–283, 339, 353, 357, 371, 379, 385, 431, 433, 501–505, 550, s. Birnau, Mehrerau, Salem, Wettingen – Zisterzienserinnen 204, 316, 551, 556, 560, s. Baindt, Feldbach, Heggbach, Heiligkreuztal, Kalchrain, Magdenau, Tänikon, Wald
Zoffingen s. Konstanz
Zofingen 252
Zollern 338
Zug 84, 323, 371
Zürich, Stadt 13, 71, 73, 85, 86, 92, 97, 102, 191, 223, 227, 239, 275, 276, 278, 286, 289, 291, 344, 349, 352, 360, 367–372, 472, 473, 518, 521, 535 – Klöster: Augustiner-Eremiten 326; Chorherren St. Martin 166, 338; Dominikaner 251, 252, 273, 279, 285, 286, 553; Dominikanerinnen Oetenbach 286, 288, 289, 555; Franziskaner 266, 270, 272, 275, 277, 280, 537, 555, Guardian s. Marquard; Franziskanerinnen 347; Frauenkloster Fraumünster 70, 72, 73, 82, 86, 203, 270, 280, 358, 543, Äbt. s. Bertha, Hildegard, Mechthild, Richgard; Kanonikerstift Großmünster 73, 79, 86, 91, 92, 116, 160, 166, 251, 270, 358, 359, 544, Pp. s. Matthäus
Zürichgau 38, 121, 123–125, 130, 213 – Zürichsee 19, 21, 22, 38, 70, 84, 88, 91, 120, 124, 226, 321, 544
Zurzach 113, 119, 126, 146
Zwiefalten 144, 145, 181, 184, 402, 476, 496
Zwingli, Huldrych 13, 367–369, 371, 372, 490, 518, 560
Zypern 325